征收拆迁法专题讲义

立法解读、案例评析与实务指引

胡宝岭 著

法律出版社
LAW PRESS·CHINA
北京

图书在版编目(CIP)数据

征收拆迁法专题讲义:立法解读、案例评析与实务指引 / 胡宝岭著. -- 北京:法律出版社,2024
ISBN 978-7-5197-8474-4

Ⅰ.①征… Ⅱ.①胡… Ⅲ.①土地征用-土地法-研究-中国②房屋拆迁-法规-研究-中国 Ⅳ.①D922.394②D922.181.4

中国国家版本馆 CIP 数据核字(2023)第 206108 号

征收拆迁法专题讲义
立法解读、案例评析与实务指引
ZHENGSHOU CHAIQIANFA ZHUANTI JIANGYI
LIFA JIEDU,ANLI PINGXI YU SHIWU ZHIYIN

胡宝岭 著

策划编辑 周 洁
责任编辑 周 洁
装帧设计 李 瞻

出版发行 法律出版社
编辑统筹 司法实务出版分社
责任校对 张翼羽
责任印制 胡晓雅
经　　销 新华书店

开本 787 毫米×1092 毫米 1/16
印张 43 **字数** 955 千
版本 2024 年 1 月第 1 版
印次 2024 年 1 月第 1 次印刷
印刷 三河市兴达印务有限公司

地址:北京市丰台区莲花池西里 7 号(100073)
网址:www.lawpress.com.cn
投稿邮箱:info@lawpress.com.cn
举报盗版邮箱:jbwq@lawpress.com.cn
销售电话:010-83938349
客服电话:010-83938350
咨询电话:010-63939796

书号:ISBN 978-7-5197-8474-4 **定价**:138.00 元
凡购买本社图书,如有印装错误,我社负责退换。电话:010-83938349

前　言

鲁迅先生在《狂人日记》中说："凡事须得研究，才会明白。"自打2018年一个风清月皎的仲夏之夜开始构思这本书，我便怀着"把征收拆迁法研究明白"这个不大不小的抱负，展眼已是五载有零。这期间，我也和鲁迅先生一样，做过许多梦。梦里的我虽然没有七十二变的本领，且明知写好这本书也要历经八十一难，却早已捋起袖子跃跃欲试了。果然不出所料，本书的写作之路真的是遍布荆棘，泥泞不堪，也像极了孙犁先生看《西游记》：今天过一个山，明天过一个洞；一个山没过去，便想着下回书那个洞了……好在我的心志还算得上坚定，虽说写作几度中断，但从未有过搁笔之念。如今赍捧厚重的书稿，确有一种取得真经、修成正果的巨大成就感。

征收拆迁法之所以是征收拆迁法，是因为关于征收拆迁的法律规范之间具有内在的逻辑联系，其"独特的品质"体现在共同为限制行政征收权和保护私有财产权确立相对集中且统一的规则。征收拆迁法显然不是一个独立的法律部门，但这并不影响它在整体上作为被研究和阐释的对象，法律出版社出版的《新编征地拆迁法小全书》已在这方面做了十分有益的探索。本书正是阐释中国征收拆迁法的实务著作，适合作为法官、律师办理征收拆迁案件的参考用书，征收部门依法行政的辅助用书，以及被征收人依法维护自身合法权益的指导用书。同时，也可以为广大研究者更加深刻地洞察征收拆迁法实务提供一个全新的视野。

对于本书的内容，我有责任在这里向各位读者好好交代一下。为了完整、准确地阐释征收拆迁法，全书共设置了20个专题讲座，细针密线，工于缝合，浑然一体，征收拆迁法的立法、执法和司法实务尽在其中。为广大读者描绘出一幅客观真实、无"色差"且有一定立体感的征收拆迁法图景，尽可能原汁原味地呈现中国征收拆迁法的实务现状，是本书的基本使命。在我看来，本书主要有以下几大特色：

第一，体例独特。中国的征收拆迁法，是以《宪法》为基本法依据，以"一法二条例"（《土地管理法》《土地管理法实施条例》《国有土地上房屋征收与补偿条例》）为核心内容，以"产权保护→行政征收→补偿安置→权利救济→责任追究"为基本线索。顺应这一思路，全书分为四大部分：第一部分"基础与综合"，主要内容为集体土地征收与国有土地上房屋征收中共通的法律制度，包括7讲（第一讲"征收拆迁法的渊源"、第二讲

"财产权的保护与限制"、第三讲"行政征收与行政补偿"、第四讲"征收拆迁中的行政协议"、第五讲"征收拆迁中的行政规划"、第六讲"征收拆迁中的行政强制"、第七讲"征收拆迁中的'违建'与'危房'");第二部分"集体土地征收与补偿",包括5讲(第八讲"中国土地法概要"、第九讲"土地的权属与登记"、第十讲"农村宅基地、建设用地与耕地"、第十一讲"村民委员会与农村集体经济组织"、第十二讲"集体土地征收的权限、程序与补偿");第三部分"国有土地上房屋征收与补偿",包括4讲(第十三讲"中国房地产法概要"、第十四讲"《拆迁条例》时期城市房屋拆迁与补偿"、第十五讲"国有土地上房屋征收的权限、程序与补偿"、第十六讲"特殊类型房屋征收与补偿");第四部分"争议解决与权利维护",包括4讲(第十七讲"征收拆迁中的行政复议"、第十八讲"征收拆迁中的行政诉讼"、第十九讲"征收拆迁中的行政赔偿"、第二十讲"征收拆迁维权的主要策略")。这样的体例编排,既能照顾到征收拆迁法实务中必备的知识点,又能保证各个知识板块之间实现有章法、无缝隙的拼接,使全书的逻辑性和系统性得以充分展现。根据说明的需要,本书还在适当位置开辟了"拓展·探索""链接·积累""总结·提示"等专栏。这些小栏目在传递知识方面所起的作用是不容小觑的,还显著增强了全书内容的层次感和立体感,并非只有点缀的意义。

第二,内容翔实。本书的副标题是"立法解读、案例评析与实务指引",它为书中内容划定了大致的范围,不外乎准确解读立法条文、归纳点评经典案例、聚焦实务重点难点三个方面。就"立法解读"而言,除"一法二条例"外,本书还重点解读了《宪法》和《民法典》、《城乡规划法》、《建筑法》、《行政强制法》、《行政处罚法》、《行政许可法》、《农村土地承包法》、《村民委员会组织法》、《农村集体经济组织法(草案)》、《城市房地产管理法》、《行政复议法》、《行政诉讼法》、《国家赔偿法》等法律中的相关规定,解读的行政法规、规章、规范性文件以及司法解释等更是数量惊人。就"案例评析"而言,光是书中直接引用的判例就有300多个。这些案例,以最高人民法院的案例为主,兼顾地方法院的典型案例;以最近5年内发生的案例为主,兼顾虽然超过5年但有代表性的案例。引用的案例,或用以阐释法律条文,或用以说明具体问题,或用以描述司法现状,在一些情形下也被用作"靶子",成为批评的对象。就"实务指引"而言,书中大部分内容都与征收拆迁法的实务息息相关,本着不遗漏重点、不回避难点的原则,对于实践中应当如何具体操作给出了明确建议。另外,本书虽是实务著作,但绝不刻意地排斥理论。不过,书中所讲到的理论多是与实践高度黏连的理论观点,不存在纯理论问题。例如,比例原则、行政优益权在一些人眼中是理论问题,但在司法文书中出现的概率并不小,拿出来讲一下就很有必要了。又如,现实中有些被征收人将房屋征收与房屋买卖等同起来,认为不给到自己想要的"价格"就有权不同意"卖",就是因为他们对财产权社会化这个理论问题不明就里。有人偏激地认为法律实务著作是不能讲理论的,似乎一说到理论就与实务脱钩了，从而将理论与实务割裂开来，将理论工作者与实务工作者对立起来，这是很糟糕的现象。事实上，有些所谓的理论就是立法和实务的“原材料”，无论是法官、律师，抑或是行政执法人员、被征收人，如果对“原材料”的基本特性茫然无解，就没办法真正地吃透立法和实务本身。

第三，重点突出。在法律实务著作中，本书的体量算得上比较大的了。但体量大并不是因为我在写作的时候不分主次，“眉毛胡子一把抓”。恰恰相反，我一直在告诫自己：切忌贪大求全！因为我要写的不是征收拆迁法的“百科全书”，并不需要触及征收拆迁法的每一处“神经”或者每一根“毛细血管”——那是一个几乎完不成的任务。更何况，内容翔实和重点突出也是一对矛盾，彼此抵牾。一味地追求大而全注定会将重点内容湮没，而极限性地突出重点则又难免要遗漏那些乍看起来非重点但在实务中并非不重要的知识点。为了平衡这一对矛盾，本书还是紧紧抓住了“产权保护→行政征收→补偿安置→权利救济→责任追究”这条主线，尽量分出个轻重缓急来。例如，在讲解物权时，对与征收拆迁没有直接关系的担保物权予以忽略，将重点放在了所有权和用益物权；又如，在讲解《国家赔偿法》时，基本上没有涉及司法赔偿，因为对于征收拆迁实务来说，能够用得着的主要就是行政赔偿；再如，同样是解读《土地管理法》和《土地管理法实施条例》，本书对于其中直接规定集体土地征收与补偿的条款给予了格外的关照，几乎是泼墨如水，对于其他的条款则是惜墨如金。在引用判例时，本书也是精挑细选，在质量把控环节狠狠地下了一番功夫，且尽量避免重复引用裁判要旨相同或者近似的判例。虽说如此，本书的体量仍然比我之前设想的要大了不少。归根结底，体量大的原因还是在于征收拆迁法的实务本身就是庞然大物。能装得下大象的冰箱，体量势必就要比大象大，这是显而易见的道理。

第四，观点鲜明。观点鲜明并不见得是观点本身有多么新奇、多么有个性，而是指向观点的准确性和客观性。在大家的印象里，实务著作是要给出“标准答案”的，随意“和稀泥”肯定是不行的。但很多时候“标准答案”并不存在，这很矛盾，可我们又不得不去面对。为了做到这一点，我尽量不带主观偏见地去冷静观察征收拆迁法的立法、执法和司法实务，就像托克维尔所说的那样：“绝没有硬要事实迁就观点，而是让观点以事实为依据。”这也免去了给读者——尤其是作为被征收人的读者——“画大饼”的嫌疑，因为现实的东西就长成那个样，“画大饼”会导致征收拆迁法图景严重地失真，倘若被征收人再拿去“果腹”，其副作用更是难以估量的。虽然每每行文至不合理之处，我可能忍不住也要发上几句牢骚，但在总体上并不影响本书的纯实证主义风格。坦率地讲，我之前对于法律实务著作是有些偏见的，总觉得它们思想不深、言语不文，对于理论著作则是青眼有加。写完这本书才明白，其实写好一本法律实务著作要比理论著作难得多，因为每一个观点都得用心求证，以达到准确可靠，而不能像写理论著作那样动辄来个“笔者认为”掩饰自己的一知半解。对于法律实务著作而言，如果“笔者认为”和立法机关、行政机关、司法机关的认知出现了较大的偏差，就是徒劳无益的。这样的“笔者认为”，可能已经距离“标准答案”千里万里了。当普遍性的观点遭遇特殊性的具体实践的时候，二者之间的契合程度就成了决定这一观点生命力的关键因素。在这个意义上，可以说客观真实是本书的生命。法律实务著作的优劣，只能到法律实务中去检验。

依我之见，本书完全当得上《滕王阁序》中“时运不齐，命途多舛”八个字。遥想当初，本书的写作渐入佳境，在“一法二条例”中居于“领头羊”地位的《土地管理法》就迎来了重大修改，同步修改的还有《城市房地产管理法》。我在对书稿的内容进行了初步调整之后，就心急火燎地等待新《土地管理法实施条例》的出台，这一等便是一年半载有余。在等待期间，被称为“社会生活的百科全书”的《民法典》获得通过，它在本书中的分量亦不可藐视。此后，本书的写作才算是正式进入“快车道”，直到2023年9月初本书付梓在即，《行政复议法》却又在一夜之间被改得“面目全非”了。修法固然是好事，但对于书稿几近杀青的作者来说不啻于晴天霹雳。无奈之下，我只好再一次说服自己远离纷纷扰扰的俗事，把第十七讲推倒重写，并对书中所有涉及行政复议的地方进行了全面修改。如此反反复复，这般颠来倒去，无非是想让读者能够接触到最为前沿的立法和政策，免得本书甫一面世就濩落而为尘封鼠啮的故纸。

杂七杂八地说了这么多，并不是拐弯抹角地非要给这本书打个广告。除介绍书中的内容外，主要还是想吐槽一下创作的不易，兼为此刻“一日看尽长安花”的心情添加脚注。数载青灯黄卷，无语问苍天，这种感受不是每个人都经历过的。尤其是面对宏大幽邃的征收拆迁法，本书就不可能是灵机一动的妙手偶得之作，而是潜心雕琢、锱铢积累写成的。但是，比起办理征收拆迁案件中的种种艰辛，那又算得了什么！过程越是不容易，结果也就越发有意义，这个逻辑在多数情景下是能够成立的。“跟困难作斗争，其乐无穷”，这样的豪迈气概，对于以征收拆迁为主业的律师来说尤其是不可或缺的。

在本书写作的过程中，发生了许多许多的事，一幕幕场景亦真亦幻。譬如新冠疫情的暴发，又如儿子在不知不觉中小学毕业、踏入中学的校门……其中最为刻骨铭心的一件事，莫过于我的母亲在缠绵病榻十数年后因旧疾复发而溘然长逝，这个伤痛是永远也无法补救的。虽然只是聊以慰藉罢了，但我还是想把这本书献给亲爱的母亲！

胡宝岭

2023年2月20日于北京

目 录

CONTENTS

01
PART

第一部分
基础与综合

第一讲　征收拆迁法的渊源

重点导读

在中国，征收拆迁是一个常见的提法。有了征收拆迁，就应该有调整征收拆迁行为的法律规范——征收拆迁法。中国征收拆迁的立法进程，可以划分为改革开放之前、改革开放之初和市场经济体制改革之后三个阶段。征收拆迁的立法数量庞杂，可以大致分为征收拆迁基础法、土地征收拆迁法、房屋征收拆迁法、征收拆迁争议解决法四大类别。当代中国征收拆迁法的体系，是以《宪法》为基本法依据，以“一法二条例”为核心内容，以“产权保护→行政征收→补偿安置→权利救济→责任追究”为基本线索。征收拆迁法虽然不是一个独立的法律部门，但它们具有独特的品质以及内在的联系，在整体上可以作为被研究和阐释的对象。本讲的内容包括征收拆迁的意义、征收拆迁立法进程、当代中国征收拆迁法的渊源、征收拆迁法的体系四个方面。

一、征收拆迁的意义

（一）征收拆迁之语源

征收与拆迁本是相互独立的概念，但由于行政征收的对象主要是土地和房屋等不动产，而对不动产的征收通常又会导致建筑物的集中拆除以及人口的大量迁出，征收与拆迁之间的联系由此变得十分密切。最称重要者，2011 年《国有土地上房屋征收与补偿条例》（以下简称《征收条例》）实施之前，在集体土地征收制度之外即已存在城市房屋拆迁制度，二者经常被相提并论，名曰“征地拆迁”或“征收拆迁”。

随着全国各地征收拆迁如火如荼地进行，与之相关的矛盾纠纷层出不穷，各级法院受理的征收拆迁类案件也在节节攀升，这种攀升不但体现在案件的绝对数量上，而且体现在征收拆迁类案件占全部行政诉讼案件的比例上。① 面对这样的现实，早在 2012 年 6 月 13 日，最高人民法院就发布了《关于严格执行法律法规和司法解释依法妥善办理征收拆迁案件的通

① 据统计，2015～2017 年 3 年间全国法院一审受理征收拆迁类诉讼案件分别约为 29,000 件、31,000 件及 39,000 件，分别占当年行政诉讼案件总量的 13%、14% 和 17% 左右。上述数据表明，征收拆迁目前仍是社会矛盾相对集中的领域。

知》（法〔2012〕148号），2014年8月和2018年5月最高人民法院又先后公布了两个批次的征收拆迁典型案例，这就意味着“征收拆迁”的提法业已得到国家最高审判机关的认可。

总结·提示 “征收拆迁”的提法已经得到国家最高审判机关的认可。

（二）征收的意义

征收，是行政征收之缩略语。行政征收的概念在中国存在一定争议，争议的焦点在于，它是指无偿征收（如行政征税、行政收费）还是指有偿征收（如财产征收、劳动力征调）？持无偿征收的观点认为：“行政征收，是指行政主体凭借国家行政权，根据国家和社会公共利益的需要，依法向行政相对人强制地、无偿地征收税、费或者实物的行政行为。”① 按照他们的逻辑，“收”与“支”是政府两项最基本的经济活动，在政府诸多“收”的手段中，行政征收是最常规、最主要的手段。② 但是，综观《宪法》（2018年修改）、《民法典》（2020年发布）、《土地管理法》（2019年修改）和《征收条例》等各位阶的立法，其中所规定的“征收”均明显是指有偿征收，且为财产征收（不包括劳动力征调等非财产征收）。因此，行政征收就是指由国家依法强制性地取得非国有财产的所有权并给予补偿的行政行为，不包括征税和收费等无偿行为。

（三）拆迁的意义

在法理上，拆迁的正统性比征收还要弱得多。行政征收可以说是中国行政法教科书的“标配”，但专门讨论拆迁者可谓罕见。不过，在行政执法中拆迁这个词语却具有顽强的生命力。毕竟大写的“拆”字随处可见，并一度被国人戏谑为“最牛炫富方式”，如果把这些“拆”字都换成“征”字，估计大半国人就会不得其要领了。更为重要的是，早在1991年3月22日国务院就发布了《城市房屋拆迁管理条例》（已失效，以下简称《拆迁条例》），拆迁这个概念算是在行政法规层面得到了确认。此后，各地方政府纷纷设立了名曰“拆迁办公室”的办事机构。2001年重新出台的《拆迁条例》延续使用了拆迁这一概念，直到2011年1月21日《征收条例》开始实施为止，中国特色的城市房屋拆迁制度扎根神州大地整整20年之久，其影响不是随便就能抹杀的。

在内容上，拆迁囊括了“拆”与“迁”双重含义。“拆”意为将土地上的建筑物及其他附着物拆除，核心意义在于对财产的拆毁及清除；“迁”意为使土地、房屋等不动产的居住人、权利人暂时性或永久性地迁出，核心意义在于被拆迁人居住、生活或者生产经营场所的迁移和变动。因此，拆迁本质上是消灭物权、迁移人口的一种事实。在此意义上，集体土地征收、国有土地上房屋征收、土地使用权收回、棚户区改造、城中村改造等，均可能产生拆迁的效果。拆迁的主要目的是腾挪出所需要的国土空间，通常用于城市或者农村的再建设，

① 姜明安主编：《行政法与行政诉讼法》（第7版），北京大学出版社、高等教育出版社2019年版，第261页。

② 参见应松年主编：《当代中国行政法》（第4卷），人民出版社2018年版，第1618页。

包括改善居住条件（如棚户区改造、城中村改造、扶贫搬迁），建设基础设施，以及保护环境和资源等具体情形。

（四）征收与拆迁的关系

根据上面的界定，现阶段征收与拆迁之间的关系可以简要归纳为两点：（1）征收一般会导致拆迁，但有的征收并不会引发拆迁，如征收没有任何地上附着物的集体土地，既不需要拆除任何东西，也不需要权利人迁出；（2）拆迁一般源自征收，但有的拆迁与征收无直接关联，如在一些地方所实施的宅基地腾退、城中村改造等项目的过程中，并没有行政征收行为的作出，但的确产生了拆迁的效果，故也被冠以"拆迁"之名（有人称之为"非征地拆迁"）。

在立法上，对于征收与拆迁的规定也经历了从相提并论到合二为一的过程。直到2005年《物权法（草案）》三次审议稿还将拆迁与征收相互并列，但在对该草案进行审议修改期间，立法机关似乎一夜顿悟，终于认识到："对城市房屋的拆迁实际上是与征收相联系的一种情形，不必单独规定。"[①] 结果，2007年发布的《物权法》（已失效）仅规定了征收，拆迁正式融入征收之中，也预告了城市房屋拆迁制度即将退出历史舞台。到了2011年，国有土地上房屋征收制度正式确立，最大的亮点是由政府而非取得房屋拆迁许可证的拆迁人来主导征收与补偿工作。从此，法律意义上的拆迁便不复存在了。

然而，拆迁作为国人耳熟能详的一个话语，具有强大的历史穿透力，至今仍与征收形影相伴，宛若孪生。在中国现行法上，拆迁既非一项独立的法律制度，亦非一个独立的法律关系，而是征收房屋及其他不动产后的具体措施，其描述的是对被征收房屋的"拆"和对居住人的"迁"这个过程。无怪乎有学者断言：既然把人家的房子给"拆"了，又把人给"迁"了，当然需要作出补偿，因此所谓"拆迁"，实质就是房屋征收后的补偿问题。[②] 正因如此，《物权法》（已失效）在把"拆迁"并入"征收"的同时，在其第42条第3款仍然使用了"拆迁补偿"的表述——这也是"拆迁"一词首次被写入中国的基本法律。究其原因，征收拆迁这个提法是为了强调征收的对象主要为土地、房屋等不动产，并且其中包罗了"征收行为"与"拆迁效果"双重内涵。如果只提征收，称为"征收法"，就很难表达出其中所包含的拆迁效果；而如果称其为"拆迁法"，又与《宪法》以及《民法典》、《土地管理法》、《城市房地产管理法》（2019年修改）、《征收条例》等所使用的"法言法语"相抵牾，甚至会有重走城市房屋拆迁制度这一老路的嫌疑。

综上所述，现阶段的拆迁与征收在事实上形成了一种偏正关系：拆迁用以修饰征收，意为"产生拆迁效果的征收"。如此看来，唯有"征收拆迁"能够生动形象地表达出这种行为与效果相统一的特点，使大家迅速领悟其真实意义，最高人民法院在公布征收拆迁典型案例时，应该也存在这样的考虑。

---

① 原全国人大法律委员会《关于〈中华人民共和国物权法（草案）〉修改情况的汇报》，2005年10月19日。

② 参见房绍坤、王洪平：《公益征收法研究》，中国人民大学出版社2011年版，第104页。

总结·提示 征收拆迁的本质仍然是行政征收，拆迁是行政征收所产生的效果。在中国现阶段，已经不存在独立于征收制度之外的拆迁制度。

二、征收拆迁立法进程

（一）重要线索

回顾中国征收拆迁立法的进程，我们不可避免地要以土地立法的发展进程为最重要的线索。对于世代黏着在土地上的“乡土中国”来说，土地的重要性毋庸多言。因此，反映中国土地纲领与土地改革成果的土地立法在中华人民共和国成立之初就备受重视，这些立法也构成中国征收拆迁制度的雏形。改革开放之后，尤其是市场经济体制改革的目标确立之后，相关立法在实践中不断修改完善，中国特色的征收拆迁法律制度也逐渐羽翼丰满。

中国土地制度的变革，实质上就是三次大的社会变革（土地改革、社会主义改造、改革开放）的产物。当然，除土地制度的变革外，私有财产保护“入宪”以及物权、城乡规划、房地产、城市房屋拆迁、国有土地上房屋征收与补偿等相关立法的出台，也是极为重要的线索。依循这些线索，我们可以大体上将征收拆迁立法的进程划分为改革开放之前（1949～1978年）、改革开放之初（1978～1992年）和市场经济体制改革之后（1992年之后）三个阶段。

总结·提示 中国的征收拆迁立法进程可以划分为改革开放之前、改革开放之初和市场经济体制改革之后三个阶段。

（二）改革开放之前（1949～1978年）

新中国成立之初，土地征收（征用、征购）制度开始建立。土地征收的一个重要前提就是要明确土地的所有权，确保产权清晰。众所周知，1949年之前中国的土地主要为私人所有。新中国成立之后，有2000多年历史的农村土地私有制逐渐向集体所有制转变，城市土地私有制则逐渐向全民所有制转变，归结起来就是土地私有制向土地公有制转变。

1. 土地改革时期

1949年9月29日通过的具有临时宪法性质的《中国人民政治协商会议共同纲领》明确要有步骤地将封建半封建的土地所有制改变为农民的土地所有制，保护国家的公共财产和合作社的财产，保护工人、农民、小资产阶级和民族资产阶级的经济利益及其私有财产（第3条）。

1950年1月，中共中央下达《关于在各级人民政府内设土改委员会和组织各级农协直接领导土改运动的指示》，土地改革运动正式拉开序幕。到了1953年春，除部分地区外，我国已经普遍实行了土地改革。

1950年6月24日，中央人民政府发布的《铁路留用土地办法》第6条规定："铁路因建筑关系，原有土地不敷应用或有新设施需要土地时，由铁路局通过地方政府收买或征购之。"这里的"收买""征购"本质上就是土地征收，就此而论，《铁路留用土地办法》实际上是开了新中国土地征收立法之先河。

1950年6月30日和11月21日，中央人民政府先后发布《土地改革法》与《城市郊区土地改革条例》，二者分别对农村和城市的土地改革运动进行规范。《土地改革法》与《城市郊区土地改革条例》的核心理念在于明确废除地主阶级封建剥削的土地所有制，实行"耕者有其田"的农民土地所有制，并开始探索城市土地的国家所有制。

其中，《土地改革法》是新中国第一部全面规范土地制度的法律。与《中国人民政治协商会议共同纲领》一样，《土地改革法》在土地所有制问题上立场明确，即农村土地属于农民私人所有。因此，这次"土改"并不是消灭土地私有制，因为"土改"后农民的土地私人产权与"土改"前封建地主的土地私人产权同属土地私有制的范畴。[①] 而且，《土地改革法》重申了农民对所分得的土地有权"自由经营、买卖及出租"，这就从新的制度上给予广大农民比较完全、清晰的土地私有产权。[②] 在《土地改革法》第2章，用9个条文专门规定了土地的没收和征收。此外，《土地改革法》还提到了国有土地以及国家土地所有权，释放出城市土地国家所有的信号。

《城市郊区土地改革条例》则首次使用了"征用"一词，在第14条规定："国家为市政建设及其他需要征用私人所有的农业土地时，须给以适当代价，或以相等之国有土地调换之。对耕种该项土地的农民亦应给以适当的安置，并对其在该项土地上的生产投资（如凿井、植树等）及其他损失，予以公平合理的补偿。"

从《土地改革法》《城市郊区土地改革条例》的规定我们可以发现其中的征收、征用和没收之间并没有严格的界限，而且对于补偿安置仅有原则性的规定，有的甚至没有任何补偿或赔偿，总体上延续了在新中国成立之前就已经推广开来的无偿没收地主土地分给农民的改革方针，大多属于强制性无偿征收。其中规定的"适当代价""公平合理的补偿""适当的安置"，都是比较空洞且无法量化的标准，可操作性较差。

2. 社会主义改造时期

1953年，过渡时期总路线开始全面实行，用4年左右时间完成了对农业、手工业和资本主义工商业的社会主义改造，把生产资料私有制转变为社会主义公有制。其中，农业社会主义改造的成果是基本实现了农业合作化，在土地所有制方面集中体现为确立起土地的农民集体所有制。

为了适应国家建设的需要，慎重地、妥善地处理国家建设征用土地问题，1953年12月5日原政务院发布了《国家建设征用土地办法》，这是新中国第一部系统规范土地征收的法规，其中规定"凡征用之土地，产权属于国家"，同时规定了土地征用的补偿标准。

---

① 参见靳相木：《中国乡村地权变迁的法经济学研究》，中国社会科学出版社2005年版，第111～112页。

② 参见汪利娜：《中国城市土地产权制度研究》，社会科学文献出版社2006年版，第42页。

为了推动农业社会主义改造，全国人大及其常委会先后通过了《农业生产合作社示范章程草案》（1955 年 11 月 9 日）和《高级农业生产合作社示范章程》（1956 年 6 月 30 日）。其中，《高级农业生产合作社示范章程》规定土地实行集体所有（第 13 条），取消了土地报酬（第 14 条），但保留了宅基地和坟地的私有制（第 16 条）。

1954 年 9 月 20 日，新中国第一部《宪法》（“五四宪法”）第 8 条规定：“国家依照法律保护农民的土地所有权和其他生产资料所有权。”进一步肯定了农村土地私有制，即由农民享有土地的所有权。第 13 条规定：“国家为了公共利益的需要，可以依照法律规定的条件，对城乡土地和其他生产资料实行征购、征用或者收归国有。”这里确定了国家取得城乡土地和其他生产资料所有权的三种方式：征购、征用、收归国有，但对三者之间的区别未予明确，而且，也未规定在征购、征用或者收归国有时给予补偿。不过，由于《国家建设征用土地办法》已经对补偿作出了规定，《宪法》未规定补偿并不代表征用是无偿的。后来的 1975 年《宪法》（“七五宪法”）、1978 年《宪法》（“七八宪法”）及 1982 年《宪法》（“八二宪法”，即现行宪法），均对土地及财产的征收做了明确的规定，只是在细节上略有差异而已。[①]

1956 年 1 月，国务院发布《关于纠正与防止国家建设征用土地中浪费现象的通知》，主要是为了解决建设单位制订用地计划书不妥当、盲目多要土地，不分轻重缓急、不顾实际需要而提前征用土地，以及建筑物布置分散、大量浪费土地等问题。

3. 社会主义改造完成之后

随着社会主义改造基本完成，通过农业合作化运动推行了集体化，包括宅基地在内的农村土地也由农民私人所有制无条件地向集体所有制转变，实现了把生产资料私有制转变为社会主义公有制这一目标。

在这样的背景下，国务院于 1957 年 10 月对《国家建设征用土地办法》进行修改，并于 1958 年 1 月 6 日由全国人大常委会批准实施。修改后的《国家建设征用土地办法》规定，国家建设征用土地，既应该根据国家建设的实际需要，保证国家建设所必需的土地，又应该照顾当地人民的切身利益，必须对被征用土地者的生产和生活有妥善的安置；土地经核拨以后，用地单位应该协同当地人民委员会向群众进行解释，宣布对被征用土地者补偿安置的各项具体办法，并给他们必要的准备时间，使群众在当前切身利益得到适当照顾的情况下，自觉地服从国家利益和人民和长远利益，然后才能正式确定土地的征用，进行施工（第 3 条、第 5 条）。征用土地，须由有权批准本项建设工程初步设计的机关负责批准用地的数量，然后由用地单位向土地所在地的省级人民委员会申请一次或者数次核拨；建设工程用地在 300 亩以下和迁移居民在 30 户以下的，可以向土地所在地的县级人民委员会申请核拨（第 4 条）。征用土地，应该尽量用国有、公有土地调剂，无法调剂的或者调剂后对被征用土地者的生产、生活有影响的，应该发给补偿费或者补助费（第 7 条）。对因土地征用而需要安置

① “七五宪法”在“五四宪法”的基础上，删除了“为了公共利益需要”的规定；“七八宪法”在“七五宪法”的基础上，删除了“城乡”及“和其他生产资料”；“八二宪法”则重新引入了“为了公共利益需要”，并删除了“征购”及“收归国有”的内容。

的农民，当地乡、镇或者县级人民委员会应该负责尽量就地在农业上予以安置（第 13 条）。显而易见，《国家建设征用土地办法》对补偿安置作出了相对细化的规定，这是一大进步。但是，其中规定的补偿标准偏低，加之还有“酌情补偿”“不发给补偿费”“无偿征用”等情形，导致其在补偿安置方面的规定实际上还是比较落后的。

1962 年，国务院决定暂时将征用土地的审批权收归省、自治区、直辖市掌握，征用土地审批权得以集中到省级人民政府，这对于解决一些地方政府在土地征用中的乱象大有裨益。然而，好景不长，1964 年 7 月国务院又发布《关于国家建设征用土地审批权限适当下放的通知》，规定征用土地 10 亩以下和迁移居民 5 户以下的（不包括水利、水电工程移民）可分别城市和农村、城市的近郊和远郊以及土地好坏等情况，将审批权适当下放，至于在这一规定权限内具体下放几亩、几户，下放到乡、州还是县、市，由各省、自治区、直辖市自行确定后报内务部备案。从中可见，中央人民政府一直在征用土地审批权的“统”与“放”之间举棋不定，并小心翼翼地寻找平衡点。

1962 年 9 月 27 日，中共中央通过《农村人民公社工作条例（修正草案）》。《农村人民公社工作条例（修正草案）》再次强调了农村土地的集体所有制，同时规定在特定情形下土地所有权可以与经营权相分离（第 21 条）。另外，将宅基地所有权与房屋所有权分离，第一次明确规定了宅基地属于集体所有，而房屋永远归社员所有（第 45 条）。

1963 年 3 月 20 日，中共中央《关于各地对社员宅基地问题作一些补充规定的通知》规定：“社员的宅基地，包括有建筑物和没有建筑物的空白宅基地，都归生产队集体所有，一律不准出租和买卖。但仍归各户长期使用，长期不变……”“宅基地上的附着物，如房屋、树木、厂棚、猪圈、厕所等永远归社员所有，社员有买卖或租赁房屋的权利。房屋出卖以后，宅基地的使用权即随之转移给新房主，但宅基地的所有权仍归生产队所有。”这相当于正式承认了农村土地所有权与使用权相分离——所有权归集体，使用权归社员且无限期使用，此即“公有私用”。追根溯源，“公有私用”在 1956 年三大改造完成之后就已是既成事实了。

总结·提示 1956 年“三大改造”完成之后，农村土地就已经在事实上实现了“公有私用”。

此后，以《国家建设征用土地办法》为主要单行法的立法模式长期未变，并一直沿用至 1982 年《国家建设征用土地条例》实施之日。

（三）改革开放之初（1978～1992 年）

1. 土地征收立法：以《国家建设征用土地条例》和《土地管理法》为中心

1978 年 11 月 24 日，安徽省凤阳县小岗村 18 位农民签下了包干保证书，其核心内容是把土地分包到户（“包产到户”），家庭联产承包责任制由此诞生。家庭联产承包责任制是农村经济体制改革的第一步，宣告了“一大二公”的“人民公社”制度退出历史。通过第二次“土改”，农民获得了宅基地和承包地的使用权，但农村土地所有权仍然归集体。改革开放之后首部关于土地的法规是《村镇建房用地管理条例》，随后《国家建设征用土地条例》和《土地管理法》先后出台。在这一阶段，还通过了“八二宪法”，即中国现行宪法。

（1）《村镇建房用地管理条例》

1982年2月13日，《村镇建房用地管理条例》发布实施，对农村村庄和集镇的建房用地进行规范。《村镇建房用地管理条例》要求村镇建房，应当在村镇规划的统一指导下，有计划地进行（第6条）。同时，要以村镇规划和用地标准为基本依据，建立起村镇建房用地审批制度（第13条）。其宗旨是维护社会主义土地公有制，经济合理地利用土地，防止村镇建房乱占滥用耕地，保障农业生产的发展和适应农村建设的需要（第1条）。从此，农村建房用地开始进入需要规划和审批的新时期，在此之前国家并没有建房用地审批制度。正因如此，《村镇建房用地管理条例》的实施日期也成为农村建筑合法性认定中一个十分重要的节点。

（2）《国家建设征用土地条例》

1982年5月14日，《国家建设征用土地条例》发布实施，主要是为了集中解决土地征用中出现的新问题。《国家建设征用土地条例》中首次出现“征用集体所有的土地”的表述，明确了国家建设土地征收的对象；首次使用“土地管理机关”这一概念，明确规定了被征地者的服从义务，并实现了土地补偿标准与安置补助标准的法定化与行政化。① 与1958年1月开始实施的《国家建设征用土地办法》相比，新条例在补偿范围、补偿对象方面变化不大，主要的变化体现在补偿的标准与安置的方式等方面。例如，在补偿标准方面，土地补偿费的标准由该耕地年产值的“二至四倍”提高到“三至六倍”；在安置方式方面，《国家建设征用土地条例》第12条明确规定了发展农业生产、发展社队工副业生产、迁队或并队等安置途径。按照上述途径安置不完的剩余劳动力，经省、自治区、直辖市人民政府批准或同意，可以安排到集体所有制单位就业，或者选招其中符合条件的当工人。生产队的土地已被征完，又不具备迁队、并队条件的，本队原有的农业户口，经省、自治区、直辖市人民政府审查批准，可转为非农业户口或城镇户口。

（3）“八二宪法”

1982年12月4日发布实施的《宪法》，旗帜鲜明地确立了全部国土的公有制。《宪法》第10条不仅直接宣布“城市的土地属于国家所有”，而且建立了城市土地国有、农村土地集体所有的城乡二元体制。而城乡二元体制的逻辑推论是：农村集体土地只有经过政府征收才能转变为城市国有土地。②“八二宪法”沿用土地征用这一称谓，其中明确规定：“国家为了公共利益的需要，可以依照法律规定对土地实行征用。”1988年的“宪法修正案”对土地制度进行了重大改革，将第10条第4款“任何组织或者个人不得侵占、买卖、出租或者以其

---

① 参见李春燕：《变革与重构：集体土地征收程序研究》，法律出版社2017年版，第53页。
② 参见张千帆等：《城市化进程中的农民土地权利保障》，中国民主法制出版社2013年版，第1～3页。

他形式非法转让土地”修改为“任何组织或个人不得侵占、买卖或者以其他形式非法转让土地。土地的使用权可以依照法律的规定转让”。

总结·提示　在土地的城乡二元体制下，土地所有权不能够通过市场交易的方式转让，只能单向地通过征收由集体所有转变成国家所有，但国家所有的土地无法再转变为集体所有。

---

(4)《土地管理法》

1986年6月25日《土地管理法》通过，于1987年1月1日正式实施，《村镇建房用地管理条例》与《国家建设征用土地条例》同时废止。《土地管理法》是新中国第一部关于土地问题的综合性立法，对国家建设征用土地的权限、程序以及补偿安置做了全面规定。依据规定，国家进行经济、文化、国防建设以及兴办社会公共事业，可以征用土地（第21条）；国家建设征用土地，建设单位必须持国务院主管部门或者县级以上地方人民政府按照国家基本建设程序批准的设计任务书或者其他批准文件，向县级以上地方人民政府土地管理部门提出申请，经县级以上人民政府审查批准后，由土地管理部门划拨土地，且被征地单位应当服从国家需要，不得阻挠（第23条）；审查批准的权限分别属于国务院和省、自治区、直辖市人民政府，省、自治区行政区域内的县级人民政府，省辖市、自治州人民政府，直辖市的区人民政府和县人民政府（第25条）；征用土地后，由用地单位支付土地补偿费、被征用土地上的附着物和青苗补偿费，并通过各种途径给予安置（第27～31条）。

在1988年的“宪法修正案”出台后，全国人大常委会于1988年12月29日对《土地管理法》进行了首次修改。修改的重点主要是土地有偿使用制度、土地使用权出让和转让制度以及乡（镇）村公共设施、公益事业建设使用土地的批准权限和程序等内容，但未对集体土地征用作出实质性的改变。

(5)《关于国家建设用地审批工作的暂行规定》和《土地管理法实施条例》

为加强国家建设用地管理，严格审批制度，合理利用土地，原国家土地管理局于1988年11月22日发布了《关于国家建设用地审批工作的暂行规定》，以《土地管理法》为主要依据，对国家征收和划拨建设用地的程序做了细化规定。

为进一步贯彻落实《土地管理法》的规定，1991年1月4日国务院发布了《土地管理法实施条例》，于1991年2月1日起实施。《土地管理法实施条例》的框架结构与《土地管理法》完全相同，是对《土地管理法》进行全面细化的一部行政法规。此后，国家土地管理局根据各地的请示，对《土地管理法》和《土地管理法实施条例》的理解和适用做了许多批复、答复。其中，与土地征收相关的主要是1992年6月13日国家土地管理局政策法规司作出的《关于对〈土地管理法〉有关问题请示的答复》，答复同意山东省土地管理局提出的对“农业集体经济组织”的理解，即“农业集体经济组织”必须有一定组织机构、管理人员、资金，具有一定的民事权利能力和民事行为能力，能够以自己的名义独立承担民事责任。

1986年《土地管理法》第8条规定，“村农民集体所有的土地已经分别属于村内两个以上农业集体经济组织所有的，可以属于各该农业集体经济组织的农民集体所有”，根据上述规定，在生产队解体改为村民小组后，原生产队所有的土地可以属于该村民小组相应的农业集体经济组织的农民集体所有，不应理解为村民小组拥有土地所有权。

2. 城市房屋拆迁立法：以《拆迁条例》为中心

《国家建设征用土地条例》和《土地管理法》确立了改革开放初期土地征收补偿制度的法律框架。但有一点需要注意：征收作为法律制度，在中国主要是以集体土地征收和国有土地上房屋征收两种形式呈现。在实行土地私有制的国家一般都没有独立于土地征收制度的房屋征收制度，因为土地所有权与房屋所有权是一体的，在征收私有土地时附着于土地上的房屋也被一并征收了。在中国，由于土地是公有的，土地所有权与房屋所有权大多是分离的，为了解决使用权收回后国有土地上的房屋问题，还需要在土地征收制度之外建立房屋征收制度。

基于以上原因，国务院于1991年3月22日发布了《拆迁条例》，于1991年6月1日起实施，它标志着独立的城市房屋拆迁制度正式确立。《拆迁条例》的适用范围是城市规划区内国有土地上的房屋拆迁（第2条），要求任何单位或者个人需要拆迁房屋，必须持国家规定的批准文件、拆迁计划和拆迁方案，向县级以上人民政府房屋拆迁主管部门提出拆迁申请，经批准并发给房屋拆迁许可证后，方可拆迁（第8条）。在拆迁补偿方面，实行产权调换、作价补偿，或者产权调换和作价补偿相结合的形式（第20条），并对应当安置的被拆除房屋使用人依照规定给予安置，其中被拆除房屋使用人是指在拆迁范围内具有正式户口的公民和在拆迁范围内具有营业执照或者作为正式办公地的机关、团体、企业、事业单位（第27条）。

《拆迁条例》是为了落实1989年12月26日通过的《城市规划法》（1990年4月1日起实施）而制定的。《城市规划法》中关于城市规划区、城市新区开发和旧区改建、城市规划的实施等规定，是制定《拆迁条例》的上位法依据。《城市规划法》也是中国在城市规划、城市建设和城市管理方面出台的第一部法律，从此规划作为征收拆迁的上游行为、前置行为的法律地位得以确立。此后，任何征收拆迁行为都必须有规划依据，依规划实施征收拆迁的理念逐渐深入人心。

（四）市场经济体制改革之后（1992年之后）

1992年10月，中共十四大提出经济体制改革的目标是建立社会主义市场经济体制。随着经济社会的快速发展，建设用地的需求飞速增长，用地规模不断扩大，节约用地、耕地保护开始受到国家的空前重视。1994年7月，国务院发布《关于深化城镇住房制度改革的决定》，对住房制度与房地产开发制度进行改革，中国开始进入“土地使用有偿化”和“住房商品化”时代。2008年10月6日，国务院又发布《全国土地利用总体规划纲要（2006—2020年）》，布置了“守住18亿亩耕地红线”的重大任务。在此背景下，《宪法》《土地管理法》《土地管理法实施条例》《拆迁条例》均作出重要修改，《物权法》《城市房地产管理法》《征收条例》《民法典》等法律法规相继出台。

1.《宪法》的修改

中国市场经济体制改革之后，分别在1993年、1999年、2004年、2018年对《宪法》进行了修改。其中，与征收拆迁直接相关的是2004年“宪法修正案”的第20条和第22条。2004年“宪法修正案”第20条规定：“宪法第十条第三款‘国家为了公共利益的需要，可以依照法律规定对土地实行征用。’修改为：‘国家为了公共利益的需要，可以依照法律规定对土地实行征收或者征用并给予补偿。’”第22条规定：“宪法第十三条‘国家保护公民的合法的收入、储蓄、房屋和其他合法财产的所有权。’‘国家依照法律规定保护公民的私有财产的继承权。’修改为：‘公民的合法的私有财产不受侵犯。’‘国家依照法律规定保护公民的私有财产权和继承权。’‘国家为了公共利益的需要，可以依照法律规定对公民的私有财产实行征收或者征用并给予补偿。’”这一修改，对征收与征用进行了区分，而且明确“依照法律规定”既规范征收、征用行为，包括征收、征用的主体和程序，也规范补偿行为，包括补偿的项目和标准。①

2.《土地管理法》和《土地管理法实施条例》的修改

（1）1998年《土地管理法》的修改

1997年4月15日，中共中央、国务院《关于进一步加强土地管理切实保护耕地的通知》（中发〔1997〕11号）提出，必须认真贯彻“十分珍惜和合理利用每寸土地，切实保护耕地”的基本国策，并就土地的宏观管理、城市建设用地管理和农村集体土地管理等问题布置了重要任务。1998年8月29日，全国人大常委会以该文件的精神为指导，突出切实保护耕地这一主题，对《土地管理法》进行了较大规模的修改，于1999年1月1日起实施。

本次修改《土地管理法》的重点是：“将土地管理方式由以往的分级限额审批制度改为土地用途管制制度，强化土地利用总体规划和土地利用年度计划的效力，通过土地用途管制，加强对农用地、特别是对耕地的保护；在用途管制的前提下，上收审批权，包括土地利用总体规划的审批权、占用农用地、特别是耕地的审批权和征地的审批权；充实和完善法律责任，加大对土地违法行为的处罚力度。”② 修改后的《土地管理法》建立起土地用途管制制度和土地利用规划制度，限制集体土地征收；加强了建设用地的审批力度，上收了征地审批权，实行最严格的耕地保护力度；控制集体土地自行流入市场，以节约土地；在土地征收补偿方面，第47条延用按被征收土地原用途给予补偿的“产值倍数法”，实行双重限额补偿（土地补偿费和安置补助费以使“需要安置的农民保持原有生活水平”为原则，如不能，“经省、自治区、直辖市人民政府批准，可以增加安置补助费。但是，土地补偿费和安置补助费的总和不得超过土地被征用前三年平均年产值的三十倍”）和动态标准，补偿标准适当提高。同时，首次明确了“违反法律规定的程序”征用土地的法律责任（第78条）。

（2）2004年《土地管理法》的修改

由于2004年“宪法修正案”对征收与征用做了区分，并规定“国家为了公共利益的需

---

① 第十届全国人民代表大会第二次会议主席团《关于〈中华人民共和国宪法修正案（草案）〉审议情况的报告》，2004年3月12日。

② 《关于〈中华人民共和国土地管理法（修订草案）〉的说明》，1998年4月26日。

要，可以依照法律规定对土地实行征收或者征用并给予补偿”，2004 年 8 月 28 日，《土地管理法》也相应地作出修改。将《土地管理法》第 2 条第 4 款修改为：“国家为了公共利益的需要，可以依法对土地实行征收或者征用并给予补偿。”同时，将《土地管理法》部分条款中的“征用”修改为“征收”。

（3）2019 年《土地管理法》的修改

《土地管理法》确立的以土地公有制为基础、耕地保护为目标、用途管制为核心的土地管理制度发挥了重要作用。然而，近年来土地征收制度不完善，农村集体土地权益保障不充分，宅基地取得、使用和退出制度不完整，土地增值收益分配机制不健全等问题日益凸显。2013 年 11 月，十八届三中全会通过的中共中央《关于全面深化改革若干重大问题的决定》明确提出了改革的方向；2015 年 1 月，中共中央办公厅、国务院办公厅印发《关于农村土地征收、集体经营性建设用地入市、宅基地制度改革试点工作的意见》，对农村土地制度改革进行顶层设计；2015 年 2 月，全国人大常委会通过《关于授权国务院在北京市大兴区等 33 个试点县行政区域内暂停调整实施有关法律规定的决定》，在试点地区暂停实施《土地管理法》5 个条款和《城市房地产管理法》1 个条款；2018 年 12 月，国务院发布《关于农村土地征收、集体经营性建设用地入市、宅基地制度改革试点情况的总结报告》，宣布农村土地制度改革三项试点工作取得显著成效，并对《土地管理法》的修改提出建议。2019 年《土地管理法》的修改就是在这样的背景下启动的。

2019 年 8 月 26 日，全国人大常委会发布了修改后的《土地管理法》，于 2020 年 1 月 1 日起实施。新修改的《土地管理法》对土地征收制度的改革，主要体现在对土地征收的公共利益范围进行明确界定、明确征收补偿的基本原则是“保障被征地农民原有生活水平不降低，长远生计有保障”以及改革土地征收程序这三个方面。

链接·积累

自然资源部法规司司长解读新《土地管理法》[①]

新《土地管理法》坚持土地公有制不动摇，坚持农民利益不受损，坚持最严格的耕地保护制度和最严格的节约集约用地制度，在充分总结农村土地制度改革试点成功经验的基础上，做出了多项重大突破。

1. 破除集体经营性建设用地进入市场的法律障碍

删除了原法关于“任何单位和个人进行建设，需要使用土地，必须使用国有土地”的规定，允许集体经营性建设用地在符合规划、依法登记，并经本集体经济组织 2/3 以上成员或者村民代表同意的条件下，通过出让、出租等方式交由集体经济组织以外的单位或者个人直接使用，使用者取得集体经营性建设用地使用权后还可以转让、互换或者抵押。这一规定结束了多年来集体建设用地不能与国有建设用地同权同价同等入市的二元体制，为推进城乡一

① 参见《农村土地制度实现重大突破——自然资源部法规司司长魏莉华解读新土地管理法》，载《中国自然资源报》2019 年 8 月 27 日，第 1 版，有删节。

体化发展扫清了制度障碍，是新《土地管理法》最大的亮点。

2. 改革土地征收制度

（1）对土地征收的公共利益范围进行明确界定

首次对土地征收的公共利益进行界定，采取列举方式明确：因军事和外交、政府组织实施的基础设施、公共事业、扶贫搬迁和保障性安居工程建设需要以及成片开发建设6种情形，确需征收的，可以依法实施征收。

（2）明确征收补偿的基本原则是保障被征地农民原有生活水平不降低，长远生计有保障

首次将2004年国务院28号文件提出的“保障被征地农民原有生活水平不降低、长远生计有保障”的补偿原则上升为法律规定，并以区片综合地价取代原来的年产值倍数法，在原来的土地补偿费、安置补助费、地上附着物和青苗补偿费的基础上，增加农村村民住宅补偿费用和将被征地农民社会保障费用的规定，从法律上为被征地农民构建更加完善的保障机制。

（3）改革土地征收程序

将原来的征地批后公告改为征地批前公告，多数被征地的农村集体经济组织成员对征地补偿安置方案有异议的，应当召开听证会修改，进一步落实被征地的农村集体经济组织和农民在整个征地过程的知情权、参与权和监督权。倡导和谐征地，征地报批以前，县级以上地方政府必须与拟征收土地的所有权人、使用权人就补偿安置等签订协议。

3. 完善农村宅基地制度

在原来一户一宅的基础上，增加宅基地户有所居的规定，这是对一户一宅制度的重大补充和完善。新《土地管理法》规定，国家允许进城落户的农村村民自愿有偿退出宅基地。同时，下放宅基地审批权限，明确农村村民住宅建设由乡镇人民政府审批。

4. 为“多规合一”改革预留法律空间

明确国家建立国土空间规划体系，经依法批准的国土空间规划是各类开发、保护和建设活动的基本依据。

5. 将基本农田提升为永久基本农田

明确永久基本农田经依法划定后，任何单位和个人不得擅自占用或者改变用途。永久基本农田必须落实到地块，纳入数据库严格管理。各省、自治区、直辖市划定的永久基本农田一般应当占本行政区域内耕地的80%以上，具体比例由国务院根据各省、自治区、直辖市耕地实际情况确定。

6. 合理划分中央和地方土地审批权限

对中央和地方的土地审批权限进行了调整，按照是否占用永久基本农田来划分国务院和省级政府的审批权限。今后，国务院只审批涉及永久基本农田的农用地转用，其他的由国务院授权省级政府审批。同时，按照谁审批谁负责的原则，取消省级征地批准报国务院备案的规定。

7. 土地督察制度正式入法

在总则中对土地督察制度作出规定。以此为标志，国家土地督察制度正式成为土地管理的法律制度。

(4)《土地管理法实施条例》的修改

1998年12月27日，国务院发布了新《土地管理法实施条例》，于1999年1月1日起实施，其章节设置与《土地管理法》(1998年修改) 完全相同，内容也大多是后者的具体化。

2011年1月8日，国务院发布《关于废止和修改部分行政法规的决定》，将《土地管理法实施条例》部分条款中的“征用”修改为“征收”。这是新《土地管理法实施条例》的第一次修改。

2014年7月29日，国务院发布《关于修改部分行政法规的决定》，对《土地管理法实施条例》第17条作出了三处修改：第17条第2款修改为：“在土地利用总体规划确定的土地开垦区内，开发未确定土地使用权的国有荒山、荒地、荒滩从事种植业、林业、畜牧业、渔业生产的，应当向土地所在地的县级以上地方人民政府土地行政主管部门提出申请，按照省、自治区、直辖市规定的权限，由县级以上地方人民政府批准。”删去第17条第3款。第17条第4款改为第3款，并将其中的“县级以上人民政府”修改为“县级以上地方人民政府”。这是新《土地管理法实施条例》的第二次修改。

2021年7月2日，国务院发布第743号令，对《土地管理法实施条例》作出重大修改。本次修改以2019年修改的《土地管理法》为主要依据，进一步完善和细化土地征收程序，增加征收土地预公告制度，明确预公告应当包括征收范围、征收目的、开展土地现状调查的安排等内容；要求县级以上地方人民政府应当及时落实土地补偿费、安置补助费等有关费用；有关费用未足额到位的，不得批准征收土地；强化被征地农民参与制度，保障其有效行使知情权、参与权、监督权。这是新《土地管理法实施条例》的第三次修改，也是最近一次修改，于2021年9月1日起实施。

总结·提示 市场经济体制改革之后，《土地管理法》先后修改3次，现行《土地管理法》是2019年修改的。同时，发布了新《土地管理法实施条例》，并先后修改3次，现行《土地管理法实施条例》是2021年修改的。

3.《拆迁条例》的修改和《征收条例》的出台

(1)《拆迁条例》的修改

2001年6月13日，国务院第305号令发布修改之后的《拆迁条例》，于同年11月1日起实施。修改后的《拆迁条例》明确规定，被拆迁人为房屋的所有人，重点对房屋所有人进行补偿，兼顾对房屋使用人的安置，尊重所有人和使用人的权利；在补偿标准方面，将拆迁补偿的标准由被拆迁房屋的重置价格结合成新结算，修改为根据被拆迁房屋的区位、用途、建筑面积等因素，以房地产市场评估价格确定货币补偿金额，增加了被拆迁人对补偿方式的选择权；进一步完善房屋拆迁许可证审批、延期拆迁申请审批、拆迁裁决和强制拆迁的程序规定；充实和完善法律责任，加大了对违法行为的处罚力度。

(2) 由“拆迁”到“征收”的嬗变——《征收条例》的出台

城市房屋拆迁制度，从诞生之日起就存在争议。随着2004年“宪法修正案”和2007年

《物权法》《城市房地产管理法》的实施，城市房屋拆迁行为在法律上被明确定性为房屋征收行为，《拆迁条例》与上位法之间的冲突日益明显，其合法性乃至合宪性遭到更加强烈的质疑。2009 年 12 月 7 日，北京大学沈岿、王锡锌、陈端洪、钱明星、姜明安 5 位法学教授上书全国人大常委会，提出对《拆迁条例》进行审查的建议。2009 年 12 月 10 日，著名民法学者梁慧星在接受采访时直言《拆迁条例》是违法的，在《物权法》实施后应当自动失效！

针对上述问题，2010 年 1 月和 12 月，国务院原法制办先后两次向全社会公开征求修改意见。2011 年 1 月 21 日，国务院发布第 590 号令，正式发布《征收条例》，并自发布之日起实施。从此，城市房屋拆迁制度退出舞台，国有土地上房屋征收制度闪亮登场了。

总结·提示 2011 年 1 月 21 日，《征收条例》开始实施，城市房屋拆迁制度不复存在，取而代之的是国有土地上房屋征收制度。

---

4. 相关配套立法的制定

这一阶段是中国立法频率最高、立法数量最多的时期，其间出台的与征收拆迁密切相关的立法有《城市房地产管理法》《基本农田保护条例》《农村土地承包法》《物权法》《城乡规划法》《行政强制法》等重要法律和法规。

（1）《城市房地产管理法》

1994 年 7 月 5 日，《城市房地产管理法》发布，自 1995 年 1 月 1 日起实施，并于 2007 年 8 月 30 日、2009 年 8 月 27 日、2019 年 8 月 26 日进行了修改。其中，在 2007 年 8 月 30 日的修改中增加了一条：“为了公共利益的需要，国家可以征收国有土地上单位和个人的房屋，并依法给予拆迁补偿，维护被征收人的合法权益；征收个人住宅的，还应当保障被征收人的居住条件。具体办法由国务院规定。”2009 年 8 月 27 日，把第 9 条的“征用”修改为“征收”。2019 年 8 月 26 日，将第 9 条修改为：“城市规划区内的集体所有的土地，经依法征收转为国有土地后，该幅国有土地的使用权方可有偿出让，但法律另有规定的除外。”

（2）《基本农田保护条例》

1994 年 8 月 18 日，《基本农田保护条例》发布，自 1994 年 10 月 1 日起实施，并于 1998 年 12 月 27 日、2011 年 1 月 8 日进行了修改。《基本农田保护条例》要求实行全面规划、合理利用、用养结合、严格保护的方针，建立起基本农田保护区用途管制、占用基本农田严格审批与占补平衡等制度，对基本农田实行特殊保护。

（3）《农村土地承包法》

2002 年 8 月 29 日，《农村土地承包法》发布，自 2003 年 3 月 1 日起实施，并于 2009 年 8 月 27 日、2018 年 12 月 29 日进行了修改。修改后的《农村土地承包法》体现了“要在坚持农村土地集体所有的前提下，促使承包权和经营权分离，形成所有权、承包权、经营权三权分置，经营权流转的格局”这一要求，规定承包地被依法征收、征用、占用的，承包方有权依法获得相应的补偿（第 17 条），并规定了非法征收、征用、占用土地或者贪污、挪用土地征收、征用补偿费用的法律责任（第62条）。

（4）《物权法》

2007年3月16日，《物权法》发布，自2007年10月1日起实施，现已失效。《物权法》中与征收拆迁直接相关的内容并不多，但切中肯綮。其中，第42条第1款规定："为了公共利益的需要，依照法律规定的权限和程序可以征收集体所有的土地和单位、个人的房屋及其他不动产。"这里明确要对征收行为课予三个方面的限制：公共利益目的、法定权限、法定程序；第42条第2~4款明确了征收集体土地和单位、个人的房屋及其他不动产应当给予的补偿和安置，禁止任何单位和个人贪污、挪用、私分、截留、拖欠征收补偿费等费用；第43条重申了对耕地实行特殊保护，是对中国最严格土地管理制度的贯彻落实。

值得一提的是，在《物权法》之后出台的另一部民事基本法律《民法总则》（2017年10月1日起实施，已失效）中也涉及征收和补偿。《民法总则》第117条规定："为了公共利益的需要，依照法律规定的权限和程序征收、征用不动产或者动产的，应当给予公平、合理的补偿。"这里确立了"公平、合理"的补偿标准，同时重申了国家征收必须满足的三个条件：①公共利益的需要；②法定的权限和程序；③公平、合理的补偿。

总结·提示　《物权法》《民法总则》等民事基本法律提出征收必须满足三个条件：公共利益的需要，法定的权限和程序，以及公平、合理的补偿，这三个条件成为行政征收的合法要件。

（5）《城乡规划法》

2007年10月28日，《城乡规划法》发布，自2008年1月1日起实施，并于2015年4月24日、2019年4月23日进行了修改。由此前的《城市规划法》到《城乡规划法》，虽然仅一字之差，却打破了城乡规划二元分治的局面，中国由此进入了城乡统筹规划的新时期。

（6）《行政强制法》

2011年6月30日，《行政强制法》发布，自2012年1月1日起实施。《行政强制法》对行政强制的种类、设定、程序和法律责任等方面做了全面规定，是继《行政处罚法》《行政复议法》《行政许可法》之后又一部规范政府共同行为的重要法律。其中，关于行政强制执行程序的规定对于规范现实中屡见不鲜的强拆行为无疑具有重要的意义。

5.《民法典》的出台

2020年5月28日，被誉为"社会生活的百科全书"的《民法典》在千呼万唤中正式出台，这是新中国成立以来第一部以"法典"命名的法律。《民法典》自2021年1月1日起实施，《婚姻法》《继承法》《民法通则》《收养法》《担保法》《合同法》《物权法》《侵权责任法》《民法总则》同时废止。《民法典》卷帙浩繁，内容包罗万象，其中不乏直接规范行政征收及补偿的条款。例如，《民法典》第117条规定："为了公共利益的需要，依照法律规定的权限和程序征收、征用不动产或者动产的，应当给予公平、合理的补偿。"第243条规定：

“为了公共利益的需要，依照法律规定的权限和程序可以征收集体所有的土地和组织、个人的房屋以及其他不动产。征收集体所有的土地，应当依法及时足额支付土地补偿费、安置补助费以及农村村民住宅、其他地上附着物和青苗等的补偿费用，并安排被征地农民的社会保障费用，保障被征地农民的生活，维护被征地农民的合法权益。征收组织、个人的房屋以及其他不动产，应当依法给予征收补偿，维护被征收人的合法权益；征收个人住宅的，还应当保障被征收人的居住条件。任何组织或者个人不得贪污、挪用、私分、截留、拖欠征收补偿费等费用。”《民法典》的出台，对于进一步规范行政征收、补偿活动以及保护公民、法人和其他组织的合法权益意义十分重大。

三、当代中国征收拆迁法的渊源

法的渊源，简称“法源”，是法律规范的出处或者来源。法的渊源既包括成文法（正式渊源），又包括判例、习惯及法理（非正式渊源）。由于中国并未形成严格意义上的判例法，习惯与法理的“法源”地位也没能正式确立，法的渊源主要就是成文法，包括宪法、法律、行政法规、地方性法规、自治条例和单行条例、规章以及规范性文件，此外还有法院的司法解释。同时，随着指导性案例地位的提升，其“法源”地位亦获得认可。

（一）宪法

宪法作为根本法，具有最高的法律效力。中国现行宪法是 1982 年《宪法》，2018 年 3 月 11 日修改后发布实施。《宪法》第 10 条第 3 款规定：“国家为了公共利益的需要，可以依照法律规定对土地实行征收或者征用并给予补偿。”第 13 条第 3 款规定：“国家为了公共利益的需要，可以依照法律规定对公民的私有财产实行征收或者征用并给予补偿。”这些规定在根本法层面上为土地以及公民私有财产的征收、征用和补偿定下了基调。此外，《宪法》中有关基本经济制度、土地二元所有制、私有财产保护等重要内容，也为征收拆迁立法奠定了基础。

（二）中央层面立法：法律、行政法规、部门规章、规范性文件

《立法法》（2023 年修改）第 11 条确立了征收、征用的法律保留原则，即“对非国有财产的征收、征用”事项只能制定法律。同时，《立法法》第 12 条针对特殊情况规定了授权立法事项：“本法第十一条规定的事项尚未制定法律的，全国人民代表大会及其常务委员会有权作出决定，授权国务院可以根据实际需要，对其中的部分事项先制定行政法规，但是有关犯罪和刑罚、对公民政治权利的剥夺和限制人身自由的强制措施和处罚、司法制度等事项除外。”据此，在中央层面确立起征收拆迁基本制度框架的首先应该是法律和行政法规。此外，在法律和行政法规之下，尚有数量更为庞大的部门规章和规范性文件，它们共同塑造了征收拆迁的具体制度。虽然严格说来规范性文件在中国难以成为真正意义上的法的渊源，在行政诉讼中甚至连被“参照”的资格都没有，但在现实中所发挥的作用却是巨大的。

征收拆迁相关立法的数量庞杂，如何进行合理分类便成为一个棘手的问题。这里主要借鉴《新编征地拆迁法小全书》的体例，将中央层面的征收拆迁立法划分为“征收拆迁基础

法”“土地征收拆迁法”“房屋征收拆迁法”“征收拆迁争议解决法”四大类别。[①] 但在其体例基础上略有调整。

1. 征收拆迁基础法

（1）综合性立法

属于“综合性立法”的法律主要有《民法典》（2020年5月28日发布）、《土地管理法》（2019年8月26日修改）、《农村土地承包法》（2018年12月29日修改）、《城乡规划法》（2019年4月23日修改）、《城市房地产管理法》（2019年8月26日修改）、《建筑法》（2019年4月23日修改）和《行政强制法》（2011年6月30日发布）；行政法规主要有《土地管理法实施条例》（2021年7月2日修改，国务院令第743号）、《基本农田保护条例》（2011年1月8日修改，国务院令第588号）、《土地复垦条例》（2011年3月5日发布，国务院令第592号）。其中，最为重要的当属《土地管理法》和《土地管理法实施条例》，二者堪为集体土地征收领域的“基本法”。

部门规章及规范性文件主要有《闲置土地处置办法》（原国土资源部2012年6月1日修改，国土资源部令第53号），《节约集约利用土地规定》（自然资源部2019年7月24日修改，自然资源部令第5号），《土地复垦条例实施办法》（自然资源部2019年7月24日修改，自然资源部令第5号），《深化农村改革综合性实施方案》（中共中央、国务院2015年11月2日发布），国务院《关于深化改革严格土地管理的决定》（2004年10月21日发布，国发〔2004〕28号），原国土资源部《关于贯彻执行〈中华人民共和国土地管理法〉和〈中华人民共和国土地管理法实施条例〉若干问题的意见》（1999年9月17日发布，国土资厅发〔1999〕97号），《国务院关于加快棚户区改造工作的意见》（2013年7月4日发布，国发〔2013〕25号），国务院办公厅《关于进一步加强棚户区改造工作的通知》（2014年7月21日发布，国办发〔2014〕36号），财政部、住房城乡建设部《关于进一步做好棚户区改造相关工作的通知》（2016年3月25日发布，财综〔2016〕11号），住房城乡建设部、财政部、原国土资源部《关于进一步做好棚户区改造工作有关问题的通知》（2016年7月11日发布，建保〔2016〕156号），《土地储备管理办法》（原国土资源部、财政部、原中国人民银行、中国银行业监督管理委员会2018年1月3日修改，国土资规〔2017〕17号），《关于在超大特大城市积极稳步推进城中村改造的指导意见》（2023年7月21日，国务院常务会议审议通过）。

（2）土地、房屋权属法

①一般规定。主要有《不动产登记暂行条例》（2019年3月24日修改，国务院令第656号），《不动产登记暂行条例实施细则》（2019年7月24日修改，自然资源部令第5号），中央编办《关于整合不动产登记职责的通知》（2014年1月21日发布，中央编办发〔2013〕134号），原国土资源部《关于贯彻实施〈不动产登记暂行条例〉的通知》（2014年12月29

① 参见《新编征地拆迁法小全书》，法律出版社2020年版。

日发布，国土资发〔2014〕177 号），原国土资源部、中央编办《关于地方不动产登记职责整合的指导意见》（2015 年 4 月 13 日发布，国土资发〔2015〕50 号），《自然资源统一确权登记暂行办法》（自然资源部、财政部、生态环境部、水利部、国家林业和草原局 2019 年 7 月 11 日发布，自然资发〔2019〕116 号）。

②土地权属法。主要有《城镇国有土地使用权出让和转让暂行条例》（1990 年 5 月 19 日发布，国务院令第 55 号），《协议出让国有土地使用权规定》（2003 年 6 月 11 日发布，国土资源部令第 21 号），《招标拍卖挂牌出让国有建设用地使用权规定》（2007 年 9 月 28 日修改，国土资源部令第 39 号），《土地权属争议调查处理办法》（2010 年 11 月 30 日修改，国土资源部令第 49 号），《林木和林地权属登记管理办法》（2011 年 1 月 25 日修改，国家林业局令第 26 号），《不动产登记资料查询暂行办法》（2019 年 7 月 24 日修改，自然资源部令第 5 号），《确定土地所有权和使用权的若干规定》（原国土资源部 2010 年 12 月 3 日修改，国土资发〔2010〕190 号）。

③房屋权属法。主要有《城市房地产权属档案管理办法》（2001 年 8 月 29 日发布，建设部令第 101 号），《关于推进公证与不动产登记领域信息查询共享机制建设的意见》（司法部、自然资源部 2018 年 12 月 18 日发布，司发通〔2018〕132 号），国务院办公厅《关于压缩不动产登记办理时间的通知》（2019 年 2 月 6 日发布，国办发〔2019〕8 号）。

2. 土地征收拆迁法

如前所述，属于土地征收拆迁法的法律和行政法规主要还是《土地管理法》和《土地管理法实施条例》。此外，行政法规还包括《大中型水利水电工程建设征地补偿和移民安置条例》（2007 年 4 月 14 日修改，国务院令第 679 号）等。相关的部门规章不多，但规范性文件的数量相当可观，大致可分为四类。

（1）用地审批

主要有《建设项目用地预审管理办法》（2016 年 11 月 29 日修改，国土资源部令第 68 号），《建设用地审查报批管理办法》（原国土资源部 2016 年 11 月 29 日修改，国土资源部令第 69 号），《各类用地报批会审办法》（原国土资源部 1998 年 9 月 29 日发布，国土资发〔1998〕145 号），《报国务院批准的建设用地审查办法》（原国土资源部 2010 年 12 月 3 日修改，国土资发〔2010〕190 号），自然资源部《关于做好占用永久基本农田重大建设项目用地预审的通知》（2018 年 7 月 30 日发布，自然资规〔2018〕3 号），农业农村部、自然资源部《关于规范农村宅基地审批管理的通知》（2019 年 12 月 12 日发布，农经发〔2019〕6 号），自然资源部办公厅《关于做好疫情防控建设项目用地保障工作的通知》（2020 年 2 月 11 日发布，自然资办函〔2020〕215 号）。

（2）农用地转用和土地征收审批

主要有《关于完善农用地转用和土地征收审查报批工作的意见》（原国土资源部 2004 年 11 月 2 日发布，国土资发〔2004〕237 号）。

（3）征地补偿安置与监管

主要有劳动和社会保障部、原国土资源部《关于切实做好被征地农民社会保障工作有关问题的通知》（2007年4月28日发布，劳社部发〔2007〕14号），劳动和社会保障部、民政部、审计署《关于做好农村社会养老保险和被征地农民社会保障工作有关问题的通知》（2007年8月17日发布，劳社部发〔2007〕31号），国务院办公厅《关于进一步严格征地拆迁管理工作切实维护群众合法权益的紧急通知》（2010年5月15日发布，国办发明电〔2010〕15号），中共中央纪委办公厅、原监察部办公厅《关于加强监督检查进一步规范征地拆迁行为的通知》（2011年3月17日发布，中纪办发〔2011〕8号），原国土资源部办公厅《关于严格管理防止违法违规征地的紧急通知》（2013年5月13日发布，国土资电发〔2013〕28号），自然资源部办公厅《关于加快制定征收农用地区片综合地价工作的通知》（2019年12月9日发布，自然资办发〔2019〕53号）。

（4）征地费用管理

主要有《征地管理费暂行办法》（财政部、国家物价局1992年11月24日发布，价费字〔1992〕597号），《关于征地补偿安置费性质的批复》（财政部、国家发改委2004年3月21日发布，财综〔2004〕19号），财政部《关于征地补偿安置费有关问题的批复》（2005年4月4日发布，财综〔2005〕17号）。

3. 房屋征收拆迁法

（1）一般规定

在（国有土地上）房屋征收拆迁法中，最重要的当然是《征收条例》（2011年1月21日发布，国务院令第590号），它是房屋征收拆迁领域的“基本法”。

（2）房屋估价

主要有《房产测绘管理办法》（建设部、国家测绘局2001年2月28日发布，建设部、国家测绘局令第83号），《国有土地上房屋征收评估办法》（住房和城乡建设部2011年6月3日发布，建房〔2011〕77号），建设部《关于房屋建筑面积计算与房屋权属登记有关问题的通知》（2002年3月27日发布，建住房〔2002〕74号）。

（3）补偿安置

主要有《对北京市人民政府法制办公室〈关于城市私有房屋拆迁补偿适用法律问题的请示〉的答复》（国务院原法制办公室2002年1月24日发布，国法秘函〔2002〕15号），《关于对建设部办公厅〈关于对房屋拆迁政策法规的答复是否属于具体行政行为的请示〉的复函》（国务院原法制办公室2002年8月27日发布，国法秘函〔2002〕148号），《住房和城乡建设部关于推进国有土地上房屋征收与补偿信息公开工作的实施意见》（2012年5月30日发布，建房〔2012〕84号）。

4. 征收拆迁争议解决法

（1）一般规定

主要有《违反土地管理规定行为处分办法》（2008年5月9日发布，原监察部、人力资源和社会保障部、国土资源部令第15号），《重大土地问题实地核查办法》（国家土地总督察办公室2009年6月12日发布，国土督办发〔2009〕16号），《自然资源听证规定》（2020年

3月20日发布，自然资源部令第6号），《自然资源行政处罚办法》（2020年3月20日发布，自然资源部令第6号），《自然资源执法监督规定》（2020年3月20日发布，自然资源部令第6号），《自然资源部政府信息公开工作规范》（2021年12月3日发布，自然资办发〔2021〕66号），《自然资源违法行为立案查处工作规程（试行）》（2022年9月23日发布，自然资发〔2022〕165号）。此外，为了对律师介入征收拆迁争议给予指导和规范，中华全国律师协会2007年1月25日发布了《律师承办拆迁法律业务操作指引》，2013年6月发布了《律师办理城中村改造法律业务操作指引》。①

（2）复议法

其中，最重要的是《行政复议法》（2023年9月1日修改）和《行政复议法实施条例》（2007年5月29发布，国务院令第499号）。此外，还有一些规章和规范性文件，主要有《自然资源行政复议规定》（2019年7月19日发布，自然资源部令第3号），国务院原法制办公室《关于依法做好征地补偿安置争议行政复议工作的通知》（2011年5月18日发布，国法〔2011〕35号）。

（3）诉讼法

征收拆迁争议，大部分通过行政诉讼解决，小部分通过民事诉讼解决，因而相关诉讼法主要是《行政诉讼法》（2017年6月27日修改）和《民事诉讼法》（2023年9月1日修改）。此外，还有大量的司法解释、司法文件与指导性案例，放在后面介绍。

（三）地方层面立法：地方性法规、自治条例和单行条例、地方政府规章、规范性文件

由于全国各地方关于征收拆迁的立法数量简直浩若烟海，下面仅分别针对“土地征收拆迁法”和“房屋征收拆迁法”两大类别，择取部分有代表性的地方层面立法。

1. 土地征收拆迁法

（1）地方性法规

例如，《上海市实施〈中华人民共和国土地管理法〉办法》（2018年12月10日修改）、《深圳市土地征用与收回条例》（2019年11月13日修改）、《浙江省土地管理条例》（2021年9月30日发布）、《天津市土地管理条例》（2021年11月29日修改）、《安徽省实施〈中华人民共和国土地管理法〉办法》（2022年5月27日修改）、《辽宁省实施〈中华人民共和国土地管理法〉办法》（2018年3月27日修改）。

（2）自治条例和单行条例

例如，《甘孜藏族自治州施行〈四川省土地管理实施办法〉的变通规定》（1991年5月28日发布）、《围场满族蒙古族自治县土地管理条例》（2001年6月1日发布）、《黑龙江省杜尔伯特蒙古族自治县土地管理条例》（2002年8月12日修改）、《莫力达瓦达斡尔族自治旗

① 近年来，一些地方的律师协会也纷纷效仿。比如，北京市律师协会2017年5月24日发布了《律师承办房屋征收和征地拆迁业务指引》，上海市律师协会2019年1月11日发布了《（试行）律师办理上海市国有土地上房屋征收与补偿法律业务操作指引（2018）》，等等。

土地管理条例》(2005 年 12 月 1 日修改)。

(3) 地方政府规章和规范性文件

①地方政府规章。例如,《北京市集体土地房屋拆迁管理办法》(2003 年 6 月 6 日发布)、《北京市建设征地补偿安置办法》(2004 年 5 月 21 日发布)、《海南省土地征收补偿安置管理办法》(2007 年 8 月 10 日发布)、《山东省土地征收管理办法》(2010 年 8 月 17 日发布)、《福建省征地补偿和被征地农民社会保障办法》(2016 年 9 月 26 日发布)、《河南省〈大中型水利水电工程建设征地补偿和移民安置条例〉实施办法》(2019 年 4 月 23 日发布)、《重庆市集体土地征收补偿安置办法》(2022 年 2 月 22 日发布)。

②规范性文件。例如,海南省人民政府办公厅《关于进一步规范征地安置留用地流转有关问题的通知》(2017 年 10 月 31 日发布)、黑龙江省国土资源厅《关于进一步改进和加强农用地转用和土地征收审查报批工作的通知》(2017 年 12 月 14 日发布)、山西省人民政府办公厅《关于调整全省征地统一年产值标准的通知》(2018 年 6 月 4 日发布)、《上海市被征收农民集体所有土地农业人员就业和社会保障办法》(2012 年 1 月 30 日发布)、《上海市征收集体土地房屋补偿规定》(2021 年 9 月 29 日发布)。

2. 房屋征收拆迁法

(1) 地方性法规

例如,《四川省国有土地上房屋征收与补偿条例》(2014 年 9 月 26 日发布)、《山西省国有土地上房屋征收与补偿条例》(2015 年 9 月 24 日发布)、《内蒙古自治区国有土地上房屋征收与补偿条例》(2015 年 11 月 25 日发布)、《山东省国有土地上房屋征收与补偿条例》(2020 年 7 月 24 日发布)、《浙江省国有土地上房屋征收与补偿条例》(2020 年 9 月 24 日发布)。

(2) 自治条例和单行条例

通过"北大法宝"暂未查询到专门规定房屋征收与补偿的自治条例和单行条例。

(3) 地方政府规章和规范性文件

①地方政府规章。例如,《上海市国有土地上房屋征收与补偿实施细则》(2011 年 10 月 19 日发布)、《甘肃省实施〈国有土地上房屋征收与补偿条例〉若干规定》(2011 年 11 月 13 日发布)、《河北省国有土地上房屋征收与补偿实施办法》(2012 年 6 月 26 日发布)、《新疆维吾尔自治区实施〈国有土地上房屋征收与补偿条例〉办法》(2013 年 11 月 15 日发布)、《宁夏回族自治区实施〈国有土地上房屋征收与补偿条例〉办法》(2013 年 12 月 17 日发布)、《福建省实施〈国有土地上房屋征收与补偿条例〉办法》(2014 年 3 月 25 日发布)、《云南省国有土地上房屋征收与补偿办法》(2015 年 1 月 5 日发布)、《天津市国有土地上房屋征收与补偿规定》(2017 年 2 月 20 日发布)、《江西省国有土地上房屋征收与补偿实施办法》(2019 年 11 月 27 日修改)、《湖南省实施〈国有土地上房屋征收与补偿条例〉办法》(2022 年 10 月 8 日修改)。

②规范性文件。例如,《北京市国有土地上房屋征收与补偿实施意见》(2011 年 5 月 27 日发布)、《北京市国有土地上房屋征收评估暂行办法》(2016 年 12 月 22 日发布)、郑州市人民政府《关于国有土地上房屋征收和国有土地使用权收回有关问题的意见》(2018 年 4 月

26日发布)、《济南市国有土地上房屋征收与补偿档案管理规定》(2019年11月18日发布)、《兰州市国有土地上房屋征收与补偿实施办法》(2021年6月16日发布)。

(四)司法解释、司法文件与指导性案例

1. 概述

依据最高人民法院《关于司法解释工作的规定》(法发〔2007〕12号)的规定,最高人民法院发布的司法解释,具有法律效力(第5条);司法解释以最高人民法院公告形式发布,应当在《最高人民法院公报》和《人民法院报》刊登(第25条);司法解释施行后,人民法院作为裁判依据的,应当在司法文书中援引(第27条);就形式而言,司法解释则包括了"解释"、"规定"、"规则"、"批复"和"决定"(第6条)。由此可见,司法解释作为"法源"的地位是毋庸置疑的。

在司法解释之外,尚有不少带有司法解释性质的文件,可以简称为司法文件。这些司法文件,地位虽然不及司法解释,但也为法院解决征收拆迁争议提供了重要参考,因而也是不可或缺的。

进入21世纪之后,最高人民法院开始致力于统一法律适用标准、加强案例指导方面的改革。2005年10月26日,《人民法院第二个五年改革纲要(2004—2008)》首次正式提出建立和完善案例指导制度;2008年11月28日,中央政治局通过《关于深化司法体制和工作机制改革若干问题的意见》,将案例指导制度作为司法改革的重要内容;2010年11月26日,最高人民法院发布《关于案例指导工作的规定》(法发〔2010〕51号),提出"对全国法院审判、执行工作具有指导作用的指导性案例,由最高人民法院确定并统一发布"(第1条),正式建立起案例指导制度。依据规定,指导性案例的发布主体只能是最高人民法院,统一在《最高人民法院公报》、最高人民法院网站、《人民法院报》上以公告的形式发布。而且,为了保证指导性案例的权威性,各高级法院只能发布参考性案例,不能使用"指导性案例"或者"指导案例"称谓。

指导性案例的效力不同于"公报案例"和"典型案例"。依据最高人民法院《关于案例指导工作的规定》第7条、《〈最高人民法院关于案例指导工作的规定〉实施细则》(法〔2015〕130号)第9~10条的规定,最高人民法院发布的指导性案例,各级法院审判类似案例时应当参照;各级法院正在审理的案件,在基本案情和法律适用方面,与最高人民法院发布的指导性案例相类似的,应当参照相关指导性案例的裁判要点作出裁判;各级法院审理类似案件参照指导性案例的,应当将指导性案例作为裁判理由引述,但不作为裁判依据引用。这就意味着,指导性案例已经成为一种新的"法源"。

2. 司法解释及司法文件

(1)一般规定

这里的"一般规定",主要是指关于行政诉讼的一般性的司法解释与司法文件。

①司法解释。主要有最高人民法院《关于适用〈中华人民共和国行政诉讼法〉的解释》(2018年2月6日发布,以下简称《行政诉讼法解释》),最高人民法院《关于行政诉讼证据

若干问题的规定》（2002年7月24日发布，以下简称《行政诉讼证据规定》），最高人民法院《关于行政案件管辖若干问题的规定》（2008年1月14日发布，已失效），最高人民法院《关于行政诉讼撤诉若干问题的规定》（2008年1月14日发布），最高人民法院《关于审理政府信息公开行政案件若干问题的规定》（2011年7月29日发布），最高人民法院《关于行政申请再审案件立案程序的规定》（2017年10月13日发布），最高人民法院《关于审理行政协议案件若干问题的规定》（2019年11月27日发布），最高人民法院《关于审理行政赔偿案件若干问题的规定》（2022年3月20日发布）。

②司法文件。主要有《关于审理行政案件适用法律规范问题的座谈会纪要》（最高人民法院2004年5月18日发布）、最高人民法院办公厅《关于国家赔偿法实施中若干问题的座谈会纪要》（2012年12月25日发布）、最高人民法院《关于人民法院赔偿委员会审理国家赔偿案件适用精神损害赔偿若干问题的意见》（2014年7月29日发布）、最高人民法院《关于行政诉讼应诉若干问题的通知》（2016年7月28日发布）、最高人民法院《关于进一步保护和规范当事人依法行使行政诉权的若干意见》（2017年8月31日发布）、最高人民法院《关于完善四级法院审级职能定位改革试点的实施办法》（2021年9月27日发布）。

（2）特别规定

这里的"特别规定"，是指司法解释与司法文件中专门适用于征收拆迁的那一部分。

①司法解释。主要有最高人民法院《关于审理涉及农村集体土地行政案件若干问题的规定》（2011年8月7日发布）、最高人民法院《关于办理申请人民法院强制执行国有土地上房屋征收补偿决定案件若干问题的规定》（2012年3月26日发布）。

②司法文件。主要有最高人民法院研究室《关于人民法院对农村集体经济所得收益分配纠纷是否受理问题的答复》（2001年7月9日发布）、最高人民法院研究室《关于村民因土地补偿费、安置补助费问题与村民委员会发生纠纷人民法院应否受理问题的答复》（2001年12月31日发布）、最高人民法院《关于土地实际使用人对行政机关出让土地的行为不服可否作为原告提起诉讼问题的答复》（2005年6月3日发布）、最高人民法院《关于土地管理部门出让国有土地使用权之前的拍卖行为以及与之相关的拍卖公告等行为性质的答复》（2009年12月23日发布）、最高人民法院行政审判庭《关于拍卖出让国有建设用地使用权的土地行政主管部门与竞得人签署成交确认书行为的性质问题请示的答复》（2010年12月21日发布）、最高人民法院《关于认真贯彻执行〈关于办理申请人民法院强制执行国有土地上房屋征收补偿决定案件若干问题的规定〉的通知》（2012年4月5日发布）、最高人民法院《关于严格执行法律法规和司法解释依法妥善办理征收拆迁案件的通知》（2012年6月13日发布）、最高人民法院《关于征收国有土地上房屋时是否应当对被征收人未经登记的空地和院落予以补偿的答复》（2013年5月15日发布）、最高人民法院《关于在征收拆迁案件中进一步严格规范司法行为积极推进"裁执分离"的通知》（2014年7月22日发布）、最高人民法院《关于被征地人拒不交出土地的执行问题请示案的答复》（2017年12月29日发布）。

另外，为了解决疑难问题，统一裁判尺度，最高人民法院行政审判庭发布了《行政法官专业会议纪要》（一）~（八）。其中，《行政法官专业会议纪要》（四）~（五）直接涉及土地征收和补偿。这些会议纪要虽非“法源”，但有助于我们进一步窥探最高人民法院在审理征收拆迁案件时的基本思路。

除最高人民法院外，一些地方法院也出台了征收拆迁相关的司法文件。例如，北京市高级法院《关于审理土地行政案件有关问题的意见（试行）》（2005 年 1 月 10 日发布）、《关于〈国有土地上房屋征收与补偿条例〉施行前已取得拆迁许可证项目所涉案件有关审判、执行工作的若干意见（试行）》（2011 年 6 月 10 日发布）、《关于认真落实〈最高人民法院关于认真贯彻执行《关于办理申请人民法院强制执行国有土地上房屋征收补偿决定若干问题的规定》的通知〉的通知》（2012 年 4 月 27 日发布）、《关于国有土地上房屋征收与补偿案件审判工作指南（试行）》（2012 年 12 月 18 日发布），吉林省高级法院、吉林省住房和城乡建设厅《关于做好国有土地上房屋征收与补偿工作的意见》（2011 年 6 月 24 日发布），广东省高级法院《关于明确土地、房屋征收征用补偿协议纠纷案件作为行政案件处理的通知》（2017 年 7 月 24 日发布），等等。

3. 指导性案例

从 2011 年 12 月 20 日发布第一批指导性案例开始，截至 2023 年 11 月，最高人民法院先后共发布了 38 批、216 个指导性案例。在这些指导性案例中，属于行政案件（含国家赔偿案件）的有 34 个（指导案例 5、6、21、22、26、38、39、40、41、43、59、60、69、76、77、88、89、90、91、94、101、113、114、116、136、137、138、139、162、177、178、191、211、216 号），其中与征收拆迁直接相关的有 5 个（指导案例 21、22、41、76、91 号）。

四、征收拆迁法的体系

（一）法律体系解析

法律体系，是法理学中的一个重要概念。在中国，法律体系多用以描述部门法体系，即宪法、刑法、行政法、民商法、经济法等各个法律部门。

然而，法律部门之间早已不是泾渭分明的了。原有的法律部门相互渗透、相互影响的现象在当代几乎所有的国家都发生了。[①] 在法律适用中，法律部门也从来就不是需要重点考虑的因素，法律规范的具体内容才是首要的因素。也就是说，法律部门仅仅是表明有这样一些法律规范的分类组合，但是，并没有揭示出这些法律规范的“独特的品质”。[②] 换言之，如果采用其他的标准对法律规范进行分类，并彰显出这些法律规范所具有的“独特的品质”，也可以像法律部门一样，建立起新的法律体系。

（二）中国征收拆迁法的体系

随着征收拆迁实施的频次不断增加，规模不断扩大，相关的立法也有从分散向集中演化的趋势。这些立法虽然不能笼统地表述为法律部门，但各法律规范之间同样具有一种内在的

---

① 参见朱景文：《中国特色社会主义法律体系：结构、特色和趋势》，载《中国社会科学》2011 年第 3 期。

② 参见吴玉章：《论法律体系》，载《中外法学》2017 年第 5 期。

逻辑关系，或者说具有“独特的品质”。因此，征收拆迁法在当代中国已经逐步形成一定的法律体系。说它们具有“独特的品质”，是因为在这些法律规范之间贯穿一条内在的主线，即以“产权保护→行政征收→补偿安置→权利救济→责任追究”为基本内容的主线。正是由于存在这样一条主线，征收拆迁相关的法律规范才可以“形散而神不散”地进行分类组合，从而名正言顺地被称作征收拆迁法。所以，在法律出版社推出的“新编法律小全书系列”中，将土地、房屋征收的相关法律规范进行分类组合后，统称为征地拆迁法。本书则是以《宪法》《土地管理法》《征收条例》等法律、法规为依据，并参照最高人民法院发布的“全国法院征收拆迁典型案例”，称其为征收拆迁法。

从理论上讲，“产权保护→行政征收→补偿安置→权利救济→责任追究”这个线索具有重大意义：首先，当代中国征收拆迁法的重要使命是限制以行政征收权为代表的公权力并保护以合法的房屋所有权、土地使用权等为代表的私权利，并在此基础上寻求公共利益与私人权利的平衡；其次，征收拆迁法的主线，之所以要以产权保护为逻辑起点，是因为如果产权不清晰，得不到法律的保护或者保护不到位，所谓的行政征收也就失去了意义，任意拿私有财产来“充公”或将成为常态，故产权保护是行政征收的重要前提；再次，补偿安置是行政征收一个合法要件，没有补偿安置就不能成为合法有效的行政征收；最后，权利救济与责任追究的主要意义在于，解决征收拆迁的相关争议，保护被征收人的权利，并对违法实施征收拆迁的个人和单位进行有效问责。

除《宪法》外，在征收拆迁法的渊源中，最为重要的是《土地管理法》以及《土地管理法实施条例》《征收条例》。其中，《土地管理法实施条例》是在《土地管理法》的基础上进行细化，属于《立法法》第72条第2款所称的“为执行法律的规定需要制定行政法规的事项”，自然无可厚非。《征收条例》的出台似乎突破了《立法法》第11条的规定，不过，由于《城市房地产管理法》第6条已经明确，关于国有土地上房屋征收和补偿的“具体办法由国务院规定”，因而《征收条例》亦符合《立法法》关于授权立法的规定。

实践中，《土地管理法》《土地管理法实施条例》《征收条例》三者常被合称为“一法二条例”，它们在征收拆迁法律体系中居于基础地位和核心地位。事实上，正是“一法二条例”共同塑造了征收拆迁法律体系的基本性格。

总结·提示　“一法二条例”在征收拆迁法律体系中居于基础地位和核心地位，是征收拆迁法中直接决定自身性格以及品质的重要内容。

综上所述，中国的征收拆迁法是以《宪法》为基本法依据，以“一法二条例”为核心内容，以“产权保护→行政征收→补偿安置→权利救济→责任追究”为基本线索，各个法律规范之间具有内在的逻辑联系，其“独特的品质”体现在共同为限制行政征收权、保护私有财产权确立相对集中且统一的规则。根据上述分析，我们可以将中国征收拆迁法的体系展示如图1-1。

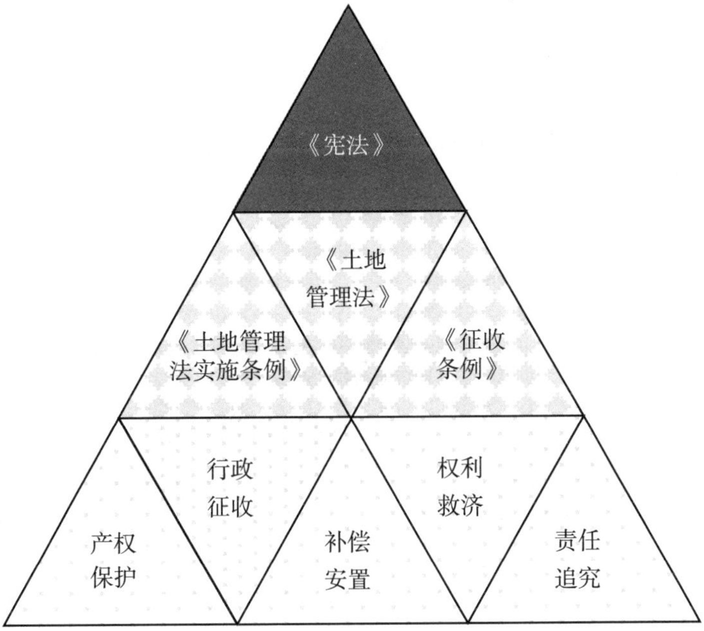

图 1－1　中国征收拆迁法的体系

从部门法的观点来看，征收拆迁法肯定不能“一揽子”划入某一个法律部门。总体来说，是以行政法规范为主，并包含了宪法、民商法、经济法、刑法、诉讼法等部门法的规范。但如前所述，处处套用部门法去审视现有法律体系的观念无异于削足适履，“征收拆迁相关的法律规范”经过这样有机的排列组合，被称为征收拆迁法可谓实至名归了，能否成为独立的法律部门其实是无关紧要的。

第二讲　财产权的保护与限制

重点导读

征收的本质就是剥夺财产权，因而对财产权的保护是征收拆迁的逻辑前提。财产权可以分为公法上的财产权和私法上的财产权，因为在公法和私法当中都有保护财产权的规定。不过，财产权不是绝对的，因为财产权社会化已经成为一个普遍的现象，财产权社会化意味着财产权是附义务和受限制的。对财产权的限制，包括了私法限制和公法限制，其中征收、征用构成了对财产权最高程度的限制。为了防止公权力任意侵犯私有财产，对财产权的限制本身也要有一个限度，并对此采取有效的措施。本讲的内容包括征收拆迁与财产权保护的关系、宪法和法律对财产权的保护、财产权的法律限制、防止公权力侵犯私有财产四个方面。

一、征收拆迁与财产权保护的关系

（一）征收的本质

征收的本意是“剥夺”，本质上就是一项剥夺财产权的法律制度。征收以所有权的转移为最基本的特征，即由国家强制性地“收买”私有财产。不过，需要注意的是，在中国征收的客体并不限于私有财产，在名义上占据公有财产“半边天”的集体财产（如集体所有的土地、房屋、企业）也可以成为征收客体。确切地说，征收的客体在中国就是非国有财产的所有权。换言之，征收拆迁最直观的表现形式就是国家对非国有财产权的褫夺，不过，这种褫夺是具有法律依据的，因而是合法的。

征收是当今世界上所有国家都存在的法律制度。征收中的主要矛盾大多植根于国家的征收权与公民的财产权之间的冲突，或者进一步说植根于公共利益与私人权益的冲突。于是，非因公共利益的需要并依照法定的权限和程序，国家无权褫夺公民的财产权，成为一项重要的原则。在法国、德国等西方国家，行政征收常被称为公用征收，这其中的“公用”二字就是为了突出征收的公共利益属性。

总结・提示　征收的客体在中国就是非国有财产的所有权，最为直观的表现形式就是国家对非国有财产所有权的合法褫夺。

（二）财产权的意义

1. 财产权与物权

（1）财产权

财产权，顾名思义，就是以财产为客体的权利。从内容来看，财产权包括了物权、债权、继承权、股权等传统财产权和投资性权利，著作权、商标权、专利权等无形财产权，以及数据、网络等虚拟财产权等，甚至作为一种法律事实的“占有”也不失其财产属性。《民法通则》（2009 年修改，已失效）专门规定了“财产所有权和与财产所有权有关的财产权”，内容主要是物权。《民法总则》（2017 年发布，已失效）第 113 条规定：“民事主体的财产权利受法律平等保护。”这里直接使用了“财产权利”这个概念，既包括财产所有权，也涵盖了《民法通则》中“与财产所有权有关的财产权”，而且比这二者之和在外延上还要广得多。《民法典》（2020 年发布）完全沿用了这一内容，在第 113 条规定：“民事主体的财产权利受法律平等保护。”

（2）物权

征收也是引起物权变动的一个法定原因。物权是权利人直接支配标的物而享受其利益的权利，又称“对世权”或“绝对权”，它也属于一种财产权。《民法典》第 114 条规定：“民事主体依法享有物权。物权是权利人依法对特定的物享有直接支配和排他的权利，包括所有权、用益物权和担保物权。”这里的物，包括不动产和动产，以及法律规定可以作为物权客体的权利（《民法典》第 115 条）。

动产，是能够移动并且不会因移动而损害价值的物，不动产则相反。在立法上，通常采“排除法”，先确定不动产，不动产之外的物均属于动产。按照这一思路，最高人民法院《关于贯彻执行〈中华人民共和国民法通则〉若干问题的意见（试行）》（1988 年发布，已失效）第 186 条规定：“土地、附着于土地的建筑物及其他定着物、建筑物的固定附属设备为不动产。”《担保法》（1995 年发布，已失效）第 92 条规定：“本法所称不动产是指土地以及房屋、林木等地上定着物。本法所称动产是指不动产以外的物。”据此，不动产就是指土地及其定着物，定着物主要包括建筑物和构筑物两大类别。其中，建筑物是指定着于土地上或地表下供人居住或其他目的使用的构造物，最常见的就是房屋；构筑物，则是指人类不直接在其中进行生产、生活的构造物，如水塔、堤坝、桥梁、隧道等。除建筑物和构筑物外，还需注意生长在土地上的林木（属于未与土地分离的出产物）在中国被认为是一种不动产，可作为抵押权的客体。此外，依据《不动产登记暂行条例》（2019 年修改）第 2 条第 2 款的规定，除了土地和房屋、林木等定着物，不动产还包括海域。

中国的立法在土地及其定着物的关系上采用的是“分立主义”模式，即将土地和土地上的定着物分别作为不同的“物”来对待，定着物并非土地的构成部分，因而也不能被土地吸收。也就是说，土地上的定着物可以作为独立于土地的不动产，成为所有权、用益物权和担保物权的客体。这一点与日本模式相同，但完全不同于以德国为代表的“地上物属于土地、为土地所吸收”的模式。

2. 公有财产权与私有财产权

依权利主体之不同，财产权可分为三类：国家财产权、集体财产权和私人财产权。其中，前二者又统称为公有财产权。《民法典》第207条规定："国家、集体、私人的物权和其他权利人的物权受法律平等保护，任何组织或者个人不得侵犯。"重申了平等保护国家、集体和私人物权这一原则，具有重要的现实意义。

（1）公有财产权

国家所有权和集体所有权，是中国公有财产权的两种基本法律形态。

第一，国家所有权。国家所有，即全民所有。国家所有权是国家对国有财产的占有、使用、收益和处分的权利。国有财产由国务院代表国家行使所有权，法律另有规定的，依照其规定。国家所有权的范围相当广泛，依据《民法典》第247～254条的规定，矿藏、水流、海域、无居民海岛、城市的土地属于国家所有；法律规定属于国家所有的农村和城市郊区的土地属于国家所有；森林、山岭、草原、荒地、滩涂等自然资源，除法律规定属于集体所有的外，属于国家所有；法律规定属于国家所有野生动植物资源，属于国家所有；无线电频谱资源属于国家所有；法律规定属于国家所有的文物，属于国家所有；国防资产属于国家所有；铁路、公路、电力设施和油气管道等基础设施，依照法律规定为国家所有的，属于国家所有。其中，有些财产具有国家专属性——城市的土地、矿藏、水流、海域、无居民海岛、某些文物、某些野生动植物、无线电频谱等财产专属于国家，任何个人、集体、组织都不能取得其所有权。《民法典》第242条规定："法律规定专属于国家所有的不动产和动产，任何组织或者个人不能取得所有权。"国家专属的特性意味着流通的禁止，如果需要在国家专属的财产（如城市土地）上确立私主体的权利，则只能通过创设他物权等方式加以实现。①

为保护国家所有权，《民法典》第258条规定："国家所有的财产受法律保护，禁止任何组织或者个人侵占、哄抢、私分、截留、破坏。"而且，国家所有权在法律保护方面具有优越性，在受到侵害时会拥有一些私人主体所没有的法律手段。例如，依据《城市房地产管理法》（2019年修改）第26条的规定，国有土地使用权人超过出让合同约定的动工开发日期满1年未动工开发的，可以征收相当于土地使用权出让金20%以下的土地闲置费，满2年未动工开发的，可以无偿收回土地使用权。此外，《民法典》还规定，国家机关对其直接支配的不动产和动产，享有占有、使用以及依照法律和国务院的有关规定处分的权利。国家举办的事业单位对其直接支配的不动产和动产，享有占有、使用以及依照法律和国务院的有关规定收益、处分的权利。国家出资的企业，由国务院、地方人民政府依照法律、行政法规规定分别代表国家履行出资人职责，享有出资人权益。

第二，集体所有权。中国目前主要存在两种集体所有：一是集体土地，二是集体企业（包括城镇的集体企业）。为解决"集体"的法律定位难题，《民法总则》和《民法典》增设了新的法人类型——特别法人。《民法典》第96条规定，特别法人包括机关法人、农村集体

---

① 参见梁慧星、陈华彬：《物权法》（第6版），法律出版社2016年版，第116页。

经济组织法人、城镇农村的合作经济组织法人和基层群众性自治组织法人，“集体”的法人地位由此确立。在此基础上，《民法典》第99～101条进一步规定，农村集体经济组织依法取得法人资格，法律、行政法规对农村集体经济组织有规定的，依照其规定；城镇农村的合作经济组织依法取得法人资格，法律、行政法规对城镇农村的合作经济组织有规定的，依照其规定；居民委员会、村民委员会具有基层群众性自治组织法人资格，可以从事为履行职能所需要的民事活动。未设立村集体经济组织的，村民委员会可以依法代行村集体经济组织的职能。

依据《民法典》的规定，集体所有可区分为农民集体所有和城镇集体所有两种情形。其中，农民集体所有的不动产和动产，属于本集体成员集体所有。集体所有的不动产和动产包括：法律规定属于集体所有的土地和森林、山岭、草原、荒地、滩涂；集体所有的建筑物、生产设施、农田水利设施；集体所有的教育、科学、文化、卫生、体育等设施；集体所有的其他不动产和动产。与国家所有权相比，集体所有权的客体范围较小。其中，最重要的集体财产非土地莫属。为保护集体所有权，《民法典》第265条规定：“集体所有的财产受法律保护，禁止任何组织或者个人侵占、哄抢、私分、破坏。农村集体经济组织、村民委员会或者其负责人作出的决定侵害集体成员合法权益的，受侵害的集体成员可以请求人民法院予以撤销。”

《民法典》第262条、第263条规定，对于集体所有的土地和森林、山岭、草原、荒地、滩涂等，依照下列规定行使所有权：属于村农民集体所有的，由村集体经济组织或者村民委员会依法代表集体行使所有权；分别属于村内两个以上农民集体所有的，由村内各该集体经济组织或者村民小组依法代表集体行使所有权；属于乡镇农民集体所有的，由乡镇集体经济组织代表集体行使所有权。城镇集体所有的不动产和动产，依照法律、行政法规的规定由本集体享有占有、使用、收益和处分的权利。同时，《民法典》第261条第2款规定，土地承包方案以及将土地发包给本集体以外的组织或者个人承包，个别土地承包经营权人之间承包地的调整，土地补偿费等费用的使用、分配办法，集体出资的企业的所有权变动等事项，以及法律规定的其他事项，应当依照法定程序经本集体成员决定。另外，为了增加集体所有权的透明度，《民法典》第264条规定：“农村集体经济组织或者村民委员会、村民小组应当依照法律、行政法规以及章程、村规民约向本集体成员公布集体财产的状况。集体成员有权查阅、复制相关资料。”

（2）私有财产权

在《民法典》中，体现了私有财产与公有财产同等重要，对二者要实行平等保护的原则。《民法典》第207条规定：“国家、集体、私人的物权和其他权利人的物权受法律平等保护，任何组织或者个人不得侵犯。”此即物权平等保护原则。私有财产的主体，包括中国公民、在中国合法取得财产的外国人和无国籍人（可统称为自然人），以及个体工商户、合伙、各类企业法人、社会团体法人等。《民法典》第266～270条规定，私人对其合法的收入、房屋、生活用品、生产工具、原材料等不动产和动产享有所有权。私人的合法财产受法律保护，禁止任何组织或者个人侵占、哄抢、破坏。国家、集体和私人依法可以出资设立有限责任公司、股份有限公司或者其他企业。国家、集体和私人所有的不动产或者动产投到企业的，由出资人按照约定或者出资比例享有资产收益、重大决策以及选择经营管理者等权利并履行义务。营利法人对其不动产和动产依照法律、行政法规以及章程享有占有、使用、收益和处分的权利。营利法人以外的法人，对其不动产和动产的权利，适用有关法律、行政法规以及章程的规定。社会团体法人、捐助法人依法所有的不动产和动产受法律保护。

从理论上讲，私人所有权是民法所有权的通常形态。因而对其客体范围可采用排除法，即除宪法和法律规定专属于国家、集体所有的财产外，其他具有法律意义的“物”都可能成为私人所有权的客体。不过，由于国家专属财产的大量存在，私有财产权的客体范围实际上远不及公有财产权广泛。

（三）财产权保护在征收拆迁中的地位

财产权保护在征收拆迁中的地位，首先体现为财产权是征收行为的客体。① 此外，我们在第一讲已经提到，没有对财产权（尤其是私有财产权）的保护，就不会有征收拆迁这个命题，因为那就意味着国家可以任意地将私有财产“没收”“充公”以实现“国有化”，不需要理由，更不需要法定的程序，甚至也用不上什么合理的补偿。在这个意义上，可以说保护私有财产权是实现征收拆迁法治化的逻辑前提。

在中国，曾经长期缺乏保护私有财产的传统，私有财产曾被当作“资本主义尾巴”而备受排斥。在这样的背景下，认真对待私有财产权就显得弥足珍贵。正如姜明安教授所说：“一个政府是否是法治政府，其最重要的区分是看它是否认真对待和尊重公民的权利，包括财产权利。”② 2009 年 12 月 7 日，之所以发生了北京大学 5 位教授上书全国人大常委会事件，就是因为《拆迁条例》在规定拆迁公民房屋这一重要财产时没有认真对待公民的权利，轻忽、轻视、轻慢作为被拆迁人的公民的财产权利，违反宪法和法律，是“野蛮的命令”，导致政府行为严重偏离了法治政府的轨道。③ 与之相反，现代法治国家在确立征收拆迁制度时，普遍恪守以下三项基本原则：（1）财产权受法律保护，财产权的内容和界限由法律规定；（2）财产权负有义务，其使用应同时有助于公共福祉；（3）征收须为公共利益之需要，始得为之。唯其如此，方能最大限度地体现出国家对财产权（尤其是私有财产权）的尊重。

总结·提示　尊重和保护私有财产权，是实现征收拆迁法治化的逻辑前提。

二、宪法和法律对财产权的保护

（一）公法上的财产权与私法上的财产权

说到财产权，人们首先想到的往往是民法上的动产和不动产所有权，以及与所有权有关

① 参见［德］汉斯·J. 沃尔夫、［德］奥托·巴霍夫、［德］罗尔夫·施托贝尔：《行政法》（第 2 卷），高家伟译，商务印书馆 2002 年版，第 403～404 页。

② 姜明安：《行政法》，北京大学出版社 2017 年版，第 377 页。

③ 参见姜明安：《行政法》，北京大学出版社 2017 年版，第 377 页。

的其他民法上的财产权。但是，财产权既是一项私法制度，也是一项公法制度，而且公法上财产权的含义比民法上财产权的含义在外延上要广得多，只有结合私法与公法的全面界定才能真正把握财产权的法律内涵。[①] 其中，公法上的财产权重点协调财产权人与国家之间的关系，旨在确立财产权的宪法地位，划定国家对财产权进行干预的界限，最终明确财产权的范围与限制；私法上的财产权则重点规范财产权人与其他私人主体之间的关系，以解决权利争议，从而达到明确物的归属、发挥物的效用、保护权利人的物权这一立法目的。

征收拆迁，直接反映了国家权力与私有财产权之间的关系，或者更进一步说，直接反映了公权力与私权利之间的关系。因此，在理解财产权这一概念时，固然要以私法上的财产权为基础，但更应重点关注公法上的财产权，而控制公权力以防止其对私有财产权造成不当侵害便成为其中一个紧要的课题。公法上的财产权以宪法上的财产权为基础，私法上的财产权则以物权法上的财产权为代表，下面分述之。

（二）公法对财产权的保护

公法对私有财产的保护，首先是私有财产的宪法保护。改革开放之后，私有财产权作为一项基本人权逐步被国人接受和认可，并通过2004年“宪法修正案”与人权保护同时“入宪”。《宪法》（2018年修改）第13条规定：“公民的合法的私有财产不受侵犯。国家依照法律规定保护公民的私有财产权和继承权。”这里的“不受侵犯”，主要是指不受国家机关的侵犯。虽然在措辞上与《宪法》第12条规定的社会主义的公共财产“神圣不可侵犯”尚有一定差距，但在宪法层面上认可对私有财产的保护，是一个巨大的进步。

2004年私有财产保护“入宪”有特定的背景。2002年11月8日党的十六大报告指出：“依法加强监督和管理，促进非公有制经济健康发展。完善保护私人财产的法律制度。”这也是首次在党的文献中正式提出“保护私人财产”的重要论断，从而为私有财产的“入宪”定下了基调。在2004年“宪法修正案”出台之前，《宪法》第13条使用的是“所有权”一词，同时提及了“私有财产的继承权”，即“国家保护公民的合法的收入、储蓄、房屋和其他合法财产的所有权。国家依照法律规定保护公民的私有财产的继承权”。此外，《宪法》第39条还规定：“中华人民共和国公民的住宅不受侵犯。禁止非法搜查或者非法侵入公民的住宅。”这一规定，对于通常以土地和房屋为客体的行政征收行为来说，意义无疑十分重大。

除宪法外，公法对私有财产的保护，还具体体现在刑法、行政法等法律、法规中对私人财产权利的规定，如《刑法》（2020年修改）对侵犯财产犯罪的规定，《土地管理法》（2019年修改）、《城市房地产管理法》（2019年修改）对私人享有的土地使用权以及房屋所有权的保护性规定，等等。

（三）私法对财产权的保护

私法对私有财产的保护即私有财产的民法保护，主要体现为民法对物权的保护。《民法典》第116条规定了物权法定原则，即“物权的种类和内容，由法律规定”。物权法定原则

① 参见房绍坤、王洪平：《公益征收法研究》，中国人民大学出版社2011年版，第8～9页。

的理论依据在于，物权与社会公益攸关，其得失变更，须有一定的公示方法，以维护交易安全。① 从物权的定义来看，物权包括所有权、用益物权和担保物权三大类别。作为物权，首先必须由法律赋予其具体的保障力使其支配效力得以实现，因而必须具有一种能够为公众所知晓的外部表现形式，这就是物权的效力和公示方法问题。

1. 物权的效力

通说认为，物权具有排他效力、优先效力、追及效力和请求权效力四个方面的效力。

（1）物权的排他效力

物权的排他效力，是指在同一个标的物上，不得成立两个以上不相容的物权。物权的排他效力主要体现为以下两个方面：一是在同一个标的物上不得同时成立两个以上的所有权，俗称“一物无二主”，此即“一物一权”原则；二是在同一个标的物上不得同时成立两个以上以占有为内容的他物权。不过，在所有权与他物权之间以及不以占有为内容的他物权之间（如抵押权），由于并不相互排斥，可同时在同一个标的物上成立。

（2）物权的优先效力

物权的优先效力，又称物权的优先性，是指在同一标的物上既有物权又有债权时，无论物权成立于债权之前抑或之后，物权均具有优先于债权的效力。最能体现物权优先效力的情形是“一物二卖”：设乙和丙均欲购买甲所有的房屋，乙先与甲订立房屋买卖合同，丙后与甲订立房屋买卖合同但完成了所有权变更登记，则丙取得房屋所有权，丙对房屋的所有权优先于先买者乙的债权。不过，物权的优先效力也存在例外，如所谓“买卖不破租赁”的情形即属之。

（3）物权的追及效力

物权的追及效力，是指物权成立之后，其标的物无论辗转至何人之手，物权人均得追及该标的物之所在而主张权利，物权的追及效力体现了物权“绝对性”的一面，为保证物权人始终拥有对标的物的支配力，在标的物落入他人之手时仍然可以“追而及之”。例如，房屋所有权人甲为了从乙处借钱而将房屋设定抵押权给乙，后又将该房屋出让给丙，虽然出让行为有效，但待乙的债权到期而未获清偿时，乙仍得追及至该房屋之所在而行使抵押权。

（4）物权的请求权效力

物权的请求权效力，是指当物权的完整状态受到妨害或者有被妨害的危险时，物权人具有请求回复到物权的完整状态或者防止妨害的权利，主要表现为物权请求权。

2. 物权的公示方法

《民法典》第208条规定：“不动产物权的设立、变更、转让和消灭，应当依照法律规定登记。动产物权的设立和转让，应当依照法律规定交付。”第209条第1款同时规定：“不动产物权的设立、变更、转让和消灭，经依法登记，发生效力；未经登记，不发生效力，但是法律另有规定的除外。”对于登记的生效时间，《民法典》第214条规定：“不动产物权的设

① 参见王泽鉴：《民法总则》，北京大学出版社2009年版，第98页。

立、变更、转让和消灭，依照法律规定应当登记的，自记载于不动产登记簿时发生效力。”依据上述规定，中国不动产物权的公示方法为登记，且采“登记生效主义”，又称“登记要件主义”。这一点，与动产物权以交付为原则、以“登记对抗主义”为例外（《民法典》第224～225条）的公示方法完全不同。例如，当事人之间订立房屋买卖合同后，只有依法办理了房屋所有权转让登记后才发生房屋所有权变动的法律效果，如果不经登记，在法律上不认为房屋的所有权发生了变动。

不过，从《民法典》的规定来看，在“登记生效主义”之外尚有部分例外情形，主要有：（1）依法属于国家所有的自然资源，所有权可以不登记（第209条第2款）。（2）因人民法院、仲裁机构的法律文书或者人民政府的征收决定等，导致物权设立、变更、转让或者消灭的，自法律文书或者征收决定等生效时发生效力（第229条）。（3）因继承取得物权的，自继承开始时发生效力（第230条）。（4）因合法建造、拆除房屋等事实行为设立或者消灭物权的，自事实行为成就时发生效力（第231条）。（5）考虑到现行法律的规定以及中国（尤其是农村）的实际情况，《民法典》还确立了其他一些例外情形，如在“土地承包经营权”一章确立了“登记对抗主义”：“土地承包经营权自土地承包经营权合同生效时设立。登记机构应当向土地承包经营权人发放土地承包经营权证、林权证等证书，并登记造册，确认土地承包经营权。”“土地承包经营权互换、转让的，当事人可以向登记机构申请登记；未经登记，不得对抗善意第三人”（第333条、第335条）；在“宅基地使用权”一章，也没有规定宅基地使用权必须登记才能生效，仅规定“已经登记的宅基地使用权转让或者消灭的，应当及时办理变更登记或者注销登记”（第365条），据此宅基地使用权的转让不以登记为生效要件；在“地役权”一章，规定“地役权自地役权合同生效时设立。当事人要求登记的，可以向登记机构申请地役权登记；未经登记，不得对抗善意第三人”（第374条），同样是采“登记对抗主义”。

3. 所有权、用益物权、担保物权和占有

（1）所有权

所有权也称自物权、完全物权。依据《民法典》第240条的规定，系指所有权人对自己的不动产或者动产，依法享有的占有、使用、收益和处分的权利。

（2）用益物权

与所有权相对，用益物权和担保物权也被称为他物权、定限物权。所谓用益物权，依据《民法典》第323条的规定，是指用益物权人对他人所有的不动产或者动产依法享有的占有、使用和收益的权利。《民法典》明确规定了土地承包经营权、建设用地使用权、宅基地使用权、居住权和地役权五种用益物权。同时，确认了海域使用权、探矿权、采矿权、取水权和使用水域、滩涂从事养殖、捕捞的权利的用益物权性质（第328～329条）。依据《民法典》第327条的规定，因不动产或者动产被征收、征用致使用益物权消灭或者影响用益物权行使的，用益物权人有权依法获得相应补偿。下面，分别介绍土地承包经营权、建设用地使用权、宅基地使用权、居住权和地役权五种用益物权。

第一，土地承包经营权。土地承包经营权，是指承包人依法对其承包经营的耕地、林地、草地等享有的占有、使用和收益的权利，权利人有权从事种植业、林业、畜牧业等农业生产（《民法典》第331条）。土地承包经营权的客体主要是农村集体所有的土地，同时有少量国家所有而依法由农民集体使用的土地。《农村土地承包法》（2018年修改）等法律、法规对土地承包经营制度做了更为详细和具体的规定。

第二，建设用地使用权。建设用地使用权，是指使用权人依法对国家所有的土地享有的占有、使用和收益的权利，权利人有权利用该土地建造建筑物、构筑物及其附属设施（《民法典》第344条）。建设用地使用权可以在土地的地表、地上或者地下分别设立（《民法典》第345条）。设立建设用地使用权，可以采取出让或者划拨等方式，工业、商业、旅游、娱乐和商品住宅等经营性用地以及同一土地有两个以上意向用地者的，应当采取招标、拍卖等公开竞价的方式出让，且严格限制以划拨方式设立建设用地使用权（《民法典》第347条）。对于房地关系，《民法典》第352条规定，建设用地使用权人建造的建筑物、构筑物及其附属设施的所有权属于建设用地使用权人，但是有相反证据证明的除外。同时，《民法典》第356条、第357条规定了"房地一致"原则（又称"房地一体"原则），即建设用地使用权转让、互换、出资或者赠与的，附着于该土地上的建筑物、构筑物及其附属设施一并处分（"房随地走"），建筑物、构筑物及其附属设施转让、互换、出资或者赠与的，该建筑物、构筑物及其附属设施占用范围内的建设用地使用权一并处分（"地随房走"）。确立"房地一致"原则，可以避免出现"空中楼阁"的尴尬局面。需要注意的是，这里的建设用地使用权专指对国有土地的使用权。《民法典》第361条规定，集体所有的土地作为建设用地的，应当依照土地管理的法律规定办理。

第三，宅基地使用权。宅基地使用权是指农村村民因依法利用集体土地建造住宅及其附属设施而享有的对该土地进行占有和使用的权利（《民法典》第362条）。在字面意义上，宅基地可以泛指用于建造住宅的土地，但在法律上宅基地专指用于建造住宅的农村集体土地。宅基地使用权的客体是集体所有的土地，带有强烈的身份性质和社会福利属性，权利的主体原则上只能是农村村民，且以户为基本单位，具有无期限限制以及无对价等特点。

第四，居住权。居住权是《民法典》新设的一种用益物权，指权利人为满足生活居住的需要，按照合同约定对他人的住宅所享有的占有、使用的权利（《民法典》第366条）。《民法典》第367~371条规定，当事人应当采用书面形式订立居住权合同。居住权无偿设立，但是当事人另有约定的除外。设立居住权的，应当向登记机构申请居住权登记，自登记时设立。居住权不得转让、继承，且设立居住权的住宅不得出租，但是当事人另有约定的除外。居住权期限届满或者居住权人死亡的，居住权消灭，应当及时办理注销登记。此外，也可以以遗嘱的方式设立居住权。

第五，地役权。地役权是指权利人按照合同的约定，利用他人的不动产，以提高自己的不动产效益的一种用益物权，其中他人的不动产为供役地，自己的不动产为需役地（《民法典》第372条）。供役地与需役地通常是相邻的不动产，但在不相邻的不动产之间也可能设定地役权。

（3）担保物权

担保物权，是指担保物权人在债务人不履行到期债务或者发生当事人约定的实现担保物权的情形，依法享有的就担保财产优先受偿的权利（《民法典》第386条），包括抵押权、质权（含动产质权和权利质权）和留置权。由于担保物权与征收拆迁之间无直接关联，故在此不予展开，欲深入了解的读者可自行查阅《民法典》第2编第4分编。

（4）占有

占有是物权法上一项重要的制度，是指对物的控制与支配的事实。《民法典》第2编第5分编专门规定了占有，其中第458条规定："基于合同关系等产生的占有，有关不动产或者动产的使用、收益、违约责任等，按照合同约定；合同没有约定或者约定不明确的，依照有关法律规定。"对于占有的保护，《民法典》第462条规定："占有的不动产或者动产被侵占的，占有人有权请求返还原物；对妨害占有的行为，占有人有权请求排除妨害或者消除危险；因侵占或者妨害造成损害的，占有人有权依法请求损害赔偿。占有人返还原物的请求权，自侵占发生之日起一年内未行使的，该请求权消灭。"

4. 物权的保护

在《民法典》第2编第1分编第3章，用7个条文（第233～239条）规定了物权的保护。依据规定，主要的物权保护方式有物权确认请求权、物权请求权以及损害赔偿请求权。这些物权保护方式可以单独适用，也可以根据权利被侵害的情形合并适用（第239条）；物权受到侵害的，权利人可以通过和解、调解、仲裁、诉讼等途径解决（第233条）。

（1）物权确认请求权

物权确认请求权，是指在因物权的归属和内容发生争议时，相关主体有权请求确认其享有物权的权利。《民法典》第234条规定："因物权的归属、内容发生争议的，利害关系人可以请求确认权利。"依据这一规定，物权请求权的主体是"利害关系人"。通说认为，物权确认请求权不是实体法上的权利，因而不适用诉讼时效以及除斥期间的规定。换言之，权利的行使不受时间限制。有权进行确认的主体，包括法院和仲裁机构。此外，在就物权的归属发生争议的情况下，也可以向登记机构要求办理更正登记。①

（2）物权请求权

物权请求权，也称物上请求权、物上诉权，是指物权的完整状态受到侵害或者有被侵害之虞时，得请求加害人为或不为一定的行为，以恢复物权完整状态的权利。简言之，就是以物权人的身份而直接享有的一种请求权，从而不同于债权。物权请求权的产生，并不考虑加害人是否有过错。具体而言，包括以下三种请求权：①返还原物请求权。无权占有不动产或者动产的，权利人可以请求返还原物（《民法典》第235条）。②排除妨害、消除危险请求权。妨害物权或者可能妨害物权的，权利人可以请求排除妨害或者消除危险（《民法典》第236条）。③恢复原状请求权。造成不动产或者动产毁损的，权利人可以依法请求修理、重

① 参见王利明主编：《民法》（第8版，上册），中国人民大学出版社2020年版，第234页。

作、更换或者恢复原状（《民法典》第237条）。上述三种请求权都以回到物权的圆满状态为目的，因而其适用的前提是回到这种圆满状态在事实上及法律上具有可能性。否则，就需要转化为损害赔偿请求权，即侵权请求权。

依据《民法典》第196条的规定，“请求停止侵害、排除妨碍、消除危险”以及“不动产物权和登记的动产物权的权利人请求返还财产”不适用诉讼时效的规定。此外，最高人民法院《关于审理民事案件适用诉讼时效制度若干问题的规定》（法释〔2020〕17号）第1条将可以提出诉讼时效抗辩的适用范围限定为部分“债权请求权”，这就相当于排除了诉讼时效对物权请求权的适用。

（3）损害赔偿请求权

在物权的标的物遭受损害时，权利人有权请求加害人赔偿损失。《民法典》第238条规定：“侵害物权，造成权利人损害的，权利人可以依法请求损害赔偿，也可以依法请求承担其他民事责任。”这就是关于损害赔偿请求权的规定，此时已经由物权请求权转化为一种债权，加害人承担的是侵权责任。依据《民法典》第1165～1166条的规定，行为人承担侵权责任通常都是以有过错为先决条件，只有在少数特定情形下才需要承担无过错责任或者过错推定责任。

（四）法律保护“合法的”私有财产

《宪法》第13条强调不受侵犯的必须是“公民的合法的私有财产”，《民法典》第267条规定的“私人的合法财产受法律保护”以及第266条对私人财产的合法性要求，与《宪法》第13条的规定是一脉相承的。此外，《国家赔偿法》（2012年修改）也明确国家机关和国家机关工作人员行使职权时侵犯公民、法人和其他组织“合法权益”的情形，造成损害的，受害人有依法取得国家赔偿的权利。从上述规定可以看出，只有“合法的”私有财产才能得到法律的保护，而“不合法的”私有财产非但不能得到法律的保护，反而可能招致法律的制裁。但关键问题是，什么是“合法的”私有财产？在征收拆迁过程中，认定“合法的”私有财产主要会涉及违法建筑的认定和处理等问题。

从当前的立法和司法实践来看，对于违法建筑的处理原则相对明确，即对于违法建筑本身不给予补偿或者赔偿。对此，《征收条例》第24条做了明确规定：“市、县级人民政府及其有关部门应当依法加强对建设活动的监督管理，对违反城乡规划进行建设的，依法予以处理。市、县级人民政府作出房屋征收决定前，应当组织有关部门依法对征收范围内未经登记的建筑进行调查、认定和处理。对认定为合法建筑和未超过批准期限的临时建筑的，应当给予补偿；对认定为违法建筑和超过批准期限的临时建筑的，不予补偿。”但是，如果行政机关在拆除违法建筑的过程中不严格遵守法律的规定，则可能需要对建筑材料、屋内物品等合法财产的损失承担赔偿责任。

上述原则要得到切实遵守而不至于引起广泛的争议，必须首先准确、清晰地界定违法建筑的认定及其处理的规则。尤其要注意的是，在违法建筑认定中要尊重历史因素、现实惯例并深入剖析其具体的成因，对于无证房屋绝不能“一刀切”地搞“验证通过”，并堂而皇之地冠以严格执法的噱头。否则，不但征收拆迁可能演变为无底线的“拆违”抑或“违拆”，也必将对整个社会的稳定产生巨大的冲击。由于违法建筑问题涉及的知识点较为繁杂，我们将在第七讲详细讲解。

总结·提示 受到法律保护的必须是“合法的”私有财产。“不合法的”私有财产非但不能得到法律的保护，权利人反而可能会受到法律的制裁。

三、财产权的法律限制

(一) 从财产权绝对化到财产权社会化

1. 财产权绝对化

财产权绝对化即财产权绝对性，包括财产权的绝对不可侵犯性、绝对自由性和绝对优越性三个方面。西方古典自由主义的财产权神圣、财产权绝对观念，为从法律上保护财产权奠定了思想基础，与契约自由一道构成近代民法的基本原则。其中，《法国民法典》中“所有权是对于物有绝对无限制地使用、收益及处分的权利”“任何人不得被强制出让其所有权”等规定，是这一观念下的巅峰之作，最大限度地体现出对个人自由和私有财产绝对性的强调。

财产权绝对化集中体现为所有权绝对原则，即对个人所有权的绝对保护。然而，从20世纪开始，随着所有权功能的变迁，所有权不再仅仅保障个人自由、任意地使用和支配自己的财产，而是肩负起一定的社会功能，所有权绝对的理念开始为人所诟病。有学者对此曾有精辟论述：“所有权神圣，曾被极端的思想家描述为所有权绝对，甚至有人主张对于土地的所有权，上至天空无限高，下至地心。这种言论，几近癫狂，不足为训。”[①] 针对2007年3月重庆市发生的“最牛钉子户事件”，著名法学家江平在接受采访时提出，将私有财产权绝对化是对物权法的误解，因为公共利益的需要，可以对私有财产进行征收并给予合理补偿。但补偿是否合理，也不能完全由个人说了算，不能说只要个人的要求没有达到，补偿就是不合理的。[②] 显而易见，财产权绝对化的时代已经渐行渐远了。事实上，在财产权的立法上，财产权绝对化的观念从来就没有完全贯彻下去，绝对化的财产权自始就是不存在的。

2. 财产权社会化

自20世纪以来，各国的财产权制度均有不断社会化之趋势。1919年，德国的《魏玛宪法》明确规定所有权负有义务，其行使应顾及公共利益。财产权社会化强调私有财产权不能绝对化，因为它需要负担一定的社会义务。换言之，财产权具有社会性，法律越来越倾向于对财产权作出必要的限制，以防止权利人以“反社会”的方式使用财产，此即财产权的合理

---

① 张俊浩主编：《民法学原理》（修订第3版），中国政法大学出版社2000年版，第29页。
② 参见江平口述，陈夏红整理：《沉浮与枯荣——八十自述》，法律出版社2010年版，第479页。

使用原则。财产权社会化，意味着财产权功能发生了变迁，财产权从单纯保障私人自由任意地使用和支配财产，转而开始承担社会利益再分配的功能。[①] 总而言之，财产权在个人属性之外被注入了更多的社会属性，不再仅限于保障个人经济上的自由空间，也无法绝对性地排除他人（包括国家）的干预和限制，财产权附带社会义务的时代到来了。1998 年 4 月 26 日，《关于〈中华人民共和国土地管理法（修订草案）〉的说明》就直截了当地宣称："征地是一种国家行为，也是农民对国家应尽的一种义务，不是农民向国家'卖地'。"这相当于对财产权社会化的正式确认，也是对财产权绝对化的明确否定。

总结·提示 征收不等于房屋买卖或者农民向国家"卖地"，有部分被征收人认为不给到想要的"价格"自己就有权不同意"卖"，这属于财产权绝对化理念下的思维定式。

（二）私法对财产权的限制

财产权的私法限制，首先体现为民法上有关禁止权利滥用的规定。当财产权人以损害他人为目的行使权利时，财产权人构成过错，应赔偿因此而对第三人造成的损失。由于财产所有人可以任意支配其财产，即使对财产的使用无过错，也应对因其特殊的使用而对第三人造成的全部损失予以赔偿。简言之，因使用财产而导致他人的不利或者损害，应成为所有权人承担民事责任的根据。[②] 为此，《物权法》（已失效）第 7 条曾规定："物权的取得和行使，应当遵守法律，尊重社会公德，不得损害公共利益和他人合法权益。"《民法典》虽然删除了这一规定，但其第 7 ~ 9 条关于民事主体从事民事活动应当遵循诚信原则，秉持诚实，恪守承诺，不得违反法律，不得违背公序良俗，且应当有利于节约资源、保护生态环境的规定，以及物权法定等原则、相邻关系、善意取得等具体制度的规定，也在一定程度上构成对财产权的限制。

《民法典》虽然是典型的私法，但也规定为了公共利益的需要，可以依照法律规定的权限和程序征收、征用不动产或者动产，这也表明其在一定程度上承认财产权的社会化。不过，征收、征用明显属于公法限制财产权的形式，在私法中予以规定的主要意义还是在于为所有权的保护建立起更为周延的规则。

（三）公法对财产权的限制

财产权的公法限制，主要是行政法等公法基于公共利益的保护而针对财产权所作出的各种禁止性或者限制性规定，尤其是基于城乡规划、环境保护、生态平衡、耕地保护、野生动植物保护以及对危险或有害健康的工业的限制等需要，现代各国对所有权及他物权的行使颁布了越来越多的管制性法规，以使国民经济能够可持续发展，并防止人类的未来因财产权的

---

① 参见张翔：《财产权的社会义务》，载《中国社会科学》2012 年第 9 期。
② 参见尹田：《物权法》（第 2 版），北京大学出版社 2017 年版，第 288 页。

滥用而承受灾难性的后果。[①] 公法对财产权进行限制的最典型的形式就是征收和征用，此外还有一些其他限制措施，如收回国有土地使用权。

1. 通过征收、征用进行限制

征收和征用，是公法限制财产权最为典型的形式。对于征收、征用与私有财产保护之间的关系，梁慧星教授认为："征收和征用与公民合法的私有财产不受侵犯之间的关系就在于不受侵犯是基本原则，征收征用是例外规则。任何国家都已经没有什么绝对的财产神圣不可侵犯，任何国家都有这个例外规则，就是征收和征用。"[②] 在此基础上，梁慧星教授进一步指出：

> 征收是对私有财产的限制，是国家强制收买个人财产。任何国家都有征收的规定，就是为了社会公共利益的目的，需要取得不动产的，必须强行贯彻国家的意思，不需要你的同意，你必须服从。这是出于重大的正当理由，对公民财产权和意思自治的限制，这是一种强制取得，它的特征就在于强制，但是国家要你这个东西并不是无偿的，并不是无偿剥夺，而是要给予补偿。[③]

通过征收、征用限制私有财产权，已经超出了财产权通常应承担社会义务的范畴，因而不应当是无偿的限制。按照行政法上公认的"特别牺牲理论"，国家作为公共利益的代表理应为征收、征用私有财产的行为"埋单"。

2. 通过收回国有土地使用权进行限制

《土地管理法》第58条对可以收回国有土地使用权的情形做了规定。收回国有土地使用权，其效果与征收类似。但是，由于国有土地使用权的客体是国有土地，收回国有土地使用权并不发生所有权的转移，因而不属于行政征收。另外，虽然其中会发生使用权的转移，但并无返还的问题，因而也不属于行政征用。单纯以公共利益需要为由收回国有土地使用权，同样也超出了财产权通常应承担社会义务的范畴，与征收、征用一样需要给予补偿。

3. 通过其他方式进行限制

按照社会连带的观点，财产权除供其所有人之"私人利用"外，亦应能配合公共福祉，接受社会拘束。法律对财产权之限制，如属财产权之内容及界限事项，并非征收，原则上权利人应予以容忍，并无补偿之问题。[④] 出于公共利益的需要，现代国家对于财产权利施加了种种限制，而国家对这些限制通常是不给予补偿的。其中，较为常见的限制有以下几种形式。

（1）对财产使用的限制

例如，《土地管理法》、《城乡规划法》（2019年修改）等立法对土地使用方式的限制，

---

① 参见尹田：《物权法》（第2版），北京大学出版社2017年版，第288页。

② 梁慧星：《谈宪法修正案对征收和征用的规定》，载《浙江学刊》2004年第4期。

③ 梁慧星：《谈宪法修正案对征收和征用的规定》，载《浙江学刊》2004年第4期。

④ 参见陈敏：《行政法总论》（第3版），台北，新学林出版股份有限公司2016年版，第1208页。

以及一些城市推行的汽车限行措施等均属此类。以后者为例，北京市人民政府《关于实施工作日高峰时段区域限行交通管理措施的通告》（京政发〔2023〕12 号）提出，为切实巩固大气污染治理成效，降低机动车污染物排放，持续改善首都空气质量，市政府决定自 2023 年 4 月 3 日至 2024 年 3 月 31 日，继续实施工作日（因法定节假日放假调休而调整为上班的星期六、星期日除外）高峰时段区域限行交通管理措施。对财产权施加这类限制，并不伴随补偿。

（2）对财产交易的限制

例如，中国法律和政策中的禁止买卖土地、住房限购、购车摇号以及价格控制等宏观调控措施即可归入此类。以购车摇号为例，《北京市小客车数量调控暂行规定》（2020 年修改）第 2 条规定："本市实施小客车数量调控措施。小客车年度增长数量和配置比例由市交通行政主管部门会同市发展改革、公安机关交通管理、生态环境等相关行政主管部门，根据小客车需求状况和道路交通、环境承载能力合理确定，报市人民政府批准后向社会公布。"对财产权施加这类限制，同样不存在补偿的问题。

（3）通过行政强制措施限制财产权

《行政强制法》（2011 年发布）规定了查封场所、设施或者财物、扣押财物以及冻结存款、汇款等强制措施，其他法律、法规还确定了更为具体的强制措施，如《动物防疫法》（2021 年修改）规定了强制预防、控制、扑灭等措施。对财产权施加这类限制，有些是需要给予补偿的。例如，《行政强制法》第 28 条第 2 款规定："解除查封、扣押应当立即退还财物；已将鲜活物品或者其他不易保管的财物拍卖或者变卖的，退还拍卖或者变卖所得款项。变卖价格明显低于市场价格，给当事人造成损失的，应当给予补偿。"《动物防疫法》第 85 条规定："对在动物疫病预防、控制、净化、消灭过程中强制扑杀的动物、销毁的动物产品和相关物品，县级以上人民政府给予补偿。具体补偿标准和办法由国务院财政部门会同有关部门制定。"

（四）法律对财产权的限制程度

在德国等国家，宪法中的财产权条款常体现为"三层结构"，即"财产权保障"（财产权受法律保护），"财产权限制"（财产权负有义务，其行使应有益于公共福祉），"财产权剥夺"（征收）。而中国宪法中的财产权条款仅表现为"二层结构"，即"财产权保障"（合法的私有财产不受侵犯，私有财产权和继承权受法律保护），"财产权剥夺"（征收、征用）。[①] 如上所述，法律对于财产权的限制，如果不超过财产权应承担的社会义务，属于对财产权的正当限制。对于这种正当限制，通常不会给予补偿；如果限制程度继续加码，则可能构成"管制性征收"，但是，目前中国的立法对于"管制性征收"的态度尚不明朗，即使在德国、日本等国家，"管制性征收"和正当限制的区分也是一个亟待解决的问题；如果对财产权的限制达到了足以剥夺财产所有权或者使用权的程度，就构成征收和征用，对此必须给予补

① 参见房绍坤、王洪平：《公益征收法研究》，中国人民大学出版社 2011 年版，第 22～24 页。

偿。因此，在实践中注意区分财产权的正当限制和过度限制就成为一个重要的课题。如此说来，征收和征用在事实上已经构成对财产权最高程度的限制。

总结 · 提示　法律对财产权的限制程度从低到高，分别构成“对财产权的正当限制”、“管制性征收”以及“征收、征用”，但中国的立法对于“管制性征收”尚无明确规定。

四、防止公权力侵犯私有财产

（一）私有财产的易受公权力侵犯性

私有财产易受侵犯，尤其是易受来自公权力的侵犯，这是显而易见的道理。这说明，私有财产权人是弱势群体，同时所谓“公共利益的需要”似乎是无边无际，宛如“黑洞”一般可以吞噬一切私有财产。加之“法律家长主义”的风靡，征收拆迁的暴力依赖倾向亦十分严重，私有财产权的保护不容乐观。现实中随意拆除房屋以及毁人土地、庄稼、林木等现象屡有发生，违法强拆、暴力拆迁、偷拆、逼迁、骗迁乃至“误拆”等情形（可统称为“野蛮拆迁”）仍有发生。

为了应对“野蛮拆迁”，国务院办公厅于2004年6月6日发布了《关于控制城镇房屋拆迁规模严格拆迁管理的通知》（国办发〔2004〕46号，已失效），其中明确要求：“拆迁人及相关单位要严格执行有关法律法规和规定，严禁野蛮拆迁、违规拆迁，严禁采取停水、停电、停气、停暖、阻断交通等手段，强迫被拆迁居民搬迁。”但令行而禁不止，“野蛮拆迁”行为仍然存在，其中最根本的原因就在于一些地方政府对私有财产权的蔑视。面对私有财产权，公权力非但没有表现出应有的敬畏之心，反而把它傲慢和任性的一面暴露出来。同时，某些地方政府官员扭曲的政绩观，也为蔑视私有财产权的现实添加了无奈的脚注。加之个别无良媒体的片面报道，公众对于征收拆迁的注意力不是放在了对私有财产权的侵犯上，恰恰相反，“钉子户”经常成为公众关注的焦点。

拓展 · 探索

“钉子户”事件的法律解读

1982年9月17日，国务院办公厅发布的《转发城乡建设环境保护部关于福建省晋江地区狠刹乱占耕地建房风的简报的通知》（国办发〔1982〕61号，已失效）中首次使用了“钉子户”一词。此后，随着征收拆迁进程的加快，各地“钉子户”事件频繁见诸报端，而且经常被加上“最牛”这一定语，被各路媒体和社会公众大加讥讽和挞伐，如2007年重庆九龙坡“最牛钉子户”事件、2009年北京市海淀区玉泉山“最牛钉子户”事件、2011年广州市海珠区南田路“最牛钉子户”事件。

但是，“钉子户”在现有的法律上并没有确切的定义。在征收拆迁过程中，尤其要注意不能把“钉子户”当作标签任意张贴。我们首先应当承认，“钉子户”是公民权利意识觉醒的产物，对此绝不应搞一票否决。虽然不排除有个别被征收人妄图通过征收拆迁一夜暴富，将个人的经济利益凌驾于公共利益之上，但是鉴于目前“钉子户”一词已经明显带有贬义色彩，对其使用需要慎之又慎。

在公众的印象中，“钉子户”似乎总是和漫天要价联系在一起的。而针对漫天要价现象，早在1999年12月24日原国土资源部发布的《关于加强征地管理工作的通知》（已失效）就表明了立场：“既要防止克扣、压低征地补偿费用，损害农民利益；也要防止被征地单位和群众漫天要价、谎报地类、扩大面积和有关部门借征地之名‘搭车收费’，加重用地单位负担。”在地方层面则出台了更多的相关文件，如2019年2月6日发布的《广西壮族自治区危旧房改住房改造补充规定》提出：“对个别无理取闹、漫天要价、拒不搬迁，侵害绝大多数住户居住安全权益，影响项目改造的住房产权人，建设单位可将有关情况反映到其所在单位及相关部门，共同研究解决措施，有关单位应积极配合。”2019年4月2日，《南阳市人民政府关于加强征迁工作推进大城市建设的意见》要求：“对征迁工作中遇到的少数漫天要价、损害公共利益的被征收人，要申请法院尽快强制执行，以维护公共利益和大多数被征收人的权益。”显然，如此强硬的立场也伴随一定的风险，更可能为暴力拆迁埋下伏笔。而一旦征收拆迁机关患上了“暴力依赖症”，在尖锐的利益冲突之下出现一些“钉子户”也就不足为怪了。

客观地说，确有一部分“钉子户”事件是由于被征收人法律意识淡薄造成的，在他们的观念里，财产权是绝对的，征收实质上和私下进行的财产权交易没什么两样：“我想要多少钱就要多少钱，不给到价我就不卖!”也就是说，财产权社会化的理念尚未深入人心，财产权须基于公共利益需要而接受法律的合理限制，这一点不是每个被征收人都能弄清楚的。但是，更多的“钉子户”事件则是由地方政府导致的，如征收本身不合法、不是为了公共利益的需要，补偿没有达到法律规定的标准甚至随意认定“违建”而不给予任何补偿，以及大量存在的“暴力拆迁”“野蛮拆迁”等问题，都会影响征收拆迁的进程，降低被征收人的合作意愿。而公安机关动辄以“妨害公务”“寻衅滋事”“聚众扰乱公共场所秩序”“敲诈勒索”等罪名对被征收人采取强制措施，则进一步加剧了被征收人的抵抗心理。更为严重的是，许多地方政府尚未意识到被征收人的损失绝不仅仅是经济上的，还包括告别自己熟悉的生活环境和生活方式等所带来的精神上的创伤，并不是简单一句“值多少钱”就能够解决的。在这个意义上，多数所谓“钉子户”都属于弱势群体，并非皆为漫天要价的精致利己主义者。

从法律的视角来说，要解决好“钉子户”事件而不至于陷入从“暴力依赖症”到“大闹大补（赔）、小闹小补（赔）、不闹不补（赔）”的怪圈之中，最根本的还是要在法治政府建设这个大课题下，持续推进征收拆迁的法治化。也就是用法治化的途径和方法去平衡公共利益与私人的合法权益，以划定二者之间的最佳分界线。

总而言之，虽然财产权在当代社会已经受到较大限制，但限制本身也要有个限度。限制财产权绝对不是把财产权关进笼子，而是要把权力先关进笼子。正如有学者所言：“虽然财产权并不是绝对的，可以为了公共利益而受到法律的限制，但是也不允许不公正、不必要或过分严格的限制。”[①] 在征收拆迁过程中，需要防止行政机关动辄以公共利益需要为由对私有财产施加过度的限制，甚至以“个人利益服从国家利益”为论据对私有财产权利人进行道德绑架，给本来就“戴着镣铐跳舞”的私有财产权再扣上“法律限制”与“道德约束”这双重枷锁。

总结·提示　在财产权社会化几乎成为共识的背景下，需要防止国家公权力以“财产负有社会义务”、“财产权受限制”以及“个人利益服从公共利益”等为借口随意侵犯私有财产权。

（二）防止公权力侵犯私有财产的措施

要防止公权力对私有财产的侵犯，最根本的就是要坚守以下原则：一是以公共利益需要为目的并依照法定的权限和程序实施征收拆迁；二是时刻牢记征收与补偿之间的“唇齿”关系；三是对于违法的征收拆迁行为，相关行政机关须承担全面赔偿的责任。这几项原则在现实中也构成防止公权力侵犯私有财产的主要措施。

1. 征收拆迁必须以公共利益需要为前提，并依照法定的权限和程序实施

要防止征收拆迁对私人财产权构成过度的侵害，首先就要坚守公共利益需要这一底线，并坚持依法行政原则。有论者认为，从财产权保护的角度看，征收是对宪法保护的财产权侵害的例外情形，在其征收标的不可代替时方才启动。[②] 这就意味着，国家保护公民合法财产不受侵犯是一般原则，因公共利益而实施征收、征用是例外情形。同时，征收拆迁不但要符合公共利益需要，还要依照法定的权限和程序实施，具体的权限的程序我们将在本书第二、三部分介绍。

2. 有征收必有补偿，无补偿则无征收

征收与补偿须臾不可分离，没有补偿的征收，无异于对私有财产赤裸裸的掠夺。在**全某林诉滑县政府土地行政征收案**中，最高人民法院提出，有征收必有补偿，无补偿则无征收。在被征收人没有得到补偿的情况下，政府作出了集体土地征收决定，只能说明原集体土地的所有权及土地性质发生了变化，但被征地农民对其承包经营的土地仍具有继续占有、使用、收益的权利，不能仅将征地决定作为被征地农民丧失土地承包经营权的全部条件。[③] 依据《民法典》和《土地管理法》的最新提法，在征收时必须给予“公平、合理的补偿”。

3. 行政机关违法实施征收拆迁的，应当依法给予全面赔偿

面对实践中司空见惯的违法强拆现象，最高人民法院的态度是明确的，就是“以国家赔偿终结违法强拆”。政府违法强拆，必须承担行政赔偿的法律责任，而不得以补偿程序规避

---

① 张千帆、党国英、高新军等：《城市化进程中的农民土地权利保障》，中国民主法制出版社2013年版，第15～16页。

② 参见顾大松：《房屋征收法律制度研究》，东南大学出版社2017年版，第57页。

③ 最高人民法院行政裁定书，(2019) 最高法行申473号。

赔偿责任。行政机关违法强制拆除被征收人的房屋，侵犯房屋所有权人产权的，应当依法责令行政机关承担全面赔偿责任，不能让产权人因侵权所得到的赔偿低于依法征收所应得到的补偿。按照最高人民法院耿宝建法官的说法，政府必须对违法强拆承担不利的后果，不能“合法违法一个样”，否则所有“理性”的行政机关都可能选择违法强拆。明确违法强拆应当坚持全面赔偿原则，倒逼政府依法行政，体现了国家保护产权的原则。①

一般认为，赔偿的责任重于补偿的责任。实践中，需要对《国家赔偿法》所确定的赔偿方式、项目、标准与《土地管理法》《征收条例》等所确定的补偿方式、项目、标准进行一番综合考虑，以确保被征收人所得到的赔偿不低于其依照征收补偿方案可以得到的补偿。在**许某云诉婺城区政府房屋行政强制及行政赔偿案**中，最高人民法院提出，在因强制拆除引发的一并提起的行政赔偿诉讼中，人民法院应当结合违法行为类型与违法情节轻重，综合协调适用《国家赔偿法》规定的赔偿方式、赔偿项目、赔偿标准与《征收条例》规定的补偿方式、补偿项目、补偿标准，依法、科学地确定赔偿项目和赔偿数额，让被征收人得到的赔偿不低于其依照征收补偿方案可以获得的征收补偿，确保产权人得到公平合理的补偿，而不能让产权人因侵权所得到的赔偿低于依法征收所应得到的补偿。② 2022 年 3 月 20 日发布的《行政赔偿案件规定》（法释〔2022〕10 号）已经对此原则予以确认，在第 27 条第 2 款规定：“违法征收征用土地、房屋，人民法院判决给予被征收人的行政赔偿，不得少于被征收人依法应当获得的安置补偿权益。”

按照正常人的思维，为了体现出行政赔偿责任的惩戒性，于法于理均应当使行政机关给予的行政赔偿适当高于被征收人依法应当获得的安置补偿权益。不然，如果违法实施征收拆迁不需要任何成本的话，合法的征收拆迁注定要成为稀罕之物，因为这无异于变相鼓励行政机关违法实施征收拆迁。由此可见，“合法违法一个样”不但在逻辑上说不通，而且不符合征收拆迁立法的目的。

---

① 参见《最高法：以国家赔偿终结违法强拆》，载搜狐网，https：//www.sohu.com/a/224464093_694812，最后访问时间：2023 年 3 月 5 日。

② 最高人民法院行政判决书，（2017）最高法行再 101 号。

第三讲　行政征收与行政补偿

重点导读

行政征收的对象是非国有财产。行政征收权是一项国家权力，源自国家主权。行政征收具有法定性、公益性、有偿性和强制性等特点。通常认为，公共利益的需要、正当程序和公正补偿，是行政征收的三大合法要件。实践中，必须准确把握"公共利益的需要"在征收拆迁中的地位和意义，切忌将公共利益做扩大化的理解。行政补偿与行政征收须臾不可分离，二者被称为"唇齿条款"或"一揽子条款"。一旦行政征收程序启动，被征收人就有了补偿安置请求权，实质上是其财产的存续保障转化成了财产的价值保障。在被征收人行使补偿安置请求权时，有一系列的注意事项需要重点说明。本讲的内容包括行政征收及其权力来源、征收与征用的区分、行政征收的合法要件、准确理解"公共利益的需要"、行政补偿的意义、行政征收中的补偿安置六个方面。

一、行政征收及其权力来源

（一）行政征收的概念

行政征收，是指行政机关（代表国家）为了公共利益的需要，依法取得相对人的财产所有权，并对其给予公平、合理补偿的行政行为。这个意义上的行政征收，既不同于行政征税和行政收费，又有别于征调、征购、没收、国有化、土地使用权收回以及宅基地腾退等行为。

尚需注意的是，在中国现有的立法中仍有不少规定是在"无偿取得相对人财产"意义上使用征收一词的，如《税收征收管理法》（2015 年修改）、《取水许可和水资源费征收管理条例》（2017 年修改）、《征收教育费附加的暂行规定》（2011 年修改）、《矿产资源补偿费征收管理规定》（1997 年修改）。在实践中也存在行政征收概念扩大化的情况，如指导案例 21 号**内蒙古秋实房地产开发公司诉呼和浩特市人民防空办公室人防行政征收案**中所称的行政征收，实为一种行政收费。上述事实，在一定程度上反映出行政征收这个概念的复杂性。

（二）行政征收的对象

1. 行政征收对象是非国有财产

行政征收的对象，又称行政征收标的或行政征收客体。依据《宪法》（2018 年修改）以及《立法法》(2023年修改)、《民法典》(2020年发布)等的规定，中国行政征收的对象是非国有财产。所谓非国有财产，就是集体所有的财产和私人(含自然人、法人和其他组织)所有的财产。从理论上讲，除包含人身属性的财产(如著作权中包含“著作人身权”)外，所有的非国有财产皆可成为行政征收对象。但在现实中，作为行政征收对象的财产通常为土地、建筑物、定着物等不动产，主要就是集体土地和国有土地上的房屋。

土地是一种重要的自然资源，包括陆地以及其中的各种矿物质、水源、能源、生物资源等基本要素。新中国成立之后，逐步废除土地私有制度，形成国家土地所有权和集体土地所有权两种形态并存的土地公有制度。也就是说，我国的土地全部是公有的，土地归私人所有的情形是不存在的。其中的国有土地，因其所有权本来就属于国家，是国有财产，自然不存在征收的问题。所以，能够成为行政征收对象的土地，只能是集体所有的土地。就房屋而言，能够成为行政征收对象的房屋，在中国通常特指国有土地上的房屋。这是因为现行立法并未单独规定集体土地上的房屋征收，而是将其一并纳入集体土地征收的范畴之中。

总结·提示 行政征收的对象应表述为“非国有财产”，如果表述为“私有财产”，则无法将集体所有的财产囊括在内。

---

2. 行政征收对象包括不动产和动产

行政征收的对象主要为不动产，但并不仅限于不动产。有观点认为：“因为房屋与土地的不动特性，当公共利益需要特别是建设需要时，无法通过其他方式取得权利人占有的房屋与土地，方才启动征收。因此，征收仅以不动产为对象。”① 这种观点有一定的道理。不过，依据《宪法》第13条第3款的规定，凡“公民的私有财产”皆可能成为征收对象，并未限定为不动产，动产同样可能成为行政征收对象。当然，如果考虑到征收对象“不可替代性”的要求，只有在特定情形下才需要征收动产。尤其是金钱，在任何情况下都不应当成为征收对象，一是金钱本身不满足“不可替代性”的要求，二是征收金钱后再给予金钱补偿，在逻辑上也无法自洽。

3. 行政征收对象是财产所有权

行政征收对象仅为财产所有权，还是同时包括他物权？在国外，如法国，公用征收的对象最初只限于不动产所有权，以后扩张到不动产的其他物权，在例外情况下还包括无体财产权。② 在国内，也有学者主张土地承包经营权、建设用地使用权、宅基地使用权等他物权是一类重要的行政征收对象。③ 但是，这种观点明显与“征收主要是所有权的改变”这一立法理念相抵牾。如果当前的立法思路不改变，在中国能成为行政征收对象的只能是财产所有权而不包括他物权，他物权的改变只是征收所有权的附带结果。

---

① 顾大松：《房屋征收法律制度研究》，东南大学出版社2017年版，第57页。

② 参见王名扬：《法国行政法》，北京大学出版社2016年版，第288页。

③ 参见房绍坤、王洪平：《公益征收法研究》，中国人民大学出版社2011年版，第239~251页。

不过，我们切不可混淆行政征收对象与补偿对象。他物权不宜作为行政征收对象，绝不代表他物权人不能得到相应的补偿，也不代表其不能参与征收程序、表达意见或者寻求救济。为此，《民法典》第327条、第338条分别规定，因不动产或者动产被征收、征用致使用益物权消灭或者影响用益物权行使的，用益物权人有权依法获得相应补偿；承包地被征收的，土地承包经营权人有权依法获得相应补偿。为保护担保物权人在行政征收中的合法权益，在第390条又规定，担保期间担保财产被征收的，担保物权人可以就获得的补偿金优先受偿，被担保债权的履行期限未届满的，也可以提存该补偿金。可见，他物权是否能够成为征收对象，与他物权人的权益保护之间并不存在必然的关联。

总结·提示 在行政征收中，财产的使用权人虽然通常不是被征收人，但这并不影响财产使用权人享受应得的补偿安置。

---

4. 行政征收对象依申请扩张的可能性

行政征收的对象范围，通常是由征收机关依照法定的权限和程序单方面划定的，相对人的主观判断和申请既不是启动征收的必要条件，也不能成为启动征收的充分条件。然而，在法、德、日、韩等国家以及中国台湾地区的行政征收制度设计中普遍存在一种“征收扩张请求”制度，在特定条件下赋予相对人扩张行政征收对象的请求权。在中国大陆，因相对人请求行政机关扩张行政征收对象而产生的纠纷亦十分常见，但由于立法上没有明确规定征收扩张请求权，鲜有请求成功的案例。

拓展·探索

相对人是否有权请求对不在征收范围的对象实施行政征收

1. 问题的提出

如果相对人的房屋本来不在征收的红线范围之内，其是否有权主动要求行政机关实施行政征收？对此，《土地管理法》（2019年修改）和《征收条例》（2011年发布）均未明确规定，而最高人民法院已有多个判例对此明确持否定的态度。例如，在**石某超等诉长寿区政府履行征收法定职责案**中，石某超等以公路上车辆产生的噪声妨害了其正常生活和身心健康为由，请求长寿区政府对其房屋进行征收补偿或将其房屋拆除后在原集体经济组织选址另建。对此，最高人民法院认为，市、县级人民政府具有组织实施征收土地的法定职责，但前提是被征收土地属于批准征收的范围。由于石某超等的房屋并不在案涉高速公路修建时的征地范围内，长寿区政府并不负有对石某超等的房屋进行征收补偿或将其房屋拆除后在原集体经济组织选址另建的法定职责。[①] 在**龙发火机厂诉太子河区政府等履行搬迁或征收法定职责案**中，最高人民法院认为，市、县人民政府作出征收决定需根据公共利益的需要，并严格按照法定

① 最高人民法院行政裁定书，（2019）最高法行申4778号。

程序进行。政府启动征收工作，必须以具备《征收条例》规定的法定条件为前提，相对人的主观判断及申请并非政府启动征收工作的充分条件。① 在上述判例中，最高人民法院观点鲜明：对不属于行政征收范围的土地和房屋，相对人无权主动要求行政机关实施征收。

由于行政征收必须以公共利益的需要为基本前提，且行政机关对于是否启动征收工作具有自由裁量权，相对人的主观判断以及申请对于征收工作的启动不起决定性作用。行政机关在一定条件下主动超出规划红线实施征收的，不在此例，第一批“征收拆迁典型案例”之案例 1 **杨某芬诉株洲市人民政府房屋征收决定案**即为这种情形。最高人民法院认为，本案的典型意义在于，在房屋征收过程中，如果因规划不合理，致使整幢建筑的一部分未纳入规划红线范围内，则政府出于实用性、居住安全性等因素考虑，将未纳入规划的部分一并征收，该行为体现了以人为本，有利于征收工作顺利推进。人民法院认可相关征收决定的合法性，不赞成过于片面、机械地理解法律。

2. 征收扩张请求权及其在中国的可行性

何为征收扩张请求权？有观点认为，征收仅以公益事业所需之必要范围为限，超出必要限度者不在征收的范围，并且征收请求人无权请求征收，征收人也无权予以征收。但从被征收人的财产权保障角度而言，如果将征收的范围严格限于公益所必需者，有时会对被征收人的权益不利，为更周全地保障被征收人的财产权益，应赋予被征收人以征收扩张请求权，包括全部征收请求权和完全征收请求权。② 其中，全部征收请求权又称“残余部分”征收请求权，是指征收标的因征收而剩余的部分已经无法使用或者不敷使用，被征收人得请求对整个征收对象全部予以征收的权利，即对“残余部分”与此前纳入征收范围的部分一并予以征收；完全征收请求权，是指当所有权的部分权能或者部分使用时间被剥夺或限制时，被征收人享有就征收标的之全部权能或全部时间予以征收的请求权。③ 在法国、德国、日本、韩国和中国台湾地区的征收规定中均有征收扩张请求权的内容，赋予相对人在特定条件下请求征收的权利。所谓扩张征收，有三个特点：一是扩张征收的程序因被征收人主动申请而启动，二是扩张征收属于征收必要性原则的例外，三是扩张征收请求受一定时效约束，如我国台湾地区“土地征收条例”第 8 条规定的申请时效是自征收公告之日起 1 年。④

在中国大陆现有的法律法规中，并无征收扩张请求权的明确规定，因而请求扩张征收会陷于法律依据欠缺的窘境。不过，征收扩张请求权的大门似乎并未完全堵死，相对人至少可以尝试从以下三个方面请求行政机关扩张征收对象或者寻求救济：

（1）以“违法缩小征收范围”为由，请求实施征收

如果相对人的宅基地属于批准征收土地的范围，但是市、县级人民政府在组织实施征收土地时，故意缩小征收的范围，对其宅基地不予征收和补偿，由于在这种情形下市、县级人

---

① 最高人民法院行政裁定书，（2019）最高法行申 9765 号。
② 参见王洪平、房绍坤：《论征收扩张请求权》，载《华东政法学院学报》2011 年第 2 期。
③ 参见房绍坤、王洪平：《公益征收法研究》，中国人民大学出版社 2011 年版，第 259～264 页。
④ 参见顾大松：《房屋征收法律制度研究》，东南大学出版社 2017 年版，第 123～124 页。

民政府已经负有组织实施征收该相对人宅基地的法定职责，相对人也有权请求其组织实施征收。但严格说来，该相对人并不是在行使征收扩张请求权，因为其宅基地本来就属于批准征收的范围，只是组织实施机关违法行使职权，故意缩小了征收的范围而已。

（2）以“裁量权收缩至零”为由，请求扩张征收

例如，《公路安全保护条例》（2011 年发布）第 13 条第 1 款规定：“在公路建筑控制区内，除公路保护需要外，禁止修建建筑物和地面构筑物；公路建筑控制区划定前已经合法修建的不得扩建，因公路建设或者保障公路运行安全等原因需要拆除的应当依法给予补偿。”第 11 条规定，公路建筑控制区的范围，从公路用地外缘起向外的距离标准为：①国道不少于 20 米；②省道不少于 15 米；③县道不少于 10 米；④乡道不少于 5 米；⑤属于高速公路的，公路建筑控制区的范围从公路用地外缘起向外的距离标准不少于 30 米；⑥公路弯道内侧、互通立交以及平面交叉道口的建筑控制区范围根据安全视距等要求确定。如果公路建筑控制区内相对人的房屋已经明显影响公路的运行安全，可以认为行政机关的裁量权已经收缩至零，对该房屋实施征收已经成为行政机关的法定义务，相对人有权请求征收，行政机关也必须实施征收并给予补偿。当然，对于这里的“拆除”是否一定要以征收的方式实现，或许还会有一番纠缠。我们可以反过来考虑，如果不是依法实施了征收，行政机关何以有权拆除相对人的房屋呢?

又如，针对规划红线横穿建筑物的情形，江苏省建设厅《对苏州市规划局〈关于规划用地红线图中是否可划定拆迁范围等问题的请示〉的批复》（苏建规〔2004〕364 号）提出：“如出现规划用地红线不可避免地穿越建筑物的情况，在划定拆迁范围时，应由房屋安全鉴定机构认定拟保留部分建筑物的结构安全性。如建筑物部分拆除将影响拟保留部分的结构安全，应报城市规划行政主管部门重新核定用地红线，保证建筑物在规划红线内外的完整性。建筑物部分拆除不影响拟保留部分结构安全的，拆迁人如要实施整体拆除，需与房屋所有人协商解决，但不涉及用地红线的变更。”依据这个批复，如果房屋安全鉴定机构最终认定部分拆除将影响拟保留部分的结构安全，就必须重新核定用地红线，行政机关对此同样没有自由裁量权。

（3）以“明显不当”为由，请求法院撤销已作出的征收决定并判决行政机关重新作出征收决定

《行政诉讼法》（2017 年修改）第 70 条规定，行政行为明显不当的，人民法院判决撤销或者部分撤销，并可以判决被告重新作出行政行为。至于何为“明显不当”，则需依据行政合理性原则和比例原则进行综合判断。例如，行政机关决定征收相对人某处房屋的绝大部分面积，仅留下狭小的部分不予征收，导致房屋的“残余部分”根本无法居住和使用，则应当认定征收决定属于“明显不当”；又如，对周边房屋实施征收并进行基础设施建设之后将导致其中未被征收的房屋无法安全居住的，非但难以物尽其用，而且影响未被征收房屋所有权人的基本生存，不符合行政合理性原则及比例原则，也应属于“明显不当”。在**叶某明诉梅州市政府等征收补偿案**中，广东省高级人民法院认为，公路建设需要考虑公路两侧划定建筑控制区的因素。公路建设用地审查报批时，自然资源部门应当拟定包含拟征收土地的用地安

排情况、征收土地范围等内容的征地方案，并报市或县人民政府审查。市或县人民政府依法进行建设用地审查时，应当对征地方案是否符合法律法规及有关政策的规定等内容进行审查。本案中，叶某明的房屋距离修建的国道G206线梅城至畲江段改线后的梅畲快速干线约3米，违反了《广东省公路条例》等有关国道两侧建筑控制线的距离限定，造成了叶某明房屋和涉案公路的距离不符合公路建筑控制区的要求，公路施工及通行对叶某明的居住安全和正常生活产生了影响，梅县区政府作为涉案公路建设征收土地的组织实施单位，应当对叶某明提出的补偿安置请求作出处理，并采取相应的补救措施，消除涉案公路建设及通行对叶某明正常的居住和生活造成的影响。梅县区政府以叶某明房屋不属于征地红线内为由，对叶某明的安置补偿请求未做处理明显不当，构成行政不作为违法，依法应予纠正。行政机关因拟订土地征收方案违反法律规定致使征收不当，受到侵害的利害关系人请求行政机关给予补偿安置等处理的，人民法院予以支持。① 本案中，虽不涉及征收决定的重新作出，但法院最终还是确认了相对人的补偿安置请求权。

3. 结论

鉴于行政征收只能基于公共利益的需要而实施这一原则已经确立，相对人如果为一己私利请求扩张征收会遇到不小的障碍。有人简单地以"权责统一"为依据，想当然地认为行政机关既然有征收的职权，也应该有征收的职责，因而相对人有权主动请求其实施征收。但是，这种观点忽略了行政征收的法定条件，以及行政机关的专业判断余地即自由裁量权。实践中，法院出于对行政机关专业判断的尊重，通常也不会对征收范围的合理性进行审查。例如，在**丹桂公司诉南岸区政府等行政征收决定案**中，重庆市高级法院认为，行政机关如何界定具体征收范围，涉及国有土地总体用地布局，合理规划土地资源以及私人利益减损与公共利益之间衡量等因素，行政机关基于行政目的和公共利益的实现，可根据客观形势和环境等面向未来进行综合预判，只要是出于合理的行政目的的考量并有助于行政目的的实现，司法机关应当尊重行政机关所行使的必要专业判断，并由行政机关权衡决定。征收范围系出于合理的行政目的的考量，该征收范围合理性的问题尚不属于司法审查范畴，法院对行政机关享有的行政规划判断余地应当予以尊重。②

综上所述，在征收扩张请求权规范缺失的情况下，相对人通常对于行政征收只能被动接受，而无权主动请求。只有在少数例外的情形下，相对人才有可能请求行政机关对不在征收范围内的对象实施行政征收并给予补偿。

（三）行政征收的特征

1. 法定性

行政征收的法定性，首先是指行政征收权的设定需要有明确的法律规定。《立法法》第

① 广东省高级法院行政判决书，（2018）粤行终1778号。

② 重庆市高级法院行政判决书，（2019）渝行终213号。

11 条规定，“对非国有财产的征收、征用”事项只能制定法律，从而确立了对非国有财产征收的法律保留原则。只有在满足《立法法》第 12 条规定的前提下，才可以授权国务院根据实际需要，对其中的部分事项先制定行政法规。此外，在设定了行政征收权并划定其合理界限之后，有关行政机关还必须依照法定的权限和程序去行使这项权力，始符合法定性之要求。

2. 公益性

行政征收的公益性，是指行政机关实施行政征收必须出于公共利益的需要。反之，如果单纯是因为商业利益的需要而实施行政征收行为，就不具有适法性了。

3. 有偿性

有偿性是指行政征收是需要给付对价的，对被征收人给予补偿安置是行政征收实施过程中的一项重要任务。行政征收中的核心问题，就是在公平地衡量因征收所带来的公共利益收益以及对被征收人所造成的损害之后，最终确定一个公平、合理的补偿方案。

4. 强制性

强制性是指行政征收是由征收机关单方面作出并且可以强制执行的，征收本身并不需要被征收人的同意，其本质上就是一种“强制交易”行为。不过，强制性并不排斥征收机关与被征收人在法律规定的权限范围之内就补偿安置等问题进行平等协商。而且，强制性也不意味着征收机关必然要患上“暴力依赖症”。强制性是就其最终的效果来说的，但在征收过程中并非要自始至终表现出强制来，相对柔性的征收行为反而更容易为被征收人所接受。

总结·提示　行政征收作为一种行政行为，具有法定性、公益性、有偿性和强制性的特点。

（四）行政征收权的来源

行政征收权是一项国家权力。从理论上讲，行政机关可以通过民法上和行政法上的合同方式取得财产权，但这两种方式不可能完全满足行政上的需要，因此在法律上必须承认行政机关在必要时可以通过强制方式取得必要的财产权，这是行政机关在公法上所具有的特殊地位。① 行政机关最常用的强制取得财产的方法，就是行政征收。行政征收权，本质上就是在满足一定条件时由宪法和法律赋予行政机关的实施强制性交易的权力。

行政征收权源自国家主权。国家主权，是一个国家对其管辖区域所拥有的对内至高无上、对外独立的一种排他性的政治权力。行政征收之所以必要，是由于政府因特定公用目的需要的土地在市场上往往买不到，即使市场上有人愿意出让，政府又由于地段限制等原因无法利用，因此舍强制而无他途。② 行政征收权的来源是国家主权，行政征收权是国家主权的

---

① 参见王名扬：《法国行政法》，北京大学出版社 2016 年版，第 285 页。
② 参见沈开举：《征收、征用与补偿》，法律出版社 2006 年版，第 1～4 页。

附属性权力，这就意味着在现代主权国家普遍存在行政征收制度，同时意味着行政征收权只能由国家来行使，公民、法人或者其他组织等“私主体”都不可能具有行政征收权。对于实践中常见的村（居）委会、拆迁公司、开发商等“私主体”经常奋战在征收拆迁第一线的现象，我们须保持格外的警惕。特别要注意的是村（居）委会，它们都是自治组织，并非一级行政机关，不具有行政执法权，故其在行政征收中仅能以行政机关“延长之手”的身份出现。

二、征收与征用的区分

（一）区分的标准

2004 年“宪法修正案”对征收和征用做了区分。“宪法修正案草案说明”提出：“征收和征用既有共同之处，又有不同之处。共同之处在于，都是为了公共利益需要，都要经过法定程序，都要依法给予补偿。不同之处在于，征收主要是所有权的改变，征用只是使用权的改变。”[①] 在此基础上，“宪法修正案草案说明”进一步指出：“从实际内容看，土地管理法既规定了农村集体所有的土地转为国有土地的情形，实质上是征收；又规定了临时用地的情形，实质上是征用。为了理顺市场经济条件下因征收、征用而发生的不同的财产关系，区分征收和征用两种不同情形是必要的。”[②] 从立法目的可知，行政机关（代表国家）有偿取得的是相对人财产的所有权抑或使用权，是区分征收与征用的主要标准。

（二）征收与征用比较

征收与征用，是既有联系又有区别的法律制度。二者的共同点除“宪法修正案草案说明”所提到的“公共利益需要”“法定程序”“依法给予补偿”之外，还有很重要的一点就是其强制性，无论是取得财产所有权还是使用权，均不需要相对人的同意；征收与征用的区别，除“征收主要是所有权的改变，征用只是使用权的改变”外，还包括以下几点。

1. 征收是和平环境下的法律制度，征用是紧急状态下的特别措施

国家征用单位、个人的不动产和动产的原因，是抢险、救灾等社会整体利益遭遇危机的情况下，需要运用一切人力、物力进行紧急救助，所以，法律许可在此种情况下限制单位和个人的财产权。[③] 在国外，征用通常都是在紧急状态法中予以规定的。在国内，2020 年年初为应对新冠病毒（COVID－19）而对口罩等物资的征用成为一个热门话题，其法律依据主要是《突发事件应对法》（2007 年发布）和《传染病防治法》（2013 年修改）。依据规定，为了应对突发事件和控制传染病疫情，可以征用单位和个人的财产。这就进一步证实，“征用是紧急状态下的特别措施”这一论断所言非谬。

---

① 王兆国：《关于〈中华人民共和国宪法修正案（草案）〉的说明》，载《法制日报》2004 年 3 月 16 日。

② 王兆国：《关于〈中华人民共和国宪法修正案（草案）〉的说明》，载《法制日报》2004 年 3 月 16 日。

③ 参见全国人大常委会法制工作委员会民法室编：《中华人民共和国物权法条文说明、立法理由及相关规定》，北京大学出版社 2007 年版，第 64 页。

2. 征收财产不存在返还的问题，征用财产使用后原则上要求返还

按照《房地产估价规范》（GB/T 50291－2015）的说法，征收是国家将集体或私人所有的财产强行征为国有，不存在返还的问题；而征用是国家强行使用集体或私人所有的财产，被征用的财产使用后，应当返还给财产所有人。《民法典》第245条、《突发事件应对法》第12条、《传染病防治法》第45条均规定，征用财产使用完毕之后，能够返还的应当返还给被征用人，如果因毁损、灭失等原因导致无法返还的，应当给予补偿。

3. 征收受到严格的程序限制，征用的程序要求则相对宽松

无论是征收还是征用，均应当依照法律规定的权限和程序实施。《土地管理法》《征收条例》等法律法规对于土地、房屋征收程序的规定可谓相当严苛。相比之下，《民法典》、《突发事件应对法》、《传染病防治法》、《防洪法》（2016年修改）、《戒严法》（1996年发布）等并没有对征用程序提出过多的要求。《戒严法》第17条甚至规定："在非常紧急的情况下，执行戒严任务的人民警察、人民武装警察、人民解放军的现场指挥员可以直接决定临时征用，地方人民政府应当给予协助。"正是由于征用通常是在紧急状态下实施的，如果再要求其按部就班地履行程序，完全有可能会贻误战机，从而与法律设立征用制度的初衷不符。

（三）有关的争议

对于征收与征用之区分，国内有不少学者颇有微词，争论的焦点在于采"征收征用分立说"抑或"征收征用合一说"。批评者认为征收与征用之间并不存在本质区别，也不具有区分的实益。[①] 更有人提出：在对一些消耗物实施征用之后，使用完毕通常是无法返还的，既然政府征用而不返还，因而取得的是相对人的财产所有权。但是，从法律效果上分析，征收实质上是强制买卖，不发生返还的问题，只发生补偿问题；征用实质上是强制使用，使用完毕后应当将原物返还权利人，但应支付相应的使用费，因使用导致原物毁损不能返还的，应当照价赔偿。[②] 如果仅仅因为无法返还，就认定其属于行政征收，这样的理由有些牵强。对此，有一点需要强调：征用所取得的使用权只是暂时性的，如果使用完毕能够返还却拒不返还，同样也违背了征用的立法目的。

总结·提示　从法律效果上分析，征收实质上是强制买卖，不发生返还的问题，只发生补偿问题；征用实质上是强制使用，使用完毕后应当将原物返还权利人，但应支付相应的使用费，因使用导致原物毁损不能返还的，应当照价赔偿。

三、行政征收的合法要件

（一）行政征收包括一系列行为

行政征收通常不是指一个单独的行政行为，而是一系列行为的统称。以土地行政征收为

① 参见房绍坤、王洪平：《公益征收法研究》，中国人民大学出版社2011年版，第119～121页。

② 参见金伟峰、姜裕富：《行政征收征用补偿制度研究》，浙江大学出版社2007年版，第3页。

例，其中包含了土地征收前期阶段、土地征收审批阶段以及组织实施阶段的一系列行政行为，如果当事人笼统地以土地征收行为违法为由提起行政诉讼，属于诉讼请求不明确，最高人民法院已有多个判例对此予以阐释。例如，在**黄某元等诉芙蓉区政府土地行政征收案**中，最高人民法院认为，征收土地行为包括一系列的行政行为，包括省级人民政府批准征收集体土地的批复、发布征收公告和征收补偿方案公告、签订征收补偿协议、发放征收补偿款、强制搬迁等多个各自独立的行政行为，各个行政行为的作出主体、行为内容、程序和依据等均不相同。起诉人以征收土地行为为对象提起行政诉讼，属于被诉行政行为不明确。① 行政征收是一系列行政行为的集合体，仅仅作出一个行政行为通常是无法完成行政征收的，这个道理对于国有土地上房屋的行政征收同样适用。

（二）行政征收的三大合法要件

对于行政征收的合法要件，国内外学者的论述集中在公共利益的需要、正当程序和公正补偿三个方面，故公共利益的需要、正当程序和公正补偿也被认为是行政征收的三大合法要件。例如，有国内学者提出："征收权的正当行使应是控权的结果。单就征收权的制度控制而言，应主要包括三个方面：一是目的控制，二是过程控制，三是补偿控制。详言之，征收权的发动必须是基于公益的目的，征收的实施必须遵循正当程序，征收的补偿必须是事先补偿且是完全补偿。"② 梁慧星教授在接受《新京报》记者采访时也专门提到，国家征收必须满足三个条件：第一是公共利益的目的，商业目的绝对不行；第二要有法定程序，要有国家征收法，要有法律规定的权限和程序；第三必须要公正补偿，要和当时的市场价格差不多才叫公正补偿，不能因为征收使被征收人吃亏。在国外，对于行政征收的合法性问题，德国学者哈特穆特·毛雷尔（Hartmut Maurer）的论述颇具代表性：

> 由符合《基本法》第 14 条第 1 款第 2 句的宪法性规定所确立和界定的财产原则不允许国家侵害。只有在具备《基本法》第 14 条第 3 款规定的条件时，征收才例外地具有适法性；也就是说，只有为了公共福祉、根据法律或者通过法律并且给予补偿的情况下，才能适用征收；在必须征收时，补偿应当符合财产的价值，财产存续保障据此转化为财产的价值保障。③

总结·提示 公共利益的需要、正当程序和公正补偿是行政征收的三大合法要件，三者分别属于对行政征收的目的控制、过程控制和补偿控制。归结起来，仍然是实体合法、程序正当。在依法实施行政征收之后，财产的存续保障转化为财产的价值保障。

---

① 最高人民法院行政裁定书，(2019) 最高法行申 2019 号。
② 房绍坤、王洪平：《公益征收法研究》，中国人民大学出版社 2011 年版，第 71 ~ 72 页。
③ ［德］哈特穆特·毛雷尔：《行政法学总论》，高家伟译，法律出版社 2000 年版，第 679 页。

四、准确理解“公共利益的需要”

（一）公共利益在行政征收中的地位

1991年国务院发布的《拆迁条例》（已失效）第2条将房屋拆迁的目的表述为“因城市建设需要”，2001年修改的《拆迁条例》（已失效）第1条规定房屋拆迁目的是“保障建设项目顺利进行”。上述目的所涵盖的范围非常广泛，几乎囊括一切建设项目所需要的房屋拆迁，不管是基于商业利益的需要还是公共利益的需要，只要该建设项目取得了合法的批准手续，建设单位就可以堂而皇之地申请房屋拆迁许可了。[①] 直到2004年3月14日，全国人大才通过“宪法修正案”将国家对私有财产征收的目的限定为“为了公共利益的需要”，实现了严格的目的控制。

从现有的立法来看，《宪法》《民法典》《土地管理法》《征收条例》均明确规定征收土地或者房屋须“为了公共利益的需要”。对此，章剑生教授的评论较为中肯：“国家剥夺个人财产的所有权，必须给出一个‘说得过去’的理由。尽管私人财产所有权需要承担法定义务，但是国家施加于私人财产上的法定义务必须具有正当性。这种正当性在法律上表现为‘公共利益的需要’。”[②] 如果单纯是为了某政府部门的一己私利，或者是为了帮助一些政府官员打造政绩工程、形象工程，征收拆迁显然就不具有合法性与正当性。由此可见，“公共利益的需要”决定了征收拆迁行为的合法性与正当性。对于公共利益在征收拆迁中的地位，著名法学家江平在一次讲演中做了精辟分析：

> 现在的法律明确规定的是只有社会公共利益需要的时候才能对私人财产征用或征收。但是由于国家和城市发展，把什么都看成是社会公共利益的需要，所以必须明确哪些是社会公共利益的需要，哪些是商业利益的需要……只有社会公共利益需要的时候，国家才能以相对比较低的价格向农民征收土地，而如果不是社会公共利益需要而是商业利益需要的时候，那要按照商业利益的原则，用比较高的价格取得这块土地。[③]

总而言之，如果不是为了公共利益的需要，任何主体都无权实施行政征收。所以，公共利益需要是实施行政征收的一个基本前提。有学者认为，从形式上看，国家征收权无疑与财产权受法律保护的规则存在极大的不协调，可能引发人们对征收权合宪性的质疑，但在这两者之间引入公共利益作为目的，就可以成功化解两者之间的矛盾与冲突，为国家征收提供合宪性基础，同时公共利益的目的是评判征收行为是否合法（实质合法）的根本标准和防止国家征收权滥用的重要保障。[④] 正因如此，公共利益需要才能与正当法律程序、公正补偿一起构成行政征收的三大合法性要件。

---

① 参见王克稳：《论房屋拆迁行政争议的司法审查》，载《中国法学》2004年第4期。

② 章剑生：《现代行政法基本理论》（第2版），法律出版社2014年版，第415页。

③ 江平：《我所能做的是呐喊》，法律出版社2007年版，第165页。

④ 参见薛刚凌主编：《行政补偿理论与实践研究》，中国法制出版社2011年版，第33～34页。

（二）不将公共利益扩大化

1. 公共利益扩大化与绝对化

缺乏明确的判断标准，导致“公共利益的需要”泛滥成灾。公共利益成了一个“口袋”，似乎什么都能装得进去，公共利益扩大化的风险始终存在。由于公共利益带有抽象性和不确定性的特点，是典型的不确定法律概念，对公共利益的判断带有极大的主观性，需要时刻提防公共利益扩大化的风险。行政征收所要实现的公共利益，是能够给社会带来更高价值的公益价值，不只是受益人数量的问题，更多的时候是征收目的是否有利于国家和社会的目的（任务）而不一定存在直接、具体的受益人，大体可以通过公用性原则、必要性原则、重大性原则进行判断和界定。[①] 通常认为，单纯的商业开发、储备土地的需要等不构成公共利益的需要。另外，还需注意的是，在实践中必须考虑征收给被征收人、他人利益和公共利益分别带来的影响，综合加以衡量，即使是符合公共利益的需要，也只能在其他方法无法解决用地确需征收时才能征收。[②] 这是因为，“公共利益的需要”只是行政征收的必要条件，而非充分条件。

与公共利益扩大化相对的是公共利益的绝对化。从司法实践来看，基本上也不会将公共利益做绝对化理解，也就是不会在公共利益这个问题上太过“钻牛角尖”。比如，在房屋被征收后土地用于商业开发，能否据此否定征收的公益目的？在**张某诉海口市政府等房屋征收决定案**中，最高人民法院认为，在旧城区改造的过程中，政府通过商业开发的形式来补充旧城改造资金的不足，其目的仍是改善被征收人的居住环境、提高生活品质。商业开发仅是房屋被征收后土地利用的一种手段，只要房屋征收补偿安置确保了被征收人获得安置补偿的选择权，就不能据此否定征收的公共利益目的。[③] 由此可见，即便对于通常认为不符合公共利益的商业开发，法院也未必就一概否认其公共利益属性，而是要结合具体的情境去认定。

2. 《土地管理法》《征收条例》中列举的“公共利益的需要”

《征收条例》第 2 条被称为“公益征收补偿条款”，将征收国有土地上房屋的目的限定为“公共利益的需要”；第 8 条更是直接列举了公共利益的具体情形：“为了保障国家安全、促进国民经济和社会发展等公共利益的需要，有下列情形之一，确需征收房屋的，由市、县级人民政府作出房屋征收决定：（一）国防和外交的需要；（二）由政府组织实施的能源、交通、水利等基础设施建设的需要；（三）由政府组织实施的科技、教育、文化、卫生、体育、环境和资源保护、防灾减灾、文物保护、社会福利、市政公用等公共事业的需要；（四）由政府组织实施的保障性安居工程建设的需要；（五）由政府依照城乡规划法有关规定组织实施的对危房集中、基础设施落后等地段进行旧城区改建的需要；（六）法律、行政法规规定的其他公共利益的需要。”

《征收条例》作为行政法规，率先对公共利益的具体情形做了列举，但在法律（狭义）

---

① 参见江必新主编：《国有土地上房屋征收与补偿条例理解与适用》，中国法制出版社 2012 年版，第 21 页。
② 参见江必新主编：《国有土地上房屋征收与补偿条例理解与适用》，中国法制出版社 2012 年版，第 89 页。
③ 最高人民法院行政裁定书，(2017) 最高法行申 6972 号。

上对公共利益的界定和列举此前一直是空白的。针对公共利益扩大化的风险，2016 年 11 月 4 日发布的中共中央、国务院《关于完善产权保护制度依法保护产权的意见》（中发〔2016〕28 号）提出："完善土地、房屋等财产征收征用法律制度，合理界定征收征用适用的公共利益范围，不将公共利益扩大化，细化规范征收征用法定权限和程序。"随后，立法机关终于鼓起了勇气，在 2019 年修改的《土地管理法》第 45 条同样对公共利益予以明确列举。依据规定，为了公共利益的需要，有下列情形之一，确需征收农民集体所有的土地的，可以依法实施征收：（1）军事和外交需要用地的；（2）由政府组织实施的能源、交通、水利、通信、邮政等基础设施建设需要用地的；（3）由政府组织实施的科技、教育、文化、卫生、体育、生态环境和资源保护、防灾减灾、文物保护、社区综合服务、社会福利、市政公用、优抚安置、英烈保护等公共事业需要用地的；（4）由政府组织实施的扶贫搬迁、保障性安居工程建设需要用地的；（5）在土地利用总体规划确定的城镇建设用地范围内，经省级以上人民政府批准由县级以上地方人民政府组织实施的成片开发建设需要用地的；（6）法律规定为公共利益需要可以征收农民集体所有的土地的其他情形。

《土地管理法》《征收条例》进行明确列举的理由是，公共利益虽然无法精确定义，但不同类型的法律中公共利益的内涵和外延应当有所区别，通过列举实现公共利益的类型化可以在一定程度上降低公共利益扩大化的风险。

（三）法院对公共利益的审查

到底什么是公共利益、什么是商业利益，不能由征收机关单方面说了算，当然也不能仅仅由被征收人来决定。著名法学家王名扬指出："从法律的观点来看，什么是公共利益的需要，国家是唯一的决定者。"① 但国家是一个抽象的实体，包括立法、行政、司法等不同机关。那么，应该由哪个机关来确定什么是公共利益的需要呢？对此，江平教授在另一次讲演中给出了明确的回答：

> 吴某一家拒绝拆迁的理由是政府提出的"拆迁涉及公共利益"的说法不能成立。我想这就有问题了，难道他说不是公共利益就不是了？什么是社会公共利益，不是个人决定的，而是由法院决定的。②

可见，至关重要的是确定法院对什么是"公共利益的需要"的最终裁判权，而不是以行政机关或者被征收人单方面的判断为准。事实上，法院在审查征收行为的合法性时，也早已经肩负起审查行政征收是否基于公共利益的需要这一重任。在**郭某昌诉鄞州区政府房屋行政征收案**中，最高人民法院提出，人民法院对征收决定的审查，一般应审查建设项目是否基于公共利益的需要，建设活动是否符合一系列规划，征收补偿方案是否已经公布并根据公众意见修改公布，是否已进行社会稳定风险评估，征收补偿费用是否已经足额到位、专户存储、专款专用。由于公共利益属于典型的不确定法律概念，建设项目是否符合公共利益的需要，

---

① 王名扬：《法国行政法》，北京大学出版社 2016 年版，第 481 ~ 482 页。
② 江平口述，陈夏红整理：《沉浮与枯荣——八十自述》，法律出版社 2010 年版，第 481 页。

一方面，应主要由立法判断，即只有立法明确列举的建设项目才属于公共利益的需要；另一方面，对于立法规定不明确或者可能认识有分歧的，则宜尊重通过正当程序而形成的判断，地方人大及其常委会、绝大多数被征收居民同意的建设项目，应当认为属于公共利益的需要。尤其是以征收形式进行的旧城区改建，既交织公共利益与商业开发，也涉及旧城保护与都市更新，更应尊重拟征收范围内被征收人的改建意愿，大多数或者绝大多数被征收人同意改建方案的，即可以认为建设项目符合公共利益的需要。①

总结·提示　行政机关对公共利益的判断必须接受司法审查。如果行政机关判定征收项目符合公共利益的需要而被征收人对此有异议的，有权提起行政诉讼，由法院依法审查并最终确定行政征收究竟是否符合公共利益的需要。

（四）理解“公共利益的需要”应注意的问题

1. 公共利益与私人利益之间没有高下之别，二者是相互平衡的动态关系

就当代中国而言，不太可能接受私权本位的观念，但许多地方官员在实施征收时挂在嘴边的所谓“公共利益高于私人权益”之类的话语同样是没有依据的。我们常说私人权益服从公共利益，但这里的“服从”，绝不是为了公共利益就可以置私人利益于不顾，如果那样的话，公共利益无疑成了一个虚假的命题。如果完全不考虑私人利益在征收中的“特别牺牲”，即使真的维护了某些官员口中的“公共利益”又有什么意义呢？私人利益自然无法与公共利益一争高下，但也绝不能反过来处处用公共利益压制私人利益，使私人利益成为实现某些人口中所谓的“公共利益”的踮脚石。秉持这一理念，权威的观点认为，把公共利益和私人利益放在同等重要的位置，不能为了假定的公共利益而牺牲个人的合法权益，这是征收制度中一个值得肯定的飞跃和进步。② 随着国家法治的不断进步，行政机关动辄以“公共利益的需要”为幌子侵害私人利益的现象必将渐行渐远。

2. 征收以保障公共利益为出发点，以维护私人利益为落脚点

通过征收取得财产权，既要保障公共利益，也要维护私人利益，对二者应予兼顾。中国现有的法律既保护国家所有的财产，也保护集体所有和私人所有的财产，这就意味着私有财产和公有财产（国家、集体所有的财产）应受到法律的平等保护。《民法典》第207条专门规定：“国家、集体、私人的物权和其他权利人的物权受法律平等保护，任何组织或者个人不得侵犯。”实践中，一些地方政府打着“公共利益”的旗号大搞卖地征收，片面追求以土地财政为基础的所谓“政绩”，结果是既损害了公共利益，又损害了私人利益，是非常值得警惕的现象。

---

① 最高人民法院行政裁定书，(2017) 最高法行申4693号。

② 参见江必新主编：《国有土地上房屋征收与补偿条例理解与适用》，中国法制出版社2012年版，第5页。

3. 依法实施征收并给予公平、合理的补偿，是平衡公共利益与私人利益的根本保障

德国行政法学者哈特穆特·毛雷尔（Hartmut Maurer）认为，征收和补偿，说到底就是为了以有利于各方的方式解决公共利益和个人权益之间的矛盾：个人必须容忍对其权利的剥夺或者限制，但有权要求补偿其权益损害。[①] 如何实现对公共利益与私人利益的平等保护呢？最根本的要求是征收必须依照法律规定的权限和程序进行，因为法律本来就是最低限度的社会共识。《全面推进依法行政实施纲要》（国发〔2004〕10 号）提出，依法行政的基本要求包括合法行政、合理行政、程序正当、高效便民、诚实守信、权责统一，行政征收行为当然也必须满足这些基本要求。正因如此，《民法典》第 117 条规定："为了公共利益的需要，依照法律规定的权限和程序征收、征用不动产或者动产的，应当给予公平、合理的补偿。"第 244 条又规定："不得违反法律规定的权限和程序征收集体所有的土地。"

给予公平、合理的补偿与依法实施征收同等重要。由于征收是为了满足公共利益的需要，补偿则是为了实现对私人利益的保护，如果只有征收而没有补偿，或者补偿未达到法定的标准，公共利益与私人利益之间的平衡就被打破了。《土地管理法》第 48 条规定，征收土地应当给予公平、合理的补偿，保障被征地农民原有生活水平不降低、长远生计有保障；《征收条例》第 2 条规定，征收国有土地上单位、个人的房屋，应当对被征收房屋所有权人给予公平补偿。同时，为防止征收补偿款无法如数支付给被征收人，《民法典》第 243 条第 3 款还规定："任何组织或者个人不得贪污、挪用、私分、截留、拖欠征收补偿费等费用。"上述规定对于平衡公共利益与私人利益是大有裨益的。

五、行政补偿的意义

（一）行政补偿的概念

行政补偿，是行政机关因合法行政行为导致相对人财产受到损失而给予的财产上的填补。在中国，行政补偿经常被与行政赔偿相提并论，前者起因于合法行政行为所造成的损失，后者起因于违法行政行为所造成的损失。

虽然在法律层面尚无对于行政补偿的明确界定，但行政补偿的提法由来已久。早在 2004 年 3 月 22 日，国务院发布的《全面推进依法行政实施纲要》（国发〔2004〕10 号）就明确提出要"建立健全行政补偿制度"；2007 年 5 月 29 日发布的《行政复议法实施条例》（国务院令第 499 号）第 50 条规定，对于"当事人之间的行政赔偿或者行政补偿纠纷"，行政复议机关可以按照自愿、合法的原则进行调解；2014 年 6 月 4 日发布的国务院《关于促进市场公平竞争维护市场正常秩序的若干意见》（国发〔2014〕20 号）进一步提出，健全行政补偿和赔偿制度，当发生市场监管部门及其工作人员行使职权损害相对人合法权益时，须履行补偿或赔偿责任；2016 年 11 月 4 日公布的中共中央、国务院《关于完善产权保护制度依法保护

① 参见［德］哈特穆特·毛雷尔：《行政法学总论》，高家伟译，法律出版社 2000 年版，第 663 页。

产权的意见》（中发〔2016〕28 号）中使用的是“国家补偿”，明确要求：“遵循及时合理补偿原则，完善国家补偿制度，进一步明确补偿的范围、形式和标准，给予被征收征用者公平合理补偿。”这样一来，国家补偿与国家赔偿之间就形成了一种相互对照的关系。

（二）行政补偿的理论基础

国内学界对于行政补偿的理论基础问题涉及较少，多因袭国外的相关理论。而国外关于行政补偿理论基础的表述众说纷纭，其中最具代表性的是“特别牺牲理论”和“公共负担平等理论”。

拓展·探索

“特别牺牲理论”与“公共负担平等理论”

“特别牺牲理论”起源于德国。按照社会连带的观点，公民在行使权利时，负有一定程度的社会义务。在行政机关行使权力时使公民权利受到人身、财产等损失，如该损失属于社会义务的范围，就不存在行政补偿的问题。但是，如果行政机关的行为对公民所造成的损失已经超过其所应尽的社会义务，就构成一种特别牺牲，应由国家给予合理之补偿，始合乎公平之原则。于此，公共利益之挹注与个人权利保护之间，得以获致一定程度之平衡，换言之，国家基于公共利益而限制或剥夺公民权利时，公民应予容忍，但是对于其权益所受之损失，则可以请求补偿。此种基于“容忍，但可获得赔偿”原则之权利，一般称为“特别牺牲请求权”或“公共牺牲请求权”。① 可见，特别牺牲请求权是“特别牺牲理论”中的核心概念。

如何认定“特别牺牲”？通常的判断标准有两个：一是看行政机关的行为是否合法，如果公民权利遭受违法侵害的，本身就构成特别牺牲；二是看对公民权利限制的程度是否违反了平等原则，如果公民权利受到了不平等的侵害，即使行政机关的行为合法，公民也有权请求补偿。这就引出了另外一个得到广泛支持的行政补偿理论基础——“公共负担平等理论”。在法国，“公共负担平等理论”是主流学说，强调国家行为的受益人为社会全体，故当一部分或者个别人因国家行为而承担的义务多于相同情况下的其他人时，国家应设法调整和平衡这种义务承担的不均衡现象，即以平等的观点，将之平均负担给全社会。② 换言之，既然政府的行为是为了公共利益的需要而实施的，那么这个行为的成本或者费用等也应当由社会全体成员平等地负担。

综上所述，相对人的“特别牺牲”必须由社会全体来共同负担，这是公平正义原则的要求。“特别牺牲”本质上就是一种特别的损失，对此，日本著名行政法学者盐野宏认为：“损失补偿是针对国家的合法侵害，从公平负担的理念补救该损失的制度，所以，需要是该损失

① 参见翁岳生编：《行政法》（下册），中国法制出版社 2009 年版，第 1721～1723 页。

② 参见金伟峰、姜裕富：《行政征收征用补偿制度研究》，浙江大学出版社 2007 年版，第 43 页。

违反公平的场合。并且，认为此种场合该损失应是特别的损失。”[①] 从中亦可见，“特别牺牲理论”与“公共负担平等理论”在本质上是相通的，二者只是观察问题的角度不同而已。

（三）行政补偿的构成要件

由于没有法律的明文规定，学术界对于行政补偿的构成要件也存在一定的分歧。通说认为，行政补偿的构成要件有以下三点：

第一，相对人的合法权益受损，且为特别损害。在**庄某升诉屯昌县政府行政补偿案**中，最高人民法院提出，行政补偿以当事人的合法权益损失为前提，无合法权益损失不能获得行政补偿。[②] 这一点与行政赔偿是相同的。

第二，合法权益受损是由合法的行政行为所造成，即原因行为合法。在**源潭纸厂诉潜山市政府行政补偿案**中，最高人民法院提出，如果相对人因行政机关违法实施行政行为主张行政补偿，该主张并不符合行政补偿中行政机关合法行使职权的前提。[③] 这一点，是区分行政补偿与行政赔偿的主要标准。

第三，因果关系，即相对人的合法权益受损与合法的行政行为之间应当具有直接的、必然的因果联系。这一点与民事侵权赔偿中的因果关系要件类似。

总结 · 提示　损害（合法权益受到特别损害）、行为（合法权益受损由合法的行政行为造成）和因果关系（损害与行政行为之间的直接关联）是行政补偿的三大构成要件。

（四）“唇齿条款”或“一揽子条款”

通说认为，在立法上征收的授权必须与补偿同时规定，不能仅规定征收而不规定补偿。从逻辑上分析，征收是补偿的充分条件，补偿是征收的必要条件。因此，征收与补偿二者在国外学界通常被称为“唇齿条款”，亦有学者称为“一揽子条款”。[④] 在国内，“有征收必有补偿、无补偿则无征收”“先补偿、后搬迁”的观念非但早已深入人心，而且已经为立法和司法实践所广泛确认，我们在第二讲已经对此予以介绍。

总结 · 提示　“唇齿条款”或“一揽子条款”的称呼，生动形象地反映出补偿在行政征收中的地位及意义——补偿与征收之间是唇亡齿寒的关系，如果补偿缺位的话，征收也就不具有合法性和正当性了。

---

① ［日］盐野宏：《行政救济法》，杨建顺译，北京大学出版社 2008 年版，第 246 页。

② 最高人民法院行政裁定书，（2020）最高法行申 1537 号。

③ 最高人民法院行政裁定书，（2019）最高法行申 14350 号。

④ 参见［德］汉斯 · J. 沃尔夫、［德］奥托 · 巴霍夫、［德］罗尔夫 · 施托贝尔：《行政法》（第 2 卷），高家伟译，商务印书馆 2002 年版，第 407 页。

六、行政征收中的补偿安置

（一）补偿安置的规范名称

在行政征收中，尤其是集体土地征收中，“补偿”与“安置”经常被相提并论，合称为“补偿安置”、“补偿、安置”或者“安置补偿”。《土地管理法》仅在第47条第3款提及“征地补偿安置方案”时将“补偿”与“安置”予以合用；《土地管理法实施条例》（2021年修改）则分别使用了“征地补偿安置方案”“征地补偿安置公告”“征地补偿安置协议”“征地补偿安置决定”“征地补偿安置费用”的表述；《征收条例》主要使用的是“补偿”，仅在规定“临时安置”时使用了“安置”一词，且全文未将“补偿”与“安置”合用。

安置在性质上其实也属于一种补偿。如果硬要细分一下的话，可以说补偿的侧重点在于对被征收的土地、房屋等“物”的损失给予弥补，而安置的侧重点则在于把被征收人安顿好，使被征收人的居住和生活能够有着落。例如，立法规定“临时安置”“安置房”是为了确保被征收人的居住有着落，不至于因被征收而露宿街头；规定“安置补助费”是为了保证以土地为主要生产资料并取得生活来源的农业人口在被征收土地之后，能够正常地生产、生活。相比之下，国有土地上房屋征收补偿中较少使用“补偿安置”的提法，这是因为国有土地上的房屋对于被征收人而言通常仅为生活资料，因而考虑“物”的因素多了一些，考虑“人”的因素相对要少一些。与之不同的是，集体土地（尤其是耕地）对于被征收人来说是相当重要的生产资料，因而不得不考虑征收土地之后依靠这些土地生活的人的基本生计问题，所以“补偿安置”就成了通常的用法。当然，这种区分也不是绝对的，在国有土地上房屋征收中也一样会有“安置人口”的概念。

（二）补偿安置的要素

从行为过程的角度考察，补偿安置的要素应当包括主体、方式、标准、程序，也即谁作为补偿安置主体，遵循何种方式、标准，依据何种程序进行补偿安置。[①] 由于在集体土地征收与国有土地上房屋征收中补偿安置的主体、方式、标准和程序皆有较大差异，这里主要讲述其梗概，更为具体的内容则放在本书第二、三部分讲解。

1. 补偿安置主体

补偿安置主体，包括补偿安置义务主体和补偿安置权利主体。前者是指依法负有补偿安置责任并向补偿安置权利主体给予补偿安置的主体；后者又称补偿安置权利人，通常是指因征收而权益受损，需要给予补偿安置的相对人。“受益者补偿”是确定补偿安置义务主体的基本原则，由于行政征收的受益者是作为公共利益代表的国家，抽象意义上的补偿安置义务主体就是国家，不过需要由具体的行政机关来履行补偿安置义务。

对于具体负责补偿安置工作的主体，《土地管理法》的表述为“县级以上地方人民政府”，《征收条例》的表述为“市、县级人民政府”。二者之间唯一的区别在于是否包括省级

① 参见薛刚凌主编：《行政补偿理论与实践研究》，中国法制出版社2011年版，第83页。

人民政府。这是因为，“市、县级人民政府”中的“市”如果做广义理解，已经包括了县级人民政府和地级市人民政府，“县级以上地方人民政府”的表述无非是使省级人民政府作为补偿安置主体成为可能。

2. 补偿安置方式

在理论上，补偿安置的方式可分为货币补偿与替代补偿。替代补偿指货币补偿之外的补偿安置方式，主要有实物补偿和政策性补偿等，其中政策性补偿是具有中国特色的补偿安置方式。例如，提供安置房就是一种典型的实物补偿，将被征地农民纳入相应的养老等社会保障体系则是一种典型的政策性补偿。实践中，最常用的是货币补偿，因为从法律上讲绝大多数的损害补偿都可以转化为金钱补偿，这是由货币作为一般等价物的性质所决定的。当然，货币补偿也存在一定的弊端，主要是有些损失难以用金钱直接加以衡量和弥补，如失地农民的生存保障等问题，需要辅以实物补偿和政策性补偿加以解决。总体来说，行政征收中的补偿安置是以货币补偿为原则，以替代补偿为补充。

在现有立法中，有关补偿安置方式的规定相对分散。除货币补偿外，《土地管理法》规定了“重新安排宅基地建房”“提供安置房”“将被征地农民纳入相应的养老等社会保障体系”等替代补偿方式；《征收条例》规定了“优先给予住房保障”“房屋产权调换”“提供周转用房”等替代补偿方式；2004 年 11 月 3 日，原国土资源部发布的《关于完善征地补偿安置制度的指导意见》（国土资发〔2004〕238 号，已失效）规定了“农业生产安置”“重新择业安置”“入股分红安置”“异地移民安置”等替代补偿方式。在其他单行立法和地方立法中，还有许多补偿安置方式，如留地安置、减免税费以及提供其他政策性优惠和照顾。

总结·提示 补偿安置的方式可分为货币补偿与替代补偿，通常是以货币补偿为主、替代补偿为辅，具体的补偿安置方式则是不拘一格的。

---

3. 补偿安置标准

在土地、房屋征收拆迁纠纷中，争议的焦点大多集中于补偿安置标准问题。在理论上，主要的争论在于应采纳“完全补偿说”抑或“不完全补偿说”，其中前者已成主流观点。对于补偿安置的标准，《民法典》《土地管理法》的最新表述是对于征收应当给予“公平、合理的补偿”①。而《征收条例》第 2 条的表述是应当对被征收房屋所有权人给予“公平补偿”。一边是“公平、合理的补偿”，另一边是“公平补偿”，实际上并没有多大差别。此外，在现有的立法中还有“给予补偿”“相应的补偿”“合理的补偿”“适当补偿”等说法。但正如梁慧星教授所言，补偿要有一个标准，有了标准，发生争议时，法院就可以依法裁决，大体上与相同地区的市场价差不多就叫公正。合理补偿也可以，什么叫合理呢？就是大致差不多公正。有人建议规定给予“相应补偿”，什么叫“相应补偿”，其实与“公正补偿”

---

① 事实上，“公平、合理的补偿”这一提法并不新鲜，早在1950 年发布的《城市郊区土地改革条例》第14 条就有“予以公平合理的补偿”的规定。

"合理补偿"也是意思相近。[①] 无论是"公平、合理的补偿"还是"公平补偿"，最起码的要求都是被征收人不能因征收而吃亏，所得到的补偿只能大于或等于而不能小于因征收而遭受的损失。学界有一种说法认为，国家征收相对人的个人财产，虽然依法给予补偿，但也是不对价的，因为补偿款是法定的，并不根据被征收财产的实际价值支付对价，故行政征收具有"非对价性"的特点。[②] 这种说法固然有一定道理，但在现实中绝不能以"非对价性"去否定"完全补偿说"。如果在补偿时只是随便"意思一下"，就不可能是"公平、合理的补偿"。

"公平、合理的补偿"不仅体现为完全弥补损失，而且体现在弥补损失的及时性上。如果拖延履行补偿安置职责超过合理的期限，就很难说是"公平、合理的补偿"了。《土地管理法》第48条第1款规定"给予公平、合理的补偿"之后，第2款又要求支付补偿费用应当"及时足额"，《征收条例》第27条第1款也要求"先补偿、后搬迁"，上述规定都是在强调补偿安置的及时性。在**安业公司诉太原市政府收回国有土地使用权决定案**中，最高人民法院提出，有征收必有补偿，无补偿则无征收。必须对被征收人给予及时公平补偿，而不能只征收不补偿，也不能迟迟不予补偿，征收补偿应当遵循及时补偿和公平补偿原则。[③] 在**钜成公司诉细河区政府行政不作为案**中，最高人民法院认为，市、县级人民政府在对本行政区域作出征收决定后，应及时对案涉房屋进行补偿，不应不合理拖延履行补偿职责，致使被征收房屋、土地长期处于被征收而未获得补偿的状态，对被征收人的生产、生活造成不利影响。否则，拖延履行补偿职责超过合理期限，就构成行政不作为。[④] 从中可见，及时补偿这一原则已经为司法实践所接受，征收机关应当通过签订补偿安置协议或者作出补偿安置决定等方式，尽可能快速地对被征收人进行足额补偿，以确保补偿的实质公平。

4. 补偿安置程序

补偿安置程序，是补偿安置义务机关在实施补偿安置时所应当遵循的方式、步骤、顺序和时限的总称。鉴于集体土地征收与国有土地上房屋征收在补偿安置程序方面有很大不同，本书将在第二、三部分分别讲述。

（三）补偿安置方案、协议与决定

1. 补偿安置方案

方案，在现代汉语中有"工作计划"的含义。因此，补偿安置方案实质上就是关于补偿安置工作的书面计划。补偿安置方案是个笼统的叫法，因征收对象不同，补偿安置方案的具体名称略有差异：依据《土地管理法》《土地管理法实施条例》的规定，在集体土地征收中称为"征地补偿安置方案"；依据《征收条例》的规定，在国有土地上房屋征收中称为"征收补偿方案"。

---

① 参见梁慧星：《谈宪法修正案对征收和征用的规定》，载《浙江学刊》2004年第4期。
② 参见胡建淼：《行政法学》（第4版），法律出版社2015年版，第399～400页。
③ 最高人民法院行政判决书，（2016）最高法行再80号。
④ 最高人民法院行政裁定书，（2018）最高法行申915号。

有观点认为，补偿安置方案是一种由国家制定的社会规范，体现了国家意志，主要确定被征收人的权利和征收部门的义务，具有“准法律性”。[①] 这种说法有一定道理，但切不可因此认为补偿安置方案属于法律意义上的规范性文件。在**杨某青诉桦南县政府征收补偿决定案**中，最高人民法院认为，征收补偿方案及征求意见公告均系针对特定项目制定，不属于具有普遍约束力，在一定期限内反复适用的公文。因此，上述文件均不属于《行政诉讼法》第43条所规定的规范性文件。[②] 从而否定了补偿安置方案的规范属性，即补偿安置方案不属于广义的法律或者规范性文件的范畴。

补偿安置方案的意义重点体现为两个方面：一是作为行政补偿的直接依据。补偿安置方案具有“准法律性”，意味着征收机关和被征收人均须遵守合法有效的补偿安置方案所确定的补偿安置标准。在**刘某等诉雨花区政府征地补偿安置方案案**中，最高人民法院提出，征地补偿安置方案是确定被征收土地的土地补偿费、安置补助费、地上附着物和青苗的补偿标准和支付方式、农业人员的具体安置途径以及其他有关征地补偿、安置具体措施的依据，直接影响被征收土地权利人的实体权益，属于行政复议范围和行政案件的受案范围。[③]《征收条例》第26条还明确提出了“按照征收补偿方案作出补偿决定”的要求。可见，在集体土地征收和国有土地上房屋征收中，补偿安置方案都是给予行政补偿的直接依据。二是作为行政赔偿的参考依据。在行政补偿转化为行政赔偿之后，补偿安置方案也不是没有任何意义了。恰恰相反，在行政赔偿案件中法院经常会参考补偿安置方案作出判决。

2. 补偿安置协议与补偿安置决定

补偿安置协议是指征收部门与被征收人就补偿安置的主体、方式、标准和程序所签订的协议。如果在行政征收过程中征收部门与被征收人能够就补偿安置达成一致意见，就可以签订补偿安置协议。反之，如果因双方之间的差异较大无法签订补偿安置协议，则需要由行政机关作出补偿安置决定，单方面决定补偿安置的主体、方式、标准和程序。不过，这种单方面决定并非终局决定，被征收人对其不服的，有权依法申请行政复议或者提起行政诉讼。

补偿安置协议属于典型的行政协议，由于行政协议的内容比较复杂，本书将在下一讲专门讲解。集体土地征收与国有土地上房屋征收中的补偿安置决定，依法分别被称为“征地补偿安置决定”（《土地管理法实施条例》第31条）和“补偿决定”（《征收条例》第26条），由于二者之间差异较大，将分别在本书第二、三部分讲解。

（四）补偿安置请求权

1. 被征收人有要求补偿安置义务机关履行补偿安置职责的请求权

对于补偿安置义务机关来说，在征收中实施补偿安置既是权力又是义务。因此，如果补偿安置义务机关不依法履行补偿安置职责，被征收人有权请求其履行这一职责。在**朱某云等**

---

① 参见褚建好、肖勇、张永魁：《国有土地上房屋征收与补偿实务指南》，中国政法大学出版社2012年版，第228～233页。

② 最高人民法院行政裁定书，（2019）最高法行申2113号。

③ 最高人民法院行政裁定书，（2018）最高法行再99号。

诉越城区政府不履行拆迁安置法定职责案中，最高人民法院提出，从相关法律规定上看，并未将被征收人获得补偿安置的程序设定为一种依相对人申请才能启动的程序。市、县人民政府在组织实施征收补偿过程中，应当积极主动履行补偿义务，以使相对人及时获得公平补偿。在与被征收人达不成补偿协议的情况下，市、县人民政府或其土地管理部门依法应当及时以书面形式作出补偿安置决定或者以行为的方式直接履行补偿安置职责。否则，被征收人可以依法请求市、县人民政府或其土地管理部门依法履行补偿安置职责。① 按照这一判例，补偿安置不应当是一种依申请行政行为，而是一种依职权行政行为，补偿安置义务机关应当依职权主动履行补偿安置职责。《行政诉讼法》第38条规定："在起诉被告不履行法定职责的案件中，原告应当提供其向被告提出申请的证据。但有下列情形之一的除外：（一）被告应当依职权主动履行法定职责的……"据此，被征收人提起履行补偿安置职责的诉讼，不以提出申请为前提。

但在实践中，许多地方法院都要求被征收人先向行政机关提出申请，由行政机关先行处理，被征收人对行政机关的处理结果不服，或者行政机关在接到申请之日起满2个月未予处理的，方可提起行政诉讼。在**李某兰诉平遥县政府不履行行政补偿法定职责案**中，最高人民法院认为，当事人要求行政机关履行补偿职责，行政机关应当在收到其书面补偿申请后，在一定期限内对是否应当补偿、如何采取补偿措施等相关问题作出处理。在行政主体的行政管理范围内，应当由行政主体先行处理，司法权不能代替行政权进行先期裁量。在行政机关未出台补偿方案、补偿措施的情况下，当事人提起履行补偿职责之诉，直接要求法院针对其补偿请求判令具体的补偿内容没有事实和法律依据。② 在这一判例中，最高人民法院不但要求被征收人的起诉以行政机关的先行处理为前提，而且要求行政机关已经出台补偿方案、补偿措施，是非常值得商榷的。因为这无疑为行政机关消极不作为提供了便利条件，如果行政机关长期恶意地不出台补偿方案、补偿措施，被征收人在行使补偿安置请求权时恐将遭遇难以逾越的障碍。

此外，2023年修改的《行政复议法》第23条已经明确规定，当事人认为行政机关未依法履行法定职责的，应当先向行政复议机关申请行政复议，对行政复议决定不服的，可以再依法向人民法院提起行政诉讼。在2024年1月1日该法正式实施之后，被征收人行使补偿安置请求权就不单单有行政机关先行处理的问题，还会产生行政复议前置的问题，如此重大的改变需要我们去适应。对于行政复议前置，我们将在第十七讲详细介绍。

2. 补偿安置请求须向法定的补偿安置义务机关提出

被征收人的补偿安置请求，必须向法定的补偿安置义务机关提出，即在集体土地征收和国有土地上房屋征收中，分别向负责组织实施的"县级以上地方人民政府"和"市、县级人民政府"提出。如果县级以上地方人民政府依法确定了房屋征收部门，被征收人应当向房屋征收部门提出补偿安置请求。

---

① 最高人民法院行政裁定书，（2019）最高法行再199号。

② 最高人民法院行政裁定书，（2019）最高法行申6733号。

3. 征地补偿安置与国有土地上房屋征收补偿不宜一并提出

由于集体土地征收和国有土地上房屋征收中的补偿安置要素等方面有所不同，对于征地补偿安置与国有土地上房屋征收补偿，应当分别向补偿安置义务机关提出请求，不宜一并提出。在**张某福等诉龙亭区政府行政不作为案**中，对于张某福与刘某荣共同提出的补偿安置请求，最高人民法院认为，张某福案涉房屋的土地为集体性质，刘某荣案涉房屋的土地为国有性质，张某福、刘某荣共同提起本案诉讼，人民法院应当予以释明并分案处理。[①]

4. 行政补偿请求与行政赔偿请求不能同时提出

行政补偿与行政赔偿的区别前面已经讲到，二者因适用条件不同而不能同时提出。在**雷某天诉南宁市政府不履行行政补偿职责案**中，最高人民法院提出，集体土地上房屋被合法征收，当事人有权获得补偿，若是被违法拆除，当事人有权获得赔偿。请求人民法院判令行政机关对同一栋房屋进行赔偿或补偿，因两种诉讼请求要求人民法院所救济的是同一权利，故当事人不能同时提起。[②] 通常来说，在房屋被违法拆除之后，被征收人仍然有救济手段的选择权，但在行政补偿与行政赔偿之间只能是“二选一”。

总结·提示　在房屋被违法拆除之后，被征收人依法有权选择通过行政补偿程序请求行政机关对其进行补偿，也可以选择通过行政赔偿程序请求行政机关对其给予行政赔偿。但是，被征收人只能选择其中一种救济手段，不能重复或者交叉运用这两种救济手段。

---

5. 提起履行补偿安置职责之诉一般不存在超过起诉期限的问题

由于补偿安置义务机关不履行补偿安置职责一直处于持续状态，故请求其履行职责不应当有超过起诉期限的问题。在**刘某荣等诉龙亭区政府行政不作为案**中，最高人民法院认为，关于起诉期限问题，对于行政机关履行征收补偿职责的期限认定，一般认为是其补偿职责实际履行完毕之时。本案中，刘某荣国有土地上房屋被征收后尚未获得补偿，相关行政机关未履行征收补偿职责的状态一直持续。因此，刘某荣以请求龙亭区政府履行补偿职责为由提起本案诉讼，并未超过法定的起诉期限。[③] 请求补偿安置义务机关履行补偿安置职责不受起诉期限的限制，应该是“有征收必有补偿，无补偿则无征收”这一原则的题中应有之义。

《行政诉讼法》第 47 条第 1 款规定：“公民、法人或者其他组织申请行政机关履行保护其人身权、财产权等合法权益的法定职责，行政机关在接到申请之日起两个月内不履行的，公民、法人或者其他组织可以向人民法院提起诉讼。法律、法规对行政机关履行职责的期限另有规定的，从其规定。”2018 年《行政诉讼法解释》第 66 条规定：“公民、法人或者其他组织依照行政诉讼法第四十七条第一款的规定，对行政机关不履行法定职责提起诉讼的，应当在行政机关履行法定职责期限届满之日起六个月内提出。”上述规定明显是针对行政机关

---

① 最高人民法院行政裁定书，(2019) 最高法行再 199 号。

② 最高人民法院行政裁定书，(2020) 最高法行申 3010 号。

③ 最高人民法院行政裁定书，(2019) 最高法行再 199 号。

依申请不作为的情形，对于行政机关依职权不作为的情形是否适用该期限，以及6个月的期限届满后相对人是否可以通过重复申请使期限在事实上无限继续下去的问题，则有较大争议。对此，有观点认为，在行政诉讼的给付之诉中，当事人的请求权并不是在任何情况下都可以无限地行使下去，限制给付请求权可以考虑借用《行政诉讼法》的最长起诉期限，以发挥限制相对人请求权无限行使的作用。具体来说，对于行政机关不作为的行为，相对人应当在行政机关履行法定职责期限或者合理期限届满之日起6个月内提出申请，但自行政机关履行法定职责期限或者合理期限届满之日起超过5年（一般行政行为）或者20年（涉及不动产的行政行为）的，人民法院不予受理；对于行政机关依职权的不作为，应同样适用最长起诉期限。[①] 换言之，虽然提出履行补偿安置职责之诉一般没有超过起诉期限的问题，但仍需受到最长起诉期限的限制，上述观点符合《行政诉讼法》设定最长起诉期限的本意。

总结·提示 被征收人提出履行补偿安置职责之诉，一般不存在超过起诉期限的问题，但仍应当遵守《行政诉讼法》关于最长起诉期限的规定。

不过，我们在第十八讲将会讲到，最高人民法院倾向于认为在依职权履行法定职责案件中，如行政机关已经明确拒绝履行法定职责，说明原告已经知道不履行法定职责行为的存在，即应开始计算起诉期限。因此，为了保险起见，被征收人在行政机关明确拒绝履行补偿安置职责的情形下，应当在明确拒绝之日起6个月内提起行政诉讼，而不应当对“提出履行补偿安置职责之诉一般不存在超过起诉期限的问题”这一命题过于执迷，以免使自己在起诉期限问题上陷入被动。

（五）提出补偿安置请求的依据

被征收人提出补偿安置请求，实质上是在行使行政给付请求权。在**杜某友等诉临汾市政府不履行行政给付案**中，最高人民法院提出，行政给付请求权，既有可能来自法律、法规、规章的规定，来自一个行政决定或者一个行政协议的约定，也有可能来自行政机关作出的各种形式的承诺。[②] 归纳起来，被征收人提出补偿安置请求的依据主要有以下几种情形。

1. 法律、法规、规章的规定

如果法律、法规、规章对于补偿安置的主体、范围、标准、方式和程序等已有明确的规定，被征收人就可以直接据此请求补偿安置义务机关给予相应的补偿安置，这一点自不待言。

2. 会议纪要等文件的规定

会议纪要等文件，是行政机关常用的公文格式。《党政机关公文处理工作条例》（中办发〔2012〕14号）第8条规定，纪要适用于记载会议主要情况和议定事项。通常认为，会议纪

---

① 参见阎巍、胡卉明：《集体土地征收案件裁判思路与裁判规则》，法律出版社2020年版，第91～95页。
② 最高人民法院行政裁定书，（2017）最高法行申3461号。

要议定的事项具有法律效力，行政机关完全可以因会议纪要等文件的决定而负有补偿安置的职责。在**小雨公司诉经开区管委会置换土地案**中，最高人民法院认为，法定职责的渊源不仅包括法律、法规、规章及规范性文件规定的职责，也包括行政机关基于先行行为、行政允诺或行政协议而形成的职责。根据党政机关公文管理规定，会议纪要已经议定的事项，具有法定效力，非依法定程序不得否定其效力，无论是行政机关还是相对人均应遵照执行。会议纪要议定的行政机关的职责，亦因此转化为该行政机关的法定职责。① 可见，会议纪要等文件同样可以成为请求行政机关履行补偿安置职责的依据。

3. 补偿安置协议的约定

补偿安置协议是典型的行政协议，行政机关如果不依法、依约履行行政协议，就构成了违约甚至违法。被征收人依据补偿安置协议的约定请求行政机关给予补偿安置，本质上就是请求行政机关履行补偿安置协议，并可以同时追究行政机关的违约责任。

4. 行政机关的决定或者允诺

如果行政机关与相对人最终没有达成补偿安置协议，行政机关可能会依法作出补偿安置决定，也有的行政机关作出了给予相应补偿安置的承诺书，即行政允诺。由于在集体土地征收和国有土地上房屋征收中相应的补偿决定有很大不同，本书将分别在第二、三部分讲解。至于行政允诺，由于其与行政协议关系密切，将在第四讲介绍。

（六）法院对补偿安置请求的处理

在审理请求补偿安置的案件时，有的法院会基于尊重行政机关的首次判断权等考虑，判决行政机关限期作出征收补偿决定。在**姚某涛诉铁力市政府不履行房屋征收补偿职责案**中，最高人民法院认为，人民法院经过审理，查明被告不履行法定职责的，判决被告在一定期限内履行。至于判决内容是否需要明确履行职责的方式和内容要综合考虑案件的实际情况，尊重行政机关的首次判断权。被征收人请求人民法院判决行政机关依法履行房屋征收补偿职责，对其土地、房屋、停业、设备资产等损失予以补偿安置。原审法院认定行政机关怠于履行其征收补偿职责，但考虑到涉案的补偿内容和补偿标准仍需进一步查明、认定和评估，故仅判决行政机关限期作出征收补偿决定，依法履行征收补偿职责，并无不当。② 如果被征收人对行政机关随后作出的补偿决定不服，可以再申请行政复议或者提起行政诉讼。

从表面上看，这样的判决方式问题不大。让行政机关先行作出补偿决定，被征收人对补偿决定不服再去复议或者诉讼，这一维权路径也算得上通畅，因而无可指摘。但到了实践当中，如果判决生效之后行政机关仍拒绝作出补偿决定，被征收人就只能申请人民法院强制执行，无奈人民法院在执行中应对行政机关不作为的办法不多，这样难免会形成一个死结：被征收人接下来针对补偿决定的复议或诉讼程序无法启动，行政机关可以这样无限期地拖延下去。如此一来，既浪费了宝贵的司法资源，又使被征收人饱受“打官司”之苦。

---

① 最高人民法院行政裁定书，(2019) 最高法行申 8477 号。

② 最高人民法院行政裁定书，(2020) 最高法行申 15384 号。

为防止出现这种局面，法院应尽量判决行政机关给予补偿安置的方式和数额。在**张某扬诉浑南区政府履行征收补偿职责案**中，最高人民法院提出，被征收人诉请人民法院判令行政机关履行征收补偿职责，其实质诉求是请求依法判令相应的补偿方式、补偿数额。这一诉求涉及的是课予义务诉讼和一般给付诉讼的关系问题。根据《行政诉讼法》第72条的规定，人民法院经过审理认为行政机关应当作出相应的行政行为而不作出的，人民法院应当判决行政机关作出行政行为。因行政机关没有依法作出征收补偿决定，存在违法之处，人民法院可以判决其作出补偿决定。这一判决方式属于“答复判决”，法院并不对当事人的实体权益作出裁判，而是交由行政机关自行作出行政处理。但是，对于当事人而言，重要的诉求是获得相应的补偿权益，人民法院应当关注当事人的实质诉求。《行政诉讼法》第73条规定，人民法院经过审理，查明被告依法负有给付义务的，判决被告履行给付义务。根据这一规定，在依法查明事实的情况下，人民法院可以直接针对当事人的实质诉求，即获得补偿权益的诉求作出裁判。在课予义务诉讼和一般给付诉讼的关系上，如果人民法院对于当事人的损失能够查清，相关补偿方式和数额依据比较明确，人民法院应当作出切合当事人诉求的一般给付判决，以便尽快稳定行政法律关系，尽快实现案结事了。① 在**王某峰等诉万宁市农业局行政给付案**中，最高人民法院提出，原告请求履行金钱给付义务，人民法院查明被告负有给付义务的，应依法作出具有具体给付金额的给付判决，不得以履行判决替代给付判决。否则，违反《行政诉讼法》实质化解行政争议的立法目的，适用法律错误，判决方式不当。本案中，王某峰等起诉请求判令原万宁市海洋与渔业局发放2013、2014年度油补，二审判决在查明被告负有给付义务后，不是依照《行政诉讼法》第73条的规定，判决原万宁市海洋与渔业局限期向王某峰等发放2013、2014年度具体金额的油补，而是依照《行政诉讼法》第70条第1项的规定，判令原万宁市海洋与渔业局60日内对王某峰等请求发放2013、2014年度油补的请求作出处理，判决适用法律和处理结果显然不妥，本院予以指正。② 从中可见，被征收人请求补偿安置，提起的是一般给付之诉而非课予义务之诉，法院应当判决行政机关履行给付义务，并明确给付的方式和数额。

但在实践中，一些地方法院动辄判决行政机关作出征收补偿决定，或者作出先行处理，明显不利于行政争议的实质性化解，极其容易形成循环诉讼，是值得深刻反思的现象。

---

① 最高人民法院行政裁定书，(2019) 最高法行申1240号。

② 最高人民法院行政裁定书，(2019) 最高法行申1507号。

第四讲　征收拆迁中的行政协议

重点导读

征收补偿协议（或称补偿安置协议），是一种典型的行政协议。行政协议不同于单方行政行为和民事合同，具有行政性与协议性双重属性，本质上属于双方行政行为。行政协议纠纷有许多不同的类型，解决纠纷应当选择行政诉讼。但是，行政协议诉讼与其他行政诉讼相比，在起诉条件、司法审查对象、证据规则、法律适用等方面均存在较大的差异，最高人民法院《关于审理行政协议案件若干问题的规定》在很大程度上就是这些差异的产物。在征收拆迁中，最为常见的行政协议是补偿安置协议，补偿安置协议在效力认定等方面存在一些特殊的规则。被征收人在签订补偿安置协议之前，学会防范其中的法律风险是至关重要的。本讲的内容包括行政协议的意义，行政协议与民事合同、单方行政行为的区分，行政协议纠纷的类型，行政协议纠纷的解决，征收拆迁行政协议的特殊问题五个方面。

一、行政协议的意义

（一）行政协议的概念

行政协议，在2014年11月1日《行政诉讼法》修改之前一般称为行政合同，另有少数学者称其为政府合同或者行政契约。修改后的《行政诉讼法》第12条规定："人民法院受理公民、法人或者其他组织提起的下列诉讼：……（十一）认为行政机关不依法履行、未按照约定履行或者违法变更、解除政府特许经营协议、土地房屋征收补偿协议等协议的……"从而将行政协议明确纳入行政诉讼的受案范围。2015年4月22日，最高人民法院发布的《关于适用〈中华人民共和国行政诉讼法〉若干问题的解释》（法释〔2015〕9号，已失效）第11条第1款将行政协议定义为：行政机关为实现公共利益或者行政管理目标，在法定职责范围内，与公民、法人或者其他组织协商订立的具有行政法上权利义务内容的协议。

近年来，诚信政府建设成为中国政治体制改革的重要议题。诚信政府建设最基本的要求就是政府应该诚实守信，一诺千金。2016年11月4日，中共中央、国务院发布的《关于完善产权保护制度依法保护产权的意见》（中发〔2016〕28号）提出，要"完善政府守信践诺机制"，并强调："大力推进法治政府和政务诚信建设，地方各级政府及有关部门要严格兑现向社会及相对人依法作出的政策承诺，认真履行在招商引资、政府与社会资本合作等活动中与投资主体依法签订的各类合同，不得以政府换届、领导人员更替等理由违约毁约，因违约毁约侵犯合法权益的，要承担法律和经济责任。因国家利益、公共利益或者其他法定事由需要改变政府承诺和合同约定的，要严格依照法定权限和程序进行，并对企业和投资人因此而受到的财产损失依法予以补偿。”2019 年 10 月 23 日发布的《优化营商环境条例》规定，政府和有关部门及其工作人员“不履行向市场主体依法作出的政策承诺以及依法订立的各类合同，或者违约拖欠市场主体的货物、工程、服务等账款”的，要依法依规追究责任。在此背景下，最高人民法院于 2019 年 11 月 27 日发布了《关于审理行政协议案件若干问题的规定》(法释〔2019〕17 号，以下简称《行政协议案件规定》)，自 2020 年 1 月 1 日起实施。

总结·提示 最高人民法院《关于审理行政协议案件若干问题的规定》(法释〔2019〕17 号) 是目前各级法院审理行政协议案件的主要依据之一。

《行政协议案件规定》全文共 29 条，主要包括“明确行政协议的定义和范围，切实保障行政协议当事人的合法权益”“明确行政协议诉讼主体资格，保障当事人诉讼权利”“坚持行政协议诉讼的全面管辖原则，确保案件公正审理”“坚持对行政机关行使优益权行为的合法性审查，确保行政机关‘法无授权不可为’原则落实”“依法确认行政协议的效力，确保国家利益、社会公共利益和私人合法权益的平衡”“规范行政协议案件的强制执行，确保国家利益、社会公共利益及时实现”等方面的内容。[①] 总体来看，《行政协议案件规定》以推动建立完善政府守信践诺机制为重要目标，并致力于强化产权保护、保障民营经济和社会资本合作方的合法权益以及优化营商环境。

《行政协议案件规定》第 1 条将行政协议定义为：行政机关为了实现行政管理或者公共服务目标，与公民、法人或者其他组织协商订立的具有行政法上权利义务内容的协议。这一定义，与 2015 年司法解释中的定义相比主要有两个方面的变化：一是删除了“公共利益”的表述，主要考虑是公共利益是不确定法律概念，在实践中不易把握；二是删除了“在法定职责范围内”的表述，主要考虑是行政协议是否“在法定职责范围内”属于需要法院审查的内容，“在法定职责范围内”是行政协议的合法要件而不是界定标准。换言之，违法的行政协议也是行政协议。

除出台《行政协议案件规定》外，最高人民法院于 2019 年 12 月 10 日发布了 10 个“行政协议案件典型案例”，并于 2021 年 5 月 11 日、2022 年 4 月 20 日分别发布了 10 个“行政协议诉讼典型案例”。这 30 个典型案例对于行政协议案件的审理具有重要的参考价值，本书在引用时统称为“行政协议典型案例”。

---

① 参见最高人民法院行政审判庭编著：《最高人民法院关于审理行政协议案件若干问题的规定理解与适用》，人民法院出版社 2020 年版，第 5～10 页。

（二）行政协议是否属于行政行为

行政协议是否属于行政行为，关键在于对行政行为如何定义。比如，在德国，由于行政行为的含义狭窄，仅指单方性的处理行为，行政协议不属于行政行为；而在法国、日本等国，行政行为一词的含义与行政作用相通而具有颇大弹性，行政协议属于行政行为。

在我国，1991 年 6 月 11 日最高人民法院发布的《关于贯彻执行〈中华人民共和国行政诉讼法〉若干问题的意见（试行）》（法〔1991〕19 号，已失效）第 1 条曾将具体行政行为限定为“单方行为”，足以把行政协议排除在行政行为的范畴之外。但是，此后发布的立法及司法解释均未对行政行为再提出过“单方性”的要求，通行的行政法教科书在论及行政行为的分类时也普遍认为行政行为可以分为单方行政行为与双方行政行为，其中双方行政行为即指行政协议。由此可见，行政协议在中国属于行政行为，而且是一种具体行政行为。

总结 · 提示 在中国目前的行政法语境下，行政协议是一种行政行为，是一种具体行政行为，是一种双方性的具体行政行为。

二、行政协议与民事合同、单方行政行为的区分

如上所述，行政协议是一种特殊的行政管理方式，本质上仍属于行政机关“作出”（虽然并非仅仅由行政机关一方就能“作出”）的一种行政行为，同时行政协议在形式上又是广义合同的下位概念。所以，行政协议具有“行政性”与“协议性”（亦称“合同性”）双重属性和特征。这意味着行政协议实际上是一种介于民事合同与单方行政行为之间的行为类型，进而产生了如何与后二者进行区分的问题。

（一）行政协议与民事合同的区分

从理论上讲，行政机关既可能以行政执法者的身份签订行政协议，也可能以民事主体的身份签订民事合同。但是，究竟哪些属于行政协议，哪些属于民事合同？实践中，有些法官对《行政诉讼法》第 12 条的规定做狭隘理解，认为中国的行政协议只包括政府特许经营协议和土地房屋征收补偿协议二种，除此之外都是民事合同。对于后面的“等”字，他们主张作“等内”理解。但事实上，中国立法上所用的“等”字，能够作“等内”理解的即便不是没有，也是相当罕见的。

《行政协议案件规定》第 2 条用列举的方式，规定行政协议包括：（1）政府特许经营协议；（2）土地、房屋等征收征用补偿协议；（3）矿业权等国有自然资源使用权出让协议；（4）政府投资的保障性住房的租赁、买卖等协议；（5）政府与社会资本合作协议；（6）其他行政协议。同时，《行政协议案件规定》第 3 条还把行政机关之间因公务协助等事由而订立的协议、行政机关与其工作人员订立的劳动人事协议排除在行政诉讼受案范围之外。上述列举明确扩展了行政协议的范围，有助于消除一些法官对《行政诉讼法》第 12 条的误解。

总结·提示 对于行政协议的种类，不应当狭隘地理解。《行政诉讼法》和《行政协议案件规定》所列举的行政协议，类似于民事合同理论中的“有名合同”或者“典型合同”，除此之外实际上还存在大量的“无名”行政协议，并不以列举为限。

另有法官主张以2015年5月1日即修改后的《行政诉讼法》实施之日为界限，行政机关在此前所签订的协议一概认定为民事合同，在此后才可能签订行政协议，主要理由是《行政协议案件规定》第28条的规定：“2015年5月1日后订立的行政协议发生纠纷的，适用行政诉讼法及本规定。2015年5月1日前订立的行政协议发生纠纷的，适用当时的法律、行政法规及司法解释。”但这种观点明显是误解了上述规定，将“适用当时的法律、行政法规及司法解释”理解为依照当时的法律、行政法规及司法解释不可能存在行政协议。而且，这种观点也忽略了行政协议（行政合同）在《行政诉讼法》修改之前就已经大量存在并被普遍承认的现实，显然是不可取的。要知道，行政协议并不是2015年5月1日才凭空出现的，早在2004年1月14日下发的最高人民法院《关于规范行政案件案由的通知》（法发〔2004〕2号，已失效）所附“行政行为种类”第12项即为行政合同。在更早之前，行政协议在实践中就已经被大量应用了。在**广荣公司诉蚌山区政府履行招商协议案**中，最高人民法院提出，当事人于2015年5月1日前签订的协议并非一律不属于行政诉讼受案范围。对于当事人于2015年5月1日前签订的具有行政协议性质的协议，如案涉招商引资协议，因2015年5月1日前的法律法规及司法解释未明确规定此类协议属于民事协议，此类协议也未约定选择民事诉讼或仲裁程序解决纠纷。在此情况下，法院应当尊重当事人对诉讼类型的选择权，当事人提起行政协议履行之诉，法院应当予以受理。① 按照这一判例，行政机关于2015年5月1日前签订的协议也完全可以被认定为行政协议，且当事人对于诉讼类型具有一定程度的选择权。

目前，区分行政协议与民事合同的标准主要有：（1）主体说。行政协议的一方当事人必为行政机关，如果有村委会、公司等主体与被征收人签订征收补偿协议的，应当认定为受行政机关委托，真正的当事人仍为行政机关。（2）目的说。签订行政协议，当为实现行政管理或者公共服务目标。（3）标的说。行政协议的标的是行政法律关系，民事合同的标的是民事法律关系，故行政协议应具有行政法上权利义务内容。（4）行政优益权说。实践中有以是否存在行政优益权来区分行政协议与民事合同的情形，但在目前的立法对于行政优益权的规范缺失的情况下，单纯以此来认定行政协议存在不小的风险。（5）法律依据说。依据公法签订的协议为行政协议，依据私法签订的协议为民事合同。由于中国目前立法的公、私性质区分并不明朗，故此标准也只能作为区分行政协议与民事合同的辅助标准，不能过于机械。

“主体说+目的说+标的说+行政优益权说+法律依据说”共同编织成有效的过滤网，经过层层过滤之后可以把行政协议筛选出来。但其中任意一个标准都很难单独用来对行政协议与民事合同作出没有争议的区分，所以，在实践中通常会综合考虑这些标准，唯其如此，

① 最高人民法院行政裁定书，（2020）最高法行再16号。

方能作出相对客观的认定。在“行政协议典型案例”**大英县永佳纸业有限公司诉四川省大英县人民政府不履行行政协议案**中，最高人民法院提出，界定行政协议有以下四个方面要素：一是主体要素，即必须一方当事人为行政机关，另一方为行政相对人；二是目的要素，即必须是为了实现行政管理或者公共服务目标；三是内容要素，协议内容必须具有行政法上的权利义务内容；四是意思要素，即协议双方当事人必须协商一致。在此基础上，行政协议的识别可以从以下两个方面标准进行：一是形式标准，即是否由履职的行政机关与行政相对人协商一致；二是实质标准，即协议的标的及内容有行政法上的权利义务，该权利义务取决于是否行使行政职权、履行行政职责，是否为实现行政管理目标和公共服务，行政机关是否具有优益权。

（二）行政协议与单方行政行为的区分

行政协议与单方行政行为都是将行政法上的规定加以落实的制度工具，都以实现行政管理或者公共服务为目标，内容也都具有行政法上权利义务，二者之间具有共通性。单方行政行为由行政机关单方作成，强调高权性和单方性，行政协议由行政机关与相对人经过协商作成，强调平等性和合意性，这是二者之间的重大区别。一般来说，区分行政协议与单方行政行为比区分行政协议与民事合同要容易得多，毕竟单纯从形式上是行政机关单方署名抑或行政机关与相对人共同署名就可以看出来。

实践中，值得注意的是行政允诺与行政协议的区别。在征收拆迁过程中行政机关单方承诺给予相应的补偿安置，待房屋拆除之后又食言的案例屡有发生。最高人民法院第一巡回法庭在“法律问答”中甚至认为，行政允诺案件本身就属于行政协议案件，通常是指不履行协议义务的案件。但是，从形式来看行政允诺毕竟是由行政机关单方作出的，从而与行政协议有所不同。行政允诺虽然不是行政协议，但基于信赖保护原则，行政机关理应恪守信用，不得随意变更或者反复无常。

拓展·探索

行政允诺的效力：被征收人所得的补偿应不低于政府最初承诺的利益

行政允诺，是行政机关为了实现行政管理或者公共服务目标作出的为自身设定公法上的义务、使相对人获得公法上的权利，从而在行政机关与相对人之间产生行政法律关系的单方意思表示行为。行政允诺一旦作出，相对人就有了一种利益期待，如果行政机关不履行或不完全履行允诺，会对相对人的利益造成直接损害。按照大陆法系国家普遍存在的信赖保护原则，行政机关对自己作出的行为或者承诺应当守信用，不得随意变更、反复无常，也就是不得自食其言；在普通法系国家则有所谓禁止反言原则，同样也是要求行政机关言行一致，不得出尔反尔。

早在2004年，最高人民法院《关于规范行政案件案由的通知》就将行政允诺作为一类行政行为。2021年1月1日起实施的最高人民法院《关于行政案件案由的暂行规定》（法发〔2020〕44号）将行政允诺作为二级案由，将兑现奖金、兑现优惠作为其下的三级案由。

《全面推进依法行政实施纲要》（国发〔2004〕10号）规定，依法行政的基本要求之一是诚实守信，非因法定事由并经法定程序，行政机关不得撤销、变更已经生效的行政决定；因国家利益、公共利益或者其他法定事由需要撤回或者变更行政决定的，应当依照法定权限和程序进行，并对行政管理相对人因此而受到的财产损失依法予以补偿。

在征收拆迁中，有些行政机关承诺给予相应的补偿安置（如货币补偿、安置预留地、划拨宅基地、交付安置房），待房屋拆除之后却又反悔，明显违背了诚实守信的要求，直接违反了信赖保护原则。在**木林置业公司诉濮阳市政府等履行行政允诺案**中，河南省高级人民法院认为，相对人基于对政府的信赖而承建涉案项目，其目的就在于获得预期的履行利益，相对人因行政允诺被变更而产生的损失，所得到的补偿应不低于政府最初向其承诺的利益。否则，政府承诺的事项将无法达成，其实质效果是变相减少了政府的违约成本，有悖信赖保护原则和法治政府建设。① 从中可见，信赖保护原则是通常约束行政允诺的基本原则。

所谓信赖保护原则，是指在相对人对行政行为产生值得保护的信赖时，行政机关不得随意撤销或废止该行为，在行为确实无法继续履行的情况下也必须补偿相对人因信赖该行为有效存续而可能获得的利益。通说认为，信赖保护原则的适用条件有三：一是具备信赖基础。即行政行为已经生效，且为相对人所获知。二是存在信赖表现。即相对人基于对行政行为的信任而作出了具体的行为，如在得到行政机关作出补偿安置承诺之后同意将房屋交由其拆除。三是信赖值得保护。即须为“正当的信赖”，在行政行为违法的情况下通常要考察相对人对于违法有无可归责性，以及有无利用该违法性的不良企图等因素。

行政允诺的作出是否应当具有行为法依据？在**吉姆西客车制造公司诉财政部行政决定案**中，北京市第一中级人民法院认为，行政允诺是授益性行政行为，与侵益性行政行为不同，后者需要同时具有组织法依据和行为法依据，而授益性行政行为则只要求有组织法依据，其应当遵循法律优先原则，但在法律保留原则方面，却不必具有行为法依据，否则就会因为法律的滞后性导致行政行为丧失应有的灵活性和应急性。② 通俗地讲，行政允诺通常是做好事（授益性行政行为）而不是干坏事（侵益性行政行为），而做好事通常不要求有法律的明确授权，只要不与上位法的强制性规定相冲突即可。

不过，实践中一些法官在面对信赖保护原则与依法行政原则的关系问题时仍较为迷茫。行政机关在作出行政允诺之后，又以允诺违法为由企图逃避责任的案例并不少见。在**超宇公司诉株洲市政府等房屋征收补偿案**中，最高人民法院认为，行政机关作出的允诺或达成的协议必须在其具有裁量权的处置范围内，且不违反法律的强制性规定，不损害国家利益、社会公共利益。不能将信赖利益保护原则置于依法行政之前，无原则地以牺牲社会公共利益来强调政府对所作承诺的遵守。③ 这一判例看似较好地完成了维护依法行政原则的使命，却也使行政机关可以任意作出行政允诺，待其行政管理目标实现之后再以允诺违法为由自食其言，

---

① 河南省高级人民法院行政判决书，（2018）豫行终3876号。

② 北京市第一中级人民法院行政判决书，（2016）京01行初1321号。

③ 最高人民法院行政判决书，（2019）最高法行再4号。

所产生的负面影响是不可估量的。从理论上讲，如果相对人对于违法行政允诺的作出没有任何可归责性，而且也没有利用该违法性的不良企图，让相对人来承担其后果是没有道理的。在这种情形下，行政机关应当履行行政允诺，不论行政允诺是否违反法律规定。在**向某生等诉溆浦县政府行政允诺案**中，最高人民法院提出，如果允诺内容违法导致履行不能，应在尊重行政机关对违背现行法律的承诺自行纠正或不再履行的权力的同时，责令行政机关对相对人因承诺履行不能产生的信赖利益损失进行必要的弥补，使相对人实际获得的利益不低于或者适当高于补偿的标准。[①] 也就是说，即使是在行政允诺因内容违法而的确无法履行的情形下，行政机关也必须弥补相对人的信赖利益损失。

三、行政协议纠纷的类型

（一）分类标准

行政协议纠纷，是指行政机关与相对人以及其他主体之间因行政协议的订立、履行、变更、终止等发生的纠纷。依据《行政协议案件规定》第 9 条的规定，因原告的诉讼请求不同，行政协议纠纷包括许多具体的类型。在“行政协议典型案例”**蒋某某诉重庆高新区管理委员会、重庆高新技术产业开发区征地服务中心行政协议纠纷案**中，最高人民法院提出，行政协议争议类型除《行政诉讼法》第 12 条第 1 款第 11 项列举的 4 种情形外，还包括协议订立时的缔约过失，协议成立与否，协议有效无效，撤销、终止行政协议，请求继续履行行政协议，采取相应的补救措施，请求行政赔偿和行政补偿责任，以及行政机关监督、指挥、解释等行为产生的行政争议。将行政协议案件的行政诉讼受案范围仅理解为《行政诉讼法》第 12 条第 1 款第 11 项规定的 4 种情形，既不符合现行法律及司法解释的规定，亦在理论上难于自圆其说，且在实践中容易造成不必要的混乱。换言之，因行政协议的订立、履行、变更、终止等产生的各类纠纷，均属于人民法院行政诉讼受案范围。

对于行政协议纠纷，本书首先以纠纷发生的时间点为标准将其区分为：（1）因行政协议订立而产生的纠纷，也称“先协议纠纷”；（2）因行政协议履行、变更、终止产生的纠纷，为行文方便统称为“协议履行纠纷”；（3）行政协议终止后因未履行相关义务而产生的纠纷，也称“后协议纠纷”。[②] 其中，前二者的分界点是行政协议成立，后二者的分界点是行政协议终止。在此基础上，可以再做进一步的细分。

总结·提示 行政协议纠纷可以分为“先协议纠纷”“协议履行纠纷”“后协议纠纷”三大类别。

---

① 最高人民法院行政判决书，（2019）最高法行申 612 号。

② 参见胡宝岭：《行政合同争议司法审查研究》，中国政法大学出版社 2015 年版，第 75～85 页。

（二）先协议纠纷

先协议纠纷，即因行政协议订立而产生的纠纷。对民事合同来说，解决先合同纠纷的基础是缔约过失责任理论。但对行政协议来说，除缔约过失责任理论外，行政法的特别规定在纠纷解决中起着决定性的作用。

先协议纠纷具体包括两种情形：一是行政机关在先协议阶段实施的以订立行政协议为目的的行为引发的纠纷，如在招标过程中因确定中标人产生的纠纷；二是行政机关并无订立行政协议的意图或者虽有订立行政协议的意图但并没有积极实施，但公民、法人或者其他组织认为行政机关应与其订立行政协议，因而产生的纠纷。对此，《行政协议案件规定》第5条规定："下列与行政协议有利害关系的公民、法人或者其他组织提起行政诉讼的，人民法院应当依法受理：（一）参与招标、拍卖、挂牌等竞争性活动，认为行政机关应当依法与其订立行政协议但行政机关拒绝订立，或者认为行政机关与他人订立行政协议损害其合法权益的公民、法人或者其他组织……"这里需要注意的一个问题是，私法上一个重要的原则是当事人不能被强迫订立合同。但是，对于行政协议而言，当订立协议已成为行政机关的一项法定义务时，上述原则不再适用，如果行政机关拒绝订立协议就构成行政不作为。依据《行政协议案件规定》第9条的规定，"请求判决行政机关依法或者按照约定订立行政协议"属于行政诉讼的受案范围。

然而，实践中对适用这一规定的控制是十分严苛的。在**绿洲公司诉海安市自然资源和规划局不履行挂牌出让土地使用权法定职责案**中，江苏省南通市中级人民法院认为，国有土地使用权挂牌出让公告行为属于要约邀请，竞买人支付保证金的行为属于要约，双方当事人尚未形成土地使用权出让合同关系。在签订成交确认书之前，因规划、土地价值、地块拆迁进度等客观原因变化而导致不符合土地出让条件的，自然资源主管部门有权中止或终止挂牌出让。竞买人以已缴纳保证金为由要求自然资源主管部门履行与其签订国有土地使用权出让合同的法定职责，不符合行政协议意思自治的基本原则以及要约、承诺的基本规则。竞买人如认为因自然资源主管部门存在缔约过失而造成损失的，可另行主张。①

（三）协议履行纠纷

1. 行政协议效力纠纷

（1）行政协议效力纠纷的内容

行政协议效力纠纷，是指行政协议已经成立，但一方或者双方当事人对于行政协议的效力持有异议。例如，在**杨某诉丰都县规划和自然资源局等行政协议案**中，杨某以丰都县规划和自然资源局等对不属于征地红线范围内的宅基地及承包地实施行政征收，征收土地未经国务院或者省级人民政府批复同意导致上述地块被未批先占为由，请求法院依法确认征地补偿安置协议无效。② 依据《行政协议案件规定》第9条的规定，"请求判决确认行政协议的效

---

① 江苏省南通市中级人民法院行政判决书，（2022）苏06行终683号。
② 重庆市第三中级人民法院行政判决书，（2021）渝03行终45号。

力”属于行政诉讼受案范围。这里，“请求判决确认行政协议的效力”不限于请求确认行政协议无效，还应当包括请求确认行政协议有效的情形。就行政协议的效力状态而言，则应当包括有效、无效、可撤销以及效力待定等情形。

（2）有效的行政协议

有效，应当是行政协议效力的常态。只要行政机关具有相应的行政职权，相对人具有相应的行为能力，当事人的意思表示真实，不违反法律或行政法规的强制性规定，且不违背公序良俗，就应当认定行政协议有效。对于行政协议的有效，首先要与行政协议的合法性区分开来，后面将要讲到，行政协议的合法性与有效性并非完全对应的关系，违法未必导致行政协议无效。例如，在**展鹏铸造厂诉安吉县政府行政协议案**中，浙江省高级法院经审查认定案涉《企业搬迁补偿协议书》的签订违法，但协议效力应予保留，最终作出了“违法但有效”的判决。[①] 另外，还要将行政协议的有效与行政协议的生效区分开来，这一点对于效力待定的行政协议来说是非常重要的。

（3）无效的行政协议

无效的行政协议，自始、当然、确定、绝对不产生法律约束力。那么，什么样的行政协议是无效的行政协议呢？要知道，行政协议首先是行政行为，其次才是合同。对于无效行政行为，《行政诉讼法》第75条确定的是“重大且明显违法”标准，这一标准对行政协议自然适用。《行政协议案件规定》第12条第1款规定：“行政协议存在行政诉讼法第七十五条规定的重大且明显违法情形的，人民法院应当确认行政协议无效。”

另外，《行政协议案件规定》第27条第2款规定：“人民法院审理行政协议案件，可以参照适用民事法律规范关于民事合同的相关规定。”第12条第2款规定：“人民法院可以适用民事法律规范确认行政协议无效。”据此，可以准用民法关于无效合同的规定，而《民法典》第153条规定：“违反法律、行政法规的强制性规定的民事法律行为无效。但是，该强制性规定不导致该民事法律行为无效的除外。违背公序良俗的民事法律行为无效。”同时，依据最高人民法院《关于适用〈中华人民共和国合同法〉若干问题的解释（二）》（法释〔2009〕5号，已失效）第14条的规定，这里的“强制性规定”，应当是指效力性强制性规定。2019年11月8日发布的《全国法院民商事审判工作会议纪要》（法〔2019〕254号，俗称“九民会议纪要”）针对一些人民法院动辄以违反法律、行政法规的强制性规定为由认定合同无效，不当扩大无效合同范围的情形，重申将上述“强制性规定”限于“效力性强制性规定”，对于违反“管理性强制性规定”的人民法院应当根据具体情形认定合同效力。但是，对于认为凡是行政管理性质的强制性规定都属于“管理性强制性规定”，不影响合同效力的认定方法，应予纠正（第30条）。并明确提出，违反规章一般情况下不影响合同效力，但该规章的内容涉及金融安全、市场秩序、国家宏观政策等公序良俗的，应当认定合同无效（第31条）。

---

① 浙江省高级人民法院行政判决书，（2018）浙行终13号。

综合以上分析，行政协议无效的情形主要包括：①有实施主体不具有行政主体资格或者没有依据等重大且明显违法情形；②违反法律、行政法规的强制性规定；③违背公序良俗。

依据《行政协议案件规定》等相关的规定，对于行政协议的效力纠纷尚有以下几点需要注意：

第一，相对人只能对2015年5月1日之后订立的行政协议提起确认无效请求。2018年《行政诉讼法解释》第162条规定："公民、法人或者其他组织对2015年5月1日之前作出的行政行为提起诉讼，请求确认行政行为无效的，人民法院不予立案。"如前所述，行政协议也是行政行为，请求确认行政协议无效的案件自然也适用这一规定。不过，这个问题有进一步讨论的空间，在2015年5月1日之前固然没有类似于现行《行政诉讼法》第75条的规定，但如果准用当时有效的《合同法》，请求确认2015年5月1日之前签订的行政协议无效仍然是有法律依据的，此前的实践中亦不乏其例。换言之，《行政诉讼法解释》第162条的规定到底能否适用于行政协议案件？最高人民法院有必要对此予以明确。

第二，相对人对2015年5月1日之后订立的行政协议可以随时提起确认无效请求，不受起诉期限限制。在**王某荣诉绿园区政府确认征收协议无效案**中，最高人民法院提出，重大且明显违法的行政行为即无效行政行为，自始、绝对无效，不因时间推移而具有合法效力。当事人对2015年5月1日之后作出的行政行为可以随时提起确认无效请求，不受起诉期限限制。同时，为避免出现当事人滥用确认无效诉讼请求以规避起诉期限制度的情况，原告一方应当对被诉行政行为属于无效情形举证，被告一方亦可提出证据否定对方主张。① 可见，虽然提起确认无效请求不受起诉期限的限制，但最高人民法院已明确表态反对滥用确认无效诉讼请求以规避起诉期限制度。

第三，行政协议无效的原因在一审法庭辩论终结前消除的，人民法院可以确认行政协议有效。这是关于有瑕疵的行政协议效力补正的规定，一般而言，补正主要包括缔约主体瑕疵的补正、意思表示瑕疵的补正、违法性瑕疵的补正、书面形式瑕疵的补正、审批手续瑕疵的补正五种情形。② 在一定条件下允许补正，就是要使行政协议能够尽量有效，防止劳心费力而订立的行政协议动辄又回到原点。

第四，行政协议无效、被撤销或者确定不发生效力后，当事人因行政协议取得的财产，人民法院应当判决予以返还；不能返还的，判决折价补偿。因被告的原因导致行政协议被确认无效或者被撤销，可以同时判决责令被告采取补救措施，给原告造成损失的，人民法院应当判决被告予以赔偿。

（4）可撤销的行政协议

行政协议也有类似民事合同的可撤销的情形。《行政协议案件规定》第14条规定："原

---

① 最高人民法院行政裁定书，(2020) 最高法行再341号。

② 参见最高人民法院行政审判庭编著：《最高人民法院关于审理行政协议案件若干问题的规定理解与适用》，人民法院出版社2020年版，第186~187页。

告认为行政协议存在胁迫、欺诈、重大误解、显失公平等情形而请求撤销，人民法院经审理认为符合法律规定可撤销情形的，可以依法判决撤销该协议。”依据《民法典》第152条的规定，对于撤销权的行使有期限限制：当事人自知道或者应当知道撤销事由之日起1年内、重大误解的当事人自知道或者应当知道撤销事由之日起90日内没有行使撤销权的，撤销权消灭；当事人受胁迫，自胁迫行为终止之日起1年内没有行使撤销权，撤销权消灭；当事人知道撤销事由后明确表示或者以自己的行为表明放弃撤销权的，撤销权消灭；当事人自法律行为发生之日起5年内没有行使撤销权的，撤销权消灭。上诉期限限制，性质为除斥期间。撤销权一旦消灭，行政协议即成为确定有效的行政协议。

理解可撤销的行政协议，有一点需要特别注意：《行政协议案件规定》第14条的规定只是将行政协议当作“合同”的撤销理由。但行政协议除了是“合同”，还是行政行为，故行政协议与其他行政行为一样可以被诉请撤销。《行政诉讼法》第70条规定：“行政行为有下列情形之一的，人民法院判决撤销或者部分撤销，并可以判决被告重新作出行政行为：（一）主要证据不足的；（二）适用法律、法规错误的；（三）违反法定程序的；（四）超越职权的；（五）滥用职权的；（六）明显不当的。”这一规定同样适用于行政协议。在这个意义上，我们甚至可以说所有的行政协议都是“可撤销”的。

总结·提示 实践中，请求撤销行政协议，既可以以《行政协议案件规定》第14条规定的“可撤销的协议”为理由，也可以以《行政诉讼法》第70条关于撤销行政行为的一般规定为理由。

（5）效力待定的行政协议

效力待定的行政协议，是指已经成立但能否生效尚不确定，只能经由特定主体作出行为才能确定生效或不生效的行政协议。效力待定的行政协议，嗣后可能转化为确定有效的行政协议或者确定不生效的行政协议。《行政协议案件规定》第13条规定：“法律、行政法规规定应当经过其他机关批准等程序后生效的行政协议，在一审法庭辩论终结前未获得批准的，人民法院应当确认该协议未生效。行政协议约定被告负有履行批准程序等义务而被告未履行，原告要求被告承担赔偿责任的，人民法院应予支持。”该类行政协议在获得批准之前效力即处于未定状态。

此外，依据《民法典》第145条、第171条的规定，限制民事行为能力人所实施的依法不能独立实施的法律行为以及无权代理行为，也属于典型的效力待定行为。上述规定同样可以适用于行政协议。

2. 因行政机关行使行政优益权产生的纠纷

行政协议订立之后，行政机关拒绝履行协议并以决定等形式单方变更、解除协议的案例屡有发生。例如，在**严某俤诉仓山区住房局征收补偿协议案**中，原告、被告签订《房屋征收补偿安置协议书》后，被告以之前签订的《房屋征收补偿安置协议书》“不符合本市现行征迁政策”为由作出《撤销〈房屋征收补偿安置协议书〉决定书》，单方决定撤销该协议。原告对此不服，请求法院：(1）判决撤销被告作出的《撤销〈房屋征收补偿安置协议书〉决定书》；(2）判决被告限期履行《房屋征收补偿安置协议书》中的义务，即向原告给付补偿、补助及奖励费。① 在理论上，行政机关所行使的单方撤销、解除行政协议等权力被称为行政优益权（the right of administrative advantage）。依据《行政协议案件规定》第9条的规定，“请求判决撤销行政机关变更、解除行政协议的行政行为，或者确认该行政行为违法”属于行政诉讼的受案范围。

实践中，鉴于行政优益权已有被严重滥用的趋势，它与诚实信用、信赖保护等原则和制度之间的关系正变得越来越紧张，行政优益权俨然成了少数行政机关拒绝履行行政协议、任意违约毁约的一个冠冕堂皇的借口。例如，在上述**严某俤诉仓山区住房局征收补偿协议案**中，福建省三级法院经审理，最终仍然是以原行政协议“不符合本市现行征迁政策”为主要借口，认为仓山区住房局撤销原行政协议，并决定重新与严某俤签订征收补偿协议，并无不当。② 这一案例，是行政机关将行政优益权滥用却又得到法院支持的典型案例。鉴于此，对于行政优益权在理念和制度上予以澄清，并使其接受更为严格的立法规范和司法审查已是迫在眉睫。

从《行政协议案件规定》的内容来看，基本上是将行政机关的单方变更、解除等行为等同于行政行为，这种行政行为和其他行政行为一样，需依照法定的权限和程序作出。《行政协议案件规定》第16条规定，在履行行政协议过程中，可能出现严重损害国家利益、社会公共利益的情形，被告作出变更、解除协议的行政行为后，原告请求撤销该行为，人民法院经审理认为该行为合法的，判决驳回原告诉讼请求，给原告造成损失的，判决被告予以补偿；被告变更、解除行政协议的行政行为存在《行政诉讼法》第70条规定情形的，人民法院判决撤销或者部分撤销，并可以责令被告重新作出行政行为；被告变更、解除行政协议的行政行为违法，人民法院可以依据《行政诉讼法》第78条的规定判决被告继续履行协议、采取补救措施，给原告造成损失的，判决被告予以赔偿。

拓展·探索

防止行政机关滥用行政优益权

在中国现有的立法上，并无行政优益权这个概念。理论上所称的行政优益权，是行政优先权与行政受益权的合称。杨建顺教授提出：“行政权具有优益性的特点，即行政机关在行使行政职权时，依法享有一定的行政优先权与行政受益权。行政优先权和行政受益权组合构成行政优益权。”③ 通说认为，行政优益权主要包括指挥权、监督检查权、单方面变更、解除权以及制裁权等，其中最常见也最易引起争议的当属单方面变更、解除权。

---

① 福建省高级人民法院行政裁定书，(2023）闽行申113号。

② 福建省高级人民法院行政裁定书，(2023）闽行申113号。

③ 杨建顺：《行政规制与权利保障》，中国人民大学出版社2007年版，第142～143页。

实践中，有些行政机关想当然地认为自己享有行政优益权，不需要法律的授权，在行政协议签订之后动辄予以撤销、解除或者变更，导致行政协议正有被行政优益权架空的危险。事实上，行政优益权与行政机关的所有权力一样都是法定职权，依法行政原则要求行政优益权的行使应当具有行为法上的依据，而不得滥用行政优益权，行政机关也不能根据一些理论、学说而当然地享有行政优益权，《行政协议案件规定》第11条第1款的规定（人民法院审理行政协议案件，应当对被告订立、履行、变更、解除行政协议的行为是否具有法定职权、是否滥用职权、适用法律法规是否正确、是否遵守法定程序、是否明显不当、是否履行相应法定职责进行合法性审查）也印证了这一点。对此，胡建淼教授指出，不少学者将《行政协议案件规定》第16条第1款的规定解释为：只要行政机关认为"可能出现严重损害国家利益、社会公共利益的情形"，就可以单方不履行协议，或者变更和解除协议，这显然是误读。该规定并非一个授权条款，而是关于法院如何判决的程序条款。它属于"程序法"而不是"授权法"，它并没有也不可能对行政协议中的行政机关做普遍授权，授予它们在行政协议中单方解约权。[①] 更何况，即使承认行政优益权，也要注意行使行政优益权应同时伴随损失补偿。《行政协议案件规定》第16条第1款对此已有明确规定。但在实践中，行政机关在单方撤销、解除行政协议时几乎不会对相对人的损失给予任何补偿，法院在审理此类案件时，判决给予损失补偿的亦较为少见。

在**草本工房公司诉荆州市政府等行政协议案**中，最高人民法院提出，行政优益权是行政机关在合同法的框架之外作出的单方处置。行政机关既然选择以缔结行政协议的方式"替代"单方行政行为，应于缔结协议后避免再以单方行为径令协议相对方无条件接受权利义务的变动。如果出尔反尔，不仅显失公平，亦违背双方当初以行政协议而不是单方行政行为来形塑当事人之间法律关系的合意基础。行政优益权的行使须受到严格限制：首先，必须是为了防止或除去对于公共利益的重大危害；其次，当作出单方调整或者单方解除时，应当对公共利益的具体情形作出释明；再次，单方调整须符合比例原则，将由此带来的副作用降到最低；最后，应当对相对人由此造成的损失依法或者依约给予相应补偿。[②] 在"行政协议典型案例"**马某诉黑龙江省齐齐哈尔市龙沙区人民政府不履行房屋征收补偿协议案**中，法院认为，行政协议订立后，未经对方同意，任何一方都不能单方变更协议。尽管行政机关可以依法行使行政优益权，但在不具备可以行使的法定情形时，行政机关不能单方变更协议内容，而应当严格按照行政协议约定全面履行义务，否则应当依法承担违约责任。在**孙某夫诉滨江街道办行政协议案**中，浙江省高级人民法院认为，在行政协议的订立和履行过程中，基于保护公共利益需要，赋予行政主体有解除和变更行政协议的相应优益权固然必要，但行政主体不能滥用优益权，只有发生不可抗力，或者法律、法规及政策的变动等客观原因导致协议无法履行时，行政主体出于公共利益的需要，才享有变更或者解除行政协议的权利。行使优益

---

① 参见胡建淼：《对行政机关在行政协议中优益权的重新解读》，载《法学》2022年第8期。

② 最高人民法院行政裁定书，(2017) 最高法行申3564号。

权既不得与法律、法规相违背，也不能与诚实信用原则相抵触。① 上述判例对于行政优益权受限制的论述是深刻的。实践中，对《行政协议案件规定》第16条所规定的“严重损害国家利益、社会公共利益的情形”应做特别严格的解释：不能简单地认为由国家财政支付的征收补偿款越少就越符合国家利益、社会公共利益，也不能单纯因补偿安置协议所确定的补偿安置标准高于补偿安置方案或者评估价格，就认定该行政协议严重损害国家利益、社会公共利益。行政协议的“协议性”决定了其中所确定的征收补偿数额是双方意思表示一致的结果，如果行政机关认为这一标准已经“损害国家利益、社会公共利益”，当初就不该签订这个行政协议。在签订行政协议之后再以行政优益权为由单方变更或者解除之，这是对行政协议的“协议性”的严重亵渎。长此以往，行政协议有变异为单方行政行为的风险。如果行政机关可以随时以“行政优益权”为借口撤销行政协议，必将严重背离行政协议制度设立的初衷。因为，行政协议制度设计的初心是建设一个守信践诺、富有契约精神的政府，而不是让政府可以任意毁约。

如上所述，《行政协议案件规定》将行政机关行使行政优益权的行为等同于行政行为。既然是行政行为，就不但可以被请求撤销，在一定条件下也可以被申请确认无效。依据《行政诉讼法》第75条的规定，如果行政机关单方变更、解除行政协议的行政行为有重大且明显违法情形，原告申请确认行政行为无效的，人民法院应判决确认该行为无效。

在行政协议履行过程中，行政机关以决定形式单方变更、解除协议，相对人提起履约之诉，是否应在履约之诉一案中一并对单方变更、解除行为的合法性进行审查？对此，最高人民法院第二巡回法庭2019年第27次法官会议纪要采“一并审查说”，理由是：在行政机关以决定形式单方变更、解除协议的情况下，应根据当事人的不同诉讼请求，明确不同的诉讼类型，确定审查对象。如果当事人对于行政机关变更、解除行政协议的行为提起诉讼，是行为之诉，当事人可以请求判决撤销行政机关变更、解除协议的行为，也可以请求确认该行政行为违法。如果当事人请求判决行政机关依法履行或按照协议约定履行义务，并请求判决行政机关赔偿或者补偿，是履约之诉。行政机关以决定形式单方变更、解除协议，应当视为否定协议效力的行为，人民法院应当在履约之诉一案中同时对该决定的合法性进行审查，而不应以有生效行政决定改变原协议为由驳回诉讼请求，也不应指导当事人对单方变更、解除协议的决定另行提起诉讼从而裁定驳回起诉。② 在履约之诉中一并审查行使行政优益权的行为，符合《行政协议案件规定》第16条的规定，对于防止行政优益权的滥用是有益的。

总之，行政优益权是一种在合同法框架之外的权力。为防止滥用，行政优益权必须依照法定的权限和程序行使，必须对行政优益权的行使条件做严格的限制，且行政机关单方撤销、解除、变更行政协议的行政行为也必须与其他行政行为一样接受司法审查。

---

① 浙江省高级人民法院行政判决书，（2020）浙行再37号。

② 参见贺小荣主编：《最高人民法院第二巡回法庭法官会议纪要》（第2辑），人民法院出版社2021年版，第298～299页。

3. 违约纠纷

(1) 违约的含义

就民事合同而言，违约就是指合同的当事人违反合同义务的行为，行政协议中的违约与此并无不同。行政协议对于当事人来说具有法源性质，当事人必须履行其中的义务，如果不履行或者不适当履行即构成违约。其中，不履行行政协议包括无任何履行行为、履行不能、拒绝履行等情形，属于消极违约；不适当履行行政协议包括履行迟延、不完全履行等情形，属于积极违约。依据《行政协议案件规定》第 9 条的规定，“请求判决行政机关依法履行或者按照行政协议约定履行义务”属于行政诉讼受案范围。

违约纠纷在行政协议案件中占较大的比例。在“行政协议典型案例”**马某诉黑龙江省齐齐哈尔市龙沙区人民政府不履行房屋征收补偿协议案**中，法院提出，行政机关单方变更安置房屋情况，不能发生补偿协议变更的法律效果，行政机关的行为属于未按照约定履行义务的情形，对协议相对人合法权益造成损害的，应当依法承担违约责任。

具体来说，行政协议中的违约包括行政机关违约和相对人违约两种情形。对于相对人违约的情形，《行政协议案件规定》第 24 条确定了“催告→决定→申请法院强制执行”的非诉执行程序，同时在第 21 条规定：“被告或者其他行政机关因国家利益、社会公共利益的需要依法行使行政职权，导致原告履行不能、履行费用明显增加或者遭受损失，原告请求判令被告给予补偿的，人民法院应予支持。”下面我们重点介绍行政机关违约的情形。

(2) 违约责任的承担

如果当事人不全面、及时、适当地履行行政协议中约定的义务，须承担相应的违约责任，承担责任的形式包括继续履行、采取补救措施、赔偿损失、支付违约金以及承担定金责任等。《行政协议案件规定》第 19 条规定：“被告未依法履行、未按照约定履行行政协议，人民法院可以依据行政诉讼法第七十八条的规定，结合原告诉讼请求，判决被告继续履行，并明确继续履行的具体内容；被告无法履行或者继续履行无实际意义的，人民法院可以判决被告采取相应的补救措施；给原告造成损失的，判决被告予以赔偿。原告要求按照约定的违约金条款或者定金条款予以赔偿的，人民法院应予支持。”据此，行政协议对违约责任有明确约定的，应当按照约定确定违约责任的承担；没有约定、约定不明确、不全面或者约定违反法律规定的（如约定的违约金过高），需要依法确定违约责任的承担。最高人民法院第二巡回法庭 2019 年第 27 次法官会议纪要提出，行政机关与相对人签订行政协议后，应当遵循诚信原则按照协议约定全面履行义务，未按照约定期限履行义务的，即构成违约，应当承担违约责任，行政协议中未约定违约责任并不能成为行政机关不承担违约责任的理由。①

在行政协议履行中，民事合同上的抗辩权制度和预期违约制度亦可适用。当事人依法行使抗辩权，不属于违约。《行政协议案件规定》第 18 条规定：“当事人依据民事法律规范的规定行使履行抗辩权的，人民法院应予支持。”这意味着《民法典》所规定的“三大抗辩

① 参见贺小荣主编：《最高人民法院第二巡回法庭法官会议纪要》（第 2 辑），人民法院出版社 2021 年版，第 258 页。

权”即同时履行抗辩权、先履行抗辩权和不安抗辩权对于行政协议也是适用的。另外，《行政协议案件规定》第20条规定了行政协议中的预期违约：“被告明确表示或者以自己的行为表明不履行行政协议，原告在履行期限届满之前向人民法院起诉请求其承担违约责任的，人民法院应予支持。”

在行政协议履行期间，由于法律、法规的出台导致行政机关不能履行的情形应当如何救济？这是行政协议履行中一个十分常见的问题。对此，最高人民法院第二巡回法庭2019年第27次法官会议纪要认为，在案涉行政协议约定的履行期间，由于法律、法规出台导致行政协议无法履行，并非当事人不履行行为造成，也非《民法典》第593条所规定的第三方的原因造成，而属于不可抗力。应对当事人解除协议的诉请予以支持，使协议双方当事人从僵局中走出来，以提高经济效率、促进经济发展。鉴于双方当事人对于行政协议不能履行均无过错，故对当事人一方关于赔偿损失的请求，不予支持。① 对此，需要注意的是，不能将“法律、法规出台”做扩大化的理解，应解读为仅包括法律、行政法规和地方性法规的出台，绝不是相应的地方政策稍有变化，甚至随便发布一纸公文，行政机关就可以免除违约责任了。在政策多变以及“新官不理旧账”的现实面前，尤其要重视这个问题。

如果原告以被告违约为由请求法院判令其承担违约责任，但人民法院经审理认为行政协议无效的，应当如何处理?《行政协议案件规定》第22条规定，在这种情形下法院应当向原告释明，并根据原告变更后的诉讼请求判决确认行政协议无效。因被告的行为造成行政协议无效的，人民法院可以依法判决被告承担赔偿责任。原告经释明后拒绝变更诉讼请求的，人民法院可以判决驳回其诉讼请求。

除“未按照约定履行行政协议”外，《行政协议案件规定》第19条还规定行政机关“未依法履行”行政协议也要承担相应的法律责任，《行政诉讼法》第12条也是把行政机关“不依法履行”与“未按照约定履行”行政协议并列。足见行政机关履行行政协议不但要依约，而且要依法，否则要承担法律责任。但严格说来，这种法律责任并不属于违约责任，因为承担责任的基础是法律规定而不是协议约定，本质上是违法而非违约。由于二者在承担责任的形式方面类似，故在此一并提及。

4. 行政协议存续纠纷

行政协议存续纠纷，是指当事人之间对是否应当继续履行原行政协议发生的纠纷，即一方当事人（通常是行政相对人）要求撤销、解除或者变更原行政协议。

（1）请求撤销、解除行政协议

实践中，相对人请求法院撤销行政协议的案例十分常见。例如，在**龙波公司诉栖霞区住建局房屋征收行政协议案**中，龙波公司以其是案涉房屋按份共有人等为理由，请求法院撤销栖霞区住建局与第三人金燕公司签订的《国有土地上房屋征收与补偿协议》。南京市中级人民法院认为，栖霞区住建局与金燕公司协商补偿事宜时，已明确获知案涉房屋系龙波公司与

---

① 参见贺小荣主编:《最高人民法院第二巡回法庭法官会议纪要》（第2辑），人民法院出版社2021年版，第89~92页。

金燕公司合作建设，龙波公司对案涉房屋的征收补偿享有部分权益。但栖霞区住建局在签订补偿协议之前未充分保障龙波公司的合法权益，剥夺了其对评估结果申请复核、鉴定以及在协商过程中表达意见的权利，其与金燕公司签订的补偿协议侵害了龙波公司的合法权益，依法应予撤销。[①] 本案是非常典型的因一方当事人无权处分，最终导致行政协议被撤销的判例。

依据《行政协议案件规定》第 9 条的规定，“请求判决撤销、解除行政协议”属于行政诉讼受案范围。这里，首先应注意的是撤销与解除的区分。从现有的立法及司法解释来看，对二者的区分并不明朗。在行政协议案件中，撤销可能针对两种行为：一是行政协议本身，二是行政机关行使行政优益权的行为。依据相关法律以及司法解释等的规定，撤销与解除的主要区别如下：①对于行政协议本身来说，请求撤销的前提是把它当作一种行政行为，这与其他行政行为的撤销没什么两样，法院可以依据《行政诉讼法》第 70 条的规定判决撤销行政协议。而请求解除的基础则是行政协议的协议性，即在合同法的框架之内终止行政协议。但也不尽如此，如前面讲到《行政协议案件规定》第 14 条规定的“可撤销的行政协议”，对其予以撤销也是在合同法的框架之内进行的。②撤销通常针对有瑕疵的行政协议，如存在《行政诉讼法》第 70 条或者《行政协议案件规定》第 14 条规定情形的行政协议，解除通常针对的是没有瑕疵的行政协议，但对此同样不应做绝对化的理解。③请求撤销行政协议，在原告资格方面适用《行政诉讼法》所确定的“利害关系”标准，凡是与行政协议有利害关系的公民、法人或者其他组织都可以提起撤销诉讼，并不限定为行政协议当事人。在上面的**龙波公司诉栖霞区住建局房屋征收行政协议案**中，龙波公司就是以当事人之外的利害关系人的身份请求撤销行政协议。不过也有例外，就是在“可撤销的行政协议”的情形下，原告应限定为行政协议的当事人。此外，如果要解除行政协议，原告也应当是行政协议的当事人，当事人之外的公民、法人或者其他组织即使与之有利害关系也不能提起解除诉讼，这一点与民事合同相同。

对于民事合同来说，合同解除方式包括协商解除（合意解除）、行使解除权解除和请求司法解除三种，这三种方式都可以适用于行政协议。不过，由于行政诉讼“民告官”的定位，行政机关无法直接请求司法解除。其中，协商解除（合意解除）和请求司法解除均不难理解。协商解除（合意解除）指当事人以解除协议为目的，经协商一致订立一个解除原行政协议的协议。对此，《民法典》第 562 条第 1 款规定：“当事人协商一致，可以解除合同。”请求司法解除指直接请求法院判决解除行政协议。在民事合同理论中，申请司法解除有时也特指适用情势变更原则解除合同的情形。[②] 对此，《民法典》第 533 条规定：“合同成立后，合同的基础条件发生了当事人在订立合同时无法预见的、不属于商业风险的重大变化，继续履行合同对于当事人一方明显不公平的，受不利影响的当事人可以与对方重新协商；在合理期限内协商不成的，当事人可以请求人民法院或者仲裁机构变更或者解除合同。人民法院或者仲裁机构应当结合案件的实际情况，根据公平原则变更或者解除合同。”

---

① 南京市中级人民法院行政判决书，（2020）苏 01 行终 507 号。

② 参见王利明主编：《民法》（第 8 版，下册），中国人民大学出版社 2020 年版，第 177～180 页。

行使解除权解除，前提是解除权的存在。根据权利来源的不同，解除权可以分为约定解除权和法定解除权。约定解除权指当事人约定，在协议履行过程中出现某些情况时，当事人一方或者双方有解除行政协议的权利，《民法典》第562条第2款规定："当事人可以约定一方解除合同的事由。解除合同的事由发生时，解除权人可以解除合同。"法定解除权指法律规定，在协议履行过程中出现某些情况时，当事人一方或者双方有解除行政协议的权利，《民法典》第563条规定："有下列情形之一的，当事人可以解除合同：（一）因不可抗力致使不能实现合同目的；（二）在履行期限届满前，当事人一方明确表示或者以自己的行为表明不履行主要债务；（三）当事人一方迟延履行主要债务，经催告后在合理期限内仍未履行；（四）当事人一方迟延履行债务或者有其他违约行为致使不能实现合同目的；（五）法律规定的其他情形。以持续履行的债务为内容的不定期合同，当事人可以随时解除合同，但是应当在合理期限之前通知对方。"依据《民法典》第564～566条、《全国法院民商事审判工作会议纪要》第46～47条的规定，行使解除权解除合同（行政协议）需要注意如下事项：

第一，法律规定或者当事人约定解除权行使期限，期限届满当事人不行使的，该权利消灭。法律没有规定或者当事人没有约定解除权行使期限，自解除权人知道或者应当知道解除事由之日起1年内不行使，或者经对方催告后在合理期限内不行使的，该权利消灭。据此，解除权行使期限有三种类型：①法律规定或者当事人约定的行使期限；②在对方当事人催告后的合理期限；③自解除权人知道或者应当知道解除事由之日起1年。上述行使期限的性质为除斥期间。

第二，当事人一方依法主张解除合同的，应当通知对方。合同自通知到达对方时解除；通知载明债务人在一定期限内不履行债务则合同自动解除，债务人在该期限内未履行债务的，合同自通知载明的期限届满时解除。对方对解除合同有异议的，任何一方当事人均可以请求人民法院或者仲裁机构确认解除行为的效力。当事人一方未通知对方，直接以提起诉讼或者申请仲裁的方式依法主张解除合同，人民法院或者仲裁机构确认该主张的，合同自起诉状副本或者仲裁申请书副本送达对方时解除。不过，对于行政协议来说，行政机关是不能提起诉讼的，申请仲裁的方式也不能适用。

第三，只有享有法定或者约定解除权的当事人才能以通知方式解除合同。不享有解除权的一方向另一方发出解除通知，另一方即便未在异议期限内提起诉讼，也不发生合同解除的效果。人民法院在审理案件时，应当审查发出解除通知的一方是否享有约定或者法定的解除权来决定合同应否解除，不能仅以受通知一方在约定或者法定的异议期限届满内未起诉这一事实就认定合同已经解除。

第四，合同约定的解除条件成就时，守约方以此为由请求解除合同的，人民法院应当审查违约方的违约程度是否显著轻微，是否影响守约方合同目的的实现，根据诚实信用原则，确定合同应否解除。违约方的违约程度显著轻微，不影响守约方合同目的的实现，守约方请求解除合同的，人民法院不予支持；反之，则依法予以支持。

第五，合同解除后，尚未履行的，终止履行；已经履行的，根据履行情况和合同性质，当事人可以请求恢复原状或者采取其他补救措施，并有权请求赔偿损失。合同因违约解除的，解除权人可以请求违约方承担违约责任，但是当事人另有约定的除外。主合同解除后，担保人对债务人应当承担的民事责任仍应当承担担保责任，但是担保合同另有约定的除外。

总结·提示　享有约定或者法定解除权，是行使解除权解除行政协议的重要前提。不享有解除权的一方向另一方发出解除通知，另一方即便没有提出任何异议，也不发生解除行政协议的法律效果。

《行政协议案件规定》第 17 条对判决解除行政协议的情形做了规定："原告请求解除行政协议，人民法院认为符合约定或者法定解除情形且不损害国家利益、社会公共利益和他人合法权益的，可以判决解除该协议。"据此，法院判决解除行政协议需要满足两个条件：一是符合约定或者法定解除情形，二是解除行政协议不损害国家利益、社会公共利益和他人合法权益。

（2）请求变更行政协议

对于变更行政协议的请求能否得到法院的支持，亦即《行政诉讼法》第 77 条规定的变更判决能否适用于行政协议，此前存在一定争议。从审判实践来看，基本上是持肯定的态度。在**王某明等诉良渚街道办行政协议案**中，杭州市中级人民法院认为，行政协议相对人或其他利害关系人起诉要求变更协议部分内容的，属于行政诉讼受案范围。行政协议确定的内容明显违反法律法规等相关规定，又不符合当事人的真实意思表示，且产生显失公正后果，原告要求变更的，人民法院可以直接判决变更。[①] 不过，在**天弘日盛公司等诉军庄镇政府行政协议案**中，北京市第一中级人民法院认为，只有行政协议当事人才具有协议变更请求权，非协议当事人无权直接起诉要求变更协议内容。[②] 本案中，法院将变更请求权的主体限定为行政协议当事人，从而与上一判例有所不同。看来，究竟谁有权请求变更行政协议仍然是一个亟待厘清的问题。

但无论如何，法院对于行政协议具有变更权已经成为一个既成的事实。在"行政协议典型案例"**王某某、陈某某诉浙江省杭州市余杭区良渚街道办事处变更拆迁补偿安置协议案**中，良渚街道办（甲方）与王某某户（乙方）订立了《集体所有土地、房屋征迁补偿安置协议书》（以下简称《安置协议》），其中第 6 条第 1 项约定：经初步审核乙方安置人口 6 人（未包括王某某的女婿陈某某），该户可享受安置建筑面积 480 平方米。《安置协议》订立后，王某某户领取《安置协议》项下的拆迁补偿款并腾房。陈某某系现役军人，现户籍在部队驻地（杭州市拱墅区），陈某某与王某某之女于 2006 年 11 月 7 日登记结婚，并生育两个子女。涉案房屋补偿安置协商过程中，王某某户多次要求将陈某某作为安置人口，均遭良渚街道办拒绝。陈某某、王某某遂诉至法院，请求将《安置协议》中确定的安置人口 6 人变更为 7 人，增加安置面积 80 平方米。杭州市中级人民法院二审认为，案涉房屋因所占集体土地被

---

① 杭州市中级人民法院行政判决书，（2016）浙 01 行终 367 号。

② 北京市第一中级人民法院行政判决书，（2021）京 01 行终 601 号。

征收而需要补偿安置，应当适用《杭州市征收集体所有土地房屋补偿条例》的相关规定。《杭州市征收集体所有土地房屋补偿条例》第20条第2款规定："被补偿人家庭成员在本市市区虽无常住户口，但属下列情形之一的人员，可以计入安置人口：（一）结婚三年以上的配偶……"陈某某在杭州市余杭区虽无常住户口，但其属于王某某户内被补偿人员结婚三年以上的配偶，根据上述规定，可以计入安置人口。良渚街道办与王某某户订立协议时，拒绝将陈某某列入安置人口，不符合上述规定，也造成显失公平的后果，依法应予纠正。二审法院遂判决将《安置协议》第6条第1项中确定的安置人口6人变更为7人，安置面积480平方米相应变更为560平方米。最高人民法院对此评论称：协议系当事人之间合意的成果，其所约定的内容应当符合双方当事人的意思表示，任何一方当事人原则上不能迫使另一方当事人违背意愿接受其意思表示。行政协议具有合意性特征，同样应当遵循前述法律精神，严格限制协议变更的适用，对于协议当事人之间达成的合意，应当予以尊重而不能随意变更。但与民事合同有区别的是，行政协议的行政性优先于协议性、合法性优先于合约性，行政协议应当优先适用合法性原则。当行政协议的合约性与合法性相冲突，即约定的内容不符合法律规定时，人民法院对该内容的效力应当不予认可。若行政协议所依据的法律规定已作出具体明确要求，协议当事人均应遵守而没有协商空间，协议当事人请求按照法律规定予以变更的，人民法院可以依法支持。本案中，《安置协议》不符合其订立时应当遵循的《杭州市征收集体所有土地房屋补偿条例》，遗漏了1名安置人员的补偿待遇，二审法院根据协议相对人的请求，判决按照法定标准变更《安置协议》，可以高效、充分地保障协议相对人的合法权益。最高人民法院的上述评论，精辟中肯，可资赞同。

在"行政协议典型案例"**温某芝诉上海市虹口区住房保障和房屋管理局请求确认房屋征收补偿协议无效案**中，法院甚至在原告请求确认行政协议无效的情况下直接判决变更行政协议，理由是：当事人提出的诉讼请求不能成立或者部分成立，而行政协议又不具有合法性的，人民法院不宜简单判决驳回诉讼请求。行政协议对补偿款项的认定确有错误，但又不足以影响协议效力，人民法院根据《行政诉讼法》第77条的规定作出变更判决，既回应了当事人的实质诉求，保障被征收人获得公平、公正的补偿，又使涉案协议回归合法状态，有效监督房屋征收部门依法进行征收补偿工作，实质性解决行政协议争议，减少当事人的讼累……我们实事求是地评论，法院在该案中的做法是欠妥当的：一是判决变更并不是对原告诉求的回应，而是超出了原告诉求的范围；二是变更后的行政协议中的补偿款被大幅削减，这与《行政诉讼法》第77条第2款"人民法院判决变更，不得加重原告的义务或者减损原告的权益"的要求相冲突。

5. 其他行政协议纠纷

依据《行政协议案件规定》第9条的规定，行政协议纠纷还包括：（1）因请求行政机关赔偿或者补偿而产生的纠纷；（2）其他因行政协议的订立、履行、变更、终止等产生的纠纷。其中，后者带有"兜底条款"的性质，前者在上面几种行政协议纠纷中也可能存在。

（四）后协议纠纷

后协议纠纷产生于行政协议消灭之后，系因未适当履行后协议义务而引起。《民法典》

第558条规定："债权债务终止后，当事人应当遵循诚信等原则，根据交易习惯履行通知、协助、保密、旧物回收等义务。"这是关于民事合同的后合同义务的一般规定，在解决行政协议纠纷时可以参照适用这一规定。

四、行政协议纠纷的解决

（一）行政协议纠纷的解决途径

1. 行政协议是否属于行政复议受案范围

对于行政协议纠纷，可否申请行政复议？这个问题看似简单，实际考察一番就会发现要对此下结论并不容易。《行政复议法》（2017年修改）第1条规定行政复议的目的之一是"防止和纠正违法的或者不当的具体行政行为"，并无类似于《行政诉讼法》第1条"解决行政争议"的规定。这就意味着目前行政复议的性质定位仍然是行政内部自我纠错的监督机制，其制度设计也呈现一种严重"反司法化"的特点。因此从理论上讲，如果与行政监督无直接关联的诸如因行政协议的订立、效力等引发的争议进入行政复议程序，难免会与其制度设计相抵牾。或许是基于上述考虑，2017年9月13日国务院原法制办在复函中明确行政协议争议不属于行政复议受案范围。

链接·积累

国务院法制办公室对《交通运输部关于政府特许经营协议等引起的行政协议争议是否属于行政复议受理范围的函》的复函

国法秘复函〔2017〕866号

交通运输部办公厅：

你部《关于政府特许经营协议等引起的行政协议争议是否属于行政复议受理范围的函》（交法函〔2017〕476号）收悉。经研究，现答复如下：

政府特许经营协议等协议争议不属于《中华人民共和国行政复议法》第六条规定的行政复议受案范围。

2017年9月13日

受到这一复函的影响，在实践中有许多行政协议纠纷被排除在行政复议受案范围之外。在**刘某容诉重庆市政府行政复议案**中，重庆市高级法院正是以该复函为依据，提出行政协议并非典型意义上的具体行政行为，当事人经协商自愿签订的协议所产生的争议应排除在行政复议范围之外。《行政诉讼法》关于受理范围的规定并不意味可以直接规范界定行政复议的受理范围，二者受理范围应当分别适用不同的法律予以界定。① 但是，无论是理论界还是实务界一般都倾向于认同行政复议的受理范围只能大于或者等于而不应该小于行政诉讼的受案

① 重庆市高级人民法院行政判决书，（2020）渝行终80号。

范围。行政协议纠纷已被纳入行政诉讼的受案范围，却又被行政复议拒之门外，这在道理上是讲不通的。遵循这一理念，在**谢某田等诉相山区政府行政复议案**中，最高人民法院提出，从行政复议与行政诉讼衔接关系来看，一般情况下属于行政诉讼受案范围的行政争议，均属于行政复议受理范围。虽然《行政复议法》和《行政复议法实施条例》均未明确规定行政协议争议属于行政复议受理范围，但《行政复议法》（2017 年修改）第 6 条第 11 项对行政复议的受案范围作出了“兜底”规定。在涉案征收补偿协议有可能侵犯当事人合法权益的情况下，当事人有权依据上述法律规定申请行政复议。①《行政复议法》（2017 年修改）第 6 条第 11 项的“兜底”规定内容是“认为行政机关的其他具体行政行为侵犯其合法权益的”，如果据此把行政协议纠纷纳入行政复议受案范围，总体上也能说得过去。

但是，2023 年修改的《行政复议法》不但在第 1 条提出要“发挥行政复议化解行政争议的主渠道作用”，而且在第 11 条明确规定，公民、法人或者其他组织认为行政机关不依法订立、不依法履行、未按照约定履行或者违法变更、解除政府特许经营协议、土地房屋征收补偿协议等行政协议，可以申请行政复议。这就将行政协议纠纷正式地纳入行政复议范围，由此而产生的争议也该偃旗息鼓了。

总结·提示 2023 年修改的《行政复议法》强化了行政复议吸纳和化解行政争议的能力，并将行政协议纠纷正式纳入行政复议范围。

---

2. 行政协议能否约定仲裁

《仲裁法》（2017 年修改）第 3 条规定：“下列纠纷不能仲裁：……（二）依法应当由行政机关处理的行政争议。”行政协议订立的目的是实现行政管理或者公共服务目标，行政协议的内容主要是行政法上的权利和义务，故行政协议纠纷在本质上仍属于行政争议，所以也不能仲裁。鉴于此，《行政协议案件规定》第 26 条明确规定：“行政协议约定仲裁条款的，人民法院应当确认该条款无效，但法律、行政法规或者我国缔结、参加的国际条约另有规定的除外。”

3. 选择民事诉讼抑或行政诉讼

选择民事诉讼抑或行政诉讼，这个问题在理论上被称为行政协议纠纷的司法审查模式。当前可供选择的司法审查模式包括：（1）“私法模式”，即民事诉讼模式；（2）“公法模式”，即行政诉讼模式；（3）“混合模式”，即民事诉讼与行政诉讼并存的模式。由于 2015 年 5 月 1 日修改后的《行政诉讼法》已明确将行政协议纠纷纳入行政诉讼受案范围，故 2015 年 5 月 1 日之后签订的行政协议所产生的纠纷，其司法审查模式应该是单一的“公法模式”，这在理论上已经鲜有争议，但在实践中仍不免会有一些反复。鉴于行政协议纠纷在本质上属于行政争议，而行政诉讼的目标之一就是解决行政争议，“公法模式”显然是与现行立法相契合的

① 最高人民法院行政裁定书，（2019）最高法行申 8145 号。

模式。

2015年5月1日之前签订的行政协议所产生的纠纷应该选择哪一模式？对此分歧仍然较大，从实践来看基本上是民事诉讼与行政诉讼并存的“混合模式”。最高人民法院曾一度倾向于2015年5月1日之前签订的行政协议所产生的纠纷通过民事诉讼解决。在**王某诉曲阜市政府房屋搬迁安置补偿协议案**中，最高人民法院提出，《行政诉讼法》修改之前，房屋搬迁安置补偿协议一般通过民事诉讼途径解决。无论是根据法理，还是行政审判中的普遍认识和做法，一般适用“实体从旧，程序从新”原则。当事人对2015年5月1日之前签订的房屋搬迁安置补偿协议不服，可以通过民事诉讼途径解决。[①] 不过，上述判例对于“实体从旧，程序从新”的理解似乎难以服众：选择民事诉讼抑或行政诉讼，这明显属于程序方面的问题，如果要贯彻“实体从旧，程序从新”原则，在2015年5月1日之后根据新规定也应该选择行政诉讼始符合“程序从新”的理念。

实践中，以“法律不溯及既往”为由主张2015年5月1日之前签订的行政协议所产生的纠纷通过民事诉讼解决的观点亦不在少数。殊不知，《立法法》（2023年修改）第104条虽然规定了法不溯及既往的原则，但也保留了一个例外，那就是“为了更好地保护公民、法人和其他组织的权利和利益而作的特别规定”。与提起民事诉讼相比，提起行政诉讼不但成本（如诉讼费用）要低得多，而且修改后的《行政诉讼法》及司法解释也更有利于相对人权利和利益的保护，这从现实中相对人的选择意愿上就可以看出端倪。所以，法律不溯及既往原则也不应当成为将2015年5月1日之前签订的行政协议所产生的纠纷排除在行政诉讼受案范围之外的理由。

更为重要的是，我们已经讲到，行政协议在《行政诉讼法》修改之前就已经大量存在并被广泛承认。《行政协议案件规定》第28条所规定的“2015年5月1日前订立的行政协议发生纠纷的，适用当时的法律、行政法规及司法解释”，并不能迳行理解为“2015年5月1日前订立的行政协议发生纠纷只能通过民事诉讼解决”。在**董某华诉临渭区政府等行政协议案**中，最高人民法院提出，一概以2015年5月1日为界认定因行政协议产生的争议是否属于行政诉讼受案范围并不确当，一个重要原因是修改前的《行政诉讼法》明确列举行政诉讼受案范围的第11条第1款在其第8项做了“兜底”规定，且最高人民法院《关于规范行政案件案由的通知》所附“行政行为种类”第12项即为“行政合同”。司法实践显示行政协议案件在较长时间内已被作为一类行政案件受理，行政诉讼和民事诉讼涉及的主要是人民法院内部的审判工作分工。在公民、法人或其他组织已选择行政诉讼途径，当地法院又对民事审判和行政审判的相关业务分工并不明确的场合，人民法院应作为行政案件予以受理，而非拒之门外。[②] 更早之前，最高人民法院在**宜某明诉无锡市政府等土地房屋征收拆迁案**中提出，《行政诉讼法》第12条第1款第11项的规定并未以《行政诉讼法》实施日期为标准来区分2015年5月1日之前或者之后的土地房屋征收补偿协议案件的性质。《行政诉讼法》作为行政诉

---

① 最高人民法院行政裁定书，(2018) 最高法行申2678号。

② 最高人民法院行政裁定书，(2020) 最高法行再105号。

讼程序的基本法，其条文主要系诉讼程序规定，《行政诉讼法》修改后的条款除非明确规定不溯及既往或者因条款性质不适宜溯及既往，原则上对有关受案范围、审理程序、裁判种类等属于法院裁判职权专属事项的规定，人民法院均应当适用该新的规定作出裁判。《行政诉讼法》经修改于2015年5月1日实施以后，最高人民法院《关于受理房屋拆迁、补偿、安置等案件问题的批复》（已失效）第2条即与《行政诉讼法》规定相抵触，应当不再予以适用。对于2015年5月1日之前形成的房屋拆迁补偿安置协议，公民、法人或者其他组织在2015年5月1日之后提起诉讼的，也应当作为行政案件受理立案，而不再作为民事案件受理立案。[①] 在最高人民法院的民事判例中，也有类似的观点。在**亚泰公司诉吉林市政府合同纠纷案**中，最高人民法院认为，2015年5月1日之前形成的行政协议关系，在法律行为发生当时，法律未明确规定该协议关系及其履行产生的纠纷属于民事案件，且《行政诉讼法》的修订及司法解释的颁布实施不影响该协议的性质认定，结合协议内容的公益性以及政策连贯性的实际情况，出于平衡社会公共利益与协议相对方合法权益的综合考量，对该类纠纷可以通过行政诉讼予以救济。[②] 我们从上述判例可以感受到的是，虽然过程有一些反复，但“公法模式”即行政诉讼模式已经逐渐深入人心了。

总结·提示　行政协议纠纷属于行政争议这一事实，本身就决定了行政诉讼模式才是解决行政协议纠纷的“正道”和“王道”，2015年5月1日不应该成为选择民事诉讼抑或行政诉讼模式的“分界线”或者“分水岭”。

实践中，有少数法院将其在行政诉讼与民事诉讼之间推来推去，既浪费当事人的时间，也浪费了宝贵的司法资源，更导致相关的矛盾积久不决。在这一现实面前，除了确立行政协议纠纷解决的行政诉讼模式，适当地尊重当事人的诉讼程序选择权就显得尤为重要。为防止出现这种推脱的情况，《行政协议案件规定》第8条规定：“公民、法人或者其他组织向人民法院提起民事诉讼，生效法律文书以涉案协议属于行政协议为由裁定不予立案或者驳回起诉，当事人又提起行政诉讼的，人民法院应当依法受理。”据此，在“行政协议典型案例”**成都某商贸有限公司诉四川省成都市温江区规划和自然资源局行政决定案**中，法院提出，由行政诉讼抑或民事诉讼审理，仅涉及人民法院的内部分工，人民法院不能拒绝裁判，也不能重复处理。若民事诉讼与行政诉讼均认为涉案协议不属于其受案范围，民事诉讼已经作出不予受理的生效法律文书的，行政协议诉讼应当予以受理，而非不予受理并告知当事人就民事生效法律文书申请再审。

（二）行政协议案件起诉条件

依据《行政诉讼法》第49条的规定，行政诉讼的起诉条件包括：（1）原告适格；（2）被

---

① 最高人民法院行政裁定书，（2017）最高法行申144号。
② 最高人民法院民事裁定书，（2020）最高法民申7046号。

告适格；（3）有具体的诉讼请求和事实根据；（4）属于人民法院受案范围和受诉人民法院管辖。行政协议案件也须满足上述起诉条件，但在具体的内容方面会有一些差异。

1. 原告适格

《行政诉讼法》第 25 条第 1 款规定："行政行为的相对人以及其他与行政行为有利害关系的公民、法人或者其他组织，有权提起诉讼。"其中确立了"相对人标准"以及"利害关系人标准"。对于行政协议案件来说，也须适用这一标准。行政协议的当事人，作为相对人，其与行政协议之间的利害关系不证自明，当然具有原告资格。除当事人外，其他与行政协议的订立、履行、变更、终止等具有利害关系的公民、法人或者其他组织，同样具有原告资格。

依据《行政协议案件规定》第 4 条第 1 款的规定，因行政协议的订立、履行、变更、终止等发生纠纷，公民、法人或者其他组织作为原告。《行政协议案件规定》第 5 条规定，下列与行政协议有利害关系的公民、法人或者其他组织提起行政诉讼的，人民法院应当依法受理：（1）参与招标、拍卖、挂牌等竞争性活动，认为行政机关应当依法与其订立行政协议但行政机关拒绝订立，或者认为行政机关与他人订立行政协议损害其合法权益的公民、法人或者其他组织；（2）认为征收征用补偿协议损害其合法权益的被征收征用土地、房屋等不动产的用益物权人、公房承租人；（3）其他认为行政协议的订立、履行、变更、终止等行为损害其合法权益的公民、法人或者其他组织。上述列举进一步明确了适格原告的范围。

总结·提示　行政协议案件的原告并不局限于行政协议的当事人，当事人之外与行政协议的订立、履行、变更、终止等具有利害关系的公民、法人或者其他组织也可能具有原告资格。

---

2. 被告适格

《行政协议案件规定》第 4 条规定，因行政协议的订立、履行、变更、终止等发生纠纷，以行政机关为被告。因行政机关委托的组织订立的行政协议发生纠纷的，委托的行政机关是被告。此外，《行政诉讼法》及司法解释所确立的适格被告认定标准对于行政协议案件同样适用。

由于行政诉讼在中国被定性为"民告官"的诉讼，原告、被告的身份是固定的，原告只能是公民、法人或者其他组织，被告只能是行政机关，不具备相互"对调"的可能性。原告、被告身份固定的结果之一就是民事诉讼中的反诉制度在行政诉讼中无法适用，在行政协议案件中亦复如此。因此，《行政协议案件规定》第 6 条规定："人民法院受理行政协议案件后，被告就该协议的订立、履行、变更、终止等提起反诉的，人民法院不予准许。"

3. 有具体的诉讼请求和事实根据

对于"有具体的诉讼请求"，《行政协议案件规定》第 9 条规定，在行政协议案件中，《行政诉讼法》第 49 条规定的"有具体的诉讼请求"是指：（1）请求判决撤销行政机关变更、解除行政协议的行政行为，或者确认该行政行为违法；（2）请求判决行政机关依法履行或者按照行政协议约定履行义务；（3）请求判决确认行政协议的效力；（4）请求判决行政机关依法或者按照约定订立行政协议；（5）请求判决撤销、解除行政协议；（6）请求判决行政机关赔偿或者补偿；（7）其他有关行政协议的订立、履行、变更、终止等诉讼请求。至于"事实根据"，一般认为在起诉阶段并不需要对行政协议的订立、履行、变更、终止进行全面的举证，只需完成初步证明责任即为已足。

4. 属于人民法院受案范围和受诉人民法院管辖

关于受案范围，《行政诉讼法》和《行政协议案件规定》已经明确规定行政协议纠纷属于行政诉讼的受案范围。不过，在实践中仍需要根据纠纷的具体情形来确定。

关于管辖法院，行政协议案件除要遵守《行政诉讼法》及相关司法解释所确定的一般级别管辖和地域管辖规则之外，还有一个协议管辖的问题。《行政协议案件规定》第7条规定："当事人书面协议约定选择被告所在地、原告所在地、协议履行地、协议订立地、标的物所在地等与争议有实际联系地点的人民法院管辖的，人民法院从其约定，但违反级别管辖和专属管辖的除外。"据此，在法定管辖之外，又增加了此前只在民事诉讼中适用的协议管辖，这也是行政协议案件在管辖法院方面与其他行政案件的重要区别。

（三）行政协议案件受理费

对于行政协议案件如何收取受理费？此前由于最高人民法院未做统一规定，各地方法院出现了不同的做法。虽然主流上仍然是适用一般行政案件的标准收取50元受理费，但有个别地方的法院准用了民事案件的交纳标准。例如，2019年11月20日发布实施的北京市高级人民法院《关于立案审判适用法律若干问题的解答（二）》确立了对行政协议案件"分类收费"的原则，规定："关于行政协议的案件受理费，对行政机关不依法履行、未按照约定履行协议提起诉讼的，诉讼费用准用民事案件交纳标准；对行政机关单方变更、解除协议等行为提起诉讼的，诉讼费用适用行政案件缴纳标准。"在其他地方法院，同样存在比照民事案件的标准收取受理费的做法，导致部分行政协议案件收取的受理费过高。尤其是在诉讼结果难以预测的情形下，当事人维权的意愿势必大幅降低，不利于维护当事人的合法权益。幸好最高人民法院及时出面解决了这个问题，答复称行政协议案件是行政案件，诉讼费用适用行政案件的交纳标准，也就是按件收取50元的受理费。

链接·积累

最高人民法院关于行政机关不依法履行、未按照约定履行行政协议案件诉讼费用如何交纳问题的答复

〔2020〕最高法行他8号

辽宁省高级人民法院：

你院《关于诸葛文同等人诉大连保税区二十里堡街道办事处履行行政协议一案的请示》收悉。经研究，答复如下：

公民、法人或者其他组织不服行政机关不依法履行、未按照约定履行行政协议行为提起诉讼的案件是行政案件，诉讼费用适用行政案件的交纳标准。

此复。

2021年6月28日

（四）行政协议纠纷司法审查对象

依据《行政诉讼法》第6条的规定，行政诉讼中的司法审查对象就是行政行为，即由法院对行政行为是否合法进行审查。但对于行政协议纠纷来说，特殊之处在于其中可能会涉及三类行政行为：（1）行政协议本身，审查重点包括协议的性质、合法性以及效力等；（2）行政机关行使行政优益权的行为，审查重点是单方撤销、解除、变更行为的合法性、合约性以及合理性等；（3）订立、履行、变更、解除行政协议的行为，审查重点是有关行为的合法性、合约性以及合理性等。总体来说，仍然是“以行为为纲”确定行政协议纠纷司法审查的对象。①

《行政协议案件规定》第11条规定：“人民法院审理行政协议案件，应当对被告订立、履行、变更、解除行政协议的行为是否具有法定职权、是否滥用职权、适用法律法规是否正确、是否遵守法定程序、是否明显不当、是否履行相应法定职责进行合法性审查。原告认为被告未依法或者未按照约定履行行政协议的，人民法院应当针对其诉讼请求，对被告是否具有相应义务或者履行相应义务等进行审查。”该规定基本上也体现了“以行为为纲”的思路，但着重强调以被告的行为为审查对象，未体现出行政协议纠纷应有的“双向性结构”，不得不说是一大缺憾。

（五）行政协议案件审理和判决

1. 行政协议案件的证据规则

对于行政协议案件的证据规则，《行政协议案件规定》第10条规定，被告对于自己具有法定职权、履行法定程序、履行相应法定职责以及订立、履行、变更、解除行政协议等行为的合法性承担举证责任；原告主张撤销、解除行政协议的，对撤销、解除行政协议的事由承担举证责任；对行政协议是否履行发生争议的，由负有履行义务的当事人承担举证责任。

对于一般的行政诉讼来说，“原告主张，被告举证”是举证责任分配的基本原则。相比之下，行政协议案件明显有其特殊之处。例如，《行政诉讼法》第34条第2款规定：“被告不提供或者无正当理由逾期提供证据，视为没有相应证据。”这一规定在行政协议案件中的适用必须受到限制，试举一例：如果相对人起诉要求行政机关履行行政协议，行政机关却以案涉行政协议违法、无效为由拒绝履行，在这种情形下，如果行政机关不提供签订行政协议的任何证据，就视为没有相应证据，进而认为行政协议无效，那岂不是在为行政机关拒绝履约提供便利？所以，在证据规则方面，行政协议案件的特殊之处才是重中之重。

① 参见胡宝岭：《行政合同争议司法审查研究》，中国政法大学出版社2015年版，第213～215页。

2. 行政协议案件的法律适用

对于行政协议案件的法律适用，此前存在“公法论”与“混合论”之争，前者认为解决行政协议纠纷只能适用公法规范即行政法规范，后者认为解决行政协议纠纷可以同时适用行政法规范与民事法律规范。考察中国行政协议立法的现状可知，“公法论”暂时无法实现，“混合论”是唯一可行的模式。《行政协议案件规定》有关法律适用的规定主要集中在第12条、第25条、第27条、第28条，依据上述规定，行政协议案件的法律适用规则如下：

第一，人民法院审理行政协议案件，应当适用《行政诉讼法》的规定，《行政诉讼法》没有规定的，参照适用《民事诉讼法》的规定。

第二，人民法院审理行政协议案件，可以参照适用民事法律规范关于民事合同的相关规定。例如，适用民事法律规范确认行政协议无效。

第三，公民、法人或者其他组织对行政机关不依法履行、未按照约定履行行政协议提起诉讼的，诉讼时效参照民事法律规范确定，对行政机关变更、解除行政协议等行政行为提起诉讼的，起诉期限依照《行政诉讼法》及其司法解释确定。

第四，2015年5月1日后订立的行政协议发生纠纷的，适用《行政诉讼法》及《行政协议案件规定》，2015年5月1日前订立的行政协议发生纠纷的，适用当时的法律、行政法规及司法解释。

需要强调的是，在行政协议案件法律适用方面虽体现了“混合论”，但行政法律规范相较于民事法律规范仍处于优先地位，只有在行政法规范中没有规定的情形下，才可以参照适用民事法律规范。在**苏某涛诉唐县政府等行政协议案**中，最高人民法院提出，人民法院审理行政协议案件要优先适用行政法律规范。行政法律规范没有规定时，在不与行政法、《行政诉讼法》的基本原则相抵触的情况下，可以适用民事法律规范。不是说行政协议既有行政性又有协议性，所以既可以适用行政法律规范，也可以适用民事法律规范。当事人请求确认行政协议无效，实质是对订立行政协议行为不服提起行政诉讼，起诉是否符合法定起诉条件，应当依照《行政诉讼法》规定的起诉条件进行审查判断；订立协议行为是否合法有效，应当依照《行政诉讼法》和相关行政实体法律规范进行审查判断，民事法律规范的适用仅仅是行政法和《行政诉讼法》没有相应规定情形下的一种补充适用。①

总结·提示 在“混合论”模式下，也应该优先适用行政法律规范。换言之，民事法律规范仅带有补充性质。譬如，在判断行政协议是否无效时，应首先审查该行政协议是否存在《行政诉讼法》第75条规定的“重大且明显违法”的情形，其次再去审查该行政协议是否存在《民法典》第153条规定的“违反法律、行政法规的强制性规定”以及“违背公序良俗”的情形。

---

① 最高人民法院行政裁定书，(2020)最高法行申9651号。

3. 行政协议案件的调解和判决

《行政诉讼法》第60条第1款规定："人民法院审理行政案件，不适用调解。但是，行政赔偿、补偿以及行政机关行使法律、法规规定的自由裁量权的案件可以调解。"据此，在一般的行政诉讼中调解的适用受到较大程度的限制。与一般的行政行为不同，行政协议本身就是行政机关行使自由裁量权的产物，而且其协议性本身就代表了可协商性，故对于行政协议案件适用调解与行政协议的特征天然契合。因此，《行政协议案件规定》第23条规定："人民法院审理行政协议案件，可以依法进行调解。人民法院进行调解时，应当遵循自愿、合法原则，不得损害国家利益、社会公共利益和他人合法权益。"

对于行政协议案件的判决，《行政协议案件规定》第12～22条有明确规定。总体来看，除"解除判决"为行政协议案件所特有外，其他的判决形式均未超出《行政诉讼法》规定的类型。由于上述规定均已在前面讲过了，这里不再赘述。

五、征收拆迁行政协议的特殊问题

（一）征收补偿协议与拆迁补偿协议的区别

征收补偿协议，是行政征收主体与被征收人为确定补偿安置中的权利和义务而签订的协议，属于典型的行政协议。依据《拆迁条例》（2001年修改，已失效）签订的拆迁补偿协议，与这里所讲的征收补偿协议有所不同。一般认为，拆迁人与被拆迁人之间达成的拆迁补偿协议，属于平等主体之间签订的民事合同，不属于行政协议范畴，发生纠纷应当通过民事诉讼解决，不属于行政诉讼的受案范围。最高人民法院在一个复函中也明确提出，签订拆迁补偿安置协议后产生的争议属于民事诉讼的受案范围，应作为民事案件受理。

链接·积累

最高人民法院关于当事人之间达成了拆迁补偿安置协议
仅就协议内容发生争议的，人民法院应予受理问题的复函

〔2007〕民立他字第54号

辽宁省高级人民法院：

你院向我院报送的《关于沈阳金法石油化工制品有限公司和平分公司与沈阳市和平区长白地区管理委员会、沈阳土地储备中心长白分中心拆迁安置土地补偿费纠纷是否受理的请示》收悉，经研究，答复如下：

由于双方当事人已经签订《城市房屋拆迁补偿安置协议（货币补偿）》，因此原审裁定依照最高人民法院《关于当事人达不成拆迁补偿安置协议就补偿安置争议提起民事诉讼人民法院应否受理问题的批复》，认定在双方未达成土地补偿协议的情况下，法院不应受理此案，裁定驳回原告的起诉，属适用法律不当。上诉人的起诉符合民诉法第一百零八条规定的属于人民法院受理民事诉讼范围条件，应予受理。

2007年1月1日

根据上述复函，拆迁补偿协议与征收补偿协议除性质不同之外，最大的差别在于纠纷解决途径，征收补偿协议纠纷属于行政诉讼的受案范围，而拆迁补偿协议纠纷则需要通过民事诉讼解决。最高人民法院的《民事案件案由规定》此前专门规定了“房屋拆迁安置补偿合同纠纷”，2020 年 12 月 29 日修改后的《民事案件案由规定》将其修改为“民事主体间房屋拆迁补偿合同纠纷”，其中着重强调“民事主体间”，就是为了与征收补偿协议相区别。在**某加工厂诉江北区政府拆迁协议案**中，最高人民法院提出，在 2011 年 1 月 21 日《征收条例》公布实施之前，按照《拆迁条例》规定签订的拆迁补偿协议，不同于之后征收管理部门与被征收人签订的征收补偿协议，不是行政协议，而是平等主体之间订立的民事合同。①

《征收条例》第 35 条规定，本条例施行前已依法取得房屋拆迁许可证的项目，继续沿用原有的规定办理。据此，对于历史遗留项目，因沿用当时有效的《拆迁条例》，在 2011 年 1 月 21 日《征收条例》实施之后签订的拆迁补偿协议也可能会被认定为民事合同，从而被排除在行政诉讼的受案范围之外。例如，在**王某贵诉西岗区政府城市房屋拆迁安置补偿协议案**中，案涉《城市房屋拆迁补偿安置协议书》签订于 2011 年 5 月 24 日，辽宁省高级人民法院认为，根据《行政诉讼法》第 12 条第 1 款第 11 项的规定，行政协议案件属于人民法院行政诉讼受案范围。但是，根据王某贵提供的协议，王某贵本案起诉请求解决的争议，系取得拆迁许可证后在拆迁期限内签订的城市房屋拆迁安置补偿协议引发的民事争议，此类协议并不属于行政协议，王某贵对此提起诉讼不属于行政诉讼的受案范围，依法应当裁定驳回起诉。王某贵如坚持起诉，应当以适格被告提起民事诉讼。② 不过，本案案涉拆迁许可证是在《征收条例》实施之后又延期的，否则在签订拆迁补偿安置协议时就已经失效了，在此前前提下，辽宁省高级人民法院的上述裁定是非常值得商榷的。

（二）补偿安置协议的效力

1. 行政机关与无处分权人签订的补偿安置协议是否有效

行政机关与对被征收房屋没有所有权或者处分权的主体签订的补偿安置协议效力如何？就无处分权人订立的民事合同而言，《合同法》（1999 年发布，已失效）第 51 条曾一度把这种情形当成效力待定的合同：“无处分权的人处分他人财产，经权利人追认或者无处分权的人订立合同后取得处分权的，该合同有效。”但由于一直存在主张区分负担行为与处分行为的呼声，这一规定的妥当性备受质疑。2012 年 5 月 10 日发布的最高人民法院《关于审理买卖合同纠纷案件适用法律问题的解释》（已被修改）改变了这一立场，在第 3 条规定：“当事人一方以出卖人在缔约时对标的物没有所有权或者处分权为由主张合同无效的，人民法院不予支持。出卖人因未取得所有权或者处分权致使标的物所有权不能转移，买受人要求出卖人承担违约责任或者要求解除合同并主张损害赔偿的，人民法院应予支持。”《民法典》第 597 条第 1 款延续了这一做法，规定：“因出卖人未取得处分权致使标的物所有权不能转移的，

① 最高人民法院行政裁定书，（2017）最高法行申 5563 号。
② 辽宁省高级人民法院行政裁定书，（2021）辽行终 1762 号。

买受人可以解除合同并请求出卖人承担违约责任。”其立法目的在于不让处分权的欠缺直接影响合同行为的效力，而是让处分权的欠缺影响无处分权人履行义务的能力。[①] 据此，无处分权人订立的合同不再是效力待定的合同，而是有效的合同。但是，由于订立合同的当事人未取得处分权，合同无法履行，对于真正的权利人不产生实际影响。换言之，真正的权利人对无权处分人所订立的合同根本无须理会。

但是，行政协议毕竟有别于民事合同，实践中通常认为行政机关未认真核实房屋的权属情况以及签订人的主体资格，这本身就构成了《行政诉讼法》第 75 条所规定的“重大且明显违法”，因而行政协议无效。在**郑某龙诉山腰街道办行政协议案**中，泉州市中级人民法院认为，第三人既非案涉房屋的所有人，亦非其他有权处分人，其在未取得案涉房屋所有权人授权的情况下，以自己的名义与山腰街道办签订补偿协议，属于无权处分。山腰街道办在签订协议的过程中，未认真核实案涉房屋的权属情况以及签订人的主体资格，将第三人作为被征迁人并与其签订补偿协议，该协议侵害了郑某龙的合法权益，属于《行政诉讼法》第 75 条所规定的重大且明显违法的情形，应依法判决确认案涉《房屋征收（货币补偿方式）补偿协议书》无效。[②] 实践中，即使是行政机关与具有处分权的主体（如房屋所有权人）签订了补偿安置协议，但因其工作失误遗漏了对房屋承租人等无处分权人的损失补偿的，该补偿安置协议同样有可能被认定为无效。在**陈某柱诉雨花区政府等房屋征收补偿案**中，最高人民法院认为，征收导致了承租人无法继续使用租赁房屋，应按“谁有损失补偿给谁”的公平补偿原则处理。行政机关在征收补偿过程中与房屋产权人签订了补偿协议，对房屋的装饰装修、停产停业费、搬迁费部分遗漏了相对人（承租人），且在对上述损失的认定中存在错误，未充分保障承租人的合法权益，征收程序违法，涉案补偿协议中涉及装饰补偿、搬迁费、停产停业费部分应确认无效。[③]

对于行政机关与无处分权人签订的补偿安置协议，真正的权利人可以申请法院确认其无效，当然也有权请求法院撤销协议。这是因为，确认无效本质上就是撤销的一种转化形式。在**林某实诉龙华区政府房屋征收补偿案**中，海南省高级人民法院认为，案涉土地、房屋的权属或最终权益归属人尚无法确定，龙华区政府在收到第三人的申报材料后，应当依法向相关管理部门核实案涉土地、房屋的产权登记状况或确定案涉土地、房屋权益的最终归属人之后才能签订征收补偿安置协议。故龙华区政府与第三人签订的《房屋征收货币化安置协议》主要证据不足，依法应予撤销，待案涉土地、房屋权属确定后，另行签订征收补偿安置协议。[④] 我们前面所讲到的**龙波公司诉栖霞区住建局房屋征收行政协议案**也属于这种情形。

实践中，应注意的是行政机关与被征收户的某个成员（如户主）签订补偿安置协议的做法十分普遍。尤其是在农村，由于长期以户为单位对宅基地的取得和使用进行管理，在集体

---

① 参见王利明主编：《民法》（第 8 版，上册），中国人民大学出版社 2020 年版，第 147 页。

② 泉州市中级人民法院行政判决书，（2022）闽 05 行终 32 号。

③ 最高人民法院行政裁定书，（2020）最高法行申 3739 号。

④ 海南省高级人民法院行政判决书，（2017）琼行终 915 号。

土地征收中以户为单位进行补偿安置成为很多地方的习惯性做法。如果其中一个或者几个家庭成员代表该户自愿签订补偿安置协议，一般情况下很难被认定为无权处分。在**王某山等诉武当山管委会行政协议无效案**中，王某山以其子在未得到其授权的情况下与指挥部签订《房屋拆除及宅基地调换安置补偿协议》，严重侵犯其合法权益为由申请确认该协议无效。湖北省高级人民法院认为，王某山之子为家庭主要成员，代表家庭签订补偿安置协议，充分保障了王某山户的合法权益，并不存在协议无效的情形。王某山以无权代理等为由，提起行政协议无效之诉，有违诚信。①

2. 征收土地未获得批复情形下签订的补偿安置协议是否有效

在征收土地未获得批复的情形下签订的补偿安置协议效力如何？对于这个问题此前存在一定争议，有观点认为关于土地征收审批的规定明显是“效力性强制性规定”而非“管理性强制性规定”，且没有征地批文属于“重大且明显违法”的情形，签订的征地补偿安置协议应为无效。否则，协议拆迁、以租代征、未批先占等现象必将大量地涌现。其中最为典型的就是协议拆迁，在**王某忠诉滨城区政府房屋行政征收案**中，山东省高级人民法院认为，除依照《土地管理法》和《征收条例》的规定进行征收之外，人民政府采取其他形式征收土地或者房屋的行为均缺乏法律依据，也为现行法律所不容许。协议拆迁实质上是以协议购买的方式代替了应当依法进行的征收补偿工作，区政府虽然与当事人签订了所谓的征收补偿合同，但不能违反法律的禁止性规定，征收补偿合同也不能取代应按照法定程序进行的土地或房屋征收。② 征收补偿合同不能取代法定的征收程序，引申含义是未经过法定征收程序而签订的补偿安置协议是违法的，甚至应当是无效的。

然而，在现实中，无征地批文的补偿安置协议多被认为是有效的行政协议。在**甘某云等诉丰都县规划和自然资源局等行政协议案**中，重庆市第三中级人民法院认为，虽然根据签订案涉协议时有效的《土地管理法》和《土地管理法实施条例》的规定，依法取得征地批复和补偿安置方案批复是政府组织实施征地活动的法定前提条件，但该规定类似于“管理性强制性规定”，不属于“效力性强制性规定”，违反该规定签订有关征收补偿安置协议，并不必然导致协议无效。③ 在**罗某顺诉南明区政府房屋行政协议无效案**中，最高人民法院提出，动辄将双方经磋商达成合意的行政协议退回原点，既阻碍行政协议功能的发挥，也有悖于行政协议当事人权利义务的及时有效实现。被诉《村民房屋补偿协议》系双方自愿签订，其本身的内容并不存在前述法律规定的重大明显违法，损害国家利益、公共利益或他人合法权益等无效情形。当事人以案涉土地征收尚未获得相关部门的批复为由，主张被诉《村民房屋补偿协议》因签订前相关征地程序不合法而无效，理据尚不充分。④ 在《土地管理法》和《土地管理法实施条例》相继修改之后，集体土地征收程序变化明显，签订征地补偿安置协议成了征

---

① 湖北省高级人民法院行政判决书，(2019) 鄂行终1152号。
② 山东省高级人民法院行政裁定书，(2017) 鲁行终1347号。
③ 重庆市第三中级人民法院行政判决书，(2021) 渝03行终44号。
④ 最高人民法院行政裁定书，(2020) 最高法行申10322号。

收土地申请的前期工作，自然就更不可能以没有征地批文为由确认协议无效了。在**朱某根诉江干区政府等房屋行政协议案**中，最高人民法院正是以不宜轻易否定已实际履行的案涉协议的效力、新的《土地管理法》已经认可先行签订征收补偿协议再报请征收土地等为由，肯定了协议收购集体土地上房屋的合法性。[①] 看来，即使是征收土地未获得批复，法院也不会轻易去否定相关补偿安置协议的效力。

总结·提示　从上述判例我们可以初步得出一个结论：以无征地批文为由申请确认补偿安置协议无效，这条路现在已经很难走得通了。

不过，对于所谓集体土地预征收中签订的补偿安置协议，此前最高人民法院似有区别对待的倾向。在**苏某光诉唐县政府等行政协议案**中，最高人民法院提出，在集体土地预征收过程中，征收管理部门与被征收人签订的征收补偿协议属于附条件的行政行为，只有在省级人民政府作出征收批复，市县人民政府发布正式的征收公告后，征收补偿协议才能够发生法律效力，对当事人的权利义务产生实际影响。[②] 但在新《土地管理法》和《土地管理法实施条例》实施之后，所有的征地补偿安置协议都类似于此前集体土地预征收中签订的补偿安置协议，这种区别对待的前提似乎已经不复存在了。

3. 未作出国有土地上房屋征收决定情形下签订的补偿安置协议是否有效

在国有土地上房屋征收决定作出之前签订的补偿协议效力如何？在**郭尔罗斯银行诉利通区政府等行政协议案**中，最高人民法院提出，房屋征收部门与被征收人可以签订补偿协议，但依照《征收条例》第 13 条第 1 款等条款的规定，签订补偿协议的基本前提是市、县级人民政府已作出国有土地上房屋征收决定。在法律规定非常明确的情况下，被诉行政机关与相对人直接签订案涉《征地拆迁补偿合同》及相关补偿约定明显缺乏依据，构成无效行政行为。[③] 在这一判例中，最高人民法院明确否定了房屋征收决定作出前签订的征收补偿协议的效力。然而，《征收条例》第 13 条第 1 款的内容是："市、县级人民政府作出房屋征收决定后应当及时公告。公告应当载明征收补偿方案和行政复议、行政诉讼权利等事项。"依据这一规定，我们似乎也无法得出在国有土地上房屋征收过程中签订补偿协议的基本前提是已作出房屋征收决定这一结论。毕竟没有征地批文的补偿协议都能被认定为有效协议，没有房屋征收决定的补偿协议在效力上也应该有进一步讨论的空间。

略显诡异的是，最高人民法院虽然认为房屋征收决定作出前签订征收补偿协议构成无效行政行为，但又对实践中常见的以收购代替征收的现象予以肯定。在**王某等诉海宁市政府房屋收购协议案**中，最高人民法院认为，本案系在旧城改造过程中，为实现公共利益和行政管理目标，委托国有公司"收购"来代替应当依法进行的"征收"所引发。此种收购行为通过

---

① 最高人民法院行政裁定书，(2020) 最高法行申 11241 号。

② 最高人民法院行政裁定书，(2020) 最高法行申 9430 号。

③ 最高人民法院行政裁定书，(2020) 最高法行申 8309 号。

收购方与被收购方在平等、自愿基础上协商签订房屋收购协议的方式实现，具有现实合理性和可行性，故不宜完全否定此种收购模式的合法性。同时，该收购模式下签订的收购协议，亦有别于行政征收行为，原审法院认为本案不能对照征收行为进行审查，并无不当。当事人主张行政机关以收购代替征收违法，要求按照《征收条例》的规定对收购行为进行审查，缺乏事实和法律依据，不应予以支持。市、县级政府委托国有公司实施收购，签订收购协议，应当遵循平等、自愿、等价、有偿的基本原则，给予被收购方公平合理并不低于当时当地同区位同类房屋市场评估价格的补偿安置。① 如此一来，协议拆迁是否会大行其道？

4. 未经评估程序签订的国有土地上房屋征收补偿协议是否有效

《征收条例》第 19 条第 1 款规定："对被征收房屋价值的补偿，不得低于房屋征收决定公告之日被征收房屋类似房地产的市场价格。被征收房屋的价值，由具有相应资质的房地产价格评估机构按照房屋征收评估办法评估确定。"据此，经过评估确定被征收房屋的价值，是订立征收补偿协议和作出征收补偿决定的重要前提。权威的解读认为，《征收条例》第 25 条规定，订立补偿协议应当"依照本条例的规定"，同时第 19 条规定了被征收房屋的价值由评估确定。没有履行征收房屋的评估程序，实际上已经违反了法定的协议程序，这一程序属于法律、行政法规的强制性规定，违反法定程序所签订的协议应当认定为无效。② 申言之，未经评估程序签订的国有土地上房屋征收补偿协议无效。

接踵而来的问题是，如果经过了评估程序，此后所签订的补偿协议约定的补偿标准是否必须与评估确定的被征收房屋的价值保持一致？由于补偿协议具有"协议性"的特点，应当允许双方当事人平等协商，通俗地讲就是互相讨价还价，如果强令补偿协议约定的补偿标准等于评估价值，有违行政协议设置的初衷。经过平等协商，补偿协议约定的标准与评估价值有一些出入是再正常不过的了。有观点认为，《征收条例》第 19 条要求对被征收房屋价值的补偿，不得低于房屋征收决定公告之日被征收房屋类似房地产的市场价格，如果补偿协议约定的标准低于市场价格，就是违反了上述强制性规定，应当是无效的。如果补偿协议约定的补偿价格远高于同类房屋市场价格的，应当以显失公平损害公共利益为由，认定该补偿协议无效，理由是：为了公共利益实施房屋征收，征收款源于政府的财政支出，主要是纳税人的钱，市、县级人民政府及征收部门无权慷国家之慨，拿纳税人的钱讨好个别被征收人。③ 这种观点有一定道理，但在实践中需要注意对"远高于同类房屋市场价格"进行严格把控，绝不能理解成一旦最终约定的补偿标准高于市场价格，房屋征收补偿协议就是无效的。

5. 不符合补偿安置方案的补偿安置协议是否有效

《土地管理法实施条例》（2021 年修改）第 29 条第 1 款规定："县级以上地方人民政府根据法律、法规规定和听证会等情况确定征地补偿安置方案后，应当组织有关部门与拟征收

① 最高人民法院行政裁定书，（2020）最高法行申 3437 号。
② 参见江必新主编：《国有土地上房屋征收与补偿条例理解与适用》，中国法制出版社 2012 年版，第 244 页。
③ 参见江必新主编：《国有土地上房屋征收与补偿条例理解与适用》，中国法制出版社 2012 年版，第 243 页。

土地的所有权人、使用权人签订征地补偿安置协议。”其中，并未强制性要求补偿安置协议完全符合补偿安置方案。《征收条例》第25条规定：“房屋征收部门与被征收人依照本条例的规定，就补偿方式、补偿金额和支付期限、用于产权调换房屋的地点和面积、搬迁费、临时安置费或者周转用房、停产停业损失、搬迁期限、过渡方式和过渡期限等事项，订立补偿协议。”同样未强制性要求补偿协议完全符合征收补偿方案，与第26条中“按照征收补偿方案作出补偿决定”的表述存在明显差异。因此，补偿安置协议作为当事人意思表示一致的产物，并不必然与补偿安置方案完全一致，应允许当事人在方案的基础上依法进行充分的协商。

但是，实践中却出现了一些因补偿安置协议不符合补偿安置方案而被确认为无效、撤销或者判决不应继续履行的案例。例如，在**冯某记诉中牟县政府履行补偿安置协议案**中，冯某记诉请法院判决中牟县政府履行案涉补偿安置协议书，一审、二审判决均予支持。中牟县政府以冯某记户有人员不符合安置方案中规定的安置条件为由向最高人民法院申请再审，最高人民法院认为，当事人要求判令行政机关履行案涉补偿安置协议，行政机关主张补偿协议中符合安置条件的人数错误，原审法院未就有关人员是否符合安置条件、符合安置条件的人数是否正确等问题进行审查即判决行政机关履行补偿安置协议，属于部分事实认定不清，适用法律错误。[①] 在**超宇公司诉株洲市政府等房屋征收补偿案**中，最高人民法院提出，行政机关违反《征收条例》等法律、法规，超出房屋征收补偿安置方案确定的补偿标准签订的补偿协议，很可能会得不到法院的支持。[②] 我们对于这种倾向必须强烈反对。照此下去，补偿安置协议就只能是补偿安置方案的“复写”了，其“协议性”必将被压缩至零，补偿安置协议将面临被补偿安置方案架空的危险。

前面我们已经讲过，违反法律、行政法规强制性规定的行政协议可能被认定为无效行政协议。但是，补偿安置方案连一般的规范性文件都不是，它不可能也不应该影响补偿安置协议的效力。而且，征收拆迁的核心法律规范“一法二条例”均未强制性要求补偿安置协议完全符合补偿安置方案，协议与方案并不是一一对应的关系。补偿安置协议有其独立的存在价值，就是因为它允许征迁双方在补偿安置方案的基础上进行平等协商，协议最终的约定也允许与补偿安置方案有一些出入。

不过，如果行政机关利用被征收人不懂法以及信息不对称等现实，恶意地以明显低于补偿安置方案的标准与被征收人签订补偿安置协议，则另当别论。

总结·提示　那种认为补偿安置协议必须符合补偿安置方案，否则补偿安置协议无效的观点是没有道理的。

---

① 最高人民法院行政裁定书，（2019）最高法行申4461号。
② 最高人民法院行政判决书，（2019）最高法行再4号。

（三）对订立补偿安置协议后又作出征收补偿决定的处理

实践中，出现了被征收人签订补偿安置协议且协议已经生效的情况下，相关行政主体又对被征收人作出征收补偿决定的案例。对于这种情形应当如何处理？

由于补偿安置协议是双方当事人意思表示一致的结果，协议的任何一方当事人以及第三方主体通常均无权通过单方决定的方式变更或者撤销这一协议。我们在前面讲到，有些行政机关想当然地认为自己享有行政优益权，在行政协议签订之后随意予以撤销、解除或者变更，但事实上行政优益权与行政机关的所有权力一样都是法定职权，行政机关在行使所谓行政优益权时也要有法律依据。因此，如果行政主体事后作出的征收补偿决定与此前签订的补偿安置协议内容不一致，应视为行政主体意图通过单方决定的方式改变补偿安置协议。对于这种情形必须严加限制，除非这种单方改变有法律的明确授权，否则就是违法的，对方当事人可以诉请撤销之。

如果行政主体事后作出的征收补偿决定与此前签订的补偿安置协议内容完全相同，对此应当如何处理？从理论上讲，即使征收补偿决定与补偿安置协议内容相同，前者也无法取代后者，补偿安置协议依旧是有效的，最终仍然应当履行补偿安置协议的约定。行政主体作出的征收补偿决定，最多也只能是催促对方当事人履行补偿安置协议的一种形式或者手段而已。对此，最高人民法院行政审判庭法官会议纪要提出："在订立征收补偿协议行为已经被依法提起行政诉讼，协议内容已为生效判决确认合法有效的情形下，行政机关应当按照生效判决确认有效的征收补偿协议内容执行，不宜再就同一征收事项又作出征收补偿决定。行政机关为履行协议，按照征收补偿协议内容再次作出的'征收补偿决定'，可以视为催告履行通知行为，是对征收补偿协议事项的重复处理，未对被征收人的权利义务产生实际影响。对被征收人权利义务产生实质影响的，仍然是征收补偿协议。"① 这个意见应该说在定性上是准确的，但是是否有必要将其适用范围限定为协议内容已为生效判决确认合法有效的情形？这是个值得思考的问题。从防止行政机关随意以自己的单方决定覆盖行政协议的效力（本质上仍是防止滥用行政优益权）这一视角着眼，作出此类限定是没有必要的。

（四）签订补偿安置协议时的风险防范

对于被征收人来说，在签订补偿安置协议时也伴随不小的风险，这一点可以从补偿安置协议纠纷高发的现实中得到印证。被征收人要防范补偿安置协议签订中的风险，可以重点从以下几个方面入手。

1. 避免落入"效力陷阱"

鉴于补偿安置协议签订之后又被认定为无效或者不应当继续履行的案例时有发生，被征收人在签订补偿安置协议时须对其效力给予格外的关注。如果行政机关通过签订补偿安置协议把被征收人的房屋拆除了，之后却因行政协议无效而不用履行其中所约定的补偿安置义

① 最高人民法院行政审判庭编著：《最高人民法院行政审判庭法官会议纪要》（第2辑），人民法院出版社2023年版，第13页。

务，对于被征收人的打击不言而喻，被征收人难免会有上当受骗之感。这就要求被征收人对于补偿安置协议效力的法律规定有一个大致的了解，对于协议的效力要有一个基本的判断。换言之，被征收人千万不要以为只要把其想要的补偿安置写入协议就万事大吉了，而是要积极主动地去防范该协议被撤销、解除、变更或者确认为无效的法律风险。

2. 拒绝签订空白协议

在土地及房屋征收过程中，有个别行政机关会诱导被征收人在留有空白内容的补偿安置协议上签字。这样一来，最终确定协议内容的主动权就完全落入征收机关之手了，对于被征收人来说，风险也是巨大的。在**孙某君诉宏远酒店民间借贷合同案**中，最高人民法院认为，作为完全民事行为能力人，其在空白借款合同上签字的行为应视为其清楚、理解合同内容，同时表明其放弃核实债权人的身份信息，并愿意承担由此带来的法律后果，主观上具有与不特定的人成立合同关系的意思表示，空白合同的相关内容被明确后具有约束力。在留有空白内容的合同上签字并交予合同相对方，其行为应视为对合同内容的概括性授权。[①] 由此可见，在空白的补偿安置协议上签字，极有可能被认为是概括性授权，被征收人如果对行政机关自行填写的内容不满，再去寻求救济将是十分困难的。

3. 拒绝签订单方持有的协议

实践中，一些行政机关会以补偿安置协议需要领导审批或者向上级部门备案等为理由，将双方已经签订或者仅有被征收人一方签字的补偿安置协议全部收走，导致被征收人手里不持有协议的原件。有的被征收人仅持有复印件或者协议的照片，更有甚者，不少被征收人手里连复印件或者协议的照片都没有。如果事后行政机关长期不履行协议，被征收人欲请求其履行协议，却拿不出协议文本，其后果可想而知。虽然在一些案例中，有的被征收人通过申请政府信息公开等手段最终拿到了协议文本，还有的是行政机关主动向法院提交了协议文本，但这毕竟是将主动权完全交给了行政机关。如果行政机关不予配合的话，被征收人空口无凭，要求对方履行补偿安置协议的诉求将难以得到法院的支持。

4. 审慎鉴别签约主体的履约能力

在土地及房屋征收中，签订补偿安置协议的一方当事人是被征收人，另一方当事人依法应为行政机关。但在现实中，最终签订补偿安置协议的另一方当事人却未必是行政机关，而是包括以下几种情况：（1）行政机关，如地方人民政府、政府部门、征收部门、派出机关或者派出机构、内设机构等。（2）行政机关下属事业单位，如土地储备机构。（3）村委会或居委会。（4）拆迁公司、房地产开发公司等企业单位。如果是第一、二种情形，对方的履行能力有国家财政做保障，风险相对较小；如果是第三种情形，它们多数情况下也是作为受行政机关委托的主体签订协议，风险一般来说是可控的，但肯定要大于第一、二种情形；如果是最后一种情形，风险相对较大，因为公司等企业单位的履约能力难以预料，尤其是后续还可能出现被注销、破产等情形。在一些案例中，在被征收人与公司签订补偿安置协议之后，公

① 最高人民法院民事裁定书，（2020）最高法民申1111号。

司被当地政府接管，政府成为新的履行义务的主体，这自然对被征收人是有利的。但是，因公司破产或者资金有限而导致补偿安置协议长期无法履行的案件十分常见。当然，如果可以确定公司是受行政机关委托签订的补偿安置协议，真正的履约主体仍为行政机关，则无须过度担心。

事实上，在多数情况下被征收人想要选择签约主体也是不太可能的。作为被征收人，要么选择签订协议，要么选择不签，除此之外似乎也没有太多选择的余地。虽然被征收人无法对签约主体挑三拣四，但保持适度的谨慎还是必要的，尤其是在对方当事人是“私主体”的情形下，更需要谨慎。实践中，如果被征收人被迫与开发商等企业单位签订了补偿安置协议，由于在集体土地征收和国有土地上房屋征收中政府都是承担补偿安置职责的法定主体，在协议履行不能时，被征收人仍应有权要求政府承担补偿安置职责。在**李某华诉清原县政府等行政协议案**中，最高人民法院认为，清原县政府和清原县征收中心是法定的征收补偿义务主体，应当确保李某华依据《征收条例》第25条享有的补偿安置权利能够得到实现。清原县政府和清原县征收中心在履行补偿安置义务过程中，采用由长源房地产公司与被征收人直接签订补偿安置协议方式代替征收主体履行补偿安置义务，可以予以支持。但在相关补偿安置协议履行不能的情况下，其仍应采取补偿决定方式对被征收人进行公平补偿。二审法院鉴于清原县政府和清原县征收中心未及时作出补偿决定，根据李某华的诉讼请求，依据《征收条例》第25条规定的补偿内容，作出相应的赔偿判决，符合法律规定。[①] 由此可见，在由开发商与被征收人签订补偿安置协议的方式替代行政机关履行补偿安置义务的情形下，一旦该协议出现履行不能，不免除行政机关应承担的补偿安置职责。

5. 慎重签订息诉罢访协议

实践中，有些行政机关在签订补偿安置协议时会要求被征收人同时签订一份息诉罢访协议，或者干脆就用息诉罢访协议代替补偿安置协议，在面对有诉讼或信访经历的被征收人时尤其如此。息诉罢访协议的内容大多是一次性解决征收补偿争议，被征收人明确承诺不再就此提出诉讼或者信访。通常认为，息诉罢访协议本身也属于行政协议之一种，具有可诉性。在**姜某臣诉大庆市政府行政给付案**中，最高人民法院提出，在形式上，《附条件息诉罢访协议》系行政主体与相对人之间经协商一致签订的协议；在实质上，维护当地社会和谐稳定与处理信访事宜系政府的法定职责，该协议的签订是为了维护社会和谐稳定，是为了行政管理职能的需要，在政府职责权限的范围内，协议内容具有行政法上权利义务的性质。因此，《附条件息诉罢访协议》系可诉的行政协议范畴。《附条件息诉罢访协议》非信访部门的单方处理行为，而是双方协商一致的结果，双方协商的内容已经对相对人的权利义务产生了实质上的约束力，本案的《附条件息诉罢访协议》不属于最高人民法院《关于不服县级以上人民政府信访行政管理部门、负责受理信访事项的行政管理机关以及镇（乡）人民政府作出的处理意见或者不再受理决定而提起的行政诉讼人民法院是否受理的批复》（〔2005〕行立他字

① 最高人民法院行政裁定书，(2020) 最高法行申6282号。

第4号）规定的范围。[①] 但在**马某英诉虹口区政府履行息诉罢访协议案**中，最高人民法院认为，马某英诉请虹口区政府履行息诉罢访协议事项，本身不属于人民法院行政诉讼的受案范围，且马某英提起本案诉讼的实质是对相关部门所作信访处理结果不服，仍属于信访事项。[②] 从中可见，最高人民法院对于息诉罢访协议的性质和可诉性等问题还没有达成一致的意见。

至于息诉罢访协议能否真正限制相对人的诉权，迄今也是莫衷一是：一种观点认为，诉权是相对人的法定权利，非一纸协议所能剥夺或限制，故剥夺或限制相对人诉权的息诉罢访协议条款违反了《行政诉讼法》的强制性规定，应属无效条款；但另一种观点认为，相对人签订息诉罢访协议后再对此前相关的行政行为提起行政诉讼，是对其签订息诉罢访协议的出尔反尔，有违诚实信用原则，息诉罢访协议对于协议各方均具有约束力，它的签订可以作为认定相对人自由处分诉权且不存在救济必要性的依据，故相对人不再具有原告资格。在**大青湖合作社诉东至县政府等行政协议案**中，最高人民法院提出，提起诉讼的权利是法定权利，公民、法人或者其他组织有权自愿行使，也有权自愿放弃，属于当事人自行处置的范畴。通过协议约定自愿放弃行使诉讼权利，并不违反法律、行政法规的强制性规定，属于有效条款。[③] 在**张某为诉天津市政府拆迁行政复议案**中，最高人民法院提出，当事人已经自愿抛弃权利保护，仍旧提起诉讼有违诉讼诚信。诉权是公民、法人和其他组织享有的法定权利，神圣不可侵犯，但诉权却可以自愿抛弃。抛弃权利保护的方式包括单方向人民法院表示、单方向诉讼的另一方当事人表示，也包括当事人之间自愿达成合意。如果当事人在自愿抛弃权利保护之后再行实施诉权，则属出尔反尔，有违诚实信用。当事人在与相关单位所签订的安置补偿协议中已经承诺不再上访、诉讼，其后又长期多次申请行政复议及提起行政诉讼，不断违反自己所作出的权利抛弃承诺，这种权利保护的滥用同样构成不符合法定起诉条件的情形。[④] 在这两个判例中，最高人民法院毫不含糊地采纳了上述第二种观点，亦即诉权可以自愿抛弃。

面对这样的现实，被征收人在签订息诉罢访协议时就需要特别地慎重了。如果将太多的实质性内容放在息诉罢访协议之中，一旦行政机关不履行该协议，被征收人在提起行政诉讼时或将遇到一定的困难和障碍。正因如此，所有涉及补偿安置等实质性内容的条款都必须在补偿安置协议中体现出来，被征收人不应当对息诉罢访协议抱有过高的期望；如果行政机关要求将补偿安置协议和息诉罢访协议“合二为一”（只签订息诉罢访协议，其中约定补偿安置的内容），被征收人更不应该随随便便予以接受。

① 最高人民法院行政裁定书，（2019）最高法行申11819号。
② 最高人民法院行政裁定书，（2018）最高法行申384号。
③ 最高人民法院行政裁定书，（2017）最高法行申8386号。
④ 最高人民法院行政裁定书，（2016）最高法行申2385号。

第五讲　征收拆迁中的行政规划

重点导读

行政规划，是征收拆迁的上游行为和重要依据。行政机关在征收拆迁中的各种行为，不仅要合法，而且要合规划。在行政规划中，与征收拆迁关系最为密切的是我们通常所称的“四规划一计划”以及国土空间规划，后者是中国近年来推行“多规合一”改革的产物。“四规划”是指国民经济和社会发展规划、土地利用总体规划、城乡规划和专项规划，“一计划”是指国民经济和社会发展年度计划。依据《土地管理法》和《征收条例》的规定，对于普通项目仅需要进行规划控制，对于特殊项目还需要进行计划控制。在“四规划”当中，城乡规划与征收拆迁的联系最为直接，其主要的依据是《城乡规划法》。本讲的内容包括行政规划与征收拆迁，“四规划一计划”的主要内容，城乡规划与规划区，城乡规划的体系，城乡规划的制定、实施和保障制度，“多规合一”改革与国土空间规划六个方面。

一、行政规划与征收拆迁

（一）行政规划的概念

对于行政规划，中国目前尚无法律给出明确的定义。通常认为，行政规划是指行政机关为了实现行政管理目标，依法对未来一定时期内拟采取的行为、方法、步骤、措施等作出的具有约束力的设计与计划。立法上的行政规划可追溯至1989年12月26日发布的《城市规划法》，1998年8月29日修改的《土地管理法》和2007年10月28日发布的《城乡规划法》进一步拓展了行政规划的种类。在此之前，广泛使用的是“计划”而非“规划”，如1982年12月4日发布的《宪法》中规定的“国民经济和社会发展计划”，至今仍未修改为“国民经济和社会发展规划”。

由于中国曾长期实行计划经济体制，国人耳熟能详的是计划，对于规划则相对陌生。其实，作为法律概念，行政规划与行政计划之间并没有根本的差异，虽然有人提出规划通常比计划更为宏观和长远，但这种区别亦非绝对，只不过是在计划经济体制向市场经济体制转轨的过程中悄然完成了由“计划”到“规划”的等量代换而已。2005年10月11日，中共十六届五中全会通过的中共中央《关于制定国民经济和社会发展第十一个五年规划的建议》首次将中华人民共和国成立以后长期使用且在现行《宪法》（2018 年修改）上依旧沿用的“国民经济和社会发展计划”表述为“国民经济和社会发展规划”。代换的原因或许是行政计划的提法与市场经济略有隔阂，容易招致误解，故而舍“计划”而取“规划”。但事实上，行政计划与政治、经济制度之间并没有必然的关联，邓小平同志曾说过“资本主义也有计划”，就是在强调这个道理。

（二）行政规划的性质和种类

1. 行政规划的性质

行政规划是一种行政行为，通常属于抽象行政行为。虽然也有观点将其归入事实行为，但是鉴于行政规划一般可纳入《行政诉讼法》（2017 年修改）所规定的“行政机关制定、发布的具有普遍约束力的决定、命令”范畴，将其定性为事实行为实有不妥。

作为抽象行政行为，行政规划与行政立法、准立法具有共通之处。但是，行政规划与行政立法在规范架构和行为模式上有本质不同，法律手段在二者中的地位也不相同。不过，由于行政规划有时会起到行政立法的预备和先导作用，二者之间有趋同、合流之可能。[①] 在**艾某俊诉黄石市政府规划行政批准案**中，最高人民法院提出，行政规划种类繁多，效力各有不同。某一规划和规划行为是否可诉，依赖于该规划和规划行为是否针对特定人，并对该特定人的权利义务直接产生影响。城乡规划包括编制、审批、实施、修改等不同环节，依据《城乡规划法》作出的行政处罚、行政许可等具体实施行为，属于可诉的具体行政行为；城乡规划的修改行为，如果给被许可人或者利害关系人合法权益造成损失，亦可以对其提起诉讼，请求补偿。但就规划的编制和审批而言，因其属于针对不特定对象作出的面向未来的一般性调整，故具有抽象行政行为的特征，不能直接对其提起诉讼。[②] 由此可见，行政规划本身一般应当认定为抽象行政行为，但与行政规划相关的行政处罚、行政许可等行为则是可诉的具体行政行为。至于行政机关为实现行政规划所设定的目标而作出的其他行为究竟属于抽象行政行为抑或具体行政行为，以及是否可诉，则需要具体分析。

2. 行政规划的种类

行政规划的内容和形式多种多样，根据不同的标准可以作出不同的分类。比如，根据行政层级，分为国家规划、省级规划、设区的市级规划、县级规划和乡（镇）级规划；根据对象的范围，分为综合规划（总体规划）和特定规划（专项规划）；根据时间的长短，分为长期规划（远景规划）、中期规划和短期规划，等等。日本公法学者室井力根据行政规划是否对国民施以直接的限制，将其分为拘束性规划与非拘束性规划。其中，拘束性规划对行政机关及相对人都有直接的拘束力，而非拘束性规划（也称指导性规划）则不直接拘束相对人，内容多以政策为主。[③] 另外，行政规划与立法一样有位阶高低之别，亦可分为上位规划与下位规划，下位规划的编制须以上位规划为依据，内容不得与上位规划相抵触。例如，《土地

---

① 参见莫于川主编：《行政规划法治论》，法律出版社 2016 年版，第 16 页。

② 最高人民法院行政裁定书，（2017）最高法行申 4731 号。

③ 参见［日］室井力主编：《日本现代行政法》，吴微译，中国政法大学出版社 1995 年版，第 54 页。

管理法》(2019 年修改)第 15 条第 1 款规定:“各级人民政府应当依据国民经济和社会发展规划、国土整治和资源环境保护的要求、土地供给能力以及各项建设对土地的需求,组织编制土地利用总体规划。”第 16 条第 1～2 款规定:“下级土地利用总体规划应当依据上一级土地利用总体规划编制。地方各级人民政府编制的土地利用总体规划中的建设用地总量不得超过上一级土地利用总体规划确定的控制指标,耕地保有量不得低于上一级土地利用总体规划确定的控制指标。”通过比较可以发现,国民经济和社会发展规划是上位规划,土地利用总体规划是下位规划;同为土地利用总体规划,上级人民政府编制的是上位规划,下级人民政府编制的是下位规划。

现实中行政规划的种类多如牛毛,常见的有城市规划、镇规划、乡村规划、经济规划、社会规划、产业规划、工业规划、国防规划、教育规划、生态规划、扶贫规划、卫生规划、人事规划、财政规划等。在诸多行政规划当中,与征收拆迁关系最为密切者当属我们通常所称的“四规划一计划”以及《土地管理法》所规定的国土空间规划,后者是中国近年来推行“多规合一”改革的产物。

总结·提示 “四规划一计划”以及国土空间规划是与征收拆迁密切相关的行政规划。

(三)行政规划的法治化

迄今为止,中国行政规划的法治化程度仍然较低,相关的立法还很不完善,大量的行政规划行为游离于法律的控制之外。最根本的原因在于,中国目前还没有一部“行政程序法”或者“行政规划法”专门规范行政规划。同时,行政规划是一种带有强烈政策性的行为,其技术性色彩浓厚,法的色彩相对淡薄,行政主体的裁量权在追求行政规划科学化、合理化方面起到决定性的作用,通过实体法对行政规划进行全面规制确实有一定难度。实体法的控制,主要是对行政机关制定行政规划权力的来源和制定行政规划的领域等进行控制,实际上的控制是较少的。在上述背景下,行政规划的法治化主要是通过程序法来实现的,即对行政规划的制定、实施和修改的程序进行控制。例如,《征收条例》(2011 年发布)第 9 条第 2 款规定:“制定国民经济和社会发展规划、土地利用总体规划、城乡规划和专项规划,应当广泛征求社会公众意见,经过科学论证。”这一规定被称为“公众参与”条款,对规划的制定提出了“听取公众意见”和“科学论证”的要求,属于一种典型的程序法控制。

(四)行政规划与征收拆迁的关系

1. 行政规划是征收拆迁的上游行为和重要依据

行政规划具有准立法性,行政机关必须遵照执行,因而行政规划是行政机关履行职责的依据。行政规划作为征收拆迁的上游行为,是落实“公共利益需要”的主要平台。通过针对各项建设活动的规划控制(特殊项目增加计划控制),有利于从源头上规范征收和保护私有财产，防止公民的财产在“不经意间”被规划入新的主体功能区。[①] 换言之，行政机关在征收拆迁中的相关行为，不仅要合法，而且要合规划。土地和房屋是否应该征收，实际上在编制行政规划的阶段基本上就已经确定下来了，因而我们可以借助行政规划大致预测出某块土地或者某处房屋的未来命运。

通常认为，合规划性要求与公共利益目的要求是对征收拆迁中各项建设活动的双重限控，公共利益侧重于建设项目是否具有正当性的微观和内在限制，合规划性侧重于建设项目是否具有合法性的宏观和外在控制，在一定程度上约束政府随意或随时利用公共利益作出征收决定。[②] 正是由于其不可替代的控制作用，“合规划”被认为是征收拆迁相关行为的法定要件，“先规划、后拆迁”在《拆迁条例》（2001 年修改，已失效）时期就已是一项基本原则：建设单位必须取得拆迁许可证才有拆迁的资格，且为确保其合规划性，对拆迁许可实行“两批准一许可”制度，即申领拆迁许可证之前必须先获得建设项目批准文件、国有土地使用权批准文件以及建设用地规划许可证，三者分别用以确保拆迁符合国民经济和社会发展规划、土地利用总体规划和城乡规划。对于这一“规划先行”的要求，著名行政法学者姜明安的论述颇具代表性：

> 行政规划与土地征用、房屋拆迁是紧密相联系的：实践中往往是先有行政规划，后有土地征用和房屋拆迁，行政规划往往是土地征用和房屋拆迁的前提和根据。因此，要解决土地征用和房屋拆迁的问题，必须首先解决行政规划的问题。[③]

为确保征收拆迁相关建设活动符合规划，《土地管理法》设专章（第 3 章）规定了土地利用总体规划，并在第 45 条第 2 款规定，集体土地征收中的建设活动应当符合国民经济和社会发展规划、土地利用总体规划、城乡规划和专项规划，其中“由政府组织实施的扶贫搬迁、保障性安居工程建设需要用地的”以及“在土地利用总体规划确定的城镇建设用地范围内，经省级以上人民政府批准由县级以上地方人民政府组织实施的成片开发建设需要用地的”两种情形的建设活动，还应当纳入国民经济和社会发展年度计划；《征收条例》第 9 条也对征收房屋的各项建设活动提出了符合国民经济和社会发展规划、土地利用总体规划、城乡规划和专项规划的要求，对于保障性安居工程建设、旧城区改建，同时要求纳入市、县级国民经济和社会发展年度计划。

总结·提示 行政规划具有准立法性，是行政机关履行职责的重要依据，因此在实践中应当注意理顺“依法行政”与“依规划行政”之间的关系。

---

① 参见王锡锌编著：《国有土地上房屋征收与补偿条例专家解读与法律适用》，中国法制出版社 2011 年版，第54～55 页。

② 参见江必新主编：《国有土地上房屋征收与补偿条例理解与适用》，中国法制出版社 2012 年版，第 98 页。

③ 姜明安：《行政规划的法制化路径》，载《郑州大学学报（哲学社会科学版）》2006 年第 1 期。

2. 行政规划直接影响征收拆迁中的补偿安置

征收拆迁中的补偿安置行为同样必须符合行政规划，行政规划对补偿安置会产生一定的影响。比如，对于已经纳入城市规划区的集体土地上房屋及其他不动产的补偿安置，应适用《土地管理法》还是《征收条例》确定的标准，一直存在较大争议，形成了三种意见：第一种意见认为，应适用《土地管理法》，理由是《征收条例》的适用范围是城市规划区内国有土地上的房屋，不能适用于集体土地上的房屋，而且宅基地是免费取得并与集体经济组织成员资格相挂钩，权属流动性较差，不宜适用国有土地上房屋征收的补偿标准；第二种意见认为，虽然不能直接适用《征收条例》，但由于房屋所在土地已经城市化，再按照农村土地征收进行补偿安置，无法保障农民的合法权益，因而可以参照国有土地上房屋征收补偿标准进行补偿；第三种意见认为，可以直接适用《征收条例》，理由同样是房屋所在土地已经城市化，应当视同国有土地上的房屋，给予同等的补偿安置。最高人民法院《关于审理涉及农村集体土地行政案件若干问题的规定》（法释〔2011〕20号）基本上采纳了上面第二种意见，在第12条第2款规定："征收农村集体土地时未就被征收土地上的房屋及其他不动产进行安置补偿，补偿安置时房屋所在地已纳入城市规划区，土地权利人请求参照执行国有土地上房屋征收补偿标准的，人民法院一般应予支持，但应当扣除已经取得的土地补偿费。"

又如，违反土地利用规划或者城乡规划而建设的房屋，在征收拆迁中有被认定为违法建筑的可能性，进而直接影响最终所得的补偿安置，这一点也能体现出行政规划与征收拆迁之间的关系。对于违法建筑的认定及其处理，我们将在第七讲详细介绍。

3. 征收拆迁过程对行政规划的发展和完善具有信息反馈意义

新中国成立70多年来，行政规划经历了逐步发展和完善的过程：由单纯的经济规划演变为国民经济和社会发展规划；由单纯的5年中期规划演变为5年规划和10年规划、15年远景规划相结合；由全国统一的中长期规划演变为中央与地方分层次决策，综合性规划纲要与行业规划、专项规划并存，地方规划、行业规划的相对独立性明显增大；中长期规划的编制过程从封闭式走向公开、透明和社会参与式。[①] 为了继续发展和完善行政规划，推动行政规划的规范化、法治化、科学化和民主化，需要广泛听取公众、专家以及利害关系人的意见。

征收拆迁的过程，也是实施行政规划的过程。现实中有些行政规划实施效果一般，甚至在公众中产生了大量抵触情绪，就需要从规划自身找找原因。《城乡规划法》（2019年修改）第46条规定："省域城镇体系规划、城市总体规划、镇总体规划的组织编制机关，应当组织有关部门和专家定期对规划实施情况进行评估，并采取论证会、听证会或者其他方式征求公众意见。组织编制机关应当向本级人民代表大会常务委员会、镇人民代表大会和原审批机关提出评估报告并附具征求意见的情况。"征收拆迁的实施为广泛听取和征求意见提供了一个绝佳的机会，并且在征收拆迁的过程中也能集中发现一些现有行政规划中存在的问题。这些

① 参见姜明安主编：《行政法与行政诉讼法》（第7版），北京大学出版社、高等教育出版社2019年版，第255～256页。

意见和问题对于今后进一步修改和完善行政规划无疑具有重要的意义。

二、“四规划一计划”的主要内容

（一）“合规划性”条款和“四规划一计划”

《征收条例》第9条第1款规定：“确需征收房屋的各项建设活动，应当符合国民经济和社会发展规划、土地利用总体规划、城乡规划和专项规划。保障性安居工程建设、旧城区改建，应当纳入市、县级国民经济和社会发展年度计划。”这就是“四规划一计划”的最早出处，因而“四规划”就是指国民经济和社会发展规划、土地利用总体规划、城乡规划和专项规划，“一计划”就是指国民经济和社会发展年度计划。2019年修改的《土地管理法》第45条第2款规定，集体土地征收的各项建设活动，应当符合国民经济和社会发展规划、土地利用总体规划、城乡规划和专项规划，其中，“由政府组织实施的扶贫搬迁、保障性安居工程建设需要用地的”以及“在土地利用总体规划确定的城镇建设用地范围内，经省级以上人民政府批准由县级以上地方人民政府组织实施的成片开发建设需要用地的”相关建设活动，还应当纳入国民经济和社会发展年度计划。上述规定均要求建设项目规划先行，因而被称为“合规划性”条款。

总结·提示 依据《土地管理法》《征收条例》的规定，对于普通项目仅需要进行规划控制，对于特殊项目还需要进行计划控制。

从“合规划性”条款可知，“四规划一计划”是对集体土地征收和国有土地上房屋征收相关建设活动的基本要求。在**郑某茂诉弋阳县政府房屋征收决定案**中，最高人民法院提出，确需征收房屋的各项建设活动应当符合国民经济和社会发展规划、土地利用总体规划、城乡规划和专项规划，保障性安居工程建设、旧城区改建应当纳入市、县级国民经济和社会发展年度计划，即所谓征收活动要符合“四规划一计划”。人民法院审查的是相关征收建设活动是否符合“四规划一计划”而非“四规划一计划”本身，“四规划一计划”通常情况下仅作为涉案证据从证据的客观性、关联性、合法性角度予以审查。① 由此可见，征收集体土地和国有土地上房屋的各项建设活动是否符合“四规划一计划”，这是司法审查中的一个重点内容。

拓展·探索

“四规划一计划”之间的层次关系

“四规划”具有整体性、系统性、多层次、多类别的特点，所有的规划都是以国民经济和社会发展规划为基础形成的完整、系统的规划体系，其中土地规划和城乡规划具有明显的

① 最高人民法院行政裁定书，(2019)最高法行申12049号。

地域性特点，专项规划则具有明显行业领域特点，不同层级、不同地域和不同领域的规划之间应当统一协调、有机衔接。实践中，需要考虑到不同规划的不同功能。上级规划主要是宏观指导，而下级规划则是细化执行，在判断建设项目的合规划性时，要将规划的地域性和领域性作为主要内容，原则上以下级规划和专项规划为主要判断依据。一个建设活动是否符合规划，原则上要以能够涵盖该建设活动涉及的区域和领域的最低层次的规划为准，以作出征收决定的政府辖区的规划为依据综合判断。①

在“四规划”当中，国民经济和社会发展规划是基础和依据，土地利用总体规划、城乡规划分别为实现国民经济和社会发展规划的目标提供土地保障、城乡布局保障，原则上二者均应当服从国民经济和社会发展规划的要求；对于城乡规划，通常要求其与土地利用规划相衔接。《土地管理法》第15条要求，编制土地利用总体规划应当依据国民经济和社会发展规划，并在第21条规定：“城市总体规划、村庄和集镇规划，应当与土地利用总体规划相衔接，城市总体规划、村庄和集镇规划中建设用地规模不得超过土地利用总体规划确定的城市和村庄、集镇建设用地规模。”《城乡规划法》第5条规定：“城市总体规划、镇总体规划以及乡规划和村庄规划的编制，应当依据国民经济和社会发展规划，并与土地利用总体规划相衔接。”

此外，按照我们后面的分析，在国民经济和社会发展规划、土地利用总体规划、城乡规划三个方面，均可能存在专项规划。国民经济和社会发展年度计划，实际上就是国民经济和社会发展规划在各个年度的具体实施计划。

根据上面的分析，我们可以将“四规划一计划”之间的层次关系整理如图5－1。

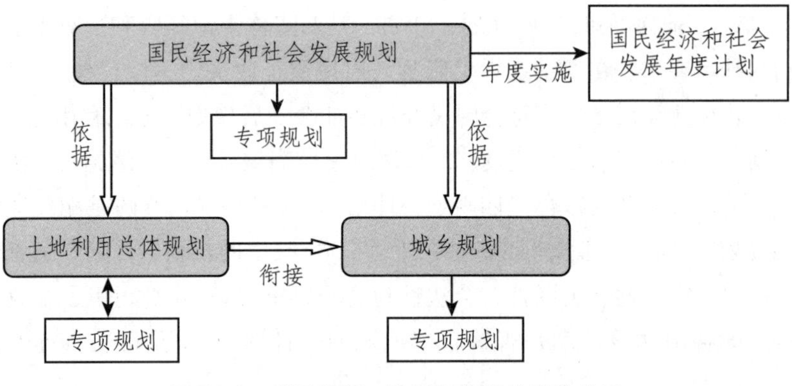

图5－1　“四规划一计划”之间的层次关系

下面，我们首先介绍“四规划一计划”中的国民经济和社会发展规划、土地利用总体规划、专项规划以及国民经济和社会发展年度计划。城乡规划由于与征收拆迁的联系更为直接，且内容也更加烦琐，将放在后面单独讲解。

① 参见江必新主编：《国有土地上房屋征收与补偿条例理解与适用》，中国法制出版社2012年版，第100～104页。

（二）国民经济和社会发展规划

国民经济和社会发展规划，是全国范围或者某一地区经济和社会发展的总体纲要，是具有战略意义的指导性文件，也是最高层次的行政规划。《国民经济和社会发展第十三个五年规划纲要（2016—2020 年）》（简称"十三五"规划纲要）提出："加强统筹管理和衔接协调，形成以国民经济和社会发展总体规划为统领，专项规划、区域规划、地方规划、年度计划等为支撑的发展规划体系。"2021 年 3 月 11 日，十三届全国人大四次会议表决通过了《国民经济和社会发展第十四个五年规划和 2035 年远景目标纲要》（简称"十四五"规划）。

中国的国民经济和社会发展规划实行"三级三类"规划管理体系，即按行政层级分为国家级规划、省级规划和市县级规划，按对象和功能分为总体规划、专项规划和区域规划。其中，总体规划是国民经济和社会发展的战略性、纲领性、综合性规划，是编制本级和下级专项规划、区域规划以及制订有关政策和年度计划的依据，其他规划要符合总体规划的要求；专项规划是以国民经济和社会发展特定领域为对象编制的规划，是总体规划在特定领域的细化，也是政府指导该领域发展以及审批、核准重大项目，安排政府投资和财政支出预算，制定特定领域相关政策的依据；区域规划是以跨行政区的特定区域国民经济和社会发展为对象编制的规划，是总体规划在特定区域的细化和落实，跨省（区、市）的区域规划是编制区域内省（区、市）级总体规划、专项规划的依据。① 例如，"十三五"规划纲要属于总体规划，《铁路"十三五"发展规划》《能源发展"十三五"规划》《电力"十三五"发展规划》属于专项规划，《京津冀协同发展规划纲要》《长江三角洲城市群发展规划》《珠三角改革发展规划纲要（2008—2020 年）》属于区域规划。

此外，按照期限的长短，国民经济和社会发展规划可分为中长期规划和年度计划。其中，中期规划的期限一般为 5 年，长期规划的期限通常为 10 年以上，展望更长时间的规划又被称为远景规划。在中国，最为常见的是中期规划（5 年规划），如"十三五"规划纲要就是典型的中期规划。

国民经济和社会发展规划由政府编制，人大审查和批准，是具有法律效力的立法性文件，对政府和个人都具有约束力。具体负责拟订并组织实施国民经济和社会发展规划、牵头组织规划体系建设的通常是各级政府的发展和改革委员会。全国范围的国民经济和社会发展规划由全国人民代表大会审查和批准，各地方行政区域内的国民经济和社会发展规划由县级以上的地方各级人民代表大会审查和批准（《宪法》第 62 条、第 99 条）。在内容上，国民经济和社会发展规划通常会涉及基础设施建设、城镇化、区域协调发展、生态环境保护和民生保障等重大问题，确需征收土地、房屋的各项建设活动都必须符合这些规划。因此，可以说，国民经济和社会发展规划对征收拆迁相关的建设活动实行最为宏观的规划控制。但也正是由于国民经济和社会发展规划过于宏观和抽象，导致其"容错性"较强，在实践中通常很难单凭该规划去否定某一具体建设活动的"合规划性"，需要结合其他规划控制进行综合判断。

---

① 参见江必新主编：《国有土地上房屋征收与补偿条例理解与适用》，中国法制出版社 2012 年版，第 99 页。

（三）土地利用总体规划

1. 土地利用总体规划的概念

土地利用总体规划，是在一定区域内，根据国家社会经济可持续发展的要求和当地自然、经济、社会条件，对土地的开发、利用、治理、保护在空间上、时间上所做的总体安排和布局。① 土地利用总体规划是指导土地管理的纲领性文件，是国家空间规划体系的重要组成部分，也是实施土地用途管制、保护土地资源、统筹各项土地利用活动的重要依据。城乡建设、区域发展、基础设施建设、产业发展、生态环境保护、矿产资源勘查开发等各类与土地利用相关的规划，都应当与土地利用总体规划相衔接。②

按照行政级别，共有全国、省（自治区、直辖市）、市、县、乡（镇）五级土地利用总体规划，下级土地利用总体规划应当依据上级土地利用总体规划编制。各级土地利用总体规划对土地利用的控制有所侧重：国家、省、市的土地利用总体规划主要是对各类用地在数量上进行控制，县、乡（镇）的土地利用总体规划主要是对各类用地分区控制，乡（镇）土地利用总体规划应将不同的用地落实到地块上，实行地块控制，县级、乡镇土地利用总体规划应当划分土地利用区，明确土地用途。③ 从位阶来看，土地利用总体规划是土地利用规划的下位概念，中国的土地利用规划体系按等级层次可分为土地利用总体规划、土地利用详细规划和土地利用专项规划。在《土地管理法》第3章，用15个条文（第15～29条）对土地利用总体规划做了规定。

2. 土地利用总体规划编制与审批

（1）编制

《土地管理法》规定，各级人民政府应当依据国民经济和社会发展规划、国土整治和资源环境保护的要求、土地供给能力以及各项建设对土地的需求，组织编制土地利用总体规划，规划期限由国务院规定（第15条）。下级土地利用总体规划应当依据上一级土地利用总体规划编制；地方各级人民政府编制的土地利用总体规划中的建设用地总量不得超过上一级土地利用总体规划确定的控制指标，耕地保有量不得低于上一级土地利用总体规划确定的控制指标；省、自治区、直辖市人民政府编制的土地利用总体规划，应当确保本行政区域内耕地总量不减少（第16条）。其中，着重强调了土地利用总体规划的两个主要控制指标：一是建设用地总量控制，二是耕地保有量控制。

为了完善土地用途管制制度，更好地控制建设用地总量和耕地保有量，《土地管理法》要求土地利用总体规划按照下列原则编制：①落实国土空间开发保护要求，严格土地用途管制；②严格保护永久基本农田，严格控制非农业建设占用农用地；③提高土地节约集约利用

---

① 参见王锡锌编著：《国有土地上房屋征收与补偿条例专家解读与法律适用》，中国法制出版社2011年版，第57页。

② 参见李显冬、孟磊主编：《中华人民共和国土地管理法适用指南与案例释义》，中国法制出版社2019年版，第67页。

③ 参见江必新主编：《国有土地上房屋征收与补偿条例理解与适用》，中国法制出版社2012年版，第99～100页。

水平；④统筹安排城乡生产、生活、生态用地，满足乡村产业和基础设施用地合理需求，促进城乡融合发展；⑤保护和改善生态环境，保障土地的可持续利用；⑥占用耕地与开发复垦耕地数量平衡、质量相当（第 17 条）。

总结·提示 建设用地总量控制和耕地保有量控制是土地利用总体规划的两个主要控制指标。

（2）审批

《土地管理法》第 20 条规定，土地利用总体规划实行分级审批。其中，省、自治区、直辖市的土地利用总体规划，报国务院批准；省、自治区人民政府所在地的市、人口在 100 万以上的城市以及国务院指定的城市的土地利用总体规划，经省、自治区人民政府审查同意后，报国务院批准；其他土地利用总体规划，逐级上报省、自治区、直辖市人民政府批准，其中乡（镇）土地利用总体规划可以由省级人民政府授权的设区的市、自治州人民政府批准。土地利用总体规划一经批准，必须严格执行。

3. 土地利用总体规划实施中的问题

（1）土地利用区的划分

土地利用区是根据土地的适宜性和利用现状，依据当地社会经济可持续发展的要求和上级土地利用总体规划下达的规划指标、布局要求划分出的土地主要规划用途相对一致的区域，具体可分为农业用地区、建设用地区、土地整理区等。《土地管理法》第 19 条规定，县级土地利用总体规划应当划分土地利用区，明确土地用途。乡（镇）土地利用总体规划应当划分土地利用区，根据土地使用条件，确定每一块土地的用途，并予以公告。

（2）建设用地规模、总量的控制以及规划衔接

《土地管理法》规定，城市建设用地规模应当符合国家规定的标准，充分利用现有建设用地，不占或者尽量少占农用地。城市总体规划、村庄和集镇规划，应当与土地利用总体规划相衔接，城市总体规划、村庄和集镇规划中建设用地规模不得超过土地利用总体规划确定的城市和村庄、集镇建设用地规模。在城市规划区内、村庄和集镇规划区内，城市和村庄、集镇建设用地应当符合城市规划、村庄和集镇规划（第 21 条）。江河、湖泊综合治理和开发利用规划，应当与土地利用总体规划相衔接。在江河、湖泊、水库的管理和保护范围以及蓄洪滞洪区内，土地利用应当符合江河、湖泊综合治理和开发利用规划，符合河道、湖泊行洪、蓄洪和输水的要求（第 22 条）。

《土地管理法》还规定了土地利用年度计划及其对建设用地总量的控制，即各级人民政府应当加强土地利用计划管理，实行建设用地总量控制。土地利用年度计划，根据国民经济和社会发展计划、国家产业政策、土地利用总体规划以及建设用地和土地利用的实际状况编制。土地利用年度计划应当对集体经营性建设用地作出合理安排。土地利用年度计划的编制审批程序与土地利用总体规划的编制审批程序相同，一经审批下达，必须严格执行（第 23

条）。而且，省、自治区、直辖市人民政府应当将土地利用年度计划的执行情况列为国民经济和社会发展计划执行情况的内容，向同级人民代表大会报告（第24条）。

（3）土地调查、等级评定与统计制度

土地调查，是国家在土地管理中一种常用的手段。《土地管理法》第26条规定，国家建立土地调查制度。县级以上人民政府自然资源主管部门会同同级有关部门进行土地调查。土地所有者或者使用者应当配合调查，并提供有关资料。《土地管理法实施条例》（2021年修改）第4条规定，土地调查应当包括下列内容：①土地权属以及变化情况；②土地利用现状以及变化情况；③土地条件。全国土地调查成果，报国务院批准后向社会公布。地方土地调查成果，经本级人民政府审核，报上一级人民政府批准后向社会公布。全国土地调查成果公布后，县级以上地方人民政府方可自上而下逐级依次公布本行政区域的土地调查成果。土地调查成果是编制国土空间规划以及自然资源管理、保护和利用的重要依据。土地调查技术规程由国务院自然资源主管部门会同有关部门制定。

土地等级评定，是根据自然属性和经济属性对土地进行调查、测算后采用“等”和“级”来确定土地的质量和价值的活动。《土地管理法》第27条规定，县级以上人民政府自然资源主管部门会同同级有关部门根据土地调查成果、规划土地用途和国家制定的统一标准，评定土地等级。《土地管理法实施条例》第5条规定，国务院自然资源主管部门会同有关部门制定土地等级评定标准，县级以上人民政府自然资源主管部门应当会同有关部门根据土地等级评定标准，对土地等级进行评定。地方土地等级评定结果经本级人民政府审核，报上一级人民政府自然资源主管部门批准后向社会公布。根据国民经济和社会发展状况，土地等级每5年重新评定一次。

土地统计，是国家对土地的数量、质量、分布、权属以及利用状况等进行统计调查、发布统计资料的活动。《土地管理法》第28~29条规定，国家建立土地统计制度。县级以上人民政府统计机构和自然资源主管部门依法进行土地统计调查，定期发布土地统计资料。土地所有者或者使用者应当提供有关资料，不得拒报、迟报，不得提供不真实、不完整的资料。统计机构和自然资源主管部门共同发布的土地面积统计资料是各级人民政府编制土地利用总体规划的依据。国家建立全国土地管理信息系统，对土地利用状况进行动态监测。《土地管理法实施条例》第6~7条规定，县级以上人民政府自然资源主管部门应当加强信息化建设，建立统一的国土空间基础信息平台，实行土地管理全流程信息化管理，对土地利用状况进行动态监测，与发展改革、住房和城乡建设等有关部门建立土地管理信息共享机制，依法公开土地管理信息。同时，县级以上人民政府自然资源主管部门应当加强地籍管理，建立健全地籍数据库。

（4）规划的修改

土地利用总体规划的修改，是指由于土地利用总体规划的部分内容不能适应经济和社会发展的要求，在规划期限内对其所确定的指标和土地利用布局等进行调整的行为。《土地管理法》第25条规定，经批准的土地利用总体规划的修改，须经原批准机关批准；未经批准，不得改变土地利用总体规划确定的土地用途。经国务院批准的大型能源、交通、水利等基础设施建设用地，需要改变土地利用总体规划的，根据国务院的批准文件修改土地利用总体规划。经省、自治区、直辖市人民政府批准的能源、交通、水利等基础设施建设用地，需要改变土地利用总体规划的，属于省级人民政府土地利用总体规划批准权限内的，根据省级人民政府的批准文件修改土地利用总体规划。

（四）专项规划

对于专项规划应当如何理解，有一定的争议。争议的焦点在于，国民经济和社会发展规划、土地利用规划和城乡规划中均可能包含相关的专项规划，因而形成了不同的意见：第一种意见认为，此处的专项规划特指《城乡规划法》第 17 条所规定的“专项规划”，依据该规定，各类专项规划是城市总体规划、镇总体规划的内容之一，常见的有综合交通规划、城市绿地规划、历史文化名城保护规划、市政公用设施规划等专项规划；第二种意见认为，它是指国民经济和社会发展专项规划，即国务院有关部门、设区的市级以上地方人民政府及其有关部门，对其主管的国民经济和社会发展特定领域组织编制的规划；第三种意见认为，应当理解为土地利用专项规划，即单项用地的利用规划或为解决土地的开发、利用、整治、保护中某一单项问题而进行的规划，如土地开发规划、土地整理规划、永久基本农田保护规划等。

从逻辑上判断，国民经济和社会发展规划、城乡规划这两个概念足以囊括国民经济和社会发展专项规划、城乡专项规划，再将专项规划单列出来与它们并列明显不妥，因而将其理解为土地利用专项规划似乎更有说服力。但如果抛开逻辑因素，在“四规划”中列出专项规划，立法者的良苦用心还在于对征收拆迁相关建设活动实行更为周全的规划控制，即不能仅符合总体规划而不符合专项规划。因此，在有权机关作出权威解释之前，比较稳妥的做法还是将“四规划”理解为国民经济和社会发展、土地利用以及城乡三个方面的各级、各类规划，专项规划就是国民经济和社会发展专项规划、土地利用专项规划和城乡专项规划的统称。

（五）国民经济和社会发展年度计划

年度计划，通常是指中长期规划在各个年份的实施计划。国民经济和社会发展年度计划，是指为实施国民经济和社会发展规划而编制的年度执行性文件，主要内容是本年度内各项经济、社会发展的具体安排。国民经济和社会发展年度计划由各级人民政府编制，经同级人民代表大会审议通过，具有准立法的性质。

依据《土地管理法》第 45 条和《征收条例》第 9 条的规定，确需征收农民集体所有的土地的建设活动中，“由政府组织实施的扶贫搬迁、保障性安居工程建设需要用地的”以及“在土地利用总体规划确定的城镇建设用地范围内，经省级以上人民政府批准由县级以上地方人民政府组织实施的成片开发建设需要用地的”两种情形应当纳入国民经济和社会发展年度计划；确需征收房屋的各项建设活动中，“保障性安居工程建设、旧城区改建”应当纳入市、县级国民经济和社会发展年度计划。其中，“在土地利用总体规划确定的城镇建设用地范围内，经省级以上人民政府批准由县级以上地方人民政府组织实施的成片开发建设需要用地的”情形，也被称为部分成片开发建设的情形，《土地管理法》第45条对于这种情形不但要求进行规划控制和计划控制，还同时要求进行标准控制，即应当符合国务院自然资源主管部门规定的标准。

总之，对于上述特殊项目，除和普通项目一样实行规划控制外，还需要满足年度计划控制的要求，否则征收行为可能会认定为违法甚至撤销。在**张某江等诉镇平县政府房屋征收决定案**中，最高人民法院认为，对于保障性安居工程建设、旧城区改建，应当纳入市、县级国民经济和社会发展年度计划。行政机关未能提交国民经济和社会发展年度计划文本证据材料，用以证明案涉棚户区改造项目符合国民经济和社会发展年度计划。人民法院依据行政诉讼举证规则和行政行为合法性审查原则，认定行政机关无法证明案涉征收决定符合国民经济和社会发展年度计划，并以案涉征收决定不符合法定条件为由，判决确认案涉征收决定违法，并无不当。[①] 需要说明的是，年度计划在本质上也属于一种行政规划，因而计划控制实际上也是规划控制的一种形式，我们不能把“一计划”与“四规划”割裂开来看待。

总结·提示 扶贫搬迁、保障性安居工程建设、部分成片开发建设以及旧城区改建需要纳入国民经济和社会发展年度计划，实行规划控制和计划控制。此外，对于部分成片开发建设还要同时实行标准控制。

三、城乡规划与规划区

（一）城乡规划的概念

城乡规划，是各级政府为协调城市、镇、乡、村庄一定时期内城乡发展建设空间布局，合理利用自然资源，保护生态环境，改善人居环境，促进城乡经济社会全面协调可持续发展所作出的综合部署、具体安排和实施管理，是政府指导和调控城乡建设和发展的基本手段之一。《城乡规划法》第1条将其立法目的确定为“加强城乡规划管理，协调城乡空间布局，改善人居环境，促进城乡经济社会全面协调可持续发展”，第2条则明确了城乡规划的内容包括城镇体系规划、城市规划、镇规划、乡规划和村庄规划。

简单地讲，城乡规划的对象主要就是“城”与“乡”的空间布局。经依法批准的城乡规划，是城乡建设和规划管理的依据。从内容来看，城乡规划是一种具有全局性、综合性、战略性的行政规划，涉及政治、经济、文化和社会生活等各个领域。国务院城乡规划主管部门负责全国的城乡规划管理工作，县级以上地方人民政府城乡规划主管部门负责本行政区域内的城乡规划管理工作。

---

① 最高人民法院行政裁定书，(2019) 最高法行申10994号。

（二）城乡规划的立法

1. 立法过程

关于中国城乡规划的立法过程，原建设部城乡规划司司长唐凯在答记者问时认为有六件大事可圈可点：（1）20世纪50年代，学习苏联的经验，颁布《城市规划编制办法》；（2）1978年全国城市工作会议，中央发布《关于加强城市建设工作的意见》；（3）1984年国务院颁发《城市规划条例》；（4）1989年12月26日，七届全国人大常委会表决通过《城市规划法》并正式颁发，1990年4月1日正式实施；（5）1993年6月29日，国务院颁布《村庄和集镇规划建设管理条例》，1993年11月1日起正式实施；（6）2007年10月28日，十届全国人大常委会表决通过《城乡规划法》并正式颁发，2008年1月1日正式实施。[①] 从立法过程来看，在1989年《城市规划法》通过之后，1993年国务院颁布了《村庄和集镇规划建设管理条例》，从而形成了“一法一条例”的基本架构，标志着城乡规划正式步入法治化的轨道。

但是，这种建立在城乡二元结构基础上的规划管理制度，就城市论城市，就乡村论乡村，与国家统筹城乡协调健康发展这一重大课题显得格格不入。尤其是乡和村庄的规划管理过于薄弱，《城市规划法》《村庄和集镇规划建设管理条例》中的规划实施制度逐渐无法适应土地使用制度改革和国家投资体制改革的需要。为了解决这些问题，2007年10月28日《城乡规划法》正式通过，并于2015年4月24日、2019年4月23日两次修改。《城乡规划法》的重要意义就在于打破了传统的城乡二元结构发展模式，建立起统一的城乡规划体系。

2. “一法三条例”及相关立法

从立法的现状来看，城乡规划在行政规划体系中属于法治化程度比较高的领域，正是因为有一部城乡规划建设和管理的基本法律即《城乡规划法》，从规划的制定、实施、修改、监督检查和法律责任等方面对城乡规划作出了提纲挈领式的规范。《城乡规划法》实施之后，城乡规划法律规范由“一法一条例”升级为“一法三条例”。其中，“一法”由之前的《城市规划法》变成了《城乡规划法》，“三条例”则包括：（1）《村庄和集镇规划建设管理条例》（1993年11月1日实施）；（2）《风景名胜区条例》（2006年12月1日实施，2016年2月6日修改）；（3）《历史文化名城名镇名村保护条例》（2008年7月1日施行，2017年10月7日修改）。

总结 · 提示　“一法三条例”是当前中国城乡规划领域的核心法律规范。

除“一法三条例”外，与城乡规划相关的立法还包括《土地管理法》《城市房地产管理法》《建筑法》《环境保护法》《城市规划编制办法》《城市设计管理办法》《城乡规划违法违纪行为处分办法》《城乡规划编制单位资质管理规定》《城市抗震防灾规划管理规定》《城

① 参见《认真贯彻〈城乡规划法〉开创城乡规划工作新局面——建设部城乡规划司司长唐凯答本报记者问》，载《中国建设报》2007年11月20日，第1版。

市地下空间开发利用管理规定》《城市国有土地使用权出让转让规划管理办法》《停车场建设和管理暂行规定》《城建监察规定》《省域城镇体系规划编制审批办法》《城市、镇控制性详细规划编制审批办法》《建制镇规划建设管理办法》《近期建设规划工作暂行办法》《城市规划强制性内容暂行规定》《关于规范城乡规划行政处罚裁量权的指导意见》，以及规范城市“四线”的《城市绿线管理办法》《城市蓝线管理办法》《城市紫线管理办法》《城市黄线管理办法》①，等等。此外，还有大量的地方性法规以及规章等，如《北京市城乡规划条例》《上海市控制性详细规划制定办法》《天津市城乡规划条例》《重庆市城乡规划条例》《广州市城乡规划程序规定》《深圳市城市规划条例》《杭州市城乡规划条例》。

上述立法加上“一法三条例”，基本上形成了适应社会主义市场经济体制要求、城镇化快速发展时期特性和依法行政要求的城乡规划法律体系。

（三）城乡规划的技术标准

《城乡规划法》第24条第3款规定，编制城乡规划必须遵守国家有关标准，第62条则规定了城乡规划编制单位违反国家有关标准编制城乡规划的法律责任。这里的“有关标准”，就是我们所称的城乡规划技术标准。实践中，城乡规划技术标准也是编制城乡规划的重要依据。

中国的城乡规划标准建设工作逐步走上正轨，始于20世纪90年代初。1990年7月，原建设部发布了国家标准《城市用地分类与规划建设用地标准》，随后又相继公布了《城市用地分类代码》《城市居住区规划设计规范》等标准。1993年，原建设部完成了《城市规划标准技术规范体系》，经过2003年和2006年两次修订后，形成了《城乡规划技术标准体系》，即《工程建设标准体系》（城乡规划部分）。② 按照规定，城乡规划技术标准体系包括基础标准、通用标准和专用标准三类。其中，基础标准有6项，如《城市规划基本术语标准》《城市规划用地分类及规划建设用地标准》《土地利用现状分类》；通用标准有12项，如《城市用地评定标准》《历史文化名城保护规划规范》《城市水系规划规范》《镇规划标准》；专用标准有37项，如《城市居住区规划设计规范》《城市公共设施规划规范》《城市道路交通规划设计规范》《建设项目交通影响评价技术标准》《城市电力规划规范》。

---

① 在中国的城乡规划管理中，除此“四线”，尚有红、橙、黑“三线”。这七种控制线被称为城市规划管理“七线”，简称“城市七线”。“城市七线”的基本含义如下：第一，城市绿线是指城市各类绿地范围的控制线；第二，城市蓝线是指城市规划确定的江、河、湖、库、渠和湿地等城市地表水体保护和控制的地域界线；第三，城市紫线是指国家历史文化名城内的历史文化街区和省、自治区、直辖市人民政府公布的历史文化街区的保护范围界线，以及历史文化街区外经县级以上人民政府公布保护的历史建筑的保护范围界线；第四，城市黄线是指对城市发展全局有影响的、城市规划中确定的、必须控制的城市基础设施用地的控制界线；第五，城市红线是指城市道路用地规划控制线，即道路用地与其他建设用地分界线，也称道路红线；第六，城市橙线是指为了降低城市中重大危险设施的风险水平，对核电站、油气及其他化学危险品仓储区、超高压管道、化工园区及其他安委会认定需要重点安全防护的重大危险设施周边区域的土地利用和建设活动进行引导或限制的安全防护范围的界线；第七，城市黑线也称电力走廊，是指城市电力的用地规划控制线，建筑控制线原则上在电力规划黑线以外，建筑物任何部分不得突入电力规划黑线的范围之内。

② 参见全国人大常委会法制工作委员会经济法室等编：《中华人民共和国城乡规划法解说》，知识产权出版社2016年版，第14页。

（四）规划区

1. 规划区的含义

《城乡规划法》第2条第3款规定："本法所称规划区，是指城市、镇和村庄的建成区以及因城乡建设和发展需要，必须实行规划控制的区域。规划区的具体范围由有关人民政府在组织编制的城市总体规划、镇总体规划、乡规划和村庄规划中，根据城乡经济社会发展水平和统筹城乡发展的需要划定。"简言之，规划区就是必须实行规划控制的区域，也就是规划具体实施的区域。考虑到中国幅员辽阔，各地发展极不平衡的现实，如果要求把版图之内的每一寸土地都纳入规划范围，不但在技术上无法做到，也是对有限规划资源的极大浪费。因此，必须把规划控制的区域缩小至必要的范围之内，再集中精力把这个区域规划好、设计好、管理好，这个区域就是规划区。

《城乡规划法》要求，在规划区之内进行建设活动，必须遵守《城乡规划法》；城市、镇规划区内的建设活动应当符合规划要求；在确定应当制定乡规划、村庄规划区域内的乡、村庄，应当依照《城乡规划法》制定规划，规划区内的乡、村庄建设应当符合规划要求。同时，在规划区内进行建设活动，应当遵守土地管理、自然资源和环境保护等法律、法规的规定。对于规划区之外的建设活动，则没有符合规划的要求。需要注意的是，"规划区"中的规划特指城乡规划，虽然在规划区之外的建设活动不受城乡规划的控制，但仍必须符合国民经济和社会发展规划、土地利用总体规划等其他行政规划。

规划区通常包括两大部分：一是建成区，即已实际成片开发建设，市政公用设施和公共设施基本具备的地区；二是尚未建成，但由于建设和发展的需要必须实行规划控制的区域。根据规划控制对象的不同，规划区可分为城市规划区、镇规划区、乡规划区以及村庄规划区。

2. 城市规划区

依据《城市规划基本术语标准》（GB/T 50280－98）的规定，城市规划区是指城市市区、近郊区以及城市行政区域内其他因城市建设和发展需要实行规划控制的区域。划定城市规划区的目的，主要在于控制城市建设用地的使用，使城市总体规划真正落到实处。《城乡规划法》第17条规定，"规划区范围"和"规划区内建设用地规模"应当作为城市总体规划的强制性内容。所以，划定城市规划区的范围是城市总体规划的重要任务之一，我们可以通过查询某个城市的城市总体规划来确定某个地块是否已被纳入城市规划区。例如，《北京城市总体规划（2016年—2035年）》确定的规划区范围为北京市行政辖区，总面积为16,410平方公里。也就是说，整个北京市行政辖区都属于城市规划区。除北京之外，上海、天津、重庆、深圳等中心城市，从加强城乡建设统筹和区域统筹这一需要出发，也将全市域范围都纳入了城市规划区。

3. 镇规划区、乡规划区和村庄规划区

镇规划区，是指镇的建成区以及因镇的建设和发展需要，必须实行规划控制的区域。镇规划区的具体范围在组织编制的镇总体规划中划定。

乡规划区和村庄规划区，分别由乡规划和村庄规划划定，范围是依据《城乡规划法》第

3条确定的应当制定乡规划、村庄规划的乡和村庄的建成区，以及在本乡、本村庄区域之内因发展需要，必须实行规划控制的区域。

依据《城乡规划法》第17～18条的规定，"规划区范围"和"规划区内建设用地规模"应当作为镇总体规划的强制性内容，并且乡规划和村庄规划的首要内容也是"规划区范围"。

总结·提示 规划区可分为城市规划区、镇规划区、乡规划区以及村庄规划区。确定城市规划区范围是城市总体规划的强制性内容，我们可以通过查询某个城市的城市总体规划来确定某个地块是否已经被纳入城市规划区。

四、城乡规划的体系

（一）城乡规划的体系架构

《城乡规划法》所规定的城乡规划，包括了城镇体系规划、城市规划、镇规划、乡规划和村庄规划。其中，城市规划、镇规划分为总体规划和详细规划，详细规划分为控制性详细规划和修建性详细规划。依据《城乡规划法》第12～13条的规定，城镇体系规划又可进一步区分为全国城镇体系规划和省域城镇体系规划。所以，城乡规划并不是特指某一部规划，而是由上述规划所组成的有关城镇、乡村发展和建设的规划体系。同时，《城乡规划法》特别强调城乡规划的公共政策属性，在"一级政府、一级事权"的原则指导下，明确城乡规划是对应于不同层级政府事权的完整体系。依据上述规定，城乡规划的体系架构如图5－2所示：

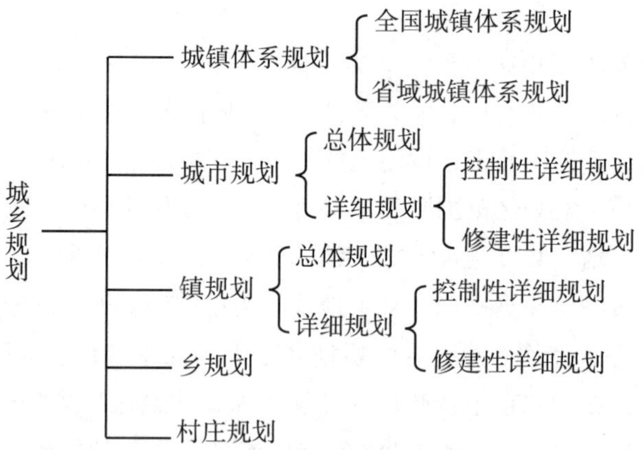

图5－2　城乡规划的体系架构

（二）城镇体系规划

1. 全国城镇体系规划

全国城镇体系规划，是统筹安排全国城镇发展和城镇空间布局的宏观性、战略性的法定规划，是国家制定城镇化政策、引导城市化健康发展的重要依据，也是编制、审批省域城镇体系规划和城市总体规划的依据。① 例如，《全国城镇体系规划（2006—2020 年）》就属于全国城镇体系规划。

编制全国城镇体系规划的目的，是对全国范围内城镇的整体布局和长远发展作出统筹安排，引导资源和生产要素的合理配制，明确不同层次的城镇地位、性质和作用，综合协调它们相互之间的关系，进而形成科学合理的城镇空间布局以及可持续发展的城镇体系。在这个意义上，制定全国城镇体系规划也是中央对全国城镇发展进行宏观调控的一个手段。依据《城乡规划法》第 12 条的规定，国务院城乡规划主管部门会同国务院有关部门组织编制全国城镇体系规划，用于指导省域城镇体系规划、城市总体规划的编制，全国城镇体系规划由国务院城乡规划主管部门报国务院审批。

2. 省域城镇体系规划

省域城镇体系规划，依据《省域城镇体系规划编制审批办法》（2010 年发布）第 3 条的规定，是省、自治区人民政府实施城乡规划管理，合理配置省域空间资源，优化城乡空间布局，统筹基础设施和公共设施建设的基本依据，是落实全国城镇体系规划，引导本省、自治区城镇化和城镇发展，指导下层次规划编制的公共政策。例如，《浙江省城镇体系规划（2011—2020 年）》《广东省城镇体系规划（2012—2020 年）》《宁夏城镇体系规划（2014—2030 年）》等，都属于省域城镇体系规划。

编制省域城镇体系规划的主要依据是《城乡规划法》和《省域城镇体系规划编制审批办法》。《省域城镇体系规划编制审批办法》规定，省域城镇体系规划的规划期限一般为 20 年，还可以对资源生态环境保护和城乡空间布局等重大问题作出更长远的预测性安排。《城乡规划法》规定，省、自治区人民政府组织编制省域城镇体系规划，报国务院审批。省、自治区人民政府组织编制的省域城镇体系规划，在报上一级人民政府审批前，应当先经本级人民代表大会常务委员会审议，常务委员会组成人员的审议意见交由本级人民政府研究处理。省域城镇体系规划的内容应当包括城镇空间布局和规模控制，重大基础设施的布局，为保护生态环境、资源等需要严格控制的区域。《省域城镇体系规划编制审批办法》在此基础上进一步细化了省域城镇体系规划制定、修改、内容和成果要求，并在第 26 条明确提出："限制建设区、禁止建设区的管制要求，重要资源和生态环境保护目标，省域内区域性重大基础设施布局等，应当作为省域城镇体系规划的强制性内容。"

（三）城市规划

1. 城市规划的含义

城市规划，是人类为了在城市的发展中维持公共生活的空间秩序而作出的未来空间安排，既可以指对城市空间布局的安排（动态意义、行为意义的城市规划），也可以指城市规

① 全国人大常委法制工作委员会经济法室等编：《中华人民共和国城乡规划法解说》，知识产权出版社 2016 年版，第 46 页。

划的结果本身（静态意义、文本意义的城市规划）。[①] 《城市规划基本术语标准》（GB/T 50280－98）对城市规划的含义做了界定："对一定时期内城市的经济和社会发展、土地利用、空间布局以及各项建设的综合部署、具体安排和实施管理。"《城市规划编制办法》（2005 年发布）规定，城市规划是政府调控城市空间资源、指导城乡发展与建设、维护社会公平、保障公共安全和公众利益的重要公共政策之一。城市规划分为总体规划和详细规划两个阶段，城市详细规划可进一步分为控制性详细规划和修建性详细规划。大、中城市根据需要，可以依法在总体规划的基础上组织编制分区规划。

2. 城市总体规划

城市总体规划，是一种综合性、战略性和纲领性的规划，为本城市的未来发展设定了指导性的框架和蓝图，如《北京城市总体规划（2016 年—2035 年）》《上海市城市总体规划（2016—2040）》《广州市城市总体规划（2017—2035 年）》《深圳市城市总体规划（2016—2035 年）》等。城市总体规划，是城市规划编制工作的第一阶段，对于城市的建设和管理具有重要的指导意义。同时，城市总体规划也是编制城市控制性详细规划和城市修建性详细规划的基础和依据。在**喜强公司诉遂溪县政府等编制审批总体规划案**中，最高人民法院认为，总体规划内容实施尚有不确定性，且需借助详细规划尤其是修建性详细规划才能实施，更需要通过"一书两证"才能得以具体化，总体规划不应纳入行政诉讼受案范围。[②] 由此可知，公民、法人或者其他组织对城市总体规划不服的，不能提起行政诉讼。

《城乡规划法》规定，城市总体规划的规划期限一般为 20 年，而且还应当对城市更长远的发展作出预测性安排。县级以上地方人民政府应当根据当地经济社会发展的实际，在城市总体规划中合理确定城市的发展规模、步骤和建设标准。城市总体规划由城市人民政府组织编制，其中，直辖市的城市总体规划由直辖市人民政府报国务院审批，省、自治区人民政府所在地的城市以及国务院确定的城市的总体规划，由省、自治区人民政府审查同意后，报国务院审批。其他城市的总体规划，由城市人民政府报省、自治区人民政府审批。城市、县人民政府组织编制的总体规划，在报上一级人民政府审批前，应当先经本级人民代表大会常务委员会审议，常务委员会组成人员的审议意见交由本级人民政府研究处理。城市总体规划的内容应当包括城市的发展布局，功能分区，用地布局，综合交通体系，禁止、限制和适宜建设的地域范围，各类专项规划等。其中，规划区范围、规划区内建设用地规模、基础设施和公共服务设施用地、水源地和水系、基本农田和绿化用地、环境保护、自然与历史文化遗产保护以及防灾减灾等内容，应当作为城市总体规划的强制性内容。

由于城市总体规划涉及城市建设和发展的方方面面，各个行业和部门的专项规划，如交通、环境保护、历史文化名城保护、基础设施等专项规划，都要纳入城市总体规划的内容。以《北京城市总体规划（2016 年—2035 年）》为例，其主要内容包括"落实首都城市战略定位，明确发展目标、规模和空间布局""有序疏解非首都功能，优化提升首都功能""科学配

① 参见刘飞主编：《城市规划行政法》，北京大学出版社 2007 年版，第 5～6 页。
② 最高人民法院行政裁定书，（2019）最高法行申 10407 号。

置资源要素，实现城市可持续发展”“加强历史文化名城保护，强化首都风范、古都风韵、时代风貌的城市特色”“提高城市治理水平，让城市更宜居”“加强城乡统筹，实现城乡发展一体化”“深入推进京津冀协同发展，建设以首都为核心的世界级城市群”“转变规划方式，保障规划实施”八个方面。

3. 城市控制性详细规划

控制性详细规划，是城市规划、镇规划实施管理的直接依据，也是国有土地使用权出让、开发和建设管理的法定前置性条件。因其主要目的是控制城市建设用地的性质、使用强度以及空间环境，故此得名控制性详细规划。控制性详细规划是根据城市发展需要对城市的土地、建筑、基础设施、管线等的安排和布局进行的整体设计和谋划，而不是针对特定单位和个人实施的行政行为，这意味着它也是不可诉的行政行为。在**某玉诉河口镇政府修改供电规划案**中，南通市中级人民法院认为，制定和修改控制性详细规划，是建立在行政机关根据需要对规划宏观调整的基础上，而不是针对特定主体的要求予以制定或更改。相对人要求修改控制性详细规划的申请，涉及控制性详细规划的审批行为，政府没有按照个人的要求修改控制性详细规划的职权和义务。①

《城乡规划法》第19条规定：“城市人民政府城乡规划主管部门根据城市总体规划的要求，组织编制城市的控制性详细规划，经本级人民政府批准后，报本级人民代表大会常务委员会和上一级人民政府备案。”控制性详细规划的成果，通常由文本、图件和附件组成。其中，图件包括图纸和图则，附件包括规划说明和基础资料。《城市、镇控制性详细规划编制审批办法》（2010年发布）第10条规定，控制性详细规划应包括下列基本内容：（1）土地使用性质及其兼容性等用地功能控制要求；（2）容积率、建筑高度、建筑密度、绿地率等用地指标；（3）基础设施、公共服务设施、公共安全设施的用地规模、范围及具体控制要求，地下管线控制要求；（4）基础设施用地的控制界线（黄线）、各类绿地范围的控制线（绿线）、历史文化街区和历史建筑的保护范围界线（紫线）、地表水体保护和控制的地域界线（蓝线）等“四线”及控制要求。编制大城市和特大城市的控制性详细规划，可以根据本地实际情况，结合城市空间布局、规划管理要求，以及社区边界、城乡建设要求等，将建设地区划分为若干规划控制单元，组织编制单元规划。依据《城市规划编制办法》第42条的规定，控制性详细规划确定的各地块的主要用途、建筑密度、建筑高度、容积率、绿地率、基础设施和公共服务设施配套规定应当作为强制性内容。

4. 城市修建性详细规划

修建性详细规划，主要是用以指导各项建筑和工程设施及其施工的规划设计，它通常针对的是某一具体地块，且能够直接用来指导建筑和工程施工。在本质上，修建性详细规划就是控制性详细规划的深化与具体化。与控制性详细规划一样，修建性详细规划通常也是不可诉的行政行为。在**喜强公司诉遂溪县政府等编制审批总体规划案**中，最高人民法院认为，特

---

① 南通市中级人民法院行政裁定书，（2019）苏06行终191号。

定地块权利人一般并不宜对详细规划的整体内容提起诉讼，只有在详细规划已经直接限制当事人权利且无须通过“一书两证”行为即能得出明确限制结论的情况下，才宜考虑承认修建性详细规划中有关特定地块规划限制内容的可诉性。对详细规划内容的合法性审查，应尊重总体规划控制和专业判断，尊重行政机关的政策调整，并考虑详细规划的稳定性，合法性审查更多体现在程序合法性审查。规划行政主管部门已经依据详细规划作出“一书两证”行为的，当事人应直接对颁发“一书两证”行为提起行政诉讼。当事人认为详细规划侵犯其土地利用权的，可以根据《行政诉讼法》的规定在对“一书两证”的诉讼中一并请求对详细规划进行审查。①

《城乡规划法》第 21 条规定：“城市、县人民政府城乡规划主管部门和镇人民政府可以组织编制重要地块的修建性详细规划。修建性详细规划应当符合控制性详细规划。”这就意味着，通常只有城市重要地块（如中心区、历史文化街区）的修建性详细规划由政府城乡规划主管部门组织编制，而其他地块的修建性详细规划一般是由建设单位负责编制的。修建性详细规划的成果，通常由规划说明书和图纸组成。依据《城市规划编制办法》第 43 条的规定，修建性详细规划应当包括下列内容：（1）建设条件分析及综合技术经济论证；（2）建筑、道路和绿地等的空间布局和景观规划设计，布置总平面图；（3）对住宅、医院、学校和托幼等建筑进行日照分析；（4）根据交通影响分析，提出交通组织方案和设计；（5）市政工程管线规划设计和管线综合；（6）竖向规划设计；（7）估算工程量、拆迁量和总造价，分析投资效益。

（四）镇规划

镇规划，包括县人民政府所在地镇的规划和其他镇的规划。在体系架构上，镇规划与城市规划完全相同，也是包括总体规划与详细规划，详细规划亦可分为控制性详细规划与修建性详细规划。镇总体规划，实际上又包括镇域规划和镇区规划两个层次。

《城乡规划法》规定，镇总体规划的规划期限一般为 20 年。县级以上地方人民政府应当根据当地经济社会发展的实际，在镇总体规划中合理确定镇的发展规模、步骤和建设标准。县人民政府组织编制县人民政府所在地镇的总体规划，报上一级人民政府审批。其他镇的总体规划由镇人民政府组织编制，报上一级人民政府审批。镇人民政府组织编制的镇总体规划，在报上一级人民政府审批前，应当先经镇人民代表大会审议，代表的审议意见交由本级人民政府研究处理。镇总体规划的内容应当包括镇的发展布局、功能分区、用地布局、综合交通体系、禁止、限制和适宜建设的地域范围以及各类专项规划等。其中，规划区范围、规划区内建设用地规模、基础设施和公共服务设施用地、水源地和水系、基本农田和绿化用地、环境保护、自然与历史文化遗产保护以及防灾减灾等内容，应当作为镇总体规划的强制性内容。镇人民政府根据镇总体规划的要求，组织编制镇的控制性详细规划，报上一级人民政府审批。县人民政府所在地镇的控制性详细规划，由县人民政府城乡规划主管部门根据镇

① 最高人民法院行政裁定书，（2019）最高法行申 10407 号。

总体规划的要求组织编制，经县人民政府批准后，报本级人民代表大会常务委员会和上一级人民政府备案。同时，镇人民政府可以组织编制重要地块的修建性详细规划，修建性详细规划应当符合控制性详细规划。

总结·提示 城市、县人民政府城乡规划主管部门以及镇人民政府组织编制的修建性详细规划都被限定为“重要地块”的修建性详细规划，其他地块的修建性详细规划一般由建设单位负责编制。

（五）乡、村庄规划

《城乡规划法》第3条第2~3款规定：“县级以上地方人民政府根据本地农村经济社会发展水平，按照因地制宜、切实可行的原则，确定应当制定乡规划、村庄规划的区域。在确定区域内的乡、村庄，应当依照本法制定规划，规划区内的乡、村庄建设应当符合规划要求。县级以上地方人民政府鼓励、指导前款规定以外的区域的乡、村庄制定和实施乡规划、村庄规划。”据此，并不是所有的乡、村庄都必须制定规划。《城乡规划法》要求，乡规划、村庄规划应当从农村实际出发，尊重村民意愿，体现地方和农村特色。规划的内容应当包括：规划区范围，住宅、道路、供水、排水、供电、垃圾收集、畜禽养殖场所等农村生产、生活服务设施、公益事业等各项建设的用地布局、建设要求，以及对耕地等自然资源和历史文化遗产保护、防灾减灾等的具体安排。乡规划还应当包括本行政区域内的村庄发展布局。乡、镇人民政府组织编制乡规划、村庄规划，报上一级人民政府审批。村庄规划在报送审批前，还应当经村民会议或者村民代表会议讨论同意。

（六）城乡规划的位阶

在城乡规划的体系之中，各种类的城乡规划并非处于同一位阶和层次。编制低位阶的城乡规划需要以高位阶的城乡规划为依据，在内容上必须符合上位城乡规划的要求。按照行政级别由高到低，城镇体系规划、城市规划、镇规划、乡规划、村庄规划的位阶排序也是显而易见的（由于镇与乡之间通常没有行政隶属关系，故二者之间不存在位阶高低的问题）。其中，位阶最高的当属城镇体系规划，而全国城镇体系规划的位阶又高于省域城镇体系规划。《城市规划编制办法》规定，编制城市总体规划，应当以全国城镇体系规划、省域城镇体系规划以及其他上层次法定规划为依据；编制城市近期建设规划，应当依据已经依法批准的城市总体规划；编制城市控制性详细规划，应当依据已经依法批准的城市总体规划或分区规划；编制城市修建性详细规划，应当依据已经依法批准的控制性详细规划。这就意味着，在同一行政级别的规划中，总体规划的位阶高于详细规划，控制性详细规划的位阶又高于修建性详细规划。

总结·提示 城乡规划的位阶由高到低排序如下：全国城镇体系规划 > 省域城镇体系规划 > 城市总体规划 > 城市详细规划（控制性详细规划 > 修建性详细规划） > 镇总体规

划 > 镇详细规划（控制性详细规划 > 修建性详细规划）= 乡规划 > 村庄规划。

五、城乡规划的制定、实施和保障制度

（一）城乡规划的制定

依据《城乡规划法》第4~5条的规定，制定和实施城乡规划应当遵循如下原则：（1）城乡统筹、合理布局、节约土地、集约发展；（2）先规划后建设；（3）改善生态环境，促进资源、能源节约和综合利用，防止污染和其他公害；（4）保护耕地等自然资源和历史文化遗产；（5）保持地方特色、民族特色和传统风貌；（6）符合区域人口发展、国防建设、防灾减灾和公共卫生、公共安全的需要；（7）城市总体规划、镇总体规划以及乡规划和村庄规划的编制，应当依据国民经济和社会发展规划，并与土地利用总体规划相衔接。

为确保规划的专业性与科学性，城乡规划组织编制机关应当委托具有相应资质等级的单位承担城乡规划的具体编制工作。从事城乡规划编制工作应当具备《城乡规划法》第24条所规定的条件，并经国务院城乡规划主管部门或者省、自治区、直辖市人民政府城乡规划主管部门依法审查合格，取得相应等级的资质证书后，方可在资质等级许可的范围内从事城乡规划编制工作。编制城乡规划，应当具备国家规定的勘察、测绘、气象、地震、水文、环境等基础资料。县级以上地方人民政府有关主管部门应当根据编制城乡规划的需要，及时提供有关基础资料。首都的总体规划、详细规划应当统筹考虑中央国家机关用地布局和空间安排的需要。

城乡规划的编制不仅仅是一个技术性问题，而且带有强烈的公共政策属性。为了保证城乡规划的民主性、科学性、严肃性、权威性，《城乡规划法》确立了城乡规划的公开化与公众参与制度，要求遵循公开和民主的原则，确保公众对城乡规划的知情权、参与权和监督权。依据《城乡规划法》的规定，城乡规划报送审批前，组织编制机关应当依法将城乡规划草案予以公告，并采取论证会、听证会或者其他方式征求专家和公众的意见。公告的时间不得少于30日。组织编制机关应当充分考虑专家和公众的意见，并在报送审批的材料中附具意见采纳情况及理由。省域城镇体系规划、城市总体规划、镇总体规划批准前，审批机关应当组织专家和有关部门进行审查。省域城镇体系规划、城市总体规划、镇总体规划的组织编制机关，应当组织有关部门和专家定期对规划实施情况进行评估，并采取论证会、听证会或者其他方式征求公众意见。组织编制机关应当向本级人民代表大会常务委员会、镇人民代表大会和原审批机关提出评估报告并附具征求意见的情况。城乡规划组织编制机关应当及时公布经依法批准的城乡规划，法律、行政法规规定不得公开的内容除外。任何单位和个人都应当遵守经依法批准并公布的城乡规划，服从规划管理，并有权就涉及其利害关系的建设活动是否符合规划的要求向城乡规划主管部门查询。任何单位和个人都有权向城乡规划主管部门或者其他有关部门举报或者控告违反城乡规划的行为。城乡规划主管部门或者其他有关部门对举报或者控告，应当及时受理并组织核查、处理。

（二）城乡规划的实施

1. 实施原则

依据《城乡规划法》的规定，实施城乡规划应遵循如下原则：

第一，根据当地经济社会发展水平，量力而行，尊重群众意愿，有计划、分步骤地组织实施。

第二，城市的建设和发展，应当优先安排基础设施以及公共服务设施的建设，妥善处理新区开发与旧区改建的关系，统筹兼顾进城务工人员生活和周边农村经济社会发展、村民生产与生活的需要。

第三，镇的建设和发展，应当结合农村经济社会发展和产业结构调整，优先安排供水、排水、供电、供气、道路、通信、广播电视等基础设施和学校、卫生院、文化站、幼儿园、福利院等公共服务设施的建设，为周边农村提供服务。

第四，乡、村庄的建设和发展，应当因地制宜、节约用地，发挥村民自治组织的作用，引导村民合理进行建设，改善农村生产、生活条件。

第五，城市新区的开发和建设，应当合理确定建设规模和时序，充分利用现有市政基础设施和公共服务设施，严格保护自然资源和生态环境，体现地方特色，在城市总体规划、镇总体规划确定的建设用地范围以外，不得设立各类开发区和城市新区。

第六，旧城区的改建，应当保护历史文化遗产和传统风貌，合理确定拆迁和建设规模，有计划地对危房集中、基础设施落后等地段进行改建。

第七，历史文化名城、名镇、名村的保护以及受保护建筑物的维护和使用，应当遵守有关法律、行政法规和国务院的规定。

第八，城乡建设和发展，应当依法保护和合理利用风景名胜资源，统筹安排风景名胜区及周边乡、镇、村庄的建设，风景名胜区的规划、建设和管理，应当遵守有关法律、行政法规和国务院的规定。

第九，城市地下空间的开发和利用，应当与经济和技术发展水平相适应，遵循统筹安排、综合开发、合理利用的原则，充分考虑防灾减灾、人民防空和通信等需要，并符合城市规划，履行规划审批手续。

第十，城乡规划确定的铁路、公路、港口、机场、道路、绿地、输配电设施及输电线路走廊、通信设施、广播电视设施、管道设施、河道、水库、水源地、自然保护区、防汛通道、消防通道、核电站、垃圾填埋场及焚烧厂、污水处理厂和公共服务设施的用地以及其他需要依法保护的用地，禁止擅自改变用途。

2. 近期建设规划制度

近期建设规划，是城市总体规划、镇总体规划在近期内的实施安排和行动计划，也是落实城市总体规划、镇总体规划的重要环节。《城乡规划法》第 34 条规定，城市、县、镇人民政府应当根据城市总体规划、镇总体规划、土地利用总体规划和年度计划以及国民经济和社会发展规划，制定近期建设规划，报总体规划审批机关备案。近期建设规划应当以重要基础设施、公共服务设施和中低收入居民住房建设以及生态环境保护为重点内容，明确近期建设的时序、发展方向和空间布局。近期建设规划的规划期限为5年。

3. 城乡规划许可制度

（1）城乡规划许可的概念

城乡规划行政许可简称城乡规划许可，是行政许可的一种，也是城乡规划实施中的基本制度。城乡规划许可，分为城镇规划许可和乡村规划许可。依据《城乡规划法》的规定，城镇规划许可包括建设项目选址规划许可证（建设项目选址意见书）、建设用地规划许可证以及建设工程规划许可证，被称为“一书两证”。在乡、村庄规划区内进行乡镇企业、乡村公共设施和公益事业建设的，建设单位或者个人应当取得“一证”，即乡村建设规划许可证。

《城乡规划法》规定，城乡规划主管部门不得在城乡规划确定的建设用地范围以外作出规划许可（第42条）。县级以上地方人民政府城乡规划主管部门按照国务院规定对建设工程是否符合规划条件予以核实，未经核实或者经核实不符合规划条件的，建设单位不得组织竣工验收。建设单位应当在竣工验收后6个月内向城乡规划主管部门报送有关竣工验收资料（第45条）。

（2）建设项目选址意见书

建设项目的选址管理，是实施城乡规划的首要环节。建设项目选址规划许可，是城乡规划主管部门对建设项目拟选定的地址和布局进行审核，最终确定能否在该地址实施该项目建设的行为，其载体被称为建设项目选址意见书。《城乡规划法》第36条规定，按照国家规定需要有关部门批准或者核准的建设项目，以划拨方式提供国有土地使用权的，建设单位在报送有关部门批准或者核准前，应当向城乡规划主管部门申请核发选址意见书，其他建设项目不需要申请选址意见书。据此，核发建设项目选址意见书是法定审批项目划拨土地的前置条件。

其他建设项目为什么不需要申请选址意见书？这是因为，依据《城乡规划法》第38条的规定，通过有偿出让方式取得土地使用权的建设项目，在国有土地使用权出让合同中就已经明确规定了符合城乡规划的建设地址和建设条件，所以不需要城乡规划主管部门对项目的选址另行审核。

建设项目选址意见书是城乡规划主管部门审核建设项目选址的法定凭证。按照原建设部《关于统一印发建设项目选址意见书的通知》（1992年）的要求，建设项目选址意见书应当由住房和城乡建设部统一印制。《建设项目选址规划管理办法》（1991年）第6条规定，建设项目选址意见书应当包括下列内容：①建设项目的基本情况，主要是建设项目名称、性质，用地与建设规模，供水与能源的需求量，采取的运输方式与运输量，以及废水、废气、废渣的排放方式和排放量；②建设项目规划选址的主要依据，主要有经批准的项目建议书，建设项目与城市规划布局的协调，建设项目与城市交通、通信、能源、市政、防灾规划的衔接与协调，建设项目配套的生活设施与城市生活居住及公共设施规划的衔接与协调，建设项目对于城市环境可能造成的污染影响，以及与城市环境保护规划和风景名胜、文物古迹保护规划的协调；③建设项目选址、用地范围和具体规划要求。

（3）建设用地规划许可

建设用地的规划管理，是实施城乡规划的核心环节。建设用地规划许可，是由建设单位或者个人提出建设用地申请，城市、县人民政府城乡规划主管部门依据控制性详细规划和建设项目的用地需要，向建设单位或者个人核发的确定建设用地的位置、面积以及允许建设的范围的法律凭证。

《城乡规划法》第37条规定："在城市、镇规划区内以划拨方式提供国有土地使用权的建设项目，经有关部门批准、核准、备案后，建设单位应当向城市、县人民政府城乡规划主管部门提出建设用地规划许可申请，由城市、县人民政府城乡规划主管部门依据控制性详细规划核定建设用地的位置、面积、允许建设的范围，核发建设用地规划许可证。建设单位在取得建设用地规划许可证后，方可向县级以上地方人民政府土地主管部门申请用地，经县级以上人民政府审批后，由土地主管部门划拨土地。"第38条规定："在城市、镇规划区内以出让方式提供国有土地使用权的，在国有土地使用权出让前，城市、县人民政府城乡规划主管部门应当依据控制性详细规划，提出出让地块的位置、使用性质、开发强度等规划条件，作为国有土地使用权出让合同的组成部分。未确定规划条件的地块，不得出让国有土地使用权。以出让方式取得国有土地使用权的建设项目，建设单位在取得建设项目的批准、核准、备案文件和签订国有土地使用权出让合同后，向城市、县人民政府城乡规划主管部门领取建设用地规划许可证。城市、县人民政府城乡规划主管部门不得在建设用地规划许可证中，擅自改变作为国有土地使用权出让合同组成部分的规划条件。"依据上述规定，在城市、镇规划区内以划拨方式提供国有土地使用权的建设项目，以及以出让方式取得国有土地使用权的建设项目，均需要申请或者领取建设用地规划许可证。

（4）建设工程规划许可

建设工程的规划管理，是实施城乡规划的关键环节。建设工程规划许可，是由在城市、镇规划区内进行建设的单位或者个人提出申请，城市、县人民政府城乡规划主管部门或者省、自治区、直辖市人民政府确定的镇人民政府向建设单位或者个人核发的用于确认建设工程符合城镇规划要求的法律凭证。建设工程规划许可的目的，是对各项建筑工程的性质、规模、位置、标高、体量、朝向、间距、密度、容积率、色彩、风格等要素进行审查和规划控制，以满足建筑物、构筑物、道路、管线和其他工程建设的实用、安全、美观等要求。

《城乡规划法》第40条规定，在城市、镇规划区内进行建筑物、构筑物、道路、管线和其他工程建设的，建设单位或者个人应当向城市、县人民政府城乡规划主管部门或者省、自治区、直辖市人民政府确定的镇人民政府申请办理建设工程规划许可证。申请办理建设工程规划许可证，应当提交使用土地的有关证明文件、建设工程设计方案等材料。需要建设单位编制修建性详细规划的建设项目，还应当提交修建性详细规划。对符合控制性详细规划和规划条件的，由城市、县人民政府城乡规划主管部门或者省、自治区、直辖市人民政府确定的镇人民政府核发建设工程规划许可证。城市、县人民政府城乡规划主管部门或者省、自治区、直辖市人民政府确定的镇人民政府应当依法将经审定的修建性详细规划、建设工程设计方案的总平面图予以公布。在**黎某诉兰州市城乡规划局规划行政许可案**中，甘肃省高级法院认为，符合控制性详细规划和规划条件是城乡规划部门作出核发建设工程规划行政许可证行为的法定条件。行政机关在作出行政许可之前，首先应当确定许可的事项是否直接关系到相对人或者相关人的重大利益，兰州市城乡规划局在未告知黎某陈述、申辩、听证权利的情况下，核发建设工程规划许可证，违反法定程序。[①] 从中可见，是否"符合控制性详细规划和规划条件"，是核发建设工程规划许可证的基本依据。

(5) 乡村建设规划许可

《城乡规划法》第41条规定，在乡、村庄规划区内进行乡镇企业、乡村公共设施和公益事业建设的，建设单位或者个人应当向乡、镇人民政府提出申请，由乡、镇人民政府报城市、县人民政府城乡规划主管部门核发乡村建设规划许可证。在乡、村庄规划区内使用原有宅基地进行农村村民住宅建设的规划管理办法，由省、自治区、直辖市制定。在乡、村庄规划区内进行乡镇企业、乡村公共设施和公益事业建设以及农村村民住宅建设，不得占用农用地；确需占用农用地的，应当依照《土地管理法》有关规定办理农用地转用审批手续后，由城市、县人民政府城乡规划主管部门核发乡村建设规划许可证。建设单位或者个人在取得乡村建设规划许可证后，方可办理用地审批手续。

在**原某鱼等诉朗公庙镇政府强制拆除房屋案**中，河南省高级人民法院认为，农村村民住宅的建设应当依法取得乡村建设规划许可后方能实施建设行为，但对该建设行为影响规划实施的程度应予查明和认定，拆除措施仅适用于严重影响村镇规划的情形。就村民在原址适度地翻建唯一住宅，但未取得建设规划许可的建设行为，应当查明该建设行为是否是以居住为目的，是否可以通过采取补救措施而消除对规划的影响，行政机关是否作出对规划影响程度的事实认定，以及采取拆除的处罚措施适用法律是否正确。[②] 也就是说，即便农村村民住宅的建设未依法取得乡村建设规划许可，也未必一定要拆除所建设的住宅。

总结·提示 在乡、村庄规划区内进行乡镇企业、乡村公共设施和公益事业建设，应当申请乡村建设规划许可证。乡村建设规划许可证，是办理用地审批手续的前置性条件。申请应当向乡、镇人民政府提出，但核发主体仍然是城市、县人民政府城乡规划主管部门。

---

(6) 城乡规划许可的变更

城乡规划许可确定了建设单位应当遵守的规划条件，不得随意变更。《行政许可法》(2019年修改) 第49条规定，被许可人要求变更行政许可事项的，应当向作出行政许可决定的行政机关提出申请，如果符合法定条件、标准的，行政机关应当依法办理变更手续。《城

① 甘肃省高级人民法院行政判决书，(2018) 甘行终75号。
② 河南省高级人民法院行政裁定书，(2019) 豫行再179号。

乡规划法》第43条要求，建设单位应当按照规划条件进行建设，确需变更的，必须向城市、县人民政府城乡规划主管部门提出申请。变更内容不符合控制性详细规划的，城乡规划主管部门不得批准。城市、县人民政府城乡规划主管部门应当及时将依法变更后的规划条件通报同级土地主管部门并公示。建设单位应当及时将依法变更后的规划条件报有关人民政府土地主管部门备案。

4. 临时建设和临时用地规划管理制度

临时建设，是经城乡规划主管部门批准后临时性建设和使用，且必须在批准的使用期限内自行拆除的建筑物、构筑物或者其他设施；临时用地，是由于建设工程施工、堆料、安全防护等需要，经批准临时性使用的土地。《城乡规划法》第44条规定："在城市、镇规划区内进行临时建设的，应当经城市、县人民政府城乡规划主管部门批准。临时建设影响近期建设规划或者控制性详细规划的实施以及交通、市容、安全等的，不得批准。临时建设应当在批准的使用期限内自行拆除。临时建设和临时用地规划管理的具体办法，由省、自治区、直辖市人民政府制定。"对于临时建设和临时用地的批准行为，本质上也属于行政许可，但由于其具有特殊性，在此单列出来。

（三）城乡规划的修改

1. 城乡规划修改的概念

城乡规划的修改，是对已经依法批准生效的城乡规划，依照法定的权限和程序进行修正和完善的活动。由于人类理性有限等因素，城乡规划不可能一蹴而就，而是需要不断地修改完善。然而，城乡规划又具有准立法的性质，影响十分重大，非依法定的权限和程序不得修改。《城乡规划法》第7条规定："经依法批准的城乡规划，是城乡建设和规划管理的依据，未经法定程序不得修改。"同时，依据《城乡规划法》第50条第1款的规定，在选址意见书、建设用地规划许可证、建设工程规划许可证或者乡村建设规划许可证发放后，因依法修改城乡规划给被许可人合法权益造成损失的，应当依法给予补偿。2016年4月29日，最高人民法院答复称："根据《中华人民共和国城乡规划法》第五十条第一款'在选址意见书、建设用地规划许可证、建设工程规划许可证或者乡村建设规划许可证发放后，因依法修改城乡规划给被许可人合法权益造成损失的，应当依法给予补偿'的规定，行政相对人在取得选址意见书、建设用地规划许可证、建设工程规划许可证或者乡村建设规划许可证等其中一个行政许可后，因依法修改城乡规划而造成合法权益损失的，均应当依法获得补偿。"①

2. 城乡规划实施中的评估要求

定期对规划实施情况进行评估，既可以监督检查规划的执行情况，又有利于及时发现规划自身所暴露出来的问题，为修改规划提供参考。《城乡规划法》第46条规定，省域城镇体系规划、城市总体规划、镇总体规划的组织编制机关，应当组织有关部门和专家定期对规划

---

① 最高人民法院《关于行政相对人在已取得建设用地规划许可、国有土地使用权情形下，因规划调整，未能取得建设工程规划许可，是否属于行政补偿事由的法律适用问题请示的答复》（〔2015〕行他字第33号）。

实施情况进行评估，并采取论证会、听证会或者其他方式征求公众意见。组织编制机关应当向本级人民代表大会常务委员会、镇人民代表大会和原审批机关提出评估报告并附具征求意见的情况。

3. 城乡规划的修改规则

（1）省域城镇体系规划和城、镇总体规划的修改

《城乡规划法》第47条规定，有下列情形之一的，组织编制机关方可按照规定的权限和程序修改省域城镇体系规划、城市总体规划、镇总体规划：①上级人民政府制定的城乡规划发生变更，提出修改规划要求的；②行政区划调整确需修改规划的；③因国务院批准重大建设工程确需修改规划的；④经评估确需修改规划的；⑤城乡规划的审批机关认为应当修改规划的其他情形。修改省域城镇体系规划、城市总体规划、镇总体规划前，组织编制机关应当对原规划的实施情况进行总结，并向原审批机关报告。修改涉及城市总体规划、镇总体规划强制性内容的，应当先向原审批机关提出专题报告，经同意后，方可编制修改方案。修改后的省域城镇体系规划、城市总体规划、镇总体规划，应当依照《城乡规划法》第13～16条规定的审批程序报批。

（2）控制性详细规划和修建性详细规划的修改

对于控制性详细规划的修改，《城乡规划法》第48条第1款规定，修改控制性详细规划的，组织编制机关应当对修改的必要性进行论证，征求规划地段内利害关系人的意见，并向原审批机关提出专题报告，经原审批机关同意后，方可编制修改方案。修改后的控制性详细规划，应当依照《城乡规划法》第19～20条规定的审批程序报批。控制性详细规划修改涉及城市总体规划、镇总体规划的强制性内容的，应当先修改总体规划。

对于修建性详细规划的修改，《城乡规划法》第50条第2款规定，经依法审定的修建性详细规划、建设工程设计方案的总平面图不得随意修改。确需修改的，城乡规划主管部门应当采取听证会等形式，听取利害关系人的意见。因修改给利害关系人合法权益造成损失的，应当依法给予补偿。

（3）乡规划、村庄规划的修改

《城乡规划法》第48条第2款规定，修改乡规划、村庄规划的，应当依照《城乡规划法》第22条规定的审批程序报批。

（4）近期建设规划的修改

《城乡规划法》第49条规定，城市、县、镇人民政府修改近期建设规划的，应当将修改后的近期建设规划报总体规划审批机关备案。

（四）城乡规划的保障制度

1. 城乡规划中的监督检查

（1）监督方式

《城乡规划法》专门设立“监督检查”一章，其中规定了对城乡规划工作监督方式，包括以下三种：

第一，行政监督。县级以上人民政府及其城乡规划主管部门应当加强对城乡规划编制、审批、实施、修改的监督检查。

第二，人大监督。地方各级人民政府应当向本级人民代表大会常务委员会或者乡、镇人民代表大会报告城乡规划的实施情况，并接受监督。

第三，公众监督。任何单位和个人都应当遵守经依法批准并公布的城乡规划，服从规划管理，并有权就涉及其利害关系的建设活动是否符合规划的要求向城乡规划主管部门查询。任何单位和个人都有权向城乡规划主管部门或者其他有关部门举报或者控告违反城乡规划的行为，城乡规划主管部门或者其他有关部门对举报或者控告，应当及时受理并组织核查、处理。而且，监督检查情况和处理结果应当依法公开，供公众查阅和监督。

（2）检查措施

为了监督检查取得实效，《城乡规划法》还规定了各项监督检查措施，主要有：

第一，县级以上人民政府城乡规划主管部门对城乡规划的实施情况进行监督检查，有权采取以下措施：①要求有关单位和人员提供与监督事项有关的文件、资料，并进行复制；②要求有关单位和人员就监督事项涉及的问题作出解释和说明，并根据需要进入现场进行勘测；③责令有关单位和人员停止违反有关城乡规划的法律、法规的行为。城乡规划主管部门的工作人员履行监督检查职责，应当出示执法证件。被监督检查的单位和人员应当予以配合，不得妨碍和阻挠依法进行的监督检查活动。

第二，城乡规划主管部门在查处违反《城乡规划法》规定的行为时，发现国家机关工作人员依法应当给予行政处分的，应当向其任免机关或者监察机关提出处分建议。

第三，依照《城乡规划法》规定应当给予行政处罚，而有关城乡规划主管部门不给予行政处罚的，上级人民政府城乡规划主管部门有权责令其作出行政处罚决定或者建议有关人民政府责令其给予行政处罚。

第四，城乡规划主管部门违反《城乡规划法》规定作出行政许可的，上级人民政府城乡规划主管部门有权责令其撤销或者直接撤销该行政许可。因撤销行政许可给当事人合法权益造成损失的，应当依法给予赔偿。

2. 城乡规划中的法律责任

（1）人民政府的法律责任

依法编制城乡规划，是各级人民政府的职责。《城乡规划法》第58～59条规定，对依法应当编制城乡规划而未组织编制，或者未按法定程序编制、审批、修改城乡规划的，由上级人民政府责令改正，通报批评，对有关人民政府负责人和其他直接责任人员依法给予处分。城乡规划组织编制机关委托不具有相应资质等级的单位编制城乡规划的，由上级人民政府责令改正，通报批评，对有关人民政府负责人和其他直接责任人员依法给予处分。

（2）城乡规划主管部门的法律责任

《城乡规划法》第11条规定，国务院城乡规划主管部门负责全国的城乡规划管理工作，县级以上地方人民政府城乡规划主管部门负责本行政区域内的城乡规划管理工作。城乡规划主管部门在城乡规划管理工作中如果有违法情形，需要承担法律责任。第60条规定，镇人民政府或者县级以上人民政府城乡规划主管部门有下列行为之一的，由本级人民政府、上级人民政府城乡规划主管部门或者监察机关依据职权责令改正，通报批评，对直接负责的主管人员和其他直接责任人员依法给予处分：①未依法组织编制城市的控制性详细规划、县人民政府所在地镇的控制性详细规划的；②超越职权或者对不符合法定条件的申请人核发选址意见书、建设用地规划许可证、建设工程规划许可证、乡村建设规划许可证的；③对符合法定条件的申请人未在法定期限内核发选址意见书、建设用地规划许可证、建设工程规划许可证、乡村建设规划许可证的；④未依法对经审定的修建性详细规划、建设工程设计方案的总平面图予以公布的；⑤同意修改修建性详细规划、建设工程设计方案的总平面图前未采取听证会等形式听取利害关系人的意见的；⑥发现未依法取得规划许可或者违反规划许可的规定在规划区内进行建设的行为，而不予查处或者接到举报后不依法处理的。

（3）人民政府有关部门的法律责任

依据《城乡规划法》第61条的规定，县级以上人民政府有关部门有下列行为之一的，由本级人民政府或者上级人民政府有关部门责令改正，通报批评，对直接负责的主管人员和其他直接责任人员依法给予处分：①对未依法取得选址意见书的建设项目核发建设项目批准文件的；②未依法在国有土地使用权出让合同中确定规划条件或者改变国有土地使用权出让合同中依法确定的规划条件的；③对未依法取得建设用地规划许可证的建设单位划拨国有土地使用权的。

（4）规划编制单位的法律责任

依据《城乡规划法》第62～63条的规定，城乡规划编制单位有下列行为之一的，由所在地城市、县人民政府城乡规划主管部门责令限期改正，处合同约定的规划编制费1倍以上2倍以下的罚款；情节严重的，责令停业整顿，由原发证机关降低资质等级或者吊销资质证书；造成损失的，依法承担赔偿责任：①超越资质等级许可的范围承揽城乡规划编制工作的；②违反国家有关标准编制城乡规划的。未依法取得资质证书承揽城乡规划编制工作的，由县级以上地方人民政府城乡规划主管部门责令停止违法行为，依照前款规定处以罚款；造成损失的，依法承担赔偿责任。以欺骗手段取得资质证书承揽城乡规划编制工作的，由原发证机关吊销资质证书，依照《城乡规划法》第62条第1款的规定处以罚款；造成损失的，依法承担赔偿责任。如果城乡规划编制单位取得资质证书后，不再符合相应的资质条件的，由原发证机关责令限期改正，逾期不改正的，降低资质等级或者吊销资质证书。

（5）建设单位或者个人的法律责任

依据《城乡规划法》第64～65条的规定，未取得建设工程规划许可证或者未按照建设工程规划许可证的规定进行建设的，由县级以上地方人民政府城乡规划主管部门责令停止建设。尚可采取改正措施消除对规划实施的影响的，限期改正，处建设工程造价5%以上10%以下的罚款；无法采取改正措施消除影响的，限期拆除，不能拆除的，没收实物或者违法收入，可以并处建设工程造价10%以下的罚款。在乡、村庄规划区内未依法取得乡村建设规划许可证或者未按照乡村建设规划许可证的规定进行建设的，由乡、镇人民政府责令停止建设、限期改正，逾期不改正的，可以拆除。依据上述规定，未取得建设工程规划许可证或者未按照建设工程规划许可证的规定进行建设的，有可能会被认定为违法建设行为而责令停止建设或限期拆除。为确保责令停止建设或者限期拆除决定的实效，《城乡规划法》第 68 条规定，城乡规划主管部门作出责令停止建设或者限期拆除的决定后，当事人不停止建设或者逾期不拆除的，建设工程所在地县级以上地方人民政府可以责成有关部门采取查封施工现场、强制拆除等措施。

此外，《城乡规划法》第 66 ~ 67 条规定，建设单位或者个人有下列行为之一的，由所在地城市、县人民政府城乡规划主管部门责令限期拆除，可以并处临时建设工程造价 1 倍以下的罚款：①未经批准进行临时建设的；②未按照批准内容进行临时建设的；③临时建筑物、构筑物超过批准期限不拆除的。建设单位未在建设工程竣工验收后 6 个月内向城乡规划主管部门报送有关竣工验收资料的，由所在地城市、县人民政府城乡规划主管部门责令限期补报，逾期不补报的，处 1 万元以上 5 万元以下的罚款。

（6）刑事责任

《城乡规划法》第 69 条规定："违反本法规定，构成犯罪的，依法追究刑事责任。"

六、"多规合一"改革与国土空间规划

建立国土空间规划体系并监督实施，最终实现"多规合一"，是党中央、国务院作出的重大战略部署。2017 年 1 月 3 日，国务院印发了《全国国土规划纲要（2016—2030 年）》，对全面协调和统筹推进国土集聚开发、分类保护、综合整治和区域联动发展等进行了部署，这也是中国首个国土空间开发与保护的战略性、综合性和基础性规划；2019 年 11 月 20 日，北京市人民政府批复《亦庄新城规划（国土空间规划）（2017 年—2035 年）》，实现了"多规合一"；2023 年 7 月 25 日，国务院发布《关于〈江苏省国土空间规划（2021—2035 年）〉的批复》（国函〔2023〕69 号），原则同意《江苏省国土空间规划（2021—2035 年）》……随着越来越多的国土空间规划被编制出来，"多规合一"的进程明显提速，"一张蓝图绘到底"正在成为现实。

拓展·探索

国土空间规划的发展和立法

早在 2014 年 8 月 26 日，国家发改委、原国土资源部、原环境保护部、住房和城乡建设部就发布了《关于开展市县"多规合一"试点工作的通知》（发改规划〔2014〕1971 号），提出开展市县空间规划改革试点，推动经济社会发展规划、城乡规划、土地利用规划、生态环境保护规划"多规合一"，形成一个市县一本规划、一张蓝图。开展市县"多规合一"试点，有利于解决市县规划自成体系、内容冲突、缺乏衔接协调等突出问题，强化政府空间管控能力，实现国土空间集约、高效、可持续利用，改革政府规划体制，建立统一衔接、功能

互补、相互协调的空间规划体系。2019年5月9日，中共中央、国务院印发《关于建立国土空间规划体系并监督实施的若干意见》（中发〔2019〕18号），提出要建立国土空间规划体系，将主体功能区规划、土地利用规划、城乡规划等空间规划融合为统一的国土空间规划，实现“多规合一”。2019年9月17日，自然资源部发布了《关于以“多规合一”为基础推进规划用地“多审合一、多证合一”改革的通知》（自然资规〔2019〕2号），提出要“合并规划选址和用地预审”“合并建设用地规划许可和用地批准”“推进多测整合、多验合一”“简化报件审批材料”。从上述文件的内容可知，建立国土空间规划体系是“多规合一”改革的重要目标。

目前，关于国土空间规划的立法主要就是《土地管理法》和《土地管理法实施条例》。《土地管理法》第18条规定：“国家建立国土空间规划体系。编制国土空间规划应当坚持生态优先，绿色、可持续发展，科学有序统筹安排生态、农业、城镇等功能空间，优化国土空间结构和布局，提升国土空间开发、保护的质量和效率。经依法批准的国土空间规划是各类开发、保护、建设活动的基本依据。已经编制国土空间规划的，不再编制土地利用总体规划和城乡规划。”据此，国土空间规划与土地利用总体规划、城乡规划之间不是并列的关系，前者的使命是取代后二者，最终实现“多规合一”。为防止在衔接时出现规划“空档期”，《土地管理法》第86条明确，在编制国土空间规划前，经依法批准的土地利用总体规划和城乡规划继续执行。《土地管理法实施条例》第2~3条规定，国家建立国土空间规划体系，土地开发、保护、建设活动应当坚持规划先行，经依法批准的国土空间规划是各类开发、保护、建设活动的基本依据。已经编制国土空间规划的，不再编制土地利用总体规划和城乡规划。在编制国土空间规划前，经依法批准的土地利用总体规划和城乡规划继续执行。国土空间规划应当细化落实国家发展规划提出的国土空间开发保护要求，统筹布局农业、生态、城镇等功能空间，划定落实永久基本农田、生态保护红线和城镇开发边界。国土空间规划应当包括国土空间开发保护格局和规划用地布局、结构、用途管制要求等内容，明确耕地保有量、建设用地规模、禁止开垦的范围等要求，统筹基础设施和公共设施用地布局，综合利用地上地下空间，合理确定并严格控制新增建设用地规模，提高土地节约集约利用水平，保障土地的可持续利用。

随着国土空间规划体系的建立和实施，土地利用总体规划和城乡规划将不再单独编制和审批，它们最终将被统一的国土空间规划所取代。《关于建立国土空间规划体系并监督实施的若干意见》要求“分级分类建立国土空间规划”，国家、省、市、县、乡镇五个行政级别的国土空间规划侧重点有所不同，国家级规划侧重战略性，省级规划侧重协调性，市、县和乡镇级规划侧重实施性。就规划类型而言，则包括了总体规划、详细规划和相关专项规划。所以，国土空间规划体系通常也被概括为“五级三类”的规划体系。

第六讲　征收拆迁中的行政强制

重点导读

在征收拆迁中，“以拆促迁”是普遍存在的现象。实践中，由于行政机关违法强制拆除房屋的情形大量存在，被征收人起诉行政强制拆除行为的胜率也是比较高的。行政强制拆除行为，本质上是一种行政强制执行行为。行政强制执行与行政强制措施，共同构成《行政强制法》意义上的“行政强制”。因此，要深入理解行政强制拆除行为，就有必要对行政强制的基本原理以及《行政强制法》的主要内容有一定程度的了解。行政强制拆除案件的高发性，决定了《行政强制法》在征收拆迁中不可撼动的重要地位。本讲的内容包括行政强制与《行政强制法》、行政强制的种类与设定、行政强制的实施程序、行政强制中的法律责任、行政强制拆除的性质与合法要件、行政强制拆除中的权利救济、征收拆迁中的责令行为七个方面。

一、行政强制与《行政强制法》

（一）行政强制的概念

行政强制这一概念，在中国经历了作为“行政强制执行”的简称、作为“行政强制措施”的简称、作为“行政强制执行”与“行政强制措施”的合称的演进过程，其中第三种意义上的行政强制是当前的主流观点，且已为《行政强制法》（2011 年）所确认。依据《行政强制法》第 2 条的规定，行政强制是一个复合性概念，包括行政强制措施和行政强制执行。我们可以将行政强制界定为：行政机关在行政管理过程中针对相对人违反法律义务、不履行行政决定的特定情形所采取的暂时性限制人身自由、控制财物以及强制履行义务的行政行为。

（二）行政强制措施

《行政强制法》第 2 条第 2 款规定：“行政强制措施，是指行政机关在行政管理过程中，为制止违法行为、防止证据损毁、避免危害发生、控制危险扩大等情形，依法对公民的人身自由实施暂时性限制，或者对公民、法人或者其他组织的财物实施暂时性控制的行为。”据此，行政强制措施带有强制性和临时性的特点。对于行政强制措施，我们可以从以下四个方面理解：

第一，行政强制措施的主体是行政机关和法律、行政法规授权的具有管理公共事务职能的组织。《行政强制法》第70条规定，法律、行政法规授权的具有管理公共事务职能的组织在法定授权范围内，以自己的名义实施行政强制，适用该法有关行政机关的规定。

第二，行政强制措施的目的在于制止违法行为、防止证据损毁、避免危害发生、控制危险扩大等。行政强制措施的适用不以在先的行政法上义务为前提，其目的并非实现行政法上义务，而是基于公益的考量，临时性地限制相对方的权利或者增加新的义务。[①] 行政强制措施的特定目的，将其与行政强制执行区分开来。在**韵渠公司诉会同县政府强制清除案**中，最高人民法院认为，强制清除阻碍行洪的障碍物，目的在于排除危险、保障汛期行洪通畅，是为制止违法行为、避免危害发生，而对公民、法人或者其他组织的财物实施的暂时性控制行为，属于行政强制措施，不是行政强制执行。[②]

第三，行政强制措施的对象是人身自由与财产，通过对人身自由的暂时性限制以及对财产的暂时性控制来实现行政管理目的。例如，对醉酒的人采取保护性措施约束至酒醒，以及对财物、存款等实施查封、扣押、冻结等措施均属之。

第四，行政强制措施不具有制裁性。行政强制措施并不是对当事人权益的终局处分，而是对公民的人身自由实施暂时性限制或者对公民、法人或者其他组织的财物实施暂时性控制的行为。行政强制措施不能作为制裁手段，要么是为了维护行政秩序，将“场面控制住”，此时行政强制措施作为物理性措施并没有制裁性；要么是为了防止证据毁损，对证据采取保全措施，以便之后作出行政决定。[③] 这种非制裁性，是行政强制措施与行政处罚的主要区别。

（三）行政强制执行

《行政强制法》第2条第3款规定：“行政强制执行，是指行政机关或者行政机关申请人民法院，对不履行行政决定的公民、法人或者其他组织，依法强制履行义务的行为。”行政强制执行不同于行政强制措施，主要表现在以下四个方面：[④]

一是前提不同。行政强制执行的前提是相对人不履行行政行为所确定的义务，构成了义务的不履行，而行政强制措施不以相对人存在法定义务为前提。

二是目的不同。行政强制执行的目的是通过国家强制迫使义务人履行义务，或者达到与履行义务相同的状态，而行政强制措施的目的在于预防、制止危害行为或者危险事态的发生或者发展，防止毁损证据等情形。

三是实施主体不同，行政强制执行包括由行政主体自行强制执行以及申请法院强制执行两种情形，而采取行政强制措施的主体只能是行政主体。

四是实施程序不同。行政强制执行通常要经过催告（包括督促、告诫），当事人陈述，

---

① 参见应松年主编：《行政强制法教程》，法律出版社2013年版，第15页。

② 最高人民法院行政裁定书，（2019）最高法行申10324号。

③ 参见乔晓阳主编：《中华人民共和国行政强制法解读》，中国法制出版社2011年版，第11页。

④ 参见杨建顺：《行政强制法18讲》，中国法制出版社2011年版，第13页。

行政机关复核，作出行政强制执行决定，送达行政强制执行决定，以及实施行政强制执行等程序化的步骤，而行政强制措施在紧急情况下可以即时性执行，在一般情况下也遵循不同于行政强制执行的程序。

（四）《行政强制法》的出台

中华人民共和国成立后，有大量法律、法规和规章中规定了行政强制，但表现为“三乱两缺”。其中，“三乱”首先是指“法律形式乱”，法律、法规、规章甚至规章以下的规范性文件都在设定行政强制措施，其次是指“主体乱”，大量的行政机关被赋予行政强制权，最后是“手段乱”，从各种法律、法规、规章所规定的行政强制措施的手段、形式或名称上统计，共有近300种；“两缺”一是指缺乏程序规定，二是指缺乏救济规定。[①] 除了“乱”，行政强制还普遍存在“滥”和“软”的问题，不但老百姓的合法权益难以保障，正常的社会秩序维护也遇到了“瓶颈”。为了解决这些问题，全国人大常委会在1999年3月就正式启动了《行政强制法》起草工作，但由于争议较多，直到2011年6月30日才由全国人大常委会表决通过，2012年1月1日起施行。前后历时竟超过12年，这在中国的立法中实属罕见。

从内容来看，《行政强制法》设7章，分别为“总则”“行政强制的种类和设定”“行政强制措施实施程序”“行政机关强制执行程序”“申请人民法院强制执行”“法律责任”“附则”，共有71个条文。其中，第1条规定了立法目的：“为了规范行政强制的设定和实施，保障和监督行政机关依法履行职责，维护公共利益和社会秩序，保护公民、法人和其他组织的合法权益，根据宪法，制定本法。”第3条规定了适用范围：“行政强制的设定和实施，适用本法。发生或者即将发生自然灾害、事故灾难、公共卫生事件或者社会安全事件等突发事件，行政机关采取应急措施或者临时措施，依照有关法律、行政法规的规定执行。行政机关采取金融业审慎监管措施、进出境货物强制性技术监控措施，依照有关法律、行政法规的规定执行。”可见，《行政强制法》专门规定了排除事项，即上述事项虽然也属于行政强制的范畴，但不适用《行政强制法》，而是适用法律、行政法规的特别规定。

《行政强制法》是行政法领域的一部重要法律，与《行政处罚法》（2021年修改）、《行政许可法》（2019年修改）合称为中国行政程序立法“三部曲”。它的出台，有利于进一步规范行政强制权的设定和实施，防止行政强制权的膨胀和滥用，从程序上保障公民、法人或者其他组织在行政强制中的合法权益，对于缓解“三乱两缺”痼疾并解决“滥”“软”等问题具有重大的现实意义。

总结·提示 行政强制，包括行政强制措施和行政强制执行。《行政强制法》是中国行政程序立法“三部曲”之一。

---

① 参见胡建淼：《行政强制法论——基于〈中华人民共和国行政强制法〉》，法律出版社2014年版，第78～79页。

二、行政强制的种类与设定

（一）行政强制的种类

1. 概述

行政强制，首先可以分为行政强制措施和行政强制执行。依据《行政强制法》第 9 条的规定，行政强制措施有以下种类：（1）限制公民人身自由；（2）查封场所、设施或者财物；（3）扣押财物；（4）冻结存款、汇款；（5）其他行政强制措施。可以概括为对公民人身自由的暂时性限制以及对财物的暂时性控制两类。行政强制执行，则有行政机关自行强制执行和申请法院强制执行、直接强制执行和间接强制执行等分类。其中，间接强制执行又可以进一步分为执行罚和代履行。

依据上述分析，我们可以将行政强制的种类展示如图 6－1。

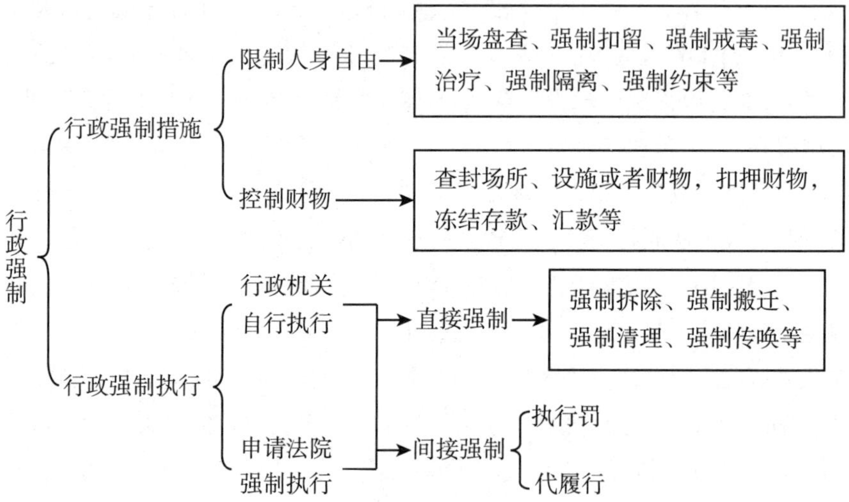

图 6－1　行政强制的种类

2. 行政强制措施分类

（1）对公民人身自由的暂时性限制

对于暂时性限制人身自由的行政强制措施，《行政强制法》仅规定了“限制公民人身自由”这一大类别，没有触及具体样态。相比之下，《人民警察法》（2012 年修改）、《治安管理处罚法》（2012 年修改）、《海关法》（2021 年修改）、《禁毒法》（2007 年公布）、《传染病防治法》（2013 年修改）、《道路交通安全法》（2021 年修改）等立法规定了更为具体的措施，如当场盘查、留置盘问、强制扣留、强制戒毒、强制治疗、强制隔离、强制约束等。例如，《治安管理处罚法》第 15 条第 2 款规定，醉酒的人在醉酒状态中，对本人有危险或者对他人的人身、财产或者公共安全有威胁的，应当对其采取保护性措施约束至酒醒，此即属于暂时性限制公民人身自由的行政强制措施。

（2）对财物的暂时性控制

《行政强制法》第9条规定的对财物的暂时性控制措施包括查封场所、设施或者财物，扣押财物，冻结存款、汇款，以及其他行政强制措施。其中，“其他行政强制措施”属于“兜底”性规定。但是，这里的“其他行政强制措施”不能直接行使，有赖于相关法律和行政法规的设定。

3. 行政强制执行分类

（1）以执行主体为标准，可以将行政强制执行分为行政机关自行强制执行和申请法院强制执行

行政强制执行的主体，属于行政强制执行体制问题。《行政强制法》对行政强制执行设置了双重主体，即第4章的“行政机关强制执行程序”和第5章的“申请人民法院强制执行”。行政机关依法作出行政决定后，当事人在行政机关决定的期限内不履行义务的，具有行政强制执行权的行政机关依照规定强制执行；当事人在法定期限内不申请行政复议或者提起行政诉讼，又不履行行政决定的，没有行政强制执行权的行政机关可以自期限届满之日起3个月内，依照规定申请法院强制执行。

（2）以执行方式为标准，可以将行政强制执行分为直接强制执行和间接强制执行

直接强制执行，是指执行主体对逾期不履行义务的行政相对人直接强迫其履行义务，或通过强制手段达到与履行义务相同的状态，如强制拆除、强制搬迁、强制清理、强制登记、强制划拨、强制扣缴、责令退还、强制传唤、强制拘留。《行政强制法》第12条规定的“划拨存款、汇款”“拍卖或者依法处理查封、扣押的场所、设施或者财物”“排除妨碍、恢复原状”都属于直接强制执行。

间接强制执行，是指执行主体通过执行罚、代履行等间接手段迫使义务人履行义务，或者达到与履行义务相同的状态。《行政强制法》第12条规定的“加处罚款或者滞纳金”属于执行罚。此外，《行政强制法》第12条还规定了“代履行”以及“其他强制执行方式”。

（二）行政强制的设定

1. 概述

《行政强制法》规定，行政强制的设定和实施，应当依照法定的权限、范围、条件和程序。同时，行政强制的设定和实施应当适当，采用非强制手段可以达到行政管理目的的，不得设定和实施行政强制。

为确保行政强制的民主性和科学性，《行政强制法》第14条规定了设定行政强制听取民意制度，即起草法律草案、法规草案，拟设定行政强制的，起草单位应当采取听证会、论证会等形式听取意见，并向制定机关说明设定该行政强制的必要性、可能产生的影响以及听取和采纳意见的情况；第15条规定了对已设定行政强制的评价制度，即行政强制的设定机关应当定期对其设定的行政强制进行评价，并对不适当的行政强制及时予以修改或者废止。行政强制的实施机关可以对已设定的行政强制的实施情况及存在的必要性适时进行评价，并将意见报告该行政强制的设定机关。公民、法人或者其他组织可以向行政强制的设定机关和实

施机关就行政强制的设定和实施提出意见和建议。有关机关应当认真研究论证，并以适当方式予以反馈。

2. 行政强制措施设定权

依据《行政强制法》第10条的规定，行政强制措施的设定权如下：（1）行政强制措施由法律设定；（2）尚未制定法律，且属于国务院行政管理职权事项的，行政法规可以设定除“限制公民人身自由”、“冻结存款、汇款”和应当由法律规定的行政强制措施以外的其他行政强制措施；（3）尚未制定法律、行政法规，且属于地方性事务的，地方性法规可以设定“查封场所、设施或者财物”和“扣押财物”的行政强制措施；（4）法律、法规以外的其他规范性文件不得设定行政强制措施。

《行政强制法》第11条要求，法律对行政强制措施的对象、条件、种类做了规定的，行政法规、地方性法规不得作出扩大规定。法律中未设定行政强制措施的，行政法规、地方性法规不得设定行政强制措施。但是，法律规定特定事项由行政法规规定具体管理措施的，行政法规可以设定除“限制公民人身自由”、“冻结存款、汇款”和应当由法律规定的行政强制措施以外的其他行政强制措施。

3. 行政强制执行设定权

《行政强制法》第13条规定：“行政强制执行由法律设定。法律没有规定行政机关强制执行的，作出行政决定的行政机关应当申请人民法院强制执行。”据此，行政强制执行只能由法律设定，行政法规、地方性法规、规章及规章以下的规范性文件均无权设定。在**赵某伟诉东洲区政府强制清理行为案**中，最高人民法院提出，东洲区政府依照《大伙房水源保护条例》组织有关部门对赵某伟所种植农作物实施强制清理行为，属于行政强制执行。依照《行政强制法》第13条的规定，只有法律才能设定行政强制执行，行政法规、地方性法规和规章及规章以下的规范性文件均不得设定行政强制执行。《大伙房水源保护条例》系辽宁省地方性法规，无权设定行政强制执行，东洲区政府实施强制清理行为，没有法律依据，超越法定职权。①

总结·提示 与行政强制措施相比，《行政强制法》对于行政强制执行的设定采取了更为严格的法律保留原则，这是因为行政强制执行一般会直接造成对相对人权利的最终剥夺，从而与行政强制措施中对相对人权利的暂时性限制有所区别。

三、行政强制的实施程序

《行政强制法》将行政强制措施实施程序与行政强制执行程序分开，并将后者分为“行政机关强制执行程序”和“申请人民法院强制执行”两类，上述内容分别规定在第3～5章。

① 最高人民法院行政裁定书，(2017)最高法行申6408号。

此外，《行政强制法》在“总则”部分规定了实施行政强制应当遵循的基本原则：一是依照法定的权限、范围、条件和程序（行政强制合法原则）；二是适当（行政强制适当原则）；三是教育与强制相结合原则；四是行政机关及其工作人员不得利用行政强制权为单位或者个人谋取利益（禁止谋利原则）；五是公民、法人或者其他组织对行政机关实施行政强制享有陈述权、申辩权，有权依法申请行政复议或者提起行政诉讼，因行政机关违法实施行政强制受到损害的，有权依法要求赔偿，公民、法人或者其他组织因法院在强制执行中有违法行为或者扩大强制执行范围受到损害的，有权依法要求赔偿（权利救济原则）。上述原则虽然不全涉及程序问题，但对于行政强制的实施程序具有重要的指导意见。

（一）行政强制措施的实施程序

1. 实施主体

《行政强制法》第 17 条规定：“行政强制措施由法律、法规规定的行政机关在法定职权范围内实施。行政强制措施权不得委托。依据《中华人民共和国行政处罚法》的规定行使相对集中行政处罚权的行政机关，可以实施法律、法规规定的与行政处罚权有关的行政强制措施。行政强制措施应当由行政机关具备资格的行政执法人员实施，其他人员不得实施。”其中明确确立了行政强制措施禁止委托原则，这与《行政处罚法》《行政许可法》等立法中“可以委托”的规定形成鲜明的对比。

此外，依据《行政强制法》第 70 条的规定，法律、行政法规授权的具有管理公共事务职能的组织在法定授权范围内可以以自己的名义实施行政强制措施。

2. 一般程序

《行政强制法》第 16 条、第 18 条规定，行政机关履行行政管理职责，依照法律、法规的规定，实施行政强制措施。违法行为情节显著轻微或者没有明显社会危害的，可以不采取行政强制措施。行政机关实施行政强制措施应当遵守下列规定：（1）实施前须向行政机关负责人报告并经批准；（2）由两名以上行政执法人员实施；（3）出示执法身份证件；（4）通知当事人到场；（5）当场告知当事人采取行政强制措施的理由、依据以及当事人依法享有的权利、救济途径；（6）听取当事人的陈述和申辩；（7）制作现场笔录；（8）现场笔录由当事人和行政执法人员签名或者盖章，当事人拒绝的，在笔录中予以注明；（9）当事人不到场的，邀请见证人到场，由见证人和行政执法人员在现场笔录上签名或者盖章；（10）法律、法规规定的其他程序。对于上述第（1）项事先报批程序，《行政强制法》第 19 条规定了例外的情形，即情况紧急，需要当场实施行政强制措施的，行政执法人员应当在 24 小时内向行政机关负责人报告，并补办批准手续，行政机关负责人认为不应当采取行政强制措施的，应当立即解除。

3. 限制人身自由措施的程序

《行政强制法》第 20 条第 1 款对实施限制公民人身自由的行政强制措施做了特别规定，除应当履行上述一般程序外，还应当遵守下列规定：（1）当场告知或者实施行政强制措施后立即通知当事人家属实施行政强制措施的行政机关、地点和期限；（2）在紧急情况下当场实施行政强制措施的，在返回行政机关后，立即向行政机关负责人报告并补办批准手续；（3）法律规定的其他程序。

《行政强制法》第20条第2款要求，实施限制人身自由的行政强制措施不得超过法定期限，实施行政强制措施的目的已经达到或者条件已经消失，应当立即解除。从而为实施限制人身自由的行政强制措施设定了两大原则——“禁止超期”原则和“立即解除”原则。

4. 查封、扣押程序

（1）查封、扣押的对象范围

对于查封、扣押的对象范围，《行政强制法》第23条确立了三大原则：①涉案原则，即查封、扣押限于涉案的场所、设施或者财物，不得查封、扣押与违法行为无关的场所、设施或者财物。②生活保障原则，即不得查封、扣押公民个人及其所扶养家属的生活必需品。③禁止重复查封原则，即当事人的场所、设施或者财物已被其他国家机关依法查封的，不得重复查封。

（2）实施程序与期限

依据《行政强制法》第22条、第24条、第25条的规定，查封、扣押应当由法律、法规规定的行政机关实施，其他任何行政机关或者组织不得实施。行政机关决定实施查封、扣押的，应当按照上述一般程序的要求制作并当场交付查封、扣押决定书和清单。查封、扣押的期限不得超过30日，情况复杂的，经行政机关负责人批准，可以延长，但是延长期限不得超过30日。法律、行政法规对期限另有规定的，从其规定。

（3）保管与处理

对于查封、扣押财产的保管，《行政强制法》第26条规定，对查封、扣押的场所、设施或者财物，行政机关应当妥善保管，不得使用或者损毁；造成损失的，应当承担赔偿责任。对查封的场所、设施或者财物，行政机关可以委托第三人保管，第三人不得损毁或者擅自转移、处置。因第三人的原因造成的损失，行政机关先行赔付后，有权向第三人追偿。因查封、扣押发生的保管费用由行政机关承担。

对于查封、扣押财产的处理，《行政强制法》第27条规定，行政机关采取查封、扣押措施后，应当及时查清事实，在《行政强制法》第25条规定的期限内作出处理决定。对违法事实清楚，依法应当没收的非法财物予以没收，法律、行政法规规定应当销毁的，依法销毁。应当解除查封、扣押的，作出解除查封、扣押的决定。

（4）解除查封、扣押决定

依据《行政强制法》第28条的规定，有下列情形之一的，行政机关应当及时作出解除查封、扣押决定：①当事人没有违法行为；②查封、扣押的场所、设施或者财物与违法行为无关；③行政机关对违法行为已经作出处理决定，不再需要查封、扣押；④查封、扣押期限已经届满；⑤其他不再需要采取查封、扣押措施的情形。《行政强制法》第28条要求，解除查封、扣押应当立即退还财物，已将鲜活物品或者其他不易保管的财物拍卖或者变卖的，退还拍卖或者变卖所得款项。变卖价格明显低于市场价格，给当事人造成损失的，应当给予补偿。

5. 冻结程序

《行政强制法》规定，冻结存款、汇款应当由法律规定的行政机关实施，不得委托给其他行政机关或者组织。而且，冻结存款、汇款需遵守相当性原则和禁止重复冻结原则。在此基础上，《行政强制法》规定了交付冻结通知书、交付冻结决定书、协助冻结以及解除冻结等具体的程序。

（二）行政强制执行程序

1. 实施主体

行政强制执行的实施主体，关乎行政强制执行体制。行政强制执行体制，在世界各国有单轨制（“行政执行制”或“司法执行制”）与双轨制（“行政执行制”与“司法执行制”并存）之分。《行政强制法》第13条规定：“行政强制执行由法律设定。法律没有规定行政机关强制执行的，作出行政决定的行政机关应当申请人民法院强制执行。”第34条规定：“行政机关依法作出行政决定后，当事人在行政机关决定的期限内不履行义务的，具有行政强制执行权的行政机关依照本章规定强制执行。”第53条规定：“当事人在法定期限内不申请行政复议或者提起行政诉讼，又不履行行政决定的，没有行政强制执行权的行政机关可以自期限届满之日起三个月内，依照本章规定申请人民法院强制执行。”根据上述规定，中国的行政强制执行体制属于典型的双轨制，并且是以“司法执行制”为主、“行政执行制”为辅。

在双轨制下，行政强制执行的实施主体包括行政机关和法院。如前所述，《行政强制法》对行政强制执行的设定采取严格的法律保留原则，行政强制执行只能由法律设定，行政法规、地方性法规和规章等均无权设定行政强制执行。一言以蔽之，除法律明文规定行政机关具有强制执行权的情形之外，行政强制执行的主体只能是人民法院。

总结·提示 在世界范围内，行政强制执行体制有单轨制（“行政执行制”或“司法执行制”）与双轨制（“行政执行制”与“司法执行制”并存）之分，中国《行政强制法》确立了典型的双轨制，并且是以“司法执行制”为主、“行政执行制”为辅。

---

2. 行政机关强制执行程序

（1）执行的原则

《行政强制法》第4章以及其他法律的相关规定确立了如下几个行政强制执行的原则：

第一，复议、诉讼不停止执行原则。虽然《行政强制法》对此未明文规定，但考虑到《行政复议法》（2023年修改）第42条、《行政诉讼法》（2017年修改）第56条的规定，行政复议、行政诉讼不停止执行仍然是行政强制执行的一项原则。但必须指出的是，复议、诉讼不停止执行原则只能适用于行政机关自行强制执行的情形，依据《行政强制法》第53条的规定，没有行政强制执行权的行政机关必须等待行政复议和行政诉讼期限届满之后方能申请法院强制执行。

第二，间接强制优先原则。在行政强制执行手段的选择上，首先应当选择间接强制执行手段，只有当间接强制执行手段无法达到执行目的时，方可选择直接强制执行手段。

第三，执行和解原则。《行政强制法》第42条规定："实施行政强制执行，行政机关可以在不损害公共利益和他人合法权益的情况下，与当事人达成执行协议。执行协议可以约定分阶段履行；当事人采取补救措施的，可以减免加处的罚款或者滞纳金。执行协议应当履行。当事人不履行执行协议的，行政机关应当恢复强制执行。"行政机关与当事人达成执行协议，是执行和解原则的主要体现。

第四，文明执行原则。文明执行原则集中体现在《行政强制法》第43条的规定，即行政机关不得在夜间或者法定节假日实施行政强制执行，情况紧急的除外。2017年12月20日，最高人民法院答复称："依照《中华人民共和国行政强制法》第四十三条第一款及第六十九条的规定，行政机关不得在星期六实施强制拆除，但情况紧急的除外。"[①] 另外，行政机关也不能通过对居民生活停止供水、电、燃气、热力等方式，逼迫当事人履行相关的行政决定。2010年5月15日，国务院办公厅发布的《关于进一步严格征地拆迁管理工作切实维护群众合法权益的紧急通知》（国办发明电〔2010〕15号）要求："对采取停水、停电、阻断交通等野蛮手段逼迫搬迁，以及采取'株连式拆迁'和'突击拆迁'等方式违法强制拆迁的，要严格追究有关责任单位和责任人的责任。"上述野蛮搬迁手段明显与文明执行原则相抵牾，因而被明令禁止。

（2）一般程序

行政机关强制执行的一般程序，是指所有行政机关实施强制执行时必须遵循的基本程序，它由"催告和送达→陈述和申辩→记录、复核、处理→执行决定→送达→执行"等基本程序环节所组成。[②] 另外，在一般程序中还包括执行中止、执行终结以及执行回转等情形。

第一，催告和送达。《行政强制法》第35条规定："行政机关作出强制执行决定前，应当事先催告当事人履行义务。催告应当以书面形式作出，并载明下列事项：（一）履行义务的期限；（二）履行义务的方式；（三）涉及金钱给付的，应当有明确的金额和给付方式；（四）当事人依法享有的陈述权和申辩权。"这里的催告，是指当事人逾期不履行由行政基础决定所确定的义务，行政机关为督促当事人在强制执行前自行履行义务而向当事人书面发出的要求其在一定期限内履行义务，否则将承担被强制执行后果的一种意思通知。催告书必须依法送达当事人，方能发生法律效力。

第二，陈述和申辩。《行政强制法》第36条规定，当事人收到催告书后有权进行陈述和申辩。如上所述，载明"当事人依法享有的陈述权和申辩权"也是对催告书的一项要求。陈述和申辩，是当事人的一项重要的程序性权利。

---

① 最高人民法院《关于行政机关在星期六实施强制拆除是否违反〈中华人民共和国行政强制法〉第四十三条第一款规定的请示的答复》（〔2016〕最高法行他81号）。

② 参见胡建淼：《行政法学》（第4版），法律出版社2015年版，第348页。

第三，记录、复核、处理。《行政强制法》第 36 条规定，行政机关应当充分听取当事人的意见，对当事人提出的事实、理由和证据，应当进行记录、复核。当事人提出的事实、理由或者证据成立的，行政机关应当采纳。

第四，强制执行决定。《行政强制法》第 37 条规定，经催告，当事人逾期仍不履行行政决定，且无正当理由的，行政机关可以作出强制执行决定。强制执行决定应当以书面形式作出，并载明下列事项：①当事人的姓名或者名称、地址；②强制执行的理由和依据；③强制执行的方式和时间；④申请行政复议或者提起行政诉讼的途径和期限；⑤行政机关的名称、印章和日期。在催告期间，对有证据证明有转移或者隐匿财物迹象的，行政机关可以作出立即强制执行决定。

第五，强制执行决定的送达。行政机关不作出强制执行决定就不得实施行政强制执行，而强制执行决定不依法送达给当事人就不具有法律效力。《行政强制法》第 38 条规定，催告书、行政强制执行决定书应当直接送达当事人。当事人拒绝接收或者无法直接送达当事人的，应当依照《民事诉讼法》的有关规定送达。

第六，实施行政强制执行。强制执行决定作出并送达以后，行政机关应当及时实施行政强制执行。除法律、法规规定停止执行的情形外，通常也不存在等待当事人申请行政复议或者提起行政诉讼等环节，行政机关有权直接强制执行。

第七，执行中止、终结与回转。对于执行中止，《行政强制法》第 39 条规定，有“当事人履行行政决定确有困难或者暂无履行能力的”“第三人对执行标的主张权利，确有理由的”“执行可能造成难以弥补的损失，且中止执行不损害公共利益的”“行政机关认为需要中止执行的其他情形”之一的，中止执行，中止执行的情形消失后，行政机关应当恢复执行。对没有明显社会危害，当事人确无能力履行，中止执行满 3 年未恢复执行的，行政机关不再执行。对于执行终结，《行政强制法》第 40 条规定，有“公民死亡，无遗产可供执行，又无义务承受人的”“法人或者其他组织终止，无财产可供执行，又无义务承受人的”“执行标的灭失的”“据以执行的行政决定被撤销的”“行政机关认为需要终结执行的其他情形”之一的，终结执行。对于执行回转，《行政强制法》第 41 条规定，在执行中或者执行完毕后，据以执行的行政决定被撤销、变更，或者执行错误的，应当恢复原状或者退还财物，不能恢复原状或者退还财物的，依法给予赔偿。

（3）金钱给付义务的执行程序

《行政强制法》第 4 章第 2 节（第 45～49 条）专门规定了金钱给付义务的执行程序。金钱给付义务的执行既有直接强制执行方式，又有间接强制执行方式。

直接强制执行，主要是行政机关通过金融机构直接划拨当事人的存款、汇款，以及将查封、扣押的财物依法拍卖抵缴罚款；间接强制执行，主要是行政机关对当事人实施执行罚，即《行政强制法》第 45 条规定的“加处罚款或者滞纳金”。《行政强制法》第 45 条第 2 款规定，加处罚款或者滞纳金的数额不得超出金钱给付义务的数额，从而确立了“罚数不超过本数原则”。此外，《行政强制法》第 46 条第 1 款规定，行政机关依照上述规定实施加处罚款或者滞纳金超过 30 日，经催告当事人仍不履行的，具有行政强制执行权的行政机关可以强制执行。这一规定体现了间接强制优先的原则。

（4）代履行程序

代履行属于间接强制执行的一种。《行政强制法》第50～51条规定，行政机关依法作出要求当事人履行排除妨碍、恢复原状等义务的行政决定，当事人逾期不履行，经催告仍不履行，其后果已经或者将危害交通安全、造成环境污染或者破坏自然资源的，行政机关可以代履行，或者委托没有利害关系的第三人代履行。代履行应当遵守下列规定：①代履行前送达决定书，代履行决定书应当载明当事人的姓名或者名称、地址，代履行的理由和依据、方式和时间、标的、费用预算以及代履行人；②代履行3日[①]前，催告当事人履行，当事人履行的，停止代履行；③代履行时，作出决定的行政机关应当派员到场监督；④代履行完毕，行政机关到场监督的工作人员、代履行人和当事人或者见证人应当在执行文书上签名或者盖章。代履行的费用按照成本合理确定，由当事人承担，法律另有规定的除外。而且，代履行不得采用暴力、胁迫以及其他非法方式。

“送达代履行决定→催告当事人履行”是正常代履行中的程序环节。不过，《行政强制法》第52条规定的“立即实施代履行”程序并不需要经过上述两个程序环节，即需要立即清除道路、河道、航道或者公共场所的遗洒物、障碍物或者污染物，当事人不能清除的，行政机关可以决定立即实施代履行。当事人不在场的，行政机关应当在事后立即通知当事人，并依法作出处理。

3. 申请法院强制执行

（1）实体要件

《行政强制法》第53条规定，当事人在法定期限内既不申请行政复议或者提起行政诉讼，又不履行行政决定的，没有行政强制执行权的行政机关可以自期限届满之日起3个月内，依法申请法院强制执行，这是申请法院强制执行的实体要件。

此外，《行政诉讼法》第97条以及2018年《行政诉讼法解释》第155条对申请法院强制执行的实体要件做了更为详尽的规定，包括：①行政行为依法可以由法院执行；②行政行为已经生效并具有可执行内容；③申请人是作出该行政行为的行政机关或者法律、法规、规章授权的组织；④被申请人是该行政行为所确定的义务人；⑤被申请人在行政行为确定的期限内或者行政机关催告期限内未履行义务；⑥申请人在法定期限内提出申请；⑦被申请执行的行政案件属于受理执行申请的法院管辖。对于上述第⑥项，2018年《行政诉讼法解释》第156条要求，没有强制执行权的行政机关申请法院强制执行其行政行为，应当自被执行人的法定起诉期限届满之日起3个月内提出。逾期申请的，除有正当理由外，法院不予受理。

（2）程序要件

《行政强制法》第54条规定，行政机关申请法院强制执行前，应当催告当事人履行义务。催告书送达10日后当事人仍未履行义务的，行政机关可以向所在地有管辖权的法院申

① 依据《行政强制法》第69条的规定，凡是《行政强制法》中10日以内期限的规定都是指工作日，不含法定节假日。

请强制执行；执行对象是不动产的，向不动产所在地有管辖权的法院申请强制执行。这里的催告程序，是在行政机关作出基础决定与申请法院强制执行之间不可逾越的环节，也是重要的程序要件。2019 年 6 月 17 日，最高人民法院答复称："当事人在行政决定所确定的履行期限届满后仍未履行义务的，行政机关即可催告当事人履行义务。行政机关既可以在行政复议和行政诉讼期限届满后实施催告，也可以在行政复议和行政诉讼期限届满之前实施催告。"① 据此，催告的前提条件是履行期限届满，但并不强制性地要求行政复议和行政诉讼期限亦同时届满。

（3）材料提供

《行政强制法》第 55 条规定，行政机关向法院申请强制执行，应当提供下列材料：①强制执行申请书；②行政决定书及作出决定的事实、理由和依据；③当事人的意见及行政机关催告情况；④申请强制执行标的情况；⑤法律、行政法规规定的其他材料。强制执行申请书应当由行政机关负责人签名，加盖行政机关的印章，并注明日期。2018 年《行政诉讼法解释》第 155 条第 2 款规定，行政机关申请法院执行，应当提交《行政强制法》第 55 条规定的相关材料。

（4）受理与复议

《行政强制法》第 56 条规定，法院接到行政机关强制执行的申请，应当在 5 日内受理。行政机关对法院不予受理的裁定有异议的，可以在 15 日内向上一级法院申请复议，上一级法院应当自收到复议申请之日起 15 日内作出是否受理的裁定。2018 年《行政诉讼法解释》第 155 条第 3 款的内容与此基本相同。

对于管辖权，2018 年《行政诉讼法解释》第 157 条规定，行政机关申请法院强制执行其行政行为的，由申请人所在地的基层法院受理；执行对象为不动产的，由不动产所在地的基层法院受理。基层法院认为执行确有困难的，可以报请上级法院执行；上级法院可以决定由其执行，也可以决定由下级法院执行。

（5）审查与裁定

《行政强制法》第 57 条、2018 年《行政诉讼法解释》第 160 条规定，法院对行政机关强制执行的申请进行书面审查，对符合相关规定，且行政决定具备法定执行效力的，应当在受理后 7 日内由行政审判庭对行政行为的合法性进行审查，并作出是否准予执行的裁定。法院在作出裁定前发现行政行为明显违法并损害被执行人合法权益的，应当听取被执行人和行政机关的意见，并自受理之日起 30 日内作出是否准予执行的裁定。2022 年 4 月 19 日，最高人民法院答复称："人民法院作出的准许或者不准许执行行政机关的行政决定的裁定，不属于可以申请再审的裁定。"② 据此，被执行人和行政机关均不能对此类裁定申请再审。

① 最高人民法院《关于行政机关申请人民法院强制执行前催告当事人履行义务的时间问题的答复》（〔2019〕最高法行他 48 号）。

② 最高人民法院《关于对人民法院作出的准许或者不准许执行行政机关的行政决定的裁定是否可以申请再审的答复》（〔2022〕最高法行他 1 号）。

（6）裁定不准予执行的情形

《行政强制法》第58条、2018年《行政诉讼法解释》第161条规定，被申请执行的行政行为有下列情形之一的，法院应当裁定不准予执行：①实施主体不具有行政主体资格的；②明显缺乏事实根据的；③明显缺乏法律、法规依据的；④其他明显违法并损害被执行人合法权益的情形。在作出裁定前，可以听取被执行人和行政机关的意见。法院应当自受理之日起30日内作出是否执行的裁定。裁定不予执行的，应当说明理由，并在5日内将不予执行的裁定送达行政机关。行政机关对不准予执行的裁定有异议，在15日内向上一级法院申请复议的，上一级法院应当在收到复议申请之日起30日内作出裁定。权威的解读认为，《行政强制法》第58条可以看作第57条的一个例外规定，一旦法院在依据第57条进行的书面审查中发现行政行为可能明显缺乏事实根据、可能明显缺乏法律法规依据、可能明显违法并损害被执行人合法权益的，法院就不能再简单地进行书面审查，而应当通过分别听取当事人意见或者听证会的方式听取被执行人和行政机关的意见，甚至应当通过双方直接言辞辩论的方式，来查清事实、释明法律、消除疑惑。[①] 对于审查标准，《行政强制法》第58条、2018年《行政诉讼法解释》第161条确立的是重大且明显违法的标准，与行政诉讼中的审查标准相比要宽松得多。

总结·提示 《行政强制法》要求法律没有授予强制执行权的行政机关在需要强制执行其作出的行政行为时，必须申请法院强制执行。这一方面是为了限制行政强制权的行使主体，降低行政强制权侵害公民、法人或者其他组织合法权益的可能性，另一方面是想借助法院对于强制执行申请的审查，有效过滤并阻止存在明显违法情形的行政行为进入强制执行程序。

（7）申请立即执行

《行政强制法》第59条规定，因情况紧急，为保障公共安全，行政机关可以申请法院立即执行。经院长批准，法院应当自作出执行裁定之日起5日内执行。

（8）执行费用

《行政强制法》第60条规定，行政机关申请法院强制执行，不缴纳申请费。强制执行的费用由被执行人承担；法院以划拨、拍卖方式强制执行的，可以在划拨、拍卖后将强制执行的费用扣除；依法拍卖财物，由法院委托拍卖机构依照《拍卖法》的规定办理；划拨的存款、汇款以及拍卖和依法处理所得的款项应当上缴国库或者划入财政专户，不得以任何形式截留、私分或者变相私分。

---

① 参见江必新主编：《中华人民共和国行政强制法条文理解与实务指南》，人民法院出版社2011年版，第300页。

四、行政强制中的法律责任

（一）行政机关及其人员的法律责任

《行政强制法》第6章规定了“法律责任”，共有8个条文。其中，前4个条文（第61～64条）规定了行政机关及其人员的法律责任，承担责任的形式包括责令改正、给予行政处分以及追缴财物等。

1. 违法实施行政强制的责任

《行政强制法》第61条规定，行政机关违法实施行政强制的情形有：（1）没有法律、法规依据的；（2）改变行政强制对象、条件、方式的；（3）违反法定程序实施行政强制的；（4）违反本法规定，在夜间或者法定节假日实施行政强制执行的；（5）对居民生活采取停止供水、供电、供热、供燃气等方式迫使当事人履行相关行政决定的；（6）有其他违法实施行政强制情形的。对此，承担责任的形式是：由上级行政机关或者有关部门责令改正，对直接负责的主管人员和其他直接责任人员依法给予处分。

2. 违法实施查封、扣押、冻结措施的责任

《行政强制法》第62条规定，行政机关违法实施查封、扣押、冻结的情形有：（1）扩大查封、扣押、冻结范围的；（2）使用或者损毁查封、扣押场所、设施或者财物的；（3）在查封、扣押法定期间不作出处理决定或者未依法及时解除查封、扣押的；（4）在冻结存款、汇款法定期间不作出处理决定或者未依法及时解除冻结的。对此，承担责任的形式是：由上级行政机关或者有关部门责令改正，对直接负责的主管人员和其他直接责任人员依法给予处分。

3. 违法侵占强制标的物的责任

《行政强制法》第63条规定：“行政机关将查封、扣押的财物或者划拨的存款、汇款以及拍卖和依法处理所得的款项，截留、私分或者变相私分的，由财政部门或者有关部门予以追缴；对直接负责的主管人员和其他直接责任人员依法给予记大过、降级、撤职或者开除的处分。行政机关工作人员利用职务上的便利，将查封、扣押的场所、设施或者财物据为己有的，由上级行政机关或者有关部门责令改正，依法给予记大过、降级、撤职或者开除的处分。”

4. 违法谋利的责任

《行政强制法》第64条规定：“行政机关及其工作人员利用行政强制权为单位或者个人谋取利益的，由上级行政机关或者有关部门责令改正，对直接负责的主管人员和其他直接责任人员依法给予处分。”

（二）金融机构的法律责任

金融机构虽然不是行政强制的实施主体，但它们作为协助机构，同样需要承担相应的法

律责任。《行政强制法》第65条规定："违反本法规定，金融机构有下列行为之一的，由金融业监督管理机构责令改正，对直接负责的主管人员和其他直接责任人员依法给予处分：（一）在冻结前向当事人泄露信息的；（二）对应当立即冻结、划拨的存款、汇款不冻结或者不划拨，致使存款、汇款转移的；（三）将不应当冻结、划拨的存款、汇款予以冻结或者划拨的；（四）未及时解除冻结存款、汇款的。"第66条规定："违反本法规定，金融机构将款项划入国库或者财政专户以外的其他账户的，由金融业监督管理机构责令改正，并处以违法划拨款项二倍的罚款；对直接负责的主管人员和其他直接责任人员依法给予处分。违反本法规定，行政机关、人民法院指令金融机构将款项划入国库或者财政专户以外的其他账户的，对直接负责的主管人员和其他直接责任人员依法给予处分。"

（三）法院及其人员的法律责任

《行政强制法》有2个条文规定了法院及其人员的法律责任。其中，第8条第2款规定："公民、法人或者其他组织因人民法院在强制执行中有违法行为或者扩大强制执行范围受到损害的，有权依法要求赔偿。"第67条规定："人民法院及其工作人员在强制执行中有违法行为或者扩大强制执行范围的，对直接负责的主管人员和其他直接责任人员依法给予处分。"据此，法院及其人员承担法律责任的情形限于在强制执行中有违法行为或者扩大强制执行范围两种。对直接负责的主管人员和其他直接责任人员的行政处分，除了依据该规定，还应当依据《公务员法》（2018年修改）和《人民法院工作人员处分条例》（法发〔2009〕61号）的相关规定作出。

（四）赔偿责任和刑事责任

对于赔偿责任，《行政强制法》第68条第1款规定："违反本法规定，给公民、法人或者其他组织造成损失的，依法给予赔偿。"此外，在《行政强制法》第8条、第26条、第41条中也有关于赔偿责任的规定。

对于刑事责任，《行政强制法》第68条第2款规定："违反本法规定，构成犯罪的，依法追究刑事责任。"当然，最终是否追究刑事责任，仅仅依据上述规定是远远不够的，仍需以《刑法》（2020年修改）中的具体条款为定罪量刑的依据。

五、行政强制拆除的性质与合法要件

（一）行政强制拆除的意义

行政强制拆除俗称"强拆"，顾名思义，就是行政机关在未经权利人同意的前提下采取强制手段拆除其房屋、清理及毁坏苗木等地上附着物的行为。从实践来看，因强制拆除房屋而引发的行政诉讼以及行政赔偿诉讼，在征收拆迁相关的案件中占较大比例。由于违法实施强制拆除的成本十分低廉，行政赔偿的惩戒性未能得到充分体现，且缺乏行之有效的问责机制，行政机关在强制拆除房屋时存在"先拆了再说""以拆促迁"的现象。这导致强制拆除案件几乎也是所有行政案件中原告胜诉率最高的一个类型，请求法院确认强制拆除行为违法，可谓“一告一个准”。对于遭受损害的相对人来说，请求法院确认强制拆除行为违法之后再请求行政赔偿，通常也成为维权的终点和归宿。在违法强制拆除房屋之后，原本的行政补偿转化成行政赔偿，当然这种转化不是没有代价的，其中最大的代价就是地方政府没有依法实施征收拆迁，这与建设法治国家、法治政府、法治社会的宏伟蓝图相背离，势必在一定程度上影响地方政府的形象和公信力。

需要强调的是，行政强制拆除是以“强制”为前提的。如果被征收人在签订补偿安置协议之后，按照约定将房屋腾空并主动交由行政机关拆除，这种情形应视为被征收人主动履行协议的行为，由于行政机关拆除房屋是经过被征收人同意的，是自愿的而非强制的，故不属于行政强制拆除。在**国某凤诉榆次区政府房屋行政强制案**中，最高人民法院认为，拆迁补偿协议约定补偿事项及当事人将其房屋交付行政机关拆除，在该协议未被撤销或确认无效且无证据证明案涉房屋系未经当事人同意被强制拆除的情况下，应当认定案涉拆除行为系履行拆迁补偿协议的行为，不能认定行政机关存在行政强制行为，也不能认定该拆除行为影响了当事人的合法权益，故当事人的起诉无事实根据。①

总结·提示 行政机关拆除房屋的行为，未必都是强制拆除。如果是在签订补偿安置协议或领取补偿款之后当事人自愿将房屋交由行政机关拆除，这属于当事人履行补偿安置协议的行为，由于其中不存在强制，不属于行政强制拆除。

（二）行政强制拆除是行政事实行为

在理论上，一个行政行为可以区分为基础决定和执行行为，前者设定当事人的权利义务，后者则是用强制手段实现其设定的权利义务，当事人对行政执行行为不服，只需就基础决定提起诉讼，基础决定被撤销，执行行为自然失去依据。② 但对于行政强制拆除行为来说，特殊之处在于强制拆除之前一般都没有书面的决定（基础决定），而是将行政决定与执行行为合二为一，行政机关往往“上来就拆”，对外表现为一种事实行为。所谓事实行为，是与法律行为相对的概念，指并非以发生法律效果为目的，而以发生事实效果为目的的行为。在**马某诉七里河区政府城建行政强制案**中，最高人民法院提出，强制拆除房屋的行为系事实行为，在法律属性上该种行为系以影响或改变事实状态为目的而实施，不具有设立、变更或终止行政法律关系的法律效果。③《民法典》（2020 年发布）第 231 条也明确规定，拆除房屋属于事实行为，自事实行为成就时导致物权消灭。

综上所述，行政强制拆除本身属于行政事实行为，它是一种物理行为而非意思行为，对相对人不产生法律约束力，但却会对相对人的合法权益造成直接的侵害。通常认为，行政事实行为不会对当事人的权利义务产生创设、变更或消灭的法律效果，因而在行政诉讼中不能

---

① 最高人民法院行政裁定书，（2020）最高法行申 14809 号。

② 参见何海波：《行政诉讼法》（第 3 版），法律出版社 2022 年版，第 177 ~ 179 页。

③ 最高人民法院行政裁定书，（2020）最高法行申 5042 号。

成为撤销判决的对象，在其违法时只能适用确认判决。《行政诉讼法》第 74 条第 2 款第 1 项规定“行政行为违法，但不具有可撤销内容的”，人民法院判决确认违法。这里的确认违法判决，主要就是针对违法的事实行为而设置的。

总结·提示 行政强制拆除是物理行为而非意思行为，是事实行为而非法律行为。

在确定了行政强制拆除属于事实行为之后，或许很多人心里还有疑问：行政强制拆除是否属于行政行为？要回答这个问题，首先要确定行政行为的概念。由于行政行为的概念不断演变和扩张，当代中国的行政行为几乎已经等同于行政活动，足以把行政事实行为囊括其中。何海波教授认为，一个通常所理解的行政事实行为（如驾驶、殴打、拆除）也可以产生法律后果，需要纳入行政诉讼受案范围；一个事实上的行为被法律赋予效果，即成为行政行为。[①] 由此可见，我们绝不能用民事法律行为与事实行为之间的关系去套用行政行为与行政事实行为之间的关系。换言之，行政强制拆除是行政事实行为，并不妨碍它也是一种行政行为。所以，在一些行政起诉状和行政判决书中常见的“确认被告强制拆除原告房屋的行政行为违法”的表述是可以成立的。

（三）行政强制拆除是行政强制执行行为

如上所述，行政强制拆除首先是行政事实行为。有学者将行政事实行为分为执行性事实行为、说明性事实行为和告知性事实行为，其中执行性事实行为是借用物理上“实力”达到行政目的，强制相对人履行义务，行政强制执行就是一种典型的执行性事实行为。[②] 行政强制执行的主要目的在于实现行政决定中当事人义务的强制履行，大多属于事实行为。从目的来看，行政强制拆除也是为了实现先前行政决定（如征收补偿决定、责令交出土地决定）中相对人义务的强制履行，因而可归入行政强制执行范畴。《行政强制法》第 4 章内容为“行政机关强制执行程序”，在其中的第 44 条规定了“对违法的建筑物、构筑物、设施等需要强制拆除”的情形，足见立法机关也认同行政强制拆除属于行政强制执行行为的观点。因此，将行政强制拆除认定为行政强制执行行为是准确的，虽然有很多属于违法的行政强制执行行为。在**莫某忠诉南宁市政府等强制拆除房屋及行政赔偿案**中，最高人民法院认为，行政强制措施是指在行政处罚决定作出前，行政机关采取的强制手段，通常是为了迅速查处违法行为而作出的临时性处置；而行政强制执行是在行政处罚决定作出后，为执行该行政处罚所采取的强制手段，二者具有显著区别。本案中，江南区城管局于 2013 年 4 月 22 日向莫某忠送达《限期拆除决定书》，该决定属于行政处罚决定，2013 年 8 月 22 日作出的强制拆除行为，则是属于为执行上述行政处罚决定而实施的行政强制执行行为。因此，本案被诉的强制拆除行为并非江南区城管局所称的行政处罚或者行政强制措施，而是属于行政处罚

---

① 参见何海波：《行政诉讼法》（第 3 版），法律出版社 2022 年版，第 143 页。
② 参见章剑生：《现代行政法总论》（第 2 版），法律出版社 2019 年版，第 206～207 页。

决定作出后的行政强制执行。[①] 从中可见，实践中也已经采纳了行政强制拆除属于行政强制执行的观点。

《行政强制法》第 12 条第 1 ~ 5 项设定了具体的强制执行方式，在第 6 项又设置“其他强制执行方式”作为“兜底”条款。行政强制拆除，显然就属于“其他强制执行方式”之一。通常情况下，行政强制执行的前提是存在一个生效的行政决定，是执行行政决定的行为，目的是实现行政决定的内容。但前面已经讲到，在未作出行政决定即直接强制拆除的情形下，行政决定和执行行为实际上是合二为一了，在这种情况下行政强制拆除表现为一种纯物理行为，就是直接动用人力、物力等物理力量把房屋等建筑物、构筑物拆毁、清除的行为。

（四）行政强制拆除行为的合法要件

1. 概述

通常认为，行政事实行为的合法要件有三：（1）有法定管辖权；（2）有实体法依据；（3）符合法定程序。[②] 行政强制拆除行为作为行政事实行为之一种，当然也必须满足上述合法要件。不过，通常对于合法建筑的强制拆除适用的是行政征收制度，对于违法建筑的强制拆除适用的是行政处罚制度，二者的合法要件差异较大。而且，同为合法建筑，对于集体土地上房屋与国有土地上房屋的强制拆除，在合法要件的具体内容方面也不尽相同。此外，实践中还存在对一类特殊房屋——危险房屋的强制拆除。

下面我们分别讲述集体土地和国有土地上合法建筑强制拆除行为的合法要件。对于违法建筑与危险房屋的强制拆除，留待下一讲介绍。

2. 集体土地上房屋的强制拆除

（1）强制拆除的步骤

依据《土地管理法》（2019 年修改）和《土地管理法实施条例》（2021 年修改）的规定，行政机关要合法地强制拆除集体土地上的房屋，至少需要经过以下步骤：

第一，完成征地前期工作。这里的征地前期工作主要包括：①公共利益及“四规划一计划”审核；②发布征收土地预公告；③开展土地现状调查；④开展社会稳定风险评估；⑤拟订补偿安置方案；⑥发布补偿安置方案公告；⑦办理补偿登记；⑧组织听证；⑨确定补偿安置方案；⑩签订征地补偿安置协议。不过，既然是强制拆除，大多不会完成上述第⑩项，否则就可能变成自愿拆除，但其他几项是必须依法完成的。

第二，征收土地的申请和批准。县级以上地方人民政府完成征地前期工作后，方可提出征收土地申请，依照《土地管理法》第 46 条的规定报有批准权的人民政府（国务院或者省、自治区、直辖市人民政府）批准。有批准权的人民政府应当对征收土地的必要性、合理性、是否符合《土地管理法》第 45 条规定的为了公共利益确需征收土地的情形以及是否符合法

---

① 最高人民法院行政裁定书，（2018）最高法行申 6740 号。

② 参见章剑生：《现代行政法总论》（第 2 版），法律出版社 2019 年版，第 205 ~ 206 页。

定程序进行审查。经审查，征收土地申请符合法律规定的，依法予以批准。

第三，征地批准文件公告和组织实施。征收土地申请经依法批准后，县级以上地方人民政府应当自收到批准文件之日起15个工作日内在拟征收土地所在的乡（镇）和村、村民小组范围内发布征收土地公告。征收土地依照法定程序批准后，由县级以上地方人民政府组织实施。

第四，作出征地补偿安置决定。县级以上地方人民政府对个别未达成征地补偿安置协议的应当作出征地补偿安置决定，并依法组织实施。

第五，作出责令交出土地决定。《土地管理法实施条例》第62条规定："违反土地管理法律、法规规定，阻挠国家建设征收土地的，由县级以上地方人民政府责令交出土地；拒不交出土地的，依法申请人民法院强制执行。"这里的"交出土地"自然也包括一并交出土地上的房屋。

第六，申请法院强制执行。申请法院强制执行程序，就是《行政强制法》第5章和《行政诉讼法》第97条所规定的非诉执行。由于《土地管理法》并未授予行政机关自行实施强制拆除的权力，只能申请法院强制执行。

（2）非诉执行的申请条件

依据《行政诉讼法》第97条、2018年《行政诉讼法解释》第157条、《行政强制法》第53~54条的规定，如果县级以上地方人民政府要申请法院强制执行责令交出土地决定，必须需要满足如下条件：①相对人在法定期限内对责令交出土地决定不申请行政复议或者提起行政诉讼，又不履行该决定；②在行政复议和行政诉讼期限届满之日起3个月内提出申请；③向有管辖权的法院提出申请（一般是不动产所在地的基层法院）；④在申请法院强制执行前，应当催告当事人履行义务，催告书送达10日后当事人仍未履行义务方可提出申请。

（3）非诉执行的程序

非诉执行的程序，包括申请、受理、审查、裁定等步骤。法院在强制执行中的行为，不属于行政行为，不具有可诉性，但相对人因法院在强制执行中有违法行为或者扩大强制执行范围受到损害的，有权依法要求赔偿。

总结·提示 在征收中对集体土地上合法建筑的拆除，实质上就是对责令交出土地决定的执行。对此，只能申请法院强制执行，任何行政机关均无权自行实施强制拆除。如果有行政机关未向法院提出申请而直接拆除了集体土地上的房屋，那毫无疑问就是违法的行政强制拆除行为。

---

3. 国有土地上房屋的强制拆除

依据《征收条例》的规定，要合法地强制拆除国有土地上的房屋，需要经过以下步骤：

第一，完成征收前期工作。这里的征地前期工作主要包括：（1）公共利益及"四规划一计划”审核；（2）开展社会稳定风险评估；（3）违法建筑查处；（4）征收调查登记。

第二，征收补偿费用到位。《征收条例》第12条第2款要求，作出房屋征收决定前，征收补偿费用应当足额到位、专户存储、专款专用。

第三，确定征收补偿方案。《征收条例》第10～11条规定，房屋征收部门拟订征收补偿方案，报市、县级人民政府，市、县级人民政府应当组织有关部门对征收补偿方案进行论证并予以公布，征求公众意见，征求意见期限不得少于30日，并应当将征求意见情况和根据公众意见修改的情况及时公布。因旧城区改建需要征收房屋，多数被征收人认为征收补偿方案不符合本条例规定的，市、县级人民政府应当组织由被征收人和公众代表参加的听证会，并根据听证会情况修改方案。

第四，作出房屋征收决定。为了保障国家安全、促进国民经济和社会发展等公共利益的需要，有《征收条例》第8条情形之一，确需征收房屋的，由市、县级人民政府作出房屋征收决定。

第五，房屋征收决定公告。《征收条例》第13条规定，市、县级人民政府作出房屋征收决定后应当及时公告，公告应当载明征收补偿方案和行政复议、行政诉讼权利等事项。

第六，评估。《征收条例》第19条规定，被征收房屋的价值，由具有相应资质的房地产价格评估机构按照房屋征收评估办法评估确定；对评估确定的被征收房屋价值有异议的，可以向房地产价格评估机构申请复核评估；对复核结果有异议的，可以向房地产价格评估专家委员会申请鉴定。

第七，订立补偿协议。《征收条例》第25条第1款规定，房屋征收部门与被征收人依照本条例的规定，就补偿方式、补偿金额和支付期限、用于产权调换房屋的地点和面积、搬迁费、临时安置费或者周转用房、停产停业损失、搬迁期限、过渡方式和过渡期限等事项，订立补偿协议。需要强调的是，强制拆除通常针对的是未订立补偿协议的被征收人，这一点与集体土地征收中的强制拆除是相同的。

第八，作出征收补偿决定。《征收条例》第26条第1款规定，房屋征收部门与被征收人在征收补偿方案确定的签约期限内达不成补偿协议，或者被征收房屋所有权人不明确的，由房屋征收部门报请作出房屋征收决定的市、县级人民政府依照本条例的规定，按照征收补偿方案作出补偿决定，并在房屋征收范围内予以公告。

第九，申请法院强制执行。《征收条例》第28条第1款规定，被征收人在法定期限内不申请行政复议或者不提起行政诉讼，在补偿决定规定的期限内又不搬迁的，由作出房屋征收决定的市、县级人民政府依法申请法院强制执行。这里的申请法院强制执行，申请条件和程序与责令交出土地决定的强制执行相同，不再赘述。

为依法正确办理市、县级人民政府申请法院强制执行国有土地上房屋征收补偿决定案件，维护公共利益，保障被征收房屋所有权人的合法权益，最高人民法院于2012年3月26日发布了《关于办理申请人民法院强制执行国有土地上房屋征收补偿决定案件若干问题的规定》（法释〔2012〕4号），内容涉及案件管辖、案件受理、审查方式和标准、审查期限、裁决方式、强制执行方式、司法建议、新旧规定衔接等问题，这对于国有土地上房屋征收补偿决定的强制执行具有重要的指导意义。

总结·提示 在征收中对国有土地上合法建筑的拆除，实质上就是对征收补偿决定的执行。对此，同样只能申请法院强制执行，行政机关无权自行实施强制拆除。

六、行政强制拆除中的权利救济

(一) 行政强制拆除相关行为的可诉性

1. 行政机关直接实施的强制拆除行为

行政机关直接实施的强制拆除行为属于行政事实行为，并不影响它也是《行政诉讼法》第2条所规定的行政行为，通常具有可诉性。权威的释义认为，行政行为包括作为、不作为和事实行为，事实行为如行政调查、执法人员在执法中非法使用暴力手段等，只要造成公民合法权益侵害，就具有可诉性。[①] 不过，由于行政强制拆除行为属于事实行为，不具有可撤销的内容，依据《行政诉讼法》第74条的规定对其只能请求法院确认违法，不能撤销（事实上也没办法撤销，更何况房子已经拆完了，即便“撤销”也没有实际意义）。行政机关直接实施的强制拆除行为具有可诉性，这一点无论是在理论上还是在实践中均已双双落地，鲜有争议。就理论而言，著名行政法学者胡建淼的观点颇具代表性：

> 在行政强制行为中，行政强制措施的可诉性当然毫无问题，问题发生在行政强制执行上。关于行政强制执行行为的可诉性，首先应当区别行政机关实施的强制执行与人民法院实施的强制执行。人民法院实施的强制执行当然不能作为可诉的行政行为对待，因为它不是行政行为，而是一种司法行为，它的救济适用其他程序进行。行政机关作出的行政强制执行，当然是可诉的行政行为，因为它是以基础决定以外的行政执行决定为基础的，具有一定的独立性。[②]

从现有的立法来看，《行政强制法》第8条规定：“公民、法人或者其他组织对行政机关实施行政强制，享有陈述权、申辩权；有权依法申请行政复议或者提起行政诉讼；因行政机关违法实施行政强制受到损害的，有权依法要求赔偿。公民、法人或者其他组织因人民法院在强制执行中有违法行为或者扩大强制执行范围受到损害的，有权依法要求赔偿。”《行政诉讼法》第12条第1款规定：“人民法院受理公民、法人或者其他组织提起的下列诉讼：……（二）对限制人身自由或者对财产的查封、扣押、冻结等行政强制措施和行政强制执行不服的……”这些规定为将强制拆除行为纳入行政诉讼受案范围扫清了障碍。实践中，利害关系人提起行政诉讼请求确认行政机关强制拆除行为违法的，很少会遇到立案上的困难，起诉强制拆除行为，只要找对了被告，不仅立案相对容易，而且胜率也非常之高，不出意外应该是

---

① 参见信春鹰主编：《中华人民共和国行政诉讼法释义》，法律出版社2014年版，第8页。

② 胡建淼：《行政诉讼法学》，法律出版社2019年版，第102页。

所有行政案件中原告胜率最高的类型。

总结·提示　行政机关直接实施的强制拆除房屋、强制铲除苗木、强制毁坏建（构）筑物等行为，通常均属于行政诉讼的受案范围。

---

2. 行政机关根据法院协助执行通知书实施的强制拆除行为

在非诉执行案件中，“裁执分离”始终是一个改革方向。按照“裁执分离”的原则，在法院裁定准予执行后一般仍应当由作出决定的行政机关执行，只有少数情形由法院执行。最高人民法院《关于办理申请人民法院强制执行国有土地上房屋征收补偿决定案件若干问题的规定》第9条规定：“人民法院裁定准予执行的，一般由作出征收补偿决定的市、县级人民政府组织实施，也可以由人民法院执行。”2014年7月22日，最高人民法院发布《关于在征收拆迁案件中进一步严格规范司法行为积极推进“裁执分离”的通知》（法〔2014〕191号），提出要积极拓宽“裁执分离”适用范围，对一些地方法院将“裁执分离”扩大至征收集体土地中的房屋拆迁、建筑物非法占地强制拆除等非诉执行案件的做法给予肯定。2019年7月31日，最高人民法院答复称：“对于违反土地管理法的建筑物、其他设施的强制拆除也可以参照《最高人民法院关于办理申请人民法院强制执行国有土地上房屋征收补偿决定案件若干问题的规定》第九条的规定，朝着‘裁执分离’的方向作出探索和改革。”①

我们在前面已经讲到，法院在强制执行中的行为不属于行政行为，不具有可诉性，法院只对其实施强制执行中的违法行为承担赔偿责任。问题是，如果法院裁定准予执行后由行政机关执行，行政机关根据法院协助执行通知书实施的强制拆除行为性质如何？是否属于行政诉讼受案范围？对此，曾有“司法协助行为”和“行政行为”两种不同的主张，前者否认此类行为的可诉性，后者则认可此类行为的可诉性。

2004年7月13日，最高人民法院发布的《关于行政机关根据法院的协助执行通知书实施的行政行为是否属于人民法院行政诉讼受案范围的批复》（法释〔2004〕6号，已失效）提出：“行政机关根据人民法院的协助执行通知书实施的行为，是行政机关必须履行的法定协助义务，不属于人民法院行政诉讼受案范围。但如果当事人认为行政机关在协助执行时扩大了范围或违法采取措施造成其损害，提起行政诉讼的，人民法院应当受理。”这一批复确定了行政机关根据法院协助执行通知书实施的行为在什么情形下是可诉的，但并没有对此类行为的性质予以明确。2013年7月29日，最高人民法院答复称：“行政机关根据人民法院的协助执行通知书实施的行为，是行政机关必须履行的法定协助义务，公民法人或者其他组织对该行为不服提起诉讼的，不属于人民法院行政诉讼受案范围。行政机关拒不履行协助执行义务的，人民法院应当依法采取执行措施督促其履行；当事人请求人民法院判决行政机关限期履行协助执行义务的，人民法院不予受理。但当事人认为行政机关不履行协助执行义务造

---

①　最高人民法院《关于违反土地管理法的建筑物、其他设施强制拆除实施主体的答复》（〔2018〕最高法行他822号）。

成其损害，请求确认不履行协助执行义务行为违法并予以行政赔偿的，人民法院应当受理。”① 2018年3月7日，最高人民法院发布的《关于“裁执分离”后行政机关组织实施行为是否具有可诉性问题的批复》明确此类行为属于行政行为，但只有因被执行人及利害关系人以行政机关实施的强制执行行为存在违反法定程序，与法院作出的准予执行裁定确定的范围、对象不符等特定情形给其造成损失为由提起行政诉讼的，法院才受理。

链接·积累

最高人民法院关于“裁执分离”后行政机关组织实施行为是否具有可诉性问题的批复

〔2017〕最高法行他550号

浙江省高级人民法院：

你院《关于“裁执分离”组织实施行为可诉性问题的请示》（浙高法〔2017〕165号）请示收悉。经研究，答复如下：

人民法院受理行政机关申请执行其行政行为的案件，对行政行为的合法性进行审查。人民法院依法作出准予执行裁定的，行政机关就其申请并经法院审查准予执行的行政决定所实施的强制执行行为，仍属于行政行为。该行为是否可诉，应根据当事人的诉讼请求及理由作区分处理：

一、人民法院作出准予执行裁定后，公民、法人或者其他组织又就行政机关申请执行的行政行为提起行政诉讼或者行政赔偿诉讼的，人民法院不予受理。

二、被执行人及利害关系人仅以行政机关据以申请执行的行政行为（决定）本身违法等为由主张行政机关实施的强制执行行为违法提起行政诉讼或者行政赔偿诉讼的，人民法院不予受理。

三、被执行人及利害关系人以行政机关实施的强制执行行为存在违反法定程序，与人民法院作出的准予执行裁定确定的范围、对象不符等特定情形，给其造成损失为由提起行政诉讼或者行政赔偿诉讼的，人民法院应当依法受理。

2018年3月7日

依据上述批复，虽然行政机关根据法院协助执行通知书实施的强制拆除行为在性质上仍为行政行为，但也只有在特定情形下才是可诉的。在**汤某建诉义县政府强制拆除房屋案**中，义县法院裁定准予执行义县政府作出的房屋征收补偿决定后，由义县政府组织实施，义县政府组织人员对汤某建的房屋实施了强制拆除。汤某建不服，请求法院确认义县政府的强制拆除行为违法。最高人民法院认为，根据“裁执分离”原则，市、县政府依照法院准予执行裁

① 最高人民法院《关于行政机关不履行人民法院协助执行义务行为是否属于行政诉讼受案范围的答复》（〔2012〕行他字第17号）。

定组织实施强制拆除房屋的行为，不属于行政诉讼受案范围。除非当事人认为政府的强制拆除行为超出准予执行裁定确定的范围，或者强制执行措施、强度超过法律规定造成当事人合法权益的损失。[①] 这一判例，与最高人民法院的上述批复在理念上是高度契合的。

另外，最高人民法院 2014 年 10 月 31 日曾答复称："行政机关认为根据人民法院生效裁判或者协助执行通知书作出相应行政行为可能损害国家利益、公共利益或他人合法权益，可以向相关人民法院提出建议；行政机关擅自撤销已经作出的行政行为，相对人不服提起行政诉讼的，人民法院应当依法受理。"[②] 据此，如果行政机关在收到协助执行通知书后擅自撤销已经作出的行政行为，相对人有权提起行政诉讼。

3. 行政强制拆除之前的催告行为

如前所述，催告是《行政强制法》为行政强制执行程序设定的一个环节，也是行政机关作出强制执行决定以及申请法院强制执行的必经环节（《行政强制法》第 37 条、2018 年《行政诉讼法解释》第 155 条）。

如果当事人仅对催告行为不服，是否可以提起行政诉讼？权威的观点认为：催告行为是一个准行政行为，当事人对催告通知有异议，可以提出申辩。催告行为并不增加当事人的权利义务，只是重复已经生效的行政决定给当事人确定的义务，未对当事人的权利义务产生实际影响，因此不可诉。但是，如果催告行为改变了生效行政决定确定的义务主体、内容等，就是可诉的。[③] 这其中的道理也不难理解：在催告行为改变了行政决定实体内容的情形下，它就不再是对原行政决定中权利、义务的简单重复，而是相当于重新作出了一个行政行为，因而应当是可诉的。

4. 行政强制拆除中对于人身的强制行为

行政机关在实施强制拆除时，为了防止相对人激烈反抗，还可能对相对人的人身自由进行限制，限制的形式有强行带离、强制约束、强制驱散、强制传唤、留置、扣留等。这些限制行为在性质上属于行政强制措施。依据《行政诉讼法》第 12 条的规定，限制人身自由的强制措施属于行政诉讼的受案范围。在**陈某汉诉白石岭公安分局行政强制案**中，最高人民法院认为，公安机关属于依照法律规定独立行使职权并能够承担相应法律责任的行政机关，对强拆过程中实施的其职权范围内的强行带离行为承担相应责任。[④] 权威的观点认为："行政管理领域可以限制和剥夺人身自由的行政行为只有行政拘留处罚和行政强制措施，与限制人身自由的行政处罚只能是行政拘留且只能由公安机关实施不同，限制人身自由的行政强制措施则呈现种类多范围大、实施主体多、强度力度大等特征。"[⑤] 鉴于此，在实践中尤其要注意将

---

① 最高人民法院行政裁定书，(2016) 最高法行申 4140 号。

② 最高人民法院《关于行政机关撤销或者变更已经作出的协助执行行为是否属于行政诉讼受案范围请示问题的答复》(〔2014〕行他字第 6 号)。

③ 参见江必新主编：《〈中华人民共和国行政强制法〉条文理解与实务指南》，人民法院出版社 2011 年版，第 199～200 页。

④ 最高人民法院行政判决书，(2019) 最高法行再 32 号。

⑤ 江必新主编：《中华人民共和国行政强制法条文理解与实务指南》，人民法院出版社 2011 年版，第 130 页。

上述限制人身自由的强制措施与行政处罚（行政拘留）区分开来。

（二）行政强制拆除行为常见的违法点

1. 主体不具备法定资格

前面我们讲到了行政强制拆除行为的合法要件。实践中的行政强制拆除行为，首当其冲的违法点就是权限违法，也就是主体不具备法定资格。行政机关实施强制拆除，必须要有法律的明文授权，否则只能申请法院强制执行。但是，在征收中行政机关对于合法房屋的拆除鲜有申请法院强制执行的，大多是动用行政机关自身的人力和物力直接强拆。从现实来看，强制拆除之前有时不会作出书面决定（基础决定），具体的实施主体可谓五花八门：市、县级人民政府，乡、镇人民政府，街道办事处，依法确定的征收部门，其他行政主体乃至村（居）委会，拆迁公司甚至个人都成为实施主体。

2. 没有实体法依据

按照我们前面所讲的行政强制设定权，法律、法规可以设定行政强制措施，但行政强制执行的设定权就只能归属于法律。行政机关要实施强制拆除，首先必须有法律明确规定其可以实施强制拆除的情形。如果法律没有明确设定行政强制执行权，行政机关实施强制拆除就没有实体法依据，从而必定是违法的。

3. 程序违法

实践中，《行政强制法》所确定的“催告和送达→陈述和申辩→记录、复核、处理→执行决定→送达→执行”这一强制执行的一般程序得不到遵守。即使是在对违法建筑的强制拆除中，行政机关也较少会顾及《行政强制法》中的特殊程序要求。例如，实施强制拆除没有基础决定和执行决定，不事先催告相对人履行义务，不给相对人陈述、申辩的机会，不充分听取相对人的意见，对相对人提出的事实、理由和证据不做记录与复核，等等。

4. 扩大强制执行的范围

扩大强制执行的范围主要包括为以下情形：（1）对与案件无关的人实施限制人身自由的执行措施；（2）对与案件无关的财物实施执行；（3）执行了公民个人及其家属的生活必需品等。[①] 实践中，有些行政机关在强制拆除时未妥善保管房屋内的物品，未依法进行清理造册，因强制拆除导致相对人屋内物品丢失、损毁的情形多有发生。将相对人强制带离现场，甚至与相对人产生肢体冲突等而引发的纠纷亦时有发生。

5. 背离文明执行原则

实践中，《行政强制法》所规定的文明执行原则的贯彻情况不容乐观。存在违反《行政强制法》第43条“行政机关不得在夜间或者法定节假日实施行政强制执行。但是，情况紧急的除外。行政机关不得对居民生活采取停止供水、供电、供热、供燃气等方式迫使当事人

---

① 参见胡建淼：《行政强制法论——基于〈中华人民共和国行政强制法〉》，法律出版社2014年版，第619页。

履行相关行政决定”规定的情况。在**梁某龙诉港北区政府强制拆除房屋及行政赔偿案**中，最高人民法院提出，《行政强制法》第 43 条第 1 款的立法目的是防止行政强制执行过于扰民，保障当事人正常的生活休息权利，故行政强制执行一般应当在正常工作时间进行。根据国务院《全国年节及纪念日放假办法》的规定，法定节假日不包含公休日，但对于法定节假日与公休日连休形成小长假的情形，行政机关在此期间实施行政强制执行，不仅侵害当事人的休息权，亦违反《行政强制法》的立法本意，属程序违法，应予禁止。①

除此之外，行政机关通过对居民停止供水、电、燃气、热力或者断路、堵路、拉围挡等方式“逼迁”的现象仍较为普遍。

（三）行政强制拆除过程中相对人的自我保护

作为相对人，面对来势汹汹的强制拆除队伍，首先要做好自我保护工作，而不是秉持正当防卫之理念试图去阻止房屋被强制拆除。即使自认为强制拆除行为是违法的，相对人此时也要放平心态，力争更好地固定证据，事后再依法寻求救济——这或许是无奈之举，但除此以外并无良策。

实践中，因阻拦行政强制拆除而被行政处罚甚至追究刑事责任的案例是大量存在的。例如，在**黄某某被指控犯妨害公务罪案**中，黄某某因通过在房顶放置汽油瓶等方式阻止政府违法强制拆除房屋，被法院终审认定犯妨害公务罪，判处有期徒刑 1 年，缓刑 2 年。其辩护人当庭提出，依据《刑法》第 277 条的规定，妨害公务罪是以暴力、威胁方法阻碍国家机关工作人员依法执行职务的行为，其成立的前提是合法公务的存在。本案所涉的房屋强制拆除行为已经被法院生效判决确认为违法，不是“依法执行职务的行为”，故黄某某的行为属于正当防卫，不构成犯罪。但是，法院对此不予采纳。② 除了妨害公务罪，还有因阻拦行政强制拆除而被以寻衅滋事、聚众扰乱社会秩序、煽动暴力抗拒法律实施等罪名追究刑事责任的（几乎都是《刑法》第 6 章“妨害社会管理秩序罪”中的罪名）。面对这样的现实，相对人在“正当防卫”时尤其要注意把握好分寸——或许在你看来是正当防卫，但已经构成妨害社会管理秩序等犯罪了。

当然，相对人要做好自我保护工作，并不意味着在面对行政强制拆除时只能听天由命地选择“躺平”。恰恰相反，从这个时候起相对人就应当为下一步的维权做好准备工作了，首先要弄清楚到底是谁在拆除房屋。为此，相对人应当及时拨打“110”报警，并尽可能从多个角度、方位采用拍照、录像、录音等视听资料的形式进行取证，视听资料中应当尽可能地包含拆除现场的指挥人员、穿制服的人员以及车辆、车辆牌照等关键线索。可以说，做好这些准备工作，对于事后对行政强制拆除行为提起行政诉讼并请求国家赔偿是至关重要的。

---

① 最高人民法院行政裁定书，（2017）最高法行申 6988 号。

② 贵州省黔西南州中级人民法院刑事判决书，（2019）黔 23 刑终 188 号。

（四）行政强制拆除案件中的疑难问题

1. 适格原告问题

《行政诉讼法》第25条第1款确立的“相对人标准”以及“利害关系人标准”对于行政强制拆除案件同样适用。房屋的所有权人或者抵押权人等物权主体，可以作为强制拆除行为的适格原告，对于这一点没有什么异议。稍有争议的是，房屋的承租人等债权主体是否有权对行政强制拆除行为提起行政诉讼？还有一个问题是，被征收人在签订补偿安置协议之后与行政强制拆除行为之间是否还具有利害关系？对此，同样存在一些不同的声音。

（1）房屋承租人的原告资格

房屋承租人是否可以对行政强制拆除行为提起行政诉讼，关键在于承租人是否因行政强制拆除而遭受人身或者财产上的损失。如果答案是肯定的，承租人与行政强制拆除行为之间就有利害关系，当然有权提起行政诉讼。2019年3月27日，最高人民法院第一巡回法庭法官会议纪要指出：“一般而言，承租人与征收决定、补偿决定、补偿协议、强制拆除房屋行为没有利害关系，但是承租人在被征收房屋上有不可分割的重大添附，或依法独立在承租房屋开展经营活动或者可以证明强制拆除房屋造成其物品损失的，应认为承租人与该强制拆除房屋行为有利害关系，符合其他法定起诉条件的，具有原告资格。”[①] 在**欧阳某才诉番禺区政府拆除房屋行政强制执行案**中，最高人民法院提出，所谓“有利害关系”，是指被诉行政行为有可能对起诉人的权利义务造成区别于其他人的特别损害或者不利影响。房屋征收案件中，若承租人在被征收的房屋上有不可分割的添附或依法独立在其承租房屋开展经营活动，强制拆除房屋行为就有可能对承租人在房屋上的添附、承租人屋内物品或其正当行使的经营权造成不同于其他人的特别损害或不利影响，应当认为承租人与该行政行为有利害关系，具有原告资格。[②] 由此可见，判断房屋承租人的原告资格适用的仍然是“利害关系人标准”。在满足标准的情形下，承租人具有了原告资格，自然也就有权就其财产损害请求国家赔偿。

总结·提示 如果承租人在被征收房屋上有不可分割的重大添附、依法独立在承租房屋开展经营活动或者可以证明强制拆除房屋造成其物品损失的，应认为承租人与强制拆除房屋行为有利害关系，承租人具有原告资格。

值得注意的是，房屋承租人具有原告资格提起行政诉讼的，不因房屋所有权人已就强制拆除房屋行为提起诉讼而构成重复起诉。在**西域公司诉兰州新区管委会房屋行政强制案**中，最高人民法院认为，通常而言，强制拆除房屋势必涉及对房屋装修及房屋内相关物品的处

① 最高人民法院第一巡回法庭编著：《最高人民法院第一巡回法庭行政主审法官会议纪要》（第1卷），中国法制出版社2020年版，第35页。

② 最高人民法院行政裁定书，（2019）最高法行再1595号。

置。由于强制拆除行为侵犯的客体不同，故房屋承租人作为不同的权利主体，并不能因房屋所有人已就强制拆除房屋行为提起另案诉讼而受到遮蔽，其就强制拆除房屋行为提起本案诉讼不构成重复起诉。[①] 换言之，在房屋所有权人对强制拆除行为提起诉讼之后，房屋承租人依旧可以另行起诉这一强制拆除行为。

不过，房屋承租人与强制拆除行为有利害关系，并不代表承租人与强制拆除实施之前行政机关作出的责令限期拆除等决定之间也必然具有利害关系，因为责令限期拆除等决定通常是直接针对房屋所有权人作出的，行政机关在作出决定之时一般不需要考虑房屋是否出租的问题。在**韩某平诉顺义区政府行政复议案**中，最高人民法院认为，限期拆除决定是行政机关针对涉案房屋的所有权人作出的，行政机关作出限期拆除决定，无须考虑房屋租赁权。当事人系涉案房屋的租赁权人，其所主张因租赁权取得的相关权益应通过民事途径依法予以救济，其与限期拆除决定不具有利害关系。[②]

（2）被征收人签订协议之后的原告资格

被征收人在签订补偿安置协议之后，是否还有权起诉行政强制拆除行为？对此，无法笼统地作出回答，而是要具体地分析。2021 年 10 月 27 日，最高人民法院行政审判庭专门对此作出一个复函，基本上也是秉持这一立场。根据该复函，在签订补偿安置协议之后，也并非一概否定被征收人与强制拆除房屋行为之间的利害关系，而是要综合考虑各种因素予以认定，尤其是在被征收人仍在房屋内居住生活，没有腾空交付房屋的情形下，其与强制拆除行为之间的利害关系通常是不容否定的。在**詹某金诉香城镇政府房屋行政强制案**中，最高人民法院认为，行政机关拆除当事人房屋，需要当事人签订协议并服从拆迁，但现有在案证据不能证明被拆迁人已将房屋腾空交出，亦不能证明涉案房屋内的财产已得到妥善处置，在此情况下，由于拆除行为存在扩大被拆迁人损失的可能，被拆迁人具有就拆除行为提起诉讼的原告主体资格。[③] 按照这一判例，如果被征收人签订了协议但未将房屋腾空交出，通常仍具有就拆除行为提起诉讼的原告资格。

链接·积累

最高人民法院行政审判庭关于签订征收补偿协议后被征收人与强制拆除房屋行为是否具有利害关系等问题征求意见的复函

行复〔2021〕140 号

第二巡回法庭：

贵庭《关于签订征收补偿协议后被征收人与强制拆除房屋行为是否具有利害关系等问题征求意见的函》收悉。经研究，函复如下：

依照原《物权法》第 28 条的规定，征收决定生效时被征收房屋发生物权变动。但依照

① 最高人民法院行政裁定书，(2019) 最高法行申 10974 号。

② 最高人民法院行政裁定书，(2019) 最高法行申 4755 号。

③ 最高人民法院行政裁定书，(2020) 最高法行申 8195 号。

《国有土地上房屋征收与补偿条例》第27条第1款的规定，应当补偿安置在先、被征收人搬迁在后。对房屋强制拆除行为提出起诉的，起诉人提供证据初步证明合法权益遭受不利影响，应当先认定其与被诉行政行为具有利害关系，依法予以立案。立案之后，应当结合被征收人是否仍在房屋内居住生活、被征收人是否腾空交付房屋、房屋内是否存有物品等因素，实体审查被诉行政为是否实际影响原告的实体利益、被诉行政行为作出时是否应考虑原告的合法权益等情况，对其与被诉行政行为是否具有利害关系作出综合认定。

2021年10月27日

对于这个问题，我们可以进一步拓展一下：如果在补偿安置协议中明确约定了被征收人的搬迁义务，但被征收人签订补偿安置协议之后又拒绝行政机关对房屋实施拆除，在这种情形下行政机关是否有权实施强制拆除？这种情形实质上是被征收人违约在先。最高人民法院《关于审理行政协议案件若干问题的规定》（法释〔2019〕17号）第24条规定："公民、法人或者其他组织未按照行政协议约定履行义务，经催告后不履行，行政机关可以作出要求其履行协议的书面决定。公民、法人或者其他组织收到书面决定后在法定期限内未申请行政复议或者提起行政诉讼，且仍不履行，协议内容具有可执行性的，行政机关可以向人民法院申请强制执行。法律、行政法规规定行政机关对行政协议享有监督协议履行的职权，公民、法人或者其他组织未按照约定履行义务，经催告后不履行，行政机关可以依法作出处理决定。公民、法人或者其他组织在收到该处理决定后在法定期限内未申请行政复议或者提起行政诉讼，且仍不履行，协议内容具有可执行性的，行政机关可以向人民法院申请强制执行。"据此，对于被征收人违约的问题，行政机关应通过"催告→决定→申请法院强制执行"的非诉执行程序解决，而无权自行强制执行。反之，如果行政机关以被征收人违约为由直接对房屋实施强制拆除，给被征收人的合法权益造成了损害，被征收人仍有权提起行政诉讼。

2. 适格被告问题

《行政诉讼法》及司法解释中关于行政诉讼被告的一般规定，对于行政强制拆除案件当然适用。实践中比较棘手的问题是，在行政强制拆除案件中寻找适格的被告往往要比其他行政案件更为困难，这是因为：（1）行政强制拆除带有一定的突发性和偶然性；（2）行政机关在强制拆除之前较少制作、送达书面的法律文件，且实施主体通常也不会主动表明身份、告知诉权；（3）在强制拆除之前，他们可能会把相对人强制带离现场或拉起警戒线防止相对人以拍照、摄像、录音等方式取证；（4）现实中也存在部分"偷拆"等情形；（5）强制拆除发生之后有的行政机关不承担责任，最终导致强制拆除行为无行政机关认领。以上几个因素相互叠加，导致相对人很难确定实施强制拆除行为的真正主体。为了解决这个难题，相关的立法、司法解释和判例已经确立起一些规则。

（1）先行申请公安机关查处

相对人不确定房屋是被哪个主体强拆的，不知道"告谁"，往往会第一时间求助公安机关。《人民警察法》第2条第1款规定："人民警察的任务是维护国家安全，维护社会治安秩序，保护公民的人身安全、人身自由和合法财产，保护公共财产，预防、制止和惩治违法犯罪活动。"第21条第1款规定："人民警察遇到公民人身、财产安全受到侵犯或者处于其他危难情形，应当立即救助；对公民提出解决纠纷的要求，应当给予帮助；对公民的报警案件，应当及时查处。"《治安管理处罚法》第49条规定了公安机关对故意毁损公私财物的行政处罚，并在第78条规定："公安机关受理报案、控告、举报、投案后，认为属于违反治安管理行为的，应当立即进行调查；认为不属于违反治安管理行为的，应当告知报案人、控告人、举报人、投案人，并说明理由。"可见，相对人向公安机关提出查处的请求是有法律依据的。实践中，对于无行政机关认领的强制拆除行为提起行政诉讼，有不少就是通过这个途径来确定适格被告的。

（2）适当降低原告起诉的证明标准

由于行政强制拆除之前通常没有书面决定且强制拆除的实施主体故意逃避等原因，原告要获取强制拆除行为主体的信息是十分困难的，这导致原告的举证能力较弱。考虑到这一现实，法律不应该强人所难，对于原告起诉时关于适格被告的证明标准不能定得过高，原告通常只需要履行初步证明责任即可。在第二批"征收拆迁典型案例"之案例4**陆某尧诉江苏省泰兴市人民政府济川街道办事处强制拆除案**中，最高人民法院提出，在行政执法不规范造成相对人举证困难的情况下，人民法院不宜简单以原告举证不力为由拒之门外，在此类案件中要格外关注诉权保护。在**沈某勇诉南漳县政府等确认强制拆除行为违法案**中，最高人民法院提出，强制拆除行为系事实行为，当事人要获得行为主体的相关信息和证据往往比较困难。法院在审查此类案件的起诉条件时，应根据案件具体情况合理分配举证责任，适当降低符合起诉条件的证明标准，只要相关证据能够证明被诉行政机关作出该行为具有很大可能性，就应认定起诉有事实根据，以充分保障当事人的诉权。[①]《行政诉讼法》第49条要求提起行政诉讼应该有"明确的被告"，但"明确的被告"不应该解读为"准确的被告"，依据2018年《行政诉讼法解释》第67条的规定，原告提供被告的名称等信息足以使被告与其他行政机关相区别的，就可以认定为"有明确的被告"。

总结·提示 基于保护相对人诉权的考虑，只要原告在起诉时能够证明被诉行政机关实施强制拆除行为的可能性很大，就已经满足了立案条件。被诉的行政机关究竟是不是适格的被告，应该是法院在正式受理案件之后需要查清的事实问题。

（3）特定情形下对适格被告的推定

针对特定情形下对适格被告的推定，最高人民法院的判例主要确立了以下几个规则：

第一，对合法建筑的拆除首先应当推定为行政强制行为，除非有相反的证据足以推翻。

① 最高人民法院行政裁定书，（2020）最高法行再21号。

在**刘某毅诉未央区政府确认强制拆除行为违法案**中，最高人民法院提出，基于政府及其职能部门对于房屋征收、强制拆迁等的法定职权，对合法建筑的拆除首先应推定为行政强制行为。① 优先推定为行政强制行为，意在将村委会、公司等民事主体排除在强制拆除的“备选”主体之外，除非有确切的证据能够证明强制拆除确系这些民事主体所实施。

第二，推定市、县级人民政府为适格被告，除非有相反的证据足以推翻。在**韩某诉武汉市政府行政强拆案**中，最高人民法院提出，在集体土地征收过程中，有且仅有市、县级人民政府才具有依法征收土地及其附属物的职权。在被拆除房屋位于市、县级人民政府确定的征收范围内的情况下，除非市、县级人民政府能够举证证明房屋确系在其不知情的情况下由其他主体违法强拆，法院可推定强制拆除行为系市、县级人民政府或其委托的主体实施。② 在**张某芳诉武陵区政府房屋强制拆除案**中，最高人民法院提出，《征收条例》第4条第1款规定，市、县级人民政府负责本行政区域的房屋征收与补偿工作。因武陵区政府是强制拆除合法建筑的法定责任主体，在其不能举证证明确系其他主体违法实施强制拆除的情况下，应当推定强制拆除行为系其或其委托的主体实施。③ 尤其是在集体土地征收中征地公告已经发布、国有土地上房屋征收中征收决定已经作出的情况下，由于征收主体已经确定，应当优先推定作出征地公告、征收决定的市、县级人民政府为适格被告。2014年7月10日，国务院原法制办公室发布的《关于认定被征地农民“知道”征收土地决定有关问题的意见》（国法〔2014〕40号）对推定被征收人“知道”征地公告的情形做了逐一列举，有一定的参考价值。

不过，这一规则已经遭遇严峻的挑战。2021年3月25日发布的最高人民法院《关于正确确定县级以上地方人民政府行政诉讼被告资格若干问题的规定》（法释〔2021〕5号）第3条规定：“公民、法人或者其他组织对集体土地征收中强制拆除房屋等行为不服提起诉讼的，除有证据证明系县级以上地方人民政府具体实施外，人民法院应当根据行政诉讼法第二十六条第一款的规定，以作出强制拆除决定的行政机关为被告；没有强制拆除决定书的，以具体实施强制拆除等行为的行政机关为被告。县级以上地方人民政府已经作出国有土地上房屋征收与补偿决定，公民、法人或者其他组织不服具体实施房屋征收与补偿工作中的强制拆除房屋等行为提起诉讼的，人民法院应当根据行政诉讼法第二十六条第一款的规定，以作出强制拆除决定的行政机关为被告；没有强制拆除决定书的，以县级以上地方人民政府确定的房屋征收部门为被告。”据此，推定市、县级政府为适格被告这一规则的适用受到了较大的限制，尤其是在国有土地上房屋征收中，推定县级以上地方人民政府确定的房屋征收部门（而不再是市、县级人民政府）为适格被告已成为常态。

第三，推定只是在事实不清时的一种权宜之计，不应该将推定规则绝对化。最高人民法院《关于正确确定县级以上地方人民政府行政诉讼被告资格若干问题的规定》第2条规定：

---

① 最高人民法院行政裁定书，(2018) 最高法行再59号。
② 最高人民法院行政裁定书，(2018) 最高法行再106号。
③ 最高人民法院行政裁定书，(2020) 最高法行申13024号。

“县级以上地方人民政府根据城乡规划法的规定，责成有关职能部门对违法建筑实施强制拆除，公民、法人或者其他组织不服强制拆除行为提起诉讼，人民法院应当根据行政诉讼法第二十六条第一款的规定，以作出强制拆除决定的行政机关为被告；没有强制拆除决定书的，以具体实施强制拆除行为的职能部门为被告。”这一规定体现了“谁行为、谁被告”的原则，如果有证据证明强制拆除确系其他主体所为，则应当以证据为准而不是以推定为准。在**刘某平诉五莲县政府房屋行政强制案**中，最高人民法院认为，房屋征收过程中发生的强拆行为，街道办参与，居委会又自认，应当由征收实施单位及实际行为主体共同担责，不能直接推定被诉的县级人民政府担责。① 坚持证据优先而不是推定规则优先，也是实事求是原则的体现。

（4）拒绝村委会等民事主体作为实施主体

或许是因为民事主体实施强制拆除不会影响到“政府形象”，避免相关官员受到问责，又或许是因为民事主体被动地接受上级政府的命令和安排，村委会等民事主体有可能替行政机关成为实施主体。最高人民法院对于这样的现实显然是坚决反对的。在本书第十一讲所引用的**贾某一诉高新区管委会等行政强制案**中，最高人民法院将村委会等民事主体形象地比喻成行政机关的“延长之手”，可谓鞭辟入里。在**袁某权诉北湖区政府强制拆除案**中，最高人民法院认为，在强拆案件当中，强拆主体“甩锅”、强拆程序违法是主要的违法形态。在根据现有证据能够证明被诉强拆行为系行政机关组织实施的情况下，不能仅凭民事主体提交但缺乏其他证据佐证的自认说明，推翻在案证据证明的事实，认定系其实施。② 在**张某生等诉万柏林区政府等房屋强制拆除案**中，最高人民法院提出，强拆主体的认定不能仅凭村委会的自认而定。城中村改造中，虽然村委会认可其实施了强拆行为，但由于其不具有强制拆除他人房屋的职权，且行政机关在其同意的城中村改造拆迁补偿安置方案中明确了“政府主导、规划引领、整村拆除、货币安置”的改造原则，城中村改造工作小组也有行政机关工作人员参与，故村委会的强拆行为应视为行政机关的委托，相应的责任应由委托机关承担。③ 以上判例表明，对于村委会等民事主体作为实施主体的现实，最高人民法院是了若指掌的，并且旗帜鲜明地表示反对。

但我们遗憾地看到，在拒绝村委会等民事主体作为实施主体几乎成为金规铁律的情况下，依然有不少反面的判例。在**张某华诉长安区政府行政强制案**中，最高人民法院提出，城中村改造过程中发生的强拆行为，现有证据均指向村委会，尚不足以证明被诉行政机关参与。④ 我们有理由相信最高人民法院的认定是以双方当事人所提供的证据为基础，在法律上似乎无可指摘。但是，一个不容忽视的基本现实是，中国的征收拆迁（包括城中村改造、宅基地腾退等）大部分是由地方政府所主导的，并由国家财政拨款支持。如果将类似的案件放在这样一个大的背景中再考察一番，法院最终认定村委会实施强制拆除实际上有违逻辑推理

---

① 最高人民法院行政裁定书，（2020）最高法行申 2751 号。
② 最高人民法院行政裁定书，（2019）最高法行申 820 号。
③ 最高人民法院行政裁定书，（2020）最高法行申 100 号。
④ 最高人民法院行政裁定书，（2020）最高法行申 2734 号。

和日常生活经验法则，并不是《行政诉讼证据规定》（法释〔2002〕21号）第54条所要求的"全面、客观和公正"的分析判断。

3. 起诉期限问题

《行政诉讼法》第46条规定，行政诉讼的起诉期限应当自"知道或者应当知道"作出行政行为之日起计算，一般期限为6个月。2018年《行政诉讼法解释》第64条规定，行政机关作出行政行为时，未告知公民、法人或者其他组织起诉期限的，起诉期限从其知道或者应当知道起诉期限之日起计算，但从知道或者应当知道行政行为内容之日起最长不得超过1年。由于行政机关在强制拆除时不太可能告知相对人起诉期限，故起诉期限应为从相对人知道或者应当知道行政行为内容之日起1年。对于这一点，应该说已经有了基本的共识。

略有争议的是，如果强制拆除行为无行政机关认领，相对人在一定时间内无法确定适格被告，这种情形下应当如何计算起诉期限？在**申某云诉卫滨区政府房屋拆迁案**中，最高人民法院认为，被征收人即使不确切知道被诉强拆行为的实施主体，亦可通过信息公开途径或是根据房屋征收相关法律、法规规定的法定职责来确定诉讼对象，进而救济自身权利，那么"不知道强拆行为主体"并不构成救济自身权利的障碍，也就不能成为耽误起诉期限的正当理由。[①] 然而，"通过信息公开途径或是根据房屋征收相关法律、法规规定的法定职责来确定诉讼对象"固然可以解决部分强制拆除案件中适格被告确定难的问题，但它并不是包治一切的灵丹妙药，"被告难找"是客观存在的事实。如果在原告努力"找被告"期间就开始计算起诉期限了，的确有失公允，这个问题有进一步讨论的空间。

拓展·探索

不知道强制拆除主体是否属于耽误起诉期限的正当事由

虽然相对人知道强制拆除行为的作出，但由于"不知道告谁"而无法提起行政诉讼，这种情形是否属于耽误起诉期限的正当事由？与之密切相关的问题是，《行政诉讼法》第46条中的"知道或者应当知道"作出行政行为应当如何理解？是否指既知道行政行为的作出，又知道作出行政行为的主体？《行政诉讼法》第48条第1款规定："公民、法人或者其他组织因不可抗力或者其他不属于其自身的原因耽误起诉期限的，被耽误的时间不计算在起诉期限内。"那么，因"不知道告谁"而耽误的时间是否应当计算在起诉期限内？

有观点认为，在可以根据法律规定和行政机关作出的征地公告、责令交出土地决定推定强制行为主体的情形下，法院事实上也支持这种推定，被征收人对于强制拆除行为的主体理论上就属于"应当知道"的情形。如果推定的法律前提不存在，被征收人对于强制拆除行为的主体就处于"不知道"也不"应当知道"的情况，其为确定相关主体所耽误的时间一般应

① 最高人民法院行政裁定书，（2018）最高法行申10565号。

当排除在起诉期限之外。[1] 这种观点与最高人民法院的裁判思路十分契合。例如，在**王某萍诉兴庆区政府行政强制案**中，最高人民法院提出，起算起诉期限的基本前提是“知道或者应当知道具体行政行为内容”。在无行政机关认领强制拆除行为的场合适用2018年《行政诉讼法解释》第64条时，需整体把握该条款的语句结构，尤其是将“行政机关作出具体行政行为时”摆于句首的结构设置。如此整体把握，而非孤立视之，则此处行政行为的内容应当不仅仅包括直接影响公民、法人或其他组织合法权益的行政行为本身，还应当包括作出该行政行为的行政机关。也只有在公民、法人或其他组织知道或应当知道强制拆除行为的实施主体之后，才可公允地被视为已较为完整地知道或应当知道行政行为的内容。若公民、法人或其他组织虽认为自身合法权益受到行政行为的侵犯，但不知道亦不应当知道行为主体，尚思竭诚遵从《行政诉讼法》第49条“提起诉讼应当符合下列条件：……（二）有明确的被告”之规定，尽力查找行为主体，便起算起诉期限，则不合该条款规定的主旨，亦有违设置起诉期限制度的本意。起诉期限的起算以公民、法人或其他组织依法能够提出起诉为前提，依法能够起诉但怠于行之，在起诉期限届满之后，法院才得对其起诉不予支持。[2] 在**藻露堂公司诉西安市政府等城建行政强制案**中，最高人民法院更是明确地指出，知道或应当知道强拆行为的内容包括房屋被强制拆除的事实本身与实施强制拆除的行政机关。[3] 在最高人民法院看来，“知道或者应当知道具体行政行为内容”理应涵盖“知道或者应当知道作出具体行政行为的主体”这一层意思在内。如果相对人对行为的主体既不知道，又不应当知道，就不存在开始计算起诉期限的正当性基础。法律不能强人所难，“不知道告谁”明显就是“不属于其自身的原因耽误起诉期限”的一种情形。

实践中，因不知道强制拆除主体而耽误起诉期限的还有一种情形：相对人先提起民事诉讼被驳回，并由此耽误了提起行政诉讼的起诉期限。例如，在**赵某萍诉仓山区政府行政强制案**中，赵某萍因其代管的岭后赵氏宗祠于2004年12月2日深夜被仓山区政府下属单位仓山国有资产营运公司拆除，于2006年8月向法院提起民事诉讼。该民事诉讼历经十年，几经周折，福州市中级人民法院于2016年12月30日才作出生效判决，认为确认强制拆除赵氏祠堂违法的诉讼请求不属于民事审判范围，判令营运公司、工程处在报刊上刊登赔礼道歉声明，驳回其他诉讼请求。在本案再审裁定中，最高人民法院认为，在强制主体至今仍存争议、需要进一步判断强拆活动是否带有行政因素的情形下，不宜苛求赵某萍在当时应当知晓究竟是启动民事诉讼还是行政诉讼，特别是在这十年的审理期间，法院既没有依职权将案件转至行政庭审理，亦未告知赵某萍“确认被告拆除岭后原赵氏祠堂违法”的诉请属于行政诉讼受案范围。由于法院未尽到告知义务致使赵某萍多年来一直未启动行政诉讼，直至上述民事判决

---

① 参见阎巍、胡卉明：《集体土地征收案件裁判思路与裁判规则》，法律出版社2020年版，第109页。
② 最高人民法院行政裁定书，（2020）最高法行再82号。
③ 最高人民法院行政裁定书，（2020）最高法行再510号。

作出后，方于2017年8月29日提起本案行政诉讼。故存在起诉期限的合理扣除事由。[①] 由此可知，在强制拆除行为是否带有行政因素尚不十分清楚的情形下，相对人因先行提起民事诉讼而耽误的合理期限，亦应当予以扣除。

根据上面的分析，因不知道强制拆除主体而耽误的时间可以在起诉期限中扣除，对此已经大致达成共识。但需要注意的是，"知道"是一种客观事实，"应当知道"则是一种法律上的推定，并不代表必然知道。对于相对人来说，在有一定事实依据的情形下推定被告并及时起诉仍然是十分必要的，不能因为有了上述共识就抱有侥幸心理，以"不知道告谁"为由无限期地拖延下去。否则，恐有被法院认定为怠于行使诉权的可能。

4. 刑事责任追究问题

行政机关违法实施强制拆除的行为，如果严格适用《刑法》的规定，完全有可能构成故意毁坏财物、滥用职权、非法入侵住宅等犯罪。尤其是在村委会、公司甚至个人强制拆除房屋的情形下，构成故意毁坏财物罪几乎已是板上钉钉的事情，而且还属于情节严重的情形。在**马桥酒店诉闵行区政府土地房屋行政强制案**中，最高人民法院认为，我国法律并不认可私力救济，民事主体或自治组织负责人违法强制拆除他人合法房屋，涉嫌构成故意毁坏财物罪的，权利人可以依法请求公安机关履行相应职责；法院经审查认为有犯罪行为的，应当依据《行政诉讼法》第66条第1款的规定，将有关材料移送公安、检察机关。[②] 《刑法》第275条规定："故意毁坏公私财物，数额较大或者有其他严重情节的，处三年以下有期徒刑、拘役或者罚金；数额巨大或者有其他特别严重情节的，处三年以上七年以下有期徒刑。"如果强制拆除行为的受害人据此追究强制拆除主体的刑事责任，在法律上并没有什么障碍。

然而，现实中的情况是，被征收人作为受害人依据《刑法》的规定追究强制拆除单位或者个人刑事责任成功的案例是极少的，公、检、法一般都会以属于民事纠纷、认定犯罪证据不足等为由，拒绝予以立案和作出有罪判决。最高人民法院显然对此已经有所察觉，在**沈某勇诉南漳县政府等确认强制拆除行为违法案**中，最高人民法院提出，在公安机关迟迟未作出侦查结论的情况下，法院应当及时征询公安机关的意见。如果公安机关在合理期限内一直未确定有犯罪事实，法院亦应综合全案情况进行审查处理，否则沈某勇将会因为公安机关久侦未结而无法通过诉讼及时维护自己的权益。[③] 但在现实中，因公安机关和人民法院相互"配合"而导致案件久拖不决的情形依旧是大量存在的。在此背景下，追究刑事责任这条路注定是充满荆棘的。对于受害人来说，在维权时必须首先权衡其中的利弊之后再做决定。

---

① 最高人民法院行政裁定书，(2019) 最高法行申1292号。
② 最高人民法院行政裁定书，(2017) 最高法行再102号。
③ 最高人民法院行政裁定书，(2020) 最高法行再21号。

总结·提示 被征收人追究违法实施强制拆除的单位和个人的刑事责任在法律上不存在任何障碍，但在现实中往往是很难成功的。

---

5. 确认强拆违法后的救济途径问题

在行政强制拆除行为被确认为违法之后，相对人可以请求行政赔偿，这一点毫无疑问。对于征收拆迁中的行政赔偿，我们将在第十九讲介绍。有争议的问题的是，相对人在这种情形下是否还有权请求行政机关给予行政补偿？尤其是请求行政赔偿要受到两年时效的限制，如果经过了两年的时效，相对人是否还有权通过行政补偿程序要求行政机关给予补偿？权威的观点认为，既然有征收必须补偿，而且应当是先补偿、后拆迁，行政机关的补偿安置职责不因强制拆除行为被法院确认为违法而消灭。因此，被征收人在行政强制拆除行为被确认为违法之后仍然具有救济途径上的选择权，在本书第十九讲所引用的**林某红诉惠济区政府行政补偿案**中，最高人民法院对此予以明确。当然，根据禁止重复救济和禁止重复获利的原则，相对人对于行政补偿程序和行政赔偿程序只能是“二选一”，不得重复提起行政补偿诉讼与行政赔偿诉讼。而且，相对人对于在其中一个程序中已经得到弥补的损失，不得在另一个程序中再行主张。

七、征收拆迁中的责令行为

（一）责令行为的意义和性质

1. 责令行为的意义

这里的责令行为，指的是行政机关作出的责令停止违法、责令限期改正、责令限期拆除等行政行为，在集体土地征收中，责令交出土地也是比较常见的责令行为。根据后面的介绍，责令行为未必属于行政强制的范畴，但它们与行政强制之间具有高度的近似性和关联性，因而放在这里一并讲解。

说起责令行为，就不能不提到学理上的一个概念——行政命令。行政命令，是带有命令性质的非类型化行政行为的统称，是行政机关要求相对人履行一定行为（作为）或者不作出一定行为（不作为）的意思表示。这里强调“非类型化”，是因为在行政处罚、行政强制、行政征收等类型化行政行为中也都包含了行政命令的因素，如行政处罚中的罚款，就带有命令违法的相对人交纳一定数量金钱的含义。但是，由于这些行政行为已经类型化了，归入具体的类型之后就不再被称为行政命令。行政命令常见的形式有“责令”“命令”“通知”“通告”“告知”“催告”等，我们需要根据其内容而不仅仅是名称来判断行为的性质。

2. 责令行为的性质

责令行为的性质问题，看似无关紧要，实际上却可能对其实施程序以及法律适用等产生决定性的影响。如果责令行为属于行政处罚，行政机关在作出责令行为时就需要适用《行政处罚法》，遵守《行政处罚法》所规定的主体、程序和救济权利等规定，反之则不需要。例如，有人提出："'责令限期拆除'是行政强制措施而不是行政处罚，自然不适用《行政处罚法》有关听证和时效的规定。"① 如此说来，准确判断责令行为的性质的确是实践中一个非常紧要的课题。

目前，对于责令行为的性质尚存争议，主要是在行政处罚、行政强制和行政命令之间游移不定。对于责令限期拆除，2000 年 12 月 1 日国务院原法制办曾答复称："根据《行政处罚法》第二十三条关于'行政机关实施行政处罚时，应当责令改正或者限期改正违法行为'的规定，《城市规划法》第四十条规定的'责令限期拆除'，不应当理解为行政处罚行为。"② 2012 年 12 月 19 日，国务院原法制办再次复函称："根据《中华人民共和国行政处罚法》第二十三条关于'行政机关实施行政处罚时，应当责令改正或者限期改正违法行为'的规定，责令改正或者限期改正违法行为与行政处罚是不同的行政行为。因此，《中华人民共和国城乡规划法》第六十四条规定的'限期拆除'，第六十八条规定的'责令限期拆除'不应当理解为行政处罚行为。"③ 虽然上述答复和复函均明确否认责令限期拆除属于行政处罚行为，但并没有正面回答责令限期拆除行为的性质。

2021 年修改的《行政处罚法》第 9 条规定，"限制开展生产经营活动、责令停产停业、责令关闭、限制从业"属于行政处罚。据此，责令限期拆除、责令交出土地这两个行为确实难以归入行政处罚的范围；责令停止违法和责令限制改正，也只有在其中停止、改正的内容涉及生产经营活动或者从业等时才属于行政处罚。《行政处罚法》第 28 条第 1 款规定："行政机关实施行政处罚时，应当责令当事人改正或者限期改正违法行为。"对此，权威的观点认为责令改正的目的和效果在于促使违法行为人停止违法行为、消除危害后果、修复违法状态，并不具有明显的惩戒性，更多体现为教育性，在性质上不属于行政处罚。④ 2020 年 12 月 7 日，最高人民法院发布的《关于行政案件案由的暂行规定》（法发〔2020〕44 号）将责令退还非法占用土地、责令交还土地、责令改正、责令采取补救措施、责令停止建设、责令恢复原状等行为均归入了行政处理的名下。

有观点认为，责令行为可分为"命令型""处罚型""执行型"三种类型。"命令型"责令行为有"责令改正""责令限期治理""责令排除妨碍""责令停止违法行为""责令停止开采"等，这类行为既不是行政处罚，也不是行政强制措施，而是行政命令；"处罚型"责令行为有"责令停产停业"等，虽然用"责令"形式来表达，但实质上属于行政处罚行为；"执行型"责令行为有"责令限期拆除"等，它既不是行政处罚，也不是行政强制措施，而是属于行政强制执行，属于"期待当事人自我履行"的催告程序。⑤ 按照这一观点，责令停止违法、责令限期改正、责令交出土地属于行政命令，而责令限期拆除则属于行政强制

① 北京市海淀区人民政府法制办公室编：《行政复议案件典型案例分析》，法律出版社 2015 年版，第 118 页。

② 国务院原法制办公室《关于"责令限期拆除"是否是行政处罚行为的答复》（国法秘函〔2000〕13 号）。

③ 《国务院法制办公室对陕西省人民政府法制办公室〈关于"责令限期拆除"是否属于行政处罚行为的请示〉的复函》（国法秘研函〔2012〕665 号）。

④ 参见江必新主编：《行政处罚法条文精释与实例精解》，人民法院出版社 2021 年版，第 156 页。

⑤ 胡建淼：《行政法学》（第 4 版），法律出版社 2015 年版，第 249 ~ 250 页。

执行。

然而，我们应该注意到，在《土地管理法》第 83 条有“建设单位或者个人对责令限期拆除的行政处罚决定不服”的表述，这说明至少在《土地管理法》这里已经把责令限期拆除当成行政处罚了。在《城乡规划法》中虽没有类似的规定，但由于两部法律中的限期拆除具有高度的近似性，都是以违法建筑为主要对象，对其性质的认定完全可以进行类比。实践中，对于依据《城乡规划法》作出的责令限期拆除决定，亦不乏认定为行政处罚的案例。在**创思特公司诉经开区管委会城乡规划行政处罚案**中，再审申请人主张《限期拆除决定》不是行政处罚，系行政强制措施，故不存在集中行使处罚权的问题。对此，最高人民法院认为，此种认识混淆了对行政强制措施和行政强制执行的理解。南宁经开区管委会负责城市管理综合行政执法工作，获得依照《城乡规划法》第 64 条、第 68 条分别对违法建筑实施行政处罚、受南宁市政府“责成”实施强制拆除的法定职权。《限期拆除决定》这一行政处罚行为作出之后的强制拆除行为系行政强制执行，并非行政强制措施。故申请人的主张缺乏法律依据，本院不予支持。[①] 在**马某清诉民和县住建局等行政复议案**中，马某清在申请再审时提出限期拆除决定不属于《行政处罚法》规定的行政处罚种类。对此，青海省高级人民法院认为，《行政处罚法》规定了行政处罚的种类，并明确了行政处罚和种类还包括“法律、行政法规规定的其他行政处罚”，而《城乡规划法》第 64 条、第 68 条明确规定了县级以上地方政府城乡规划主管部门对违法建设可责令停止建设或者作出限期拆除违法建设的决定，民和县住建局所做行政处罚并无不当。[②] 在上述判例中，法院引用了《行政处罚法》第 9 条“法律、行政法规规定的其他行政处罚”这一“兜底”性规定，使在明确列举的范围之外存在其他的行政处罚种类成为可能。此外，更为直接的论据是，在最高人民法院《关于行政案件案由的暂行规定》（法发〔2020〕44 号）中已经明确了责令限期拆除属于行政处罚。

总结·提示 对于责令行为性质的争议仍然较大。根据以上分析，将责令停止违法、责令限期改正、责令交出土地行为认定为行政命令，将责令限期拆除行为认定为行政处罚，是比较准确和客观的，虽然国务院原法制办公室曾先后两次发文否认责令限期拆除的行政处罚性质。

（二）责令行为的可诉性

1. 责令行为通常具有可诉性

在上述责令行为中，责令交出土地属于直接对相对人权利义务产生影响的行政行为，对其可诉性基本上没有异议，问题出在责令停止违法、责令限期改正和责令限期拆除三个行为。由于这三个行为之间具有高度的近似性，如果其中一个行为是可诉的，我们就没有理由

---

① 最高人民法院行政裁定书，（2019）最高法行申 3615 号。

② 青海省高级人民法院行政裁定书，（2019）青行申 147 号。

再去否认另外两个行为的可诉性。

先以责令停止违法行为为例。有观点认为它不具有可诉性，理由是责令停止违法行为是行政机关作出行政处罚的阶段性行为，之后还要履行听证告知程序，然后才作出行政处罚，因此，责令停止违法行为只是行政处罚程序的一个环节，并非行政处罚程序的终结，允许当事人对其中一个环节不服提起诉讼则意味着对行政处罚的其他环节也可提起诉讼，如此做法有滥用诉权之嫌，既浪费司法资源，又增加了当事人的诉讼成本。但主流的意见认为，责令停止违法行为具有可诉性，理由是责令停止违法行为是针对特定行政相对人作出的，并对相对人的权利义务产生了实际影响。

再以责令限期改正行为为例。对此，权威的解读指出："行政机关违法要求相对人责令改正，可能侵犯行政相对人合法权益，应当可以提起行政诉讼。因此，无论责令改正是与其他处罚同时适用，还是单独适用，当事人对责令改正不服的，可以提起行政诉讼。"①

实践中，只要责令行为对相对人权利、义务产生了实际影响，法院就不否认其可诉性。在**常某宁诉怀柔区政府行政复议案**中，北京市高级人民法院认为，行政机关在行政检查中作出的责令整改通知，通常不是对违法行为的最终处理，因此，一般情况下，该类行为对公民、法人或者其他组织权利义务不会产生实际影响，不可诉。但是，如果该类行为对行政相对人的权利、义务产生实际影响的，属于受案范围。② 在**晟鑫泰公司诉规划和自然资源局撤销通知案**中，最高人民法院认为，《责令限期拆除通知》的内容主要为责令相对人限期拆除所有构筑物及附属设施并恢复原貌，实际效果等同于行政机关作出的限期拆除的行政决定。该通知除程序性告知外，还为相对人设置了积极的作为义务，且该义务具有被强制执行的可能性，属于对相对人不利之处分，并直接发生法律效果，属于可诉的行政行为。③ 从中可见，是否对相对人的权利、义务产生实际影响是一个硬性指标，也是实践中判断责令行为可诉性的主要标准。至于责令行为的性质如何，通常并不影响它的可诉性。

然而，在理论上顺理成章的事情，在实践中却可能还会有一番争执。一些地方法院以"对公民、法人或者其他组织权利义务不产生实际影响""属于过程性行为""成熟性不具备"等为理由拒绝受理此类案件，显得与主流的观点格格不入。

2. 起诉责令限期拆除决定的"短时效"

我们在讨论责令行为的可诉性时，还应当注意到《土地管理法》专门为起诉责令限期拆除决定设置了 15 日的"短时效"。《土地管理法》第 83 条规定："依照本法规定，责令限期拆除在非法占用的土地上新建的建筑物和其他设施的，建设单位或者个人必须立即停止施工，自行拆除；对继续施工的，作出处罚决定的机关有权制止。建设单位或者个人对责令限期拆除的行政处罚决定不服的，可以在接到责令限期拆除决定之日起十五日内，向人民法院

---

① 袁杰主编，全国人大常委会法制工作委员会行政法室编著：《中华人民共和国行政诉讼法解读》，中国法制出版社 2014 年版，第 38 页。

② 北京市高级人民法院行政判决书，(2018) 京行终 4292 号。

③ 最高人民法院行政裁定书，(2020) 最高法行再 248 号。

起诉；期满不起诉又不自行拆除的，由作出处罚决定的机关依法申请人民法院强制执行，费用由违法者承担。”其中，15 日的超短起诉期限与《行政诉讼法》第 46 条关于行政诉讼起诉期限的一般规定迥然不同，应当属于“法律另有规定”的情形。

总结·提示 《土地管理法》第 83 条为建设单位或者个人起诉责令限期拆除的行政处罚决定设置了 15 日的“短时效”。

对于责令限期拆除之外的责令行为，由于法律没有另行规定特殊的起诉期限，应当适用《行政诉讼法》第 46 条关于行政诉讼起诉期限的一般规定。而且，“短时效”并非对所有的责令限期拆除决定都适用，它的适用范围仅限于县级以上人民政府自然资源主管部门依据《土地管理法》第 74 条、第 77 条以及农业农村主管部门依据《土地管理法》第 78 条的规定作出的责令限期拆除决定。对于城乡规划主管部门依据《城乡规划法》的规定作出的责令限期拆除决定，由于《城乡规划法》并未明确规定“短时效”，故仍应当适用《行政诉讼法》第 46 条关于行政诉讼起诉期限的一般规定。

第七讲　征收拆迁中的“违建”与“危房”

重点导读

在“以拆促迁”的背景下，始终存在由“拆迁”变异为“拆违”或者“拆危”的可能性，因而我们需要对“违建”与“危房”有更加深入的了解。“违建”的准确全称是违法建筑，它有许多不同的类型。在理论上划定合法建筑与违法建筑的边界并不是一件容易的事情。认定和处理违法建筑，需要由具有法定职权的主体依照法定的程序进行。其中，认定违法建筑应遵守一系列基本原则，并考虑建筑物形成的时间节点等关键因素；在对违法建设行为给予行政处罚时，应按照行政处罚的普通程序和听证程序的要求进行；在执行时，首先必须考虑的是行政机关是否有权自行实施强制拆除。“危房”的全称是危险房屋，其中比较重要的问题是危险房屋鉴定的申请主体、鉴定标准、鉴定程序以及处理方式。本讲的内容包括“违建”的准确名称、违法建筑的类型、违法建筑的认定、对违法建设行为的处理、危险房屋的认定与处理五个方面。

一、“违建”的准确名称

“违建”是一个常用的简称，其全称有“违章建筑”“违法建筑”“违法违章建筑”“违法建设”等。那么，问题来了，作为一个法律概念，如果连其名称都不能做到统一和规范，实在是欠缺应有的严肃性。

第一，违章建筑。违章建筑的提法由来已久，早在1980年4月15日发布的《国务院批准中央气象局关于保护气象台站观测环境的通知》就提出：“凡事先未征得气象部门同意，在气象台站附近进行建设而造成观测环境破坏的，应按违章建筑处理。”此外，在《广播电视设施保护条例》（2000年发布）、《长江三峡工程建设移民条例》（2011年修改）以及《拆迁条例》（2001年修改，已失效）中使用的也是违章建筑。

第二，违法建筑。违法建筑这个名称的出现要稍晚于违章建筑，不过至迟在1983年6月4日发布的《城镇个人建造住宅管理办法》（已失效）中就已经出现了违法建筑的提法。目前，使用违法建筑的法律、法规已经显著多于使用违章建筑的法律、法规，大有后来居上之势。例如，在《城市规划法》（1989年发布，已失效）、《水法》（2016年修改）、《水文条例》（2017年修改）、《征收条例》（2011年发布）、《村庄和集镇规划建设管理条例》（1993

年发布）等法律、行政法规中均使用违法建筑；在最高人民法院发布的《关于正确确定县级以上地方人民政府行政诉讼被告资格若干问题的规定》（法释〔2021〕5 号）中使用的也是违法建筑。

第三，违法违章建筑。在求全责备的心理下，居然出现了将上述二者结合起来的提法。2012 年 6 月 13 日，最高人民法院发布的《关于严格执行法律法规和司法解释依法妥善办理征收拆迁案件的通知》（法〔2012〕148 号）提出：“对近期发生征收拆迁恶性事件的地区和城郊结合部、城中村改造、违法违章建筑拆除等领域，要进行重点检查。”此外，在原建设部《关于加强汛期安全生产与城镇综合防灾工作的通知》（建质电〔2005〕43 号）以及公安部、住房和城乡建设部、国家文物局印发的《关于加强历史文化名城名镇名村及文物建筑消防安全工作的指导意见》（公消〔2014〕99 号）中也使用了违法违章建筑。更早之前，最高人民法院在一个司法解释中把违法建筑与违章建筑并列起来，称为“违法、违章的建筑物”。①

第四，违法建设。在《港口法》（2018 年修改）、《风景名胜区条例》（2016 年修改）、《机关团体建设楼堂馆所管理条例》（2017 年发布）等法律、法规中还有违法建设的概念，但其中的违法建设多归属于“建设活动”，并不是“违建”的简称，二者是行为和结果的关系。不过，在地方立法中也有用违法建设指代“违建”的，如《北京市禁止违法建设若干规定》（2020 年修改）第 2 条规定：“本规定所称的违法建设，包括城镇违法建设和乡村违法建设。”在中央层面，《城乡规划法》（2019 年修改）第 44 条第 2 款规定：“临时建设应当在批准的使用期限内自行拆除。”这里的“临时建设”，明显是指临时建筑而非临时建设活动。

总体来说，违法建筑与违章建筑只是说法不同，实质上是同义语。但由于“章”的含义众多，可能指规章或者章程等，违章建筑的提法明显词不达意。相比之下，“违法建筑”一词简洁而又不失准确，应在各层级的立法中统一使用违法建筑，弃用“违章建筑”“违法违章建筑”“违法建筑物”“违法的建筑物、构筑物、设施”等不规范的称谓。② 至于违法建设，如果指代违法的建设活动自然没有问题，但如果用它取代违法建筑，则存在词性错用的问题。因为在现代汉语中，“建设”常用作动词，“建筑”常用作名词，后者比前者更能表达出“违建”的准确含义。

最高人民法院的法官认为，将“违章建筑”改为“违法建筑”，一字之改，体现的是对公民权利的保护，体现的是对依法行政的要求，并断言这里的“法”仅指法律和法规，不包括规章及规范性文件：

> “违法建筑”中的“法”，应当仅指法律、法规，不包括规章及其以下的规范性文件。这是因为，违法建筑的最终法律后果可能是没收违法建筑或者强制拆除，没收违法建筑的实质是行政处罚，根据行政处罚法的规定，只有法律、法规才能设定没收违法建

---

① 最高人民法院《关于适用〈中华人民共和国担保法〉若干问题的解释》（法释〔2000〕44 号，已失效）第 48 条。

② 参见王洪平：《公私法交融视域下的违法建筑问题研究》，中国人民大学出版社 2020 年版，第 89～92 页。

筑类的行政处罚，规章及其以下的规范性文件没有该项行政处罚设定权；而强制拆除在法律上属于行政强制执行，根据行政强制法的规定，只有法律才有行政强制执行的设定权。①

根据上面的分析，违法建筑就是违反法律、法规规定的建筑物、构筑物以及其他设施的统称。鉴于中国是法治国家，对于房屋等建筑物的主要评价依据也应当是法律而不是章程之类的东西，违法建筑的确是个准确的称谓。将违法建筑与违章建筑并列起来的做法更是不可取，因为那意味着违法建筑与违章建筑是相互独立的范畴，会导致二者之间的关系更加纠缠不清。在本书中，不存在独立于违法建筑的违章建筑，“违建”就是违法建筑的简称。由于违章建筑的提法在短期内不可能完全禁绝，我们也无须对其避之唯恐不及，但必须明确违章建筑与违法建筑指代的是同一事物，并且统一使用违法建筑乃是大势所趋。

总结·提示 “违建”的准确名称是违法建筑，违法建筑就是违反法律、法规规定的建筑物、构筑物以及其他设施的统称，对于违章建筑、违法违章建筑等不规范的提法应该逐渐摒弃。

二、违法建筑的类型

有人根据不同的标准对违法建筑作出了多达20种类型划分，包括农村违法建筑与城镇违法建筑，国有土地上的违法建筑与集体土地上的违法建筑，程序违法建筑与实体违法建筑，主体建成之前的违法建筑与主体建成之后的违法建筑，既有违法建筑与嗣后违法建筑，整体违法建筑与局部违法建筑，等等。② 但客观地讲，有些类型划分并无多少实际意义，对于征收拆迁而言，比较重要的是下面几种类型划分。

（一）违反规划型违法建筑、违法用地型违法建筑与违反单行法型违法建筑

根据违法建筑所违反的“法”的不同，可将其分为违反规划型违法建筑、违法用地型违法建筑和违反单行法型违法建筑。

1. 违反规划型违法建筑

建设活动应当坚持规划先行，这里的“规划”主要指城乡规划（在实现“多规合一”后指国土空间规划）。《城乡规划法》是在规划区内进行建设活动的主要依据，所以违法建筑所违反的“法”首先就是指《城乡规划法》。有学者甚至断言：“正是因为有了‘分区规划’，所以才有违反规划的违法建筑，无规划即无违法建筑……根据现行法，违法建筑只存

---

① 蔡小雪、郭修江：《房屋征收案件审理指引》，人民法院出版社2015年版，第268～269页。

② 参见蒋拯：《违法建筑处理制度研究》，法律出版社2014年版，第60～79页。

在于‘城乡规划区内’，不能将存在于‘城乡规划区外’的建筑认定为违法建筑。”① 这一论断固然道出了规划在违法建筑认定中的重要性，但失之偏颇，根据我们后面的分析，违法建筑所违反的“法”绝不局限于《城乡规划法》，在规划区之外同样可能出现违法建筑。

《城乡规划法》中虽然没有直接出现违法建筑的表述，但在其相关条文中已经隐含了违法建筑的立法定义。依据《城乡规划法》第 36 ~ 41 条的规定，在城市、镇规划区内进行建设之前，需要办理“两证”（建设用地规划许可证和建设工程规划许可证），以划拨方式提供国有土地使用权的建设项目还需要办理“一书”（建设项目选址意见书）；在乡、村庄规划区内进行建设之前，需要办理“一证”（乡村建设规划许可证）。在规划区内未按照上述要求建设的建筑物、构筑物等，就属于违法建筑。其中，最为典型的就是《城乡规划法》第 64 条所称的“未取得建设工程规划许可证或者未按照建设工程规划许可证的规定进行建设”以及第 65 条所称的“在乡、村庄规划区内未依法取得乡村建设规划许可证或者未按照乡村建设规划许可证的规定进行建设”这两种情形。

另外，《城乡规划法》第 44 条规定：“在城市、镇规划区内进行临时建设的，应当经城市、县人民政府城乡规划主管部门批准……临时建设应当在批准的使用期限内自行拆除。”依据《城乡规划法》第 66 条，临时建设如果有“未经批准”“未按照批准内容进行建设”“超过批准期限不拆除”三种情形之一的，也属于违法建筑。对于临时建设的期限，《城乡规划法》未予明确，地方立法中规定的期限以 2 年者居多，例如，《广西壮族自治区实施〈中华人民共和国城乡规划法〉办法》（2016 年修改）第 42 条第 2 款规定：“临时建设规划许可批准的临时建设使用期限不得超过 2 年，期满需要延续的，应当在使用期限届满 30 日前提出申请，按照规定办理延期手续，经批准延期的，期限不得超过 1 年……”

2. 违法用地型违法建筑

《城乡规划法》只能约束规划区内的建设活动，但在规划区内的建设活动并不是只受《城乡规划法》调整，还须遵守其他法律、法规的规定，《城乡规划法》第 4 条第 2 款规定：“在规划区内进行建设活动，应当遵守土地管理、自然资源和环境保护等法律、法规的规定。”而且，在规划区之外也可能存在违法建筑。所以，单凭《城乡规划法》难以将所有的违法建筑“一网打尽”，对于城镇、乡村规划区外的违法用地和违法建设行为，主要是以《土地管理法》（2019 年修改）为依据进行认定和处罚。

违法用地型违法建筑，是违反规划型违法建筑之外又一个常见的违法建筑类型，指违反《土地管理法》的相关规定非法占用土地而建成的建筑，因而其违法的实质就是非法占用土地。如果在规划区内未获得土地使用权就进行建设，不但违反《土地管理法》，而且也必然违反《城乡规划法》，这个类型的违法建筑也被称为“双违”建筑。

总结 · 提示　单纯违反《土地管理法》的违法建筑只能在规划区之外存在，因为城

① 王洪平：《公私法交融视域下的违法建筑问题研究》，中国人民大学出版社 2020 年版，第 97 ~ 98 页。

乡规划主管部门无权在规划区之外进行规划执法；在规划区之内，凡是违反《土地管理法》的违法建筑也必然同时违反《城乡规划法》，因而被称为“双违”建筑。

《土地管理法》第57条第2款规定：“临时使用土地的使用者应当按照临时使用土地合同约定的用途使用土地，并不得修建永久性建筑物。”第65条规定：“在土地利用总体规划制定前已建的不符合土地利用总体规划确定的用途的建筑物、构筑物，不得重建、扩建。”第74条规定：“对违反土地利用总体规划擅自将农用地改为建设用地的，限期拆除在非法转让的土地上新建的建筑物和其他设施，恢复土地原状，对符合土地利用总体规划的，没收在非法转让的土地上新建的建筑物和其他设施；可以并处罚款；对直接负责的主管人员和其他直接责任人员，依法给予处分；构成犯罪的，依法追究刑事责任。”第75条规定：“违反本法规定，占用耕地建窑、建坟或者擅自在耕地上建房、挖砂、采石、采矿、取土等，破坏种植条件的，或者因开发土地造成土地荒漠化、盐渍化的，由县级以上人民政府自然资源主管部门、农业农村主管部门等按照职责责令限期改正或者治理，可以并处罚款；构成犯罪的，依法追究刑事责任。”第77条规定：“未经批准或者采取欺骗手段骗取批准，非法占用土地的，由县级以上人民政府自然资源主管部门责令退还非法占用的土地，对违反土地利用总体规划擅自将农用地改为建设用地的，限期拆除在非法占用的土地上新建的建筑物和其他设施，恢复土地原状，对符合土地利用总体规划的，没收在非法占用的土地上新建的建筑物和其他设施，可以并处罚款；对非法占用土地单位的直接负责的主管人员和其他直接责任人员，依法给予处分；构成犯罪的，依法追究刑事责任。”第78条规定：“农村村民未经批准或者采取欺骗手段骗取批准，非法占用土地建住宅的，由县级以上人民政府农业农村主管部门责令退还非法占用的土地，限期拆除在非法占用的土地上新建的房屋。超过省、自治区、直辖市规定的标准，多占的土地以非法占用土地论处。”凡是违反上述强制性规定而建造的建筑物、构筑物和其他设施，均属于违法用地型违法建筑。

在一些地方性立法中，将违法建筑定义为“违反城乡规划管理法律、法规的建筑物、构筑物”，如《云南省违法建筑处置规定》（2021年修改）第2条、《浙江省违法建筑处置规定》（2020年修改）第3条、《海南省查处违法建筑若干规定》（2012年发布）第3条。这相当于将违反土地管理的建筑排除在违法建筑的范畴之外，其违法建筑的定义是不周延的。《云南省违法建筑处置规定》在第2条第2款对违法建筑进行界定之后，随即在第3款提出“违反土地管理、林业、水利、交通运输、环境保护、安全生产等法律、法规的建筑，由有关部门依照相关法律、法规的规定处置”，也进一步证实了违法建筑并非仅指违反城乡规划管理的建筑。

3. 违反单行法型违法建筑

在《城乡规划法》和《土地管理法》之外，还有大量关于交通、自然资源管理、环境保护等单行法规定了违法建筑的情形，可称为违反单行法型违法建筑。

（1）违反《公路法》

《公路法》（2017年修改）第56条第1～2款规定：“除公路防护、养护需要的以外，禁止在公路两侧的建筑控制区内修建建筑物和地面构筑物；需要在建筑控制区内埋设管线、电缆等设施的，应当事先经县级以上地方人民政府交通主管部门批准。前款规定的建筑控制区的范围，由县级以上地方人民政府按照保障公路运行安全和节约用地的原则，依照国务院的规定划定。”依据《公路安全保护条例》（2011 年发布）第 11 条的规定，公路建筑控制区的范围，从公路用地外缘起向外的距离标准为：①国道不少于 20 米；②省道不少于 15 米；③县道不少于 10 米；④乡道不少于 5 米；⑤属于高速公路的，公路建筑控制区的范围从公路用地外缘起向外的距离标准不少于 30 米；⑥公路弯道内侧、互通立交以及平面交叉道口的建筑控制区范围根据安全视距等要求确定。

（2）违反《铁路法》

《铁路法》（2015 年修改）第 46 条规定：“在铁路线路和铁路桥梁、涵洞两侧一定距离内，修建山塘、水库、堤坝，开挖河道、干渠，采石挖砂，打井取水，影响铁路路基稳定或者危害铁路桥梁、涵洞安全的，由县级以上地方人民政府责令停止建设或者采挖、打井等活动，限期恢复原状或者责令采取必要的安全防护措施……在铁路弯道内侧、平交道口和人行过道附近，不得修建妨碍行车瞭望的建筑物和种植妨碍行车瞭望的树木。修建妨碍行车瞭望的建筑物的，由县级以上地方人民政府责令限期拆除……”

（3）违反《民用航空法》

《民用航空法》（2021 年修改）第 58 条规定：“禁止在依法划定的民用机场范围内和按照国家规定划定的机场净空保护区域内从事下列活动：（一）修建可能在空中排放大量烟雾、粉尘、火焰、废气而影响飞行安全的建筑物或者设施；（二）修建靶场、强烈爆炸物仓库等影响飞行安全的建筑物或者设施；（三）修建不符合机场净空要求的建筑物或者设施……（七）修建影响机场电磁环境的建筑物或者设施。”

（4）违反《文物保护法》

《文物保护法》（2017 年修改）第 19 条规定：“在文物保护单位的保护范围和建设控制地带内，不得建设污染文物保护单位及其环境的设施，不得进行可能影响文物保护单位安全及其环境的活动。对已有的污染文物保护单位及其环境的设施，应当限期治理。”

（5）违反《水法》

《水法》（2016 年修改）第 37 条第 2 款规定：“禁止在河道管理范围内建设妨碍行洪的建筑物、构筑物以及从事影响河势稳定、危害河岸堤防安全和其他妨碍河道行洪的活动。”

（6）违反《环境保护法》

《环境保护法》（2014 年修改）第 61 条规定：“建设单位未依法提交建设项目环境影响评价文件或者环境影响评价文件未经批准，擅自开工建设的，由负有环境保护监督管理职责的部门责令停止建设，处以罚款，并可以责令恢复原状。”

此外，尚有诸多违反其他单行法的违法建筑，实难一一列举。

（二）城镇违法建筑与乡村违法建筑

在城镇规划与乡村规划二元存在的格局下，根据违法建筑所处区域的不同，可将其分为城镇违法建筑与乡村违法建筑。区分的实际意义在于，城镇的建筑，如果在城市、镇规划区之内，需要办理“两证”（建设用地规划许可证和建设工程规划许可证）；而乡村的建筑，如果在乡、村庄规划区之内，只需要办理“一证”（乡村建设规划许可证）。

在一些地方性法规中，明确了城镇违法建筑与乡村违法建筑的区分。例如，《云南省违法建筑处置规定》第2条第2款规定：“本规定所称的违法建筑是指违反城乡规划管理法律、法规的建筑物、构筑物，包括城镇违法建筑和乡村违法建筑；城镇违法建筑是指在城市、镇规划区内未取得建设工程规划许可证、临时建设工程规划许可证或者未按照许可内容进行建设的建筑，以及超过批准期限未拆除的城镇临时建筑；乡村违法建筑是指在乡、村庄（含镇辖村）规划区内未取得乡村建设规划许可或者未按照许可内容进行建设的建筑。”《浙江省违法建筑处置规定》第3条第1款规定：“本规定所称违法建筑，是指未依法取得规划许可或者未按照规划许可内容建设的建筑物和构筑物，以及超过规划许可期限未拆除的临时建筑物和构筑物，包括城镇开发边界内的违法建筑（以下简称城镇违法建筑）和城镇开发边界外的违法建筑（以下简称乡村违法建筑）。”

（三）国有土地上的违法建筑与集体土地上的违法建筑

根据违法建筑所在土地性质的不同，可将其分为国有土地上的违法建筑与集体土地上的违法建筑。区分的实际意义在于，对于国有土地上的违法建筑的认定，首先要依据《城乡规划法》，其次才是《土地管理法》，即规划优先；而对于集体土地上的违法建筑的认定，首先要依据《土地管理法》，其次才是《城乡规划法》，即土地性质优先。

有人甚至认为，对于国有土地上的违法建筑认定可以不考虑《土地管理法》的相关规定，因为《土地管理法》处理的非法占地行为主要是指非法占用农用地的行为。[①] 由于国有土地通常位于城、镇规划区内，凡是非法占地的建设项目都不可能取得建设工程规划许可证，依据《城乡规划法》就可以同时解决土地违法与规划违法这两个问题，所以这种观点有一定合理性。但同时也要考虑到原为集体土地上的建筑，在土地被征收之后转化为国有土地上的建筑这一特殊情形，在判断其合法性之时，《土地管理法》依然可以派上用场。

（四）实体法违法建筑与程序法违法建筑

一般认为，违反《城乡规划法》《土地管理法》《公路法》《铁路法》等的禁止性规定而建造的建筑物属于实体法违法建筑，而仅违反建筑法律、法规控制性程序规定建造的建筑物，也即没有符合行政许可形式要件，没有通过行政许可并领取相应证书或超越许可范围建造的建筑物，为程序法违法建筑。[②] 对于实体法违法建筑，比如尚未取得合法用地审批手续，或者建筑的房屋不符合控制性详细规划的强制性内容等，应认定为不可采取改正措施的违法建筑；而对于仅仅是缺失申请办理建设工程规划许可证程序或者是程序不到位的情形，不能

---

① 参见蔡小雪、郭修江：《房屋征收案件审理指引》，人民法院出版社2015年版，第270页。

② 参见蒋拯：《违法建筑处理制度研究》，法律出版社2014年版，第63～64页。

简单“一刀切”地认为属于不能采取改正措施的情形。[①] 换言之，对于程序法违法建筑，不能轻易认定为“无法采取改正措施消除影响”的情形。

（五）须拆除型违法建筑与可留存型违法建筑

根据违法建筑应该限期拆除抑或可以在满足一定条件后予以留存，可将其分为须拆除型违法建筑与可留存型违法建筑。将违法建筑等同于必须拆除的建筑，这是实践中长期存在的一个重大的误区。实际上，违法建筑的法律后果并不是一律无偿地予以拆除，而是要根据其违法的程度、实际影响等具体情形而定。例如，《城乡规划法》第64条对于未取得建设工程规划许可证或者未按照建设工程规划许可证的规定进行建设的，专门区分了“尚可采取改正措施消除对规划实施的影响的”情形与“无法采取改正措施消除影响的”情形，对前者只需要“限期改正”并处罚款即可，后者一般需要“限期拆除”，但也不是必然要全部拆除。

三、违法建筑的认定

（一）违法建筑认定的基本原则

1. 依照法定的权限、程序和证据

依法行政原则，要求对于违法建筑的认定也必须依照法定的权限和程序作出。这里的“法”，如前所述，仅指法律、行政法规和地方性法规，不包括规章。当然，如果法律、行政法规和地方性法规对于违法建筑的认定作出了规定，规章在上位法规定的范围之内又作出了具体化的规定，也是可以作为参考依据的。

根据后面的介绍，有认定违法建筑法定权限的主体包括城乡规划主管部门、自然资源主管部门、农业农村主管部门、乡镇人民政府、街道办事处等，它们都是行政机关或者行政机关的派出机关。但在实践中，竟然出现了村委会作出《限期拆除决定书》认定和查处违法建筑的案例，真是咄咄怪事！依据《行政处罚法》（2021年修改）第17条“行政处罚由具有行政处罚权的行政机关在法定职权范围内实施”以及第38条第1款“行政处罚没有依据或者实施主体不具有行政主体资格的，行政处罚无效”的规定，村委会的上述行为应为无效行为。

除了法定的权限和程序，认定和查处违法建筑还需要掌握充分的证据，这一点自不待言。《行政处罚法》第40条规定：“公民、法人或者其他组织违反行政管理秩序的行为，依法应当给予行政处罚的，行政机关必须查明事实；违法事实不清、证据不足的，不得给予行政处罚。”实践中，行政机关有时会借助现代化的手段，运用所谓航拍图、卫星图、红线图、地形图等来认定违法建筑。但是，航拍图等大多也只能大致反映建筑的现时状况，无法准确地反映建筑物的建成时间等关键信息，故以之为证据来认定违法建筑需要慎之又慎，必须与房屋权属证明、建房审批手续等其他证据相互印证，切忌武断。在**王某武诉宽城区政府未登**

---

① 参见朱新力主编：《集体土地征收、拆迁、拆违法律问题解答与实例》，人民法院出版社2020年版，第109～110页。

记房屋认定案中，最高人民法院提出，未能清晰地反映建筑物建筑时间的航拍图不能作为认定违法建筑的证据。①

2. 综合考虑历史、习惯以及行政机关过错等因素，不搞“一刀切”

通常情况下，认定违法建筑的标准就是有没有经过有权机关的建设审批，以及是否取得了产权证等。但长期以来，中国房屋建设的审批和登记工作并不完善，至今在一些地方城乡规划等部门职责不清、组织机构不健全以及行政不作为的情形仍然存在。如果不分青红皂白，“一刀切”地将所有未经审批、未取得产权登记的房屋认定为违法建筑显然是不合理的。对于历史原因造成的手续不齐全的房屋，不宜随意认定为违法建筑，而是应该综合考虑历史因素，当时、当地建房的审批习惯以及行政机关过错（主要是不作为）等因素进行认定。

《征收条例》第24条第2款规定：“市、县级人民政府作出房屋征收决定前，应当组织有关部门依法对征收范围内未经登记的建筑进行调查、认定和处理。对认定为合法建筑和未超过批准期限的临时建筑的，应当给予补偿；对认定为违法建筑和超过批准期限的临时建筑的，不予补偿。”言下之意，未经登记的建筑不一定是违法建筑，否则也就不必劳心费力地去调查、认定和处理了。2003年9月19日，国务院办公厅发布的《关于认真做好城镇房屋拆迁工作维护社会稳定的紧急通知》（国办发明电〔2003〕42号）要求：“各地要本着实事求是的原则，采取积极有效的措施，切实解决城市房屋拆迁中久拖不决的遗留问题。对拆迁范围内产权性质为住宅，但已依法取得营业执照经营性用房的补偿，各地可根据其经营情况、经营年限及纳税等实际情况给予适当补偿。对拆迁范围内由于历史原因造成的手续不全房屋，应依据现行有关法律法规补办手续。对政策不明确但确属合理要求的，要抓紧制订相应的政策，限期处理解决；一时难以解决的，要耐心细致地做好解释工作，并积极创造条件，争取早日解决。”据此，对由于历史原因造成的手续不全房屋，通常不应认定为违法建筑。

最高人民法院的有关判例也回应了上述理念。在**潘某民诉于洪区政府等履行补偿职责案**中，最高人民法院认为，对于因历史原因没有办理房屋产权证的无证房屋，行政机关在没有充分证据证明该无证房屋属于违法建筑的情况下，不宜认定为违法建筑。行政机关和人民法院应当在综合考量没有办理产权登记的历史原因、土地价值、房屋来源、房屋用途和周边类似房屋市场价格等因素后，确定公平合理的补偿标准，不能以无证房屋系违法建筑为由一概不予补偿。② 在**秦某燕诉浦东新区政府强制拆除违法建筑决定案**中，最高人民法院认为，虽然涉案房屋无合法权利凭证，但涉案房屋的历史沿革具有一定的特殊性，地方政府在涉案房屋未取得合法手续方面存在过错，明显违反信赖保护原则，当事人基于涉案房屋的相关权益应予认可。地方政府应有义务统筹协调，妥善处理，切实解决历史遗留问题。③

---

① 最高人民法院行政裁定书，（2020）最高法行申2794号。
② 最高人民法院行政裁定书，（2019）最高法行申7904号。
③ 最高人民法院行政裁定书，（2020）最高法行申6108号。

3. 注重相对人的信赖利益保护

在违法建筑认定中，要尊重历史，一个重要的方面是要注重相对人的信赖利益保护。对于未取得合法手续，或者手续不齐全的房屋，但存在当地政府或者官员的批准、允诺等特殊情形的，应遵守信赖保护原则，不得随意认定为违法建筑。在**杰豹公司诉大溪镇政等行政赔偿案**中，最高人民法院认为，涉案被拆除厂房在建设和使用过程中，取得了土地所有人沙岸村委会的许可，也得到了温岭市政府、大溪镇政府、大溪镇国土所等单位或部门的认可和支持。杰豹公司对有关行政机关作出的承诺、确认和默许，形成了行政法上的信赖利益，该信赖利益属于《国家赔偿法》第2条规定的“合法权益”范畴，应予保护。杰豹公司基于信赖利益对涉案厂房的建设使用所作的相应投入，在有关强制行为被确认违法后依法有权获得相应的赔偿。① 在**孙某龙诉南独乐河镇政府限期拆除决定案**中，北京市第三中级人民法院认为，虽然在案证据无法证明涉案建筑取得了审批或备案手续，但孙某龙在涉案土地建设养殖场经村委会研究同意，镇政府曾在养殖专业合作社的经营场所证明上盖章确认，农业农村部门亦曾作出农业结构调整项目的认定，孙某龙实施了该项目建设，并一直将涉案建筑实际用于养殖，符合农用地的用途管制要求，亦满足了养殖产业发展的需求，其对涉案建筑及利用涉案建筑进行养殖的合法性产生了合理的信赖，该信赖利益应受法律保护。南独乐河镇政府未充分考量涉案建筑补办设施农用地相关手续的必要性，仅以未取得规划许可手续为由直接认定涉案建筑为违法建设，属事实不清、证据不足。② 在上述判例中，相对人的信赖利益保护成为重要的考虑因素。

4. 不做违法推定

在实践中存在一种很坏的倾向，就是对建筑做违法推定，如果房屋的所有权人或者使用权人不能够“自证清白”，就直接认定房屋是违法建筑。在**郑某辉诉观山湖区政府行政赔偿案**中，最高人民法院提出，尽管行政机关未举证证明其通过行政程序认定案涉房屋为违法建筑，但并不因此免除当事人对案涉房屋提供合法建房手续的证明责任。经审查，案涉房屋于2006年修建，当事人并未取得相应建房审批手续，亦未提供相关集体土地使用权权属证明，故法院认定案涉房屋属于违法建筑并无不当。当事人提出的相关部门已为其房屋办理居住证，应推定其房屋为合法建筑的主张，于法无据。③ 归根结底，这样的判决实质上仍是在违法建筑认定上搞“一刀切”，而且其中涉及举证责任的颠倒，其合法性和公正性均值得商榷。换言之，无须经过行政程序，也无须行政机关提供任何证据，仅仅因为当事人未能举证，法院就可以直接认定房屋是违法建筑，这正是违法推定的逻辑，但这样的逻辑在法律上是难以成立的。

如果一定要推定的话，那也应当是做合法推定，即在行政机关未提供任何证据证明房屋是违法建筑的情形下，应推定其为合法建筑。在**梁某龙诉港北区政府强制拆除房屋及行政赔**

① 最高人民法院行政赔偿裁定书，(2018) 最高法行赔申343号。

② 北京市第三中级人民法院行政判决书，(2021) 京03行终1300号。

③ 最高人民法院行政裁定书，(2019) 最高法行赔申368号。

偿案中，最高人民法院认为，在房屋征收过程中，对因历史原因形成的没有建设审批手续和产权证照的房屋，行政机关应当在征收之前依法予以甄别，作出处理，不能简单将无证房屋一律认定为违法建筑，不予征收补偿；违法拆除因历史形成的无证房屋造成损失的，也不能简单以无证房屋即为违法建筑为由，不予行政赔偿。在行政机关没有充分证据证明被拆除的无证房屋属于违法建筑的情况下，应当将该房屋视为合法建筑，依法予以行政赔偿。[①] 这一判例体现了合法推定的原则。

5. 不以“拆违”促“拆迁”

实践中，以“拆违”促“拆迁”的情形不在少数，它明显是把违法建筑的认定及查处作为工具和手段，通常是在合法的征收拆迁程序推进不顺利的情况下行政机关使出的一招“撒手锏”，本质上是一种变相的“逼迁”，并带有打击报复的性质。因此，以“拆违”促“拆迁”不具有合法性和正当性，属于典型的滥用职权。在**杨某居诉兰考县政府行政强制案**中，兰考县政府以杨某居没有办理规划手续、土地证缺乏档案等为由，认定涉案房屋属于违法建筑，并称在下发限期拆除决定、限期拆除通知、强制拆除公告等法律文书后，对涉案的违法建筑进行了拆除。但杨某居认为，强制拆除的根本原因不是违法建设，而是由于其未与兰考县政府达成安置补偿协议，兰考县政府因而依据非法理由、强制推行征收实施工作所致。对此，河南省高级法院认为，由于农村发展程度及行政管理的实际情况等，农村集体土地上房屋普遍存在只有部分建设手续甚至完全缺乏建设手续的情况，这是一种客观现实，不是农村居民能够克服和解决的，其不存在过错。相反，这种管理现状在很大程度上是行政机关造成的。农村集体土地征收过程中，政府在当事人未签订征收补偿协议的情况下，不遵循法定的组织实施程序，径行将涉案房屋认定为违法建筑并强制拆除，其执法目的不是严格农村土地的管理使用，而是避开法定的组织实施程序、加快拆除进程，属于滥用职权行为。[②] 在**李某芝诉综合行政执法局行政处罚案**中，山东省临沂市中级人民法院认为，在政府组织的征收拆迁过程中，李某芝与征收部门未能达成房屋拆迁补偿协议，综合执法局便对涉案房屋启动行政处罚程序，作出被诉行政处罚决定，认定涉案房屋违法占地，责令限期拆除。且行政处罚只针对没有签订拆迁补偿协议的住户，已签订协议的却排除在外，显然综合执法局是选择性执法，其处罚只是形式，真正目的是拆迁，系明显的以处罚代拆迁，以处罚促拆迁。正当性原则是衡量行政行为合法性的重要原则之一，该原则要求行政行为的目的必须具有正当性。综合执法局执法目的不具有正当性，属于滥用职权，导致其作出的行政处罚决定亦不具有合法性。最终，综合执法局的行政处罚决定被撤销。[③]

6. 不来回“翻烧饼”

《全面推进依法行政实施纲要》（国发〔2004〕10 号）要求行政机关诚实守信，非因法定事由并经法定程序，行政机关不得撤销、变更已经生效的行政决定。但在违法建筑认定和

① 最高人民法院行政裁定书，(2018) 最高法行申 5424 号。
② 河南省高级人民法院行政判决书，(2017) 豫行终 2450 号。
③ 山东省临沂市中级人民法院行政判决书，(2019) 鲁 13 行终 297 号。

处理过程中，有的行政机关出尔反尔，来回“翻烧饼”，严重违反了诚实守信原则。在**覃某尚等诉乐业县政府撤销土地批准行政处理行为案**中，覃某尚等于1989年购买土地建房居住至今，乐业县政府从1991年起先后作出75号、88号、29号行政处罚决定，主要内容均为没收在涉案土地上新建的建筑物和其他设施并处罚款。此后，乐业县政府作出71号批复，同意将没收的土地、房屋作价返还给覃某尚等人，但接着又作出143号函，撤销71号批复。对此，最高人民法院认为，对历史遗留问题的处理，行政机关应当本着实事求是、尊重历史、符合现实的原则，本着保持谦抑、格外谨慎、有利于当事人的态度，依法作出客观、公正处理，切忌出尔反尔，来回“翻烧饼”。撤销已经生效的行政决定，必须要遵循正当程序原则，听取利害关系人的陈述、申辩意见，查明案件事实，依法作出撤销决定。对于历史遗留的违法买卖土地建私房行为，依法作出没收建筑物和土地的行政处罚决定后，考虑到被处罚人已经实际在被没收的土地和房屋上居住生活几十年的事实，从尊重历史、符合现实的原则出发，乐业县政府的71号批复同意将收归国家所有的土地和房产作价处理再卖给被处罚人，符合对历史遗留问题处理的基本原则，该批复不违反法律、法规的明确规定，合法有效。[①] 在**孙某夫诉滨江街道办房屋行政协议案**中，浙江省高级人民法院认为，在被征收人已经依照行政协议约定腾空并交付行政机关拆除的情况下，行政机关无新的事实和理由，以涉案房屋系违法建筑为由拒绝履行行政协议义务，明显违反诚实信用原则和信赖利益保护原则。[②] 从该判例可知，在被征收人签订补偿协议且已经履行协议的情况下，行政机关再以房屋是违法建筑为由拒绝履行补偿协议，不具有合法性与正当性，这就给一些热衷于“翻烧饼”的行政机关提了个醒。

行政机关在违法建筑认定中来回“翻烧饼”，最为典型的表现形式是在征收程序启动之后行政机关已经承诺将相对人的房屋作为合法建筑进行征收并给予补偿，但在遇到相对人不配合等阻碍后随即启动“拆违”程序，也就是转换至以“拆违”促“拆迁”的模式。可见，这里的“翻烧饼”与上面所讲的以“拆违”促“拆迁”之间存在一定的关联性。在**四方油厂诉宋庄镇政府行政赔偿案**中，北京市第三中级人民法院认为，行政机关在补偿协商未成的情况下启动违建拆除不符合信赖保护要求。[③] 当然，也有部分行政机关“翻烧饼”并不是为了以“拆违”促“拆迁”，而纯粹是因为这些行政机关不依法行政，在执法中不讲诚信，通俗地说就是权力任性。

7. 确保横向公平

由于违法建筑的认定问题十分复杂，其中的不确定性因素很多，行政机关在违法建筑认定中坚持公平原则就显得尤为重要。横向公平，就是要求行政机关不得主动偏袒一方而故意打击另一方，最重要的要求是同等情形同等对待。比如，对于甲、乙二人情况完全相同的房屋，如果在征收中行政机关将甲的房屋认定为违法建筑，而将乙的房屋认定为合法建筑，就

① 最高人民法院行政裁定书，(2018) 最高法行再201号。
② 浙江省高级人民法院行政判决书，(2020) 浙行再37号。
③ 北京市第三中级人民法院行政赔偿判决书，(2021) 京03行赔终66号。

直接违反了公平公正原则。同时，横向公平也要求不同情形不同对待，如果不区分具体情形，全部搞“一刀切”，也很难说是公平公正的行政执法。

总结·提示 “依照法定的权限、程序和证据”“综合考虑历史、习惯以及行政机关过错等因素，不搞‘一刀切’”“注重相对人的信赖利益保护”“不做违法推定”“不以‘拆违’促‘拆迁’”“不来回‘翻烧饼’”“确保横向公平”这几项基本原则，对于实践中准确认定违法建筑具有重要的指导意义。

（二）违法建筑认定的主体

违法建筑认定的主体，通常就是有权对违法建筑作出行政处罚或者处理的行政机关。由于违法建筑的类型不同，有权对其作出认定的行政执法主体也不一样，其中最主要的主体是城乡规划主管部门和自然资源主管部门，此外还有农业农村主管部门和乡、镇人民政府等其他主体。

1. 城乡规划主管部门

依据《城乡规划法》第11条、第64条、第66条的规定，未取得建设工程规划许可证或者未按照建设工程规划许可证的规定进行建设的，认定主体为县级以上地方人民政府城乡规划主管部门；未经批准进行临时建设、未按照批准内容进行临时建设以及临时建筑物、构筑物超过批准期限不拆除的，认定主体为所在地城市、县人民政府城乡规划主管部门。

需要注意的是，城乡规划主管部门虽然是政府的组成部门，但它毕竟不等于政府本身，故城乡规划主管部门有权认定违法建筑并不意味着县级以上地方人民政府可以直接行使这项职权。实践中，也发生过不少县级以上地方人民政府越过城乡规划主管部门直接认定和查处违法建筑的案例。在**许某茂等诉福清市政府城建行政处理案**中，福建省高级人民法院认为，案涉房屋已列入城市规划管理范围内，是否属于违法建设，应由城乡规划主管部门作出认定；福清市政府未提供城乡规划主管部门认定案涉房屋为违法建设的相关证据材料，故其作出的《福清市人民政府关于两违综合治理2018年第十二批六先拆专项行动的通告》中将涉案房屋作为“两违”拆除对象，事实不清，证据不足。① 本案中，县级以上地方人民政府越过城乡规划主管部门直接认定和查处违法建筑，属于典型的超越职权。

2. 自然资源主管部门

依据《土地管理法》和《土地管理法实施条例》（2021年修改）的规定，对于违反《土地管理法》的违法建设行为以及违法建筑的认定及查处的主体一般是县级以上人民政府自然资源主管部门。

对于规划区内的“双违”建筑，城乡规划主管部门和自然资源主管部门依法均享有管辖权。一般而言，没有依法取得土地使用权的有关证明文件的建筑物，原则上应当由自然资源

---

① 福建省高级人民法院行政判决书，（2018）闽行终978号。

主管部门先行处理，但在实践中，往往是由城乡规划主管部门以建设行为违反城乡规划为由立案查处。[①] 在**余某英诉文成县住房和城乡规划建设局行政处罚案**中，温州市中级人民法院认为，建设单位在申领建设工程规划许可证前应当先取得使用土地的有关证明文件并且须在批准的用地范围内按照工程规划许可证的规定进行建设。换言之，取得使用土地的有关证明文件，是申领建设工程规划许可证的前置条件，若建设单位没有依法取得使用土地的有关证明文件或实际用地超出了批准的用地范围，实质上不具备申领建设工程规划许可证的法定条件，客观上也就无法通过程序上补办建设工程规划许可手续而达到使建设物继续保留之目的。对于“双违法”的违法建设行为及违法建筑，土地和城乡规划主管部门依法均享有管辖权。一般而言，没有依法取得使用土地的有关证明文件的建筑物，原则上应当由土地主管部门先行处理，但执法实践中，往往由城乡规划主管部门以建设行为违反城乡规划为由立案查处。在此情况下，城乡规划主管部门在查处时，应考虑并查清土地违法等相关事实，若存在“侵占城市道路、消防通道、广场、公共绿地等公共设施、公共场所用地”等法定情形，则应依法做限期拆除处理，不能拆除的，没收实物或者违法收入，并处建设工程造价5%以上10%以下的罚款。但是，若城乡规划主管部门认为尚可采取改正措施消除对规划实施的影响而无须对建筑物做限期拆除处理的，则应以土地主管部门依法处理结果为前提，据以判断是否具备可予补办建设工程规划许可手续的客观条件。总而言之，对于“双违法”建筑，城乡规划主管部门不能无视土地违法因素，简单地将其纳入“可以采取改正措施消除对规划实施的影响”的范围，更不能在建设单位取得使用土地的有关证明文件之前，先行责令其补办建设工程规划许可手续。[②] 不过，由于在全国许多地方已经实现了自然资源主管部门与城乡规划主管部门的合并，二者之间的职能划分以及执法的先后次序就显得无关紧要了。

3. 农业农村主管部门

依据《土地管理法》第67条、第78条的规定，对于违反农村宅基地管理法律、法规的行为以及农村村民未经批准或者采取欺骗手段骗取批准非法占用土地建住宅的，认定主体为县级以上人民政府农业农村主管部门；依据《土地管理法》第75条的规定，违法占用耕地建窑、建坟或者擅自在耕地上建房、挖砂、采石、采矿、取土等，破坏种植条件的，或者因开发土地造成土地荒漠化、盐渍化的，由县级以上人民政府自然资源主管部门、农业农村主管部门等按照职责认定和处理。

4. 乡镇人民政府和街道办事处

依据《城乡规划法》第65条的规定，在乡、村庄规划区内未依法取得乡村建设规划许可证或者未按照乡村建设规划许可证的规定进行建设的，认定主体为所在地乡、镇人民政府。

近年来，随着城市化进程的加快，撤销乡、镇人民政府设立街道办事处的情形比较常见。那么，街道办事处是否有权认定和查处违法建筑？依据《城乡规划法》第65条的规定，

① 参见朱新力主编：《集体土地征收、拆迁、拆违法律问题解答与实例》，人民法院出版社2020年版，第122页。
② 温州市中级人民法院行政判决书，（2017）浙03行终160号。

街道办事处并无认定和查处违法建筑的职权。在**刘某才诉九台区政府等行政强制案**中，吉林省高级人民法院认为，依照《城乡规划法》第65条、《村庄和集镇规划建设管理条例》第37条第1款，鉴于刘某才房屋所在地已撤镇变为九台区波泥河街道办事处，不具备行政执法主体资格，故该街道办事处将该案移交上级机关九台区政府，由九台区住建局作出限期拆除行政处理决定以及九台区政府作出强制执行决定，并不违反法律法规规定。[①] 在**王某秋诉白塔街道办限期拆除通知书案**中，辽宁省高级人民法院认为，白塔街道办的组织机构为街道办事处，并非乡、镇人民政府，不具有在乡、村庄规划区内作出《限期拆除通知书》的主体资格，亦不具有该职权。[②] 从上述两个判例可以看出，在撤销乡、镇人民政府设立街道办事处之后，街道办事处并不能想当然地继续行使该乡、镇人民政府此前所具有的认定和查处违法建筑的职权。

不过，有的地方性立法规定了街道办事处有查处违法建筑的职权。例如，《北京市城乡规划条例》（2021年修改）第58条规定："市人民政府应当明确规划自然资源主管部门、城市管理综合行政执法机关、乡镇人民政府、街道办事处等查处违法建设的职责分工。街道办事处查处违法建设，可以依照国家和本市有关规定开展综合执法工作，按照有关法律规定相对集中行使行政处罚权。"《北京市禁止违法建设若干规定》第5条规定，规划和自然资源主管部门、街道办事处和乡镇人民政府具体承担违法建设查处工作；街道办事处、乡镇人民政府负责对本行政区域内未依法取得建设工程规划许可证、临时建设工程规划许可证、乡村建设规划许可证、临时乡村建设规划许可证以及选址意见书、规划综合实施方案等规划文件但进行建设的情形进行查处。上述规定不但明确了街道办事处有权查处违法建筑，而且乡、镇人民政府查处的范围也不再局限于"未依法取得乡村建设规划许可证或者未按照乡村建设规划许可证的规定进行建设"的情形，而是将原本属于城乡规划主管部门的职权交由乡镇人民政府和街道办事处行使。表面上看，这样的规定明显是与《城乡规划法》相冲突的。《行政处罚法》第23条规定："行政处罚由县级以上地方人民政府具有行政处罚权的行政机关管辖。法律、行政法规另有规定的，从其规定。"而《北京市城乡规划条例》属于地方性法规，《北京市禁止违法建设若干规定》属于地方政府规章，其"另有规定"似乎也没多大意义。但是，《行政处罚法》第24条第1款规定："省、自治区、直辖市根据当地实际情况，可以决定将基层管理迫切需要的县级人民政府部门的行政处罚权交由能够有效承接的乡镇人民政府、街道办事处行使，并定期组织评估。决定应当公布。"这一规定是中央要求"下移执法重心""推进行政执法权限和力量向基层延伸和下沉"的产物，目的是让对违反行政管理秩序行为"看得见"的执法主体能够"管得着"。按照权威的解读，这里的"决定"既可以是省级人民政府制定的规章、省级人大及其常委会制定的地方性法规，也可以是省级人民政府、省级人大及其常委会作出的书面决定。[③] 据此，省、自治区、直辖市有权决定将对违法

① 吉林省高级人民法院行政判决书，(2019) 吉行终195号。
② 辽宁省高级人民法院行政裁定书，(2019) 辽行申1039号。
③ 参见江必新主编：《行政处罚法条文精释与实例精解》，人民法院出版社2021年版，第132页。

建筑的行政处罚权交由街道办事处行使，这属于行政处罚权从县级以上人民政府部门向街道办事处转移的情形，并非街道办事处受县级以上人民政府部门委托行政职权，故街道办事处应当以自己的名义实施行政处罚，并独立承担由此而产生的法律责任。

总结·提示 街道办事处通常不具有认定和查处违法建筑的职权。但是，省、自治区、直辖市可以有条件地赋予街道办事处对违法建筑的行政处罚权。

---

5. 县级以上地方人民政府

由县级以上地方人民政府认定和查处的违法建筑主要是违反单行法型违法建筑。例如，《铁路法》第46条规定了县级以上地方人民政府认定和查处违法建筑的职权；《港口法》第46条规定了县级以上地方人民政府或者港口行政管理部门认定和查处违法建筑的职权。

6. 单行法规定的其他主体

此外，单行法还规定了其他认定和查处违法建筑的主体。例如，《公路法》第56条规定的县级以上人民政府交通主管部门、《环境保护法》第61条规定的环境保护部门、《港口法》第46条规定的港口行政管理部门。

7. 集中行使行政处罚权的行政机关

相对集中行政处罚权是《行政处罚法》确立的一项重要制度，目的是解决多头执法、职责交叉、重复处罚以及执法扰民等顽疾。《行政处罚法》第18条规定：“国家在城市管理、市场监管、生态环境、文化市场、交通运输、应急管理、农业等领域推行建立综合行政执法制度，相对集中行政处罚权。国务院或者省、自治区、直辖市人民政府可以决定一个行政机关行使有关行政机关的行政处罚权。限制人身自由的行政处罚权只能由公安机关和法律规定的其他机关行使。”实践中，集中行使行政处罚权的行政机关通常是县级以上地方人民政府的城市管理、综合行政执法等部门。

2002年8月22日，国务院发布的《关于进一步推进相对集中行政处罚权工作的决定》（国发〔2002〕17号）提出，可以集中行政处罚权的范围包括“市容环境卫生管理方面法律、法规、规章规定的行政处罚权，强制拆除不符合城市容貌标准、环境卫生标准的建筑物或者设施；城市规划管理方面法律、法规、规章规定的全部或者部分行政处罚权”等。有关地方人民政府应对原由有关行政机关行使的管理权，根据需要进行调整和重新配置，防止职责重叠、权力交叉；规范集中行使行政处罚权的行政机关的设置，不得将集中行使行政处罚权的行政机关作为政府一个部门的内设机构或者下设机构，也不得将某个部门的上级业务主管部门确定为集中行使行政处罚权的行政机关的上级主管部门，集中行使行政处罚权的行政机关应作为本级政府直接领导的一个独立的行政执法部门，依法独立履行规定的职权，并承担相应的法律责任；行政处罚权相对集中后，有关部门如果仍然行使已被调整出的行政处罚权，所作出的行政处罚决定一律无效，还要依法追究该部门直接负责的主管人员和其他直接责任人员的法律责任。

依据上述规定，对违法建筑的行政处罚权相对集中之后，原行政机关不能再行使相应的职权，认定和查处违法建筑的职权统一由集中行使行政处罚权的行政机关（城市管理、综合行政执法等部门）行使。在**王某鹏等诉张掖市规划局等不履行城市规划管理法定职责案**中，最高人民法院认为，甘肃省人民政府《关于张掖市开展相对集中行政处罚权工作的批复》（甘政函〔2006〕20号）同意成立张掖市执法局，行使城市规划管理方面法律、法规、规章规定的部分行政处罚权，其中包括对未取得建设工程规划许可证的违法建设案件的行政处罚权。该批复中还明确行政处罚权相对集中后，原有关部门不再行使已经统一由张掖市执法局行使的行政处罚权。本案中因张掖市规划局对城市规划管理（除在建工程）的行政处罚权已集中由张掖市执法局行使，故张掖市规划局已不再具有对未取得建设工程规划许可证的违法建设行为的行政处罚权。①

除了以上主体，实践中分歧较大的一个问题是：在审判程序中，人民法院能否成为认定违法建筑的主体？对于这个问题有必要进行一番深入讨论。

拓展·探索

法院能否成为认定违法建筑的主体

在违法建筑认定的主体中，有一个非常值得探讨的问题：在未经行政程序认定房屋为违法建筑的情形下，法院是否有权在审判程序中直接作出认定？这个问题存在不小的争议，一般认为，对于违法建筑的认定需要行政机关的专业判断，认定违法建筑是行政机关的职责，法院无权将未经行政程序认定为违法建筑的房屋直接贴上“违建”的标签。在**拓城建材厂诉天心区城管综合执法大队等行政赔偿案**中，湖南省高级人民法院认为，违法建筑由城乡规划主管部门依法认定。案涉建筑物及附属设施等不动产虽然未办理用地许可、规划许可等手续，但在有权机关依法作出违法建筑认定之前，原一审判决认定为违法建筑，证据不足；原二审判决综合该建筑的形成原因、使用情况等因素，本着公平合理的原则，对其不做违法建筑处理，并在本案证据客观上无法判断该部分具体损失的情况下，判决由涉案行政机关调查、裁量后根据双方应承担的责任比例作出赔偿决定，有利于双方友好协商，便于实际解决问题，并无不当。② 在**三禾公司诉申某萍等确认合同无效纠纷案**中，山东省高级人民法院认为，认定涉案房屋是否属于违法建筑是当地规划行政主管部门的职权范围，法院无权直接认定涉案房屋是否属于违法建筑。③ 在**罗升公司诉鼓楼区政府行政赔偿案**中，最高人民法院提出，鼓楼区政府在违法拆除过程中未对涉案建筑物有关情况进行证据保存，在原审程序中亦没有在法院指定期限内申请评估；而罗升公司提出的评估报告系具有资质的房地产价格评估机构作出，鼓楼区政府亦没有能提供证据证明该评估结果明显不当，故鼓楼区政府以单方评估为由提出的异议，本院不予支持。此外，涉案建筑物被强拆前，相关部门并未依法认定其为违章建筑，

---

① 最高人民法院行政裁定书，（2017）最高法行申2156号。

② 湖南省高级人民法院行政裁定书，（2020）湘行申1083号。

③ 山东省高级人民法院民事裁定书，（2020）鲁民申2917号。

故鼓楼区政府以无证建筑物为由对评估价值提出异议，本院亦不予支持。①上述判例均否认了法院具有认定违法建筑的职权，最大限度地体现了司法的谦抑性，是值得肯定的。

不过，在实践中也出现了不少法院直接认定违法建筑的案例，如前述**郑某辉诉观山湖区政府行政赔偿案**就属于这种情形。由此可见，法院能否成为认定违法建筑的主体，目前仍然是一个亟待解决的问题。

如果说法院在行政赔偿案件中需要依法查清基本的事实，其中就包括当事人受损害的权益是否合法这一事实，这自然没错。但是，法院认定权益是否合法也必须以既有的证据为基础，按照前述“不做违法推定”的原则，在城乡规划主管部门等法定主体没有依照法定的程序认定违法建筑之前，法院就直接认定案涉房屋为违法建筑，明显证据不足。而且，违法建筑的认定是专业性很强的工作，在有权的专业机关依法作出认定之前，作为居间裁判者的法院就对建筑的合法性提出怀疑甚至直接认定违法建筑，已经超出了其自身的权限范围。我们公允地讲，法院作为司法机关，它的职责是在行政机关作出相应的行政行为之后，依法对该行政行为的合法性作出“二次判断”。如果行政机关对于房屋的合法性未做任何处理，法院就“初次判断”房屋属于违法建筑，则明显僭越了职权，因而是不足取的。

（三）违法建筑认定的重要时间节点

认定违法建筑，首先是看其是否获得了合法的建设审批手续，凡是具有合法建设审批手续、依法取得了产权证书的建筑，通常都不属于违法建筑。但不能反过来，认为凡是没有建设审批手续或者产权证书的建筑都是违法建筑。否则，在征收中对违法建筑的鉴别程序就没有意义了，之所以需要鉴别，就是因为实践中确实存在大量虽未取得建设手续和产权证书，但不宜认定为违法建筑的情形。②这一事实，显示出违法建筑认定这个问题的复杂性，并不是单纯地“看证”那么简单，而是要综合考虑各种具体的因素。其中，建筑的建设时间就是一个非常重要的考量因素。在**贾某禄诉什刹海街道办等行政答复案**中，北京市第二中级人民法院认为，建设年代确为影响建筑物合法性认定及后续处置方式的关键因素。行政机关在办案过程中依据现有证据不能判定建筑物的形成年代，暂未认定建筑物为违建，符合在查处违法建设的过程中应考虑建筑物产生的法律及政策背景等特殊因素、保护相对人的合法权益、严格依法行政的基本原则。③下面我们将介绍违法建筑认定中的几个重要的时间节点。

1. 1982年2月13日《村镇建房用地管理条例》实施之前建设的房屋

1982年2月13日，国务院发布实施《村镇建房用地管理条例》（已失效），其适用范围是农村村庄和集镇，县城和设镇建制的镇不适用。国务院《关于发布村镇建房用地管理条例的通知》（国发〔1982〕29号，已失效）提出：“迅速建立起村镇建房审批制度，做到有章可循、有人管理，坚决刹住乱占滥用耕地之风。”在《村镇建房用地管理条例》实施之前，

---

① 最高人民法院行政裁定书，（2018）最高法行赔申230号。

② 参见蔡小雪、郭修江：《房屋征收案件审理指引》，人民法院出版社2015年版，第277页。

③ 北京市第二中级人民法院行政判决书，（2022）京02行终974号。

中国尚未建立起真正意义上的建设用地审批制度，如果要求当事人对此前建设的房屋提供审批手续，显然是在强人所难。所以，对于1982年2月13日之前建设并居住使用至今的房屋，不宜认定为违法建筑。原国土资源部《关于进一步加快宅基地和集体建设用地确权登记发证有关问题的通知》（国土资发〔2016〕191号）规定："农民集体成员经过批准建房占用宅基地的，按照批准面积予以确权登记。未履行批准手续建房占用宅基地的，按以下规定处理：1982年《村镇建房用地管理条例》实施前，农民集体成员建房占用的宅基地，范围在《村镇建房用地管理条例》实施后至今未扩大的，无论是否超过其后当地规定面积标准，均按实际使用面积予以确权登记。"

虽然国务院《关于发布村镇建房用地管理条例的通知》要求"在这个《条例》发布以前发生的强占耕地建房、买卖出租建房用地事件，应参照《条例》有关规定严肃进行处理"，但这一要求明显违反了《立法法》（2023年修改）第104条所规定的"法不溯及既往"原则和《行政处罚法》第37条所规定的"从旧兼从轻"原则。因此，不能以之作为对1982年2月13日之前建设的房屋进行行政处罚的依据。

当然，如果在1982年2月13日之前，其他法律、法规对特定情形下的违法建筑作出了明确规定，也必须遵守，比如前面提到的《国务院批准中央气象局关于保护气象台站观测环境的通知》。由此看来，笼统地说"1982年2月13日之前建设的房屋不属于违法建筑"至少是不全面的。

2. 1984年1月5日《城市规划条例》实施之前在城市规划区内建设的房屋

1984年1月5日发布实施的《城市规划条例》（已失效），是《城市规划法》（已失效）和《城乡规划法》的"前身"。《城市规划条例》正式确立了城市规划区内的建设用地审批制度（第31~32条）以及新建、扩建、改建建筑物的规划审批制度（第44条），而此前并没有法律、法规作出相关的规定。1988年2月12日发布的原城乡建设环境保护部《关于房屋所有权登记工作中对违章建筑处理的原则意见》（〔88〕城房字第95号，已失效）提出："关于时间界限，考虑到《城市规划条例》是国务院1984年新颁发的，各地制定审批城市规划也有先有后，各市、县可根据实际情况合情合理地确定处理违章建筑的时间界限，各地在处理违章建筑时，对时限以前的可适当放宽，时限以后的应从严处理。"据此，对于1984年1月5日之前在城市规划区内建设并居住使用至今的房屋，不宜认定为违法建筑。

3. 1987年1月1日《土地管理法》实施之前建设的房屋

1987年1月1日《土地管理法》开始实施，首次以法律的形式确立了宅基地审批制度、城乡用地审批制度。最高人民法院的法官认为，在《土地管理法》实施之前，尽管有国务院制定的《村镇建房用地管理条例》和《城市规划条例》对农村和城市规划区用地建房审批手续分别作出相应规定，但实践中执行并不完全到位。鉴于此，《土地管理法》实施之前建设并居住使用至今的房屋，没有审批手续和未取得产权证书的，同样不宜认定为违法建筑。①

① 参见蔡小雪、郭修江：《房屋征收案件审理指引》，人民法院出版社2015年版，第278~279页。

原国土资源部《关于进一步加快宅基地和集体建设用地确权登记发证有关问题的通知》规定：“1982 年《村镇建房用地管理条例》实施起至 1987 年《土地管理法》实施时止，农民集体成员建房占用的宅基地，超过当地规定面积标准的，超过面积按国家和地方有关规定处理的结果予以确权登记。”据此，1987 年 1 月 1 日之前建设的宅基地房屋并不需要补办相关的用地手续。

4. 1987 年 1 月 1 日之后未履行审批手续而建设的房屋

随着时间的推移，关于建设行为的立法规范也在不断地完善。在 1987 年 1 月 1 日《土地管理法》实施之后，未履行审批手续建设、未取得产权证书的房屋，在法律上可以认定为违法建筑。1990 年 4 月 1 日《城市规划法》正式实施，将此前的《城市规划条例》升格为法律，其中明确规定了对在城市规划区内未取得建设工程规划许可证件或者违反建设工程规划许可证件的规定进行建设行为的处罚（第 40 条）。至此，可以说认定违法建筑的法律依据已经初步齐备了。

但是，在法律上可以认定违法建筑，并不等于在现实中也可以认定。前面我们讲的违法建筑认定的基本原则，对于 1987 年 1 月 1 日之后建设的房屋同样适用。由于各地落实《土地管理法》等规定的时间早晚不同，相关审批机构的成立以及有效行使职权的时间先后有别，对于历史遗留的无手续房屋和“无证”房屋需要慎重对待，妥善处理，绝不能“一刀切”地将 1987 年 1 月 1 日之后未履行审批手续建设的房屋全部认定为违法建筑。原国土资源部《关于进一步加快宅基地和集体建设用地确权登记发证有关问题的通知》规定：“1987 年《土地管理法》实施后，农民集体成员建房占用的宅基地，符合规划但超过当地面积标准的，在补办相关用地手续后，依法对标准面积予以确权登记，超占面积在登记簿和权属证书附记栏中注明。”据此，对于 1987 年 1 月 1 日之后建设的宅基地房屋，符合规划但超过当地面积标准的，也可以在补办相关用地手续后作为合法建筑处理。

总结·提示　根据上面的分析，我们现在所称的违法建筑，大多是指 1987 年 1 月 1 日以后（在城市规划区内尤其是指 1990 年 4 月 1 日以后）未履行审批手续而建设的房屋。但是，从以上时间节点，并不能明确得出某年某月某日之前建设的房屋一概不得认定为违法建筑的结论。

（四）违法建筑认定中的疑难问题

1. 违法建筑认定的方式和结果

如果行政机关作出行政行为的目的仅仅是认定违法建筑，而不对其作出任何处理的话，这个行政行为在本质上应当属于行政确认。行政确认，是指行政主体对既存的法律关系、法律事实以及相对人的法律地位等进行审查之后，依法作出确定、认定或者证明并予以宣示的行政行为。但在现实中，行政机关极少通过行政确认的方式认定违法建筑，而是直接作出《限期拆除决定书》《行政处罚决定书》等行政处罚行为，行政机关对于违法建筑的认定被行政处罚行为吸收了。这是因为，行政确认具有可吸收性的特点，有时会被其他行政行为所吸收。[①] 以 2022 年 6 月 11 日北石槽镇人民政府作出的一份《限期拆除决定书》为例，该决定书开宗明义地指出："经查，你在北京市顺义区北石槽幸福南街 ×× 号建设的砖结构建筑物 1 处 9 栋，经测量，该处建筑面积 1087. 08 平方米。你的上述行为违反了《北京市城乡规划条例》第二十九条第一款、第三款之规定，所建建筑物属于违法建设。"[②] 在这个《限期拆除决定书》中直接包含了对违法建筑的认定。

不过，实践中也有将违法建筑的认定与处罚分开进行的案例。在**许某勇诉芙蓉区城管综合执法大队限期拆除决定案**中，湖南省高级人民法院认为，对违法建筑的处罚权集中到综合执法局后，应由规划部门认定房屋是否属于违法建筑，再由综合执法局进行处罚。在规划部门认定房屋未取得规划许可，系违法建筑且无法采取改正措施消除影响，因而属于违法建筑之后，综合执法局作出限期拆除决定，具有事实根据和法律依据。且在作出限期拆除决定前，履行了调查、勘验、告知、决定、送达等法定程序，符合法律规定。[③] 通常来说，在相关规划行政处罚权已由综合执法局行使后，应当认为综合执法局具有判断相关建筑是否属于可采取改正措施消除影响的职权，在此前提下，规划部门所做的意见并不具有行政法拘束力，其意见对综合执法局而言，仅是其判断相关建筑是否可采取改正措施消除影响的一项证据而已。[④] 换言之，最终对外行使职权的主体仍然是综合执法局，它需要在各项证据的基础上依法作出独立的判断。在**王某忠等诉经开区规划分局其他行政行为案**中，金华市城市管理行政执法局在作出行政处罚决定之前，向经开区规划分局致函，请求审定某别墅是否属于《城乡规划法》第 64 条"尚可采取改正措施消除对规划实施的影响"的情形，经开区规划分局复函认为，该违法建设行为无法采取改正措施消除影响，金华市城市管理行政执法局据此作出了行政处罚决定。王某忠等 22 人不服经开区规划分局作出的认定，提起行政诉讼。金华市中级人民法院认为，经开区规划分局具有对违法建设行为进行认定的职能，其作出的案涉违法建设行为无法采取改正措施消除影响的认定并无不当，依照《行政诉讼法》第 69 条之规定，判决驳回王某忠等 22 人的诉讼请求。王某忠等 22 人不服提起上诉，浙江省高级人民法院裁定撤销一审判决，驳回王某忠等 22 人的起诉，理由是经开区规划分局被诉复函是根据金华市城市管理行政执法局的要求而为之，属于行政机关之间的征询和答复意见，对外并不发生法律效力，至于被诉复函意见是否被金华市城市管理行政执法局采信并作为其行政行为的证据，则应由金华市城市管理行政执法局审查决定。故被诉复函并不对王某忠等的权利义务产生直接影响，不具有可诉性，王某忠等对此提起诉讼，不符合行政诉讼的起诉条件。[⑤] 本案中，经开区规划分局的复函是根据行政执法局的要求而作出的，属于行政机关内部之间的征询和答复，不对外发生法律效力，故浙江省高级法院裁定驳回起诉是正确的。该

---

① 参见胡建淼：《行政法学》（第 4 版），法律出版社 2015 年版，第 385 页。

② 北石槽镇政府《限期拆除决定书》（〔2022 年〕第 16 号）。

③ 湖南省高级人民法院行政裁定书，(2019) 湘行申 1307 号。

④ 参见朱新力主编：《集体土地征收、拆迁、拆违法律问题解答与实例》，人民法院出版社 2020 年版，第 106 页。

⑤ 浙江省高级人民法院行政裁定书，(2016) 浙行终 2 号。

复函的意见最终是否在行政处罚决定中被作为证据使用，是由金华市城市管理行政执法局独立决定的，对外承担法律责任的主体也应当是金华市城市管理行政执法局。

至于违法建筑认定的结果，按照我们正常的理解，建筑物要么合法，要么违法，因此行政机关认定的结果也不外乎以下两种之一：认定为合法建筑，或认定为违法建筑。在法治国家，任何行为在经法律评价之后，也仅能得出合法或违法两个结论之一。如果说有建筑物“既合法又违法”，或者“既不合法又不违法”，那明显是不合逻辑的。这是常识问题，但在实践中却变得有些模糊，尤其是在最高人民法院提出“介于合法与违法之间的建筑”之后，违法建筑与合法建筑的“二分法”遇到了严峻的挑战，甚至违法建筑这个概念的严谨性都受到了不小的冲击。如果依该思维进路，在合法建筑与违法建筑之间似乎还要有一个“灰色地带”，作为“介于合法与违法之间的建筑”的藏身之所。

拓展·探索

是否存在介于合法建筑与违法建筑之间的建筑

在征收拆迁的过程中，对于建筑合法性的认定结果直接影响所给予的补偿安置。依据《征收条例》第24条第2款的规定，对认定为合法建筑的应当给予补偿，对认定为违法建筑的不予补偿，这一规定是明确的。但有些不可思议的是，实践中居然出现了“介于合法与违法之间的建筑”的说法。在**碧峰岭养殖场诉胥口镇政府等城建行政赔偿案**中，最高人民法院提出，对于建筑物性质的认定，除了考虑相关法规的出台时间外，还要考虑到建筑物形成后将持续存在，因而不同于一般的行为，不宜笼统地按照法不溯及既往原则处理。涉案建筑物的具体形成时间无法彻底查清，导致其性质介于合法与违法之间，应当予以适当补偿。[①] 很明显，这是将“疑罪从无”曲解为“疑罪从轻”的典型案例——按照“疑罪从无”和前述“不做违法推定”的原则，如果“建筑物的具体形成时间无法彻底查清”，于法于理都应当将其认定为合法建筑。法院在违法建筑认定这样严肃且重大的问题上“和稀泥”，实在不值得提倡。

显然，“介于合法与违法之间”的表述根本不合逻辑。合法建筑与违法建筑的“二分法”是合逻辑的，就像有罪与无罪一样，非此即彼，不存在“介于有罪与无罪之间”的说法，如果硬说有，那实质上也是无罪。最高人民法院的上述案例，把“二分法”变为“三分法”，将建筑分为合法建筑、违法建筑、介于合法与违法之间的建筑，固然可能是在面对违法建筑认定复杂局面时的一种无可奈何的选择，但在逻辑上却是说不通的。实践中所谓“介于合法与违法之间的建筑”，多是指因历史原因导致无审批手续或者审批手续不全的房屋，按照前面我们所讲的违法建筑认定的原则和规则，对于这类房屋通常不宜认定为违法建筑。不宜认定为违法建筑的含义应当是认定为合法建筑，而不是认定为“介于合法与违法之间的建筑”。

---

① 最高人民法院行政裁定书，（2020）最高法行申1214号。

在征收拆迁中，认定“介于合法与违法之间的建筑”的最终目的往往不是对房屋的合法性作出定性，而在于减少补偿。但是，对于本应认定为合法建筑的房屋以“介于合法与违法之间”的名义减少补偿，既不公平又不合理。与此同时，还有不少将违法建筑与合法建筑的认定结果做模糊处理，但在补偿上打折扣的判例。在**代某华诉睢阳区政府不履行征收补偿法定职责案**中，最高人民法院认为，行政机关并未将案涉房屋认定为违法建筑，也未按照相关规定要求限期拆除案涉房屋并退还土地。在案涉房屋拆除前，行政机关还组织人员对当事人的房屋进行信息采集，对房屋结构、面积等进行了确认，并且经调查核实了解到案涉房屋原为招商引资项目，后因征收被拆除。据此，当事人的房屋虽然没有相关产权手续，但其对于该房屋仍具有一定信赖利益，行政机关应对当事人予以适当补偿。① 本案中，仅仅因为房屋没有产权手续，就将“公平、合理的补偿”降格为“适当补偿”。然而，任何分类和差别对待均需要具有法律上的依据，《征收条例》第24条第2款将建筑分类为合法建筑与违法建筑，前者应当给予补偿，后者不予补偿，而上述判例实质上是将房屋分类为有产权手续的房屋和没有产权手续的房屋，并以此分类为基础施以差别对待，与这一规定不符。如前所述，没有产权手续的房屋不能和违法建筑画等号，既然案涉房屋不宜认定为违法建筑，在事实上也没有被认定为违法建筑，就应当作为合法建筑，在征收中给予“公平、合理的补偿”，降格为“适当补偿”是没有道理的。

上面两个判例，都是抛开建筑合法性这个“质”的因素，进而在建设审批手续以及产权证等“量”的因素方面寻找破绽，最终锁定了建筑的合法“程度”不够这一荒唐的理由。表面上是在性质认定方面打了个折扣（认定为“介于合法与违法之间的建筑”），但最终目的仍然是在补偿方面打折扣（降格为“适当补偿”）。虽然类似的案例已为数不少，但总体来说这种随意“打折扣”的做法既不合法，又不合逻辑。

或许有人会说，无证房屋的市场价格本来就低，如果对其给予和有证房屋同样的补偿或者赔偿，同样是不公平的。这涉及的是损失数额的确定问题，如果在将无证房屋认定为合法建筑之后，经委托的部门鉴定，得出该房屋的市场价值确实低于有证房屋的结论，法院以此结论为依据认定应当补偿或者赔偿的数额，是完全合法的。所以，我们反对的是实践中法院以建筑的合法“程度”不够为由而在性质认定、补偿方面随意打折扣，但并不排斥根据建筑物的实际价值来确定补偿或者赔偿的数额。例如，2023年7月1日开始实施的《关于进一步规范国有土地上非住宅房屋征收评估与补偿工作的通知（试行）》（京建法〔2023〕4号）规定：“对于未经登记的非住宅房屋，依据土地权属来源文件或房屋权属来源文件进行认定，无法提供上述文件的，由区人民政府结合规划和自然资源部门、房屋管理部门、被征收人出具的有效证明文件以及其他相关证明材料研究确定。对认定为违法建筑和超过批准期限的临时建筑，不予补偿；对认定为合法建筑和未超过批准期限的临时建筑，依法按土地权属来源文件或房屋权属来源文件载明的用途评估，给予适当补偿。”据此，未经登记的非住宅房屋既有可能被认定为合法建筑，也有可能被认定为违法建筑，认定为合法建筑之后“给予适当

① 最高人民法院行政裁定书，（2020）最高法行申8593号。

补偿”意味着补偿标准实际上是偏低的，但绝不能因此得出未经登记的非住宅房屋属于“介于合法与违法之间的建筑”这样的结论。

在违法建筑认定之后，还有一个问题：如果房屋被依法认定为违法建筑并给予了行政处罚之后，能否“转正”成为合法建筑？依据《城乡规划法》等法律、法规的规定，如果相对人被处罚款之后，未补办相应的规划等审批手续，应认定其对规划实施的影响尚未消除，仍然属于违法建筑，无法“转正”。在**吴某龙诉丽水市政府房屋征收行政确认案**中，最高人民法院认为，案涉房屋第三、四层建筑系吴某龙未经批准加建，于1999年2月经行政机关处理，处以罚款，但此后并未补办规划审批手续，亦未进行产权登记。经函询规划行政主管部门案涉房屋是否符合补办规划确认手续，规划部门的反馈意见为不再办理规划确认相关手续。吴某龙主张其案涉房屋第四层建筑已经过行政处罚，应当认定为合法建筑，依据不足，不应予以支持。①

2. 未取得建设工程施工许可证建筑的合法性

《建筑法》（2019年修改）第7条规定：“建筑工程开工前，建设单位应当按照国家有关规定向工程所在地县级以上人民政府建设行政主管部门申请领取施工许可证；但是，国务院建设行政主管部门确定的限额以下的小型工程除外。按照国务院规定的权限和程序批准开工报告的建筑工程，不再领取施工许可证。”第64条规定：“违反本法规定，未取得施工许可证或者开工报告未经批准擅自施工的，责令改正，对不符合开工条件的责令停止施工，可以处以罚款。”依据上述规定，未取得建设工程施工许可证而建设的房屋是否属于违法建筑？

对此，比较中肯的观点认为，施工许可是规划许可的后置程序，二者具有不同的功能；建筑管理包括三个方面，即用地管制、规划管制和建设管制，其中规划管制主要通过规划许可进行，属于“静态管制”，而建设管制主要通过施工许可进行，其所针对的主要是施工行为和施工过程的“动态管制”；在违法建筑的定义中，不能把施工许可的内容包含其中，是否取得施工许可证与违法建筑的认定无关。②《建筑法》第8条规定：“申请领取施工许可证，应当具备下列条件：（一）已经办理该建筑工程用地批准手续；（二）依法应当办理建设工程规划许可证的，已经取得建设工程规划许可证……”据此，取得相应的规划许可是申请领取建设工程施工许可证的法定条件，但不能反过来认为未取得建设工程施工许可证的建设行为都是未取得规划许可的情形。如果其他审批手续齐全，仅仅是未取得建设工程施工许可证，最多只能证明施工行为是违法的，不能因此认为所建成的房屋属于违法建筑。

3. 农村宅基地房屋的合法性

《土地管理法》第62条规定：“农村村民一户只能拥有一处宅基地，其宅基地的面积不得超过省、自治区、直辖市规定的标准……农村村民建住宅，应当符合乡（镇）土地利用总体规划、村庄规划，不得占用永久基本农田，并尽量使用原有的宅基地和村内空闲地……农

① 最高人民法院行政裁定书，（2020）最高法行申2615号。

② 参见王洪平：《公私法交融视域下的违法建筑问题研究》，中国人民大学出版社2020年版，第100页。

村村民住宅用地，由乡（镇）人民政府审核批准；其中，涉及占用农用地的，依照本法第四十四条的规定办理审批手续……”《土地管理法实施条例》第34条规定：“农村村民申请宅基地的，应当以户为单位向农村集体经济组织提出申请；没有设立农村集体经济组织的，应当向所在的村民小组或者村民委员会提出申请。宅基地申请依法经农村村民集体讨论通过并在本集体范围内公示后，报乡（镇）人民政府审核批准。涉及占用农用地的，应当依法办理农用地转用审批手续。”如果严格地讲，未满足上述要求的农村宅基地房屋就属于违法建筑。

但是，对于宅基地房屋的合法性认定也要遵守违法建筑认定的基本原则，尤其是要尊重历史，不搞“一刀切”。长期以来，中国的宅基地审批制度并不健全，甚至已有的规定也未严格落实到位，未履行批准手续的农村宅基地房屋的总数是惊人的。对数量如此庞大的宅基地房屋的合法性作出认定，绝不仅仅是法律问题，更是社会问题和民生问题。这就要求县级以上人民政府农业农村部门在认定时应该保持格外的谨慎，尤其是在将宅基地房屋认定为违法建筑时需要三思而行。前面讲到，原国土资源部《关于进一步加快宅基地和集体建设用地确权登记发证有关问题的通知》对“1982年《村镇建房用地管理条例》实施前”“1982年《村镇建房用地管理条例》实施起至1987年《土地管理法》实施时止”“1987年《土地管理法》实施后”三个时间段未履行批准手续占用宅基地建房的情形分别做了规定，也体现了上述原则。

由于农村宅基地相关的法律和政策相当复杂，我们还将在第十讲对其予以详细介绍。

4. “小产权房”的合法性

“小产权房”并非立法概念，但在相关的政策性文件中经常出现。在中央层面，最早使用这一概念的文件是2007年12月30日发布的国务院办公厅《关于严格执行有关农村集体建设用地法律和政策的通知》（国办发〔2007〕71号），其中要求：“农村住宅用地只能分配给本村村民，城镇居民不得到农村购买宅基地、农民住宅或‘小产权房’。单位和个人不得非法租用、占用农民集体所有土地搞房地产开发。”2013年11月22日，原国土资源部办公厅、住房和城乡建设部办公厅发布《关于坚决遏制违法建设、销售“小产权房”的紧急通知》（国土资电发〔2013〕70号），要求正确认识“小产权房”问题的危害性和严重性，建设、销售“小产权房”，严重违反土地和城乡建设管理法律法规，不符合土地利用总体规划和城乡建设规划，不符合土地用途管制制度，冲击了耕地保护红线，扰乱了土地市场和房地产市场秩序，损害了群众利益，影响了新型城镇化和新农村建设的健康发展，因此建设、销售和购买“小产权房”均不受法律保护。

实践中所谓的“小产权房”，是相对于拥有国有土地使用权的“大产权房”而言的，具体指在农村集体所有土地上建设并向社会公众租售的住宅。因此，“小产权房”不同于宅基地房屋，后者不向社会公众租售，是受法律保护的。另外，“小产权房”也不同于“无产权房”或者“部分产权房”，而且也未必是“无证房”——有些“小产权房”会取得由乡镇人民政府或者村委会制作的权属证明，所以也被称为“乡产权房”。按照上述定义，“小产权房”是不折不扣的违法建筑，因为它既涉及违法用地，又缺少规划审批手续，属于前面所称的“双违”建筑。

在国家开展集中整治之前，城镇居民购买或者合作建设“小产权房”的情形比较常见。对于其法律后果，在**刘某诉三亚市政府行政赔偿案**中，最高人民法院认为，城镇居民不得到农村购买宅基地、农民住宅或“小产权房”。当事人并非案涉房屋所在地的村集体经济组织成员，因此其与村集体经济组织成员合作建造案涉房屋，并未取得案涉房屋所有权，不属于《国家赔偿法》第2条规定的国家机关和国家机关工作人员行使职权侵犯其合法权益的情形，无权获得赔偿。① 从现实来看，由于无须缴纳土地出让金等税费，利益的驱使导致“小产权房”屡禁不绝，其存量是巨大的。与此同时，社会上一直存在“小产权房”合法化的呼声，这是因为与其他违法建筑相比，“小产权房”的确带有一定的特殊性：一是“小产权房”通常建设在集体建设用地之上，极少占用农用地；二是“小产权房”虽然被限制交易，但具有部分权能；三是“小产权房”大多符合控制性详细规划，只是囿于土地性质而无法取得相应的规划许可；四是在“小产权房”的背后，通常有村委会或者地方政府的支持或者默许，当事人对此存在一定的信赖利益。由于存在这些特殊性，对于“小产权房”合法性的认定也要遵守前述违法建筑认定的基本原则，将其“一刀切”地认定为违法建筑也是不可取的。

总结·提示　“小产权房”并不等于违法建筑，实践中需要根据具体情形确定“小产权房”的合法性，不能搞“一刀切”。

近年来，农村集体经营性建设用地入市成为改革的重要议题。2020年1月1日开始实施的新《土地管理法》对集体经营性建设用地入市流转做了规定，并删除了此前“任何单位和个人进行建设，需要使用土地的，必须依法申请使用国有土地”的规定。与之相配套，《城市房地产管理法》同步进行修改，对第9条“城市规划区内的集体所有的土地，经依法征收转为国有土地后，该幅国有土地的使用权方可有偿出让”增加了例外情形，即“法律另有规定的除外”。在此背景下，再次出现了“‘小产权房’转正”的声音。但依据《土地管理法》第63条之规定，能够入市流转的只能是土地利用总体规划、城乡规划确定为工业、商业等经营性用途并经依法登记的集体经营性建设用地，不包括住宅用地等其他集体建设用地，这就意味着在集体土地上搞商品房开发依旧不受法律保护。而且，我们还看到在新《土地管理法》实施之后国家对于“小产权房”的态度依旧严厉。2020年5月14日，自然资源部发布的《关于加快宅基地和集体建设用地使用权确权登记工作的通知》（自然资发〔2020〕84号）提出：“对乱占耕地建房、违反生态保护红线管控要求建房、城镇居民非法购买宅基地、小产权房等，不得办理登记，不得通过登记将违法用地合法化。”如此看来，集体经营性建设用地入市的目的并不是实现“‘小产权房’转正”。当然，集体经营性建设用地入市之后，

① 最高人民法院行政赔偿裁定书，(2020)最高法行赔申872号。

在其上办理相关审批手续之后建设的工业、商业等经营性用房就不应再定性为“小产权房”了，作为“同地同权”的自然延伸结果，也应当是“同房同权”了。[①] 除此之外，其他的存量“小产权房”只怕是一时难以“转正”了。

5. 养殖场等设施农业的合法性

（1）设施农业用地的含义

通常所称的设施农业，包括种植设施和养殖设施两大类。依据2019年12月17日发布的自然资源部、农业农村部《关于设施农业用地管理有关问题的通知》（自然资规〔2019〕4号），设施农业用地包括农业生产中直接用于作物种植和畜禽水产养殖的设施用地。其中，作物种植设施用地包括作物生产和为生产服务的看护房、农资农机具存放场所等，以及与生产直接关联的烘干晾晒、分拣包装、保鲜存储等设施用地；畜禽水产养殖设施用地包括养殖生产及直接关联的粪污处置、检验检疫等设施用地，不包括屠宰和肉类加工场所用地等。

设施农业属于农业内部结构调整，可以使用一般耕地，不需落实占补平衡。原国土资源部、原农业部《关于进一步支持设施农业健康发展的通知》（国土资发〔2014〕127号，已失效）规定，设施农业用地按农用地管理，生产设施、附属设施和配套设施用地直接用于或者服务于农业生产，其性质属于农用地，按农用地管理，不需办理农用地转用审批手续。其中，种植设施不破坏耕地耕作层的，可以使用永久基本农田，不需补划；破坏耕地耕作层，但由于位置关系难以避让永久基本农田的，允许使用永久基本农田但必须补划；养殖设施原则上不得使用永久基本农田，涉及少量永久基本农田确实难以避让的，允许使用但必须补划。在**张某峰诉自然资源和规划局等责令停止违法行为案**中，山东省高级人民法院认为，原国土资源部、原农业部《关于进一步支持设施农业健康发展的通知》规定：“各类畜禽养殖、水产养殖、工厂化作物栽培等设施建设禁止占用基本农田。”本案中张某峰所建的养殖棚占用的土地系基本农田，故本案不适用“不需办理农用地转用审批手续”的规定。张某峰虽对案涉土地有使用权，但其未经批准、未取得合法用地审批手续，建设养殖棚违反相关法律，管理部门有权责令其停止违法行为。[②]

总结·提示 设施农业，包括种植设施和养殖设施两大类。设施农业用地属于农用地，可以使用一般耕地，不需要落实占补平衡和办理农用地转用审批手续，但原则上不得使用永久基本农田。

非农建设占用设施农用地的，应依法办理农用地转用审批手续，农业设施兴建之前为耕地的，非农建设单位还应依法履行耕地占补平衡义务。如果设施农业用地不再使用的，必须恢复原用途，生产结束后，经营者应按要求进行土地复垦，占用耕地的应复垦为耕地。

---

① 参见王洪平：《公私法交融视域下的违法建筑问题研究》，中国人民大学出版社2020年版，第195页。

② 山东省高级人民法院行政裁定书，（2022）鲁行申778号。

（2）设施农业用地的手续

依据自然资源部、农业农村部《关于设施农业用地管理有关问题的通知》，自然资源部办公厅《关于保障生猪养殖用地有关问题的通知》（自然资电发〔2019〕39号）等相关文件的规定，设施农业用地不需办理建设用地审批手续，实行备案管理。通常由农村集体经济组织或经营者在签订土地使用合同后向乡镇人民政府备案，生猪养殖设施用地可由养殖场（户）与乡镇人民政府、农村集体经济组织通过协商并签订用地协议方式即可获得用地。乡镇人民政府定期汇总情况后汇交至县级人民政府自然资源主管部门，涉及补划永久基本农田的，须经县级人民政府自然资源主管部门同意后方可动工建设。

（3）设施农业用地上的违法建筑认定

在设施农业用地上相关建筑的合法性认定中，需要注意以下几个问题：

第一，设施农业用地不需办理建设用地审批手续，但并非不需要办理任何手续。其中，最主要的是按照上述“备案管理”的相关政策规定办理手续，否则建设的种植、养殖设施不受法律保护。在**王某诉夏各庄镇政府强制拆除行为案**中，北京市高级人民法院认为，参考原国土资源部、原农业部《关于完善设施农用地管理有关问题的通知》（国土资发〔2010〕155号，已失效），原国土资源部、原农业部《关于进一步支持设施农业健康发展的通知》及自然资源部、农业农村部《关于设施农业用地管理有关问题的通知》（自然资规〔2019〕4号）的相关规定，设施农用地项目应该履行相应的审批或备案等手续。在农用地上建设养殖场无法取得规划许可，而应履行设施农用地审批手续。因此，行政机关在查处农用地上养殖场建设行为是否合法时，应当对是否履行了设施农用地有关手续进行调查核实，而不能仅以未取得规划许可为由，认定其为违法建设并强制拆除。①

第二，设施农业用地的规模必须符合政策要求。各类设施农业用地规模由各省（区、市）自然资源主管部门会同农业农村主管部门根据生产规模和建设标准合理确定；看护房执行“大棚房”问题专项清理整治整改标准，即南方地区控制在“单层、15平方米以内”，北方地区控制在“单层、22.5平方米以内”，其中严寒地区控制在“单层、30平方米以内”（占地面积超过2亩的农业大棚，其看护房控制在“单层、40平方米以内”）；看护房不能建设多层建筑，养殖设施则允许建设多层建筑。

第三，进一步规范畜禽养殖禁养区划定和管理，防止出现超过法律法规规定范围划定禁养区的情形。针对科学划定禁养区的问题，2019年9月3日，生态环境部、农业农村部联合印发通知，要求严格落实《畜牧法》《畜禽规模养殖污染防治条例》等法律法规对禁养区划定的要求，依法科学划定禁养区。除饮用水水源保护区，风景名胜区，自然保护区的核心区和缓冲区，城镇居民区、文化教育科学研究区等人口集中区域及法律法规规定的其他禁止养殖区域之外，不得划定禁养区。国家法律法规和地方法规之外的其他规章和规范性文件不得作为禁养区划定依据。同时，要对确需关闭的养殖场户给予合理过渡期，避免清理代替治

---

① 北京市高级人民法院行政裁定书，（2020）京行申41号。

理，严禁采取“一律关停等”简单做法。[①]

第四，设施农业用地只能用于种植、养殖设施，不能用于改建住宅、私家庄园、别墅，不能用于餐饮、娱乐、康养等经营性用途，否则必须依法办理建设用地审批手续。农产品深加工、农家乐、餐饮、住宿用地等，不直接为生产服务或与生产没有直接关联，不属于设施农业用地范围，属于农村二、三产业用地，原则上应纳入建设用地范围。

第五，在设施农业用地上建设种植、养殖设施，不需要办理建设工程规划许可证。如果养殖场等设施位于城市、镇规划区之内，是否需要办理建设工程规划许可证？在**陈某成诉高新区管委会强制拆除及行政赔偿案**中，最高人民法院认为，依据《城乡规划法》的相关规定，在城市、镇规划区内进行农业养殖设施建设，依法应当取得建设工程规划许可。[②] 但我们已经讲到，设施农业用地在性质上属于农用地，不是建设用地。《城乡规划法》第42条明确规定：“城乡规划主管部门不得在城乡规划确定的建设用地范围以外作出规划许可。”据此，设施农业用地上的建筑不存在取得建设工程规划许可证的可能性，最高人民法院的上述判例明显是强人所难，一些地方法院的判例也证实了这一点。在**董某萍诉钟山县住建局等行政强制拆除案**中，广西壮族自治区高级人民法院认为，董某萍在农村集体土地上建养殖场，在该土地上建设的生产附属、配套设施直接用于或者服务于农业生产，所使用的土地属于设施农业用地，按农用地管理，权利人对农村集体农用地有经营自主权，没有规定需办理农用地转用及建设用地规划审批手续。钟山县住建局依照《城乡规划法》以董某萍未取得建设工程规划许可证，擅自进行建设活动为由，作出《限期拆除违法建筑物通知》没有法律依据。[③] 在**熊某平诉夏各庄镇政府强制拆除决定案**中，北京市高级人民法院认为，依据《城乡规划法》第42条的规定，城乡规划主管部门不得在城乡规划确定的建设用地范围以外作出规划许可。因此，设施农用地上的建筑依法本就无法取得规划许可证，行政机关并未调查涉案建筑土地情况，亦未就涉案建筑是否履行了设施农用地有关的审批手续进行调查核实，仅以涉案建筑未取得规划许可为由，认定涉案建筑全部为违法建设，显属认定事实不清、证据不足。[④]

第六，基于对政府的信赖建设的养殖场，虽用地手续存在问题但不宜认定为违法建筑。这也是前面所讲的“注重相对人的信赖利益保护”原则的体现，对于养殖场等设施来说这种情形更加突出。在**兴旺达农牧场等诉柯城区政府行政复议案**中，最高人民法院提出，关于养殖场是否属于违法建筑的认定，不仅要看养殖户是否办理了建设养殖场的相关用地手续，也要看政府行为是否让养殖户对建设养殖场、发展养殖业产生了一定的信赖。在养殖场的临时用地到期并未办理续用手续的情况下，柯城区政府相关的职能部门并未以此为由强制养殖场停止养殖，相反对于其生猪养殖给予了诸多政策帮持，帮助其扩大生产规模，对于养殖场及

① 《关于进一步规范畜禽养殖禁养区划定和管理促进生猪生产发展的通知》（环办土壤〔2019〕55号）。
② 最高人民法院行政裁定书，(2017) 最高法行申721号。
③ 广西壮族自治区高级人民法院行政判决书，(2019) 桂行终1000号。
④ 北京市高级人民法院行政裁定书，(2020) 京行申1348号。

其法定代表人的各项奖励，也表明了政府对于其发展生猪养殖产业的认可。诚然，养殖场的用地手续上确实存在一定问题，但是由于相关的政府部门并未及时作出处罚决定，养殖场基于对政府的信赖，在涉案土地上兴建了一批养猪设施来满足其养殖产业发展的需要，故以此来认定其所建造的建筑属于违法建筑，不具有合理性。①

第七，设施农业用地政策对养殖场的合法性认定无溯及既往的效力。在**兴旺达农牧场等诉柯城区政府行政复议案**中，最高人民法院认为，根据原国土资源部、原农业部《关于促进规模化畜禽养殖有关用地政策的通知》（国土资发〔2007〕220 号）第 3 条以及原国土资源部、原农业部《关于完善设施农用地管理有关问题的通知》（国土资发〔2010〕155 号，已失效）第 3 条，原国土资源部、原农业部《关于进一步支持设施农业健康发展的通知》（国土资发〔2014〕127 号）第 3 条的规定，养殖户建造的建筑物要合法需要经过审批、备案或经乡镇政府、农村集体经济组织同意后签约，即设施农用地的使用需经过相关行政机关的同意。但是，相关的规定最早出台的时间也是 2007 年，并无溯及既往的效力，以此来认定涉案养殖场不合法缺乏合理性。②

6. 超期临时建筑的合法性

依据《城乡规划法》第 66 条的规定，对于超过批准期限不拆除的临时建筑物、构筑物，由所在地城市、县人民政府城乡规划主管部门责令限期拆除，可以并处临时建设工程造价 1 倍以下的罚款。如果仅仅从该规定的内容来看，对于超期临时建筑的处理似乎不会产生什么争议。

但是，由于一些地方批准临时建筑的目的就是在将来征收时不给予补偿，实践中有必要对超期临时建筑做适当的区分，如果符合非临时建筑条件，缴纳了适当的土地使用费，批准建设的建筑也符合非临时建筑的要求，而行政机关违背相对人的意愿核发临时建筑许可证的，应当将该建筑视为合法建筑予以补偿，而不应作为临时建筑处理。③ 否则，如果对超期临时建筑不加区分地一律无偿拆除，无异于在变相地鼓励行政机关接下来批准更多的临时建筑，这无疑会对相对人的合法权益产生严重影响。要知道，这种情况主要是由行政审批机关滥用职权造成的，相对人对此没有过错，让相对人来承担其后果也是不公平的。

四、对违法建设行为的处理

（一）对违法建设行为的处理方式

根据违法建设行为的具体情节，法律规定了行政处罚、行政强制、行政命令等处理方式，主要包括以下几种。

1. 责令停止建设、限期改正

责令停止建设，针对的是正在进行的违法建设活动。《城乡规划法》第 64 条规定：“未

---

① 最高人民法院行政裁定书，(2019）最高法行申 4750 号。

② 最高人民法院行政裁定书，(2019）最高法行申 4750 号。

③ 参见蔡小雪、郭修江：《房屋征收案件审理指引》，人民法院出版社 2015 年版，第 286 页。

取得建设工程规划许可证或者未按照建设工程规划许可证的规定进行建设的，由县级以上地方人民政府城乡规划主管部门责令停止建设……”第 65 条规定：“在乡、村庄规划区内未依法取得乡村建设规划许可证或者未按照乡村建设规划许可证的规定进行建设的，由乡、镇人民政府责令停止建设……”根据我们在第六讲的分析，责令停止建设不属于行政处罚，应当认定为行政命令。

限期改正，是指采取改正措施消除对规划实施的影响，和责令停止建设一样属于行政命令。依据《城乡规划法》第 64 条的规定，对于未取得建设工程规划许可证或者未按照建设工程规划许可证的规定进行建设的，如果尚可采取改正措施消除对规划实施的影响的，应当限期改正。此外，在《城乡规划法》第 65 条也有限期改正的规定。

至于何为“尚可采取改正措施消除对规划实施的影响的”情形，《城乡规划法》未具体规定。2012 年 6 月 15 日，住房和城乡建设部发布的《关于规范城乡规划行政处罚裁量权的指导意见》（建法〔2012〕99 号）第 4 条规定：“违法建设行为有下列情形之一的，属于尚可采取改正措施消除对规划实施影响的情形：（一）取得建设工程规划许可证，但未按建设工程规划许可证的规定进行建设，在限期内采取局部拆除等整改措施，能够使建设工程符合建设工程规划许可证要求的。（二）未取得建设工程规划许可证即开工建设，但已取得城乡规划主管部门的建设工程设计方案审查文件，且建设内容符合或采取局部拆除等整改措施后能够符合审查文件要求的。”第 7 条规定：“第四条规定以外的违法建设行为，均为无法采取改正措施消除对规划实施影响的情形。”但上述规定过于绝对，在实践中极少机械地适用如此绝对的标准，通常都认为“尚可采取改正措施消除对规划实施的影响的”在法律上有进一步解释的空间。

在地方立法中，对于“尚可采取改正措施消除对规划实施的影响的”情形有更多的细化规定，例如，《北京市禁止违法建设若干规定》第 12 条规定：“本规定第十一条所称尚可采取改正措施消除对规划实施的影响的违法建设，包括：（一）未依法取得规划许可证件，但已经取得选址意见书、规划综合实施方案等规划文件，且按照前述规划文件的内容进行建设的；（二）未按照规划许可证件许可内容进行建设，但可以通过改建或者部分拆除达到符合许可的内容的。”

2. 限期拆除、责令退还土地

限期拆除，即给相对人一个合理的期限，令其自觉地拆除违法建筑。根据我们在第六讲的分析，将限期拆除的行政行为（限期拆除决定、责令限期拆除决定等）认定为行政处罚是比较准确的。依据《土地管理法》第 83 条的规定，责令限期拆除决定作出后，建设单位或者个人必须立即停止施工，自行拆除，对继续施工的，作出处罚决定的机关有权制止。

对于违反规划型违法建筑，首选的处理方式并非限期拆除，而是限期改正。《城乡规划法》第 64 条规定，对于未取得建设工程规划许可证或者未按照建设工程规划许可证的规定进行建设的，无法采取改正措施消除影响的，限期拆除。据此，只有在“无法采取改正措施消除影响的”情形下，才能考虑限期拆除。在**刘某艳诉海淀区城管局等限期拆除决定案**中，北京市第一中级人民法院认为，“尚可采取改正措施消除对规划实施的影响的”从法律法规层面仍有进一步解释的空间。尤其是相对人在原房屋严重影响居住安全与生活质量进行翻建的情况下，查处机关应当充分考虑其所做行政行为是否会对违法建设人的居住安全与正常生活产生过度侵害，即应在充分平衡规划秩序利益与安居利益的前提下采取适当的处理，海淀区城管局作出的被诉限拆决定未充分考虑违法建设人的居住安全利益，不符合比例原则的要求。刘某艳所建房屋虽确属未批先建，但系在原有宅基地上翻建用于自住，房屋也未超过原有面积，更未加盖。且需强调的是，该房屋系刘某艳及其子的唯一居所，如有权机关在确认该房屋为违法建筑后直接作出限期拆除决定并最终执行，则其家人必将面临流离失所的可预见结局。海淀区城管局应先选择采取责令限期补办规划手续等改正措施后，再针对相应改正的情况酌情作出决定，现直接作出限期拆除决定必然将对刘某艳的权益造成过度损害，应属明显不当，依法应予撤销。[①] 此外，在《城乡规划法》第66条也有限期拆除的规定，针对的是临时建设与临时建筑。

对于违法用地型违法建筑，通常不适用限期改正。这是因为，此类“双违”建筑没有获得合法的土地审批手续，则在规划上也必然是无法采取改正措施消除对规划影响的建筑，有权机关可以责令退还土地，也可以作出限期拆除决定。[②]《土地管理法》第77条规定：“未经批准或者采取欺骗手段骗取批准，非法占用土地的，由县级以上人民政府自然资源主管部门责令退还非法占用的土地，对违反土地利用总体规划擅自将农用地改为建设用地的，限期拆除在非法占用的土地上新建的建筑物和其他设施，恢复土地原状……”第78条规定：“农村村民未经批准或者采取欺骗手段骗取批准，非法占用土地建住宅的，由县级以上人民政府农业农村主管部门责令退还非法占用的土地，限期拆除在非法占用的土地上新建的房屋。超过省、自治区、直辖市规定的标准，多占的土地以非法占用土地论处。”《土地管理法实施条例》第52条、第53条分别规定“违反《土地管理法》第五十七条的规定，在临时使用的土地上修建永久性建筑物的”和“违反《土地管理法》第六十五条的规定，对建筑物、构筑物进行重建、扩建的”，由县级以上人民政府自然资源主管部门责令限期拆除。

3. 强制拆除、查封施工现场

强制拆除是限期拆除决定的执行行为，属于行政强制执行，对此我们已在第六讲介绍；查封施工现场属于一种行政强制措施，通常是针对正在进行的违法建设活动。《城乡规划法》第68条规定：“城乡规划主管部门作出责令停止建设或者限期拆除的决定后，当事人不停止建设或者逾期不拆除的，建设工程所在地县级以上地方人民政府可以责成有关部门采取查封施工现场、强制拆除等措施。”《土地管理法》第83条规定：“……建设单位或者个人对责令限期拆除的行政处罚决定不服的，可以在接到责令限期拆除决定之日起十五日内，向人民法院起诉；期满不起诉又不自行拆除的，由作出处罚决定的机关依法申请人民法院强制执行，费用由违法者承担。”

---

① 北京市第一中级人民法院行政判决书，(2018) 京01行终367号。

② 参见朱新力主编：《集体土地征收、拆迁、拆违法律问题解答与实例》，人民法院出版社2020年版，第102页。

有的地方性立法以《土地管理法》第83条的规定为依据，明确规定强制拆除等费用应当由相对人承担。例如，《北京市城乡规划条例》第80条第1款规定："强制拆除或者回填违法建设及其安全鉴定的费用、建筑垃圾清运处置费用，以及相关物品保管费用由违法建设当事人承担。当事人逾期不缴纳的，执法机关可以依法加处滞纳金。"这就意味着，相对人的房屋被强制拆除的同时，还有可能被索要拆除费用。

总结·提示 强制拆除，只是对违法建筑的处理方式之一，实践中"凡违必拆"的做法是对违法建筑的重大误解，也是以"拆违"促"拆迁"的必然产物。

---

4. 没收、罚款

《城乡规划法》第64条规定，对于未取得建设工程规划许可证或者未按照建设工程规划许可证的规定进行建设，无法采取改正措施消除影响，且不能拆除的，没收实物或者违法收入。对此，全国人大常委会法工委曾复函称："根据城乡规划法第六十四条规定，违法建设工程不能拆除的，应当没收实物或者违法收入。没收的违法收入应当与应依法没收的实物价值相当。"①《土地管理法》第74条、第77条规定，对符合土地利用总体规划的，没收在非法转让的土地或者非法占用的土地上新建的建筑物和其他设施；《土地管理法实施条例》第58条规定："依照《土地管理法》第七十四条、第七十七条的规定，县级以上人民政府自然资源主管部门没收在非法转让或者非法占用的土地上新建的建筑物和其他设施的，应当于九十日内交由本级人民政府或者其指定的部门依法管理和处置。"

除了没收实物或者违法收入，在《城乡规划法》第64~65条，《土地管理法》第74条、第75条、第77条以及《土地管理法实施条例》第52条、第54条、第55条、第57条中，还有对违法建筑并处罚款的规定。

综上所述，对违法建筑的处理方式是多种多样的，实践中究竟适用哪一种或几种处理方式，需要到具体的情境中去考虑，同时也要遵守行政法的基本原则。其中，比例原则在违法建筑的处理中具有十分重要的意义。

拓展·探索

比例原则在违法建筑处理中的意义

比例原则起源于德国，又称禁止过分原则，是指行政机关实施行政权的手段与目的之间应当存在一定的比例关系，对相对人的限制或者不利的影响应当控制在必要的范围之内。"不用大炮打小鸟"，是行政法学界对比例原则的生动诠释。

比例原则的内涵十分丰富，主要包括以下三个方面：(1) 必要性原则，又称最小侵害原则，指行政机关在有多种手段可供选择时，应选择其中对相对人损害最小的手段；(2) 适当

---

① 全国人大常委会法工委《关于对违法建设进行行政处罚计算违法收入有关问题的函》(法工委发〔2011〕1号)。

性原则，指行政机关所选择的手段必须能够直接实现目的，或者至少有助于目的的实现；（3）狭义比例原则，又称相当性原则，指行政机关选择的手段造成的损害必须与所要实现的目的合乎比例，二者之间不能明显失衡。换言之，因行政裁量而被选择的行政手段对于人民所要付出的代价与得到的公共利益价值要相当，不能为了小小的公益，使人民忍受很大的损失，此种损失是不成比例的。①

实践中，比例原则对行政自由裁量权构成了约束，有利于防止行政机关滥用职权。因而在违法建筑的处理中，比例原则占据重要的地位。在**黄某英等诉义乌市政府行政赔偿案**中，最高人民法院认为，根据正当法律程序和比例原则，行政机关在履行职责过程中可能给相对人造成损害的，应选择对相对人权益侵害最小的方式进行。在拆除违法建筑之前，行政机关应当依照《行政强制法》的相关规定，书面催告、公告相对人在合理期限内自行拆除违法建筑，改正违法行为，逾期仍不改正的再依法实施强制拆除，努力以最小的成本修复被损害的法律关系。在实施强制拆除行为时，行政机关亦应尊重当事人的财产权利，负有对被拆除违法建筑内的合法财产承担清点登记及妥善保管、移交之义务，否则应承担相应的赔偿责任。②

按照比例原则，对于凡是能够采取改正措施或者补正手续的违法建筑，尤其是程序法违法建筑，行政机关不得任意拆除。例如，在房屋属于前述“尚可采取改正措施消除对规划实施的影响”的情形下，如果行政机关仍固执地责令限期拆除房屋就直接违反了比例原则。

（二）主动处理和依申请处理

实践中，行政机关处理违法建筑，既有主动处理的情形，也有依申请处理的情形。依申请处理的情形，比较常见的是因违法建筑侵犯了相邻权人的合法权益，相邻权人请求行政机关依法进行处理。2022年6月29日，最高人民法院答复称：“相邻权人为排除妨碍而投诉举报要求拆除邻居违法建筑，行政机关在作出相关拆除决定后，被拆除人不拆除的，相邻权人认为行政机关未履行强制执行的法定职责影响到其相邻权益的，可以依法提起行政诉讼。”③在第一批“征收拆迁典型案例”之案例10**叶某祥诉湖南省株洲市规划局、株洲市石峰区人民政府不履行拆除违法建筑法定职责案**中，因沈某湘在未经批准的情况下新建和扩建新房，严重影响了叶某祥的通行和采光。叶某祥向株洲市规划局举报之后，该局经调查先后作出行政处罚告知书与行政处罚决定书，认定沈某湘的建房行为属违法建设，并责令限期拆除，限期不拆除的，将由株洲市石峰区人民政府组织拆除。其后沈某湘并未自行拆除，石峰区人民政府也未组织实施强制拆除，叶某祥向法院提起行政诉讼。法院经审理认为，株洲市石峰区人民政府接到株洲市规划局行政处罚告知书和行政处罚决定书后，应按照株洲市规划局的授权积极履行法定职责，组织实施强制拆除违法建筑。最终，法院判决株洲市石峰区人民政府在3个月内

---

① 参见应松年主编：《当代中国行政法》（第1卷），人民出版社2018年版，第126～127页。

② 最高人民法院行政裁定书，（2019）最高法行赔申482号。

③ 最高人民法院《关于相邻权人向行政机关投诉举报后认为行政机关未履行拆除违法建筑职责而提起行政诉讼相关问题的答复》（〔2022〕最高法行他5号）。

履行拆除沈某湘违法建筑的法定职责。

（三）对违法建设行为的追诉时效

《行政处罚法》第36条规定："违法行为在二年内未被发现的，不再给予行政处罚；涉及公民生命健康安全、金融安全且有危害后果的，上述期限延长至五年。法律另有规定的除外。前款规定的期限，从违法行为发生之日起计算；违法行为有连续或者继续状态的，从行为终了之日起计算。"这一规定明确了行政处罚的追诉时效（又称追责时效）和计算方法，对违法建设行为的追诉时效也要以此为依据，即通常的追诉时效是从违法行为发生之日起2年。

问题在于，即便违法建设行为在2年内未被发现，但作为其结果的违法建筑却可能长期存在。对此，能否认定"违法行为有连续或者继续状态"？从理论上分析，如果认为违法建设行为终了后2年内未被发现的，所建成房屋等就不得成为处罚的对象，这实际上相当于变相承认了2年内未被发现的违法建筑的合法性，其结论无疑是荒谬的。鉴于此，1998年5月4日，最高人民法院行政审判庭答复称："对非法占用土地的违法行为，在未恢复原状之前，应视为具有继续状态，其行政处罚的追诉时效，应根据行政处罚法第二十九条第二款（新《行政处罚法》第36条第2款——笔者注）的规定，从违法行为终了之日起计算；破坏耕地的违法行为是否具有连续或继续状态，应根据案件的具体情况区别对待。"[①] 2012年2月13日，全国人大法工委批复同意住房的城乡建设部的请示意见："违反规划许可、工程建设强制性标准进行建设、设计、施工，因其带来的建设工程质量安全隐患和违反城乡规划的事实始终存在，应当认定其行为有继续状态，根据《行政处罚法》第二十九条（新《行政处罚法》第36条——笔者注）规定，行政处罚追诉时效应当自行为终了之日起计算。"[②] 在地方立法中也有类似的规定，如《云南省违法建筑处置规定》第3条第2～3款规定："已建成的建筑是否属于违法建筑，依照建设时的法律、法规和城乡规划予以认定。违法建筑的事实持续存在的，属于违法建筑的继续状态。"据此，只要违法建筑尚存在，其土地违法、规划违法的事实也就处于继续状态，不能开始计算追诉时效。

最高人民法院前任法官蔡小雪、现任法官郭修江认为，理论上认为违法建筑存在属于一种持续状态，与行政处罚时效制度是相悖的。如果违法建筑存在可以作为违法行为持续的事实根据，那么，盗窃他人财物的人一直占用、使用所盗物品是否也可以作为盗窃行为处于持续状态的根据呢？显然不行，今后还是应当以建设行为终了之日为处罚时效的起算时间为宜。[③] 这一观点具有合理性，但鉴于全国人大常委会法工委和最高人民法院行政审判庭已有意见、答复在先，实践中大多不会采纳这样的观点。在**王某辉诉湘潭市政府确认房屋征收补偿协议无效案**中，最高人民法院认为，对非法占用土地的违法行为，在未恢复原状之前，应

① 最高人民法院行政审判庭《关于如何计算土地违法行为追诉时效的答复》（〔1997〕法行字第26号）。

② 全国人大常委会法工委《对关于违反规划许可、工程建设强制性标准建设、设计违法行为追诉时效有关问题的意见》（法工办发〔2012〕20号）。

③ 参见蔡小雪、郭修江：《房屋征收案件审理指引》，人民法院出版社2015年版，第285～286页。

视为具有继续状态。因此，王某辉主张其违法建造的房屋自建造之日起超过2年而合法化，《房屋征收补偿与拆迁协议》认定其房屋面积有误，缺乏事实和法律依据，不予支持。[①] 蔡小雪、郭修江还提出，参照不动产民事诉讼时效最长20年以及行政诉讼最长起诉期限20年的规定，对于建设行为早已完成，长期使用超过20年的房屋应当予以豁免，不再按照违法建筑处理。[②] 但这种观点同样与全国人大常委会法工委和最高人民法院行政审判庭的意见、答复相冲突，所谓的“豁免”也是找不到法律依据的。

（四）对违法建设行为处理中的法律适用

在处理违法建设行为时，适用的最基本、最常见的法律就是《城乡规划法》和《土地管理法》，此外还有《行政处罚法》《行政强制法》《土地管理法实施条例》等数量众多的法律、法规。对于法律适用，《立法法》第5章确立了宪法效力至上、上位法优于下位法、新法优于旧法、特别规定优于一般规定以及法律不溯及既往等原则；《行政处罚法》第37条确立了从旧兼从轻原则；最高人民法院《关于审理行政案件适用法律规范问题的座谈会纪要》（法〔2004〕96号）第3部分确立了“实体从旧、程序从新”原则。上述原则在对违法建设行为的处理中同样适用。

实践中一个比较常见的问题是，如果违法建筑建成于《城乡规划法》实施之前，规划部门在该法实施之后作出行政处罚，应当适用《城乡规划法》还是《城市规划法》？对此，最高人民法院第一巡回法庭《关于行政审判法律适用若干问题的会议纪要》提出：行政机关作出行政处罚决定，实体处理应当适用违法行为发生时有效的法律；但是，新法的规定更有利于被处罚人的，应当根据从旧兼从轻的原则，适用新法规定；违法行为处于持续状态的，应当适用违法行为终了时有效的法律，违法建筑属于违法行为持续状态，应当适用作出行政处罚时有效的《城乡规划法》。在**叶某静诉全椒县政府行政强制拆除及行政赔偿案**中，最高人民法院认为，涉案建筑于2006年建成，叶某静未按当时有效的《城市规划法》的规定办理建设工程规划许可手续，在2008年1月1日《城乡规划法》生效实施后仍未补办相关手续，其行为不符合法律规定，且不合法状态一直存续。故全椒县政府经过调查取证，认为涉案房屋未取得规划行政许可，违反了《城乡规划法》第40条第1款的规定，将涉案养殖场认定为违法建筑，适用法律正确。[③] 在本案中，上述最高人民法院第一巡回法庭《关于行政审判法律适用若干问题的会议纪要》中的意见得到了实际应用。

（五）对违法建设行为的行政处罚程序

行政机关对违法建设行为实施行政处罚，必须遵守正当程序原则，主要的法律依据是《城乡规划法》《土地管理法》《行政处罚法》。其中，对于程序的规定主要是在《行政处罚法》中。《行政处罚法》第39条规定：“行政处罚的实施机关、立案依据、实施程序和救济

---

① 最高人民法院行政裁定书，（2017）最高法行申5388号。

② 参见蔡小雪、郭修江：《房屋征收案件审理指引》，人民法院出版社2015年版，第280页。

③ 最高人民法院行政裁定书，（2019）最高法行申4451号。

渠道等信息应当公示。”

1. 普通程序

《行政处罚法》规定了作出行政处罚决定的三种程序：简易程序、普通程序和听证程序。其中，简易程序在对违法建筑的行政处罚中无法适用，普通程序是最低限度的程序要求。依据《行政处罚法》的规定，行政处罚的普通程序必须经过下面几个步骤。

总结·提示 行政处罚的简易程序，在对违法建设行为的行政处罚中无法适用。

（1）调查取证

《行政处罚法》第 54 条第 1 款规定：“除本法第五十一条规定的可以当场作出的行政处罚外，行政机关发现公民、法人或者其他组织有依法应当给予行政处罚的行为的，必须全面、客观、公正地调查，收集有关证据；必要时，依照法律、法规的规定，可以进行检查。”调查取证，既是立案之前的必要程序，也是立案之后的主要程序。

《行政处罚法》规定，行政处罚应当由具有行政执法资格的执法人员实施，执法人员不得少于两人，法律另有规定的除外（第 42 条第 1 款）；执法人员与案件有直接利害关系或者有其他关系可能影响公正执法的，应当回避，当事人也有权申请回避（第 43 条）；执法人员在调查或者进行检查时，应当主动向当事人或者有关人员出示执法证件，当事人或者有关人员有权要求执法人员出示执法证件，否则当事人或者有关人员有权拒绝接受调查或者检查（第 55 条第 1 款）；当事人或者有关人员应当如实回答询问，并协助调查或者检查，不得拒绝或者阻挠，询问或者检查应当制作笔录（第 55 条第 2 款）；行政机关在收集证据时，可以采取抽样取证的方法，在证据可能灭失或者以后难以取得的情况下，经行政机关负责人批准，可以先行登记保存，并应当在 7 日内及时作出处理决定，在此期间，当事人或者有关人员不得销毁或者转移证据（第 56 条）。

（2）立案

《行政处罚法》第 54 条第 2 款规定：“符合立案标准的，行政机关应当及时立案。”立案意味着对违法建设行为的行政处罚正式启动，立案之前的调查取证就是为立案做准备。

（3）告知有关事项和权利

《行政处罚法》规定，行政机关在作出行政处罚决定之前，应当告知当事人拟作出的行政处罚内容及事实、理由、依据，并告知当事人依法享有的陈述、申辩、要求听证等权利（第 44 条）；行政机关及其执法人员在作出行政处罚决定之前，未向当事人告知拟作出的行政处罚内容及事实、理由、依据的，不得作出行政处罚决定（第 62 条）。

（4）听取陈述和申辩

《行政处罚法》规定，当事人有权进行陈述和申辩，行政机关必须充分听取当事人的意见，对当事人提出的事实、理由和证据，应当进行复核，当事人提出的事实、理由或者证据成立的，行政机关应当采纳（第 45 条第 1 款）；行政机关不得因当事人陈述、申辩而给予更重的处罚（第45条第2款）；行政机关及其执法人员在作出行政处罚决定之前，拒绝听取当事人的陈述、申辩的，不得作出行政处罚决定，当事人明确放弃陈述或者申辩权利的除外（第62条）。

（5）进行法制审核

《行政处罚法》第58条规定：“有下列情形之一，在行政机关负责人作出行政处罚的决定之前，应当由从事行政处罚决定法制审核的人员进行法制审核；未经法制审核或者审核未通过的，不得作出决定：（一）涉及重大公共利益的；（二）直接关系当事人或者第三人重大权益，经过听证程序的；（三）案件情况疑难复杂、涉及多个法律关系的；（四）法律、法规规定应当进行法制审核的其他情形。行政机关中初次从事行政处罚决定法制审核的人员，应当通过国家统一法律职业资格考试取得法律职业资格。”据此，进行法制审核并非所有行政处罚的必经程序。

（6）作出决定

《行政处罚法》第57条规定，调查终结后，行政机关负责人应当对调查结果进行审查，根据不同情况，分别作出如下决定：①确有应受行政处罚的违法行为的，根据情节轻重及具体情况，作出行政处罚决定；②违法行为轻微，依法可以不予行政处罚的，不予行政处罚；③违法事实不能成立的，不予行政处罚；④违法行为涉嫌犯罪的，移送司法机关。其中，对情节复杂或者重大违法行为给予行政处罚，行政机关负责人应当集体讨论决定。

一般认为，限期拆除房屋属于“对情节复杂或者重大违法行为给予行政处罚”的情形，须经过行政机关负责人集体讨论程序。在**蒋某苗诉无为市自然资源局土地行政处罚案**中，安徽省高级人民法院认为，限期拆除房屋属于对情节复杂或者重大违法行为给予较重的行政处罚，无为市自然资源局的负责人依法应当集体讨论决定。但是，无为市自然资源局未提交证据证明处罚决定作出前经过了集体讨论决定，案涉行政处罚决定违反了法定程序，判决予以撤销并无不当。①

《行政处罚法》规定，行政机关应当自行政处罚案件立案之日起90日内作出行政处罚决定，法律、法规、规章另有规定的，从其规定（第60条）。给予行政处罚的，应当制作行政处罚决定书，行政处罚决定书应当载明下列事项：①当事人的姓名或者名称、地址；②违反法律、法规、规章的事实和证据；③行政处罚的种类和依据；④行政处罚的履行方式和期限；⑤申请行政复议、提起行政诉讼的途径和期限；⑥作出行政处罚决定的行政机关名称和作出决定的日期。行政处罚决定书必须盖有作出行政处罚决定的行政机关的印章（第59条）。其中，具有一定社会影响的行政处罚决定应当依法公开，公开的行政处罚决定被依法变更、撤销、确认违法或者确认无效的，行政机关应当在3日内撤回行政处罚决定信息并公开说明理由（第48条）。

（7）送达处罚决定书

《行政处罚法》第61条规定，行政处罚决定书应当在宣告后当场交付当事人。当事人不

---

① 安徽省高级人民法院行政裁定书，（2020）皖行申552号。

在场的，行政机关应当在7日内依照《民事诉讼法》的有关规定，将行政处罚决定书送达当事人。当事人同意并签订确认书的，行政机关也可以采用传真、电子邮件等方式，将行政处罚决定书等送达当事人。

另外，依据《行政处罚法》第47条的规定，行政机关应当依法以文字、音像等形式，对行政处罚的启动、调查取证、审核、决定、送达、执行等进行全过程记录，归档保存。

2. 听证程序

行政处罚的听证程序，即半开庭程序，系指行政机关在作出行政处罚决定之前，在非本案调查人员的主持下，举行由该案的调查人员和拟被处罚的当事人参加的，以供当事人陈述、申辩以及调查人员辩论的听证会。[①] 严格来说，行政处罚的听证程序只是普通程序中的一个特殊环节，并不是独立的行政处罚程序。

《行政处罚法》第63条规定，行政机关拟作出下列行政处罚决定，应当告知当事人有要求听证的权利，当事人要求听证的，行政机关应当组织听证：（1）较大数额罚款；（2）没收较大数额违法所得、没收较大价值非法财物；（3）降低资质等级、吊销许可证件；（4）责令停产停业、责令关闭、限制从业；（5）其他较重的行政处罚；（6）法律、法规、规章规定的其他情形。并且，当事人不承担行政机关组织听证的费用。据此，行政机关在拟作出限期拆除房屋等较重的行政处罚时，应当告知当事人有要求听证的权利。

《行政处罚法》第64～65条规定，听证应当依照以下程序组织：（1）当事人要求听证的，应当在行政机关告知后5日内提出；（2）行政机关应当在举行听证的7日前，通知当事人及有关人员听证的时间、地点；（3）除涉及国家秘密、商业秘密或者个人隐私依法予以保密外，听证公开举行；（4）听证由行政机关指定的非本案调查人员主持，当事人认为主持人与本案有直接利害关系的，有权申请回避；（5）当事人可以亲自参加听证，也可以委托1～2人代理；（6）当事人及其代理人无正当理由拒不出席听证或者未经许可中途退出听证的，视为放弃听证权利，行政机关终止听证；（7）举行听证时，调查人员提出当事人违法的事实、证据和行政处罚建议，当事人进行申辩和质证；（8）听证应当制作笔录，笔录应当交当事人或者其代理人核对无误后签字或者盖章。当事人或者其代理人拒绝签字或者盖章的，由听证主持人在笔录中注明。听证结束后，行政机关应当根据听证笔录，并依照《行政处罚法》第57条的规定作出决定。

（六）违法建筑的强制拆除

对违法建筑的强制拆除，俗称“拆违”。因“拆违”而引发的纠纷可谓源远流长，1988年全国首例“农民告县长”案就是因拆除“违建”而起，由于当时行政诉讼制度尚处于初创阶段，此案适用的是民事诉讼程序。[②]《行政处罚法》第66条第1款规定：“行政处罚决定依法作出后，当事人应当在行政处罚决定书载明的期限内，予以履行。”第72条第1款规

① 参见胡建淼：《行政法学》（第4版），法律出版社2015年版，第242页。
② 浙江省高级人民法院民事判决书，（1988）浙法民上字7号。

定：“当事人逾期不履行行政处罚决定的，作出行政处罚决定的行政机关可以采取下列措施：……（三）根据法律规定，采取其他行政强制执行方式；（四）依照《中华人民共和国行政强制法》的规定申请人民法院强制执行。”在本质上，“拆违”就是对限期拆除这一行政处罚决定的执行，属于行政强制执行。

1. “拆违”的特殊程序

行政机关实施强制拆除，首先应当遵守行政强制执行的一般程序规定，我们在第六讲对此已经有详细的介绍。《行政处罚法》第 73 条第 1 款规定了复议、诉讼不停止行政处罚决定执行的原则，即当事人对行政处罚决定不服，申请行政复议或者提起行政诉讼的，行政处罚不停止执行，法律另有规定的除外。但考虑到强制拆除行为的特殊性，《行政强制法》（2011 年发布）第 44 条规定：“对违法的建筑物、构筑物、设施等需要强制拆除的，应当由行政机关予以公告，限期当事人自行拆除。当事人在法定期限内不申请行政复议或者提起行政诉讼，又不拆除的，行政机关可以依法强制拆除。”据此，只有在满足“公告和期待当事人自行拆除”以及“当事人在法定期限内不申请行政复议或者提起行政诉讼，又不拆除”两项要求的前提下，才可以对违法建筑实施强制拆除，这就是“拆违”的特殊程序。

《行政强制法》第 44 条中的“行政机关可以依法强制拆除”是否可以理解为明确授予了行政机关自行强制拆除的权力？权威的解读对此持否定的态度，他们认为这里的“依法”是依照法律，如果法律没有明确规定由行政机关自行强制拆除的，行政机关应当申请法院强制执行。[①] 换言之，该条规定的本意并不是对行政机关进行普遍授权，行政机关是否有权自行强制拆除仍有赖于具体的法律规定。而且，这里的法律应做狭义理解，不包括行政法规、地方性法规、规章以及其他规范性文件。

拓展·探索

《行政强制法》第 44 条在违法建筑强制拆除中的适用

在强制拆除违法建筑时，是否应该适用《行政强制法》第 44 条的规定？对此，实践中长期存在争议，从而形成了两种截然不同的观点：

第一种观点认为，《行政强制法》第 44 条对于强制拆除违法建筑的程序做了明确的规定，在违法建筑强制拆除中应予适用。从文义解释的视角来看，当事人一旦申请行政复议或者提起行政诉讼，行政机关便不得实施强制拆除。如果当事人在法定期限内不申请行政复议或者提起行政诉讼，又不自行拆除的，具有行政强制执行权的行政机关也要等待行政诉讼起诉期限届满后，方可实施强制拆除。

第二种观点认为，《城乡规划法》第 68 条规定：“城乡规划主管部门作出责令停止建设或者限期拆除的决定后，当事人不停止建设或者逾期不拆除的，建设工程所在地县级以上地方人民政府可以责成有关部门采取查封施工现场、强制拆除等措施。”据此，对于违法建筑

---

① 参见乔晓阳主编：《中华人民共和国行政强制法解读》，中国法制出版社 2011 年版，第 147 页。

的强制拆除，不受《行政强制法》第44条规定的行政复议和行政诉讼期限届满的限制，强制拆除也不应该因当事人申请行政复议或者提起行政诉讼而停止。

赞同第二种观点的理由主要是，根据特别法优于一般法的适用原则，强制拆除违法建筑应适用《城乡规划法》第68条的规定，而不应适用《行政强制法》第44条的规定。但是，从《城乡规划法》第68条和《行政强制法》第44条的内容来看，二者都是针对强制拆除违法建筑而作出的规定，很难说哪一规定就是特别规定；《城乡规划法》是关于城乡规划的特别法，《行政强制法》是关于行政强制的特别法，也很难说哪一部法律就是特别法。所以，上述特别法优先适用的理由是难以成立的。况且，除了特别法与一般法的关系，《行政强制法》与《城乡规划法》之间还存在新法与旧法的关系，前者是2011年发布的，是新法；后者是2007年发布的，是旧法。按照新法优于旧法的原则，应当适用前者。即使把《城乡规划法》判定为特别法，依据《立法法》第106条“同一机关制定的新的一般规定与旧的特别规定不一致时，由制定机关裁决”之规定，也不应当直接适用《城乡规划法》第68条。

赞同第二种观点的另一个理由是维护公共利益的需要。但事实上，强制拆除违法建筑的时间延后一点儿，对于公共利益的损害是微乎其微的，何况大量的违法建筑已存在多年，对其实施强制拆除根本不需要“只争朝夕”。相反，随意以“拆违”的名义实施强制拆除，对于当事人的伤害是巨大的，一旦有错，其损失也是难以弥补的。

根据上面的分析，第一种观点是比较切合实际的。2015年12月7日，最高人民法院答复称：“依照《中华人民共和国行政强制法》第四十四条规定，针对当事人在法定期限内不申请行政复议或者提起行政诉讼，又不拆除的，具有行政强制执行权的行政机关应当等待行政诉讼起诉期限届满后，方可依法强制拆除违法的建筑物、构筑物、设施等。”① 这个答复也是明确采纳了第一种观点。最高人民法院第一巡回法庭《关于行政审判法律适用若干问题的会议纪要》曾提出，有关部门对在建违法建筑物、构筑物、设施等采取查封或强制拆除行政强制措施的，不受《行政强制法》第44条规定的复议或起诉期限届满限制——仅仅因为是“在建”的建筑，就将强制拆除由行政强制执行变成了行政强制措施，且不受复议或者起诉期限届满的限制，理由似乎有些牵强。当然，就“在建”而言，也存在不同的情形，需要具体地分析，举两个极端的例子：一是刚搭建了一块砖，二是只差一块砖就建成了，这两种情形所产生的效果应该是完全不同的。究竟应当如何处理？对此，亟待相关的立法或者司法解释给出更为明确的答案。

2. 违反规划型违法建筑的强制拆除

依据《城乡规划法》和《行政强制法》的规定，要合法地强制拆除违反规划型违法建筑，需要经过以下步骤：

---

① 最高人民法院《关于行政机关自行强制拆除违法建筑期限问题的答复》（〔2015〕行他字第15号）。

第一，由县级以上地方人民政府城乡规划主管部门或者乡、镇人民政府等有权主体（具体主体参见本讲第三部分）作出限期拆除的行政决定并送达，主要的法律依据是《城乡规划法》第64～66条。

第二，公告和催告当事人自行拆除。履行公告及催告程序，应当以《行政强制法》第44条和第35～38条的规定为依据。我们在第六讲已经讲过，“催告和送达→陈述和申辩→记录、复核、处理→执行决定→送达→执行”是行政机关强制执行程序的一般程序，强制拆除违法建筑也要遵守这些程序。

第三，申请行政复议或者提起行政诉讼。相对人对限期拆除的行政决定不服的，有权依法申请行政复议或者提起行政诉讼。在行政复议或者行政诉讼期间，应停止实施强制拆除；当事人在法定期限内不申请行政复议或者提起行政诉讼，又不拆除的，应等待行政诉讼起诉期限届满后，再实施强制拆除。

第四，由县级以上地方人民政府城乡规划主管部门或者乡、镇人民政府等有权主体作出强制执行决定并送达。《行政强制法》第37～38条规定，经催告，当事人逾期仍不履行行政决定，且无正当理由的，行政机关可以作出强制执行决定，并送达当事人。

第五，由县级以上地方人民政府责成有关部门强制拆除（未取得建设工程规划许可证或者未按照建设工程规划许可证的规定进行建设的），或者由乡、镇人民政府强制拆除（在乡、村庄规划区内未依法取得乡村建设规划许可证或者未按照乡村建设规划许可证的规定进行建设的），主要的法律依据是《城乡规划法》第64～66条以及第68条。这里，有三点需要注意：(1) 县级以上地方人民政府责成“有关部门”强制拆除，“有关部门”并没有限定为城乡规划主管部门。(2) 县级以上地方人民政府既然有责成权，当然也可以亲自实施强制拆除。在**胡某明等诉五家渠市政府行政强制案**中，最高人民法院认为，五家渠市政府没有责成有关部门强制拆除，而是亲自实施了对违法建筑的拆除行为，五家渠市政府既有责成权，当然也可以亲自实施，这样能够更好地协调各职能部门之间的分工协作，提高行政执法效率。①(3)《城乡规划法》授予了行政机关强制执行权，故对于违反规划型违法建筑，行政机关有权依法实施强制拆除，而不需要申请法院强制执行。2013年3月27日，最高人民法院在法释〔2013〕5号批复中对此予以明确。

链接·积累

最高人民法院关于违法的建筑物、构筑物、设施等强制拆除问题的批复

法释〔2013〕5号

北京市高级人民法院：

根据行政强制法和城乡规划法有关规定精神，对涉及违反城乡规划法的违法建筑物、构

① 最高人民法院行政裁定书，(2017) 最高法行申6673号。

筑物、设施等的强制拆除，法律已经授予行政机关强制执行权，人民法院不受理行政机关提出的非诉行政执行申请。

2013 年 3 月 27 日

3. 违法用地型违法建筑的强制拆除

《土地管理法》在规定县级以上人民政府自然资源主管部门、农业农村主管部门有权作出限期拆除决定的同时，并未明确授予其强制执行权。《土地管理法实施条例》第 52～53 条规定，违反《土地管理法》第 57 条的规定，在临时使用的土地上修建永久性建筑物的，由县级以上政府自然资源主管部门责令限期拆除，按占用面积处土地复垦费 5 倍以上 10 倍以下的罚款，逾期不拆除的，由作出行政决定的机关依法申请法院强制执行；违反《土地管理法》第 65 条的规定，对建筑物、构筑物进行重建、扩建的，由县级以上政府自然资源主管部门责令限期拆除，逾期不拆除的，由作出行政决定的机关依法申请法院强制执行。据此，对于违法用地型违法建筑，行政机关不能自行实施强制拆除，只能申请人民法院强制执行。最高人民法院第一巡回法庭《关于行政审判法律适用若干问题的会议纪要》也提出，土地管理部门依照《土地管理法》对违法建筑物、构筑物、设施等作出的限期拆除决定，依法不享有强制执行权。经公告期满，相关当事人不自行拆除的，申请行政复议或提起行政诉讼的法定期限届满后 3 个月内，土地管理部门有权依照《行政强制法》的规定申请法院非诉执行。

4. 违反单行法型违法建筑的强制拆除

违反单行法型违法建筑，如前所述，主要是指违反《公路法》等单行法的建筑物、构筑物等。胡建淼教授将这类违法建筑称为建筑障碍物，并认为依据《行政强制法》的规定，对于建筑障碍物，如果当事人不清除或者不能清除的，采取代履行的执行方式。[①] 从《行政强制法》第 50～52 条的内容来看，已经明确将强制拆除（清除）的权力授予了作出决定的行政机关。2013 年 12 月 28 日，最高人民法院答复称，根据《行政强制法》第 50 条，《公路法》第 56 条、第 81 条和《公路安全保护条例》第 11 条第 3 款的规定，公路管理机构对公路桥梁下面修建的违法建筑，有强制拆除的权力。公路管理机构向人民法院申请强制执行的，人民法院不予受理。[②] 据此，对于违反单行法型违法建筑，行政机关有权依法实施强制拆除，无须申请人民法院强制执行。

总结·提示 违反规划型违法建筑和违反单行法型违法建筑的强制拆除一般由行政机关自行实施，而违法用地型违法建筑的拆除则需要申请人民法院强制执行。

---

① 参见胡建淼：《行政强制法论——基于〈中华人民共和国行政强制法〉》，法律出版社 2014 年版，第 438 页。

② 最高人民法院《关于对公路桥梁下面违法建筑强制拆除适用法律问题的答复》（〔2013〕行他字第 12 号）。

五、危险房屋的认定与处理

（一）危险房屋的概念

危险房屋，简称“危房”，依据《城市危险房屋管理规定》（2004 年修改）第 2 条的规定，是指结构已严重损坏或承重构件已属危险构件，随时有可能丧失结构稳定和承载能力，不能保证居住和使用安全的房屋。危险房屋通常应为合法建筑，否则就不会有危房改造的问题了。但是，也不排除一些程序法违法建筑在采取改正措施消除影响后，又被鉴定为危险房屋，从而有了“解危”的需求。

虽然早在 1964 年 7 月 24 日发布的国务院《关于严格禁止楼馆堂所建设的补充规定》（已失效）中就出现了危险房屋的概念，但直到目前，相关的立法仍不完备，主要表现为有关的规定位阶较低，《城市危险房屋管理规定》仅仅是个部门规章，而且只能适用于城市的危险房屋；对于农村危险房屋的规定，在中央层面主要有 2009 年 3 月 26 日住房和城乡建设部发布的《农村危险房屋鉴定技术导则（试行）》（建村函〔2009〕69 号），2018 年 3 月 28 日住房和城乡建设部办公厅发布的《农村危房改造基本安全技术导则》（建办村函〔2018〕172 号），2019 年 7 月 29 日住房和城乡建设部、财政部、原国务院扶贫办发布的《关于决战决胜脱贫攻坚进一步做好农村危房改造工作的通知》（建村〔2019〕83 号）等规范性文件，位阶更低。

危险房屋对于人民群众的居住安全构成了严重隐患，为实现脱贫攻坚“两不愁、三保障”总体目标中贫困人口住房安全有保障这一任务，中央始终重视危房改造工作。在 2022 年 4 月 29 日长沙自建房倒塌事故发生后，2022 年 5 月 24 日，国务院办公厅发布《关于印发全国自建房安全专项整治工作方案的通知》（国办发明电〔2022〕10 号），针对城乡房屋布置了全面排查摸底、开展“百日行动”、彻底整治隐患以及加强安全管理等重要任务。从长远来说，危房改造是利国利民的好事。

在征收拆迁中，也可能遇到危险房屋认定和处理的问题。例如，在**方某潮等诉开化县政府房屋行政强制案**中，最高人民法院认为，危房处置与房屋征收分属不同的法律调整，遵循不同的法律程序。同一房屋既可能涉及危房解危问题，也可能涉及征收补偿问题，在房屋征收中并不排斥有权机关依法对危房进行处置。开化县政府依照《浙江省房屋使用安全管理条例》《城市危险房屋管理规定》的相关规定对涉案房屋作出处理，与《征收条例》的相关规定并不存在根本性冲突，在方某潮等的安置补偿权益得以保障之前提下，其主张房屋征收背景下对危房作出处置有违相关法律立法目的、适用法律错误，依据并不充分，难以支持。[①] 但是，实践中确有一些征收部门为了达到省时、省力和省钱的目的，在征收拆迁遇到阻碍之后转而将“拆迁”变为“拆危”，以危险房屋的名义随意对征收范围内的房屋实施强制拆除，明显属于滥用职权。在**李某霞诉冷水滩区政府行政强制及行政赔偿案**中，最高人民法院认

---

① 最高人民法院行政裁定书，（2019）最高法行申 3154 号。

为，本案征收项目自2015年启动后，虽进行了评估等程序，但在未能与李某霞签订安置补偿协议的情况下，未及时作出安置补偿决定，从而造成征收拆迁工作的拖延。冷水滩区政府在对建湘大楼的大部分房屋已经完成征收后，又于2018年对建湘大楼进行危房鉴定，并以案涉房屋属于危房为由组织强制拆除，有滥用职权之嫌。[①] 在第二批“征收拆迁典型案例”之案例3 **王某超等诉吉林省长春市九台区住房和城乡建设局紧急避险决定案**中，最高人民法院提出，九台区住房和城乡建设局为了节省工期，对于已经启动征地程序的房屋，错误地采取危房鉴定和强制拆除的做法，刻意规避补偿程序，构成程序滥用，严重侵犯当事人合法权益。对于此种借紧急避险为由行违法强拆之实的情形，人民法院依法判决撤销被诉行为，彰显了行政诉讼保护公民产权的制度功能。

（二）危险房屋的认定

1. 危险房屋的主管部门

《城市危险房屋管理规定》第5条规定：“建设部负责全国的城市危险房屋管理工作。县级以上地方人民政府房地产行政主管部门负责本辖区的城市危险房屋管理工作。”目前，负责危险房屋管理工作的是县级以上人民政府住房和城乡建设主管部门。

2. 危险房屋的鉴定

认定危险房屋是专业的技术性工作，需要由专门的鉴定机构进行鉴定后方可确认。《城市危险房屋管理规定》第6条规定：“市、县人民政府房地产行政主管部门应设立房屋安全鉴定机构（以下简称鉴定机构），负责房屋的安全鉴定，并统一启用‘房屋安全鉴定专用章’。”

（1）鉴定申请

《城市危险房屋管理规定》第7条第1款规定：“房屋所有人或使用人向当地鉴定机构提供鉴定申请时，必须持有证明其具备相关民事权利的合法证件。”据此，有权申请危房鉴定的主体首先是房屋所有人或使用人。此外，依据《城市危险房屋管理规定》第13条的规定，受理涉及危险房屋纠纷案件的仲裁或审判机关在必要时，亦可直接提出房屋安全鉴定的要求。

但在地方立法中，有的还规定了其他主体可以提出鉴定申请。例如，《浙江省房屋使用安全管理条例》（2020年修改）第16条规定：“因自然灾害造成一定区域内成片房屋受损，且房屋需要继续使用的，设区的市、县（市、区）人民政府应当组织有关部门委托房屋安全鉴定机构进行房屋安全鉴定。住房城乡建设主管部门、其他有关部门和乡镇人民政府、街道办事处发现房屋存在前款规定以外的重大险情的，可以委托房屋安全鉴定机构进行房屋安全鉴定。”如此一来，就将有权申请危房鉴定的主体扩展到了地方人民政府以及有关部门，不再以房屋所有人或使用人为限。

---

① 最高人民法院行政裁定书，(2019) 最高法行申11659号。

（2）鉴定程序

《城市危险房屋管理规定》要求，鉴定机构进行房屋安全鉴定应按下列程序进行：①受理申请；②初始调查，摸清房屋的历史和现状；③现场查勘、测试、记录各种损坏数据和状况；④检测验算，整理技术资料；⑤全面分析，论证定性，作出综合判断，提出处理建议；⑥签发鉴定文书。进行安全鉴定，必须有两名以上鉴定人员参加；对特殊复杂的鉴定项目，鉴定机构可另外聘请专业人员或邀请有关部门派员参与鉴定；房屋安全鉴定应使用统一术语，填写鉴定文书，提出处理意见。

房屋经安全鉴定后，鉴定机构可以收取鉴定费。鉴定费的收取标准，可根据当地情况，由鉴定机构提出，经市、县政府房地产行政主管部门会同物价部门批准后执行。房屋所有人和使用人都可提出鉴定申请，经鉴定为危险房屋的，鉴定费由所有人承担，经鉴定为非危险房屋的，鉴定费由申请人承担。

（3）鉴定标准

2016 年 2 月 20 日，住房和城乡建设部发布了行业标准《危险房屋鉴定标准》（JGJ125－2016），自 2016 年 9 月 1 日起实施。按照《危险房屋鉴定标准》的规定，房屋危险性鉴定应根据房屋的危险程度划分为 A、B、C、D 四个等级，各个等级的鉴定标准见表 7－1。

表 7－1　危险房屋的等级

危险程度	鉴定标准
A 级	无危险构件，房屋结构能满足安全使用要求
B 级	个别结构构件评定为危险构件，但不影响主体结构安全，基本能满足安全使用要求
C 级	部分承重结构不能满足安全使用要求，房屋局部处于危险状态，构成局部危房
D 级	承重结构已不能满足安全使用要求，房屋整体处于危险状态，构成整幢危房

在危险房屋的鉴定报告中，应包括评定等级或评定结果、鉴定结论及建议等内容。经鉴定属危险房屋的，鉴定机构必须及时发出危险房屋通知书，属于非危险房屋的，应在鉴定文书上注明在正常使用条件下的有效时限，一般不超过 1 年。

（三）危险房屋的处理

对鉴定为局部危房或整幢危房的房屋，一般可按下列方式处理：（1）观察使用，适用于采取适当安全技术措施后，尚能短期使用，但需继续观察的房屋；（2）处理使用，适用于采取适当技术措施后，可解除危险的房屋；（3）停止使用，适用于已无修缮价值，暂时不便拆除，又不危及相邻建筑和影响他人安全的房屋；（4）整体拆除，适用于整幢危险且无修缮价值，需立即拆除的房屋；（5）按相关规定处理，适用于有特殊规定的房屋。房屋所有人对经鉴定的危险房屋，必须按照鉴定机构的处理建议，及时加固或修缮治理；如房屋所有人拒不按照处理建议修缮治理，或使用人有阻碍行为的，房地产行政主管部门有权指定有关部门代修，或采取其他强制措施；房屋所有人未采取有效解危措施的，需要承担相应的法律责任。

实践中比较有争议的问题是，行政机关对于危险房屋是否有权自行实施强制拆除？对此，最高人民法院似乎持肯定的态度。在**陈某才诉龙沙区政府房屋行政强制案**中，最高人民法院认为，龙沙区政府在履行了征求利害相关人意见、制定拆除实施方案、张贴公示危房通知、召开听证会、发布通告、催告等程序后，对涉案房屋进行整体拆除符合法律规定，当事人请求确认拆除行为违法没有事实根据和法律依据。① 但是，对于这个判例大家的意见仍有分歧。我们在第六讲和本讲的前面已经讲过，行政机关对于合法建筑与违法建筑的强制拆除行为，本质上都属于行政强制执行。依据《行政强制法》第13条的规定，行政强制执行只能由法律设定，如果法律没有明确规定行政机关有强制执行权，就只能申请人民法院执行。《城市危险房屋管理规定》仅仅是原建设部制定的规章，权威的解读认为："规章及其他规范性文件不得设定行政机关自行拆除，已经设定的，应当及时清理，不及时清理的，为无效设定，应申请法院强制执行。"② 所以，《城市危险房屋管理规定》不能作为行政机关行使强制执行权的法律依据。但是，对于危险房屋的强制拆除，情况可能会有所不同。实践中，拆除危险房屋的目的通常是避免危害发生、控制危险扩大，这符合《行政强制法》第2条第2款对行政强制措施的定义。所以，将行政机关强制拆除危险房屋的行为认定为行政强制措施更符合事实，而行政强制措施都是由行政机关实施的，不存在申请法院强制执行的问题，否则就变成了行政强制执行。如此说来，上述判例认定行政机关有权强制拆除危险房屋似乎也符合立法本意。《关于印发全国自建房安全专项整治工作方案的通知》明确要求："对存在结构倒塌风险、危及公共安全的，要立即停用并疏散房屋内和周边群众，封闭处置、现场排险，该拆除的依法拆除。"这一要求也在一定程度上支持了上述结论。

提示 对于非危险房屋的强制拆除行为，本质上属于行政强制执行，但对于危险房屋的强制拆除行为，认定为行政强制措施更符合立法本意。

即便如此，我们也应当看到，依据《行政强制法》第10条的规定，强制拆除危险房屋的行政强制措施也只能由法律设定，行政法规、地方性法规和规章均不具有此类行政强制措施的设定权。在关于危险房屋的法律（狭义）尚缺位的情况下，行政机关仅仅依据地方性法规或者规章就对危险房屋实施强制拆除，我们对其合法性终究还是要打上一个大大的问号。

① 最高人民法院行政裁定书，（2018）最高法行申2336号。

② 乔晓阳主编：《中华人民共和国行政强制法解读》，中国法制出版社2011年版，第147页。

02 PART

第二部分 集体土地征收与补偿

第八讲　中国土地法概要

重点导读

要了解集体土地征收与补偿，首先就要了解土地制度；要深入了解土地制度，就不能不了解土地法。《土地管理法》虽然不是真正意义上的土地法，但它是中国土地法的核心内容。中国土地法的体系以“一法一条例”为核心内容，此外还包括土地管理特别法、土地规划与利用法、土地权属与登记法、土地征收与补偿法、土地税收与财政法、土地监察与追责法等内容。在土地法中使用的是广义的土地概念，陆地、水面、地上空气层、地下矿物乃至附着于地上的物、自然力等皆属于土地的范围。《土地管理法》按照土地用途的不同，将土地区分为农用地、建设用地和未利用地三大类，它是国家实施土地用途管制的基础。本讲的内容包括中国土地法的体系、土地的概念与分类、土地规划与利用、土地税收与财政、土地执法监督检查与法律责任五个方面。

一、中国土地法的体系

《宪法》（2018 年修改）对土地问题做了原则性的规定，其中在第 9 ~ 10 条规定了国有土地和集体土地的范围、土地征收和征用、禁止非法转让土地以及合理利用土地等内容，这些规定是中国土地法体系的宪法基础。在《宪法》之下，中国土地法的体系包含了《土地管理法》等一系列的法律规范，其中《土地管理法》内容的延伸主要是《土地管理法实施条例》（2021 年修改），二者被合称为“一法一条例”。中国土地法在体系上以“一法一条例”为核心，此外还包括土地管理特别法、土地规划与利用法、土地权属与登记法、土地征收与补偿法、土地税收与财政法、土地监察与追责法等重要内容。

（一）“一法一条例”

中国至今尚未制定一部体系化、法典化的土地法，《土地管理法》仅是土地法中偏重于农村土地管理的那部分规范，并非真正意义上的土地法。《土地管理法》于 1986 年 6 月通过，1987 年 1 月 1 日正式实施，并于 1988 年 12 月、1998 年 8 月、2004 年 8 月、2019 年 8 月先后做了四次修改，修改后的《土地管理法》自 2020 年 1 月 1 日起实施。

《土地管理法实施条例》最早发布于 1991 年 1 月 4 日；1998 年 12 月 27 日国务院对其全面修改之后予以发布，1999 年 1 月 1 日起实施；2011 年 1 月、2014 年 7 月、2021 年 7 月，国务院对其进行了三次修改，修改后的《土地管理法实施条例》自2021年9月1日起实施。

（二）土地管理特别法

土地管理特别法，是针对特殊类型的土地资源制定的单行法，如《森林法》《草原法》《农业法》《渔业法》《水法》《海域使用管理法》《海岛保护法》《矿产资源法》。此外，还有对特定用途的土地管理制定的单行法，如规范建设用地管理的《城市房地产管理法》《公路法》《建设项目用地预审管理办法》《城乡建设用地增减挂钩试点管理办法》，规范农村土地管理的《农村土地承包法》《基本农田保护条例》《土地复垦条例》。

（三）土地规划与利用法

土地规划与利用法，即为具体实施土地利用总体规划而制定的法律规范，如《城乡规划法》《统计法》《土地储备管理办法》《土地调查条例》《土地开发整理若干意见》《闲置土地处置办法》。在土地利用中，加强土地的保护与治理是一个关键的环节，所以关于土地保护与治理的法律规范也可以归入此类，如《水土保持法》《土壤污染防治法》《防沙治沙法》《环境保护法》。

（四）土地权属与登记法

土地权属法，即规范土地权属以及土地使用权取得、收回的法律规范，前者如《民法典》《不动产登记暂行条例》《不动产登记暂行条例实施细则》《确定土地所有权和使用权的若干规定》《土地权属争议调查处理办法》，后者如《招标投标法》《城镇国有土地使用权出让和转让暂行条例》《协议出让国有土地使用权规定》《国家土地管理局关于认定收回土地使用权行政决定法律性质的意见》《划拨用地目录》。

（五）土地征收与补偿法

土地征收与补偿法，即规范土地征收及补偿的法律规范，如《大中型水利水电工程建设征地补偿和移民安置条例》《征地管理费暂行办法》《农村集体土地征收基层政务公开标准指引》，中共中央纪委办公厅、原监察部办公厅《关于加强监督检查进一步规范征地拆迁行为的通知》，国务院办公厅《关于进一步严格征地拆迁管理工作切实维护群众合法权益的紧急通知》，原国土资源部《关于开展制订征地统一年产值标准和征地区片综合地价的通知》，国务院原法制办公室《关于依法做好征地补偿安置争议行政复议工作的通知》，最高人民法院《关于审理涉及农村集体土地行政案件若干问题的规定》等。

（六）土地税收与财政法

土地税收与财政法，即规范与土地相关税收、财政的法律规范，前者如《耕地占用税法》《契税法》《城镇土地使用税暂行条例》《土地增值税暂行条例》《土地增值税暂行条例实施细则》，后者如《国有土地使用权出让收支管理办法》、《土地储备资金财务管理办法》、国务院办公厅《关于规范国有土地使用权出让收支管理的通知》、《用于农业土地开发的土地出让金使用管理办法》、《用于农业土地开发的土地出让金收入管理办法》。

（七）土地监察与追责法

土地监察与追责法，即规范土地监察及有关责任追究的法律规范，如《刑法》、《行政处罚法》、《自然资源行政处罚办法》、《违反土地管理规定行为处分办法》、《国土资源执法监督规定》、《土地监察暂行规定》、《重大土地问题实地核查办法》、国务院办公厅《关于建立国家土地督察制度有关问题的通知》、《自然资源行政复议规定》、《自然资源行政应诉规定》。

需要强调的是，上述土地法体系中各组成部分之间的区分并不是绝对的，由于完全针对其中某一个方面进行立法的情形是很少见的，各部分之间在内容上有所交叉重叠是在所难免的。比如，《基本农田保护条例》《土地复垦条例》既属于土地管理特别法，但由于其内容涉及土地利用中的保护和整治，归入土地规划与利用法在逻辑上也是说得通的。

总结·提示 中国土地法的体系以“一法一条例”为核心内容，另外还包括土地管理特别法、土地规划与利用法、土地权属与登记法、土地征收与补偿法、土地税收与财政法、土地监察与追责法等内容。

二、土地的概念与分类

（一）土地的概念

土地对人类来说，既是重要的生活资料，也是重要的生产资料，兼具自然、经济、法律和生态等属性。在国土意义上，土地无非就是一个国家全部的陆地表面。但在土地法中使用的通常是广义的土地概念，陆地、水面、地上空气层、地下矿物乃至附着于地上的物、自然力等皆可能属于土地的范围。尤其是从 20 世纪 90 年代以来，土地概念不断由平面向立体扩展，产生了土地空间权的观念。土地空间权可分为地上空间权（空中权）与地下空间权（地中权），它的出现改变了土地所有权上达天宇、下及地心的传统观念，也为人类充分利用土地资源在法律上提供了途径。[①]《民法典》第 345 条规定：“建设用地使用权可以在土地的地表、地上或者地下分别设立。”第 348 条规定，建设用地使用权出让合同一般包括“建筑物、构筑物及其附属设施占用的空间”，即建设用地使用权可以分层设立，这相当于明确了对土地的立体使用。申言之，土地实际是包含了地表、空中和地下的立体空间，而不仅是地表这一平面。

受土地空间权的影响，“房随地走”“附着物随地走”也成为一项基本原则。《城镇国有土地使用权出让和转让暂行条例》（2020 年修改）所称的地上附着物已包括地上建筑物，

---

① 参见梁慧星、陈华彬：《物权法》（第 6 版），法律出版社 2016 年版，第 136 页。

《担保法》（1995 年发布，已失效）第 92 条将房屋、林木规定为“地上定着物”，《土地管理法实施条例》第 41 条明确了建筑物、构筑物属于土地的附着物。不过，“附着物随地走”也有例外，如《矿产资源法》（2009 年修改）第 3 条第 1 款规定：“矿产资源属于国家所有，由国务院行使国家对矿产资源的所有权。地表或者地下的矿产资源的国家所有权，不因其所依附的土地的所有权或者使用权的不同而改变。”虽然矿产在自然属性上属于土地的组成部分之一，但在法律上它被排除在土地的范围之外，不是土地的组成部分。无论土地的所有权以及使用权如何改变，矿产资源终究还是属于国家所有，法律不允许其“随地走”。

（二）土地的分类

土地分类，是根据土地的权属、用途、性状等标准，将土地区分为不同的类别。与所有的分类一样，按照不同的标准，可以作出不同的土地分类。

1. 《宪法》规定的“两大类”

依据《宪法》第 10 条的规定，根据土地所有权的不同，可以把土地划分为国家所有的土地（简称国有土地）和集体所有的土地（简称集体土地），这也是最基础、最常见的土地分类。

2. 《土地管理法》规定的“三大类”

《土地管理法》确定的分类标准是土地用途。依据《土地管理法》第 4 条的规定，土地分为农用地、建设用地和未利用地。其中，农用地是指直接用于农业生产的土地，包括耕地、林地、草地、农田水利用地、养殖水面等；建设用地是指建造建筑物、构筑物的土地，包括城乡住宅和公共设施用地、工矿用地、交通水利设施用地、旅游用地、军事设施用地等；未利用地是指农用地和建设用地以外的土地。

总结·提示　《土地管理法》按照土地用途的不同，将土地区分为农用地、建设用地和未利用地三大类。

《土地管理法》作出这样的分类，是为了满足国家实行土地用途管制的需要。在上述三大类的基础上，《土地管理法》还有进一步的细分，如将农用地划分为永久基本农田和永久基本农田以外的农用地，将未利用地划分为荒山、荒沟、荒丘、荒滩等。但总体来说，还是以农用地、建设用地和未利用地三大类为最基本的分类。

拓展·探索

土地用途管制制度

在以土地用途为标准进行分类的基础上，国家建立了土地用途管制制度。《土地管理法》第 4 条第 1 款规定：“国家实行土地用途管制制度。”土地用途管制制度，是指国家通过编制土地利用总体规划等确定土地用途分区，进而确定管制的规则，任何单位和个人均必须严格按照确定的用途使用土地的制度。实行土地用途管制，主要目标是严格限制农用地转为建设用地，控制建设用地总量，并对耕地实行特殊保护。

土地用途管理制度被誉为《土地管理法》的灵魂，它的核心任务是切实保护耕地，尤其是要守住18亿亩耕地保护红线，同时制止耕地的“非农化”与“非粮化”倾向，最终确保国家的粮食安全。2020年9月10日，国务院办公厅发布《关于坚决制止耕地“非农化”行为的通知》（国办发明电〔2020〕24号），对此作出了明确的部署。为了实现这个核心任务，土地用途管制应当包含以下内容：

第一，土地规划制度。《土地管理法》第4条第2款、第4款分别要求“国家编制土地利用总体规划，规定土地用途”“使用土地的单位和个人必须严格按照土地利用总体规划确定的用途使用土地”，第17条将“落实国土空间开发保护要求，严格土地用途管制”作为土地利用总体规划的编制原则之一。据此，土地利用总体规划是实行土地用途管制的主要依据，因为编制土地利用总体规划的重要目标之一就是控制建设用地总量和耕地保有量，这与土地用途管制的目标是高度契合的。

第二，土地计划制度。在土地利用总体规划基础上，通过编制土地利用年度计划，确定农用地转用计划指标、耕地保有量计划指标以及土地开发整理计划指标，也是土地用途管制中十分重要的一个环节。

第三，农用地转用审批制度。农用地转用审批，是土地用途管制成功的关键措施。《土地管理法》第44条规定，建设占用土地，涉及农用地转为建设用地的，应当办理农用地转用审批手续。同时，该条也明确规定了农用地转为建设用地的审批权限。

第四，耕地占补平衡制度。为了配合土地用途管制，《土地管理法》第30条第2款规定：“国家实行占用耕地补偿制度。非农业建设经批准占用耕地的，按照‘占多少，垦多少’的原则，由占用耕地的单位负责开垦与所占用耕地的数量和质量相当的耕地；没有条件开垦或者开垦的耕地不符合要求的，应当按照省、自治区、直辖市的规定缴纳耕地开垦费，专款用于开垦新的耕地。”其中的“占多少，垦多少”，是耕地占补平衡制度（也称占用耕地补偿制度）的主要内容。

实践中，要真正实现土地用途管制的目标，不仅需要上述配套制度切实发挥作用，更需要严格的土地执法监督检查以及国家土地督察制度。对于土地执法监督检查和国家土地督察制度，我们将在后面讲述。

3.《土地利用现状分类》规定的“十二大类”

《土地利用现状分类》（GB/T 21010－2017）并非法律、法规，而是一项推荐性国家标准。《土地利用现状分类》根据土地利用现状的不同，对土地作出了更为精细的分类。按照该标准，土地利用现状分类采用一级、二级两个层次的分类体系，共分12个一级类、73个二级类，如表8－1所示。

表 8－1 土地利用现状分类

一级类编码	一级类名称	二级类编码和名称
01	耕地	0101 水田、0102 水浇地、0103 旱地
02	园地	0201 果园、0202 茶园、0203 橡胶园、0204 其他园地
03	林地	0301 乔木林地、0302 竹林地、0303 红树林地、0304 森林沼泽、0305 灌木林地、0306 灌丛沼泽、0307 其他林地
04	草地	0401 天然牧草地、0402 沼泽草地、0403 人工牧草地、0404 其他草地
05	商服用地	0501 零售商业用地、0502 批发市场用地、0503 餐饮用地、0504 旅馆用地、0505 商务金融用地、0506 娱乐用地、0507 其他商服用地
06	工矿仓储用地	0601 工业用地、0602 采矿用地、0603 盐田、0604 仓储用地
07	住宅用地	0701 城镇住宅用地、0702 农村宅基地
08	公共管理与公共服务用地	0801 机关团体用地、0802 新闻出版用地、0803 教育用地、0804 科研用地、0805 医疗卫生用地、0806 社会福利用地、0807 文化设施用地、0808 体育用地、0809 公用设施用地、0810 公园与绿地
09	特殊用地	0901 军事设施用地、0902 使领馆用地、0903 监教场所用地、0904 宗教用地、0905 殡葬用地、0906 风景名胜设施用地
10	交通运输用地	1001 铁路用地、1002 轨道交通用地、1003 公路用地、1004 城镇村道路用地、1005 交通服务场站用地、1006 农村道路、1007 机场用地、1008 港口码头用地、1009 管道运输用地
11	水域及水利设施用地	1101 河流水面、1102 湖泊水面、1103 水库水面、1104 坑塘水面、1105 沿海滩涂、1106 内陆滩涂、1107 沟渠、1108 沼泽地、1109 水工建筑用地、1110 冰川及永久积雪
12	其他土地	1201 空闲地、1202 设施农用地、1203 田坎、1204 盐碱地、1205 沙地、1206 裸土地、1207 裸岩石砾地

从表 8－1 可以看出，《土地利用现状分类》（GB/T 21010－2017）的分类十分精细，虽然未必周延，但是较《土地管理法》的分类具有明显优势。这样的精细分类对于我们进一步研究土地利用的基本情况以及进行土地管理具有十分重要的参考价值。

拓展·探索

“生地”与“熟地”、“毛地”与“净地”的区分

饶有兴味的是，土地不但有所有权和用途的不同，还有“生”“熟”之分。其中，“生地”是指新收上来基本保持原有状态（如农田、工厂、荒山等）的土地，“熟地”则是指完

成了一级开发前期基础工作的土地。土地由“生”变“熟”的过程，被形象地称为“土地熟化”。所谓一级开发前期基础工作，最起码的要求是实现“三通一平”，即通水、通电、通路，场地平整。以招、拍、挂方式出让国有土地的，原则上均要求土地为“熟地”，即已经完成了土地熟化，实现“三通一平”。除了“三通一平”，实践中还有“五通一平”（通水、通电、通路、通排水、通信，场地平整），“七通一平”（通水、通电、通路、通排水、通讯、通燃气、通热力，场地平整）等更高层次的要求。

那么，“三通一平”是否属于行政机关出让土地的附随义务？在**琪楠陵水公司诉国际旅游岛先行试验区管委会土地行政处罚案**中，最高人民法院认为，即使土地出让合同签订时的法律、法规及政策性规定未就出让土地“三通一平”等基础设施问题进行规定，也未就此作出约定，行政机关也应当对出让的地块提供基本的开发利用条件。行政机关作为土地出让合同的一方当事人，促成土地出让合同的履行是其基于当事人信赖原则应有的附随义务。而且，作为对土地具有统筹管理职责的行政机关，理应在其职权范围内为土地受让方完成开工前的前期准备工作提供必要的帮助，做好促成开工建设的协调沟通和配套工作。导致相关土地所在区域不具备动工开发必需的、适合建设施工作业通行的道路、给排水系统以及电力供应等问题，固然有土地受让人未积极主动开展相关工作的原因，但有些问题也是受让人无法通过自身努力予以解决的，需要政府及其职能部门提供。① 在这一判例中，最高人民法院明确提出实现“三通一平”是行政机关出让土地时应有的附随义务。

在“生”“熟”之外，还有“毛地”与“净地”的区分。前者是指尚未经过拆迁安置补偿等土地开发过程、不具备基本建设条件的土地，后者则是指已完成征收拆迁等工作，处理好土地的产权、补偿安置等法律经济关系，并完成了必要的前期开发的地块。“净地”出让，也是土地供应中的一项基本原则。原国土资源部、住房和城乡建设部《关于进一步加强房地产用地和建设管理调控的通知》（国土资发〔2010〕151 号）明确要求，不得“毛地”出让，拟出让地块要依法进行土地调查和确权登记，确保地类清楚、面积准确、权属合法，没有纠纷；各省（区、市）国土资源主管部门要加强对住房用地出让公告和合同约定内容的适时监管，对市、县发布的公告中存在“毛地”出让的，要责令立即撤销公告，调整出让方案重新出让。

从分类的标准来看，“生地”与“毛地”、“熟地”与“净地”并不是完全对应的，规范性文件中使用较多的是“毛地”与“净地”这组概念。不过，实践中也有行政机关将“生地”与“毛地”、“熟地”与“净地”画上了等号。② 这也表明，目前对于上述两组概念的界定并没有达成一致的意见。

---

① 最高人民法院行政判决书，(2019) 最高法行再 2 号。

② 例如，兰州市人民政府印发的《关于对储备土地实行“熟地”出让的实施意见》（兰政发〔2006〕55 号）规定，凡开发经营性项目用地以招标、拍卖或者挂牌方式出让城市国有土地的，实行对“生地”先行拆迁改变为“熟地”出让的原则。这里的“熟地”在内涵及外延上与“净地”是完全等同的。

三、土地规划与利用

（一）土地利用的规划管理

土地规划，是土地利用规划的简称。土地利用规划是土地利用管理的龙头，是对一定区域未来土地利用的超前性的计划与安排，是依据区域社会经济发展和土地的自然历史特性在时空上进行土地资源合理分配和土地利用协调组织的综合措施。[①] 我们在第五讲已经讲到，按照行政级别，共有全国、省（自治区、直辖市）、市、县、乡（镇）五级土地利用总体规划，下级土地利用总体规划应当依据上级土地利用总体规划编制。同时，按照规划的层次，土地利用规划可分为土地利用总体规划、土地利用详细规划和土地利用专项规划。

（二）土地的节约集约利用

人多地少，耕地资源稀缺，是中国的基本国情。在城镇化、工业化快速发展的背景下，建设用地的供需矛盾更为突出。2008 年 1 月 3 日发布的国务院《关于促进节约集约用地的通知》（国发〔2008〕3 号）提出："切实保护耕地，大力促进节约集约用地，走出一条建设占地少、利用效率高的符合我国国情的土地利用新路子。" 2014 年 5 月 22 日，原国土资源部发布了《节约集约利用土地规定》；2019 年 7 月 24 日，自然资源部对《节约集约利用土地规定》做了修改。依据《节约集约利用土地规定》第 2 条的规定，节约集约利用土地，是指通过规模引导、布局优化、标准控制、市场配置、盘活利用等手段，达到节约土地、减量用地、提升用地强度、促进低效废弃地再利用、优化土地利用结构和布局、提高土地利用效率的各项行为与活动。

国务院《关于促进节约集约用地的通知》对节约集约用地提出了五个方面的要求，共包括 23 项具体措施。这五个方面的要求包括：

第一，按照节约集约用地原则，审查调整各类相关规划和用地标准，包括强化土地利用总体规划的整体控制作用、切实加强重大基础设施和基础产业的科学规划、从严控制城市用地规模、严格土地使用标准。

第二，充分利用现有建设用地，大力提高建设用地利用效率，包括开展建设用地普查评价、严格执行闲置土地处置政策、积极引导使用未利用地和废弃地、鼓励开发利用地上地下空间、鼓励开发区提高土地利用效率。

第三，充分发挥市场配置土地资源基础性作用，健全节约集约用地长效机制，包括深入推进土地有偿使用制度改革、完善建设用地储备制度、合理确定出让土地的宗地规模、严格落实工业和经营性用地招标拍卖挂牌出让制度、强化用地合同管理、优化住宅用地结构。

第四，强化农村土地管理，稳步推进农村集体建设用地节约集约利用，包括高度重视农村集体建设用地的规划管理、鼓励提高农村建设用地的利用效率、严格执行农村"一户一宅"政策。

---

① 参见严金明编著：《土地法学》，中国人民大学出版社 2020 年版，第 236 页。

第五，加强监督检查，全面落实节约集约用地责任，包括建立健全土地市场动态监测制度、完善建设项目竣工验收制度、加强各类土地变化状况的监测、加强对节约集约用地工作的监管、建立节约集约用地考核制度。

在此基础上，《节约集约利用土地规定》提出要贯彻十分珍惜、合理利用土地和切实保护耕地的基本国策，落实最严格的耕地保护制度和最严格的节约集约用地制度，提升土地资源对经济社会发展的承载能力，促进生态文明建设，并对规模引导、布局优化、标准控制、市场配置、盘活利用以及监督考评等具体措施做了细化规定。

节约集约利用土地，上位法依据是《土地管理法》及其实施条例。《土地管理法》第 3 条规定："十分珍惜、合理利用土地和切实保护耕地是我国的基本国策。各级人民政府应当采取措施，全面规划，严格管理，保护、开发土地资源，制止非法占用土地的行为。"第 37 条规定："非农业建设必须节约使用土地，可以利用荒地的，不得占用耕地；可以利用劣地的，不得占用好地。禁止占用耕地建窑、建坟或者擅自在耕地上建房、挖砂、采石、采矿、取土等。禁止占用永久基本农田发展林果业和挖塘养鱼。"此外，《土地管理法》第 17 条还将"提高土地节约集约利用水平"列为土地利用总体规划的编制原则之一。《土地管理法实施条例》在《土地管理法》的基础上，对国土空间规划编制、土地整理、非农业建设、土地利用计划管理、农村居民点布局和建设用地规模、集体经营性建设用地以及土地督察等方面均明确提出了节约集约利用土地的要求。

（三）土地储备制度

1. 土地储备的概念

土地储备，依据《土地储备管理办法》（2018 年修改，已失效）的规定，是指县级（含）以上自然资源主管部门为调控土地市场、促进土地资源合理利用，依法取得土地，组织前期开发、储存以备供应的行为。在世界各国，土地储备制度承担了土地银行、土地规划以及土地利用的社会化等功能。中国土地储备制度的主要意义在于落实加强自然资源资产管理和防范风险的要求，增强政府对城乡统一建设用地市场的调控和保障能力，促进土地资源的高效配置和合理利用。

与荷兰等西方国家相比，中国的土地储备制度建立较晚。自 1996 年 11 月上海市成立全国首家土地收购储备机构——上海市土地发展中心以来，土地储备制度得以快速发展。2007 年 11 月 19 日，原国土资源部与财政部、中国人民银行共同印发《土地储备管理办法》，该办法以"完善土地储备制度，加强土地调控，规范土地市场运行，促进土地节约集约利用，提高建设用地保障能力"为目的，它的出台标志着土地储备制度逐步向规范化和法治化迈进。2018 年 1 月 3 日，修改后的《土地储备管理办法》发布，自发布之日起实施，有效期 5 年，从储备计划、入库储备标准、前期开发、管护与供应、资金管理以及监管责任等方面对土地储备进行了规范。[①]

---

① 需要说明的是，按照 5 年的有效期计算，2018 年 1 月 3 日开始实施的《土地储备管理办法》现已失效。但由于新的《土地储备管理办法》目前尚未出台，故下面的讲解仍然以 2018 年 1 月 3 日开始实施的《土地储备管理办法》为依据。

2. 土地储备机构

《土地储备管理办法》规定，土地储备机构是县级（含）以上政府批准成立、具有独立的法人资格、隶属于所在行政区划的自然资源主管部门、承担本行政辖区内土地储备工作的事业单位。这一界定包括以下几层含义：一是土地储备机构由县级（含）以上政府批准成立；二是土地储备机构具有独立的法人资格；三是土地储备机构隶属于所在行政区划的自然资源主管部门；四是土地储备机构的性质是事业单位；五是土地储备机构的职能是承担本行政辖区内土地储备工作。

为了便于对土地储备机构进行管理，《土地储备管理办法》要求自然资源主管部门对土地储备机构实施名录制管理。市、县级自然资源主管部门应将符合规定的机构信息逐级上报至省级自然资源主管部门，经省级自然资源主管部门审核后报自然资源部，列入全国土地储备机构名录，并定期更新。

3. 土地储备计划

《土地储备管理办法》中规定的土地储备计划，包括土地储备 3 年滚动计划、年度土地储备计划以及下一年度土地储备计划。

（1）编制土地储备 3 年滚动计划

各地应根据国民经济和社会发展规划、国土规划、土地利用总体规划、城乡规划等，编制土地储备 3 年滚动计划，合理确定未来 3 年土地储备规模，对 3 年内可收储的土地资源，在总量、结构、布局、时序等方面作出统筹安排，优先储备空闲、低效利用等存量建设用地。

（2）制订年度土地储备计划

各地应根据城市建设发展和土地市场调控的需要，结合当地社会发展规划、土地储备 3 年滚动计划、年度土地供应计划、地方政府债务限额等因素，合理制订年度土地储备计划。年度土地储备计划内容应包括：①上年度末储备土地结转情况（含上年度末的拟收储土地及入库储备土地的地块清单）；②年度新增储备土地计划（含当年新增拟收储土地和新增入库储备土地规模及地块清单）；③年度储备土地前期开发计划（含当年前期开发地块清单）；④年度储备土地供应计划（含当年拟供应地块清单）；⑤年度储备土地临时管护计划；⑥年度土地储备资金需求总量。其中，拟收储土地，是指已纳入土地储备计划或经县级（含）以上政府批准，目前已启动收回、收购、征收等工作，但未取得完整产权的土地；入库储备土地，是指土地储备机构已取得完整产权，纳入储备土地库管理的土地。

（3）编制下一年度土地储备计划

自然资源主管部门应会同财政部门于每年第三季度组织编制完成下一年度土地储备计划，提交省级自然资源主管部门备案后，报同级政府批准。因土地市场调控政策变化或低效用地再开发等原因，确需调整年度土地储备计划的，每年中期可调整一次，按原审批程序备案、报批。

总结·提示　土地储备计划包括土地储备3年滚动计划、年度土地储备计划以及下一年度土地储备计划。

---

4. 入库储备标准

土地储备并不是“照单全收”，而是必须满足一定的标准。《土地储备管理办法》要求储备土地必须符合土地利用总体规划和城乡规划，而且必须是产权清晰的土地。土地储备机构应对土地取得方式及程序的合规性、经济补偿、土地权利（包括用益物权和担保物权）等情况进行审核，不得为了收储而强制征收土地。对于取得方式及程序不合规、补偿不到位、土地权属不清晰、应办理相关不动产登记手续而尚未办理的土地，不得入库储备；存在污染、文物遗存、矿产压覆、洪涝隐患、地质灾害风险等情况的土地，在按照有关规定由相关单位完成核查、评估和治理之前，也不得入库储备。

在此基础上，《土地储备管理办法》明确列举了几种可以纳入储备范围的土地：（1）依法收回的国有土地；（2）收购的土地；（3）行使优先购买权取得的土地；（4）已办理农用地转用、征收批准手续并完成征收的土地；（5）其他依法取得的土地。需要注意这里着重强调的是“依法取得的土地”，故取得方式及程序不合法、不合规的土地均不满足入库标准。其中，土地储备机构收购土地的，应当对土地使用权人给予补偿，补偿的标准由土地储备机构与土地使用权人根据土地评估结果协商，经同级自然资源主管部门和财政部门确认，或地方法规规定的其他机构确认。

在储备土地入库前，土地储备机构应向不动产登记机构申请办理登记手续，储备土地登记的使用权类型统一确定为“其他（政府储备）”，登记的用途应符合相关法律法规的规定。

5. 前期开发、管护与供应

《土地储备管理办法》对于入库储备土地前期开发、管护与供应明确提出了一系列的具体措施。

第一，入库储备土地产权清理与价值评估。土地储备机构负责理清入库储备土地产权，评估入库储备土地的资产价值。

第二，对储备土地必要的前期开发。土地储备机构应组织开展对储备土地必要的前期开发，为政府供应土地提供必要保障；储备土地的前期开发应按照该地块的规划，完成地块内的道路、供水、供电、供气、排水、通讯、围挡等基础设施建设，并进行土地平整，满足必要的“通平”要求；具体工程要按照有关规定，选择工程勘察、设计、施工和监理等单位进行建设；前期开发工程施工期间，土地储备机构应对工程实施监督管理；工程完成后，土地储备机构应按规定组织开展验收或委托专业机构进行验收，并按有关规定报所属国土资源主管部门备案。

第三，入库储备土地的管护。土地储备机构应对纳入储备的土地采取自行管护、委托管护、临时利用等方式进行管护。要建立巡察制度，对侵害储备土地权利的行为要做到早发现、早制止、早处理。对储备土地的管护，可以由土地储备机构的内设机构负责，也可由土地储备机构按照相关规定选择管护单位。

第四，储备土地的临时利用。在储备土地未供应前，土地储备机构可将储备土地或连同地上建（构）筑物，通过出租、临时使用等方式加以利用。储备土地的临时利用，一般不超过2年，且不能影响土地供应。临时利用储备土地应报同级自然资源主管部门同意，在城市规划区内储备土地的临时使用，需搭建建（构）筑物的，在报批前应当先经城市规划行政主管部门同意，且不得修建永久性建筑物。

第五，储备土地的供应。储备土地完成前期开发，并具备供应条件后，应纳入当地市、县土地供应计划，由市、县自然资源主管部门统一组织土地供应。供应已发证的储备土地之前，应收回并注销其不动产权证书及不动产登记证明，并在不动产登记簿中予以注销。

6. 资金管理与监管责任

对于资金管理，《土地储备管理办法》要求土地储备资金收支管理严格执行财政部、自然资源部关于土地储备资金财务管理的规定，且土地储备资金通过政府预算安排，实行专款专用。此外，财产部单独或者与自然资源部等部门共同发布了《土地储备资金会计核算办法（试行）》（财会〔2008〕10号）、《关于规范土地储备和资金管理等相关问题的通知》（财综〔2016〕4号）、《土地储备资金财务管理办法》（财综〔2018〕8号）、《土地储备项目预算管理办法（试行）》（财预〔2019〕89号）等规范性文件，对土地储备的资金管理做了更为细化的规范。

对于监管责任，《土地储备管理办法》要求对土地储备机构业务开展情况实行信息化监管和部门分工监管，以监测监管土地储备机构业务开展情况，保证土地储备工作的顺利开展。

（四）闲置土地处置

1. 闲置土地的概念

土地闲置与土地节约集约利用的要求相冲突，因而必须进行严格管控。为有效处置和充分利用闲置土地，规范土地市场行为，促进节约集约用地，原国土资源部于1999年4月28日发布了《闲置土地处置办法》，并于2012年做了全面修改。在地方层面，对闲置土地处置制定了为数众多的地方性法规、规章或者规范性文件，如《北京市闲置土地处理办法》（2001年8月28日发布）、《海南自由贸易港闲置土地处置若干规定》（2021年12月1日发布）、《广州市闲置土地处理办法》（2020年11月11日修改）、《珠海市闲置土地处理办法》（2020年11月23日修改）等。

闲置土地，依据《闲置土地处置办法》第2条的规定，是指国有建设用地使用权人超过国有建设用地使用权有偿使用合同或者划拨决定书约定、规定的动工开发日期满1年未动工开发的国有建设用地，以及已动工开发但开发建设用地面积占应动工开发建设用地总面积不足1/3或者已投资额占总投资额不足25%且中止开发建设满1年的国有建设用地。其中，“动工开发”的含义是：依法取得施工许可证后，需挖深基坑的项目，基坑开挖完毕；使用桩基的项目，打入所有基础桩；其他项目，地基施工完成 1/3。“已投资额、总投资额”，不含国有建设用地使用权出让价款、划拨价款和向国家缴纳的相关税费。

按照上述定义，闲置土地有特定的对象范围，必须是国有建设用地，并非所有闲置、未利用的土地皆可称为闲置土地。不过，《闲置土地处置办法》第 31 条规定：“集体所有建设用地闲置的调查、认定和处置，参照本办法有关规定执行。”据此，在集体建设用地中也可能有闲置土地的概念。

2. 闲置土地的调查和认定

《闲置土地处置办法》规定，市、县自然资源主管部门负责本行政区域内闲置土地的调查认定和处置工作的组织实施，上级自然资源主管部门对下级自然资源主管部门调查认定和处置闲置土地工作进行监督管理。对闲置土地的处置，应当符合土地利用总体规划和城乡规划，遵循依法依规、促进利用、保障权益和信息公开的原则。

（1）调查核实

市、县自然资源主管部门发现有涉嫌构成闲置土地的，应当在 30 日内开展调查核实，向国有建设用地使用权人发出《闲置土地调查通知书》。《闲置土地调查通知书》应当包括下列内容：①国有建设用地使用权人的姓名或者名称、地址；②涉嫌闲置土地的基本情况；③涉嫌闲置土地的事实和依据；④调查的主要内容及提交材料的期限；⑤国有建设用地使用权人的权利和义务；⑥其他需要调查的事项。国有建设用地使用权人应当在接到《闲置土地调查通知书》之日起 30 日内，按照要求提供土地开发利用情况、闲置原因以及相关说明等材料。

市、县自然资源主管部门在履行闲置土地调查职责时，可以采取下列措施：①询问当事人及其他证人；②现场勘测、拍照、摄像；③查阅、复制与被调查人有关的土地资料；④要求被调查人就有关土地权利及使用问题作出说明。

调查闲置土地，首先要确定土地闲置是国有建设用地使用权人自身原因还是政府原因所导致。《闲置土地处置办法》第 8 条规定，有下列情形之一，属于政府、政府有关部门的行为造成动工开发延迟的，国有建设用地使用权人应当向市、县自然资源主管部门提供土地闲置原因说明材料，经审核属实的，依照《闲置土地处置办法》第 12 ~ 13 条规定处置：①因未按照国有建设用地使用权有偿使用合同或者划拨决定书约定、规定的期限、条件将土地交付给国有建设用地使用权人，致使项目不具备动工开发条件的；②因土地利用总体规划、城乡规划依法修改，造成国有建设用地使用权人不能按照国有建设用地使用权有偿使用合同或者划拨决定书约定、规定的用途、规划和建设条件开发的；③因国家出台相关政策，需要对约定、规定的规划和建设条件进行修改的；④因处置土地上相关群众信访事项等无法动工开发的；⑤因军事管制、文物保护等无法动工开发的；⑥政府、政府有关部门的其他行为。在**皇苑公司诉文昌市政府土地行政处罚案**中，海南省高级人民法院认为，国土资源管理部门应当主动作为，及时查清土地权属情况并进行清理，为土地受让人使用土地提供基本的条件。因为毛地出让，一直没有完成清表，土地使用人无法对涉案土地进行开发而造成的土地闲置，属政府原因；因为规划变更，土地使用人无法按照《国有土地使用权出让合同》约定的用途、规划和建设条件进行开发而造成的土地闲置，亦属政府原因。[①] 此外，对于因自然灾害等不可抗力导致土地闲置的，同样需要依照上述规定办理。

（2）闲置土地认定

市、县自然资源主管部门经调查核实，符合《闲置土地处置办法》第2条规定的条件，构成闲置土地的，应当向国有建设用地使用权人下达《闲置土地认定书》。《闲置土地认定书》应当载明下列事项：①国有建设用地使用权人的姓名或者名称、地址；②闲置土地的基本情况；③认定土地闲置的事实、依据；④闲置原因及认定结论；⑤其他需要说明的事项。

《闲置土地认定书》下达后，市、县自然资源主管部门应当通过门户网站等形式向社会公开闲置土地的位置、国有建设用地使用权人名称、闲置时间等信息；属于政府或者政府有关部门的行为导致土地闲置的，应当同时公开闲置原因，并书面告知有关政府或者政府部门。上级自然资源主管部门应当及时汇总下级自然资源主管部门上报的闲置土地信息，并在门户网站上公开；闲置土地在没有处置完毕前，相关信息应当长期公开，闲置土地处置完毕后应当及时撤销相关信息。

3. 闲置土地的处置和利用

（1）政府行为或不可抗力导致的闲置土地

对于政府行为或不可抗力所导致的闲置土地，《闲置土地处置办法》第12～13条规定，市、县自然资源主管部门应当与国有建设用地使用权人协商，选择下列方式处置：①延长动工开发期限。签订补充协议，重新约定动工开发、竣工期限和违约责任。从补充协议约定的动工开发日期起，延长动工开发期限最长不得超过1年。②调整土地用途、规划条件。按照新用途或者新规划条件重新办理相关用地手续，并按照新用途或者新规划条件核算、收缴或者退还土地价款。改变用途后的土地利用必须符合土地利用总体规划和城乡规划。③由政府安排临时使用。待原项目具备开发建设条件，国有建设用地使用权人重新开发建设。从安排临时使用之日起，临时使用期限最长不得超过两年。④协议有偿收回国有建设用地使用权。⑤置换土地。对已缴清土地价款、落实项目资金，且因规划依法修改造成闲置的，可以为国有建设用地使用权人置换其他价值相当、用途相同的国有建设用地进行开发建设。涉及出让土地的，应当重新签订土地出让合同，并在合同中注明为置换土地。⑥市、县自然资源主管部门还可以根据实际情况规定其他处置方式。除上面第④项情形外，动工开发时间按照新约定、规定的时间重新起算。对于已动工开发但开发建设用地面积占应动工开发建设用地总面积不足1/3或者已投资额占总投资额不足25%，且中止开发建设满1年的国有建设用地，也需要依照上述方式处置。

市、县自然资源主管部门在与国有建设用地使用权人协商一致后，应当拟订闲置土地处置方案，报本级政府批准后实施。闲置土地设有抵押权的，市、县自然资源主管部门在拟订

① 海南省高级人民法院行政判决书，（2019）琼行终363号。

闲置土地处置方案时，应当书面通知相关抵押权人。

（2）其他闲置土地

其他闲置土地，是指非因政府行为或不可抗力所导致的闲置土地。依据《闲置土地处置办法》的规定，对其他闲置土地的处置方式包括：

第一，征缴土地闲置费。未动工开发满1年的，由市、县自然资源主管部门报经本级政府批准后，向国有建设用地使用权人下达《征缴土地闲置费决定书》，按照土地出让或者划拨价款的20%征缴土地闲置费，且土地闲置费不得列入生产成本；国有建设用地使用权人应当自《征缴土地闲置费决定书》送达之日起30日内，按照规定缴纳土地闲置费。

第二，无偿收回国有建设用地使用权。未动工开发满两年的，由市、县自然资源主管部门报经有批准权的政府批准后，向国有建设用地使用权人下达《收回国有建设用地使用权决定书》，无偿收回国有建设用地使用权。闲置土地设有抵押权的，同时抄送相关土地抵押权人；国有建设用地使用权人应当自《收回国有建设用地使用权决定书》送达之日起30日内办理国有建设用地使用权注销登记，并交回土地权利证书；对依法收回的闲置土地，可以采取下列方式利用：①依据国家土地供应政策，确定新的国有建设用地使用权人开发利用；②纳入政府土地储备；③对耕作条件未被破坏且近期无法安排建设项目的，由市、县自然资源主管部门委托有关农村集体经济组织、单位或者个人组织恢复耕种。

市、县自然资源主管部门在作出征缴土地闲置费、收回国有建设用地使用权决定前，应当书面告知国有建设用地使用权人有申请听证的权利。国有建设用地使用权人要求举行听证的，市、县自然资源主管部门应当依照《自然资源听证规定》依法组织听证。

国有建设用地使用权人对《征缴土地闲置费决定书》和《收回国有建设用地使用权决定书》不服的，可以依法申请行政复议或者提起行政诉讼；逾期不申请行政复议、不提起行政诉讼，也不履行相关义务的，市、县自然资源主管部门可以采取下列措施：①逾期不办理国有建设用地使用权注销登记，不交回土地权利证书的，直接公告注销国有建设用地使用权登记和土地权利证书；②申请人民法院强制执行。

闲置土地依法处置后土地权属和土地用途发生变化的，应当依据实地现状在当年土地变更调查中进行变更，并依照有关规定办理土地变更登记。

4. 闲置土地的预防和监管

（1）防止因政府、政府有关部门的行为造成土地闲置

市、县自然资源主管部门供应土地应当符合下列要求：①土地权利清晰；②安置补偿落实到位；③没有法律经济纠纷；④地块位置、使用性质、容积率等规划条件明确；⑤具备动工开发所必需的其他基本条件。这里，动工开发所必需的基本条件之一是实行建设用地使用权的“净地”出让，在出让之前完成必要的“通”“平”要求。2007年9月8日发布的原国土资源部《关于加大闲置土地处置力度的通知》（国土资电发〔2007〕36号）要求：“实行建设用地使用权‘净地’出让，出让前，应处理好土地的产权、补偿安置等经济法律关系，完成必要的通水、通电、通路、土地平整等前期开发，防止土地闲置浪费。”

（2）明确约定、规定项目动工开发、竣工时间等内容

国有建设用地使用权有偿使用合同或者划拨决定书应当就项目动工开发、竣工时间和违约责任等作出明确约定、规定。约定、规定动工开发时间应当综合考虑办理动工开发所需相关手续的时限规定和实际情况，为动工开发预留合理时间。因特殊情况，未约定、规定动工开发日期，或者约定、规定不明确的，以实际交付土地之日起1年为动工开发日期，实际交付土地日期以交地确认书确定的时间为准；国有建设用地使用权人违反法律法规规定和合同约定、划拨决定书规定恶意囤地、炒地的，依法处理完毕前，市、县自然资源主管部门不得受理该国有建设用地使用权人新的用地申请，不得办理被认定为闲置土地的转让、出租、抵押和变更登记。

（3）实行项目开发建设报告与公示制度

国有建设用地使用权人应当在项目开发建设期间，及时向市、县自然资源主管部门报告项目动工开发、开发进度、竣工等情况；国有建设用地使用权人应当在施工现场设立建设项目公示牌，公布建设用地使用权人、建设单位、项目动工开发、竣工时间和土地开发利用标准等。

（4）实行闲置土地信息备案与抄送制度

市、县自然资源主管部门应当将本行政区域内的闲置土地信息按宗录入土地市场动态监测与监管系统备案，闲置土地按照规定处置完毕后，市、县国土资源主管部门应当及时更新该宗土地相关信息；市、县自然资源主管部门应当将国有建设用地使用权人闲置土地的信息抄送金融监管等部门。

（5）采取措施促进闲置土地的开发利用

省级以上自然资源主管部门可以根据情况，对闲置土地情况严重的地区，在土地利用总体规划、土地利用年度计划、建设用地审批、土地供应等方面采取限制新增加建设用地、促进闲置土地开发利用的措施。

5. 闲置土地处置中的法律责任

《闲置土地处置办法》第28~29条规定了闲置土地处置中的法律责任，承担责任的主体包括市、县自然资源主管部门及其工作人员。

（1）违约责任

市、县自然资源主管部门未按照国有建设用地使用权有偿使用合同或者划拨决定书约定、规定的期限、条件将土地交付给国有建设用地使用权人，致使项目不具备动工开发条件的，应当依法承担违约责任。

（2）违法责任

县级以上自然资源主管部门及其工作人员违反《闲置土地处置办法》规定，有下列情形之一的，依法给予处分；构成犯罪的，依法追究刑事责任：①违反《闲置土地处置办法》第21条的规定供应土地的；②违反《闲置土地处置办法》第24条的规定受理用地申请和办理土地登记的；③违反《闲置土地处置办法》第25条的规定处置闲置土地的；④不依法履行

闲置土地监督检查职责，在闲置土地调查、认定和处置工作中徇私舞弊、滥用职权、玩忽职守的。

6. 非农业建设占用耕地的闲置

对于一些单位和个人闲置、荒芜耕地的行为，《土地管理法》第 38 条明确予以禁止，并对已经办理审批手续的非农业建设占用耕地的闲置、荒芜问题规定了如下处置方式：

一是恢复耕种。办理审批手续后，1 年内不用而又可以耕种并收获的，应当由原耕种该幅耕地的集体或者个人恢复耕种，也可以由用地单位组织耕种。

二是缴纳闲置费。办理审批手续后，1 年以上未动工建设的，应当按照省、自治区、直辖市的规定缴纳闲置费。

三是无偿收回土地使用权。办理审批手续后，连续 2 年未使用的，经原批准机关批准，由县级以上政府无偿收回用地单位的土地使用权，该幅土地原为农民集体所有的，应当交由原农村集体经济组织恢复耕种。

四是在城市规划区范围内，以出让方式取得土地使用权进行房地产开发的闲置土地，依照《城市房地产管理法》的有关规定办理。《城市房地产管理法》（2019 年修改）第 26 条规定："以出让方式取得土地使用权进行房地产开发的，必须按照土地使用权出让合同约定的土地用途、动工开发期限开发土地。超过出让合同约定的动工开发日期满一年未动工开发的，可以征收相当于土地使用权出让金百分之二十以下的土地闲置费；满二年未动工开发的，可以无偿收回土地使用权；但是，因不可抗力或者政府、政府有关部门的行为或者动工开发必需的前期工作造成动工开发迟延的除外。"

四、土地税收与财政

（一）土地税收

土地税收，是以土地为征税对象的税收，与其他税收一样具有强制性、无偿性和固定性的特点。土地税收具有增加国家财政收入、引导土地资源合理利用以及调节土地收益分配关系等重要功能。2006 年 1 月 1 日，《农业税条例》正式废止，中国全面取消了农业税。目前，常见的土地税种主要有城镇土地使用税、土地增值税、契税以及耕地占用税等。

1. 城镇土地使用税

城镇土地使用税，通常简称为土地使用税，是国家对在城市、县城、建制镇、工矿区范围内使用土地的单位和个人，按照使用土地面积定额征收的税。土地使用税由土地所在地的税务机关征收，土地管理机关应当向土地所在地的税务机关提供土地使用权属资料。土地使用税收入应当纳入财政预算管理。

《城镇土地使用税暂行条例》（2019 年修改）规定，土地使用税以纳税人实际占用的土地面积为计税依据，依照规定税额计算征收，每平方米年税额如下：（1）大城市 1.5 元至 30 元；（2）中等城市 1.2 元至 24 元；（3）小城市 0.9 元至 18 元；（4）县城、建制镇、工矿区 0.6 元至 12 元。省、自治区、直辖市人民政府，应当在上述税额幅度内，根据市政建设状况、经济繁荣程度等条件，确定所辖地区的适用税额幅度。

《城镇土地使用税暂行条例》专门规定了免缴土地使用税的情形：（1）国家机关、人民团体、军队自用的土地；（2）由国家财政部门拨付事业经费的单位自用的土地；（3）宗教寺庙、公园、名胜古迹自用的土地；（4）市政街道、广场、绿化地带等公共用地；（5）直接用于农、林、牧、渔业的生产用地；（6）经批准开山填海整治的土地和改造的废弃土地，从使用的月份起免缴土地使用税5年至10年；（7）由财政部另行规定免税的能源、交通、水利设施用地和其他用地。除此之外，纳税人缴纳土地使用税确有困难需要定期减免的，由县以上税务机关批准。

土地使用税按年计算、分期缴纳，缴纳期限由省、自治区、直辖市人民政府确定。其中，新征收的耕地，自批准征收之日起满1年时开始缴纳土地使用税；新征收的非耕地，自批准征收次月起缴纳土地使用税。

2. 土地增值税

土地增值税，是国家对转让国有土地使用权、地上的建筑物及其附着物并取得收入的单位和个人，按照转让所得的增值额和规定的税率征收的税。土地增值税由税务机关征收，土地管理部门、房产管理部门应当向税务机关提供有关资料，并协助税务机关依法征收土地增值税。

《土地增值税暂行条例》（2011年修改）规定，纳税人转让房地产所取得的收入减除扣除项目金额后的余额，为增值额，其中扣除项目包括：（1）取得土地使用权所支付的金额；（2）开发土地的成本、费用；（3）新建房及配套设施的成本、费用，或者旧房及建筑物的评估价格；（4）与转让房地产有关的税金；（5）财政部规定的其他扣除项目。依据增值额，土地增值税实行4级超率累进税率：（1）增值额未超过扣除项目金额50%的部分，税率为30%；（2）增值额超过扣除项目金额50%、未超过扣除项目金额100%的部分，税率为40%；（3）增值额超过扣除项目金额100%、未超过扣除项目金额200%的部分，税率为50%；（4）增值额超过扣除项目金额200%的部分，税率为60%。

《土地增值税暂行条例》规定在两种情形下可以免征土地增值税：一是纳税人建造普通标准住宅出售，增值额未超过扣除项目金额20%的；二是因国家建设需要依法征收、收回的房地产。

《土地增值税暂行条例》要求纳税人自转让房地产合同签订之日起7日内向房地产所在地主管税务机关办理纳税申报，并在税务机关核定的期限内缴纳土地增值税。如果纳税人不按照规定缴纳土地增值税，土地管理部门、房产管理部门不得办理有关的权属变更手续。

3. 契税

契税，是国家对在境内转移土地、房屋权属的承受单位和个人，按照成交或者核定的价格和规定的税率征收的税。依据《契税法》（2020年发布）第2条的规定，上述转移土地、房屋权属是指下列行为：（1）土地使用权出让；（2）土地使用权转让，包括出售、赠与、互换，但不包括土地承包经营权和土地经营权的转移；（3）房屋买卖、赠与、互换。以作价投资（入股）、偿还债务、划转、奖励等方式转移土地、房屋权属的，应当依法征收契税。契税由土地、房屋所在地的税务机关依照《契税法》和《税收征收管理法》（2015 年修改）的规定征收管理。

《契税法》规定，契税税率为3% ~5%，具体适用税率由省、自治区、直辖市政府在该税率幅度内提出，报同级人大常委会决定，并报全国人大常委会和国务院备案。同时，省、自治区、直辖市可以依照前款规定的程序对不同主体、不同地区、不同类型的住房的权属转移确定差别税率。

契税的计税依据有：（1）土地使用权出让、出售，房屋买卖，为土地、房屋权属转移合同确定的成交价格，包括应交付的货币以及实物、其他经济利益对应的价款；（2）土地使用权互换、房屋互换，为所互换的土地使用权、房屋价格的差额；（3）土地使用权赠与、房屋赠与以及其他没有价格的转移土地、房屋权属行为，为税务机关参照土地使用权出售、房屋买卖的市场价格依法核定的价格。纳税人申报的成交价格、互换价格差额明显偏低且无正当理由的，由税务机关依照《税收征收管理法》的规定核定。最终的应纳税额，按照计税依据乘以具体适用税率计算。

《契税法》专门规定了免征契税的情形：（1）国家机关、事业单位、社会团体、军事单位承受土地、房屋权属用于办公、教学、医疗、科研、军事设施；（2）非营利性的学校、医疗机构、社会福利机构承受土地、房屋权属用于办公、教学、医疗、科研、养老、救助；（3）承受荒山、荒地、荒滩土地使用权用于农、林、牧、渔业生产；（4）婚姻关系存续期间夫妻之间变更土地、房屋权属；（5）法定继承人通过继承承受土地、房屋权属；（6）依照法律规定应当予以免税的外国驻华使馆、领事馆和国际组织驻华代表机构承受土地、房屋权属。根据国民经济和社会发展的需要，国务院对居民住房需求保障、企业改制重组、灾后重建等情形可以规定免征或者减征契税，报全国人大常委会备案。此外，对于“因土地、房屋被县级以上人民政府征收、征用，重新承受土地、房屋权属”以及“因不可抗力灭失住房，重新承受住房权属”两种情形，省、自治区、直辖市可以决定免征或者减征契税。

《契税法》规定，契税的纳税义务发生时间，为纳税人签订土地、房屋权属转移合同的当日，或者纳税人取得其他具有土地、房屋权属转移合同性质凭证的当日。纳税人应当在依法办理土地、房屋权属登记手续前申报缴纳契税。纳税人办理纳税事宜后，税务机关应当开具契税完税凭证，纳税人办理土地、房屋权属登记，不动产登记机构应当查验契税完税、减免税凭证或者有关信息，未按照规定缴纳契税的，不动产登记机构不予办理土地、房屋权属登记。如果在依法办理土地、房屋权属登记前，权属转移合同、权属转移合同性质凭证不生效、无效、被撤销或者被解除的，纳税人可以向税务机关申请退还已缴纳的税款。

4. 耕地占用税

耕地占用税，是国家对在境内占用耕地建设建筑物、构筑物或者从事非农业建设的单位和个人按照规定的适用税额一次性征收的税。耕地占用税由税务机关负责征收，征收的依据是《耕地占用税法》（2018 年发布）。《耕地占用税法》第 2 条规定：“在中华人民共和国境内占用耕地建设建筑物、构筑物或者从事非农业建设的单位和个人，为耕地占用税的纳税人，应当依照本法规定缴纳耕地占用税。占用耕地建设农田水利设施的，不缴纳耕地占用税。本法所称耕地，是指用于种植农作物的土地。”

《耕地占用税法》规定，耕地占用税以纳税人实际占用的耕地面积为计税依据，按照规定的适用税额一次性征收，应纳税额为纳税人实际占用的耕地面积（平方米）乘以适用税额，具体的税额如下：（1）人均耕地不超过1亩的地区（以县、自治县、不设区的市、市辖区为单位，下同），每平方米为10元至50元；（2）人均耕地超过1亩但不超过2亩的地区，每平方米为8元至40元；（3）人均耕地超过2亩但不超过3亩的地区，每平方米为6元至30元；（4）人均耕地超过3亩的地区，每平方米为5元至25元。各地区耕地占用税的适用税额，由省、自治区、直辖市政府根据人均耕地面积和经济发展等情况，在规定的税额幅度内提出，报同级人大常委会决定，并报全国人大常委会和国务院备案；在人均耕地低于0.5亩的地区，省、自治区、直辖市可以根据当地经济发展情况，适当提高耕地占用税的适用税额，但提高的部分不得超过上述适用税额的50%；占用基本农田的，应当按照当地适用税额，加按150%征收。

《耕地占用税法》专门规定了免征、减征耕地占用税的情形：（1）军事设施、学校、幼儿园、社会福利机构、医疗机构占用耕地，免征耕地占用税；（2）铁路线路、公路线路、飞机场跑道、停机坪、港口、航道、水利工程占用耕地，减按每平方米2元的税额征收耕地占用税；（3）农村居民在规定用地标准以内占用耕地新建自用住宅，按照当地适用税额减半征收耕地占用税，其中，农村居民经批准搬迁，新建自用住宅占用耕地不超过原宅基地面积的部分，免征耕地占用税；（4）农村烈士遗属、因公牺牲军人遗属、残疾军人以及符合农村最低生活保障条件的农村居民，在规定用地标准以内新建自用住宅，免征耕地占用税。根据国民经济和社会发展的需要，国务院可以规定免征或者减征耕地占用税的其他情形，报全国人大常委会备案。

《耕地占用税法》规定，耕地占用税的纳税义务发生时间为纳税人收到自然资源主管部门办理占用耕地手续的书面通知的当日，纳税人应当自纳税义务发生之日起30日内申报缴纳耕地占用税；自然资源主管部门凭耕地占用税完税凭证或者免税凭证和其他有关文件发放建设用地批准书；纳税人因建设项目施工或者地质勘查临时占用耕地，应当依法缴纳耕地占用税，但纳税人在批准临时占用耕地期满之日起1年内依法复垦，恢复种植条件的，全额退还已经缴纳的耕地占用税；占用园地、林地、草地、农田水利用地、养殖水面、渔业水域滩涂以及其他农用地建设建筑物、构筑物或者从事非农业建设的，除农用地建设直接为农业生产服务的生产设施的情形，应依法缴纳耕地占用税。

（二）土地财政

土地财政，核心内容是对土地出让收支的管理。2006年12月17日，国务院办公厅发布《关于规范国有土地使用权出让收支管理的通知》（国办发〔2006〕100号），对土地财政提出了明确要求：一是明确国有土地使用权出让收入范围，加强国有土地使用权出让收入征收管理；二是将土地出让收支全额纳入预算，实行“收支两条线”管理；三是规范土地出让收入使用范围，重点向新农村建设倾斜；四是切实保障被征地农民和被拆迁居民利益，建立被征地农民生活保障的长效机制；五是加强国有土地储备管理，建立土地储备资金财务会计核算制度；六是加强部门间协作与配合，建立土地出让收支信息共享制度；七是强化土地出让收支监督管理，防止国有土地资产收益流失。

除了《关于规范国有土地使用权出让收支管理的通知》，土地财政的相关立法还有《国有土地使用权出让收支管理办法》（财综〔2006〕68 号）、《土地储备资金财务管理办法》（财综〔2018〕8 号）、《用于农业土地开发的土地出让金使用管理办法》（财建〔2004〕174 号）、《用于农业土地开发的土地出让金收入管理办法》（财综〔2004〕49 号）等。总体来说，中国的土地财政已经形成了相对完备的法律规范体系，基本实现了土地财政的法治化。如果说还有什么美中不足的话，那就是这些立法的位阶较低，加之发布的时间较早，立法与时代的变化相比略显滞后。

五、土地执法监督检查与法律责任

（一）土地执法监督检查

土地执法监督检查，是自然资源执法监督检查的重要组成部分，其主要依据是《土地管理法》《土地管理法实施条例》以及自然资源部制定的《自然资源执法监督规定》（2020 年发布）等。依据《自然资源执法监督规定》第 2 条的规定，我们可以将土地执法监督检查界定为：县级以上人民政府自然资源主管部门依照法定职权和程序，对公民、法人和其他组织违反土地管理法律、法规的行为进行检查、制止和查处的行政执法活动。

1. 监督检查的主体

《土地管理法》第 5 条规定：“国务院自然资源主管部门统一负责全国土地的管理和监督工作。县级以上地方人民政府自然资源主管部门的设置及其职责，由省、自治区、直辖市人民政府根据国务院有关规定确定。”依据《土地管理法》第 67 条的规定，对违反土地管理法律、法规的行为进行监督检查的一般主体是县级以上人民政府自然资源主管部门；对违反农村宅基地管理法律、法规的行为进行监督检查的主体，是县级以上人民政府农业农村主管部门。

2. 监督检查中的措施

《土地管理法》第 68 条规定，县级以上人民政府自然资源主管部门履行监督检查职责时有权采取下列措施：（1）要求被检查的单位或者个人提供有关土地权利的文件和资料，进行查阅或者予以复制；（2）要求被检查的单位或者个人就有关土地权利的问题作出说明；（3）进入被检查单位或者个人非法占用的土地现场进行勘测；（4）责令非法占用土地的单位或者个人停止违反土地管理法律、法规的行为。

《土地管理法实施条例》第 48 条规定，自然资源主管部门、农业农村主管部门按照职责分工进行监督检查时，可以采取下列措施：（1）询问违法案件涉及的单位或者个人；（2）进入被检查单位或者个人涉嫌土地违法的现场进行拍照、摄像；(3) 责令当事人停止正在进行的土地违法行为；(4) 对涉嫌土地违法的单位或者个人，在调查期间暂停办理与该违法案件相关的土地审批、登记等手续；(5) 对可能被转移、销毁、隐匿或者篡改的文件、资料予以封存，责令涉嫌土地违法的单位或者个人在调查期间不得变卖、转移与案件有关的财物；(6)《土地管理法》第68条规定的其他监督检查措施。

《土地管理法》要求，土地管理监督检查人员履行职责，需要进入现场进行勘测、要求有关单位或者个人提供文件、资料和作出说明的，应当出示土地管理监督检查证件（第69条）。有关单位和个人对县级以上人民政府自然资源主管部门就土地违法行为进行的监督检查应当支持与配合，并提供工作方便，不得拒绝与阻碍土地管理监督检查人员依法执行职务（第70条）。

3. 监督检查中违法行为的处理

(1) 对国家工作人员违法行为的处理

县级以上人民政府自然资源主管部门在监督检查工作中发现国家工作人员的违法行为，依法应当给予处分的，应当依法予以处理；自己无权处理的，应当依法移送监察机关或者有关机关处理（《土地管理法》第71条）。

(2) 对土地违法行为的处理

县级以上人民政府自然资源主管部门在监督检查工作中发现土地违法行为构成犯罪的，应当将案件移送有关机关，依法追究刑事责任；尚不构成犯罪的，应当依法给予行政处罚（《土地管理法》第72条）。

(3) 对自然资源主管部门行政处罚不作为的处理

依照法应当给予行政处罚，而有关自然资源主管部门不给予行政处罚的，上级人民政府自然资源主管部门有权责令有关自然资源主管部门作出行政处罚决定或者直接给予行政处罚，并给予有关自然资源主管部门的负责人处分（《土地管理法》第73条）。处分应当按照管理权限由责令作出行政处罚决定或者直接给予行政处罚的上级政府自然资源主管部门或者其他任免机关、单位作出（《土地管理法实施条例》第49条）。

4. 信用监管和动态巡查机制

《土地管理法实施条例》第50条规定："县级以上人民政府自然资源主管部门应当会同有关部门建立信用监管、动态巡查等机制，加强对建设用地供应交易和供后开发利用的监管，对建设用地市场重大失信行为依法实施惩戒，并依法公开相关信息。"

拓展·探索

国家土地督察制度

国家土地督察制度，是由国家自然资源督察机构根据国务院的授权对省、自治区、直辖市人民政府以及国务院确定的城市人民政府的土地利用和土地管理情况等进行监督检查的制度。《土地管理法》第6条规定："国务院授权的机构对省、自治区、直辖市人民政府以及国务院确定的城市人民政府土地利用和土地管理情况进行督察。”这里的“国务院授权的机构”就是国家自然资源督察机构。

1. 国家土地督察与土地执法监督检查的区别

根据上面的定义，国家土地督察与土地执法监督检查有根本的不同，主要体现为以下三个方面：

第一，主体不同。国家土地督察是由国家自然资源督察机构代表国务院行使监督检查的职权，而土地执法监督检查中行使监督检查职权的主体是县级以上人民政府自然资源主管部门或者农业农村主管部门。

第二，性质不同。国家土地督察的实质是把国务院对省、自治区、直辖市人民政府以及国务院确定的城市人民政府的土地利用和土地管理情况的监督检查权剥离出来，形成了专门的督察制度，而土地执法监督检查则属于自然资源主管部门内部的监督检查权。

第三，法律地位不同。国家土地督察提升了督察的站位，带有“钦差大臣”的特点，其法律地位明显要高于土地执法监督检查。而且，国家土地督察的职权更为广泛，能够采取的措施也更加丰富。

2. 国家土地督察的主体

2004 年 10 月 21 日发布的国务院《关于深化改革严格土地管理的决定》（国发〔2004〕28 号）提出：“完善土地执法监察体制，建立国家土地督察制度，设立国家土地总督察，向地方派驻土地督察专员，监督土地执法行为。”2006 年 7 月 13 日发布的国务院办公厅《关于建立国家土地督察制度有关问题的通知》（国办发〔2006〕50 号）对国家土地督察的主体做了安排，提出国务院授权国土资源部（现为自然资源部）代表国务院对各省、自治区、直辖市，以及计划单列市人民政府土地利用和管理情况进行监督检查；设立国家土地总督察 1 名，由国土资源部部长兼任，兼职副总督察 1 名，由国土资源部 1 名副部长兼任，专职副总督察（副部长级）1 名；国家土地总督察、副总督察负责组织实施国家土地督察制度；在国土资源部设立国家土地总督察办公室，由国土资源部向地方派驻 9 个国家土地督察局。

2018 年自然资源部成立之后，国家土地督察制度转型为统一的国家自然资源督察制度，督察范围也从土地资源扩大到海洋、森林、草原、矿产等自然资源。国家土地总督察、国家土地总督察办公室分别更名为国家自然资源总督察、国家自然资源总督察办公室。目前，国家自然资源总督察一职由自然资源部部长王广华兼任；国家自然资源总督察办公室隶属于自然资源部，按照自然资源部官方网站介绍，其职能有：（1）完善国家自然资源督察制度，拟订自然资源督察相关政策和工作规则等；（2）指导和监督检查派驻督察局工作，协调重大及跨督察区域的督察工作；（3）根据授权，承担对自然资源和国土空间规划等法律法规执行情况的监督检查工作。同时，根据中央的授权，自然资源部向地方派驻了 9 个国家自然资源督察局（国家自然资源督察北京局、沈阳局、上海局、南京局、济南局、广州局、武汉局、成都局、西安局），分别负责所辖省、自治区、直辖市的自然资源督察工作。其中，北京局管辖范围包括北京市、天津市、河北省、山西省、内蒙古自治区人民政府及所辖地方政府；沈阳局管辖范围包括辽宁省、吉林省、黑龙江省、大连市人民政府及所辖地方政府；上海局管辖范围包括上海市、浙江省、福建省、宁波市、厦门市人民政府及所辖地方政府；南京局管辖范围包括江苏省、安徽省、江西省人民政府及所辖地方政府；济南局管辖范围包括山东省、河南省、青岛市人民政府及所辖地方政府；广州局管辖范围包括广东省、广西壮族自治区、海南省、深圳市人民政府及所辖地方政府；武汉局管辖范围包括湖北省、湖南省、贵州省人民政府及所辖地方政府；成都局管辖范围包括重庆市、四川省、云南省、西藏自治区人民政府及所辖地方政府；西安局管辖范围包括陕西省、甘肃省、青海省、宁夏回族自治区、新疆维吾尔自治区人民政府及所辖地方政府、新疆生产建设兵团及所辖师（市）及团场。

3. 国家土地督察的职责

国家土地督察的方式主要有日常督察、审核督察、例行督察以及专项督察等。为了有效地行使督察权，必须在法律上赋予国家自然资源督察机构一定的职责。《土地管理法实施条例》规定，国家自然资源督察机构根据授权对省、自治区、直辖市人民政府以及国务院确定的城市人民政府下列土地利用和土地管理情况进行督察：（1）耕地保护情况；（2）土地节约集约利用情况；（3）国土空间规划编制和实施情况；（4）国家有关土地管理重大决策落实情况；（5）土地管理法律、行政法规执行情况；（6）其他土地利用和土地管理情况（第44条）。

《土地管理法实施条例》要求，国家自然资源督察机构进行督察时，有权向有关单位和个人了解督察事项有关情况，有关单位和个人应当支持、协助督察机构工作，如实反映情况，并提供有关材料（第45条）。被督察的地方人民政府违反土地管理法律、行政法规，或者落实国家有关土地管理重大决策不力的，国家自然资源督察机构可以向被督察的地方人民政府下达督察意见书，地方人民政府应当认真组织整改，并及时报告整改情况；国家自然资源督察机构可以约谈被督察的地方人民政府有关负责人，并可以依法向监察机关、任免机关等有关机关提出追究相关责任人责任的建议（第46条）。

经过多年的探索，实践中已经形成了系统的国家土地督察程序：一是制订督察计划，明确督察任务；二是督察进驻，发出督察通知书，按照督察方案开展调查和实地督察；三是督察反馈，提出督察意见，反馈督察情况，提出整改要求；四是整改落实，被督察地区组织问题整改之后，由督察机构进行整改核实。

（二）土地违法的法律责任

土地违法的法律责任，分为民事责任、行政责任和刑事责任。其中，民事责任包括土地侵权责任与违约责任，主要的法律依据是《民法典》；承担刑事责任的主要法律依据是《刑法》（2020年修改），在《刑法》中与土地违法相关的罪名有第228条“非法转让、倒卖土地使用权罪”，第342条“非法占用农用地罪”，第410条“非法批准征收、征用、占用土地罪”“非法低价出让国有土地使用权罪”等。

在《土地管理法》第7章和《土地管理法实施条例》第6章分别规定了土地违法的法律责任，其中主要是行政责任，具体包括以下11个方面的内容。

1. 非法转让土地和违法改变土地用途的法律责任

《土地管理法》第 74 条规定："买卖或者以其他形式非法转让土地的，由县级以上人民政府自然资源主管部门没收违法所得；对违反土地利用总体规划擅自将农用地改为建设用地的，限期拆除在非法转让的土地上新建的建筑物和其他设施，恢复土地原状，对符合土地利用总体规划的，没收在非法转让的土地上新建的建筑物和其他设施；可以并处罚款；对直接负责的主管人员和其他直接责任人员，依法给予处分；构成犯罪的，依法追究刑事责任。"需要说明的是，这里的"买卖或者以其他形式非法转让土地"是指土地所有权的转让，由于中国土地所有权的主体限定为国家与集体，因而绝对禁止土地所有权的市场流转，但土地使用权是可以依法转让的。其中，处以罚款的，罚款额为违法所得的 10% 以上 50% 以下（《土地管理法实施条例》第 54 条）；自然资源主管部门没收在非法转让或者非法占用的土地上新建的建筑物和其他设施的，应当于 90 日内交由本级人民政府或者其指定的部门依法管理和处置（《土地管理法实施条例》第 58 条）。

2. 破坏耕地的法律责任

《土地管理法》第 75 条规定："违反本法规定，占用耕地建窑、建坟或者擅自在耕地上建房、挖砂、采石、采矿、取土等，破坏种植条件的，或者因开发土地造成土地荒漠化、盐渍化的，由县级以上人民政府自然资源主管部门、农业农村主管部门等按照职责责令限期改正或者治理，可以并处罚款；构成犯罪的，依法追究刑事责任。"其中，罚款额为耕地开垦费的 5 倍以上 10 倍以下，破坏黑土地等优质耕地的，从重处罚（《土地管理法实施条例》第 55 条）。对于违反《土地管理法》第 37 条，非法占用永久基本农田发展林果业或者挖塘养鱼的，由县级以上人民政府自然资源主管部门责令限期改正；逾期不改正的，按占用面积处耕地开垦费 2 倍以上 5 倍以下的罚款；破坏种植条件的，依照《土地管理法》第 75 条的规定处罚（《土地管理法实施条例》第 51 条）。

3. 不履行土地复垦义务的法律责任

《土地管理法》第 76 条规定："违反本法规定，拒不履行土地复垦义务的，由县级以上人民政府自然资源主管部门责令限期改正；逾期不改正的，责令缴纳复垦费，专项用于土地复垦，可以处以罚款。"其中，罚款额为土地复垦费的 2 倍以上 5 倍以下。临时用地期满之日起 1 年内未完成复垦或者未恢复种植条件的，由县级以上人民政府自然资源主管部门责令限期改正，依照该规定处罚，并由县级以上人民政府自然资源主管部门会同农业农村主管部门代为完成复垦或者恢复种植条件（《土地管理法实施条例》第 56 条）。

4. 非法占用土地的法律责任

（1）未经批准占用土地的情形

《土地管理法》第 77 条规定："未经批准或者采取欺骗手段骗取批准，非法占用土地的，由县级以上人民政府自然资源主管部门责令退还非法占用的土地，对违反土地利用总体规划擅自将农用地改为建设用地的，限期拆除在非法占用的土地上新建的建筑物和其他设施，恢复土地原状，对符合土地利用总体规划的，没收在非法占用的土地上新建的建筑物和其他设施，可以并处罚款；对非法占用土地单位的直接负责的主管人员和其他直接责任人员，依法给予处分；构成犯罪的，依法追究刑事责任。超过批准的数量占用土地，多占的土地以非法占用土地论处。”其中，处以罚款的，罚款额为非法占用土地每平方米100元以上1000元以下；违反规定在国土空间规划确定的禁止开垦的范围内从事土地开发活动的，由县级以上人民政府自然资源主管部门责令限期改正，并依照该规定处罚（《土地管理法实施条例》第57条）。自然资源主管部门没收在非法转让或者非法占用的土地上新建的建筑物和其他设施的，应当于90日内交由本级人民政府或者其指定的部门依法管理和处置（《土地管理法实施条例》第58条）。

（2）非法占用土地建住宅的情形

《土地管理法》第78条规定：“农村村民未经批准或者采取欺骗手段骗取批准，非法占用土地建住宅的，由县级以上人民政府农业农村主管部门责令退还非法占用的土地，限期拆除在非法占用的土地上新建的房屋。超过省、自治区、直辖市规定的标准，多占的土地以非法占用土地论处。”《土地管理法实施条例》第52条规定：“违反《土地管理法》第五十七条的规定，在临时使用的土地上修建永久性建筑物的，由县级以上人民政府自然资源主管部门责令限期拆除，按占用面积处土地复垦费5倍以上10倍以下的罚款；逾期不拆除的，由作出行政决定的机关依法申请人民法院强制执行。”

（3）非法批准占用土地的情形

《土地管理法》第79条规定：“无权批准征收、使用土地的单位或者个人非法批准占用土地的，超越批准权限非法批准占用土地的，不按照土地利用总体规划确定的用途批准用地的，或者违反法律规定的程序批准占用、征收土地的，其批准文件无效，对非法批准征收、使用土地的直接负责的主管人员和其他直接责任人员，依法给予处分；构成犯罪的，依法追究刑事责任。非法批准、使用的土地应当收回，有关当事人拒不归还的，以非法占用土地论处。非法批准征收、使用土地，对当事人造成损失的，依法应当承担赔偿责任。”

5. 侵占、挪用征地补偿等费用的法律责任

《土地管理法》第80条规定：“侵占、挪用被征收土地单位的征地补偿费用和其他有关费用，构成犯罪的，依法追究刑事责任；尚不构成犯罪的，依法给予处分。”《土地管理法实施条例》第64条规定：“贪污、侵占、挪用、私分、截留、拖欠征地补偿安置费用和其他有关费用的，责令改正，追回有关款项，限期退还违法所得，对有关责任单位通报批评、给予警告；造成损失的，依法承担赔偿责任；对直接负责的主管人员和其他直接责任人员，依法给予处分。”

6. 拒不交出土地的法律责任

（1）征收土地当事人拒不交出土地的情形

《土地管理法实施条例》第62条规定：“违反土地管理法律、法规规定，阻挠国家建设征收土地的，由县级以上地方人民政府责令交出土地；拒不交出土地的，依法申请人民法院强制执行。”

（2）收回国有土地使用权当事人拒不交出土地的情形

《土地管理法》第 81 条规定："依法收回国有土地使用权当事人拒不交出土地的，临时使用土地期满拒不归还的，或者不按照批准的用途使用国有土地的，由县级以上人民政府自然资源主管部门责令交还土地，处以罚款。"其中，处以罚款的，罚款额为非法占用土地每平方米 100 元以上 500 元以下（《土地管理法实施条例》第 59 条）。

7. 擅自将集体土地用于非农业建设的法律责任

《土地管理法》第 82 条规定："擅自将农民集体所有的土地通过出让、转让使用权或者出租等方式用于非农业建设，或者违反本法规定，将集体经营性建设用地通过出让、出租等方式交由单位或者个人使用的，由县级以上人民政府自然资源主管部门责令限期改正，没收违法所得，并处罚款。"其中，处以罚款的，罚款额为违法所得的 10% 以上 30% 以下（《土地管理法实施条例》第 60 条）。

8. 拒不履行责令限期拆除决定的法律责任

《土地管理法》第 83 条规定："依照本法规定，责令限期拆除在非法占用的土地上新建的建筑物和其他设施的，建设单位或者个人必须立即停止施工，自行拆除；对继续施工的，作出处罚决定的机关有权制止。建设单位或者个人对责令限期拆除的行政处罚决定不服的，可以在接到责令限期拆除决定之日起十五日内，向人民法院起诉；期满不起诉又不自行拆除的，由作出处罚决定的机关依法申请人民法院强制执行，费用由违法者承担。"《土地管理法实施条例》第 53 条规定："违反《土地管理法》第六十五条的规定，对建筑物、构筑物进行重建、扩建的，由县级以上人民政府自然资源主管部门责令限期拆除；逾期不拆除的，由作出行政决定的机关依法申请人民法院强制执行。"

9. 侵犯农村宅基地权益的法律责任

《土地管理法实施条例》第 63 条规定："违反本条例规定，侵犯农村村民依法取得的宅基地权益的，责令限期改正，对有关责任单位通报批评、给予警告；造成损失的，依法承担赔偿责任；对直接负责的主管人员和其他直接责任人员，依法给予处分。"

10. 阻碍土地行政执法的法律责任

《土地管理法实施条例》第 61 条规定："阻碍自然资源主管部门、农业农村主管部门的工作人员依法执行职务，构成违反治安管理行为的，依法给予治安管理处罚。"

11. 土地行政执法人员的法律责任

《土地管理法》第 84 条规定："自然资源主管部门、农业农村主管部门的工作人员玩忽职守、滥用职权、徇私舞弊，构成犯罪的，依法追究刑事责任；尚不构成犯罪的，依法给予处分。"《土地管理法实施条例》第 65 条规定："各级人民政府及自然资源主管部门、农业农村主管部门工作人员玩忽职守、滥用职权、徇私舞弊的，依法给予处分。"

第九讲　土地的权属与登记

重点导读

土地的权属问题，是集体土地征收中的一个基础性的问题。依据《土地管理法》的规定，中国实行土地的社会主义公有制。这就意味着，土地作为重要的生产资料和生活资料，只能属于国家所有或者集体所有，个人以及任何其他主体均不能成为土地的所有权人。土地专属于国家和集体的特性还意味着禁止土地的流通，如果想要在土地上确立私主体的权利，只能通过创设他物权等方式来实现。对于私主体来说，国有土地使用权可以依法取得，也可能被依法收回。另外，土地的确权、登记以及土地权属争议的解决，都是明确土地权属的重要法律制度。本讲的内容包括土地的所有权和使用权、建设用地的使用和审批、国有土地使用权的取得、国有土地使用权的收回与补偿、土地的确权和权属登记、土地权属争议的解决六个方面。

一、土地的所有权和使用权

（一）土地的社会主义公有制

中国实行土地的社会主义公有制。《宪法》（2018 年修改）第 6 条规定："中华人民共和国的社会主义经济制度的基础是生产资料的社会主义公有制，即全民所有制和劳动群众集体所有制。"土地作为重要的生产资料和生活资料，依据《宪法》第 9～10 条的规定，要么属于国家所有，要么属于集体所有，个人以及任何其他主体均不可能成为土地的所有权人。在《宪法》的基础上，《土地管理法》（2019 年修改）第 2 条明确规定，中国实行土地的社会主义公有制，即全民所有制和劳动群众集体所有制。在土地的社会主义公有制下，任何单位和个人不得侵占、买卖或者以其他形式非法转让土地，土地使用权可以依法转让。

土地的社会主义公有制是在新中国成立之后逐步确立的。我们在第一讲已经介绍，1949 年之前中国的土地主要为私人所有，城乡土地实行统一的私有制。在新中国成立之初，农村土地的核心政策就是没收大地主的土地分配给无地、少地的农民，以实现"耕者有其田"，因而农村的土地仍然属于农民私人所有，而非公有制。随着农业合作化运动的深入开展，到了 1956 年，社会主义三大改造基本完成，农村土地由农民私人所有制向合作社集体所有制转变，生产资料私有制转变为社会主义公有制这一目标初步实现。按照 1956 年 6 月 30 日通过的《高级农业生产合作社示范章程》，农业生产合作社按照社会主义的原则，把社员私有的主要生产资料转为合作社集体所有，入社农民必须把私有的土地转为合作社集体所有，仅保留社员私有的生活资料和零星的树木、家禽、家畜、小农具、经营家庭副业所需要的工具。1958 年“大跃进”和人民公社化运动之后，农村土地由合作社集体所有变为生产队所有，在生产队之上依次有生产大队、公社，因而这一时期的农村土地所有制被概括为“三级所有，队为基础”。不过，直到 1962 年之前农民仍然可以有自留地、自留山、宅基地等，虽然数量较少，但不可否认这部分土地属于农民私人所有。1962 年 9 月 27 日通过的《农村人民公社工作条例（修正草案）》（俗称“六十条”）规定：“生产队范围内的土地，都归生产队所有。生产队所有的土地，包括社员的自留地、自留山、宅基地等等，一律不准出租和买卖。”1963 年 3 月 20 日，中共中央印发的《关于各地对社员宅基地问题作一些补充规定的通知》规定，社员的宅基地都归生产队集体所有，一律不准出租和买卖，但仍归各户长期使用。至此，农村的土地全部实现了集体所有制，农民私人所有土地的情形成为历史。

与农村土地相比，城市土地的公有化过程则要简捷得多。1950 年 11 月 21 日公布的《城市郊区土地改革条例》就开始了对城市土地国家所有制的探索。1982 年 12 月 4 日公布实施的现行《宪法》，在第 10 条直接宣布了“城市的土地属于国家所有”。而且一经宣布，城市土地的国有化即告完成了。

总结·提示　中国实行土地的社会主义公有制，土地要么属于国家所有，要么属于集体所有，个人以及任何其他主体均不可能成为土地的所有权人，任何单位和个人不得侵占、买卖或者以其他形式非法转让土地，但土地使用权可以依法转让。

（二）国家土地所有权

1. 国有土地的范围

（1）一般规定

国家所有即全民所有，是全民所有制在法律上的表现。在《宪法》的基础上，《民法典》（2020 年发布）第 249 条规定：“城市的土地，属于国家所有。法律规定属于国家所有的农村和城市郊区的土地，属于国家所有。”第 250 条规定：“森林、山岭、草原、荒地、滩涂等自然资源，属于国家所有，但是法律规定属于集体所有的除外。”此外，《民法典》还规定，矿藏、水流、海域属于国家所有；无居民海岛属于国家所有，国务院代表国家行使无居民海岛所有权；法律规定属于国家所有的野生动植物资源，属于国家所有；法律规定属于国家所有的文物，属于国家所有；国防资产属于国家所有；铁路、公路、电力设施、电信设施和油气管道等基础设施，依照法律规定为国家所有的，属于国家所有。《土地管理法》第 9 条规定，城市市区的土地属于国家所有；农村和城市郊区的土地，如果由法律规定属于国家所有的，同样属于国家所有。无线电频谱资源虽然也属于国家所有，但由于其并不占用土地，因而在此予以略去。

《宪法》《民法典》《土地管理法》对于土地所有权的规定属于一般规定。我们可以将上述国有土地范围的一般规定梳理如下：

第一，城市市区的土地，以及矿藏、水流、海域、无居民海岛、国防资产，属于国家专有；

第二，森林、山岭、草原、荒地、滩涂等自然资源，除法律规定属于集体所有的情形，属于国家所有；

第三，农村和城市郊区的土地、野生动植物资源、文物、铁路、公路、电力设施、电信设施和油气管道等基础设施，在法律规定属于国家所有的情形下，属于国家所有。

（2）特别规定

除了一般规定，还有一些法律、法规、规章对特定情形下的国家土地所有权做了规定，可称作特别规定。由于某些特别规定在《宪法》《土地管理法》修改以及《民法典》出台之前即已开始实施，在适用时要注意特别规定与一般规定之间的关系，根据“新法优于旧法”“上位法优于下位法”的原则，凡是与上述一般规定有冲突的，应不再适用。

例如，2014 年修改的《土地管理法实施条例》（已失效）第 2 条曾规定：“下列土地属于全民所有即国家所有：……（五）农村集体经济组织全部成员转为城镇居民的，原属于其成员集体所有的土地……”实践中，对此出现了较大的争议。按照国务院原法制办公室、原国土资源部 2005 年 3 月 4 日作出的解释，即使是农村集体经济组织剩余的少量集体土地，也要经过依法征收才能成为国有土地，从而排除了不经征收而直接变集体土地为国有土地的可能性。在 2021 年修改的《土地管理法实施条例》中已经删除了上述规定。

链接·积累

国务院法制办公室、国土资源部关于对《中华人民共和国土地管理法实施条例》第二条第（五）项的解释意见

国法函〔2005〕36 号

各省、自治区、直辖市人民政府：

根据《行政法规制定程序条例》第三十一条的规定，经国务院批准，现对《中华人民共和国土地管理法实施条例》第二条第（五）项作如下解释：

一、该项规定，是指农村集体经济组织土地被依法征收后，其成员随土地征收已经全部转为城镇居民，该农村集体经济组织剩余的少量集体土地可以依法征收为国家所有。

二、本解释自公布之日实施。

2005 年 3 月 4 日

又如，原国家土地管理局 1995 年 3 月 11 日发布、原国土资源部 2010 年 12 月 3 日修改的《确定土地所有权和使用权的若干规定》第 2 章对特定情形的国家土地所有权做了规定，我们可以根据这些规定来具体确定土地的所有权。但是，其中有些内容明显与新法和上位法

相冲突。如第 13 条规定的“国家建设对农民集体全部进行移民安置并调剂土地后，迁移农民集体原有土地转为国家所有”，同样会导致集体土地不经征收而直接转为国家所有，从而与现行《土地管理法》的规定相冲突，不应再予适用。

(3)“推定国有”原则

如果出现国家与集体之间的土地所有权争议应当如何处理？对此，《确定土地所有权和使用权的若干规定》第 18 条规定：“土地所有权有争议，不能依法证明争议土地属于农民集体所有的，属于国家所有。”从而确立了在土地权属不明的情况下直接推定为国家所有的原则，可称作“推定国有”原则。

但是，对于“推定国有”原则必须严格限定适用条件，不得滥用，最起码的条件是土地的所有权的确无法证明。据自然资源部官网通报，2009～2017 年，为规避土地征转审批、降低用地成本，南充市人民政府违规确权，规避土地征转审批，通过确权方式将 7 个片区共 16,187.63 亩农用地（其中耕地 15,031.19 亩）确认为“河滩地”，将 22,268.07 亩集体土地确权为“国有”。[①] 像这样把无任何争议的集体土地确权为国有土地，就明显违背了“推定国有”原则的本意。

2. 国家土地所有权的主体和权利的行使

国家所有权在性质属于全民所有，但不能将国有财产量化给每个个人，个人也不可能都来占有国有财产并行使国家所有权。所以，国家土地所有权的主体是国家。换言之，土地并不是由全体公民共有。

对于国家土地所有权的行使，《民法典》第 246 条第 2 款规定：“国有财产由国务院代表国家行使所有权。法律另有规定的，依照其规定。”《土地管理法》第 2 条第 2 款规定：“全民所有，即国家所有土地的所有权由国务院代表国家行使。”第 5 条规定：“国务院自然资源主管部门统一负责全国土地的管理和监督工作。县级以上地方人民政府自然资源主管部门的设置及其职责，由省、自治区、直辖市人民政府根据国务院有关规定确定。”依据上述规定，国家土地所有权也是由国务院代表国家行使，各级人民政府的自治资源主管部门负责土地的管理和监督工作。

（三）集体土地所有权

1. 集体土地的范围

在《宪法》的基础上，《民法典》第 260 条规定：“集体所有的不动产和动产包括：（一）法律规定属于集体所有的土地和森林、山岭、草原、荒地、滩涂；（二）集体所有的建筑物、生产设施、农田水利设施；（三）集体所有的教育、科学、文化、卫生、体育等设施；（四）集体所有的其他不动产和动产。”《土地管理法》第 9 条第 2 款规定：“农村和城市郊区的土地，除由法律规定属于国家所有的以外，属于农民集体所有；宅基地和自留地、自留

---

① 参见《自然资源部通报南充市政府违法批地案，43 名干部被问责！》，载自然资源部官方网，http：//www.mnr.gov.cn/dt/ywbb/202007/t20200715_2532746.html。

山，属于农民集体所有。”此外，《确定土地所有权和使用权的若干规定》第3章专门规定了集体土地所有权，不过在适用时同样需要注意法律冲突的问题。

随着集体土地不断地被征收成为国有土地，集体土地的总面积及其占全国领土面积的比例都在缩小。2020年7月10日，农业农村部公布的全国农村集体家底调查显示，截至2019年年底全国共有集体土地总面积65.5亿亩。① 全国陆地面积约960万平方千米，换算下来就是144.0亿亩，集体土地的面积约占45.5%，已经显著小于国有土地的面积。

2. 集体土地所有权的主体和权利的行使

集体土地所有权的主体是集体的全体成员。《民法典》第261条第1款规定：“农民集体所有的不动产和动产，属于本集体成员集体所有。”本集体成员集体所有，是一种公有关系，不能理解为土地由集体成员共有。集体组织的某个成员或一部分成员均不能成为集体土地所有权的主体，也不得以自己的名义行使所有权。农民作为集体组织的成员，其权利主要是通过成员权来体现的。

对于集体土地所有权的行使，《民法典》第262条规定：“对于集体所有的土地和森林、山岭、草原、荒地、滩涂等，依照下列规定行使所有权：（一）属于村农民集体所有的，由村集体经济组织或者村民委员会依法代表集体行使所有权；（二）分别属于村内两个以上农民集体所有的，由村内各该集体经济组织或者村民小组依法代表集体行使所有权；（三）属于乡镇农民集体所有的，由乡镇集体经济组织代表集体行使所有权。”《土地管理法》第11条规定：“农民集体所有的土地依法属于村农民集体所有的，由村集体经济组织或者村民委员会经营、管理；已经分别属于村内两个以上农村集体经济组织的农民集体所有的，由村内各该农村集体经济组织或者村民小组经营、管理；已经属于乡（镇）农民集体所有的，由乡（镇）农村集体经济组织经营、管理。”对此，需要注意以下两点：一是上述规定中的“村”应当理解为行政村，即设立村民委员会的村，而不是自然村；二是并非所有的集体经济组织都有土地，上述规定中的集体经济组织应理解为有土地的集体经济组织。

总结·提示 集体土地所有权存在三种形态：一是属于村农民集体所有的；二是分别属于村内两个以上农民集体所有的；三是属于乡镇农民集体所有的。

（四）土地的使用权

土地专属于国家和集体的特性意味着禁止土地的流通，如果想要在土地上确立私主体的权利，只能通过创设他物权等方式来实现。《土地管理法》第2条第3款规定：“任何单位和个人不得侵占、买卖或者以其他形式非法转让土地。土地使用权可以依法转让。”依据《民法典》第399条的规定，土地所有权也不得抵押，因而以土地为客体的他物权只能是用益物

① 参见《扎实开展全国农村集体资产清产核资工作——农业农村部有关负责人答记者问》，载自然资源部官方网站，http：//www.moa.gov.cn/xw/zwdt/202007/t20200710_6348455.html。

权，不包括担保物权。

为了充分利用土地以实现其价值，《土地管理法》第10条规定："国有土地和农民集体所有的土地，可以依法确定给单位或者个人使用。使用土地的单位和个人，有保护、管理和合理利用土地的义务。"据此，土地的使用权包括国有土地使用权和集体土地使用权。其中，国有土地使用权主要是建设用地使用权，集体土地使用权则包括宅基地使用权、集体建设用地使用权和土地承包经营权等。

下面，我们先重点介绍国有土地使用权，将集体土地使用权的问题放在下一讲介绍。

二、建设用地的使用和审批

《土地管理法》第5章和《土地管理法实施条例》（2021年修改）第4章专门规定了建设用地。这里主要讲解其中的建设用地供应和使用原则以及建设项目用地审批、临时用地审批、农用地转用审批等内容。这部分内容看似和土地的所有权和使用权无直接关联，但它们都是使用建设用地的基础性原则和制度。

（一）建设用地供应和使用的基本原则

1. 符合规划原则

《土地管理法》及其实施条例特别强调规划、计划和标准对建设用地的管控作用。《土地管理法》第52条规定："建设项目可行性研究论证时，自然资源主管部门可以根据土地利用总体规划、土地利用年度计划和建设用地标准，对建设用地有关事项进行审查，并提出意见。"《土地管理法实施条例》第14～15条规定，建设项目需要使用土地的，应当符合国土空间规划、土地利用年度计划和用途管制以及节约资源、保护生态环境的要求，并严格执行建设用地标准，优先使用存量建设用地，提高建设用地使用效率；从事土地开发利用活动，应当采取有效措施，防止、减少土壤污染，并确保建设用地符合土壤环境质量要求；各级人民政府应当依据国民经济和社会发展规划及年度计划、国土空间规划、国家产业政策以及城乡建设、土地利用的实际状况等，加强土地利用计划管理，实行建设用地总量控制，推动城乡存量建设用地开发利用，引导城镇低效用地再开发，落实建设用地标准控制制度，开展节约集约用地评价，推广应用节地技术和节地模式。

2. 严控标准原则

为了有效控制建设用地总量，原国土资源部发布了《工业项目建设用地控制指标》（2008年修改），又与国家发改委共同发布了《限制用地项目目录（2012年本）》（以下简称《限制目录》）和《禁止用地项目目录（2012年本）》（以下简称《禁止目录》）。凡列入《限制目录》的建设项目，必须符合目录规定条件，自然资源管理部门和投资管理部门方可办理相关手续；凡列入《禁止目录》的建设项目或者采用所列工艺技术、装备、规模的建设项目，自然资源管理部门和投资管理部门不得办理相关手续。2008年1月3日，国务院《关于促进节约集约用地的通知》（国发〔2008〕3号）要求，严格土地使用标准，健全各类建设用地标准体系，要抓紧编制公共设施和公益事业建设用地标准，建设项目设计、施工和建设用地审批必须严格执行用地标准，对超标准用地的，要核减用地面积。2012 年 9 月 6 日，原国土资源部发布《关于严格执行土地使用标准大力促进节约集约用地的通知》（国土资发〔2012〕132 号，已失效）提出：“土地使用标准是建设用地审批、土地供应、土地利用评价考核和供后监管的重要政策依据和制度规范。严格执行各类土地使用标准，是落实土地使用标准控制制度的重要内容，是实行最严格的节约集约用地制度的必然要求，是促进转变土地利用方式和经济发展方式的有效措施。”上述文件对于严格控制建设用地使用标准，促进节约集约用地具有重要的指导意义。

3. 遵守约定原则

《土地管理法》第 56 条规定：“建设单位使用国有土地的，应当按照土地使用权出让等有偿使用合同的约定或者土地使用权划拨批准文件的规定使用土地；确需改变该幅土地建设用途的，应当经有关人民政府自然资源主管部门同意，报原批准用地的人民政府批准。其中，在城市规划区内改变土地用途的，在报批前，应当先经有关城市规划行政主管部门同意。”

4. 信息公开原则

《土地管理法实施条例》第 16 条规定：“县级以上地方人民政府自然资源主管部门应当将本级人民政府确定的年度建设用地供应总量、结构、时序、地块、用途等在政府网站上向社会公布，供社会公众查阅。”

5. 有偿使用原则

随着改革开放的深入推进，曾长期实行的无偿、无限期、无流动的土地使用制度已经明显不适应经济和社会发展的需要。目前，使用国有建设用地，以有偿使用为原则，以无偿使用为例外。《土地管理法》第 2 条第 5 款规定：“国家依法实行国有土地有偿使用制度。但是，国家在法律规定的范围内划拨国有土地使用权的除外。”第 55 条规定：“以出让等有偿使用方式取得国有土地使用权的建设单位，按照国务院规定的标准和办法，缴纳土地使用权出让金等土地有偿使用费和其他费用后，方可使用土地。自本法施行之日起，新增建设用地的土地有偿使用费，百分之三十上缴中央财政，百分之七十留给有关地方人民政府。具体使用管理办法由国务院财政部门会同有关部门制定，并报国务院批准。”

总结·提示　使用国有建设用地，以有偿使用为原则，以无偿使用为例外。

（二）建设项目使用国有建设用地审批

建设项目用地报批程序的第一步是用地预审。对于用地预审，《土地管理法》第 52 条规定：“建设项目可行性研究论证时，自然资源主管部门可以根据土地利用总体规划、土地利用年度计划和建设用地标准，对建设用地有关事项进行审查，并提出意见。”目前，建设项目用地实行分级预审制度，审查的内容包括拟建设项目的基本情况、拟选址占地情况、拟用地是否符合土地利用总体规划、拟用地面积是否符合土地使用标准、拟用地是否符合供地政策等，预审意见是有关部门审批项目可行性研究报告、核准项目申请报告的必备文件。①

对于具体建设项目使用国有建设用地的申请和报批，《土地管理法》第 53 条规定：“经批准的建设项目需要使用国有建设用地的，建设单位应当持法律、行政法规规定的有关文件，向有批准权的县级以上人民政府自然资源主管部门提出建设用地申请，经自然资源主管部门审查，报本级人民政府批准。”据此，具有建设项目用地审批权的主体是县级以上人民政府，自然资源主管部门只是受理机关。实践中，在用地被批准之后，通常也是由自然资源主管部门通知建设单位，并负责办理相关的用地手续，包括与用地人签订土地出让合同以及收取相关的费用等。

《土地管理法实施条例》第 25 条第 1 款在上述规定基础上确立了一次性申请原则：“建设项目需要使用土地的，建设单位原则上应当一次申请，办理建设用地审批手续，确需分期建设的项目，可以根据可行性研究报告确定的方案，分期申请建设用地，分期办理建设用地审批手续。建设过程中用地范围确需调整的，应当依法办理建设用地审批手续。”确立一次性申请原则的目的是防止建设单位采取“化整为零”的方式规避法定的审批权限。2004 年 10 月 21 日发布的国务院《关于深化改革严格土地管理的决定》（国发〔2004〕28 号）明确提出：“严格依照法定权限审批土地。农用地转用和土地征收的审批权在国务院和省、自治区、直辖市人民政府，各省、自治区、直辖市人民政府不得违反法律和行政法规的规定下放土地审批权。严禁规避法定审批权限，将单个建设项目用地拆分审批。”

需要注意的，《土地管理法》第 53 条仅适用于经批准的、单独选址的建设项目（法定审批项目）使用国有建设用地的情形。按照规定采用市场化方式进行“招拍挂”提供国有建设用地使用权的，不采取审批制，不用提出建设用地申请，也不需要单独选址，从而不适用本条规定。

总结·提示 通过“招拍挂”市场化方式取得国有土地使用权的，不采取申请审批制，不适用《土地管理法》第 53 条的规定。

（三）临时用地审批

1. 临时用地的概念和特征

临时用地，依据《土地管理法》第 57 条的规定，是指在建设项目施工或者地质勘查过程中临时使用土地的行为。临时用地具有以下几个特征：

第一，临时用地的使用范围特定。临时用地通常包括两类：一类是建设项目施工临时用地，另一类是地质勘查过程中的临时用地。《土地管理法实施条例》第 21 条规定的“抢险救灾、疫情防控等急需使用土地的，可以先行使用土地”，应理解为因抢险救灾、疫情防控等进行建设项目施工或者地质勘查而急需使用土地的情形。

① 参见施春风主编：《中华人民共和国土地管理法解读》，中国法制出版社 2020 年版，第 198 页。

第二，临时用地不改变土地的权属。临时用地包括临时使用国有土地和临时使用农民集体所有的土地两种情形，其中不涉及土地所有权和使用权的改变，因而无须办理土地征收、征用以及土地使用权出让、划拨等手续，土地使用者只需要根据土地权属，与有关自然资源主管部门或者农村集体经济组织、村民委员会签订临时使用土地合同，并按照合同的约定支付临时使用土地补偿费即可。

第三，临时用地不改变土地的用途。临时使用土地的使用者应当按照临时使用土地合同约定的用途使用土地，并不得修建永久性建筑物。使用之后，原为建设用地的仍是建设用地，原为农用地的仍是农用地，故临时使用农用地无须办理农用地转用手续。使用结束之后，土地使用者应当拆除临时建设的建筑物或者其他设施，将土地恢复原状之后交还原土地使用者。为了实现不改变用途的目标，《土地管理法实施条例》第 20 条规定："建设项目施工、地质勘查需要临时使用土地的，应当尽量不占或者少占耕地……土地使用者应当自临时用地期满之日起一年内完成土地复垦，使其达到可供利用状态，其中占用耕地的应当恢复种植条件。"

第四，临时用地具有临时性。除了法律、行政法规另有规定的情形，临时使用土地期限一般不超过 2 年，建设周期较长的能源、交通、水利等基础设施建设使用的临时用地，期限不超过 4 年。《土地管理法》第 81 条规定，如果临时使用土地期满拒不归还的，或者不按照批准的用途使用国有土地的，由县级以上人民政府自然资源主管部门责令交还土地，并处以罚款。

第五，临时用地具有有偿性。临时用地一般是有偿的，需要按照合同的约定支付临时使用土地补偿费。

2. 临时用地的审批权限

《土地管理法》第 57 条、《土地管理法实施条例》第 20～21 条规定，临时使用国有土地或者农民集体所有的土地的，由县级以上政府自然资源主管部门批准。其中，在城市规划区内的临时用地，在报批前，应当先经有关城市规划行政主管部门同意。抢险救灾、疫情防控等急需使用土地的，可以先行使用土地，其中属于临时用地的，用后应当恢复原状并交还原土地使用者使用，不再办理用地审批手续；属于永久性建设用地的，建设单位应当在不晚于应急处置工作结束 6 个月内申请补办建设用地审批手续。

（四）农用地转用审批

1. 农用地转用的概念

农用地转用是土地用途管制制度的关键环节，是控制农用地转为建设用地的重要措施。所谓农用地转用，是"农用地转为建设用地"的简称，指按照土地利用总体规划（国土空间规划）和国家规定的批准权限获得批准之后，将农用地转变为建设用地的行为。农用地转用是 1998 年《土地管理法》修改时增加的内容，新《土地管理法》继续沿用了这一基本制度。

依据《土地管理法实施条例》第 23～24 条对农用地转用方案的要求，农用地转用必须满足三个基本条件：（1）符合土地利用总体规划（国土空间规划）；（2）符合土地利用年度计划；（3）拟订补充耕地方案，落实耕地占补平衡责任。

2. 农用地转用的审批权限

建设占用土地，涉及农用地转为建设用地的，应当办理农用地转用审批手续。为深化“放管服”改革和改善营商环境，2019 年修改的《土地管理法》对农用地转用的审批权限做了调整，按照是否占用永久基本农田实行分级审批，适当下放了审批权限。《土地管理法》第 44 条、《土地管理法实施条例》第 23 ~ 24 条规定了审批权限的划分。

（1）永久基本农田转为建设用地的审批

永久基本农田转为建设用地的，由国务院批准。而且，只要建设项目用地涉及永久基本农田的，整个项目的农用地转用都需要报国务院审批。①

（2）永久基本农田以外的农用地转为建设用地的审批

建设不占用永久基本农田的，实行分级审批，具体的审批权限如下：

第一，圈内批次用地农用地转用审批。在土地利用总体规划（国土空间规划）确定的城市和村庄、集镇建设用地规模范围内，为实施该规划而将永久基本农田以外的农用地转为建设用地的（俗称圈内批次用地），按土地利用年度计划分批次按照国务院规定由原批准土地利用总体规划的机关或者其授权的机关批准；在已批准的农用地转用范围内，具体建设项目用地可以由市、县人民政府批准。其中，农用地转用方案由市、县人民政府组织自然资源等部门拟订，分批次报有批准权的人民政府批准；农用地转用方案应当重点对建设项目安排、是否符合国土空间规划和土地利用年度计划以及补充耕地情况作出说明；农用地转用方案经批准后，由市、县人民政府组织实施。

第二，圈外单独选址建设项目用地农用地转用审批。一般来说，只有能源、交通、水利、矿山、军事设施等建设项目可以根据建设项目的特点在土地利用总体规划（国土空间规划）确定的城市和村庄、集镇建设用地规模范围外，按照单独选址建设项目申请用地，俗称圈外单独选址建设项目用地。② 依据规定，圈外单独选址建设项目用地涉及将永久基本农田以外的农用地转为建设用地的，由国务院或者国务院授权的省、自治区、直辖市人民政府批准。具体按照下列规定办理：①建设项目批准、核准前或者备案前后，由自然资源主管部门对建设项目用地事项进行审查，提出建设项目用地预审意见。建设项目需要申请核发选址意见书的，应当合并办理建设项目用地预审与选址意见书，核发建设项目用地预审与选址意见书。②建设单位持建设项目的批准、核准或者备案文件，向市、县人民政府提出建设用地申请。市、县人民政府组织自然资源等部门拟订农用地转用方案，报有批准权的人民政府批准；依法应当由国务院批准的，由省、自治区、直辖市人民政府审核后上报。其中，农用地转用方案应当重点对是否符合国土空间规划和土地利用年度计划以及补充耕地情况作出说明，涉及占用永久基本农田的，还应当对占用永久基本农田的必要性、合理性和补划可行性作出说明。③农用地转用方案经批准后，由市、县人民政府组织实施。

---

① 参见施春风主编：《中华人民共和国土地管理法解读》，中国法制出版社 2020 年版，第 170 页。

② 参见魏莉华：《新〈土地管理法实施条例〉释义》，中国大地出版社 2021 年版，第 149 页。

（3）农用地转用审批的授权

2020年3月1日发布的国务院《关于授权和委托用地审批权的决定》（国发〔2020〕4号）规定："将国务院可以授权的永久基本农田以外的农用地转为建设用地审批事项授权各省、自治区、直辖市人民政府批准。自本决定发布之日起，按照《中华人民共和国土地管理法》第四十四条第三款规定，对国务院批准土地利用总体规划的城市在建设用地规模范围内，按土地利用年度计划分批次将永久基本农田以外的农用地转为建设用地的，国务院授权各省、自治区、直辖市人民政府批准；按照《中华人民共和国土地管理法》第四十四条第四款规定，对在土地利用总体规划确定的城市和村庄、集镇建设用地规模范围外，将永久基本农田以外的农用地转为建设用地的，国务院授权各省、自治区、直辖市人民政府批准。"据此，国务院只负责永久基本农田转为建设用地的审批，各省、自治区、直辖市人民政府负责永久基本农田以外的农用地转为建设用地的审批。

3. 农用地转用审批的有效期

国务院《关于深化改革严格土地管理的决定》第19条规定："严禁闲置土地。农用地转用批准后，满两年未实施具体征地或用地行为的，批准文件自动失效；已实施征地，满两年未供地的，在下达下一年度的农用地转用计划时扣减相应指标，对具备耕作条件的土地，应当交原土地使用者继续耕种，也可以由当地人民政府组织耕种。对用地单位闲置的土地，严格依照《中华人民共和国土地管理法》的有关规定处理。"原国土资源部《关于完善农用地转用和土地征收审查报批工作的意见》（国土资发〔2004〕237号，已失效）第14条规定："农用地转用和土地征收批准文件有效期两年。农用地转用或土地征收经依法批准后，市、县两年内未用地或未实施征地补偿安置方案的，有关批准文件自动失效；两年内未提供给具体用地单位的，按未供应土地面积扣减该市、县下一年度的农用地转用计划指标。"根据上述规定，农用地转用批准文件的有效期为2年。

总结·提示 农用地转用审批分为圈内批次用地农用地转用审批和圈外单独选址建设项目用地农用地转用审批。农用地转用批准文件的有效期为2年，批准后满2年未实施具体征地或用地行为的，批准文件自动失效。

---

4. 农用地转用审批行为的可诉性

通常认为，农用地转用审批行为是不可诉的行政行为。在**百盛养殖合作社诉武威市政府土地行政批复案**中，最高人民法院认为，农用地转用审批行为系有权机关出于对土地用途和规划等管制需要而作出，主要审查农村集体经济组织准备用于建设的农用地是否符合转用的法定条件（是否符合农用地转用指标等条件），而不改变土地所有权的性质，不涉及国家将土地征收为国有的行为。村集体经济组织将其所有土地用于建设系行使集体土地所有权权能的体现，基于建设需要对原有农用地使用、调整、收回等均属村集体经济组织的相关事务，当事人对此可通过相关民事诉讼解决其纠纷。据此，原审法院认定被诉农用地转用批复对百盛养殖合作社的合法权益不产生实质影响并无不当。[①] 但是，在**陈某梅等诉新疆生产建设兵团不履行行政复议法定职责案**中，最高人民法院认为，农用地转用审批与征地审批具有高度关联性和相似性，两者往往同步进行、一并作出，均可直接影响所涉土地权利人的权益。虽然目前关于省级人民政府农用地转用批复是否可以申请行政复议没有明确规定，但由于其与征地批复的高度相似性，可以比照征地批复的救济规则予以处理。根据《行政复议法》的相关规定并结合实践中的通行做法，当事人对于省级人民政府作出的征地批复虽然不能提起诉讼，但可以申请行政复议。[②] 在最高人民法院看来，虽然农用地转用审批行为不属于行政诉讼受案范围，但可以纳入行政复议范围。

总结·提示　最高人民法院认为，农用地转用审批虽然不属于行政诉讼的受案范围，但属于行政复议范围。

---

5. 农用地转用与集体土地征收的关系

农用地转用不同于农村集体土地征收，二者不能相互替代。《土地管理法实施条例》第25条第2款规定："农用地转用涉及征收土地的，还应当依法办理征收土地手续。"《土地管理法》第46条第3款规定，征收农用地的，应当先行办理农用地转用审批。其中，经国务院批准农用地转用的，同时办理征地审批手续，不再另行办理征地审批；经省、自治区、直辖市人民政府在征地批准权限内批准农用地转用的，同时办理征地审批手续，不再另行办理征地审批，超过征地批准权限的，应当依照《土地管理法》第46条第1款的规定另行办理征地审批。这就意味着，农用地转用与征地的审批手续通常可以同时办理，但是不能将这里的"同时办理"理解成农用地转用审批可以替代土地征收审批，或者土地征收审批可以替代农用地转用审批。

三、国有土地使用权的取得

（一）国有土地使用权的概念

国家作为国有土地的所有权主体，并不直接使用土地，而是由具体的单位或者个人去使用，这样一来就产生了国有土地使用权。国有土地使用权，是指因建造建筑物、构筑物及其他附属设施等使用国家所有的土地的权利，它可以在土地的地表、地上或者地下分别设立。《城镇国有土地使用权出让和转让暂行条例》（2020年修改）规定，国家按照所有权与使用权分离的原则，实行城镇国有土地使用权出让、转让制度，但地下资源、埋藏物和市政公用设施除外（第2条第1款）；在中国境内外的公司、企业、其他组织和个人，除法律另有规定者外，均可依照《城镇国有土地使用权出让和转让暂行条例》的规定取得土地使用权，进

---

① 最高人民法院行政裁定书，（2020）最高法行申8221号。

② 最高人民法院行政裁定书，（2018）最高法行再47号。

行土地开发、利用、经营（第 3 条）；而且，其使用权在使用年限内可以转让、出租、抵押或者用于其他经济活动，合法权益受国家法律保护（第 4 条）。

实践中，国有土地使用权主要是指建设用地使用权，在性质上属于一种用益物权。《民法典》物权编第 12 章规定了建设用地使用权。其中，第 344 条规定："建设用地使用权人依法对国家所有的土地享有占有、使用和收益的权利，有权利用该土地建造建筑物、构筑物及其附属设施。"该条似已排除在集体土地上设定建设用地使用权的可能性，但依据《民法典》第 361 条"集体所有的土地作为建设用地的，应当依照土地管理的法律规定办理"的规定可知，建设用地使用权的客体实际上包括了国家和集体所有的土地，这是"健全城乡发展一体化体制机制"、"建立城乡统一的建设用地市场"以及集体建设用地与国有建设用地"同等入市、同权同价"的政策目标在《民法典》中的落实。另外，国有土地不仅包括国有建设用地，还包括国有农用地和国有未利用地在内。基于上述原因，我们也不能完全将国有土地使用权等同于建设用地使用权。

下面我们要讲的国有土地使用权，除有特别说明外，主要是指国有建设用地使用权。现实中的国有建设用地有三种情形：（1）现状为国家所有的建设用地；（2）依法征收、转用的原属于集体所有的建设用地、农用地、未利用地以及国有农用地；（3）国有未利用地。其中，建设项目占用未利用地也已经受到法律的严格限制，《土地管理法实施条例》第 22 条规定："具有重要生态功能的未利用地应当依法划入生态保护红线，实施严格保护。建设项目占用国土空间规划确定的未利用地的，按照省、自治区、直辖市的规定办理。"从 2006 年起，国家就开始通过土地利用年度计划指标对未利用地转为建设用地进行控制了。

（二）国有土地使用权的取得方式

1. 国有土地有偿、有限期使用制度

前面我们讲到，国有土地的使用，除了在法律规定的范围内划拨国有土地使用权的情形外，都是有偿的，此即国有土地有偿使用制度。《土地管理法实施条例》第 17 条规定，建设单位使用国有土地，应当以有偿使用方式取得，法律、行政法规规定可以以划拨方式取得的除外。有偿使用的具体方式包括：（1）国有土地使用权出让；（2）国有土地租赁；（3）国有土地使用权作价出资或者入股。其中，后两者是债权性质的国有土地使用权，并不是这里所讲的用益物权性质的国有土地使用权。

使用国有土地不但是有偿的，而且是有限期的。例外的情形是，以划拨方式取得国有土地使用权的，除法律、行政法规另有规定外，没有使用期限的限制。《城市房地产管理法》（2019 年修改）第 3 条规定："国家依法实行国有土地有偿、有限期使用制度。但是，国家在本法规定的范围内划拨国有土地使用权的除外。"至于具体的限期，依据《城镇国有土地使用权出让和转让暂行条例》第 12 条的规定，国有土地使用权出让最高年限按下列用途确定：（1）居住用地 70 年；（2）工业用地 50 年；（3）教育、科技、文化、卫生、体育用地 50 年；（4）商业、旅游、娱乐用地 40 年；（5）综合或者其他用地 50 年。对于期限届满之后的续期，《民法典》第 359 条规定，住宅建设用地使用权期限届满的，自动续期，续期费用

的缴纳或者减免，依照法律、行政法规的规定办理；非住宅建设用地使用权期限届满后的续期，依照法律规定办理；该土地上的房屋以及其他不动产的归属，有约定的，按照约定，没有约定或者约定不明确的，依照法律、行政法规的规定办理。

总结·提示 以划拨方式取得国有土地使用权的，属于国有土地有偿、有限期使用制度的例外情形。

---

2. 取得国有土地使用权的两种基本方式

依据《民法典》第347条第1款的规定，取得国有土地使用权的两种基本方式就是出让和划拨。由于中国实行国有土地有偿、有限期使用制度，划拨的适用受到了严格的限制。在计划经济时期，国有土地使用权以单一的划拨方式取得。随着社会主义市场经济体制的确立，出让逐步取代划拨成为取得国有土地使用权的主要方式。国务院《关于深化改革严格土地管理的决定》提出，推进土地资源的市场化配置，严格控制划拨用地范围，经营性基础设施用地逐步实行有偿使用。国务院《关于促进节约集约用地的通知》要求，深入推进土地有偿使用制度改革，严格限定划拨用地范围。

总结·提示 出让和划拨，是取得国有土地使用权的两种基本方式，其中出让是取得国有土地使用权的主要方式，划拨是取得国有土地使用权的特殊方式。

（三）国有土地使用权划拨

依据《城市房地产管理法》第23条的规定，国有土地使用权划拨，是指经县级以上人民政府依法批准，在土地使用者缴纳补偿、安置等费用后将该幅土地交付其使用，或者将土地使用权无偿交付给土地使用者使用的行为。《土地管理法》第54条、《城市房地产管理法》第24条规定，下列建设用地的土地使用权，确属必需的，经县级以上人民政府依法批准，可以以划拨方式取得：（1）国家机关用地和军事用地；（2）城市基础设施用地和公益事业用地；（3）国家重点扶持的能源、交通、水利等项目用地；（4）法律、行政法规规定的其他用地。除此之外，国有土地使用权只能以出让的方式取得。

2001年10月22日，原国土资源部发布的《划拨用地目录》要求，符合本目录的建设用地项目，由建设单位提出申请，经有批准权的人民政府批准，方可以划拨方式提供土地使用权；对国家重点扶持的能源、交通、水利等基础设施用地项目，可以以划拨方式提供土地使用权；对以营利为目的，非国家重点扶持的能源、交通、水利等基础设施用地项目，应当以有偿方式提供土地使用权；以划拨方式取得的土地使用权，因企业改制、土地使用权转让或者改变土地用途等不再符合本目录的，应当实行有偿使用。在此基础上，《划拨用地目录》还以列举的方式对《土地管理法》和《城市房地产管理法》所规定的划拨用地名录进行了细化。

转让以划拨方式取得的建设用地使用权，需经依法批准，土地用途符合《划拨用地目录》的，可不补缴土地出让价款，按转移登记办理；不符合《划拨用地目录》的，在符合规划的前提下，由受让方依法补缴土地出让价款。依据最高人民法院《关于审理涉及国有土地使用权合同纠纷案件适用法律问题的解释》（法释〔2020〕17号）第10～11条的规定，土地使用权人与受让方订立合同转让划拨土地使用权，起诉前经有批准权的人民政府同意转让，并由受让方办理土地使用权出让手续的，土地使用权人与受让方订立的合同可以按照补偿性质的合同处理；起诉前经有批准权的人民政府决定不办理土地使用权出让手续，并将该划拨土地使用权直接划拨给受让方使用的，土地使用权人与受让方订立的合同可以按照补偿性质的合同处理。

（四）国有土地使用权出让

1. 国有土地使用权出让的方式

国有土地使用权出让，依据《城市房地产管理法》第8条的规定，是指国家将国有土地使用权在一定年限内出让给土地使用者，由土地使用者向国家支付土地使用权出让金的行为。依据《民法典》第348条、《城市房地产管理法》第13条以及《城镇国有土地使用权出让和转让暂行条例》、《招标拍卖挂牌出让国有建设用地使用权规定》（2007年修改）的规定，在国有土地使用权出让中，最常见的方式就是招标出让、拍卖出让和挂牌出让（俗称“招拍挂”），此外还有协议出让。

（1）招标出让

《招标拍卖挂牌出让国有建设用地使用权规定》第2条第2款规定，招标出让国有建设用地使用权，是指市、县人民政府自然资源行政主管部门（出让人）发布招标公告，邀请特定或者不特定的自然人、法人和其他组织参加国有建设用地使用权投标，根据投标结果确定国有建设用地使用权人的行为。具体的招标投标活动，需要遵守《招标投标法》（2017年修改）的规定。

（2）拍卖出让

《招标拍卖挂牌出让国有建设用地使用权规定》第2条第3款规定，拍卖出让国有建设用地使用权，是指市、县人民政府自然资源行政主管部门发布拍卖公告，由竞买人在指定时间、地点进行公开竞价，根据出价结果确定国有建设用地使用权人的行为。具体的拍卖活动，需要遵守《拍卖法》（2015年修改）的规定。

（3）挂牌出让

《招标拍卖挂牌出让国有建设用地使用权规定》第2条第4款规定，挂牌出让国有建设用地使用权，是指市、县人民政府自然资源行政主管部门发布挂牌公告，按公告规定的期限将拟出让宗地的交易条件在指定的土地交易场所挂牌公布，接受竞买人的报价申请并更新挂牌价格，根据挂牌期限截止时的出价结果或者现场竞价结果确定国有建设用地使用权人的行为。

（4）协议出让

协议出让国有建设用地使用权，是指市、县人民政府自然资源行政主管部门代表国家作为出让方，与土地使用人按照平等、自愿和有偿的原则协商一致后而签订出让合同的行为。招标、拍卖、挂牌三种出让方式属于公开竞价的方式，而协议出让属于非公开竞价的方式。正是因为协议出让没有引入竞争机制，其适用范围受到了严格的限制。《民法典》第 347 条第 2 款规定："工业、商业、旅游、娱乐和商品住宅等经营性用地以及同一土地有两个以上意向用地者的，应当采取招标、拍卖等公开竞价的方式出让。"《城市房地产管理法》第 13 条规定："土地使用权出让，可以采取拍卖、招标或者双方协议的方式。商业、旅游、娱乐和豪华住宅用地，有条件的，必须采取拍卖、招标方式；没有条件，不能采取拍卖、招标方式的，可以采取双方协议的方式。采取双方协议方式出让土地使用权的出让金不得低于按国家规定所确定的最低价。"《土地管理法实施条例》第 18 条规定："国有土地使用权出让、国有土地租赁等应当依照国家有关规定通过公开的交易平台进行交易，并纳入统一的公共资源交易平台体系。除依法可以采取协议方式外，应当采取招标、拍卖、挂牌等竞争性方式确定土地使用者。"

总结·提示 国有土地使用权出让有四种方式：招标、拍卖、挂牌和协议。其中，最为常见的方式是招标、拍卖和挂牌出让，俗称"招拍挂"。协议出让由于没有引入竞争机制，适用范围受到了严格的限制。

---

2. 国有土地使用权出让合同

（1）概念和内容

国有土地使用权出让合同，是指市、县人民政府自然资源主管部门作为出让方将国有土地使用权在一定年限内让与受让方，由受让方支付土地使用权出让金的合同。《城市房地产管理法》第 15 条第 2 款规定，国有土地使用权出让合同由市、县人民政府自然资源管理部门与土地使用者签订。

对于国有土地使用权出让合同的内容，《民法典》第 348 条规定，通过招标、拍卖、协议等出让方式设立建设用地使用权的，当事人应当采用书面形式订立建设用地使用权出让合同，建设用地使用权出让合同一般包括下列条款：①当事人的名称和住所；②土地界址、面积等；③建筑物、构筑物及其附属设施占用的空间；④土地用途、规划条件；⑤建设用地使用权期限；⑥出让金等费用及其支付方式；⑦解决争议的方法。

（2）效力

实践中，认定国有土地使用权出让合同的效力，可以从以下几个方面来考虑：

第一，《行政协议案件规定》第 2 条明确了国有土地使用权出让合同属于行政协议，故对其效力的认定首先应该以法律、行政法规以及司法解释关于行政协议效力的一般规定为依据。同时，也可以适用民事法律规范中关于合同效力的规定。

第二，部分法律、行政法规对国有土地使用权出让合同的效力做了特别规定。例如，《城乡规划法》第38～39条规定，在城市、镇规划区内以出让方式提供国有土地使用权的，在国有土地使用权出让前，城市、县人民政府城乡规划主管部门应当依据控制性详细规划，提出出让地块的位置、使用性质、开发强度等规划条件，作为国有土地使用权出让合同的组成部分。未确定规划条件的地块，不得出让国有土地使用权。规划条件未纳入国有土地使用权出让合同的，该国有土地使用权出让合同无效。

第三，最高人民法院的司法解释中也有关于国有土地使用权出让合同效力的规定。例如，最高人民法院《关于审理涉及国有土地使用权合同纠纷案件适用法律问题的解释》第2条规定："开发区管理委员会作为出让方与受让方订立的土地使用权出让合同，应当认定无效。本解释实施前，开发区管理委员会作为出让方与受让方订立的土地使用权出让合同，起诉前经市、县人民政府自然资源主管部门追认的，可以认定合同有效。"第3条第1款规定："经市、县人民政府批准同意以协议方式出让的土地使用权，土地使用权出让金低于订立合同时当地政府按照国家规定确定的最低价的，应当认定土地使用权出让合同约定的价格条款无效。"

（3）变更和解除

国有土地使用权出让合同属于行政协议，决定了其变更和解除也要遵守关于行政协议变更、解除的一般规定。此外，最高人民法院《关于审理涉及国有土地使用权合同纠纷案件适用法律问题的解释》第3～6条还对国有土地使用权出让合同的变更和解除做了特别规定：

第一，当事人请求按照订立合同时的市场评估价格交纳土地使用权出让金的，应予支持；受让方不同意按照市场评估价格补足，请求解除合同的，应予支持。因此造成的损失，由当事人按照过错承担责任。

第二，土地使用权出让合同的出让方因未办理土地使用权出让批准手续而不能交付土地，受让方请求解除合同的，应予支持。

第三，受让方经出让方和市、县人民政府城市规划行政主管部门同意，改变土地使用权出让合同约定的土地用途，当事人请求按照起诉时同种用途的土地出让金标准调整土地出让金的，应予支持。

第四，受让方擅自改变土地使用权出让合同约定的土地用途，出让方请求解除合同的，应予支持。

3. 国有土地使用权出让行为的可诉性

2005年6月3日，最高人民法院答复称："土地的实际使用人对行政机关出让土地行为不服，可以作为原告提起行政诉讼。"① 这里的"出让土地行为"，首先就是指签订国有土地

① 最高人民法院《关于土地实际使用人对行政机关出让土地的行为不服可否作为原告提起诉讼问题的答复》（〔2005〕行他字第12号）。

使用权出让合同的行为。由于国有土地使用权出让合同属于行政协议，本质上是一种行政行为，公民、法人或者其他组织如果认为其侵犯了自己的合法权益，有权依法提起行政诉讼。换言之，国有土地使用权出让合同订立、履行和终止等行为都属于行政诉讼的受案范围。但有些遗憾的是，最高人民法院《关于审理涉及国有土地使用权合同纠纷案件适用法律问题的解释》将此类案件交由民事审判庭审理，导致实践中对于国有土地使用权出让合同的性质认定也出现了不小的分歧。

此外，依据最高人民法院的答复，出让国有土地使用权之前一些相关行为也属于行政诉讼的受案范围。2009年12月23日，最高人民法院答复称，土地管理部门出让国有土地使用权之前的拍卖行为以及与之相关的拍卖公告等行为属于行政诉讼的受案范围。

链接·积累

最高人民法院关于土地管理部门出让国有土地使用权之前的拍卖行为以及与之相关的拍卖公告等行为性质的答复

〔2009〕行他字第55号

四川省高级人民法院：

你院（2009）川行终字第64号《关于土地管理部门出让国有土地使用权以及与之相关的拍卖、拍卖公告等行为性质的请示》收悉。经研究，答复如下：

原则同意你院第二种意见，即土地管理部门出让国有土地使用权之前的拍卖行为以及与之相关的拍卖公告等行为属于行政行为，当事人不服提起行政诉讼的，人民法院应当依法受理。

此复。

2009年12月23日

2010年12月21日，最高人民法院行政审判庭答复称，土地行政主管部门通过拍卖出让国有建设用地使用权，与竞得人签署成交确认书的行为，属于具体行政行为，因而也属于行政诉讼的受案范围。

链接·积累

最高人民法院行政审判庭关于拍卖出让国有建设用地使用权的土地行政主管部门与竞得人签署成交确认书行为的性质问题请示的答复

〔2010〕行他字第191号

山东省高级人民法院：

你院鲁高法函〔2010〕17号《关于国有土地使用权拍卖后土地管理部门与竞得人签署的成交确认书行为的性质问题的请示》收悉。经研究，答复如下：

土地行政主管部门通过拍卖出让国有建设用地使用权，与竞得人签署成交确认书的行为，属于具体行政行为。当事人不服提起行政诉讼的，人民法院应当依法受理。

此复。

2010年12月21日

（五）土地市场

土地市场，是土地交易活动和交易场所的总称。中国的土地市场分为土地一级市场和土地二级市场。其中，土地一级市场是指以国有土地使用权出让、国有土地租赁、国有土地使用权作价出资或者入股、划拨等方式直接从国家取得国有土地使用权的活动和场所，土地二级市场是指国有土地使用权转让、互换、出资、赠与或者抵押的活动和场所。概括地说，土地一级市场是以政府供应国有土地使用权为主，土地二级市场是以市场主体之间转让、出租、抵押国有土地使用权为主。

前面我们讲的内容主要涉及土地一级市场。由于国有建设用地所有权属于国家，不可流转，但国有建设用地使用权可以依法以转让、互换、作价出资、赠与和抵押等方式流转，进而形成了土地二级市场。依据《民法典》第354条的规定，建设用地使用权转让、互换、出资、赠与或者抵押的，当事人应当采用书面形式订立相应的合同。使用期限由当事人约定，但是不得超过建设用地使用权的剩余期限。土地二级市场的存在，体现了国有土地使用权可以自由流转的特征。不过，对于自由流转不应理解为不受限制地流转，依据《城市房地产管理法》第38～40条的规定，转让国有建设用地使用权也须满足相应的条件。①

为了完善土地二级市场，2017年1月22日，原国土资源部发布的《关于完善建设用地使用权转让、出租、抵押二级市场的试点方案》（国土资发〔2017〕12号）提出："到2018年年底，在相关地区建立符合城乡统一建设用地市场要求，产权明晰、市场定价、信息集聚、交易安全的土地二级市场。"2019年7月6日，国务院办公厅《关于完善建设用地使用权转让、出租、抵押二级市场的指导意见》（国办发〔2019〕34号）提出："建立产权明晰、市场定价、信息集聚、交易安全、监管有效的土地二级市场，市场规则健全完善，交易平台全面形成，服务和监管落实到位，市场秩序更加规范，制度性交易成本明显降低，土地资源配置效率显著提高，形成一、二级市场协调发展、规范有序、资源利用集约高效的现代土地

---

① 《城市房地产管理法》第38条规定："下列房地产，不得转让：（一）以出让方式取得土地使用权的，不符合本法第三十九条规定的条件的；（二）司法机关和行政机关依法裁定、决定查封或者以其他形式限制房地产权利的；（三）依法收回土地使用权的；（四）共有房地产，未经其他共有人书面同意的；（五）权属有争议的；（六）未依法登记领取权属证书的；（七）法律、行政法规规定禁止转让的其他情形。"第39条规定："以出让方式取得土地使用权的，转让房地产时，应当符合下列条件：（一）按照出让合同约定已经支付全部土地使用权出让金，并取得土地使用权证书；（二）按照出让合同约定进行投资开发，属于房屋建设工程的，完成开发投资总额的百分之二十五以上，属于成片开发土地的，形成工业用地或者其他建设用地条件。转让房地产时房屋已经建成的，还应当持有房屋所有权证书。"第40条规定："以划拨方式取得土地使用权的，转让房地产时，应当按照国务院规定，报有批准权的人民政府审批。有批准权的人民政府准予转让的，应当由受让方办理土地使用权出让手续，并依照国家有关规定缴纳土地使用权出让金。以划拨方式取得土地使用权的，转让房地产报批时，有批准权的人民政府按照国务院规定决定可以不办理土地使用权出让手续的，转让方应当按照国务院规定将转让房地产所获收益中的土地收益上缴国家或者作其他处理。"

市场体系。”总体来看，目前中国的土地二级市场尚处于发展和完善的阶段。

在土地二级市场中，最为重要也最为常见的当属国有土地使用权转让市场。《城镇国有土地使用权出让和转让暂行条例》（2020 年修改）第 3 章（第 19 ~ 27 条）、最高人民法院《关于审理涉及国有土地使用权合同纠纷案件适用法律问题的解释》第 2 部分（第 7 ~ 11 条）专门规定了土地使用权转让（合同纠纷），对于实践中解决国有土地使用权转让的相关争议具有重要的意义。

总结·提示　中国的土地市场分为土地一级市场和土地二级市场。土地一级市场是以政府供应国有土地使用权为主，土地二级市场是以市场主体之间转让、出租、抵押国有土地使用权为主。

四、国有土地使用权的收回与补偿

（一）收回国有土地使用权的情形

1. 收回国有土地使用权的概念

收回国有土地使用权，是指在国有土地使用权期限届满之前，国家因公共利益的需要或者其他原因而提前收回土地的行为。不论是划拨土地还是未到期的出让土地，经过人民政府批准都可以行使国有土地收回权。收回国有土地使用权的法律后果是，相关地块的使用权又重新归属于国家。同时，依据《城市房地产管理法》第 38 条的规定，“依法收回土地使用权的”房地产不得转让。

由于国有土地的所有权一直属于国家，收回国有土地使用权并不会导致国家取得相对人的财产所有权，故收回国有土地使用权不属于行政征收。《征收条例》（2011 年发布）第 13 条第 3 款规定：“房屋被依法征收的，国有土地使用权同时收回。”这里的收回国有土地使用权是房屋征收的附带结果，从而有别于单独收回国有土地使用权的情形。

此外，收回国有土地使用权也不同于行政征用，虽然其中也涉及使用权的改变，但由于这个使用权本来就属于国家，因而才会有“收回”的说法。而且，在收回国有土地使用权之后不存在返还的问题，这一点也与行政征用存在根本的区别。

总结·提示　收回国有土地使用权的行为，既不同于行政征收，也有别于行政征用。

---

2. 有偿收回与无偿收回

实践中，收回国有土地使用权可分为有偿收回和无偿收回两种情形。

《民法典》第 358 条规定：“建设用地使用权期限届满前，因公共利益需要提前收回该土地的，应当依据本法第二百四十三条的规定对该土地上的房屋以及其他不动产给予补偿，并退还相应的出让金。”《城市房地产管理法》第 20 条规定：“国家对土地使用者依法取得的土地使用权，在出让合同约定的使用年限届满前不收回；在特殊情况下，根据社会公共利益的需要，可以依照法律程序提前收回，并根据土地使用者使用土地的实际年限和开发土地的实际情况给予相应的补偿。”《城镇国有土地使用权出让和转让暂行条例》第42条规定：“国家对土地使用者依法取得的土地使用权不提前收回。在特殊情况下，根据社会公共利益的需要，国家可以依照法律程序提前收回，并根据土地使用者已使用的年限和开发、利用土地的实际情况给予相应的补偿。”上述规定中的收回国有土地使用权，属于有偿收回的情形。

《土地管理法》第38条规定：“禁止任何单位和个人闲置、荒芜耕地。已经办理审批手续的非农业建设占用耕地，一年内不用而又可以耕种并收获的，应当由原耕种该幅耕地的集体或者个人恢复耕种，也可以由用地单位组织耕种；一年以上未动工建设的，应当按照省、自治区、直辖市的规定缴纳闲置费；连续二年未使用的，经原批准机关批准，由县级以上人民政府无偿收回用地单位的土地使用权；该幅土地原为农民集体所有的，应当交由原农村集体经济组织恢复耕种。”《城市房地产管理法》第22条第2款规定：“土地使用权出让合同约定的使用年限届满，土地使用者未申请续期或者虽申请续期但依照前款规定未获批准的，土地使用权由国家无偿收回。”第26条规定：“以出让方式取得土地使用权进行房地产开发的，必须按照土地使用权出让合同约定的土地用途、动工开发期限开发土地。超过出让合同约定的动工开发日期满一年未动工开发的，可以征收相当于土地使用权出让金百分之二十以下的土地闲置费；满二年未动工开发的，可以无偿收回土地使用权；但是，因不可抗力或者政府、政府有关部门的行为或者动工开发必需的前期工作造成动工开发迟延的除外。”上述规定中的收回国有土地使用权，属于无偿收回的情形。2023年2月13日，最高人民法院行政审判庭复函认为，行政机关作出无偿收回闲置土地使用权的行为属于行政处罚。

链接·积累

最高人民法院行政审判庭关于无偿收回土地使用权法律性质等有关问题的复函

行复〔2023〕33号

司法部立法四局：

贵局《关于〈关于无偿收回闲置土地使用权有关问题的请示〉征求意见函》收悉。经研究，提出如下意见：

一、行政机关作出无偿收回闲置土地使用权决定，针对的是国有土地使用权人“超过出让合同约定的动工开发日期满两年未动工开发的”情形，结合《中华人民共和国行政处罚法》第二条和原国家土地管理局《关于认定收回土地使用权行政决定法律性质的意见》（〔1997〕国土法字第153号）第五条规定，我们倾向于该行为属于行政处罚。

二、依法取得闲置土地抵押权的人，系无偿收回闲置土地使用权行为的利害关系人，根据国务院《全面推进依法行政实施纲要》（2004年）第五条、第二十条和《湖南省行政程序规定》第七十三条、第七十四条等规定，依法应当享有陈述、申辩和申请听证的权利。

以上意见，仅供参考。

2023 年 2 月 13 日

3.《土地管理法》第 58 条规定的可以收回国有土地使用权的情形

依据《土地管理法》第 58 条的规定，有下列情形之一的，由有关人民政府自然资源主管部门报经原批准用地的人民政府或者有批准权的人民政府批准，可以收回国有土地使用权。

（1）为实施城市规划进行旧城区改建以及其他公共利益需要，确需使用土地的

为保障旧城区改建以及其他公共利益对于国有土地的需求，需要对国有土地的使用权进行重新调整。调整的目的就是减少原土地使用权人使用土地的面积，因而需要先收回国有土地使用权。所谓其他公共利益，包括国防和外交、城市基础设施和公益事业等建设项目。这里的国有土地，应该是指无房屋等建筑物、构筑物的国有土地，否则应该依法对房屋进行征收并给予补偿，国有土地使用权同时收回，而不能直接收回国有土地使用权。

（2）土地出让等有偿使用合同约定的使用期限届满，土地使用者未申请续期或者申请续期未获批准的

依据《城市房地产管理法》第 22 条的规定，土地使用权出让合同约定的使用年限届满，土地使用者需要继续使用土地的，应当至迟于届满前 1 年申请续期，除根据社会公共利益需要收回该幅土地的，应当予以批准；经批准准予续期的，应当重新签订土地使用权出让合同，依照规定支付土地使用权出让金；如果土地使用者未申请续期或者虽申请续期但未获批准的，国家将无偿收回国有土地使用权。

（3）因单位撤销、迁移等原因，停止使用原划拨的国有土地的

国有划拨土地只能供批准的用地单位按照批准的用途使用，不得擅自进行出租、转让和抵押等处分。如果原单位因撤销、迁移等原因不再使用划拨土地，该土地使用权应当由国家收回。由于划拨土地是无偿使用的，因而收回该国有土地使用权也是无偿的。

（4）公路、铁路、机场、矿场等经核准报废的

公路、铁路、机场、矿场等经核准报废之后，不再继续使用国有土地的，国家应当将这部分土地使用权收回。这部分土地通常是采用划拨方式提供的，所以收回之后也不涉及补偿的问题。

（二）收回国有土地使用权的审批权限

1997 年 10 月 30 日，原国家土地管理局发布的《关于认定收回土地使用权行政决定法律性质的意见》提出："收回土地使用权是人民政府及其土地管理部门一项重要的行政行为，主要采取行政处理决定和行政处罚决定两种方式进行。"实践中，收回国有土地使用权通常采取审批程序，即由有关人民政府自然资源主管部门报经原批准用地的人民政府或者有批准权的人民政府批准。依据《土地管理法》第 81 条的规定，依法收回国有土地使用权后，如果当事人拒不交出土地的，由县级以上人民政府自然资源主管部门责令交还土地，并处以罚款。

收回国有土地使用权的批复是否可诉的行政行为？在最高人民法院发布的指导案例22号**魏某高、陈某志诉来安县人民政府收回土地使用权批复案**中，法院认为，地方人民政府对其所属行政管理部门的请示作出的批复，一般属于内部行政行为，不可对此提起诉讼。但行政管理部门直接将该批复付诸实施并对行政相对人的权利义务产生了实际影响，行政相对人对该批复不服提起诉讼的，人民法院应当依法受理。据此，来安县国土资源行政主管部门在来安县人民政府作出批准收回国有土地使用权方案批复后，应当向原土地使用权人送达对外发生法律效力的收回国有土地使用权通知。来安县人民政府的批复属于内部行政行为，不向相对人送达，对相对人的权利义务尚未产生实际影响，一般不属于行政诉讼的受案范围。但本案中，来安县人民政府作出批复后，来安县国土资源行政主管部门没有制作并送达对外发生效力的法律文书，即直接交来安县土地储备中心根据该批复实施拆迁补偿安置行为，对原土地使用权人的权利义务产生了实际影响；原土地使用权人也通过申请政府信息公开知道了该批复的内容，并对批复提起了行政复议，复议机关作出复议决定时也告知了诉权，该批复已实际执行并外化为对外发生法律效力的具体行政行为。因此，对该批复不服提起行政诉讼的，人民法院应当依法受理。可见，对于收回国有土地使用权的批复的可诉性不能一概而论，关键是要看这一批复是否直接对相对人的权利义务产生实际影响。

（三）收回国有土地使用权的补偿

如上所述，收回国有土地使用权分为有偿收回与无偿收回两种情形。无偿收回的情形，自然不存在补偿的问题；对于有偿收回的情形，依据《土地管理法》第58条第2款的规定，应当对土地使用权人给予适当补偿。

但是，“适当补偿”的表述太过模糊，可操作性极差。为了解决这一问题，《民法典》第358条规定：“建设用地使用权期限届满前，因公共利益需要提前收回该土地的，应当依据本法第二百四十三条的规定对该土地上的房屋以及其他不动产给予补偿，并退还相应的出让金。”而《民法典》第243条是关于征收土地和房屋补偿的规定。据此，收回国有土地使用权的也要按照土地和房屋征收补偿的标准给予补偿，并退还相应的出让金。

此外，依据《城市房地产管理法》第20条、《城镇国有土地使用权出让和转让暂行条例》第42条的规定，确定收回国有土地使用权的补偿标准，通常需要考虑土地使用者使用土地的实际年限以及开发、利用土地的实际情况等因素。实践中，通常都是采用双方协商的方式确定最终的补偿数额，在必要时还需委托专业的机构对国有土地使用权的价值进行评估。

五、土地的确权和权属登记

（一）土地确权

土地确权，是土地登记和颁证的前提，是指对土地的所有权、使用权以及他项权利进行确认和确定的过程。虽然国有土地和集体土地都存在确权的问题，但相比之下集体土地权属不清的现象更为突出，目前确权工作的重点对象是集体土地上的权利，主要是土地承包经营权、宅基地和集体建设用地使用权。

中央对于农村土地确权的问题高度重视，先后出台了一系列政策文件。2008 年 10 月 12 日，十七届三中全会通过的中共中央《关于推进农村改革发展若干重大问题的决定》明确提出："搞好农村土地确权、登记、颁证工作。"2013 年的中央 1 号文件要求："全面开展农村土地确权登记颁证工作。健全农村土地承包经营权登记制度，强化对农村耕地、林地等各类土地承包经营权的物权保护。用 5 年时间基本完成农村土地承包经营权确权登记颁证工作，妥善解决农户承包地块面积不准、四至不清等问题。加快包括农村宅基地在内的农村集体土地所有权和建设用地使用权地籍调查，尽快完成确权登记颁证工作。"2014 年之后，历年的中央 1 号文件中几乎都有关于农村土地确权的内容，尤其是对宅基地和集体建设用地使用权确权登记颁证的要求。对于土地承包经营权，原农业部等部门于 2016 年 4 月 18 日发文要求："各地要倒排时间表，在保证质量的前提下抓紧工作进度，积极稳妥推进试点，确保到 2018 年底，除一些少数民族及边疆地区外，基本完成确权登记颁证工作。"① 对于宅基地和集体建设用地使用权，自然资源部于 2020 年 5 月 14 日发布的《关于加快宅基地和集体建设用地使用权确权登记工作的通知》（自然资发〔2020〕84 号）要求：2020 年年底基本完成宅基地和集体建设用地使用权确权登记工作。

（二）土地权属登记

土地权属登记属于一种行政确认行为，是不动产登记机构对土地的所有权和使用权进行确认、确定之后，将相关的权属和其他法定事项记载于不动产登记簿的行为。《土地管理法》第 12 条规定："土地的所有权和使用权的登记，依照有关不动产登记的法律、行政法规执行。依法登记的土地的所有权和使用权受法律保护，任何单位和个人不得侵犯。"据此，土地的权属登记是不动产统一登记的一个重要组成部分。

拓展·探索

不动产统一登记制度

中国目前实行的是不动产统一登记制度。在《物权法》（2007 年发布，已失效）的基础上，国务院于 2014 年 11 月 24 日发布了《不动产登记暂行条例》（国务院令第 656 号），并于 2019 年 3 月 24 日做了修改。2019 年 7 月 24 日，自然资源部又发布了修改后的《不动产登记暂行条例实施细则》和《不动产登记资料查询暂行办法》。《民法典》第 209 ~ 223 条规定的"不动产登记"除了增加"利害关系人不得公开、非法使用权利人的不动产登记资料"（不动产登记资料的合理使用原则）这一规定外，其他内容与《物权法》几乎完全相同。依据《不动产登记暂行条例》第 2 ~ 4 条的规定，不动产登记是指不动产登记机构依法将不动产权利归属和其他法定事项记载于不动产登记簿的行为，包括不动产首次登记、变更登记、

---

① 原农业部、财政部、原国土资源部、原国家测绘地理信息局《关于进一步做好农村土地承包经营权确权登记颁证有关工作的通知》（农经发〔2016〕4 号）。

转移登记、注销登记、更正登记、异议登记、预告登记、查封登记等。

1. 登记机构

依据《不动产登记暂行条例》第6～7条的规定，不动产登记由不动产所在地的县级人民政府不动产登记机构办理，直辖市、设区的市人民政府可以确定本级不动产登记机构统一办理所属各区的不动产登记。国务院国土资源主管部门负责指导、监督全国不动产登记工作。县级以上地方人民政府应当确定一个部门为本行政区域的不动产登记机构，负责不动产登记工作，并接受上级人民政府不动产登记主管部门的指导、监督。

值得注意的是，2014年修改的《土地管理法实施条例》（已失效）第5条曾规定，单位和个人依法使用的国有土地，由县级以上人民政府登记造册；中央国家机关使用的国有土地的登记发证，由国务院土地行政主管部门负责；未确定使用权的国有土地，由县级以上人民政府登记造册。据此，县级以上人民政府以及国务院土地行政主管部门具有国有土地使用权登记的职权。但是，2019年修改的《土地管理法》第12条规定："土地的所有权和使用权的登记，依照有关不动产登记的法律、行政法规执行。"据此，土地登记已经融入不动产统一登记之中。在2021年修改的《土地管理法实施条例》中也已经取消了土地登记机构的规定。

在土地登记转变为不动产统一登记之后，原登记机关的职权也整合到不动产登记机构，即县级以上人民政府不再具有土地登记职权。在**王某南诉武进区政府土地行政登记案**中，王某南请求撤销武进区政府于2009年12月7日批准颁发《国有土地使用证》的行为，最高人民法院认为，2015年3月1日《不动产登记暂行条例》施行后包括土地登记在内的不动产登记法律制度发生了变化，单一的土地登记转变为不动产统一登记，原不同登记机关的职权整合到不动产登记机构，县级以上人民政府不再具有土地登记职权。依《行政诉讼法》"行政机关被撤销或者职权变更的，继续行使其职权的行政机关是被告"之规定，当事人对《不动产登记暂行条例》施行前县级以上人民政府作出的土地登记行为不服，应当以继续行使其职权的不动产统一登记机构为被告，不能再以作出被诉土地登记的人民政府为被告。①

2. 不动产登记簿与权属证书

依据《民法典》第216～217条的规定，不动产登记簿是物权归属和内容的根据，由登记机构管理。不动产权属证书是权利人享有该不动产物权的证明。不动产权属证书记载的事项应当与不动产登记簿一致，记载不一致的，除有证据证明不动产登记簿确有错误外，以不动产登记簿为准。

2016年3月1日起实施的最高人民法院《关于适用〈中华人民共和国物权法〉若干问题的解释（一）》（已失效）第2条规定："当事人有证据证明不动产登记簿的记载与真实权利状态不符、其为该不动产物权的真实权利人，请求确认其享有物权的，应予支持。"由此可见，登记的公示效力并不是绝对的。

3. 登记的申请和办理

《民法典》第211～213条规定，当事人申请登记，应当根据不同登记事项提供权属证明

① 最高人民法院行政裁定书，（2017）最高法行申137号。

和不动产界址、面积等必要材料。登记机构应当履行下列职责：查验申请人提供的权属证明和其他必要材料，就有关登记事项询问申请人，如实、及时登记有关事项，法律、行政法规规定的其他职责。申请登记的不动产的有关情况需要进一步证明的，登记机构可以要求申请人补充材料，必要时可以实地查看。但是，登记机构不得有下列行为：要求对不动产进行评估，以年检等名义进行重复登记，超出登记职责范围的其他行为。

4. 登记资料查询

不动产登记的目的在于向社会公示物权的归属及变动情况。为此，《民法典》第218～219条规定，权利人、利害关系人可以申请查询、复制登记资料，登记机构应当提供。但是，利害关系人不得公开、非法使用权利人的不动产登记资料。具体的查询过程需要依据《不动产登记资料查询暂行办法》的规定进行。

5. 登记机构的法律责任

《民法典》第222条第2款规定："因登记错误，造成他人损害的，登记机构应当承担赔偿责任。登记机构赔偿后，可以向造成登记错误的人追偿。"据此，登记机构可能因登记错误而承担赔偿责任。此外，依据最高人民法院《关于审理房屋登记案件若干问题的规定》（法释〔2010〕15号）第1条、第3条、第11条、第14条的规定，公民、法人或者其他组织对房屋登记机构的房屋登记行为以及与查询、复制登记资料等事项相关的行政行为或者相应的不作为不服，提起行政诉讼的，人民法院应当依法受理。并且，提起行政诉讼不受房屋灭失、房屋登记行为已被登记机构改变、生效法律文书将房屋权属证书、房屋登记簿或者房屋登记证明作为定案证据采用等情形的影响。人民法院受理后，可根据具体情况判决撤销登记行为或者确认登记行为违法。同时，农村集体土地上的房屋登记行政案件也要参照上述规定审理。2011年8月7日发布的最高人民法院《关于审理涉及农村集体土地行政案件若干问题的规定》（法释〔2011〕20号）第2条规定："土地登记机构根据人民法院生效裁判文书、协助执行通知书或者仲裁机构的法律文书办理的土地权属登记行为，土地权利人不服提起诉讼的，人民法院不予受理，但土地权利人认为登记内容与有关文书内容不一致的除外。"从而将土地登记机构根据法院及仲裁机构法律文书办理的土地权属登记行为原则上排除在行政诉讼的受案范围之外。

对于颁发自然资源所有权或使用权证书的行为是否属于行政复议前置的情形，2005年2月24日，最高人民法院答复称："法释〔2003〕5号批复中的'确认'，是指当事人对自然资源的权属发生争议后，行政机关对争议的自然资源的所有权或者使用权所作的确权决定。有关土地等自然资源所有权或者使用权的初始登记，属于行政许可性质，不应包括在行政确认范畴之内。据此，行政机关颁发自然资源所有权或者使用权证书的行为不属于复议前置的情形。"①

① 最高人民法院《关于行政机关颁发自然资源所有权或者使用权证的行为是否属于确认行政行为问题的答复》（〔2005〕行他字第4号）。

六、土地权属争议的解决

（一）土地权属争议的概念

依据2010年修改的《土地权属争议调查处理办法》第2条的规定，土地权属争议是指土地所有权或者使用权归属争议。理解土地权属争议这一概念，需要注意它的核心内容是“土地所有权和使用权归属争议”，因而不能把所有与土地有关的争议均认定为土地权属争议。2007年3月29日，原国土资源部办公厅复函称：“土地权属争议是指土地登记前，土地权利利害关系人因土地所有权和使用权的归属而发生的争议。土地登记发证后已经明确了土地的所有权和使用权，土地登记发证后提出的争议不属于土地权属争议。”① 据此，土地登记发证后提出的争议被排除在土地权属争议的范围之外。

此外，《土地权属争议调查处理办法》第14条规定：“下列案件不作为争议案件受理：（一）土地侵权案件；（二）行政区域边界争议案件；（三）土地违法案件；（四）农村土地承包经营权争议案件；（五）其他不作为土地权属争议的案件。”以其中的农村土地承包经营权争议为例，它与土地权属争议存在本质区别，《农村土地承包法》（2018年修改）第55条专门规定了土地承包经营权争议的解决方式：“因土地承包经营发生纠纷的，双方当事人可以通过协商解决，也可以请求村民委员会、乡（镇）人民政府等调解解决。当事人不愿协商、调解或者协商、调解不成的，可以向农村土地承包仲裁机构申请仲裁，也可以直接向人民法院起诉。”依据上述规定，农村土地承包经营权争议不属于土地权属争议。在**豆某乐等诉唐县政府等行政复议案**中，最高人民法院提出，农村土地承包经营权纠纷与土地权属纠纷都会涉及土地使用权的归属问题，两者相区别的核心要点在于权利来源。凡是因集体土地承包而取得集体土地使用权，并在此基础上与其他集体土地承包人发生土地使用权纠纷的，属于土地承包经营权纠纷，不属于土地权属纠纷范畴。豆某乐等系因承包地边界不清，发生土地使用权范围纠纷，双方权利来源系集体土地承包。因此，不应作为土地权属争议案件受理。②

总结·提示 土地权属争议有特定的内涵，并非所有的“土地所有权和使用权归属争议”都可以作为土地权属争议处理。

（二）土地权属争议解决的原则

《土地权属争议调查处理办法》第3条规定：“调查处理土地权属争议，应当以法律、法规和土地管理规章为依据。从实际出发，尊重历史，面对现实。”据此，土地权属争议解决

---

① 原国土资源部办公厅《关于土地登记发证后提出的争议能否按权属争议处理问题的复函》（国土资厅函〔2007〕60号）。

② 最高人民法院行政裁定书，（2020）最高法行申12423号。

的原则包括：（1）依法调处原则；（2）从实际出发原则；（3）尊重历史原则；（4）面对现实原则。

在现有的规定以及判例当中，也体现了上述原则。例如，《确定土地所有权和使用权的若干规定》第21条规定："农民集体连续使用其他农民集体所有的土地已满二十年的，应视为现使用者所有；连续使用不满二十年，或者虽满二十年但在二十年期满之前所有者曾向现使用者或有关部门提出归还的，由县级以上人民政府根据具体情况确定土地所有权。"对此，有观点认为，长达20年实际使用又无他人主张权利，足以证明如争议土地有权利人，该权利人也处于对权利归属的放任状态，且以长期现实使用情况来界定权利归属更有利于维护社会和经济的稳定。[①] 如此说来，这一规定本身就体现了尊重历史、面对现实等原则。在**石某队等诉博白县政府等土地行政裁决案**中，最高人民法院认为，农民集体经济组织之间发生土地权属争议的，人民政府确定土地权属时，应当根据争议土地的管理使用情况，尊重历史，面对现实，实事求是地作出处理，原则上应当将争议土地确权给长期管理使用争议土地的一方当事人。[②] 这一裁判思路应该说与《土地权属争议调查处理办法》第3条的规定完全吻合。

（三）土地权属争议解决的方式

《土地管理法》第14条规定："土地所有权和使用权争议，由当事人协商解决；协商不成的，由人民政府处理。单位之间的争议，由县级以上人民政府处理；个人之间、个人与单位之间的争议，由乡级人民政府或者县级以上人民政府处理。当事人对有关人民政府的处理决定不服的，可以自接到处理决定通知之日起三十日内，向人民法院起诉。在土地所有权和使用权争议解决前，任何一方不得改变土地利用现状。"据此，土地权属争议的解决方式主要包括：（1）协商；（2）人民政府处理；（3）诉讼。

总结·提示　协商、人民政府处理和诉讼，是土地权属争议的主要解决方式。其中，协商不成是人民政府处理的前提，人民政府先行处理又是诉讼的前提。

在上述三种方式中，人民政府处理是土地确权的行政行为，在性质上属于行政确认，处理的过程需要遵守《土地权属争议调查处理办法》中关于处理土地争议申请、受理、调查和处理的程序规定。其中的诉讼，是指当事人对人民政府的处理决定不服，以人民政府为被告提起的行政诉讼。

实践中，略有争议的问题是：当事人不服行政机关就土地权属争议作出的处理决定，向人民法院提起诉讼前，是否应当适用行政复议前置？对此，"肯定说"认为土地权属争议处理决定纠纷案件专业性强、涉及面广，适用复议前置程序，便于查明事实、分清是非，可以更好地化解纠纷，并节约司法资源。采"肯定说"的主要依据是《行政复议法》（2017年修

---

① 参见朱深远主编：《农村土地流转法律问题解答与实例》，人民法院出版社2020年版，第66页。

② 最高人民法院行政判决书，（2020）最高法行再249号。

改）第30条第1款的规定："公民、法人或者其他组织认为行政机关的具体行政行为侵犯其已经依法取得的土地、矿藏、水流、森林、山岭、草原、荒地、滩涂、海域等自然资源的所有权或者使用权的，应当先申请行政复议；对行政复议决定不服的，可以依法向人民法院提起行政诉讼。"另外，2003年1月9日最高人民法院曾批复称，公民、法人或者其他组织认为行政机关确认土地、矿藏、水流、森林、山岭、草原、荒地、滩涂、海域等自然资源的所有权或者使用权的具体行政行为，侵犯其已经依法取得的自然资源所有权或者使用权的，经行政复议后，才可以向人民法院提起行政诉讼，但法律另有规定的除外。[①] 而"否定说"则认为，《行政复议法》生效之后，《土地管理法》于2004年、2019年两次修改，其内容并未规定土地权属争议处理决定应当适用复议前置程序，根据"新法优于旧法"的原则，此类行政决定已不属于复议前置情形。

不过，最高人民法院《关于审理涉及农村集体土地行政案件若干问题的规定》（法释〔2011〕20号）第6条规定："土地权利人认为乡级以上人民政府作出的土地确权决定侵犯其依法享有的农村集体土地所有权或者使用权，经复议后向人民法院提起诉讼的，人民法院应当依法受理。法律、法规规定应当先申请行政复议的土地行政案件，复议机关作出不受理复议申请的决定或者以不符合受理条件为由驳回复议申请，复议申请人不服的，应当以复议机关为被告向人民法院提起诉讼。"据此，农村集体土地确权决定属于复议前置的情形。最高人民法院在**张某某诉清镇市政府确权决定案**的会议纪要中也已明确采"肯定说"，即当事人不服行政机关就土地权属争议作出的处理决定，向人民法院提起诉讼前，应当依据《行政复议法》第30条第1款之规定，先行向上一级行政机关申请行政复议。

更为重要的是，2023年修改的《行政复议法》第23条仍然明确规定，"对行政机关作出的侵犯其已经依法取得的自然资源的所有权或者使用权的决定不服"的，当事人应当先向行政复议机关申请行政复议，对行政复议决定不服的，可以再依法向人民法院提起行政诉讼。由此看来，对于土地权属争议处理决定采行政复议前置"肯定说"完全符合立法机关的本意。

但是，这样一来又会产生新的问题，比如《土地管理法》第14条规定的30日起诉期限究竟还有无适用的可能性？对此，有权机关应该尽快给出明确的答案。

---

① 最高人民法院《关于适用〈行政复议法〉第三十条第一款有关问题的批复》（法释〔2003〕5号）。

第十讲　农村宅基地、建设用地与耕地

重点导读

本讲主要介绍农村的“三块地”——农村宅基地、建设用地与耕地。不过，这里所称的“三块地”与农村“三块地”改革中的“三块地”含义有所不同，后者专指农村土地征收、集体经营性建设用地入市和宅基地制度改革。实践中，农村宅基地、集体建设用地与耕地均有可能成为集体土地征收的对象。农村宅基地以及宅基地使用权都是中国特有的土地法概念，其核心是农村宅基地的管理制度。对于集体建设用地，当前需要重点关注的是集体经营性建设用地入市的法律和政策。耕地保护，是中国土地管理的核心制度，18.65亿亩耕地和15.46亿亩永久基本农田的保护目标要保持到2035年不变。对于耕地的法律和政策，可以结合农村土地承包经营制度加以理解。本讲的内容包括农村宅基地与宅基地使用权、农村宅基地管理制度、集体建设用地、耕地保护、农村土地承包经营制度五个方面。

一、农村宅基地与宅基地使用权

（一）农村宅基地及其使用权的概念

农村宅基地以及宅基地使用权，都是中国特有的土地法概念。农村宅基地，是农村村民用于建造住宅及其附属设施的集体建设用地，包括住房、附属用房和庭院等用地；宅基地使用权，是农村集体经济组织成员依法享有的在集体土地上建造住宅及其附属设施的权利，在性质上属于一种用益物权。

农村宅基地是传统农村的“三块地”之一，宅基地制度改革也是农村“三块地”改革的重要组成部分。近年来，随着改革的深入推进，中国的宅基地制度已经产生了较大的变化，并且至今仍处于变革之中。

拓展·探索

农村“三块地”改革与宅基地“三权”分置

农村“三块地”改革与宅基地“三权”分置，都是农村宅基地改革中的重要措施，自逻辑而言，前者应当包含后者——宅基地“三权”分置本身就是农村“三块地”改革的一项重要内容。目前来看，农村“三块地”改革的成果已经较好地被新《土地管理法》引进和吸收，但宅基地“三权”分置由于尚处在探索和试验阶段，未在新《土地管理法》中明确规定。

1. 农村“三块地”改革

农村土地征收、集体经营性建设用地入市、宅基地制度改革，被称为农村“三块地”改革。2013 年 11 月，党的十八届三中全会对农村“三块地”改革作出重要部署；2014 年 12 月，原中央全面深化改革领导小组第七次会议和中央政治局常委会会议审议通过《关于农村土地征收、集体经营性建设用地入市、宅基地制度改革试点工作的意见》，明确了农村“三块地”改革的方向和任务；2015 年 2 月发布的全国人民代表大会常务委员会《关于授权国务院在北京市大兴区等三十三个试点县（市、区）行政区域暂时调整实施有关法律规定的决定》，授权在试点地区暂时调整实施《土地管理法》《城市房地产管理法》有关法律规定；2018 年 12 月发布的国务院《关于农村土地征收、集体经营性建设用地入市、宅基地制度改革试点情况的总结报告》，对改革试点的基本情况、主要成效、重点问题和修法建议做了全面总结。

依据《关于农村土地征收、集体经营性建设用地入市、宅基地制度改革试点工作的意见》等相关政策文件的规定，农村“三块地”改革的主要任务包括以下四点：

第一，完善土地征收制度。针对征地范围过大、程序不够规范、被征地农民保障机制不完善等问题，要缩小土地征收范围，探索制定土地征收目录，严格界定公共利益用地范围；规范土地征收程序，建立社会稳定风险评估制度，健全矛盾纠纷调处机制，全面公开土地征收信息；完善对被征地农民合理、规范、多元保障机制。

第二，建立农村集体经营性建设用地入市制度。针对农村集体经营性建设用地权能不完整，不能同等入市、同权同价和交易规则亟待健全等问题，要完善农村集体经营性建设用地产权制度，赋予农村集体经营性建设用地出让、租赁、入股权能；明确农村集体经营性建设用地入市范围和途径；建立健全市场交易规则和服务监管制度。

第三，改革完善农村宅基地制度。针对农户宅基地取得困难、利用粗放、退出不畅等问题，要完善宅基地权益保障和取得方式，探索农民住房保障在不同区域户有所居的多种实现形式；对因历史原因形成超标准占用宅基地和一户多宅等情况，探索实行有偿使用；探索进城落户农民在本集体经济组织内部自愿有偿退出或转让宅基地；改革宅基地审批制度，发挥村民自治组织的民主管理作用。

第四，建立兼顾国家、集体、个人的土地增值收益分配机制，合理提高个人收益。针对土地增值收益分配机制不健全，兼顾国家、集体、个人之间利益不够等问题，要建立健全土地增值收益在国家与集体之间、集体经济组织内部的分配办法和相关制度安排。

无论如何改革，坚持土地公有制性质不改变、耕地红线不突破、农民利益不受损，是农村“三块地”改革中必须坚持的三条底线。

2. 宅基地“三权”分置

2018 年 1 月 2 日，中共中央、国务院《关于实施乡村振兴战略的意见》（中发〔2018〕1 号）在系统总结农村“三块地”改革试点经验的基础上提出：“完善农民闲置宅基地和闲置农房政策，探索宅基地所有权、资格权、使用权‘三权分置’，落实宅基地集体所有权，保障宅基地农户资格权和农民房屋财产权，适度放活宅基地和农民房屋使用权。”在2018年国务院的《政府工作报告》中也明确提出：“探索宅基地所有权、资格权、使用权分置改革。”从此，宅基地“三权”分置的序幕正式拉开。

落实宅基地集体所有权、保障宅基地农户资格权、适度放活宅基地和农房使用权，是“三权”分置的主要方向。其中，宅基地集体所有权主要体现在宅基地所有权的归属、权能、行使主体以及相关限制等方面。宅基地农户资格权，主要体现在宅基地取得资格上，如只有本集体经济组织成员才有资格取得宅基地，实行“一户一宅”和面积限制，宅基地的取得必须经过审批，农村住宅出卖、出租、赠与后村民不得再申请宅基地等。在安徽旌德颁发了全国第一本包含资格权的宅基地“三权”分置证书之后，浙江象山等其他一些地方已经开始陆续跟进。适度放活宅基地和农房使用权，主要体现在宅基地使用权的归属、农房的出租、买卖、置换、赠与、继承、抵押、入股等方面。

宅基地“三权”分置在实际操作中仍面临不少问题：在所有权的行使上，存在所有权虚置，特别是处分权落实不到位等问题；在资格权的保障上，存在资格权的权能、认定和实现形式不明确等问题；在使用权的放活上，面临使用权的属性、权能、实现形式以及法律保障等问题。①解决好这些问题，是下一步宅基地制度改革的重中之重。

（二）宅基地使用权的特征

农村宅基地带有集体所有、成员使用、“一户一宅”、限定面积、无偿取得、长期占有、规划管控、内部流转等特点。依据现有的法律和政策，宅基地使用权主要有如下几个特征。

1. 权利主体特定

宅基地使用权的主体具有强烈的身份属性。依据《民法典》（2020年发布）第362条的规定，宅基地使用权的主体是“宅基地使用权人”。在现行的法律和政策之下，通常只有符合申请宅基地条件的农村集体经济组织成员才有可能成为宅基地使用权人，其他人不能取得宅基地使用权，自然也无法通过在宅基地上自建房屋等方式成为宅基地房屋的所有权人。在**刘某宝等诉三亚市政府等行政赔偿案**中，最高人民法院认为，非本村村民无权在农村宅基地上建设房屋，刘某宝等未经审批在他人宅基地上建设的房屋并依据合作开发合同分得的房屋，应当属于违法建筑。②

不过，在不同的历史时期，国家对于宅基地使用权主体的规定亦不尽相同。在1982年《村镇建房用地管理条例》实施前，没有明确对宅基地使用权主体的限制，非农业户口居民（含华侨）可以取得宅基地使用权；在1982年《村镇建房用地管理条例》实施后，直到1999年《土地管理法》修改实施，可以取得宅基地使用权的主体从“农村社员、回乡落户

① 参见魏莉华等：《新〈土地管理法〉学习读本》，中国大地出版社2019年版，第197页。
② 最高人民法院行政裁定书，（2019）最高法行赔申123号。

的离休、退休、退职职工和军人，回乡定居的华侨”扩大到“城镇非农业户口居民”（1986年《土地管理法》、1991年《土地管理法实施条例》）；1999年《土地管理法》修改实施后，明确任何城镇单位和个人进行建设，需要使用土地的，必须依法申请使用国有土地，1999年1月1日当时修改的《土地管理法》的实施就标志着城镇居民在农村买房、建房的大门被关闭。[①] 但在此之前，上述人员已经依法取得的宅基地使用权不受影响。在**刘某生诉中原区政府补偿安置案**中，最高人民法院认为，刘某生作为中原区段庄村村民于1992年因市政建设需要整体搬迁到新村取得宅基地一处，刘某生缴纳了宅基地使用费和押金。后该处宅基地因该村新农村建设需要经段庄村民委员会同意，由该村第三、五村民小组占用，为此第三、五村民小组于2008年租用本村村民的土地并支付租赁费用，将该土地交由刘某生使用且于当年建房居住至今。虽然刘某生不持有宅基地使用证，但不能否定1992年刘某生依法取得宅基地的事实，刘某生在该村出生，退休后户口又迁回该村，故其应当享受段庄村村民待遇。[②]

总结·提示 1998年修改的《土地管理法》将1986年《土地管理法》中的“农村居民”全部修改为“农村村民”，并删除了城镇非农业户口居民到农村申请宅基地建房的规定。因此，1999年1月1日该法实施之后城镇居民在农村买房、建房的大门被完全关闭。

此后，对于宅基地使用权主体特定的要求，在实践中被贯彻得越来越严格。1999年5月6日，国务院办公厅《关于加强土地转让管理严禁炒卖土地的通知》（国办发〔1999〕39号）强调：“农民的住宅不得向城市居民出售，也不得批准城市居民占用农民集体土地建住宅，有关部门不得为违法建造和购买的住宅发放土地使用证和房产证。”2004年10月21日，国务院《关于深化改革严格土地管理的决定》（国发〔2004〕28号）重申：“禁止城镇居民在农村购置宅基地。”

实践中，非本农民集体经济组织成员取得的宅基地能否办理确权登记？依据原国土资源部等《关于农村集体土地确权登记发证的若干意见》（国土资发〔2011〕178号）、原国土资源部《关于进一步加快宅基地和集体建设用地确权登记发证有关问题的通知》（国土资发〔2016〕191号）的规定，非本农民集体经济组织成员取得宅基地，应区分不同情形予以处理：（1）非本农民集体经济组织成员，因易地扶贫搬迁、地质灾害防治、新农村建设、移民安置等按照政府统一规划和批准使用宅基地的，在退出原宅基地并注销登记后，依法确定新建房屋占用的宅基地使用权，并办理不动产登记。（2）非本农民集体经济组织成员（含城镇居民），因继承房屋占用宅基地的，可按规定确权登记，在不动产登记簿及证书附记栏注记“该权利人为本农民集体经济组织原成员住宅的合法继承人”。（3）1999年国务院办公厅《关于加强土地转让管理严禁炒卖土地的通知》（国办发〔1999〕39号）印发前，回原籍村

---

① 参见魏莉华等：《新〈土地管理法〉学习读本》，中国大地出版社2019年版，第174~175页。

② 最高人民法院行政裁定书，（2018）最高法行申3774号。

庄、集镇落户的职工、退伍军人、离（退）休干部以及回乡定居的华侨、港澳台同胞等，原在农村合法取得的宅基地，或因合法取得房屋而占用宅基地的，经公告无异议或异议不成立的，由该农民集体经济组织出具证明，可依法确权登记，在不动产登记簿及证书附记栏注记“该权利人为非本农民集体经济组织成员”。（4）国办发〔1999〕39 号文件印发后，城市居民违法占用宅基地建造房屋、购买农房的，不予登记。

2. 权利客体特定

依据《民法典》第 362 条的规定，宅基地使用权的客体是“集体所有的土地”。这一规定，一方面，直接排除了在国有土地上设定宅基地使用权的可能性；另一方面，明确了宅基地属于集体所有，宅基地使用权人只有使用权而没有所有权。对于宅基地所有权的归属，《宪法》（2018 年修改）、《民法典》、《土地管理法》（2019 年修改）均明确规定其所有权属于集体。1986 年 11 月 14 日，最高人民法院也曾对此作出批复：“自一九六二年九月中共中央颁布《农村人民公社工作条例修正草案》之后，土地（包括宅基地）所有权归了集体，社员只有使用权，没有所有权（包括处分权）。”[①] 由此可知，自 1962 年 9 月至今，宅基地的所有权一直是归属于集体的。

3. 权利内容特定

《民法典》第 362 条将宅基地使用权的内容界定为“占有和使用集体所有的土地”以及“利用该土地建造住宅及其附属设施”，包括农村村民所建住房以及与居住生活有关的其他建筑物和设施，如住房、车库、厕所、沼气池、牛棚、猪圈等。[②] 与一般用益物权的“占有、使用和收益”相比，唯独缺少了“收益”，这就在无形之中限制了权利主体实现其权利的其他可能性，也是土地用途管制思想的体现。

4. 无偿性和无期限性

由于带有社会福利的性质，宅基地使用权的初始取得是无偿的，即农村集体经济组织成员可以无偿取得和使用宅基地。虽然一些地方曾开展农村宅基地有偿使用试点工作，但并未完全推广开来；历史上一些地方曾要求宅基地使用人缴纳宅基地使用费、押金等各种名目的费用，但在实际操作中并不规范，也不具有普遍意义。

除了无偿性，宅基地使用权还是一种没有使用期限限制的用益物权，不会因为期限届满而消灭，因而也就不存在需要续期的问题。

二、农村宅基地管理制度

《土地管理法》第 62 条对农村宅基地的管理做了原则性的规定，《土地管理法实施条例》（2021 年发布）第 4 章第 4 节（第 33～36 条）专门规定了“宅基地管理”。此外，还有诸多的立法和政策也涉及农村宅基地管理。

---

① 最高人民法院《关于公民对宅基地只有使用权没有所有权的批复》（〔1986〕民他字第 33 号，已失效）。
② 参见王利明主编：《民法》（第 8 版，上册），中国人民大学出版社 2020 年版，第 425 页。

(一)“一户一宅”和面积限制

1. “一户一宅”原则

《土地管理法》第62条第1款规定，农村村民一户只能拥有一处宅基地。这一规定被称作“一户一宅”制，或者“一户一宅”原则。实际上，早在1998年修改的《土地管理法》中就已经明确了“一户一宅”原则。

“一户一宅”包括两层含义：一是宅基地使用权之取得，须以户的名义为之，任何村民个人均不适格；二是就宅基地的数量而言，一户只能取得一处宅基地，农村村民出卖、出租、赠与住宅后，再申请宅基地的，不予批准。需要注意的是，“一户一宅”是从宅基地的初始取得环节来说的，即一户农民只能从集体经济组织无偿分得一处符合标准的宅基地。如果因继承、赠与、购买住宅等合法的原因导致宅基地多于一处的，不应判定为违反“一户一宅”原则。不过，就继承、赠与、购买而言，其标的只能是宅基地上的房屋，如果是没有房屋的单纯宅基地使用权，已经拥有一处宅基地的村民是无法继承的，当然更无法接受赠与或者购买。在**许某仁诉沈阳市政府行政复议案**中，最高人民法院认为，根据本案查明的事实，涉案宅基地上的房屋被烧毁后，许某仁作为独立农户于同村买房另住，并取得了购买房屋的宅基地使用权。许某仁之弟许某义作为五保户独户使用涉案宅基地，且许某义死亡后，涉案宅基地上已无房屋。根据《土地管理法》第62条第1款“农村村民一户只能拥有一处宅基地”的规定，许某仁已经拥有一处宅基地，无权主张继承其他地块的宅基地使用权。[①]

这里的“一户”，应当如何理解？《户口登记条例》（1958年发布）第5条规定：“户口登记以户为单位。同主管人共同居住一处的立为一户，以主管人为户主。单身居住的自立一户，以本人为户主。居住在机关、团体、学校、企业、事业等单位内部和公共宿舍的户口共立一户或者分别立户。户主负责按照本条例的规定申报户口登记。”据此，“一户”是指共同居住一处的多人或单独居住一处的单人所组成的单位。实践中，判断“一户”多是以户籍登记为依据的，通常一本户口簿就代表了“一户”。根据户籍登记信息无法认定的，可参考当地农村集体土地家庭承包中承包集体土地的农户情况，结合村民自治方式予以认定。

实践中，比较常见的问题是对于分户的情形如何应对。按照传统观念，因结婚等原因组建新的家庭，新组建的家庭就应该独立成为一户。但在法律上，只有到公安户籍管理部门进行分户、立户手续登记才算完成了真正意义上分户。对于分户，目前还没有全国性的法律规定，相关的内容散见于地方性规定之中，如《湖南省常住户口登记管理办法》（2016年发布）第11条规定：“申报分户、立户的，应凭相应凭证材料向房屋所在地公安派出所提出申请。家庭户立户、分户由公安派出所核准，集体户立户由公安派出所或县级公安机关核准。”

---

① 最高人民法院行政裁定书，(2020) 最高法行申14503号。

总结·提示 一般认为，如果一户在事实上满足了分户条件，只是没有办理分户手续（所谓“应分未分”的情形），在分户之后不违反“一户一宅”原则的，就不违反《土地管理法》第62条的规定。

---

2. “一户一宅”的例外

“一户一宅”的例外包括两种情形，一种是“一户一宅”不能保障的情形，另一种是“一户多宅”的情形。

（1）“一户一宅”不能保障的情形

《土地管理法》第62条第2款规定：“人均土地少、不能保障一户拥有一处宅基地的地区，县级人民政府在充分尊重农村村民意愿的基础上，可以采取措施，按照省、自治区、直辖市规定的标准保障农村村民实现户有所居。”这表明，国家鼓励各地探索保障农村村民户有所居的方式，分区分类落实村民户有所居。例如，北京市人民政府《关于落实户有所居加强农村宅基地及房屋建设管理的指导意见》（京政发〔2020〕15号）提出，各区在尊重村民意愿的基础上，可以通过纳入本区居民住房保障体系、集中建设村民公寓、村民住宅小区等四种途径落实户有所居。由此可见，户有所居并不表示所有的户都必然要拥有宅基地。

总结·提示 “保障农村村民实现户有所居”是2019年《土地管理法》新增加的内容，但户有所居并不表示所有的户都必然要拥有宅基地。

（2）“一户多宅”的情形

在中国农村，“一户多宅”的情形普遍存在。据统计，在“三块地”改革最初的15个宅基地试点地区“一户多宅”的户数占比达到了10%～40%。对于“一户多宅”，国家的态度是明确的：一是逐步清理历史遗留的“一户多宅”问题，二是坚决杜绝新的“一户多宅”现象。2008年1月3日，国务院《关于促进节约集约用地的通知》（国发〔2008〕3号）提出：“严格执行农村一户一宅政策。各地要结合本地实际完善人均住宅面积等相关标准，控制农民超用地标准建房，逐步清理历史遗留的一户多宅问题，坚决防止产生超面积占用宅基地和新的一户多宅现象。”

但是，由于“一户多宅”成因相当复杂，常见的原因有宅基地房屋买卖、继承、赠与以及建新未拆旧等，如果不加区分地一概清理，势必伤及广大农民的合法权益。为了解决这个问题，原国土资源部《关于进一步加快宅基地和集体建设用地确权登记发证有关问题的通知》（国土资发〔2016〕191号）规定，宅基地使用权应按照“一户一宅”的要求，原则上确权登记到“户”。符合当地分户建房条件未分户，但未经批准另行建房分开居住的，其新建房屋占用的宅基地符合相关规划，经本农民集体经济组织或村民委员会同意并公告无异议或异议不成立的，可按规定补办有关用地手续后，依法予以确权登记；未分开居住的，其实际使用的宅基地没有超过分户后建房用地合计面积标准的，依法按照实际使用面积予以确权登记；对于因继承房屋占用宅基地，形成“一户多宅”的，可按规定确权登记，并在不动产登记簿和证书附记栏进行注记。

实践中，对于因继承、买卖、赠与、符合当地分户建房条件未分户而另行建房、政策原因（如参军入伍、外地上大学迁回农村需要宅基地）等所导致的“一户多宅”的情形，以及虽有多处宅基地但其面积的总和符合宅基地面积标准的情形，通常都认可其合法性。

3. 面积限制

农村宅基地不但在数量上受限制，在面积上也要受限制，早在1986年《土地管理法》中就有了限制宅基地面积的规定。现行《土地管理法》第62条第1款要求，宅基地的面积不得超过省、自治区、直辖市规定的标准。所以，确定宅基地面积标准的权限属于各省、自治区和直辖市的人大、人大常委会以及人民政府。比如，《广东省土地管理条例》（2022年发布）规定，新批准宅基地的面积按照以下标准执行：平原地区和城市郊区每户不得超过80平方米，丘陵地区每户不得超过120平方米，山区每户不得超过150平方米；北京市人民政府《关于落实户有所居加强农村宅基地及房屋建设管理的指导意见》（京政发〔2020〕15号）规定，每户宅基地用地标准，人多地少的地区最高不得超过167平方米，其他地区最高不得超过200平方米。

如果宅基地面积超标，应该如何处理？依据《土地管理法》第78条的规定，农村村民超过省、自治区、直辖市规定的标准，多占的土地以非法占用土地论处，应当由县级以上人民政府农业农村主管部门责令退还非法占用的土地，限期拆除在非法占用的土地上新建的房屋。在宅基地确权登记中的做法是，农民集体经济组织成员经批准建房占用宅基地的，按照批准面积予以确权登记；未履行批准手续建房占用宅基地的，地方有规定的，按地方规定办理；地方未做规定的，按照原国土资源部《关于进一步加快宅基地和集体建设用地确权登记发证有关问题的通知》规定的分阶段处理原则办理：

第一，1982年《村镇建房用地管理条例》实施前，农民集体经济组织成员建房占用的宅基地，范围在《村镇建房用地管理条例》实施后至今未扩大的，无论是否超过其后当地规定面积标准，均按实际使用面积予以确权登记。

第二，1982年《村镇建房用地管理条例》实施起至1987年《土地管理法》实施时止，农民集体经济组织成员建房占用的宅基地，超过当地规定面积标准的，超过面积按国家和地方有关规定处理的结果予以确权登记。

第三，1987年《土地管理法》实施后，农民集体经济组织成员建房占用的宅基地，超过批准面积建设的，不予确权登记；符合规划经依法处理予以保留的，在补办相关用地手续后，只登记批准部分，超出部分在登记簿和证书中注记。

第四，历史上接受转让、赠与房屋占用的宅基地超过当地规定面积标准的，按照转让、赠与行为发生时对宅基地超面积标准的政策规定，予以确权登记。

需要强调的是，在现实中宅基地面积超标的情形是大量存在的，据统计有的地区超标宅基地占比甚至超过了60%。而且，宅基地超面积的成因同样十分复杂，有很多是历史遗留问题，并非皆为村民自身过错所致。所以，在对超面积宅基地的处理中，也必须遵守我们在第七讲提到的考虑历史因素、注重相对人的信赖利益保护等基本原则，绝对不能搞“一刀切”。

（二）宅基地的申请和审批

1. 申请和审批的程序

农村宅基地的申请和审批制度早在1982年发布的《村镇建房用地管理条例》中就确立了。《土地管理法》第62条第4款规定，农村村民住宅用地，由乡（镇）人民政府审核批准；其中，涉及占用农用地的，依照《土地管理法》第44条的规定办理审批手续。《土地管理法实施条例》第34条规定，农村村民申请宅基地的，应当以户为单位向农村集体经济组织提出申请；没有设立农村集体经济组织的，应当向所在的村民小组或者村民委员会提出申请。宅基地申请依法经农村村民集体讨论通过并在本集体范围内公示后，报乡（镇）人民政府审核批准。涉及占用农用地的，应当依法办理农用地转用审批手续。据此，宅基地的审批权限已经由之前的县级人民政府下放到了乡（镇）人民政府。

总结・提示　宅基地申请和审批的流程可以概括为：农户申请→村组审核→乡镇审批（农用地转用）。

此外，依据《村民委员会组织法》（2018年修改）第24条的规定，“宅基地的使用方案”属于经村民会议讨论决定方可办理的事项，村民会议可以授权村民代表会议讨论决定这一事项。因此，《土地管理法实施条例》第34条中的“经农村村民集体讨论通过”，主要是指经村民会议或者村民代表会议讨论通过。

2. 对宅基地房屋的规划管控

规划管控，是在宅基地申请和审批中需要注意的一个问题。宅基地房屋必须符合土地利用总体规划（国土空间规划）和村庄规划，通过规划科学划定宅基地范围。《土地管理法》第62条要求，农村村民建住宅，应当符合乡（镇）土地利用总体规划、村庄规划，不得占用永久基本农田，并尽量使用原有的宅基地和村内空闲地；编制乡（镇）土地利用总体规划、村庄规划应当统筹并合理安排宅基地用地，改善农村村民居住环境和条件。《土地管理法实施条例》第33条规定：“农村居民点布局和建设用地规模应当遵循节约集约、因地制宜的原则合理规划。县级以上地方人民政府应当按照国家规定安排建设用地指标，合理保障本行政区域农村村民宅基地需求。乡（镇）、县、市国土空间规划和村庄规划应当统筹考虑农村村民生产、生活需求，突出节约集约用地导向，科学划定宅基地范围。”

总结・提示　农村村民建住宅“不得占用永久基本农田”，是2019年修改的《土地管理法》新增加的内容。

另外，依据《城乡规划法》（2019 年修改）第 41 条的规定，在乡、村庄规划区内使用原有宅基地进行农村村民住宅建设的规划管理办法，由省、自治区、直辖市制定。农村村民在取得由城市、县人民政府城乡规划主管部门核发的乡村建设规划许可证后，方可办理用地审批手续。

为了规范农村宅基地审批和建房规划许可管理，2019 年 12 月 12 日发布的农业农村部、自然资源部《关于规范农村宅基地审批管理的通知》（农经发〔2019〕6 号）要求，乡镇政府要探索建立一个窗口对外受理、多部门内部联动运行的农村宅基地用地建房联审联办制度，方便农民群众办事。根据农业农村、自然资源等部门联审结果，由乡镇政府对农民宅基地申请进行审批，出具《农村宅基地批准书》，鼓励地方将乡村建设规划许可证由乡镇一并发放，并以适当方式公开。

3. 宅基地审批中的禁止性规定

《土地管理法》以及其他法律和政策对于宅基地规定了一系列的禁止性要求，在宅基地审批中对于属于禁止之列的情形应当不予批准。例如，实践中的“三不批”和“八不准”，就属于常见的禁止性要求。当然，所谓“三不批”“八不准”大多也是重申已有的法律规定。

所谓“三不批”，是指依据《土地管理法》的规定，下列三类情形申请宅基地的将不予批准：（1）不满足“一户一宅”条件申请宅基地不予批准；（2）将宅基地出卖、出租、赠与、有偿退出等，再申请宅基地不予批准；（3）非本集体经济组织成员申请宅基地不予批准。

所谓“八不准”，是指为了遏制农村乱占耕地建房行为而提出的八条禁令。2020 年 7 月 29 日，自然资源部、农业农村部发布《关于农村乱占耕地建房“八不准”的通知》（自然资发〔2020〕127 号），要求：（1）不准占用永久基本农田建房；（2）不准强占多占耕地建房；（3）不准买卖、流转耕地违法建房；（4）不准在承包耕地上违法建房；（5）不准巧立名目违法占用耕地建房；（6）不准违反“一户一宅”规定占用耕地建房；（7）不准非法出售占用耕地建的房屋；（8）不准违法审批占用耕地建房。

4. 对农村村民未经批准建住宅的处理

农村村民未经批准所建的住宅，既无审批手续，也无确权登记手续，就是通常所称的“无证”（无宅基地使用权证、乡村建设规划许可证和房屋所有权证）宅基地房屋。《土地管理法》第 78 条规定：“农村村民未经批准或者采取欺骗手段骗取批准，非法占用土地建住宅的，由县级以上人民政府农业农村主管部门责令退还非法占用的土地，限期拆除在非法占用的土地上新建的房屋。超过省、自治区、直辖市规定的标准，多占的土地以非法占用土地论处。”

在适用上述规定时必须注意的是，“无证”房屋在农村是大量存在的，有很多是历史遗留问题。因此在处理时同样不宜搞“一刀切”，应当在综合地考虑历史、习惯、行政机关与村民委员会过错、保护村民的信赖利益以及保障村民住有所居等各种因素和原则的基础上作出认定和处理。尤其是长期以来，各地宅基地的申请和审批制度很不完善，很多地方都是流于形式，即使是已出台的法律规范也没有得到严格的贯彻落实。在一些地方，之前由村委会主任签一张批条、村委会出具一纸证明、村民向村委会缴纳一笔宅基地使用费（此举违反了无偿使用原则），甚至在得到村委会领导的口头同意之后，就视为合法的宅基地了；对于宅基地面积的限制，则更是付之阙如。对于这样的现实，有关部门在处理的时候绝不能视而不见，那种直接将“无证”房屋等同于违法建筑的做法对于农村宅基地房屋来说尤其是行不通的。

依据原国土资源部《关于进一步加快宅基地和集体建设用地确权登记发证有关问题的通知》（国土资发〔2016〕191 号）和农业农村部、自然资源部《关于规范农村宅基地审批管理的通知》（农经发〔2019〕6 号）的规定，对于没有权属来源材料的宅基地，应当查明土地历史使用情况和现状，由所在农民集体经济组织或村民委员会对宅基地使用权人、面积、四至范围等进行确认后，公告 30 天无异议或异议不成立的，由所在农民集体经济组织或村委会并出具证明，经乡（镇）人民政府审核批准，属于合法使用的，予以确权登记。这样的处理方式，体现了妥善化解宅基地历史遗留问题的原则。

（三）宅基地的主管部门

新《土地管理法》将农村宅基地改革和管理、宅基地管理违法监督检查以及农村村民非法占地建住宅的查处职责由此前的国土资源主管部门（自然资源主管部门）变成农业农村主管部门，并赋予农业农村主管部门在宅基地监督管理和行政执法等方面的职权。中央农村工作领导小组办公室、农业农村部《关于进一步加强农村宅基地管理的通知》（中农发〔2019〕11 号）提出：“农村宅基地管理和改革是党和国家赋予农业农村部门的重要职责，具体承担指导宅基地分配、使用、流转、纠纷仲裁管理和宅基地合理布局、用地标准、违法用地查处，指导闲置宅基地和闲置农房利用等工作。”农业农村部、自然资源部《关于规范农村宅基地审批管理的通知》（农经发〔2019〕6 号）提出：“农业农村部门负责农村宅基地改革和管理工作，建立健全宅基地分配、使用、流转、违法用地查处等管理制度，完善宅基地用地标准，指导宅基地合理布局、闲置宅基地和闲置农房利用……”

新《土地管理法》中涉及宅基地主管部门的条文主要是第 62 条、第 67 条、第 78 条。其中，第 62 条第 7 款规定：“国务院农业农村主管部门负责全国农村宅基地改革和管理有关工作。”第 67 条第 1 ~ 2 款规定：“县级以上人民政府自然资源主管部门对违反土地管理法律、法规的行为进行监督检查。县级以上人民政府农业农村主管部门对违反农村宅基地管理法律、法规的行为进行监督检查的，适用本法关于自然资源主管部门监督检查的规定。”第 78 条规定，“农村村民未经批准或者采取欺骗手段骗取批准，非法占用土地建住宅的”，主管部门是县级以上人民政府农业农村主管部门。《土地管理法》第 78 条明确了违法主体是农村村民，违法行为是非法占用土地（非特指占用宅基地）建住宅，在此前提下无论是否取得宅基地审批，无论占用的是何种用途土地，均由农业农村部门负责查处。依据上述规定。自然资源主管部门在 2020 年 1 月 1 日新《土地管理法》实施之后，不得继续对农村村民非法占地建住宅的行为进行查处，否则属于越权行为。

2022年4月8日，陕西省自然资源厅答复称："现有法律、机构职能规定、政策性文件及司法实践的裁判规则等，均已经明确农业农村部门和自然资源部门在土地管理法中的执法职责，并在相关文件和政策规定中进行了衔接互补。对农村村民这一特定主体实施非法占用土地（包括各类土地）建住宅这一特定行为（包括违建时间在2020年1月以前的），应由农业农村部门依法监管和查处。非这一特定主体和非建住宅这一行为的其他非法占地行为，由自然资源部门查处。"[①] 这一答复完全符合《土地管理法》以及相关政策文件的规定。

总结·提示 农村村民非法占用土地建住宅的行为，由农业农村主管部门负责查处；农村村民非建住宅时的非法占地行为，以及单位或者农村村民以外的自然人非法占用土地建住宅的行为，由自然资源主管部门负责查处。

在**赵某良诉商州区农业农村局不履行法定职责案**中，商洛市中级人民法院认为，依据《土地管理法》第78条的规定，2020年1月1日以后，对于农村宅基地上非法占地建住宅的查处工作，属于农业农村部门的法定职责。在农村宅基地管理方面，农业农村部门和自然资源部门的职责分工是明确的，对于农村宅基地违法用地查处职责，无论是新的法律规定，还是部门职责分工，都明确由农业农村部门负责。本案中，赵某良向商州区农业农村局投诉全某记无审批手续违法建住宅，其时间在新《土地管理法》实施之后，商州区农业农村局具有依法查处的法定职责，其未就赵某良投诉事项作出处理，属于未履行法定职责的情形。商州区农业农村局认为其只对于2020年以后的宅基地违法用地行为有查处的法定职责，目前其本身不具备执法主体资格且无明确执法程序依据，故不存在不履行法定职责行为的观点，于法无据，本院不予支持。[②] 这一判例与上述陕西省自然资源厅的答复有异曲同工之妙。

值得关注的是，当前农业农村部正致力于推动行政执法权下放，各地也在积极探索将宅基地执法职能赋予乡镇政府实施。例如，广东省人民政府发布的《关于农村村民非法占用土地建住宅行政执法权的公告》（粤府函〔2020〕84号）明确农村村民非法占用土地建住宅的行政执法权调整由乡镇人民政府（街道办事处）行使。此外，广西、河北、山西、内蒙古等地也依法将农村村民非法占地建住宅的行政执法权赋予乡镇人民政府和街道办事处行使。

（四）宅基地权益的保护和限制

1. 宅基地权益保护

宅基地权益不仅包括宅基地使用权，还包括宅基地上房屋及其附属设施的所有权。《土地管理法实施条例》第36条第1款规定："依法取得的宅基地和宅基地上的农村村民住宅及其附属设施受法律保护。"同时，在第2款提出了4项具体的保护措施：一是禁止违背农村村民意愿强制流转宅基地，二是禁止违法收回农村村民依法取得的宅基地，三是禁止以退出

① 《陕西省自然资源厅对省十三届人大六次会议第160号建议的答复函》（陕自然资函〔2022〕31号）。
② 陕西省商洛市中级人民法院行政判决书，（2021）陕10行终15号。

宅基地作为农村村民进城落户的条件，四是禁止强迫农村村民搬迁退出宅基地，此即所谓的“四禁止”。“四禁止”主要针对的是一些地方在推进“合村并居”过程中出现的侵犯农民合法权益的情形，其目的是保护宅基地使用权这一用益物权，以及地上房屋及其附属设施的所有权，维护农村的和谐稳定。

此外，中央农村工作领导小组办公室、农业农村部《关于进一步加强农村宅基地管理的通知》要求：“要充分保障宅基地农户资格权和农民房屋财产权。不得以各种名义违背农民意愿强制流转宅基地和强迫农民‘上楼’，不得违法收回农户合法取得的宅基地，不得以退出宅基地作为农民进城落户的条件。严格控制整村撤并，规范实施程序，加强监督管理。宅基地是农村村民的基本居住保障，严禁城镇居民到农村购买宅基地，严禁下乡利用农村宅基地建设别墅大院和私人会馆。严禁借流转之名违法违规圈占、买卖宅基地。”这其中也几乎涵盖了“四禁止”的内容。

2. 宅基地权益限制

宅基地在取得、使用和流转的各个环节均受到一定程度的限制。其中，在宅基地使用中，最常见的限制有两点：一是不得长期闲置宅基地，二是不得擅自在宅基地上修建厂房等非居住性房屋。上述两点限制被称为农村宅基地的“两注意”。

（1）不得长期闲置宅基地

闲置宅基地是对土地资源的极大浪费，不符合节约集约用地的理念。《土地管理法》第62条第7款规定，鼓励农村集体经济组织及其成员盘活利用闲置宅基地和闲置住宅；第66条规定，不按照批准的用途使用土地的，农村集体经济组织报经原批准用地的人民政府批准，可以收回土地使用权。《确定土地所有权和使用权的若干规定》第52条规定：“空闲或房屋坍塌、拆除两年以上未恢复使用的宅基地，不确定土地使用权。已经确定使用权的，由集体报经县级人民政府批准，注销其土地登记，土地由集体收回。”依据上述规定，当宅基地已成为空地且超过两年未恢复使用的，可以依法进行收回。在**冯某健诉鹤山市政府等批准收回集体土地使用权案**中，最高人民法院认为，依据《土地管理法》第66条、《确定土地所有权和使用权的若干规定》（2010年修改）第52条以及《村民委员会组织法》第24条的规定，作为建设用地的宅基地，权利人取得集体土地使用权后，未按照批准的土地用途使用土地，造成宅基地空闲两年以上的，经村民会议讨论通过，报县级人民政府批准，集体经济组织有权收回宅基地使用权。冯某健于2008年3月14日取得200号《集体土地使用证》，至2013年仍未按照批准的用途在涉案宅基地上建设住宅，土地闲置已经超过2年，符合收回土地的法定条件。越塘合作社召开户代表会议，半数以上代表同意收回冯某健的宅基地。鹤山市政府根据越塘合作社的申请，进行调查核实，依法举行听证会，作出3号收回决定，批准越塘合作社收回宅基地，主要事实清楚，适用法律、法规正确，符合法定程序。①

（2）不得擅自在宅基地上修建厂房等非居住性房屋

宅基地是用以保障农村村民住有所居的土地资源，但一些农村村民在取得宅基地之后，

---

① 最高人民法院行政裁定书，(2019) 最高法行申5101号。

并没有将其用于住宅建设，而是违规在宅基地上修建厂房、养殖场等。擅自在宅基地上修建厂房等非居住性房屋，既不符合土地用途管制的要求，又与宅基地的性质相冲突，依据《土地管理法》第66条的规定，属于“不按照批准的用途使用土地”的情形，农村集体经济组织报经原批准用地的人民政府批准，可以收回土地使用权。

（五）宅基地房屋的买卖和继承

1. 宅基地房屋的流转方式

宅基地本身不能单独流转，但宅基地房屋在一定条件下可以流转。宅基地房屋作为一种特殊的不动产，包括宅基地占地范围内的集体土地使用权和地上的房屋所有权。因此，农村村民可以通过房屋的转让取得房屋所有权，按照“房地一体”的原则，间接地取得宅基地使用权。

《土地管理法》规定的宅基地房屋的流转方式主要有买卖、出租和赠与，赠与是2019年《土地管理法》新增加的一种方式。其中，买卖和赠与的对象应为本集体经济组织成员，出租的对象不受集体经济组织成员身份的限制。赠与宅基地房屋，需要遵守《民法典》关于赠与合同的规定（第657～666条）；出租宅基地房屋，需要遵守《民法典》关于租赁合同的规定（第703～734条）。例如，《民法典》第705条规定租赁期限最长为20年：“租赁期限不得超过二十年。超过二十年的，超过部分无效。租赁期限届满，当事人可以续订租赁合同；但是，约定的租赁期限自续订之日起不得超过二十年。”依据最长租赁期限的规定，中央农村工作领导小组办公室、农业农村部《关于进一步加强农村宅基地管理的通知》要求：“城镇居民、工商资本等租赁农房居住或开展经营的，要严格遵守合同法的规定，租赁合同的期限不得超过二十年。合同到期后，双方可以另行约定。”

拓展·探索

不同时期的宅基地房屋流转制度

在不同的时期，对于农村宅基地房屋买卖的规定也有所不同，总结起来大致可以分为以下三个阶段：

第一，禁止流转阶段（1962～1981年）。1962年发布的《农村人民公社工作条例修订草案》规定，生产队所有的土地，包括社员的自留地、自留山、宅基地等，一律不准出租和买卖。1963年发布的中共中央《关于各地对社员宅基地问题作一些补充规定的通知》以及1981年发布的国务院《关于制止农村建房侵占耕地的紧急通知》（国发〔1981〕57号，已失效）均明确要求，宅基地（包括有建筑物和没有建筑物的空白宅基地）一律不准出租和买卖。

第二，可以向城镇非农业人口流转阶段（1982～1998年）。这一阶段，宅基地使用权的主体范围扩大，依据1982年《村镇建房用地管理条例》和1991年《土地管理法实施条例》的规定，农村社员，回乡落户的离休、退休、退职职工和军人，回乡定居的华侨，以及城镇非农业户口居民都可以申请获取宅基地使用权，因而宅基地房屋的流转也是相对自由的，可以在这些主体之间进行买卖和出租。

第三，集体经济组织内部流转阶段（1999 年以后）。1999 年《土地管理法》修改实施后，只有农村村民才能成为宅基地使用权人，农民的住宅不得向城市居民出售，宅基地房屋只能在集体经济组织成员之间相互买卖。不过，出租的对象并没有受到限制。

综上所述，中国的宅基地房屋流转大致经历了“绝对禁止→相对自由→相对禁止”这样一个演变的过程。

2. 宅基地房屋的买卖

（1）宅基地房屋买卖的特殊要求

由于土地性质为集体所有，宅基地房屋无法像商品房一样自由地流转，只能在本集体经济组织成员内部流转，不能向非本集体经济组织成员转让，这是现有的法律和政策对宅基地房屋买卖的特殊要求。国务院《关于深化改革严格土地管理的决定》明确提出，禁止城镇居民在农村购置宅基地。中央农村工作领导小组办公室、农业农村部《关于进一步加强农村宅基地管理的通知》要求：“宅基地是农村村民的基本居住保障，严禁城镇居民到农村购买宅基地，严禁下乡利用农村宅基地建设别墅大院和私人会馆。严禁借流转之名违法违规圈占、买卖宅基地。”在**李某祝诉三亚市政府等行政强制拆除案**中，最高人民法院提出，建在农村宅基地上的农村自建房，土地所有权归集体，宅基地使用权只能由集体组织的成员享有。建设在宅基地上的房产不能向非本集体成员的第三方转让，只能在集体成员内部转让、置换。①从根本上讲，宅基地房屋只能在本集体经济组织成员内部转让，其实也是由宅基地使用权权利主体特定的特征所决定的。

不过，在地方立法中存在个别例外的情形。例如，《上海市房地产转让办法》（2010 年修改）第 13 条规定：“集体所有土地上建成的房屋需转让的，应当符合下列条件：……（二）居住房屋转让的受让人为房屋所在地乡（镇）范围内具备居住房屋建设申请条件的个人……”据此，只要买方为房屋所在地乡（镇）范围内具备居住房屋建设申请条件的个人即可。但这样的规定与中央层面的立法之间存在冲突，其能否适用也是一个值得商榷的问题。

（2）宅基地房屋买卖无效的情形

如果农村村民将宅基地房屋出卖给非集体经济组织成员，相应的房屋买卖合同一般是无效的合同。最高人民法院《2015 年全国民事审判工作会议纪要》提出：“对于宅基地流转处于非试点地区的，农民出售其宅基地上的房屋给城市居民或者出售给不同农村集体经济组织成员，该房屋买卖合同一般应认定无效。”实践中此类纠纷亦十分常见。在**薛某温等与任某民转让协议纠纷案**中，洛阳市中级人民法院认为，农民向本集体经济组织以外的农村村民转让农村住房和宅基地的，因违反了集体经济组织的成员权属性，所签合同无效。任某民与非集体组织成员薛某温之间所签的转让协议违反了《土地管理法》关于农民集体所有的土地的

---

① 最高人民法院行政裁定书，（2020）最高法行申 4775 号。

使用权不得转让的规定，也不符合现行的农村集体经济组织的管理体制，双方所签订的转让协议无效。[①]

征收拆迁中十分常见的一个问题是：在宅基地房屋买卖合同被确认为无效之后，买房人此前与征收部门所签订的补偿安置协议是否也必然无效？在**李某诉中原区政府等确认行政行为无效及补偿案**中，最高人民法院认为，卖房人李某要求确认《房屋及宅基地转让协议》无效的民事诉讼是在拆迁指挥部与买房人张某法签订《拆迁补偿安置协议》以后提起的。基于买房人在此长期实际使用居住及拆迁改造时的房屋也为其重新改建的事实，中原区政府根据买房人提供的《房屋及宅基地转让协议》等材料与其签订涉案《拆迁补偿安置协议》，已履行了审慎审查的职责，并无不当。另外，在《房屋及宅基地转让协议》中专门约定了如遇国家、政府征收，出让方必须无条件协助受让方领取全部补偿款及房屋等内容，该约定意味着双方在签订协议时已经预见涉案房屋被征收、征用的可能，也是协议双方对拆迁安置中所涉经济利益作出的自由处分。虽然双方签订的转让协议已经司法程序确认无效，但卖房人在已将房屋及宅基地转让交付多年并已取得对价的情况下，要求确认中原区政府与买房人签订的《拆迁补偿安置协议》无效并对其进行安置补偿，有违诚信和合理原则，亦不符合法律规定，本院不予支持。目前，涉案宅基地及房屋因被拆迁已丧失了居住和使用功能，已转化为拆迁利益，如卖房人对拆迁安置补偿利益分配有异议，可通过民事诉讼途径另行解决。[②] 但在**黄某诉仪陇县政府不履行房屋拆迁安置补偿协议案**中，最高人民法院认为，农民将其宅基地上的房屋出售给本集体经济组织以外的个人，该房屋买卖合同一般应认定为无效。黄某并非本村村民，其与该村村民签订的《关于以房屋抵还借款的协议》，违反了法律法规的规定，应当认定为无效。黄某基于《关于以房屋抵还借款的协议》与仪陇县新县城建设指挥部签订的《仪陇县城市规划区房屋拆迁产权调换协议书》因缺乏合法的前提基础，故亦应归于无效。[③] 可见，这个问题需要具体地分析，不能一概而论，即使在最高人民法院内部意见也不完全一致。

在宅基地房屋买卖行为被确认为无效之后，还有一个征收补偿利益分配的问题。实践中，因此产生的纠纷屡见不鲜，殊值关注。

拓展·探索

宅基地房屋买卖无效之后的征收补偿利益分配

宅基地房屋买卖合同的效力纠纷多起因于征收拆迁。通常都是出卖人将宅基地房屋卖给非本集体经济组织成员之后，遇到征收拆迁，出卖人又自觉吃亏，因而请求法院确认房屋买卖合同无效。但买卖合同无效，并不意味着补偿利益全部属于出卖人，而是需要在出卖人与买受人之间进行合理分配。

---

① 河南省洛阳市中级人民法院民事判决书，(2018) 豫03民终5901号。

② 最高人民法院行政裁定书，(2017) 最高法行申6998号。

③ 最高人民法院行政裁定书，(2019) 最高法行申368号。

《民法典》第157条规定："民事法律行为无效、被撤销或者确定不发生效力后，行为人因该行为取得的财产，应当予以返还；不能返还或者没有必要返还的，应当折价补偿。有过错的一方应当赔偿对方由此所受到的损失；各方都有过错的，应当各自承担相应的责任。法律另有规定的，依照其规定。"但在征收拆迁之后，房屋本身已经无法返还，转化成征收补偿利益。如果让买受人将补偿利益全部"返还"给出卖人，这明显是不合理的。实践中，在宅基地房屋买卖合同被确认为无效之后，分配征收补偿利益时一般要综合考虑房屋买卖时间的长短，买受人对房屋是否有翻建、加盖、添附等行为，以及房屋的升值情况等因素。一般认为，在买受人支付了房款，实际占有使用房屋多年并对房屋进行了翻修或者翻建的情形下，出卖人又以合同无效为由主张征收补偿款的，有违诚实信用原则。所以，在房屋买卖合同被确认为无效之后，通常会认定出卖人负主要责任，买受人负次要责任。也就是说，征收补偿款的分配应当是以买受人为主，出卖人为辅。

至于具体的分配比例，需要根据案情来确定，比如在出卖人与买受人之间"一九开""二八开""三七开"，甚至不乏将补偿利益全部分配给买受人的案例。在**黄某耀与李某、李某春等房屋买卖合同纠纷案**中，2001年11月1日，农村村民李某分别与黄某耀、李某春（均为城市居民）签订《协议书》，约定将宅基地房屋卖给黄某耀、李某春，黄某耀、李某春各向李某给付房屋价款77,500元后，李某向黄某耀、李某春交付了房屋。2012年后，上述房屋被划入搬迁腾退范围，李某请求法院判决房屋买卖合同无效，法院最终判决两份《协议书》无效。此后，李某与李某春私自处分诉争宅院，与腾退单位签订腾退补偿协议及安置房置换协议。黄某耀知情后，起诉至法院要求分配拆迁补偿利益。法院经审理认为，黄某耀、李某春分别与李某签订的《协议书》均已被生效判决确认无效，就两份《协议书》的无效，黄某耀、李某春负次要责任，李某负主要责任。在本次搬迁腾退中，李某春、李某私自处分诉争宅院，与腾退单位签订腾退补偿协议及安置房置换协议，李某春、李某私自分割腾退补偿利益的行为，侵犯了黄某耀的合法权利，应属无效，现黄某耀要求分割该宅院腾退补偿利益，具备事实及法律依据，本院予以支持。李某春作为被腾退人签订的《西北旺镇大牛坊村宅基地腾退搬迁改造工作腾退补偿协议》中，房屋及附属物评估价、搬家补助费、分体空调移机费、固定电话移机费、有线电视撤装费系针对地上物进行的补偿，应归黄某耀、李某春所有，二人各占二分之一；未置换部分有效宅基地补偿价、提前搬家奖、支持工程配合奖、未建违章特殊奖（或二层拆除补助费）系针对宅院发放，黄某耀、李某春各享有35%，李某享有30%。李某作为被腾退人签订的《西北旺镇大牛坊村宅基地腾退搬迁改造工作腾退补偿协议》中提前腾地奖、提前搬家租房补助系针对宅院发放，黄某耀、李某春各享有35%，李某享有30%；自行周转费系针对应安置人口发放，归李某所有。李某作为被腾退人签订的《定向安置房置换协议》中安置房面积及装修补助费，黄某耀、李某春各享有35%，李某享有30%，购房款亦由黄某耀、李某春、李某按比例分担。[①] 由于本案中有两个买受人，总体

① 北京市海淀区法院民事判决书，（2018）京0108民初51277号；北京市第一中级人民法院民事判决书，（2020）京01民终4891号。

来说补偿利益在出卖人与买受人之间的分配比例近似于“三七开”。

不过，征收补偿利益分配以买受人为主的结论也并非绝对。如果房屋买卖的时间非常短，比如签订合同第二天就遇到征收，房屋买卖合同随后被确认为无效，在这种情形下，买受人在得到出卖人返还的房款后，损失基本上就得到了弥补。因此，对于买受人不分给或者适当分给少量的征收补偿利益也是可以接受的。反过来，如果房屋买卖的时间长达十几年甚至二十几年，房屋的市场价格涨幅很大，买受人花费的购房款等于该房屋当时的市场价格，现在的征收补偿款等于该房屋目前的市场价格。对于买受人来说，他的损失刚好可以和征收补偿款相互抵销，在这种情形下，将补偿利益全部分配给买受人也是合理的。尤其是在买卖双方签约时已经预见到房屋被征收、征用的可能性并作出明确约定的情形下，应视为出卖人对征收补偿安置中所涉经济利益的自由处分，前面提到的**李某诉中原区政府等确认行政行为无效及补偿案**就属于这种情形。

3. 宅基地房屋的继承

宅基地不属于遗产，不能被继承，但宅基地上的房屋可以被继承。按照“房地一体”的原则，继承人继承房屋取得房屋所有权后，可以依法使用宅基地，但并不取得用益物权性质的宅基地使用权。2020 年 9 月 9 日，自然资源部答复称：“农民的宅基地使用权可以依法由城镇户籍的子女继承并办理不动产登记。根据《继承法》规定，被继承人的房屋作为其遗产由继承人继承，按照房地一体原则，继承人继承取得房屋所有权和宅基地使用权，农村宅基地不能被单独继承。《不动产登记操作规范（试行）》明确规定，非本农村集体经济组织成员（含城镇居民），因继承房屋占用宅基地的，可按相关规定办理确权登记，在不动产登记簿及证书附记栏注记‘该权利人为本农民集体经济组织原成员住宅的合法继承人’。”①

如果非本集体经济组织成员继承了宅基地房屋，不得对房屋进行翻建或者扩建。一旦宅基地房屋因倒塌等原因而灭失，继承人继续占有和使用宅基地的基础将不复存在，其所占用的宅基地也将被依法收回。

（六）宅基地腾退和集体土地使用权收回

1. 宅基地腾退

《土地管理法》第 62 条第 6 款、《土地管理法实施条例》第 35 条规定，国家允许进城落户的农村村民依法自愿有偿退出宅基地。乡（镇）人民政府和农村集体经济组织、村民委员会等应当将退出的宅基地优先用于保障该农村集体经济组织成员的宅基地需求。中央农村工作领导小组办公室、农业农村部《关于进一步加强农村宅基地管理的通知》要求，对进城落户的农村村民，各地可以多渠道筹集资金，探索通过多种方式鼓励其自愿有偿退出宅基地。上述内容是关于宅基地退出的规定。

需要注意的是，北京、山东等地的宅基地腾退明显不同于宅基地退出，主要的区别有以

---

① 《自然资源部对十三届全国人大三次会议第 3226 号建议的答复》（自然资人议复字〔2020〕089 号）。

下几点：一是宅基地腾退虽然也是有偿的，但未必是自愿的，基本上都带有一定的强制性；二是宅基地腾退的对象并不限于进城落户的农村村民，经常是整村腾退；三是宅基地腾退虽然是以村民自治的名义实施，但实际上一般都是由政府主导的，其所产生的效果与集体土地征收极其相似，相当于以腾退的方式实施征收拆迁；四是腾退的宅基地并不是优先用于保障该农村集体经济组织成员的宅基地需求，大多都是在后期补办征地手续之后将其转为国有建设用地。从以上区别不难看出，宅基地腾退既不属于宅基地退出，又不属于集体土地征收，在法律上处于一个“灰色地带”。

从法律效果来说，宅基地腾退更接近于集体土地使用权收回。虽然宅基地腾退只是农村集体经济组织对集体土地的内部调整，但由于宅基地腾退通常是为下一步的集体土地征收做准备，完全可以将它看作集体土地征收的一个前期工作。相对于集体土地征收，宅基地腾退的程序较少，运行的规范化程度较低，有关部门可以自由发挥。而且，乡（镇）人民政府等权力机关通常不主动抛头露面，仅坐镇后方指挥，真正奋战在第一线的是村委会或集体经济组织，这就在很大程度上降低了政府承担责任的风险。因此，一些地方热衷于搞宅基地腾退也就不难理解了。例如，2015 年 11 月 26 日，北京市人民政府办公厅发布的《北京市城乡结合部建设三年行动计划（2015—2017 年）》（京政办发〔2015〕54 号）提出“在‘一绿’地区，通过棚户区改造、土地整理储备、重点工程带动、宅基地腾退等方式，改善约 20 万农（居）民的居住条件”，并要求“尊重历史，兼顾现实，多方筹措资金和房源，统筹解决国有企业历史遗留问题，腾退约 5500 户国有企业农租房”。

从补偿安置来看，各地所实施的宅基地腾退项目基本上也是参照集体土地征收补偿安置的标准。例如，北京市对宅基地上房屋的腾退补偿主要是以《北京市集体土地房屋拆迁管理办法》（2003 年发布）等房屋拆迁的文件为依据，在补偿安置的项目、标准等方面，与集体土地征收的补偿安置并无多大区别。

2. 集体土地使用权收回

我们在上一讲介绍了国有土地使用权收回。对于集体土地来说，同样存在使用权收回的问题。集体土地使用权收回，是指农村集体经济组织在法定条件下报原批准用地的人民政府批准，收回集体土地的行为。收回之后，土地的性质仍为集体土地，故集体土地使用权收回也不属于行政征收。集体土地使用权收回的客体并不限于宅基地使用权，而是包括了全部集体土地的使用权，但由于实践中收回宅基地使用权的情形最为常见，故在此一并介绍。

依据《土地管理法》第 66 条的规定，有下列情形之一的，农村集体经济组织报经原批准用地的人民政府批准可以收回土地使用权：（1）为乡（镇）村公共设施和公益事业建设，需要使用土地的；（2）不按照批准的用途使用土地的；（3）因撤销、迁移等原因而停止使用土地的。其中，依照第（1）项规定收回农民集体所有的土地的，对土地使用权人应当给予适当补偿。收回集体经营性建设用地使用权，依照双方签订的书面合同办理，法律、行政法规另有规定的除外。

如果是收回宅基地使用权的，除了《土地管理法》第 66 条规定的三种情形，还包括下列情形：(1) 宅基地空闲或房屋坍塌、拆除两年以上未恢复使用的宅基地，不再确定土地使用权。已经确定使用权的，由集体报经县级人民政府批准，注销其土地登记，集体收回宅基地使用权。(2) 非农业户口居民（含华侨）原在农村的宅基地，房屋产权没有变化的，可依法确定其集体建设用地使用权。房屋拆除后没有批准重建的，集体收回宅基地使用权。(3) 在确定农村居民宅基地使用权时，其面积超过当地政府规定标准的，可在土地登记卡和权证内注明超过标准面积的数量。以后分户建房或现有房屋拆迁、改建、翻建或政府依法实施规划重新建设时，按当地政府规定的面积标准重新确定使用权，其超过部分由集体收回使用权。(4) 法律、法规规定的其他情形。

收回集体土地使用权的批复是否可诉的行政行为？我们在上一讲已经讲到，收回国有土地使用权的批复由于是内部行政行为，通常是不可诉的，只有在特定情形下才可诉。相比之下，收回集体土地使用权的批复是对农村集体经济组织作出的，不属于内部行政行为，并直接对当事人的合法权益产生影响，因而是可诉的。在**张某军诉万柏林区政府土地使用权批复案**中，张某军母亲吕某凤之宅基地使用证系万柏林区政府批准颁发，万柏林区政府依据《土地管理法》之规定，批复收回宅基地使用权，张某军不服，诉请确认万柏林区政府作出批复收回万柏林街道彭村社区集体建设用地使用权和宅基地使用权的行为违法。最高人民法院认为，农村集体经济组织在符合法定条件时可以依法收回集体土地使用权。具体条件有：第一，经过集体经济组织民主决策；第二，基于乡（镇）村公共设施、公益事业建设需要；第三，所收回土地为建设用地；第四，报经原批准用地的人民政府批准。本案中，根据一审、二审法院查明的事实，彭村居民委员会作为集体土地所有权人，基于城中村改造项目，经过“四议两公开”民主议事程序，审议通过了关于“交回整村范围内的集体土地使用权”的表决事项，通过所在街道办事处上报批准机关即万柏林区政府进行报批。万柏林区政府经审核认为具备集体土地使用权收回的法定条件，作出涉案批准行为符合法律规定。① 本案中，最高人民法院虽然最终未支持当事人的诉讼请求，但明确认可了其对批复收回宅基地使用权行为的诉权。

（七）持续推进农村房地一体宅基地确权登记颁证工作

为了规范开展房地一体宅基地确权登记颁证，解决一些地方存在的工作底数不清、数据汇交不到位、颁证不到户、成果更新不及时等问题，2023 年 6 月 28 日，自然资源部发布了《关于持续推进农村房地一体宅基地确权登记颁证工作的通知》（自然资发〔2023〕109 号）。其中要求：(1) 加快推进房地一体宅基地地籍调查；(2) 抓紧完成已有成果清理整合和入库汇交；(3) 规范有序推进房地一体宅基地确权登记颁证；(4) 做好登记成果日常更新和工作衔接。而且，还明确提出：(1) 对权属合法、登记要件齐全的宅基地及房屋均未登记的，要尽快办理房地一体确权登记颁证；宅基地已登记、房屋未登记的，根据群众需求及时办理房地一体登记，换发房地一体不动产权证书；已登记的宅基地及房屋自然状况和权利状况发生

① 最高人民法院行政裁定书，(2020) 最高法行申 2324 号。

变化的，依法办理相关登记。(2) 对“一户多宅”、宅基地面积超标、非本集体成员占用宅基地、没有权属来源材料的宅基地，以及合法宅基地上的房屋没有符合规划或建设相关材料等情形，各地可依据原国土资源部、中央农村工作领导小组办公室、财政部、原农业部《关于农村集体土地确权登记发证的若干意见》(国土资发〔2011〕178 号)，原国土资源部、财政部、住房和城乡建设部、原农业部、原国家林业局《关于进一步加快推进宅基地和集体建设用地使用权确权登记发证工作的通知》(国土资发〔2014〕101 号)，原国土资源部《关于进一步加快宅基地和集体建设用地确权登记发证有关问题的通知》(国土资发〔2016〕191 号)，自然资源部《关于加快宅基地和集体建设用地使用权确权登记工作的通知》(自然资发〔2020〕84 号) 等政策文件以及地方细化完善的政策要求办理登记。(3) 对纳入农村乱占耕地建房住宅类房屋专项整治问题台账的房屋及用地，做好问题处置与登记工作衔接，根据处置结果依法办理登记。对违反国土空间规划管控要求建房、城镇居民非法购买宅基地、小产权房等，不得办理登记，严禁通过不动产登记将违法用地或违法建设合法化。(4) 各地要采取向乡镇、村延伸登记服务，以及网络视频确认、特殊困难群体上门服务等方式，方便群众办事。充分发挥农村基层组织主体作用，统一组织群众申请，做到登记业务批量办理。落实相关费用减免政策，除收取不动产权属证书工本费外，不得违规向群众收取登记费等，确保不增加群众负担。要及时将证书发放到群众手中，建立领证台账，留存领证签字表、邮寄凭单等。最终，是要实现“登记成果汇交国家级信息平台、颁证到户、规范登记、日常更新”的目标。

三、集体建设用地

(一) 集体建设用地的概念和种类

集体建设用地，又称乡(镇)村建设用地，是指乡(镇)村集体经济组织和农村个人投资或集资，进行各项非农业建设所使用的集体土地。集体建设用地的上位概念是建设用地，建设用地按照土地所有权的不同，可分为集体建设用地和国有建设用地。新《土地管理法》删除了原《土地管理法》第 43 条“任何单位和个人进行建设，需要使用土地的，必须依法申请使用国有土地”的规定，从而使集体建设用地的内涵和外延均得到一定程度的扩张。

集体建设用地分为集体经营性建设用地、公益性公共设施用地以及农村宅基地三大类。《土地管理法》第 59 条规定，乡镇企业、乡(镇)村公共设施、公益事业、农村村民住宅等乡(镇)村建设，应当按照村庄和集镇规划，合理布局，综合开发，配套建设；建设用地，应当符合乡(镇)土地利用总体规划和土地利用年度计划，并依法办理审批手续。其中，乡镇企业属于集体经营性建设用地，乡(镇)村公共设施、公益事业用地属于公益性公共设施用地，农村村民住宅用地属于农村宅基地。

《土地管理法》第 59 条要求办理的审批手续，首先是农用地转用审批手续，凡是集体建设用地涉及占用农用地的，都需要依照《土地管理法》第 44 条的规定办理审批手续。此外，《土地管理法》第 60 ~ 62 条分别规定了对乡镇企业用地、乡(镇)村公共设施、公益事业用地以及宅基地的审批要求。第60条规定，农村集体经济组织使用乡（镇）土地利用总体规划确定的建设用地兴办企业或者与其他单位、个人以土地使用权入股、联营等形式共同举办企业的，应当持有关批准文件，向县级以上地方人民政府自然资源主管部门提出申请，按照省、自治区、直辖市规定的批准权限，由县级以上地方人民政府批准。而且，对于兴办企业的建设用地，必须严格控制。省、自治区、直辖市可以按照乡镇企业的不同行业和经营规模，分别规定用地标准。第61条规定，乡（镇）村公共设施、公益事业建设，需要使用土地的，经乡（镇）人民政府审核，向县级以上地方人民政府自然资源主管部门提出申请，按照省、自治区、直辖市规定的批准权限，由县级以上地方人民政府批准。

为了实现对集体建设用地的用途管制和规划控制，《土地管理法》第64～65条要求，集体建设用地的使用者应当严格按照土地利用总体规划、城乡规划确定的用途使用土地；在土地利用总体规划制定前已建的不符合土地利用总体规划确定的用途的建筑物、构筑物，不得重建、扩建。

（二）集体经营性建设用地

1. 集体经营性建设用地的概念

集体经营性建设用地，是指土地利用总体规划、城乡规划或者国土空间规划确定为工业、商业等经营性用途的集体建设用地。《土地管理法实施条例》第37条规定，国土空间规划应当统筹并合理安排集体经营性建设用地布局和用途，依法控制集体经营性建设用地规模，促进集体经营性建设用地的节约集约利用。同时，鼓励乡村重点产业和项目使用集体经营性建设用地。

2. 集体经营性建设用地入市

（1）入市条件

前面我们讲到，集体经营性建设用地入市是农村“三块地”改革的内容之一。国务院发布的《关于农村土地征收、集体经营性建设用地入市、宅基地制度改革试点工作的意见》《关于农村土地征收、集体经营性建设用地入市、宅基地制度改革试点情况的总结报告》等文件，针对农村集体经营性建设用地权能不完整，不能同等入市、同权同价，以及交易规则亟待健全等问题，提出要完善农村集体经营性建设用地产权制度，赋予集体经营性建设用地出让、租赁、入股权能。以“同地同权同价”为准则，赋予集体经营性建设用地与国有建设用地同等入市、同等交易的权能，为集体经营性建设用地入市扫清障碍，被认为是新《土地管理法》的最大亮点。

需要强调的是，在集体建设用地中，只有集体经营性建设用地可以入市，且集体经营性建设用地也不是无条件入市。《土地管理法》第63条第1～2款规定：“土地利用总体规划、城乡规划确定为工业、商业等经营性用途，并经依法登记的集体经营性建设用地，土地所有权人可以通过出让、出租等方式交由单位或者个人使用，并应当签订书面合同，载明土地界址、面积、动工期限、使用期限、土地用途、规划条件和双方其他权利义务。前款规定的集体经营性建设用地出让、出租等，应当经本集体经济组织成员的村民会议三分之二以上成员或者三分之二以上村民代表的同意。”《土地管理法实施条例》第 38 条规定：“国土空间规划确定为工业、商业等经营性用途，且已依法办理土地所有权登记的集体经营性建设用地，土地所有权人可以通过出让、出租等方式交由单位或者个人在一定年限内有偿使用。”依据上述规定，集体经营性建设用地入市至少需要满足以下五个条件：①符合规划；②符合规定的用途（仅限于工业、商业等经营性用途）；③权属清晰（经依法登记）；④经过集体依法决策；⑤签订书面合同。

总结·提示　集体经营性建设用地入市，是新《土地管理法》的最大亮点。但并不是所有的集体建设用地均可以入市，故所谓“农地入市”或“农村集体土地入市”的说法并不确当。集体经营性建设用地入市的条件包括符合规划、符合规定的用途、权属清晰、经过集体依法决策以及签订书面合同等。

（2）一级市场与二级市场

集体经营性建设用地与国有建设用地一样，既可以以出让、出租等方式进入一级市场，也可以以转让、互换、出资、赠与或者抵押等方式进入二级市场。对此，《土地管理法》和《土地管理法实施条例》规定，集体经营性建设用地的出租，集体建设用地使用权的出让及其最高年限、转让、互换、出资、赠与、抵押等，参照同类用途的国有建设用地执行，法律、行政法规另有规定的除外；通过出让等方式取得的集体经营性建设用地使用权可以转让、互换、出资、赠与或者抵押，但法律、行政法规另有规定或者土地所有权人、土地使用权人签订的书面合同另有约定的除外；集体经营性建设用地在二级市场进行流转的，双方应当签订书面合同，并书面通知土地所有权人。

（3）出让、出租的规划条件与方案

对于出让、出租的规划条件，《土地管理法实施条例》第 39 条规定，土地所有权人拟出让、出租集体经营性建设用地的，市、县人民政府自然资源主管部门应当依据国土空间规划提出拟出让、出租的集体经营性建设用地的规划条件，明确土地界址、面积、用途和开发建设强度等。市、县人民政府自然资源主管部门应当会同有关部门提出产业准入和生态环境保护要求。

对于出让、出租方案，《土地管理法实施条例》第 40 条规定，土地所有权人应当依据规划条件、产业准入和生态环境保护要求等，编制集体经营性建设用地出让、出租等方案，并依照《土地管理法》第 63 条的规定，由本集体经济组织形成书面意见，在出让、出租前不少于 10 个工作日报市、县人民政府。市、县人民政府认为该方案不符合规划条件或者产业准入和生态环境保护要求等的，应当在收到方案后 5 个工作日内提出修改意见。土地所有权人应当按照市、县人民政府的意见进行修改。集体经营性建设用地出让、出租等方案应当载明宗地的土地界址、面积、用途、规划条件、产业准入和生态环境保护要求、使用期限、交易方式、入市价格、集体收益分配安排等内容。

(4) 出让、出租合同及其履行

土地所有权人应当依据集体经营性建设用地出让、出租等方案，以招标、拍卖、挂牌或者协议等方式确定土地使用者，双方应当签订书面合同，载明土地界址、面积、用途、规划条件、使用期限、交易价款支付、交地时间和开工竣工期限、产业准入和生态环境保护要求，约定提前收回的条件、补偿方式、土地使用权届满续期和地上建筑物、构筑物等附着物处理方式，以及违约责任和解决争议的方法等，并报市、县人民政府自然资源主管部门备案。未依法将规划条件、产业准入和生态环境保护要求纳入合同的，合同无效；造成损失的，依法承担民事责任。合同示范文本由国务院自然资源主管部门制定。

书面合同签订后，集体经营性建设用地使用者应当按照约定及时支付集体经营性建设用地价款，并依法缴纳相关税费，对集体经营性建设用地使用权以及依法利用集体经营性建设用地建造的建筑物、构筑物及其附属设施的所有权，依法申请办理不动产登记。

四、耕地保护

耕地保护，是中国土地管理的核心制度；保护耕地，是《土地管理法》的核心使命。把耕地保护好，是国家粮食安全的重要基础，直接关乎十几亿人的吃饭问题。《土地管理法》第4章（第30~43条）、《土地管理法实施条例》第3章（第8~13条）专门规定了耕地保护。

（一）占用耕地补偿制度

1. 占用耕地补偿制度的含义

为保证耕地总量的动态平衡，一方面要严格控制非农业建设占用耕地，另一方面要坚持“占多少、垦多少”。“占多少、垦多少”是开垦荒地补充耕地的办法，即占用耕地补偿制度，也叫耕地占补平衡制度。

总结·提示 占用耕地补偿制度的直白表述是“占多少、垦多少”，也叫耕地占补平衡制度。

占用耕地补偿制度的基本要求是，各省、自治区、直辖市人民政府应当采取有效措施，认真执行国土空间规划，确保本行政区域内耕地总量不减少。非农业建设确需占用耕地的，必须经过严格审批，并由占用耕地的单位履行“占一补一”的法定义务，保证补充的耕地与所占用耕地的数量和质量相当。《土地管理法》第30条规定，国家保护耕地，严格控制耕地转为非耕地，实行占用耕地补偿制度。非农业建设经批准占用耕地的，按照“占多少，垦多少”的原则，由占用耕地的单位负责开垦与所占用耕地的数量和质量相当的耕地。为了保证新开垦耕地的质量，《土地管理法》第31条要求，县级以上地方人民政府可以要求占用耕地的单位将所占用耕地耕作层的土壤用于新开垦耕地、劣质地或者其他耕地的土壤改良。

2. 补充耕地的责任主体

依据《土地管理法实施条例》第 8 条的规定，补充耕地的责任主体分为三种情况：

一是城市批次用地，即在国土空间规划确定的城市建设用地范围内，经依法批准占用耕地的，县级人民政府是补充耕地的责任主体。

二是村庄、集镇批次用地，即在国土空间规划确定的村庄、集镇建设用地范围内，经依法批准占用耕地的，农村集体经济组织是补充耕地的责任主体。

三是单独选址项目用地，即在国土空间规划确定的城市和村庄、集镇建设用地范围外的能源、交通、水利、矿山、军事设施等建设项目，经依法批准占用耕地的，建设单位是补充耕地的责任主体。

3. 耕地开垦义务的代履行

《土地管理法》和《土地管理法实施条例》规定，没有条件开垦或者开垦的耕地不符合要求的，应当按照省、自治区、直辖市的规定缴纳耕地开垦费，专款用于开垦新的耕地。这就是关于耕地开垦义务代履行的规定。

4. 开垦耕地计划和验收

《土地管理法》和《土地管理法实施条例》规定，省、自治区、直辖市人民政府应当制订开垦耕地计划，监督占用耕地的单位按照计划开垦耕地或者按照计划组织开垦耕地，并进行验收。省、自治区、直辖市人民政府应当组织自然资源主管部门、农业农村主管部门对开垦的耕地进行验收，确保开垦的耕地落实到地块。划入永久基本农田的，应当纳入国家永久基本农田数据库严格管理。占用耕地的补充情况，应当按照国家有关规定向社会公布。个别省、直辖市需要易地开垦耕地的，依照《土地管理法》第 32 条的规定执行。

5. 省级政府维持耕地总量动态平衡的责任

《土地管理法》第 32 条规定，省、自治区、直辖市人民政府应当严格执行土地利用总体规划和土地利用年度计划，采取措施，确保本行政区域内耕地总量不减少、质量不降低。耕地总量减少的，由国务院责令在规定期限内组织开垦与所减少耕地的数量与质量相当的耕地；耕地质量降低的，由国务院责令在规定期限内组织整治。新开垦和整治的耕地由国务院自然资源主管部门会同农业农村主管部门验收。个别省、直辖市确因土地后备资源匮乏，新增建设用地后，新开垦耕地的数量不足以补偿所占用耕地的数量的，必须报经国务院批准减免本行政区域内开垦耕地的数量，易地开垦数量和质量相当的耕地。

《土地管理法实施条例》第 13 条规定，省、自治区、直辖市人民政府对本行政区域耕地保护负总责，其主要负责人是本行政区域耕地保护的第一责任人；省、自治区、直辖市人民政府应当将国务院确定的耕地保有量和永久基本农田保护任务分解下达，落实到具体地块；国务院对省、自治区、直辖市人民政府耕地保护责任目标落实情况进行考核。

（二）永久基本农田保护制度

1. 永久基本农田的特殊保护

新《土地管理法》将“基本农田”修改为“永久基本农田”，并完善了保护措施。依据

《基本农田保护条例》（2011 年修改）第 2 条的规定，永久基本农田是指按照一定时期人口和社会经济发展对农产品的需求，依据土地利用总体规划（国土空间规划）确定的永久不得占用的耕地。

从“基本农田”到“永久基本农田”，体现了重大的理念转变，表明了实行特殊保护的决心，是落实党中央、国务院决策部署的重大举措。永久基本农田是耕地的精华，2008 年 10 月，党的十七届三中首次提出了永久基本农田这一概念（对基本农田实行永久性保护）；2011 年修改的《基本农田保护条例》对基本农田的划定、保护等工作做了全面规定；2017 年 1 月，中共中央、国务院《关于加强耕地保护和改进占补平衡的意见》（中发〔2017〕4 号）提出了严格永久基本农田划定和保护的具体要求；2017 年 10 月，党的十九大报告要求完成生态红线、永久基本农田、城市开发边界三条控制线划定工作；2018 年 2 月发布的原国土资源部《关于全面实行永久基本农田特殊保护的通知》（国土资规〔2018〕1 号，已失效），2018 年 7 月发布的自然资源部《关于做好占用永久基本农田重大建设项目用地预审的通知》（自然资规〔2018〕3 号，已失效）和 2019 年 1 月发布的自然资源部、农业农村部《关于加强和改进永久基本农田保护工作的通知》（自然资规〔2019〕1 号）对永久基本农田的特殊保护工作进行了具体落实；2021 年 11 月 27 日，自然资源部、农业农村部、国家林业和草原局联合印发了《关于严格耕地用途管制有关问题的通知》（自然资发〔2021〕166 号），对落实永久基本农田特殊保护制度做了更为明确的规定。

为了对永久基本农田实行特殊保护，《土地管理法》第 35 条规定，永久基本农田经依法划定后，任何单位和个人不得擅自占用或者改变其用途；国家能源、交通、水利、军事设施等重点建设项目选址确实难以避让永久基本农田，涉及农用地转用或者土地征收的，必须经国务院批准；禁止通过擅自调整县级土地利用总体规划、乡（镇）土地利用总体规划等方式规避永久基本农田农用地转用或者土地征收的审批。

据统计，截至 2020 年，全国永久基本农田的面积不少于 15.46 亿亩，基本上形成了保护有力、建设有效、管理有序的永久基本农田特殊保护格局，为国家粮食安全奠定了基础。

2. 永久基本农田的划定

（1）划定范围

《土地管理法》第 33 条规定，国家实行永久基本农田保护制度。下列耕地应当根据土地利用总体规划划为永久基本农田，实行严格保护：①经国务院农业农村主管部门或者县级以上地方人民政府批准确定的粮、棉、油、糖等重要农产品生产基地内的耕地；②有良好的水利与水土保持设施的耕地，正在实施改造计划以及可以改造的中、低产田和已建成的高标准农田；③蔬菜生产基地；④农业科研、教学试验田；⑤国务院规定应当划为永久基本农田的其他耕地。

（2）划定比例

各省、自治区、直辖市划定的永久基本农田一般应当占本行政区域内耕地的 80% 以上，具体比例由国务院根据各省、自治区、直辖市耕地实际情况规定。

（3）永久基本农田上图入库落地到户

永久基本农田划定以乡（镇）为单位进行，由县级人民政府自然资源主管部门会同同级农业农村主管部门组织实施。永久基本农田应当落实到地块，纳入国家永久基本农田数据库严格管理。乡（镇）人民政府应当将永久基本农田的位置、范围向社会公告，并设立保护标志。

拓展·探索

如何辨识永久基本农田

是否永久基本农田，直接关系到保护的方式、力度以及土地征收、农用地转用的审批权限等关键问题，其重要性毋庸置疑。但在实践中，仅凭直觉去辨识某一地块是否永久基本农田绝非易事。这一难题如何解决？实践中主要可以从以下几个方面入手：

首先，《土地管理法》第34条第2款规定："乡（镇）人民政府应当将永久基本农田的位置、范围向社会公告，并设立保护标志。"如果某一地块设立了永久基本农田的保护标志，当然就可以比较直观地认定它属于永久基本农田。

其次，依据《土地管理法》第34条第1款、《基本农田保护条例》第6条关于职责分工的规定，我们可以通过向所在地的县级人民政府自然资源主管部门、农业农村主管部门或者乡（镇）人民政府申请政府信息公开的方式，查询某地块是否已被划定为永久基本农田。

再次，中国已经完成了永久基本农田划定工作，并纳入各级土地利用总体规划，实现了上图入库、落到实地。① 当前，中国正致力于建设永久基本农田数据库，经复核后的永久基本农田数据库纳入自然资源遥感监测"一张图"和综合监管平台，作为土地审批等工作的重要依据。中央要求各地在更新完善永久基本农田数据库的同时，结合本地实际情况，组织构建永久基本农田管理信息化支撑体系和应用系统，满足对永久基本农田数据库管理、数据共享以及数据应用等需求。② 随着基本农田数据库的不断完善，我们完全可以通过该数据库来查询永久基本农田的划定情况。

最后，在土地确权完成之后，一些农村承包地四至不清、面积不准、权属不明的问题得到了解决，承包地也有了自己的"身份证"，即《农村土地承包经营权证》。《农村土地承包经营权证》的内容涵盖了权利人、承包期限、地块名称、地块代码、坐落四至、面积以及是否永久基本农田等重要信息。也就是说，从《农村土地承包经营权证》就可以直接看出某一地块是否属于永久基本农田了。

3. 可占用永久基本农田的情形

可占用永久基本农田的情形实际上处于动态调整的过程中。例如，此前允许养殖设施占

---

① 自然资源部、农业农村部《关于加强和改进永久基本农田保护工作的通知》（自然资规〔2019〕1号）。

② 原国土资源部办公厅《关于切实做好永久基本农田数据库更新完善和汇交工作的通知》（国土资厅发〔2017〕4号）。

用少量的永久基本农田，但依据新的政策养殖项目不得占用永久基本农田。依据现有的法律和政策，可占用永久基本农田的情形主要限于以下几种：

第一，重大建设项目用地。《土地管理法》第35条第1款规定："国家能源、交通、水利、军事设施等重点建设项目选址确实难以避让永久基本农田，涉及农用地转用或者土地征收的，必须经国务院批准。"自然资源部《关于做好占用永久基本农田重大建设项目用地的预审的通知》（自然资规〔2018〕3号，已失效）、自然资源部《关于积极做好用地用海要素保障的通知》（自然资发〔2022〕129号，已失效）在此基础上进一步明确了重大项目占用永久基本农田的范围。

第二，临时用地。自然资源部《关于规范临时用地管理的通知》（自然资规〔2021〕2号）要求，临时用地确需占用永久基本农田的，必须能够恢复原种植条件，并符合自然资源部、农业农村部《关于加强和改进永久基本农田保护工作的通知》（自然资规〔2019〕1号）的规定。自然资源部、农业农村部《关于加强和改进永久基本农田保护工作的通知》规定："临时用地一般不得占用永久基本农田，建设项目施工和地质勘查需要临时用地、选址确实难以避让永久基本农田的，在不修建永久性建（构）筑物、经复垦能恢复原种植条件的前提下，土地使用者按法定程序申请临时用地并编制土地复垦方案，经县级自然资源主管部门批准可临时占用，并在市级自然资源主管部门备案，一般不超过两年，同时，通过耕地耕作层土壤剥离再利用等工程技术措施，减少对耕作层的破坏。"

第三，土地整治。自然资源部《关于开展全域土地综合整治试点工作的通知》（自然资发〔2019〕194号）规定："整治区域内涉及永久基本农田调整的，应编制调整方案并按已有规定办理，确保新增永久基本农田面积原则上不少于调整面积的5%，调整方案应纳入村庄规划。整治区域完成整治任务并通过验收后，更新完善永久基本农田数据库。"

第四，生态用地。自然资源部、农业农村部《关于加强和改进永久基本农田保护工作的通知》要求："党中央、国务院确定建设的重大生态建设项目，确实难以避让永久基本农田的，按有关要求调整补划永久基本农田和修改相应的土地利用总体规划。省级人民政府为落实党中央、国务院决策部署，提出具有国家重大意义的生态建设项目，经国务院同意，确实难以避让永久基本农田的，按照有关要求调整补划。"

第五，探矿采矿。自然资源部、农业农村部《关于加强和改进永久基本农田保护工作的通知》要求，处理好涉及永久基本农田的矿业权设置。在特定条件下，经批准后可以占用永久基本农田。

第六，矿山修复。自然资源部《关于探索利用市场化方式推进矿山生态修复的意见》（自然资规〔2019〕6号）规定："对已有因采矿塌陷确实无法恢复原用途的农用地，经省级自然资源主管部门会同相关部门组织核实并征得土地权利人同意，报自然资源部核定后，可以变更为其他类型农用地或未利用地，涉及耕地的据实统筹进行核减，其中涉及永久基本农田的按规定进行调整补划，并纳入国土空间规划。"

（三）严守耕地保护红线

关于严守耕地保护红线的规定，主要集中在《土地管理法》第4条、第37条以及《土地管理法实施条例》第12条，内容如下：

第一，国家编制土地利用总体规划，规定土地用途，将土地分为农用地、建设用地和未利用地，严格限制农用地转为建设用地，控制建设用地总量，对耕地实行特殊保护。要严守耕地保护红线，严格控制耕地转为林地、草地、园地等其他农用地，并建立耕地保护补偿制度，具体办法和耕地保护补偿实施步骤由国务院自然资源主管部门会同有关部门规定。

第二，非农业建设必须节约使用土地，可以利用荒地的，不得占用耕地，可以利用劣地的，不得占用好地。

第三，禁止占用耕地建窑、建坟或者擅自在耕地上建房、挖砂、采石、采矿、取土等。

第四，禁止占用永久基本农田发展林果业和挖塘养鱼。耕地应当优先用于粮食和棉、油、糖、蔬菜等农产品生产，按照国家有关规定需要将耕地转为林地、草地、园地等其他农用地的，应当优先使用难以长期稳定利用的耕地。

从上述内容可以看出，国家对耕地实行特殊保护、严守耕地保护红线的目的，既是为了反对耕地“非农化”，也是为了反对耕地“非粮化”，以确保国家粮食的绝对安全。

此外，在《土地管理法》第38条中还有“禁止任何单位和个人闲置、荒芜耕地”的相关规定。对此，我们已经在第八讲介绍，这里不再赘述。

（四）耕地质量保护

关于耕地质量保护的规定，主要集中在《土地管理法》第36条、《土地管理法实施条例》第11条，内容如下：

第一，明确政府责任。各级人民政府应当采取措施，引导因地制宜轮作休耕，改良土壤，提高地力，维护排灌工程设施，防止土地荒漠化、盐渍化、水土流失和土壤污染。其中，县级以上地方人民政府应当采取措施，预防和治理耕地土壤流失、污染，有计划地改造中低产田，建设高标准农田，提高耕地质量，保护黑土地等优质耕地，并依法对建设所占用耕地耕作层的土壤利用作出合理安排。

第二，非农业建设依法占用永久基本农田的，建设单位应当按照省、自治区、直辖市的规定，将所占用耕地耕作层的土壤用于新开垦耕地、劣质地或者其他耕地的土壤改良。

第三，县级以上地方人民政府应当加强对农业结构调整的引导和管理，防止破坏耕地耕作层。其中，设施农业用地不再使用的，应当及时组织恢复种植条件。

（五）土地开发、整理与复垦

1. 土地开发

土地开发，是指对未利用土地的开垦和利用的活动。《土地管理法》第39~41条、《土地管理法实施条例》第9条对未利用土地开发做了规定，内容如下：

第一，国家鼓励单位和个人按照土地利用总体规划（国土空间规划），开发未利用的土地，依法保护开发者的合法权益。其中，适宜开发为农用地的，应当优先开发成农用地。

第二，开发未利用的土地，必须以保护改善生态环境、防止水土流失和土地荒漠化为前提条件。禁止任何单位和个人实施以下三类行为：（1）在国土空间规划确定的禁止开垦的范围内从事土地开发活动；（2）毁坏森林、草原开垦耕地；（3）围湖造田和侵占江河滩地。根据土地利用总体规划，对破坏生态环境开垦、围垦的土地，有计划有步骤地退耕还林、还牧、还湖。

第三，开垦未利用的土地，必须经过科学论证和评估，在土地利用总体规划划定的可开垦的区域内，经依法批准后进行。按照国土空间规划，开发未确定土地使用权的国有荒山、荒地、荒滩从事种植业、林业、畜牧业、渔业生产的，应当向土地所在地的县级以上地方人民政府自然资源主管部门提出申请，按照省、自治区、直辖市规定的权限，由县级以上地方人民政府批准。批准后，可以确定给开发单位或者个人长期使用。

2. 土地整理

土地整理，是指通过综合整治提高耕地质量、增加有效耕地面积、改善农业生产条件和生态环境的活动。《土地管理法》第42条、《土地管理法实施条例》第10条对土地整理做了规定，内容如下：

第一，国家鼓励土地整理。县、乡（镇）人民政府应当组织农村集体经济组织，按照土地利用总体规划，对田、水、路、林、村综合整治，提高耕地质量，增加有效耕地面积，改善农业生产条件和生态环境。地方各级人民政府应当采取措施，改造中、低产田，整治闲散地和废弃地。鼓励社会主体依法参与土地整理。

第二，制订土地整理方案。县级人民政府应当按照国土空间规划关于统筹布局农业、生态、城镇等功能空间的要求，制订土地整理方案，促进耕地保护和土地节约集约利用。

第三，实施土地整理方案。县、乡（镇）人民政府应当组织农村集体经济组织，实施土地整理方案，对闲散地和废弃地有计划地整治、改造。土地整理新增耕地，可以用作建设所占用耕地的补充。

3. 土地复垦

土地复垦，是指对生产建设活动和自然灾害损毁的土地，采取整治措施，使其达到可供利用状态的活动。《土地管理法》第43条规定："因挖损、塌陷、压占等造成土地破坏，用地单位和个人应当按照国家有关规定负责复垦；没有条件复垦或者复垦不符合要求的，应当缴纳土地复垦费，专项用于土地复垦。复垦的土地应当优先用于农业。"2011年3月发布的《土地复垦条例》对于规范土地复垦活动、加强土地复垦管理做了更为详细的规定。

五、农村土地承包经营制度

（一）双层经营体制及其基础

《宪法》第8条第1款、《民法典》第330条第1款均规定："农村集体经济组织实行家庭承包经营为基础、统分结合的双层经营体制。"据此，双层经营体制的基础就是农村土地承包经营制度。为了巩固和完善双层经营体制，《农村土地承包法》（2018年修改）第3条第1款规定："国家实行农村土地承包经营制度。"

农村土地承包经营制度的基础是土地承包经营权。土地承包经营权在性质上属于用益物权，是指承包人依法对其承包经营的耕地、林地、草地等农业用地享有的占有、使用和收益的权利，权利人有权从事种植业、林业、畜牧业等农业生产。土地承包经营权的主体是本集体经济组织的承包农户，客体主要是农村集体所有的土地，同时也有少量国家所有而依法由农民集体使用的土地，目的是在他人土地上从事农业生产。

《农村土地承包法》规定，农村土地承包后，土地的所有权性质不变；承包方承包土地后，享有土地承包经营权，可以自己经营，也可以保留土地承包权，流转其承包地的土地经营权，由他人经营；承包地不得买卖，但国家保护承包方依法、自愿、有偿流转土地经营权，保护土地经营权人的合法权益，任何组织和个人不得侵犯。

农村土地承包经营及承包经营合同的主管部门是县级以上人民政府农业农村、林业和草原等主管部门，以及乡（镇）人民政府。为了规范农村土地承包合同的管理，2023 年 2 月 17 日，农业农村部发布了《农村土地承包合同管理办法》，自 2023 年 5 月 1 日起实施。

（二）农村土地的承包方式

《农村土地承包法》第 3 条第 2 款规定："农村土地承包采取农村集体经济组织内部的家庭承包方式，不宜采取家庭承包方式的荒山、荒沟、荒丘、荒滩等农村土地，可以采取招标、拍卖、公开协商等方式承包。"据此，农村土地的承包方式包括家庭承包和其他方式的承包，《农村土地承包法》第 2 章（第 13 ~ 47 条）和第 3 章（第 48 ~ 54 条）分别规定了这两种承包方式。

下面我们重点讲解其中的四个问题：（1）发包方和承包方的权利和义务；（2）土地承包经营权的设立与期限；（3）土地承包经营权的保护和互换、转让；（4）土地经营权流转。

1. 发包方和承包方的权利和义务

（1）发包方和承包方的界定

《农村土地承包法》第 13 条规定，发包方有以下三种情形：一是农民集体所有的土地依法属于村农民集体所有的，由村集体经济组织或者村民委员会发包；二是已经分别属于村内两个以上农村集体经济组织的农民集体所有的，由村内各该农村集体经济组织或者村民小组发包；三是国家所有依法由农民集体使用的农村土地，由使用该土地的农村集体经济组织、村民委员会或者村民小组发包。其中，对前两种情形需要注意的是，村集体经济组织或者村民委员会发包的，不得改变村内各集体经济组织农民集体所有的土地的所有权。

《农村土地承包法》第 16 条规定，家庭承包的承包方是本集体经济组织的农户。在农户内，家庭成员依法平等享有承包土地的各项权益。

（2）发包方的权利和义务

依据《农村土地承包法》第 14 条的规定，发包方的权利有：①发包本集体所有的或者国家所有依法由本集体使用的农村土地；②监督承包方依照承包合同约定的用途合理利用和保护土地；③制止承包方损害承包地和农业资源的行为；④法律、行政法规规定的其他权利。

依据《农村土地承包法》第 15 条的规定，发包方承担的义务有：①维护承包方的土地承包经营权，不得非法变更、解除承包合同；②尊重承包方的生产经营自主权，不得干涉承包方依法进行正常的生产经营活动；③依照承包合同约定为承包方提供生产、技术、信息等服务；④执行县、乡（镇）土地利用总体规划，组织本集体经济组织内的农业基础设施建设；⑤法律、行政法规规定的其他义务。

（3）承包方的权利和义务

依据《农村土地承包法》第 17 条的规定，承包方的权利有：①依法享有承包地使用、收益的权利，有权自主组织生产经营和处置产品；②依法互换、转让土地承包经营权；③依法流转土地经营权；④承包地被依法征收、征用、占用的，有权依法获得相应的补偿；⑤法律、行政法规规定的其他权利。

依据《农村土地承包法》第 18 条的规定，承包方的义务有：①维持土地的农业用途，未经依法批准不得用于非农建设；②依法保护和合理利用土地，不得给土地造成永久性损害；③法律、行政法规规定的其他义务。

2. 土地承包经营权的设立与期限

（1）设立

《民法典》第 333 条第 1 款规定："土地承包经营权自土地承包经营权合同生效时设立。"《农村土地承包法》第 23 条规定："承包合同自成立之日起生效。承包方自承包合同生效时取得土地承包经营权。"这意味着土地承包经营权虽然为不动产用益物权，但自合同生效时即取得，无须登记，立法采取了债权意思主义的立场。《民法典》第 333 条第 2 款规定："登记机构应当向土地承包经营权人发放土地承包经营权证、林权证等证书，并登记造册，确认土地承包经营权。"《农村土地承包法》第 24 条规定："国家对耕地、林地和草地等实行统一登记，登记机构应当向承包方颁发土地承包经营权证或者林权证等证书，并登记造册，确认土地承包经营权。土地承包经营权证或者林权证等证书应当将具有土地承包经营权的全部家庭成员列入。登记机构除按规定收取证书工本费外，不得收取其他费用。"通说认为，这里的登记只具有土地台账的性质。实践中的《土地承包经营权证》等证书是依法确认承包方取得土地承包经营权的法律凭证，但土地承包经营权是自承包合同生效后取得，登记并非必要条件。[①] 换言之，即使登记机构未颁发《土地承包经营权证》，也不影响承包方取得土地承包经营权。

土地承包经营权合同由发包方与承包方经平等协商订立，应采用书面形式，一般应包括以下条款：①发包方、承包方的名称，发包方负责人和承包方代表的姓名、住所；②承包土地的名称、坐落、面积、质量等级；③承包期限和起止日期；④承包土地的用途；⑤发包方和承包方的权利和义务；⑥违约责任。承包合同生效后，发包方不得因承办人或者负责人的变动而变更或者解除，也不得因集体经济组织的分立或者合并而变更或者解除。国家机关及其工作人员不得利用职权干涉农村土地承包或者变更、解除承包合同。

---

① 参见王利明主编：《民法》（第 8 版，上册），中国人民大学出版社 2020 年版，第 386 页。

依据《农村土地承包法》第 19～20 条的规定，在签订土地承包经营权合同之前，需要经过以下几个程序：①本集体经济组织成员的村民会议选举产生承包工作小组；②承包工作小组依照法律、法规的规定拟订并公布承包方案；③依法召开本集体经济组织成员的村民会议，讨论通过承包方案；④公开组织实施承包方案。其中，承包方案应依法经本集体经济组织成员的村民会议 2/3 以上成员或者 2/3 以上村民代表的同意。

（2）期限

依据《民法典》第 332 条、《农村土地承包法》第 21 条的规定，耕地的承包期为 30 年，草地的承包期为 30～50 年，林地的承包期为 30～70 年。承包期限届满后，由土地承包经营权人依照农村土地承包的法律规定继续承包。其中，耕地承包期届满后再延长 30 年，草地、林地承包期届满后延长的承包期与上一轮承包约定的承包期相同。这是为了落实农村土地承包关系稳定并长久不变政策而作出的规定，让农民吃上长效“定心丸”。

农村土地承包关系稳定并长久不变政策，俗称“增人不增地，减人不减地”政策。对此，不仅在法律层面上有强制性规定，在党和国家政策层面也有明确的要求。2019 年 11 月，中共中央、国务院印发的《关于保持土地承包关系稳定并长久不变的意见》提出，“长久不变”政策内涵包括“保持土地集体所有、家庭承包经营的基本制度长久不变”“保持农户依法承包集体土地的基本权利长久不变”“保持农户承包地稳定”，并明确要求：“第二轮土地承包到期后再延长三十年。土地承包期再延长三十年，使农村土地承包关系从第一轮承包开始保持稳定长达七十五年，是实行‘长久不变’的重大举措。现有承包地在第二轮土地承包到期后由农户继续承包，承包期再延长三十年，以各地第二轮土地承包到期为起点计算。”

最高人民法院《关于审理涉及农村土地承包纠纷案件适用法律问题的解释》（法释〔2020〕17 号，以下简称《土地承包案件解释》）第 7 条规定：“承包合同约定或者土地承包经营权证等证书记载的承包期限短于农村土地承包法规定的期限，承包方请求延长的，应予支持。”这样可以防止有关主体随意缩短承包期限，有利于承包方的权益保护。

3. 土地承包经营权的保护和互换、转让

（1）保护

《民法典》第 336～338 条、《农村土地承包法》第 27～32 条对土地承包经营权的保护做了规定，内容如下：

第一，承包期内，发包方不得收回承包地。国家保护进城农户的土地承包经营权，不得以退出土地承包经营权作为农户进城落户的条件，承包农户进城落户的，引导支持其按照自愿有偿原则依法在本集体经济组织内转让土地承包经营权或者将承包地交回发包方，也可以鼓励其流转土地经营权；承包方交回承包地或者发包方依法收回承包地时，承包方对其在承包地上投入而提高土地生产能力的，有权获得相应的补偿；承包方自愿交回承包地的，可以获得合理补偿，但是应当提前半年以书面形式通知发包方，交回承包地后在承包期内不得再要求承包土地；承包期内，妇女结婚后在新居住地未取得承包地的，发包方不得收回其原承包地，妇女离婚或者丧偶，仍在原居住地生活或者不在原居住地生活但在新居住地未取得承包地的，发包方不得收回其原承包地。

第二，承包期内，发包方不得调整承包地。因自然灾害严重毁损承包地等特殊情形对个别农户之间承包的耕地和草地需要适当调整的，必须经本集体经济组织成员的村民会议2/3以上成员或者2/3以上村民代表的同意，并报乡（镇）人民政府和县级人民政府农业农村、林业和草原等主管部门批准。承包合同中约定不得调整的，按照其约定。下列土地应当用于调整承包土地或者承包给新增人口：①集体经济组织依法预留的机动地；②通过依法开垦等方式增加的；③发包方依法收回和承包方依法、自愿交回的。从中亦可见，对于“增人不增地，减人不减地”不应做绝对化的理解。

第三，承包人应得的承包收益，可以依法继承。林地承包的承包人死亡，其继承人可以在承包期内继续承包。《土地承包案件解释》第23条规定：“林地家庭承包中，承包方的继承人请求在承包期内继续承包的，应予支持。其他方式承包中，承包方的继承人或者权利义务承受者请求在承包期内继续承包的，应予支持。”

第四，承包地被征收的，土地承包经营权人有权依法获得相应补偿。对于土地征收补偿费用的分配，《土地承包案件解释》第20～22条有详细的规定，对此，我们将在第十二讲详述。

（2）互换和转让

从理论上讲，《农村土地承包法》所规定的土地承包经营权流转，包括物权性流转和债权性流转。所谓物权性流转，包括土地承包经营权的互换和转让，但在《农村土地承包法》中不以“流转”称之，其特点是土地承包经营权的主体发生了变化，产生了新的土地承包经营权；而债权性流转就是土地经营权流转，其中土地承包经营权的主体不发生变化，只是将经营权在一定期限内流转给其他主体。

总结·提示　《农村土地承包法》所规定的土地承包经营权流转包括物权性流转和债权性流转两种情形。

依据《民法典》第334～335条、《农村土地承包法》第33～35条的规定，承包方之间为方便耕种或者各自需要，可以对属于同一集体经济组织的土地的土地承包经营权进行互换，并向发包方备案；经发包方同意，承包方也可以将全部或者部分的土地承包经营权转让给本集体经济组织的其他农户，由该农户同发包方确立新的承包关系，原承包方与发包方在该土地上的承包关系即行终止；未经依法批准，不得将承包地用于非农建设；土地承包经营权互换、转让的，当事人可以向登记机构申请登记，未经登记，不得对抗善意第三人。

4. 土地经营权流转

土地经营权，在农村承包地“三权”分置政策下具有了独立的意义，是2018年修改的《农村土地承包法》新增加的内容。所谓农村承包地“三权”分置，就是在落实农村土地集体所有权的基础上，稳定农户承包权，放活土地经营权，这一改革思想自2014年以来被党和国家的政策文件加以具体化。由此可见，土地经营权是从土地承包经营权派生出来的一种市场化的权利，摆脱了身份限制，权利人是市场主体。关于土地经营权的性质，在法律上尚不明确，一般认为它属于债权。①

土地经营权流转，是指承包方采取出租（转包）、入股或者其他方式向他人流转土地经营权的行为。《民法典》第 339～341 条、《农村土地承包法》第 36～47 条对土地承包经营权的保护做了规定，内容如下：

第一，承包方可以自主决定依法采取出租（转包）、入股或者其他方式向他人流转土地经营权，并向发包方备案。土地经营权人有权在合同约定的期限内占有农村土地，自主开展农业生产经营并取得收益。

第二，土地经营权流转应当遵循以下原则：（1）依法、自愿、有偿，任何组织和个人不得强迫或者阻碍土地经营权流转；（2）不得改变土地所有权的性质和土地的农业用途，不得破坏农业综合生产能力和农业生态环境；（3）流转期限不得超过承包期的剩余期限；（4）受让方须有农业经营能力或者资质；（5）在同等条件下，本集体经济组织成员享有优先权。

第三，土地经营权流转，当事人双方应当签订书面流转合同，合同一般包括以下条款：（1）双方当事人的姓名、住所；（2）流转土地的名称、坐落、面积、质量等级；（3）流转期限和起止日期；（4）流转土地的用途；（5）双方当事人的权利和义务；（6）流转价款及支付方式；（7）土地被依法征收、征用、占用时有关补偿费的归属；（8）违约责任。承包方将土地交由他人代耕不超过 1 年的，可以不签订书面合同。流转期限为 5 年以上的土地经营权，自流转合同生效时设立，当事人可以向登记机构申请土地经营权登记，未经登记，不得对抗善意第三人。承包方不得单方解除土地经营权流转合同，但受让方有下列情形之一的除外：（1）擅自改变土地的农业用途；（2）弃耕抛荒连续两年以上；（3）给土地造成严重损害或者严重破坏土地生态环境；（4）其他严重违约行为。流转的价款，应当由当事人双方协商确定。流转的收益归承包方所有，任何组织和个人不得擅自截留、扣缴。经承包方同意，受让方可以依法投资改良土壤，建设农业生产附属、配套设施，并按照合同约定对其投资部分获得合理补偿。

第四，承包方流转土地经营权的，其与发包方的承包关系不变。经承包方书面同意，并向本集体经济组织备案，受让方可以再流转土地经营权。

第五，县级以上地方人民政府应当建立工商企业等社会资本通过流转取得土地经营权的资格审查、项目审核和风险防范制度，工商企业等社会资本通过流转取得土地经营权的，本集体经济组织可以收取适量管理费用，具体办法由国务院农业农村、林业和草原主管部门规定。承包方可以用承包地的土地经营权向金融机构融资担保，并向发包方备案。受让方通过流转取得的土地经营权，经承包方书面同意并向发包方备案，可以向金融机构融资担保，担保物权自融资担保合同生效时设立，当事人可以向登记机构申请登记，未经登记，不得对抗善意第三人。实现担保物权时，担保物权人有权就土地经营权优先受偿。土地经营权融资担

① 参见王利明主编：《民法》（第 8 版，上册），中国人民大学出版社 2020 年版，第 401 页。

保办法由国务院有关部门规定。

（三）土地承包经营纠纷的解决

《农村土地承包法》第55条规定："因土地承包经营发生纠纷的，双方当事人可以通过协商解决，也可以请求村民委员会、乡（镇）人民政府等调解解决。当事人不愿协商、调解或者协商、调解不成的，可以向农村土地承包仲裁机构申请仲裁，也可以直接向人民法院起诉。"据此，土地承包经营纠纷并不属于我们在第九讲所介绍的土地权属争议，其解决方式亦明显有别于土地权属争议的解决方式。

在《农村土地承包法》的基础上，《农村土地承包经营纠纷调解仲裁法》（2009年发布）、最高人民法院《关于审理涉及农村土地承包经营纠纷调解仲裁案件适用法律若干问题的解释》（法释〔2020〕17号）以及《土地承包案件解释》等立法和司法解释对土地承包经营纠纷的解决作出了更为具体的规定，这些立法和司法解释在土地承包经营纠纷的解决中发挥重要的作用。

第十一讲　村民委员会与农村集体经济组织

重点导读

村民委员会是村民自我管理、自我教育、自我服务的基层群众性自治组织，其主要的法律依据是《村民委员会组织法》；农村集体经济组织，是农村分配土地和组织生产的重要单位，其法律依据《农村集体经济组织法》目前正在审议之中。这里之所以把村民委员会与农村集体经济组织设为单独的一讲：首先是因为村民委员会在集体土地征收和补偿中的能量不容小觑；其次是因为村民委员会与农村集体经济组织的法律和制度在征收和补偿的实施过程中经常起到举足轻重的作用；最后是因为集体经济组织成员资格等问题可能会直接影响到集体土地征收中的补偿安置。本讲的内容包括村民委员会的性质和任务，村民委员会的设立、组成和职责，村民委员会的基本制度，农村集体经济组织的历史和现状，集体经济组织成员资格认定五个方面。

一、村民委员会的性质和任务

（一）村民委员会的性质

村民委员会设立的依据是《宪法》和《村民委员会组织法》。《宪法》（2018 年修改）第 111 条第 1 款规定，村民委员会与居民委员会同属基层群众性自治组织，它们同基层政权的相互关系由法律规定。1988 年 6 月 1 日，《村民委员会组织法（试行）》开始实施，此后历经 1998 年、2010 年、2018 年三次修改，目前有效的是 2018 年 12 月 29 日修改的《村民委员会组织法》。《村民委员会组织法》第 2 条第 1 款规定，村民委员会是村民自我管理、自我教育、自我服务的基层群众性自治组织，实行民主选举、民主决策、民主管理、民主监督。从中可见，《宪法》《村民委员会组织法》对于村民委员会的性质定位是十分明确的，即基层群众性自治组织。依据《民法典》（2020 年发布）第 101 条的规定，村民委员会具有基层群众性自治组织法人资格，可以从事为履行职能所需要的民事活动。

村民委员会的性质决定了它与国家权力机关、行政机关、监察机关、审判机关、检察机关以及军事机关等政权机关之间存在本质区别，主要表现在以下几点：（1）政权机关所通过的法律、批示、命令、决定等都具有国家强制力，对拒不服从者可以强制其服从，而村民委员会所通过的决议、决定、自治章程和村规民约等都不具有国家强制力，对拒不服从者不能强制其服从，只能靠说服、动员、教育、舆论压力等方式贯彻落实；（2）政权机关全面管理本辖区内政治、经济、文化、社会事务等方面的工作，村民委员会只管理本村群众自己的事务；（3）政权机关自上而下有一套严密的组织系统，村民委员会没有自己的上下组织系统。①

实践中，由于村民委员会同基层政权之间联系密切，容易让人产生误解，以为村民委员会是乡、镇人民政府的下一级政府或者单位。实际上，村民委员会只是国家政权机关的延伸部分，虽然它在客观上起到了基层政权与群众之间的桥梁和纽带作用，但并不是一级政权机关，更不可能具有行政执法权。《村民委员会组织法》第5条规定："乡、民族乡、镇的人民政府对村民委员会的工作给予指导、支持和帮助，但是不得干预依法属于村民自治范围内的事项。村民委员会协助乡、民族乡、镇的人民政府开展工作。"第37条第2款规定："村民委员会办理本村公益事业所需的经费，由村民会议通过筹资筹劳解决；经费确有困难的，由地方人民政府给予适当支持。"据此，基层政权与村民委员会之间主要是指导、支持和相互帮助的关系，对此不应该理解为上下级关系。2022年8月22日，中共中央办公厅、国务院办公厅印发的《关于规范村级组织工作事务、机制牌子和证明事项的意见》明确要求："明确村级组织工作事务……未经县级党委和政府统一部署，党政群机构不得将自身权责事项派交村级组织承担。不得将村级组织作为行政执法、拆迁拆违、招商引资、安全生产等事务的责任主体。"

不过，在集体土地征收的过程中，一些地方政府经常让村民委员会冲锋在最前线，村民委员会俨然手握征收与补偿大权的执法者，对于集体土地征收、补偿所起到的作用都是不容小觑的。实践中，村民委员会以"村民自治"为由组织村民会议或村民代表会议通过补偿安置方案，甚至通过强制拆除房屋决定的情形屡有发生，有的村民委员会还负责同被征收人协商谈判、签订补偿安置协议以及发放补偿款或者分配安置房等。可见，村民委员会在集体土地征收过程中的确能量不小。有鉴于此，尤其要注意查清村民委员会背后的政权机关，绝不能因表面的现象而让村民委员会随意为地方政府的行为"背锅"。在**贾某一诉高新区管委会等行政强制案**中，最高人民法院对此有深刻的论述：

> 征收拆迁与征收补偿事宜均属公权力职权范畴，职权之所在，即义务之所在，也即责任之所在，并不宜假村民自治形式进行。村民会议或者村民代表会议决定不得与宪法、法律、法规和国家政策相抵触，不得侵犯村民的人身权利和财产权利。对于房屋的强制拆除，不应当认定系村委会自主实施，而应当认定系职权主体与非职权主体在征收拆迁中基于共同意思联络、共同参与下实施的强制拆除。被诉强制拆除行为虽然形式上表现为村委会实施，但村委会等自治组织仅系行政机关的行政助手和行政辅助者，犹如其"延长之手"。②

对于上述现实，有人提出了辩解：村委会是受行政机关的委托行使部分职权，因而无可

① 参见《中华人民共和国村民委员会组织法注解与配套》（第5版），中国法制出版社2020年版，第5~6页。
② 最高人民法院行政裁定书，（2019）最高法行申3784号。

厚非。这种辩解自有一定道理。《村民委员会组织法》第 37 条第 1 款规定："人民政府对村民委员会协助政府开展工作应当提供必要的条件；人民政府有关部门委托村民委员会开展工作需要经费的，由委托部门承担。"据此，政府及政府部门均有委托村民委员会开展工作的现实可能性。但是，必须首先解决行政委托本身的合法性问题，特别需要注意以下三点：（1）行政委托不发生行政职权和职责的转移，受委托的个人或组织并不因委托取得行政职权，也不因委托取得行政主体资格；（2）受委托者必须以委托的行政机关的名义而不是自己的名义行使职权（这一点在现实中受委托者很少能做到，村民委员会为了帮助行政机关开脱责任，经常是以自己的名义发号施令或者作出行为）；（3）受委托行使职权的法律责任应当由委托的行政机关承担。依据《行政诉讼法》（2017 年修改）第 26 条第 5 款以及 2018 年《行政诉讼法解释》第 24 条第 2 款的规定，如果因此而引起行政诉讼，应当由委托的行政机关而不是村民委员会作为被告。2018 年 7 月 23 日发布的最高人民法院第一巡回法庭《关于行政审判法律适用若干问题的会议纪要》提出："应当注意区分授权与委托、授权与行使自治权的关系。村委会或村民小组受委托行使行政权的情形实践中是经常发生的，例如，集体土地征收过程中，土地管理部门委托村委会与村民签订征收补偿协议。此时，应当以委托的行政机关为被告。"如果不遵守委托开展工作的法律要求，行政征收权恐有被村民委员会等非政权机关滥用的风险。

除了受委托，如果村民委员会依法律、法规、规章的授权而作出相应的行政行为，依据 2018 年《行政诉讼法解释》第 24 条第 1 款的规定，村民委员会可以作为行政诉讼被告，这就意味着村民委员会将为其行为独立地承担法律责任。但是，正如最高人民法院第一巡回法庭《关于行政审判法律适用若干问题的会议纪要》所称："当事人对村民委员会依据法律、法规、规章授权作出的行政行为不服提起行政诉讼的，是适格的被告。但是，就现行法律、法规、规章规定来看，审判实践中尚未发现法律、法规、规章授权村委会或村民小组行使行政权的情形。"如此看来，村民委员会试图以"法律、法规、规章授权"为由替行政机关"背锅"，在现实中也是行不通的。

（二）村民委员会的任务

依据《宪法》第 111 条第 2 款和《村民委员会组织法》第 2 条第 2 款的规定，村民委员会的任务主要包括以下几项：（1）办理本村的公共事务和公益事业；（2）调解民间纠纷；（3）协助维护社会治安；（4）向人民政府反映村民的意见、要求和提出建议。为了顺利完成上述任务，村民委员会通常会下设人民调解、治安保卫、公共卫生等委员会。

二、村民委员会的设立、组成和职责

（一）村民委员会的设立

《村民委员会组织法》第 3 条规定，村民委员会根据村民居住状况、人口多少，按照便于群众自治，有利于经济发展和社会管理的原则设立；村民委员会的设立、撤销、范围调整，由乡、民族乡、镇的人民政府提出，经村民会议讨论同意，报县级人民政府批准。

村民委员会可以根据村民居住状况、集体土地所有权关系等分设若干村民小组。村民小组是村民自治共同体内部的一种组织形式，是自治的一个层次。① 但村民小组不是一级组织，通常也不具有法人资格。村民小组的负责人为村民小组组长，由本小组的村民担任。设立村民小组，主要是考虑到集体土地所有权关系，依据《民法典》第262条和《土地管理法》第11条的规定，如果集体土地属于村民小组所有，由村民小组经营、管理，在土地发包时，应当由村民小组作为发包方。此外，村民小组还负责经营、管理其所兴办的集体企业以及其他财产。

设立村民委员会实行村民自治，同样必须坚持党的领导，坚持依法办事。为此，《村民委员会组织法》第4条规定："中国共产党在农村的基层组织，按照中国共产党章程进行工作，发挥领导核心作用，领导和支持村民委员会行使职权；依照宪法和法律，支持和保障村民开展自治活动、直接行使民主权利。"

（二）村民委员会的组成

《村民委员会组织法》规定，村民委员会由主任、副主任和委员共3～7人组成；村民委员会成员中，应当有妇女成员，多民族村民居住的村应当有人数较少的民族的成员；对村民委员会成员，根据工作情况，给予适当补贴；村民委员会及其成员应当遵守宪法、法律、法规和国家的政策，遵守并组织实施村民自治章程、村规民约，执行村民会议、村民代表会议的决定、决议，办事公道，廉洁奉公，热心为村民服务，接受村民监督。

村党支部书记、村民委员会主任分别是村党组织、村民委员会的负责人。依据《中国共产党章程》《中国共产党农村基层组织工作条例》《村民委员会组织法》的规定，村党支部书记与村民委员会主任既可以由不同的人担任，也可以由一人兼任。

《村民委员会组织法》第7条规定了村民委员会下属机构的设置，主要包括人民调解委员会、治安保卫委员会、公共卫生委员会、计划生育委员会等。村民委员会成员可以兼任下属委员会的成员，人口少的村的村民委员会也可以不设下属委员会，由村民委员会成员分工负责人民调解、治安保卫、公共卫生与计划生育等工作。

依据《村民委员会组织法》第38条的规定，驻在农村的机关、团体、部队、国有及国有控股企业、事业单位及其人员不参加村民委员会组织，但应当通过多种形式参与农村社区建设，并遵守有关村规民约。村民委员会、村民会议或者村民代表会议讨论决定与上述单位有关的事项，应当与其协商。

（三）村民委员会的职责

《村民委员会组织法》第8条规定了村民委员会的经济职责，第9条规定了村民委员会的社会职责。从这些职责不难看出，村民委员会不具有行政执法权，它所作出的行为不具有强制力。

村民委员会的经济职责主要包括：（1）支持和组织村民依法发展各种形式的合作经济和

---

① 参见《中华人民共和国村民委员会组织法注解与配套》（第5版），中国法制出版社2020年版，第10页。

其他经济；（2）承担本村生产的服务和协调工作，促进农村生产建设和经济发展；（3）管理本村属于村农民集体所有的土地和其他财产；（4）引导村民合理利用自然资源，保护和改善生态环境；（5）尊重并支持集体经济组织依法独立进行经济活动的自主权；（6）维护以家庭承包经营为基础、统分结合的双层经营体制；（7）保障集体经济组织和村民、承包经营户、联户或者合伙的合法财产权和其他合法权益。

村民委员会的社会职责主要包括：（1）宣传宪法、法律、法规和国家的政策；（2）教育和推动村民履行法律规定的义务、爱护公共财产，维护村民的合法权益；（3）发展文化教育，普及科技知识；（4）促进男女平等，做好计划生育工作；（5）促进村与村之间的团结、互助；（6）开展多种形式的社会主义精神文明建设活动；（7）支持服务性、公益性、互助性社会组织依法开展活动，推动农村社区建设；（8）教育和引导各民族村民增进团结、互相尊重、互相帮助。

三、村民委员会的基本制度

（一）村民委员会的选举制度

《村民委员会组织法》第3章（第11～20条）规定了村民委员会的选举。

1. 选举方式和任期

村民委员会主任、副主任和委员，均由村民直接选举产生，任何组织或者个人不得指定、委派或者撤换村民委员会成员。实践中，一些地方采取先由村民选举村民委员会委员，再由村民委员会内部推选出主任和副主任的做法，明显违反了村民直接选举的原则。

村民委员会每届任期5年，届满应当及时举行换届选举。而且，村民委员会成员可以连选连任。

2. 村民选举委员会

村民委员会的选举，由村民选举委员会主持。村民选举委员会由主任和委员组成，由村民会议、村民代表会议或者各村民小组会议推选产生。村民选举委员会成员被提名为村民委员会成员候选人，应当退出村民选举委员会。村民选举委员会成员退出村民选举委员会或者因其他原因出缺的，按照原推选结果依次递补，也可以另行推选。

3. 村民选举资格

凡年满18周岁的村民，不分民族、种族、性别、职业、家庭出身、宗教信仰、教育程度、财产状况、居住期限，都有选举权和被选举权，但依照法律被剥夺政治权利的人除外。

村民委员会选举前，应当对下列人员进行登记，列入参加选举的村民名单：（1）户籍在本村并且在本村居住的村民；（2）户籍在本村，不在本村居住，本人表示参加选举的村民；（3）户籍不在本村，在本村居住1年以上，本人申请参加选举，并且经村民会议或者村民代表会议同意参加选举的公民。已在户籍所在村或者居住村登记参加选举的村民，不得再参加其他地方村民委员会的选举。

登记参加选举的村民名单应当在选举日的20日前由村民选举委员会公布。对登记参加选举的村民名单有异议的，应当自名单公布之日起 5 日内向村民选举委员会申诉，村民选举委员会应当自收到申诉之日起 3 日内作出处理决定，并公布处理结果。

4. 选举程序

《村民委员会组织法》规定了村民委员会的一般选举程序。同时，为了充分考虑各地方的实际情况，《村民委员会组织法》明确具体的选举办法由省、自治区、直辖市的人大常委会规定。

（1）提名候选人

候选人由登记参加选举的村民直接提名。2002 年 7 月 14 日发布的中共中央办公厅、国务院办公厅《关于进一步做好村民委员会换届选举工作的通知》（中办发〔2002〕14 号）要求："由村民直接提名确定村民委员会成员候选人，不能用组织提名代替村民提名，保证村民的直接提名权。"村民提名候选人，应当从全体村民利益出发，推荐奉公守法、品行良好、公道正派、热心公益、具有一定文化水平和工作能力的村民为候选人。村民选举委员会应当组织候选人与村民见面，由候选人介绍履行职责的设想，回答村民提出的问题。为实现差额选举，候选人的名额应当多于应选名额。

（2）投票

有登记参加选举的村民过半数投票，选举方为有效；候选人获得参加投票的村民过半数的选票，始得当选；当选人数不足应选名额的，不足的名额另行选举。另行选举的，第一次投票未当选的人员得票多的为候选人，候选人以得票多的当选，但是所得票数不得少于已投选票总数的 1/3。

选举实行无记名投票、公开计票的方法，选举结果应当当场公布。选举时，应当设立秘密写票处。登记参加选举的村民，选举期间外出不能参加投票的，可以书面委托本村有选举权的近亲属代为投票。村民选举委员会应当公布委托人和受委托人的名单。

（3）补选

实践中，村民委员会成员出缺主要有以下几种情形：一是村民委员会成员被村民罢免的；二是村民委员会成员丧失行为能力或者被判处刑罚，其职务自行终止的；三是村民委员会成员两次民主评议不合格，其职务终止的；四是村民委员会成员主动辞职的；五是村民委员会成员死亡的。村民委员会成员出缺，可以由村民会议或者村民代表会议进行补选，补选程序参照上述提名候选人和投票的规定办理。补选的村民委员会成员的任期到本届村民委员会任期届满时止。

（4）工作移交

做好新老村民委员会的工作移交，也是村民委员会选举中的重要环节。村民委员会应当自新一届村民委员会产生之日起 10 日内完成工作移交，工作移交由村民选举委员会主持，由乡、民族乡、镇的人民政府监督。2004 年 6 月 22 日发布的中共中央办公厅、国务院办公厅《关于健全和完善村务公开和民主管理制度的意见》（中办发〔2004〕17 号）提出，建立村民委员会换届后的工作移交制度，村民委员会换届工作结束后，原村民委员会应将公章、办公场所、办公用具、集体财务账目、固定资产、工作档案、债权债务及其他遗留问题等，及时移交给新一届村民委员会。

5. 罢免程序

本村 1/5 以上有选举权的村民或者 1/3 以上的村民代表联名，可以提出罢免村民委员会成员的要求，并说明要求罢免的理由，被提出罢免的村民委员会成员有权提出申辩意见。罢免村民委员会成员，须有登记参加选举的村民过半数投票，并须经投票的村民过半数通过。

6. 对破坏选举行为的处理

以暴力、威胁、欺骗、贿赂、伪造选票、虚报选举票数等不正当手段当选村民委员会成员的，当选无效。对以暴力、威胁、欺骗、贿赂、伪造选票、虚报选举票数等不正当手段，妨害村民行使选举权、被选举权，破坏村民委员会选举的行为，村民有权向乡、民族乡、镇的人民代表大会和政府或者县级人大常委会和政府及其有关主管部门举报，由乡级或者县级政府负责调查并依法处理。

如果乡级或者县级人民政府拒不履行调查处理的职责，举报的村民是否有权申请行政复议或者提起行政诉讼？从实践来看，对此多持否定的态度。在**解某升诉青岛市政府行政复议案**中，最高人民法院认为，《行政诉讼法》《行政复议法》均未规定可以对此类行为提起行政诉讼或申请行政复议。村民委员会是群众自治性组织，村民委员会选举行为属于村民自治范畴，村民对破坏选举行为或者对选举程序、选举结果有异议的，可以通过举报、申诉等途径予以解决。解某升认为莱西市政府没有根据其申请依法履行查处村民委员会违法选举的法定职责，向青岛市政府提出了行政复议申请，青岛市政府不予受理解某升的行政复议申请并无不当，一审、二审法院分别判决驳回解某升的诉讼请求和上诉亦无不当。①

（二）村民会议、村民代表会议和村民小组会议制度

《村民委员会组织法》第 4 章（第 21 ~ 28 条）规定了村民会议和村民代表会议。村民会议相当于村的“权力机关”，是村民集体讨论决定涉及本村村民利益问题的一种组织形式，也是村民行使自治权利的根本途径；村民代表会议是经常性议事组织，可以代行村民会议的部分职权。

1. 村民会议

（1）村民会议的组成和召开

村民会议由本村 18 周岁以上的村民组成。依据《刑法》第 54 条的规定，被剥夺政治权利的村民作为村民的一员，应当可以参加村民会议，对村民会议讨论的各项问题发表意见，但在选举村民委员会组成人员时，不享有选举权的被选举权；在罢免村民委员会组成人员时，不享有表决权。②

村民会议由村民委员会召集。有 1/10 以上的村民或者 1/3 以上的村民代表提议，应当召

---

① 最高人民法院行政裁定书，(2020) 最高法行申 5192 号。

② 参见《中华人民共和国村民委员会组织法注解与配套》（第 5 版），中国法制出版社 2020 年版，第 39 页。

集村民会议。召集村民会议，应当提前 10 日通知村民。召开村民会议，应当有本村 18 周岁以上村民的过半数，或者本村 2/3 以上的户的代表参加，村民会议所做决定应当经到会人员的过半数通过。法律对召开村民会议及作出决定另有规定的，依照其规定。另外，召开村民会议，根据需要可以邀请驻本村的企业、事业单位和群众组织派代表列席。

（2）村民会议的职权

村民会议负责审议村民委员会的年度工作报告，评议村民委员会成员的工作，并有权撤销或者变更村民委员会以及村民代表会议不适当的决定。村民会议可以授权村民代表会议审议村民委员会的年度工作报告，评议村民委员会成员的工作，撤销或者变更村民委员会不适当的决定。

涉及村民利益的下列事项，经村民会议讨论决定方可办理：①本村享受误工补贴的人员及补贴标准；②从村集体经济所得收益的使用；③本村公益事业的兴办和筹资筹劳方案及建设承包方案；④土地承包经营方案；⑤村集体经济项目的立项、承包方案；⑥宅基地的使用方案；⑦征地补偿费的使用、分配方案；⑧以借贷、租赁或者其他方式处分村集体财产；⑨村民会议认为应当由村民会议讨论决定的涉及村民利益的其他事项。村民会议可以授权村民代表会议讨论决定上述事项，法律对讨论决定村集体经济组织财产和成员权益的事项另有规定的，依照其规定。

2. 村民代表会议

人数较多或者居住分散的村，可以设立村民代表会议，讨论决定村民会议授权的事项。村民代表会议由村民委员会成员和村民代表组成，村民代表应当占村民代表会议组成人员的 4/5 以上，妇女村民代表应当占村民代表会议组成人员的 1/3 以上。村民代表由村民按每 5 户至 15 户推选 1 人，或者由各村民小组推选若干人。村民代表的任期与村民委员会的任期相同，可以连选连任。村民代表应当向其推选户或者村民小组负责，接受村民监督。

村民代表会议由村民委员会召集，每季度召开一次。有 1/5 以上的村民代表提议，应当召集村民代表会议。村民代表会议有 2/3 以上的组成人员参加方可召开，所做决定应当经到会人员的过半数同意。

3. 村民小组会议

召开村民小组会议，应当有本村民小组 18 周岁以上的村民 2/3 以上，或者本村民小组 2/3 以上的户的代表参加，所做决定应当经到会人员的过半数同意。

村民小组组长由村民小组会议推选，任期与村民委员会的任期相同，可以连选连任。属于村民小组的集体所有的土地、企业和其他财产的经营管理以及公益事项的办理，由村民小组会议依照有关法律的规定讨论决定，所做决定及实施情况应当及时向本村民小组的村民公布。

（三）村民自治章程、村规民约的制定和修改

《村民委员会组织法》第 27 条规定，村民会议可以制定和修改村民自治章程、村规民约，并报乡、民族乡、镇的人民政府备案。村民自治章程、村规民约以及村民会议或者村民

代表会议的决定不得与宪法、法律、法规和国家的政策相抵触，不得有侵犯村民的人身权利、民主权利和合法财产权利的内容。村民自治章程、村规民约以及村民会议或者村民代表会议的决定违反前款规定的，由乡、民族乡、镇的人民政府责令改正。

拓展·探索

自治章程、村规民约等行为的法治化

依据《村民委员会组织法》第27条的规定，村民自治章程、村规民约以及村民会议或者村民代表会议的决定等行为必须合法，不得以“村民自治”“少数服从多数”“公共利益至上”等为借口随意侵犯村民的人身权利、民主权利和财产权利。这就涉及自治章程、村规民约等行为的法治化问题。

为了推进村规民约的法治化，2018年12月4日，民政部等6部门联合出台《关于做好村规民约和居民公约工作的指导意见》(民发〔2018〕144号)，要求坚持合法合规，不得违背宪法和法律精神，不得侵犯国家、集体利益和群众合法权益。依据上述指导意见的规定，村规民约的制定或修订，一般应经过以下几个步骤：(1) 征集民意。村党组织、村民委员会广泛征求群众意见，提出需要规范的内容和解决的问题。(2) 拟订草案。村党组织、村民委员会就提出的问题和事项，组织群众广泛协商，根据群众意见拟订村规民约草案，同时听取驻村党代表、人大代表、政协委员、机关干部、法律顾问、妇联执委等意见建议。(3) 提请审核。村党组织、村民委员会根据有关意见修改完善后，报乡镇党委、政府审核把关。(4) 审议表决。村党组织、村民委员会根据乡镇党委、政府的审核意见，进一步修改形成审议稿，提交村民会议审议讨论，根据讨论意见修订完善后提交会议表决通过。表决应遵循《村民委员会组织法》相关规定，并应有一定比例妇女参会。未根据审核意见改正的村规民约不应提交村民会议审议表决。(5) 备案公布。村党组织、村民委员会应于村民会议表决通过后10日内，将村规民约报乡镇党委、政府备案，经乡镇党委、政府严格把关后予以公布，让群众广泛知晓。

如果自治章程、村规民约等行为侵犯了村民的人身权利、民主权利和财产权利，村民应该如何寻求救济？对此，《村民委员会组织法》第27条明确了乡镇政府对自治章程、村规民约等的备案和监督权，但并未涉及司法监督的方式和程序。实践中，直接以村民委员会为被申请人或被告要求撤销自治章程、村规民约等的行政复议与行政诉讼案件较少，主要原因是传统的观念认为此类内容属于村民自治范畴，不属于行政复议和行政诉讼的受案范围。2019年7月29日发布的《民政部对“关于推进村规民约法制化的建议”的答复》(民函〔2019〕734号)提出：“村规民约虽然是全体村民共同意志的体现，但也不得违反相关法律政策规定……最高人民法院认为，村规民约在具体实施过程中作出的违反宪法、法律、法规和国家政策规定，侵犯村民合法权益的行为，应当纳入行政诉讼的受案范围。一般来说，行政诉讼对于此类案件的监督是间接的。即村民认为村规民约侵害其合法权益，要求乡、民族乡、镇的人民政府处理，对处理不服，再提起行政诉讼时，对村规民约进行附带审查。”据此，村

民可以先向乡、民族乡、镇人民政府要求其责令改正村规民约，对其处理不服的再申请行政复议或者提起行政诉讼。

（四）民主管理和民主监督

《村民委员会组织法》第5章（第29～36条）规定了民主管理和民主监督。其中，第29条规定："村民委员会应当实行少数服从多数的民主决策机制和公开透明的工作原则，建立健全各种工作制度。"这里的工作制度主要有村务公开制度、民主评议制度、村务档案制度、经济责任审计制度和行使自治权侵犯村民合法权益的救济制度等。

1. 村务公开制度

（1）村务公开的事项

村民委员会实行村务公开制度，它是农村"三务公开"（党务公开、村务公开、财务公开）的重要一环。村务公开，是指村民委员会将本村涉及国家、集体以及村民利益的事项向全体村民公布，并接受村民监督的行为。村务公开本质上是保障村民知情权、促进村民参与管理并实施监督的一种民主行为，公开的方式有户外公开栏、LED屏宣传栏、触摸查询机、手机App、微信公众号以及微信群等。《民法典》第264条规定："农村集体经济组织或者村民委员会、村民小组应当依照法律、行政法规以及章程、村规民约向本集体成员公布集体财产的状况。集体成员有权查阅、复制相关资料。"此外，在《村民委员会组织法》以及中共中央办公厅、国务院办公厅《关于在农村普遍实行村务公开和民主管理制度的通知》（中办发〔1998〕9号），中共中央办公厅、国务院办公厅《关于健全和完善村务公开和民主管理制度的意见》（中办发〔2004〕17号），《农村集体经济组织财务公开规定》（农经发〔2011〕13号）等立法和文件中也有关于村务公开的规定。

村民委员会应当及时公布下列事项，接受村民的监督：①《村民委员会组织法》第23～24条规定的由村民会议、村民代表会议讨论决定的事项及其实施情况；②国家计划生育政策的落实方案；③政府拨付和接受社会捐赠的救灾救助、补贴补助等资金、物资的管理使用情况；④村民委员会协助人民政府开展工作的情况；⑤涉及本村村民利益，村民普遍关心的其他事项。上述事项中，一般事项至少每季度公布1次；集体财务往来较多的，财务收支情况应当每月公布1次；涉及村民利益的重大事项应当随时公布。村民委员会应当保证所公布事项的真实性，并接受村民的查询。

村务公开的主体是村民委员会，有权申请村务公开的主体是本村全体村民。实践中比较常见的问题是，非本村村民是否有权申请村务公开？依据《村民委员会组织法》第31条的规定，答案应该是否定的。在**王某宝诉西青区政府不履行法定职责案**中，最高人民法院认为，村务公开制度是保障村民对涉及本村村民利益、村民普遍关心事项的知情权，只有村民才有权请求相关人民政府或主管部门履行村务公开监督法定职责。非本村集体组织成员，无权要求村务公开。[1]

总结·提示 为了实现民主管理和民主监督，中央多次要求落实“四议两公开”制度。2018年12月28日发布的《中国共产党农村基层组织工作条例》第19条第3款规定：“村级重大事项决策实行‘四议两公开’，即村党组织提议、村‘两委’会议商议、党员大会审议、村民会议或者村民代表会议决议，决议公开、实施结果公开。”依据这一规定，“四议两公开”与村务公开之间存在密切的联系。

（2）对村务公开的监督措施

《村民委员会组织法》所规定的对村务公开的监督措施主要包括以下三种：

第一，行政监督。《村民委员会组织法》第31条规定：“村民委员会不及时公布应当公布的事项或者公布的事项不真实的，村民有权向乡、民族乡、镇的人民政府或者县级人民政府及其有关主管部门反映，有关人民政府或者主管部门应当负责调查核实，责令依法公布；经查证确有违法行为的，有关人员应当依法承担责任。”据此，乡、民族乡、镇的人民政府或者县级人民政府及其有关主管部门均负有监督村务公开的职责，有权力和义务调查核实并责令村民委员会依法公布。然而，一些地方性法规的规定与此略有出入，如《广东省村务公开条例》（2014年修改）第15条规定：“乡、民族乡、镇人民政府，县级人民政府民政主管部门对村务不公开或者公开不及时的村民委员会，应当责令其限期公开……”这里明确把县级政府排除在外，涉嫌与上位法的规定相冲突。在**梁某萍诉顺德区政府不履行法定职责案**中，最高人民法院以这一规定和《村民委员会组织法》第40条“省、自治区、直辖市的人民代表大会常务委员会根据本法，结合本行政区域的实际情况，制定实施办法”之规定为依据，提出负有监督村务公开职责的是乡级政府，以及县级政府有关部门。县级以上政府一般对村务公开工作只是负宏观上的领导职责，对当事人提出的责令村务公开申请，并无直接处理的法定职责。[2] 且不说这一结论不具有普遍意义，即使是在广东省范围内，也应当考虑到《广东省村务公开条例》因与上位法相冲突而能否适用的问题。《村民委员会组织法》第40条虽然授权省、自治区、直辖市的人大常委会制定实施办法，但并未授权实施办法在《村民委员会组织法》的基础上作出变通规定。因此，上述判例中“县级以上政府对当事人提出的责令村务公开申请无直接处理职责”的结论难以成立，极其容易产生误导，如果严格地解释《村民委员会组织法》第31条的规定，至少县级人民政府是负有这一职责的。

第二，司法监督。依据现有的法律规定，司法对于村务公开的监督只能是间接的监督，即由村民向乡、民族乡、镇的人民政府或者县级人民政府及其有关主管部门反映，由后者依法处理，村民对处理不服的，可以提起行政诉讼。在**孙某诉丰台区政府履行法定职责案**中，北京市高级人民法院认为，依据《村民委员会组织法》第31条之规定，乡、民族乡、镇的

---

① 最高人民法院行政裁定书，（2019）最高法行申7171号。

② 最高人民法院行政裁定书，（2021）最高法行申28号。

人民政府或者县级人民政府及其有关主管部门负有对村民反映的村民委员会村务公开事项进行调查核实，并在确认村民委员会存在不及时公布应当公布的事项或者公布的事项不真实的情况下责令其公开的职责。孙某作为佃起村村民，有权向丰台区政府反映该村村民委员会村务公开问题，丰台区政府负有对村民反映的村民委员会村务公开事项进行调查核实，并在确认村民委员会存在不及时公布应当公布的事项或者公布的事项不真实的情况下责令其公开的职责。本案中，丰台区政府已于 2019 年 11 月 15 日作出《责令佃起村村委会村务公开的决定》，履行了责令公开职责。佃起村村委会未履行该决定确定的义务，属于该决定的执行问题。丰台区政府已对其行政决定的执行情况进行了调查核实，并对未执行的问题进行了督促，不存在未履行法定职责的情形。[①] 这一判决的合法性姑且不论，实践中此类判决极易导致相关争议无法得到实质性的化解，增加当事人的讼累并浪费司法资源却是事实。

第三，村务监督机构监督。《村民委员会组织法》第 32 条规定："村应当建立村务监督委员会或者其他形式的村务监督机构，负责村民民主理财，监督村务公开等制度的落实，其成员由村民会议或者村民代表会议在村民中推选产生，其中应有具备财会、管理知识的人员。村民委员会成员及其近亲属不得担任村务监督机构成员。村务监督机构成员向村民会议和村民代表会议负责，可以列席村民委员会会议。"

2. 民主评议制度

村民委员会成员以及由村民或者村集体承担误工补贴的聘用人员，应当接受村民会议或者村民代表会议对其履行职责情况的民主评议。民主评议每年至少进行 1 次，由村务监督机构主持。村民委员会成员连续两次被评议不称职的，其职务终止。

3. 村务档案制度

村民委员会和村务监督机构应当建立村务档案。村务档案包括：选举文件和选票，会议记录，土地发包方案和承包合同，经济合同，集体财务账目，集体资产登记文件，公益设施基本资料，基本建设资料，宅基地使用方案，征地补偿费使用及分配方案等。村务档案应当真实、准确、完整、规范。

4. 经济责任审计制度

村民委员会成员实行任期和离任经济责任审计，审计包括下列事项：（1）本村财务收支情况；（2）本村债权债务情况；（3）政府拨付和接受社会捐赠的资金、物资管理使用情况；（4）本村生产经营和建设项目的发包管理以及公益事业建设项目招标投标情况；（5）本村资金管理使用以及本村集体资产、资源的承包、租赁、担保、出让情况，征地补偿费的使用、分配情况；（6）本村 1/5 以上的村民要求审计的其他事项。

村民委员会成员的任期和离任经济责任审计，由县级人民政府农业农村部门、财政部门或者乡、民族乡、镇的人民政府负责组织，审计结果应当公布，其中离任经济责任审计结果应当在下一届村民委员会选举之前公布。

---

① 北京市高级人民法院行政判决书，(2020) 京行终 5835 号。

5. 行使自治权侵犯村民合法权益的救济制度

《村民委员会组织法》第36条规定了村民委员会或村民小组行使自治权的决定侵犯村民合法权益的司法救济措施和行政救济措施。据此，在**苏某程等诉新城镇政府等监督土地补偿款和留用地分配决定案**中，最高人民法院提出，对村民委员会及其成员作出的可能侵害村民合法权益的决定，法律赋予村民两条救济途径：一是向法院提起民事诉讼，二是由乡、镇人民政府责令改正。村民可以选择依法向法院提起民事诉讼，解决相关争议，也可以请求乡、镇人民政府依法对村民委员会及其成员作出的决定进行监督，责令其改正违法的决定。①

（1）司法救济

《村民委员会组织法》第36条第1款规定："村民委员会或者村民委员会成员作出的决定侵害村民合法权益的，受侵害的村民可以申请人民法院予以撤销，责任人依法承担法律责任。"《民法典》第265条第2款也有类似规定："农村集体经济组织、村民委员会或者其负责人作出的决定侵害集体成员合法权益的，受侵害的集体成员可以请求人民法院予以撤销。"上述规定被称为集体成员的撤销请求权，故其主体只能是受侵害的集体成员（村民）。

"申请法院予以撤销"，应理解为向法院提起民事诉讼要求撤销。在**姜某诉辛庄村委会侵害集体经济组织成员权益纠纷案**中，北京市朝阳区人民法院认为，辛庄村委会在未履行任何民主决策程序的前提下，发出要求姜某限期签订腾退协议否则予以帮助腾退的通知，该决定侵犯了姜某的合法权益，姜某要求撤销，有事实和法律依据，本院予以支持。依照《村民委员会组织法》第36条，判决撤销辛庄村委会于2020年7月22日作出的通知。②

（2）行政救济

《村民委员会组织法》第36条第2款规定："村民委员会不依照法律、法规的规定履行法定义务的，由乡、民族乡、镇的人民政府责令改正。"据此，接受村民的申请，依法对村民委员会不依照法律、法规的规定履行法定义务的行为实施监督，是乡、民族乡、镇人民政府的法定职责。如果乡、民族乡、镇人民政府不履行该法定职责，村民有权依法提起行政诉讼要求法院判令其履行职责。例如，村民委员不依法向村民发放征地补偿款的，也应当由乡、民族乡、镇人民政府责令其改正。在**于某诉南芬区政府不履行监督村委会依法发放征地补偿款法定职责案**中，最高人民法院提出，对村民委员不依法履行向村民发放征收补偿款的行为，乡、镇人民政府有权实施监督，责令其改正。在集体土地被征收后，分配集体土地的征收补偿款，是村民委员会的职权，对其不依法履行法定义务的行为，所属政府机关有权依据上述规定予以监督。③

另外，为防止乡、民族乡、镇人民政府动用权力随意干预村民自治，《村民委员会组织法》第36条第3款规定："乡、民族乡、镇的人民政府干预依法属于村民自治范围事项的，由上一级人民政府责令改正。"

① 最高人民法院行政裁定书，（2017）最高法行申6356号。

② 北京市朝阳区人民法院民事判决书，（2020）京0105民初66452号。

③ 最高人民法院行政裁定书，（2017）最高法行申2256号。

总结·提示 村民委员会或村民小组行使自治权的决定侵犯村民合法权益的救济措施，包括司法救济措施和行政救济措施。

（五）“村改居”及其实践

“村改居”又称撤村建居改革，是指将村民委员会改成居民委员会（俗称“社区居委会”，简称社区），即撤销村民委员会建制，实行居民委员会建制。“村改居”通常也会伴随村民的“农转非”，即其身份由村民转变为居民，这是城市化进程中的必然产物。《城市居民委员会组织法》（2018年修改）第2条第1款规定：“居民委员会是居民自我管理、自我教育、自我服务的基层群众性自治组织。”据此，居民委员会与村民委员会的性质相同，都属于基层群众性自治组织。

对于“村改居”的条件和程序等重要问题，《村民委员会组织法》和《城市居民委员会组织法》均未明确规定。不过，由于“村改居”直接涉及村民委员会的撤销或建制调整以及居民委员会的设立，因而必须遵守其中关于村民委员会撤销以及居民委员会设立的规定。对此，《村民委员会组织法》第3条第2款规定：“村民委员会的设立、撤销、范围调整，由乡、民族乡、镇的人民政府提出，经村民会议讨论同意，报县级人民政府批准。”《城市居民委员会组织法》第6条规定：“居民委员会根据居民居住状况，按照便于居民自治的原则，一般在一百户至七百户的范围内设立。居民委员会的设立、撤销、规模调整，由不设区的市、市辖区的人民政府决定。”

实践中，一些地方擅自通过“村改居”的方式将集体土地转变为国有土地，中央对此予以明令禁止。2004年10月21日发布的国务院《关于深化改革严格土地管理的决定》（国发〔2004〕28号）提出：“禁止擅自通过‘村改居’等方式将农民集体所有土地转为国有土地。”2007年12月30日发布的国务院办公厅《关于严格执行有关农村集体建设用地法律和政策的通知》（国办发〔2007〕71号）重申：“严禁以各种名义，擅自扩大农村集体建设用地规模，以及通过‘村改居’等方式，非法将农民集体所有土地转为国有土地。”

四、农村集体经济组织的历史和现状

（一）农村集体经济组织的产生

集体经济的实质是合作经济。农村集体经济组织，是农村分配土地和组织生产的重要单位，它产生于20世纪50年代的农业合作化运动，是在合作经济中生产资料归一部分劳动者所有的一种公有制经济的组织形式。2022年12月30日发布的《农村集体经济组织法（草案）》第2条对农村集体经济组织做了界定：“本法所称农村集体经济组织，是指以土地集体所有为基础，依法代表成员集体行使所有权，实行家庭承包经营为基础、统分结合双层经营体制的地区性经济组织，包括乡镇级集体经济组织、村级集体经济组织、组级集体经济组织，不包括农村供销合作社、农村信用合作社、农民专业合作社等合作经济组织。”并在第3

条明确了农村集体经济组织的法律地位："农村集体经济组织是发展壮大农村集体经济、巩固社会主义公有制、促进共同富裕的重要主体，是健全乡村治理体系、实现乡村善治的重要力量，是提升党组织凝聚力、巩固党在农村执政根基的重要保障。"

从农村集体经济组织的产生过程来看，最初是在自然乡村范围内（更多的是在一个生产队范围内）由农民自愿联合，将其各自所有的耕地、农具、大型牲畜等生产资料上交集体，由集体组织农业生产经营，由农民进行集体劳动的经济组织形式。在人民公社化运动之后，以"政社合一"和集体统一经营为主要特征，到 1962 年明确实行"三级所有，队为基础"的所有制，即生产资料分别归人民公社、生产大队和生产队三级所有，而以生产队所有制为基础。人民公社、生产大队和生产队的范围分别相当于现在的乡镇、行政村和村小组。其中生产队是基础，因而改革开放之前的农村集体经济组织首先就是指生产队。

农村集体经济组织的基本特征是社区性（地域性）和综合性。经济职能、社会保障职能和公共服务职能相互交织，是它区别于其他经济组织的显著特点。实践中，由于"三级所有，队为基础"的组织形式带有鲜明的时代烙印，其影响是十分深远的。我们看到，在今天一些地方的村民还习惯于将乡、镇人民政府称为"某公社"，将村民委员会称为"某大队"，将村民小组称为"某队"，就是这个道理。

（二）农村集体经济组织的发展和现状

改革开放以后，逐步实行"政社分开"和家庭联产承包责任制，分别在人民公社、生产大队和生产队的基础上设立了乡、镇人民政府、村民委员会和村民小组。就性质而言，乡、镇人民政府属于一级政府，村民委员会属于基层群众性自治组织，村民小组属于村民自治共同体内部的一种组织形式，三者都不是法律意义上的农村集体经济组织。不过，在未设立农村集体经济组织的情形下，村民委员会和村民小组可以代行农村集体经济组织的职能，如代表集体行使集体土地所有权，经营、管理土地。1992 年 1 月 31 日，全国人大常委会法制工作委员会答复称："集体所有的土地依照法律规定属于村农民集体所有的，应当由村农业生产合作社等农业集体经济组织经营、管理，没有村农业集体经济组织的，由村民委员会经营、管理。"[①]《农村集体经济组织法（草案）》第 65 条规定："农村集体经济组织机构不健全的，村民委员会或者村民小组可以依法代行集体经济组织的职能。村民委员会、村民小组依法代行集体经济组织职能的，讨论决定有关集体财产和成员权益的事项参照适用本法的相关规定。"

实践中，很多农村集体经济组织已经不存在或者不健全。由于村民委员会是基层群众性自治组织，不是市场运作主体，不宜承载经济项目，在市场经济条件下已经不具有产业优势。随着近年来的改革和发展，一些地方的农村又重新设立起集体经济组织，由农村集体经济组织代表全体成员对农村集体资产行使所有权，较为常见的有村（股份）经济合作社、自

① 《全国人民代表大会常务委员会法制工作委员会对关于村民委员会和村经济合作社的权利和关系划分的请示的答复》。

然村组经济实体等。有的地方还成立了一些农民合作组织和其他经济社会组织，但它们并不都是农村集体经济组织，对其需要仔细鉴别。

各地对于集体经济组织（村经济合作社）与村民委员会之间的关系，有“村社合一”和“村社分离”两种做法。绝大多数农村地区实行的是“一村一社”和“村社合一”制度，“村社合一”又称“村社一体化”，是指以行政村为单位成立股份经济合作社，将村内农民及生产资料组织起来，形成村党组织领导、群众自行组织、共同持股、共同决策、共同管理的农村集体经济组织。多数地方保留了村民委员会，另行设立股份经济合作社，实行“两个牌子、一班人马”或者“交叉任职”。2019 年 6 月 23 日，中共中央办公厅、国务院办公厅发布的《关于加强和改进乡村治理的指导意见》要求：“村党组织书记应当通过法定程序担任村民委员会主任和村级集体经济组织、合作经济组织负责人，村‘两委’班子成员应当交叉任职。”《农村集体经济组织法（草案）》第 35 条第 1 款规定：“农村集体经济组织理事会成员或者监事会成员（监事）与村党组织领导班子成员、村民委员会成员可以根据情况交叉任职。”实践中，“村社合一”的弊端是“政经合一”所带来的体制不顺和职责不清，为解决这个问题，一些经济发达的省、市已经开始探索“村社分离”改革。“村社分离”的本质是“政经分离”，在“村社分离”之后基层群众性自治组织和农村集体经济组织各自相对独立运行，将行政类事务划归村民委员会（“村改居”的地方划归居民委员会）管理，将经济类职能留给经济合作社。不过，由于农村集体经济组织尚处于发展和探索的阶段，无论是“村社合一”还是“村社分离”，在各个地方的具体发展模式都是不尽相同的。

总结·提示　“村社合一”和“村社分离”是集体经济组织（村经济合作社）与村民委员会之间关系的两种模式。

对于农村集体经济组织，此前尚无中央层面的统一立法，相关的规定散见于地方性法规、规章以及规范性文件之中。例如，《四川省农村集体经济组织条例》（2021 年发布）第 3 条第 1 款规定：“本条例所称农村集体经济组织，是指以集体所有的土地为基本生产资料，实行家庭承包经营为基础、统分结合双层经营体制的经济组织。”《浙江省村经济合作社组织条例》（2020 年修改）第 2 条规定：“本条例所称的村经济合作社，是指在农村双层经营体制下，集体所有、合作经营、民主管理、服务社员的社区性农村集体经济组织。”目前，《农村集体经济组织法（草案）》正在审议之中。

依据《农村集体经济组织法（草案）》的规定，农村集体经济组织依法代表成员集体行使所有权，应当充分发挥在管理集体财产、开发集体资源、发展集体经济、服务集体成员等方面的作用，依法履行发包农村土地，办理农村宅基地申请、使用事项，合理开发利用、保护耕地等土地资源并进行监督，使用集体经营性建设用地或者出让、出租等集体经营性建设用地使用权，组织开展集体财产经营、管理，决定集体出资的企业的所有权变动，分配、使用集体收益，以及分配、使用集体土地被征收征用的土地补偿费等职责（第 5 条）。农村集体经济组织以农民集体土地所有权为基础设立，集体土地所有权依法不得转让，农村集体经济组织不得破产。集体财产依法由农村集体经济组织成员集体所有，由农村集体经济组织经营管理，不可分割到成员个人。农村集体经济组织依法登记，取得特别法人资格，依法从事与其履行职责相适应的民事活动。农村集体经济组织可以依法出资设立或者参与设立公司、农民专业合作社等市场主体。设立的市场主体依法从事经营活动，享有相应市场主体的权利、履行相应义务，以其财产对债务承担责任。农村集体经济组织以其出资为限对其设立或参与设立的市场主体的债务承担责任（第6条）。国务院农业农村主管部门负责全国农村集体经济组织建设和发展的指导。国务院其他有关部门在各自职责范围内负责有关工作。县级以上地方人民政府农业农村主管部门负责本行政区域内农村集体经济组织的登记管理、运行监督指导以及承包地、宅基地等集体财产管理和产权流转交易等监督指导。县级以上地方人民政府其他有关部门在各自职责范围内负责有关工作。乡级人民政府（街道办事处）负责本行政区域内农村集体经济组织的监督管理等。县级以上人民政府建立农村集体经济组织工作的综合协调机制，统筹指导、协调、扶持、推动农村集体经济组织的建设和发展。各级人民政府应当采取措施，加强基层队伍建设，建立健全集体财产监督管理服务体系，配备与集体财产监督管理工作相适应的专业人员（第10条）。

五、集体经济组织成员资格认定

集体经济组织成员，是指在该集体经济组织进行生产、生活并与该集体经济组织之间产生特定权利、义务关系的自然人。由于在一些地方只有村民委员会而没有集体经济组织，故关于集体经济组织成员资格的内容也适用于村民或者村小组成员资格的认定，《民法典》第261条、第264条、第265条中使用的是“集体成员”而不是“集体经济组织成员”，应该也是基于这样的考虑。“集体成员”意为集体组织的成员，集体组织足以把村民委员会和集体经济组织涵盖在内。这里，按照实践中的通常做法，仍称其为“集体经济组织成员”。

（一）集体经济组织成员的权利义务

1. 成员权

集体经济组织成员资格问题之所以备受关注，主要就在于成员权的存在。所谓成员权，是指集体经济组织成员就集体财产以及其他事项所享有的管理、使用、收益等各项权利的总称，可以依据法律或者章程的规定而享有。成员权是一项以身份为基础的权利，具有人身专属性，只有成为集体经济组织的成员才能享有该权利。所以，集体经济组织成员的权利实质上就是成员权，而成员权的享有基础就是集体经济组织成员资格。一些地方为集体经济组织成员发放了《社员证》《股权证》《股金证》等证件，用以证明资格、表明身份。

在立法上，“集体经济组织成员”首次出现在2002年8月29日发布的《农村土地承包法》。《农村土地承包法》（2018年修改）第5条规定：“农村集体经济组织成员有权依法承包由本集体经济组织发包的农村土地。任何组织和个人不得剥夺和非法限制农村集体经济组织成员承包土地的权利。”《民法典》第261条第2款规定了集体经济组织成员在重大事项决定中的权利：“下列事项应当依照法定程序经本集体成员决定：（一）土地承包方案以及将土地发包给本集体以外的组织或者个人承包；（二）个别土地承包经营权人之间承包地的调整；（三）土地补偿费等费用的使用、分配办法；（四）集体出资的企业的所有权变动等事项；（五）法律规定的其他事项。”此外，《民法典》第264～265条规定了集体成员的知情权、信息查阅、复制权以及撤销权。《农村集体经济组织法（草案)》规定，户籍在或者曾经在农村集体经济组织并与农村集体经济组织形成稳定的权利义务关系，以农村集体经济组织成员集体所有的土地为基本生活保障的农村居民，为农村集体经济组织成员（第11条）。农村集体经济组织成员享有下列权利：(1）依据法律和章程选举和被选举为成员代表、理事会或者监事会成员（监事)；(2）依据章程参加成员大会、成员代表大会并参与表决，决定集体经济组织重大事项和重要事务；（3）查阅、复制财务会计报告、会议记录等资料，了解有关情况；(4）监督集体财产经营管理活动和集体收益的分配、使用，提出意见和建议；(5）依法承包集体经济组织发包的农村土地；(6）依法申请取得宅基地使用权；(7）参与分配集体经济收益；(8）集体土地被征收征用时参与分配土地补偿费；(9）享受集体经济组织的服务和福利；(10）法律法规和章程规定的其他权利（第13条)。

在农村股份合作制改革之后，成员权主要体现为股权。股权设置以人口股和农龄股（劳动贡献股）为主，其中人口股是必设股。在改革中，需要严把“资产清产核资关”和“股权享有对象关”，而严把“股权享有对象关”的前提就是集体经济组织成员资格的认定。

《农村集体经济组织法（草案)》规定，非农村集体经济组织成员长期在本集体经济组织工作、生活，对集体作出贡献的，经本集体经济组织成员大会3/4以上成员同意，可以享受本集体经济组织成员的部分权益和福利，但是不得享有依法承包集体经济组织发包的农村土地、依法申请取得宅基地使用权以及集体土地被征收征用时参与分配土地补偿费的权益(第16条)。农村集体经济组织成员提出书面申请并经集体经济组织同意的，可以自愿退出集体经济组织。农村集体经济组织成员自愿退出的，可以与农村集体经济组织协商获得适当补偿或者在一定期限内保留已经享有的财产权益，但是不得要求分割集体财产（第17条)。

2. 成员义务

依据《农村集体经济组织法（草案)》第14条的规定，农村集体经济组织成员履行下列义务：(1）遵守法律法规和集体经济组织章程；(2）执行集体经济组织依照法律和章程作出的决定、决议；(3）维护集体经济组织合法权益；（4）合理利用和保护集体土地等资源；（5）参与、支持集体经济组织的生产经营管理活动；(6）参与、支持集体经济组织举办的公益活动；(7）法律法规和章程规定的其他义务。

3. 集体经济组织与成员相关争议的解决

如果集体经济组织与其成员之间就收益分配等成员权问题产生争议，应该如何解决？通说认为，这是平等民事主体之间的争议，可以通过民事诉讼解决。2001年7月9日，最高人民法院研究室答复称：“农村集体经济组织与其成员之间因收益分配产生的纠纷，属平等民事主体之间的纠纷。当事人就该纠纷起诉到人民法院，只要符合《中华人民共和国民事诉讼法》第一百零八条的规定，人民法院应当受理。”[①] 2001 年 12 月 31 日，最高人民法院研究室在另一个答复中提出，对于村民因土地补偿费、安置补助费问题与村民委员会发生的纠纷，可以参照上述答复办理。[②]

（二）集体经济组织成员资格认定的主体、原则、标准和救济

1. 认定主体

哪些主体有权认定集体经济组织成员资格？通说认为，集体经济组织成员资格也应该由成员本身来认定，集体经济组织成员之外的第三方力量无权作出认定。2016 年 12 月 26 日，中共中央、国务院《关于稳步推进农村集体产权制度改革的意见》（中发〔2016〕37 号）提出：“成员身份的确认既要得到多数人认可，又要防止多数人侵犯少数人权益，切实保护妇女合法权益。”《农村集体经济组织法（草案）》第 12 条规定，集体经济组织成员资格应该由农村集体经济组织成员大会依法确认。《四川省农村集体经济组织条例》第 9 条第 1 款规定：“农村集体经济组织成立前其成员身份由村民会议确认，成立后其成员身份的取得或者丧失由成员大会决定。”依据上述规定，各级政府、法院等政权机关均不具有集体经济组织成员资格认定权。在**周某梅诉港闸区政府行政确认案**中，周某梅诉请撤销港闸区政府于 2007 年 4 月 8 日作出的《街道（乡）农村集体经济组织成员变动情况登记表》，并恢复其农村集体经济组织成员资格，最高人民法院认为，现有的法律、法规并未授权县级人民政府可以确定农村集体经济组织成员的资格。有关集体经济组织成员身份的确认，应当由农村集体经济组织讨论决定；同时，有关农村集体经济组织成员资格的纠纷，亦不属于行政诉讼的受案范围。[③]在《农村集体经济组织法（草案）》正式通过之后，农村集体经济组织成员大会或将成为确认集体经济组织成员资格的法定主体。

2. 认定原则和标准

（1）认定原则

《农村土地承包法》第 69 条规定：“确认农村集体经济组织成员身份的原则、程序等，由法律、法规规定。”但是，目前在法律层面还没有这样的规定。中共中央、国务院《关于稳步推进农村集体产权制度改革的意见》提出：“依据有关法律法规，按照尊重历史、兼顾现实、程序规范、群众认可的原则，统筹考虑户籍关系、农村土地承包关系、对集体积累的贡献等因素，协调平衡各方利益，做好农村集体经济组织成员身份确认工作，解决成员边界不清的问题。”《农村集体经济组织法（草案）》第 12 条规定：“农村集体经济组织成员大会按照尊重历史、兼顾现实、程序规范、群众认可的原则，统筹考虑户籍关系、农村土地承包关系、生产生活情况、基本生活保障来源、对集体积累的贡献等因素，依法确认本集体经济

---

① 最高人民法院研究室《关于人民法院对农村集体经济所得收益分配纠纷是否受理问题的答复》（法研〔2001〕51 号）。

② 最高人民法院研究室《关于村民因土地补偿费、安置补助费问题与村民委员会发生纠纷人民法院应否受理问题的答复》（法研〔2001〕116 号）。

③ 最高人民法院行政裁定书，（2019）最高法行申 13764 号。

组织成员，制作或者变更成员名册。因集体经济组织成员结婚、生育、扶养收养和政策性移民而增加的人员，一般应当确认为集体经济组织成员。省、自治区、直辖市人大常委会可以依据本法规定，结合本行政区域实际情况，对集体经济组织成员资格条件及成员确认作出具体规定。”依据上述规定，并参酌各地方实践中的做法，集体经济组织成员资格认定的原则主要有：

第一，尊重历史、兼顾现实原则。集体经济组织成员资格问题很多是历史遗留问题，同时和现实中的利益问题相互交织，故在认定时既要尊重历史，又要兼顾现实。例如，《浙江省村经济合作社组织条例》第17条规定：“户籍在本村，符合下列条件之一，且遵守村经济合作社章程的农村居民，为本村经济合作社社员：（一）开始实行农村双层经营体制时原生产大队成员；（二）父母双方或者一方为本村经济合作社社员的；（三）与本社社员有合法婚姻关系落户的；（四）因社员依法收养落户的；（五）政策性移民落户的；（六）符合法律、法规、规章、章程和国家、省有关规定的其他人员。”上述规定充分体现了尊重历史、兼顾现实的原则。

第二，程序规范、群众认可原则。所谓程序规范，是指应当按照法律、法规、规章以及章程的规定作出认定；所谓群众认可，是指成员身份的确认要得到多数人的认可，但也要防止多数人侵犯少数人权益（如多数人“开除”少数人）的情形发生，并切实保护妇女的合法权益。

第三，统筹考虑户籍关系、农村土地承包关系、对集体积累的贡献等因素原则。后面我们将会讲到，实践中很难单凭某一项条件认定成员资格，而是要在统筹考虑上述主要的因素之后方能作出认定。

第四，协调平衡各方利益原则。在现实中，主要是要协调好集体经济组织、集体经济组织既定成员与待确认成员等主体之间的利益关系。

第五，坚持资格唯一与防止“两头”原则。在同一时期内集体经济组织成员资格具有唯一性，一个人只能在同一层级的一个集体经济组织中具有成员资格，应防止出现集体经济组织成员资格“两头空”和“两头占”现象。2020年4月26日发布的国务院《关于农村集体产权制度改革情况的报告》提出：“少数地方在确认集体经济组织成员身份时，没有充分尊重历史、合理兼顾现实，将户籍仍在本村的外嫁女排除在外，造成‘两头空’现象。”2023年8月11日，农业农村部答复称：“关于农村妇女的承包权益保护应当坚持‘既不能两头占，也不能两头空’原则。”[①] 依据《农村集体经济组织法（草案）》第15条、第18条的规定，其他农村集体经济组织的成员因生产生活需要或者其他原因确需加入本集体经济组织的，需经本集体经济组织成员大会3/4以上成员同意，该成员被视为同时放弃其他集体经济组织成员身份；已经取得其他农村集体经济组织成员身份的，丧失本农村集体经济组织成员身份。这一规定也体现了坚持资格唯一与防止“两头”原则。在**欧某雪等诉天涯区政府不履**

---

① 《对政协第十四届全国委员会第一次会议第03458号（农业水利类295号）提案答复摘要》（农办案〔2023〕59号）。

行法定职责案中，海南省高级人民法院认为，对于如何确定农村集体经济组织成员资格问题，目前我国法律法规尚无明确规定，但一般应考虑是否以该集体经济组织的土地为基本生活保障，是否与该集体经济组织形成较为固定的生产生活关系，并兼顾户籍登记等问题，避免出现"两头占"（在出嫁地和嫁入地均享有成员资格）或者"两头空"（在出嫁地和嫁入地均不享有成员资格）的情况发生。[①]

第六，身份绝对与身份相对相结合原则。在一些地方，集体经济组织成员包括身份绝对之成员和身份相对之成员。前者拥有完整的成员权内容，在农村集体产权股份合作制改革中全额享有人口股，即100%股份；而后者并不享有完整的成员权，享有的人口股也少于前者。

总结·提示　在集体经济组织成员资格认定中，应当坚持如下原则：尊重历史、兼顾现实原则，程序规范、群众认可原则，统筹考虑户籍关系、农村土地承包关系、对集体积累的贡献等因素原则，协调平衡各方利益原则，坚持资格唯一与防止"两头"原则，身份绝对与身份相对相结合原则。

依据《农村集体经济组织法（草案）》第18～19条的规定，有下列情形之一的，丧失农村集体经济组织成员身份：①死亡或者被依法宣告死亡的；②丧失中华人民共和国国籍的；③已经取得其他农村集体经济组织成员身份的；④已经成为国家公务员的；⑤自愿退出的；⑥法律法规和章程规定的其他情形。上述第①、④、⑤项情形下丧失农村集体经济组织成员身份的，依据法律法规和章程规定，或者经与集体经济组织协商，可以在一定期限内保留其已经享有的财产权益。但是，农村集体经济组织成员因务工、经商、服役、服刑、就学等暂时离开集体经济组织的，不因此丧失成员身份，且农村集体经济组织妇女成员不因丧偶、离婚而丧失集体经济组织成员身份。

（2）认定标准

关于认定集体经济组织成员资格的标准，在理论上有"户籍论""村民论""实际生产生活论""土地承包经营权论""权利义务论""村民会议认定论"等。实践中，主要是依据以下几个标准：

第一，是否具有本集体经济组织的户籍。由于户籍具有历史延续性，故户籍一直是认定集体经济组织成员资格的重要参考依据。一般来说，集体经济组织成员的户籍应当属于本集体经济组织。

第二，是否在本集体经济组织所在地长期固定地生产、生活，并与集体经济组织之间形成事实上的权利义务关系。这一点实质上就是考虑个人与集体经济组织之间的关联度，以及对集体积累的贡献大小。

第三，是否对本集体经济组织的土地享有承包经营权。一般来说，集体经济组织成员应

---

① 海南省高级人民法院行政判决书，（2020）琼行终194号。

当享有相应的土地承包经营权。

第四，是否以土地作为基本的生活保障。一般来说，集体经济组织成员应当以土地作为基本的生活保障，但目前来看这一点也并非绝对。

需要注意的是，对于上述标准，应该在统筹考虑的基础上进行认定：一方面，仅仅满足其中一个条件的，一般无法确认集体经济组织成员资格。例如，如果当事人仅仅是将户籍迁入了本集体经济组织，通常难以认定为本集体经济组织成员。在**金某宜诉望城区政府等不履行法定职责案**中，最高人民法院认为，当事人以其属于农村集体经济组织成员为由起诉要求对其进行补偿安置，其虽然户口迁入案涉村集体，但未提交该村通过民主议定程序接纳其为集体经济组织成员的证据，其提供的证据不足以证明其与该村建立起相对稳定的生产生活联系或依赖该村土地作为其生活的基本保障，原审法院未支持其要求补偿安置的请求，符合法律规定。① 另一方面，也并非一定要满足上述全部条件之后才能认定为集体经济组织成员，而是应该以户籍为基础，结合生产、生活以及生活保障等因素作出综合判定。在**李某诉秋滨街道办等拆迁安置案**中，李某原是金华市婺城区秋滨街道马鞍山村村民，1995 年因马鞍山村集体土地征收购买“农转非”指标离开本村集体经济组织，1996 年 9 月李某结婚后将户籍迁至金华市城区。2007 年 9 月，李某离婚后于 2008 年 5 月投靠母亲高某玉，将户籍迁回马鞍山社区。根据本村集体经济组织的证明，其享有选举权等村民待遇。浙江省金华市中级人民法院经审理认为，认定李某是否享有安置补偿资格应以户籍为基础，结合其生产、生活、生活保障以及具体补偿安置政策等因素综合判定。李某在秋滨街道马鞍山村出生长大，在结婚前分配有土地，履行相关义务，是本村集体经济组织成员，后通过缴纳集镇入户费“农转非”，结婚后又将户口迁至金华市区，但其始终未享受国家房改政策或保障性住房政策，离婚后通过亲属投靠迁回本村，实际上享有村民待遇。参照《金华经济技术开发区城中村改造安置人口资格认定细则（试行）》中有关“蓝印户口”和“土地征用工”可以享受综合价购房的政策规定，李某是通过出资购买“农转非”名额而将户口迁至秋滨集体户，但从未安排工作，也未享受国家房改政策或保障性住房政策，符合特殊安置人口认定原则。故秋滨街道办事处作出的《马鞍山城中村改造李某安置情况的说明》中认定李某不属于安置人口及不符合综合价购买条件不当，应予撤销。最终，判决撤销秋滨街道办事处作出的《马鞍山城中村改造李某安置情况的说明》。②

总结·提示 认定集体经济组织成员资格，并不要求满足“户籍论”“村民论”“实际生产生活论”“土地承包经营权论”“权利义务论”“村民会议认定论”等全部要件，而是要统筹考虑，综合上述因素进行认定。

---

① 最高人民法院行政裁定书，(2021) 最高法行申 2117 号。
② 浙江省金华市中级人民法院行政判决书，(2020) 浙 07 行终 376 号。

(3) 登记、备案制度

在成员身份确认之后，为了保存结果和方便查询，一些地方建立了集体经济组织成员确认结果登记、备案制度。例如，《黑龙江省农村集体经济组织条例》第9条第3款规定："农村集体经济组织成员身份确认结果应当经乡（镇）人民政府或者街道办事处登记，报县级农业农村行政主管部门备案。"通过登记和备案，集体经济组织成员资格含混不清的难题有望得到一定程度的解决。

3. 对村委会等主体认定集体经济组织资格不服的救济

村委会等主体认定集体经济组织成员资格后，如果当事人不服，应该提起行政诉讼还是民事诉讼进行救济？对此，存在一定的争议。通常认为，村委会认定集体经济组织成员资格的行为，是行使村民自治权的行为而非行政管理行为，因而不属于行政诉讼的受案范围，当事人不服的，只能提起民事诉讼。在**刘某娇诉经开区管委会等行政不作为案**中，最高人民法院提出，对于村民是否具有本集体经济组织成员资格的认定，不属于行政机关职责范围，更不属于行政诉讼受案范围。[①] 在**朱某均等诉牛角塘村委会其他行政行为案**中，湖南省高级人民法院认为，村委会能否成为行政诉讼的适格被告，关键在于其行为是否属于被授权行使行政管理职责的范畴。对当事人村集体经济组织成员资格认定的行为，系村委会行使村民自治权利的行为，当事人无证据证明上述行为系村委会依照法律、法规、规章的授权作出的行政管理行为，故针对该行为提起诉讼不属于行政诉讼的受案范围。对农村集体经济组织成员资格认定涉及广大村民的基本民事权利，不得与宪法、法律、法规和国家政策相抵触，不得侵害村民的合法权益。如果当事人认为其集体经济组织成员资格合法权益受到了侵害，可依法提起民事诉讼或者请求乡镇人民政府责令村委会改正。[②]

（三）常见的集体经济组织成员资格认定问题

1. 农村"外嫁女"的成员资格

农村"外嫁女"，是指从本村嫁到本村之外的妇女。由于法律规定不完善，实践中对"外嫁女"的成员资格认定问题争议较大。《妇女权益保障法》（2022年修改）第55条规定："妇女在农村集体经济组织成员身份确认、土地承包经营、集体经济组织收益分配、土地征收补偿安置或者征用补偿以及宅基地使用等方面，享有与男子平等的权利。申请农村土地承包经营权、宅基地使用权等不动产登记，应当在不动产登记簿和权属证书上将享有权利的妇女等家庭成员全部列明。征收补偿安置或者征用补偿协议应当将享有相关权益的妇女列入，并记载权益内容。"第56条规定："村民自治章程、村规民约，村民会议、村民代表会议的决定以及其他涉及村民利益事项的决定，不得以妇女未婚、结婚、离婚、丧偶、户无男性等为由，侵害妇女在农村集体经济组织中的各项权益。因结婚男方到女方住所落户的，男方和子女享有与所在地农村集体经济组织成员平等的权益。"第57条规定："国家保护妇女在城

① 最高人民法院行政裁定书，（2020）最高法行申4278号。
② 湖南省高级人民法院行政裁定书，（2020）湘行申769号。

镇集体所有财产关系中的权益。妇女依照法律、法规的规定享有相关权益。”《农村土地承包法》第31条规定：“承包期内，妇女结婚，在新居住地未取得承包地的，发包方不得收回其原承包地……”依据上述规定，对于妇女的成员权应当给予特殊保护。不过，由于具体的情形有所不同，实践中对“外嫁女”的成员资格应当区别对待。

一是外嫁到其他农村集体经济组织。具体来说，包括以下三种情形：（1）如果妇女因婚姻而到夫家居住生活，但户籍未迁出，在原集体经济组织仍然享有土地承包经营权，该妇女仍为原集体经济组织的成员。在**赵某等诉湘潭县政府等征收补偿安置及附带规范性文件审查案**中，最高人民法院认为，结婚出嫁并非已婚妇女丧失其原先所在农村集体经济组织成员资格的法定条件。只要出嫁女的户籍未迁出，并继续尽村民的义务，就应当享有与原村村民同等的权利。赵某系出嫁女，程某嘉系出嫁女的孩子，两人户籍一直在被征地村组，没有充分证据否定两人已经尽到村民义务的，征收补偿中应当认可其村民资格，给予其安置补偿，充分保护妇女、儿童的合法权益。[①]（2）如果户籍未迁出，但其已经享受夫家所在集体经济组织成员的待遇，以该集体经济组织的生产资料为生产、生活基础的，应视为夫家所在集体经济组织成员（防止“两头占”）。（3）如果妇女的户籍已迁到夫家，但在夫家没有享有土地承包经营权等权利，在原集体经济组织保留有承包土地的，一般仍应视为原集体经济组织的成员（防止“两头空”）。

二是外嫁到城镇的情形。具体来说，包括以下两种情形：（1）如果妇女外嫁到城镇，但户籍未迁出，承包地亦保留，应认定为原集体经济组织成员，享有征地补偿费分配权。（2）如果户籍已迁出，取得城镇户口，但保留原承包土地的，不再具有成员资格，不能享有征地补偿费分配权，但可因保留承包土地而享有承包土地被征收后的安置补助费分配权。[②]

2. 丧偶和离婚妇女的成员资格

丧偶和离婚的妇女，户籍和承包地仍在夫家的，即使回娘家居住生活，仍为夫家所在集体经济组织成员。《农村土地承包法》第31条规定：“妇女离婚或者丧偶，仍在原居住地生活或者不在原居住地生活但在新居住地未取得承包地的，发包方不得收回其原承包地。”《农村集体经济组织法（草案）》第19条第2款规定：“农村集体经济组织妇女成员不因丧偶、离婚而丧失集体经济组织成员身份。”在**欧某雪等诉天涯区政府不履行法定职责案**中，海南省高级人民法院认为，离婚并非农村集体经济组织成员资格丧失的法定条件，离婚后户口未迁出，仍然在夫家所在地的，并不丧失所在村集体经济组织成员资格，只要继续尽村民的义务，就应当享有与该村村民同等的权利。[③] 但是，如果丧偶、离婚之后妇女的户籍已经迁回娘家并重新成为娘家所在集体经济组织成员，仅有承包土地因“减人不减地”而留在夫家的，不再具有夫家所在集体经济组织成员资格。

① 最高人民法院行政裁定书，（2018）最高法行申8169号。
② 参见朱深远主编：《农村土地流转法律问题解答与实例》，人民法院出版社2020年版，第23页。
③ 海南省高级人民法院行政判决书，（2020）琼行终194号。

3. 新生子女的成员资格

如果父母双方或者一方为集体经济组织成员，子女出生后户籍登记在本集体经济组织的，子女虽然可能因“增人不增地”原则而无法享有土地承包经营权，但这并不影响子女的集体经济组织成员资格，子女自出生之日起即为本集体经济组织成员；反之，如果子女出生后未将户籍登记在本集体经济组织的，一般不具有该集体经济组织成员资格。

4. 服刑人员的成员资格

本集体经济组织成员因犯罪而入狱服刑，该成员虽然丧失了人身自由甚至被剥夺了政治权利，但这并不影响其作为集体经济组织成员的身份。所以，服刑人员并不失去对集体土地所享有的权利，仍具有该集体经济组织成员资格。《农村集体经济组织法（草案）》第19条第1款规定：“农村集体经济组织成员因务工、经商、服役、服刑、就学等暂时离开集体经济组织的，不因此丧失成员身份。”《浙江省村经济合作社组织条例》第18条也规定，被判处徒刑的服刑人员户籍关系迁出本村或者被注销的，应当保留社员资格。

5. 全日制大中专院校在校生和服兵役人员的成员资格

全日制大中专院校在校生，没有独立的经济来源，主要靠属于本集体经济组织成员的父母资助，其土地承包经营权不受学业影响。因此，全日制大中专院校在校生无论户籍是否迁出，均为原集体经济组织成员。依据《农村集体经济组织法（草案）》第19条第1款的规定，农村集体经济组织成员因就学暂时离开集体经济组织的，不因此丧失成员身份。在**龙某林诉某村民小组侵害集体经济组织成员权益案**中，重庆市大足区人民法院认为，龙某林系本小组土生土长的农村居民，自出生之日起具有该集体经济组织成员资格。虽因考上大学将户口迁入学校所在地，户口性质从农村居民家庭户口变更为城镇居民户口，但龙某林在将农村户口变为城镇户口时并未享有相应的安置补偿。且龙某林已将户口回迁至本小组，继续承包本集体经济组织土地，并将其收益作为生活来源。由于本小组并未提供证据证明龙某林在转为非农业户口后已纳入国家公务员序列或者事业单位编制，故龙某林并未丧失被告集体经济组织成员资格。本小组将集体土地流转入市后所获得的收益确定凡属本集体经济组织成员按35,000元/人进行分配，却以龙某林不具有本集体经济组织成员资格，不属正常人口为由，确定龙某林只能享有40%的分配比例，明显侵犯了其合法权益，对龙某林要求分配土地流转收益35,000元的诉讼请求，本院予以支持。①

服兵役人员的情形与全日制大中专院校在校生类似，通常仍为原集体经济组织成员。

6. “空挂户”人员的成员资格

“空挂户”是指为了方便上学或者进城经商、务工等，而将户籍登记在亲戚、朋友的户口簿的情形。由于“空挂户”人员迁户籍的目的并不是加入该集体经济组织，既未取得该集体经济组织土地的承包经营权，也未对该集体经济组织作出贡献，不能认定为本集体经济组织成员。

---

① 重庆市大足区人民法院民事判决书，（2016）渝0111民初7516号。

在**达某兰等诉互助县政府不履行法定职责案**中，互助县政府以达某兰等系“空挂户”为由对其拒绝登记安置房，达某兰等对互助县政府未依法对其登记安置房而提起本案诉讼。最高人民法院认为，互助县政府明示拒绝安置房登记的理由是“空挂户”不符合享受补偿安置待遇的规定，达某兰等未提供村两委出具的常住户证明，而取得该证明系否定“空挂户”的决定性标准。但对于达某兰等是否属于“空挂户”的情形，互助县政府应承担举证责任。达某兰等提交的证据材料在一定程度上能够证明其在该村集体经济组织生产、生活，尽管互助县政府在行政程序中查证当事人与村外公民结婚，但并无证据证明其户籍曾迁出，或应迁出而未迁出，亦无证据证明其曾放弃在该村集体经济组织生产、生活，也无证据证明其已在其他农村集体经济组织享受成员待遇。因此，互助县政府将村两委出具常住户证明作为认定当事人是否属于“空挂户”的决定性标准，欠缺相关事实根据及法律依据，对达某兰等不予安置房登记构成主要证据不足。[①] 从中可见，即使以“空挂户”为由否定集体经济组织成员资格，也必须有充分的事实根据，“空挂户”的标签是不能随意张贴的。

① 最高人民法院行政判决书，(2020) 最高法行再266号。

第十二讲　集体土地征收的权限、程序与补偿

重点导读

讲到这里，我们终于进入了本书的第一个“正题”，前面的内容一方面是为这一“正题”做知识上的准备，另一方面它们也都具有独立的意义，是十分重要的基础性内容。依据新《土地管理法》和《土地管理法实施条例》的规定，土地征收程序由土地征收前期工作、土地征收审批与批后工作两大部分构成，具体可分为15个步骤；而在此之前，土地征收程序被称为“两公告一登记”程序，具体可分为10个步骤。征收土地的补偿安置，内容主要有土地补偿费、安置补助费、农村村民住宅补偿费用、其他地上附着物和青苗等的补偿费用、被征地农民的社会保障费用等。解决征地补偿安置争议的程序经历了从“协调裁决前置”到“特殊的复议前置”的变迁，目前“特殊的复议前置”程序的适用也面临挑战。本讲的内容包括土地征收制度的变迁，土地征收前期工作，土地征收审批与批后工作，补偿安置内容、标准与费用，补偿安置中的权利救济五个方面。

一、土地征收制度的变迁

（一）2019年之前的土地征收程序

1.《土地管理法》（2004年修改）和《土地管理法实施条例》（2014年修改）中的土地征收程序

（1）土地征收程序的构成

《土地管理法》（2004年修改）第46条第1款规定：“国家征收土地的，依照法定程序批准后，由县级以上地方人民政府予以公告并组织实施。”这一规定明确了土地征收程序由审批程序、公告程序和实施程序构成。但严格说来，公告程序也是实施程序的一部分。因此，土地征收程序的构成，主要就是审批程序和实施程序。

（2）审批程序

《土地管理法实施条例》（2014年修改）将土地征收审批程序分为两类：一是“在土地利用总体规划确定的城市建设用地范围内，为实施城市规划占用土地”情形下的土地征收程序，被称为城市批次用地征地审批程序；二是“能源、交通、水利、矿山、军事设施等建设项目确需使用土地利用总体规划确定的城市建设用地范围外的土地”情形下的土地征收程

序，被称为单独选址项目用地征地审批程序。

城市批次用地的征地审批，按照如下程序办理：①市、县人民政府按照土地利用年度计划拟订农用地转用方案、补充耕地方案、征收土地方案，分批次逐级上报有批准权的人民政府。②有批准权的人民政府土地行政主管部门对农用地转用方案、补充耕地方案、征收土地方案进行审查，提出审查意见，报有批准权的人民政府批准，其中补充耕地方案由批准农用地转用方案的人民政府在批准农用地转用方案时一并批准。③农用地转用方案、补充耕地方案、征收土地方案经批准后，由市、县人民政府组织实施，按具体建设项目分别供地。

单独选址项目用地的征地审批，按照如下程序办理：①建设项目可行性研究论证时，由土地行政主管部门对建设项目用地有关事项进行审查，提出建设项目用地预审报告；可行性研究报告报批时，必须附具土地行政主管部门出具的建设项目用地预审报告。②建设单位持建设项目的有关批准文件，向市、县人民政府土地行政主管部门提出建设用地申请，由市、县人民政府土地行政主管部门审查，拟订供地方案，报市、县人民政府批准；需要上级人民政府批准的，应当报上级人民政府批准。③供地方案经批准后，由市、县人民政府向建设单位颁发建设用地批准书。有偿使用国有土地的，由市、县人民政府土地行政主管部门与土地使用者签订国有土地有偿使用合同；划拨使用国有土地的，由市、县人民政府土地行政主管部门向土地使用者核发国有土地划拨决定书。④土地使用者应当依法申请土地登记。

由此可见，与城市批次用地征地审批程序相比，单独选址项目用地征地审批程序无非是将建设用地预审程序和建设单位的正式用地申请提前至农有地转用审批和土地征收审批之前，一并审查供地方案。[①] 在征收土地方案批准之后，二者的实施程序是完全相同的。

（3）实施程序

《土地管理法》（2004 年修改）、《土地管理法实施条例》（2014 年修改）规定，征地批准之后，征地方案由被征收土地所在地的市、县人民政府组织，具体的实施程序包括：①土地征收公告；②办理征地补偿登记；③拟订并公告征地补偿、安置方案，听取被征收土地的农村集体经济组织和农民的意见；④批准并实施补偿、安置方案（包括落实征地补偿安置费用、签订补偿安置协议以及责令交出土地、地表清除等行政强制行为）。

上述征地方案的实施程序通常被概括为“两公告一登记”程序。其中，“两公告”即土地征收公告和补偿、安置方案公告，“一登记”即征地补偿登记。

总结·提示　《土地管理法》（2004 年修改）、《土地管理法实施条例》（2014 年修改）规定土地征收程序，也被称为“两公告一登记”程序。

---

2. 部门规章中的土地征收程序

原国土资源部制定的一些部门规章也涉及土地征收程序，主要包括：

① 参见李春燕：《变革与重构：集体土地征收程序研究》，法律出版社 2017 年版，第 97 页。

第一，《征收土地公告办法》（2010 年修改，已失效）。《征收土地公告办法》对土地征收实施程序中的“两公告”的形式、内容、时间和地点等问题做了详细的规定。

第二，《建设用地审查报批管理办法》（2016 年修改）。《建设用地审查报批管理办法》规定了需要拟订“四方案”的具体情形，明确了“一书四方案”的内容，并对建设项目用地预审申请、用地申请、先行用地申请以及“四方案”的报批条件、审批程序、征收土地方案的实施程序等问题做了细化规定。

第三，《建设项目用地预审管理办法》（2016 年修改）。在单独选址项目征地程序中，建设单位在审批、核准、备案阶段，必须向自然资源主管部门提交建设项目预审申请。《建设项目用地预审管理办法》对建设项目用地预审的原则、权限、申请、审查对象、审查时间、预审意见以及预审文件的 3 年有效期等问题做了详细规定。

第四，《自然资源听证规定》（2020 年修改，修改之前为《国土资源听证规定》）。《自然资源听证规定》适用于县级以上人民政府自然资源主管部门依职权或者依当事人的申请组织听证的情形，其中明确了听证会的组织机关、形式、参加人员以及程序等内容，并分别规定了依职权听证和依申请听证的范围和程序。

3. 规范性文件中的土地征收程序

2019 年之前，涉及土地征收程序的规范性文件主要有：

第一，国务院《关于深化改革严格土地管理的决定》（国发〔2004〕28 号）。国务院《关于深化改革严格土地管理的决定》提出，农用地转用和土地征收的审批权在国务院和省、自治区、直辖市人民政府，各省、自治区、直辖市人民政府不得违反法律和行政法规的规定下放土地审批权；严禁规避法定审批权限，将单个建设项目用地拆分审批。并要求健全征地程序，具体包括：（1）拟征地告知（也称预征告知），即在征地依法报批前，要将拟征地的用途、位置、补偿标准、安置途径告知被征地农民；（2）拟征土地现状调查与结果确认，即对拟征土地现状的调查结果须经被征地农村集体经济组织和农户确认；（3）确有必要的，国土资源部门应当依照有关规定组织听证；（4）将被征地农民知情、确认的有关材料作为征地报批的必备材料；（5）加快建立和完善征地补偿安置争议的协调和裁决机制，维护被征地农民和用地者的合法权益；（6）经批准的征地事项，除特殊情况外，应予以公示。

第二，原国土资源部《关于完善征地补偿安置制度的指导意见》（国土资发〔2004〕238 号，已失效）。原国土资源部《关于完善征地补偿安置制度的指导意见》对国务院《关于深化改革严格土地管理的决定》做了细化和补充，具体包括：（1）拟征地告知，在征地依法报批前，当地国土资源部门应将拟征地的用途、位置、补偿标准、安置途径等，以书面形式告知被征地农村集体经济组织和农户。在告知后，凡被征地农村集体经济组织和农户在拟征土地上抢栽、抢种、抢建的地上附着物和青苗，征地时一律不予补偿。（2）拟征土地现状调查与结果确认，当地国土资源部门应对拟征土地的权属、地类、面积以及地上附着物权属、种类、数量等现状进行调查，调查结果应与被征地农村集体经济组织、农户和地上附着物产权人共同确认。（3）征地听证，在征地依法报批前，当地国土资源部门应告知被征地农村集体经济组织和农户，对拟征土地的补偿标准、安置途径有申请听证的权利。当事人申请听证的，应按照《自然资源听证规定》规定的程序和有关要求组织听证。

第三，原国土资源部《关于进一步做好征地管理工作的通知》（国土资发〔2010〕96号，已失效）。原国土资源部《关于进一步做好征地管理工作的通知》要求，认真做好用地报批前告知、确认、听证工作，征收农民土地要确保农民的知情权、参与权、申诉权和监督权。同时，要简化征地批后实施程序。为缩短征地批后实施时间，征地报批前履行了告知、确认和听证程序并完成土地权属、地类、面积、地上附着物和青苗等确认以及补偿登记的，可在征地报批的同时拟订征地补偿安置方案。征地批准后，征收土地公告和征地补偿安置方案公告可同步进行。

第四，《报国务院批准的建设用地审查办法》。《报国务院批准的建设用地审查办法》对于需要报国务院批准的建设用地的审查范围、审查原则、审查依据、审查内容、审查程序以及其他事项作出详细的规定。

总结·提示 依据上述规定，2019年之前的土地征收程序大致可分为10个步骤：（1）拟征地公告；（2）土地现状调查与结果确认；（3）征地听证；（4）拟订“一书四方案”并上报审批；（5）土地征收公告；（6）征地补偿登记；（7）拟订征地补偿、安置方案并公告；（8）落实补偿安置费用；（9）签订补偿安置协议；（10）责令交出土地、地表清除等行政强制行为。

（二）新《土地管理法》对土地征收制度的修改

2019年修改的《土地管理法》（以下简称新《土地管理法》）对土地征收制度的修改，主要是贯彻落实近年来中央关于土地征收制度改革的要求，特别是农村“三块地”改革的最新成果。2004年修改的《土地管理法》（以下简称原《土地管理法》）规定土地征收的条文是第45～51条，2019年修改后仍为第45～51条，共7条。其中，新《土地管理法》第45条为新增条文，原《土地管理法》第45条修改后作为新《土地管理法》第46条，原《土地管理法》第46条、第48条合并修改后作为新《土地管理法》第47条，原《土地管理法》第47条修改后作为新《土地管理法》第48条。原《土地管理法》第49～51条的内容本次未做修改。

1. 增加第45条，明确公共利益的需要，缩小征地范围

此前，理论界对中国土地征收制度的最大诟病就是没有严格界定公共利益，加之原《土地管理法》第43条“任何单位和个人进行建设，需要使用土地的，必须依法申请使用国有土地”的限制，导致集体之外几乎所有的生产建设活动都要通过征收来获得土地，这使《宪法》中“为了公共利益的需要”才可以征收土地的规定被虚置。新《土地管理法》第45条首先表明土地征收必须“为了公共利益的需要”，同时，为了明确公共利益的判断标准，不将公共利益扩大化，新《土地管理法》借鉴《征收条例》（2011年发布）对于公共利益范围

的界定，明确列举了六种属于“公共利益的需要”的情形，缩小了征地范围。缩小征地范围其实也是为了给集体经营性建设用地入市改革留出用地的空间。

2. 对原《土地管理法》第45条征地批准权限未做修改，但删去了“报国务院备案”的内容

长期以来，《土地管理法》对新增建设用地规定了从严从紧的审批制度，旨在通过复杂的审批制度引导地方政府利用存量建设用地。地方政府对建设用地审批层级高、时限长、程序复杂等问题反响强烈，下放征地审批权的呼声比较高。不过，本次修法并未回应这一呼声，审批权限保持不变，主要的考虑还是防止地方政府滥用征地权，损害农民的切身利益。本次修法虽然没有调整审批权限，但删去了第2款“报国务院备案”的内容，这意味着省、自治区、直辖市批准征收土地之后，不需要再向国务院备案。这一修改，主要是出于权责一致，以及减少不必要的政府内部事项的考虑。

3. 将原《土地管理法》第46条、第48条合并，修改后作为第47条，进一步规范征收程序

原《土地管理法》规定的“两公告一登记”的土地征收程序都是在征地批准之后进行的，不利于保障被征收人的知情权、参与权、表达权和监督权。对于征地批准之前的程序，原《土地管理法》几乎没有涉及。新《土地管理法》吸纳了国务院《关于深化改革严格土地管理的决定》（国发〔2004〕28号）对征地报批之前的程序要求，增加了社会稳定风险评估的内容，并将补偿安置协议的签订情况作为申请征收土地的重要内容。依据新《土地管理法》第47条的规定，在征地报批前需要经过调查（拟征收土地现状调查）、评估（社会稳定风险评估）、公告（土地征收公告）、听证（组织召开听证会）、登记（办理补偿登记）、协议（签订补偿安置协议）六步程序。

4. 修改原《土地管理法》第48条，科学制定补偿标准，完善对被征地农民合理、规范、多元保障机制

新《土地管理法》第48条吸纳了《国务院关于深化改革严格土地管理的决定》的内容，明确提出了“保障被征地农民原有生活水平不降低、长远生计有保障”的征地补偿原则，并对补偿安置的内容作出重大的调整。

（三）2020年之后的土地征收程序

新《土地管理法》和《土地管理法实施条例》分别于2020年1月1日、2021年9月1日开始实施。由此“自上而下”的土地征收程序被打破，将征地批后公告改为征地批前公告，增加了补偿安置方案确定前的听证程序，且要求在征地报批前完成补偿安置协议的签订工作。新《土地管理法》和《土地管理法实施条例》重点强化了征地前期工作，弥补了征收报批之前的程序不够规范的缺憾，进一步保障了被征地的农村集体经济组织和农民在整个征地过程的知情权、参与权和监督权。

依据新《土地管理法》和《土地管理法实施条例》的规定，土地征收程序由土地征收前期工作、土地征收审批与批后工作两大部分构成。其中，土地征收前期工作可分为如下步

骤：(1) 公共利益及“四规划一计划”审核；(2) 发布征收土地预公告；(3) 开展土地现状调查；(4) 开展社会稳定风险评估；(5) 拟订补偿安置方案；(6) 发布补偿安置方案公告；(7) 办理补偿登记；(8) 组织听证；(9) 确定补偿安置方案；(10) 签订征地补偿安置协议。土地征收审批与批后工作可分为如下步骤：(1) 申请征收土地审批；(2) 发布征收土地公告；(3) 作出征地补偿安置决定；(4) 责令交出土地；(5) 申请人民法院强制执行。

综上，我们可以将2020年之后的土地征收程序整理如图12-1。

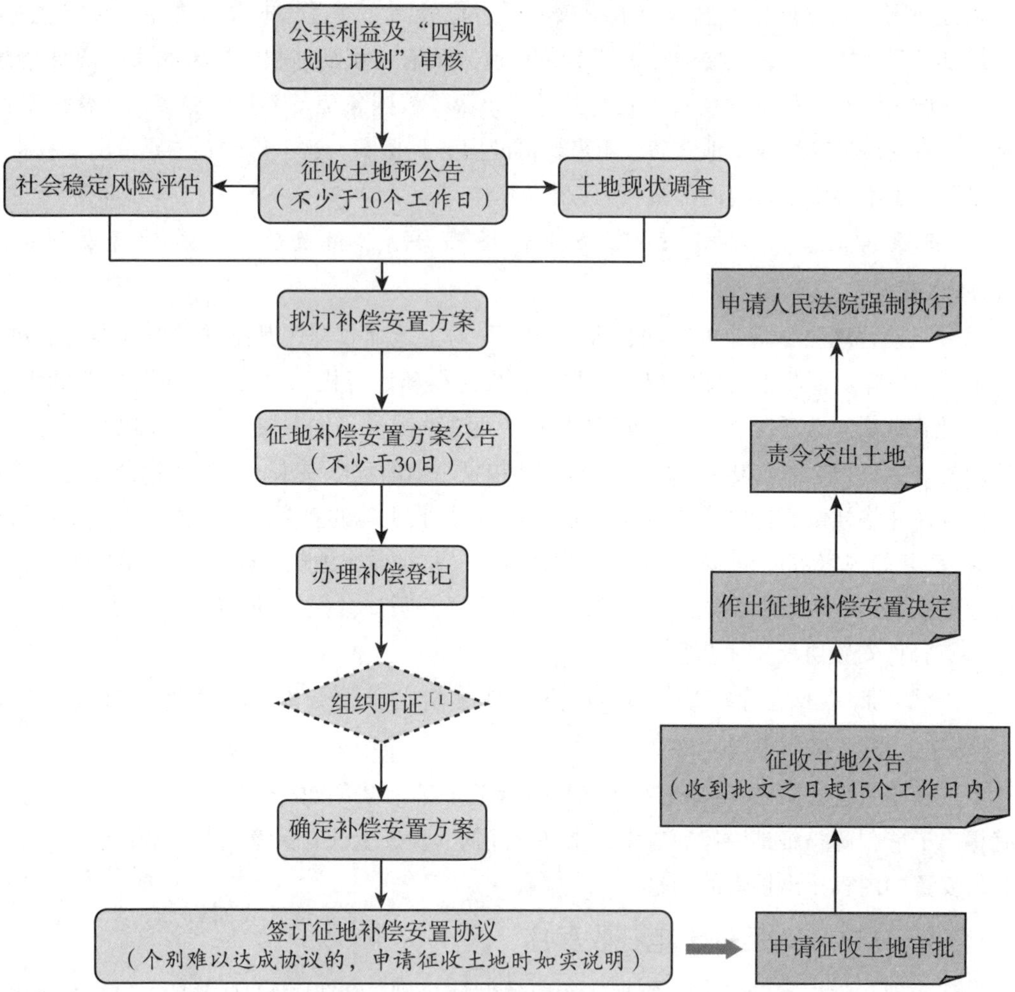

[1] 由于“组织听证”不是必经程序，这里用虚线表示。

图12-1　2020年之后的土地征收程序

注：图中左侧为土地征收前期工作，右侧为土地征收审批与批后工作。

二、土地征收前期工作

打破“自上而下”的土地征收模式，将土地征收程序的重心前移，完善土地征收前期工作，被认为是新《土地管理法》的一大亮点。《土地管理法》第47条第5款规定：“相关前期工作完成后，县级以上地方人民政府方可申请征收土地。”其中的土地征收前期工作就是申请征收土地审批之前全部程序的总称。

（一）公共利益及“四规划一计划”审核

公共利益的需要，是启动土地征收程序的唯一正当理由。对于何为“公共利益的需要”，我们在第三讲已经有所介绍。《土地管理法实施条例》第26条规定：“需要征收土地，县级以上地方人民政府认为符合《土地管理法》第四十五条规定的，应当发布征收土地预公告……”而《土地管理法》第45条第1款规定：“为了公共利益的需要，有下列情形之一，确需征收农民集体所有的土地的，可以依法实施征收：（一）军事和外交需要用地的；（二）由政府组织实施的能源、交通、水利、通信、邮政等基础设施建设需要用地的；（三）由政府组织实施的科技、教育、文化、卫生、体育、生态环境和资源保护、防灾减灾、文物保护、社区综合服务、社会福利、市政公用、优抚安置、英烈保护等公共事业需要用地的；（四）由政府组织实施的扶贫搬迁、保障性安居工程建设需要用地的；（五）在土地利用总体规划确定的城镇建设用地范围内，经省级以上人民政府批准由县级以上地方人民政府组织实施的成片开发建设需要用地的；（六）法律规定为公共利益需要可以征收农民集体所有的土地的其他情形。”这一规定实际上是对土地征收范围的限制，为缩小征地范围奠定了基础。据此，由县级以上地方人民政府审核是否符合公共利益的需要，是启动土地征收程序的逻辑前提。经审核，符合公共利益且确需征收土地的，可以启动土地征收程序；不符合公共利益或者不是必须征收土地的，不得启动土地征收程序。

尚需注意的是，《土地管理法》虽然将上述几项用地需求明确纳入公共利益的范围，但又对它们做了严格的限制，主要是对相关的建设活动实行规划管控、计划管控以及标准管控。《土地管理法》第45条第2款规定：“前款规定的建设活动，应当符合国民经济和社会发展规划、土地利用总体规划、城乡规划和专项规划；第（四）项、第（五）项规定的建设活动，还应当纳入国民经济和社会发展年度计划；第（五）项规定的成片开发并应当符合国务院自然资源主管部门规定的标准。”据此，相关的建设活动是否符合“四规划一计划”以及有关的标准，也是县级以上地方人民政府在发布征收土地预公告之前需要审核的内容。

在上述规定中，比较有争议的问题是如何界定土地征收成片开发？一般认为，土地征收成片开发的范围不能失之过宽，否则就会使《土地管理法》缩小征地范围的改革目标落空。2020年11月5日，自然资源部印发《土地征收成片开发标准（试行）》（自然资规〔2020〕5号），明确了土地征收成片开发应当具备的条件，在缩小征地范围和保障地方经济发展之间确定了一个平衡点。

（二）征收土地预公告阶段

《土地管理法》第47条第2款规定：“县级以上地方人民政府拟申请征收土地的，应当开展拟征收土地现状调查和社会稳定风险评估，并将征收范围、土地现状、征收目的、补偿标准、安置方式和社会保障等在拟征收土地所在的乡（镇）和村、村民小组范围内公告至少三十日，听取被征地的农村集体经济组织及其成员、村民委员会和其他利害关系人的意见。”

《土地管理法实施条例》第26条第1款规定："需要征收土地，县级以上地方人民政府认为符合《土地管理法》第四十五条规定的，应当发布征收土地预公告，并开展拟征收土地现状调查和社会稳定风险评估。"据此，在征收土地预公告阶段，主要有发布土地征收预公告、开展拟征收土地现状调查和开展社会稳定风险评估三个步骤。

1. 发布土地征收预公告

土地征收预公告，相当于国务院《关于深化改革严格土地管理的决定》中的拟征地告知，发布主体是县级以上地方人民政府。《土地管理法实施条例》第26条第2款规定，征收土地预公告应当包括征收范围、征收目的、开展土地现状调查的安排等内容。征收土地预公告应当采用有利于社会公众知晓的方式，在拟征收土地所在的乡（镇）和村、村民小组范围内发布，预公告时间不少于10个工作日。自征收土地预公告发布之日起，任何单位和个人不得在拟征收范围内抢栽抢建；违反规定抢栽抢建的，对抢栽抢建部分不予补偿。

上述规定中，对预公告时间不少于10个工作日的要求与《土地管理法》第47条第2款中公告至少30日的规定似有冲突。不过，我们细细揣摩《土地管理法实施条例》的真实意图，应当是对土地征收预公告的时间与补偿安置方案公告的时间做了区分，前者不少于10个工作日，后者不少于30日。

拓展·探索

抢栽抢建的刑事责任

需要特别提醒的是，征收土地预公告发布之后在拟征收范围内抢栽抢建的，抢栽抢建部分非但得不到任何补偿，抢栽抢建的单位和个人还可能为此承担刑事责任。实践中，很多地方都出现了被征收人在拟征收土地范围内抢栽抢建，被法院认定为骗取征收补偿，从而构成诈骗罪的案例，是值得警惕的现象。

不知底蕴的人可能会天真地想，对于抢栽抢建部分，大不了在征收中不给补偿就是了，怎么还能和诈骗罪扯上关系呢？殊不知，在现实中法院认定抢栽抢建人构成诈骗罪并追究刑事责任的案例并不少见。在**唐某运等犯诈骗罪案**中，广东省高级人民法院认为，征收土地预公告、拟征用土地的红线图可以证明，2009年2月24日发布公告，自当日起，凡在上述拟征收土地范围内抢建、抢栽、抢种的地上附着物和青苗，征地时一律不予补偿。唐某运等以非法占有为目的，通过与唐某燕合作，再由唐某燕私下以行贿等方式收买征地工作人员，将不符合补偿标准的抢建房屋、水井等地上附着物以虚构事实、隐瞒真相的方法，骗取国家征地补偿款，已经符合诈骗罪的犯罪构成。[①] 在**李某超等犯诈骗罪案**中，北海市中级人民法院认为，北海市人民政府于2018年10月18日发布《北海市人民政府征收土地预公告》，明确规定自公告之日起不得在拟征收的土地范围内新建房屋及其他地上附着物，不得抢栽、抢种农作物、林、木，并张贴在村委会村务公开栏。李某超等在明知涉案土地将被征收的情况

① 广东省高级人民法院驳回申诉通知书，(2020) 粤刑申179号。

下，仍通过抢种、抢建，隐瞒地上附着物系征地预公告发布后抢种、抢建等方式，意图骗取国家征地补偿款。李某超等以非法占有为目的，在征收土地预公告发布之后抢种、抢建以骗取国家征地补偿款，数额巨大，行为已构成诈骗罪，由于其意志外的原因而未得逞，是犯罪未遂。[①] 对于此类案例，在理论上争议不小，但在现实中已然落地。可以说，严格遵守《土地管理法实施条例》第26条第2款的规定，不但是被征收人的义务，也是被征收人的一种自我保护措施。

另据报道，北京市延庆区八达岭镇大浮坨村两村民被指控在2014年至2017年为骗取兴延高速、延崇高速、2019年北京世界园艺博览会周边绿化建设工程项目征地范围内地上物补偿款，分别或共同租用同村村民土地，抢栽抢种经济价值较高的白皮松、油松等树种，冒充原生树木，骗取拆迁补偿款共计600余万元。本案庭审中，控辩双方对抗激烈，两人辩护律师提出，上述工程有两个项目政府没有发布征地公告，另一个项目的栽种行为发生在拆迁公告发布前，不属于"抢栽抢种"，不构成诈骗罪，但这一意见未被法院采信。法院称公告的法律意义在于行政告知，实践中，社会公众根据一般日常生活经验，可以根据探孔判断征地占用的范围，甚至可以准确判断相关路线走向，进而抢栽抢种，以谋取高额补偿款，两人主观上具有确定的诈骗的直接故意。2022年9月20日，延庆区人民法院作出一审判决，两人犯诈骗罪分别获刑11年6个月、6年10个月，并退赔受害单位损失482万余元。[②] 该案将认定"抢栽抢种"的时间提前到了征收土地预公告发布之前，并且将根据日常生活经验准确判断征收地范围的义务强加给了当事人，与《土地管理法》和《土地管理法实施条例》的立法目的严重不符，因而法院最终认定两人犯诈骗罪是非常值得商榷的。

土地征收预公告是否具有可诉性？通常认为，土地征收预公告只是在征地报批前的一种预先告知准备征地及有关注意事项的告知行为，对被征收人的权利义务未产生实际影响，不属于行政诉讼的受案范围。[③] 2018年11月19日，最高人民法院第一巡回法庭第8次法官会议纪要提出："征收预公告行为一般是指市县人民政府在土地征收批复下达之前，为保障征收活动的顺利进行，向拟征收范围的村集体经济组织和村民告知拟征收及征收补偿安置方式的意向，并禁止在拟征收范围进行新建、翻建房屋和种植树木、农作物等行为的通告。就拟征收和征收补偿安置事项作出的告知而言，征收预公告行为是对当事人权利义务不产生实际影响的程序性告知行为，属于不可诉的行政行为。在征收预公告行为中包括的禁止建设、种植等行为，是针对不特定多数人作出的禁止性行政命令行为，是发布具有普遍约束力的决定、命令行为，也不属于行政诉讼的受案范围。因此，征收预公告行为整体上属于不可诉的行政行为。"

---

① 北海市中级人民法院驳回申诉通知书，（2021）桂05刑申2号。

② 参见《征地前"抢栽"树木获补482万，两农民被判诈骗罪最高获刑11年，法院回应》，载https://baijiahao.baidu.com/s?id=1745188167091678401&wfr=spider&for=pc，最后访问时间：2023年3月21日。

③ 参见最高人民法院第一巡回法庭编著：《最高人民法院第一巡回法庭行政主审法官会议纪要》（第1卷），中国法制出版社2020年版，第4~5页。

2. 开展拟征收土地现状调查

土地现状调查此前在国务院《关于深化改革严格土地管理的决定》中已有要求。土地征收预公告发布后，县级以上地方人民政府应立即组织有关部门和专业技术力量开展土地现状调查，以准确掌握被征收土地的基本情况。《土地管理法实施条例》第26条第3款规定，土地现状调查应当查明土地的位置、权属、地类、面积，以及农村村民住宅、其他地上附着物和青苗等的权属、种类、数量等情况。

3. 开展社会稳定风险评估

社会稳定风险评估是《土地管理法》新引进的土地征收步骤。土地征收预公告发布后，县级以上地方人民政府应及时组织开展社会稳定风险评估。《土地管理法实施条例》第26条第3款规定，社会稳定风险评估应当对征收土地的社会稳定风险状况进行综合研判，确定风险点，提出风险防范措施和处置预案。社会稳定风险评估应当有被征地的农村集体经济组织及其成员、村民委员会和其他利害关系人参加，评估结果是申请征收土地的重要依据。

在中国，社会稳定风险评估制度由来已久。2012年，中共中央办公厅、国务院办公厅印发《关于建立健全重大决策社会稳定风险评估机制的指导意见（试行）》（中办发〔2012〕2号），首次在中央层面对建立健全重大决策社会稳定风险评估机制提出了详细的指导意见。其中要求，重大决策社会稳定风险评估工作由评估主体组织实施。地方党委和政府作出决策的，由党委和政府指定的部门作为评估主体。党委和政府有关部门作出决策的，由该部门或者牵头部门商其他有关部门指定的机构作为评估主体。需要多级党政机关作出决策的，由初次决策的机关指定评估主体，不重复评估。根据工作需要，评估主体可以组成由政法、综治、维稳、法制、信访等有关部门，有关社会组织、专业机构、专家学者，以及决策所涉及群众代表等参加的评估小区进行评估。评估程序包括充分听取意见、全面分析论证、确定风险等级以及提出评估报告四个步骤，风险等级分为高风险、中风险、低风险三类（大部分群众有意见、反应特别强烈，可能引发大规模群体性事件的，为高风险；部分群众有意见、反应强烈，可能引发矛盾冲突的，为中风险；多数群众理解支持但少部分人有意见的，为低风险）。评估报告应当包括评估事项和评估过程，各方意见及其采纳情况，决策可能引发的社会稳定风险，风险评估结论和对策建议，风险防范和化解措施以及应急处置预案等内容，由评估主体主要负责人签字后报送决策机关，需要多级党政机关决策的要逐级上报，并抄送决策实施部门和政法、综治、维稳、法制、信访等有关部门。2019年发布的《重大行政决策程序暂行条例》第22～24条规定，重大行政决策的实施可能对社会稳定、公共安全等方面造成不利影响的，决策承办单位或者负责风险评估工作的其他单位应当组织评估决策草案的风险可控性；按照有关规定已对有关风险进行评价、评估的，不做重复评估；开展风险评估，可以通过舆情跟踪、重点走访、会商分析等方式，运用定性分析与定量分析等方法，对决策实施的风险进行科学预测、综合研判；开展风险评估，应当听取有关部门的意见，形成风险评估报告，明确风险点，提出风险防范措施和处置预案，并可以委托专业机构、社会组织等第三方进行；风险评估结果应当作为重大行政决策的重要依据，决策机关认为风险可控的，可以作出决策，认为风险不可控的，在采取调整决策草案等措施确保风险可控后，可以作出决策。

在此前的农村“三块地”改革试点中，一般将社会稳定风险评估的结果分为高、中、低三种情况（或者A、B、C三个等级）。如果是高风险，就要重新考虑是否继续征地，有备选征地方案的，可以启动备选方案，调整征收的地块或者范围；如果是中风险，要对征地方案进行修改和完善，提出风险防控和处置预案，确保风险可控；如果是低风险，则可以继续实施土地征收。

（三）拟订、确定补偿安置方案阶段

1. 拟订征地补偿安置方案

《土地管理法实施条例》第27条规定，县级以上地方人民政府应当依据社会稳定风险评估结果，结合土地现状调查情况，组织自然资源、财政、农业农村、人力资源和社会保障等有关部门拟订征地补偿安置方案。

拟订的征地补偿安置方案的内容，应当包括：（1）征收范围；（2）土地现状；（3）征收目的；（4）补偿方式和标准；（5）安置对象；（6）安置方式；（7）社会保障；（8）其他内容。

2. 征地补偿安置方案公告

依据《土地管理法》第47条的规定，县级以上地方人民政府应将补偿标准、安置方式和社会保障等在拟征收土地所在的乡（镇）和村、村民小组范围内公告至少30日，听取被征地的农村集体经济组织及其成员、村民委员会和其他利害关系人的意见。《土地管理法实施条例》第28条第1～2款规定，征地补偿安置方案拟订后，县级以上地方人民政府应当在拟征收土地所在的乡（镇）和村、村民小组范围内公告，公告时间不少于30日。征地补偿安置公告应当同时载明办理补偿登记的方式和期限、异议反馈渠道等内容。

需要注意的是，2004年《土地管理法》第48条规定：“征地补偿安置方案确定后，有关地方人民政府应当公告，并听取被征地的农村集体经济组织和农民的意见。”这里的程序是先确定补偿安置方案，后公告。而新《土地管理法》所规定的程序是先公告拟订的补偿安置方案，再根据听证会等情形确定最终的补偿安置方案。

3. 办理补偿登记

补偿登记是确定补偿范围和内容的基础性工作，征地补偿登记除了要对土地的所有权、使用权进行登记外，还要对被征收土地的地上物进行清点，并办理登记。《土地管理法》第47条第3款规定，拟征收土地的所有权人、使用权人应当在征收补偿安置方案公告规定期限内，持不动产权属证明材料办理补偿登记。

办理补偿登记与下面的组织听证、确定征地补偿安置方案之间的先后顺序，仅从《土地管理法》《土地管理法实施条例》的规定来看，并不明确。由于在征地补偿安置方案公告中就要载明办理补偿登记的方式和期限，这里将办理补偿登记放在征地补偿安置方案公告之后，组织听证之前。

4. 组织听证

依据《土地管理法》第47条第3款、《土地管理法实施条例》第28条第3款的规定，多数被征地的农村集体经济组织成员认为拟订的征地补偿安置方案不符合法律、法规规定的，县级以上地方人民政府应当组织召开听证会，并根据法律、法规的规定和听证会情况修改方案。据此，听证并非必经程序，只有在多数被征地的农村集体经济组织成员对补偿安置方案有异议的前提下才需要组织听证。至于何为“多数”，在法律、法规未明确规定的情形下，应当按照通常的理解，过半数即为“多数”，也就是简单多数即为已足。

前面我们讲到，在组织召开听证会时，应当依照《自然资源听证规定》的规定进行。

5. 确定征地补偿安置方案

依据《土地管理法实施条例》第29条的规定，县级以上地方人民政府应当根据法律、法规规定和听证会等情况确定最终的征地补偿安置方案。也就是说，在组织召开听证会之后，认定征地补偿安置方案符合法律、法规规定，给予的补偿公平、合理，足以保障被征地农民原有生活水平不降低、长远生计有保障的，县级以上地方人民政府就可以确定征地补偿安置方案。

这里的确定征地补偿安置方案，与2014年《土地管理法实施条例》第25条规定的“征地补偿、安置方案报市、县人民政府批准”是完全不同的——“确定”意味着县级以上地方人民政府是补偿安置方案的制订主体，而不再是批准主体。

总结·提示 拟订和确定补偿安置方案，都是县级以上地方人民政府的法定职责，故县级以上地方人民政府不再是补偿安置方案的批准主体，而成了制订主体。

（四）签订补偿安置协议阶段

签订补偿安置协议是土地征收前期工作的最后一个步骤。依据《土地管理法》第47条、《土地管理法实施条例》第29条的规定，县级以上地方人民政府应当组织有关部门测算并落实有关费用，保证足额到位，在确定征地补偿安置方案后，组织有关部门与拟征收土地的所有权人、使用权人签订征地补偿安置协议。征地补偿安置协议示范文本由省、自治区、直辖市人民政府制定。

对个别确实难以达成征地补偿安置协议的，县级以上地方人民政府应当在申请征收土地时如实说明。问题是，这里的“个别”究竟是指多少？对此，《土地管理法》《土地管理法实施条例》均未做规定。一般认为，个别难以达成征地补偿安置协议的比例应当不超过1/3，或者更少。[①] 一些地方对此作出了明确的规定，如山东省人民政府办公厅《关于规范征收土地管理工作的意见》（鲁政办字〔2022〕13号）要求：“签订协议的比例一般应不低于使用权人总数的95%。对个别未签订协议的，市县政府应当明确处置措施和方案，申请征收土地

① 参见魏莉华：《新〈土地管理法实施条例〉释义》，中国大地出版社2021年版，第185页。

时说明具体情况以及保障其合法权益的措施。”《南京市集体土地征收补偿安置办法》（宁政规字〔2022〕4号）第18条规定：“个别确实难以达成补偿安置协议的，区人民政府应当在申请征收土地时如实说明。未签订补偿安置协议的比例不得超过应当签订协议总数的百分之十，国家、省另有规定的，从其规定。”二者分别将“个别”的比例限制在了5%和10%以内。

补偿安置协议属于典型的行政协议。对此，我们已经在第四讲详细介绍，兹不赘述。

三、土地征收审批与批后工作

（一）申请征收土地审批

1. 审批权限

县级以上地方人民政府在完成征地前期工作后，方可提出征收土地申请，依照《土地管理法》第46条的规定报有批准权的人民政府批准，而有批准权的主体只能是国务院或者省级人民政府。这一点，自从1998年《土地管理法》将原来国务院、省、市、县四级人民政府都可以批准土地征收修改为土地征收由国务院和省两级人民政府审批之后再未改变。而且，土地征收审批权还属于不得下放的权力。国务院《关于深化改革严格土地管理的决定》要求：“严格依照法定权限审批土地。农用地转用和土地征收的审批权在国务院和省、自治区、直辖市人民政府，各省、自治区、直辖市人民政府不得违反法律和行政法规的规定下放土地审批权。”

不过，近年来从中央到地方均出现了土地征收审批权委托行使的情况，对不得下放的要求似有松动的迹象。例如，国务院《关于授权和委托用地审批权的决定》（国发〔2020〕4号）规定，对《土地管理法》第46条第1款规定的永久基本农田、永久基本农田以外的耕地超过35公顷的、其他土地超过70公顷的土地征收审批事项，国务院委托部分试点省、自治区、直辖市人民政府批准，首批试点省份为北京、天津、上海、江苏、浙江、安徽、广东、重庆，试点期限1年；贵州省人民政府《关于授权和委托贵阳市人民政府贵安新区管理委员会用地审批权的通知》（黔府函〔2021〕102号）规定，将贵阳市行政辖区和省人民政府批复的贵州双龙航空港经济区、贵安新区直管区省人民政府权限内的土地征收审批事项，按照管理区域委托贵阳市人民政府、贵安新区管理委员会批准。

（1）国务院的批准权

《土地管理法》第46条第1款规定：“征收下列土地的，由国务院批准：（一）永久基本农田；（二）永久基本农田以外的耕地超过三十五公顷的；（三）其他土地超过七十公顷的。”据此，国务院是特定情形下征收土地的批准主体，决定其批准权的因素有二：①土地性质；②土地面积。就土地性质来说，永久基本农田无论面积大小，征收批准权只能属于国务院；就土地面积来说，超过35公顷的耕地（非永久基本农田）以及超过70公顷的土地（性质不论），征收批准权属于国务院。这里的“超过”是否包括本数？法律没有明确规定。按照通常的理解，“超过”应该不包括本数，即征收永久基本农田以外的耕地刚好为35公顷或者其他土地刚好为70公顷的，批准权应当属于省级人民政府而不是国务院。

为了防止实践中通过“化整为零”的方式把属于国务院的审批权限下移至省级人民政府，国务院《关于深化改革严格土地管理的决定》提出：“严禁规避法定审批权限，将单个建设项目用地拆分审批。”

（2）省级人民政府的批准权

《土地管理法》第46条第2款规定：“征收前款规定以外的土地的，由省、自治区、直辖市人民政府批准。”据此，省级人民政府是一般意义上征收土地的批准主体，征收耕地（非永久基本农田）≤35公顷、其他土地≤70公顷的，都由省级人民政府批准。

2. 征地审批和农用地转用审批

《土地管理法》第46条第3款规定，征收农用地的，应当依照《土地管理法》第44条的规定先行办理农用地转用审批。其中，经国务院批准农用地转用的，同时办理征地审批手续，不再另行办理征地审批；经省、自治区、直辖市人民政府在征地批准权限内批准农用地转用的，同时办理征地审批手续，不再另行办理征地审批，超过征地批准权限的，应当依照《土地管理法》第46条第1款的规定另行办理征地审批。就先后顺序来说，农用地转用审批在先，征地审批在后。如果办理农用地转用审批手续的主体同时具有相应的征地审批权，可以同时办理征地审批手续；如果办理农用地转用审批手续的主体不具有相应的征地审批权，应该在办理农用地转用审批手续之后另行办理征地审批手续。对于农用地转用审批，我们已在第九讲详细介绍。

拓展·探索

土地征收审批中的“一书四方案”

“一书四方案”是申请建设用地以及征收土地审批过程中的必备材料，也是被征地农民耳熟能详的一个概念。所谓“一书四方案”，分别指代建设项目用地呈报说明书、农用地转用方案、补充耕地方案、征收土地方案和供地方案。

依据《建设用地审查报批管理办法》的规定，市、县自然资源主管部门对材料齐全、符合条件的建设用地申请，应当受理，并在收到申请之日起30日内拟订农用地转用方案、补充耕地方案、征收土地方案和供地方案，编制建设项目用地呈报说明书，经同级人民政府审核同意后，报上一级自然资源主管部门审查。其中，建设项目用地呈报说明书，应当包括用地安排情况、拟使用土地情况等内容；农用地转用方案，应当包括占用农用地的种类、面积、质量等，以及符合规划计划、基本农田占用补划等情况；补充耕地方案，应当包括补充耕地的位置、面积、质量，补充的期限，资金落实情况等，以及补充耕地项目备案信息等内容；征收土地方案，应当包括征收土地的范围、种类、面积、权属，土地补偿费和安置补助费标准，需要安置人员的安置途径等内容；供地方案，应当包括供地方式、面积、用途等内容。

需要说明的是，并不是在任何情形下申请建设用地都需要拟订“四方案”。比如，建设只占用国有农用地的，只需拟订农用地转用方案、补充耕地方案和供地方案；建设只占用农民集体所有建设用地的，只需拟订征收土地方案和供地方案；建设只占用国有未利用地，只需拟订供地方案，等等。正因为如此，实践中还存在“一书三方案”“一书二方案”等其他的说法。

2021年修改的《土地管理法实施条例》对原来的“一书四方案”进行了大幅度简化，在土地征收审批中就只剩下农用地转用方案和土地征收申请了。而且，新《土地管理法》和《土地管理法实施条例》均未提及“一书四方案”，有人据此认为“一书四方案”已经完成了自己的使命，退出了历史的舞台。不过，《建设用地审查报批管理办法》目前依旧是有效的，在《土地管理法实施条例》实施之后各地申请征收土地的材料之中一般也还有“一书四方案”的身影。所以，现在就断言“一书四方案”完全退出了历史的舞台为时尚早。在《建设用地审查报批管理办法》被正式废止之后，“一书四方案”或许才会随之真正谢幕。

3. 征地批复

(1) 征地批复的概念

征地批复，又叫征地批文，是土地征收批准文件的简称，指国务院或者省级人民政府批准征收土地的文件，在性质上属于行政征收决定。在**熊某平诉宁夏回族自治区政府行政复议案**中，最高人民法院认为，省级人民政府作出批准征收土地的批复后，由县级以上地方人民政府予以公告并组织实施。因此，在具体征地过程中，省级人民政府的征地批复由下级人民政府予以公告，外化为直接产生征收土地法律效果的“土地征收决定”。[①]

依据《土地管理法实施条例》第30条第2款的规定，有批准权的人民政府的土地征收审批内容重点包括以下三个方面：①征收土地的必要性、合理性；②是否符合《土地管理法》第45条规定的为了公共利益确需征收土地的情形；③是否符合法定程序。在对上述内容进行审查之后，如果认定全部符合要求，有批准权的人民政府就应该及时作出土地征收批准文件，此即征地批复。

如果行政机关在征地批复作出之前就实施了土地征收行为或者违法占用土地，被称为未批先征或者未批先占，由于新《土地管理法》要求在征地批复作出之前应该完成土地征收前期工作，故称其为未批先占更为准确。实践中，因未批先占而引起的行政诉讼较为常见。在**李某农诉邹平县政府等违法占地行政赔偿案**中，最高人民法院认为，针对行政机关未经批准即征收涉案土地的行为，若撤销该行政行为将会给社会公共利益造成重大损害，人民法院可以在判决确认该行政行为违法的同时，责令行政机关补办征收土地手续，一并对被征收人履行补偿安置义务。为了更好地保障被征收人权益，相关单位应尽快书面告知未领取相关款项的被征收人相应的依据和具体款项，被征收人仍然拒绝领取的，应依法办理提存手续。同时，行政机关也应尽快履行征地报批义务，并在取得相应的征地批复后，妥善处理好后续事

① 最高人民法院行政裁定书，(2019) 最高法行申8316号。

宜。[1] 在**贺某波诉顺城区政府征地补偿案**中，最高人民法院认为，顺城区政府2006年征地过程中，征收农用地转为建设用地，未经辽宁省人民政府或者国务院批准，尽管之后有部分被征收土地经辽宁省人民政府批准补办征地手续，但未批先占的事实说明，顺城区政府2006年征收并占用集体土地的行为显然属于违法征地。顺城区政府应当尽快完善相关土地征收的审批手续，妥善处理善后事宜，切实保障被征地农民的合法权益。[2] 我们从以上两个判例可以得出一个初步的结论——未批先占属于违法行为。即使新《土地管理法》已将征地批复置于土地征收前期工作之后，强制性的未批先占仍然不符合《土地管理法》的规定。

（2）征地批复的效力和有效期

第一，征地批复的效力。《民法典》（2020年发布）第229条规定："因人民法院、仲裁机构的法律文书或者人民政府的征收决定等，导致物权设立、变更、转让或者消灭的，自法律文书或者征收决定等生效时发生效力。"《物权法》（已失效）第28条的内容与此大致相同。这意味着，征地批复生效后会产生物权变动的法律效力。但是，征收批复等行政行为并非作出就生效，因为从行政行为的效力层面看，行政行为自送达时起对相对人的权利义务产生实际影响，送达后方能发生法律效力。在**周某均诉重庆市政府征地安置补偿行政裁决案**中，最高人民法院提出，理论和实践当中，一般均将"送达"作为行政行为生效的始点。具体到集体土地征收过程中，省级以上人民政府作出的征地批复或者征地决定，在依据《土地管理法》及其实施条例的相关规定，以发布公告的方式对被征收人送达后，才能对被征收人发生法律效力，才能导致土地性质的改变，也才能引发安置补偿等一系列后续法律关系。[3] 由于征地批复是以公告的方式进行送达，在发布征收土地公告后才能对被征收人生效。

实践中，有些地方政府在土地征收相关的行政诉讼中以《民法典》第229条的规定为依据，认为在征地批复作出之后，案涉土地已经属于国家所有，因而土地的原所有权人、使用权人与土地征收行为均不再具有利害关系，甚至在最高人民法院的判例中也出现过类似的观点。在**曹某明诉从化区政府征收土地公告及行政赔偿案**中，最高人民法院认为，在征收土地案件中，被征收人获得征收补偿后，对征收决定超过法定起诉期限不起诉，自起诉期限届满之日起，丧失对被征收房屋及相应土地的权利。之后又针对行政机关就涉案房屋、土地作出的行政行为提起行政诉讼，与被诉行政行为没有利害关系，不具有原告资格。[4] 毫无疑问，这是将利害关系做了机械理解。事实上，是否具有利害关系，关键还在于土地征收行为是否对被征收人的合法权益造成了实际影响，与土地权属的变动之间并不存在必然的联系。甚至有观点认为，《民法典》第229条所说的生效具有特定的含义，在征收补偿完成之后，被征收人对征收决定未提起行政复议或诉讼，或者提起了行政复议和诉讼后征收决定被维持的，才能认为征收令发生了效力。如是一旦政府作出了征收决定，征收令就生效，不利于保护被

① 最高人民法院行政赔偿裁定书，（2019）最高法行赔申51号。
② 最高人民法院行政裁定书，（2016）最高法行申3873号。
③ 最高人民法院行政裁定书，（2016）最高法行再82号。
④ 最高人民法院行政裁定书，（2017）最高法行申6918号。

征收人的利益。① 虽然这一观点未成通说，但也可以说明，以征地批复的作出来否定被征收人在行政诉讼中的原告资格是没有道理的。

第二，征地批复的有效期。对于征地批复是否有有效期的限制，《土地管理法》和《土地管理法实施条例》均未明确规定。原国土资源部《关于完善农用地转用和土地征收审查报批工作的意见》（国土资发〔2004〕237号，已失效）第14条规定："农用地转用和土地征收批准文件有效期两年。农用地转用或土地征收经依法批准后，市、县两年内未用地或未实施征地补偿安置方案的，有关批准文件自动失效……"据此，征地批复的有效期限是2年。2018年6月25日发布的自然资源部《关于健全建设用地"增存挂钩"机制的通知》（自然资规〔2018〕1号，已失效）要求："规范认定无效用地批准文件。各省（区、市）要适时组织市、县对已经合法批准的用地进行清查，清理无效用地批准文件。农用地转用或土地征收经依法批准后，两年内未用地或未实施征地补偿安置方案的，有关批准文件自动失效；对已实施征地补偿安置方案，因相关规划、政策调整、不具备供地条件的土地，经市、县人民政府组织核实现场地类与批准前一致的，在处理好有关征地补偿事宜后，可由市、县人民政府逐级报原批准机关申请撤回用地批准文件。"该通知既重申了征地批复的2年有效期限，又规定了撤回用地批准文件的程序。需要注意的是，上述文件均已失效，对于征地批复的有效期问题目前仍有争议，此前的实践中也未严格贯彻执行两年的有效期。

实践中，通常认为用地或实施征地补偿安置方案等是一个过程，不宜割裂开来单独判断，因而认定征地批复自动失效须十分谨慎，不能过于僵化。2018年12月6日发布的自然资源部办公厅《关于批而未供土地处置有关问题的通知》（自然资办发〔2018〕49号）中未出现"批准文件自动失效"的说法，而是明确规定了究竟什么是未实施征地行为，即"农用地转用或土地征收经依法批准后，未公告补偿安置方案的，可认定为未实施具体征地行为"。言下之意，只要在征地批准后依法公告了补偿安置方案，通常即不得认定征地批复在满2年后自动失效。在**冯某勋等诉秦都区政府等征地行为违法案**中，最高人民法院认为，咸阳市国土资源局在收到陕西省政府2011年12月31日作出的807号征地批复后，于2012年5月7日向咸阳市国土资源局高新分局作出103、104号征地批复。咸阳市国土资源局高新分局于2013年8月27日发布《关于两寺渡区域城市化改造项目土地征迁方案的公告》，将建设用地项目名称、征收土地位置、被征地村及面积、土地补偿安置标准等内容进行了公告。咸阳高新技术产业开发区管理委员会于2013年10月9日发布了《征收土地补偿安置公告》，将征收土地位置及面积、征地补偿安置标准、农业人员安置办法等内容进行了公告。此后，又将征地补偿款进行了拨付。据此可知，具体组织实施的征地行为符合《土地管理法实施条例》的规定，并不存在收到陕西省政府807号征地批复和咸阳市政府103、104号征地批复后2年内未实施具体征地行为的情况。冯某勋等以行政机关对涉案土地实施行政强制的时间2016年8月作为开始组织实施征地的时间，认为807号征地批复已自动失效的主张与法律规定不

① 参见王利明主编：《民法》（第8版，上册），中国人民大学出版社2020年版，第250～251页。

符，本院不予支持。①

总结·提示 此前的文件规定征地批复的有效期限是2年。但在实践中对于有效期限的把握相对宽松，通常只要在征地批准后依法公告了补偿安置方案，即不得认定征地批复在满2年后自动失效。

(3) 征地批复的可诉性

实践中，对于征地批复是否属于行政诉讼的受案范围，存在一定的争议。争议主要源自两个方面：一是对《行政复议法》(2017年修改)第30条第2款“根据国务院或者省、自治区、直辖市人民政府对行政区划的勘定、调整或者征收土地的决定，省、自治区、直辖市人民政府确认土地、矿藏、水流、森林、山岭、草原、荒地、滩涂、海域等自然资源的所有权或者使用权的行政复议决定为最终裁决”中的“最终裁决”的理解不同；二是对《行政诉讼法》(2017年修改)第12条“对征收、征用决定及其补偿决定不服的”中的“征收决定”理解不同。

对于上述第一点，最高人民法院2005年9月20日答复称，国务院或者省级人民政府作出的征用土地的决定属于《行政复议法》第30条第2款规定的最终裁决。既然是最终裁决，当然就不属于行政诉讼的受案范围了。

链接·积累

最高人民法院关于适用《中华人民共和国行政复议法》第三十条第二款有关问题的答复

〔2005〕行他字第23号

江苏省高级人民法院：

你院《关于适用〈中华人民共和国行政复议法〉第三十条第二款有关问题的请示》收悉，经研究，同意你院审委会第一种意见，即《中华人民共和国行政复议法》第三十条第二款规定的最终裁决应当包括两种情形：一是国务院或者省级人民政府对行政区划的勘定、调整或者征用土地的决定；二是省级人民政府据此确认自然资源的所有权或者使用权的行政复议决定。

此复。

2005年9月20日

对于上述第二点，实践中一般认为，《行政诉讼法》第12条规定的征收决定并不包括国务院和省级人民政府的征地批复。因为除了以征地批复形式作出的征收决定，还存在其他主

① 最高人民法院行政裁定书，(2017)最高法行申4637号。

体越权作出的征收决定，无征收职权的组织违法作出的征收决定，以及针对国有土地上房屋作出的征收决定，这三者显然是可诉的，但在相关部门作出进一步规定前，省级以上人民政府的征地决定（征地批复）目前还不宜纳入行政诉讼的受案范围。[①] 目前，只有浙江等极少数地方法院经最高人民法院准许，对这类案件进行了探索性的受理。在**刘某兴诉广西壮族自治区政府行政复议案**中，最高人民法院认为，根据《行政复议法》第30条第2款和〔2005〕行他字第23号答复，省级人民政府作出的征收土地决定，以及省级人民政府对征收土地决定作出的行政复议决定，属于法律规定的最终裁决行为，不属于行政诉讼的受案范围。但是，上述规定并未限制当事人对省级人民政府作出的征收土地决定通过行政复议寻求救济。公民、法人或者其他组织不服省级人民政府作出的征收土地决定申请行政复议，同时符合其他复议受理条件的，复议机关应予受理。[②] 在**闫某旺等诉天津市政府行政复议案**中，最高人民法院认为，省级人民政府作出的征收土地批复，以及对征用土地决定作出实体处理的行政复议决定，属于法律规定的最终裁决行为，不属于行政诉讼的受案范围。但是，省级人民政府未在法定期限内作出复议决定，或者以复议申请不符合受理条件为由作出的不予受理、驳回复议申请决定，不属于法律规定的最终裁决行为。[③] 可见，最高人民法院认为省级人民政府在行政复议中的不作为不属于最终裁决行为，因而不排除其可诉性。

总之，省级人民政府作出的征地批复虽然不属于行政诉讼的受案范围，但属于行政复议范围。对此，国务院原法制办公室《对宁夏回族自治区人民政府法制办公室的复函》（国法秘复函〔2017〕817号）明确："根据《中华人民共和国行政复议法》的规定，判断某一行为是否属于行政复议范围，核心在于判断其是否属于影响公民、法人或者其他组织合法权益的具体行政行为。省级人民政府作出的征地批复性质上是行政征收决定，是征地审批机关行使征地审批权的具体的、唯一的表现形式，将对被征地农村集体经济组织和农民的财产权利等合法权益产生实质影响，依法属于行政复议范围。"在**谭某立诉湖北省政府土地行政复议案**中，最高人民法院认为，征地批复作为"省、自治区、直辖市人民政府的具体行政行为"，实践中，相关内容往往已按照《土地管理法》所规定的征地公告程序公之于众，产生了外化效果。且经过同级复议后形成的复议决定，也是向国务院申请裁决的前提依据之一。同时，国务院原法制办作为国务院办事机构，亦已办理大量针对省级政府所作的征地批复复议决定申请裁决的案件。如果征地决定（批复）本身被解释为不可复议，不仅与《行政复议法》第6条有关"认为行政机关违法集资、征收财物……或者违法要求履行其他义务的"和"认为行政机关的其他具体行政行为侵犯其合法权益的"等可申请复议情形之规定精神不符，也与实践中绝大多数地方和国务院原法制办认可的做法相冲突。[④]

依据《行政复议法》第14条的规定，这种情形下的行政复议机关就是作出征地批复的

---

① 参见阎巍、胡卉明：《集体土地征收案件裁判思路与裁判规则》，法律出版社2020年版，第5页。

② 最高人民法院行政判决书，（2017）最高法行再92号。

③ 最高人民法院行政裁定书，（2020）最高法行申8645号。

④ 最高人民法院行政裁定书，（2018）最高法行再8号。

省级人民政府。如果行政复议机关对征地批复作出了实体处理，申请人对行政复议决定不服的，不能提起行政诉讼，只能向国务院申请裁决，由国务院依法作出最终裁决；如果行政复议机关未做实体处理，则属于行政复议不作为，申请人有权提起行政诉讼请求法院判决省级人民政府履行行政复议职责。对此，2015 年 9 月 16 日最高人民法院答复称："当事人针对省级人民政府的行政行为向同级机关申请行政复议，复议机关未在法定期限内作任何处理，当事人以其不履行法定职责为由提起行政诉讼的，人民法院应当依法受理。"①

需要特别强调的是，上面所说的属于行政复议范围的征地批复，仅指省级人民政府作出的征地批复。如果征地批复是由国务院作出的，依据《行政诉讼法》和《行政复议法》的规定，当事人针对国务院作出的行政行为显然既不能提起行政诉讼，也不能申请行政复议。

另外，需要注意的是，在 2023 年修改的《行政复议法》中已经删除了类似于 2017 年《行政复议法》第 30 条第 2 款的规定。换言之，省、自治区、直辖市人民政府确认土地、矿藏、水流、森林、山岭、草原、荒地、滩涂、海域等自然资源的所有权或者使用权的行政复议决定不再是最终裁决。这样明显的立法变化，为将省级人民政府作出的征地批复纳入行政诉讼的受案范围创造了有利的条件，至于后续的进展情况如何，让我们拭目以待。不过，即便如此，依据 2023 年《行政复议法》第 23 条的规定，"对行政机关作出的侵犯其已经依法取得的自然资源的所有权或者使用权的决定不服"的，在提起行政诉讼时还是逃不脱行政复议前置的约束。

总结 · 提示 省级人民政府作出的征收土地批复，以及对征收土地决定作出实体处理的行政复议决定，此前属于法律规定的最终裁决行为，不属于行政诉讼的受案范围。但是，省级人民政府未在法定期限内作出复议决定，或者以复议申请不符合受理条件为由作出的不予受理、驳回复议申请决定，不属于最终裁决行为。另外，依据 2023 年修改的《行政复议法》的规定，省级人民政府作出的征收土地批复以及对征收土地决定作出实体处理的行政复议决定，也不再属于最终裁决行为，但仍属于行政复议前置行为。

（4）征地批复未作出情形下房屋征收决定的合法性

实践中，出现了对集体土地上房屋按国有土地上房屋征收程序作出征收决定的现象，即在征收地批复未作出的情形下单独对集体土地上房屋作出了征收决定，在城中村改造项目中尤为凸出。最高人民法院第五巡回法庭 2019 年第 47 次法官会议纪要指出，无论采用哪种征收方式，都应当符合法律对不同性质土地（或房屋）征收所设的强制性规定。人民法院可以依照国有土地上房屋征收程序审查案涉征收决定的合法性，但应同时审查是否符合《土地管理法》及《土地管理法实施条例》中关于征收集体土地的强制性规定，征收农村集体土地需经省级以上人民政府批准即属相关强制性规定。某市某区人民政府所作的案涉征收

① 最高人民法院《关于当事人因征地批复行为起诉省级人民政府不履行行政复议职责类案件是否属于行政诉讼受案范围问题的答复》（〔2015〕行立他字第 2 号）。

决定，其征收对象均系集体土地上的房屋。土地性质虽属集体土地但并非耕地，对农民的补偿也主要是房屋等地上附着物的价值补偿。在满足对集体土地征收的强制性规定的前提下，允许对“城中村”类房屋的征收适用国有土地上房屋征收与补偿的相关规定，有利于消除城乡差距，体现实质公平。法院应结合两种征收方式的相关法律规定进行合法性审查。

按照上述观点，对集体土地上的房屋单独作出征收决定的前提条件应该是集体土地经过省级以上人民政府批准征收为国有土地，否则，相关的房屋征收决定不具有合法性。在**高某学诉雁塔区政府房屋征收决定案**中，最高人民法院认为，任何单位和个人进行建设，需要使用土地的，必须依法申请使用国有土地。行政机关未提交证据证明案涉房屋所在的集体土地已被批准征收为国有，故在案涉房屋所在土地仍为集体土地的情形下，其作出被诉房屋征收决定，违反法定程序、超越法定职权，依法应予撤销。① 在**鲍某龙诉桐城市政府房屋征收决定案**中，最高人民法院认为，对于国务院批准的大中型水利水电工程占用土地涉及农用地的，应由国务院批准农用地转为建设用地，并同时办理征地审批手续。县级以上地方人民政府根据国务院相关批复，公告、组织实施征收事项。行政机关未经国务院批准，未能提供证据证明案涉房屋所在农用土地纳入先行用地范围，其作出被诉房屋征收决定，超越法定职权，违反法律规定。②

（二）发布征收土地公告

《土地管理法》第 47 条、《土地管理法实施条例》第 31 条规定，征收土地申请经依法批准后，由县级以上地方人民政府予以公告并组织实施。县级以上地方人民政府应当自收到批准文件之日起 15 个工作日内在拟征收土地所在的乡（镇）和村、村民小组范围内发布征收土地公告，公布征收范围、征收时间等具体工作安排。

发布征收土地公告的行为，既承载了告知功能，又承载了送达功能。告知的目的，是让被征地的农村集体经济组织和农民知道土地征收申请已经过批准，土地征收开始进入正式实施阶段；送达的目的，是要通过送达使征地批复发生法律效力，体现了“无公告，征地行为不生效”的理念。实践中，通常采取在征收范围内予以张贴，并在纸质媒体刊登、互联网政府官方网站发布的方式实施公告。但发布征收土地公告的程序并不规范，有的根本未予公告，甚至还出现了张贴公告拍照后随即撤回的情况。如此一来，相关主体很容易对行政机关是否已经发布了征收土地公告产生争议，也无法保障被征地农民的知情权、参与权、表达权、监督权以及诉权。

为了解决这个问题，2014 年 7 月 1 日，国务院原法制办公室发布《关于认定被征地农民“知道”征收土地决定有关问题的意见》，对于准确把握被征地农民知道征收土地决定问题具有重要的指导意义。

---

① 最高人民法院行政裁定书，(2020) 最高法行申 6755 号。

② 最高人民法院行政裁定书，(2019) 最高法行申 11403 号。

链接·积累

国务院法制办公室关于认定被征地农民“知道”征收土地决定有关问题的意见

国法〔2014〕40号

各省、自治区、直辖市人民政府法制办公室：

根据《中华人民共和国行政复议法》第九条规定，公民、法人或者其他组织认为具体行政行为侵犯其合法权益，申请行政复议的，应当在知道该具体行政行为之日起60日内提出。近来，一些被征地农民以征收土地决定作出时不知道、系事后通过申请政府信息公开等方式知道为由，就省级人民政府多年前作出的征收土地决定申请行政复议，大大超出了法定的60日申请期限。实践中，各地方对认定被征地农民知道征收土地决定问题把握标准不一致。为了保障被征地农民依法行使权利，确保有关行政复议申请期限法律规定的正确实施，提出以下意见：

一、申请人对行政机关已经发布征收土地公告的主张提出异议，行政机关不能提供证据的，不能认定申请人知道征收土地决定。

二、行政机关能够提供下列证据之一，经查证属实的，可以作为认定依法发布了征收土地公告的证据。

（一）行政机关出具的在被征收土地所在地的村、组内张贴公告的书面证明及视听资料；征收乡（镇）农民集体所有土地的，出具的在乡（镇）人民政府所在地张贴公告的书面证明及视听资料；

（二）被征地农民出具的证实其被征收土地已张贴公告的证言等证据。

征收土地公告有确定期限的，可以认定申请人自公告确定的期限届满之日起知道征收土地决定；征收土地公告没有确定期限的，可以认定申请人自公告张贴之日起满10个工作日起知道征收土地决定。

三、行政机关不能提供发布征收土地公告的相关证据，但是能够举证证明已经按照法律法规和规章的规定发布了征收土地补偿安置公告，且在公告中载明了征收土地决定的主要内容，经查证属实的，可以视为申请人自公告确定的期限届满之日起知道征收土地决定；公告没有确定期限的，可以视为申请人自公告张贴之日起满10个工作日起知道征收土地决定。

四、行政机关不能提供发布征收土地公告或者征收土地补偿安置公告的证据，但是能够举证证明申请人在征收土地决定作出后有下列行为之一，经查证属实的，可以视为申请人自该行为发生之日起知道征收土地决定：

（一）已经办理征收土地补偿登记的，自申请人办理征收土地补偿登记之日起；

（二）已经签订征收土地补偿协议的，自申请人签订征收土地补偿协议之日起；

（三）已经领取征收土地补偿款或者收到征收土地补偿款提存通知的，自申请人领取征收土地补偿款或者收到征收土地补偿款的提存通知之日起；

（四）已经签订房屋拆迁协议的，自申请人签订房屋拆迁协议之日起；

（五）对补偿标准存有争议，已经申请县级以上地方人民政府进行协调的，自申请人申请协调之日起。

同时存在上述两种或者两种以上行为的，以最早可以认定的知道征收土地决定的时间为准。

五、行政机关不能证明有本意见第二条至第四条情形，但是能够举证证明申请人通过行政复议、政府信息公开、信访、诉讼等其他途径知道征收土地决定主要内容，经查证属实的，可以认定申请人自有证据证明之日起知道征收土地决定。

六、行政机关在征收土地决定作出后，没有告知被征地农民申请行政复议的权利、行政复议机关或者申请期限的，行政复议申请期限参照《最高人民法院关于执行〈中华人民共和国行政诉讼法〉若干问题的解释》第四十一条办理，即：行政复议申请期限从公民、法人或者其他组织知道或者应当知道申请行政复议的权利、行政复议机关或者申请期限之日起计算，但从知道或者应当知道征收土地决定内容之日起最长不得超过2年。

各省、自治区、直辖市人民政府法制办公室要按照本意见的规定，进一步规范对不服征收土地决定类行政复议申请的受理，依法保护被征地农民合法权益，及时化解行政争议，切实维护社会和谐稳定。

2014年7月1日

如果利害关系人对发布的土地征收公告不服，是否可以提起行政诉讼？实践中，对此存在一定争议。在**赵某元诉互助县政府等土地行政征收案**中，青海省高级人民法院认为，征收土地公告并不只是征地批复的送达告知程序，而是市、县人民政府以自己名义对外告知征收意思的表意行为，属于具有外部效力和确定行为效果的可诉的行政行为。在国家与地方立法均未规定市、县人民政府单独作出征收决定的情况下，考虑到市、县人民政府征收土地公告的性质和行为效果，应将市、县人民政府征收土地公告视为征收决定，并依法进行审查。[①] 不过，也有观点认为，土地征收公告的目的是告知征收决定（征地批复）的相关内容，没有为被征收人创设新的权利义务，属于“对公民、法人或者其他组织权利义务不产生实际影响的行为”，因而不属于行政诉讼的受案范围。

通常认为，土地征收公告是否可诉，不能一概而论：如果被征收人以征地公告超出征地批复范围或是“未批先征”为由就征地公告提起诉讼，并依据《行政诉讼法》第49条的规定提供了初步的事实根据，立案部门应当登记立案，将案件交由审判部门进行审查；如果经审查，认定征地公告仅仅是一个单纯的告知行为，在内容上没有超出征地批复，可依据《行政诉讼法》第69条第8项之规定，裁定驳回起诉；如果发现征地公告存在超出批复范围、未经合法审批、送达程序严重违法等情形，应根据不同的违法性作出相应的实体判决；如果当事人以征收人未依法履行公告职责为由起诉要求履行公告职责或是确认未予公告的行为违

① 青海省高级人民法院行政判决书，（2019）青行终141号。

法，应当将不公告行为的可诉性与当事人是否具有诉讼利益结合起来对是否受理作出判断。[①]在**许某某诉唐河县政府土地行政征收案**中，最高人民法院提出，通常情况下，市、县级人民政府依法发布征收土地公告的行为，仅仅是将批准征地机关、批准文号、征收土地的用途、范围、面积以及征地补偿标准、农业人员安置办法和办理征地补偿的期限等事项，在被征收土地所在地的乡（镇）、村予以公示告知的行为，对被征收人权利义务产生实际影响的是征收土地批复以及后续相关征收实施行为，而非征收土地公告。因此，征收土地公告不属于人民法院行政诉讼受案范围。但在实践中，有些征收土地公告内容与征地批复批准征收土地的用途、范围、面积、补偿标准等内容不相符，该公告行为将对被征收人的权利义务产生实际影响，被征收人以此为由，针对征收土地公告提起诉讼的，应当属于人民法院行政诉讼受案范围。[②]

总结·提示 被征收人以土地征收公告内容与征地批复批准征收土地的用途、范围、面积、补偿标准等内容不相符为由提起行政诉讼的，通常属于人民法院的受案范围。

（三）作出征地补偿安置决定

征地补偿安置决定是新《土地管理法实施条例》的一个创举。《土地管理法实施条例》第31条规定，对个别未达成征地补偿安置协议的，县级以上地方人民政府应当作出征地补偿安置决定，并依法组织实施。这显然是借鉴了《征收条例》的做法，且在此前农村“三块地”改革中，33个试点也普遍采取了这一做法。

作出征地补偿安置决定的主体，此前实践中的做法比较混乱，包括县级人民政府、乡镇人民政府、街道办事处、征地事务机构以及土地储备机关等主体。如果严格解释《土地管理法实施条例》第31条的规定，只有县级以上地方人民政府才有权作出征地补偿安置决定。亦有观点认为，在新《土地管理法实施条例》实施后，只能由市、县人民政府或者自然资源主管部门作为作出征地补偿安置决定的合法主体，征地事务机构或者土地储备机构等只能以被委托人的身份，在受市、县人民政府或者自然资源主管部门委托的情况下，才能以委托机关的名义作出补偿安置决定。[③]然而，这样的观点已经明显违背了《土地管理法实施条例》第31条的字面含义。

征地补偿安置决定是针对具体的被征收人作出的行政决定，属于具体行政行为，其可诉性是毋庸置疑的。如果被征收人在法定期限内不申请行政复议或者提起行政诉讼，又不履行征地补偿安置决定的，行政机关可以申请人民法院强制执行。

（四）责令交出土地

《土地管理法实施条例》第62条规定，违反土地管理法律、法规规定，阻挠国家建设征

---

① 参见阎巍、胡卉明：《集体土地征收案件裁判思路与裁判规则》，法律出版社2020年版，第23页。

② 最高人民法院行政裁定书，（2019）最高法行申3656号。

③ 参见魏莉华：《新〈土地管理法实施条例〉释义》，中国大地出版社2021年版，第195页。

收土地的，由县级以上地方人民政府责令交出土地。实践中，责令交出土地具体可以表现为《责令交出土地决定书》《责令交出土地通知书》《限期交出土地通知书》《限期腾房通知书》等形式。我们在第六讲已经讲到，责令交出土地本质上属于一种行政命令，是针对具体的被征收人所作出的行政行为，具有可诉性。

责令交出土地通常以征收决定（征地批复）为前提，但二者有明显的区别：一是对象不同，征收决定的对象是土地所有权，责令交出土地的对象主要是土地使用权；二是所处阶段不同，责令交出土地并不是征收决定的必然延续，二者是具有独立性的行政行为；三是合法性要素不同，依据《民法典》和《土地管理法》所确立的“先补偿、后搬迁”原则，征收决定生效虽然意味着土地所有权发生了改变，但让原土地所有权人和使用权人实际交出土地的前提，是征收主体要对被征收人进行补偿安置，保障其生活水平不因征地而降低。① 就合法性要素来说，依据最高人民法院《关于审理涉及农村集体土地行政案件若干问题的规定》（法释〔2011〕20号）第14条的规定，只有在“被征收土地所有权人、使用人已经依法得到安置补偿或者无正当理由拒绝接受安置补偿，且拒不交出土地，已经影响到征收工作的正常进行”的前提下，作出的责令交出土地行为才有合法性可言。

实践中，时常见到征地补偿安置决定与责令交出土地决定“合二为一”的情形，即责令交出土地决定在内容上包含了补偿安置决定。对此，一般认为征地补偿安置决定与责令交出土地决定是相互独立的行政行为，将它们“合二为一”既会造成实体上混乱，也会导致权利救济上的不顺畅。例如，在责令交出土地案件中审查补偿安置，与专门针对补偿安置行为提起的诉讼中的审查标准是不一样的，前者是重大且明显违法标准，而后者则是行政行为的合法性审查标准。更为关键的是，“合二为一”与新《土地管理法实施条例》将二者分别规定的做法相冲突。所以，各地政府应该摒弃“合二为一”的做法，严格依照《土地管理法》和《土地管理法实施条例》的规定分别作出征地补偿安置决定和责令交出土地决定。在**张某诉二道区政府责令交出土地决定案**中，最高人民法院认为，在对责令交出土地案件的审查过程中，固然需要对是否进行合法安置进行审查，但是，审查的标准与专门针对安置补偿行为提起的诉讼中的审查标准是不一样的。前者是重大明显违法标准，而后者则是行政行为的合法性审查标准。如果出现征地补偿方案及其标准被其他救济程序所否定或修改的情况，那么应当如何判定责令交出土地案的对错呢？鉴于以上原因，原则上不建议征地机关采取将安置补偿决定与责令交出土地决定二者合二为一的做法，但是鼓励征地机关单独作出征地补偿决定，以明确安置补偿的具体内容。② 最高人民法院在新《土地管理法实施条例》规定征地补偿安置决定之前即作出这样的判决，可以说是很有远见的。

（五）申请人民法院强制执行

《土地管理法实施条例》第62条规定，拒不交出土地的，依法申请人民法院强制执行。

① 参见阎巍、胡卉明：《集体土地征收案件裁判思路与裁判规则》，法律出版社2020年版，第10～12页。

② 最高人民法院行政裁定书，（2017）最高法行申7414号。

据此，这里的“申请人民法院强制执行”实际上就是强制执行责令交出土地决定。

2017年12月29日，最高人民法院答复称：“在省级人民政府土地征收审批文件下发后，诉争土地已经法定程序转为国有建设用地。被征地人拒不交出土地的，应当按照《中华人民共和国土地管理法实施条例》第四十五条规定的程序执行。即由县级以上人民政府土地行政主管部门作出责令交出土地的决定，仍拒不交出土地的，按照《最高人民法院关于审理涉及农村集体土地行政案件若干问题的规定》（法释〔2011〕20号）第十四条的规定，申请人民法院强制执行。”① 在引用这一答复时，需要特别注意的是，作出责令交出土地决定的主体已由此前的县级以上人民政府土地行政主管部门变成了县级以上地方人民政府。其中，最高人民法院《关于审理涉及农村集体土地行政案件若干问题的规定》第14条要求，申请人民法院执行的责令交出土地决定，应当符合下列条件：（1）征收土地方案已经有权机关依法批准；（2）市、县人民政府和土地管理部门已经依照《土地管理法》和《土地管理法实施条例》规定的程序实施征地行为；（3）被征收土地所有权人、使用人已经依法得到安置补偿或者无正当理由拒绝接受安置补偿，且拒不交出土地，已经影响到征收工作的正常进行；（4）符合最高人民法院《关于执行〈中华人民共和国行政诉讼法〉若干问题的解释》第86条规定的条件。② 人民法院对符合条件的申请，应当予以受理，并通知申请人；对不符合条件的申请，应当裁定不予受理。

对于申请人民法院强制执行的条件和程序等问题，我们已在第六讲详细介绍。

四、补偿安置内容、标准与费用

（一）补偿安置原则

对于补偿安置的意义以及“补偿”与“安置”的关系，我们已经在第三讲介绍，这里不再赘述。《土地管理法》第48条第1款规定：“征收土地应当给予公平、合理的补偿，保障被征地农民原有生活水平不降低、长远生计有保障。”这里确立了征地补偿安置的三大原则：（1）公平、合理；（2）保障被征地农民原有生活水平不降低；（3）保障被征地农民长远生计有保障。另外，依据《土地管理法》第48条第4款的规定，对农村村民住宅的补偿安置，还应当遵守另外两项原则：（1）先补偿后搬迁；（2）居住条件有改善。

其中，公平、合理是补偿安置的底线。这里的公平，主要是指横向的公平，即在征地补偿安置中应做到同等情况同等对待，不同情况不同对待；这里的合理，主要是指补偿的数额

---

① 最高人民法院《关于被征地人拒不交出土地的执行问题请示案的答复》（〔2017〕最高法行他206号）。

② 最高人民法院《关于执行〈中华人民共和国行政诉讼法〉若干问题的解释》（已失效）第86条规定：“行政机关根据行政诉讼法第六十六条的规定申请执行其具体行政行为，应当具备以下条件：（一）具体行政行为依法可以由人民法院执行；（二）具体行政行为已经生效并具有可执行内容；（三）申请人是作出该具体行政行为的行政机关或者法律、法规、规章授权的组织；（四）被申请人是该具体行政行为所确定的义务人；（五）被申请人在具体行政行为确定的期限内或者行政机关另行指定的期限内未履行义务；（六）申请人在法定期限内提出申请；（七）被申请执行的行政案件属于受理申请执行的人民法院管辖。人民法院对符合条件的申请，应当立案受理，并通知申请人；对不符合条件的申请，应当裁定不予受理。”

应大于或者至少等于被征收人的损失，如果连这一最为起码的标准都达不到，还能妄言什么合理呢？如果被征收人有确切的证据证明行政机关无正当理由实施了差别对待，有权要求其给予同等的补偿安置，对于这一点并无争议。有争议的是，如果受到特殊优待的被征收人所得的补偿安置本身就是不合法的（如通过行贿、“走后门”等不当手段而获得），其他被征收人是否还有权要求同等对待？在**胡某成诉抚顺市政府强制拆除及行政赔偿案**中，最高人民法院认为，胡某成主张抚顺市人民政府对拆除其他企事业单位的房屋给予了补偿，在（2005）辽行终字第21号案件中，同样情况的龙某海与抚顺市人民政府达成协议，亦获得了补偿。行政机关作出行政行为、人民法院作出裁判，都应当坚持法律面前人人平等的原则，一视同仁，公平公正对待每一位当事人，不得因人而异，区别对待。但是，前提是必须严格依法办事。如果存在区别对待、不公平的情形，应当是依法纠正违法的行政行为或者行政裁判，而不是相反。经审查，胡某成主张行政赔偿没有事实根据，其以其他人获得补偿为由主张本案应当再审，理由不能成立。[①] 这一判例可以说是坚持“依法办事”的典范。对此，有学者提出，对授益性行政行为，应当遵循机会平等（平等保护）或者规则平等（倾斜保护），对负担性行政行为则应遵循权利平等（义务平等）。但法律上的平等原则是对合法权利的平等保护，而不是所谓“不法的平等”，这种违法的平等权是没有的，虽然这种行政执法可能被冠以“选择性执法”的名号。[②] 这种观点在理论上可以说无可指摘，但在现实中，被征收人很难凭借一己之力查清楚其他被征收人所获得的补偿安置究竟是合法的还是违法的，公平原则的落地存在一定障碍，这也是不容回避的问题。

要坚持以上几项原则，最起码的要求是被征收人不能因征地而吃亏。对此，需要行之有效的配套措施，如提供就业培训、预留发展用地、将失地农民纳入社会保障体系等。《土地管理法》第50条规定：“地方各级人民政府应当支持被征地的农村集体经济组织和农民从事开发经营，兴办企业。”这也是确保被征地农民原有生活水平不降低、长远生计有保障的一个重要举措。

总结·提示 征地补偿安置的原则，主要有公平、合理、保障被征地农民原有生活水平不降低、保障被征地农民长远生计有保障、先补偿后搬迁、居住条件有改善等。

（二）补偿安置内容

《民法典》第243条第2～3款规定：“征收集体所有的土地，应当依法及时足额支付土地补偿费、安置补助费以及农村村民住宅、其他地上附着物和青苗等的补偿费用，并安排被征地农民的社会保障费用，保障被征地农民的生活，维护被征地农民的合法权益。征收组织、个人的房屋以及其他不动产，应当依法给予征收补偿，维护被征收人的合法权益；征收

---

① 最高人民法院行政裁定书，（2015）行监字第85号。

② 参见刘平：《行政执法原理与技巧》（修订版），学林出版社、上海人民出版社2018年版，第72页。

个人住宅的，还应当保障被征收人的居住条件。”《土地管理法》第48条第2款规定：“征收土地应当依法及时足额支付土地补偿费、安置补助费以及农村村民住宅、其他地上附着物和青苗等的补偿费用，并安排被征地农民的社会保障费用。”依据上述规定，征收土地的补偿安置内容主要有五项：（1）土地补偿费；（2）安置补助费；（3）农村村民住宅补偿费用；（4）其他地上附着物和青苗等的补偿费用；（5）被征地农民的社会保障费用。

此外，在征收中对于集体土地上的商业用房等非住宅房屋，以及依法从事生产经营活动的住宅房屋（“住改商”房屋），还需要视情形补偿停产停业损失。征收集体土地时补偿停产停业损失，可以参照《征收条例》的规定。在**金满园公司诉灵川县政府土地征收补偿案**中，最高人民法院提出，集体土地上房屋征收时是否需要补偿停产停业损失没有明确规定，但《物权法》（已失效）第42条明确规定了征收集体所有的土地，应当依法足额支付土地补偿费、安置补助费、地上附着物和青苗的补偿费等费用。故在征收集体土地上设施农业企业时，为充分合理保护被征收人的合法权益，应参照国有土地上房屋征收规定，将停产停业损失作为直接损失予以补偿。[①] 对于停产停业损失及其补偿标准，我们将在第十五讲和第十六讲详细介绍。

除了上述几项内容，在具体的集体土地征收项目中，还有不少其他的补偿安置内容，最为常见的就是及时搬迁奖励。及时搬迁奖励的目的是引导被征收人积极主动地配合征收拆迁工作，以加快征收拆迁的进程。因此，及时搬迁奖励发放的对象通常是特定的，未在奖励期内完成搬迁的被征收人不享受及时搬迁奖励，这本是无可厚非的。但在现实中，一些征收项目的及时搬迁奖励所占比例过高，甚至挤占了前述几项法定补偿安置内容应有份额，是非常值得警惕的现象。将及时搬迁奖励数额定得过高，并以之为筹码使被征收人不得不立刻接受现有的补偿安置标准，涉嫌对被征收人进行变相胁迫，其合法性也是值得商榷的。值得庆幸的是，法院一般不会对及时搬迁奖励进行机械理解，而是充分考虑被征收人“不配合”的原因，再来确定其是否应当享受及时搬迁奖励。在**覃某姣诉雁山区政府强制拆除房屋及行政赔偿案**中，最高人民法院提出，根据涉案征收安置补偿方案的规定，原则上，享受搬迁奖励金的条件为及时签订补偿协议并在规定时日内主动搬迁。但是，行政机关与案涉楼房大部分业主签订房屋征收补偿协议后，又将该楼鉴定为危房并以此为由组织强制拆除，违反了《征收条例》的程序规定，侵犯了其他未获补偿业主的合法权益。故应当结合行政机关违法行为类型与违法情节轻重，综合协调适用《国家赔偿法》及《征收条例》，依法合理确定赔偿项目及数额，以确保被征收人所得赔偿不应低于其依照征收补偿方案的可得数额。为避免出现行政机关实施了违法强制拆除行为却降低了征收成本的不合理结果，人民法院参照涉案征收安置补偿方案，增加搬迁奖励金，有利于全面赔偿被征收人损失，引导行政机关依法实施征收行为。[②] 本案虽然涉及的是国有土地上房屋征收中的及时搬迁奖励，但它与集体土地征收中的及时搬迁奖励在道理上是相通的。

---

① 最高人民法院行政判决书，(2019) 最高法行再289号。
② 最高人民法院行政裁定书，(2020) 最高法行申4462号。

我们在第三讲提到，补偿安置的方式可分为货币补偿与替代补偿，替代补偿借指货币补偿之外的补偿安置方式，主要包括实物补偿和政策性补偿等。实践中，具体的补偿安置方式其实是不拘一格的，如在一些地方实行的留地安置，本质上就是一种介于实物补偿和政策性补偿之间的补偿安置方式。①

（三）补偿安置标准

1. 土地补偿费和安置补助费

土地补偿费，是在征收集体土地时对集体土地所有权丧失的补偿；安置补助费，是在征收集体土地时，为了安置以土地为主要生产资料和生活来源的农业人口，所给予的补助费用。《土地管理法》第48条第3款规定："征收农用地的土地补偿费、安置补助费标准由省、自治区、直辖市通过制定公布区片综合地价确定。制定区片综合地价应当综合考虑土地原用途、土地资源条件、土地产值、土地区位、土地供求关系、人口以及经济社会发展水平等因素，并至少每三年调整或者重新公布一次。"据此，省级人民政府是制定公布区片综合地价的责任主体。实践中，通常是由省级人民政府根据实际情况对区片综合地价作出原则性规定，合理控制省内政策差异，在此基础上，由各市、县人民政府因地制宜制定符合当地实际情况的区片综合地价。

征收农用地区片综合地价由土地补偿费和安置补助费两部分构成，不包括农村村民住宅、其他地上附着物和青苗等的补偿费用，以及被征地农民的社会保障费用。对于二者的比例，各地的规定差异较大，其中以"四六开"者居多，但也不尽然。例如，河南省人民政府《关于征收农用地区片综合地价有关问题的通知》（豫政〔2020〕16号）规定，土地补偿费占40%，安置补助费占60%。北京市人民政府《关于公布〈北京市征收农用地区片综合地价标准〉的通知》（京政发〔2021〕9号）规定："土地补偿费和安置补助费的比例，由各区政府参照近年征地补偿费用在农村集体和农民个人之间的实际支付比例合理确定。"通过查询北京市各区数据可知，基本上是按照土地补偿费占80%、安置补助费占20%的标准执行。

《土地管理法》第48条第3款的规定，也意味着在确定征收农用地的土地补偿费和安置补助费的标准时，自1986年《土地管理法》发布以来一直在实行的"年产值倍数法"被抛弃，代之以"区片综合地价法"。与"年产值倍数法"相比，"区片综合地价法"具有"同地同价""统一规范""刚性较强"等优点。事实上，区片综合地价也有近20年的历史了。2004年10月，国务院《关于深化改革严格土地管理的决定》要求："省、自治区、直辖市人民政府要制订并公布各市县征地的统一年产值标准或区片综合地价，征地补偿做到同地同价。"为贯彻落实这一要求，原国土资源部先后印发了《关于开展制订征地统一年产值标准

---

① 对于留地安置，在中央层面的文件中亦有涉及。例如，原国土资源部《关于进一步做好征地管理工作的通知》（国土资发〔2010〕96号，已失效）要求："规范留地安置。在土地利用总体规划确定的城镇建设用地范围内实施征地，可结合本地实际采取留地安置方式，但要加强引导和管理。留用地应安排在城镇建设用地范围内，并征为国有；涉及农用地转用的，要纳入年度土地利用计划，防止因留地安置扩大城市建设用地规模；留用地开发要符合城市建设规划和有关规定要求。实行留用地安置的地区，当地政府应制定严格的管理办法，确保留用地的安排规范有序，开发利用科学合理。"

和征地区片综合地价工作的通知》（国土资发〔2005〕144号，已失效）、《关于切实做好征地统一年产值标准和区片综合地价公布实施工作的通知》（国土资发〔2008〕135号，已失效）等文件。其中，《关于切实做好征地统一年产值标准和区片综合地价公布实施工作的通知》明确要求："各省、自治区、直辖市国土资源部门要按照保证被征地农民生活水平不降低、长远生计有保障的原则，建立征地补偿标准的更新机制，适时更新征地补偿标准，把握好调整幅度和周期。征地补偿标准原则上应每2—3年更新一次，逐步提高；经确认补偿标准不需要进行调整的，也要予以重新公布。"

总结·提示 新《土地管理法》在确定征收农用地的土地补偿费和安置补助费的标准时，采用"区片综合地价法"，抛弃了"年产值倍数法"。

为方便社会了解和查询征收农用地区片综合地价信息，自然资源部门户网站"公开栏"板块下"全国征地区片综合地价信息公开"栏目（网址：http：//gsgk. mnr. gov. cn/）将各地上报备案的征地区片综合地价信息向社会主动公开。此外，我们也可在各省（区、市）的省级征地信息公开平台点击关联链接查询征地区片综合地价信息。例如，通过在上述网站查询，我们得知2020年7月30日公布的"浙江省/杭州市/拱墅区Ⅰ类区片综合地价"标准为：（1）区片综合地价，23万元/亩；（2）永久基本农田补偿标准，23万元/亩；（3）未利用地补偿标准，13.8万元/亩。

此外，《土地管理法》第51条规定："大中型水利、水电工程建设征收土地的补偿费标准和移民安置办法，由国务院另行规定。"根据这一授权，2006年7月7日国务院发布了《大中型水利水电工程建设征地补偿和移民安置条例》，并于2013年7月18日、2013年12月7日、2017年4月14日做了三次修改。《大中型水利水电工程建设征地补偿和移民安置条例》对大中型水利、水电工程建设征收土地的征地补偿、移民安置和后期扶持等事项做了规定，依据这一规定，国家实行开发性移民方针，采取前期补偿、补助与后期扶持相结合的办法，使移民生活达到或者超过原有水平。

2. 农村村民住宅补偿

农村村民住宅，主要就是指农村宅基地房屋。《土地管理法》第48条第4款规定，对农村村民住宅，应当按照先补偿后搬迁、居住条件有改善的原则，尊重农村村民意愿，采取重新安排宅基地建房、提供安置房或者货币补偿等方式给予公平、合理的补偿，并对因征收造成的搬迁、临时安置等费用予以补偿，保障农村村民居住的权利和合法的住房财产权益。但对于具体补偿标准，《土地管理法》和《土地管理法实施条例》均未明确规定，而是交由省、自治区、直辖市制定。为落实这一规定，一些省、自治区、直辖市制定了更为详细的规范。例如，《上海市征收集体土地房屋补偿规定》（沪府规〔2021〕13号）对征收集体土地房屋补偿的原则、范围、费用、计户标准和面积确定等方面做了明确的规定。

实践中，很多被征收人主张以周边商品房的市场价格为标准对农村村民住宅给予补偿，但在多数情形下是得不到支持的。最高人民法院《关于审理涉及农村集体土地行政案件若干问题的规定》第12条第2款规定："征收农村集体土地时未就被征收土地上的房屋及其他不动产进行安置补偿，补偿安置时房屋所在地已纳入城市规划区，土地权利人请求参照执行国有土地上房屋征收补偿标准的，人民法院一般应予支持，但应当扣除已经取得的土地补偿费。"不过，这一规定有严格的适用条件：一是"征收农村集体土地时未就被征收土地上的房屋及其他不动产进行安置补偿"和"补偿安置时房屋所在地已纳入城市规划区"同时具备。如果征收结束之后，还未进行补偿安置，或者补偿安置未依法足额兑现的，应当认定为"征收农村集体土地时未就被征收土地上的房屋及其他不动产进行安置补偿"。[①] 二是土地权利人请求参照执行国有土地上房屋征收补偿标准予以补偿安置。三是应当扣除已经取得的土地补偿费。因此，如果集体土地征收与补偿安置是同步进行的，即政府在征收时未怠于履行补偿安置义务，则无论此时所在地是否已纳入了城市规划区，均不满足该条款的适用条件。在**胡某琴等诉重庆市政府征地补偿行政裁决案**中，最高人民法院认为，案涉房屋征收补偿能否参照国有土地上房屋征收补偿标准进行的关键在于房屋所在集体土地被征收后，行政机关是否怠于行使对房屋进行补偿安置的职责，在补偿安置时房屋所在地是否因纳入城市规划区而造成相关权利人利益受损。[②] 在**何某美诉汇川区政府行政补偿协议案**中，最高人民法院提出，何某美的被征收房屋系集体土地上的房屋，该房屋与商品房在土地性质、小区环境与配套设施、房屋本身的建筑结构、质量及附属设施以及投资成本和开发利润等方面均存在较大差别，因此何某美被征收房屋的补偿价格与商品房市场价格之间存在差距具有合理性，汇川区政府按照《安置指导方案》和《补偿方案》与其签订《补偿协议》，不存在显失公平的问题。何某美认为应当参照最高人民法院《关于审理涉及农村集体土地行政案件若干问题的规定》第12条第2款的规定，但该规定的适用前提是行政机关征收农村集体土地时未履行安置补偿义务，实际补偿安置时房屋所在地已纳入城市规划区。由于本案汇川区政府系对何某美的房屋和土地一并进行征收补偿，不存在政府怠于履行补偿义务的问题，故何某美要求按照国有土地上房屋征收补偿标准对其被征收房屋进行补偿，本院不予支持。[③]

2011年3月17日，中共中央纪委办公厅、原监察部办公厅发布的《关于加强监督检查进一步规范征地拆迁行为的通知》（中纪办发〔2011〕8号）明确要求："认真做好农村集体土地征收和房屋拆迁工作，确保被征地拆迁农民原有生活水平不降低，长远生计有保障……在《土地管理法》等法律法规作出修订之前，集体土地上房屋拆迁，要参照新颁布的《国有土地上房屋征收与补偿条例》的精神执行。"这一要求曾在实践中引起不小的争议。在**卢某芳诉兴宁市政府房屋征收补偿决定案**中，最高人民法院提出，集体土地征收补偿应当依照《土地管理法》的相关规定予以征收补偿安置。除非符合最高人民法院《关于审理涉及农村

---

① 参见江必新主编：《最高人民法院关于审理涉及农村集体土地行政案件若干问题的规定理解与适用》，中国法制出版社2013年版，第148页。

② 最高人民法院行政裁定书，(2020) 最高法行申6893号。

③ 最高人民法院行政裁定书，(2018) 最高法行申2098号。

集体土地行政案件若干问题的规定》第12条第2款规定的情形，一般不得按照《征收条例》进行安置补偿。中纪办发〔2011〕8号文件第二部分关于“在土地管理法等法律法规作出修订之前，集体土地上房屋拆迁，要参照新颁布的《国有土地上房屋征收与补偿条例》的精神执行”的规定，意思是要参照国有土地上房屋征收补偿的精神，充分保障被征收土地农民的合法权益。不能将其理解为集体土地征收过程中应当按照国有土地上房屋征收补偿的程序和标准对被征收土地农民予以安置补偿。如此理解，违反《土地管理法》及其相关规定。[①]

总结·提示　最高人民法院认为，集体土地上房屋的征收补偿标准与商品房的市场价格之间存在差距具有合理性。参照《征收条例》的精神执行，不能理解为按照国有土地上房屋征收补偿的标准对农村村民住宅给予补偿安置。最高人民法院《关于审理涉及农村集体土地行政案件若干问题的规定》第12条第2款的规定有相当严格的适用条件，并非所有已纳入城市规划区的集体土地上的房屋都可以参照执行国有土地上房屋征收补偿标准进行补偿安置。

无论如何，新《土地管理法》把农村村民住宅列为单独的补偿安置项目，而不再作为地上附着物进行补偿，体现了对农村村民住宅物权属性的认识，以及立法对这种物权属性及其相应补偿安置的特别关照。[②]《民法典》第243条也坚持了这一立法理念。但在实践中，由于长期以来各地普遍实行以户籍为单位给予补偿安置的政策，导致在户籍与产权不一致的情况下，农村村民住宅的真正产权人和实际居住人的利益无法得到保障。面对这样的现实，土地征收中的补偿安置，即使以户籍为分配基础，也必须兼顾农村村民住宅的财产属性，以体现出其财产价值和居住价值。如果只考虑户籍而不考虑产权，就明显违反了《民法典》第243条“征收个人住宅的，还应当保障被征收人的居住条件”以及《土地管理法》第48条“居住条件有改善”“采取重新安排宅基地建房、提供安置房或者货币补偿等方式给予公平、合理的补偿”“保障农村村民居住的权利和合法的住房财产权益”等强制性规定。

拓展·探索

“数人头”与“数砖头”之争

在土地征收中确定农村房屋的补偿时，向来存在以“人”（户籍人口）为主和以“物”（房屋）为主两种做法，分别被形象地称为“数人头”与“数砖头”。所谓“数人头”，是指在补偿时以本集体经济组织的户籍人口数为依据，而不是以房屋面积和价值确定补偿数额，即为户籍为单位给予补偿安置；而“数砖头”，则是以房屋的建筑面积（也就是房屋本身的财产价值）为依据确定补偿数额，即以产权为单位给予补偿安置，并不考虑房屋内的人口、

---

① 最高人民法院行政裁定书，(2017) 最高法行申6216号。

② 参见阎巍、胡卉明：《集体土地征收案件裁判思路与裁判规则》，法律出版社2020年版，第182～183页。

户口等属人因素。其中，“数人头”是中国特有的做法，因为绝大多数国家在对被征收的财产进行补偿时都是以财产价值作为补偿依据。

不得不说，“数人头”的做法已经超出的行政补偿的范畴，使征收补偿带有一定的福利属性，实质上是由政府承担社会保障责任而非补偿责任。它的缺点是享受补偿安置要以身份为基础，可能导致对房屋拥有所有权或者部分所有权的非户籍人口无法得到公平、合理的补偿。而且，也会导致农村房屋的财产属性被忽视，与国家立法和政策上重视农村房屋的财产属性这一理念背道而驰。补偿标准由以“人”为主转变为以“物”为主，更能体现等价有偿原则。由于“人”是动态的，户口的迁移、生育等因素都会造成安置人口的变化，而“物”则相对稳定，如果过多地考虑“人”的因素，会造成在征收同样的标的物时仅因其中居住的人口不一，补偿标准也有差别。[①] 目前，实践中大多是将“数人头”与“数砖头”结合起来，并赋予被征收人选择权，户籍人口多的选择“数人头”，房屋面积大的选择“数砖头”，以实现自身利益的最大化。如果着眼长远，大的趋势肯定是从“数人头”向“数砖头”转变。不过，在现阶段，无论是“数人头”还是“数砖头”，只要遵守我们前面所讲的补偿安置原则，并依照法定的权限和程序实施，我们就不能否认其合法性乃至合理性。

但是，我们看到一些地方把“数人头”用到了极致，甚至完全不考虑房屋的面积，“一刀切”地以户籍为单位进行补偿安置。最为极端的情形是，本村村民购买房屋之后又将户籍迁出，因土地征收时其户籍不在本村，得不到任何的补偿安置，而这无疑是荒唐的。如此一来，势必伤及农村房屋的物权属性（财产属性），而片面地体现其福利属性，这与《民法典》《土地管理法》的要求严重不符。对此，最高人民法院曾明确提出，在单纯以户籍为标准补偿安置显失公平的情形下，应适当兼顾被征收房屋的产权属性。在**周某均诉重庆市政府征地补偿安置行政裁决案**中，最高人民法院认为，征地农转非人员以“户”为单位进行住房安置的含义，实际演变为以“户籍”为单位而非以房屋“产权”为单位进行安置，这种处理方式具有一定的合理性。我国幅员辽阔，各地经济发展水平、生活习惯以及人口数量存在较大差异。因此，《土地管理法》授权各省、自治区、直辖市根据实际情况，因地制宜地制定相应的补偿标准。但是，这并不意味着各地在补偿标准的确定上可以完全“自由”裁量。国家在给地方授权的同时制定了一些原则性和政策性的规定，用以指导补偿标准的制定。具体到住房安置，该项工作的目的在于补偿被征收人原集体土地上房屋被拆除的损失，针对的是原房屋的物权，其功能在于保障被征收人的居住条件不因征收而降低。一般而言，在我国农村宅基地管理所奉行的“一户一宅”原则及相关制度的作用下，宅基地使用权、地上房屋所有权这些“物权”与“户籍”紧密联系，集体土地征收补偿安置过程当中以“户籍”为单位进行住房安置，既符合农村宅基地管理和使用的现状，也不会出现“户籍”与“产权”关系的对立。因此，以户为单位进行安置，已成为多数地方的习惯做法。但实践当中，各地“户籍”和“产权”管理体系及其相互关系的不顺畅，确实导致了一些符合分户条件且已经合法

---

① 参见国务院法制办农业资源环保法制司等编：《城市房屋拆迁管理条例释义》，知识产权出版社 2005 年版，第 76 页。

取得宅基地的村民尚未分户的情况出现。在这种"户籍"与"产权"关系不一致的状况并非村民个人原因所致的前提下，以"户籍"的不独立性否定"产权"的独立性，因习惯做法而忽视个别利益，确有不当。土地征收部门对被征收房屋进行安置补偿时，在以"户籍"为分配原则的同时，对于因"户籍"与"产权"关系不一致导致的单纯以"户籍"为标准安置补偿显失公平的情形，应适当兼顾被征收房屋的"产权"属性，体现出房屋的居住价值，从而确保被征地农民合法权益的最大化。①

综上所述，对于农村房屋的补偿安置应当兼顾其福利属性和财产属性，这是从《民法典》《土地管理法》的规定就可以直接得出的结论。因此，在补偿安置时要处理好被征收房屋的"物"与被征收人的"人"的因素，形成既见"物"又见"人"的公正补偿。② 实践中，个别地方对"数人头"的做法过于执迷，将房屋的财产属性弃之不顾，就违背了上述结论，因而是违法的。

事实上，"数人头"的弊端远不止于忽视房屋的财产属性，还在于许多地方"数人头"的制度设计不合理，导致在安置人口数量认定时出现严重的争议。在第二批"征收拆迁典型案例"之案例1**王某俊诉北京市房山区住房和城乡建设委员会拆迁补偿安置行政裁决案**中，最高人民法院提出，在集体土地征收中，安置人口数量之认定关乎被征收农户财产权利的充分保护，准确认定乃是依法行政应有之义。实践中，有些地方出于行政效率等方面的考虑，简单以拆迁户口冻结统计的时间节点来确定安置人口数量，排除因婚姻、出生、回国、军人退伍转业等原因必须入户、分户的特殊情形，使某些特殊人群尤其是弱势群体的合理需求得不到应有的尊重，合法权益得不到应有的保护。因此，需要正确贯彻征收补偿的法律规则，在充分保护农民合法权益的同时，也体现出国家对婚嫁女、新生儿童等特殊群体的特别关爱。在**李某轩诉三亚市政府征收安置补偿案**中，最高人民法院认为，胎儿的合法权益应当得到保障，司法实践中要结合具体情形判断是否属于胎儿权益保护范围。对胎儿权益的保护，在集体土地征收过程中应当得到落实和贯彻。土地补偿费分配权是基于集体经济组织成员的身份而产生，在征收集体土地时，应把胎儿列为安置对象进行补偿。尤其是对集体经济组织全部集体土地予以征收的，进行安置补助时必须保障被征地农民原有生活水平不降低、长远生计有保障，并且要充分考虑胎儿的特殊情况，给予特别保障。③ 在本案中，胎儿也被列为补偿安置的对象之一，为尚未出生的胎儿适当考虑或者留存一些征收补偿权益，不违反法律的强制性规定。从上述两个判例也可以看出，即使是采纳"数人头"的做法，对于"人头"的标准也不应定得过于苛刻，而是要充分照顾到特殊人群尤其是弱势群体的合理需求。

3. 其他地上附着物和青苗等的补偿

《土地管理法》第48条第4款规定，征收农用地以外的其他土地、地上附着物和青苗等

① 最高人民法院行政裁定书，(2016) 最高法行再82号。

② 参见顾大松：《房屋征收法律制度研究》，东南大学出版社2017年版，第38~39页。

③ 最高人民法院行政裁定书，(2018) 最高法行申7016号。

的补偿标准，由省、自治区、直辖市制定。例如，2022 年 5 月 13 日，天津市人民政府印发《天津市征收土地地上附着物和青苗补偿标准》（津政规〔2022〕3 号），对非居住房屋及附属设施补偿标准、农田水利、电力设施补偿标准、苗木补偿标准、果树补偿标准、水产养殖补偿标准以及青苗补偿标准等做了相对具体的规定。

实践中，多如牛毛的是各市、县乃至乡镇制定的地上附着物和青苗等的补偿标准，这些标准是否应当适用是个值得探讨的问题。如果严格解释《土地管理法》第 48 条第 4 款的规定，市、县和乡镇是无权制定这些标准的，最多只能在省、自治区、直辖市制定的标准基础上做一些细化规定。

4. 被征地农民的社会保障

在征地补偿安置费用中增加社会保障费用，是新《土地管理法》作出的重大制度安排，它本质上属于一种政策性补偿。《土地管理法》第 48 条第 5 款规定："县级以上地方人民政府应当将被征地农民纳入相应的养老等社会保障体系。被征地农民的社会保障费用主要用于符合条件的被征地农民的养老保险等社会保险缴费补贴。被征地农民社会保障费用的筹集、管理和使用办法，由省、自治区、直辖市制定。"《社会保险法》（2018 年修改）第 96 条也规定："征收农村集体所有的土地，应当足额安排被征地农民的社会保险费，按照国务院规定将被征地农民纳入相应的社会保险制度。"但是，中央层面关于被征地农民社会保障的规定仍显不明确，需要各省、自治区、直辖市予以具体化。例如，河南省人力资源和社会保障厅《关于公布 2021 年被征地农民社会保障费用最低标准的通知》（豫人社办〔2021〕49 号）规定了各地区被征地农民社会保障费用最低标准：郑州市为 58, 200 元/亩，开封市为 42, 900 元/亩，等等。

实践中，被征地农民诉请政府或者政府部门履行社会保障职责的案件屡有发生。在**上窝铺村 294 位村民诉双桥区政府等履行养老保险社会保障职责案**中，因双峰寺水库项目被征收土地，上窝铺村部分村民认为双桥区政府等未依法履行失地农民社会保障安置的法定职责，提起行政诉讼。最高人民法院认为，为失地农民办理社会保险，目前没有法律、行政法规的统一规定，地方政府制定的有效规范性文件可以作为判断政府相关行政行为合法性的根据。河北省人力资源和社会保障厅制定的 7 号通知，内容合法，不存在与上位法相冲突的情形。根据 7 号通知，城中村居民参加城镇职工基本养老保险应由本人自愿申请，补缴养老保险费用由当地政府和居民共同负担；申请补缴的工作流程为本人申请、村民委员会审核汇总、人事劳动保障部门出具补缴证明、当地政府及村民委员会将各自负担的资金补缴至社会保险经办机构。据此，征收土地的人民政府应当严格履行征地实施程序，按照经批准的征收土地方案及时足额支付补偿费用，安排被征地农民社会保障费用，落实安置措施，解决好被征地农民的生产和生活。人力资源和社会保障部门作为社会保障主管部门，负责被征地农民社会保障身份的审核和参保缴费、登记、待遇发放以及养老保险关系的转移接续等工作。在案涉的征地过程中，双桥区政府提取了被征地农民社会保障费及社会保障风险基金，并划入承德市双桥区财政局社保股账户；制定《实施方案》，就包括上窝铺村在内的城中村居民养老保险事宜向承德市人社局发函并得到函复同意，已经履行了其相关的法定职责。双桥区人社局依据被征地农民及代办机构的申请，支付了失地农民养老保险费由政府承担的部分，已经履行了其相应的法定职责。一审、二审判决驳回294位村民的诉讼请求，认定事实清楚、适用法律正确，本院予以支持。[①] 在**邱某改诉西安市政府等不履行法定职责案**中，陕西省高级人民法院认为，被征地农民依法享有养老和医疗保险待遇的社会保障权。人民政府具有在辖区内依法建立被征地农民就业和社会保障制度的职责和落实失地农民的养老、医疗社会保障的统筹监管责任。因此，被征地农民社会保障待遇长期得不到落实，属于人民政府怠于履行法定职责。最终，法院判决西安市政府、西安市灞桥区政府在本判决生效之日起60日内对邱某改请求的养老、医疗保险的社会保障问题作出相应处理或答复。[②]

（四）征地补偿费的分配

在征地补偿安置中，农村村民住宅补偿费、其他地上附着物和青苗等的补偿费归其所有权人，这一点在实践中鲜有争议；被征地农民的社会保障，对象亦十分清晰，基本上也不存在补偿费分配的问题。对此，《土地管理法实施条例》第32条第2～3款规定："地上附着物和青苗等的补偿费用，归其所有权人所有。社会保障费用主要用于符合条件的被征地农民的养老保险等社会保险缴费补贴，按照省、自治区、直辖市的规定单独列支。"《土地承包案件解释》第20条规定："承包地被依法征收，承包方请求发包方给付已经收到的地上附着物和青苗的补偿费的，应予支持。承包方已将土地经营权以出租、入股或者其他方式流转给第三人的，除当事人另有约定外，青苗补偿费归实际投入人所有，地上附着物补偿费归附着物所有人所有。"

较有争议的问题是，土地补偿费和安置补助费应当如何分配？《土地管理法实施条例》第32条第1款规定："省、自治区、直辖市应当制定公布区片综合地价，确定征收农用地的土地补偿费、安置补助费标准，并制定土地补偿费、安置补助费分配办法。"据此，土地补偿费、安置补助费分配办法应当由省、自治区、直辖市制定。

土地补偿费是对集体土地所有权丧失的补偿，因而从理论上讲，其受益主体也应当是集体经济组织的全体成员。2014年修改的《土地管理法实施条例》（已失效）第26条规定，土地补偿费归农村集体经济组织所有。《民法典》第261条规定："农民集体所有的不动产和动产，属于本集体成员集体所有。下列事项应当依照法定程序经本集体成员决定：……（三）土地补偿费等费用的使用、分配办法……"《村民委员会组织法》（2018年修改）第24条规定："涉及村民利益的下列事项，经村民会议讨论决定方可办理：……（七）征地补偿费的使用、分配方案……"《土地承包案件解释》第22条规定："农村集体经济组织或者村民委员会、村民小组，可以依照法律规定的民主议定程序，决定在本集体经济组织内部分配已经收到的土地补偿费。征地补偿安置方案确定时已经具有本集体经济组织成员资格的

---

① 最高人民法院行政裁定书，（2018）最高法行申6040号。

② 陕西省高级人民法院行政判决书，（2016）陕行终521号。

人，请求支付相应份额的，应予支持。但已报全国人大常委会、国务院备案的地方性法规、自治条例和单行条例、地方政府规章对土地补偿费在农村集体经济组织内部的分配办法另有规定的除外。”从上述规定可知，农村集体经济组织或者村民委员会、村民小组的决定（经村民会议讨论），是土地补偿费分配的重要依据。通常来说，只要有该集体经济组织成员资格，就应当有相应的分配权。《第八次全国法院民商事审判工作会议（民事部分）纪要》（法〔2016〕399号）第23条规定：“审理土地补偿费分配纠纷时，要在现行法律规定框架内，综合考虑当事人生产生活状况、户口登记状况以及农村土地对农民的基本生活保障功能等因素认定相关权利主体。要以当事人是否获得其他替代性基本生活保障为重要考量因素，慎重认定其权利主体资格的丧失，注重依法保护妇女、儿童以及农民工等群体的合法权益。”这一规定基本体现了上述原则。但由于土地补偿费的具体分配方案属于农村集体经济组织自治范畴，只要村民委员会、村民小组依照法定的民主议定程序形成了合法的决议就应当执行，这也导致农村集体经济组织成员个人请求分配土地补偿费的主动权受到一定程度的限制。例如，据报道，王某农户将某村委会起诉至法院，要求某村委会立即支付因征收而占用其2亩土地的土地补偿费。法院经审理认为，某村委会召开了村“两委”干部及村“两议”会全体成员会议，对土地补偿费的分配方式形成了决议，决定采用“存本付息、长期受益”的方式对已收到的土地补偿费进行内部分配。王某农户虽对此不予认可，但土地补偿费的使用、分配方式属于村民自治范畴，故对王某农户要求一次性支付土地补偿费的诉讼请求，法院不予支持。①

总结·提示 土地补偿费的具体分配方案属于农村集体经济组织自治范畴，只要村民委员会、村民小组依照法定的民主议定程序形成了合法的决议就应当执行，法院在审判中通常也会对这种自治权给予充分的尊重。

安置补助费，在理论上应该发放给被安置人员个人。2014年修改的《土地管理法实施条例》第26条规定：“征收土地的安置补助费必须专款专用，不得挪作他用。需要安置的人员由农村集体经济组织安置的，安置补助费支付给农村集体经济组织，由农村集体经济组织管理和使用；由其他单位安置的，安置补助费支付给安置单位；不需要统一安置的，安置补助费发放给被安置人员个人或者征得被安置人员同意后用于支付被安置人员的保险费用。市、县和乡（镇）人民政府应当加强对安置补助费使用情况的监督。”此外，《土地承包案件解释》第21条规定：“承包地被依法征收，放弃统一安置的家庭承包方，请求发包方给付已经收到的安置补助费的，应予支持。”这一解释与原《土地管理法实施条例》第26条在理念上保持了一致。

实践中，因土地补偿费和安置补助费分配而产生的争议时有发生。在**杨某超诉玉泉区政**

---

① 《农村集体土地被征收后，土地补偿费如何分配?》，载 http://www.sdfzcm.com/a/weiquan/20230623/104133.html。

府等征收补偿案中，最高人民法院提出，承包地被依法征收的，土地补偿费归农村集体经济组织所有，农村集体经济组织或者村民委员会、村民小组可以依照法律规定的民主议定程序，决定在本集体经济组织内部分配已经收到的土地补偿费；安置补助费支付给负责安置的农村集体经济组织或其他安置单位，放弃统一安置的家庭承包方可以请求发包方给付已经收到的安置补助费。[①] 我们在第十一讲已经介绍，最高人民法院研究室曾答复称："农村集体经济组织与其成员之间因收益分配产生的纠纷，属平等民事主体之间的纠纷。当事人就该纠纷起诉到人民法院，只要符合《中华人民共和国民事诉讼法》第一百零八条的规定，人民法院应当受理。"[②] 据此，如果农村集体经济组织与其成员之间因土地补偿费和安置补助费分配产生争议，也应当通过民事诉讼解决。

（五）征地补偿费用的管理

目前，法律、法规对征地补偿费用管理的规定较少，现有的内容主要是征地补偿费用的法律保护、保证征地补偿费用足额到位等方面。

对于征地补偿费用的法律保护，《民法典》第 243 条第 4 款规定："任何组织或者个人不得贪污、挪用、私分、截留、拖欠征收补偿费等费用。"《土地管理法》第 49 条规定："被征地的农村集体经济组织应当将征收土地的补偿费用的收支状况向本集体经济组织的成员公布，接受监督。禁止侵占、挪用被征收土地单位的征地补偿费用和其他有关费用。"

对于保证征地补偿费用足额到位，《土地管理法实施条例》第 32 条第 4 款规定："申请征收土地的县级以上地方人民政府应当及时落实土地补偿费、安置补助费、农村村民住宅以及其他地上附着物和青苗等的补偿费用、社会保障费用等，并保证足额到位，专款专用。有关费用未足额到位的，不得批准征收土地。"依据上述规定，有关费用未足额到位，不得批准土地征收。也就是说，对补偿安置费用不到位实行一票否决制，只要征地补偿费用不到位，国务院和省级人民政府就不得批准土地征收。[③] 实践中，为了确保征地补偿费用足额到位，辽宁、广东、江苏、贵州、海南、上海等很多地方建立了征地补偿费用预存制度，即在征地报批前先预存征地补偿安置费用。

（六）分户补偿情况的公开

我们在第十五讲将会讲到，依据《征收条例》第 29 条的规定，分户补偿情况属于应当主动公开的情形。那么，行政机关在集体土地征收中是否也应当主动公开分户补偿情况？对此，最高人民法院给予了肯定的回答。在**刘某森等诉濮阳县政府政府信息公开案**中，最高人民法院提出，分户补偿情况尽管在一定程度上涉及其他户的个人隐私，但为了保证征收补偿的公开和公平，消除被征收人不公平补偿的疑虑和担心，法律对这类个人隐私进行了一定的让渡。根据《政府信息公开条例》《征收条例》的相关规定，即使是在集体土地征收中，由

---

① 最高人民法院行政裁定书，(2020) 最高法行申 6 号。

② 最高人民法院研究室《关于人民法院对农村集体经济所得收益分配纠纷是否受理问题的答复》(法研〔2001〕51 号)。

③ 参见魏莉华：《新〈土地管理法实施条例〉释义》，中国大地出版社 2021 年版，第 208 页。

于分户补偿情况是否应予公开对于集体土地与国有土地上房屋征收来说不应有所差别，可以参照适用，作为土地征收范围内的村民，有权知道分户补偿情况。[①] 行政机关主动公开分户补偿情况，有助于接受外界监督，防止暗箱操作，并能够消除被征收人之间相互攀比的心理。因此，行政机关不得以“涉及个人隐私”等为由拒绝公开分户补偿情况。

总结·提示　最高人民法院认为，分户补偿情况是否应予公开对于集体土地与国有土地上房屋征收来说不应有所差别，可以参照适用。作为土地征收范围内的村民，有权知道分户补偿情况。

五、补偿安置中的权利救济

（一）征地补偿安置方案的性质

通说认为，征地补偿安置方案属于具体行政行为。理由是，征收地补偿安置方案是针对被征地范围内所有集体经济组织和农民作出的，这些人数众多的农民是可数的、确定的；征地补偿安置方案是针对具体事项作出的，仅对本次征地事宜有效；征地补偿安置方案不能反复适用，每一次土地征收必须要有各自独立的补偿安置方案。[②] 征地补偿安置方案虽然以发布公告的方式进行送达，但我们不能据此认为它是针对不特定多数人作出的抽象行政行为，申言之，送达方式与行为性质之间并无必然的联系。

需要注意的是，征地补偿安置方案不同于各级地方政府制定的《征地补偿安置办法》之类的规范性文件，后者是行政机关制定、发布的具有普遍约束力的决定，针对的是不特定的对象和不特定的土地征收项目，且能够反复适用，属于抽象行政行为。

（二）征地补偿安置争议协调裁决制度

1.“协调裁决前置”程序

征地补偿安置争议协调裁决制度是1998年《土地管理法实施条例》为解决征地补偿安置争议而确立的制度。1998年《土地管理法实施条例》第25条第3款规定：“对补偿标准有争议的，由县级以上地方人民政府协调；协调不成的，由批准征用土地的人民政府裁决。”此后，国务院《关于深化改革严格土地管理的决定》提出：“要加快建立和完善征地补偿安置争议的协调和裁决机制，维护被征地农民和用地者的合法权益。”原国土资源部发布的《关于加快推进征地补偿安置争议协调裁决制度的通知》（国土资发〔2006〕133号，已失效）规定，协调裁决的范围是针对被征地农民与实施征地的市、县人民政府在补偿安置方面的争议，协调裁决不对经依法批准的征地合法性进行审查，不代替行政复议和诉讼，并明确

---

① 最高人民法院行政判决书，（2018）最高法行再180号。

② 参见江必新主编：《最高人民法院关于审理涉及农村集体土地行政案件若干问题的规定理解与适用》，中国法制出版社2013年版，第124页。

了协调裁决的范围。原国土资源部《关于进一步推进依法行政实现国土资源管理法治化的意见》(国土资发〔2011〕186 号，已失效）提出：“建立健全征地补偿标准争议裁决机制，对征地补偿标准争议要先行协调，协调不成的，依法进行裁决。”在这样的背景下，最高人民法院《关于审理涉及农村集体土地行政案件若干问题的规定》（法释〔2011〕20 号）第 10 条规定：“土地权利人对土地管理部门组织实施过程中确定的土地补偿有异议，直接向人民法院提起诉讼的，人民法院不予受理，但应当告知土地权利人先申请行政机关裁决。”依据上述规定，对于征地补偿安置争议普遍实行“协调裁决前置”程序，且对协调与裁决二者亦有先后顺序的要求，即必须先申请协调，协调不成的才能进入裁决程序。

所谓协调，是指由协调机关组织土地征收机关和被征收人等相关单位和个人就征地补偿标准进行协商、调解的程序，以期减少和化解分歧，达成一致意见；所谓裁决，是指在经协调达不成一致意见的情况下，由裁决机关依法作出裁决决定的行政行为。这里，行政机关的裁决属于行政裁决的一种，而行政裁决是一种具体行政行为，具有单方性、强制性和准司法性等特征，因而会对被征收人的权利义务产生实际影响，除属于法定终局裁决的情形外，应当具有可诉性。依据最高人民法院《关于审理涉及农村集体土地行政案件若干问题的规定》第 10 条的规定，申请行政机关裁决是提起行政诉讼的前置性程序，对裁决不服的，才能够提起行政诉讼。

实践中，征地补偿安置争议包括两类：一是补偿安置标准争议，二是补偿安置行为争议。前者是因被征收人对补偿安置方案本身有异议而产生的争议，后者是被征收人对补偿安置方案无异议，但对具体实施补偿安置的行为不服而产生的争议。最高人民法院《关于审理涉及农村集体土地行政案件若干问题的规定》第 10 条涵盖了上述两种情形，因而对于这两类征地补偿安置争议均有“协调裁决前置”的要求。由此可见，征地补偿安置争议协调裁决制度的处理对象并不限于狭义的“补偿标准”，而是包括了补偿标准、补偿对象、土地面积、需安置人口数量等重要内容。

但是，如果土地征收部门未对被征收人给予补偿安置，被征收人请求征收部门履行补偿安置职责，并不需要“协调裁决前置”。在**代某诉永宁县政府等土地行政补偿案**中，最高人民法院认为，符合《土地管理法实施条例》第 25 条第 3 款、《征收土地公告办法》(已失效）第 15 条第 1 款、最高人民法院《关于审理涉及农村集体土地行政案件若干问题的规定》第 10 条规定的补偿安置争议，应先申请行政机关裁决。如果土地征收部门未对土地权利人予以补偿安置，争议在于是否应对其补偿安置，不涉及补偿标准的争议，也不涉及是否按照征地补偿安置方案予以补偿安置的问题，不能以应当先行裁决为由认定起诉不符合法定条件。①

2. 从“协调裁决前置”到“特殊的复议前置”

(1)“特殊的复议前置”及其依据

1998 年《土地管理法实施条例》规定，征地补偿安置标准的裁决机关是批准征收土地

① 最高人民法院行政裁定书，(2019) 最高法行申 10499 号。

的人民政府，但由于批准征收土地的人民政府只能是国务院或者省级人民政府，裁决机关的层级过高，大量需要裁决的案件使省级人民政府和国务院疲于应对，严重影响了争议解决的效率。为解决这一问题，国务院原法制办公室发布的《关于依法做好征地补偿安置争议行政复议工作的通知》（国法〔2011〕35 号）规定："被征地集体经济组织和农民对有关市、县人民政府批准的征地补偿、安置方案不服要求裁决的，应当依照行政复议法律、法规的规定向上一级地方人民政府提出申请。"

链接·积累

国务院法制办公室关于依法做好征地补偿安置争议行政复议工作的通知

国法〔2011〕35 号

各省、自治区、直辖市人民政府法制办公室：

近年来，一些地方因不服市、县人民政府征地补偿、安置方案引发的行政争议有所增多，部分争议未能得到依法及时处理，影响了社会和谐稳定。为了进一步依法做好征地补偿安置争议的行政复议工作，经征求全国人大常委会法工委和最高人民法院的意见，并报国务院领导同意，现通知如下：

一、《中华人民共和国农村土地承包经营纠纷调解仲裁法》第二条第二款规定，"因征收集体所有的土地及其补偿发生的纠纷，不属于农村土地承包仲裁委员会的受理范围，可以通过行政复议或者诉讼等方式解决"。《中华人民共和国行政复议法》第十三条第一款规定，"对地方各级人民政府的具体行政行为不服的，向上一级地方人民政府申请行政复议"；第四十二条规定，"本法施行前公布的法律有关行政复议的规定与本法的规定不一致的，以本法的规定为准"。《中华人民共和国行政复议法实施条例》第十三条规定，"下级行政机关依照法律、法规、规章规定，经上级行政机关批准作出的具体行政行为的，批准机关为被申请人"。依照上述规定，被征地集体经济组织和农民对有关市、县人民政府批准的征地补偿、安置方案不服要求裁决的，应当依照行政复议法律、法规的规定向上一级地方人民政府提出申请。

二、有关地方人民政府应当采取有效措施，积极受理、依法审理、公正裁决征地补偿安置争议行政复议案件，及时化解行政争议，切实维护社会和谐稳定。

2011 年 5 月 18 日

在上述 35 号通知发布之后，被征地集体经济组织和农民对征地补偿安置方案不服要求裁决的，不再向批准征地的省级人民政府或者国务院申请裁决，而是向批准征地补偿方案的市、县人民政府的上一级地方人民政府申请裁决。35 号通知将原本应当由省级人民政府或者国务院行使的职权交由批准征地补偿安置方案的市、县人民政府的上一级人民政府行使，实质是一种权力的下放。[①] 2011 年 8 月 23 日，国务院原法制办公室作出的《关于不服征地补偿安置方案救济途径的复函》（国法复函〔2011〕358 号）称："对常德市鼎城区人民政府批准的二广高速公路（梅城段）项目征地补偿安置方案不服，可以依照《中华人民共和国行政复议》的规定向上一级人民政府申请行政复议，不属于国务院裁决的范围。"由此可知，35 号通知所称的向上一级地方人民政府申请裁决，其实就是申请行政复议。正因如此，35 号通知所确立的程序也被称为"特殊的复议前置"程序。

事实上，35 号通知在申请裁决是否等同于申请行政复议这一问题上语焉不详，并非一时疏忽，而系有意为之。因为依据《行政诉讼法》第 44 条第 2 款和《行政复议法》第 19 条的规定，有权规定复议前置的只能是法律、法规（2023 年《行政复议法》第 23 条规定，有权规定复议前置的只能是法律、行政法规），而 35 号通知作为规范性文件显然无此权限，故而在表达上做了一番"技术处理"，规避了复议前置问题。当然，这样的"技术处理"从法律上讲不是没有问题的。但无论如何，35 号通知在现实中促成了从"协调裁决前置"到"特殊的复议前置"这一程序转变。

总结·提示　"特殊的复议前置"程序，是此前解决征地补偿安置争议的主要程序。

最高人民法院通过个案对这种"特殊的复议前置"程序予以认可。在**张某吾诉娄底市政府土地行政征收补偿标准案**中，张某吾请求法院撤销《征地补偿安置方案公告》，最高人民法院认为，本案被诉的《征地补偿安置方案公告》是关于征地补偿标准及相关问题的公告，本案的诉求实质是对征地补偿标准有异议。对市、县人民政府批准的征地补偿安置方案不服的救济途径，应当先向行政机关申请裁决（复议）。在此类复议前置案件中，由于复议机关的处理决定是人民法院审理相关案件的必要条件，如果复议机关作出不予受理决定，当事人只能就该不予受理决定向人民法院提起诉讼，而不能直接针对征地补偿安置方案起诉。[②] 在**王某玲诉亳州市政府土地行政征收案**中，最高人民法院重申，对市、县人民政府批准的征地补偿、安置方案不服的救济途径，应当是先向行政机关申请裁决（复议）。[③]

（2）复议前置需要经过实体处理

复议前置模式，又称复议必经模式，是相对于复议选择模式来说的，核心是复议与诉讼之间的关系问题。在复议前置模式下，提出行政复议申请之后，如果复议机关不予受理或者受理后以不符合受理条件为由驳回复议申请，能否视为补偿安置标准问题已经过复议从而直接起诉原行政行为？

从立法目的来看，复议前置的基本要求就是争议的实体问题必须经过复议机关的先行处

---

① 参见江必新主编：《最高人民法院关于审理涉及农村集体土地行政案件若干问题的规定理解与适用》，中国法制出版社 2013 年版，第 126～127 页。

② 最高人民法院行政裁定书，(2016) 最高法行申 1761 号。

③ 最高人民法院行政裁定书，(2017) 最高法行申 1118 号。

理，复议机关不予受理，不能认为原行政行为已经经过行政复议，人民法院在此情形下，也仍然不能受理针对原行政行为的起诉，否则，就有违复议前置的立法初衷。[①] 在此理念下，最高人民法院《关于审理涉及农村集体土地行政案件若干问题的规定》第6条第2款规定："法律、法规规定应当先申请行政复议的土地行政案件，复议机关作出不受理复议申请的决定或者以不符合受理条件为由驳回复议申请，复议申请人不服的，应当以复议机关为被告向人民法院提起诉讼。"据此，复议前置需要经过实体处理，如果复议机关未作出实体处理，被征收人只能对复议机关的不作为提起行政诉讼。在**王某金等诉莆田市政府征地补偿安置方案批复案**中，最高人民法院提出，复议前置是就补偿安置标准问题向人民法院进一步主张权利的必经程序。因此，复议前置处理应当是指复议机关对相关争议的实体处理而非程序性处理。对于行政复议机关的不予受理的程序性处理行为，当事人首先应通过行政诉讼途径解决复议申请的受理问题，在复议申请被受理并经复议机关实体处理前，不能认为相关行政争议已经过行政复议前置程序。[②]

（3）申请复议是否需要协调前置

既然从"协调裁决前置"到"特殊的复议前置"的嬗变已经完成，被征地集体经济组织和农民在申请行政复议之前是否还需要先申请协调解决？对此，《关于依法做好征地补偿安置争议行政复议工作的通知》未予明确。从各地方的实践来看，大多没有对协调前置提出要求，可以不经协调而直接申请行政复议。不过，2019年最高人民法院第三巡回法庭发布的《农村集体土地征收补偿行政案件常见问题解答》提出："被征地集体经济组织和农民对市、县人民政府批准的征地补偿安置方案不服，应当先申请该市、县人民政府协调解决；协调不成的，向上一级人民政府申请行政复议；对行政复议决定仍不服的，方可向人民法院提起诉讼。人民法院对补偿标准、补偿安置方案是否符合法律、法规、规章以及省级人民政府相关规定予以全面审查。"其中，仍然主张协调前置。在最高人民法院的一些判例中也提出了协调前置的要求。例如，在**王某金等诉莆田市政府征地补偿安置方案批复案**中，最高人民法院提出，对没有按照经批准的相关方案补偿或者对相关方案本身所设定的补偿标准之合法性存在质疑的，可以归结为"对补偿标准有争议"的范畴，其基本救济途径：一是先由县级以上地方人民政府协调；二是协调不成的，应当依照行政复议法律、法规的规定向上一级地方人民政府申请复议（裁决）。对于涉案方案所确定的补偿标准存在异议，在程序保障上仍应当先向批复同意补偿方案的政府提出，由其先组织协调，协调不成，再向上一级政府申请复议（裁决）。[③]

事实上，《行政复议法实施条例》（2007年发布）第50条规定，对于当事人之间的行政补偿纠纷，行政复议机关可以按照自愿、合法的原则进行调解。因此，在复议程序中已经包

---

① 参见江必新主编：《最高人民法院关于审理涉及农村集体土地行政案件若干问题的规定理解与适用》，中国法制出版社2013年版，第82～83页。

② 最高人民法院行政裁定书，（2019）最高法行申277号。

③ 最高人民法院行政裁定书，（2019）最高法行申277号。

含了协调程序的主要内容，如果再要求协调前置，似乎是多此一举了。另外，如果先申请协调，对于因协调而耽误行政复议申请期限的情况如何处理？这一点也不是很明确，极易引发争议。

(4) 对补偿安置方案复议决定不服的救济

如上所述，对于补偿安置方案的救济，要求复议前置。但复议前置不等于复议终局，被征地集体经济组织和农民对复议决定仍不服的，有权提起行政诉讼。2014 年 12 月 15 日，最高人民法院行政审判庭答复称："据《中华人民共和国土地管理法实施条例》第二十五条第三款、最高人民法院《关于审理涉及农村集体土地行政案件若干问题的规定》第十条和国务院法制办公室国法〔2011〕35 号《关于依法做好征地补偿安置争议行政复议工作的通知》的规定精神，王文胜等人对运城市人民政府的复议决定不服提起诉讼的，人民法院应当受理。"①

(三) 补偿安置方案相关行为的可诉性

1. 对征地补偿安置方案的批准行为

在新《土地管理法》实施之前，依据 2014 年《土地管理法实施条例》第 25 条第 3 款的规定，征地补偿安置方案报市、县人民政府批准后，由市、县人民政府自然资源主管部门组织实施。那么，市、县人民政府批准补偿安置方案的行为是否属于行政诉讼受案范围？

通说认为，对补偿安置方案的批准行为，在性质上属于补偿安置方案制定过程中上级机关对下级机关的请示事项给予答复和批准的过程性行政行为，属于政府内部的审批事项，不直接对被征收人的权利义务产生实际影响，因而不具有可诉性。2020 年 12 月 26 日，最高人民法院对此专门答复称，补偿安置方案与市、县人民政府批准行为是一体的，不能割裂。在补偿安置方案已经被申请复议的情况下，集体经济组织或者农民不得另行对批准行为再次申请复议。

链接·积累

最高人民法院关于不服农村集体土地征收补偿安置方案批复是否可以申请行政复议的答复

〔2020〕最高法行他 4 号

四川省高级人民法院：

你院川高法〔2020〕56 号《四川省高级人民法院关于农村集体土地征收补偿安置方案批复相关问题的请示》收悉，经研究，答复如下：

《中华人民共和国土地管理法实施条例》第二十五条规定，市、县人民政府土地行政主管部门会同有关部门拟订征地补偿、安置方案，报市、县人民政府批准后组织实施。征地补偿、安置方案与市、县人民政府批准行为是一体的，不能割裂。在补偿、安置方案已经被申

① 最高人民法院行政审判庭《关于集体土地征收补偿救济途径问题的答复》(〔2014〕行他字第 9 号)。

请复议的情况下，集体经济组织或者农民不得另行对市、县人民政府的批准行为再次申请复议。

此复。

2020 年 12 月 26 日

另外，由于批准后的补偿安置方案可以通过复议前置程序被纳入行政诉讼的受案范围，在此前提下，再单独对补偿安置方案的批准行为进行司法审查，实际上也没有多大意义。在**王某金等诉莆田市政府征地补偿安置方案批复案**中，最高人民法院认为，王某金等 24 人提出的诉讼请求，系对莆田市政府作出的《关于同意莆田市荔城区玉湖新城改造建设项目征地拆迁补偿安置方案的批复》（莆政综〔2011〕94 号）不服。关于 94 号《批复》是否可诉的问题，分析如下：首先，94 号《批复》具有内部性特征，在形式上并非直接针对王某金等人作出，而是上级政府（莆田市政府）对其下一级政府（荔城区政府）有关项目征地拆迁补偿安置方案的审核回复，并不对王某金等人的权利义务产生直接影响，产生直接影响的应当是荔城区政府根据上述方案所推进的后续具体的补偿安置、搬迁等行为；其次，94 号《批复》具有过程性，作为征地安置补偿的一个环节，该批复行为在作出之后，下级机关还需继续推进实施相关安置补偿方案，因此，它属于征地过程中的一个阶段性行为，此时如果存在争议，通过相关法定行政程序先行解决更具有合理性、科学性，直接起诉 94 号《批复》在起诉时机上并不适宜；最后，94 号《批复》具有抽象性，该批复所针对的补偿安置方案，从内容上涉及人数众多的不特定对象，具有一定普遍约束力，属于行政规范性文件范畴，市、县人民政府就此所作的批复，也带有较为明显的规范性因素。据此，王某金等人有权对后续相关行政行为提出权益救济主张，但直接起诉 94 号《批复》，难以得到支持。[①] 这一判例具有合理性，但最高人民法院认为对征地补偿安置方案的批准行为有抽象性，属于行政规范性文件的范畴，则是值得商榷的。

2. 征地补偿安置方案公告行为

在新《土地管理法》实施之前，“两公告”意义上的补偿安置方案公告并不是一个直接对被征收人发生法律效力的文件。只有在征求被征地的集体经济组织和农民的意见，并报市、县人民政府批准后，才能成为最终实施的补偿安置方案。所以，补偿安置方案公告的目的主要是征求意见，属于为作出行政行为而实施的准备、论证等过程性行为，依据 2018 年《行政诉讼法解释》第 1 条第 2 款第 6 项之规定，此类行为不属于行政诉讼的受案范围。在**刘某福诉黄陂区政府征地补偿安置方案公告案**中，最高人民法院认为，征地补偿安置方案公告的主要内容是土地行政主管部门拟订的补偿安置方案，该补偿安置方案需经过批准以后予以组织实施。该公告的目的是让相关权利人知悉安置补偿的标准和方法，并有机会提出意见。据此，征地补偿安置方案公告本身只是发布土地管理部门拟订的、尚需批准的补偿安置

① 最高人民法院行政裁定书，(2019) 最高法行申 277 号。

方案的载体，不会对被征收人的安置补偿利益产生影响。征地补偿安置方案公告若改变拟订征收补偿安置方案的内容，使权利人对补偿安置方案的内容产生认知错误，影响其提出意见并实际侵犯其合法权益的，则具有可诉性。本案中，没有证据证明被诉《补偿安置方案公告》改变了补偿安置方案的内容，该被诉《补偿安置方案公告》未对被征收人的实际权益产生实质影响，不具有可诉性。[①] 按照这一判例，征地补偿安置方案公告行为是否具有可诉性的关键还是在于它是否改变了征地补偿安置方案的内容，使被征收人对方案的内容产生错误认知，进而对被征收人的权利义务产生一定的影响。

在新《土地管理法》实施之后，征地补偿安置方案公告由征地批准后公告改为征地批准前公告，但公告的主要目的仍然是听取被征地的农村集体经济组织及其成员、村民委员会和其他利害关系人的意见。在县级以上地方人民政府根据法律、法规规定和听证会等情况确定最终的征地补偿安置方案之后，才能作为补偿安置的实施依据。如此一来，征地补偿安置公告行为的可诉性与新《土地管理法》实施之前相比应该不会有什么变化。

3. 征地补偿安置方案“不公告”行为

征地补偿安置方案公告行为通常不属于行政诉讼的受案范围，并不等于“不公告”行为也一定不具有可诉性。比较权威的观点认为，征地补偿安置方案“不公告”行为是可诉的，理由有：(1) 自然资源主管部门是否履行公告职责，关系到农村集体经济组织及其成员以及相关利害关系人在集体土地征收过程中的知情权、参与权、听证权和补偿请求权，这些权利均事关被征收地集体经济组织和农民能否依法获得补偿安置；(2) 如果补偿安置方案不依法进行公告，被征收人很有可能无法确知自身应得的补偿安置项目、标准、数额、奖励等相关信息，更不用说通过复议或诉讼等渠道进行有效救济；(3) 补偿安置方案的公告行为虽然并没有直接对被征收人的权利义务产生不利影响，但是“不公告”行为则有可能影响到被征收人复议或诉讼的权利，从而影响其合法补偿安置利益的实现。[②]《征收土地公告办法》(已失效) 第14条第2款明确规定：“未依法进行征地补偿、安置方案公告的，被征地农村集体经济组织、农村村民或者其他权利人有权依法要求公告，有权拒绝办理征地补偿、安置手续。”在**郑某春诉少坪坝区政府确认未发布征地补偿安置方案公告违法案**中，最高人民法院认为，补偿安置方案涉及农村集体经济组织及成员（包括被征地户）的切身利益，其公告发布后，农村集体经济组织及成员（包括被征地户）对补偿方案均可能有不同的意见，为了更好地听取各方面的意见，法律要求补偿安置方案予以公告。故公告补偿安置方案是土地征收过程中的法定程序，且同时涉及农村集体经济组织和村民个体的安置补偿权，该行为可诉。[③]

4. 征地补偿安置方案“不实施”行为

征地补偿安置方案“不实施”行为的核心含义在于行政机关未依照征地补偿安置方案对被征收人给予补偿安置。被征收人请求行政机关实施征地补偿安置方案，目的也是要求其依

① 最高人民法院行政裁定书，(2016) 最高法行申4024号。
② 参见阎巍、胡卉明：《集体土地征收案件裁判思路与裁判规则》，法律出版社2020年版，第29页。
③ 最高人民法院行政裁定书，(2017) 最高法行再50号。

法履行补偿安置职责，故征地补偿安置方案“不实施”行为理应具有可诉性。在**李某成诉涟源市政府拆迁行政管理案**中，最高人民法院提出，当事人对土地征收补偿标准有异议的，应先申请裁决，再向人民法院起诉。当事人对征地补偿安置方案无异议，起诉要求行政机关实施补偿安置方案的，属于行政诉讼的受案范围。①

总结·提示　除了少数特殊情形，征地补偿安置方案公告行为通常不属于行政诉讼的受案范围。但是，征地补偿安置方案“不公告”行为和“不实施”行为一般具有可诉性。

---

5. 通过村民自治程序形成的征地补偿安置方案

在土地征收尤其是“城中村”改造的过程中，出现了由村民委员会或村民大会讨论通过征地补偿安置方案，再由村民委员会与政府有关部门配合实施方案的情形。对于这种类型的征地补偿安置方案是否具有可诉性，存在一定争议。比较权威的观点认为，可以将政府主导的征收行为与村集体经济组织的自治行为从四个方面进行区分，即“文由谁发”“地随谁姓”“钱由谁出”“房由谁拆”，如果征地补偿安置方案的实际制作主体、补偿资金的实际支付主体、最终的用地主体或受益主体以及实际的征收实施主体均是政府及有关部门，则应当认定该行为超出了村民自治行为的范围，有逃避征地法定程序之嫌，相关行为属于行政诉讼受案范围。② 在这种情形下，村民委员会即使是以村民自治的名义通过了征地补偿安置方案，也应当认定为受政府或者政府部门委托所实施的行为，其法律后果应当由委托的主体来承担。

在**范某森诉惠济区政府等补偿安置行为违法案**中，对于《补偿安置方案》的制定及实施行为是否系村民自治行为，最高人民法院提出，案涉《补偿安置方案》虽经东赵村村民委员会讨论通过，但依据《土地管理法》等相关规定，惠济区政府是案涉土地征收补偿安置工作的法定主体，其应当对补偿安置工作承担法律责任。案涉《补偿安置方案》也明确规定：“本方案经村民代表会议表决通过后，报惠济区人民政府批准后生效。”惠济区政府的意见不但实际决定了《补偿安置方案》能否通过并实行，且其设立的东赵村合村并城项目指挥部也在《补偿安置方案》上署名并用印；案涉项目的补偿款由惠济区政府财政拨付，房屋拆迁后，土地归属到土地储备中心，待土地性质变为国有后，按照城市规划确定用途。这些事实均表明，惠济区政府在案涉征收项目中发挥的作用，已经超出《村民委员会组织法》所规定的指导、支持和帮助，而是实际主导、组织和控制，案涉土地的整体开发利用行为也超出了《村民委员会组织法》对村民委员会自我管理、自我教育、自我服务的法律定位。原审判决认定《补偿安置方案》的制订和实施属于村民自治行为，不属于人民法院受案范围不当，本院予以指正。③ 本案中，最高人民法院不拘泥于《补偿安置方案》制订和实施中的表象，而

---

① 最高人民法院行政裁定书，(2016) 最高法行申 1976 号。

② 参见阎巍、胡卉明：《集体土地征收案件裁判思路与裁判规则》，法律出版社 2020 年版，第 54～57 页。

③ 最高人民法院行政判决书，(2018) 最高法行再 108 号。

是透过现象看本质，最终否定了案涉《补偿安置方案》的制订和实施行为的村民自治行为属性，从而为将其纳入行政诉讼的受案范围开了绿灯，可资赞同。

6. 集体土地未被征收情形下的征地补偿安置方案

确定并实施征地补偿安置方案，是集体土地征收与补偿中的重要环节。但在实践中，一些地方政府在集体土地未被征收的情形下制订、实施了征地补偿安置方案，这样的征地补偿安置方案是否具有可诉性？在**李某光等诉新蔡县政府征收补偿安置方案案**中，最高人民法院认为，集体土地上的征地补偿安置方案一般是在土地已被批准征收后，由土地行政主管部门拟订并听取被征地集体经济组织和农民的意见后，报市、县人民政府批准后实施。在土地已确定被征收的情况下，被征收人对补偿标准或安置有争议并不影响征收土地方案的实施，被征收人的权益可在后续具体的补偿安置环节中得到救济。但本案中，当事人的房屋所在村集体土地未经征收，新蔡县人民政府制订的《房屋征收补偿安置方案》不仅规定了征收补偿办法、相关补助及奖励标准，还明确了征收范围、征收期限、征收依据等，实质上包含了征收房屋决定，不同于一般意义上的房屋征收补偿安置方案，明显对当事人的权利义务产生了直接影响。一审、二审法院认为被诉《房屋征收补偿安置方案》对当事人的权利义务未产生实际影响，不属于人民法院行政诉讼的受案范围，适用法律错误，应当予以纠正。① 在这一判例中，最高人民法院认为如果集体土地未经征收，地方人民政府所制订的征地补偿安置方案具有可诉性。

不过，在新《土地管理法》和《土地管理法实施条例》实施之后，拟订、确定补偿安置方案作为土地征收前期工作之一，本来就应该是在征地批复之前完成的，上述判例是否还具有现实意义？这是一个值得考虑的问题。

（四）新《土地管理法》和《土地管理法实施条例》实施后协调裁决制度的去留

新《土地管理法》和《土地管理法实施条例》相继实施之后，征地补偿安置方案的地位有了根本性的变化。此前，国有土地上房屋征收补偿方案之所以被认为是不可复议和诉讼的，是因为在国有土地上房屋征收过程中，如果征收部门和被征收人双方最终未能达成协议，在法律上还存在能够确定补偿安置权利义务的征收补偿决定，故对于国有土地上房屋征收补偿方案的司法审查只能在对征收补偿决定的诉讼中附带进行。但是，新《土地管理法实施条例》同样引入了征地补偿安置决定，在这一“短板”被补齐之后，征地补偿安置方案的协调裁决制度是去还是留？这是一个比较现实的问题，想必对此又要产生一番争议。由于在新《土地管理法》和《土地管理法实施条例》中已找不到征地补偿安置方案协调裁决制度的踪影，有人据此认为这一制度已经被废止了。甚至有观点认为，现在的征地补偿安置方案与国有土地上房屋征收补偿方案在地位和作用上已经没有什么差别了，故征地补偿安置方案不再属于复议和诉讼范围，也就是不再适用协调裁决制度。上述观点有一定道理，如果完全

① 最高人民法院行政裁定书，（2020）最高法行再29号。

比照国有土地上房屋征收补偿方案，废止征地补偿安置方案协调裁决制度或许也是顺理成章的事情。而且，在实践中已经出现一些法院认定征地补偿安置方案不可复议和诉讼的案例。在**何某石等诉荆门市政府驳回行政复议申请决定案**中，湖北省荆门市中级人民法院认为，依据修改后的《土地管理法》第47条和修改后的《土地管理法实施条例》第26～30条的规定，政府在征地报批前作出征地补偿安置方案并发布公告仅属于征地的前期工作，属于阶段性、过程性行为，该过程性行为不属于行政复议的受案范围。① 将作出征地补偿安置方案并发布公告的行为定性为过程性行为，显然是因为后面还有征地补偿安置决定等"结论性"的行为。2022年司法部发布的《土地征收类行政复议案件审理指导意见（征求意见稿）》也明确规定，征地补偿安置方案不属于行政复议受案范围。

总结·提示　新《土地管理法》和《土地管理法实施条例》实施之后，对于征地补偿安置方案的协调裁决制度是否还有继续留存之必要产生了争议。目前还没有权威的答案，因而在实践中存在不同的做法。

对于这个问题，在**王某生等诉广西壮族自治区政府行政复议案**中，广西壮族自治区高级人民法院的观点颇具代表性：因征地补偿安置方案对被征收人的权利义务产生影响，属可复议、可诉讼行政行为，在2021年《土地管理法实施条例》删去先由批准征地的人民政府裁决的前提下，应回归到《行政复议法》和《行政诉讼法》的相关规定来理解，应理解为可直接申请行政复议或提起行政诉讼。不过，广西壮族自治区高级人民法院同时认为，被征收人对补偿安置方案所确定的征地补偿标准有异议，可在对补偿安置行为提起诉讼时请求附带性审查，这样更符合救济途径的直接性和便利性原则。② 鉴于实践中缺乏统一的标准，这个问题亟待有权机关给出答案。在"标准答案"正式公布之前，鉴于《关于依法做好征地补偿安置争议行政复议工作的通知》以及最高人民法院《关于审理涉及农村集体土地行政案件若干问题的规定》第10条等规定尚未失效，可以说对征地补偿安置方案申请行政复议目前仍然是有法律依据的。

---

① 湖北省荆门市中级人民法院行政判决书，（2022）鄂08行初12号。
② 广西壮族自治区高级人民法院行政判决书，（2022）桂行终1460号。

03
PART

第三部分
国有土地上房屋征收与补偿

第十三讲 中国房地产法概要

重点导读

房地产法的相关内容，表面上看与征收拆迁并无直接的联系。其实不然，如果我们对房地产法没有一定程度的了解，也很难真正理解征收拆迁——尤其是国有土地上房屋征收与补偿——相关的法律和制度。在法律层面上，中国已经形成以《民法典》《城市房地产管理法》《土地管理法》《农村土地承包法》《城乡规划法》《建筑法》等为主要内容的房地产法律体系。从具体的内容来说，房地产法律体系主要由房地产权属法律制度、房地产开发法律制度、房地产交易法律制度、房地产使用法律制度、房地产税费法律制度、房地产征收法律制度、城乡规划法律制度、住房保障法律制度等内容构成。其中，有些内容与征收拆迁关系不大，本讲不予详细介绍。本讲的内容包括中国房地产法的体系、房地产权属法律制度、房地产开发法律制度、房地产交易法律制度、住房保障法律制度五个方面。

一、中国房地产法的体系

（一）房地产和房地产业

房地产，顾名思义，就是房产和地产的统称。其中，房产意为以房屋为客体的财产，地产意为以土地为客体的财产。“在物质形态上，房地产主要由土地和房屋两部分构成，房依地而建，地为房载，地可单独存在，房却不能离地而存。”[①] 房地产属于典型的不动产，是不动产的下位概念，也是非常重要的生活资料和生产资料。

在房产与地产的关系问题上，由于中国长期以来否定土地的商品属性，同时保留部分房产的商品属性，故采取了房产和地产分别立法、分别调整的模式，各自出台了《城市房地产管理法》和《土地管理法》。改革开放之后，人们逐渐认识到房产与地产的不可分割性，但在处理房产与地产的关系时，又出现了“房随地走”与“地随房走”的争论，并逐渐形成了“房地一体”的思想。也就是说，房产和地产在交易中必须共同作为交易标的，不能分别对待，建设用地使用权及其地上建筑物所有权均不能单独转移、抵押和出租，必须同时转移、

① 符启林：《房地产法》（第5版），法律出版社2018年版，第1页。

抵押和出租。[1] 由于房产与地产在物理上连为一体，关系十分密切，在法律上要求“房随地走”“地随房走”具有正当性。例如，《城市房地产管理法》（2019 年修改）第 32 条规定，房地产转让、抵押时，房屋的所有权和该房屋占用范围内的土地使用权同时转让、抵押（“房地一体”）。《民法典》（2020 年发布）第 356 条、第 357 条分别规定：建设用地使用权转让、互换、出资或者赠与的，附着于该土地上的建筑物、构筑物及其附属设施一并处分（“房随地走”）；建筑物、构筑物及其附属设施转让、互换、出资或者赠与的，该建筑物、构筑物及其附属设施占用范围内的建设用地使用权一并处分（“地随房走”）。

专门从事房地产开发、经营、管理和服务的行业，被称为房地产业。需要注意的是，房地产业虽然与建筑业有千丝万缕的联系，但房地产业并不等同于建筑业。建筑业是直接从事房屋生产和其他建筑物的建筑、改造、装修、安装等的物质生产部门，属第二产业；而房地产业则是从事房地产的投资开发、经营、管理和服务，主要在流通领域活动的产业部门，属第三产业。[2] 在现代社会，房地产业通常是国民经济发展的基础产业、先导产业和支柱产业，占据举足轻重的地位。

（二）房地产法的体系

房地产法是调整房地产关系的法律规范的总称。房地产法的调整对象主要包括土地利用管理关系、土地财产关系、土地利用规划关系、城市房屋管理关系、房屋财产关系以及涉外房地产管理和协作关系等。广义的房地产法，包括调整房地产关系的所有法律规范，如宪法、民法、经济法、行政法、刑法中调整房地产关系的规范；狭义的房地产法，通常是指房地产法典或者房地产单行法律法规，在中国一般指《城市房地产管理法》《土地管理法》等。由此可见，《城市房地产管理法》并不能等同于房地产法，它仅仅是房地产法中偏重于城市房地产行政管理的那一部分法律规范。

在法律层面，中国已经形成以《民法典》、《城市房地产管理法》、《土地管理法》（2019 年修改）、《农村土地承包法》（2018 年修改）、《城乡规划法》（2019 年修改）、《建筑法》（2019 年修改）等为主要内容的房地产法律体系，其中最具代表性者非《城市房地产管理法》莫属。《城市房地产管理法》于 1994 年 7 月 5 日通过，1995 年 1 月 1 日起实施，并于 2007 年 8 月 30 日、2009 年 8 月 27 日、2019 年 8 月 26 日先后做了三次修改。2019 年修改的《城市房地产管理法》共分 7 章，73 条，对房地产开发用地、房地产开发、房地产交易、房地产权属登记管理以及法律责任等方面的内容做了规定。从实质内容来看，房地产法律体系中存在行政管理法与民事权利法的二元结构。就具体的内容来说，房地产法律体系主要由房地产权属法律制度、房地产开发法律制度、房地产交易法律制度、房地产使用法律制度、房地产税费法律制度、房地产征收法律制度、城乡规划法律制度、住房保障法律制度等内容构成。

---

① 参见王利明主编：《民法》（第 8 版，上册），中国人民大学出版社 2020 年版，第 415 ~416 页。
② 参见符启林：《房地产法》（第 5 版），法律出版社 2018 年版，第 1 页。

下面，我们重点讲解房地产法律体系中与征收拆迁密切相关的房地产权属法律制度、房地产开发法律制度、房地产交易法律制度以及住房保障法律制度。由于本书第二部分已经详细介绍地产的相关内容，本讲将重点介绍房产的内容。

二、房地产权属法律制度

（一）房屋所有权

1. *房屋所有权的概念*

房屋所有权，是房屋所有人依法对房屋享有的占有、使用、收益和处分的权利。房屋所有权本质上是一种法定的财产权、物权，具有所有权的完整权能，但又明显有别于一般的财产权、物权。这是因为，房屋作为纯粹的私人空间，既是家庭的基体，也是一个文化空间，更是个人生存的庇护所乃至安放心灵的港湾，它在国人心中的所占据的地位可想而知。有学者认为，房屋对于其所有人而言，不仅是一种财产，还有一种强烈的人权载体属性；房屋不仅是“物”的问题，同时也是“人”的问题，是“人之所以为人”的问题；房屋征收制度，不得不面对房屋所承载的“居者有其屋”的问题。[①] 在宪法和法律上，房屋所有权也受到了特别的保护。《宪法》（2018 年修改）在第 13 条第 1 款规定“公民的合法的私有财产不受侵犯”之后，又在第 39 条特别规定：“中华人民共和国公民的住宅不受侵犯。禁止非法搜查或者非法侵入公民的住宅。”实践中，对于房屋所有权的概念，我们可以重点从以下几个方面把握：

第一，房屋所有权的主体为房屋所有人。从理论上讲，任何具有民事权利能力的主体均可以取得房屋所有权，国家、企业、事业单位、社会团体、个人以及外国的组织、个人等均可以成为房屋所有权的主体。近年来，一些地方实行的房屋限购政策，可以看作对房屋所有权主体的暂时性法律限制。在宪法和法律上，私人房屋所有权、集体房屋所有权和国家房屋所有权应当受到平等的保护。

第二，房屋所有权的客体为房屋，满足所有权客体须为有体物、特定物的要求。《城市房地产管理法》第 2 条第 2 款规定：“本法所称房屋，是指土地上的房屋等建筑物及构筑物。”其中，对房屋作出了广义的界定。

第三，房屋所有权是独占的支配权，具有排他性。所以，基本的要求是“一房不容二主”，即在同一处房屋之上只能成立一个所有权，而不可能出现两个或多个所有权，这也是“一物一权”原则的必然要求。

第四，房屋所有权具有恒久性的特点。通常只要房屋存在，房屋所有人的所有权就可以一直存在下去。也就是说，房屋所有权在存续期限上是不存在限制的。不存在“暂时性”的所有权，无论当事人还是法律本身均不能为房屋所有权设定存续期限，否则它就变成了他物

---

① 参见顾大松：《房屋征收法律制度研究》，东南大学出版社 2017 年版，第 40 页。

权。[①] 虽然在现实中有“70 年产权”“50 年产权”等说法，但那只是土地使用权的年限而已，就房屋所有权本身而言，并没有权利期限的限制。

总结·提示 房屋所有权没有期限限制。因此，“70 年产权”“50 年产权”等说法并不确当。

第五，房屋所有权是完全物权，它包含了四项权能。《民法典》第 240 条规定：“所有权人对自己的不动产或者动产，依法享有占有、使用、收益和处分的权利。”

2. 房屋所有权的取得和消灭

（1）取得

房屋所有权的取得方式有原始取得和继受取得两种。其中，原始取得是指直接依据法律规定或不依赖原所有权人的意志而取得房屋所有权；继受取得，又称传来取得，是指通过一定的法律行为从原所有权人那里取得房屋所有权。

原始取得房屋所有权的原因主要包括：①合法建造。《民法典》第 231 条规定：“因合法建造、拆除房屋等事实行为设立或者消灭物权的，自事实行为成就时发生效力。”据此，凡合法建造房屋的，自房屋建成之日起——而不是自产权登记之日起——即取得房屋所有权。②国家承继、没收或者征收。《民法典》第 229 条规定：“因人民法院、仲裁机构的法律文书或者人民政府的征收决定等，导致物权设立、变更、转让或者消灭的，自法律文书或者征收决定等生效时发生效力。”③添附。《民法典》第 322 条规定：“因加工、附合、混合而产生的物的归属，有约定的，按照约定；没有约定或者约定不明确的，依照法律规定；法律没有规定的，按照充分发挥物的效用以及保护无过错当事人的原则确定。因一方当事人的过错或者确定物的归属造成另一方当事人损害的，应当给予赔偿或者补偿。”据此，添附也是取得房屋所有权的原因之一。④善意取得。依据《民法典》第 311 条的规定，善意取得的构成要件包括四项：一是无处分权人处分他人财产，二是受让人取得财产时出于善意，三是以合理的价格有偿转让，四是完成法定的公示方法。在满足上述要件的前提下，可以适用善意取得制度而取得房屋所有权。⑤无主房屋取得。《民法典》第 1160 条规定：“无人继承又无人受遗赠的遗产，归国家所有，用于公益事业；死者生前是集体所有制组织成员的，归所在集体所有制组织所有。”《民事诉讼法》（2023 年修改）第 202～203 条规定，申请认定财产无主，由公民、法人或者其他组织向财产所在地基层人民法院提出；人民法院受理申请后，经审查核实，应当发出财产认领公告，公告满 1 年无人认领的，判决认定财产无主，收归国家或者集体所有。

继受取得房屋所有权的原因主要包括房屋的买卖、互易、赠与、继承和受遗赠等。

（2）消灭

实践中，房屋所有权消灭的原因主要有以下几种：①房屋因拆除、倒塌或者自然灾害等

---

① 参见王利明主编：《民法》（第 8 版，上册），中国人民大学出版社 2020 年版，第 268 页。

而灭失；②所有权主体消灭；③所有权转让；④所有权抛弃；⑤所有权因没收、征收等强制性手段而消灭。

3. 房屋所有权的类型

对于房屋所有权，按照不同的标准可以作出不同的类型划分，其中最重要的是以下两种分类方法：

第一，按照所有制性质的不同，房屋所有权可分为国家房屋所有权、集体房屋所有权、私人房屋所有权、企业房屋所有权、涉外房屋所有权等。《民法典》“物权编”就是从所有制的性质出发，规定了国家、集体和私人三种所有权类型。不过，依据《民法典》第207条的规定，其他权利人的物权受法律平等保护，这就意味着所有权的主体范围具有一定程度的开放性，并不以国家、集体和私人为限。

第二，按照所有权主体构成的不同，房屋所有权可分为单独所有房屋所有权和共同所有房屋所有权。依据《民法典》第297条的规定，共同所有房屋又可以进一步分为共同共有和按份共有两种形态。共同共有，是指两个或两个以上自然人或者法人，根据某种共同关系而对房屋不分份额地共同享有权利和承担义务的一种共有关系，故共同共有必须以共同关系的存在为前提，如夫妻关系、家庭关系；按份共有，是指两个或两个以上的共有人按照各自的份额分别对共有房屋享有权利和承担义务的一种共有关系。

（二）房屋使用权

房屋使用权，是房屋使用人依法享有的对房屋占有和利用的权利。当房屋因租赁、征用、借用等原因由非所有权人使用时，房屋使用权就会与所有权相分离，成为一项独立的权利。1991年发布的《拆迁条例》（已失效）规定房屋所有权人与房屋使用人均为被拆迁人，2001年修改的《拆迁条例》（已失效）和2011年发布的《征收条例》虽然把房屋使用人排除在被拆迁人、被征收人的范围之外，但我们后面会讲到，房屋使用人的合法权益在征收中仍受到特别的保护。这是因为，长期以来中国住房制度以福利分房为主，公房的所有权虚假化，居住者的权利完全表现为使用权，而且这种使用权是无限期的，甚至可以继承，因而使之具有了物权的色彩。[①] 但事实上，因租赁、征用、借用等原因而产生的房屋使用权并不是独立的物权。历史上一些福利色彩较为浓厚的公房使用权虽然带有物权化的倾向，但立法和司法实践中均不承认这种使用权属于物权，故它们在本质上仍属于债权。

在房屋使用权中，唯一具有物权属性的是《民法典》所规定的居住权。《民法典》第366条规定：“居住权人有权按照合同约定，对他人的住宅享有占有、使用的用益物权，以满足生活居住的需要。”居住权和房屋租赁权，都是在房屋上设立的以对房屋的占有、使用为内容的权利，但二者具有明显的区别：（1）权利性质不同，居住权具有物权属性，属于用益物权的一种，而房屋租赁权为债权；（2）主体限制不同，居住权的主体只能是自然人，而房屋租赁权的主体不以自然人为限，法人、非法人组织等也可以成为房屋租赁权人；（3）权利

---

① 参见李延荣、周珂：《房地产法》（第5版），中国人民大学出版社2016年版，第60页。

内容限制不同，居住权的内容仅限于以生活居住为目的对房屋的占有、使用，房屋租赁权的内容则不限于此，房屋租赁既可以用于生活居住，也可以用于生产经营；（4）是否有偿不同，居住权的设立原则上是无偿的，房屋租赁权的取得则一般需要支付租金。① 对于居住权的设立等问题，我们在第二讲已有介绍，这里不再赘述。

总结·提示 在房屋使用权中，只有居住权属于物权。某些福利色彩浓厚的公房使用权虽然带有物权化的倾向，但在本质上仍为债权。

（三）业主的建筑物区分所有权

1. 建筑物区分所有权的概念

业主的建筑物区分所有权，是在对建筑物内的不动产进行区分的基础上，业主享有的由专有部分所有权、共有权以及共有部分管理权相结合而形成的一种特殊物权。《民法典》第271条规定："业主对建筑物内的住宅、经营性用房等专有部分享有所有权，对专有部分以外的共有部分享有共有和共同管理的权利。"据此，建筑物区分所有权的主体是业主，而不能是业主之外的房屋承租人、借用人、管理人等。

何为业主？依据最高人民法院《关于审理建筑物区分所有权纠纷案件适用法律若干问题的解释》（法释〔2020〕17号）第1条的规定，依法登记取得或者依据《民法典》第229～231条规定取得建筑物专有部分所有权的人，应当认定为业主；基于与建设单位之间的商品房买卖民事法律行为，已经合法占有建筑物专有部分，但尚未依法办理所有权登记的人，也可以认定为业主。

2. 专有权

专有权，是指业主对建筑物内的住宅、经营性用房等专有部分所单独享有的所有权。《民法典》第272条规定："业主对其建筑物专有部分享有占有、使用、收益和处分的权利。业主行使权利不得危及建筑物的安全，不得损害其他业主的合法权益。"据此，业主行使权利会受到一定程度的限制。

依据《民法典》第279条的规定，业主将住宅改变为经营性用房（所谓"住改商"）同样受到严格的限制："业主不得违反法律、法规以及管理规约，将住宅改变为经营性用房。业主将住宅改变为经营性用房的，除遵守法律、法规以及管理规约外，应当经有利害关系的业主一致同意。"最高人民法院《关于审理建筑物区分所有权纠纷案件适用法律若干问题的解释》第10～11条规定，业主将住宅改变为经营性用房，本栋建筑物内的其他业主，应当认定为有利害关系的业主；建筑区划内，本栋建筑物之外的业主，主张与自己有利害关系的，应证明其房屋价值、生活质量受到或者可能受到不利影响；业主将住宅改变为经营性用房，未依据《民法典》第279条的规定经有利害关系的业主一致同意，有利害关系的业主请

---

① 参见王利明主编：《民法》（第8版，上册），中国人民大学出版社2020年版，第436页。

求排除妨害、消除危险、恢复原状或者赔偿损失的，人民法院应予支持；将住宅改变为经营性用房的业主以多数有利害关系的业主同意其行为进行抗辩的，人民法院不予支持。由此可见，遵守法律、法规以及管理规约并经有利害关系的业主一致同意，是“住改商”的基本条件。

3. 共有权

共有权，是业主对建筑物共有部分所共同享有的财产权利。《民法典》第 273 条规定：“业主对建筑物专有部分以外的共有部分，享有权利，承担义务；不得以放弃权利为由不履行义务。业主转让建筑物内的住宅、经营性用房，其对共有部分享有的共有和共同管理的权利一并转让。”

对于共有部分的范围，《民法典》第 274 ~ 276 条规定，建筑区划内的道路，属于业主共有，但是属于城镇公共道路的除外；建筑区划内的绿地，属于业主共有，但是属于城镇公共绿地或者明示属于个人的除外；建筑区划内的其他公共场所、公用设施和物业服务用房，属于业主共有；建筑区划内，规划用于停放汽车的车位、车库的归属，由当事人通过出售、附赠或者出租等方式约定，但占用业主共有的道路或者其他场地用于停放汽车的车位，属于业主共有；建筑区划内，规划用于停放汽车的车位、车库应当首先满足业主的需要。

4. 共同管理权

共同管理权，是指业主依法享有的对业主共同财产的共同事务进行管理的权利。依据《民法典》的规定，业主可以自行管理建筑物及其附属设施，也可以委托物业服务企业或者其他管理人管理；业主可以设立业主大会，选举业主委员会；下列事项由业主共同决定：（1）制定和修改业主大会议事规则；（2）制定和修改管理规约；（3）选举业主委员会或者更换业主委员会成员；（4）选聘和解聘物业服务企业或者其他管理人；（5）使用建筑物及其附属设施的维修资金；（6）筹集建筑物及其附属设施的维修资金；（7）改建、重建建筑物及其附属设施；（8）改变共有部分的用途或者利用共有部分从事经营活动；（9）有关共有和共同管理权利的其他重大事项。业主共同决定事项，应当由专有部分面积占比 2/3 以上的业主且人数占比 2/3 以上的业主参与表决。决定上述第（6）项至第（8）项规定的事项，应当经参与表决专有部分面积 3/4 以上的业主且参与表决人数 3/4 以上的业主同意；决定上述其他事项，应当经参与表决专有部分面积过半数的业主且参与表决人数过半数的业主同意。

《民法典》第 280 条规定，业主大会或者业主委员会的决定，对业主具有法律约束力；业主大会或者业主委员会作出的决定侵害业主合法权益的，受侵害的业主可以请求人民法院予以撤销。最高人民法院《关于审理建筑物区分所有权纠纷案件适用法律若干问题的解释》第 12 条规定，业主以业主大会或者业主委员会作出的决定侵害其合法权益或者违反了法律规定的程序为由，依据《民法典》第 280 条第 2 款的规定请求人民法院撤销该决定的，应当在知道或者应当知道业主大会或者业主委员会作出决定之日起 1 年内行使。这里的“1 年”，性质为除斥期间，依据《民法典》第 199 条的规定，法律规定或者当事人约定的撤销权、解除权等权利的存续期间，除法律另有规定外，自权利人知道或者应当知道权利产生之日起计算，不适用有关诉讼时效中止、中断和延长的规定。存续期间届满，撤销权、解除权等权利消灭。

（四）房地产权属登记管理

《城市房地产管理法》规定，中国实行土地使用权和房屋所有权登记发证制度（第60条）。其中，以出让或者划拨方式取得土地使用权，应当向县级以上地方人民政府土地管理部门申请登记，经县级以上地方人民政府土地管理部门核实，由同级人民政府颁发土地使用权证书；在依法取得的房地产开发用地上建成房屋的，应当凭土地使用权证书向县级以上地方人民政府房产管理部门申请登记，由县级以上地方人民政府房产管理部门核实并颁发房屋所有权证书。房地产转让或者变更时，应当向县级以上地方人民政府房产管理部门申请房产变更登记，并凭变更后的房屋所有权证书向同级人民政府土地管理部门申请土地使用权变更登记，经同级人民政府土地管理部门核实，由同级人民政府更换或者更改土地使用权证书。法律另有规定的，依照有关法律的规定办理（第61条）。房地产抵押时，应当向县级以上地方人民政府规定的部门办理抵押登记。因处分抵押房地产而取得土地使用权和房屋所有权的，应当依照《城市房地产管理法》第5章的规定办理过户登记（第62条）。经省、自治区、直辖市人民政府确定，县级以上地方人民政府由一个部门统一负责房产管理和土地管理工作的，可以制作、颁发统一的房地产权证书，依法将房屋的所有权和该房屋占用范围内的土地使用权的确认和变更，分别载入房地产权证书（第63条）。

拓展·探索

房地产相邻关系

房地产相邻关系，也是广义房地产权属法律制度的组成部分，它是指依据法律规定，两个或两个以上相互毗邻的房地产的所有人或者使用人，在行使所有权或使用权时，因相邻各方应给予便利和接受限制而发生的权利义务关系。《民法典》第288～289条规定，不动产的相邻权利人应当按照有利生产、方便生活、团结互助、公平合理的原则，正确处理相邻关系；法律、法规对处理相邻关系有规定的，依照其规定，法律、法规没有规定的，可以按照当地习惯。

实践中，相邻关系产生的原因很多，种类复杂，主要包括：（1）因用水、排水产生的相邻关系。《民法典》第290条规定："不动产权利人应当为相邻权利人用水、排水提供必要的便利。对自然流水的利用，应当在不动产的相邻权利人之间合理分配。对自然流水的排放，应当尊重自然流向。"（2）因通行所产生的相邻关系。《民法典》第291条规定："不动产权利人对相邻权利人因通行等必须利用其土地的，应当提供必要的便利。"（3）因建造、修缮建筑物以及铺设管线所形成的相邻关系。《民法典》第292条规定："不动产权利人因建造、修缮建筑物以及铺设电线、电缆、水管、暖气和燃气管线等必须利用相邻土地、建筑物的，该土地、建筑物的权利人应当提供必要的便利。"（4）因通风、采光所产生的相邻关系。《民法典》第293条规定："建造建筑物，不得违反国家有关工程建设标准，不得妨碍相邻建筑物的通风、采光和日照。”（5）因保护环境所产生的相邻关系。《民法典》第294条规定：“不动产权利人不得违反国家规定弃置固体废物，排放大气污染物、水污染物、土壤污染物、噪声、光辐射、电磁辐射等有害物质。”（6）因挖掘土地、建造建筑物等发生的相邻关系。《民法典》第295条规定：“不动产权利人挖掘土地、建造建筑物、铺设管线以及安装设备等，不得危及相邻不动产的安全。”

从本质上讲，相邻关系是法律对于不动产权利行使的一种干预。通常情况下，相邻一方为另一方提供通行、通风、采光等便利，是其法定义务，另一方无须给予补偿。《民法典》第296条规定：“不动产权利人因用水、排水、通行、铺设管线等利用相邻不动产的，应当尽量避免对相邻的不动产权利人造成损害。”据此，如果因用水、排水、通行、铺设管线等利用相邻不动产，并对相邻的不动产权利人造成了损害，可能需要承担适当补偿或者赔偿的法律责任。

三、房地产开发法律制度

（一）房地产开发的概念

依据《城市房地产管理法》第2条第3款的规定，房地产开发，是指在依法取得国有土地使用权的土地上进行基础设施、房屋建设的行为。在一个开发区域内，房地产开发是指土地和房屋开发一体化的全过程，包括规划设计、地质勘察、征地拆迁、土地开发（实现“七通一平”）、房屋建设、工程验收直至交付使用，它是一项综合性的生产活动。[①]

我们可以按照不同的标准对房地产开发进行分类：（1）按照开发对象的不同，房地产开发可分为新区开发和旧城改造。其中，新区开发是根据土地利用总体规划和城乡规划（国土空间规划），将农业用地和未利用地开发建设成满足居住、工商业等用途的建成区；旧城改造则是将已开发利用的旧城区改造翻新，重新建设，变成新的建成区。（2）按照开发方式的不同，房地产开发可分为单项开发、小区开发和成片开发。与单项开发和小区开发相比，成片开发的面积和规模均较大，具有综合性开发建设的特点。（3）按照开发主体的不同，房地产开发可分为政府开发和房地产开发企业开发等。

总结·提示 房地产开发可以分为：新区开发和旧城改造，单项开发、小区开发和成片开发，政府开发和房地产开发企业开发，等等。

（二）房地产开发用地

房地产开发，是在取得建设用地使用权的土地上进行的，故取得建设用地使用权是房地产开发的重要前提。《城市房地产管理法》在第3章“房地产开发”之前专门设置了第2章

① 参见李延荣、周珂：《房地产法》（第5版），中国人民大学出版社2016年版，第95页。

“房地产开发用地”，依据其规定，取得建设用地使用权的两种方式分别是土地使用权出让和土地使用权划拨。其中，土地使用权出让，是指国家将国有土地使用权在一定年限内出让给土地使用者，由土地使用者向国家支付土地使用权出让金的行为；土地使用权划拨，是指经县级以上人民政府依法批准，在土地使用者缴纳补偿、安置等费用后将该幅土地交付其使用，或者将土地使用权无偿交付给土地使用者使用的行为。

（三）房地产开发原则

《城市房地产管理法》第 25 条规定，房地产开发必须严格执行城市规划，按照经济效益、社会效益、环境效益相统一的原则，实行全面规划、合理布局、综合开发、配套建设。此外，《城市房地产管理法》第 26 ~ 28 条还规定了房地产开发中应遵循的其他原则：

一是按照土地使用权出让合同约定的期限开发土地。《城市房地产管理法》第 26 条规定，以出让方式取得土地使用权进行房地产开发的，必须按照土地使用权出让合同约定的土地用途、动工开发期限开发土地。超过出让合同约定的动工开发日期满 1 年未动工开发的，可以征收相当于土地使用权出让金 20% 以下的土地闲置费；满 2 年未动工开发的，可以无偿收回土地使用权；但是，因不可抗力或者政府、政府有关部门的行为或者动工开发必需的前期工作造成动工开发迟延的除外。

二是符合国家标准和规范。《城市房地产管理法》第 27 条规定：“房地产开发项目的设计、施工，必须符合国家的有关标准和规范。房地产开发项目竣工，经验收合格后，方可交付使用。”

三是允许土地使用权作价入股。《城市房地产管理法》第 28 条规定：“依法取得的土地使用权，可以依照本法和有关法律、行政法规的规定，作价入股，合资、合作开发经营房地产。”

四是国家鼓励和扶持开发建设居民住宅。《城市房地产管理法》第 29 条规定：“国家采取税收等方面的优惠措施鼓励和扶持房地产开发企业开发建设居民住宅。”

（四）房地产开发企业

1. 房地产开发企业的设立条件

依据《城市房地产管理法》第 30 条的规定，房地产开发企业是以营利为目的，从事房地产开发和经营的企业。设立房地产开发企业，应当具备下列条件：（1）有自己的名称和组织机构；（2）有固定的经营场所；（3）有符合国务院规定的注册资本；（4）有足够的专业技术人员；（5）法律、行政法规规定的其他条件。

《城市房地产管理法》第 31 条要求，房地产开发企业的注册资本与投资总额的比例应当符合国家有关规定。房地产开发企业分期开发房地产的，分期投资额应当与项目规模相适应，并按照土地使用权出让合同的约定，按期投入资金，用于项目建设。

2. 房地产开发企业的设立程序

（1）申请设立登记

设立房地产开发企业，应当向市场监督管理部门申请设立登记。市场监督管理部门对符合《城市房地产管理法》规定条件的，应当予以登记，发给营业执照；对不符合《城市房地产管理法》规定条件的，不予登记。设立有限责任公司、股份有限公司，从事房地产开发经营的，还应当执行《公司法》的有关规定。

（2）依法备案

房地产开发企业在领取营业执照后的1个月内，应当到登记机关所在地的县级以上地方人民政府规定的部门备案。

（五）建筑工程施工许可

1. 建筑工程施工许可的概念

建筑工程施工许可，本质上属于一种《行政许可法》意义上的行政许可，即在法律一般禁止的情况下，住房城乡建设主管部门（发证机关）根据建设单位的申请，通过颁发许可证的形式，依法赋予特定的建设单位从事建筑工程施工活动的权利的行政行为。《建筑法》第7条规定，建筑工程开工前，建设单位应当按照国家有关规定向工程所在地县级以上人民政府建设行政主管部门申请领取施工许可证；《建筑工程施工许可管理办法》（2021年修改）第2条第1款规定，在中华人民共和国境内从事各类房屋建筑及其附属设施的建造、装修装饰和与其配套的线路、管道、设备的安装，以及城镇市政基础设施工程的施工，建设单位在开工前应当依法向工程所在地的县级以上地方人民政府住房城乡建设主管部门申请领取施工许可证。

中国实行建筑工程施工许可制度，意味着在建设工程开工之前申请领取施工许可证是常态。不需要领取施工许可证的情形，限于以下两种：一是限额以下的小型工程。工程投资额在30万元以下或者建筑面积在300平方米以下的建筑工程，可以不申请办理施工许可证。省、自治区、直辖市人民政府住房城乡建设主管部门可以根据当地的实际情况，对限额进行调整，并报国务院住房城乡建设主管部门备案。二是按照国务院规定的权限和程序批准开工报告的建筑工程，不再领取施工许可证。

总结·提示　除了限额以下的小型工程，以及按照国务院规定的权限和程序批准开工报告的建筑工程，其他建设工程在开工之前均必须取得建设工程施工许可证。

中国实行建筑工程施工许可制度，也意味着未取得施工许可证擅自施工的行为是违法行为，行为人需为此承担相应的法律责任。《建筑工程施工许可管理办法》第3条规定，应当申请领取施工许可证的建筑工程未取得施工许可证的，一律不得开工，且任何单位和个人不得将应当申请领取施工许可证的工程项目分解为若干限额以下的工程项目，规避申请领取施工许可证；第12条规定，对于未取得施工许可证或者为规避办理施工许可证将工程项目分解后擅自施工的，由有管辖权的发证机关责令停止施工，限期改正，对建设单位处工程合同价款1%以上2%以下罚款，对施工单位处3万元以下罚款。

2. 申请领取施工许可证的条件

依据《建筑法》第8条、《建筑工程施工许可管理办法》第4条的规定，建设单位申请领取施工许可证，应当具备下列条件，并提交相应的证明文件：(1) 依法应当办理用地批准手续的，已经办理该建筑工程用地批准手续。(2) 依法应当办理建设工程规划许可证的，已经取得建设工程规划许可证。(3) 施工场地已经基本具备施工条件，需要征收房屋的，其进度符合施工要求。(4) 已经确定施工企业。按照规定应当招标的工程没有招标，应当公开招标的工程没有公开招标，或者肢解发包工程，以及将工程发包给不具备相应资质条件的企业的，所确定的施工企业无效。(5) 有满足施工需要的资金安排、施工图纸及技术资料，建设单位应当提供建设资金已经落实承诺书，施工图设计文件已按规定审查合格。(6) 有保证工程质量和安全的具体措施。施工企业编制的施工组织设计中有根据建筑工程特点制定的相应质量、安全技术措施。建立工程质量安全责任制并落实到人。专业性较强的工程项目编制了专项质量、安全施工组织设计，并按照规定办理了工程质量、安全监督手续。在上述条件之外，县级以上地方人民政府住房城乡建设主管部门不得违反法律法规的规定，增设办理施工许可证的其他条件。

3. 申请领取施工许可证的程序

申请办理施工许可证，应当按照下列程序进行：(1) 建设单位向发证机关领取《建筑工程施工许可证申请表》。(2) 建设单位持加盖单位及法定代表人印鉴的《建筑工程施工许可证申请表》，并附《建筑工程施工许可管理办法》第4条规定的证明文件，向发证机关提出申请。(3) 发证机关在收到建设单位报送的《建筑工程施工许可证申请表》和所附证明文件后，对于符合条件的，应当自收到申请之日起7日内颁发施工许可证；对于证明文件不齐全或者失效的，应当当场或者5日内一次告知建设单位需要补正的全部内容，审批时间可以自证明文件补正齐全后做相应顺延；对于不符合条件的，应当自收到申请之日起7日内书面通知建设单位，并说明理由。

此外，如果建筑工程在施工过程中，建设单位或者施工单位发生变更的，应当重新申请领取施工许可证。

4. 施工许可证的法律效力

《建筑法》和《建筑工程施工许可管理办法》对于施工许可证的法律效力的规定主要包括以下几个方面：

第一，建设单位申请领取施工许可证的工程名称、地点、规模，应当符合依法签订的施工承包合同。施工许可证应当放置在施工现场备查，并按规定在施工现场公开，且不得伪造和涂改。

第二，建设单位应当自领取施工许可证之日起3个月内开工。因故不能按期开工的，应当向发证机关申请延期，延期以两次为限，每次不超过3个月。既不开工又不申请延期或者超过延期次数、时限的，施工许可证自行废止。

第三，在建的建筑工程因故中止施工的，建设单位应当自中止施工之日起1个月内向发证机关报告，报告内容包括中止施工的时间、原因、在施部位、维修管理措施等，并按照规定做好建筑工程的维护管理工作。建筑工程恢复施工时，应当向发证机关报告，中止施工满1年的工程恢复施工前，建设单位应当报发证机关核验施工许可证。

第四，发证机关应当将办理施工许可证的依据、条件、程序、期限以及需要提交的全部材料和申请表示范文本等，在办公场所和有关网站予以公示。而且，发证机关作出的施工许可决定应当予以公开，公众有权查阅。

第五，发证机关应当建立颁发施工许可证后的监督检查制度，对取得施工许可证后条件发生变化、延期开工、中止施工等行为进行监督检查，发现违法违规行为及时处理。

总结·提示　中国实行建筑工程施工许可制度，未取得施工许可证擅自施工的行为是违法行为。不过，我们在第七讲已经介绍，未取得施工许可证只能说明施工行为是违法的，通常不会影响所建成房屋的合法性。

（六）建设工程合同

依据《民法典》第788条的规定，建设工程合同是承包人进行工程建设，发包人支付价款的合同，包括工程勘察、设计、施工合同。建设工程合同本质上是承揽合同的一种，所以，《民法典》第808条规定："本章没有规定的，适用承揽合同的有关规定。"

建设工程合同的订立、内容、效力、履行和终止等，除了要遵守《民法典》第3编第17～18章的规定，还应当遵守《建筑法》《招标投标法》《建设工程质量管理条例》《建设工程勘察设计管理条例》《建设工程安全生产管理条例》《招标投标法实施条例》《建筑工程施工许可管理办法》《建设工程造价鉴定规范》等带有公法性质的单行法、行政法规以及规章的相关规定。另外，最高人民法院曾针对建设工程合同先后发布了几个司法解释，其中最为重要且现行有效者为最高人民法院《关于审理建设工程施工合同纠纷案件适用法律问题的解释（一）》（法释〔2020〕25号）。

囿于篇幅，这里对上述内容不予展开，有兴趣的读者可以自行查阅相关的规定。

四、房地产交易法律制度

（一）房地产交易的原则

房地产交易，是房地产转让、房地产抵押和房屋租赁等活动的统称。依据《城市房地产管理法》的规定，房地产交易的原则主要有以下三项：

第一，"房地一体"原则。《城市房地产管理法》第32条规定："房地产转让、抵押时，房屋的所有权和该房屋占用范围内的土地使用权同时转让、抵押。"第42条规定："房地产转让时，土地使用权出让合同载明的权利、义务随之转移。"

第二，依法登记原则。《城市房地产管理法》第36条规定，房地产转让、抵押，当事人应当依照《城市房地产管理法》第5章的规定办理权属登记。

第三，房地产交易价格分别管制原则。《城市房地产管理法》规定，基准地价、标定地价和各类房屋的重置价格应当定期确定并公布，具体办法由国务院规定。同时，国家实行房地产价格评估制度和成交价格申报制度。房地产价格评估，应当遵循公正、公平、公开的原则，按照国家规定的技术标准和评估程序，以基准地价、标定地价和各类房屋的重置价格为基础，参照当地的市场价格进行评估；房地产权利人转让房地产，应当向县级以上地方人民政府规定的部门如实申报成交价，不得瞒报或者做不实的申报。

（二）房地产交易的管理服务机构

1. 房地产管理机关

《城市房地产管理法》第7条规定："国务院建设行政主管部门、土地管理部门依照国务院规定的职权划分，各司其职，密切配合，管理全国房地产工作。县级以上地方人民政府房产管理、土地管理部门的机构设置及其职权由省、自治区、直辖市人民政府确定。"据此，房地产管理机关包括住房和城乡建设部、自然资源部及其下属的县级以上地方人民政府的住房和城乡建设主管部门、自然资源主管部门。

2. 中介服务机构

房地产中介服务机构，包括房地产咨询机构、房地产价格评估机构、房地产经纪机构等。房地产中介服务机构应当具备下列条件：（1）有自己的名称和组织机构；（2）有固定的服务场所；（3）有必要的财产和经费；（4）有足够数量的专业人员；（5）法律、行政法规规定的其他条件。其中，房地产价格评估机构的评估人员还须经过资格认证。设立房地产中介服务机构，应当向市场监督管理部门申请设立登记，领取营业执照后，方可开业。

（三）房地产转让

1. 房地产转让的概念

房地产转让，是指房地产权利人通过买卖、赠与或者其他合法方式将其房地产转移给他人的行为。这一概念有以下几层含义：一是房地产转让的主体是房地产权利人，包括房产所有权人和土地使用权人；二是房地产转让的客体是房屋所有权和该房屋占用范围内的土地使用权；三是房地产转让的方式包括买卖、赠与、交换以及其他合法方式；四是房地产转让是一种能产生房地产权利转移后果的民事法律行为。

2. 房地产转让的条件

（1）转让、受让双方须具有合法资格

房地产转让属于一种民事法律行为，转让、受让双方均必须具有相应的主体资格和行为能力。否则，房地产转让行为不具有法律效力，也不受法律保护。

（2）房地产转让的客体须符合法定要求

以出让方式取得土地使用权的，转让房地产时，应当符合下列条件：①按照出让合同约定已经支付全部土地使用权出让金，并取得土地使用权证书；②按照出让合同约定进行投资开发，属于房屋建设工程的，完成开发投资总额的25%以上，属于成片开发土地的，形成工业用地或者其他建设用地条件；③转让房地产时房屋已经建成的，应当持有房屋所有权证书。

以划拨方式取得土地使用权的，转让房地产时，应当按照国务院规定，报有批准权的人民政府审批。有批准权的人民政府准予转让的，应当由受让方办理土地使用权出让手续，并依照国家有关规定缴纳土地使用权出让金。以划拨方式取得土地使用权的，转让房地产报批时，有批准权的人民政府按照国务院规定决定可以不办理土地使用权出让手续的，转让方应当按照国务院规定将转让房地产所获收益中的土地收益上缴国家或者做其他处理。

（3）签订书面转让合同

房地产转让属于要式法律行为，转让、受让双方经协商达成一致后，应当签订书面转让合同。在房地产转让合同中，应当载明土地使用权取得的方式、双方的权利、义务以及其他必要的条款。

实践中，最为常见的是商品房买卖合同。依据最高人民法院《关于审理商品房买卖合同纠纷案件适用法律若干问题的解释》（法释〔2020〕17 号）第 1 条的规定，商品房买卖合同，是指房地产开发企业将尚未建成或者已竣工的房屋向社会销售并转移房屋所有权于买受人，买受人支付价款的合同。

（4）办理登记过户手续

房地产转让合同签订后，转让、受让双方应当按照合同的约定办理房屋所有权及土地使用权变更登记手续，领取房地产权利证书。

3. 商品房现售

商品房现售，是指房地产开发企业将竣工验收合格的商品房出售给买受人，并由买受人支付房价款的行为。

依据《商品房销售管理办法》（2001 年发布）的规定，商品房现售，应当符合以下条件：（1）现售商品房的房地产开发企业应当具有企业法人营业执照和房地产开发企业资质证书；（2）取得土地使用权证书或者使用土地的批准文件；（3）持有建设工程规划许可证和施工许可证；（4）已通过竣工验收；（5）拆迁安置已经落实；（6）供水、供电、供热、燃气、通信等配套基础设施具备交付使用条件，其他配套基础设施和公共设施具备交付使用条件或者已确定施工进度和交付日期；（7）物业管理方案已经落实。

商品房的销售价格，除国家另有规定的情形，应由当事人协商议定。在商品房销售时，房地产开发企业和买受人应当订立书面商品房买卖合同。商品房买卖合同应当明确当事人名称或者姓名和住所、商品房基本状况、商品房的销售方式、商品房价款的确定方式及总价款、付款方式、付款时间、交付使用条件及日期、装饰、设备标准承诺、供水、供电、供热、燃气、通信、道路、绿化等配套基础设施和公共设施的交付承诺和有关权益、责任、公共配套建筑的产权归属、面积差异的处理方式、办理产权登记有关事宜、解决争议的方法、违约责任以及双方约定的其他事项。

房地产开发企业应当按照合同约定，将符合交付使用条件的商品房按期交付给买受人。未能按期交付的，房地产开发企业应当承担违约责任。销售商品住宅时，房地产开发企业应当根据《商品住宅实行住宅质量保证书和住宅使用说明书制度的规定》，向买受人提供《住宅质量保证书》和《住宅使用说明书》。而且，房地产开发企业应当对所售商品房承担质量保修责任。当事人应当在合同中就保修范围、保修期限、保修责任等内容作出约定，保修期从交付之日起计算。

4. 商品房预售

商品房预售，俗称“卖楼花”，是指房地产开发企业将尚未建成的房屋预先出售给买受人，由买受人支付定金并按期支付价款的行为。商品房预售尽管在性质上还有一些争议，但其本质上仍属于房屋买卖。① 所以，商品房预售合同，本质上就是商品房买卖合同的一种特殊形式。

《城市房地产管理法》第45条规定，商品房预售应当符合下列条件：（1）已交付全部土地使用权出让金，取得土地使用权证书；（2）持有建设工程规划许可证；（3）按提供预售的商品房计算，投入开发建设的资金达到工程建设总投资的25%以上，并已经确定施工进度和竣工交付日期；（4）向县级以上人民政府房产管理部门办理预售登记，取得商品房预售许可证明。另外，商品房预售人应当按照国家有关规定将预售合同报县级以上人民政府房产管理部门和土地管理部门登记备案；商品房预售所得款项，必须用于有关的工程建设。据此，取得商品房预售许可证是商品房预售的一个强制性条件。依据最高人民法院《关于审理商品房买卖合同纠纷案件适用法律若干问题的解释》第2条的规定，如果出卖人未取得商品房预售许可证明，与买受人订立的商品房预售合同，应当认定无效，但是在起诉前取得商品房预售许可证明的，可以认定有效。

实践中，还大量存在预售商品房再行转让的案例。预售商品房再行转让，也被称为期房转让或者“楼花转让”，由于这种转让实际上就是商品房预售合同中的权利、义务的转让，也可以称为商品房预售合同转让。《城市房地产管理法》第46条规定：“商品房预售的，商品房预购人将购买的未竣工的预售商品房再行转让的问题，由国务院规定。”但遗憾的是，时至今日国务院尚未对此作出明文规定。

5. 房地产禁止转让的情形

《城市房地产管理法》第38条规定，下列房地产不得转让：（1）以出让方式取得土地使用权的，不符合《城市房地产管理法》第39条规定的条件的；（2）司法机关和行政机关依法裁定、决定查封或者以其他形式限制房地产权利的；（3）依法收回土地使用权的；（4）共有房地产，未经其他共有人书面同意的；（5）权属有争议的；（6）未依法登记领取权属证书的；（7）法律、行政法规规定禁止转让的其他情形。

（四）房地产抵押

1. 房地产抵押的标的

房地产抵押，是指抵押人以其合法的房地产以不转移占有的方式向抵押权人提供债务履

① 参见房绍坤主编：《房地产法》（第6版），北京大学出版社2020年版，第125页。

行担保的行为，债务人不履行债务时，抵押权人有权依法以抵押的房地产拍卖所得的价款优先受偿。

房地产抵押的标的，包括房屋所有权和土地使用权。《城市房地产管理法》第 48 条规定，依法取得的房屋所有权连同该房屋占用范围内的土地使用权，可以设定抵押权；以出让方式取得的土地使用权，可以设定抵押权。但是，依据《城市房地产抵押管理办法》（2021 年修改）第 8 条的规定，下列房地产不得设定抵押：（1）权属有争议的房地产；（2）用于教育、医疗、市政等公共福利事业的房地产；（3）列入文物保护的建筑物和有重要纪念意义的其他建筑物；（4）已依法公告列入拆迁范围的房地产；（5）被依法查封、扣押、监管或者以其他形式限制的房地产；（6）依法不得抵押的其他房地产。

2. 房地产抵押登记

房地产抵押，应当凭土地使用权证书、房屋所有权证书办理。抵押人和抵押权人应当签订书面抵押合同，自房地产抵押合同签订之日起 30 日内，抵押当事人应当到房地产所在地的房地产管理部门办理房地产抵押登记，房地产抵押合同自抵押登记之日起生效。

3. 房地产抵押权的实现

在《城市房地产管理法》中，与抵押权的实现有关的规定只有两条，即第 51 条规定："设定房地产抵押权的土地使用权是以划拨方式取得的，依法拍卖该房地产后，应当从拍卖所得的价款中缴纳相当于应缴纳的土地使用权出让金的款额后，抵押权人方可优先受偿。"第 52 条规定："房地产抵押合同签订后，土地上新增的房屋不属于抵押财产。需要拍卖该抵押的房地产时，可以依法将土地上新增的房屋与抵押财产一同拍卖，但对拍卖新增房屋所得，抵押权人无权优先受偿。"此外，房地产抵押权的实现也必须遵守《民法典》第 2 编第 17 章关于抵押权的规定。

（五）房屋租赁

1. 房屋租赁的概念和特征

房屋租赁，是指房屋所有权人作为出租人将其房屋出租给承租人使用，由承租人向出租人支付租金的行为。实践中，房屋租赁也是房地产交易的主要形式之一，它具有如下几个特征：

第一，房屋租赁关系中的出租人一般为房屋所有权人。不过，依据法律规定以及房屋租赁的实践，房屋的经营管理权人（如直管公房的经营管理者）等非房屋所有权人亦有成为房屋出租人的可能性。

第二，房屋租赁一般应该有明确的期限。通常，出租人和承租人会在租赁合同中明确约定房屋租赁期限，承租人根据租赁合同对房屋所享有的各项权利一般也仅限于租赁期内，租赁期届满之后，承租人应当将房屋返还给承租人。《民法典》第 705 条规定："租赁期限不得超过二十年。超过二十年的，超过部分无效。租赁期限届满，当事人可以续订租赁合同；但是，约定的租赁期限自续订之日起不得超过二十年。"在房屋租赁期限的设定上，当事人也必须遵守上述 20 年期限的规定。

第三，作为房屋租赁法律关系客体的房屋应当是法律、法规允许出租的房屋。《商品房屋租赁管理办法》（2010年发布）第6条规定，有下列情形之一的房屋不得出租：（1）属于违法建筑的；（2）不符合安全、防灾等工程建设强制性标准的；（3）违反规定改变房屋使用性质的；（4）法律、法规规定禁止出租的其他情形。另外，依据《城市房地产管理法》第56条的规定，虽然法律上允许房屋所有权人以营利为目的将以划拨方式取得使用权的国有土地上建成的房屋出租，但应当将租金中所含土地收益上缴国家。

第四，对房屋租赁实行登记备案制度。《城市房地产管理法》第54条规定，房屋租赁，出租人和承租人应当签订书面租赁合同，约定租赁期限、租赁用途、租赁价格、修缮责任等条款，以及双方的其他权利和义务，并向房产管理部门登记备案。

2. 房屋租赁的分类

由于房屋租赁的情形比较复杂，可以按照不同的标准作出不同的分类，其中比较有意义的分类有以下几种：

第一，按租赁房屋所有权的性质不同，可将房屋租赁分为公房租赁和私房租赁，公房租赁还可以进一步分为直管公房租赁和自管公房租赁。另外，也有人将公房租赁分为直管公房租赁、系统管理公房租赁以及单位自管公房租赁三类。其中，直管公房，是由房地产管理部门直接管理的公有房屋；系统管理公房，是由政府各部门和各部门所属单位按系统自管自用的公有住房；单位自管公房，是全民所有的企事业单位自管自用的公有住房。①

第二，按租赁房屋的性质不同，可将房屋租赁分为住宅用房租赁和非住宅用房租赁。《城市房地产管理法》第55条规定："住宅用房的租赁，应当执行国家和房屋所在城市人民政府规定的租赁政策。租用房屋从事生产、经营活动的，由租赁双方协商议定租金和其他租赁条款。"

第三，按房屋租赁是否有固定的租赁期限，可将房屋租赁分为定期房屋租赁和不定期房屋租赁。《民法典》第707条规定："租赁期限六个月以上的，应当采用书面形式。当事人未采用书面形式，无法确定租赁期限的，视为不定期租赁。"第730条规定："当事人对租赁期限没有约定或者约定不明确，依据本法第五百一十条的规定仍不能确定的，视为不定期租赁；当事人可以随时解除合同，但是应当在合理期限之前通知对方。"第734条第1款规定："租赁期限届满，承租人继续使用租赁物，出租人没有提出异议的，原租赁合同继续有效，但是租赁期限为不定期。"

五、住房保障法律制度

（一）住房保障制度概述

住房保障，是整个社会保障体系的重要组成部分。住房保障制度，是以实现"住有所

---

① 参见李俊华等：《特殊房屋买卖疑难对策——小产权房、经济适用房、公有住房、央产房》，中国法制出版社2010年版，第89页。

居”社会保障为目标的各项法律制度的总称。2020 年 5 月 11 日，中共中央、国务院印发的《关于新时代加快完善社会主义市场经济体制的意见》要求：“完善覆盖全民的社会保障体系……加快建立多主体供给、多渠道保障、租购并举的住房制度，改革住房公积金制度。”由此可见，当前住房保障制度的目标并不是保障“居者有其屋”，而是实现“住有所居”，包括通过购买、租赁等方式实现“住有所居”。

从形态上说，住房保障有实物保障（提供保障房）和货币补贴两种方式。实物保障性住房按照供应方式的不同，可以进一步分为租赁型保障房和购置型保障房两类；更进一步而言，租赁型保障房有廉租住房和公共租赁住房两类，购置型保障房有经济适用房、限价商品房和各类棚户区改造安置住房。[①] 在法律和政策上，各类保障性住房的建设被统称为保障性安居工程建设。2011 年 9 月 28 日，国务院办公厅发布的《关于保障性安居工程建设和管理的指导意见》（国办发〔2011〕45 号）对全面推进保障性安居工程建设，进一步加强和规范保障性住房管理，加快解决中低收入家庭住房困难，促进实现住有所居目标作出了部署。

（二）中国城市住房制度的发展和住房保障制度的变迁

要理解中国的住房保障制度，就必须首先对城市住房的发展历程有一定程度的了解。新中国成立之后，开始实行“统一管理，统一分配，以租养房”的公有住房实物分配制度。城镇居民的住房主要由所在单位解决，由各级政府的单位统一按照国家的基本建设投资计划进行住房建设，建设资金主要靠政府拨款，少量由单位自筹。住房建好之后，由单位以低租金分配给职工居住，住房成为一种福利。这种住房实物福利分配制度的基本特征是：住房投资建设的公共性、住房分配的福利性、住房经营的非营利性、住房管理的纯行政性。[②] 在改革开放之前，中国长期实行这样的城市住房制度，的确解决了部分职工的基本住房需求，但也抑制了个人对住房的投入，公有住房的建设、维修乃至管理都成为国家的沉重包袱，“住房难”成为普遍的现象。

改革开放之后，公有住房实物分配制度与经济体制改革之间的矛盾日益加深。1978 年 9 月 5 日，国务院发布了《关于自筹资金建设职工住房的通知》，准许私人拥有自己的住宅。此后，逐渐在全国范围内实行“提高租金，逐步达到成本租金”的改革。1988 年，中国出现了出售旧公房的浪潮，但这次旧公房出售带有强烈的贱价出售色彩，引发了一定的争议。

1992 年市场经济体制确立之后，住房改革步入快速推进阶段。1994 年 7 月 18 日，国务院《关于深化城镇住房制度改革的决定》（国发〔1994〕43 号，已失效）提出：“城镇住房制度改革作为经济体制改革的重要组成部分，其根本目的是：建立与社会主义市场经济体制相适应的新的城镇住房制度，实现住房商品化、社会化；加快住房建设，改善居住条件，满

---

① 参见房绍坤主编：《房地产法》（第 6 版），北京大学出版社 2020 年版，第 157 页。

② 参见高波等：《我国城市住房制度改革研究——变迁、绩效与创新》，经济科学出版社 2017 年版，第 31 ~ 32 页。

足城镇居民不断增长的住房需求。"① 自此，中国真正进入了"土地使用权有偿化"和"住房商品化"的新时代。

从1998年开始，中国城市住房制度改革进入全面推进阶段。当年国务院召开的全国住房制度改革工作会议决定停止住房实物分配，实行住房分配货币化。针对一些地方的机关、企事业单位出现的违反规定突击分房和低价出售公有住房的问题，1998年4月10日发布的国务院办公厅《关于制止违反规定突击分房和低价出售公有住房问题的紧急通知》（国办发明电〔1998〕4号）提出，严禁各机关、企事业单位违反规定突击分房和低价出售公有住房。1998年7月3日，国务院《关于进一步深化城镇住房制度改革加快住房建设的通知》（国发〔1998〕23号）明确要求："1998年下半年开始停止住房实物分配，逐步实行住房分配货币化……"它宣告了福利分房制度的终结，以及新的住房制度的落地。到了1999年年底，在全国范围内基本取消了住房福利分配，开始形成以市场化为主导的住房制度。国发〔1998〕23号文影响巨大，被称为中国住房制度改革的里程碑。

2003年以后，由于房地产市场出现了投资过热、供给结构不合理以及价格上涨过快等问题，中央和地方先后出台了一系列以"限购""限贷""限价"为主要内容的政策措施，加强了对房地产市场的宏观调控。

（三）保障性住房的种类

当前，全国范围内的保障性住房主要有经济适用住房、限价商品住房、廉租住房、公共租赁住房以及棚户区改造安置住房等。

1. 经济适用住房

依据《经济适用住房管理办法》（建住房〔2007〕258号）第2条的规定，经济适用住房，是指政府提供政策优惠，限定套型面积和销售价格，按照合理标准建设，面向城市低收入住房困难家庭供应，具有保障性质的政策性住房。其中，城市低收入住房困难家庭，是指城市和县人民政府所在地镇的范围内，家庭收入、住房状况等符合市、县人民政府规定条件的家庭。

《经济适用住房管理办法》规定，经济适用住房购房人拥有有限产权。购买经济适用住房不满5年，不得直接上市交易，购房人因特殊原因确需转让经济适用住房的，由政府按照原价格并考虑折旧和物价水平等因素进行回购；购买经济适用住房满5年，购房人上市转让经济适用住房的，应按照届时同地段普通商品住房与经济适用住房差价的一定比例向政府交纳土地收益等相关价款，具体交纳比例由市、县人民政府确定，政府可优先回购；购房人也

---

① 有人将43号文件的内容概括为"三改四建"。其中，"三改"的内容是：（1）把住房建设投资由国家、单位统包的体制改变为国家、单位、个人三者合理负担的体制；（2）把各单位建设、分配、维修、管理住房的体制改变为社会化、专业化运行的体制；（3）把住房实物福利分配的方式改变为以按劳分配为主的货币工资分配方式。"四建"的内容是：（1）建立以中低收入家庭为对象、具有社会保障性质的经济适用住房供应体系和以高收入家庭为对象的商品房供应体系；（2）建立住房公积金制度；（3）发展住房金融和住房保险，建立政策性和商业性并存的住房信贷体系；（4）建立规范化的房地产交易市场和发展社会化的房屋维修、管理市场，逐步实现住房资金投入产出的良性循环，促进房地产业和相关产业的发展。

可以按照政府所定的标准向政府交纳土地收益等相关价款后，取得完全产权。而且，个人购买的经济适用住房在取得完全产权以前不得用于出租经营。

可见，经济适用房制度属于产权式保障，而非租赁式保障。[①] 但是，经济适用房购房人取得的并非完全产权，而是部分产权（有限产权），购房人的收益和处分权利均受到了严格的限制。

2. 限价商品住房

限价商品住房，全称为限房价、限套型普通商品住房，也被称为“两限房”。目前，尚无全国性的规范性文件对限价商品住房作出统一规定。在一些地方性立法中有对于限价商品住房的界定，如《青岛市限价商品住房管理办法》（2012 年修改）第 2 条规定：“本办法所称限价商品住房，是指控制土地出让价格，限定销售价格和套型面积，向中等收入家庭供应的商品住房。”

实践中，虽然限价商品住房的购房人取得的是完全产权，但其上市交易仍受到一定程度的限制。例如，《青岛市限价商品住房管理办法》第 22 条规定：“限价商品住房自房地产登记之日起 5 年内，不得上市交易。5 年后需要上市交易的，应当将购房时以限价商品住房价格购买的部分面积，按照成交价格与购买时限价商品住房价格差价的 50%，向政府交纳土地收益等价款。”

3. 廉租住房

廉租住房，是指由国家财政出资建设，以低廉的租金向城市低收入住房困难家庭配租的保障性住房。《廉租住房保障办法》（2007 年发布）第 2 条第 2 款规定，城市低收入住房困难家庭，是指城市和县人民政府所在地的镇范围内，家庭收入、住房状况等符合市、县人民政府规定条件的家庭。第 5 条第 1 款规定，廉租住房保障方式实行货币补贴和实物配租等相结合。货币补贴是指县级以上地方人民政府向申请廉租住房保障的城市低收入住房困难家庭发放租赁住房补贴，由其自行承租住房；实物配租是指县级以上地方人民政府向申请廉租住房保障的城市低收入住房困难家庭提供住房，并按照规定标准收取租金。

国务院办公厅《关于保障性安居工程建设和管理的指导意见》（国办发〔2011〕45 号）提出：“城镇低收入住房困难家庭较多、小户型租赁住房房源不足的地区，要加快建设廉租住房，提高实物配租比例。逐步实现廉租住房与公共租赁住房统筹建设、并轨运行。”2013 年 12 月 2 日，住房和城乡建设部等发布的《关于公共租赁住房和廉租住房并轨运行的通知》（建保〔2013〕178 号）明确要求，从 2014 年起，各地廉租住房建设计划调整并入公共租赁住房年度建设计划；2014 年以前年度已列入廉租住房年度建设计划的在建项目可继续建设，建成后统一纳入公共租赁住房管理。

4. 公共租赁住房

公共租赁住房，简称“公租房”，是当前保障性安居工程建设的重点。国务院办公厅

---

① 参见王雷：《房地产法学》，中国人民大学出版社 2021 年版，第 253 页。

《关于保障性安居工程建设和管理的指导意见》要求："重点发展公共租赁住房。公共租赁住房面向城镇中等偏下收入住房困难家庭、新就业无房职工和在城镇稳定就业的外来务工人员供应，单套建筑面积以40平方米左右的小户型为主，满足基本居住需要。租金标准由市县人民政府结合当地实际，按照略低于市场租金的原则合理确定。"从这一规定来看，公共租赁住房与廉租住房之间的差别并不显著，这或许也是二者最终要实现"并轨运行"的主要原因。

5. 棚户区改造安置住房

国务院办公厅《关于保障性安居工程建设和管理的指导意见》提出："棚户区（危旧房）改造要坚持政府主导、市场运作，发挥多方面积极性，改造资金由政府适当补助，住户合理负担。"国务院《关于加快棚户区改造工作的意见》（国发〔2013〕25号）明确要求，棚户区改造实行实物安置和货币补偿相结合，由棚户区居民自愿选择；棚户区改造安置住房实行原地和异地建设相结合，优先考虑就近安置；异地安置的，要充分考虑居民就业、就医、就学、出行等需要，合理规划选址，尽可能安排在交通便利、配套设施齐全地段。

第十四讲 《拆迁条例》时期城市房屋拆迁与补偿

重点导读

1991年6月1日起实施的《拆迁条例》标志着城市房屋拆迁制度正式确立。鉴于国有土地上房屋征收制度就是由城市房屋拆迁制度发展而来，我们可以说《拆迁条例》是《征收条例》的"前世"，《征收条例》是《拆迁条例》的"今生"。要想悟透"今生"，必先读懂"前世"。这正是在《拆迁条例》已经废止多年之后，本书还将其内容作为一讲的重要原因。从内容上看，国有土地上房屋征收制度与城市房屋拆迁制度并不是完全割裂的关系，其中当然有根本性的变革，但更多的是制度设计上的发展和传承。在此前提下，对《拆迁条例》与《征收条例》进行一番比较分析，从而为后面介绍《征收条例》做好知识上的准备是非常必要的；加之现实中偶尔还会遇到《拆迁条例》时期的历史遗留问题，这种必要性就更凸突出了。由于《拆迁条例》毕竟已经成为"过去式"，本讲主要介绍其梗概，对于细节问题不做过多纠缠。本讲的内容包括城市房屋拆迁制度的确立、城市房屋拆迁管理、城市房屋拆迁补偿与安置、城市房屋拆迁中的法律责任四个方面。

一、城市房屋拆迁制度的确立

1991年3月22日，国务院发布了新中国历史上第一部《拆迁条例》，自1991年6月1日起实施，它标志着城市房屋拆迁制度的正式确立。我们在第一讲已经讲到，《拆迁条例》是为了落实1989年12月26日通过的《城市规划法》而制定的。尽管《拆迁条例》主要是以加快城市拆迁的进程为立法目的，而且也没有公平补偿的规定，但在当时并没有受到多少质疑。这是因为《拆迁条例》主要是按照户口对被拆迁人进行"安置"补偿的，房屋拆迁是与"安置"紧密联系在一起的，通过住房安置，被拆迁人基本不用花费太多的钱就可以改善自己的居住环境。[①] 自此，凡在城市规划区内的国有土地上因城市建设需要拆迁房屋及其附属物的，均须适用《拆迁条例》。

---

① 参见沈开举主编：《国有土地上房屋征收与补偿条例条文解读与案例评点》，中国法制出版社2011年版，"前言"部分第1~2页。

随着中国住房制度和房地产开发制度的改革，尤其是在1994年住房制度“三改四建”改革之后，中国已经进入土地使用权有偿化和住房商品化时代，《拆迁条例》与改革后城市房屋拆迁工作的需要之间的沟壑日益加深。在这样的背景下，修改《拆迁条例》的呼声日益高涨。2001年6月13日，国务院发布305号令，对《拆迁条例》做了全面修改，定于同年11月1日起实施。经过本次修改，《拆迁条例》在规范政府依法行政以及保护公民财产权方面取得了重要的进步。例如，修改后的《拆迁条例》将立法目的表述为“加强对城市房屋拆迁的管理，维护拆迁当事人的合法权益，保障建设项目顺利进行”，与1991年《拆迁条例》相比，将“维护拆迁当事人的合法权益”置于“保障建设项目顺利进行”之前，凸显对公民财产权的重视；修改后的《拆迁条例》将适用范围表述为“在城市规划区内国有土地上实施房屋拆迁，并需要对被拆迁人补偿、安置的，适用本条例”①，与1991年《拆迁条例》相比，增加了“对被拆迁人补偿、安置”的内容，同样体现出对公民财产权益的关照。但我们也必须看到，2001年《拆迁条例》依旧存在不少的缺陷，主要体现在以下几个方面：

一是《拆迁条例》在实质上赋予地方政府对城市房屋的征收权，但真正实施拆迁的却是取得房屋拆迁许可证的单位，政府仅负责审批房屋拆迁许可证，政府的身份严重错位，最终导致权责不清、法律关系不明。

二是《拆迁条例》既没有区分公共利益和商业利益，也没有要求房屋拆迁必须以公共利益的需要为前提，因而确定拆迁范围的随意性大，降低了人们对房屋拆迁活动的认同感。

三是《拆迁条例》在程序方面的规定很不完善。例如，《拆迁条例》第3条规定：“城市房屋拆迁必须符合城市规划，有利于城市旧区改造和生态环境改善，保护文物古迹。”据此，城市规划的制定或者变更往往就要引发拆迁。但是，当时的《城市规划法》和《拆迁条例》规定的规划制定和修改程序极为简陋，公众的知情权和参与权未能得到体现。又如，在拆迁许可证的审批环节，被拆迁人的知情权、参与权和监督权等也难以得到保障。再如，拆迁补偿产生的纠纷，一般由批准拆迁的房屋拆迁主管部门裁决，但由于拆迁本身就是由政府主导的，政府既当裁判员又当运动员，公众对于裁决的中立性难免会有一些质疑。

四是关于拆迁补偿与安置的规定过于粗糙，被拆迁人得到的补偿偏低，安置不到位的现象比较突出。

五是《拆迁条例》虽然规定货币补偿的金额由评估机构评估，但在评估机构的选定程序方面的规定严重缺失，实践中普遍出现了拆迁人操纵评估结果、高价低估的现象。

六是《拆迁条例》规定承担补偿责任的主体是拆迁人而不是行政机关，也导致被拆迁人的补偿安置请求权在实现时存在一些不确定性的因素。而且，由于直接剥夺被拆迁人土地使用权和房屋所有权的是行政机关作出的土地使用权审批行为和拆迁许可行为，由拆迁人承担补偿责任在法理上存在重大的逻辑悖谬。

上述种种缺陷，也为后来《征收条例》的出台埋下了伏笔。

---

① 2001年《拆迁条例》第39条的规定：“在城市规划区外国有土地上实施房屋拆迁，并需要对被拆迁人补偿、安置的，参照本条例执行。”通过“参照”，可以将《拆迁条例》的适用范围扩大至所有国有土地上的房屋拆迁活动。

总结·提示 城市房屋拆迁制度的最大特色，是由取得房屋拆迁许可证的拆迁房屋的单位（拆迁人）而不是由政府或者政府部门直接实施拆迁并负责补偿安置。

下面，我们主要以2001年修改的《拆迁条例》为依据，简要介绍当时的城市房屋拆迁与补偿制度。

二、城市房屋拆迁管理

在《拆迁条例》中，对于城市房屋拆迁管理的规定主要集中在第2章“拆迁管理”（第6~21条）。此外，在第1章“总则”部分有对城市房屋拆迁管理体制的规定。

（一）城市房屋拆迁管理体制

依据《拆迁条例》第5条的规定，国务院建设行政主管部门对全国城市房屋拆迁工作实施监督管理，县级以上地方人民政府负责管理房屋拆迁工作的部门（房屋拆迁管理部门）对本行政区域内的城市房屋拆迁工作实施监督管理。换言之，负责管理房屋拆迁工作的只能是地方政府的一个部门，企业、事业单位等非政府部门均不能主管拆迁工作。至于具体是由建设行政主管部门、土地行政主管部门还是其他政府部门负责拆迁管理，则由地方人民政府依法确定。历史上，“拆迁办”作为事业单位和计划经济的产物，曾发挥过拆迁管理和实施拆迁具体工作两大功能，在房屋拆迁中常把行政管理和实施拆迁混在一起，政事不分、政企不分，房屋拆迁中的矛盾也不易得到妥善解决。[①]《拆迁条例》第5条的规定将房屋拆迁行政管理和具体实施区别开来，管理部门的任务从过去的以具体实施为主变为以行政管理为主，此前“拆迁办”既当运动员又当裁判员的争议得到一定程度的化解。

由于房屋拆迁是一个系统工程，涉及方方面面的工作，需要地方政府有关部门之间相互配合和协调方能完成。实践中，公安行政主管部门、规划行政主管部门、司法行政主管部门、工商行政主管部门等都是常见的拆迁协管部门。《拆迁条例》第5条要求，县级以上地方人民政府有关部门应当依照《拆迁条例》的规定，互相配合，保证房屋拆迁管理工作的顺利进行。同时，县级以上人民政府土地行政主管部门依照有关法律、行政法规的规定，负责与城市房屋拆迁有关的土地管理工作。

（二）城市房屋拆迁当事人

城市房屋拆迁当事人，包括拆迁人与被拆迁人，是城市房屋拆迁活动的主要参与者。《拆迁条例》第4条规定，拆迁人应当依照《拆迁条例》的规定，对被拆迁人给予补偿、安置，被拆迁人应当在搬迁期限内完成搬迁。

1. 拆迁人

拆迁人，是指取得房屋拆迁许可证的单位。与1991年《拆迁条例》相比，2001年《拆

① 参见王达、史笔主编：《城市房屋拆迁许可裁决强拆诉讼疑点诠释及典型案例》，中国建材工业出版社2004年版，第15页。

迁条例》将个人排除于拆迁人之外。这里的房屋拆迁许可证，是房屋拆迁管理部门颁发的，用以证明拆迁人的拆迁行为获得行政许可、具备从事房屋拆迁资格的证明文件。实践中，绝大多数拆迁人均为建设单位（如开发商），但也存在由非建设单位作为拆迁人的情形。在城市房屋拆迁中，拆迁人的基本义务是依照《拆迁条例》的规定实施拆迁，并对被拆迁人给予补偿、安置。

通常来说，拆迁人可以自行拆迁，即拆迁人取得房屋拆迁许可证后亲自实施拆迁工作；也可以委托拆迁，即拆迁人自己不直接实施拆迁工作，而是把拆迁工作委托给具有拆迁资格的单位去实施。《拆迁条例》第10～11条规定，拆迁人可以自行拆迁，也可以委托具有拆迁资格的单位实施拆迁。但房屋拆迁管理部门不得作为拆迁人，不得接受拆迁委托。拆迁人委托拆迁的，应当向被委托的拆迁单位出具委托书，并订立拆迁委托合同。拆迁人应当自拆迁委托合同订立之日起15日内，将拆迁委托合同报房屋拆迁管理部门备案。而且，被委托的拆迁单位不得转让拆迁业务。由此可见，房屋拆迁管理部门既不具有拆迁人的资格，也不具有接受委托拆迁的资格。

2. 被拆迁人

被拆迁人，是指被拆迁房屋的所有人。在城市房屋拆迁中，被拆迁人的基本义务是在搬迁期限内完成搬迁。与1991年《拆迁条例》相比，2001年《拆迁条例》将房屋使用人排除在被拆迁人之外。这是因为，1991年《拆迁条例》的规定是在公有房屋为主体的情况下制定的，在当时的历史环境下是符合实际情况的，但随着住房制度的改革，中国的房屋产权结构已经从公有房屋为主体转变为个人所有房屋为主体。而且，房屋所有人和使用人之间只是一种租赁关系，房屋使用人处于次要、从属地位，但实践中拆迁人不征求房屋所有人的意见直接与房屋使用人达成补偿协议的做法损害了所有人的利益，同时导致法律关系的混乱。[①] 在此背景下，2001年《拆迁条例》将被拆迁人限定为房屋所有人，既回应了实践的需要，又理顺了法律关系。

值得注意的是，虽然房屋使用人不再是被拆迁人，但他们在《拆迁条例》中仍受到特别的保护。例如，拆迁出租房屋，需要由拆迁人、被拆迁人、承租人三方订立拆迁补偿安置协议；拆迁租赁房屋，被拆迁人与房屋承租人对解除租赁关系达不成协议的，拆迁人应当对被拆迁人实行房屋产权调换，且产权调换的房屋由原房屋承租人承租。

3. 拆迁人与被拆迁人之间的法律关系

拆迁活动主要是一种民事活动。在拆迁活动中，被拆迁人通过放弃被拆迁房屋及其附属物，以货币形式或者产权调换房屋的形式取得拆迁补偿；拆迁人通过对被拆迁人进行拆迁补偿而取得拆除被拆迁人房屋及其附属物的权利，从而为进一步开发建设打下基础。[②] 由此可

---

① 参见国务院法制办农业资源环保法制司等编：《城市房屋拆迁管理条例释义》，知识产权出版社2005年版，第21页。

② 参见国务院法制办农业资源环保法制司等编：《城市房屋拆迁管理条例释义》，知识产权出版社2005年版，第12页。

见，拆迁人与被拆迁人之间的法律关系是平等主体之间的民事法律关系。在拆迁过程中，拆迁人与被拆迁人之间所发生的民事法律关系主要体现为拆迁补偿安置关系。

总结・提示　拆迁人与被拆迁人之间是平等主体之间的民事法律关系，就这一点而言，拆迁与征收之间存在本质的区别。关于当前征收与拆迁之间的关系，请查阅本书第一讲。

（三）房屋拆迁行政许可制度

1. 房屋拆迁许可证的性质

《拆迁条例》明确对拆迁城市房屋实行行政许可制度，拆迁房屋的单位取得房屋拆迁许可证后，方可实施拆迁。所谓行政许可，依据《行政许可法》（2019 年修改）第 2 条的规定，是指行政机关根据公民、法人或者其他组织的申请，经依法审查，准予其从事特定活动的行为。房屋拆迁行政许可制度具有以下几层含义：（1）拆迁房屋是《拆迁条例》规定的一般性禁止的活动；（2）拆迁行政许可赋予拆迁人拆迁房屋的权利；（3）要获得拆迁许可，必须经过法定的申请、审批程序；（4）房屋拆迁许可证是拆迁人获准房屋拆迁的证明文件，是拆迁行为获得行政许可的依据。[①] 上述几层含义也是房屋拆迁行政许可制度的基本特征，完全符合《行政许可法》对于行政许可的定义。

如前所述，房屋拆迁许可证是房屋拆迁管理部门颁发的，用以证明拆迁人的拆迁行为获得行政许可、具备从事房屋拆迁资格的证明文件。根据这一定义，房屋拆迁许可证在性质上就是房屋拆迁管理部门作出的准予行政许可决定的表现形式。《行政许可法》第 39 条第 1 款规定："行政机关作出准予行政许可的决定，需要颁发行政许可证件的，应当向申请人颁发加盖本行政机关印章的下列行政许可证件：（一）许可证、执照或者其他许可证书；（二）资格证、资质证或者其他合格证书；（三）行政机关的批准文件或者证明文件；（四）法律、法规规定的其他行政许可证件。"据此，房屋拆迁许可证本质上就属于一种准予房屋拆迁的行政许可决定。

2. 取得房屋拆迁许可证的程序

房屋拆迁许可具有一般行政许可所具有的依申请性的特征，即取得房屋拆迁许可证需要以建设单位提出申请为前提。不经申请，房屋拆迁管理部门不得主动向建设单位颁发房屋拆迁许可证。

实践中，取得房屋拆迁许可证的程序并不复杂。依据《拆迁条例》第 7 条的规定，申请领取房屋拆迁许可证的，应当向房屋所在地的市、县人民政府房屋拆迁管理部门提交下列资料：（1）建设项目批准文件；（2）建设用地规划许可证；（3）国有土地使用权批准文件；

---

① 参见国务院法制办农业资源环保法制司等编：《城市房屋拆迁管理条例释义》，知识产权出版社 2005 年版，第 30～31 页。

（4）拆迁计划和拆迁方案；（5）办理存款业务的金融机构出具的拆迁补偿安置资金证明。市、县人民政府房屋拆迁管理部门应当自收到申请之日起30日内，对申请事项进行审查；经审查，对符合条件的，颁发房屋拆迁许可证。

拆迁管理部门在对拆迁申请进行审查时，应坚持公开、平等、民主的原则，对所有申请人一视同仁，平等对待；坚持合理裁量的原则，要听取申请人的意见，允许申请人提出异议，公平、公正地对待每个申请人；坚持效率的原则，严格遵守《拆迁条例》第7条规定的期限，及时审理、裁断、颁发房屋拆迁许可证；对不予批准的，应及时通知申请人不予许可的事宜及理由。房屋拆迁管理部门对申请事项进行审查的内容应包括：《拆迁条例》第7条规定的必备资料是否齐全、有效；拆迁范围与批准的项目用地范围是否一致；拆迁补偿安置方案是否符合拆迁政策，内容是否完善；拆迁期限的设立是否合理；拆迁计划是否可行；拆迁范围内是否有不能或不宜拆除的房屋，对不能或不宜拆除的房屋采取何种保护措施；拆迁范围内房屋的产权、产籍是否明确，对不明确的是否有了妥善的补偿安置方案；拆迁补偿安置资金是否落实到位；安置地点和房源是否落实，用于拆迁安置的住房是否符合国家质量安全标准等。[①] 总而言之，房屋拆迁管理部门要依据《拆迁条例》的规定严格审查，对不符合规定条件的拆迁项目，不得发给房屋拆迁许可证；违反《拆迁条例》规定核发房屋拆迁许可证的，需要承担相应的法律责任。

《拆迁条例》第8条要求，房屋拆迁管理部门在发放房屋拆迁许可证的同时，应当将房屋拆迁许可证中载明的拆迁人、拆迁范围、拆迁期限等事项，以房屋拆迁公告的形式予以公布。同时，房屋拆迁管理部门和拆迁人应当及时向被拆迁人做好宣传、解释工作。

3. 拆迁范围和拆迁期限

拆迁范围和拆迁期限，都是房屋拆迁许可证的重要内容。拆迁范围，是指房屋拆迁管理部门根据建设用地规划许可证和国有土地使用权批准文件规定的建设项目用地范围确定的实施房屋拆迁的范围，是房屋拆迁许可证应当载明的主要事项之一；拆迁期限，是指拆迁人完成房屋拆迁工作的起止日期。《拆迁条例》要求，拆迁人应当在房屋拆迁许可证确定的拆迁范围和拆迁期限内，实施房屋拆迁。需要延长拆迁期限的，拆迁人应当在拆迁期限届满15日前，向房屋拆迁管理部门提出延期拆迁申请；房屋拆迁管理部门应当自收到延期拆迁申请之日起10日内给予答复。

只有在拆迁范围内进行拆迁，拆迁行为才是合法的，受到法律的保护。拆迁范围确定之后，拆迁范围内的单位和个人，不得进行下列活动：（1）新建、扩建、改建房屋；（2）改变房屋和土地用途；（3）租赁房屋。《拆迁条例》禁止上述活动的目的是防止被拆迁人钻拆迁政策的空子，进行不当获利，并使拆迁人承担不合理的拆迁成本。《拆迁条例》要求，房屋拆迁管理部门应当就上述所列事项，书面通知有关部门暂停办理相关手续。暂停办理的书面通知应当载明暂停期限，但暂停期限最长不得超过1年；拆迁人需要延长暂停期限的，必须

① 参见国务院法制办农业资源环保法制司等编：《城市房屋拆迁管理条例释义》，知识产权出版社2005年版，第35页。

经房屋拆迁管理部门批准，延长暂停期限不得超过1年。

（四）订立和履行拆迁补偿安置协议

1. 订立拆迁补偿安置协议

拆迁补偿安置协议，是拆迁人与被拆迁人订立的约定拆迁当事人之间民事权利与义务关系的合同。《拆迁条例》第13条规定："拆迁人与被拆迁人应当依照本条例的规定，就补偿方式和补偿金额、安置用房面积和安置地点、搬迁期限、搬迁过渡方式和过渡期限等事项，订立拆迁补偿安置协议。拆迁租赁房屋的，拆迁人应当与被拆迁人、房屋承租人订立拆迁补偿安置协议。"第14条规定："房屋拆迁管理部门代管的房屋需要拆迁的，拆迁补偿安置协议必须经公证机关公证，并办理证据保全。"

其中，之所以对租赁房屋的拆迁补偿安置协议做了特别规定，是因为2001年《拆迁条例》确定被拆迁人为房屋的所有人，不再包括房屋的使用人。为了贯彻"对所有人给予补偿，兼顾对使用人的安置"的拆迁补偿原则，将房屋承租人作为拆迁补偿安置协议的当事人之一，可以最大限度地保护房屋承租人的合法权益。

总结·提示 我们在第四讲已经介绍，拆迁补偿安置协议与集体土地征收、国有土地房屋征收中签订的补偿安置协议在性质上是完全不同的，它属于平等主体之间签订的民事合同，不属于行政协议范畴。在发生纠纷之后，应当通过民事诉讼解决，不属于行政诉讼的受案范围。

---

2. 履行拆迁补偿安置协议

依法成立的拆迁补偿安置协议，对于当事人具有法律约束力，如果一方当事人不履行协议或者不完全履行协议，应当承担继续履行、采取补救措施以及赔偿损失等违约责任。《拆迁条例》第15条规定："拆迁补偿安置协议订立后，被拆迁人或者房屋承租人在搬迁期限内拒绝搬迁的，拆迁人可以依法向仲裁委员会申请仲裁，也可以依法向人民法院起诉。诉讼期间，拆迁人可以依法申请人民法院先予执行。"这一规定体现了政府原则上不干预民事法律关系的原则，与1991年《拆迁条例》中"被拆迁人无正当理由拒绝拆迁的，县级以上人民政府可以作出责令限期拆迁的决定"的规定形成了鲜明的对比。

（1）仲裁和诉讼

《拆迁条例》第15条中的"申请仲裁"，需要以《仲裁法》（2017年修改）的规定为依据，由拆迁人向仲裁委员会提出。其中，一个基本的前提是双方自愿达成仲裁协议，没有仲裁协议，一方申请仲裁的，仲裁委员会不予受理；如果当事人达成仲裁协议，一方向人民法院起诉的，除仲裁协议无效的情形外，人民法院不予受理。

《拆迁条例》第15条中的"向人民法院起诉"，依据最高人民法院《关于受理房屋拆迁、补偿、安置等案件问题的批复》（法复〔1996〕12号，已失效）的规定，拆迁人与被拆迁人因房屋补偿、安置等问题发生争议，或者双方当事人达成协议后，一方或者双方当事人反悔，未经行政机关裁决，仅就房屋补偿、安置等问题，依法向人民法院提起诉讼的，人民法院应当作为民事案件受理。据此，《拆迁条例》第15条规定的“向人民法院起诉”是指提起民事诉讼，如果拆迁当事人之间没有达成仲裁协议，任何一方当事人均可以直接向人民法院提起民事诉讼。

（2）申请人民法院先予执行

《拆迁条例》第15条中的“申请人民法院先予执行”，需要满足一定的条件。依据《民事诉讼法》（2023年修改）第109～111条的规定，人民法院对“因情况紧急需要先予执行”等情形的案件，根据当事人的申请，可以裁定先予执行。人民法院裁定先予执行的，应当符合下列条件：①当事人之间权利义务关系明确，不先予执行将严重影响申请人的生活或者生产经营的；②被申请人有履行能力。人民法院可以责令申请人提供担保，申请人不提供担保的，驳回申请。申请人败诉的，应当赔偿被申请人因先予执行遭受的财产损失。当事人对保全或者先予执行的裁定不服的，可以申请复议一次，但复议期间不停止裁定的执行。

（五）房屋拆迁管理部门裁决

《拆迁条例》第16条规定：“拆迁人与被拆迁人或者拆迁人、被拆迁人与房屋承租人达不成拆迁补偿安置协议的，经当事人申请，由房屋拆迁管理部门裁决。房屋拆迁管理部门是被拆迁人的，由同级人民政府裁决。裁决应当自收到申请之日起30日内作出。当事人对裁决不服的，可以自裁决书送达之日起3个月内向人民法院起诉。拆迁人依照本条例规定已对被拆迁人给予货币补偿或者提供拆迁安置用房、周转用房的，诉讼期间不停止拆迁的执行。”据此，一旦拆迁人与被拆迁人或者拆迁人、被拆迁人与房屋承租人达不成拆迁补偿安置协议，都应当由当事人申请，先由房屋拆迁管理部门或者同级人民政府裁决。经行政裁决，当事人仍不服的，才可以向人民法院起诉。换言之，行政裁决是起诉的前置程序。

这里的“向人民法院起诉”，是提起行政诉讼还是民事诉讼？最高人民法院《关于受理房屋拆迁、补偿、安置等案件问题的批复》明确提出：“公民、法人或者其他组织对人民政府或者城市房屋主管行政机关依职权作出的有关房屋拆迁、补偿、安置等问题的裁决不服，依法向人民法院提起诉讼的，人民法院应当作为行政案件受理。”据此，当事人对裁决不服的，可以向人民法院提起行政诉讼。

（六）强制拆迁

《拆迁条例》第17条规定：“被拆迁人或者房屋承租人在裁决规定的搬迁期限内未搬迁的，由房屋所在地的市、县人民政府责成有关部门强制拆迁，或者由房屋拆迁管理部门依法申请人民法院强制拆迁。实施强制拆迁前，拆迁人应当就被拆除房屋的有关事项，向公证机关办理证据保全。”据此，实施强制拆迁必须以裁决为前提条件。对在裁决规定的搬迁期限内未搬迁的，可以直接进入强制拆迁程序，而不必如1991年《拆迁条例》所要求的那样经过责令限期拆迁程序。

在实施强制拆迁之前，通常需要经过证据保全公证程序，目的是使能够证明被拆除房屋基本情况的原始证据得到妥善保存，不因房屋被拆除等原因而灭失，在发生争议之后能够有法定证据可查。1993 年 12 月 1 日，司法部发布的《房屋拆迁证据保全公证细则》第 2 条规定："房屋拆迁证据保全公证是指在房屋拆迁之前，公证机关对房屋及附属物的现状依法采取勘测、拍照或摄像等保全措施，以确保其真实性和证明力的活动。"据此，房屋拆迁证据保全公证应当由公证机关在房屋拆迁之前实施。依据《房屋拆迁证据保全公证细则》的规定，房屋拆迁证据保全公证适用于下列情形：（1）《拆迁条例》规定的拆除依法代管的房屋，代管人是房屋主管部门的；（2）拆除有产权纠纷的房屋，在房屋拆迁主管部门公布的规定期限内纠纷未解决的；（3）拆除设有抵押权的房屋实行产权调换，抵押权人和抵押人在房屋拆迁主管部门公布的规定期限内达不成抵押协议的；（4）其他房屋拆迁证据保全的公证事项。

实践中，房屋拆迁证据保全公证申请人通常是拆迁人或被拆迁人，房屋拆迁主管部门也可以作为申请人，上述申请人可以委托他人代为提出公证申请。依据《房屋拆迁证据保全公证细则》的规定，实施强制拆迁房屋证据保全时，公证机关应通知被拆迁人到场，如其拒不到场，公证员应在笔录中记明。实施强制拆迁房屋中有物品的，公证员应当组织对所有物品逐一核对、清点、登记，分类造册，并记录上述活动的时间、地点，交两名有完全行为能力的在场人员核对后，由公证员和在场人在记录上签名，被拆迁人拒绝签名的，公证员应在记录中记明。物品清点登记后，凡不能立即交与被拆迁人接收的，公证员要监督拆迁人将物品存放在其提供的仓库中，并对物品挂签标码，丢失损坏的，仓库保管人应承担赔偿责任。拆迁人应制作通知书，通知当事人在一定期限内领取物品。逾期不领的，公证处可以接受拆迁人的提存申请，办理提存。对房屋进行勘测的，应当制作勘测记录，记明勘测时间、地点、测验人、记录人、被保全房屋的产权人、坐落、四至、房屋性质、结构、层次、面积、新旧程度、屋面及地面质地、附属设施以及其他应当记明的事项；能够用图示标明的房屋长度、宽度应当图示；记录应当由勘测人、公证员签名或者盖章；拆迁活动当事人在场的，应请当事人签名或盖章，该当事人拒绝签名或盖章的，公证员应在记录中记明。

（七）拆迁管理的其他规定

除了以上内容，《拆迁条例》第 2 章与拆迁管理相关的规定还有：（1）拆迁中涉及军事设施、教堂、寺庙、文物古迹以及外国驻华使（领）馆房屋的，依照有关法律、法规的规定办理（第 18 条）；（2）尚未完成拆迁补偿安置的建设项目转让的，应当经房屋拆迁管理部门同意，原拆迁补偿安置协议中有关权利、义务随之转移给受让人，项目转让人和受让人应当书面通知被拆迁人，并自转让合同签订之日起 30 日内予以公告（第 19 条）；（3）拆迁人实施房屋拆迁的补偿安置资金应当全部用于房屋拆迁的补偿安置，不得挪作他用，县级以上地方人民政府房屋拆迁管理部门应当加强对拆迁补偿安置资金使用的监督（第 20 条）；（4）房屋拆迁管理部门应当建立、健全拆迁档案管理制度，加强对拆迁档案资料的管理（第 21 条）。

三、城市房屋拆迁补偿与安置

在 2001 年《拆迁条例》中，对于拆迁补偿与安置的规定集中在第 3 章"拆迁补偿与安置”（第22～33条），主要是由1991年《拆迁条例》第3章“拆迁补偿”和第4章“拆迁安置”两部分合并修改而成。

（一）补偿的原则和方式

1. 补偿原则

《拆迁条例》第22条规定了拆迁人对被拆迁人给予补偿的原则：“拆迁人应当依照本条例规定，对被拆迁人给予补偿。拆除违章建筑和超过批准期限的临时建筑，不予补偿；拆除未超过批准期限的临时建筑，应当给予适当补偿。”本条共两款，第1款规定了补偿的对象，从“人”的角度进行了规定，即对什么人给予补偿；第2款规定了哪些标的物应当补偿，从“物”的角度进行了规定，采取的是排除法。① 从而确立了两大拆迁补偿原则：一是依法对被拆迁人给予补偿；二是除违章建筑和超过批准期限的临时建筑之外，均应当给予补偿。

2. 补偿方式

依据《拆迁条例》第23条的规定，拆迁补偿可以实行货币补偿，也可以实行房屋产权调换。如果实行房屋产权调换，依据《拆迁条例》第28条的规定，拆迁人应当提供符合国家质量安全标准的房屋，用于拆迁安置。在一般情形下，被拆迁人可以选择拆迁补偿方式，但有两种情形除外：（1）拆迁非公益事业房屋的附属物，不做产权调换，由拆迁人给予货币补偿；（2）被拆迁人与房屋承租人对解除租赁关系达不成协议的，拆迁人应当对被拆迁人实行房屋产权调换，产权调换的房屋由原房屋承租人承租，被拆迁人应当与原房屋承租人重新订立房屋租赁合同。

赋予被拆迁人补偿方式选择权，有利于保护被拆迁人的合法权益，有利于减少拆迁人与被拆迁人之间的矛盾，也有利于促使拆迁人提供质量更好的调换房屋。

总结·提示　《拆迁条例》赋予了被拆迁人补偿方式选择权，除了《拆迁条例》第25条第2款、第27条第2款规定的两种情形之外，被拆迁人可以自由地选择货币补偿抑或房屋产权调换。

《拆迁条例》调整了补偿方式的顺序，将货币补偿作为主要方式，主要是基于以下几个方面的考虑：一是货币补偿操作简单，且一次性了断，不会产生延长过渡期限、被拆迁人或使用人不能及时回迁等后续问题；二是货币补偿更方便被拆迁人选择住房，不受地点等方面的限制；三是避免因安置用房质量不好而使拆迁双方产生矛盾；四是更好地体现“有条件实行货币补偿的，尽可能实行货币补偿”的立法思想。② 此外，《拆迁条例》取消了产权调换与货币补偿相结合的方式。不过，既然有了货币补偿和产权调换，自然就会产生二者相结合

---

① 参见国务院法制办农业资源环保法制司等编：《城市房屋拆迁管理条例释义》，知识产权出版社2005年版，第71页。

② 参见国务院法制办农业资源环保法制司等编：《城市房屋拆迁管理条例释义》，知识产权出版社2005年版，第73～74页。

的方式，在实践中二者相结合的方式并不少见。

（二）货币补偿标准和产权调换差价结算

《拆迁条例》第24条规定："货币补偿的金额，根据被拆迁房屋的区位、用途、建筑面积等因素，以房地产市场评估价格确定。具体办法由省、自治区、直辖市人民政府制定。"这一规定明确了房屋拆迁货币补偿标准确定中的基本原则——等价有偿原则，并采取市场评估方法确定货币补偿的金额。我们在第十二讲提到了"数人头"与"数砖头"之争，《拆迁条例》第24条的规定，实际上就体现了从"数人头"向"数砖头"的转变，在确定货币补偿标准时重点考虑"物"（被拆迁房屋）的因素，基本上不会考虑"人"（户籍人口）的因素。

如果实行房屋产权调换，拆迁人与被拆迁人也应当依照《拆迁条例》第24条的规定，计算被拆迁房屋的补偿金额和所调换房屋的价格，结清产权调换的差价。因此，产权调换尽管属于实物补偿，但仍然是按照等价交换的原则进行的，即将被拆迁房屋的评估价与产权调换房屋的市场价进行差价结算，实行多退少补。换言之，单纯从价值角度分析，产权调权与货币补偿应当是等价的。

（三）搬迁补助费和临时安置补助费

拆迁人应当对被拆迁人或者房屋承租人因拆迁而引起的搬迁和临时安置负责，即支付搬迁补助费和临时安置补助费。其中，搬迁补助费也被称为搬家补助费，即对搬家的花销所给予的补助；临时安置补助费也被称为过渡费，即对被拆迁人或者承租人在过渡期限内自行过渡可能发生的费用的补助。与过渡费相关联的概念是过渡期限，即自被拆迁人或者房屋承租人从被拆迁房屋迁出之日起至搬迁到安置房之日止的时间。

依据《拆迁条例》第31～32条的规定，拆迁人应当对被拆迁人或者房屋承租人支付搬迁补助费。在过渡期限内，被拆迁人或者房屋承租人自行安排住处的，拆迁人应当支付临时安置补助费；被拆迁人或者房屋承租人使用拆迁人提供的周转房的，拆迁人不支付临时安置补助费。搬迁补助费和临时安置补助费的标准，由省、自治区、直辖市人民政府规定。拆迁人不得擅自延长过渡期限，周转房的使用人应当按时腾退周转房。因拆迁人的责任延长过渡期限的，对自行安排住处的被拆迁人或者房屋承租人，应当自逾期之月起增加临时安置补助费；对周转房的使用人，应当自逾期之月起付给临时安置补助费。

（四）停产、停业损失补偿

《拆迁条例》第33条规定："因拆迁非住宅房屋造成停产、停业的，拆迁人应当给予适当补偿。"对于这一规定，权威的解读认为应当注意以下几点：（1）拆迁非住宅房屋的停产、停业，仅限于实行产权调换，即由拆迁人给被拆迁人提供新的营业场所。在此期间，被拆迁人在搬迁及等待搬迁过程中，会有一定量的经济损失，这一损失完全是由拆迁造成的，拆迁人理应给予补偿。（2）作价补偿的，属一次性了结，由于拆迁引发经济损失，在评估时就应该充分考虑，没有必要再对停产、停业的损失进行补偿。（3）适当补偿的标准由各地具体规定，实际操作中可以委托评估机构进行评估。[①] 与1991年《拆迁条例》“拆除非住宅房屋造成停产、停业引起经济损失的，可以由拆迁人付给适当补助费”的提法相比，2001年《拆迁条例》明确规定了停产、停业损失补偿，可谓一大进步。

（五）拆迁特殊房屋的补偿与安置

《拆迁条例》规定了拆迁几类特殊房屋的补偿与安置，这里的特殊房屋主要包括以下几类：

第一，公益事业用房。何为公益事业？依据《公益事业捐赠法》（1999年发布）第3条的规定，所谓公益事业是指非营利的下列事项：（1）救助灾害、救济贫困、扶助残疾人等困难的社会群体和个人的活动；（2）教育、科学、文化、卫生、体育事业；（3）环境保护、社会公共设施建设；（4）促进社会发展和进步的其他社会公共和福利事业。依据《拆迁条例》第26条的规定，拆迁公益事业用房的，拆迁人应当依照有关法律、法规的规定和城市规划的要求予以重建，或者给予货币补偿。其中，“重建”与“货币补偿”是选择关系，“二选一”即可。但从顺序来看，优先选择“重建”更符合立法本意。

第二，租赁房屋。《拆迁条例》第27条第1款规定：“拆迁租赁房屋，被拆迁人与房屋承租人解除租赁关系的，或者被拆迁人对房屋承租人进行安置的，拆迁人对被拆迁人给予补偿。”据此，在拆迁补偿前，如果解除了租赁关系或者被拆迁人对房屋承租人进行了安置，实质上相当于非租赁房屋的补偿安置，直接对房屋的所有人给予补偿安置即可。

第三，产权不明确的房屋。所谓产权不明确的房屋，主要是指无产权关系证明，产权人下落不明，产权人暂时无法确定，或者因产权纠纷正在进行诉讼、仲裁等的房屋。《拆迁条例》第29条规定：“拆迁产权不明确的房屋，拆迁人应当提出补偿安置方案，报房屋拆迁管理部门审核同意后实施拆迁。拆迁前，拆迁人应当就被拆迁房屋的有关事项向公证机关办理证据保全。”实践中，对于产权不明确的房屋的补偿与安置，通常按照下列程序进行：一是拆迁人按照已经批准的拆迁补偿安置方案、房地产评估结果，制定对产权不明确房屋的补偿安置方案；二是将产权不明确的房屋的补偿安置方案报房屋拆迁管理部门审核、批准；三是按照有关规定对拆迁房屋做勘察记录，包括房屋的坐落位置、朝向、面积、建筑结构、性质、成新程度，同时要拍照、摄像；四是对产权不明确房屋所做的这些调查资料予以整理，向公证机关办理证据保全。[②] 在拆迁人向房屋拆迁管理部门提出的补偿安置方案中，应当明确对被拆迁房屋的补偿安置标准、计算方式、补偿数额以及如何安置房屋使用人等内容。房屋使用人如果不同意该补偿安置方案的，可以申请房屋拆迁管理部门裁决，对裁决不服的，可以向法院提起行政诉讼。拆迁人向公证机关办理证据保全，应依据《房屋拆迁证据保全公证细则》的规定进行。

---

① 参见国务院法制办农业资源环保法制司等编：《城市房屋拆迁管理条例释义》，知识产权出版社2005年版，第100页。

② 参见国务院法制办农业资源环保法制司等编：《城市房屋拆迁管理条例释义》，知识产权出版社2005年版，第92页。

第四，设有抵押权的房屋。《拆迁条例》第 30 条规定："拆迁设有抵押权的房屋，依照国家有关担保的法律执行。"依据《担保法》（1995 年发布，已失效）等相关法律的规定，在拆迁补偿时，拆迁人与被拆迁人应当及时通知抵押权人。由于拆迁补偿款也可以看作《担保法》第 49 条所称的"抵押人转让抵押物所得的价款"，拆迁补偿款应当被用来按照法律规定的顺序清偿债务，即拆迁补偿款应按顺序支付给抵押权人，超过债权数额的部分，支付给被拆迁人，不足部分由被拆迁人继续清偿。如果在拆迁补偿时抵押权因债务人清偿债务等原因而消灭，拆迁补偿款就应当全部支付给被拆迁人。

四、城市房屋拆迁中的法律责任

在《拆迁条例》中，对于法律责任的规定集中在第 4 章"罚则"（第 34 ~ 38 条），主要包括以下几个方面：

第一，未经许可实施拆迁的法律责任。违反《拆迁条例》的规定，未取得房屋拆迁许可证，擅自实施拆迁的，由房屋拆迁管理部门责令停止拆迁，给予警告，并处已经拆迁房屋建筑面积每平方米 20 元以上 50 元以下的罚款。

第二，骗取拆迁许可证的法律责任。拆迁人违反《拆迁条例》的规定，以欺骗手段取得房屋拆迁许可证的，由房屋拆迁管理部门吊销房屋拆迁许可证，并处拆迁补偿安置资金 1% 以上 3% 以下的罚款。

第三，违反房屋拆迁管理秩序的法律责任。拆迁人违反《拆迁条例》的规定，有下列行为之一的，由房屋拆迁管理部门责令停止拆迁，给予警告，可以并处拆迁补偿安置资金 3% 以下的罚款。情节严重的，吊销房屋拆迁许可证：（1）未按房屋拆迁许可证确定的拆迁范围实施房屋拆迁的；（2）委托不具有拆迁资格的单位实施拆迁的；（3）擅自延长拆迁期限的。

第四，违法转让拆迁业务的法律责任。接受委托的拆迁单位违反《拆迁条例》的规定，转让拆迁业务的，由房屋拆迁管理部门责令改正，没收违法所得，并处合同约定的拆迁服务费 25% 以上 50% 以下的罚款。

第五，房屋拆迁管理部门在城市房屋拆迁管理中的法律责任。县级以上地方人民政府房屋拆迁管理部门违反《拆迁条例》规定核发房屋拆迁许可证以及其他批准文件的，核发房屋拆迁许可证以及其他批准文件后不履行监督管理职责的，或者对违法行为不予查处的，对直接负责的主管人员和其他直接责任人员依法给予行政处分；情节严重，致使公共财产、国家和人民利益遭受重大损失，构成犯罪的，依法追究刑事责任。

总体来看，《拆迁条例》在法律责任的设置上体现了保护被拆迁人利益的原则，其中所规定的法律责任形式包括了民事责任、行政责任和刑事责任。同时，在法律责任中注意区分了房屋拆迁活动中的民事行为与行政行为，对于拆迁人与被拆迁人之间因订立房屋拆迁补偿安置协议等民事行为所产生的法律责任未做规定，完全交由民法调整。

第十五讲　国有土地上房屋征收的权限、程序与补偿

重点导读

本讲可以看作第十二讲之后的又一个“正题”。国有土地上房屋征收的权限、程序与补偿的主要法律依据是《征收条例》，即国务院“590号文”。与《拆迁条例》相比，《征收条例》将拆迁人与被拆迁人之间的普通民事关系转变为征收人与被征收人之间的行政法律关系，将公共利益需要确定为实施征收的法定前提，确立了征收补偿中的程序正当原则。此外，补偿机制发生了改变，引入第三方评估制度，确立市场补偿原则；强制执行方式发生改变，取消了行政强制拆除，加强了司法审查力度。而且，也设定了更为严格的法律责任。因此，可以说《征收条例》在公共利益目的的确定、征收程序的民主化和科学化、补偿机制的市场化以及强制执行程序的司法化等方面都做了有益的探索。本讲的内容包括国务院“590号文”的来龙去脉，国有土地上房屋征收与补偿的主体、原则和程序，国有土地上房屋征收决定阶段，国有土地上房屋征收补偿阶段，国有土地上房屋征收与补偿中的法律责任五个方面。

一、国务院“590号文”的来龙去脉

2011年1月21日，《征收条例》发布实施，《拆迁条例》同时废止。《征收条例》也被称为“590号文”，它标志着一个时代（房屋拆迁时代）的终结，以及一个时代（房屋征收时代）的开启，因而具有划时代的意义。

（一）《征收条例》出台的背景

在2001年《拆迁条例》修改之后不久，房屋拆迁制度遭遇了根本性的变革：2004年《宪法修正案》在宪法层面确立了财产征收制度；2007年发布的《物权法》（已失效）第42条第1款明确了不动产征收制度，即“为了公共利益的需要，依照法律规定的权限和程序可以征收集体所有的土地和单位、个人的房屋及其他不动产”；2007年修改的《城市房地产管理法》（已被修改）第6条规定：“为了公共利益的需要，国家可以征收国有土地上单位和个人的房屋，并依法给予拆迁补偿，维护被征收人的合法权益；征收个人住宅的，还应当

保障被征收人的居住条件。具体办法由国务院规定。”《宪法》和上述法律明确了三点内容：（1）国家实行不动产征收制度；（2）只有为了公共利益的需要，国家才能实施征收行为；（3）征收应当依法给予补偿。但是，《拆迁条例》只规定了拆迁制度，没有明确规定征收制度，且没有区分公益拆迁和商业拆迁，这就出现了与上位法相抵触的问题，也引发了各界对《拆迁条例》合法性的广泛质疑。① 在这样的背景下，国务院依据《城市房地产管理法》第6条的授权，于2007年下半年启动了《征收条例》的制定工作。

在制定《征收条例》的过程中，2007年12月14日、2011年1月19日，国务院常务会议两次进行审议，并于2010年1月29日、2010年12月15日两次面向社会公开征求意见，前后获得意见近10万条。在历经3年多的反复调研，召开40多次座谈会之后，《征收条例》终于在2011年1月21日正式公布实施，同时废止了已经实行20年之久的城市房屋拆迁制度。

2011年1月24日，国务院原法制办公室、住房和城乡建设部负责人回答了记者的有关提问。这个“答记者问”对于我们深入了解《征收条例》的出台背景乃至基本内容都是非常有益的，集录如下。

链接·积累

国务院法制办公室、住房和城乡建设部负责人就《国有土地上房屋征收与补偿条例》答记者问

问：制定条例的总体思路是什么？

答：党中央、国务院高度重视条例的制定工作，指出条例直接关系人民群众切身利益，要求我们深入了解情况，广泛听取意见，集中力量组织对难点问题逐项攻关，力争条例早日出台。为了妥善处理实践中的矛盾，制定条例的总体思路：一是统筹兼顾工业化、城镇化建设和土地房屋被征收群众的利益，努力把公共利益同被征收人个人利益统一起来。二是通过明确补偿标准、补助和奖励措施，保护被征收群众的利益，使房屋被征收群众的居住条件有改善、原有生活水平不降低。三是通过完善征收程序，加大公众参与，规定禁止建设单位参与搬迁，取消《城市房屋拆迁管理条例》（以下称原条例）行政机关自行强制拆迁的规定，加强和改进群众工作，把强制减到最少。

在工业化、城镇化发展过程中，必须坚持节约集约利用土地、严格保护耕地的原则，这需要通过提高规划的科学性、严格执行规划、调整产业政策、转变经济发展方式、严格立项审批等手段，控制城乡建设用地盲目无序扩张，确保18亿亩耕地红线与粮食安全。

问：在制定条例过程中主要开展了哪些工作？

答：法制办与住房和城乡建设部、发展改革委和国土资源部等单位共同成立了工作组，多次进行实地调研，选取40多个典型城市进行专项调查统计，专门听取被拆迁人以及经济、法律、规划、土地、评估等方面专家的意见，同东、中、西部的大、中、小城市政府和有关

---

① 参见江必新主编：《国有土地上房屋征收与补偿条例理解与适用》，中国法制出版社2012年版，第5页。

部门负责同志多次进行座谈，反复征求中央国家机关意见，并于2010年1月29日和12月15日两次向社会公开征求意见，分别收到意见和建议65601条和37898条。工作组召开了45次各类座谈会，有1150多人次参加了讨论。工作组对各方面意见逐条整理、综合分析，反复研究、修改，形成了《国有土地上房屋征收与补偿条例（草案）》。

问：为了保障房屋被征收群众的利益，条例对补偿作了哪些规定？

答：生活水平不降低的原则，条例规定，对被征收人的补偿包括：被征收房屋价值的补偿，因征收房屋造成的搬迁与临时安置的补偿，停产停业损失的补偿。市、县级人民政府应当制定补助和奖励办法，对被征收人给予补助和奖励。对被征收房屋价值的补偿，不得低于房屋征收决定公告之日被征收房屋类似房地产的市场价格，市场价格包含了土地使用权的价值，不低于市场价格就可以保证被征收人所得补偿在市场上能买到区位、面积、用途、结构相当的房屋。

为了保证生活条件困难的被征收人居住条件有改善，条例规定，政府对符合住房保障条件的被征收人除给予上述补偿外，还要优先安排被征收人享受住房保障，使其不再等待轮候保障房。

问：条例对房地产评估作了哪些规定？

答：一是明确对被征收房屋价值的补偿，按照不得低于房屋征收决定公告之日被征收房屋类似房地产的市场价格的原则进行补偿。对评估中应当考虑的区位、用途、建筑结构、新旧程度、建筑面积等因素以及装修和原有设备的拆装损失补偿等问题，将由房屋征收评估办法进行具体规定。

二是明确房地产价格评估机构由被征收人协商选定；协商不成的，通过多数决定、随机选定等方式确定，具体办法由省、自治区、直辖市制定。

三是规定房地产价格评估机构应当独立、客观、公正地开展房屋征收评估工作，任何单位和个人不得干预。对房地产价格评估机构或者房地产估价师出具虚假或者有重大差错的评估报告的违法行为，规定了严格的法律责任。

四是规定对评估确定的被征收房屋价值有异议的，可以向房地产价格评估机构申请复核评估。对复核结果有异议的，可以向房地产价格评估专家委员会申请鉴定。

问：条例对公共利益是如何界定的？

答：对这个问题，我们高度重视，收集、研究了国外情况和做法，作了大量的调查研究，多次进行专家论证，广泛听取意见。在此基础上，条例规定，因国防、外交需要和由政府组织实施的能源、交通、水利、教科文卫体、资源环保、防灾减灾、文物保护、社会福利、市政公用等公共事业需要以及保障性安居工程建设、旧城区改建需要可以实行房屋征收。为了加强规划的调控作用，根据条例的规定，确需征收房屋的各项建设活动都应当符合国民经济和社会发展规划、土地利用总体规划、城乡规划和专项规划，并要求制订规划应当广泛征求社会公众意见，经过科学论证，保障性安居工程建设和旧城区改建还应当纳入市、县级国民经济和社会发展年度计划，经市、县级人民代表大会审议通过。

问：条例对征收程序作了哪些规定？如何体现公开透明和公众参与？

答：征收程序是规范政府征收行为，维护被征收人合法权益，促使政府做好群众工作的重要保障。条例规定征收补偿方案应征求公众意见；因旧城区改建需要征收房屋，多数被征收人认为征收补偿方案不符合本条例规定的，应当组织听证会并修改方案；政府作出房屋征收决定前，应当进行社会稳定风险评估；房屋征收决定涉及被征收人数量较多的，应当经政府常务会议讨论决定；被征收房屋的调查结果和分户补偿情况应当公布；被征收人对征收决定和补偿决定不服的，可以依法申请行政复议或者提起行政诉讼；审计机关应当加强审计。

问：条例对房屋征收的实施作了哪些规定?

答：房屋征收是政府行为。按照原条例规定，建设单位是拆迁人，这是由当时的历史条件所决定的。从近几年的实践看，由于拆迁进度与建设单位的经济利益直接相关，容易造成拆迁人与被拆迁人矛盾激化。条例改变了以前由建设单位拆迁的做法，规定政府是征收补偿主体，由房屋征收部门组织实施房屋征收与补偿工作。房屋征收部门可以委托房屋征收实施单位承担房屋征收与补偿的具体工作，但房屋征收实施单位不得以营利为目的。房屋征收部门对房屋征收实施单位实施房屋征收与补偿的行为负责监督，并对其行为后果承担法律责任。禁止建设单位参与搬迁活动，任何单位和个人都不得采取暴力、威胁或者中断供水、供热、供气、供电和道路通行等非法方式迫使被征收人搬迁。

问：条例取消原条例中行政机关自行强制拆迁的规定，主要考虑是什么?

答：按照原条例的规定，政府既可以责成有关部门强制拆迁，也可以申请法院强制拆迁。近几年来，强制拆迁过程中出现了一些恶性事件，虽然是极少数，但必须高度重视，切实采取有效措施，杜绝此类事件发生。

全国人大常委会办公厅2009年8月28日向社会公开征求意见的《行政强制法（草案）(三次审议稿)》第十三条规定，行政强制执行由法律设定。本条例是行政法规，不宜再设定行政强制执行。因此，条例取消了原条例中行政机关自行强制拆迁的规定，规定由政府申请法院强制执行。这样也有利于加强对政府征收补偿活动的制约，促使政府加强和改进群众工作。

问：条例为什么没有对征收集体土地作出规定?

答：有意见认为，条例应一并解决集体土地和房屋征收问题。从我们调查了解的情况看，现在矛盾突出的确实主要在集体土地征收方面，但国有土地上的房屋征收和集体土地征收是分别由条例和土地管理法调整的，通过行政法规对征收集体土地作出规定是超越立法权限的。我们将会同有关部门抓紧对土地管理法有关集体土地征收和补偿的规定作出修改，由国务院尽早向全国人大常委会提出议案。

（二）《征收条例》出台的意义

与《拆迁条例》相比，《征收条例》的改变体现在以下几个方面：一是法律关系性质的改变，从拆迁人与被拆迁人之间的普通民事关系，变为征收人与被征收人之间的行政法律关系；二是征收前提的改变，将公益征收与商业开发分开，公共利益需要成为征收的法定前提；三是征收程序的改变，确立了征收补偿中的程序正当原则；四是补偿机制的改变，引入第三方评估制度，确立市场补偿原则；五是强制执行方式的改变，取消行政强拆，加强司法审查力度；六是设定了严格的法律责任。[①] 其中，最大的亮点无疑是用“房屋征收”取代了“房屋拆迁”，并将此前房屋拆迁管理部门与拆迁人、被拆迁人的“三方”关系变成了征收人与被征收人的“双方”关系，将此前的民事法律关系变成了行政法律关系，也就是法律关系的性质发生了根本性的变革。

《拆迁条例》主要强调国家对城市房屋拆迁活动的有效管理，突出了拆迁服从建设的一面，对于被拆迁人合法权益的保障不够突出，甚至被人戏谑为“保障拆迁实施的条例”。《征收条例》第1条规定：“为了规范国有土地上房屋征收与补偿活动，维护公共利益，保障被征收房屋所有权人的合法权益，制定本条例。”据此，它在立法宗旨上首先强调了“规范国有土地上房屋征收与补偿活动”，表明这是一部规制政府行政权力合法行使的法规；其次强调了“维护公共利益”，表明这是一部维护公益的法规；最后强调了“保障被征收房屋所有权人的合法权益”，表明这是一部保障民生和维护公民合法私有财产的法规。[②] 可以说，《征收条例》在公共利益目的的确定、征收程序的民主化和科学化、补偿机制的市场化以及强制执行程序的司法化等方面都进行了有益的探索，具有重要的现实意义。

二、国有土地上房屋征收与补偿的主体、原则和程序

（一）征收与补偿工作实施主体

《征收条例》规定的国有土地上房屋征收与补偿工作实施主体主要有四类：（1）市、县级人民政府（房屋征收主体和补偿主体）；（2）房屋征收部门；（3）房屋征收实施单位；（4）评估等服务主体。此外，《征收条例》还要求，市、县级人民政府有关部门应当依照《征收条例》的规定和本级人民政府规定的职责分工，互相配合，保障房屋征收与补偿工作的顺利进行；上级人民政府应当加强对下级人民政府房屋征收与补偿工作的监督；国务院住房城乡建设主管部门和省、自治区、直辖市人民政府住房城乡建设主管部门应当会同同级财政、自然资源、发展改革等有关部门，加强对房屋征收与补偿实施工作的指导。据此，除了以上四类主体，实际参与国有土地上房屋征收与补偿工作的还有为数不少的其他主体，主要是有关地方政府和政府部门。当然，被征收人（被征收房屋所有权人）也是国有土地上房屋征收与补偿的主体之一，不过这里所讲的是“征收与补偿工作实施主体”，不包括被征收人在内。

实践中，最为常见的征收与补偿工作实施主体是房屋征收主体、征收部门和征收实施单位。在国有土地上房屋征收与补偿过程中，征收主体、征收部门、实施单位的职责分工是完全不同的。在**杨某成诉固镇县政府行政强制拆除案**中，最高人民法院认为，在房屋征收与补偿工作中，房屋征收主体（市、县级人民政府），房屋征收部门，以及房屋征收实施单位的

---

① 参见王锡锌编著：《国有土地上房屋征收与补偿条例专家解读与法律适用》，中国法制出版社2011年版，“前言”部分第4~6页。

② 参见《国有土地上房屋征收与补偿条例配套解读与案例注释》（第2版），中国法制出版社2015年版，第4页。

职责分工不同，所应承担的法律责任也不同。本案中，根据涉案项目房屋征收决定，征收主体为固镇县政府，征收部门为固镇县住建局，具体征收工作委托城关镇政府（征收实施单位）组织实施。固镇县住建局作为能够独立承担法律责任的行政主体，对城关镇政府在委托范围内实施的房屋征收与补偿行为承担法律责任；固镇县政府作为征收主体，主要负责作出房屋征收决定、房屋征收补偿决定等工作。[①] 通过本案可以看出，征收主体、征收部门、实施单位在国有土地上房屋征收与补偿中的法律地位和职责是完全不同的。

总结·提示　在国有土地上房屋征收与补偿过程中，房屋征收主体、征收部门和征收实施单位的职责分工是完全不同的，不应该相互混淆，特别要注意征收部门和征收实施单位不是同一概念。此外，被征收人也是国有土地上房屋征收与补偿的主体之一。《征收条例》第2条将被征收人明确限定为被征收房屋所有权人，但对于何为“房屋所有权人”，《征收条例》没有给出界定。由于实践中大量存在未办理产权登记的房屋，此类房屋的所有权人如何确定？对此，最高人民法院第四巡回法庭提出：“与开发商签订购房合同的房屋实际占有人，在没有证据排除被征收房屋所有权归实际占有人享有的情况下，即使该房屋未办理产权登记，房屋征收部门亦应当认可实际占有人对房屋所拥有的合法权益和实际所有权人的地位。房屋征收行为对房屋实际占有人的权利义务产生直接影响，房屋实际占有人与房屋征收行为之间存在法律上的利害关系，具有提起行政诉讼的原告主体资格。”据此，未办理产权登记通常不会影响到房屋实际所有权人的法律地位。

---

1. 市、县级人民政府

依据《征收条例》第4条的规定，市、县级人民政府负责本行政区域的房屋征收与补偿工作。在国有土地上房屋征收中，市、县级人民政府不但是征收主体、补偿责任主体，而且是作出房屋征收决定、补偿决定的主体。权威的解读认为，对于“市、县级人民政府”中的“市”应当做广义的理解，既包括县级市，也包括设区的市，但不包括直辖市（因为中国立法对直辖市通常会明确作出规定），且“市、县级人民政府”也应当包括区人民政府在内。[②]

依据《征收条例》的规定，市、县级人民政府的具体职责主要有：公共利益及“四规划一计划”审核（第8~9条）；制订包含保障性安居工程建设和旧城区改建的国民经济和社会发展年度计划（第9条）；进行社会稳定风险评估（第12条）；组织违法建筑查处（第24条）；确定房屋征收部门（第4条）；对房屋征收部门拟定的征收补偿方案进行论证、公布、征求公众意见（第10条）；筹措征收补偿费用（第12条）；提供用于产权调换的房屋（第21条）；制定补助和奖励办法（第17条）；作出房屋征收决定并公告（第8条、第13条）；对符合住房保障条件的被征收人优先给予住房保障（第18条）；作出补偿决定并公告（第26条）；申请人民法院强制执行（第28条）；查处违法违纪行为（第30条）；做好房屋征收与

---

① 最高人民法院行政裁定书，(2018) 最高法行申11243号。

② 参见江必新主编：《国有土地上房屋征收与补偿条例理解与适用》，中国法制出版社2012年版，第47~48页。

补偿的宣传、解释工作（第13条）。

2. 房屋征收部门

房屋征收部门，是市、县级人民政府确定的组织实施本行政区域的房屋征收与补偿工作的机构。依据《征收条例》第4条的规定，市、县级人民政府确定的房屋征收部门组织实施本行政区域的房屋征收与补偿工作，故市、县级人民政府与房屋征收部门之间是行政授权关系而不是行政委托关系，房屋征收部门可以独立承担法律责任，在行政诉讼中也可以作为适格的被告。2018年《行政诉讼法解释》第25条第1款规定：“市、县级人民政府确定的房屋征收部门组织实施房屋征收与补偿工作过程中作出行政行为，被征收人不服提起诉讼的，以房屋征收部门为被告。”最高人民法院《关于正确确定县级以上地方人民政府行政诉讼被告资格若干问题的规定》（法释〔2021〕5号）第3条第2款规定：“县级以上地方人民政府已经作出国有土地上房屋征收与补偿决定，公民、法人或者其他组织不服具体实施房屋征收与补偿工作中的强制拆除房屋等行为提起诉讼的，人民法院应当根据行政诉讼法第二十六条第一款的规定，以作出强制拆除决定的行政机关为被告；没有强制拆除决定书的，以县级以上地方人民政府确定的房屋征收部门为被告。”

实践中，房屋征收部门可谓五花八门，它可能是市、县级人民政府的一个组成部门，如住房和城乡建设局，也可能是房屋征收办公室、拆迁办公室、旧城改造工作领导小组办公室、城区改造更新局之类的内设机构。

依据《征收条例》的规定，房屋征收部门的具体职责主要有：做好房屋征收与补偿的宣传、解释工作（第13条）；委托房屋征收实施单位承担房屋征收与补偿的具体工作，负责监督并对其行为后果承担法律责任（第5条）；组织征收调查登记并公布调查结果（第15条）；拟订征收补偿方案并报市、县级人民政府（第10条）；书面通知有关部门暂停办理房屋征收范围内新建、扩建、改建房屋和改变房屋用途等相关手续（第16条）；组织被征收人选定房地产评估机构并与之签订委托评估合同（第20条）；与被征收人协商订立补偿协议（第25条）；支付搬迁费、临时安置费或者提供周转用房（第22条）；报请作出房屋征收决定的市、县级人民政府作出补偿决定（第26条）；建立房屋征收补偿档案并将分户补偿情况在房屋征收范围内向被征收人公布（第29条）。

3. 房屋征收实施单位

房屋征收实施单位，是指房屋征收部门委托承担房屋征收与补偿的具体工作的机构。《征收条例》第5条规定：“房屋征收部门可以委托房屋征收实施单位，承担房屋征收与补偿的具体工作。房屋征收实施单位不得以营利为目的。房屋征收部门对房屋征收实施单位在委托范围内实施的房屋征收与补偿行为负责监督，并对其行为后果承担法律责任。”据此，房屋征收部门与房屋征收实施单位之间的关系是一种行政委托关系，故房屋征收实施单位不能独立承担法律责任，在行政诉讼中也不能作为适格被告，而是由房屋征收部门对其行为后果承担法律责任并作为被告。2018年《行政诉讼法解释》第25条第2款规定：“征收实施单位受房屋征收部门委托，在委托范围内从事的行为，被征收人不服提起诉讼的，应当以房屋征收部门为被告。”

房屋征收实施单位的职责范围，应当以房屋征收部门委托的权限为限。但是，《征收条例》并未限定委托的范围，在理论上房屋征收部门可以将其职责范围内的部分或者全部工作委托给房屋征收实施单位来完成。

总结·提示 房屋征收部门可以独立地承担法律责任，在行政诉讼中可以成为适格的被告，而房屋征收实施单位通常不能独立地承担法律责任或者成为适格的被告。

---

4. 评估等服务主体

评估等服务主体，是指评估机构、测绘机构、拆除机构、法律服务机构等为国有土地上房屋征收与补偿提供专业服务的机构。其中，评估机构的具体职责主要有：对被征收房屋价值进行评估，对产权调换房屋价值进行评估，以及对被征收房屋装饰装修价值、搬迁费用、停产停业等损失进行估价。

（二）征收与补偿的“三原则”

《征收条例》第3条规定：“房屋征收与补偿应当遵循决策民主、程序正当、结果公开的原则。”因此，决策民主、程序正当、结果公开，也被称为房屋征收与补偿的“三原则”。在“三原则”中没有公平补偿原则，并非由于公平补偿原则不重要，一个原因是公平补偿原则已经被置于更为重要的位置——在《征收条例》第2条确立了“有征收必有补偿”“无补偿则无征收”的“唇齿条款”；另一个原因是这里的“三原则”主要是程序法上的原则，而公平补偿则是实体法上的原则，故不宜混同。

1. 决策民主原则

决策民主原则，是指在拟订征收补偿方案、作出房屋征收决定、订立补偿协议、作出补偿决定等各个环节，都必须贯彻民主决策的精神。例如，《征收条例》要求在确定征收补偿方案之前，必须对征收补偿方案进行论证并予以公布，征求公众意见，并且根据公众意见进行调整和修改，在特定情形下还需要组织听证会；如果房屋征收决定涉及被征收人数量较多，应当经政府常务会议讨论决定等，主要体现了决策民主原则。

2. 程序正当原则

程序正当原则，是指在实施房屋征收和补偿活动时必须严格遵循法定的程序和步骤。《征收条例》对于行政机关实施房屋征收与补偿的方式、顺序和时限等做了严格的规定，同时尽量保障被征收人的程序性权利。例如，行政机关不享有行政强制搬迁权，禁止暴力搬迁和“野蛮拆迁”，禁止建设单位参与搬迁活动，房地产价格评估机构应当由被征收人确定，被征收人有获得救济的权利等，主要体现了程序正当原则。

3. 结果公开原则

结果公开原则，是指对于征收与补偿各个程序、步骤的结果都必须依法予以公开。例如，房屋征收部门拟定的征收补偿方案、对补偿方案征求意见的情况和根据公众意见修改的情况、房屋征收决定、被征收房屋的调查登记情况、补偿决定、分户补偿情况、对征收补偿费用的审计结果等，均应当依法公开。从中可见，结果公开原则贯穿于征收与补偿过程的始终。

（三）征收与补偿程序梳理

我们梳理《征收条例》的规定，可以发现国有土地上房屋征收与补偿程序主要是由征收决定阶段和征收补偿阶段两大部分构成。

征收决定阶段，可分为如下几个步骤：(1) 公共利益及“四规划一计划”审核；(2) 社会稳定风险评估；(3) 违法建筑查处；(4) 征收调查登记；(5) 拟订征收补偿方案；(6) 征收补偿方案论证、公布、征求意见；(7) 公布征求意见及修改情况；(8) 组织听证会；(9) 确定征收补偿方案；(10) 作出房屋征收决定并公告。这10个步骤，又可再细分为3个阶段的工作：步骤（1）~（4）为征收前期工作；步骤（5）~（9）为征收补偿方案制订工作；步骤（10）为征收决定作出及公告工作。

征收补偿阶段可分为如下几个步骤：（1）被征收房屋价值评估；（2）评估异议程序（申请复核评估及鉴定）；（3）订立补偿协议；（4）作出补偿决定并公告；（5）申请人民法院强制执行；（6）建立房屋征收补偿档案并公布分户补偿情况。

根据上面的分析，我们可以将国有土地上房屋征收与补偿程序整理如图15－1。

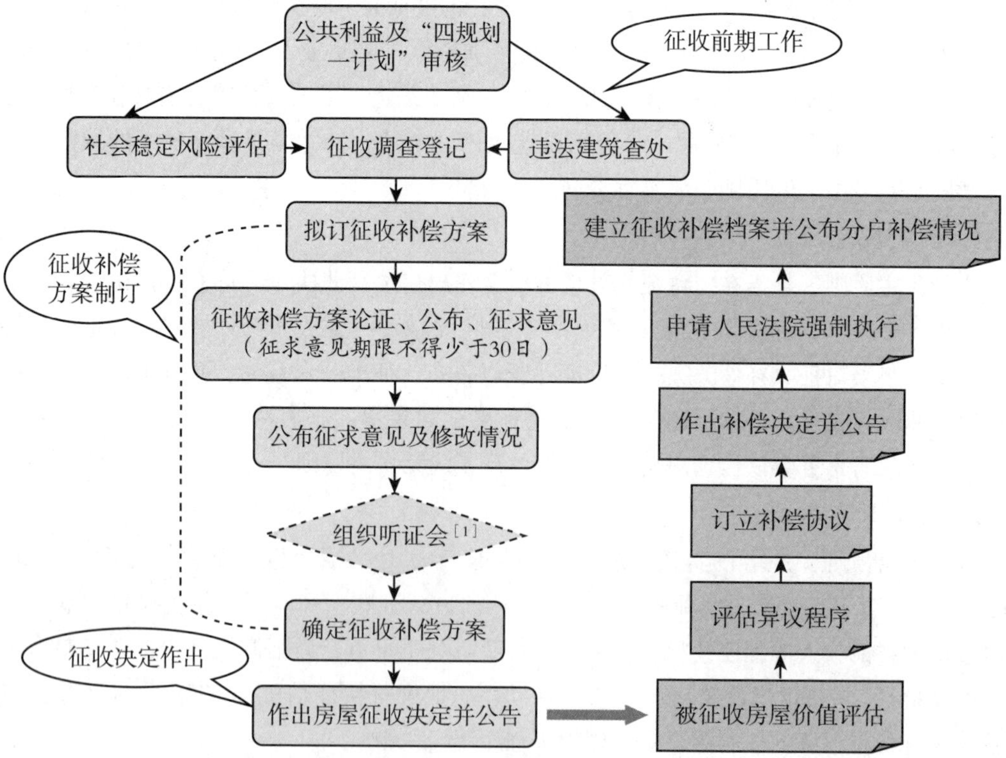

[1] 由于“组织听证会”不是必经程序，这里用虚线表示。

图15－1　国有土地上房屋征收与补偿程序

注：图中左侧为征收决定阶段，右侧为征收补偿阶段。

需要说明的是，上述步骤之间的先后顺序并不是一成不变的。例如，征收调查登记应该在拟订征收补偿方案之前还是之后进行？对此，《征收条例》第 15 条的规定并不明确。从实践来看，基本上都是在拟订征收补偿方案之前完成调查登记。

总结·提示 国有土地上房屋征收与补偿程序由两大部分构成：（1）征收决定阶段；（2）征收补偿阶段。其中，征收决定阶段可再分为 10 个步骤，征收补偿阶段可再分为 6 个步骤。

三、国有土地上房屋征收决定阶段

征收决定阶段的内容主要规定在《征收条例》第 2 章。此外，在第 1 章和第 3 章也有部分内容与征收决定密切相关。其中，第 1 章的规定通用于征收决定和补偿两个阶段，第 1 条关于立法目的的规定、第 2 条关于征收前提条件的规定、第 3 条关于征收与补偿原则的规定、第 4 条关于征收与补偿行政管辖的规定、第 5 条关于房屋征收与补偿工作的监督和指导的规定以及第 6 条关于举报与监察的规定皆是如此。

（一）征收前期工作

1. 公共利益及“四规划一计划”审核

（1）审核“公共利益的需要”

只有为了公共利益的需要，国家才能征收单位和个人的房屋，即征收的事由具有唯一性。《征收条例》第 2 条规定：“为了公共利益的需要，征收国有土地上单位、个人的房屋，应当对被征收房屋所有权人（以下称被征收人）给予公平补偿。”鉴于公共利益具有不确定性、发展性、开放性和复合性等特点，《征收条例》第 8 条通过列举明确了几种类型用地为公共利益的需要：“为了保障国家安全、促进国民经济和社会发展等公共利益的需要，有下列情形之一，确需征收房屋的，由市、县级人民政府作出房屋征收决定：（一）国防和外交的需要；（二）由政府组织实施的能源、交通、水利等基础设施建设的需要；（三）由政府组织实施的科技、教育、文化、卫生、体育、环境和资源保护、防灾减灾、文物保护、社会福利、市政公用等公共事业的需要；（四）由政府组织实施的保障性安居工程建设的需要；（五）由政府依照城乡规划法有关规定组织实施的对危房集中、基础设施落后等地段进行旧城区改建的需要；（六）法律、行政法规规定的其他公共利益的需要。”对于其中的“确需”，有观点认为，它表明被征收房屋占地因为新的建设需要不可代替，无法通过私法方式取得，因此启动公权力，即以公共利益为名，由市、县级人民政府决定，市、县级人民政府行使该项权力，当属分配公共利益的行政权力。[①] 因此，市、县级人民政府在作出房屋征收决定之前，必须首先审核征收房屋是否符合公共利益的需要。

---

① 参见顾大松：《房屋征收法律制度研究》，东南大学出版社 2017 年版，第 64 页。

经过审核，符合公共利益，且确需征收房屋的，市、县级人民政府可以作出征收决定；不符合公共利益，或者不是必须征收房屋的，市、县级人民政府不得作出征收决定。

（2）审核“四规划一计划”

依据《征收条例》第9条的规定，确需征收房屋的各项建设活动，应当符合国民经济和社会发展规划、土地利用总体规划、城乡规划和专项规划；保障性安居工程建设、旧城区改建，还应当纳入市、县级国民经济和社会发展年度计划；制定国民经济和社会发展规划、土地利用总体规划、城乡规划和专项规划，应当广泛征求社会公众意见，经过科学论证。据此，确需征收房屋的各项建设活动是否符合“四规划一计划”，也是需要市、县级人民政府在作出征收决定之前审核把关的事项。

2. 社会稳定风险评估

社会稳定风险评估，是作出房屋征收决定的必经程序。《征收条例》第12条规定，市、县级人民政府作出房屋征收决定前，应当按照有关规定进行社会稳定风险评估。

实践中，社会稳定风险评估一般包含以下内容：（1）征收政策的基本情况及征收的必要性、合法性、合理性；（2）征收政策是否符合法律法规的规定；（3）征收政策是否符合当地经济社会发展的总体水平；（4）征收政策能否为大多数群众所接受；（5）征收项目实施的各项准备工作是否充分；（6）征收项目的实施是否会引起征收片区范围内或周边居民的不满，是否会激化社会矛盾等；（7）征收项目的拆除施工是否有障碍或安全风险隐患等；（8）征收项目的社会稳定风险防范对策和预案措施是否齐备；（9）征收的相关配套制度是否齐全；（10）是否存在可能引发社会稳定风险的其他因素。① 通过社会稳定风险评估，可以从源头上预防和减少征收中的矛盾和纠纷，把问题解决在基层、化解在萌芽状态。然而，我们遗憾地看到现实中普遍存在社会稳定风险评估流于形式的现象，如何使社会稳定风险评估切实地发挥应有的作用，是个亟待解决的课题。

对于社会稳定风险评估中的其他事宜，可以参考本书第十二讲的相关内容。

3. 违法建筑查处

《征收条例》第24条规定：“市、县级人民政府及其有关部门应当依法加强对建设活动的监督管理，对违反城乡规划进行建设的，依法予以处理。市、县级人民政府作出房屋征收决定前，应当组织有关部门依法对征收范围内未经登记的建筑进行调查、认定和处理。对认定为合法建筑和未超过批准期限的临时建筑的，应当给予补偿；对认定为违法建筑和超过批准期限的临时建筑的，不予补偿。”据此，违法建筑查处是征收决定作出之前的一个必经程序，如果未经查处程序而在后面的补偿决定中直接认定违法建筑并决定不予补偿，则有违上述规定。在**梁某志诉港北区政府强制拆除房屋及行政赔偿案**中，最高人民法院认为，《征收条例》第24条中所谓“依法对征收范围内未经登记的建筑进行调查、认定和处理”，是指按照《土地管理法》《土地管理法实施条例》《城乡规划法》等法律、法规规定，依法判断、

① 参见《国有土地上房屋征收与补偿条例配套解读与案例注释》（第2版），中国法制出版社2015年版，第54~55页。

准确认定征收范围内未经登记的建筑是否属于违法建筑。[1] 在**文某花诉樟树市政府房屋征收补偿决定案**中，江西省高级人民法院认为，樟树市政府未提交有关部门对文某花房屋未经登记的建筑面积进行认定、处理的证据，直接在征收补偿决定中认定文某花的房屋未批违法建筑面积为602.68平方米，不予补偿，不符合《征收条例》第24条的规定。最终，案涉补偿决定被撤销。[2]

依据《征收条例》第24条第2款的规定，对于违法建筑的认定和处理，应当在房屋征收决定作出之前完成。如果是在征收决定作出之后，再针对“拆不动”的房屋启动违法建筑查处程序，则涉嫌以“拆违”促拆迁，并明显带有打击报复的性质，属于典型的滥用职权。

对于违法建筑调查、认定和处理的详细内容，参见本书第七讲。

总结·提示　对于违法建筑的认定和处理，应当在房屋征收决定作出之前完成，反之则涉嫌以“拆违”促拆迁，带有打击报复性质，属于典型的滥用职权。

---

4. 征收调查登记

征收调查登记是对被征收房屋进行评估、确定补偿数额的基础和依据。《征收条例》第15条规定：“房屋征收部门应当对房屋征收范围内房屋的权属、区位、用途、建筑面积等情况组织调查登记，被征收人应当予以配合。调查结果应当在房屋征收范围内向被征收人公布。”据此，征收调查登记的客体以征收范围内的房屋为限，调查结果的公布对象以被征收人为限。这里的征收调查登记，实质上就是入户调查，它的意义在于：（1）入户调查是合法征收必经的法定程序；（2）入户调查是拟订或编制征收补偿方案的基础；（3）入户调查是确定房屋权利人的重要程序；（4）入户调查是征收补偿公平、公正的保障；（5）入户调查是向被征收人做好宣传、解释工作的重要契机。[3] 在**马某麦诉七里河区政府房屋征收行政补偿案**中，最高人民法院认为，对于案涉房屋面积问题，七里河区政府提供的证据难以证明房屋征收部门已依据《征收条例》第15条的规定对案涉自建（无证）房屋的权属、建筑面积等进行了调查登记。七里河区政府在补偿决定中对案涉房屋按82.46平方米予以补偿，构成主要证据不足。最终，七里河区政府作出的补偿决定被撤销。[4]

通常认为，征收调查登记应当在房屋征收决定作出前进行。从性质上看，它属于一种行政确认行为，即通过行政调查对被征收房屋的产权状况予以固定。调查登记的效力及于房屋征收部门和被征收人之间，是补偿方案的事实基础。[5] 所以，这里将征收调查登记放在拟订

---

① 最高人民法院行政裁定书，（2018）最高法行申5425号。

② 江西省高级人民法院行政判决书，（2019）赣行终287号。

③ 参见褚建好、肖勇、张永魁：《国有土地上房屋征收与补偿实务指南》，中国政法大学出版社2012年版，第155～159页。

④ 最高人民法院行政判决书，（2020）最高法行再8号。

⑤ 参见王锡锌编著：《国有土地上房屋征收与补偿条例专家解读与法律适用》，中国法制出版社2011年版，第88页。

征收补偿方案之前。

《征收条例》未赋予被征收人对征收调查登记的异议权，仅规定了其配合义务。但是，这并不影响被征收人在对房屋征收决定以及补偿决定申请行政复议或者提起行政诉讼时对调查结果提出异议，也不影响被征收人在房屋评估程序中行使异议权。如果被征收人拒绝配合，则可能会承担不利的后果，如导致被征收房屋的装饰装修及附属物的价值评估工作无法完成等，第二批“征收拆迁典型案例”之案例2**孙某兴诉浙江省舟山市普陀区人民政府房屋征收补偿案**就是这种情形。对于此案，最高人民法院认为，评估报告只有准确反映被征收房屋的价值，被征收人才有可能获得充分合理的补偿。要做到这一点，不仅需要行政机关和评估机构依法依规实施评估，也离不开被征收人自身的配合与协助。如果被征收人拒绝履行配合与协助的义务导致无法评估，不利后果应由被征收人承担。本案即属此种情形，在孙某兴拒绝评估机构入户，导致装饰装修及房屋附属物无法评估的情况下，行政机关没有直接对上述财物确定补偿数额，而是在决定中载明经入户按实评估后按规定予以补偿，人民法院判决对这一做法予以认可。最高人民法院认为，此案判决不仅体现了对被征收人合法权益的保护，更值得注意的是，以个案方式引导被征收人积极协助当地政府的依法征收工作，依法维护自身的合法权益。

（二）征收补偿方案制订工作

1. 拟订征收补偿方案

《征收条例》第10条第1款规定：“房屋征收部门拟定征收补偿方案，报市、县级人民政府。”这里明确了拟订征收补偿方案的主体，即房屋征收部门。房屋征收部门拟订征收补偿方案之后，再向所在市、县级人民政府报送，由市、县级人民政府启动论证、公布、征求意见程序。

2. 征收补偿方案论证、公布、征求意见

《征收条例》第10条第2款规定：“市、县级人民政府应当组织有关部门对征收补偿方案进行论证并予以公布，征求公众意见。征求意见期限不得少于30日。”据此，论证、公布、征求公众意见都是必经的程序。

3. 公布征求意见及修改情况

《征收条例》第11条第1款规定，市、县级人民政府应当将征求意见情况和根据公众意见修改的情况及时公布。据此，在征求公众意见后，市、县级人民政府应及时公布相关情况，内容包括：（1）征求意见情况；（2）根据公众意见修改的情况。其中，“征求意见情况”应包括公众提出意见的数量、类型、意见的要点等；“根据公众意见修改的情况”应包括采纳公众意见的具体条款、修改方案和理由，以及未采纳公众意见的具体内容和不采纳的理由等。

4. 组织听证会

《征收条例》第11条第2款规定，因旧城区改建需要征收房屋，多数被征收人认为征收补偿方案不符合《征收条例》规定的，市、县级人民政府应当组织由被征收人和公众代表参加的听证会，并根据听证会情况修改方案。据此，组织听证会并非必经程序，其适用情形限于“因旧城区改建需要征收房屋”的情形，其适用前提为“多数被征收人认为征收补偿方案不符合《征收条例》规定”。至于何为“多数”，这里未做限定，应理解为简单多数，超过50%即为已足。由此可见，这里规定的组织听证会，本质上就是因旧城区改建房屋征收补偿方案征求意见而设定的特殊程序。

5. 确定征收补偿方案

在根据公众意见以及听证会情况修改完善之后，市、县级人民政府应当及时确定最终“版本”的征收补偿方案。一个完整的征收补偿方案通常应包括以下内容：（1）征收主体、征收部门和实施单位；（2）房屋征收范围；（3）征收依据和补偿标准；（4）征收补偿方式；（5）征收房屋价值、室内装修等的补偿以及搬迁、临时安置的补偿、停产停业损失的补偿；（6）签约期限和奖励；（7）补偿款支付；（8）补偿资金预算；（9）意见反馈和联系方式；（10）其他相关事宜。① 确定补偿方案之后的程序，在国有土地上房屋征收与集体土地征收中有所不同：征地补偿安置方案确定之后还需要单独进行公告，但国有土地上房屋征收补偿方案确定之后，是在房屋征收决定公告时对其予以载明，也就是不单独进行公告。

对于征收补偿方案，争议较大的问题还是它是否具有可诉性。我们在第十二讲已经介绍，对于集体土地征收中的补偿安置方案，长期以来实行的是协调裁决制度，通过复议前置程序，征地补偿安置方案可以进入行政诉讼程序。不过，国有土地上房屋征收补偿方案与征地补偿安置方案有所不同，通说认为国有土地上房屋征收补偿方案属于一种过程性行为，不单独对外产生效力，故不具有可诉性。一种观点认为，制订征收补偿方案是市、县级人民政府作出征收决定的前置行为，是一个典型的阶段性行为，且征收决定的合法性中包含对被征收人的补偿是否合法的问题，审查中如果发现征收补偿方案违法或部分违法，法院可以撤销或部分撤销征收决定，故将征收补偿方案作为房屋征收决定的组成部分看待更为合理；② 另一种观点认为，征收补偿方案是房屋征收补偿决定的前置阶段性行为，如果被征收人对征收补偿决定提起行政诉讼，人民法院在审查征收补偿决定的合法性时，也需要对征收补偿方案的合法性进行审查。也就是说，房屋征收补偿方案的效力已被房屋征收补偿决定所吸收，故否定征收补偿方案的可诉性，并不影响被征收人的权利救济。在**郭某时诉丛台区政府等房屋征收补偿案**中，最高人民法院提出，依据《征收条例》的规定，在国有土地上房屋征收与补偿过程中，房屋征收补偿方案是市、县级人民政府作出房屋补偿决定的重要依据。但房屋征收补偿方案并非针对单个权利主体，而是针对所有被征收人作出的征收补偿标准和方式。对单个权利主体的权益产生实质影响的是其后作出的房屋征收补偿决定。并且，在被征收人对房屋征收补偿决定依法提起行政诉讼，人民法院对房屋征收补偿决定审查时，也将一并对征收补偿方案的合法性进行审查。换言之，房屋征收补偿方案的效力已被房屋征收补偿决定所

① 参见沈开举主编：《国有土地上房屋征收与补偿条例条文解读与案例评点》，中国法制出版社2011年版，第97页。

② 参见蔡小雪、郭修江：《房屋征收案件审理指引》，人民法院出版社2015年版，第4～5页。

吸收，被征收人完全可以通过起诉房屋征收补偿决定维护自己的合法权益。本案中，郭某时起诉要求撤销丛台区政府作出的《邯郸市串城文化旅游步行街项目房屋征收补偿方案》，但房屋征收补偿方案是房屋征收补偿决定的前置阶段性行为，属行政程序尚未终结的不成熟的行政行为，并不单独对外产生效力。人民法院单独对补偿方案进行审查，也不符合诉讼经济、便利的原则。因此，一审、二审法院裁定驳回郭某时的起诉及上诉，并无不当。① 自逻辑而言，上述两种观点并不矛盾，征收补偿方案是房屋征收决定的组成部分，并不影响它同时是房屋征收补偿决定的前置阶段性行为。

总结·提示 对于征收补偿方案，有两种比较典型的观点：观点一认为征收补偿方案是房屋征收决定的组成部分，观点二认为征收补偿方案是房屋征收补偿决定的前置阶段性行为。这两种观点均认为征收补偿方案属于过程性行为，均否定其可诉性。

（三）征收决定作出及公告工作

1. 作出房屋征收决定

（1）行为主体

在完成征收前期工作并确定征收补偿方案之后，确需征收房屋的，由市、县级人民政府作出房屋征收决定。也就是说，有权作出房屋征收决定的主体只能是市、县级人民政府，其他主体没有这一职权。

实践中比较有争议的问题是，由国务院、省级人民政府批准设立的开发区管委会能否以自己的名义作出房屋征收决定？比较权威的观点认为，开发区管委会属于直辖市、省级、副省级或者地级市人民政府的准派出机关，不属于县级人民政府。但是，国务院有权授予开发区管委会实施房屋征收行为的职权，有地方性法规制定权的地方人大及其常委会也可以根据具体情况决定是否授予开发区管委会实施房屋征收与补偿行为的职权。因此，法院在审查开发区管委会实施的房屋征收行为时，要让开发区管委会提供授权的规范性文件，不能武断地作出开发区管委会是否具有实施房屋征收行为职权的判断。② 1991 年 3 月 6 日发布的国务院《关于批准国家高新技术产业开发区和有关政策规定的通知》（国发〔1991〕12 号）规定："国务院授权国家科委负责审定各国家高新技术产业开发区的区域范围、面积，并进行归口管理和具体指导。"原国家科委根据国务院授权制定的《国家高新技术产业开发区管理暂行办法》（国科发火字〔1996〕061 号）第 8 条第 2 款规定："开发区管理委员会作为开发区日常管理机构，可以行使省、自治区、直辖市、计划单列市人民政府所授予的省市级规划、土地、工商、税务、财政、劳动人事、项目审批、外事审批等经济管理权限和行政管理权限，对开发区实行统一管理。"据此，国务院批准和省级人民政府批准并报国务院备案的国家高

---

① 最高人民法院行政裁定书，（2018）最高法行申 1255 号。

② 参见蔡小雪、郭修江：《房屋征收案件审理指引》，人民法院出版社 2015 年版，第 85 ~ 86 页。

新技术产业开发区管理委员会均具有作出征收房屋与补偿行为的职权。此外，还有不少地方性法规也授予了开发区管委会作出房屋征收决定的职权。例如，《南宁市国有土地上房屋征收与补偿办法》（2020 年发布）第 7 条规定："为了公共利益的需要，确需征收房屋的，由各城区人民政府、开发区管委会作出房屋征收决定。市级重大项目，由市人民政府作出房屋征收决定。"据此，开发区管委会有权作出房屋征收决定。即便如此，由于《征收条例》毕竟是上位法，依据"上位法优于下位法"的法律适用原则，如果严格解释《征收条例》第 8 条的规定，仍旧会有争议。对于这样的争议，恐怕也只能通过进一步完善立法去消除。

（2）征收补偿费用的"三原则"

依据《征收条例》第 12 条的规定，在作出房屋征收决定前，征收补偿费用应当足额到位、专户存储、专款专用。实践中，"足额到位、专户存储、专款专用"也被称为征收补偿费用的"三原则"。设置"三原则"，目的是强令征收主体做好事前的资金准备，防止出现资金不足、不到位或者被随意截留、私分、挪用等问题，确保被征收人补偿权益的顺利实现。在**汪某琴诉市北区政府房屋征收决定案**中，最高人民法院提出，专户存储是指征收补偿款应当存入专门用于征收补偿费用的存储账户上，不得存入市、县人民政府的基本账户或其他账户。行政机关虽提交了银行出具的单位账户存款证明，但未明确该账户的性质，无法充分证实该账户符合"专户存储、专款专用"的要求。①

总结·提示　"足额到位、专户存储、专款专用"，被称为征收补偿费用的"三原则"。

（3）政府常务会议讨论

市、县级人民政府常务会议是市、县级人民政府集体议事的决策性会议，原则上采取每月例会制，特殊情况下可以临时加开。《征收条例》第 12 条规定，在作出房屋征收决定时，如果房屋征收决定涉及被征收人数量较多，应当经政府常务会议讨论决定。不过，"数量较多"是一个不确定的法律概念，有赖于地方政府确定一个参考基数。例如，《重庆市国有土地上房屋征收与补偿条例》（2021 年发布）第 24 条规定，被征收人户数在 100 户以上或者被征收房屋建筑面积在 1 万平方米以上的，应当经区县（自治县）人民政府常务会议讨论决定。

（4）房屋征收决定的可诉性

房屋征收决定是具体行政行为，直接对被征收人的权利义务产生影响，因而具有可诉性。《征收条例》第 14 条规定："被征收人对市、县级人民政府作出的房屋征收决定不服的，可以依法申请行政复议，也可以依法提起行政诉讼。"最高人民法院的法官认为，对征收决定的合法性审查的重点是：①对是否超越职权的审查；②对是否属于公共利益需要的审查；③对征收程序是否合法的审查；④对房屋征收补偿方案内容合法性的审查。② 实践中，因征

① 最高人民法院行政裁定书，（2020）最高法行申 1455 号。

② 参见蔡小雪、郭修江：《房屋征收案件审理指引》，人民法院出版社 2015 年版，第 83～132 页。

收前期工作不到位、不符合征收补偿费用的“三原则”或者未经政府常务会议讨论决定等而被撤销或者确认为违法的房屋征收决定比较常见。在**陈某敏等诉成武县政府房屋征收决定案**中，最高人民法院认为，成武县政府不能提供证据证明进行了有效的社会稳定风险评估，也无法提供被诉房屋征收决定作出前经过政府常务会议讨论的证据，因而应当承担举证不能的不利后果，即被诉房屋征收决定并不符合《征收条例》的相关规定，应当认定为违反法律规定，确认违法。[①] 在**朱某生诉碑林区政府房屋征收决定案**中，陕西省高级人民法院认为，合法的国有土地上房屋征收决定，应当具备主体合法（有权作出房屋征收补偿决定的行政主体应当是“市、县级人民政府”），目的正当（实施房屋征收的目的应当是“保障国家安全、促进国民经济和社会发展等公共利益的需要”，且不违背国家禁止性规定），程序合法（作出房屋征收决定前，应当履行下列程序：就征收补偿安置方案征求公众意见、召开听证会、进行社会稳定风险评估、对征收范围内的房屋权属及状况进行调查与登记并将调查结果予以公布），要件具备（应当符合“四规划一计划”，征收补偿费用应当足额到位、专户存储、专款专用）四个方面的内容。[②]

2. 房屋征收决定公告

《征收条例》第13条规定，市、县级人民政府作出房屋征收决定后应当及时公告。公告应当载明征收补偿方案和行政复议、行政诉讼权利等事项。同时，市、县级人民政府及房屋征收部门应当做好房屋征收与补偿的宣传、解释工作。

一般来说，房屋征收决定一经公告，房屋征收范围即已确定。为了固化被征收房屋的价值形态，需严防被征收人通过新建、扩建、改建房屋和改变房屋用途等投机性的行为扩大房屋价值，牟取更多的补偿利益。《征收条例》第16条规定：“房屋征收范围确定后，不得在房屋征收范围内实施新建、扩建、改建房屋和改变房屋用途等不当增加补偿费用的行为；违反规定实施的，不予补偿。房屋征收部门应当将前款所列事项书面通知有关部门暂停办理相关手续。暂停办理相关手续的书面通知应当载明暂停期限。暂停期限最长不得超过1年。”不过，通常认为“房屋征收范围确定后”并不等同于“房屋征收决定公告后”，实践中既有由房屋征收决定公告确定征收范围的情形，也有单独发布房屋征收范围公告确定征收范围的情形。[③] 对于这一点，在理解《征收条例》第16条的规定时需要注意。此外，我们在第十二讲已经讲到，被征收人实施这种新建、扩建、改建房屋和改变房屋用途等不当增加补偿费用的行为，最终非但得不到补偿，还可能被以诈骗罪追究刑事责任，这对于被征收人来说，明显是得不偿失的。

如果房屋征收范围确定之后，市、县级人民政府又调整了征收范围，原本属于征收范围内的当事人是否有权对调整行为提起诉讼？在第二批“征收拆迁典型案例”之案例6 **焦某顺**

---

① 最高人民法院行政裁定书，(2019) 最高法行申6515号。

② 陕西省高级人民法院行政判决书，(2021) 陕行终593号。

③ 参见《国有土地上房屋征收与补偿条例配套解读与案例注释》(第2版)，中国法制出版社2015年版，第70~71页。

诉河南省新乡市卫滨区人民政府行政征收管理案中，卫滨区人民政府作出《调整征收范围决定》后，焦某顺认为《调整征收范围决定》不应将其所有的房屋排除在外，且《调整征收范围决定》作出后未及时公告，对原房屋征收范围不产生调整的效力，请求人民法院判决撤销《调整征收范围决定》。法院经审理认为，卫滨区人民政府作出的《调整征收范围决定》不涉及焦某顺所有的房屋，对其财产权益不产生实际影响，焦某顺与被诉行政行为之间没有利害关系，遂裁定驳回了焦某顺的起诉。对于本案，最高人民法院认为，被告卫滨区人民政府决定不再征收焦某顺所有的房屋，作出了《调整征收范围决定》。由于《调整征收范围决定》对焦某顺的财产权益不产生实际影响，其提起本案之诉不具有值得保护的实际权益。人民法院依法审查后，裁定驳回起诉，有利于引导当事人合理表达诉求，保护和规范当事人依法行使诉权。事实上，这就又回到了之前的问题，即相对人是否有权请求对不在征收范围的对象实施行政征收？对此，我们已经在第三讲做了深入讨论，兹不赘述。

对于被征收房屋所有权发生变动的时间节点，《民法典》第 229 条规定："因人民法院、仲裁机构的法律文书或者人民政府的征收决定等，导致物权设立、变更、转让或者消灭的，自法律文书或者征收决定等生效时发生效力。"问题是，房屋征收决定究竟何时生效？这也是一个颇具争议的问题。一种观点认为，依据《征收条例》第 13 条的规定，申请行政复议和提起行政诉讼的前提必须是行政行为已经成立并产生法律效力，故征收决定自公告之日起产生法律效力；另一种观点认为，征收决定公告之日产生的法律效力是不完全的法律效力，即只有拘束力、确定力和公定力，而不具有执行力，依据《征收条例》第 27 ~ 28 条的规定，征收决定只有在补偿完成后才具有执行力。也就是说，征收决定在补偿完成后（补偿决定作出后或者达成补偿协议后）才生效，此后被征收房屋的所有权才从被征收人转移给国家，而不是征收决定刚产生部分效力的情况下被征收房屋所有权即发生了转移。[①] 相比之下，第二种观点显然更有利于被征收人的财产权益保护——在被征收人获得公平补偿之后，房屋所有权才发生转移，更符合财产权交换的对价原则。但在实践中，认为征收决定自公告之日起产生法律效力的观点大有市场，所以争议仍在所难免。

房屋征收决定一经公告，因房屋被依法征收，国有土地使用权也同时收回，包括被征收人合法享有国有土地使用权的院落和空地。也就是说，不需要另行启动收回国有土地使用权的程序。但是，如果国有土地使用权不属于房屋征收的范围，或者与被征收房屋之间无任何关联（既不是被征收房屋所占用土地，也不是被征收房屋的院落、空地），则该国有土地使用权不应当因房屋被征收而同时收回，需要另行启动收回国有土地使用权的程序。

四、国有土地上房屋征收补偿阶段

（一）补偿的原则、内容、方式和标准

1. "先补偿、后搬迁" 原则

《征收条例》第 27 条第 1 款确立了"先补偿、后搬迁"原则，即"实施房屋征收应当先

① 参见江必新主编：《国有土地上房屋征收与补偿条例理解与适用》，中国法制出版社 2012 年版，第 33 ~ 34 页。

补偿、后搬迁”。在此前提下，《征收条例》第27条第2款规定了被征收人的搬迁义务：“作出房屋征收决定的市、县级人民政府对被征收人给予补偿后，被征收人应当在补偿协议约定或者补偿决定确定的搬迁期限内完成搬迁。”

为了确保“先补偿、后搬迁”原则真正落地，《征收条例》第27条第3款明确要求：“任何单位和个人不得采取暴力、威胁或者违反规定中断供水、供热、供气、供电和道路通行等非法方式迫使被征收人搬迁。禁止建设单位参与搬迁活动。”据此，“野蛮拆迁”以及建设单位参与搬迁活动被明令禁止。

2. 补偿内容

依据《征收条例》第17～18条的规定，补偿的主体是作出房屋征收决定的市、县级人民政府，补偿的具体内容有三项：（1）被征收房屋价值的补偿；（2）因征收房屋造成的搬迁、临时安置的补偿；（3）因征收房屋造成的停产停业损失的补偿。此外，市、县级人民政府应当制定补助和奖励办法，对被征收人给予补助和奖励；征收个人住宅，被征收人符合住房保障条件的，作出房屋征收决定的市、县级人民政府应当优先给予住房保障，具体办法由省、自治区、直辖市制定。

对于上述补偿内容，有学者指出，其对土地使用权的价值未予以充分考虑。由于被征收的主要不是房屋的所有权，而是房屋所在之地的土地使用权，中国目前的房屋价值评估时会考虑区位、地段等因素，但对土地财产价值的考量是不充分的。[①] 2013年5月15日，最高人民法院答复称：“国有土地上房屋征收补偿中，应将当事人合法享有国有土地使用权的院落、空地面积纳入评估范围，按照征收时的房地产市场价格，一并予以征收补偿。”这一答复可以看作对上述缺憾的弥补。但从实际操作来看，对于国有土地使用权的财产价值的考虑仍然是很不充分的。

链接·积累

最高人民法院关于征收国有土地上房屋时是否应当对被征收人未经登记的空地和院落予以补偿的答复

〔2012〕行他字第16号

山东省高级人民法院：

你院《关于征收国有土地上房屋时是否应当对被征收人未确权登记的空地和院落单独予以补偿的请示》收悉，经研究，答复如下：

对土地公有制之前，通过购买房屋方式使用私有的土地，土地转为国有后迄今仍继续使用的，未经确权登记，亦应确定现使用者的国有土地使用权。

国有土地上房屋征收补偿中，应将当事人合法享有国有土地使用权的院落、空地面积纳

① 参见王锡锌编著：《国有土地上房屋征收与补偿条例专家解读与法律适用》，中国法制出版社2011年版，第99页。

入评估范围，按照征收时的房地产市场价格，一并予以征收补偿。

此复。

2013 年 5 月 15 日

实践中，因未依据上述答复对土地院落、空地面积价值进行评估并给予补偿而导致补偿决定被撤销的案例屡有发生。例如，在**王某滨诉松北区政府征收补偿决定案**中，最高人民法院认为，依据最高人民法院《关于征收国有土地上房屋时是否应当对被征收人未经登记的空地和院落予以补偿的答复》的规定，对收回国有土地使用权的，应当对土地使用权人给予适当补偿，对其合法享有的国有土地使用权的院落、空地面积纳入评估范围，按照征收时的房地产市场价格，一并予以征收补偿。被诉补偿决定未能体现停产停业损失补偿及土地院落、空地价值补偿等事项，属于认定事实不清，主要证据不足，应予撤销。① 在**文某花诉樟树市政府房屋征收补偿决定案**中，江西省高级人民法院认为，文某花持有的国有土地使用证载明的土地使用面积为 624.4 平方米，樟树市政府认定的实际建筑占地面积为 198.89 平方米，据此，可以认定文某花还有未建设的空地。樟树市政府应当对空地面积纳入评估范围，一并予以征收补偿，而本案被诉征收补偿决定遗漏了对空地面积的补偿。最终，案涉补偿决定被撤销。②

3. 补偿方式

(1) 法定的补偿方式

我们在第三讲已经介绍，补偿方式在理论上可分为货币补偿与替代补偿，替代补偿是指货币补偿之外的补偿方式，主要包括实物补偿和政策性补偿等。依据《征收条例》的规定，在国有土地上房屋征收中，补偿方式有货币补偿和产权调换两种，其中后者属于实物补偿。所谓货币补偿，是指征收主体对被征收人的房屋通过金钱给付的方式进行补偿的行为；所谓产权调换，是指征收主体用自己建造或者购买的产权房屋与被征收房屋调换产权，并按照被征收房屋和调换房屋的市场价结算差价的行为。

实践中，一些地方还实行过看起来比较奇特的补偿方式，对此，我们要剖析其实质内容，而不能拘泥于表面上的操作方法。例如，对于一些地方实行的以“房票”方式进行房屋安置，在**赵某香诉东宝区政府房屋征收决定案**中，最高人民法院认为，依据《征收条例》第 21 条的规定，被征收人可以选择货币补偿，也可以选择房屋产权调换。“房票”只是产权调换方式中的操作方法，是征收人与特定被征收人及安置房源企业之间的结算凭证。行政机关采用“房票”方式进行房屋安置，不违反法律规定。③

(2) 补偿方式选择权

《征收条例》第 21 条第 1 款、第 2 款明确规定了被征收人对补偿方式的选择权：“被征

---

① 最高人民法院行政裁定书，(2018) 最高法行申 6080 号。

② 江西省高级人民法院行政判决书，(2019) 赣行终 287 号。

③ 最高人民法院行政裁定书，(2019) 最高法行申 5814 号。

收人可以选择货币补偿，也可以选择房屋产权调换。被征收人选择房屋产权调换的，市、县级人民政府应当提供用于产权调换的房屋，并与被征收人计算、结清被征收房屋价值与用于产权调换房屋价值的差价。”据此，补偿方式选择权是《征收条例》明确赋予被征收人的实体性权利，也是一项不可剥夺的权利。

实践中，如果市、县级人民政府强行剥夺被征收人的补偿方式选择权，可能会导致征收补偿决定被依法撤销。在第一批“征收拆迁典型案例”之案例3 **何某诉淮安市淮阴区人民政府房屋征收补偿决定案**中，因何某选择的补偿方式为产权调换，但被诉补偿决定确定的是货币补偿方式，侵害了何某的补偿方式选择权，法院作出撤销被诉补偿决定的判决。对于本案，最高人民法院认为，在房屋补偿决定诉讼中，旗帜鲜明地维护了被征收人的补偿方式选择权。实践中不少“官”民矛盾的产生，源于市、县级人民政府在作出补偿决定时没有给被征收人选择补偿方式的机会而径直加以确定。本案的撤销判决从根本上纠正了行政机关这一典型违法情形，为当事人提供了充分的司法救济。

（3）回迁选择权

除了补偿方式选择权，《征收条例》第21条还规定在旧城区改建时被征收人有回迁选择权（简称回迁权），即“因旧城区改建征收个人住宅，被征收人选择在改建地段进行房屋产权调换的，作出房屋征收决定的市、县级人民政府应当提供改建地段或者就近地段的房屋”。鉴于1991年《拆迁条例》和2001年《拆迁条例》均未明确规定被拆迁人有回迁的权利，《征收条例》的上述规定值得称颂。

对于被征收人的回迁权，可以从以下几个方面理解：①征收的原因必须是旧城区改建，在因其他公共利益需要征收房屋的情形下被征收人不享有回迁权；②征收对象必须是个人住宅，如果征收对象是单位所有的房屋或个人所有的商业用房，被征收人不享有回迁权；③被征收人选择的补偿方式必须是产权调换，如果选择了货币补偿，则不存在回迁权的问题；④回迁权的义务主体是作出房屋征收决定的市、县级人民政府；⑤回迁权的主要内容，是由市、县级人民政府为被征收人提供改建地段或者就近地段的房屋。

总结·提示 补偿方式选择权，是被征收人普遍享有的权利；回迁选择权，只有在因旧城区改建征收个人住宅的前提下被征收人才可能享有。

---

4. 补偿标准

补偿标准，是国有土地上房屋征收与补偿中的核心问题，也是征收决定和补偿决定相关行政诉讼中法院审查的重点内容。例如，在第一批“征收拆迁典型案例”之案例2 **孔某丰诉泗水县人民政府房屋征收决定案**中，泗水具人民政府作出《关于对泗城泗河路东林业局片区和泗河路西古城路北片区实施房屋征收的决定》，其征收补偿方案规定，选择货币补偿的，被征收主房按照该地块多层产权调换安置房的优惠价格补偿；选择产权调换的，安置房超出主房补偿面积的部分由被征收人出资，超出10平方米以内的按优惠价结算房价，超出10平方米以外的部分按市场价格结算房价；被征收主房面积大于安置房面积的部分，按照安置房优惠价增加 300 元/米^2 标准给予货币补偿。原告孔某丰的房屋在被征收范围内，其不服该决定，提起行政诉讼。济宁市中级人民法院经审理认为，根据立法精神，对被征收房屋的补偿，应参照就近区位新建商品房的价格，以被征收人在房屋被征收后居住条件、生活质量不降低为宜。本案中，优惠价格显然低于市场价格，对被征收房屋的补偿价格也明显低于被征收人的出资购买价格。该征收补偿方案的规定对被征收人显失公平，违反了《征收条例》的相关规定，故判决撤销该决定。宣判后，各方当事人均未提出上诉。对此，最高人民法院认为，《征收条例》第 2 条规定的对被征收人给予公平补偿原则，应贯穿房屋征收与补偿全过程。无论有关征收决定还是补偿决定的诉讼，人民法院都要坚持程序审查与实体审查相结合，一旦发现补偿方案确定的补偿标准明显低于法定的“类似房地产的市场价格”，即便对于影响面大、涉及人数众多的征收决定，该确认违法的要坚决确认违法，该撤销的要坚决撤销，以有力地维护人民群众的根本权益。

（1）被征收房屋价值的补偿

《征收条例》第 19 条第 1 款规定：“对被征收房屋价值的补偿，不得低于房屋征收决定公告之日被征收房屋类似房地产的市场价格。被征收房屋的价值，由具有相应资质的房地产价格评估机构按照房屋征收评估办法评估确定。”对于这一规定，可以从以下几个方面理解：

第一，从理论上讲，房地产是实物、权益和区位三者的结合体。实物是其中具体的部分，如房屋的结构、面积、外观、用途、新旧程度；权益是其中无形的部分，如房屋的所有权、使用权、担保物权；区位即房屋所在的具体位置，直接反映了土地价值，决定了房屋所在地的基准地价级别。上述三者共同决定了房地产的价值。就实物而言，被征收房屋价值是由房屋自身的价值和房屋占用土地使用权的价值所构成，当批准使用的土地面积大于房屋自身占地面积时，如院落、绿地、活动场地、停车位等空地，都应计算其价值。① 另外，在评估被征收房屋价值时，通常会考虑规划批准的容积率。

第二，依据《国有土地上房屋征收评估办法》（建房〔2011〕77 号）第 30 条的规定，所谓“被征收房屋类似房地产”是指与被征收房屋的区位、用途、权利性质、档次、新旧程度、规模、建筑结构等相同或者相似的房地产；所谓“被征收房屋类似房地产的市场价格”是指被征收房屋的类似房地产在评估时点的平均交易价格，在确定被征收房屋类似房地产的市场价格时，应当剔除偶然的和不正常的因素，如不考虑被征收房屋租赁、抵押、查封等因素对价值的影响，只评估被征收房屋无租约限制的价值，且在评估价值中也不扣除被征收房屋已抵押担保的债务数额、拖欠的建设工程价款以及其他法定优先受偿款等。

第三，对未超过批准期限的临时建筑给予相应的补偿，通常按照重置价格对其价值进行评估。所谓重置价格，是指采用评估时点的建筑材料、建筑构配件、建筑设备和建筑技术、运输费用和人工费用等，按照评估时点的价格水平，重新建造与原房屋在区位、结构、样

---

① 参见蔡小雪、郭修江：《房屋征收案件审理指引》，人民法院出版社 2015 年版，第 182 页。

式、质量、功能等方面基本相同的房屋的正常价格。

第四，确定被征收房屋市场价格的时点为房屋征收决定公告之日。但是，如果房屋征收补偿决定的作出时间相距征收决定公告之日较远，考虑到房价、物价上涨等因素，再以房屋征收决定公告之日作为确定被征收房屋市场价格的时点，对于被征收人来说无疑是不公平的。在**杨某诉梁园区政府房屋征收补偿决定案**中，最高人民法院提出，如果房屋征收补偿决定的作出时间相距征收决定公告之日较远，且不可归责于被征收人，那么若以房屋被征收决定公告之日作为房屋价值的评估时点，将导致被征收人实际获得的补偿不足以获得相应的补偿。虽然《征收条例》并未对房屋征收补偿决定作出的时间进行限定，征收主体原则上具有一定的裁量权限，但其仍应在合理的期限内作出；如果被征收人存在过错，导致房屋征收补偿决定延迟作出的，征收主体不承担相关责任；如果并非被征收人的原因而导致房屋征收补偿决定延迟作出的，征收主体应当承担相应的责任，即通过重新确定被征收房屋价值的评估时点等方式，弥补被征收人由此可能遭受的损害。①

总结·提示 确定被征收房屋市场价格的时点通常为房屋征收决定公告之日。但是，如果并非被征收人的原因而导致房屋征收补偿决定的作出时间距征收决定公告之日较远，再以房屋征收决定公告之日作为确定被征收房屋市场价格的时点是不公平的，应当通过重新确定评估时点等方式弥补被征收人由此可能遭受的损失。

（2）搬迁、临时安置的补偿

搬迁补偿，是指因征收房屋而造成的搬迁，由征收人对被征收人产生的搬迁费用给予的补偿；临时安置补偿，又称临时周转和过渡补偿，是指在被征收人自行周转和过渡的情形下由征收人支付临时安置费（亦称过渡费），或者直接由征收人安排周转和过渡的房屋。临时周转和过渡的期限，被称为过渡期。《征收条例》第 22 条规定："因征收房屋造成搬迁的，房屋征收部门应当向被征收人支付搬迁费；选择房屋产权调换的，产权调换房屋交付前，房屋征收部门应当向被征收人支付临时安置费或者提供周转用房。"对于搬迁、临时安置的补偿标准，中央层面未做统一的要求，交由地方政府规定。

一是支付搬迁费。支付搬迁费的前提是因征收房屋造成了搬迁，如果未造成搬迁或者由征收部门负责搬迁，则不需要支付搬迁费。搬迁费的计算方法有两类：一类是以被征收房屋的面积为基础确定。例如，《深圳市房屋征收与补偿实施办法（试行）》（2022 年修改）规定，住宅房屋（含宿舍、公寓、工业配套宿舍），厂房，办公用房的搬迁费按每建筑平方米 40 元计算，商业用房的拆迁费按每建筑平方米 60 元计算。另一类是按照房屋所在区域和用途等以户为基础确定。例如，杭州市人民政府《关于公布杭州市区国有土地上房屋征收临时安置费和搬迁费标准（2022—2024 年）的通知》（杭政函〔2022〕49 号）规定，富阳区、

① 最高人民法院行政裁定书，(2020) 最高法行申 3108 号。

临安区国有土地上住宅房屋征收搬迁费标准为每户 2000 元，其他各区为每户 2300 元；非住宅房屋搬迁费，由征收部门按实支付。因房屋征收涉及被征收人或者房屋承租人电话移机及有线电视、管道煤气、宽带网迁装等费用的，由征收部门按照征收时的收费标准予以补偿。

二是支付临时安置费或者提供周转用房。支付临时安置费与提供周转用房之间是选择关系，征收部门可以与被征收人协商确定支付临时安置费，由被征收人自行安排住处临时过渡，或者在有条件的前提下提供周转用房。而且，支付临时安置费或者提供周转用房的前提是被征收人选择了房屋产权调换，且实行的是期房安置。如果被征收人选择的是货币补偿，或者实行现房安置，一般也不会产生临时安置补偿。但从各地方的规定来看，亦不乏对选择货币补偿或实行现房安置的被征收人支付临时安置费的做法。例如，北京市住房和城乡建设委员会《关于国有土地上房屋征收与补偿中有关事项的通知》规定，临时安置费标准由区、县房屋征收部门按照不得低于房屋征收决定公告发布之日被征收房屋类似房地产的市场月租金标准确定；实行货币补偿或者以现房进行安置的，临时安置费发放期限为 4 个月；以期房进行安置的，发放期限自搬家交房之日起至实际交房日期后的第 4 个月。

实践中，临时安置补偿费的计算方法同样有两类：一类是以被征收房屋类似房地产的市场月租金标准确定。例如，《深圳市房屋征收与补偿实施办法（试行）》规定，临时安置费，按照下列标准执行：①实行产权调换的住宅房屋，被征收人自行安排住处临时过渡的，征收人应当参照同类房屋市场租金按月支付临时安置费，支付临时安置费的计算期限为，自搬迁之日至产权调换房屋交付使用之日，另外再加 3 个月装修期临时安置费；实行产权调换的非住宅房屋，支付临时安置费的计算期限为，自搬迁之日至产权调换房屋交付之日，另外再加 6 个月装修调试期安置费。②实行货币补偿的，给予 3 个月市场租金的临时安置费。③被征收人使用征收人提供的周转房的，征收人不支付临时安置费。另一类是以被征收房屋的面积为基础确定。例如，杭州市人民政府《关于公布杭州市区国有土地上房屋征收临时安置费和搬迁费标准（2022—2024 年）的通知》规定，市区国有土地上房屋征收临时安置费标准按照房屋用途，结合区域等级确定，如 I 区域住宅房屋为 74 元/［米^2（建筑面积）·月］，综合用房为 118 元/［米^2（建筑面积）·月］，商业用房为 269 元/［米^2（建筑面积）·月］，工业用房为 50 元/［米^2（建筑面积）·月］。

（3）停产停业损失的补偿

《征收条例》第 23 条规定：“对因征收房屋造成停产停业损失的补偿，根据房屋被征收前的效益、停产停业期限等因素确定。具体办法由省、自治区、直辖市制定。”其中，对于停产停业的期限，应当以因征收行为造成被征收人生产经营活动无法进行的实际期限来计算。① 但是，一些地方对于停产停业的期限搞“一刀切”，无论什么情况都按照统一的期间来确定补偿数额，明显不利于被征收人的权益保护，也与《征收条例》的规定不符。

在征收中，需要补偿停产停业损失的房屋主要是商业用房等非住宅房屋，以及用于从事

---

① 参见江必新主编：《国有土地上房屋征收与补偿条例理解与适用》，中国法制出版社 2012 年版，第 226 页。

生产经营活动的住宅房屋（“住改商”房屋）。对此，我们将在下一讲详细介绍。

（4）补助和奖励

对被征收人给予的补助和奖励通常包括：①对住房困难群体的补助；②对病残和特困人员的补助；③对有线电视、电话、空调、宽带、管道燃气设施工程安装等的补助；④及时搬迁奖励；⑤其他补助和奖励。具体的补助、奖励方式和标准，由市、县级人民政府制定。

实践中，地方政府为了加快征收拆迁的进程，提升被征收人的配合意愿，设置了提前搬迁奖励、按时签约奖励等奖励项目，这本来是无可非议的。但凡事都要有个度，由于羊毛出在羊身上，如果此类奖励费用过多，势必会导致其他补偿项目以及其他被征收人最终所得到的补偿费用的缩水。更为严重的是，过高比例的提前搬迁奖励、按时签约奖励已涉嫌对被征收人的一种变相逼迁（签），不利于被征收人权利的维护，也不利于法治政府的建设。从本质上讲，设置过高比例的提前搬迁奖励、按时签约奖励属于征收补偿权的滥用。

5. 征收补偿款的纳税

实践中，被征收人比较关心的一个问题是取得的征收补偿款是否需要缴纳税款。对此，依据财政部、国家税务总局《关于城镇房屋拆迁有关税收政策的通知》（财税〔2005〕45号）第1条，财政部、国家税务总局《关于企业以售后回租方式进行融资等有关契税政策的通知》（财税〔2012〕82号）第3条的规定，我们可以将相关的“标准答案”整理如下：

第一，对被征收人依照法定的标准取得的征收补偿款，免征个人所得税；

第二，市、县级人民政府根据《征收条例》有关规定征收居民房屋，居民因个人房屋被征收而选择货币补偿用以重新购置房屋，并且购房成交价格不超过货币补偿的，对新购房屋免征契税；

第三，购房成交价格超过货币补偿的，对差价部分按规定征收契税；

第四，居民因个人房屋被征收而选择房屋产权调换，并且不缴纳房屋产权调换差价的，对新换房屋免征契税；

第五，缴纳房屋产权调换差价的，对差价部分按规定征收契税。

（二）被征收房屋价值评估

1. 评估的意义

《征收条例》第19条第1款规定，被征收房屋的价值通过市场评估方法确定，即“被征收房屋的价值，由具有相应资质的房地产价格评估机构按照房屋征收评估办法评估确定”。实践中，被征收房屋价值评估既是房屋征收补偿中的核心问题，也是最容易引发争议的问题。

在房屋征收中，评估的对象首先是被征收房屋，在被征收人选择产权调换的情形下，还包括用于产权调换的房屋。[①] 依据《国有土地上房屋征收评估办法》第8条的规定，被征收

① 《国有土地上房屋征收评估办法》第29条规定：“除政府对用于产权调换房屋价格有特别规定外，应当以评估方式确定用于产权调换房屋的市场价值。”

房屋价值评估的意义在于，“为房屋征收部门与被征收人确定被征收房屋价值的补偿提供依据，评估被征收房屋的价值”；用于产权调换房屋价值评估的意义在于，“为房屋征收部门与被征收人计算被征收房屋价值与用于产权调换房屋价值的差价提供依据，评估用于产权调换房屋的价值”。

为增强房屋价值评估的可接受性，《征收条例》对被征收房屋价值评估提出了多项要求：（1）房地产价格评估机构必须具有相应资质。严格来说，不具备资质的评估机构作出的房地产价值评估报告无效。（2）评估要按照房屋征收评估办法进行。房屋征收评估办法由国务院住房城乡建设主管部门制定，制定过程中应当向社会公开征求意见。依据这一授权，住房和城乡建设部于2011年6月3日发布实施了《国有土地上房屋征收评估办法》（建房〔2011〕77号），作为被征收房屋价值评估的依据。（3）房地产价格评估机构必须保持独立、客观、公正。房地产价格评估机构、房地产估价师、房地产价格评估专家委员会成员应当独立、客观、公正地开展房屋征收评估、鉴定工作，并对出具的评估、鉴定意见负责；任何单位和个人不得干预房屋征收评估、鉴定活动；与房屋征收当事人有利害关系的，应当回避。

2. 评估机构的选定

房地产价格评估机构由被征收人在规定时间内协商选定；在规定时间内协商不成的，由房屋征收部门通过组织被征收人按照少数服从多数的原则投票决定，或者采取摇号、抽签等随机方式确定，具体办法由省、自治区、直辖市制定。同时，房地产价格评估机构不得采取迎合征收当事人不当要求、虚假宣传、恶意低收费等不正当手段承揽房屋征收评估业务。

同一征收项目的房屋征收评估工作，原则上应当由一家房地产价格评估机构承担。房屋征收范围较大的，可以由两家以上房地产价格评估机构共同承担。两家以上房地产价格评估机构承担的，应当协商确定一家房地产价格评估机构为牵头单位；牵头单位应当组织相关房地产价格评估机构就评估对象、评估时点、价值内涵、评估依据、评估假设、评估原则、评估技术路线、评估方法、重要参数选取、评估结果确定方式等进行沟通，统一标准。

从顺序上说，必须先由市、县级人民政府作出房屋征收决定，然后才能选定评估机构。实践中，一些地方为了赶进度，在房屋征收决定作出之前即已选定评估机构，这无疑是非常严重的程序违法。在第一批“征收拆迁典型案例”之案例5 **文某安诉商城县人民政府房屋征收补偿决定案**中，法院从程序合法性、实体合法性两个角度鲜明地指出补偿决定存在的“硬伤”：在程序合法性方面，突出强调了征收决定作出后才能正式确定评估机构的基本程序要求；在实体合法性方面，强调补偿决定认定的被征收人必须适格。本案因存在征收决定作出前已确定了评估机构，且补偿决定核定的被征收人不是合法权属登记人的问题，故判决撤销补偿决定，彰显了程序公正和实体公正价值的双重意义。

总结·提示　在市、县级人民政府作出房屋征收决定之后，才能正式选定或者确定房地产价格评估机构。

在房地产价格评估机构选定或者确定之后，一般由房屋征收部门作为委托人，向房地产价格评估机构出具房屋征收评估委托书，并与其签订房屋征收评估委托合同。房地产价格评估机构应当指派与房屋征收评估项目工作量相适应的足够数量的注册房地产估价师开展评估工作。而且，房地产价格评估机构不得转让或者变相转让受托的房屋征收评估业务。

在房屋征收评估活动中，对房地产价格评估机构和房地产估价师的违法违规行为，应当按照《征收条例》《房地产估价机构管理办法》《注册房地产估价师管理办法》等规定处罚。违反规定收费的，由政府价格主管部门依照《价格法》的规定处罚。

3. 评估的时间节点

为了减少因房地产市场价格波动所引发的争议，确定科学的评估时间节点至关重要。《国有土地上房屋征收评估办法》第10条规定："被征收房屋价值评估时点为房屋征收决定公告之日。用于产权调换房屋价值评估时点应当与被征收房屋价值评估时点一致。"这一规定，与《征收条例》第19条"对被征收房屋价值的补偿，不得低于房屋征收决定公告之日被征收房屋类似房地产的市场价格"的规定相吻合。市、县级人民政府在以征收决定公告日作为评估时点后，应当尽快通过签订补偿协议或者作出补偿决定的方式，固定双方的权利义务，并及时对被征收人进行补偿，以确保补偿的实质公平。

不过，正如前文所讲，对于以房屋征收决定公告之日作为评估时点不能做绝对化的理解。实践中，应当在充分考虑到房价、物价上涨以及征收主体是否存在不作为等因素的基础上，确定一个公平合理的房屋价值评估时点，如在特定情形下以补偿决定作出时点作为确定房屋价值的评估时点。在**居某等诉鼓楼区政府房屋征收补偿决定案**中，最高人民法院认为，因征收人原因，对被征收人作出的补偿决定明显存在不合理迟延且未能作出合理说明的情况下，若补偿决定作出时被征收房屋与产权调换房屋的价格发生较大变化，如再坚持以征收决定公告之日作为房屋价格评估时点，将不利于实现公平补偿。在此情形下，以补偿决定作出时点作为确定房屋价值的评估时点，更有利于实现公平补偿。《征收条例》未明确规定市、县级人民政府与其职能部门应当在征收决定公告后何期限内必须以补偿协议或者补偿决定方式解决补偿安置问题，也未规定如何判断相应的"合理期限"。因此，人民法院不宜动辄轻率否定以"征收决定公告之日"作为评估时点的合理性，也不宜简单以"征收决定公告之日"起或者估价报告出具之日起的"1年"或者"2年"作为判断标准。但《征收条例》有关及时补偿的立法精神，第26条有关在征收补偿方案确定的签约期限内达不成补偿协议即应当作出补偿决定的规定，以及房地产市场价格波动的剧烈性，仍然可以为人民法院确定相应的合理期限提供指引。人民法院对在"征收决定公告之日"或者估价报告出具之日起的1年后作出的补偿决定是否仍应继续坚持以"征收决定公告之日"为确定补偿的评估时点，应结合以下因素综合判断：（1）注意当地房地产市场价格波动的幅度并考虑评估报告的"应用有效期"。参考《房地产抵押估价指导意见》第26条的规定，原则上应当在估价报告应用有效期内作出补偿决定，从估价报告出具之日起计，无正当理由的，市、县级人民政府一般宜在1年内签订补偿协议或者作出补偿决定。（2）市、县级人民政府未在1年内作出补偿决定，是否存在可归责于被征收人的原因。如被征收人以种种理由拒绝配合征收补偿工作致使征收与补偿程序延误的、被征收人拒绝入户调查致使评估工作延误的、被征收人依法对评估报告复核、鉴定致使补偿决定迟延的、被征收人要求继续就补偿安置问题协商致使补偿决定未及时作出的，人民法院不宜以补偿决定未在 1 年内作出而另行确定补偿评估时点。（3）补偿决定时点明显迟延且主要归责于市、县级人民政府与其职能部门自身原因的，同时房地产市场价格发生剧烈波动，按照超过"应用有效期"的评估报告补偿，明显不利于被征收人得到公平补偿的，则不宜再坚持必须以"征收决定公告之日"为确定补偿的评估时点。（4）坚持《征收条例》第 27 条规定的实施房屋征收应当先补偿、后搬迁，其中"对被征收人给予补偿后"应当做限缩性理解，即不仅是签订协议或者作出补偿决定，而应理解为补偿协议约定或者补偿决定确定的款项已经交付（被征收人不接受的已经依法提存）、周转用房或者产权调换房屋已经交付（被征收人不接受的已经依法提存相关凭证与钥匙），此时，市、县级人民政府申请强制搬迁的条件才符合最高人民法院《关于办理申请人民法院强制执行国有土地上房屋征收补偿决定案件若干问题的规定》。（5）征收房屋范围是否过大，难以在 1 年内实施完毕，并存在分期实施征收决定情形，且被征收房屋在强制搬迁前仍然继续由被征收人正常使用等因素。① 由此可见，对于"被征收房屋价值评估时点为房屋征收决定公告之日"的规定，应当结合《征收条例》中"公平补偿"的相关条款，做统一的法律解释，而不能静止、孤立、机械地强调不论征收项目大小、征收项目实施日期以及是否存在市、县级人民政府及其职能部门的单方责任，也不考虑实际补偿协议签订时间或者补偿决定作出时间甚至实际货币补偿款支付到位时间的区别，一概以征收决定公告之日作为评估时点。

4. 评估、鉴定费用承担

依据《国有土地上房屋征收评估办法》第 31 条的规定，房屋征收评估、鉴定费用由委托人承担，但鉴定改变原评估结果的，鉴定费用由原房地产价格评估机构承担；复核评估费用由原房地产价格评估机构承担；房屋征收评估、鉴定费用按照政府价格主管部门规定的收费标准执行。

对于被征收人来说，不需要承担房屋征收评估费用和复核评估费用，但如果被征收人申请鉴定的话，则可能要承担一笔数额不菲的鉴定费用。例如，《上海市国有土地上房屋征收评估管理规定》（沪房管规范市〔2013〕7 号）第 34 条第 1 ~2 款明确规定："房屋征收评估费用由委托人承担。复核评估不收费。鉴定费用由申请人承担。但鉴定改变原评估结果的，鉴定费用由估价机构承担。"尤其是在鉴定结果难以预料的现实面前，被征收人申请鉴定的意愿会大幅度降低，这不能不说是被征收人权利救济中的一大憾事。

总结·提示　被征收人不需要承担房屋征收评估费用和复核评估费用，但有可能要承担鉴定费用。

---

① 最高人民法院行政判决书，（2018）最高法行再 202 号。

5. 评估程序

(1) 房屋征收部门调查

房屋征收评估前，房屋征收部门应当组织有关单位对被征收房屋情况进行调查，明确评估对象。评估对象应当全面、客观，不得遗漏、虚构。房屋征收部门应当向受托的房地产价格评估机构提供征收范围内房屋情况，包括已经登记的房屋情况和未经登记建筑的认定、处理结果情况。同时，调查结果应当在房屋征收范围内向被征收人公布。

在调查中，对于已经登记的房屋，其性质、用途和建筑面积，一般以房屋权属证书和房屋登记簿的记载为准；房屋权属证书与房屋登记簿的记载不一致的，除有证据证明房屋登记簿确有错误外，以房屋登记簿为准；对于未经登记的建筑，应当按照市、县级人民政府的认定、处理结果进行评估。

(2) 房地产价格评估机构实地查勘

房地产价格评估机构应当安排注册房地产估价师对被征收房屋进行实地查勘，调查被征收房屋状况，拍摄反映被征收房屋内外部状况的照片等影像资料，做好实地查勘记录，并妥善保管。被征收人应当协助注册房地产估价师对被征收房屋进行实地查勘，提供或者协助收集被征收房屋价值评估所必需的情况和资料。房屋征收部门、被征收人和注册房地产估价师应当在实地查勘记录上签字或者盖章确认。被征收人拒绝在实地查勘记录上签字或者盖章的，应当由房屋征收部门、注册房地产估价师和无利害关系的第三人见证，有关情况应当在评估报告中说明。

实践中，被征收人能否通过拒绝房地产价格评估机构实地查勘的方式阻止评估程序的进行以及征收补偿决定的作出？从现实来看，几无这一可能。在**李某胜诉泰安市政府等房屋征收补偿案**中，最高人民法院提出，评估机构对被征收房屋进行实地查勘时，如因被征收人不予协助，致使评估机构无法入户调查踏勘，并不影响行政机关作出征收补偿决定。因此，导致室内装饰装修及房屋附属物无法评估的，行政机关可以在征收补偿决定中载明，待依法强制执行时入户评估后按规定予以补偿。①

(3) 评估确定被征收房屋价值

依据《国有土地上房屋征收评估办法》的规定，被征收房屋价值是指被征收房屋及其占用范围内的土地使用权在正常交易情况下，由熟悉情况的交易双方以公平交易方式在评估时点自愿进行交易的金额，但不考虑被征收房屋租赁、抵押、查封等因素的影响。也就是说，要评估被征收房屋无租约限制的价值，而且在评估价值中不扣除被征收房屋已抵押担保的债权数额、拖欠的建设工程价款和其他法定优先受偿款。

注册房地产估价师应当根据评估对象和当地房地产市场状况，对市场法、收益法、成本法、假设开发法等评估方法进行适用性分析后，选用其中一种或者多种方法对被征收房屋价值进行评估。其中，被征收房屋的类似房地产有交易的，应当选用市场法评估；被征收房屋

① 最高人民法院行政裁定书，(2018) 最高法行申 2083 号。

或者其类似房地产有经济收益的，应当选用收益法评估；被征收房屋是在建工程的，应当选用假设开发法评估。可以同时选用两种以上评估方法评估的，应当选用两种以上评估方法评估，并对各种评估方法的测算结果进行校核和比较分析后，合理确定评估结果。评估结果应当以人民币为计价的货币单位，精确到元。

被征收房屋价值评估应当考虑被征收房屋的区位、用途、建筑结构、新旧程度、建筑面积以及占地面积、土地使用权等影响被征收房屋价值的因素。被征收房屋室内装饰装修价值，机器设备、物资等搬迁费用，以及停产停业损失等补偿，由征收当事人协商确定；协商不成的，可以委托房地产价格评估机构通过评估确定。

如果被征收房屋已经被拆除，还能否通过评估确定被征收房屋的价值？从实践中的操作来看，答案是肯定的。在**梁某吉等诉百色市政府国有土地上房屋征收补偿案**中，最高人民法院提出，虽然案涉房屋已被拆除，但房地产评估机构可以根据《国有土地上房屋征收评估办法》第13条所规定的方法，参照百色市政府查明的和梁某吉等提供的原始资料，本着存疑有利于行政相对人的原则，独立、客观、公正地出具评估报告。[①] 由此可见，那种认为房屋拆除之后即无法进行评估的观点是不能成立的，虽然拆除之后的评估比拆除之前的评估要更加困难一些。

（4）提供分户的初步评估结果

房地产价格评估机构应当按照房屋征收评估委托书或者委托合同的约定，向房屋征收部门提供分户的初步评估结果。分户的初步评估结果应当包括评估对象的构成及其基本情况和评估价值。房屋征收部门应当将分户的初步评估结果在征收范围内向被征收人公示，公示期间，房地产价格评估机构应当安排注册房地产估价师对分户的初步评估结果进行现场说明解释。存在错误的，房地产价格评估机构应当修正。

（5）提供整体评估报告和分户评估报告

分户初步评估结果公示期满后，房地产价格评估机构应当向房屋征收部门提供委托评估范围内被征收房屋的整体评估报告和分户评估报告，房屋征收部门应当向被征收人转交分户评估报告。其中，整体评估报告和分户评估报告应当由负责房屋征收评估项目的两名以上注册房地产估价师签字，并加盖房地产价格评估机构公章，不得以印章代替签字。在第二批“征收拆迁典型案例”之案例5 **吉林省永吉县龙达物资经销处诉吉林省永吉县人民政府征收补偿案**中，法院经审理认为，被诉房屋征收补偿决定依据的评估报告从形式要件看，分别存在没有评估师签字，未附带设备、资产明细或者说明，未标注或者释明被征收人申请复核评估的权利等不符合法定要求的形式问题；从实体内容看，在对被征收的附属物评估和资产、设备评估上均存在评估漏项的问题。上述评估报告明显缺乏客观性、公正性，不能作为被诉房屋征收补偿决定的合法依据。最终，判决撤销被诉房屋征收补偿决定，责令永吉县人民政府60日内重新作出行政行为。

---

① 最高人民法院行政裁定书，（2020）最高法行申1510号。

由房屋征收部门转交分户评估报告，目的是向被征收人送达该分户评估报告，并保障被征收人对房屋价值评估提出异议的权利，因而也是作出补偿决定之前的必经程序。在第一批“征收拆迁典型案例”之案例4 **艾某云、沙某芳诉马鞍山市雨山区人民政府房屋征收补偿决定案**中，因雨山区房屋征收部门未将评估报告内容及时送达艾某云、沙某芳并公告，致使艾某云、沙某芳对其房产评估价格申请复核评估和申请房地产价格评估专家委员会鉴定的权利丧失，属于违反法定程序，雨山区人民政府作出的补偿决定书被撤销。对此，最高人民法院认为，房屋价值评估报告是行政机关作出补偿决定最重要的依据之一，如果评估报告未及时送达，会导致被征收人申请复核和申请鉴定的法定权利无法行使，进而使补偿决定本身失去合法性基础。本案判决敏锐地把握住了程序问题与实体权益保障的重要关联性，果断撤销了补偿决定，保障是充分到位的。

（6）立卷、归档和解释说明

房屋征收评估业务完成后，房地产价格评估机构应当将评估报告及相关资料立卷、归档保管。如果被征收人或者房屋征收部门对评估报告有疑问的，出具评估报告的房地产价格评估机构应当向其作出解释和说明。

（三）评估异议程序

《征收条例》第19条第2款规定了房屋价值评估的异议程序，即“对评估确定的被征收房屋价值有异议的，可以向房地产价格评估机构申请复核评估。对复核结果有异议的，可以向房地产价格评估专家委员会申请鉴定”。据此，评估异议程序主要由复核评估和鉴定两部分组成。《国有土地上房屋征收评估办法》在此基础上对评估异议程序作出了细化规定。但在实践中，评估异议程序流于形式的问题十分严重。对于被征收人来说，申请复核评估和鉴定的成功率较低且成本较高，导致被征收人启动评估异议程序的意愿被抑制，这不能不说是评估异议程序实施中的一大缺憾。

1. 申请复核评估

被征收人或者房屋征收部门对评估结果有异议的，应当自收到评估报告之日起10日内向房地产价格评估机构申请复核评估。换言之，有权申请复核评估的主体不限于被征收人，还包括房屋征收部门。

申请复核评估的，应当向原房地产价格评估机构提出书面复核评估申请，并指出评估报告存在的问题。原房地产价格评估机构应当自收到书面复核评估申请之日起10日内对评估结果进行复核。复核后，改变原评估结果的，应当重新出具评估报告；评估结果没有改变的，应当书面告知复核评估申请人。

2. 申请鉴定

申请复核评估是申请鉴定之前的必经程序。被征收人或者房屋征收部门对原房地产价格评估机构的复核结果有异议的，应当自收到复核结果之日起10日内向被征收房屋所在地评估专家委员会申请鉴定。

评估专家委员会由各省、自治区住房城乡建设主管部门和设区城市的房地产管理部门组织成立，负责对房地产价格评估机构作出的复核结果进行鉴定。评估专家委员会由房地产估价师以及价格、房地产、土地、城市规划、法律等方面的专家组成。评估专家委员会应当选派成员组成专家组，对复核结果进行鉴定。专家组成员为 3 人以上单数，其中房地产估价师不得少于 1/2。

在房屋征收评估鉴定过程中，房地产价格评估机构应当按照评估专家委员会要求，就鉴定涉及的评估相关事宜进行说明。需要对被征收房屋进行实地查勘和调查的，有关单位和个人应当协助。评估专家委员会应当自收到鉴定申请之日起 10 日内，对申请鉴定评估报告的评估程序、评估依据、评估假设、评估技术路线、评估方法选用、参数选取、评估结果确定方式等评估技术问题进行审核，出具书面鉴定意见。经评估专家委员会鉴定，评估报告不存在技术问题的，应当维持评估报告；评估报告存在技术问题的，出具评估报告的房地产价格评估机构应当改正错误，重新出具评估报告。

鉴定之后，被征收人对补偿仍有异议的，按照《征收条例》第 26 条的规定处理，即可以依法对房屋征收补偿决定申请行政复议或者提起行政诉讼。由于对评估结果申请复核评估及鉴定是被征收人的法定权利，如果该权利未得到充分保障，难以认定评估报告所确定的房屋价值确实不低于类似房地产的市场价格，在被征收人对补偿决定申请行政复议或者提起行政诉讼之后，补偿决定极有可能被撤销。在**汪某贵诉七里河区政府房屋征收行政补偿案**中，最高人民法院认为，评估机构提供的被征收房屋评估报告是市、县级人民政府作出补偿决定的基础。当事人没有表示放弃对评估结果申请复核评估及鉴定的权利，行政机关将房屋征收价值评估分户表与补偿决定同日送达，使当事人失去了在补偿决定作出前申请复核评估及鉴定的机会。在当事人对评估结果申请复核评估及鉴定的权利未得到保障的情况下，难以认定该表确定的案涉房屋价值确实不低于类似房地产的市场价格。行政机关以该表确定的案涉房屋价值为基础作出补偿决定，构成主要证据不足。最终，案涉补偿决定被撤销。① 在**郑某宝诉湾沚区政府房屋征收补偿决定案**中，安徽省高级人民法院认为，在被征收人对评估报告不服申请复核、鉴定之后，鉴定结果出具之前政府就基于评估报告作出征收补偿决定，主要证据不足，依法应予撤销。②

总结 · 提示　评估异议程序，主要包括复核评估和鉴定两部分。申请复核评估和鉴定是被征收人的法定权利，如果这一权利得不到充分的保障，后续征收补偿决定极有可能被依法撤销。

（四）订立补偿协议

《征收条例》第 25 条规定："房屋征收部门与被征收人依照本条例的规定，就补偿方式、

① 最高人民法院行政判决书，（2020）最高法行再 4 号。

② 安徽省高级人民法院行政判决书，（2020）皖行终 1059 号。

补偿金额和支付期限、用于产权调换房屋的地点和面积、搬迁费、临时安置费或者周转用房、停产停业损失、搬迁期限、过渡方式和过渡期限等事项，订立补偿协议。补偿协议订立后，一方当事人不履行补偿协议约定的义务的，另一方当事人可以依法提起诉讼。”房屋征收补偿协议，是房屋征收部门与被征收人就征收房屋补偿问题所达成的协议，属于典型的行政协议。对于行政协议的详细讲解，参见本书第四讲。

依据《征收条例》第 26 条的规定，订立补偿协议的条件之一是被征收房屋所有权人明确。如果对于被征收房屋所有权尚存争议，则只能由作出房屋征收决定的市、县级人民政府依法作出补偿决定，不得订立补偿协议。在**孔某信诉龙华区政府房屋征收补偿案**中，最高人民法院提出，在被征收房屋产权存在争议的情况下，征收管理部门不能与争议的任何一方签订征收补偿协议，只能由作出征收决定的人民政府依法对被征收的房屋作出征收补偿决定，并将征收补偿款及补偿安置房屋予以提存。在相关争议各方就被征收房屋产权民事争议依法解决后，由作出征收补偿决定的人民政府依照生效的法律文书，向权利人发放征收补偿款，进行安置补偿。①

我们在第四讲已经讲到，依据《征收条例》第 13 条第 1 款、第 19 条第 1 款、第 25 条第 1 款等条款的规定，签订补偿协议的前提是市、县级人民政府已作出房屋征收决定，并经过了法定和评估程序。否则，签订的补偿协议极有可能因明显缺乏依据、违反法定程序而被判定为无效的行政协议。

（五）作出补偿决定并公告

《征收条例》第 26 条第 1 ~ 2 款规定，房屋征收部门与被征收人在征收补偿方案确定的签约期限内达不成补偿协议，或者被征收房屋所有权人不明确的，由房屋征收部门报请作出房屋征收决定的市、县级人民政府依照《征收条例》的规定，按照征收补偿方案作出补偿决定，并在房屋征收范围内予以公告。补偿决定应当公平，内容应当囊括《征收条例》第 25 条第 1 款规定的有关补偿协议的事项。

由于补偿决定属于具体行政行为，且直接对被征收人的权利义务产生影响，当然具有可诉性。《征收条例》第 26 条第 3 款规定：“被征收人对补偿决定不服的，可以依法申请行政复议，也可以依法提起行政诉讼。”最高人民法院的法官认为，对补偿决定的合法性审查的重点是：（1）对补偿程序的审查（如评估程序、协商程序、补偿决定程序、送达和公告程序等）；（2）对征收房屋补偿事实的审查（如补偿对象、房屋性质和用途的认定、房屋面积的认定、房屋的位置、建筑结构等）；（3）对房屋评估结论的审查（如能否申请重新评估、评估人员是否出庭接受询问、专家辅助人员是否出庭说明、评估结论及复核鉴定结果等）；（4）对房屋补偿标准的审查（如补偿方式、被征收房屋价值补偿标准、搬迁和临时安置的补偿、停产停业损失补偿、补助和奖励、对承租人的补偿标准等）。② 在**徐某福等诉泉山区政府**

---

① 最高人民法院行政裁定书，（2019）最高法行申 8479 号。

② 参见蔡小雪、郭修江：《房屋征收案件审理指引》，人民法院出版社 2015 年版，第 135 ~ 193 页。

房屋行政补偿案中，最高人民法院提出，对于国有土地上房屋征收补偿决定，人民法院对征收补偿决定合法性的审查应根据《征收条例》的规定，依法坚持全面审查。具体而言，应当从评估机构的选定、评估程序、评估结论的形成、补偿安置方式、安置房屋价值、其他补偿费用的确定等方面，全面审查是否符合法律、法规等规定要求，依法充分保障被征收人的产权和其他合法权利。①

对于补偿决定与房屋征收决定之间的关系，在**马某麦诉七里河区政府房屋征收行政补偿案**中，最高人民法院提出，依据《征收条例》第 13 条第 1 款、第 14 条、第 26 条第 1 ~ 2 款的规定，市、县级人民政府作出的房屋征收决定和房屋征收补偿决定属于两种相对独立的行政行为，均具有可诉性。通常认为，尽管市、县级人民政府作出的房屋征收决定是作出房屋征收补偿决定的根本前提，但在被诉行政行为是房屋征收补偿决定，而房屋征收决定并非被诉行政行为的案件审理中，则不宜对房屋征收决定按照对行政行为进行合法性审查的一般标准进行审查，应主要从关联性、合法性、真实性等方面进行证据审查。若房屋征收决定尚未作出，或是房屋征收决定与房屋征收补偿决定针对的房屋无关，或是房屋征收决定的违法性极其严重以至于符合《行政诉讼法》第 75 条规定的重大且明显违法情形而构成无效行政行为，则被诉房屋征收补偿决定应被认定为主要证据不足。② 也就是说，人民法院在补偿决定案件中，对于房屋征收决定进行附带审查时适用的是"重大且明显违法"标准。

如果房屋征收决定被法院确认为违法而未撤销，是否会对补偿决定产生影响？在**刘某强诉蜀山区政府房屋征收补偿决定案**中，最高人民法院提出，房屋征收决定在仅被法院确认违法而未被撤销的情况下，依然是作为有效的行政行为而存在的，对行政机关、相对人、其他利害关系人以及其他国家机关仍具有约束力，可以作为后续房屋征收补偿决定的依据，被诉房屋征收补偿决定并不因为房屋征收决定曾被确认为程序违法而当然违法。③ 由此可见，即使房屋征收决定已经被法院确认为违法，通常也不会影响到行政机关以之为依据作出的补偿决定。

总结·提示 人民法院在补偿决定案件中，对于房屋征收决定进行附带审查时通常适用的是"重大且明显违法"标准。

（六）申请人民法院强制执行

1.《征收条例》的规定

《征收条例》第 28 条规定："被征收人在法定期限内不申请行政复议或者不提起行政诉讼，在补偿决定规定的期限内又不搬迁的，由作出房屋征收决定的市、县级人民政府依法申请人民法院强制执行。强制执行申请书应当附具补偿金额和专户存储账号、产权调换房屋和

① 最高人民法院行政裁定书，(2017) 最高法行申 667 号。

② 最高人民法院行政判决书，(2020) 最高法行再 8 号。

③ 最高人民法院行政裁定书，(2017) 最高法行申 8174 号。

周转用房的地点和面积等材料。”据此，市、县级人民政府申请人民法院强制执行必须同时具备以下三个条件：（1）被征收人在法定期限内不申请行政复议；（2）被征收人在法定期限内不提起行政诉讼；（3）被征收人在补偿决定规定的期限内不搬迁。

2. 最高人民法院《关于办理申请人民法院强制执行国有土地上房屋征收补偿决定案件若干问题的规定》的规定

为依法正确办理市、县级人民政府申请人民法院强制执行国有土地上房屋征收补偿决定案件，维护公共利益，保障被征收房屋所有权人的合法权益，最高人民法院于2012年3月26日发布了《关于办理申请人民法院强制执行国有土地上房屋征收补偿决定案件若干问题的规定》（法释〔2012〕4号），自2012年4月10日起实施。

（1）管辖法院

申请人民法院强制执行征收补偿决定案件，由房屋所在地基层人民法院管辖，高级人民法院可以根据本地实际情况决定管辖法院。

（2）申请

强制执行的申请，应当自被执行人的法定起诉期限届满之日起3个月内提出；逾期申请的，除有正当理由外，人民法院不予受理。

申请机关向人民法院申请强制执行，除提供《征收条例》第28条规定的强制执行申请书及附具材料外，还应当提供下列材料：①征收补偿决定及相关证据和所依据的规范性文件；②征收补偿决定送达凭证、催告情况及房屋被征收人、直接利害关系人的意见；③社会稳定风险评估材料；④申请强制执行的房屋状况；⑤被执行人的姓名或者名称、住址及与强制执行相关的财产状况等具体情况；⑥法律、行政法规规定应当提交的其他材料。强制执行申请书应当由申请机关负责人签名，加盖申请机关印章，并注明日期。

（3）受理

人民法院认为强制执行的申请符合形式要件且材料齐全的，应当在接到申请后5日内立案受理，并通知申请机关；不符合形式要件或者材料不全的应当限期补正，并在最终补正的材料提供后5日内立案受理；不符合形式要件或者逾期无正当理由不补正材料的，裁定不予受理。

申请机关对不予受理的裁定有异议的，可以自收到裁定之日起15日内向上一级人民法院申请复议，上一级人民法院应当自收到复议申请之日起15日内作出裁定。

（4）审查与裁定

人民法院在审查期间可以根据需要调取相关证据、询问当事人、组织听证或者进行现场调查。经审查，应当自立案之日起30日内作出是否准予执行的裁定，有特殊情况需要延长审查期限的，由高级人民法院批准。

征收补偿决定存在下列情形之一的，人民法院应当裁定不准予执行：①明显缺乏事实根据；②明显缺乏法律、法规依据；③明显不符合公平补偿原则，严重损害被执行人合法权益，或者使被执行人基本生活、生产经营条件没有保障；④明显违反行政目的，严重损害公共利益；⑤严重违反法定程序或者正当程序；⑥超越职权；⑦法律、法规、规章等规定的其他不宜强制执行的情形。人民法院裁定不准予执行的，应当说明理由，并在5日内将裁定送达申请机关。申请机关对不准予执行的裁定有异议的，可以自收到裁定之日起15日内向上一级人民法院申请复议，上一级人民法院应当自收到复议申请之日起30日内作出裁定。

人民法院裁定准予执行的，应当在5日内将裁定送达申请机关和被执行人，并可以根据实际情况建议申请机关依法采取必要措施，保障征收与补偿活动顺利实施。

（5）执行方式

人民法院裁定准予执行的，一般由作出征收补偿决定的市、县级人民政府组织实施，也可以由人民法院执行。其中，“一般由作出征收补偿决定的市、县级人民政府组织实施”是个总原则，体现了“裁执分离”的改革方向。

（七）建立房屋征收补偿档案并公布分户补偿情况

《征收条例》第29条规定：“房屋征收部门应当依法建立房屋征收补偿档案，并将分户补偿情况在房屋征收范围内向被征收人公布。审计机关应当加强对征收补偿费用管理和使用情况的监督，并公布审计结果。”这一规定引入了房屋征收补偿档案管理制度，并明确分户补偿情况属于应当主动公开的政府信息。在**赵某诉河西区政府政府信息公开案**中，天津市高级人民法院认为，房屋征收分户补偿情况属于主动公开的政府信息范围，应当由房屋征收部门在房屋征收范围内向被征收人主动公开。房屋征收补偿补助费用总体发放情况不属于主动公开的政府信息范围，房屋征收部门应当在查明该信息是否存在、是否属于公开范围的基础上依法作出答复。①

由于被征收人之间普遍存在攀比心理，往往迫切想知道其他被征收人拿到了多少补偿款，但一些地方的房屋征收部门却以涉及个人隐私为由对此三缄其口，拒绝公布分户补偿情况。但从理论上讲，个人隐私权存在“可克减性”，当与隐私权相对的公共利益足够重要时，允许隐私权为公共利益作出适当让步。所以，在分户补偿情况公布中，“涉及个人隐私”这一理由在法律上是难以成立的。在本书第十二讲所引用的**刘某森等诉濮阳县政府政府信息公开案**中，最高人民法院对此作出了清晰的论述。

总结·提示　房屋征收部门不得以涉及个人隐私等为理由，拒绝公布分户补偿情况。

如果房屋征收部门未依据上述规定公布分户补偿情况，是否会影响到征收补偿决定的合法性？实践中，法院对此持否定的态度。在**徐某炎诉杨浦区政府房屋征收补偿决定案**中，最高人民法院认为，《征收条例》第29条要求房屋征收部门与征收范围内被征收人签订补偿协议或者作出补偿决定后，对最终确定的补偿情况进行汇总，建立档案，并将分户补偿情况予以公布，目的是明确房屋征收部门对征收范围内分户补偿情况的公示义务，保障被征收范围

① 天津市高级人民法院行政判决书，（2016）津行终97号。

内群众的知情权。而房屋征收部门是否公开分户补偿情况，通常并不直接涉及补偿决定本身的合法性，不影响被征收人依法获得补偿的实体权益，宜从行政机关履行政府信息公开职责等角度加以规范和监督，且相关职责主体是征收部门而非政府自身。故徐某炎以房屋征收部门未公布分户补偿情况主张案涉补偿决定违法之理由，亦难以支持。①

五、国有土地上房屋征收与补偿中的法律责任

国有土地上房屋征收与补偿中的法律责任，主要规定在《征收条例》第4章（第30～34条）。此外，《征收条例》第7条规定："任何组织和个人对违反本条例规定的行为，都有权向有关人民政府、房屋征收部门和其他有关部门举报。接到举报的有关人民政府、房屋征收部门和其他有关部门对举报应当及时核实、处理。监察机关应当加强对参与房屋征收与补偿工作的政府和有关部门或者单位及其工作人员的监察。"这一规定主要内容是加强对征收和补偿行为的社会监督和行政监察，也是与国有土地上房屋征收与补偿中的法律责任密切相关的。

（一）滥用职权等法律责任

市、县级人民政府及房屋征收部门的工作人员在房屋征收与补偿工作中不履行《征收条例》规定的职责，或者滥用职权、玩忽职守、徇私舞弊的，由上级人民政府或者本级人民政府责令改正，通报批评；造成损失的，依法承担赔偿责任；对直接负责的主管人员和其他直接责任人员，依法给予处分；构成犯罪的，依法追究刑事责任。

（二）暴力等非法搬迁法律责任

采取暴力，威胁，或者违反规定中断供水、供热、供气、供电和道路通行等非法方式迫使被征收人搬迁，造成损失的，依法承担赔偿责任；对直接负责的主管人员和其他直接责任人员，构成犯罪的，依法追究刑事责任；尚不构成犯罪的，依法给予处分；构成违反治安管理规定行为的，依法给予治安管理处罚。

（三）非法阻碍房屋征收与补偿法律责任

采取暴力、威胁等方法阻碍依法进行的房屋征收与补偿工作，构成犯罪的，依法追究刑事责任；构成违反治安管理规定行为的，依法给予治安管理处罚。

（四）贪污、挪用等法律责任

贪污、挪用、私分、截留、拖欠征收补偿费用的，责令改正，追回有关款项，限期退还违法所得，对有关责任单位通报批评、给予警告；造成损失的，依法承担赔偿责任；对直接负责的主管人员和其他直接责任人员，构成犯罪的，依法追究刑事责任；尚不构成犯罪的，依法给予处分。

---

① 最高人民法院行政裁定书，（2019）最高法行申9368号。

（五）违法评估法律责任

房地产价格评估机构或者房地产估价师出具虚假或者有重大差错的评估报告的，由发证机关责令限期改正，给予警告，对房地产价格评估机构并处5万元以上20万元以下罚款，对房地产估价师并处1万元以上3万元以下罚款，并记入信用档案；情节严重的，吊销资质证书、注册证书；造成损失的，依法承担赔偿责任；构成犯罪的，依法追究刑事责任。

第十六讲　特殊类型房屋征收与补偿

重点导读

本讲所称的“特殊类型房屋”，包括公房、出租房屋、商业用房、“住改商”房屋，以及棚户区改造、城中村改造中的房屋。其中，公房面临能否成为征收对象以及公房承租人在征收中的法律地位的问题；出租房屋的承租人在征收中不具有被征收人的法律地位，但在特定条件下也有权请求征收补偿；在征收中，对商业用房和“住改商”房屋的补偿与对居住房屋的补偿在内容、标准等方面均有所不同，其中最具特色者无疑是停产停业损失补偿；棚户区改造，大致相当于《征收条例》第8条规定的旧城区改建；城中村改造虽然主要涉及集体土地上的房屋，但由于它与棚户区改造具有相似之处，故放在这里一并讲解。本讲的内容包括公房征收与补偿、出租房屋征收与补偿、商业用房征收与补偿、“住改商”房屋征收与补偿、棚户区改造与城中村改造中房屋征收与补偿五个方面。

一、公房征收与补偿

（一）公房能否成为征收对象

1. 公房的概念

公房，是公有住房的简称，亦称公有租赁房屋或公租房，也是社会主义公有财产的组成部分。在中国，财产可分为国家所有的财产、集体所有的财产和私人所有的财产三大类，前二者可统称为公有财产。因此，凡是所有权属于国家或者集体的房屋，都可以称为公房。不过，实践中所称的公房主要是指所有权属于国家的房屋。

2. 公房成为征收对象的可能性

公房能否成为征收对象？对于这个问题，我们需要对“公房”和“征收对象”进行一番深入剖析之后方能给出准确的答案。

首先，是公房。我们在第十三讲已经介绍，公房可以分为直管公房和自管公房。其中，国家房地产管理部门直接经营管理的房屋，是直管公房，管理主体是某市某区的房产经营管理所（简称房管所）；国有企业、事业单位、机关团体投资兴建、自行管理的房屋，称为自管公房。[①] 原建设部发布的《关于不得擅自将直管公房无偿划拨给使用单位的通知》（建房〔1996〕401 号）指出："建国以来，国家直管公房一直由房地产管理部门进行管理，权属问题是明确的……产权属于国家所有的直管公房，须由各地人民政府房地产管理部门实行统一管理，不得无偿划拨给任何使用单位。"虽说如此，一些地方性法规、规章的规定还是存在被误读的可能性。例如，《沈阳市直管公房管理办法》（2016 年发布）第 2 条规定："本办法所称直管公房是指在本市国有土地上，所有权归市人民政府所有，由市房产主管部门代表市人民政府进行管理的公有住宅和非住宅房屋。"这里的"所有权归市人民政府所有"，能否等同于所有权属于国家？这是一个值得商榷的问题。相比之下，自管公房的产权更为模糊。自管公房通常是单位自建，建成之后由单位为其员工提供的福利性分配住房，所有权归建房单位，俗称"企业产"。所以，一般认为自管公房的所有权属于经营管理的单位。但是，由于经营管理自管公房的单位通常也都是全民所有制的企、事业单位，归根到底自管公房还是应当属于国家所有。

需要注意的是，大量的公房已经通过房改方式出售给公房承租人。在住房改革中，城镇职工根据国家和县级以上地方人民政府有关城镇住房制度改革政策规定，按照成本价（或者标准价）购买的公有住房，或者职工根据国家政策，按照房改成本价或者标准价购买的由中央在京单位建设的安居工程住房和集资合作建设的住房（俗称"央产房"），被称为已购公有住房。已购公有住房的所有权已经属于购买人，在满足条件时甚至可以依据《已购公有住房和经济适用住房上市出售管理暂行办法》（1999 年发布）等规定进入市场出售，故不应再被视作公房。

其次，是征收对象。我们在第三讲已经介绍，中国行政征收的对象是非国有财产，也就是集体所有的财产和私人（含自然人、法人和其他组织）所有的财产。从理论上讲，除了包含人身属性的财产（如著作权中包含"著作人身权"），所有的非国有财产皆有可能成为行政征收对象。而且，能作为行政征收对象的只能是财产所有权，不包括他物权，更不包括以债权为基础的财产使用权，如公房承租权。

根据以上剖析，由于行政征收的对象须为非国有财产，而直管公房的所有权通常本来就属于国家，故不存在由国家依法进行征收的可能性，不能成为征收对象。同时，由于行政征收的对象须为财产所有权，而公房承租权仅为一种债权性的使用权，同样不能成为征收对象。自管公房，如果认为其所有权属于经营管理的单位，在法律上有成为征收对象的可能性。例如，《北京市住房和城乡建设委员会关于国有土地上房屋征收与补偿中有关事项的通知》（京建法〔2012〕19 号）规定："征收自管公房或者收回直管公房使用权的，自房屋征收决定发布之日起，房屋所有权人与公房承租人的公房租赁关系自动终止。"据此，自管公房可以成为行政征收对象，而对于直管公房，只能收回使用权。我们在第三讲中已经介绍，征收和征用的不同之处在于，征收主要是所有权的改变，征用只是使用权的改变。但反过来说，使用权的改变并不一定都是征用。由于征用通常是紧急状态下的特别措施，而且征用财

① 参见蔡小雪、郭修江：《房屋征收案件审理指引》，人民法院出版社 2015 年版，第 25 页。

产使用后原则上要求返还，而公房使用权由承租人变更为国家之后，基本上不存在返还的可能性，故收回直管公房使用权的行为既不属于行政征收，也不属于行政征用。

总结·提示 直管公房不存在被征收的可能性，自管公房可以成为行政征收对象。对于直管公房，只能依法收回使用权，从法律效果来看，它属于一种依法强制性收回公房使用权并给予补偿的行政行为，称其为“公房使用权收回”更为妥当。但由于公房征收的说法已经相当普遍，本书顺应这一潮流，仍以“征收”名之。

(二) 公房承租人在征收中的法律地位

依据《征收条例》第2条的规定，只有被征收房屋所有权人才具有被征收人的法律地位。既然直管公房不能成为征收对象，而且直管公房的所有权属于国家，直管公房承租人自然也就不具有被征收人的法律地位；自管公房虽然有被征收的可能性，但由于自管公房承租人毕竟不等于自管公房的所有权人，故自管公房承租人同样不具有被征收人的法律地位。

不过，公房承租人不具有被征收人的法律地位，并不影响公房承租人在征收中要求补偿安置的权利。由于公房承租实际上是我国计划经济时代形成的福利待遇，国家在房改过程中已通过远低于市场价的出售方式，实现公房承租人福利待遇的货币化，对于未房改的公房，对于承租人而言，在征收中也应保障其货币化待遇。[①] 实践中，大多也都认可公房承租人与房屋征收、补偿行为之间的利害关系。在**李某泉诉新市区政府房屋征收决定案**中，最高人民法院认为，在公房征收案件中，享有直管公房或国有单位产权房租赁权的承租人，以国有企业职工等身份，对被征收的公房享有以低于市场价格长期占用、使用的权利，该权利是一种合法的社会福利权利。征收决定不仅造成房屋租赁关系的解除，而且对承租人依法享受的低价租赁房屋的社会福利权利产生现实的、直接的影响。因此，公房承租人与房屋征收决定有利害关系，具有原告主体资格。本案中，案涉房屋登记在原新疆煤矿机械厂名下，李某泉以该厂职工身份长期租住，属于国有单位产权房的承租人，故其与被诉征收决定具有利害关系。[②]

值得关注的是，在一些地方性的立法中赋予了公房承租人被征收人的法律地位，或者类似于被征收人的法律地位。例如，《浙江省国有土地上房屋征收与补偿条例》(2020年修改)第9条第2~3款规定：“房屋征收范围内有公房管理部门直管住宅公房或者单位自管住宅公房的，设区的市、县（市、区）人民政府应当组织公房管理部门和单位自管住宅公房的所有权人对承租人是否符合房改政策予以调查、认定。公房承租人符合房改政策的，享有按照房改政策购买被征收房屋的权利。承租人按照房改政策购房后，设区的市、县（市、区）人民

---

① 参见顾大松：《房屋征收法律制度研究》，东南大学出版社2017年版，第44~45页。
② 最高人民法院行政裁定书，(2019) 最高法行申14197号。

政府应当对其按照被征收人予以补偿。”《天津市国有土地上房屋征收与补偿规定》(2017 年发布）第 1 条将其立法目的表述为“为了规范国有土地上房屋征收与补偿活动，维护公共利益，保障被征收房屋所有权人、公有房屋承租人的合法权益”，而且该规定自始至终都是将被征收人与公有房屋承租人并列，足见公房承租人在征收与补偿中的法律地位与被征收人几乎是同等重要的。

（三）公房征收中的补偿安置

1. 公房承租人在征收补偿中的权利

公房承租权是一种具有社会保障性质的权利，故公房租赁不同于平等主体之间的房屋租赁关系，对公房的征收会直接影响承租人的居住和生活条件。因此，征收公房时，征收部门有义务保障承租人的居住条件和生活水平不降低。在**黄某兴诉钟山县政府行政协议案**中，最高人民法院认为，在国有土地上房屋征收案件中的行政相对人是房屋所有权人，因此房屋所有权人才是房屋征收补偿的对象，故黄某兴作为承租人不能按照上述法规进行补偿。钟山县政府在查清事实后认定黄某兴不属于安置补偿对象，不继续履行该协议的行为，并未违反法律、法规的规定。但是，黄某兴作为享受破产企业产权房租赁权的承租人，对被征收的破产企业产权房或国有单位产权房实际上享有以低于市场价格占有、使用的权利，这种权利是由于企业破产或其他历史原因形成的，是一种合法的、具有社会保障性质的权利，完全不同于平等主体之间的房屋租赁关系。涉案房屋的征收关系到黄某兴的基本生活、生存条件，且对其依法享受的低价租赁房屋的社会福利权利将会产生现实的、直接的影响，因此当黄某兴承租的房屋被征收时，征收单位须切实维护好黄某兴的合法权益，保障其住房生活水平不降低。① 从本案可知，由于公房承租权具有福利性，公房承租人在征收补偿中享有的权利与被征收人享有的权利十分相似。

2. 对公房承租人的征收补偿方式

实践中，对于公房承租人的征收补偿方式主要有三种：一是由公房承租人按照房改政策先购买承租的公房，在取得房屋所有权之后以被征收人的身份获得补偿。二是在解除原来的租赁关系之后，重新安置公房由原承租人继续承租（类似于《征收条例》所规定的产权调换，只不过这里调换的是房屋承租权而不是所有权）。三是实行货币补偿，按照一定比例将被征收房屋价值补偿分配给房屋的所有人和承租人。

例如，北京市住房和城乡建设委员会《关于国有土地上房屋征收与补偿中有关事项的通知》（京建法〔2012〕19 号）规定，公房承租人愿意按照房改政策购买所承租公房的，应当在房屋征收决定公告发布之日起 20 日内购买；公房承租人在规定期限内不愿意按照房改政策购房的，房屋所有权人可以在规定期限内与公房承租人协商达成书面一致意见，通过货币补偿或者用其他房屋安置公房承租人。《福建省实施〈国有土地上房屋征收与补偿条例〉办法》（2014 年发布）第 20 条规定：“被征收住宅为国有直管公房，承租人可以继续承租产权

① 最高人民法院行政裁定书，(2019) 最高法行申 5358 号。

调换房屋。符合当地政府公房购买规定的，承租人还可以选择购买公房产权。征收单位自管公房的，参照前款规定执行。”《上海市国有土地上房屋征收与补偿实施细则》（2011 年发布）第 29 条第 3 款规定，征收执行政府规定租金标准的公有出租居住房屋，被征收人选择货币补偿的，租赁关系终止，对被征收人的补偿金额为：评估价格 ×20%；对公有房屋承租人的补偿金额为：评估价格 ×80% + 价格补贴。

3. 对公房承租人的征收补偿标准

从补偿标准来看，对于公房承租人的补偿与对私有房屋所有权人的补偿之间并未体现出显著的差异。例如，《天津市国有土地上房屋征收与补偿规定》第 19 条是将对被征收人和公有房屋承租人给予的补偿放在一起规定，且未对二者的补偿内容和补偿标准等进行刻意的区分。但是，由于公房毕竟不同于商品房，对于房屋所有权人和公房承租人不能完全等同视之。例如，北京市住房和城乡建设委员会《关于国有土地上房屋征收与补偿中有关事项的通知》规定，公房承租人在房屋征收决定公告发布之日起 20 日内未能按照房改政策购买所承租公房且与房屋所有权人未协商一致的，区、县房屋征收部门对房屋所有权人按照重置成新价款进行补偿，对公房承租人按照征收补偿方案确定的房屋价值补偿总额扣除房屋重置成新价款后的部分进行补偿；公房承租人也可以按照征收补偿方案选择房屋安置，取得的补偿款与房屋安置的购房款之间的差额由公房承租人承担。

由于公房带有福利性质，原则上每个人或者家庭只能享受一次这样的福利待遇，如果承租人另有承租或购买公房、经济适用房等带有福利性质的房屋，很可能导致在征收中得不到补偿。例如，《北京市住房和城乡建设委员会关于国有土地上房屋征收与补偿中有关事项的通知》规定：“经审核查明公房承租人已承租或者购买的其它公房已达标的，区、县房屋征收部门对产权人进行补偿，对公房承租人不予补偿；按照本市审核配租配售规定，公房承租人已承租廉租房或者公租房，或者购买过经济适用住房、限价商品房，需腾退原承租公房的，对公房承租人不予补偿。”如此看来，公房承租人与房屋所有权人在享受征收补偿时还是有明显区别的。

二、出租房屋征收与补偿

（一）房屋承租人在征收中的法律地位

这里的出租房屋，是指个人或者企业等作为所有权人租赁给承租人供其居住或者经营使用的房屋，其产权性质属于私人所有，从而不同于上面所讲的公有租赁房屋。

私有房屋承租人与公有房屋承租人一样，在征收中不具有被征收人的法律地位。在**高某庭诉海宁市政府城建行政征收案**中，最高人民法院认为，公民个人既不是被征收房屋合法产权人或者用益物权人，也不是直管公房、廉租房等特定房屋承租人，不实际享受相应住房保障和房改政策，仅与房屋所有权人形成一般租赁关系，并且也不因征收造成停产停业等经营性损失，相关租赁房屋被纳入国有土地上房屋征收范围的，仅在客观上导致承租人与房屋所有权人之间私法上房屋租赁合同履行的终止，而不直接形成公法上征收补偿法律关系，承租人不具备被征收人法律地位。其相关租赁合同履行损失问题，宜通过民事诉讼途径解决。[①]从中可见，房屋承租人与房屋征收主体之间并不形成公法上的征收补偿法律关系。

（二）房屋征收中对承租人的补偿

出租房屋的征收与补偿，关键问题是在征收中是否应该对承租人给予补偿，以及应该如何补偿。对此，立法上的规定尚不完善，但在实践中已经确立起一些行之有效的规则：

第一，如果在被征收的房屋上存在重大添附或正在进行经营管理的承租人，征收决定、补偿决定或协议中涉及装修价值、搬迁安置费用及停产停业损失的确认及支付等具体事宜就同样将影响承租人的正当权利。[②] 在此情形下，承租人有权获得公平、合理的补偿。尤其是在房屋被征收部门强制拆除之后，如果承租人在被征收的房屋上有不可分割的添附，或者在承租房屋内依法从事生产经营，强制拆除房屋的行为可能对承租人在房屋上的添附、生产经营的设备等屋内物品以及承租人正当行使生产经营权造成不同于其他人的特别损害或不利影响。所以，最高人民法院第一巡回法庭2019年第3次法官会议纪要提出："一般而言，承租人与征收决定、补偿决定、补偿协议、强制拆除房屋行为没有利害关系，但是承租人在被征收房屋上有不可分割的重大添附，或依法独立在承租房屋开展经营活动或者可以证明强制拆除房屋造成其物品损失的，应认为承租人与该强制拆除房屋行为有利害关系，符合其他法定起诉条件的，具有原告资格。"在**欧阳某才诉番禺区政府拆除房屋行政强制案**中，最高人民法院认为，只要与被诉行政行为有利害关系，就应当具有原告资格。所谓"有利害关系"，是指被诉行政行为有可能对起诉人的权利义务造成区别于其他人的特别损害或者不利影响。在房屋征收案件中，若承租人在被征收的房屋上有不可分割的添附或依法独立在其承租房屋开展经营活动，强制拆除房屋行为就有可能对承租人在房屋上的添附、承租人屋内物品或其正当行使的经营权造成不同于其他人的特别损害或不利影响，应当认为承租人与该行政行为有利害关系，具有原告资格。[③] 在**冠泉宾馆诉章丘区政府确认征收补偿协议无效案**中，最高人民法院认为，在房屋征收补偿案件中，通常而言，补偿的对象是被征收人，即房屋的所有权人，承租人与征收补偿行为不具有利害关系，因而不能成为行政诉讼的适格原告。但如果承租人在租赁的房屋上有难以分割的添附，且以其所承租房屋依法进行经营活动，那么，在该房屋被征收时，对于承租人提出的室内装修、机器设备搬迁、停产停业等损失，依法应予考虑，此时承租人与征收补偿行为之间应视为具有利害关系，可以作为原告提起诉讼。本案中，冠泉宾馆在承租种业公司的房屋后，为实现经营目的进行了装饰装修及改造，增设了必要的家电及附属设施等，且涉案房屋被征收时租赁期限尚未届满。因此，承租人虽然不是被征收人，但对于其完成的室内装饰装修和改扩建项目的价值、经营用设备等的搬迁费用、停

---

① 最高人民法院行政裁定书，（2017）最高法行申8664号。

② 参见最高人民法院第一巡回法庭编著：《最高人民法院第一巡回法庭行政主审法官会议纪要》（第1卷），中国法制出版社2020年版，第35~36页。

③ 最高人民法院行政裁定书，（2019）最高法行再159号。

产停业损失等，依法有权获得合理补偿。[1]

总结·提示 虽然私有房屋承租人在征收中不具有被征收人的法律地位，但是，如果承租人在被征收房屋上有不可分割的重大添附，或依法独立在承租房屋开展经营活动或者可以证明强制拆除房屋造成其物品损失，则承租人与征收补偿行为、强制拆除行为之间具有利害关系，可以作为原告提起行政诉讼。

第二，因征收导致租赁用房无法继续使用，应按“谁有损失补偿给谁”的公平补偿原则处理。也就是说，造成承租人损失的，应当直接补偿承租人。在**陈某柱诉雨花区政府等房屋征收补偿案**中，最高人民法院认为，征收导致了经营性用房无法继续使用，应按“谁有损失补偿给谁”的公平补偿原则处理。本案中，征收直接导致承租人陈某柱无法继续经营而产生的停产停业损失、搬迁费，雨花区政府、雨花区征收办应当补偿给陈某柱。[2]

第三，在征收补偿协议或者补偿决定故意遗漏承租人的情形下，承租人有权提起行政诉讼。在**陈某柱诉雨花区政府等房屋征收补偿案**中，最高人民法院认为，行政机关在征收补偿过程中与房屋产权人签订了补偿协议，其中对案涉房屋的装饰装修、停产停业费、搬迁费部分遗漏了行政相对人（承租人），且对上述损失的认定存在错误，未充分保障承租人的合法权益，征收程序违法，故案涉补偿协议中涉及装饰补偿、搬迁费、停产停业费部分应确认无效。同时，行政机关实施征收直接导致承租人无法继续经营而产生的停产停业损失、搬迁费，应予补偿。行政机关不顾承租人的反对，以其与房屋产权人签订的涉案补偿协议强制拆除了案涉房屋，造成承租人装饰装修和屋内物品损失，应予赔偿。[3] 在**隐没堂茶馆诉开平市政府不履行法定职责案**中，最高人民法院认为，在房屋征收补偿案件中，一般只有房屋所有权人才与征收行为和补偿行为有利害关系，可以针对征收行为或者补偿行为提起行政诉讼。房屋的市场化承租人通常并不与补偿行为有利害关系，其可以通过民事诉讼解决与房屋所有权人之间的房屋租赁合同纠纷，并按照法律规定和租赁合同的约定来解决所租赁房屋上的添附以及因征收而造成的停产停业损失的补偿或赔偿问题。但是，补偿义务主体在知道或者应当知道存在房屋承租人且承租人具有独立的补偿利益后，既不在其与房屋所有权人签订的安置补偿协议或者作出的补偿决定中给付上述独立的补偿利益，也不另行与承租人签订安置补偿协议或者作出补偿决定解决上述独立的补偿利益问题，则房屋承租人有权以自己名义主张上述独立的补偿利益。[4]

第四，房屋承租人寻求救济的权利明显比不上被征收人。例如，通常认为房屋承租人不具有起诉房屋征收决定的原告资格。在**好红陶瓷商行等诉莲都区政府房屋行政征收案**中，最

---

① 最高人民法院行政裁定书，(2019) 最高法行申 13115 号。
② 最高人民法院行政裁定书，(2018) 最高法行申 3739 号。
③ 最高人民法院行政裁定书，(2018) 最高法行申 3739 号。
④ 最高人民法院行政裁定书，(2020) 最高法行再 110 号。

高人民法院提出，为商业经营而租赁房屋的经营者，并非为居住而租赁房屋的个人，通常对涉案房屋进行了重新装修，添附了不可分割的价值，房屋被征收势必对其造成一定的现实影响。但考虑到被征收房屋的价值并不在于建材本身，而承租人添附的价值主要体现在建材本身和相应的人工成本，故从司法惯例看，承租人可对装修部分的补偿提起诉讼，而非对征收决定提起诉讼。① 在这一判例中，房屋承租人与房屋征收决定之间的利害关系实际上被否定了。

（三）征收补偿在出租人与承租人之间的分配

征收房屋可能会导致租赁合同的提前解除，也可能会涉及征收补偿利益的分配。有的房屋出租人和承租人已经在租赁合同中明确约定了房屋被征收时补偿利益的分配，在此情形下，只要约定是有效的，就应当尊重当事人的意思自治，按照约定分配征收补偿利益即可。

如果租赁合同对此未进行明确约定，就应当结合房屋的实际使用状况、租赁期限、剩余租期、租金支付、装饰装修的实际投入、物品折旧度、生产经营的具体情况等，按照公平原则以及保护无过错当事人的原则进行分配。例如，对于装饰装修残值损失，最高人民法院《关于审理城镇房屋租赁合同纠纷案件具体应用法律若干问题的解释》（2020 年修改）第 9 条规定："承租人经出租人同意装饰装修，合同解除时，双方对已形成附合的装饰装修物的处理没有约定的，人民法院按照下列情形分别处理：……（四）因不可归责于双方的事由导致合同解除的，剩余租赁期内的装饰装修残值损失，由双方按照公平原则分担。法律另有规定的，适用其规定。"从实践来看，基本的原则是"谁有损失补偿给谁"，但由于目前这方面的立法并不完善，有时也会产生不小的争议。

三、商业用房征收与补偿

（一）商业用房的概念

商业用房，是指用于生产、经营、办公等非住宅用途的房屋，也称非住宅房屋或非居住房屋。这里的商业用房，是广义的概念，包括工业用房、商业用房（狭义）、办公用房、综合用房等所有的非住宅房屋。但在立法上，通常不使用商业用房这一概念。例如，《拆迁条例》（2011 年修改，已失效），《北京市国有土地上房屋征收停产停业损失补偿暂行办法》（京建法〔2011〕18 号），《贵州省国有土地上房屋征收停产停业损失补偿指导意见》（黔府办发〔2011〕116 号），《厦门市征收国有土地上非住宅房屋停产停业损失补偿的规定》（厦资源规划规〔2021〕5 号）中使用的是非住宅房屋，《上海市国有土地上房屋征收与补偿实施细则》（2011 年发布）中使用的是非居住房屋。依据鹰潭市人民政府《关于印发鹰潭市国有土地上房屋征收停产停业损失补偿暂行办法的通知》（鹰府发〔2015〕13 号）第 4 条第 1 款的规定，非住宅房屋是指除住宅房屋以外的正房（不包括附属用房），非住宅房屋的用途包括营业用房和非营业用房。营业用房是指服务对象接受服务，直接用于商业活动的房屋，

① 最高人民法院行政裁定书，（2020）最高法行申 868 号。

包括金融、商业零售、娱乐、餐饮、中介等商业服务类型的房屋；非营业用房包括办公、教学、厂房、站场码头、仓库堆栈等用房。

实践中，判断商业用房的标准主要有登记和实际用途两种。登记标准认为，应当以房屋产权证书、土地使用权证书以及相关权属档案等记载的房屋用途作为判断商业用房的标准；实际用途标准认为，应当以房屋实际上是否用于工业、商业等非居住用途作为判断商业用房的标准。由于上述两种标准各有优缺点，通常需要将二者结合起来进行综合判断。同时，在确定房屋的实际用途时，营业执照和税务登记证等也是非常重要的凭据。例如，依据《贵州省国有土地上房屋征收停产停业损失补偿指导意见》第3条的规定，被征收房屋符合以下条件的，才能享受停产停业损失补偿：(1)被征收房屋是合法建筑，房屋权属证书登记的用途为非住宅的；(2)被征收人提供合法、有效的营业执照、税务登记证的；(3)房屋征收公告发布前持续经营的；(4)因征收房屋造成停产停业损失的。

商业用房可分为国有土地上的商业用房和集体土地上的商业用房。从数量上看，国有土地上的商业用房占绝对多数。不过，随着集体经营性建设用地入市，集体土地上的商业用房必将大规模地涌现出来，并成为商业用房中一股不容忽视的新生力量。

（二）征收中对商业用房的补偿

1. 商业用房征收补偿的内容

从各地方的规定来看，在征收中对商业用房的补偿与对居住房屋的补偿在内容上存在明显的区别。例如，《上海市国有土地上房屋征收与补偿实施细则》第27条规定："征收居住房屋的，应当根据不同情况，按照本细则规定给予被征收人、公有房屋承租人以下补偿、补助：(一)被征收房屋的房地产市场评估价格；(二)价格补贴；(三)特定房屋类型的套型面积补贴；(四)居住困难户的保障补贴；(五)搬迁费和临时安置费。对按期签约、搬迁的被征收人、公有房屋承租人，房屋征收部门应当给予奖励，具体奖励标准由各区(县)人民政府制定。"第34条规定："征收非居住房屋的，被征收人、公有房屋承租人可以选择货币补偿，也可以选择房屋产权调换。征收非居住房屋的，应当对被征收人、公有房屋承租人给予以下补偿：(一)被征收房屋的市场评估价格；(二)设备搬迁和安装费用；(三)无法恢复使用的设备按重置价结合成新结算的费用；(四)停产停业损失补偿。被征收人、公有房屋承租人按期搬迁的，应当给予搬迁奖励。具体奖励标准由区(县)人民政府制定。"我们梳理上述规定可以发现，其中"设备搬迁和安装费用""无法恢复使用的设备按重置价结合成新结算的费用""停产停业损失补偿"都是专门对商业用房给予的补偿。

有的地方还专门对商业用房的征收补偿出台了规定，如2013年12月12日温州市人民政府办公室印发了《温州市区国有土地上工业用房征收补偿暂行办法》(温政办〔2013〕191号，已失效)。其中，第6条规定："工业用房的征收补偿包括以下内容：(一)被征收工业用房价值的补偿。被征收工业用房价值包括房屋及其占用范围内的土地使用权的补偿。(二)因征收工业用房造成的生产设备设施重置、搬迁、拆装的补偿，以及存货、原材料等搬迁的补偿。(三)因征收工业用房造成的临时安置的补偿。(四)因征收工业用房造成的停产停业损失的补偿。”上述规定中，第2项、第4项为商业用房所独有的补偿内容。

综上所述，在商业用房征收补偿的内容中，最具特色的无疑是停产停业损失补偿。

2. 停产停业损失补偿标准的具体情形

依据《征收条例》第23条的规定，停产停业损失补偿标准的具体办法应当由省、自治区、直辖市制定。从各地的规定来看，停产停业损失补偿标准主要有以下几种具体情形。

（1）按照生产经营效益等指标确定

《北京市国有土地上房屋征收停产停业损失补偿暂行办法》第5条规定：“非住宅房屋停产停业损失补偿评估的计算公式为：停产停业损失补偿费＝（用于生产经营的非住宅房屋的月租金＋月净利润×修正系数＋员工月生活补助）×停产停业补偿期限……”《浙江省国有土地上房屋征收与补偿条例》（2020年修改）第29条第1～2款规定：“征收非住宅房屋造成停产停业损失的，应当根据房屋被征收前的效益、停产停业期限等因素给予补偿。补偿的标准不低于被征收房屋价值的百分之五，具体标准由设区的市、县（市）人民政府规定。生产经营者认为其停产停业损失超过依照前款规定计算的补偿费的，应当向房屋征收部门提供房屋被征收前三年的效益、纳税凭证、停产停业期限等相关证明材料。房屋征收部门应当与生产经营者共同委托依法设立的评估机构对停产停业损失进行评估，并按照评估结果支付补偿费。”在上述规定中，房屋被征收前的经营效益（净利润）是确定停产停业损失补偿标准的重要依据。

（2）按照被征收房屋评估价的百分比确定

《上海市国有土地上房屋征收与补偿实施细则》第35条规定：“因征收非居住房屋造成被征收人、公有房屋承租人停产停业损失的补偿标准，按照被征收房屋市场评估价的10%确定。被征收人、公有房屋承租人认为其停产停业损失超过被征收房屋的市场评估价10%的，应当向房屋征收部门提供房屋被征收前三年的平均效益、停产停业期限等相关证明材料。房屋征收部门应当委托房地产价格评估机构对停产停业损失进行评估，并按照评估结果予以补偿。被征收人、公有房屋承租人对评估结果有异议的，可以按照本细则第二十五条第三款规定申请复核、鉴定。”《重庆市国有土地上房屋征收停产停业损失补偿办法（暂行）》（2011年发布）第5条规定：“被征收人选择货币补偿的，按房屋评估价值的6%一次性给予停产停业损失补偿费。”第6条规定：“被征收人选择产权调换的，每月按房屋评估价值的5‰支付停产停业损失补偿费，停产停业期限按实际过渡期限计算。在规定的过渡期限内，征收主管部门按征收的建筑面积提供了非住宅临时安置房的，不支付停产停业损失补偿费。过渡期限延长的，自逾期之月起每月按房屋评估价值的5‰加付停产停业损失补偿费。”按照被征收房屋评估价的百分比确定停产停业损失，简单直接，便于操作，但也存在搞“一刀切”，未能充分考虑到各经营主体损失的具体情形等问题。

（3）按照纳税情况结合经营状况等因素确定

《河南省实施〈国有土地上房屋征收与补偿条例〉若干规定》（豫政〔2012〕39号）第13条规定：“停产停业损失补偿标准以被征收人的月平均利润值确定。月平均利润值依据被征收人提供的近3年纳税证明推算确定，不足3年的以全部生产经营期间纳税证明为依据推算确定。”《吉林市国有土地上房屋征收与补偿条例》（2013年发布，2023年修改）第53条规定：“征收营业执照记载为经营场所的非住宅房屋，被征收人依法纳税且因征收房屋造成停产停业损失的，房屋征收部门应当按照下列规定向被征收人支付停产停业损失补偿：（一）停产停业损失补偿费 =（应纳税月平均所得额 - 月平均纳税额）×过渡期限（月）……”但是，这种方式或许争议更大，因为纳税情况与经营者的实际收益之间并不一定成正比关系。尤其对于符合免税或者减税条件的被征收人来说，应当如何确定停产停业损失补偿标准呢？

总结·提示 各地关于停产停业损失补偿标准的规定，主要有按照生产经营效益等指标确定、按照被征收房屋评估价的百分比确定、按照纳税情况结合经营状况等因素确定等情形。

四、“住改商”房屋征收与补偿

（一）“住改商”房屋的概念

“住改商”房屋，又称“住改非”房屋（住房改为非居住房屋）或“住改经”房屋（住房改为经营性用房），是指审批用途或房屋产权证登记用途为住宅，但在使用过程中改变为商业经营、生产、办公等非住宅用途的房屋。“住改商”房屋多为临时改变用途的房屋，所谓临时改变房屋用途，依据《宁波市临时改变房屋用途管理规定》（甬规字〔2018〕177号）的规定，是指在国有土地上依法建设并投入使用的房屋，因社会经济发展、产业布局调整、城市区域功能调整等原因，在不改变土地用途、不改变建筑规模、不改变房屋结构承重体系的基础上，临时改变建设工程规划许可或者不动产权证（房屋所有权证）确定的房屋用途的行为。

“住改商”不能随意为之，需要严格遵守法律、法规以及管理规约的规定，这就涉及“住改商”房屋的合法要件问题。

拓展·探索

“住改商”房屋的合法要件

在中央层面，有关“住改商”房屋合法要件的规定较少，因而需要参考各地方的规定。例如，《北京市国有土地上房屋征收停产停业损失补偿暂行办法》第3条规定：“被征收房屋符合下列条件的，房屋征收部门应当给予被征收人停产停业损失补偿：（一）被征收房屋具有房屋权属证明或者经有关部门认定为合法建筑；（二）有合法、有效的营业执照或者登记证，且营业执照或者登记证上载明的住所（营业场所）为被征收房屋。但在办理工商登记注册时提交了由经营者和房屋提供者签署的《临时住所（经营场所）使用承诺书》，承诺遇有政府有关部门依法拆除其场所或经政府批准进行拆迁、以及要求恢复原场地使用性质时，不申请相应补偿的除外；（三）已办理税务登记并具有纳税凭证。”从各地方现有的规定来看，“住改商”房屋的合法要件应当包括以下几点：

第一，房屋产权性质为住宅，且产权合法。房屋的审批用途或房屋产权证登记用途为住宅，且被改变用途的房屋本身须为合法建筑，是“住改商”房屋首要条件。房屋产权性质为非住宅的，没有“住改商”的必要；将违法建筑“住改商”的，明显不具备合法性。

第二，房屋已经实际用于商业经营，并持续一定的时间。通常要求在房屋征收公告发布前应当处于持续经营的状态。至于持续的具体时间，有待各地方作出明确的规定。例如，《常州市市区国有土地上房屋征收停产停业损失补偿暂行规定》（2014 年发布）第 6 条第 2 款规定：“住宅房屋于 2010 年 7 月 1 日前已经改变为经营性用房，并取得工商营业执照，持续营业至政府作出房屋征收决定之日超过一年的，可以结合实际营业年限，按照超出被征收房屋原用途评估价格的评估总额（含装修）的 6%，给予一次性综合补偿。”

第三，依法取得营业执照或登记证。营业执照、登记证是准许从事生产经营活动的凭证，故依法取得营业执照或登记证，也是“住改商”房屋区别于普通住宅的显著标志和必备条件。

第四，依法取得税务登记证且正常纳税。通常来说，取得税务登记证并有纳税记录，二者缺一不可，但符合免予纳税的情形除外。

第五，营业执照和税务登记证记载地址须与实际经营地点一致。换言之，不但要取得合法、有效的营业执照和税务登记证，而且营业执照和税务登记证上载明的住所（营业场所）须为实际用于经营的“住改商”房屋。

第六，遵守法律、法规以及管理规约并经有利害关系的业主一致同意。《民法典》第 279 条规定：“业主不得违反法律、法规以及管理规约，将住宅改变为经营性用房。业主将住宅改变为经营性用房的，除遵守法律、法规以及管理规约外，应当经有利害关系的业主一致同意。”最高人民法院《关于审理建筑物区分所有权纠纷案件适用法律若干问题的解释》（法释〔2020〕17 号）第 10～11 条规定，业主将住宅改变为经营性用房，本栋建筑物内的其他业主，应当认定为有利害关系的业主；建筑区划内，本栋建筑物之外的业主，主张与自己有利害关系的，应证明其房屋价值、生活质量受到或者可能受到不利影响；业主将住宅改变为经营性用房，未依据《民法典》第 279 条的规定经有利害关系的业主一致同意，有利害关系的业主请求排除妨害、消除危险、恢复原状或者赔偿损失的，人民法院应予支持；将住宅改变为经营性用房的业主以多数有利害关系的业主同意其行为进行抗辩的，人民法院不予支持。依据上述规定，遵守法律、法规以及管理规约并经有利害关系的业主一致同意，是“住改商”的基本条件。

由上述合法要件可知，当前对于“住改商”房屋的限制是比较严苛的。加之全国性的规定阙如、地方各自为政，在征收中被认定为合法的“住改商”房屋寥寥无几，这对于被征收人权益的保护殊为不利。

（二）征收中对“住改商”房屋的补偿

2003年9月19日，国务院办公厅《关于认真做好城镇房屋拆迁工作维护社会稳定的紧急通知》（国办发明电〔2003〕42号）要求：“各地要本着实事求是的原则，采取积极有效的措施，切实解决城市房屋拆迁中久拖不决的遗留问题。对拆迁范围内产权性质为住宅，但已依法取得营业执照经营性用房的补偿，各地可根据其经营情况、经营年限及纳税等实际情况给予适当补偿。”根据这一文件精神，各地方对于“住改商”房屋补偿的要求一般也是“给予适当补偿”。例如，《衡水市国有土地上房屋征收与补偿实施办法》（2014年发布）第33条规定：“对经营证照齐全，手续完备的‘住改非’用房，可根据其经营情况、经营年限及纳税等实际情况给予适当补偿。”不过，对于究竟如何“给予适当补偿”，各地方的规定差异较大，主要有以下几种情形：

一是给予一次性补助。中共杭州市委办公厅、杭州市人民政府办公厅《关于进一步加强和改进征地拆迁工作的意见》（市委办〔2006〕5号）规定，对国有土地“住改非”房屋的补偿，按房屋权属证书上载明的用途实施补偿安置，同时结合被拆房屋的实际使用情况，考虑其综合因素，根据被拆迁人（或承租人）提供的合法有效的工商营业执照和完税凭证，按批准的合法经营面积，另行根据住宅评估价的一定比例给予一次性补助。

二是按适当比例给予停产停业损失补偿。《江苏省贯彻实施〈国有土地上房屋征收与补偿条例〉若干问题的规定》（苏政发〔2011〕91号）第15条第2款规定：“被征收房屋于2010年7月1日前已经改变为经营性用房，并取得工商营业执照、持续营业1年以上的，可以结合实际营业年限按照适当比例给予停产停业损失补偿。具体比例由设区的市、县（市、区）人民政府结合本地实际确定。”

三是按照房屋评估价适当上浮给予补偿。《新乡市中心城区棚户区（城中村）改造房屋征收与补偿暂行办法》（新政文〔2017〕173号，已失效）第19条规定：“被征收房屋原为住宅，但实际长期用于商业经营的，经房屋所有人申请，可由所在区政府、乡（镇、办事处）、村委会（社区）认定为‘住改非’房屋，按照评估价格适当上浮给予补偿。”

四是上浮面积后参照住宅房屋补偿标准给予补偿。《佳木斯市国有土地上房屋征收与补偿办法（暂行）补充意见》（佳政办规〔2017〕12号）规定：“住改非房屋实行货币补偿按下列标准执行：以房屋权属证书标明建筑面积为准，上浮20%面积后参照住宅房屋补偿标准给予货币补偿。”

五是按照“住改商”的时间确定补偿标准。广州市人民政府《关于广州市国有土地上房屋征收与补偿的实施意见》（穗府〔2011〕17号）第16条第1款规定：“拥有合法产权，但被征收人自行‘住改商’的住宅房屋，被征收人选择产权调换的，按住宅用房进行补偿；选择货币补偿的，按以下方式给予补偿，但不支付停产停业损失补偿：（一）1997年4月1日《广州市城市规划条例》施行前已改变为经营性用房，被征收人能提供合法有效的工商执照、依法纳税证明，并实际正在营业的，房屋征收部门可按照经营性用房房地产市场评估价的60%给予补偿。（二）1997年4月1日《广州市城市规划条例》施行后至2001年市规划行政管理部门颁布的住改商管理规定实施前改变为经营性用房，被征收人能提供合法有效的工商执照、依法纳税证明，并实际正在营业的，房屋征收部门可按照经营性用房房地产市场评估价的 50% 给予补偿。”

总体来看，对于“住改商”房屋的补偿标准低于对商业用房的补偿标准。实践中，甚至大量存在因僵化地恪守产权性质，不给予“住改商”房屋有关经营方面的补偿的情形。对此，最高人民法院法官认为，“住改商”房屋从性质上讲仍应认定为住宅，但应考虑到被征收人实际上已将房屋合法地用于经营，解决了就业等问题，如果对其失去经营场所不予补偿，显然有悖于法律赋予物权人充分发挥物的效能的绝对支配权，也不符合物尽其用的原则。[①] 最高人民法院第五巡回法庭 2020 年第 6 次法官会议纪要在对农村“住改非”房屋参照国有土地上房屋标准进行征收时的补偿问题（对于农村集体土地上房屋因“住改非”而用于经营，征收时对于待工待业损失是否应当进行补偿，如何补偿?）进行研讨后指出，行政合理性原则和比例原则要求，为了公共利益征收集体土地时，要给予当事人公平合理的补偿，保障被征收人的生活水平不降低。对于已经“住改非”的农村住房，在征收时与其他的农村住房按照同样的标准进行补偿，有失公平。农民在取得合法的经营证的前提下，通过经营活动获取收入来源，对其房屋进行征收严重影响了农民的收入来源，实质上造成了农民的待工待业。为保障被征收农民的原有生活水平不下降，应基于公平合理的原则在征收补偿中酌情给予待工人员补助。在**贾某诉九原区政府房屋征收补偿决定案**中，最高人民法院认为，在城市房屋征收过程中，要注意合法合情合理地解决其中久拖不决的遗留问题。国务院办公厅《关于认真做好城镇房屋拆迁工作维护社会稳定的紧急通知》（国办发明电〔2003〕42 号）在第四部分规定，对拆迁范围内产权性质为住宅，但已依法取得营业执照经营性用房的补偿，各地可根据其经营情况、经营年限及纳税等实际情况给予适当补偿。上述文件确定了解决城市房屋拆迁中久拖不决遗留问题的基本原则，即对待遗留问题，不能“一刀切”，完全按照产权性质不给予“住改商”房屋有关经营方面的任何补偿。本案中，涉案房屋虽产权性质为住宅，但贾某提交的证据证实其自 1998 年起已将涉案房屋用于经营，且已依法取得营业执照，符合 42 号文中“应给予适当补偿”的适用条件。虽贾某仅提交税务登记证，未提供纳税证明，但贾某一直主张其符合免予纳税情形。原审法院未进一步查明相关事实，审查涉案房屋是否符合适用 42 号文的情形，而是直接确认房屋征收补偿决定合法且已给予贾某适当补偿，确有不当。[②]

从上述最高人民法院法官的论述、会议纪要以及判例来看，最高人民法院旗帜鲜明地主张应当对“住改商”房屋有关经营方面的损失给予补偿。但是，具体应当按照什么标准给予补偿？目前尚无明确、统一、权威的答案。

总结·提示　各地方在征收中对于“住改商”房屋生产经营方面的损失一般是“给予适当补偿”，补偿标准明显低于对商业用房的补偿标准。

---

① 参见蔡小雪、郭修江：《房屋征收案件审理指引》，人民法院出版社 2015 年版，第 188 页。

② 最高人民法院行政裁定书，（2017）最高法行申 3677 号。

五、棚户区改造与城中村改造中房屋征收与补偿

（一）棚户区改造中房屋征收与补偿

1. 棚户区改造的概念

棚户区，通常是指简易房屋和棚厦房屋集中的区域。世界各国普遍存在“贫民窟”现象，但在中国，棚户区是一个约定俗成的称谓。棚户区改造，又称危旧房改造、旧城区改建，包括对城市棚户区、国有工矿棚户区、国有林区棚户区、国有垦区危房等的改造。

从2005年起，东北地区就率先开始了棚户区改造，通过政府的投入改善低收入困难群众的住房条件。2008年，中央启动保障性安居工程，并将棚户区改造纳入保障性安居工程的重要组成部分。2011年9月28日印发的国务院办公厅《关于保障性安居工程建设和管理的指导意见》（国办发〔2011〕45号）提出：“加快实施各类棚户区改造。棚户区（危旧房）改造要坚持政府主导、市场运作，发挥多方面积极性，改造资金由政府适当补助，住户合理负担。国有林区、垦区和工矿（含煤矿）棚户区改造，企业也要安排一定的资金。棚户区改造要尊重群众意愿，扩大群众参与，切实维护群众合法权益。”2013年7月4日印发的《国务院关于加快棚户区改造工作的意见》（国发〔2013〕25号）提出棚户区改造要坚持“科学规划，分步实施”“政府主导，市场运作”“因地制宜，注重实效”“完善配套，同步建设”的原则，并对全国范围内的棚户区改造作出全面部署。2014年7月21日印发的国务院办公厅《关于进一步加强棚户区改造工作的通知》（国办发〔2014〕36号）从进一步完善棚户区改造规划、优化规划布局、加快项目前期工作、加强质量安全管理、加快配套建设、落实好各项支持政策等方面提出了明确的要求。2015年6月25日印发的国务院《关于进一步做好城镇棚户区和城乡危房改造及配套基础设施建设有关工作的意见》（国发〔2015〕37号）提出了新的工作目标，并要求加大改造建设力度，创新融资体制机制。

通常来说，棚户区是城市中缺少规划、居住环境差、结构简陋、危旧房集中、功能落后的区域，但究竟满足什么样的条件才算得上棚户区？对此，并不存在放之四海而皆准的评判标准，通常是由地方政府依据法律和政策进行认定。实践中，政府认定棚户区的行为通常不具有可诉性。在**陈某杰等诉郑州市政府认定棚户区行为案**中，最高人民法院认为，郑州市政府作出的《关于下达2011年度第一批棚户区改造计划的通知》将陈某杰等人房屋所在小区认定为棚户区的行为，没有对陈某杰等人的权利产生实质性影响或造成实际的损害。此后，惠济区政府作出了《国有土地上房屋征收决定》，据此对陈某杰等人的房屋进行征收拆迁。因此，对外发生法律效力的应是《国有土地上房屋征收决定》，而非《关于下达2011年度第一批棚户区改造计划的通知》；对陈某杰等人的权利产生实质性影响的是惠济区政府的征收行为，而非郑州市政府将陈某杰等人房屋所在小区认定为棚户区的行为。①

在《征收条例》中，并未直接使用棚户区改造这一概念，但其中第8条规定的“由政府

① 最高人民法院行政裁定书，（2017）最高法行申3276号。

依照城乡规划法有关规定组织实施的对危房集中、基础设施落后等地段进行旧城区改建”的情形，主要就是指棚户区改造。① 在域外，普遍存在一种被称为区段征收的房屋征收类型，棚户区改造实际上与区段征收非常接近。

拓展·探索

什么是区段征收

区段征收，最初产生于治理城市“贫民窟”的需要，后来逐渐扩张至城市道路建设、促进土地合理利用乃至实现政府经济政策等领域。与一般的房屋征收相比，区段征收具有公益性和必要性不足等劣势，因而常受到更为严格的限制。

在法国，1850 年颁布的《不良卫生住宅法》规定，对于公共卫生条件恶劣的城镇住宅区，只能通过全部拆除旧建筑重建才能达到目标的，应当实行区段征收。在英国，为了消除城市中的“贫民窟”，先后制定了《不卫生地区法》和《住宅法》，其中规定地方政府发现管辖范围内任何地段的房屋不适合居住，或者房屋建设不合理，街道狭窄，有可能危害居民健康的情形时，可以在地图上划定范围，通过议案，宣布该区段为“消除区”，拆除该范围内的全部建筑物，以便于建设符合公共卫生条件的房屋。在我国台湾地区，区段征收是政府基于新都市开发建设、旧都市改造、农村小区更新或其他开发目的需要，依法将一定区域内的土地全部征收，并重新整理规划开发后，除公共设施用地由政府直接支配使用外，其余建设用地，部分由原权利人领回作为低价地，部分用于开发等目的使用，剩余部分则公开标售的一种法律制度。② 我国台湾地区“土地法”第 212 条规定，区段征收“谓于一定区域内之土地，应重新分宗整理，而为全区土地之征收”。“土地征收条例”第 4 条规定：“有下各款情形之一者，得为区段征收：一、新设都市地区之全部或一部，实施开发建设者。二、旧都市地区为公共安全、卫生、交通之需要或促进土地之合理使用实施更新者。三、都市土地之农业区、保护区变更为建筑用地或工业区变更为住宅区、商业区者。四、非都市土地实施开发建设者。五、农村小区为加强公共设施，改善公共卫生之需要或配合农业发展之规划实施更新者。六、其他依法得为区段征收者。”从过程来看，我国台湾地区的区段征收并非一次性完成，具有渐近式的特点，属于一种政策性征收。

我们梳理上述区段征收制度，可以发现它是以实现被征收人的居住条件改善为直接目标，并以之作为启动征收的理由，从而对一定区域和地段的土地和房屋所实施的征收。在中国大陆的集体土地征收制度和国有土地上房屋征收制度中，均无区段征收的类型设置。但是，这里的棚户区改造和我们下面要讲的城中村改造，与区段征收均极为相似，可以看作中

① 《北京市旧城区改建房屋征收实施意见》（京建发〔2013〕450 号）提出：“旧城区改建具体包括中心城区棚户区改造、平房区院落修缮、危旧房改造（不含解危排险等紧急情况）、城中村边角地环境整治等项目。”据此，旧城区改建的外延实际上要大于棚户区改造。这也是概念不统一所引发的必然后果，不同概念的内涵、外延难以做到绝对的一致，要实现完全的“等量代换”谈何容易？

② 参见宋健刚：《域外城市房屋征收类型化研究》，载《东南大学学报（哲学社会科学版）》2011 年第 6 期。

国特色的区段征收。《征收条例》第8条所规定的旧城区改建，与其他征收房屋的情形相比存在很大的不同：其他几种征收房屋的情形，都是征收房屋之后将土地用于“公共利益的需要”，而不是用于被征收人；而旧城区改建中征收房屋之后，土地主要是用于被征收人居住环境的改善，即直接为了被征收人的利益而实施征收，并且这种利益被认为就是一种公共利益。

但在现实中，征收之后的土地不可能全部用于改善被征收人的居住条件，其中一部分土地不可避免地被用于基础配套设施建设甚至商业开发。最终是否符合“公共利益的需要”，被征收人的意愿往往起决定性的作用。例如，《北京市旧城区改建房屋征收实施意见》规定：“旧城区改建计划确定后，区县人民政府组织或指定相关单位征询拟改建范围内产权人、公房承租人的改建意愿。区县房屋征收部门对征询意见过程实施监督，大多数产权人、公房承租人同意的，方可进行旧城区改建，拟征收范围由区县人民政府确定。”在**郭某昌诉鄞州区政府房屋行政征收案**中，最高人民法院认为，由于公共利益属于典型的不确定法律概念，建设项目是否符合公共利益的需要，一方面，应主要由立法判断，即只有立法明确列举的建设项目才属于公共利益的需要；另一方面，对于立法规定不明确或者可能认识有分歧的，则宜尊重通过正当程序而形成的判断，地方人大及其常委会、绝大多数被征收居民同意的建设项目，应当认为属于公共利益的需要。尤其是以征收形式进行的旧城区改建，既交织公共利益与商业开发，也涉及旧城保护与都市更新，更应尊重拟征收范围内被征收人的改建意愿；大多数或者绝大多数被征收人同意改建方案的，即可以认为建设项目符合公共利益的需要。[①] 反之，如果多数被征收人对旧城区改建持反对的态度，则会与域外的区段征收一样，暴露出征收的公益性和必要性不足等问题。

2. 棚户区改造中的征收和补偿

棚户区改造中的房屋征收，与一般的房屋征收差别不大，主要的区别有两点：一是依据《征收条例》第9条的规定，保障性安居工程建设、旧城区改建，除了应当符合国民经济和社会发展规划、土地利用总体规划、城乡规划和专项规划外，还应当纳入市、县级国民经济和社会发展年度计划；二是依据《征收条例》第11条第2款的规定，因旧城区改建需要征收房屋，多数被征收人认为征收补偿方案不符合《征收条例》规定的，市、县级人民政府应当组织由被征收人和公众代表参加的听证会，并根据听证会情况修改方案。

在征收补偿方面，由于棚户区改造中征收房屋的目的就是改善被征收人的居住条件，因而征收之后的土地必须首先用于满足被征收人回迁房建设的需要。正是基于这样的考虑，《征收条例》第21条明确规定在旧城区改建时被征收人有回迁选择权（简称回迁权），即“因旧城区改建征收个人住宅，被征收人选择在改建地段进行房屋产权调换的，作出房屋征收决定的市、县级人民政府应当提供改建地段或者就近地段的房屋”。除了回迁选择权，棚

① 最高人民法院行政裁定书，(2017) 最高法行申4693号。

户区改造中的房屋征收补偿与一般的房屋征收补偿在补偿原则、内容、方式和标准等方面并无不同。

（二）城中村改造中房屋征收与补偿

1. 城中村的概念

何为城中村?《中华全国律师协会律师办理城中村改造法律业务操作指引》（2013 年发布）第 3 条规定，城中村是指位于城市建成区或者规划控制区范围内，失去或基本失去耕地，仍然实行村民自治和农村集体所有制的村庄以及社区。城中村的形成就是城市建成区和规划区随着城市的不断发展，“包围”了原本不属于建成区和城市规划区范围的农村，从而形成的城村共存的一种城市化发展现象。城中村具有以下特点：

第一，城中村内的主要成员是原农村集体经济组织内的农民，这些农民大多已不再以农业为生。

第二，城中村实行村民自治的内部管理体制，民事法律行为主体是村民依法推选的村民委员会或集体经济组织改组设立的合作或股份制经济组织。

第三，城中村坐落于城市之中或位于城市周边，基于各种历史原因，城中村内建筑并没有或者难以纳入城市规划管理。

第四，城中村的土地原属于集体所有，在城市化过程中部分或全部依法转为国家所有。

实践中，城中村大致可分为两种类型：一是农民居住房屋的周边土地相继被征收，但农民所在村庄或者社区的集体土地始终未被征收，从而形成的城中村；二是集体土地已被征收成为国有土地，但原集体土地上农民居住的房屋较长时间保留下来，从而形成的城中村。对此，有观点认为，如果集体土地征收后，该地已转为国有，但是地上房屋未被拆迁安置，那就应当承认其产权，并参照国有土地上房屋征收补偿标准和程序进行。① 对于这个问题，最高人民法院已经有明确的表态。最高人民法院行政审判庭《关于农村集体土地征用后地上房屋拆迁补偿有关问题的答复》（法〔2005〕行他字第 5 号，已失效）提出：“行政机关征用农村集体土地之后，被征用土地上的原农村居民对房屋仍享有所有权，房屋所在地已被纳入城市规划区的，应当参照《城市房屋拆迁管理条例》及有关规定，对房屋所有权人予以补偿安置。”最高人民法院《关于审理涉及农村集体土地行政案件若干问题的规定》（法释〔2011〕20 号）第 12 条第 2 款规定：“征收农村集体土地时未就被征收土地上的房屋及其他不动产进行安置补偿，补偿安置时房屋所在地已纳入城市规划区，土地权利人请求参照执行国有土地上房屋征收补偿标准的，人民法院一般应予支持，但应当扣除已经取得的土地补偿费。”对于上述规定，我们已在第十二讲详细讲解，兹不赘述。

2. 城中村改造的概念

何为城中村改造？在**卜某萍诉金水区政府等确认行政协议无效案**中，河南省高级人民法院认为，城中村改造是介于集体土地征收和国有土地上房屋征收的行政行为，更多地侧重于

① 参见胡建淼：《行政法学》（第 4 版），法律出版社 2015 年版，第 726 页。

事实行为和政策性文件的支持，实质上是在法律规定不完善情况下对城市建成区范围内集体土地进行改造、建设的一种探索和改革行为，这种行为在总体上有利于原住居民的财产增长，有利于推进城市建设，有利于提高行政效率。[①] 可见，城中村改造并不是一个法律概念，但在城中村改造的过程中，经常会运用行政征收、行政协议、行政补偿等法律手段。而且，城中村改造与棚户区改造之间关系密切，二者并不是泾渭分明的两种制度，国务院《关于加快棚户区改造工作的意见》要求，在加快推进集中成片城市棚户区改造的基础上，各地区要逐步将其他棚户区、城中村改造统一纳入城市棚户区改造范围。实践中，城中村改造有时也被称为旧村改造，虽然旧村的概念外延要大于城中村。

2023 年 7 月 21 日，国务院常务会议审议通过《关于在超大特大城市积极稳步推进城中村改造的指导意见》，要求坚持城市人民政府负主体责任，加强组织实施，科学编制改造规划计划，多渠道筹措改造资金，高效综合利用土地资源，统筹处理各方面利益诉求，并把城中村改造与保障性住房建设结合好。

尚需注意的是，城中村改造也并非一定要征收集体土地或者房屋。在**朱某希诉浦江县政府房屋行政征收案**中，最高人民法院提出，城中村改造并不必然以征收集体土地为前提，且 2020 年 1 月 1 日施行的新《土地管理法》就宅基地、集体经营性建设用地等又作出新的规定，集体土地领域的管理将更加灵活、多元。从整体上看，如果不改变土地所有权性质，地方政府针对城中村改造依法具有一定自主管理权；如果需要改变土地所有权性质，则必须依法由省级以上人民政府审批。[②] 在不征收集体土地的情形中，城中村改造主要表现为行政机关对相关土地权利人进行搬迁安置，并通过签订协议的方式处分集体土地上的房屋，但土地的性质仍然属于集体所有。

总结·提示 城中村改造通常是介于集体土地征收和国有土地上房屋征收之间的行政行为，并不必然以征收集体土地为前提。

---

3. 城中村改造中的权利救济

（1）城中村改造行为的可诉性

城中村改造行为，在字面上可以解读为行政机关为推进城中村改造而实施的行为。但是，在现实中城中村改造行为是批复改造项目及方案、签订补偿协议、给予补偿安置以及拆除房屋等一系列行为的统称，并非特指某一个行为，一般也不完全由同一个行政机关作出。因此，相对人如果直接起诉城中村改造行为，通常会被法院以“诉讼请求不明确”为由裁定驳回起诉。在**段某军诉峰峰矿区政府等城中村改造行为违法案**中，最高人民法院认为，“城中村改造行为”实际上包含了签订协议、补偿安置、拆除房屋等一系列行为，涉及多个主体、多个环节，段某军笼统地起诉“城中村改造行为违法”，属于诉讼请求不明。城中村改

① 河南省高级人民法院行政判决书，(2019) 豫行终 1104 号。
② 最高人民法院行政裁定书，(2019) 最高法行申 10184 号。

造并不必然以征收集体土地为前提，在城中村改造活动中形成的补偿安置协议或者在行政机关介入或主导情形下作出的相关决定、实施强制拆除以及其他后续直接影响当事人权利义务的相关行政行为，仍应依法接受司法审查，人民法院可依法作出评判。符合条件的当事人有权依据《土地管理法》等有关法律、法规主张权益，寻求救济。①

（2）城中村改造项目、方案批复的可诉性

城中村改造项目、方案批复，即行政机关审查批准城中村改造项目、方案的行政行为。通常来说，城中村改造项目、方案批复属于一种内部审批行为，并不直接对外创设权利义务，仅为整个城中村改造的一个程序环节。因此，城中村改造项目、方案批复不具有可诉性。在**茹某丽等诉宝鸡市政府城中村改造项目批复案**中，最高人民法院认为，被诉的批复虽然涉及城中村改造的内容，但其是针对有关单位的内部审批行为，未直接设定茹某丽等人的权利义务，对其并未产生实际影响的效果，其法律效果还须通过有关职能部门依职权针对特定相对人作出相应处理决定加以实现，故该批复不具备直接对外发生法律效果的特点，不具有可诉性。②

必须强调的是，否定城中村改造项目、方案批复的可诉性，并不影响相对人在城中村改造过程中针对相关行政机关作出的征收、补偿安置、强制拆除等直接设定或影响当事人权利义务的行为寻求救济。

（3）“村民自治”模式下城中村改造行为的可诉性

许多地方的城中村改造都采取“村民自治”模式，如由村民会议或者村民代表会议决定补偿安置方案等。事实上，城中村改造有可能是由政府所主导的。所以，法院绝不能被“村民自治”的表象所迷惑，直接将此类行为排除在行政诉讼受案范围之外，而是要深入探究政府在此类行为中的作用。在**闫某军等诉二七区政府土地行政行为违法案**中，最高人民法院提出，“村民自治”模式下城中村改造行为的性质，应当综合考虑拆迁补偿方案的实际制作主体、实际补偿主体、政府的参与程度、土地改造后的用途等情形来加以确定。如果拆迁补偿方案的实际制作主体、补偿资金的实际支付主体、最终的用地主体或受益主体以及实际的拆迁实施主体均是政府及有关部门，则应当认定该行为超出了村民自治行为的范围，有逃避征地批准法定程序之嫌，相关行为属于行政诉讼受案范围。③

实践中，大量出现由村委会通过“村民自治”方式决定实施强制拆除的案例。然而，村委会作为基层群众性自治组织，不可能具有强制拆除村民房屋的职权，即使强制拆除之前经过了村民会议或者村民代表会议讨论决定，也是违法的。在**马某茹诉高新开发区管委会等房屋行政强制案**中，最高人民法院提出，在现行土地和房屋征收补偿法律法规框架内，基于“旧城改造”、“村改居”或者“新城镇建设”等实际需要，村民会议或者村民代表会议可以在符合上位法规定的前提下，通过村民自治方式决定建设项目和补偿事项，并可通过签订协

① 最高人民法院行政裁定书，（2020）最高法行申4570号。

② 最高人民法院行政裁定书，（2018）最高法行申1466号。

③ 最高人民法院行政裁定书，（2018）最高法行申1614号。

议等方式解决补偿安置问题，但在未经协商一致情况下村民委员会等自治组织即单方采取强制拆除等方式则涉嫌违法。《行政强制法》《土地管理法》《征收条例》等法律法规对强制搬迁合法房屋的步骤、程序和方式有具体明确的规定，并未规定村民委员会等自治组织有权实施强制搬迁和强制拆除。① 从中可见，所谓以“村民自治”方式实施强制拆除，就是一个伪命题。

（4）城中村改造的责任主体

由于城中村改造基本都是由政府所主导实施的，故通常情况的责任主体也应当是政府，尤其是在发生了强制拆除的情况下，绝不能随随便便让村委会等民事主体帮政府“背锅”。即使在一些地方的补偿方案中规定村委会为城中村改造的拆迁主体，但由于其不具有拆除房屋的职权，故其实施的强制拆除房屋的行为应视为受行政机关委托实施，真正的责任主体仍然是委托的行政机关。在**张某琴诉小店区政府等强制拆除房屋案**中，最高人民法院提出，本案中，政府对街道办呈报的城中村改造拆迁安置补偿方案作出批复，同意该方案施行，并批复街道办接文后，认真组织实施拆迁补偿安置工作。政府的上述批复行为，系其行使相应行政管理职权的行为。虽然补偿方案中规定，集体经济改制成立的公司为整村改造的拆迁主体，该公司亦认可其实施了拆除当事人宅基地上房屋的行为，但由于其不具有拆除房屋的职权，故其实施的强制拆除房屋的行为应视为受行政机关的委托。② 在**林某国诉桥西区政府强制拆除房屋案**中，最高人民法院提出，政府在进行集体土地征收之前，以旧村改造为名实施预征收，规避集体土地征收程序，违背《土地管理法》的立法目的。在政府主导下，为改善城市环境、提升城市品位、促进城市经济社会发展进行的城中村拆迁改造工程项目，内容上具有行政管理的性质；在前述情况下，村委会实施的强制拆除行为，虽然确实可以改善被拆迁村民的居住条件，但更多的是改善了该地区，尤其是政府拆迁范围及周边普通民众的生活环境，且旧村改造拆迁整合后腾挪出来的集体空地，很快被依法征收，受益的直接主体为政府。因此，村委会为土地征收而实施的旧村改造强制拆除房屋行为，应认定系政府委托实施。③ 由于在城中村改造中村委会替政府“背锅”的现象时常发生，在实践中坚持上述理念是至关重要的。

---

① 最高人民法院行政裁定书，（2019）最高法行申3801号。

② 最高人民法院行政裁定书，（2019）最高法行申13739号。

③ 最高人民法院行政裁定书，（2020）最高法行申3184号。

04 PART

第四部分 争议解决与权利维护

第十七讲　征收拆迁中的行政复议

重点导读

征收拆迁中的争议大多属于行政争议，行政复议则是解决行政争议的主要途径之一。行政复议，是指公民、法人或者其他组织认为行政行为侵犯其合法权益，向有法定管辖权的行政复议机关提出申请，行政复议机关对原行政行为的合法性和适当性进行审查并作出决定的法律制度，它也是世界各地普遍存在的行政救济制度。2023 年 9 月 1 日，第十四届全国人大常委会第五次会议通过了修订后的《行政复议法》，自 2024 年 1 月 1 日起实施。新修改的《行政复议法》强化了行政复议吸纳和化解行政争议的能力，以发挥行政复议化解行政争议的主渠道作用，修改的力度空前之大。本讲主要以新修改的《行政复议法》为依据，同时也会涉及 2017 年修改的《行政复议法》以及《行政复议法实施条例》中的重要内容。其中所引用的《行政复议法》，在无特别说明的情况下指新修改的《行政复议法》。本讲的内容包括行政复议概述、行政复议范围、行政复议机关（构）与行政复议管辖、行政复议参加人、行政复议程序、行政复议中的法律责任六个方面。

一、行政复议概述

（一）行政复议的特征和功能

行政复议，是指公民、法人或者其他组织认为行政行为侵犯其合法权益，向有法定管辖权的行政复议机关提出申请，行政复议机关对原行政行为的合法性和适当性进行审查并作出决定的法律制度。目前，行政复议是世界各地普遍存在的行政救济制度，不过行政复议机关在名称上可能会有所不同，如英国的行政裁判所、美国的行政法官、韩国和我国台湾地区的行政复议委员会等。

在中国，行政复议具有如下特征：（1）行政复议以行政行为为审查对象；（2）行政复议以合法性和合理性为审查标准，目的是纠正违法的或者不当的行政行为；（3）行政复议是依申请的行政行为，由相对人提出申请，以作出原行政行为的行政机关为被申请人；（4）行政复议以行政机关为处理机关，由行政复议机关居间解决行政争议；（5）行政复议案件的审理以适用普通程序为原则，以适用简易程序为例外。

对于行政复议的功能，有学者概括为以下三个方面：一是简单、快速、经济的行政救济；二是行政复议是行政自我纠错机制之一，作为被申请人的行政机关获得了一个反思作出的行政行为是否合法、适当的机会；三是适度减轻法院的负担。[①] 依据《行政复议法》（2023年修改）第1条的规定，行政复议最主要的功能是防止和纠正违法的或者不当的行政行为，保护公民、法人和其他组织的合法权益，监督和保障行政机关依法行使职权，发挥行政复议化解行政争议的主渠道作用，推进法治政府建设。其中，最大的亮点无疑是明确了行政复议化解行政争议主渠道的功能定位，这里暗含立法机关改变目前行政争议化解中"大信访、中诉讼、小复议"格局的决心，朝向"大复议、中诉讼、小信访"的理想格局迈进。

从特征和功能等视角来看，行政复议与行政诉讼之间既有共性，又有差异。共性表现为，二者都是权利救济制度，均主要以行政争议为处理对象，而且保护和监督的对象相同；差异则表现在性质、受案范围、是否收取费用、审查标准、处理权限、审理方式和程序等方面。在化解行政争议时，行政复议与行政诉讼之间如何配合与衔接是一个十分重要的课题，这就引出了行政复议与行政诉讼在化解行政争议中的分工模式问题。

拓展·探索

行政复议与行政诉讼在化解行政争议中的分工模式

行政复议与行政诉讼在化解行政争议中的分工模式，主要表现为二者之间在化解行政争议时相互配合和衔接的方式问题。在中国，行政复议与行政诉讼在化解行政争议中的分工模式有自由选择、行政复议前置和行政复议终局三种。

1. 自由选择

自由选择，是指行政复议与行政诉讼构成可供选择的救济手段，相对人对行政行为不服时，既可以选择申请行政提议，对行政复议决定不服再提起行政诉讼，也可以选择直接提起行政诉讼。《行政诉讼法》（2017年修改）第44条第1款规定："对属于人民法院受案范围的行政案件，公民、法人或者其他组织可以先向行政机关申请行政复议，对行政复议决定不服的，再向人民法院提起诉讼；也可以直接向人民法院提起诉讼。"从而确立了行政复议选择原则，即在一般情况下，对于先行政复议再诉讼抑或直接起诉，相对人有自由选择的权利。

不过，自由选择也不是没有任何限制的。依据《行政复议法》第29条的规定，一旦相对人选择了行政复议，行政复议机关已经依法受理的，在行政复议期间不得向人民法院提起行政诉讼，即必须等待行政复议机关作出决定，或者行政复议期满行政复议机关仍不作出决定后方可提起行政诉讼；一旦相对人选择了直接提起行政诉讼，人民法院已经依法受理的，相对人不得再申请行政复议。

依据2018年《行政诉讼法解释》第57~58条的规定，法律、法规未规定行政复议为提

① 参见章剑生：《现代行政法总论》（第2版），法律出版社2019年版，第326页。

起行政诉讼必经程序，公民、法人或者其他组织既提起诉讼又申请行政复议的，由先立案的机关管辖；同时立案的，由公民、法人或者其他组织选择。公民、法人或者其他组织已经申请行政复议，在法定行政复议期间内又向人民法院提起诉讼的，人民法院裁定不予立案。法律、法规未规定行政复议为提起行政诉讼必经程序，公民、法人或者其他组织向行政复议机关申请行政复议后，又经行政复议机关同意撤回行政复议申请，在法定起诉期限内对原行政行为提起诉讼的，人民法院应当依法立案。

在相对人选择申请行政复议之后，如果行政复议机关未对行政行为作出实体处理，相对人在提起行政诉讼时仍有进一步的选择权：要么选择直接起诉原行政行为，要么选择对行政复议机关不履行行政复议职责（行政复议不作为）提起行政诉讼，但不能同时选择二者。《行政诉讼法》第 26 条第 2～3 款规定："经行政复议的案件，复议机关决定维持原行政行为的，作出原行政行为的行政机关和复议机关是共同被告；复议机关改变原行政行为的，复议机关是被告。复议机关在法定期限内未作出复议决定，公民、法人或者其他组织起诉原行政行为的，作出原行政行为的行政机关是被告；起诉行政复议机关不作为的，复议机关是被告。"2018 年《行政诉讼法解释》第 133 条规定，"复议机关决定维持原行政行为"包括行政复议机关驳回行政复议申请或者行政复议请求的情形，但以行政复议申请不符合受理条件为由驳回的除外——这种情形属于行政复议机关未对行政行为作出实体处理的情形。在**黄某海等诉盘山县政府等颁发国有土地使用证及行政复议案**中，最高人民法院提出，在行政复议机关不予受理行政复议申请的情况下，相对人只能择一而诉，要么起诉原行政行为，要么起诉行政复议机关不作为。本案中，盘锦市政府作出的《驳回行政复议申请决定书》，以黄某海等人提出的行政复议申请不符合《行政复议法》和《行政复议法实施条例》规定的受理条件为由，驳回其行政复议申请。黄某海等人提起本案诉讼，请求依法审理盘山县政府颁发的国用土地使用证是否合法，并判令盘锦市政府作为行政复议机关重新行政复议，既直接起诉了原行政行为，又起诉了行政复议机关不作为，不符合《行政诉讼法》的规定。① 对于这一结论，最高人民法院第四巡回法庭给出的理由是：两个诉讼请求相互矛盾，人民法院难以作出处理，即若行政复议不作为成立的，人民法院应当判令行政复议机关履行行政复议职责，对原行政行为的实体合法性进行审查及处理。若人民法院同时又审理原行政行为的，行政复议机关显然不再具有对原行政行为审查的空间以及必要性。因此，若行政复议申请人对行政复议不作为提起行政诉讼的，表明其仍寄望于通过行政复议程序先行救济其合法权益，人民法院应当对行政复议机关是否应当进行实体审查作出判断；若行政复议申请人对原行政行为提起行政诉讼的，表明其已不再信任或寄望行政复议机关，而直接选择最终的行政诉讼救济路径，直接对原行政行为的合法性作出处理。②

2. 行政复议前置

行政复议前置，又称行政复议必经模式，是指相对人对行政行为不服时，如果要对该行

---

① 最高人民法院行政裁定书，(2020) 最高法行申 6611 号。

② 参见姜伟主编，最高人民法院第四巡回法庭编：《最高人民法院第四巡回法庭疑难案件裁判要点与观点》，人民法院出版社 2020 年版，第 456～457 页。

政行为提起行政诉讼，须先经过行政复议程序，否则法院不予受理。《行政诉讼法》第44条第2款规定："法律、法规规定应当先向行政机关申请复议，对复议决定不服再向人民法院提起诉讼的，依照法律、法规的规定。"2018年《行政诉讼法解释》第56条第1款规定："法律、法规规定应当先申请复议，公民、法人或者其他组织未申请复议直接提起诉讼的，人民法院裁定不予立案。"2017年《行政复议法》第16条规定，"法律、法规规定应当先向行政复议机关申请行政复议、对行政复议决定不服再向人民法院提起行政诉讼的，在法定行政复议期限内不得向人民法院提起行政诉讼"。依据上述规定，只有法律（全国人大及其常委会制定）、法规（包括行政法规和地方性法规）有权规定行政复议前置，规章和规范性文件均无此权限。但是，依据新《行政复议法》第23条第5项以及第34条的规定，有权规定行政复议前置的只有法律和行政法规，从而将地方性法规排除在外，行政复议前置的设定权被正式收归中央了。

新《行政复议法》从三个方面完善了行政复议前置范围：一是将对当场作出的行政处罚决定不服、认为行政机关未依法履行法定职责、申请政府信息公开但行政机关不予公开的情形纳入行政复议前置范围；二是将行政复议前置其他情形的设定权限由"法律、法规"修改为"法律、行政法规"；三是规定对行政复议前置情形，行政机关在作出行政行为时应当告知公民、法人或者其他组织先向行政复议机关申请行政复议。上述内容集中在《行政复议法》第23条："有下列情形之一的，申请人应当先向行政复议机关申请行政复议，对行政复议决定不服的，可以再依法向人民法院提起行政诉讼：（一）对当场作出的行政处罚决定不服；（二）对行政机关作出的侵犯其已经依法取得的自然资源的所有权或者使用权的决定不服；（三）认为行政机关存在本法第十一条规定的未履行法定职责情形；（四）申请政府信息公开，行政机关不予公开；（五）法律、行政法规规定应当先向行政复议机关申请行政复议的其他情形。对前款规定的情形，行政机关在作出行政行为时应当告知公民、法人或者其他组织先向行政复议机关申请行政复议。"另外，我们在第十二讲提到，依据1998年《土地管理法实施条例》（已失效）和国务院原法制办公室《关于依法做好征地补偿安置争议行政复议工作的通知》（国法〔2011〕35号）的规定，被征地集体经济组织和农民对有关市、县人民政府批准的征地补偿、安置方案不服要求裁决的，此前一直实行的是"特殊的复议前置"。除了上述行政复议前置，规定行政复议前置的法律还有：《集会游行示威法》（2009年修改）第31条，《税收征收管理法》（2015年修改）第88条，《商标法》（2019年修改）第34条、第35条、第44条、第45条、第54条，《专利法》（2020年修改）第41条，《海关法》（2021年修改）第64条，《反垄断法》（2022年修改）第65条，等等；规定行政复议前置的行政法规有：《城市居民最低生活保障条例》（1999年发布）第15条，《军品出口管理条例》（2002年修改）第27条，《外汇管理条例》（2008年修改）第51条，《工伤保险条例》（2010年修改）第55条，等等。

在行政复议前置模式下，行政复议为诉讼前的必经程序，且要求行政复议机关必须对行政行为作出实体处理。如果行政复议机关受理后超过行政复议期限不做答复，或者以行政复议申请不符合受理条件为由作出的不予受理、驳回行政复议申请决定，不能视为前置的行政复议程序已经完成，相对人不服的，只能以行政复议机关不履行行政复议职责为由提起行政诉讼，请求法院判决行政复议机关依法作出实体处理。《行政复议法》第34条规定："法律、行政法规规定应当先向行政复议机关申请行政复议、对行政复议决定不服再向人民法院提起行政诉讼的，行政复议机关决定不予受理、驳回申请或者受理后超过行政复议期限不作答复的，公民、法人或者其他组织可以自收到决定书之日起或者行政复议期限届满之日起十五日内，依法向人民法院提起行政诉讼。"这里的"依法向人民法院提起行政诉讼"，应当理解为起诉行政复议机关不作为，而不是直接起诉原行政行为。对此，我们已在第十二讲介绍，不再赘述。

3. 行政复议终局

行政复议终局，是指相对人对行政行为申请行政复议之后，行政复议决定具有最终效力，相对人不再享有提起行政诉讼的权利。《行政复议法》第10条规定："公民、法人或者其他组织对行政复议决定不服的，可以依照《中华人民共和国行政诉讼法》的规定向人民法院提起行政诉讼，但是法律规定行政复议决定为最终裁决的除外。"《行政诉讼法》第13条也明确规定，人民法院不受理公民、法人或者其他组织对"法律规定由行政机关最终裁决的行政行为"提起的诉讼。据此，有权规定行政复议终局的只能是法律（全国人大及其常委会制定），限制得比行政复议前置更为严格。这是因为，行政复议前置并未剥夺相对人的诉权，但行政复议终局等于剥夺了相对人提起行政诉讼的权利。诉权是诉讼制度的核心内容，依据《立法法》（2023年修改）第11条的规定，诉讼基本制度本身就属于法律保留的事项。

截至目前，中国法律明确规定的行政复议终局有：(1) 省级人民政府确认自然资源权属的行政复议决定。2017年《行政复议法》第30条第2款规定："根据国务院或者省、自治区、直辖市人民政府对行政区划的勘定、调整或者征收土地的决定，省、自治区、直辖市人民政府确认土地、矿藏、水流、森林、山岭、草原、荒地、滩涂、海域等自然资源的所有权或者使用权的行政复议决定为最终裁决。"但需要注意的是，新《行政复议法》已经删除了上述规定。(2) 对《出境入境管理法》中相关行政强制措施作出的行政复议决定。《出境入境管理法》（2012年发布）第64条规定："外国人对依照本法规定对其实施的继续盘问、拘留审查、限制活动范围、遣送出境措施不服的，可以依法申请行政复议，该行政复议决定为最终决定。其他境外人员对依照本法规定对其实施的遣送出境措施不服，申请行政复议的，适用前款规定。"(3) 国务院作出的行政复议裁决。依据《行政复议法》第26条的规定，对省级人民政府或国务院部门的行政行为不服，分别向作出该行政行为的省级人民政府或国务院部门申请行政复议，对行政复议不服的，可以向人民法院提起行政诉讼，也可以向国务院申请裁决，国务院依照本法的规定作出最终裁决。但严格来说，本条所规定的并非真正意义上的行政复议终局，因为它并未剥夺相对人对行政复议决定不服提起诉讼的权利，只是在相对人选择向国务院申请裁决之后，国务院的裁决不再具有可诉性而已。

从上面的规定也可以看出，行政复议终局在多数情况下是以行政复议前置为前提的，或者说它所针对的多是不可以诉讼的行政行为。这也不难理解，因为如果相对人可以通过直接选择行政诉讼而轻松地“躲过”行政复议终局，再单独设定这么一个行政复议终局也就没有什么意义了。

综上所述，行政复议与行政诉讼在化解行政争议中的分工模式，是以自由选择模式为原则，以行政复议前置模式和行政复议终局模式为例外。新《行政复议法》虽然扩大了行政复议前置的范围，但也将行政复议前置的设定权限收归中央（法律、行政法规），行政复议终局的设定权限则一直属于中央（法律），这就从立法上防止了一些地方随意设定行政复议前置和行政复议终局，最大限度地保障了相对人在救济途径上的选择权。新《行政复议法》虽然将行政复议定位为化解行政争议的主渠道，对行政复议与行政诉讼在化解行政争议中的地位和作用进行了重新安排，但是这样的安排绝不应该通过设定更多的行政复议前置和行政复议终局去实现，而是要从修改和完善行政复议体制、行政复议范围、行政复议程序、行政复议决定体系等方面入手，强化行政复议吸纳和化解行政争议的能力。理想的结局是让相对人“用脚投票”，在自由选择模式之下心甘情愿地把行政复议作为第一选项。

（二）中国行政复议制度的发展

在中国，行政复议一直是行政机关系统内部的层级监督制度和解决“民告官”行政争议的救济制度，目的是化解行政争议，维护公民、法人或者其他组织的合法权益。

中国的行政复议制度源远流长，但早期发展缓慢。1990 年 12 月 24 日，国务院发布《行政复议条例》，建立起统一的行政复议制度，是行政复议制度发展史上的一个里程碑；1994 年 10 月 9 日，国务院对《行政复议条例》做了修改；1999 年 4 月 29 日，全国人大常委会通过了《行政复议法》，自 1999 年 10 月 1 日起实施，《行政复议条例》同时废止；2009 年 8 月 27 日和 2017 年 9 月 1 日，全国人大常委会对《行政复议法》做了两次修改。此外，2007 年 5 月 23 日，国务院第 177 次常务会议通过了《行政复议法实施条例》，自 2007 年 8 月 1 日起实施。

2013 年 11 月，党的十八届三中全会提出了改革行政复议体制，健全行政复议案件审理机制，纠正违法或不当行政行为的目标。2020 年 2 月，中央全面依法治国委员会第三次会议审议通过了《行政复议体制改革方案》，提出要发挥行政复议公正高效、便民为民的制度优势和化解行政争议的主渠道作用。此外，《法治中国建设规划（2020—2025 年）》和《法治政府建设实施纲要（2021—2025 年）》也对推进行政复议体制改革、整合行政复议职责等提出了明确要求。

2023 年 9 月 1 日，第十四届全国人大常委会第五次会议通过了《行政复议法（修订草案）》，自 2024 年 1 月 1 日起实施。新《行政复议法》共有 90 条，与修改之前仅有 43 条的《行政复议法》相比增加了一倍多，修改的力度之大可见一斑！据全国人大常委会法工委行政法室主任梁鹰介绍，新《行政复议法》的主要修改内容包括明确行政复议有关原则和要求、优化行政复议管辖体制、加强行政复议吸纳行政争议的能力、健全行政复议申请和受理程序、完善行政复议审理程序、强化行政复议决定及其监督体系等方面。

总结·提示　《行政复议法》于2023年9月1日进行了大幅度修改，自2024年1月1日起实施。

除了上述一般性立法，还有不少适用于特定领域行政复议的立法。其中，与征收拆迁关系较为密切者当属2019年7月16日自然资源部第二次部务会议通过，并于2019年9月1日起实施的《自然资源行政复议规定》，它的“前身”是原国土资源部于2017年11月21日发布的《国土资源行政复议规定》。另外，据传司法部此前在制定《土地征收类行政复议案件审理指导意见》，如果其正式出台，将在土地征收类行政复议案件审理中发挥一定的指导作用。

二、行政复议范围

（一）行政复议的肯定范围

行政复议的肯定范围，是指相对人可以申请行政复议，且行政复议机关可以依法处理的事项范围。新《行政复议法》为了加强行政复议吸纳行政争议的能力，显著扩大了行政复议范围，增列了可以申请行政复议的情形：一是对行政机关作出的赔偿决定或者不予赔偿决定不服；二是对行政机关作出的不予受理工伤认定申请决定或者工伤认定结论不服；三是认为行政机关不依法订立，不依法履行，未按照约定履行，或者违法变更、解除行政协议；四是认为行政机关在政府信息公开工作中侵犯其合法权益。《行政复议法》第11条采用列举与概括相结合的方式，对行政复议的肯定范围做了规定。依据这一规定，有下列情形之一的，公民、法人或者其他组织可以申请行政复议：

第一，对行政机关作出的行政处罚决定不服（行政处罚行为）；

第二，对行政机关作出的行政强制措施、行政强制执行决定不服（行政强制行为）；

第三，申请行政许可，行政机关拒绝或者在法定期限内不予答复，或者对行政机关作出的有关行政许可的其他决定不服（行政许可行为）；

第四，对行政机关作出的确认自然资源的所有权或者使用权的决定不服（涉自然资源行为）；

第五，对行政机关作出的征收征用决定及其补偿决定不服（行政征收征用行为）；

第六，对行政机关作出的赔偿决定或者不予赔偿决定不服（行政赔偿行为）；

第七，对行政机关作出的不予受理工伤认定申请的决定或者工伤认定结论不服（工伤认定行为）；

第八，认为行政机关侵犯其经营自主权或者农村土地承包经营权、农村土地经营权（涉经营自主权行为）；

第九，认为行政机关滥用行政权力排除或者限制竞争（涉公平竞争行为）；

第十，认为行政机关违法集资、摊派费用或者违法要求履行其他义务（违法集资摊派行为）；

第十一，申请行政机关履行保护人身权利、财产权利、受教育权利等合法权益的法定职责，行政机关拒绝履行、未依法履行或者不予答复（行政不作为）；

第十二，申请行政机关依法给付抚恤金、社会保险待遇或者最低生活保障等社会保障，行政机关没有依法给付（行政给付行为）；

第十三，认为行政机关不依法订立、不依法履行、未按照约定履行或者违法变更、解除政府特许经营协议、土地房屋征收补偿协议等行政协议（行政协议行为）；

第十四，认为行政机关在政府信息公开工作中侵犯其合法权益（政府信息公开行为）；

第十五，认为行政机关的其他行政行为侵犯其合法权益（其他行政行为）。

其中，最后一项是个“兜底条款”，表明只要公民、法人或者其他组织认为行政机关的行政行为侵犯其合法权益的，均可以申请行政复议。依据《行政复议法》第 2 条第 2 款的规定，上面所称行政行为，也包括法律、法规、规章授权的组织的行政行为。通常来说，凡是可以提起行政诉讼的行政行为都可以被申请行政复议，不属于行政诉讼受案范围但《行政复议法》规定可以申请行政复议的行政行为也属于行政复议范围。[1] 换言之，行政复议范围理当大于行政诉讼的受案范围，否则难以发挥行政复议化解行政争议的主渠道作用。

总结 · 提示 通常认为，行政复议范围应当大于行政诉讼的受案范围，或者至少应当不小行政诉讼的受案范围。

（二）行政复议的否定范围

行政复议的否定范围，也叫排除范围，是指被明确排除于行政复议范围之外的事项。《行政复议法》第 12 条规定：“下列事项不属于行政复议范围：（一）国防、外交等国家行为；（二）行政法规、规章或者行政机关制定、发布的具有普遍约束力的决定、命令等规范性文件；（三）行政机关对行政机关工作人员的奖惩、任免等决定；（四）行政机关对民事纠纷作出的调解。”据此，国家行为、行政立法行为、内部行政行为以及民事调解行为被明确排除在行政复议范围之外，相对人只能通过其他途径寻求法律救济。这一规定完善了行政复议范围的“负面清单”。从理论上讲，除了被排除的行为之外，对其他行政行为都可以申请行政复议。

（三）行政复议的附带范围

行政复议的附带范围，是指相对人不能单独对这些事项申请行政复议，但可以在对某一行政行为申请行政复议的同时，一并要求行政复议机关对这些事项进行合法性审查和处理。《行政复议法》第 13 条规定：“公民、法人或者其他组织认为行政机关的行政行为所依据的下列规范性文件不合法，在对行政行为申请行政复议时，可以一并向行政复议机关提出对该

---

① 参见章剑生：《现代行政法总论》（第 2 版），法律出版社 2019 年版，第 326 页。

规范性文件的附带审查申请：（一）国务院部门的规范性文件；（二）县级以上地方各级人民政府及其工作部门的规范性文件；（三）乡、镇人民政府的规范性文件；（四）法律、法规、规章授权的组织的规范性文件。前款所列规范性文件不含规章。规章的审查依照法律、行政法规办理。”据此，属于行政复议的附带范围的，只能是行政机关或者法律、法规、规章授权的组织制定的规范性文件，不包括权力机关、司法机关、监察机关、军事机关等制定的规范性文件。而且，这些规范性文件也只能是规章之下的规范性文件，不包括规章，更不包括行政法规。

三、行政复议机关（构）与行政复议管辖

（一）行政复议机关

行政复议机关，是指依法有权受理行政复议申请，对行政行为进行审查并作出裁决的行政机关。《行政复议法》第 4 条第 1 款规定：“县级以上各级人民政府以及其他依照本法履行行政复议职责的行政机关是行政复议机关。”第 2 条第 1 款规定：“公民、法人或者其他组织认为行政机关的行政行为侵犯其合法权益，向行政复议机关提出行政复议申请，行政复议机关办理行政复议案件，适用本法。”据此，行政复议机关至少应当具有以下几个特征：（1）行政复议机关是行政机关；（2）行政复议机关是具有行政复议职责的行政机关；（3）行政复议机关是能够以自己的名义办理行政复议案件，并对行为后果独立承担法律责任的行政机关。

实践中，行政复议机关具有行政功能和准司法功能。为了有效发挥这些功能，新《行政复议法》在“总则”部分对行政复议机关提出了以下几点要求：（1）行政复议工作坚持中国共产党的领导；（2）行政复议机关履行行政复议职责，应当遵循合法、公正、公开、高效、便民、为民的原则，坚持有错必纠，保障法律、法规的正确实施；（3）行政复议机关应当加强行政复议工作，支持和保障行政复议机构依法履行职责；（4）行政复议机关应当确保行政复议机构的人员配备与所承担的工作任务相适应，提高行政复议人员专业素质，根据工作需要保障办案场所、装备等设施，县级以上各级人民政府应当将行政复议工作经费列入本级预算；（5）行政复议机关应当加强信息化建设，运用现代信息技术，方便公民、法人或者其他组织申请、参加行政复议，提高工作质量和效率；（6）对在行政复议工作中作出显著成绩的单位和个人，按照国家有关规定给予表彰和奖励。

（二）行政复议机构

行政复议机构，是有行政复议权的行政机关内部设立的负责具体办理行政复议事项以及行政应诉事项的办事机构。《行政复议法》第 4 条第 2 款规定：“行政复议机关办理行政复议事项的机构是行政复议机构。行政复议机构同时组织办理行政复议机关的行政应诉事项。”《行政复议法》要求，上级行政复议机构对下级行政复议机构的行政复议工作进行指导、监督。此外，为了更好地发挥行政复议指导性案例的作用，《行政复议法》规定国务院行政复议机构可以发布行政复议指导性案例。

依据2017年《行政复议法》第3条的规定，行政复议机构通常是行政复议机关负责法制工作的机构（现为司法行政部门），主要履行下列职责：(1)受理行政复议申请；(2)向有关组织和人员调查取证，查阅文件和资料；(3)审查申请行政复议的行政行为是否合法与适当，拟订行政复议决定；(4)处理或者转送对规范性文件的审查申请；(5)对行政机关违反《行政复议法》规定的行为依照规定的权限和程序提出处理建议；(6)办理因不服行政复议决定提起行政诉讼的应诉事项；(7)法律、法规规定的其他职责。依据《行政复议法实施条例》第3条的规定，行政复议机构除了应当履行上述职责外，还应当履行下列职责：(1)依法转送有关行政复议申请；(2)依法办理行政赔偿等事项；(3)按照职责权限，督促行政复议申请的受理和行政复议决定的履行；(4)办理行政复议、行政应诉案件统计和重大行政复议决定备案事项；(5)办理或者组织办理未经行政复议直接提起行政诉讼的行政应诉事项；(6)研究行政复议工作中发现的问题，及时向有关机关提出改进建议，重大问题及时向行政复议机关报告。

目前，中国正致力于建立专业化、职业化行政复议人员队伍。行政复议机构中初次从事行政复议工作的人员，应当通过国家统一法律职业资格考试取得法律职业资格，并参加统一职前培训。国务院行政复议机构应当会同有关部门制定行政复议人员工作规范，加强对行政复议人员的业务考核和管理。

（三）行政复议管辖

新《行政复议法》着力构建统一、科学的行政复议管辖体制，取消了地方人民政府工作部门的行政复议职责，由县级以上地方人民政府统一行使，同时保留了实行垂直领导的行政机关、税务和国家安全机关的特殊情形，相应调整国务院部门的管辖权限，并对有关派出机构作出灵活规定，从而在总体上实现了行政复议权的相对集中。所谓“相对集中”，主要体现在两个层面：一是只在地方层面集中行政复议权，在中央层面仍然保留部门的行政复议权；二是在行政复议权集中由地方人民政府行使的一般原则下，保留垂直领导行政机关和特定部门的例外行政复议权。说来说去，最大的变化还是将原来“条块结合”的管辖体制改成“块块管辖”为主、“条条管辖”为补充的管辖体制。相对集中的行政复议管辖体制，有利于优化行政复议资源配置，统一办案标准，逐步增强行政复议的公正性和权威性。

依据《行政复议法》的规定，行政复议管辖的主要规则如下：

第一，明确县级以上地方各级人民政府统一行使行政复议职责，取消地方各级人民政府工作部门的行政复议职责。《行政复议法》第24条规定：“县级以上地方各级人民政府管辖下列行政复议案件：（一）对本级人民政府工作部门作出的行政行为不服的；（二）对下一级人民政府作出的行政行为不服的；（三）对本级人民政府依法设立的派出机关作出的行政行为不服的；（四）对本级人民政府或者其工作部门管理的法律、法规、规章授权的组织作出的行政行为不服的。除前款规定外，省、自治区、直辖市人民政府同时管辖对本机关作出的行政行为不服的行政复议案件。省、自治区人民政府依法设立的派出机关参照设区的市级人民政府的职责权限，管辖相关行政复议案件。对县级以上地方各级人民政府工作部门依法设立的派出机构依照法律、法规、规章规定，以派出机构的名义作出的行政行为不服的行政复议案件，由本级人民政府管辖……”

第二，海关、金融、外汇管理等实行垂直领导的行政机关、税务和国家安全机关，保留行政复议职责。《行政复议法》第27条规定：“对海关、金融、外汇管理等实行垂直领导的行政机关、税务和国家安全机关的行政行为不服的，向上一级主管部门申请行政复议。”

第三，国务院部门管辖本部门及其派出机构、授权组织作为被申请人的行政复议案件。《行政复议法》第25条规定：“国务院部门管辖下列行政复议案件：（一）对本部门作出的行政行为不服的；（二）对本部门依法设立的派出机构依照法律、行政法规、部门规章规定，以派出机构的名义作出的行政行为不服的；（三）对本部门管理的法律、行政法规、部门规章授权的组织作出的行政行为不服的。”依据《行政复议法实施条例》第23条的规定，申请人对两个以上国务院部门共同作出的行政行为不服的，可以向其中任何一个国务院部门提出行政复议申请，由作出行政行为的国务院部门共同作出行政复议决定。

第四，对直辖市、设区的市人民政府工作部门依法设立的派出机构作为被申请人的行政复议案件，作出相对灵活的管辖制度安排。依据《行政复议法》第24条的规定，对直辖市、设区的市人民政府工作部门按照行政区划设立的派出机构作出的行政行为不服的，既可以由直辖市、设区的市人民政府管辖，也可以由其所在地的人民政府管辖。

第五，对履行行政复议机构职责的地方人民政府司法行政部门的行政行为不服的，作出相对特殊的管辖制度安排。《行政复议法》第28条规定：“对履行行政复议机构职责的地方人民政府司法行政部门的行政行为不服的，可以向本级人民政府申请行政复议，也可以向上一级司法行政部门申请行政复议。”

第六，建立行政复议案件提级管辖制度。《行政复议法》第38条规定：“上级行政复议机关根据需要，可以审理下级行政复议机关管辖的行政复议案件。下级行政复议机关对其管辖的行政复议案件，认为需要由上级行政复议机关审理的，可以报请上级行政复议机关决定。”

第七，在不改变管辖权的前提下，对部分行政处罚决定不服申请行政复议的情形，设置了行政复议转送制度。《行政复议法》第32条规定：“对当场作出或者依据电子技术监控设备记录的违法事实作出的行政处罚决定不服申请行政复议的，可以通过作出行政处罚决定的行政机关提交行政复议申请。行政机关收到行政复议申请后，应当及时处理；认为需要维持行政处罚决定的，应当自收到行政复议申请之日起五日内转送行政复议机关。”

总结·提示　总体来说，新《行政复议法》对于管辖制度的最主要修改是，除垂直领导等特殊情形外，申请人对县级以上地方各级人民政府工作部门及其派出机构、授权组织等作出的行政行为不服的，以前是选择向本级人民政府或者上一级主管部门申请行政复议，今后是统一向本级人民政府申请行政复议。

四、行政复议参加人

（一）行政复议申请人

行政复议申请人，是认为行政行为侵犯其合法权益，依法向行政复议机关申请行政复议的公民、法人或者其他组织。《行政复议法》第14条规定，依照《行政复议法》申请行政复议的公民、法人或者其他组织是申请人；有权申请行政复议的公民死亡的，其近亲属可以申请行政复议；有权申请行政复议的法人或者其他组织终止的，其权利义务承受人可以申请行政复议；有权申请行政复议的公民为无民事行为能力人或者限制民事行为能力人的，其法定代理人可以代为申请行政复议。

需要强调的是，申请人并不以中国公民、法人或者其他组织为限。依据《行政复议法》第89条的规定，申请人也可能是在中国境内申请行政复议的外国人、无国籍人、外国组织。

此外，《行政复议法实施条例》第6~8条针对行政复议申请人确立了以下三项规则：

第一，合伙企业申请行政复议的，应当以核准登记的企业为申请人，由执行合伙事务的合伙人代表该企业参加行政复议；其他合伙组织申请行政复议的，由合伙人共同申请行政复议。上述以外的不具备法人资格的其他组织申请行政复议的，由该组织的主要负责人代表该组织参加行政复议；没有主要负责人的，由共同推选的其他成员代表该组织参加行政复议。

第二，股份制企业的股东大会、股东代表大会、董事会认为行政机关作出的行政行为侵犯企业合法权益的，可以以企业的名义申请行政复议。

第三，同一行政复议案件申请人超过5人的，推选1至5名代表参加行政复议。新《行政复议法》明确引进了行政复议代表人制度，在第15条规定："同一行政复议案件申请人人数众多的，可以由申请人推选代表人参加行政复议。代表人参加行政复议的行为对其所代表的申请人发生效力，但是代表人变更行政复议请求、撤回行政复议申请、承认第三人请求的，应当经被代表的申请人同意。"

实践中，在确定行政复议申请人资格时，适用的是与行政诉讼原告资格同样的标准，即与行政行为有利害关系。依据《行政复议法》第30条的规定，"申请人与被申请行政复议的行政行为有利害关系"是行政复议机关受理行政复议申请的条件之一。2014年3月14日，最高人民法院在一个答复中明确肯定了为维护自身合法权益而举报相关违法行为人的举报人的行政复议申请人资格。其中，"为维护自身合法权益"本质上也是与行政行为有利害关系的一个表现。

链接·积累

最高人民法院关于举报人对行政机关就举报事项作出的处理或者不作为行为不服是否具有行政复议申请人资格问题的答复

〔2013〕行他字第14号

辽宁省高级人民法院：

你院《关于李万珍等人是否具有复议申请人资格的请示报告》收悉，经研究答复如下：

根据《中华人民共和国行政复议法》第九条第一款、《行政复议法实施条例》第二十八条第（二）项规定，举报人为维护自身合法权益而举报相关违法行为人，要求行政机关查处，对行政机关就举报事项作出的处理或者不作为行为不服申请行政复议的，具有行政复议申请人资格。

此复。

2014 年 3 月 14 日

（二）行政复议被申请人

行政复议被申请人，是申请人的对方当事人，通常是作出被申请行政复议的行政行为的行政机关。依据《行政复议法》第 19 条的规定，行政复议被申请人包括：（1）公民、法人或者其他组织对行政行为不服申请行政复议的，作出行政行为的行政机关或者法律、法规、规章授权的组织是被申请人；（2）两个以上行政机关以共同的名义作出同一行政行为的，共同作出行政行为的行政机关是被申请人；（3）行政机关委托的组织作出行政行为的，委托的行政机关是被申请人；（4）作出行政行为的行政机关被撤销或者职权变更的，继续行使其职权的行政机关是被申请人。此外，《行政复议法实施条例》第 12 ~ 14 条针对行政复议被申请人确立了如下规则：

第一，行政机关与法律、法规授权的组织以共同的名义作出行政行为的，行政机关和法律、法规授权的组织为共同被申请人。行政机关与其他组织以共同名义作出行政行为的，行政机关为被申请人。

第二，下级行政机关依照法律、法规、规章的规定，经上级行政机关批准作出行政行为的，批准机关为被申请人。

第三，行政机关设立的派出机构、内设机构或者其他组织，未经法律、法规授权，对外以自己名义作出行政行为的，该行政机关为被申请人。

（三）行政复议第三人

行政复议第三人，是申请人和被申请人之外因同被申请行政复议的行政行为有利害关系而参加行政复议的公民、法人或者其他组织。《行政复议法》第 16 条规定："申请人以外的同被申请行政复议的行政行为或者行政复议案件处理结果有利害关系的公民、法人或者其他组织，可以作为第三人申请参加行政复议，或者由行政复议机构通知其作为第三人参加行政复议。第三人不参加行政复议，不影响行政复议案件的审理。"《行政复议法实施条例》第 9 条规定，行政复议期间，行政复议机构认为申请人以外的公民、法人或者其他组织与被审查的行政行为有利害关系的，可以通知其作为第三人参加行政复议；行政复议期间，申请人以外的公民、法人或者其他组织与被审查的行政行为有利害关系的，可以向行政复议机构申请作为第三人参加行政复议；第三人不参加行政复议，不影响行政复议案件的审理。

依据上述规定，行政复议第三人包括主动申请参加行政复议的第三人，以及行政复议机构通知参加行政复议的第三人。凡是与被申请行政复议的行政行为或者案件处理结果有利害关系的主体，都可以申请作为第三人参加行政复议，行政复议机构也有权通知其作为第三人参加行政复议。

（四）行政复议代理人

依据《行政复议法》第17～18条的规定，申请人、第三人可以委托1～2名律师、基层法律服务工作者或者其他代理人代为参加行政复议。申请人、第三人委托代理人的，应当向行政复议机构提交授权委托书、委托人及被委托人的身份证明文件。授权委托书应当载明委托事项、权限和期限。申请人、第三人变更或者解除代理人权限的，应当书面告知行政复议机构。符合法律援助条件的行政复议申请人申请法律援助的，法律援助机构应当依法为其提供法律援助。

五、行政复议程序

（一）申请的提出

1. 申请条件

行政复议是一种依申请的行政行为，它以相对人的主动申请为前提，故相对人提出行政复议申请是行政复议的逻辑起点。

行政复议的申请条件，从另一个角度来说也就是行政复议的受理条件。《行政复议法》第30条第1款规定："行政复议机关收到行政复议申请后，应当在5日内进行审查。对符合下列规定的，行政复议机关应当予以受理：（一）有明确的申请人和符合本法规定的被申请人；（二）申请人与被申请行政复议的行政行为有利害关系；（三）有具体的行政复议请求和理由；（四）在法定申请期限内提出；（五）属于本法规定的行政复议范围；（六）属于本机关的管辖范围；（七）行政复议机关未受理过该申请人就同一行政行为提出的行政复议申请，并且人民法院未受理过该申请人就同一行政行为提起的行政诉讼。"据此，申请人申请行政复议，应当符合下列条件：（1）申请人明确且与被申请行政复议的行政行为有利害关系；（2）被申请人符合规定；（3）有具体的行政复议请求和理由；（4）在法定申请期限内提出；（5）属于行政复议范围；（6）属于本机关管辖；（7）不属于重复申请行政复议或提起行政诉讼后又申请行政复议的情形。

2. 申请期限

行政复议的申请期限，通常为自知道或者应当知道行政行为之日起60日，即使有法律对申请期限作出例外的规定，也只能延长而不得缩短这一期限。如果公民、法人或者其他组织的行政复议申请超过申请期限且无正当理由的，行政复议机关将不予受理。《行政复议法》第20条第1款规定："公民、法人或者其他组织认为行政行为侵犯其合法权益的，可以自知道或者应当知道该行政行为之日起六十日内提出行政复议申请；但是法律规定的申请期限超过六十日的除外。"在此基础上，《行政复议法》还规定了几种行政复议申请期限的特殊情形：一是因不可抗力或者其他正当理由耽误法定申请期限的，申请期限自障碍消除之日起继续计算。二是行政机关作出行政行为时，未告知公民、法人或者其他组织申请行政复议的权利、行政复议机关和申请期限的，申请期限自公民、法人或者其他组织知道或者应当知道申请行政复议的权利、行政复议机关和申请期限之日起计算，但是自知道或者应当知道行政行为内容之日起最长不得超过1年。三是因不动产提出的行政复议申请自行政行为作出之日起超过20年，其他行政复议申请自行政行为作出之日起超过5年的，行政复议机关不予受理。这样一来，行政复议申请期限就实现了与行政诉讼起诉期限的正式“接轨”。

此外，《行政复议法实施条例》针对行政复议申请期限确立了以下几项规则：

第一，行政复议申请期限的计算，依照下列规定办理：（1）当场作出行政行为的，自行政行为作出之日起计算；（2）载明行政行为的法律文书直接送达的，自受送达人签收之日起计算；（3）载明行政行为的法律文书邮寄送达的，自受送达人在邮件签收单上签收之日起计算，没有邮件签收单的，自受送达人在送达回执上签名之日起计算；（4）行政行为依法通过公告形式告知受送达人的，自公告规定的期限届满之日起计算；（5）行政机关作出行政行为时未告知公民、法人或者其他组织，事后补充告知的，自该公民、法人或者其他组织收到行政机关补充告知的通知之日起计算；（6）被申请人能够证明公民、法人或者其他组织知道行政行为的，自证据材料证明其知道行政行为之日起计算；（7）行政机关作出行政行为，依法应当向有关公民、法人或者其他组织送达法律文书而未送达的，视为该公民、法人或者其他组织不知道该行政行为。

第二，公民、法人或者其他组织申请行政机关履行法定职责，行政机关未履行的，行政复议申请期限依照下列规定计算：（1）有履行期限规定的，自履行期限届满之日起计算；（2）没有履行期限规定的，自行政机关收到申请满60日起计算。但公民、法人或者其他组织在紧急情况下请求行政机关履行保护人身权、财产权的法定职责，行政机关不履行的，行政复议申请期限不受上述限制。

第三，行政机关作出的行政行为对公民、法人或者其他组织的权利、义务可能产生不利影响的，应当告知其申请行政复议的权利、行政复议机关和行政复议申请期限。

3. 申请方式

《行政复议法》第22条规定，申请人申请行政复议，可以书面申请；书面申请有困难的，也可以口头申请。书面申请的，可以通过邮寄或者行政复议机关指定的互联网渠道等方式提交行政复议申请书，也可以当面提交行政复议申请书。行政机关通过互联网渠道送达行政行为决定书的，应当同时提供提交行政复议申请书的互联网渠道。口头申请的，行政复议机关应当当场记录申请人的基本情况、行政复议请求、申请行政复议的主要事实、理由和时间。如果申请人对两个以上行政行为不服的，应当分别申请行政复议，这是“一事一申请”原则在行政复议中的体现。

申请人书面申请行政复议的，应当在行政复议申请书中载明下列事项：（1）申请人的基本情况，包括：公民的姓名、性别、年龄、身份证号码、工作单位、住所、邮政编码，法人或者其他组织的名称、住所、邮政编码和法定代表人或者主要负责人的姓名、职务；（2）被申请人的名称；（3）行政复议请求、申请行政复议的主要事实和理由；（4）申请人的签名或者盖章；（5）申请行政复议的日期。申请人口头申请行政复议的，行政复议机构应当依照上述事项，当场制作行政复议申请笔录交申请人核对或者向申请人宣读，并由申请人签字确认。

总结·提示 申请人申请行政复议，既可以书面申请，也可以口头申请。

（二）行政复议的受理

1. 行政复议机关审查和处理

依据《行政复议法》第30条、第33条的规定，行政复议机关审查和处理规则如下：

第一，行政复议机关收到行政复议申请后，应当在5日内进行审查。对符合下列规定的，行政复议机关应当予以受理：（1）有明确的申请人和符合《行政复议法》规定的被申请人；（2）申请人与被申请行政复议的行政行为有利害关系；（3）有具体的行政复议请求和理由；（4）在法定申请期限内提出；（5）属于《行政复议法》规定的行政复议范围；（6）属于本机关的管辖范围；（7）行政复议机关未受理过该申请人就同一行政行为提出的行政复议申请，并且人民法院未受理过该申请人就同一行政行为提起的行政诉讼。

第二，对不符合上述条件的行政复议申请，行政复议机关应当在审查期限内决定不予受理并说明理由；不属于本机关管辖的，还应当在不予受理决定中告知申请人有管辖权的行政复议机关。

第三，行政复议机关受理行政复议申请后，发现该行政复议申请不符合《行政复议法》第30条第1款规定的，应当决定驳回申请并说明理由。

第四，行政复议申请的审查期限届满，行政复议机关未作出不予受理决定的，审查期限届满之日起视为受理。

2. 材料补正

《行政复议法》第31条规定，行政复议申请材料不齐全或者表述不清楚，无法判断行政复议申请是否符合《行政复议法》第30条第1款规定的，行政复议机关应当自收到申请之日起5日内书面通知申请人补正，补正通知应当一次性载明需要补正的事项。申请人应当自收到补正通知之日起10日内提交补正材料，有正当理由不能按期补正的，行政复议机关可以延长合理的补正期限。无正当理由逾期不补正的，视为申请人放弃行政复议申请，并记录在案。行政复议机关在收到补正材料后，依照《行政复议法》第30条的规定处理，也就是在5日内进行审查并决定是否受理。

依据《行政复议法实施条例》第29条的规定，补正申请材料所用时间不计入行政复议审理期限。

3. 对重复申请的处理

《行政复议法实施条例》第30条规定，申请人就同一事项向两个或者两个以上有权受理的行政机关申请行政复议的，由最先收到行政复议申请的行政机关受理；同时收到行政复议申请的，由收到行政复议申请的行政机关在10日内协商确定；协商不成的，由其共同上一级行政机关在10日内指定受理机关。协商确定或者指定受理机关所用时间不计入行政复议审理期限。

4. 无正当理由不予受理的应对

《行政复议法》第35条规定："公民、法人或者其他组织依法提出行政复议申请，行政复议机关无正当理由不予受理、驳回申请或者受理后超过行政复议期限不作答复的，申请人有权向上级行政机关反映，上级行政机关应当责令其纠正；必要时，上级行政复议机关可以直接受理。"《行政复议法实施条例》第31条规定，上级行政机关认为行政复议机关不予受理行政复议申请的理由不成立的，可以先行督促其受理；经督促仍不受理的，应当责令其限期受理，必要时也可以直接受理；认为行政复议申请不符合法定受理条件的，应当告知申请人。

5. 费用收取

公民、法人或者其他组织申请行政复议，不需要交纳费用。《行政复议法》第87条规定："行政复议机关受理行政复议申请，不得向申请人收取任何费用。"对此，全国人大常委会法工委行政法室主任梁鹰认为，新《行政复议法》立足于行政复议内部监督的特点，坚持免费受理、高效办理、深度审理，做到了"不忘本来"。

总结·提示 公民、法人或者其他组织申请行政复议是"免费"的，这也是它与行政诉讼的显著区别之一。

（三）行政复议案件审理

1. 审理内容

依据2017年《行政复议法》第3条的规定，行政复议机关需要审查申请行政复议的行政行为是否合法与适当。由此可见，行政复议的主要审理内容就是行政行为的合法性与适当性（合理性）。新《行政复议法》中虽然没有如此明确的规定，但是从其全文来看，核心审理内容仍然是行政行为的合法性与适当性（合理性）。这与行政诉讼中法院主要审查的是被诉行政行为的合法性，只有在特定情形下才会触及合理性的做法形成了鲜明的对比。

2. 审理中行政行为的效力

（1）行政行为是否停止执行

在行政复议期间，行政行为以不停止执行为原则，以停止执行为例外。换言之，申请行政复议通常不会影响到行政行为的法律效力。《行政复议法》第42条规定："行政复议期间行政行为不停止执行；但是有下列情形之一的，应当停止执行：（一）被申请人认为需要停止执行；（二）行政复议机关认为需要停止执行；（三）申请人、第三人申请停止执行，行政复议机关认为其要求合理，决定停止执行；（四）法律、法规、规章规定停止执行的其他情形。"相比2017年《行政复议法》，增设了法规、规章规定停止执行的权力，从而使行政行为的停止执行更加灵活，以照顾到特殊的情况。

（2）对被申请人改变行政行为的处理

《行政复议法实施条例》第 39 条规定："行政复议期间被申请人改变原具体行政行为的，不影响行政复议案件的审理。但是，申请人依法撤回行政复议申请的除外。"新《行政复议法》并未引进这一规定，但从其第 65 条第 2 款"行政行为有下列情形之一，不需要撤销或者责令履行的，行政复议机关确认该行政行为违法：……（二）被申请人改变原违法行政行为，申请人仍要求撤销或者确认该行政行为违法……"之规定可以看出，在行政复议期间被申请人改变原行政行为，通常也不会影响到行政复议案件的审理。

3. 审理依据

《行政复议法》第 37 条规定："行政复议机关依照法律、法规、规章审理行政复议案件。行政复议机关审理民族自治地方的行政复议案件，同时依照该民族自治地方的自治条例和单行条例。"与行政诉讼中"参照规章"的法律适用规则相比，明显提高了规章的地位，规章和法律、法规一样成为名副其实的审理依据。

4. 证据规则

（1）证据种类

依据《行政复议法》第 43 条的规定，行政复议证据包括：①书证；②物证；③视听资料；④电子数据；⑤证人证言；⑥当事人的陈述；⑦鉴定意见；⑧勘验笔录、现场笔录。以上证据经行政复议机构审查属实，才能作为认定行政复议案件事实的根据。

（2）举证责任

新《行政复议法》完善了行政复议证据规定，对申请人、被申请人的举证责任予以明确，主要的规则如下：

第一，被申请人对其作出的行政行为的合法性、适当性负有举证责任，这是行政复议举证责任的一般原则。而且，在行政复议期间，被申请人不得自行向申请人和其他有关单位或者个人收集证据，自行收集的证据不作为认定行政行为合法性、适当性的依据。但在行政复议期间，申请人或者第三人提出被申请行政复议的行政行为作出时没有提出的理由或者证据的，经行政复议机构同意，被申请人可以补充证据。

第二，如果被申请人不按期举证，其作出的行政行为通常将被推定为没有证据和依据。《行政复议法》第 70 条规定，被申请人不按照《行政复议法》第 48 条（自收到行政复议申请书副本或者行政复议申请笔录复印件之日起 10 日内提交作出行政行为的证据、依据和其他有关材料）、第 54 条（自收到行政复议申请书副本或者行政复议申请笔录复印件之日起 5 日内提交作出行政行为的证据、依据和其他有关材料）的规定提出书面答复、提交作出行政行为的证据、依据和其他有关材料的，视为该行政行为没有证据、依据，行政复议机关决定撤销、部分撤销该行政行为，确认该行政行为违法、无效或者决定被申请人在一定期限内履行，但是行政行为涉及第三人合法权益，第三人提供证据的除外。

第三，由申请人提供证据，是行政复议举证责任的例外情形。《行政复议法》第 44 条第

2 款规定："有下列情形之一的，申请人应当提供证据：（一）认为被申请人不履行法定职责的，提供曾经要求被申请人履行法定职责的证据，但是被申请人应当依职权主动履行法定职责或者申请人因正当理由不能提供的除外；（二）提出行政赔偿请求的，提供受行政行为侵害而造成损害的证据，但是因被申请人原因导致申请人无法举证的，由被申请人承担举证责任；（三）法律、法规规定需要申请人提供证据的其他情形。"

（3）证据调取、查阅和复制

依据《行政复议法》第 45 条、第 47 条的规定，行政复议机关有权向有关单位和个人调查取证，查阅、复制、调取有关文件和资料，向有关人员进行询问。调查取证时，行政复议人员不得少于两人，并应当出示行政复议工作证件。被调查取证的单位和个人应当积极配合行政复议人员的工作，不得拒绝或者阻挠。在行政复议期间，申请人、第三人及其委托代理人可以按照规定查阅、复制被申请人提出的书面答复、作出行政行为的证据、依据和其他有关材料，除涉及国家秘密、商业秘密、个人隐私或者可能危及国家安全、公共安全、社会稳定的情形外，行政复议机构应当同意。

5. 行政复议申请的撤回

依据 2017 年《行政复议法》第 25 条、《行政复议法实施条例》第 38 条的规定，申请人在行政复议决定作出前自愿撤回行政复议申请的，需说明理由，经行政复议机构同意，可以撤回。申请人撤回行政复议申请的，不得再以同一事实和理由提出行政复议申请。但是，申请人能够证明撤回行政复议申请违背其真实意思表示的除外。

新《行政复议法》对此没有作出明确的规定，或许是要留待修改《行政复议法实施条例》时再做计议。

6. 行政复议中止与终止

（1）中止

《行政复议法》第 39 条规定，行政复议期间有下列情形之一的，行政复议中止：①作为申请人的公民死亡，其近亲属尚未确定是否参加行政复议；②作为申请人的公民丧失参加行政复议的行为能力，尚未确定法定代理人参加行政复议；③作为申请人的公民下落不明；④作为申请人的法人或者其他组织终止，尚未确定权利义务承受人；⑤申请人、被申请人因不可抗力或者其他正当理由，不能参加行政复议；⑥依照《行政复议法》的规定进行调解、和解，申请人和被申请人同意中止；⑦行政复议案件涉及的法律适用问题需要有权机关作出解释或者确认；⑧行政复议案件审理需要以其他案件的审理结果为依据，而其他案件尚未审结；⑨申请人提出对规范性文件的附带审查申请或行政复议机关在对规范性文件主动审查，依法处理期间；⑩需要中止行政复议的其他情形。

在上述行政复议中止的原因消除后，应当及时恢复行政复议案件的审理。行政复议机关中止、恢复行政复议案件的审理，应当书面告知当事人。如果在行政复议期间，行政复议机关无正当理由中止行政复议的，上级行政机关应当责令其恢复审理。

实践中，通常认为中止行政复议的决定属于过程性和中间性行为，不应当在行政复议程序尚未终了、行政复议机关尚未作出最终决定的情况下单独寻求司法审查，申请人可以在起诉行政复议决定时一并主张程序违法。但在**王某霞等诉河南省政府不履行法定职责案**中，最高人民法院提出，旷日持久地中止行政复议程序，必然会对行政复议申请人的权利保护造成延宕，甚至还会影响其进一步请求司法救济，因此也不宜一概否定中止行政复议决定的可诉性，应当根据案件具体情况作出判断，例如，根本不存在一个中止行政复议的法定情形，或者中止的期限异乎寻常地长久。[①] 由此可见，法律绝不允许行政复议机关（构）无节制地以中止为“名”行拖延之“实”，倘或如此，应赋予申请人对此单独寻求司法救济的权利。

（2）终止

《行政复议法》第41条规定，行政复议期间有下列情形之一的，行政复议机关决定终止行政复议：①申请人撤回行政复议申请，行政复议机构准予撤回；②作为申请人的公民死亡，没有近亲属或者其近亲属放弃行政复议权利；③作为申请人的法人或者其他组织终止，没有权利义务承受人或者其权利义务承受人放弃行政复议权利；④申请人对行政拘留或者限制人身自由的行政强制措施不服申请行政复议后，因同一违法行为涉嫌犯罪，被采取刑事强制措施；⑤因“作为申请人的公民死亡，其近亲属尚未确定是否参加行政复议”“作为申请人的公民丧失参加行政复议的行为能力，尚未确定法定代理人参加行政复议”“作为申请人的法人或者其他组织终止，尚未确定权利义务承受人”中止行政复议满60日，行政复议中止的原因仍未消除。

7. 普通程序

（1）审理前的准备

依据《行政复议法》的规定，审理前的准备工作主要有：

第一，送达副本和提出答复。《行政复议法》第48条规定：“行政复议机构应当自行政复议申请受理之日起七日内，将行政复议申请书副本或者行政复议申请笔录复印件发送被申请人。被申请人应当自收到行政复议申请书副本或者行政复议申请笔录复印件之日起十日内，提出书面答复，并提交作出行政行为的证据、依据和其他有关材料。”

第二，指定行政复议人员。《行政复议法》第36条规定：“行政复议机关受理行政复议申请后，依照本法适用普通程序或者简易程序进行审理。行政复议机构应当指定行政复议人员负责办理行政复议案件。行政复议人员对办理行政复议案件过程中知悉的国家秘密、商业秘密和个人隐私，应当予以保密。”

第三，确定审理方式。根据案件的具体情况，确定适用普通程序还是简易程序进行审理。

（2）听取当事人意见

《行政复议法》第49条规定：“适用普通程序审理的行政复议案件，行政复议机构应当当面或者通过互联网、电话等方式听取当事人的意见，并将听取的意见记录在案。因当事人

① 最高人民法院行政裁定书，（2017）最高法行申7760号。

原因不能听取意见的，可以书面审理。”据此，只有在因当事人原因不能听取意见的情形下，才可以进行书面审理。否则，对于普通程序而言，听取当事人意见是必经的步骤，纯粹的书面审理在事实上被抛弃了。

（3）组织听证

依据《行政复议法》第50～51条的规定，审理重大、疑难、复杂的行政复议案件，行政复议机构应当组织听证。行政复议机构认为有必要听证，或者申请人请求听证的，行政复议机构可以组织听证。听证由一名行政复议人员任主持人，两名以上行政复议人员任听证员，一名记录员制作听证笔录。行政复议机构组织听证的，应当于举行听证的5日前将听证的时间、地点和拟听证事项书面通知当事人。申请人无正当理由拒不参加听证的，视为放弃听证权利。被申请人的负责人应当参加听证，不能参加的，应当说明理由并委托相应的工作人员参加听证。

（4）发挥行政复议委员会的作用

《行政复议法》第52条规定，县级以上各级人民政府应当建立相关政府部门、专家、学者等参与的行政复议委员会，为办理行政复议案件提供咨询意见，并就行政复议工作中的重大事项和共性问题研究提出意见。行政复议委员会的组成和开展工作的具体办法，由国务院行政复议机构制定。审理行政复议案件涉及下列情形之一的，行政复议机构应当提请行政复议委员会提出咨询意见：①案情重大、疑难、复杂；②专业性、技术性较强；③省、自治区、直辖市人民政府审理的对本机关作出的行政行为不服的行政复议案件；④行政复议机构认为有必要。行政复议机构应当记录行政复议委员会的咨询意见。

按照《行政复议法》对行政复议委员会的定位，它并不是一个审理组织，只是一个咨询机构。因此，行政复议委员会所提出的咨询意见对于行政复议决定没有直接的约束力，行政复议决定仍然由行政复议机关依职权作出，行政复议委员会的咨询意见仅仅是一个参考依据而已。换言之，《行政复议法》最终所确立的是咨询型行政复议委员会制度，而不是议决型行政复议委员会制度。

总结·提示 新《行政复议法》关于适用普通程序审理案件的要求主要有：一是规定除因当事人原因不能听取意见外，行政复议机构应当通过多种方式听取当事人意见。二是规定审理重大、疑难、复杂案件，行政复议机构应当组织听证。三是规定县级以上各级人民政府应当建立行政复议委员会，为办理行政复议案件提供咨询意见，就行政复议工作中的重大事项和共性问题研究提出意见。行政复议委员会的咨询意见是行政复议决定的重要参考依据。

---

8. 简易程序

新《行政复议法》增加了简易程序，目的是促进行政复议案件的“繁简分流”。适用简易程序审理的行政复议案件，可以书面审理，当然也可以听取当事人意见。《行政复议法》

第53条规定，行政复议机关审理下列行政复议案件，认为事实清楚、权利义务关系明确、争议不大的，可以适用简易程序：（1）被申请行政复议的行政行为是当场作出；（2）被申请行政复议的行政行为是警告或者通报批评；（3）案件涉及款额3000元以下；（4）属于政府信息公开案件。除了上述行政复议案件，当事人各方同意适用简易程序的，也可以适用简易程序。

依据《行政复议法》第54～55条的规定，适用简易程序审理的行政复议案件，行政复议机构应当自受理行政复议申请之日起3日内，将行政复议申请书副本或者行政复议申请笔录复印件发送被申请人。被申请人应当自收到行政复议申请书副本或者行政复议申请笔录复印件之日起5日内提出书面答复，并提交作出行政行为的证据、依据和其他有关材料。

适用简易程序审理的行政复议案件，行政复议机构认为不宜适用简易程序的，经行政复议机构的负责人批准，可以转为普通程序审理。由此可见，简易程序可以在一定条件下转为普通程序，但《行政复议法》并未规定普通程序可以转为简易程序。

9. 行政复议附带审查

《行政复议法》第56～60条集中规定了行政复议附带审查，确立了如下几个规则：

第一，申请人提出对有关规范性文件的附带审查申请，行政复议机关有权处理的，应当在30日内依法处理；无权处理的，应当在7日内转送有权处理的行政机关依法处理。

第二，行政复议机关在对被申请人作出的行政行为进行审查时，认为其依据不合法，本机关有权处理的，应当在30日内依法处理；无权处理的，应当在7日内转送有权处理的国家机关依法处理。

第三，行政复议机关依法有权处理有关规范性文件或者依据的，行政复议机构应当自行政复议中止之日起3日内，书面通知规范性文件或者依据的制定机关就相关条款的合法性提出书面答复，制定机关应当自收到书面通知之日起10日内提交书面答复及相关材料。行政复议机构认为必要时，可以要求规范性文件或者依据的制定机关当面说明理由，制定机关应当配合。

第四，行政复议机关依法有权处理有关规范性文件或者依据，认为相关条款合法的，在行政复议决定书中一并告知；认为相关条款超越权限或者违反上位法的，决定停止该条款的执行，并责令制定机关予以纠正。

第五，行政复议机关依法无权处理有关规范性文件或者依据，转送有权处理的行政机关、国家机关处理的，接受转送的行政机关、国家机关应当自收到转送之日起60日内将处理意见回复转送的行政复议机关。

（四）行政复议决定

1. 行政复议案件审理期限

《行政复议法》第62条规定：“适用普通程序审理的行政复议案件，行政复议机关应当自受理申请之日起六十日内作出行政复议决定；但是法律规定的行政复议期限少于六十日的除外。情况复杂，不能在规定期限内作出行政复议决定的，经行政复议机构的负责人批准，可以适当延长，并书面告知当事人；但是延长期限最多不得超过三十日。适用简易程序审理的行政复议案件，行政复议机关应当自受理申请之日起三十日内作出行政复议决定。”据此，适用普通程序审理的行政复议案件的审理期限通常为60日，在特定情况下经批准可延长30日；适用简易程序审理的行政复议案件的审理期限为30日，并且不适用期限延长制度。

2. 行政复议决定的作出

依据《行政复议法》第61条的规定，行政复议机关在作出行政复议决定时应当遵守下列规则：

第一，行政复议机关审理行政复议案件，由行政复议机构对行政行为进行审查，提出意见，经行政复议机关的负责人同意或者集体讨论通过后，以行政复议机关的名义作出行政复议决定。

第二，经过听证的行政复议案件，行政复议机关应当根据听证笔录、审查认定的事实和证据，依法作出行政复议决定。

第三，提请行政复议委员会提出咨询意见的行政复议案件，行政复议机关应当将咨询意见作为作出行政复议决定的重要参考依据。

3. 行政复议决定的种类

新《行政复议法》所规定的行政复议决定种类更加多元，同时赋予了行政复议机关更大的审查和决定职权。依据《行政复议法》和《行政复议法实施条例》的规定，行政复议决定有以下几种。

（1）维持决定

《行政复议法》第68条规定，行政行为认定事实清楚，证据确凿，适用依据正确，程序合法，内容适当的，行政复议机关决定维持该行政行为。

（2）变更决定

行政复议机关的变更权，要比行政诉讼中人民法院的司法变更权广泛得多。《行政复议法》第63条规定：“行政行为有下列情形之一的，行政复议机关决定变更该行政行为：（一）事实清楚，证据确凿，适用依据正确，程序合法，但是内容不适当；（二）事实清楚，证据确凿，程序合法，但是未正确适用依据；（三）事实不清、证据不足，经行政复议机关查清事实和证据。行政复议机关不得作出对申请人更为不利的变更决定，但是第三人提出相反请求的除外。”对于变更决定，本条确立了禁止不利变更原则。这里的禁止不利变更，是对于申请人一方来说的。此前，在《行政复议法实施条例》第51条也有类似的规定。

（3）撤销决定

《行政复议法》第64条规定，行政行为有下列情形之一的，行政复议机关决定撤销或者部分撤销该行政行为，并可以责令被申请人在一定期限内重新作出行政行为：①主要事实不清、证据不足；②违反法定程序；③适用的依据不合法；④超越职权或者滥用职权。行政复议机关责令被申请人重新作出行政行为的，被申请人不得以同一事实和理由作出与被申请行政复议的行政行为相同或者基本相同的行政行为，但是行政复议机关以违反法定程序为由决定撤销或者部分撤销的除外。

（4）确认违法决定

《行政复议法》第65条规定，行政行为有下列情形之一的，行政复议机关不撤销该行政行为，但是确认该行政行为违法：①依法应予撤销，但是撤销会给国家利益、社会公共利益造成重大损害；②程序轻微违法，但是对申请人权利不产生实际影响。行政行为有下列情形之一，不需要撤销或者责令履行的，行政复议机关确认该行政行为违法：①行政行为违法，但是不具有可撤销内容；②被申请人改变原违法行政行为，申请人仍要求撤销或者确认该行政行为违法；③被申请人不履行或者拖延履行法定职责，责令履行没有意义。

（5）确认无效决定

《行政复议法》第67条规定，行政行为有实施主体不具有行政主体资格或者没有依据等重大且明显违法情形，申请人申请确认行政行为无效的，行政复议机关确认该行政行为无效。自此，确认行政行为无效成为行政复议和行政诉讼共有的处理方式。

（6）履行决定

《行政复议法》第66条规定，被申请人不履行法定职责的，行政复议机关决定被申请人在一定期限内履行。

（7）驳回行政复议请求决定

《行政复议法》第69条规定，行政复议机关受理申请人认为被申请人不履行法定职责的行政复议申请后，发现被申请人没有相应法定职责或者在受理前已经履行法定职责的，决定驳回申请人的行政复议请求。

值得注意的是，上述规定中“驳回申请人的行政复议请求”的表述与《行政复议法》第33～35条“驳回申请”的表述有所差别，这样细微的差别预示着新《行政复议法》已经努力将行政复议中的实体性驳回与程序性驳回进行区分。简单地讲，实体性驳回是指因申请人请求的理由不成立而驳回，即驳回行政复议请求，类似于行政诉讼中的判决驳回诉讼请求，在实质效果上构成对原行政行为的“维持”；程序性驳回是指因不符合受理条件而驳回，即驳回行政复议申请，类似于行政诉讼中的裁定驳回起诉或者裁定不予立案，不产生“维持”原行政行为的法律效力，因为行政复议机关尚未对原行政行为进行实体审理。此前，二者的区分是十分模糊的。例如，《行政复议法实施条例》第48条规定，有下列情形之一的，行政复议机关应当决定驳回行政复议申请：①申请人认为行政机关不履行法定职责申请行政复议，行政复议机关受理后发现该行政机关没有相应法定职责或者在受理前已经履行法定职责的；②受理行政复议申请后，发现该行政复议申请不符合《行政复议法》和《行政复议法实施条例》规定的受理条件的。其中，第①项属于实体性驳回行政复议申请的情形，第②项属于程序性驳回行政复议申请的情形。

长期以来，驳回行政复议请求和驳回行政复议申请的区分并未得到重视，因而我们只能适用实质性标准来判断它究竟属于实体性驳回还是程序性驳回，不能只看其表达方式。在**高某中诉西华县政府行政复议案**中，最高人民法院认为，行政复议机关决定维持原行政行为，既包括明确表示的“维持”，也包括“行政复议机关驳回行政复议申请或者行政复议请求”但实质效果是对原行政行为予以“维持”的情形。分辨驳回行政复议申请或者行政复议请求是否属于对原行政行为的“维持”，关键是要看行政复议决定是否对原行政行为的合法性进行了实质审查判断。如果行政复议机关仅仅是以“行政复议申请不符合受理条件”为由驳回，则无论是驳回行政复议申请，还是驳回行政复议请求，均因没有对原行政行为的合法性进行实质审查判断，而不能定性为“维持”，进而也就不符合共同被告的条件。[①] 在**王某生诉周口市政府行政复议案**中，最高人民法院认为，区分行政复议机关的驳回行政复议申请究竟属于因理由不成立而驳回，还是因不符合受理条件而驳回，应当适用实质性标准。名为驳回行政复议申请，甚至名为不予受理决定，但事实上对行政复议请求作出了实体审查的，也应当定性为驳回行政复议请求，进而构成对原行政行为的维持。[②]

总结·提示　行政复议机关作出的驳回决定，可分为实体性驳回（驳回行政复议请求）和程序性驳回（驳回申请）两种情形，前者构成对原行政行为的“维持”，后者则不产生“维持”原行政行为的法律效力。在实践中区分二者，应当适用实质性标准。

（8）行政协议案件决定

《行政复议法》第71条规定，被申请人不依法订立、不依法履行、未按照约定履行或者违法变更、解除行政协议的，行政复议机关决定被申请人承担依法订立、继续履行、采取补救措施或者赔偿损失等责任。被申请人变更、解除行政协议合法，但是未依法给予补偿或者补偿不合理的，行政复议机关决定被申请人依法给予合理补偿。

（9）行政赔偿案件决定

《行政复议法》第72条规定，申请人在申请行政复议时一并提出行政赔偿请求，行政复议机关对依照《国家赔偿法》的有关规定应当不予赔偿的，在作出行政复议决定时，应当同时决定驳回行政赔偿请求；对符合《国家赔偿法》的有关规定应当给予赔偿的，在决定撤销或者部分撤销、变更行政行为或者确认行政行为违法、无效时，应当同时决定被申请人依法给予赔偿；确认行政行为违法的，还可以同时责令被申请人采取补救措施。申请人在申请行政复议时没有提出行政赔偿请求的，行政复议机关在依法决定撤销或者部分撤销、变更罚款，撤销或者部分撤销违法集资、没收财物、征收征用、摊派费用以及对财产的查封、扣押、冻结等行政行为时，应当同时责令被申请人返还财产，解除对财产的查封、扣押、冻结措施，或者赔偿相应的价款。

4. 行政复议案件调解与和解

（1）调解

依据《行政复议法》的规定，行政复议机关办理行政复议案件，可以进行调解。调解应

① 最高人民法院行政裁定书，（2018）最高法行申2965号。

② 最高人民法院行政裁定书，（2018）最高法行申152号。

当遵循合法、自愿的原则，不得损害国家利益、社会公共利益和他人合法权益，不得违反法律、法规的强制性规定。

当事人经调解达成协议的，行政复议机关应当制作行政复议调解书，经各方当事人签字或者签章，并加盖行政复议机关印章，即具有法律效力。

调解未达成协议或者调解书生效前一方反悔的，行政复议机关应当依法审查或者及时作出行政复议决定。

（2）和解

《行政复议法》第74条规定，当事人在行政复议决定作出前可以自愿达成和解，和解内容不得损害国家利益、社会公共利益和他人合法权益，不得违反法律、法规的强制性规定。

当事人达成和解后，由申请人向行政复议机构撤回行政复议申请。行政复议机构准予撤回行政复议申请、行政复议机关决定终止行政复议的，申请人不得再以同一事实和理由提出行政复议申请。但是，申请人能够证明撤回行政复议申请违背其真实意愿的除外。

5. 行政复议决定书和意见书

依据《行政复议法》第75条、第76条、第79条的规定，行政复议机关制发行政复议决定书和意见书需要遵守如下规则：

第一，行政复议机关作出行政复议决定，应当制作行政复议决定书，并加盖行政复议机关印章。行政复议决定书一经送达，即发生法律效力。

第二，行政复议机关在办理行政复议案件过程中，发现被申请人或者其他下级行政机关的有关行政行为违法或者不当的，可以向其制发行政复议意见书。有关机关应当自收到行政复议意见书之日起60日内，将纠正相关违法或者不当行政行为的情况报送行政复议机关。

第三，行政复议机关根据被申请行政复议的行政行为的公开情况，按照国家有关规定将行政复议决定书向社会公开。县级以上地方各级人民政府办理以本级人民政府工作部门为被申请人的行政复议案件，应当将发生法律效力的行政复议决定书、意见书同时抄告被申请人的上一级主管部门。

6. 行政复议决定书、调解书、意见书的履行

（1）被申请人的履行

《行政复议法》第77条规定，被申请人应当履行行政复议决定书、调解书、意见书。被申请人不履行或者无正当理由拖延履行行政复议决定书、调解书、意见书的，行政复议机关或者有关上级行政机关应当责令其限期履行，并可以约谈被申请人的有关负责人或者予以通报批评。

实践中，一个常见的问题是，如果被申请人不履行行政复议决定应当如何救济？在**李某英诉湖北省政府不履行行政复议法定职责案**中，最高人民法院提出，行政复议决定是行政复议机关根据申请人的要求，对具体行政行为进行审查后所得出的结论，一经生效，申请人、被申请人都应当履行。对于被申请人不履行或者无正当理由拖延履行行政复议决定的应当如何救济，《行政复议法》（2017年）第32条第2款规定，“行政复议机关或者有关上级行政

机关应当责令其限期履行”，第 37 条还规定，“对直接负责的主管人员和其他直接责任人员依法给予警告、记过、记大过的行政处分；经责令履行仍拒不履行的，依法给予降级、撤职、开除的行政处分”。由此可见，对被申请人不履行或者无正当理由拖延履行行政复议决定的救济，法律只规定了行政系统内部的监督渠道。结合《行政复议法》（2017 年）第 38 条的规定来看，这一监督程序的实现，是通过“行政复议机关负责法制工作的机构发现”，进而“向有关行政机关提出建议”，最终由“有关行政机关”作出处理的。固然，行政复议申请人的举报和反映可以成为行政复议机关负责法制工作的机构“发现”不履行行政复议决定线索的渠道，但法律并没有赋予行政复议申请人要求启动这一内部监督程序的权利，更没有赋予行政复议申请人针对行政复议机关负责法制工作的机构的答复行为向更高一级的行政机关再次申请行政复议的权利。所以，李某英援引《行政复议法》（2017 年）第 32 条和第 37 条，主张湖北省政府应当受理其行政复议申请，理由不能成立。① 也就是说，被申请人不履行行政复议决定的，不属于行政复议和行政诉讼的受案范围。

（2）申请人、第三人的履行

由于行政复议决定本质上也是行政行为，除了法律规定行政复议决定为最终裁决的情形外，申请人、第三人不服行政复议决定的，可以在收到行政复议决定书之日起 15 日内向人民法院提起行政诉讼。在**李某森等诉四川省政府行政复议案**中，最高人民法院认为，行政复议在本质上是行政行为，尽管它能够纠正下级行政机关的错误决定和行为，但不代表其内容绝对正确，因此，只要法律没有规定行政复议决定是最终裁决的，公民、法人或者其他组织对行政复议决定（无论是作为还是不作为）不服的，可以向人民法院提起行政诉讼。但法律规定为最终裁决的行政复议决定，不属于人民法院行政诉讼的受案范围，公民、法人或者其他组织不能再向人民法院提起行政诉讼。此既体现了人民法院依照法律规定对行政机关的行政行为实施的全面最终监督，也体现了法律特别授权行政机关全权处理某类行政管理活动而排除司法监督的一种例外安排。② 如果申请人、第三人不在法定期限内对行政复议决定提起行政诉讼，则应当履行行政复议决定。

《行政复议法》第 78 条规定，申请人、第三人逾期不起诉又不履行行政复议决定书、调解书的，或者不履行最终裁决的行政复议决定的，按照下列规定分别处理：①维持行政行为的行政复议决定书，由作出行政行为的行政机关依法强制执行，或者申请人民法院强制执行；②变更行政行为的行政复议决定书，由行政复议机关依法强制执行，或者申请人民法院强制执行；③行政复议调解书，由行政复议机关依法强制执行，或者申请人民法院强制执行。

7. 行政复议期间计算和文书送达

《行政复议法》第 88 条规定，行政复议期间的计算和行政复议文书的送达，《行政复议法》没有规定的，依照《民事诉讼法》关于期间、送达的规定执行。《行政复议法》关于行

---

① 最高人民法院行政裁定书，（2018）最高法行申 3316 号。
② 最高人民法院行政裁定书，（2018）最高法行再 138 号。

政复议期间有关“三日”“五日”“七日”“十日”的规定是指工作日，不含法定休假日。

总结·提示 新《行政复议法》从以下几个方面优化了行政复议决定体系：一是重新调整行政复议决定的顺序，将变更决定、撤销决定和确认违法决定予以细化，并放在突出位置；二是强化变更决定的运用，增加变更决定的适用情形；三是对行政协议的决定类型做特殊规定；四是对调解书的制作和生效、行政复议和解等作出规定；五是规定行政复议机关在办理行政复议案件中发现被申请人或者其他下级行政机关的有关行政行为违法或者不当的，可以制发行政复议意见书。

六、行政复议中的法律责任

（一）行政复议机关的法律责任

《行政复议法》第80条规定，行政复议机关不依照《行政复议法》的规定履行行政复议职责，对负有责任的领导人员和直接责任人员依法给予警告、记过、记大过的处分；经有权监督的机关督促仍不改正或者造成严重后果的，依法给予降级、撤职、开除的处分。

（二）行政复议机关工作人员的法律责任

《行政复议法》第81条规定，行政复议机关工作人员在行政复议活动中，徇私舞弊或者有其他渎职、失职行为的，依法给予警告、记过、记大过的处分；情节严重的，依法给予降级、撤职、开除的处分；构成犯罪的，依法追究刑事责任。

（三）被申请人的法律责任

1. 不配合或者阻挠行政复议进程的法律责任

《行政复议法》第82条规定，被申请人违反《行政复议法》的规定，不提出书面答复或者不提交作出行政行为的证据、依据和其他有关材料，或者阻挠、变相阻挠公民、法人或者其他组织依法申请行政复议的，对负有责任的领导人员和直接责任人员依法给予警告、记过、记大过的处分；进行报复陷害的，依法给予降级、撤职、开除的处分；构成犯罪的，依法追究刑事责任。

2. 不履行或者拖延履行行政复议文书的法律责任

《行政复议法》第83条规定，被申请人不履行或者无正当理由拖延履行行政复议决定书、调解书、意见书的，对负有责任的领导人员和直接责任人员依法给予警告、记过、记大过的处分；经责令履行仍拒不履行的，依法给予降级、撤职、开除的处分。

（四）其他主体的法律责任

《行政复议法》第84~86条还规定了其他主体的法律责任，内容包括：

第一，拒绝、阻挠行政复议人员调查取证，故意扰乱行政复议工作秩序的，依法给予处分、治安管理处罚；构成犯罪的，依法追究刑事责任。

第二，行政机关及其工作人员违反《行政复议法》规定的，行政复议机关可以向监察机关或者公职人员任免机关、单位移送有关人员违法的事实材料，接受移送的监察机关或者公职人员任免机关、单位应当依法处理。

第三，行政复议机关在办理行政复议案件过程中发现公职人员涉嫌贪污贿赂、失职渎职等职务违法或者职务犯罪的问题线索，应当依照有关规定移送监察机关，由监察机关依法调查处置。

第十八讲　征收拆迁中的行政诉讼

重点导读

在中国，行政诉讼是与民事诉讼、刑事诉讼并列的三大诉讼制度之一，也是一种解决行政争议的诉讼制度。本讲将重点讲解《行政诉讼法》（2017 年修改）、《行政诉讼法解释》（法释〔2018〕1 号）、最高人民法院《关于人民法院登记立案若干问题的规定》（法释〔2015〕8 号）、最高人民法院《关于行政案件案由的暂行规定》（法发〔2020〕44 号）、最高人民法院《关于审理行政协议案件若干问题的规定》（法释〔2019〕17 号）、最高人民法院《关于正确确定县级以上地方人民政府行政诉讼被告资格若干问题的规定》（法释〔2021〕5 号）、最高人民法院《关于行政机关负责人出庭应诉若干问题的规定》（法释〔2020〕3 号）以及《行政诉讼证据规定》（法释〔2002〕21 号）等法律和司法解释中的规定。本讲的内容包括行政诉讼概述、行政诉讼受案范围、行政审判组织和管辖、行政诉讼主体、行政诉讼证据、行政诉讼程序六个方面。

一、行政诉讼概述

（一）行政诉讼的特征和功能

行政诉讼，是指相对人认为行政机关作出的行政行为侵犯其合法权益，依法向法院提起诉讼，由法院对被诉行政行为是否合法进行审查，并作出裁判的一种诉讼制度。《行政诉讼法》（2017 年修改）第 6 条规定：“人民法院审理行政案件，对行政行为是否合法进行审查。”据此，法院在行政诉讼中审查的是被诉行政行为的合法性，也就是“审被告”，只有在特定情形下才会触及其合理性（如行政行为“明显不当”的情形）。在中国，行政诉讼是与民事诉讼、刑事诉讼相提并论的三大诉讼制度之一，足见其地位非同一般。

中国的行政诉讼主要具有以下特征：（1）司法性。行政诉讼是一种司法活动，行政诉讼程序属于司法程序，是以司法机关为主导，并坚持“不告不理”的原则，此为司法性的体现。（2）单向性。从形式上看，民事诉讼是“民告民”，刑事诉讼是“官告民”，行政诉讼是“民告官”。而且，中国的行政诉讼也只能是“民告官”，不允许“官告民”，此为单向性的体现。（3）监督性。行政诉讼本质上是一种由司法机关（法院）监督行政机关依法行使职权的制度，此为监督性的体现。

对于行政诉讼的功能，学界大多是依据《行政诉讼法》第 1 条的规定，提出行政诉讼的功能包括“解决行政争议”“保护公民、法人和其他组织的合法权益”“监督行政机关依法行使职权”三个方面。当然，对此尚有争议，如何海波教授认为，行政诉讼的功能包括解决纠纷、监督行政和发展法律三个方面。[①] 这是正常的，要达成完全一致的意见，想必不易。

（二）中国行政诉讼的建立和发展

1989 年 4 月 4 日，第七届全国人大第二次会议通过了《行政诉讼法》，自 1990 年 1 月 1 日起实施，它标志着中国行政诉讼制度的全面建立。在《行政诉讼法》出台之前，1980 年发布的《中外合资经营企业所得税法》（已失效），1981 年发布的《外国企业所得税法》（已失效）、《经济合同法》（已失效），1982 年发布的《海洋环境保护法》，1986 年发布的《土地管理法》、《治安管理处罚条例》（已失效）等法律和行政法规中，已经有了“民告官”的规定。尤其是 1982 年发布的《民事诉讼法（试行）》第 3 条第 2 款规定：“法律规定由人民法院审理的行政案件，适用本法规定。”由此可见，中国的行政诉讼实际上脱胎于民事诉讼。

2014 年 11 月 1 日，第十二届全国人大常委会第十一次会议通过了《关于修改〈中华人民共和国行政诉讼法〉的决定》，对《行政诉讼法》做了全面修改。经过修改，《行政诉讼法》的条文从 75 条增加至 103 条，其中改动了 45 条，增加了 33 条，删除了 5 条，未变动的只有 25 条，算得上是一次“大修”而非“小补”。本次修改着力解决行政诉讼中普遍存在、人民群众反映强烈的立案难、审理难、执行难等突出问题。为了杜绝法院既不受理又不出具材料的做法，明确改立案审查制为“立案登记制”；为了改变复议机关“维持会”的地位，要求经复议的案件，复议机关同为被告；强化行政机关的应诉义务和执行生效裁判文书的义务，要求行政机关负责人出庭；明确对“重大且明显违法”的行政行为法院可以确认无效，对“明显不当”的行政行为法院可以撤销，等等。修改后的《行政诉讼法》自 2015 年 5 月 1 日起实施。

2017 年 6 月 27 日，《行政诉讼法》进行了第二次修改，即在第 25 条增加 1 款，作为第 4 款：“人民检察院在履行职责中发现生态环境和资源保护、食品药品安全、国有财产保护、国有土地使用权出让等领域负有监督管理职责的行政机关违法行使职权或者不作为，致使国家利益或者社会公共利益受到侵害的，应当向行政机关提出检察建议，督促其依法履行职责。行政机关不依法履行职责的，人民检察院依法向人民法院提起诉讼。”第二次修改后的《行政诉讼法》自 2017 年 7 月 1 日起实施。

总结·提示　1990 年 1 月 1 日《行政诉讼法》正式实施之后，迄今已经进行了两次修改，现行有效的是 2017 年修改的《行政诉讼法》。

---

① 参见何海波：《行政诉讼法》（第 3 版），法律出版社 2022 年版，第 27～63 页。

除了《行政诉讼法》，最高人民法院曾对行政诉讼先后发布了数量众多的解释、规定、意见和答复等。其中，目前有效的主要有：《行政诉讼法解释》（法释〔2018〕1号）、最高人民法院《关于人民法院登记立案若干问题的规定》（法释〔2015〕8号）、最高人民法院《关于行政案件案由的暂行规定》（法发〔2020〕44号）、最高人民法院《关于审理行政协议案件若干问题的规定》（法释〔2019〕17号）、最高人民法院《关于正确确定县级以上地方人民政府行政诉讼被告资格若干问题的规定》（法释〔2021〕5号）、最高人民法院《关于行政机关负责人出庭应诉若干问题的规定》（法释〔2020〕3号）、《行政诉讼证据规定》（法释〔2002〕21号）等。

在上述一般性规定之外，尚有不少适用于特定领域行政诉讼的规定。其中，与征收拆迁密切相关的有最高人民法院《关于审理涉及农村集体土地行政案件若干问题的规定》（法释〔2011〕20号）、最高人民法院《关于办理申请人民法院强制执行国有土地上房屋征收补偿决定案件若干问题的规定》（法释〔2012〕4号）、最高人民法院《关于征收国有土地上房屋时是否应当对被征收人未经登记的空地和院落予以补偿的答复》（〔2012〕行他字第16号）等。

二、行政诉讼受案范围

（一）行政诉讼受案的肯定范围

《行政诉讼法》第2条规定，公民、法人或者其他组织认为行政机关和行政机关工作人员的行政行为侵犯其合法权益，有权依法向人民法院提起诉讼。其中的行政行为，也包括法律、法规、规章授权的组织作出的行政行为。据此，公民、法人或者其他组织对行政机关及其工作人员的行政行为不服，依法提起诉讼的，属于人民法院行政诉讼的受案范围。

依据《行政诉讼法》第12条的规定，人民法院受理公民、法人或者其他组织提起的下列诉讼：

第一，行政处罚行为。即对行政拘留、暂扣或者吊销许可证和执照、责令停产停业、没收违法所得、没收非法财物、罚款、警告等行政处罚不服的。

第二，行政强制行为。即对限制人身自由或者对财产的查封、扣押、冻结等行政强制措施和行政强制执行不服的。

第三，行政许可行为。即申请行政许可，行政机关拒绝或者在法定期限内不予答复，或者对行政机关作出的有关行政许可的其他决定不服的。

第四，行政确权行为。即对行政机关作出的关于确认土地、矿藏、水流、森林、山岭、草原、荒地、滩涂、海域等自然资源的所有权或者使用权的决定不服的。

第五，行政征收、征用及补偿行为。即对征收、征用决定及其补偿决定不服的。

第六，行政不作为。即申请行政机关履行保护人身权、财产权等合法权益的法定职责，行政机关拒绝履行或者不予答复的。实践中，要注意当事人请求保护合法权益和进行信访之间的区别。对此，最高人民法院《关于进一步保护和规范当事人依法行使行政诉权的若干意见》(法发〔2017〕25号)提出:“要正确区分当事人请求保护合法权益和进行信访之间的区别,防止将当事人请求行政机关履行法定职责当作信访行为对待。当事人因不服信访工作机构依据《信访条例》作出的处理意见、复查意见、复核意见或者不履行《信访条例》规定的职责提起诉讼的,人民法院依法不予立案。但信访答复行为重新设定了当事人的权利义务或者对当事人权利义务产生实际影响的,人民法院应当予以立案。”

第七,侵犯经营权的行为。即认为行政机关侵犯其经营自主权或者农村土地承包经营权、农村土地经营权的。

第八,侵犯公平竞争权的行为。即认为行政机关滥用行政权力排除或者限制竞争的。

第九,违法要求履行义务的行为。即认为行政机关违法集资、摊派费用或者违法要求履行其他义务的。

第十,侵犯保障权的行为。即认为行政机关没有依法支付抚恤金、最低生活保障待遇或者社会保险待遇的。

第十一,行政协议及相关行为。即认为行政机关不依法履行、未按照约定履行或者违法变更、解除政府特许经营协议、土地房屋征收补偿协议等协议的。

第十二,侵犯其他人身权、财产权等合法权益的行为。即认为行政机关侵犯其他人身权、财产权等合法权益的。这里的“合法权益”,应当是除政治权利之外公民所有的权利,包括人身权、财产权、经济权和文化权等。[①] 很明显,这是一个兜底条款。

除上述规定外,人民法院受理法律、法规规定可以提起诉讼的其他行政案件。这是一个补充条款,意味着无论行政行为所侵犯的是何种权益,只要法律、法规规定可以提起行政诉讼,就属于行政诉讼的受案范围。

另外,需要注意的是,我们在第十七讲已经介绍,2023年修改的《行政复议法》第23条将对当场作出的行政处罚决定不服、对行政机关作出的侵犯自然资源所有权或者使用权的决定不服、认为行政机关未依法履行法定职责、申请政府信息公开但行政机关不予公开的情形纳入了行政复议前置范围。据此,在2024年1月1日新《行政复议法》正式实施之后,在对上述行政行为提起行政诉讼时首先要考虑一下它们是否属于行政复议前置的情形。

总结·提示 《行政诉讼法》第12条有专门的兜底条款和补充条款,使行政诉讼受案范围成为开放的系统,并不以上述列举为限。

(二)行政诉讼受案的否定范围

依据《行政诉讼法》第13条、《行政诉讼法解释》第1~2条的规定,下列行为不属于人民法院行政诉讼的受案范围:

第一,国防、外交等国家行为。这里的“国家行为”,是指国务院、中央军事委员会、

① 参见胡建淼:《行政诉讼法学》,法律出版社2019年版,第117页。

国防部、外交部等根据宪法和法律的授权，以国家的名义实施的有关国防和外交事务的行为，以及经宪法和法律授权的国家机关宣布紧急状态等行为。

第二，行政法规、规章或者行政机关制定、发布的具有普遍约束力的决定、命令。这里的“具有普遍约束力的决定、命令”，是指行政机关针对不特定对象发布的能反复适用的规范性文件，属于抽象行政行为。

第三，行政机关对行政机关工作人员的奖惩、任免等决定。这里的“对行政机关工作人员的奖惩、任免等决定”，是指行政机关作出的涉及行政机关工作人员公务员权利义务的决定，属于行政机关的内部人事管理行为。

第四，法律规定由行政机关最终裁决的行政行为。这里的“法律”，是指全国人民代表大会及其常务委员会制定、通过的规范性文件。

第五，公安、国家安全等机关依照《刑事诉讼法》的明确授权实施的行为，即刑事司法行为。

第六，调解行为以及法律规定的仲裁行为。

第七，行政指导行为。行政指导，是指行政机关依法以指导、劝告、提醒、建议等非强制性的方式，引导相对人作出或不作出某种行为的活动。

第八，驳回当事人对行政行为提起申诉的重复处理行为。这里的“重复处理行为”，是指行政机关作出的没有改变原行政行为所确定的法律关系和权利义务的行为。

第九，行政机关作出的不产生外部法律效力的行为，即内部行政行为。但是，在“内部行为外部化”的情形下，只要行政机关已经形成确定的意思并付诸实施，对当事人的权益产生了实际影响，则不排除上述内部行政行为的可诉性。① 例如，行政机关的内部会议纪要是否可诉？对此，最高人民法院明确指出：“行政机关的内部会议纪要不可诉。但其直接对公民、法人或者其他组织的权利义务产生实际影响，且通过送达等途径外化的，属于可诉的具体行政行为。”②

第十，行政机关为作出行政行为而实施的准备、论证、研究、层报、咨询等过程性行为。

第十一，行政机关根据人民法院的生效裁判、协助执行通知书作出的执行行为，但行政机关扩大执行范围或者采取违法方式实施的除外。

第十二，上级行政机关基于内部层级监督关系对下级行政机关作出的听取报告、执法检查、督促履责等行为。

第十三，行政机关针对信访事项作出的登记、受理、交办、转送、复查、复核意见等行为。2005 年 12 月 12 日，最高人民法院批复称，信访工作机构是各级人民政府或政府工作部门授权负责信访工作的专门机构，其依据《信访条例》（已失效，现为《信访工作条例》，下同）作出的登记、受理、交办、转送、承办、协调处理、监督检查、指导信访事项等行

① 参见何海波：《行政诉讼法》（第 3 版），法律出版社 2022 年版，第 170 ~ 172 页。

② 最高人民法院办公厅《关于印发〈行政审判办案指南（一）〉的通知》（法办〔2014〕17 号）。

为，对信访人不具有强制力，对信访人的实体权利义务不产生实质影响；信访人对信访工作机构依据《信访条例》处理信访事项的行为或者不履行《信访条例》规定的职责不服提起行政诉讼的，人民法院不予受理；对信访事项有权处理的行政机关根据《信访条例》作出的处理意见、复查意见、复核意见和不再受理决定，信访人不服提起行政诉讼的，人民法院不予受理。[①] 在**杨某国诉枣阳市政府不予受理行政复议决定案**中，最高人民法院提出，信访制度是与行政复议和行政诉讼制度相互独立、相互分离的权利救济制度。对于能够通过诉讼、仲裁、行政复议等法定途径解决的事项，信访途径是排斥的；基于同样理由，对于信访工作机构处理信访事项的行为、不履行《信访条例》规定的职责的行为，或者行政机关依据《信访条例》作出的处理意见、复查意见、复核意见和不再受理决定，行政复议和诉讼途径亦是排斥的。《信访条例》对不服信访答复意见提供了复查、复核等充足的救济途径，信访人穷尽救济途径或者自愿放弃救济，信访事项即告终结。[②] 这里需要注意的是，信访处理行为不可诉，不是指信访事项中涉及的所有行政行为一概不可诉，而是要区分信访处理行为和信访处理行为中包含的信访事项中的行政行为。如果是信访处理行为中包含的信访事项中本身就有相对独立的行政行为，或者信访处理行为中又包含了新的行政行为，则不应当否定这个行政行为的可诉性。

第十四，对公民、法人或者其他组织权利义务不产生实际影响的行为。不产生实际影响的行为不可诉，这是行政诉讼受案中的一个基本原则。

行政诉讼受案的否定范围，也就是行政诉讼受案的“负面清单”，凡是列入“负面清单”的皆为通常不可诉的行为。

（三）行政诉讼受案的附带范围

公民、法人或者其他组织在提起行政诉讼时，可以请求法院对行政行为所依据的规范性文件一并审查。《行政诉讼法》第 53 条规定，公民、法人或者其他组织认为行政行为所依据的国务院部门和地方人民政府及其部门制定的规范性文件不合法，在对行政行为提起诉讼时，可以一并请求对该规范性文件进行审查。这里的规范性文件，只能是国务院之外的行政机关制定的文件，不含党的机关、人大机关、政协机关、审判机关、检察机关、监察机关、军事机关制定的文件。而且，也只能是规章之下的规范性文件，不含规章。依据《行政诉讼法》第 64 条的规定，人民法院在审理行政案件中，经审查认为规范性文件不合法的，不作为认定行政行为合法的依据，并向制定机关提出处理建议。

《行政诉讼法解释》第 11 部分（第 145 ~ 151 条）专门规定了“规范性文件的一并审查”，并确立了如下审查规则：

第一，公民、法人或者其他组织在对行政行为提起诉讼时一并请求对所依据的规范性文

---

① 最高人民法院《关于不服县级以上人民政府信访行政管理部门、负责受理信访事项的行政管理机关以及镇（乡）人民政府作出的处理意见或者不再受理决定而提起的行政诉讼人民法院是否受理的批复》（〔2005〕行立他字第 4 号）。

② 最高人民法院行政裁定书，（2017）最高法行申 364 号。

件审查的，由行政行为案件管辖法院一并审查。

第二，公民、法人或者其他组织请求人民法院一并审查规范性文件，应当在第一审开庭审理前提出；有正当理由的，也可以在法庭调查中提出。

第三，人民法院在对规范性文件审查过程中，发现规范性文件可能不合法的，应当听取规范性文件制定机关的意见。制定机关申请出庭陈述意见的，人民法院应当准许。行政机关未陈述意见或者未提供相关证明材料的，不能阻止人民法院对规范性文件进行审查。

第四，人民法院对规范性文件进行一并审查时，可以从规范性文件制定机关是否超越权限或者违反法定程序、作出行政行为所依据的条款以及相关条款等方面进行。有下列情形之一的，属于“规范性文件不合法”：（1）超越制定机关的法定职权或者超越法律、法规、规章的授权范围的；（2）与法律、法规、规章等上位法的规定相抵触的；（3）没有法律、法规、规章依据，违法增加公民、法人和其他组织义务或者减损公民、法人和其他组织合法权益的；（4）未履行法定批准程序、公开发布程序，严重违反制定程序的；（5）其他违反法律、法规以及规章规定的情形。

第五，人民法院经审查认为行政行为所依据的规范性文件合法的，应当作为认定行政行为合法的依据；经审查认为规范性文件不合法的，不作为人民法院认定行政行为合法的依据，并在裁判理由中予以阐明。作出生效裁判的人民法院应当向规范性文件的制定机关提出处理建议，并可以抄送制定机关的同级人民政府、上一级行政机关、监察机关以及规范性文件的备案机关。规范性文件不合法的，人民法院可以在裁判生效之日起3个月内，向规范性文件制定机关提出修改或者废止该规范性文件的司法建议。规范性文件由多个部门联合制定的，人民法院可以向该规范性文件的主办机关或者共同上一级行政机关发送司法建议。接收司法建议的行政机关应当在收到司法建议之日起60日内予以书面答复。情况紧急的，人民法院可以建议制定机关或者其上一级行政机关立即停止执行该规范性文件。

第六，人民法院认为规范性文件不合法的，应当在裁判生效后报送上一级人民法院进行备案。涉及国务院部门、省级行政机关制定的规范性文件，司法建议还应当分别层报最高人民法院、高级人民法院备案。

第七，各级人民法院院长对本院已经发生法律效力的判决、裁定，发现规范性文件合法性认定错误，认为需要再审的，应当提交审判委员会讨论。最高人民法院对地方各级人民法院已经发生法律效力的判决、裁定，上级人民法院对下级人民法院已经发生法律效力的判决、裁定，发现规范性文件合法性认定错误的，有权提审或者指令下级人民法院再审。

拓展·探索

相关民事争议的一并审理

《行政诉讼法》和《行政诉讼法解释》除了规定“规范性文件的一并审查”，还规定了“相关民事争议的一并审理”，二者皆可看作行政诉讼受案的附带范围。

实践中，相关民事争议的一并审理主要存在于行政争议和民事争议交叉的案件中。《行政诉讼法》第61条规定："在涉及行政许可、登记、征收、征用和行政机关对民事争议所作的裁决的行政诉讼中，当事人申请一并解决相关民事争议的，人民法院可以一并审理。在行政诉讼中，人民法院认为行政案件的审理需以民事诉讼的裁判为依据的，可以裁定中止行政诉讼。"在此基础上，《行政诉讼法解释》第10部分（第137~144条）专门规定了"相关民事争议的一并审理"，主要确立了如下审理规则：

第一，公民、法人或者其他组织请求一并审理《行政诉讼法》第61条规定的相关民事争议，应当在第一审开庭审理前提出；有正当理由的，也可以在法庭调查中提出。

第二，人民法院决定在行政诉讼中一并审理相关民事争议，或者案件当事人一致同意相关民事争议在行政诉讼中一并解决，人民法院准许的，由受理行政案件的人民法院管辖。

第三，公民、法人或者其他组织请求一并审理相关民事争议，人民法院经审查发现行政案件已经超过起诉期限，民事案件尚未立案的，告知当事人另行提起民事诉讼；民事案件已经立案的，由原审判组织继续审理。

第四，人民法院在审理行政案件中发现民事争议为解决行政争议的基础，当事人没有请求人民法院一并审理相关民事争议的，人民法院应当告知当事人依法申请一并解决民事争议。当事人就民事争议另行提起民事诉讼并已立案的，人民法院应当中止行政诉讼的审理。民事争议处理期间不计算在行政诉讼审理期限内。

第五，有下列情形之一的，人民法院应当作出不予准许一并审理民事争议的决定，并告知当事人可以依法通过其他渠道主张权利：（1）法律规定应当由行政机关先行处理的；（2）违反《民事诉讼法》专属管辖规定或者协议管辖约定的；（3）约定仲裁或者已经提起民事诉讼的；（4）其他不宜一并审理民事争议的情形。对不予准许的决定可以申请复议一次。

第六，人民法院在行政诉讼中一并审理相关民事争议的，民事争议应当单独立案，由同一审判组织审理。但人民法院审理行政机关对民事争议所作裁决的案件，一并审理民事争议的，不另行立案。

第七，人民法院一并审理相关民事争议，适用民事法律规范的相关规定，法律另有规定的除外；当事人在调解中对民事权益的处分，不能作为审查被诉行政行为合法性的根据。

第八，对行政争议和民事争议应当分别裁判。当事人仅对行政裁判或者民事裁判提出上诉的，未上诉的裁判在上诉期满后即发生法律效力。第一审人民法院应当将全部案卷一并移送第二审人民法院，由行政审判庭审理。第二审人民法院发现未上诉的生效裁判确有错误的，应当按照审判监督程序再审。

第九，行政诉讼原告在宣判前申请撤诉的，是否准许由人民法院裁定。人民法院裁定准许行政诉讼原告撤诉，但其对已经提起的一并审理相关民事争议不撤诉的，人民法院应当继续审理。

第十，人民法院一并审理相关民事争议，应当按行政案件、民事案件的标准分别收取诉讼费用。

从上述规定可知，相关民事争议一并审理的案件主要有以下特征：一是以行政关系和民事关系存在关联为条件；二是既要解决行政争议，又要解决民事争议；三是以当事人申请一并解决为前提；四是在审理时分别适用行政法律规范和民事法律规范；五是行政争议和民事争议分别收费且分别裁判。

三、行政审判组织和管辖

（一）行政审判组织

行政审判组织，通常是指人民法院的行政审判庭。《行政诉讼法》第4条第2款规定："人民法院设行政审判庭，审理行政案件。"这一规定确立了普通法院行政庭审理行政案件的体制。《行政诉讼法解释》第3条规定，各级人民法院行政审判庭审理行政案件和审查行政机关申请执行其行政行为的案件。专门人民法院、人民法庭不审理行政案件，也不审查和执行行政机关申请执行其行政行为的案件。铁路运输法院等专门人民法院审理行政案件，应当执行《行政诉讼法》第18条第2款的规定。① 其中，铁路运输法院通常为跨行政区划法院，受理行政诉讼和其他案件，属于普通法院行政庭审理体制的例外。

除了适用简易程序的情形，实际承担审判任务的是合议庭。《行政诉讼法》第68条规定："人民法院审理行政案件，由审判员组成合议庭，或者由审判员、陪审员组成合议庭。合议庭的成员，应当是三人以上的单数。"

（二）级别管辖

《行政诉讼法》第14～17条规定了行政诉讼级别管辖。依据规定，基层人民法院管辖第一审行政案件。中级人民法院管辖下列第一审行政案件：（1）对国务院部门或者县级以上地方人民政府所作的行政行为提起诉讼的案件；（2）海关处理的案件；（3）本辖区内重大、复杂的案件②；（4）其他法律规定由中级人民法院管辖的案件。高级人民法院管辖本辖区内重大、复杂的第一审行政案件。最高人民法院管辖全国范围内重大、复杂的第一审行政案件。

总结·提示 为贯彻落实党的十八届三中、四中全会精神，实现案件的就地审理，自2015年起最高人民法院先后设立了6个巡回法庭。巡回法庭作为最高人民法院派出的常设审判机构，受理巡回区内应当由最高人民法院审理的一审、二审、申请再审的民商事案件、行政诉讼案件以及刑事申诉案件。其中，第一巡回法庭位于深圳市，巡回区包括湖南、广东、广西、海南；第二巡回法庭位于沈阳市，巡回区包括辽宁、吉林、黑龙江；第三巡回法庭位于南京市，巡回区包括江苏、上海、浙江、福建、江西；第四巡回法庭位于郑州市，巡

① 《行政诉讼法》第18条第2款规定："经最高人民法院批准，高级人民法院可以根据审判工作的实际情况，确定若干人民法院跨行政区域管辖行政案件。"

② 《行政诉讼法解释》第5条规定："有下列情形之一的，属于行政诉讼法第十五条第三项规定的'本辖区内重大、复杂的案件'：（一）社会影响重大的共同诉讼案件；（二）涉外或者涉及香港特别行政区、澳门特别行政区、台湾地区的案件；（三）其他重大、复杂案件。"

回区包括河南、山西、湖北、安徽；第五巡回法庭位于重庆市，巡回区包括重庆、四川、贵州、云南、西藏；第六巡回法庭位于西安市，巡回区包括陕西、甘肃、青海、宁夏、新疆。上述巡回区覆盖26个省区市，剩余北京、天津、河北、山东、内蒙古5个省区市有关案件由最高人民法院本部直接受理。

《行政诉讼法》第24条规定，上级人民法院有权审理下级人民法院管辖的第一审行政案件，下级人民法院对其管辖的第一审行政案件，认为需要由上级人民法院审理或者指定管辖的，可以报请上级人民法院决定。这是关于管辖权转移的规定，其中，下级人民法院将所管辖的第一审案件转移至上级人民法院审理称为提级管辖，即管辖权“向上”转移，包括上级人民法院依下级人民法院报请提级管辖、上级人民法院依职权提级管辖两种方式。

在《行政诉讼法》第24条规定的基础上，《行政诉讼法解释》第6~7条就管辖权转移确定了以下两个规则：

一是当事人以案件重大复杂为由，认为有管辖权的基层人民法院不宜行使管辖权或者根据《行政诉讼法》第52条的规定[①]，向中级人民法院起诉，中级人民法院应当根据不同情况在7日内分别作出以下处理：（1）决定自行审理；（2）指定本辖区其他基层人民法院管辖；（3）书面告知当事人向有管辖权的基层人民法院起诉。

二是基层人民法院对其管辖的第一审行政案件，认为需要由中级人民法院审理或者指定管辖的，可以报请中级人民法院决定。中级人民法院应当根据不同情况在7日内分别作出以下处理：（1）决定自行审理；（2）指定本辖区其他基层人民法院管辖；（3）决定由报请的人民法院审理。

此外，依据《行政诉讼法解释》第134条第3款的规定，复议机关作共同被告的案件，以作出原行政行为的行政机关确定案件的级别管辖。由此可见，一些相对人所秉持的先复议、后诉讼，进而“拉复议机关下水”以提高级别管辖的想法，在现实中是行不通的。不过，如果复议机关改变了原行政行为，相对人以复议机关为被告提起行政诉讼，或者复议机关在法定期限内未作出复议决定，相对人起诉复议机关不作为，确实有可能提高级别管辖。

2023年7月28日，最高人民法院印发了《关于加强和规范案件提级管辖和再审提审工作的指导意见》（法发〔2023〕13号），就加强和规范人民法院案件提级管辖和再审提审工作进行了部署，该指导意见自2023年8月1日起实施。依据该指导意见的规定，所谓行政诉讼“提级管辖”，是指根据《行政诉讼法》第24条的规定，下级人民法院将所管辖的第一审行政案件转移至上级人民法院审理，包括上级人民法院依下级人民法院报请提级管辖、上级人民法院依职权提级管辖（第2条）；所谓行政诉讼“再审提审”，是指根据《行政诉讼法》第91条、第92条第2款的规定，上级人民法院对下级人民法院已经发生法律效力的行政判决、裁定，认为确有错误并有必要提审的，裁定由本院再审，包括上级人民法院依职权

① 《行政诉讼法》第52条规定：“人民法院既不立案，又不作出不予立案裁定的，当事人可以向上一级人民法院起诉。上一级人民法院认为符合起诉条件的，应当立案、审理，也可以指定其他下级人民法院立案、审理。”

提审、上级人民法院依当事人再审申请提审、最高人民法院依高级人民法院报请提审（第3条）。

拓展·探索

法院审级职能定位改革试点中对级别管辖的变通

在中央全面深化改革委员会审议通过《关于完善四级法院审级职能定位的改革方案》（中政委〔2021〕45号）后，2021年8月20日全国人大常委会通过了《关于授权最高人民法院组织开展四级法院审级职能定位改革试点工作的决定》，授权最高人民法院在本院和北京、天津、辽宁、上海、江苏、浙江、山东、河南、广东、四川、重庆、陕西12个省、直辖市的人民法院组织开展四级法院审级职能定位改革试点工作。试点期间，试点法院暂时调整适用《行政诉讼法》第15条、第90条，试点期限为2年。2021年9月27日，最高人民法院印发了《关于完善四级法院审级职能定位改革试点的实施办法》（法〔2021〕242号），自2021年10月1日起实施。

《关于完善四级法院审级职能定位改革试点的实施办法》第1条要求，逐步实现基层人民法院重在准确查明事实、实质化解纠纷；中级人民法院重在二审有效终审、精准定分止争；高级人民法院重在再审依法纠错、统一裁判尺度；最高人民法院监督指导全国审判工作、确保法律正确统一适用。第2条规定，下列以县级、地市级人民政府为被告的第一审行政案件，由基层人民法院管辖：（1）政府信息公开案件；（2）不履行法定职责的案件；（3）行政复议机关不予受理或者程序性驳回复议申请的案件；（4）土地、山林等自然资源权属争议行政裁决案件。第3条规定，中级人民法院对于公民、法人或者其他组织以县级、地市级人民政府为被告提起的诉讼，根据上述第2条不属于本院管辖的，应当及时告知其向有管辖权的基层人民法院提起诉讼；当事人坚持起诉的，可以将案件直接移送有管辖权的基层人民法院。依据上述规定，一些此前由中级人民法院管辖的第一审行政案件，变通为由基层人民法院管辖。

此外，《关于完善四级法院审级职能定位改革试点的实施办法》还要求完善案件提级管辖机制，并对再审等程序作出重大改革。我们后面将会讲到，在试点法院当事人对高级人民法院作出的已经发生法律效力的判决、裁定认为有错误的，“向上一级人民法院申请再审”变通为“向原审高级人民法院申请再审”，只有在特定情形下才可以向最高人民法院申请再审。由此可见，在法院审级职能定位改革试点中对于级别管辖的变通并不限于第一审行政案件。

值得关注的是，2022年12月30日公布的《行政诉讼法（修正草案）》（征求意见稿）吸纳了上述改革试点的成果。但是，2023年8月21日举行的第十四届全国人大常委会第十次委员长会议已经审议通过了全国人大宪法和法律委员会关于终止审议《行政诉讼法（修正草案）》的报告。这意味着这些成果短时间内无法升格为法律，在法院审级职能定位改革试点期限届满之后，上述对级别管辖的变通将成为历史。事实也充分地证明了这一点，2023年

9 月 12 日，最高人民法院印发《关于四级法院审级职能定位改革试点结束后相关工作要求的通知》（法〔2023〕154 号），明确提出四级法院审级职能定位改革试点工作于 2023 年 9 月 27 日正式结束。自 2023 年 9 月 28 日起，不再执行最高人民法院《关于完善四级法院审级职能定位改革试点的实施办法》（法〔2021〕242 号），最高人民法院、各高级人民法院恢复施行《行政诉讼法》第 90 条的规定，北京、天津、辽宁、上海、江苏、浙江、山东、河南、广东、重庆、四川、陕西省（市）辖区内的中级、基层人民法院恢复施行《行政诉讼法》第 15 条的规定。

（三）地域管辖

1. 一般原则

《行政诉讼法》第 18 条第 1 款规定："行政案件由最初作出行政行为的行政机关所在地人民法院管辖。经复议的案件，也可以由复议机关所在地人民法院管辖。"从而确立了"原告就被告"的原则，这也是行政诉讼地域管辖的一般原则。据此，行政案件通常由被告所在地法院管辖。经复议的案件，原告有选择管辖的机会，可以向原行政机关所在地法院起诉，也可以向复议机关所在地法院起诉。

2. 特别规定

对于地域管辖，《行政诉讼法》和《行政诉讼法解释》在上述一般原则之外还有一些特别规定：

一是对限制人身自由的行政强制措施不服提起的诉讼，由被告所在地或者原告所在地人民法院管辖；对行政机关基于同一事实，既采取限制公民人身自由的行政强制措施，又采取其他行政强制措施或者行政处罚不服的，由被告所在地或者原告所在地的人民法院管辖。这里的"原告所在地"，包括原告的户籍所在地、经常居住地和被限制人身自由地。

二是因不动产提起的行政诉讼，由不动产所在地人民法院管辖。依据《行政诉讼法解释》第 9 条的规定，这里的"因不动产提起的行政诉讼"，是指因行政行为导致不动产物权变动而提起的诉讼。不动产已登记的，以不动产登记簿记载的所在地为不动产所在地；不动产未登记的，以不动产实际所在地为不动产所在地。在**张某义等诉五台县政府行政处理案**中，最高人民法院提出，"因不动产提起的行政诉讼"在行政诉讼中涉及两个重要问题，一是专属管辖，二是最长起诉期限。《行政诉讼法》第 20 条的规定被称为专属管辖，作出这种制度安排，主要是考虑法院行使审判权的便利性，不动产所在地法院能够就近调查、勘验、取证、测量，以及就近执行判决。实践中，存在争议的是何为"因不动产"，亦即如何界定"因不动产提起的行政诉讼"。通说认为，一般是指因行政行为直接针对不动产而引起的行政纠纷，而不应当扩大解释为与不动产有任何联系的行政纠纷。所谓"因行政行为导致不动产物权变动"，是指因行政行为直接导致不动产物权设立、变更、转让、消灭等法律效果。[①]

三是两个以上人民法院都有管辖权的案件，原告可以选择其中一个人民法院提起诉讼。原告向两个以上有管辖权的人民法院提起诉讼的，由最先立案的人民法院管辖。

3. 移送管辖和指定管辖

对于移送管辖，《行政诉讼法》第22条规定："人民法院发现受理的案件不属于本院管辖的，应当移送有管辖权的人民法院，受移送的人民法院应当受理。受移送的人民法院认为受移送的案件按照规定不属于本院管辖的，应当报请上级人民法院指定管辖，不得再自行移送。"

对于指定管辖，《行政诉讼法》第23条规定："有管辖权的人民法院由于特殊原因不能行使管辖权的，由上级人民法院指定管辖。人民法院对管辖权发生争议，由争议双方协商解决。协商不成的，报它们的共同上级人民法院指定管辖。"

实践中，移送管辖和指定管辖既可以适用于地域管辖制度，也可以适用于级别管辖制度。

4. 相对集中管辖和异地交叉管辖

行政案件相对集中管辖，是指通过上级法院统一指定的方式，将部分基层法院管辖的一审行政案件交由一个或几个基层法院集中管辖的制度。2013年1月4日，最高人民法院发布《关于开展行政案件相对集中管辖试点工作的通知》（法〔2013〕3号），启动了集中管辖试点工作。《行政诉讼法》第18条第2款规定："经最高人民法院批准，高级人民法院可以根据审判工作的实际情况，确定若干人民法院跨行政区域管辖行政案件。"据此，相对集中管辖的实质是由法院跨行政区域管辖行政案件。

异地交叉管辖，是指对于某些行政一审案件，当事人可以以案件重大、复杂为由向中级人民法院起诉，由中级人民法院指定被告所在地以外的其他基层人民法院审理。最高人民法院在吸取浙江法院异地交叉管辖成功经验的基础上，于2008年发布了《关于行政案件管辖若干问题的规定》（法释〔2008〕1号，已失效），推行异地交叉管辖的做法。目前，异地交叉管辖的做法虽然并未全面推广开来，但在行政案件管辖中已很常见。

（四）管辖恒定原则和管辖权异议

1. 管辖恒定原则

管辖恒定原则，是指一审法院对行政案件立案之后，其管辖权不因确定管辖的事实发生变化而改变。《行政诉讼法解释》第4条规定："立案后，受诉人民法院的管辖权不受当事人住所地改变、追加被告等事实和法律状态变更的影响。"第10条第3款规定："人民法院对管辖异议审查后确定有管辖权的，不因当事人增加或者变更诉讼请求等改变管辖，但违反级别管辖、专属管辖规定的除外。"在理解上述规定时需要注意二者的区别：前者是针对当事人住所地改变、追加被告等事实和法律状态变更的情形，这种情形下的管辖恒定是绝对的，

---

① 最高人民法院行政裁定书，(2017) 最高法行申8347号。

管辖恒定原则优先于级别管辖和专属管辖；后者是针对法院审查管辖异议确定有管辖权之后当事人增加或者变更诉讼请求的情形，这种情形下的管辖恒定是相对的，管辖恒定原则应当向级别管辖和专属管辖让步。

权威的解读认为，管辖确定的始点为“原告起诉时”，即法院是否具有管辖权以当事人起诉时为始点，如果当事人起诉时受诉法院没有管辖权，则不发生管辖恒定的效力。[①] 在**刘某安等诉云阳县政府等土地行政行为案**中，最高人民法院提出，管辖恒定原则一般是指确定管辖权以起诉时为标准，起诉时对案件享有管辖权的人民法院，不因确定管辖的事实在诉讼过程中发生变化而影响其管辖权。适用管辖恒定原则的基本前提条件是受诉人民法院具有管辖权，若在起诉时受诉人民法院根本就没有管辖权，则不发生管辖恒定的效力。[②] 这一论述与上述权威解读的观点不谋而合。

总结·提示 在理解管辖恒定原则时，需要特别注意《行政诉讼法解释》第 4 条与第 10 条第 3 款的区别。

---

2. 管辖权异议

管辖权异议，是指在一审法院对行政案件立案之后，被告对受诉人民法院管辖权所提出的不同意见。依据《行政诉讼法解释》的规定，提出管辖权异议的条件有三点：

第一，提出异议的主体只能是该案的被告。原告和第三人无权提出管辖权异议，这是因为原告起诉意味着选定了诉讼管辖，第三人参加诉讼意味着认可了该案的管辖。[③]

第二，管辖权异议必须是针对一审行政案件的管辖权。《行政诉讼法解释》第 11 条规定：“有下列情形之一的，人民法院不予审查：（一）人民法院发回重审或者按第一审程序再审的案件，当事人提出管辖异议的；（二）当事人在第一审程序中未按照法律规定的期限和形式提出管辖异议，在第二审程序中提出的。”据此，当事人在二审、再审以及发回重审案件中均不能再提出管辖权异议。

第三，管辖权异议必须在法定期限内提出。《行政诉讼法解释》第 10 条第 1 ~ 2 款规定，人民法院受理案件后，被告提出管辖异议的，应当在收到起诉状副本之日起 15 日内提出。对当事人提出的管辖异议，人民法院应当进行审查。异议成立的，裁定将案件移送有管辖权的人民法院；异议不成立的，裁定驳回。

实践中，管辖权异议既适用于地域管辖，也适用于级别管辖。最高人民法院《关于当事人就级别管辖提出异议应如何处理问题的函》（法函〔1995〕95 号，已失效）要求，当事人就级别管辖权提出管辖异议的，受诉法院应认真审查，确无管辖权的，应将案件移送有管辖

---

① 参见最高人民法院行政审判庭编著：《最高人民法院行政诉讼司法解释理解与适用》，人民法院出版社 2018 年版，第 68 页。

② 最高人民法院行政裁定书，（2017）最高法行再 63 号。

③ 参见最高人民法院行政审判庭编著：《最高人民法院行政诉讼司法解释理解与适用》，人民法院出版社 2018 年版，第 89 页。

权的法院，并告知当事人，但不做裁定。

四、行政诉讼主体

（一）行政诉讼原告

1. 一般规定

《行政诉讼法》第25条第1款规定："行政行为的相对人以及其他与行政行为有利害关系的公民、法人或者其他组织，有权提起诉讼。"这一款规定了取得原告资格的基本条件，即与行政行为有利害关系。同时，"行政行为的相对人"被推定与行政行为有利害关系，从而当然地具有原告资格。

依据《行政诉讼法解释》第12条的规定，有下列情形之一的，属于《行政诉讼法》第25条第1款规定的"与行政行为有利害关系"：（1）被诉的行政行为涉及其相邻权或者公平竞争权的；（2）在行政复议等行政程序中被追加为第三人的；（3）要求行政机关依法追究加害人法律责任的；（4）撤销或者变更行政行为涉及其合法权益的；（5）为维护自身合法权益向行政机关投诉，具有处理投诉职责的行政机关作出或者未作出处理的；（6）其他与行政行为有利害关系的情形。

2. 特别规定

在《行政诉讼法》和《行政诉讼法解释》中，关于行政诉讼原告的特别规定有：

第一，有权提起诉讼的公民死亡，其近亲属可以提起诉讼。这里的"近亲属"，包括配偶、父母、子女、兄弟姐妹、祖父母、外祖父母、孙子女、外孙子女和其他具有扶养、赡养关系的亲属。

第二，公民因被限制人身自由而不能提起诉讼的，其近亲属可以依其口头或者书面委托以该公民的名义提起诉讼。近亲属起诉时无法与被限制人身自由的公民取得联系，近亲属可以先行起诉，并在诉讼中补充提交委托证明。

第三，有权提起诉讼的法人或者其他组织终止，承受其权利的法人或者其他组织可以提起诉讼。

第四，合伙企业向人民法院提起诉讼的，应当以核准登记的字号为原告。未依法登记领取营业执照的个人合伙的全体合伙人为共同原告；全体合伙人可以推选代表人，被推选的代表人，应当由全体合伙人出具推选书。个体工商户向人民法院提起诉讼的，以营业执照上登记的经营者为原告。有字号的，以营业执照上登记的字号为原告，并应当注明该字号经营者的基本信息。

第五，股份制企业的股东大会、股东会、董事会等认为行政机关作出的行政行为侵犯企业经营自主权的，可以企业名义提起诉讼；联营企业、中外合资或者合作企业的联营、合资、合作各方，认为联营、合资、合作企业权益或者自己一方合法权益受行政行为侵害的，可以自己的名义提起诉讼；非国有企业被行政机关注销、撤销、合并、强令兼并、出售、分立或者改变企业隶属关系的，该企业或者其法定代表人可以提起诉讼。

第六，事业单位、社会团体、基金会、社会服务机构等非营利法人的出资人、设立人认为行政行为损害法人合法权益的，可以自己的名义提起诉讼。

第七，业主委员会对于行政机关作出的涉及业主共有利益的行政行为，可以自己的名义提起诉讼。业主委员会不起诉的，专有部分占建筑物总面积过半数或者占总户数过半数的业主可以提起诉讼。

第八，债权人以行政机关对债务人所做的行政行为损害债权实现为由提起行政诉讼的，人民法院应当告知其就民事争议提起民事诉讼，但行政机关作出行政行为时依法应予保护或者应予考虑的除外。

第九，人民检察院在履行职责中发现生态环境和资源保护、食品药品安全、国有财产保护、国有土地使用权出让等领域负有监督管理职责的行政机关违法行使职权或者不作为，致使国家利益或者社会公共利益受到侵害的，应当向行政机关提出检察建议，督促其依法履行职责。行政机关不依法履行职责的，人民检察院依法向人民法院提起诉讼。这就是通常所称的行政公益诉讼，从形式上看是“官告官”，属于“民告官”之例外。

除了《行政诉讼法》和《行政诉讼法解释》，尚有许多其他关于行政诉讼原告的特别规定。例如，最高人民法院《关于审理涉及农村集体土地行政案件若干问题的规定》第3条规定：“村民委员会或者农村集体经济组织对涉及农村集体土地的行政行为不起诉的，过半数的村民可以以集体经济组织名义提起诉讼。农村集体经济组织成员全部转为城镇居民后，对涉及农村集体土地的行政行为不服的，过半数的原集体经济组织成员可以提起诉讼。”

（二）行政诉讼被告

1. 一般规定

《行政诉讼法》第26条第1款规定：“公民、法人或者其他组织直接向人民法院提起诉讼的，作出行政行为的行政机关是被告。”这是关于行政诉讼被告的一般规定，即以作出行政行为的行政机关为被告。

2. 特别规定

在《行政诉讼法》和《行政诉讼法解释》中，关于行政诉讼被告的特别规定有：

第一，经复议案件的被告。经复议的案件，按照如下规则确定被告：（1）复议机关决定维持原行政行为的，作出原行政行为的行政机关和复议机关是共同被告。如果原告只起诉作出原行政行为的行政机关或者复议机关的，人民法院应当告知原告追加被告，原告不同意追加的，人民法院应当将另一机关列为共同被告。所谓“复议机关决定维持原行政行为”，包括复议机关驳回复议申请或者复议请求的情形，但以复议申请不符合受理条件为由驳回的除外。（2）复议机关改变原行政行为的，复议机关是被告。所谓“复议机关改变原行政行为”，是指复议机关改变原行政行为的处理结果。复议机关改变原行政行为所认定的主要事实和证据、改变原行政行为所适用的规范依据，但未改变原行政行为处理结果的，视为复议机关维持原行政行为；复议机关确认原行政行为无效，属于改变原行政行为；复议机关确认原行政行为违法，属于改变原行政行为，但复议机关以违反法定程序为由确认原行政行为违法的除外。(3)行政复议决定既有维持原行政行为内容，又有改变原行政行为内容或者不予受理申请内容的，作出原行政行为的行政机关和复议机关为共同被告。(4)复议机关在法定期限内未作出复议决定，公民、法人或者其他组织起诉原行政行为的，作出原行政行为的行政机关是被告；起诉复议机关不作为的，复议机关是被告。我们在上一讲已经介绍，在这种情形下，相对人要么直接起诉原行政行为，要么起诉复议机关不作为，但不能同时选择二者。复议机关不作为主要有三种情形：一是复议机关作出不予受理复议申请的决定，二是复议机关作出从程序上驳回复议申请的决定，三是复议机关在法定期限内未作出复议决定。其中，前两种为积极不作为，第三种为消极不作为。

总结·提示 对于“复议机关决定维持原行政行为”“复议机关改变原行政行为”，以及复议机关不作为，在实践中需要准确地理解。

第二，两个以上行政机关作出同一行政行为的，共同作出行政行为的行政机关是共同被告。

第三，行政机关委托的组织所做的行政行为，委托的行政机关是被告。在**林某国诉桥西区政府强制拆除房屋案**中，最高人民法院提出，在审判实践中，人民法院认定是否存在行政委托关系，一要看行为的内容是否具有履行行政管理职责的性质，二要看受益主体是否惠及社会公众，具有公共利益的性质，两者同时具备即属于行政委托，而不是说只有行政机关以书面或口头明确表示委托的，才存在行政委托关系。①

第四，行政机关被撤销或者职权变更的，继续行使其职权的行政机关是被告。没有继续行使其职权的行政机关的，以其所属的人民政府为被告；实行垂直领导的，以垂直领导的上一级行政机关为被告。

第五，当事人不服经上级行政机关批准的行政行为，向人民法院提起诉讼的，以在对外发生法律效力的文书上署名的机关为被告。应当注意的是，这与《行政复议法实施条例》(2007 年发布)第 13 条“下级行政机关依照法律、法规、规章规定，经上级行政机关批准作出具体行政行为的，批准机关为被申请人”的规定有所不同。

第六，行政机关组建并赋予行政管理职能但不具有独立承担法律责任能力的机构，以自己的名义作出行政行为，当事人不服提起诉讼的，应当以组建该机构的行政机关为被告。

第七，法律、法规或者规章授权行使行政职权的行政机关内设机构、派出机构或者其他组织，超出法定授权范围实施行政行为，当事人不服提起诉讼的，应当以实施该行为的机构或者组织为被告；没有法律、法规或者规章规定，行政机关授权其内设机构、派出机构或者其他组织行使行政职权的，属于《行政诉讼法》第 26 条规定的委托，当事人不服提起诉讼的，应当以该行政机关为被告。

第八，当事人对由国务院、省级人民政府批准设立的开发区管理机构作出的行政行为不

① 最高人民法院行政裁定书，(2020)最高法行申 3184 号。

服提起诉讼的，以该开发区管理机构为被告；对由国务院、省级人民政府批准设立的开发区管理机构所属职能部门作出的行政行为不服提起诉讼的，以其职能部门为被告；对其他开发区管理机构所属职能部门作出的行政行为不服提起诉讼的，以开发区管理机构为被告；开发区管理机构没有行政主体资格的，以设立该机构的地方人民政府为被告。

第九，当事人对村民委员会或者居民委员会依据法律、法规、规章的授权履行行政管理职责的行为不服提起诉讼的，以村民委员会或者居民委员会为被告；当事人对村民委员会、居民委员会受行政机关委托作出的行为不服提起诉讼的，以委托的行政机关为被告。

第十，当事人对高等学校等事业单位以及律师协会、注册会计师协会等行业协会依据法律、法规、规章的授权实施的行政行为不服提起诉讼的，以该事业单位、行业协会为被告；当事人对高等学校等事业单位以及律师协会、注册会计师协会等行业协会受行政机关委托作出的行为不服提起诉讼的，以委托的行政机关为被告。

第十一，市、县级人民政府确定的房屋征收部门组织实施房屋征收与补偿工作过程中作出行政行为，被征收人不服提起诉讼的，以房屋征收部门为被告。征收实施单位受房屋征收部门委托，在委托范围内从事的行为，被征收人不服提起诉讼的，应当以房屋征收部门为被告。

除了《行政诉讼法》和《行政诉讼法解释》，还有许多其他关于行政诉讼被告的特别规定。例如，在最高人民法院《关于正确确定县级以上地方人民政府行政诉讼被告资格若干问题的规定》、《关于审理涉及农村集体土地行政案件若干问题的规定》、《关于审理政府信息公开行政案件若干问题的规定》（法释〔2011〕17号）、《关于审理行政许可案件若干问题的规定》（法释〔2009〕20号）中都有相关的规定。

3. 被告不适格的处理

《行政诉讼法解释》第26条第1款规定，原告所起诉的被告不适格，人民法院应当告知原告变更被告；原告不同意变更的，裁定驳回起诉。第67条规定，原告提供被告的名称等信息足以使被告与其他行政机关相区别的，可以认定为“有明确的被告”；起诉状列写被告信息不足以认定明确的被告的，人民法院可以告知原告补正；原告补正后仍不能确定明确的被告的，人民法院裁定不予立案。在**李某荣等诉隆尧县政府等不履行法定职责案**中，最高人民法院提出，原告起诉时，基于初步证据确定具体、特定、可识别的行政机关，即可视为“有明确的被告”，至于起诉状载明的被告是否正确、是否适格，则是人民法院需要进一步审查确定的问题。一般而言，除非被告明显不适格，人民法院不宜在起诉阶段即以此为由裁定不予立案或者驳回原告的起诉。本案中，在5被告并非明显均不具有原告所主张的排除妨害义务的情况下，原审法院未予释明，直接以原告起诉的被告不明确为由，裁定不予立案，属适用法律错误。① 由此可见，在实践中对于“有明确的被告”不应机械地理解。

（三）共同诉讼

依据《行政诉讼法》第27～28条、《行政诉讼法解释》第29条的规定，当事人一方或

① 最高人民法院行政裁定书，（2019）最高法行申6854号。

者双方为2人以上，因同一行政行为发生的行政案件，或者因同类行政行为发生的行政案件、人民法院认为可以合并审理并经当事人同意的，为共同诉讼。① 当事人一方人数众多（10人以上）的共同诉讼，可以由当事人推选代表人（2～5人）进行诉讼；当事人推选不出的，可以由人民法院在起诉的当事人中指定代表人。代表人的诉讼行为对其所代表的当事人发生效力，但代表人变更、放弃诉讼请求或者承认对方当事人的诉讼请求，应当经被代表的当事人同意。

依据《行政诉讼法解释》第27～28条的规定，必须共同进行诉讼的当事人没有参加诉讼的，人民法院应当依法通知其参加；当事人也可以向人民法院申请参加。人民法院应当对当事人提出的申请进行审查，申请理由不成立的，裁定驳回；申请理由成立的，书面通知其参加诉讼。所谓必须共同进行诉讼，是指按照《行政诉讼法》第27条的规定，当事人一方或者双方为两人以上，因同一行政行为发生行政争议，人民法院必须合并审理的诉讼。人民法院追加共同诉讼的当事人时，应当通知其他当事人。应当追加的原告，已明确表示放弃实体权利的，可不予追加；既不愿意参加诉讼，又不放弃实体权利的，应追加为第三人，其不参加诉讼，不能阻碍人民法院对案件的审理和裁判。

（四）行政诉讼第三人

《行政诉讼法》第29条和《行政诉讼法解释》第26条、第30条关于行政诉讼第三人的规定可以整理如下：

第一，行政诉讼第三人分为同被诉行政行为有利害关系的第三人、同案件处理结果有利害关系的第三人两种。行政机关的同一行政行为涉及两个以上利害关系人，其中一部分利害关系人对行政行为不服提起诉讼，人民法院应当通知没有起诉的其他利害关系人作为第三人参加诉讼；与行政案件处理结果有利害关系的第三人，可以申请参加诉讼，或者由人民法院通知其参加诉讼。

第二，应当追加被告而原告不同意追加的，人民法院应当通知其以第三人的身份参加诉讼，但行政复议机关作共同被告的除外。据此，行政复议机关只能作为共同被告，不能以第三人的身份参加诉讼。

第三，人民法院判决其承担义务或者减损其权益的第三人，有权提出上诉或者申请再审。

第四，第三人因不能归责于本人的事由未参加诉讼，但有证据证明发生法律效力的判决、裁定、调解书损害其合法权益的，可以依照《行政诉讼法》第90条的规定，自知道或者应当知道其合法权益受到损害之日起6个月内，向上一级人民法院申请再审。

---

① 《行政诉讼法解释》第73条规定："根据行政诉讼法第二十七条的规定，有下列情形之一的，人民法院可以决定合并审理：（一）两个以上行政机关分别对同一事实作出行政行为，公民、法人或者其他组织不服向同一人民法院起诉的；（二）行政机关就同一事实对若干公民、法人或者其他组织分别作出行政行为，公民、法人或者其他组织不服分别向同一人民法院起诉的；（三）在诉讼过程中，被告对原告作出新的行政行为，原告不服向同一人民法院起诉的；（四）人民法院认为可以合并审理的其他情形。"

（五）行政诉讼代理人

《行政诉讼法》第30～32条、《行政诉讼法解释》第31～33条关于行政诉讼代理人的规定可以整理如下：

第一，没有诉讼行为能力的公民，由其法定代理人代为诉讼；法定代理人互相推诿代理责任的，由人民法院指定其中1人代为诉讼——是为法定诉讼代理人和指定诉讼代理人。

第二，当事人、法定代理人，可以委托1～2人作为诉讼代理人——是为委托诉讼代理人。下列人员可以被委托为诉讼代理人：（1）律师、基层法律服务工作者；（2）当事人的近亲属或者工作人员；（3）当事人所在社区、单位以及有关社会团体推荐的公民。其中，与当事人有合法劳动人事关系的职工，可以当事人工作人员的名义作为诉讼代理人。以当事人的工作人员身份参加诉讼活动，应当提交以下证据之一加以证明：（1）缴纳社会保险记录凭证；（2）领取工资凭证；（3）其他能够证明其为当事人工作人员身份的证据。有关社会团体推荐公民担任诉讼代理人的，应当符合下列条件：（1）社会团体属于依法登记设立或者依法免予登记设立的非营利性法人组织；（2）被代理人属于该社会团体的成员，或者当事人一方住所地位于该社会团体的活动地域；（3）代理事务属于该社会团体章程载明的业务范围；（4）被推荐的公民是该社会团体的负责人或者与该社会团体有合法劳动人事关系的工作人员。专利代理人经中华全国专利代理人协会推荐，可以在专利行政案件中担任诉讼代理人。

第三，当事人委托诉讼代理人，应当向人民法院提交由委托人签名或者盖章的授权委托书。委托书应当载明委托事项和具体权限。公民在特殊情况下无法书面委托的，也可以由他人代书，并由自己捺印等方式确认，人民法院应当核实并记录在卷；被诉行政机关或者其他有义务协助的机关拒绝人民法院向被限制人身自由的公民核实的，视为委托成立。当事人解除或者变更委托的，应当书面报告人民法院。

第四，代理诉讼的律师，有权按照规定查阅、复制本案有关材料，有权向有关组织和公民调查，收集与本案有关的证据。对涉及国家秘密、商业秘密和个人隐私的材料，应当依照法律规定保密；当事人和其他诉讼代理人有权按照规定查阅、复制本案庭审材料，但涉及国家秘密、商业秘密和个人隐私的内容除外。

五、行政诉讼证据

（一）行政诉讼证据的种类

依据《行政诉讼法》第33条的规定，行政诉讼证据主要有以下几种：（1）书证；（2）物证；（3）视听资料；（4）电子数据；（5）证人证言；（6）当事人的陈述；（7）鉴定意见；（8）勘验笔录、现场笔录。以上证据经法庭审查属实，才能作为认定案件事实的根据。其中，现场笔录属于行政诉讼特有的证据类型。

（二）行政诉讼举证责任分配

1. 被告的举证责任

（1）被告负举证责任原则

《行政诉讼法》第 34 条规定："被告对作出的行政行为负有举证责任，应当提供作出该行政行为的证据和所依据的规范性文件。被告不提供或者无正当理由逾期提供证据，视为没有相应证据。但是，被诉行政行为涉及第三人合法权益，第三人提供证据的除外。"这是关于行政诉讼举证责任的原则性规定，即由被告负举证责任的原则。

此外，依据《行政诉讼法解释》第 135 条第 2 ~ 3 款的规定，复议机关决定维持原行政行为的，作出原行政行为的行政机关和复议机关对原行政行为合法性共同承担举证责任，可以由其中一个机关实施举证行为。复议机关对复议决定的合法性承担举证责任。复议机关作共同被告的案件，复议机关在复议程序中依法收集和补充的证据，可以作为人民法院认定复议决定和原行政行为合法的依据。

（2）被告提供证据的期限

《行政诉讼法》第 67 条规定："人民法院应当在立案之日起五日内，将起诉状副本发送被告。被告应当在收到起诉状副本之日起十五日内向人民法院提交作出行政行为的证据和所依据的规范性文件，并提出答辩状。人民法院应当在收到答辩状之日起五日内，将答辩状副本发送原告。被告不提出答辩状的，不影响人民法院审理。"据此，被告提供证据的期限与它的答辩期相同，即应当在收到起诉状副本之日起 15 日内提交证据。

总结·提示 被告的举证期限与它的答辩期相同。被告应当在收到起诉状副本之日起 15 日内提交证据，无正当理由逾期提供证据的，应当视为没有相应证据。

（3）被告提供证据的延期

《行政诉讼法》第 36 条第 1 款规定："被告在作出行政行为时已经收集了证据，但因不可抗力等正当事由不能提供的，经人民法院准许，可以延期提供。"据此，被告延期提供证据须满足三个条件：①作出行政行为时已收集证据；②因不可抗力等正当事由不能提供；③经人民法院准许。另外，被告申请延期提供证据的，应当在收到起诉状副本之日起 15 日内以书面方式向人民法院提出。人民法院准许延期提供的，被告应当在正当事由消除后 15 日内提供证据；逾期提供的，视为被诉行政行为没有相应的证据。

（4）禁止被告事后补证

在行政诉讼中，通常禁止被告通过自行收集证据等方式进行事后补证。《行政诉讼法》第 35 条规定："在诉讼过程中，被告及其诉讼代理人不得自行向原告、第三人和证人收集证据。"

不过，禁止被告事后补证亦有例外。依据《行政诉讼法》第 36 条第 2 款的规定，原告或者第三人提出了其在行政处理程序中没有提出的理由或者证据的，经人民法院准许，被告可以补充证据。

2. 原告的举证权利和举证责任

一方面，在行政诉讼中，原告有举证的权利。依据《行政诉讼法》第 37 条的规定，原告可以提供证明行政行为违法的证据，但原告提供的证据不成立的，不免除被告的举证责任。

另一方面，原告在特定情形下也负有举证责任。《行政诉讼法》第 38 条规定："在起诉被告不履行法定职责的案件中，原告应当提供其向被告提出申请的证据。但有下列情形之一的除外：（一）被告应当依职权主动履行法定职责的；（二）原告因正当理由不能提供证据的。在行政赔偿、补偿的案件中，原告应当对行政行为造成的损害提供证据。因被告的原因导致原告无法举证的，由被告承担举证责任。"据此，原告的举证责任主要存在于被告不履行法定职责的案件以及行政赔偿、补偿案件中。

依据《行政诉讼法解释》第 47 条的规定，在行政赔偿、补偿案件中，因被告的原因导致原告无法就损害情况举证的，应当由被告就该损害情况承担举证责任。对于各方主张损失的价值无法认定的，应当由负有举证责任的一方当事人申请鉴定，但法律、法规、规章规定行政机关在作出行政行为时依法应当评估或者鉴定的除外；负有举证责任的当事人拒绝申请鉴定的，由其承担不利的法律后果。当事人的损失因客观原因无法鉴定的，人民法院应当结合当事人的主张和在案证据，遵循法官职业道德，运用逻辑推理和生活经验、生活常识等，酌情确定赔偿数额。

（三）证据的提交、补充、调取和保全

1. 证据提交

（1）提交人

证据的提交人，是指依法负责向法院提交证据，不提交或者逾期提交将承担相应法律后果的当事人，包括原告、被告和第三人。提交证据的责任和行政诉讼举证责任密不可分，谁负有举证责任，证据就应当由谁向法院提交。

（2）提交证据的期限

《行政诉讼法解释》第 35 条规定，原告或者第三人应当在开庭审理前或者人民法院指定的交换证据清单之日提供证据。如前所述，被告提交证据的期限与它的答辩期相同。可见，在提交证据的期限方面，原告、第三人与被告有所不同。

（3）提交证据期限的延长

被告提交证据期限的延长，我们在前面已经介绍。原告或者第三人因正当事由申请延期提供证据的，经人民法院准许，可以在法庭调查中提供。当事人申请延长举证期限，应当在举证期限届满前向人民法院提出书面申请。申请理由成立的，人民法院应当准许，适当延长举证期限，并通知其他当事人；申请理由不成立的，人民法院不予准许，并通知申请人。

（4）逾期提供证据的法律后果

对于原告或者第三人，逾期提供证据的，人民法院应当责令其说明理由，拒不说明理由

或者理由不成立的，视为放弃举证权利。而且，原告或者第三人在第一审程序中无正当事由未提供而在第二审程序中提供的证据，人民法院不予接纳。

对于被告，如果其不提供或者无正当理由逾期提供证据，视为没有相应证据。但是，被诉行政行为涉及第三人合法权益，第三人提供证据的除外。

（5）提供证据的要求

从实质上来说，当事人提供的证据应具备客观性、关联性和合法性；从形式上来说，依据《行政诉讼证据规定》第10~20条的规定，当事人提供的证据须符合下列要求：

第一，提供书证的，应当符合下列要求：①提供书证的原件，原本、正本和副本均属于书证的原件。提供原件确有困难的，可以提供与原件核对无误的复印件、照片、节录本。②提供由有关部门保管的书证原件的复制件、影印件或者抄录件的，应当注明出处，经该部门核对无异后加盖其印章。③提供报表、图纸、会计账册、专业技术资料、科技文献等书证的，应当附有说明材料。④被告提供的被诉具体行政行为所依据的询问、陈述、谈话类笔录，应当有行政执法人员、被询问人、陈述人、谈话人签名或者盖章。法律、法规、司法解释和规章对书证的制作形式另有规定的，从其规定。

第二，提供物证的，应当符合下列要求：①提供原物。提供原物确有困难的，可以提供与原物核对无误的复制件或者证明该物证的照片、录像等其他证据；②原物为数量较多的种类物的，提供其中的一部分。

第三，提供计算机数据或者录音、录像等视听资料的，应当符合下列要求：①提供有关资料的原始载体。提供原始载体确有困难的，可以提供复制件。②注明制作方法、制作时间、制作人和证明对象等。③声音资料应当附有该声音内容的文字记录。

第四，提供证人证言的，应当符合下列要求：①写明证人的姓名、年龄、性别、职业、住址等基本情况；②有证人的签名，不能签名的，应当以盖章等方式证明；③注明出具日期；④附有居民身份证复印件等证明证人身份的文件。

第五，被告向人民法院提供的在行政程序中采用的鉴定结论，应当载明委托人和委托鉴定的事项、向鉴定部门提交的相关材料、鉴定的依据和使用的科学技术手段、鉴定部门和鉴定人鉴定资格的说明，并应有鉴定人的签名和鉴定部门的盖章。通过分析获得的鉴定结论，应当说明分析过程。

第六，被告向人民法院提供的现场笔录，应当载明时间、地点和事件等内容，并由执法人员和当事人签名。当事人拒绝签名或者不能签名的，应当注明原因。有其他人在现场的，可由其他人签名。法律、法规和规章对现场笔录的制作形式另有规定的，从其规定。

第七，提供在中华人民共和国领域外形成的证据，应当说明来源，经所在国公证机关证明，并经中华人民共和国驻该国使领馆认证，或者履行中华人民共和国与证据所在国订立的有关条约中规定的证明手续。当事人提供的在中华人民共和国香港特别行政区、澳门特别行政区和台湾地区内形成的证据，应当具有按照有关规定办理的证明手续。

第八，提供外文书证或者外国语视听资料的，应当附有由具有翻译资质的机构翻译的或者其他翻译准确的中文译本，由翻译机构盖章或者翻译人员签名。

第九，证据涉及国家秘密、商业秘密或者个人隐私的，提供人应当作出明确标注，并向法庭说明，法庭予以审查确认。

第十，当事人应当对其提交的证据材料分类编号，对证据材料的来源、证明对象和内容做简要说明，签名或者盖章，注明提交日期。

人民法院收到当事人提交的证据材料，应当出具收据，注明证据的名称、份数、页数、件数、种类等以及收到的时间，由经办人员签名或者盖章。

2. 证据交换

证据交换，是指在人民法院的组织下，当事人将各自的证据与对方当事人进行交换，由法院将交换证据的情况记录在案的法律制度。《行政诉讼法解释》第 38 条规定："对于案情比较复杂或者证据数量较多的案件，人民法院可以组织当事人在开庭前向对方出示或者交换证据，并将交换证据清单的情况记录在卷。当事人在庭前证据交换过程中没有争议并记录在卷的证据，经审判人员在庭审中说明后，可以作为认定案件事实的依据。"据此，证据交换通常适用于两类案件：一是案情比较复杂的案件，二是证据数量较多的案件。而且，是否组织证据交换的决定权在于法院。

3. 证据补充

在一定条件下，当事人有补充证据的权利和义务。《行政诉讼法》第 39 条规定："人民法院有权要求当事人提供或者补充证据。"依据《行政诉讼法》第 36 条和《行政诉讼法解释》第 37 条的规定，当事人补充证据主要有以下两种情形：

一是原告或者第三人提出了其在行政处理程序中没有提出的理由或者证据的，经人民法院准许，被告可以补充证据。

二是对当事人无争议，但涉及国家利益、公共利益或者他人合法权益的事实，人民法院可以责令当事人提供或者补充有关证据。

4. 证据调取

一方面，法院可以依职权调取证据。《行政诉讼法》第 40 条规定："人民法院有权向有关行政机关以及其他组织、公民调取证据。但是，不得为证明行政行为的合法性调取被告作出行政行为时未收集的证据。"此外，《行政诉讼证据规定》第 22 条规定，有下列情形之一的，人民法院有权向有关行政机关以及其他组织、公民调取证据：（1）涉及国家利益、公共利益或者他人合法权益的事实认定的；（2）涉及依职权追加当事人、中止诉讼、终结诉讼、回避等程序性事项的。

另一方面，法院也可以依当事人申请调取证据。依据《行政诉讼法》第 41 条、《行政诉讼法解释》第 39 条、《行政诉讼证据规定》第 23 条的规定，与本案有关的下列证据，原告或者第三人不能自行收集的，可以申请人民法院调取：（1）由国家机关保存而须由人民法院调取的证据；（2）涉及国家秘密、商业秘密和个人隐私的证据；（3）确因客观原因不能自行收集的其他证据。当事人申请调查收集证据，但该证据与待证事实无关联、对证明待证事实无意义或者其他无调查收集必要的，人民法院不予准许。

5. 证据保全

《行政诉讼法》第42条规定："在证据可能灭失或者以后难以取得的情况下，诉讼参加人可以向人民法院申请保全证据，人民法院也可以主动采取保全措施。"依据《行政诉讼证据规定》第27~28条的规定，当事人向人民法院申请保全证据的，应当在举证期限届满前以书面形式提出，并说明证据的名称和地点、保全的内容和范围、申请保全的理由等事项；当事人申请保全证据的，人民法院可以要求其提供相应的担保；法律、司法解释规定诉前保全证据的，依照其规定办理；人民法院保全证据的，可以根据具体情况，采取查封、扣押、拍照、录音、录像、复制、鉴定、勘验、制作询问笔录等保全措施，保全证据时，可以要求当事人或者其诉讼代理人到场。

值得注意的是，《行政诉讼法》第42条将《行政诉讼证据规定》第27条中的"当事人"扩大为"诉讼参加人"，这就意味着原告、被告、第三人以及代理人在满足条件时都可以申请证据保全。

（四）证据的质证和认证

1. 质证

质证，是指在庭审过程中，由诉讼当事人及其诉讼代理人就法庭上出示的证据材料，采取询问、辩驳、辨认、质疑、说明等方式，对证据的客观性、关联性和合法性发表意见的诉讼活动。①《行政诉讼法》第43条第1款规定："证据应当在法庭上出示，并由当事人互相质证。对涉及国家秘密、商业秘密和个人隐私的证据，不得在公开开庭时出示。"《行政诉讼证据规定》第35条第1款规定："证据应当在法庭上出示，并经庭审质证。未经庭审质证的证据，不能作为定案的依据。"

质证的主要任务是解决证据的关联性、合法性和真实性以及证明效力等问题。《行政诉讼证据规定》第39条第1款规定，当事人应当围绕证据的关联性、合法性和真实性，针对证据有无证明效力以及证明效力大小进行质证。

对书证、物证和视听资料进行质证时，当事人应当出示证据的原件或者原物。但有下列情况之一的除外：（1）出示原件或者原物确有困难并经法庭准许可以出示复制件或者复制品；（2）原件或者原物已不存在，可以出示证明复制件、复制品与原件、原物一致的其他证据。视听资料应当当庭播放或者显示，并由当事人进行质证（《行政诉讼证据规定》第40条）。

法庭在质证过程中，对与案件没有关联的证据材料，应予排除并说明理由；法庭在质证过程中，准许当事人补充证据的，对补充的证据仍应进行质证；法庭对经过庭审质证的证据，除确有必要外，一般不再进行质证（《行政诉讼证据规定》第49条）。

另外，应当质证的证据，并不限于一审证据，还包括二审和审判监督程序中当事人提供的"新的证据"。依据《行政诉讼证据规定》第50~52条的规定，在第二审程序中，对当事

① 参见胡建淼：《行政诉讼法学》，法律出版社2019年版，第359页。

人依法提供的新的证据，法庭应当进行质证；当事人对第一审认定的证据仍有争议的，法庭也应当进行质证；按照审判监督程序审理的案件，对当事人依法提供的新的证据，法庭应当进行质证；因原判决、裁定认定事实的证据不足而提起再审所涉及的主要证据，法庭也应当进行质证。这里的“新的证据”是指以下证据：（1）在一审程序中应当准予延期提供而未获准许的证据；（2）当事人在一审程序中依法申请调取而未获准许或者未取得，人民法院在第二审程序中调取的证据；（3）原告或者第三人提供的在举证期限届满后发现的证据。

总结·提示 当事人在二审程序和审判监督程序中提供的证据，必须是“新的证据”，且“新的证据”具有特定的内涵。

---

2. 认证

（1）对证据的认证规则

认证，是指法院经过庭审质证，对证据进行审查和认定的过程。《行政诉讼法》第 43 条第 2 款规定：“人民法院应当按照法定程序，全面、客观地审查核实证据。对未采纳的证据应当在裁判文书中说明理由。”《行政诉讼证据规定》第 54 条规定：“法庭应当对经过庭审质证的证据和无需质证的证据进行逐一审查和对全部证据综合审查，遵循法官职业道德，运用逻辑推理和生活经验，进行全面、客观和公正地分析判断，确定证据材料与案件事实之间的证明关系，排除不具有关联性的证据材料，准确认定案件事实。”《行政诉讼法解释》第 42 条明确：“能够反映案件真实情况、与待证事实相关联、来源和形式符合法律规定的证据，应当作为认定案件事实的根据。”上述规定是对行政诉讼证据认证的基本要求。

通常认为，人民法院对证据的审查和认定，必须遵循以下原则：

一是客观性原则，也称真实性原则。《行政诉讼证据规定》第 56 条规定，法庭应当根据案件的具体情况，从以下方面审查证据的真实性：①证据形成的原因；②发现证据时的客观环境；③证据是否为原件、原物，复制件、复制品与原件、原物是否相符；④提供证据的人或者证人与当事人是否具有利害关系；⑤影响证据真实性的其他因素。

二是关联性原则。《行政诉讼证据规定》第 49 条第 1 款规定，法庭在质证过程中，对与案件没有关联的证据材料，应予排除并说明理由。

三是合法性原则。《行政诉讼证据规定》第 55 条规定，法庭应当根据案件的具体情况，从以下方面审查证据的合法性：①证据是否符合法定形式；②证据的取得是否符合法律、法规、司法解释和规章的要求；③是否有影响证据效力的其他违法情形。

四是案卷主义原则。法院审查和认定的证据限于被告在作出被诉行政行为时所收集的，有关诉讼参加人在诉讼过程中依法提交的，以及人民法院依法调取的有关证据。[①]

（2）不得作为定案根据的证据

《行政诉讼法》第 43 条第 3 款规定，以非法手段取得的证据，不得作为认定案件事实的

---

① 参见胡建淼：《行政诉讼法学》，法律出版社 2019 年版，第 361 页。

根据。依据《行政诉讼法解释》第43条的规定，这里的“以非法手段取得的证据”包括：①严重违反法定程序收集的证据材料；②以违反法律强制性规定的手段获取且侵害他人合法权益的证据材料；③以利诱、欺诈、胁迫、暴力等手段获取的证据材料。相比之下，《行政诉讼证据规定》第57条的规定更为详尽，明确下列证据材料不能作为定案依据：①严重违反法定程序收集的证据材料；②以偷拍、偷录、窃听等手段获取侵害他人合法权益的证据材料；③以利诱、欺诈、胁迫、暴力等不正当手段获取的证据材料；④当事人无正当事由超出举证期限提供的证据材料；⑤在中华人民共和国领域以外或者在中华人民共和国香港特别行政区、澳门特别行政区和台湾地区形成的未办理法定证明手续的证据材料；⑥当事人无正当理由拒不提供原件、原物，又无其他证据印证，且对方当事人不予认可的证据的复制件或者复制品；⑦被当事人或者他人进行技术处理而无法辨明真伪的证据材料；⑧不能正确表达意志的证人提供的证言；⑨不具备合法性和真实性的其他证据材料。

此外，依据《行政诉讼证据规定》第59~62条、《行政诉讼法解释》第45条的规定，不得作为定案根据的情形还包括以下几点：

一是被告有证据证明其在行政程序中依照法定程序要求原告或者第三人提供证据，原告或者第三人依法应当提供而没有提供，在诉讼程序中提供的证据，人民法院一般不予采纳。

二是下列证据不能作为认定被诉具体行政行为合法的依据：①被告及其诉讼代理人在作出具体行政行为后或者在诉讼程序中自行收集的证据；②被告在行政程序中非法剥夺公民、法人或者其他组织依法享有的陈述、申辩或者听证权利所采用的证据；③原告或者第三人在诉讼程序中提供的、被告在行政程序中未作为具体行政行为依据的证据。

三是对被告在行政程序中采纳的鉴定结论，原告或者第三人提出证据证明有下列情形之一的，人民法院不予采纳：①鉴定人不具备鉴定资格；②鉴定程序严重违法；③鉴定结论错误、不明确或者内容不完整。

需要特别强调的是，《行政诉讼证据规定》第61条规定：“复议机关在复议程序中收集和补充的证据，或者作出原具体行政行为的行政机关在复议程序中未向复议机关提交的证据，不能作为人民法院认定原具体行政行为合法的依据。”但这一规定明显与《行政诉讼法解释》第135条第3款的内容相冲突，根据二者的新、旧关系，应当优先适用后者，即复议机关作共同被告的案件，复议机关在复议程序中依法收集和补充的证据，可以作为人民法院认定复议决定和原行政行为合法的依据。权威的解读认为，这是因为2014年修改的《行政诉讼法》加大了复议机关的职责，且将复议决定与原行政行为作为一个整体来认识，复议机关只要没有改变原行政行为的处理结果，举凡改变事实、证据或适用规范依据，均属于对原行政行为的“治愈”、补正和维持，是对原行政行为的强化，复议机关改变这些事项已经成为“整体行政程序”的一个环节和步骤。在此情形下，原行政行为已经被复议维持决定所修正，而复议机关也是先收集证据后作出复议维持决定的，故仍符合“先取证后裁决”原则。[①]

---

① 参见最高人民法院行政审判庭编著：《最高人民法院行政诉讼法司法解释理解与适用》，人民法院出版社2018年版，第632页。

（3）不能单独作为定案依据的证据

依据《行政诉讼证据规定》第 71 条的规定，下列证据不能单独作为定案依据：①未成年人所作的与其年龄和智力状况不相适应的证言；②与一方当事人有亲属关系或者其他密切关系的证人所作的对该当事人有利的证言，或者与一方当事人有不利关系的证人所作的对该当事人不利的证言；③应当出庭作证而无正当理由不出庭作证的证人证言；④难以识别是否经过修改的视听资料；⑤无法与原件、原物核对的复制件或者复制品；⑥经一方当事人或者他人改动，对方当事人不予认可的证据材料；⑦其他不能单独作为定案依据的证据材料。

（4）可以直接认定的事实

依据《行政诉讼证据规定》第 68 条的规定，下列事实法庭可以直接认定：①众所周知的事实；②自然规律及定理；③按照法律规定推定的事实；④已经依法证明的事实；⑤根据日常生活经验法则推定的事实。其中的第①、③、④、⑤项，当事人有相反证据足以推翻的除外。

此外，《行政诉讼证据规定》规定的可以直接认定的事实还包括以下几项：

一是在庭审中一方当事人或者其代理人在代理权限范围内对另一方当事人陈述的案件事实明确表示认可的，人民法院可以对该事实予以认定，但有相反证据足以推翻的除外。在行政赔偿诉讼中，人民法院主持调解时当事人为达成调解协议而对案件事实的认可，不得在其后的诉讼中作为对其不利的证据。

二是在不受外力影响的情况下，一方当事人提供的证据，对方当事人明确表示认可的，可以认定该证据的证明效力；对方当事人予以否认，但不能提供充分的证据进行反驳的，可以综合全案情况审查认定该证据的证明效力。

三是生效的人民法院裁判文书或者仲裁机构裁决文书确认的事实，可以作为定案依据。但是，如果发现裁判文书或者裁决文书认定的事实有重大问题的，应当中止诉讼，通过法定程序予以纠正后恢复诉讼。

（5）对相关事实的推定

《行政诉讼法解释》第 46 条、《行政诉讼证据规定》第 69 条规定的对相关事实的推定包括以下两点：

一是原告或者第三人确有证据证明被告持有的证据对原告或者第三人有利的，可以在开庭审理前书面申请人民法院责令行政机关提交。申请理由成立的，人民法院应当责令行政机关提交，因提交证据所产生的费用，由申请人预付。行政机关无正当理由拒不提交的，人民法院可以推定原告或者第三人基于该证据主张的事实成立。

二是持有证据的当事人以妨碍对方当事人使用为目的，毁灭有关证据或者实施其他致使证据不能使用行为的，人民法院可以推定对方当事人基于该证据主张的事实成立，并可依照《行政诉讼法》第 59 条（妨害行政诉讼强制措施）的规定处理。

（6）证据的证明效力

依据《行政诉讼证据规定》第 63 ~ 64 条的规定，证明同一事实的数个证据，其证明效力一般可以按照下列情形分别认定：

第一，国家机关以及其他职能部门依职权制作的公文文书优于其他书证；

第二，鉴定结论、现场笔录、勘验笔录、档案材料以及经过公证或者登记的书证优于其他书证、视听资料和证人证言；

第三，原件、原物优于复制件、复制品；

第四，法定鉴定部门的鉴定结论优于其他鉴定部门的鉴定结论；

第五，法庭主持勘验所制作的勘验笔录优于其他部门主持勘验所制作的勘验笔录；

第六，原始证据优于传来证据；

第七，其他证人证言优于与当事人有亲属关系或者其他密切关系的证人提供的对该当事人有利的证言；

第八，出庭作证的证人证言优于未出庭作证的证人证言；

第九，数个种类不同、内容一致的证据优于一个孤立的证据；

第十，以有形载体固定或者显示的电子数据交换、电子邮件以及其他数据资料，其制作情况和真实性经对方当事人确认，或者以公证等其他有效方式予以证明的，与原件具有同等的证明效力。

（五）证人、当事人和执法人员的出庭

1. 证人出庭作证

依据《行政诉讼法解释》第40条、《行政诉讼证据规定》第41~43条的规定，对于证人出庭作证主要应当注意以下几点：

一是凡是知道案件事实的人，都有出庭作证的义务。有下列情形之一的，经人民法院准许，当事人可以提交书面证言：(1) 当事人在行政程序或者庭前证据交换中对证人证言无异议的；(2) 证人因年迈体弱或者行动不便无法出庭的；(3) 证人因路途遥远、交通不便无法出庭的；(4) 证人因自然灾害等不可抗力或者其他意外事件无法出庭的；(5) 证人因其他特殊原因确实无法出庭的。

二是不能正确表达意志的人不能作证。根据当事人申请，人民法院可以就证人能否正确表达意志进行审查或者交由有关部门鉴定。必要时，人民法院也可以依职权交由有关部门鉴定。

三是当事人申请证人出庭作证的，应当在举证期限届满前提出，并经人民法院许可。人民法院准许证人出庭作证的，应当在开庭审理前通知证人出庭作证。当事人在庭审过程中要求证人出庭作证的，法庭可以根据审理案件的具体情况决定是否准许以及是否延期审理。

四是人民法院在证人出庭作证前应当告知其如实作证的义务以及作伪证的法律后果。

五是证人因履行出庭作证义务而支出的交通、住宿、就餐等必要费用以及误工损失，由败诉一方当事人承担。

2. 当事人和执法人员出庭

实践中，当事人和执法人员出庭，包括申请出庭和法院传唤出庭两种情形。

对于申请出庭，《行政诉讼法解释》第41规定："有下列情形之一，原告或者第三人要求相关行政执法人员出庭说明的，人民法院可以准许：（一）对现场笔录的合法性或者真实性有异议的；（二）对扣押财产的品种或者数量有异议的；（三）对检验的物品取样或者保管有异议的；（四）对行政执法人员身份的合法性有异议的；（五）需要出庭说明的其他情形。"

对于传唤出庭，《行政诉讼法解释》第44条规定："人民法院认为有必要的，可以要求当事人本人或者行政机关执法人员到庭，就案件有关事实接受询问。在询问之前，可以要求其签署保证书。保证书应当载明据实陈述、如有虚假陈述愿意接受处罚等内容。当事人或者行政机关执法人员应当在保证书上签名或者捺印。负有举证责任的当事人拒绝到庭、拒绝接受询问或者拒绝签署保证书，待证事实又欠缺其他证据加以佐证的，人民法院对其主张的事实不予认定。"据此，传唤出庭的对象并不限于执法人员，还包括原告和第三人。

六、行政诉讼程序

下面要介绍的行政诉讼程序，包括行政诉讼一审程序、二审程序、再审程序、抗诉程序以及执行程序。

（一）行政诉讼一审程序

1. 起诉

（1）起诉方式和条件

起诉方式，是指公民、法人或者其他组织提起诉讼意愿的表达形式。《行政诉讼法》第50条规定，起诉应当向人民法院递交起诉状，并按照被告人数提出副本。书写起诉状确有困难的，可以口头起诉，由人民法院记入笔录，出具注明日期的书面凭证，并告知对方当事人。

起诉条件，是指公民、法人或者其他组织提起行政诉讼时应符合的基本要求。《行政诉讼法》第49条规定："提起诉讼应当符合下列条件：（一）原告是符合本法第二十五条规定的公民、法人或者其他组织；（二）有明确的被告；（三）有具体的诉讼请求和事实根据；（四）属于人民法院受案范围和受诉人民法院管辖。"同时，《行政诉讼法》第44～47条、《行政诉讼法解释》第68～69条的规定也与起诉条件相关。综合起来，行政诉讼起诉条件应当包括：①适格的原告；②适格的被告；③可诉的行政行为；④有审判权和管辖权的法院；⑤具体的诉讼请求①；⑥经过必要的前置性程序；⑦在起诉期限内。其中，第①～④项属于实体性条件，它带有根本性；第⑤～⑦项属于程序性条件，主要解决形式与时间问题。②

（2）前置性程序

目前，起诉时须经过前置性程序的情形有：①要求被告履行法定职责或者给付义务的案件。依据《行政诉讼法》第47条、《行政诉讼法解释》第93条的规定，原告请求被告履行法定职责或者依法履行支付抚恤金、最低生活保障待遇或者社会保险待遇等给付义务的，应

---

① 对于什么是"有具体的诉讼请求"，《行政诉讼法解释》第68条规定："行政诉讼法第四十九条第三项规定的'有具体的诉讼请求'是指：（一）请求判决撤销或者变更行政行为；（二）请求判决行政机关履行特定法定职责或者给付义务；（三）请求判决确认行政行为违法；（四）请求判决确认行政行为无效；（五）请求判决行政机关予以赔偿或者补偿；（六）请求解决行政协议争议；（七）请求一并审查规章以下规范性文件；（八）请求一并解决相关民事争议；（九）其他诉讼请求。当事人单独或者一并提起行政赔偿、补偿诉讼的，应当有具体的赔偿、补偿事项以及数额；请求一并审查规章以下规范性文件的，应当提供明确的文件名称或者审查对象；请求一并解决相关民事争议的，应当有具体的民事诉讼请求。当事人未能正确表达诉讼请求的，人民法院应当要求其明确诉讼请求。"

② 参见胡建淼：《行政诉讼法学》，法律出版社2019年版，第426页。

当先向被告提出申请。②单独要求行政赔偿的案件。单独要求行政赔偿的案件，经过赔偿义务机关处理后方可提起诉讼，我们将在下一讲详述。③行政复议前置诉讼案件。对于行政复议前置，我们已在上一讲介绍，兹不赘述。

总结·提示 起诉时须经过前置性程序的，主要有要求被告履行法定职责或者给付义务的案件、单独要求行政赔偿的案件以及行政复议前置诉讼案件。

（3）起诉期限

起诉期限，是法律规定的当事人不服行政行为时可以向法院请求司法救济的时间限制。提起行政诉讼超过起诉期限且无正当理由的，当事人将丧失诉权，法院将不再受理。依据《行政诉讼法》和《行政诉讼法解释》的规定，对于行政诉讼的起诉期限可以从以下几个方面把握：

第一，不服行政行为直接起诉的期限。公民、法人或者其他组织直接向人民法院提起诉讼的，应当自知道或者应当知道作出行政行为之日起6个月内提出，法律另有规定的除外。据此，6个月是行政诉讼的一般起诉期限，自公民、法人或者其他组织知道或者应当知道作出行政行为之日起计算。在**陈某晃诉礼乐街道办等土地行政强制案**中，最高人民法院提出，所谓“知道”，是指有充分证据证明，起诉人知道作出被诉行政行为的时间；所谓“应当知道”，是指遵循法官职业道德，运用逻辑推理和生活经验，根据相关证据，推定起诉人知道作出被诉行政行为的时间。[①] 实践中，有些行政行为具有持续性，在这种情形下起诉期限应当从行为结束之日起计算。在**涪银公司诉金凤区政府房屋征收行为违法及行政赔偿案**中，最高人民法院认为，涪银公司主张，2015年4月1日至2016年9月2日，金凤区政府实施丰登安置区三期工程项目建设，对其采取了停水、断路、分割厂基、扬尘污染等非法行为，致使其无法正常生产经营。从涪银公司的主张来看，其起诉的是一个持续发生的侵权行为，对于持续性行为，起诉期限应从行为结束之日起算。[②]

第二，因不动产提起诉讼的案件自行政行为作出之日起超过20年，其他案件自行政行为作出之日起超过5年提起诉讼的，人民法院不予受理。这里的20年和5年，也被称为最长起诉期限，是直接提起诉讼的绝对期限。最长起诉期限的称谓意味着无论当事人是否知道或者应当知道作出行政行为，只要从行政行为作出之日起超过这一期限，当事人便绝对地丧失了诉权。最长起诉期限作为一种客观期间，不能适用起诉期限扣除和延长等相关规定。在**张某义等诉五台县政府行政处理案**中，最高人民法院提出，“因不动产提起的行政诉讼”也涉及最长起诉期限的确定。《行政诉讼法》第46条第2款规定：“因不动产提起诉讼的案件自行政行为作出之日起超过二十年，其他案件自行政行为作出之日起超过五年提起诉讼的，人民法院不予受理。”《行政诉讼法解释》第9条第1款虽然是对《行政诉讼法》第20条的解

---

① 最高人民法院行政裁定书，（2019）最高法行申10519号。
② 最高人民法院行政裁定书，（2019）最高法行申1950号。

释，但也同样适用于第46条第2款。亦即，适用20年最长起诉期限的案件仅限于“因行政行为导致不动产物权变动而提起的诉讼”。[①] 如果不是“因行政行为导致不动产物权变动而提起的诉讼”，则最长起诉期限为5年。

第三，经过复议提起诉讼的期限。公民、法人或者其他组织不服复议决定的，可以在收到复议决定书之日起15日内向人民法院提起诉讼；复议机关逾期不作决定的，申请人可以在复议期满之日起15日内向人民法院提起诉讼；当事人对复议机关作出的不予受理申请的决定或者复议机关逾期不受理复议申请的，可从收到不予受理申请决定之日起，或者受理期满（收到复议申请后5日）之日起15日内提起诉讼。[②] 法律另有规定的，从其规定。在**张某诉安徽省政府不履行行政复议职责案**中，最高人民法院认为，复议机关逾期不作决定，申请人起诉复议机关不作为的，应当自2个月的复议期限期满之日起15日内提起诉讼。[③] 由此可见，对行政复议机关不作为提起诉讼的期限是复议期满之日起15日，而不是6个月。

第四，行政不作为诉讼的起诉期限。公民、法人或者其他组织申请行政机关履行保护其人身权、财产权等合法权益的法定职责，行政机关拒绝履行或者不予答复的，起诉期限为行政机关履行法定职责期限届满之日起6个月（《行政诉讼法解释》第66条）。至于履行法定职责的期限，依据《行政诉讼法》第47条的规定，法律、法规有特别规定的，从其规定；无特别规定的，为行政机关接到申请之日起满2个月。但是，在紧急情况下请求行政机关履行保护人身权、财产权等合法权益的法定职责，行政机关不履行的，提起诉讼不受上诉期限的限制，也就是从行政机关接到申请之日起6个月内当事人均可以起诉。在**张某凡诉嫩江县政府不履行法定职责案**中，最高人民法院提出，行政机关没有履行法定职责，且没有作出处理决定的，其履责义务呈持续存在状态，不因为超过起诉期限而免除。超过6个月起诉期限，公民、法人或者其他组织再次提出履责申请，行政机关有义务继续履行，否则仍然构成不履行法定职责。此为行政机关新的不履责行为，与已超过起诉期限的前一个不履责行为不是同一个行政行为，公民、法人或者其他组织在行政机关两个月履责期限届满之日起6个月内提起行政诉讼，人民法院应当依法受理。[④] 这就意味着，相对人可以通过重复申请行政机关履行法定职责，使起诉期限在事实上不断延续下去。最高人民法院行政审判庭原庭长赵大光等也认为，行政机关不履行法定职责，相对人可以随时向行政机关再次提出申请，重新启动行政程序，如行政机关不履行的，相对人仍可依法提起行政诉讼。[⑤] 但是，在**周某斌等诉兴山县政府等不履行补偿安置协议法定职责案**中，最高人民法院提出，不履行法定职责行为属于行政行为的一种，其产生的法律后果与作为类的行政行为没有本质上的不同，也需要对当事人的起诉期限加以限制。在依职权履行法定职责案件中，如行政机关已经明确拒绝履行

---

① 最高人民法院行政裁定书，（2017）最高法行申8347号。

② 参见胡建淼：《行政诉讼法学》，法律出版社2019年版，第431页。

③ 最高人民法院行政裁定书，（2019）最高法行申886号。

④ 最高人民法院行政裁定书，（2018）最高法行申11122号。

⑤ 参见赵大光、李广宇、耿宝建：《行政诉讼法新旧法衔接的几个具体问题》，载《人民法院报》2015年5月13日。

法定职责，说明原告已经知道不履行法定职责行为的存在，即应开始计算起诉期限。[①] 从中可见，对于依申请行政不作为和依职权行政不作为的起诉期限、消极不作为（未做任何处理）和积极不作为（明确拒绝）的起诉期限，最高人民法院的态度有所不同。对此，最高人民法院第四巡回法庭的裁判观点很有代表性："行政不作为案件中，如果行政机关已经明确告知将不作出相应行政行为的，此时原告就已经知道不履行法定职责行为的存在，即应开始计算起诉期限。依职权行政不作为案件中，行政机关已经明示不履行相应职责的，一般起诉期限无法重新计算，因此，此种情况应当与提起撤销诉讼一样，适用通常起诉期限……依申请行政不作为案件中，超过起诉期限后相对人可以重新提出申请，起诉期限能够重新计算的原因是，依申请行政不作为中，作为义务形成始于当事人提出申请。相对人在超过起诉期限后重新提出申请，开启了新的行政法律关系，行政机关未履行相应职责的，与前一行政不作为行为并非同一行为，新的行政行为的起诉期限当然需要重新计算。因此，不能以依申请行政不作为案件当事人可重新申请、重新起诉为由认为行政不作为不受起诉期限的限制。"[②] 不过，这样的区别对待也伴随一定的争议，如何海波教授认为，在行政不作为领域可以引入诉讼时效中断理论，采取灵活务实的处理方式。[③] 换言之，对于行政不作为的起诉期限需要灵活地把握，在认定超过起诉期限时需慎之又慎，应当以实质性化解行政争议为要务。另外一个问题是，我们在前面已经介绍，2023 年修改的《行政复议法》第 23 条已将此类行政不作为诉讼设定为行政复议前置的情形。在 2024 年 1 月 1 日该法正式实施之后，对于行政不作为诉讼的起诉期限问题也有必要进行重新考虑了。

第五，行政协议诉讼的起诉期限。依据最高人民法院《关于审理行政协议案件若干问题的规定》（法释〔2019〕17 号）第 25 条的规定，公民、法人或者其他组织对行政机关不依法履行、未按照约定履行行政协议提起诉讼的，诉讼时效参照民事法律规范确定；对行政机关变更、解除行政协议等行政行为提起诉讼的，起诉期限依照《行政诉讼法》及其司法解释确定。这种二分法也是行政协议的"行政性"与"协议性"在起诉期限（诉讼时效）上的体现。

第六，行政赔偿诉讼的起诉期限。公民、法人或者其他组织既可以在行政复议和行政诉讼中一并提出行政赔偿，也可以单独提出。一并提出的，适用相关案件的起诉期限规定即可；单独提出的，依据《国家赔偿法》第 13 ~ 14 条的规定，赔偿义务机关应当自收到申请之日起两个月内，作出是否赔偿的决定。赔偿请求人对赔偿决定不服，或者赔偿义务机关在规定期限内未作出是否赔偿的决定，赔偿请求人可以自收到赔偿决定之日起，或者作出赔偿决定期满之日起 3 个月内提起诉讼。

第七，行政机关未告知诉权的起诉期限。依据《行政诉讼法解释》第 64 条的规定，行政机关作出行政行为时，未告知公民、法人或者其他组织起诉期限的，起诉期限从公民、法

---

① 最高人民法院行政裁定书，（2019）最高法行申 11781 号。

② 参见姜伟主编，最高人民法院第四巡回法庭编：《最高人民法院第四巡回法庭疑难案件裁判要点与观点》，人民法院出版社 2020 年版，第 568 ~ 571 页。

③ 参见何海波：《行政诉讼法》（第 3 版），法律出版社 2022 年版，第 255 页。

人或者其他组织知道或者应当知道起诉期限之日起计算，但从知道或者应当知道行政行为内容之日起最长不得超过 1 年。复议决定未告知公民、法人或者其他组织起诉期限的，也适用这一规定。

第八，不知道行政行为内容时的起诉期限。《行政诉讼法解释》第 65 条规定，公民、法人或者其他组织不知道行政机关作出的行政行为内容的，其起诉期限从知道或者应当知道该行政行为内容之日起计算，但最长不得超过《行政诉讼法》第 46 条第 2 款规定的起诉期限（最长起诉期限）。

第九，起诉期限的扣除和延长。依据《行政诉讼法》第 48 条的规定，公民、法人或者其他组织因不可抗力或者其他不属于其自身的原因耽误起诉期限的，被耽误的时间不计算在起诉期限内；公民、法人或者其他组织因上述规定以外的其他特殊情况耽误起诉期限的，在障碍消除后 10 日内，可以申请延长期限，是否准许由人民法院决定。2017 年 5 月，最高人民法院行政审判庭《关于权利人在民事诉讼中对行政行为提出异议行政诉讼起诉期限是否应当扣除的答复》提出："权利人在提起民事诉讼过程中，对被诉行政行为提出异议的，可视为其主张权利，符合我国行政诉讼法规定的起诉期限的扣除及延长等作为计算起诉期限特殊情形的法定事由。民事案件进入审理阶段，行政诉讼的起诉期限可从民事裁判文书生效之日重新计算。"此外，最高人民法院行政审判庭法官会议纪要提出："起诉人在法定起诉期限内行使起诉权，虽然管辖法院选择错误，但经过人民法院释明，起诉人在合理期限内已经向有管辖权的人民法院提起诉讼，因此而耽误起诉期限具有正当理由，属于非因当事人自身原因耽误的时间，不应计算在起诉期限内。"[①] 根据上述意见，当事人在民事诉讼中对行政行为提出异议，以及当事人因选择管辖法院错误而耽误起诉期限的，被耽误的时间均应当从起诉期限中予以扣除。

第十，公民、法人或者其他组织对 2015 年 5 月 1 日之后作出的行政行为提起诉讼，请求确认行政行为无效的，不受起诉期限的限制，可以随时提出。[②] 2018 年 9 月 10 日，最高人民法院答复称："对行政行为提起确认无效之诉是否要受到起诉期限的限制，在行政诉讼法修订后的法律规定及司法解释中均没有明确规定。我们倾向于认为提起确认行政行为无效之诉不受起诉期限的限制，行政相对人可以在任何时候请求有权国家机关确认该行为无效。"[③] 何海波教授认为，行政行为无效条款主要是当事人超过法定起诉期限的特殊情况下的补救措施，对于法定期限内的起诉，援引行政行为无效条款意义不大。由于无效行政行为的范围并不确定，当事人和法院较难判断，指望无效行政行为条款有一定风险，在法定期限内要求撤

---

① 最高人民法院行政审判庭编著：《最高人民法院行政审判庭法官会议纪要》（第 2 辑），人民法院出版社 2023 年版，第 114～115 页。

② 参见袁杰主编，全国人大常委会法制工作委员会行政法室编著：《中华人民共和国行政诉讼法解读》，中国法制出版社 2014 年版，第 208 页。

③ 最高人民法院《对行政行为提起确认无效之诉是否要受到起诉期限限制答复——对十三届全国人大一次会议第 2452 号建议的答复》。

销行政行为才是明智之举。[①] 为防止当事人以此来规避起诉期限，《行政诉讼法解释》第94条第2款规定，公民、法人或者其他组织起诉请求确认行政行为无效，人民法院审查认为行政行为不属于无效情形，经释明，原告请求撤销行政行为的，应当继续审理并依法作出相应判决，原告请求撤销行政行为但超过法定起诉期限的，裁定驳回起诉。

拓展·探索

行政诉讼起诉期限与民法诉讼时效的区别

通常认为，行政诉讼起诉期限与民法诉讼时效之间存在根本的区别，主要表现在以下几个方面：

一是性质不同。行政诉讼起诉期限，在性质是属于程序法上的法定期间，规定在《行政诉讼法》中；民法诉讼时效，属于一种民事实体法律制度，规定在《民法典》中。目前，学术界对此仍有争议，如何海波教授认为没必要刻意区分“起诉期限”和“诉讼时效”，不过是因为偶然的立法技术，一个规定在诉讼法中，另一个规定在实体法中，但两者并不构成有实质意义的区分。[②]

二是期间是否可变不同。行政诉讼起诉期限通常为不变期间，不适用中断或者中止制度，在特殊情况下才可申请延长或扣除被耽误的时间。与之不同，民法诉讼时效属于可变期间，适用中断或者中止制度。

三是当事人的处分权不同。由于行政诉讼起诉期限是法定期间，故当事人无权处分或者放弃起诉期限利益，原告的起诉超过起诉期限后，被告无权通过认可、默许等方式使超期起诉的行为合法化。在民事诉讼中，原告的起诉超过诉讼时效，但被告主动放弃诉讼时效利益，自愿履行的，不受诉讼时效的限制。

四是法院能否主动审查不同。对于原告提起行政诉讼是否超过法定的起诉期限，法院有权主动予以审查，不以被告提出超过起诉期限的抗辩为前提。与此不同，《民法典》第193条明确规定：“人民法院不得主动适用诉讼时效的规定。”据此，对于提起民事诉讼是否超过诉讼时效，法院无权主动予以审查，只有在被告提出诉讼时效抗辩之后才可以审查。

五是超期的法律后果不同。行政诉讼起诉期限是诉之合法要件，即起诉能够被法院予以受理的法定条件。所以，超过起诉期限的，当事人将丧失起诉权。相比之下，超过民法诉讼时效的，当事人仅仅是丧失了胜诉权，但仍具有起诉权。基于以上不同，对于超过起诉期限的行政诉讼，法院应当裁定不予立案或驳回起诉；对于超过诉讼时效的民事诉讼，法院应当判决驳回诉讼请求。

在最高人民法院的判例中已多次论及二者之间的区别。在**陈某利诉五河县政府行政征收案**中，最高人民法院提出，行政诉讼实行的是起诉期限制度，它是比照民法上的除斥期间和

---

① 参见何海波：《行政诉讼法》（第3版），法律出版社2022年版，第257~259页。
② 参见何海波：《行政诉讼法》（第3版），法律出版社2022年版，第251页。

诉讼法上的上诉期间进行设计和变造，在性质上属于程序法上的法定期间，不能中断或者中止，特殊情况下才可申请延长或扣除被耽误的时间。设置起诉期限制度的目的和功能，在于维护行政行为的效力，以确保行政法律关系的尽早安定。而《民法通则》（已失效）对于诉讼时效的规定有所不同，超过诉讼时效期间，当事人自愿履行的，不受诉讼时效限制。而且，诉讼时效期间为可变期间。固然，民法上的时效不是权利消灭的原因，它只给予义务人一个抗辩权。如果义务人不作为，即不行使他的抗辩权，则请求权可以通过司法程序得到执行。在民事诉讼中，当事人未提出诉讼时效抗辩，人民法院也不应对诉讼时效问题进行释明及主动适用诉讼时效的规定进行裁判。但在行政诉讼中，通常并不适用时效制度，而是适用起诉期限，依据《行政诉讼法解释》第 3 条的规定，是否遵守起诉期限属于起诉条件的一种，对于起诉条件的审查，人民法院应当依职权进行，不用等待当事人的申请，也不用基于当事人的抗辩。对于“超过法定起诉期限且无正当理由的”，人民法院可以径行裁定驳回起诉。[①] 在**田某俊诉泉山区政府房屋征收补偿决定案**中，最高人民法院重申，《行政诉讼法》上的起诉期限不同于民法上的诉讼时效。诉讼时效本质上是实体法上的制度，关系到某一实体权利应否受人民法院强制力保护。民法上的诉讼时效属于私法范畴，遵循自愿原则和诚信原则。因此，对于诉讼时效效力采取抗辩发生主义，人民法院不得主动适用诉讼时效的规定，一旦义务人行使时效抗辩权，权利人即丧失胜诉权。《行政诉讼法》的起诉期限是法定的起诉条件之一，超过起诉期限的，将丧失进入实体审理的程序权利。由于行政案件属于公法诉讼，涉及公共利益和社会管理秩序的稳定性，所以对起诉是否符合法定条件，包括是否超过法定起诉期限，人民法院应当依职权进行审查，并非当事人不主张人民法院不审查的事项。[②] 在这两个判例中，最高人民法院的观点与我们上面总结的行政诉讼起诉期限与民法诉讼时效之间的区别是完全契合的。

2. 受理

（1）立案审查

依据《行政诉讼法》和《行政诉讼法解释》的规定，人民法院对符合起诉条件的案件应当立案，依法保障当事人行使诉讼权利。对当事人依法提起的诉讼，人民法院应当接收起诉状。能够判断符合起诉条件的，应当当场登记立案；对当场不能判定是否符合起诉条件的，应当接收起诉状，出具注明收到日期的书面凭证，并在 7 日内决定是否立案；7 日内仍不能作出判断的，应当先予立案。不符合起诉条件的，作出不予立案的裁定，裁定书应当载明不予立案的理由。原告对裁定不服的，可以提起上诉。上述立案期限，因起诉状内容欠缺或者有其他错误通知原告限期补正的，从补正后递交人民法院的次日起算；由上级人民法院转交下级人民法院立案的案件，从受诉人民法院收到起诉状的次日起算。

此外，《行政诉讼法》《行政诉讼法解释》就立案审查确立了如下规则：

---

① 最高人民法院行政裁定书，（2016）最高法行申 2645 号。

② 最高人民法院行政裁定书，（2017）最高法行申 5376 号。

第一，人民法院应当就起诉状内容和材料是否完备以及是否符合行政诉讼法规定的起诉条件进行审查。起诉状内容或者材料欠缺的，人民法院应当给予指导和释明，并一次性全面告知当事人需要补正的内容、补充的材料及期限，不得未经指导和释明即以起诉不符合条件为由不接收起诉状。在指定期限内补正并符合起诉条件的，应当登记立案。当事人拒绝补正或者经补正仍不符合起诉条件的，退回诉状并记录在册；坚持起诉的，裁定不予立案，并载明不予立案的理由。

第二，对于不接收起诉状、接收起诉状后不出具书面凭证，以及不一次性告知当事人需要补正的起诉状内容的，当事人可以向上级人民法院投诉，上级人民法院应当责令改正，并对直接负责的主管人员和其他直接责任人员依法给予处分。

第三，人民法院既不立案，又不作出不予立案裁定的，当事人可以向上一级人民法院起诉。上一级人民法院认为符合起诉条件的，应当立案、审理，也可以指定其他下级人民法院立案、审理。

第四，人民法院裁定准许原告撤诉后，原告以同一事实和理由重新起诉的，人民法院不予立案。准予撤诉的裁定确有错误，原告申请再审的，人民法院应当通过审判监督程序撤销原准予撤诉的裁定，重新对案件进行审理。在**段某毛诉东西湖区政府等确认行政行为违法案**中，最高人民法院提出，在行政诉讼中，对于撤回起诉后重新起诉，以不允许为原则，以允许为例外。例外的情形主要包括：其一，重新起诉时有新的事实和理由，且仍在法定期限内的；其二，原告因未按规定预交案件受理费而按自动撤诉处理后，在法定期限内再次起诉，并依法解决诉讼费预交问题的。①

第五，原告或者上诉人未按规定的期限预交案件受理费，又不提出缓交、减交、免交申请，或者提出申请未获批准的，按自动撤诉处理。在按撤诉处理后，原告或者上诉人在法定期限内再次起诉或者上诉，并依法解决诉讼费预交问题的，人民法院应予立案。

第六，人民法院判决撤销行政机关的行政行为后，公民、法人或者其他组织对行政机关重新作出的行政行为不服向人民法院起诉的，人民法院应当依法立案。

第七，行政机关作出行政行为时，没有制作或者没有送达法律文书，公民、法人或者其他组织只要能证明行政行为存在，并在法定期限内起诉的，人民法院应当依法立案。

第八，经复议案件的立案审理。依据《行政诉讼法解释》第 56 ~ 58 条的规定，经复议案件的立案审查规则如下：①法律、法规（2023 年修改的《行政诉讼法》第 23 条规定，有权规定行政复议前置的只能是法律、行政法规，下同）规定应当先申请复议，公民、法人或者其他组织未申请复议直接提起诉讼的，人民法院裁定不予立案。依照《行政诉讼法》第 45 条的规定，复议机关不受理复议申请或者在法定期限内不作出复议决定，公民、法人或者其他组织不服，依法向人民法院提起诉讼的，人民法院应当依法立案。②法律、法规未规定行政复议为提起行政诉讼必经程序，公民、法人或者其他组织既提起诉讼又申请行政复议的，由先立案的机关管辖；同时立案的，由公民、法人或者其他组织选择。公民、法人或者其他

① 最高人民法院行政裁定书，(2018) 最高法行申 9012 号。

组织已经申请行政复议，在法定复议期间内又向人民法院提起诉讼的，人民法院裁定不予立案。③法律、法规未规定行政复议为提起行政诉讼必经程序，公民、法人或者其他组织向复议机关申请行政复议后，又经复议机关同意撤回复议申请，在法定起诉期限内对原行政行为提起诉讼的，人民法院应当依法立案。

第九，公民、法人或者其他组织对 2015 年 5 月 1 日之前作出的行政行为提起诉讼，请求确认行政行为无效的，人民法院不予立案。权威的解读认为，《行政诉讼法解释》第 162 条对确认行政行为无效之诉中被诉行政行为作出的时间进行限制，是法不溯及既往原则以及“实体从旧，程序从新”原则的具体体现，有利于维持行政法律关系和法律秩序的稳定性，避免行政诉权的滥用。[①] 行政行为无效属于实体法规则，按照实体从旧原则，该无效规定不具有溯及力，只有《行政诉讼法》修法颁布施行后发生的行政行为，才适用无效的规定。因此，行政相对人提起确认无效诉讼只能针对 2015 年 5 月 1 日之后作出的行政行为提出。[②]

（2）立案登记制

依据《人民法院第四个五年改革纲要（2014—2018）》（法发〔2015〕3 号）和最高人民法院《关于人民法院登记立案若干问题的规定》，民事、行政诉讼将改革案件受理制度，变立案审查制为立案登记制。立案登记制的基本要求是：当场登记立案，实行一次性全面告知和补正，对不符合法律规定的起诉依法裁定不予受理或不予立案并说明理由，严格执行立案标准。[③] 立案登记制在实践中的主要意义在于，避免法院既不立案又不出裁定的情况发生，保护公民、法人和其他组织的诉权，从根本上解决“立案难”这一顽疾。

不过，实践中对于立案登记制需要准备把握。为了严格规制恶意诉讼和无理缠诉等滥诉行为，最高人民法院《关于进一步保护和规范当事人依法行使行政诉权的若干意见》（法发〔2017〕25 号）要求：“要正确理解立案登记制的精神实质，在防止过度审查的同时，也要注意坚持必要审查。人民法院除对新行政诉讼法第四十九条规定的起诉条件依法进行审查外，对于起诉事项没有经过法定复议前置程序处理、起诉确已超过法定起诉期限、起诉人与行政行为之间确实没有利害关系等明显不符合法定起诉条件的，人民法院依法不予立案，但应当向当事人说明不予立案的理由。”在**纪某发诉肇州县政府恢复老干部待遇案**中，最高人民法院提出，立案登记制并非指对当事人的起诉人民法院就必须予以受理。只有符合法定立案条件的案件，人民法院才应当依法受理；不符合立案条件的案件，人民法院不应受理。纪某发以人民法院实行立案登记制应当有案必立为由，主张人民法院应当受理其诉，是对法律和司法政策有关立案登记制的错误理解。[④] 甚至有最高人民法院的法官建议，为贯彻“加大对虚假诉讼、恶意诉讼、无理缠诉行为的惩治力度”的精神，对此类明显不符合法定起诉条

---

① 参见最高人民法院行政审判庭编著：《最高人民法院行政诉讼司法解释理解与适用》，人民法院出版社 2018 年版，第 775 页。

② 最高人民法院《对行政行为提起确认无效之诉是否要受到起诉期限限制答复——对十三届全国人大一次会议第 2452 号建议的答复》。

③ 参见胡建淼：《行政诉讼法学》，法律出版社 2019 年版，第 442 页。

④ 最高人民法院行政裁定书，（2015）行监字第 1273 号。

件的案件，应当书面通知不予立案，不给此类案件当事人上诉和申请再审的权利。[①] 但如此一来，势必会伤及部分当事人的诉权，“立案难”现象恐重出江湖，这也是理解立案登记制时需要仔细斟酌的问题。

总结·提示 立案登记制并非指对当事人的起诉人民法院都必须予以受理，只有符合法定立案条件的案件，人民法院才应当依法受理，否则不应受理。但是，为了保护公民、法人和其他组织的诉权，应当避免法院既不立案又不出裁定的情况发生。

（3）裁定驳回起诉

依据《行政诉讼法解释》第69条的规定，有下列情形之一，已经立案的，应当裁定驳回起诉：①不符合《行政诉讼法》第49条规定的；②超过法定起诉期限且无《行政诉讼法》第48条规定情形的；③错列被告且拒绝变更的；④未按照法律规定由法定代理人、指定代理人、代表人为诉讼行为的；⑤未按照法律、法规规定先向行政机关申请复议的；⑥重复起诉的[②]；⑦撤回起诉后无正当理由再行起诉的；⑧行政行为对其合法权益明显不产生实际影响的；⑨诉讼标的已为生效裁判或者调解书所羁束的；⑩其他不符合法定起诉条件的情形。人民法院经过阅卷、调查或者询问当事人，认为不需要开庭审理的，可以径行裁定驳回起诉。不太好理解的是上述第⑨项，在**许某运诉东城区政府房屋征收决定案**中，最高人民法院提出，行政诉讼案件的诉讼标的，就是被诉行政行为。所谓“诉讼标的已为生效裁判所羁束”，是指起诉人提起行政诉讼时，被诉行政行为已经为他人另案起诉的生效行政判决效力所羁束，立案后人民法院将无法对被诉行政行为的合法性再行审理和判决的情形。本案中，许某运请求撤销28号房屋征收决定，但28号房屋征收决定已为案外人王某峰提起行政诉讼，并经生效行政判决驳回其诉讼请求。为此，一审、二审裁定认为许某运起诉的诉讼标的已经为生效判决所羁束，裁定驳回许某运的起诉，认定事实清楚，适用法律、法规正确，审判程序合法，最高人民法院予以支持。[③]

上述所列情形可以补正或者更正的，人民法院应当指定期间责令补正或者更正；在指定期间已经补正或者更正的，应当依法审理。

（4）原告提出新诉讼请求的处理

《行政诉讼法解释》第70条规定：“起诉状副本送达被告后，原告提出新的诉讼请求的，人民法院不予准许，但有正当理由的除外。”据此，在起诉状副本送达被告后，原告非有正当理由不得提出新的诉讼请求。

---

① 参见郭修江、蔡小雪主编，最高人民法院第二巡回法庭编著：《行政典型案例及审判经验》，人民法院出版社2019年版，第113页。

② 《行政诉讼法解释》第106条规定：“当事人就已经提起诉讼的事项在诉讼过程中或者裁判生效后再次起诉，同时具有下列情形的，构成重复起诉：（一）后诉与前诉的当事人相同；（二）后诉与前诉的诉讼标的相同；（三）后诉与前诉的诉讼请求相同，或者后诉的诉讼请求被前诉裁判所包含。”

③ 最高人民法院行政裁定书，（2020）最高法行申9673号。

（5）行政案件案由

依据最高人民法院《关于行政案件案由的暂行规定》（法发〔2020〕44号）的规定，行政案件案由分为三级。其中，一级案由为“行政行为”，是指行政机关与行政职权相关的所有作为和不作为；二级案由有22个，包括行政处罚、行政强制措施、行政强制执行、行政许可、行政征收或者征用、行政登记、行政确认、行政给付、行政允诺、行政征缴、行政奖励、行政收费、政府信息公开、行政批复、行政处理、行政复议、行政裁决、行政协议、行政补偿、行政赔偿、不履行××职责、××（行政行为）公益诉讼；三级案由有140个。人民法院在确定行政案件案由时，应当首先适用三级案由；无对应的三级案由时，适用二级案由；二级案由仍然无对应的名称，适用一级案由。

实践中，各级法院一般不强制性要求原告在起诉状中列明案由。

（6）诉讼费用

《行政诉讼法》第102条规定：“人民法院审理行政案件，应当收取诉讼费用。诉讼费用由败诉方承担，双方都有责任的由双方分担。收取诉讼费用的具体办法另行规定。”依据国务院2006年发布的《诉讼费用交纳办法》的规定，当事人应当向人民法院交纳的诉讼费用包括案件受理费、申请费以及证人、鉴定人、翻译人员、理算人员在人民法院指定日期出庭发生的交通费、住宿费、生活费和误工补贴。其中，行政案件受理费按照下列标准交纳：①商标、专利、海事行政案件每件交纳100元；②其他行政案件每件交纳50元；③行政赔偿案件不交纳受理费。此外，裁定不予受理、驳回起诉、驳回上诉的案件，以及对不予受理、驳回起诉和管辖权异议裁定不服，提起上诉的案件，同样无须交纳案件受理费。

案件受理费包括第一审案件受理费、第二审案件受理费以及再审案件中需要交纳的案件受理费。对于再审案件中需要交纳的案件受理费，《诉讼费用交纳办法》第9条规定：“根据民事诉讼法和行政诉讼法规定的审判监督程序审理的案件，当事人不交纳案件受理费。但是，下列情形除外：（一）当事人有新的证据，足以推翻原判决、裁定，向人民法院申请再审，人民法院经审查决定再审的案件；（二）当事人对人民法院第一审判决或者裁定未提出上诉，第一审判决、裁定或者调解书发生法律效力后又申请再审，人民法院经审查决定再审的案件。”据此，再审案件是以不交纳受理费为原则，以交纳受理费为例外。

3. 审理

（1）审理方式

《行政诉讼法》第54条规定，人民法院公开审理行政案件，但涉及国家秘密、个人隐私和法律另有规定的除外。涉及商业秘密的案件，当事人申请不公开审理的，可以不公开审理。据此，审理行政案件以公开为原则，以不公开为例外。

依据最高人民法院《关于人民法院庭审录音录像的若干规定》（法释〔2017〕5号）的规定，人民法院开庭审判案件，应当对庭审活动进行全程录音录像。庭审录音录像应当自宣布开庭时开始，至闭庭时结束。当事人、辩护律师、诉讼代理人等可以依照规定复制录音或者誊录庭审录音录像，必要时人民法院应当配备相应设施。而且，人民法院可以播放依法公开审理案件的庭审录音录像。

依据最高人民法院《关于人民法院通过互联网公开审判流程信息的规定》（法释〔2018〕7号）的规定，中国审判流程信息公开网是人民法院公开审判流程信息的统一平台。人民法院审判刑事、民事、行政、国家赔偿案件的流程信息，应当通过互联网向参加诉讼的当事人及其法定代理人、诉讼代理人、辩护人公开。人民法院审判具有重大社会影响案件的流程信息，可以通过互联网或者其他方式向公众公开。当事人及其法定代理人、诉讼代理人、辩护人申请查阅庭审录音录像、电子卷宗的，人民法院可以通过中国审判流程信息公开网或者其他诉讼服务平台提供查阅，并设置必要的安全保护措施。但是，涉及国家秘密，以及法律、司法解释规定应当保密或者限制获取的审判流程信息，不得通过互联网向当事人及其法定代理人、诉讼代理人、辩护人公开。

（2）申请回避

依据《行政诉讼法》第55条、《行政诉讼法解释》第74~75条的规定，当事人认为审判人员与本案有利害关系或者有其他关系可能影响公正审判，有权申请审判人员回避；审判人员认为自己与本案有利害关系或者有其他关系，应当申请回避。上述规定，也适用于书记员、翻译人员、鉴定人、勘验人。当事人申请回避，应当说明理由，在案件开始审理时提出；回避事由在案件开始审理后知道的，应当在法庭辩论终结前提出。被申请回避的人员，在人民法院作出是否回避的决定前，应当暂停参与本案的工作，但案件需要采取紧急措施的除外。对当事人提出的回避申请，人民法院应当在3日内以口头或者书面形式作出决定；对当事人提出的明显不属于法定回避事由的申请，法庭可以依法当庭驳回。

院长担任审判长时的回避，由审判委员会决定；审判人员的回避，由院长决定；其他人员的回避，由审判长决定。申请人对驳回回避申请决定不服的，可以向作出决定的人民法院申请复议一次。复议期间，被申请回避的人员不停止参与本案的工作。对申请人的复议申请，人民法院应当在3日内作出复议决定，并通知复议申请人。

通常，在一个审判程序中参与过本案审判工作的审判人员，不得再参与该案其他程序的审判。但发回重审的案件，在一审法院作出裁判后又进入第二审程序的，原第二审程序中合议庭组成人员不受这一限制。

（3）诉讼不停止执行原则

在行政诉讼中，被诉行政行为以不停止执行为原则，以停止执行为例外。《行政诉讼法》第56条规定，诉讼期间，不停止行政行为的执行。但有下列情形之一的，裁定停止执行：①被告认为需要停止执行的；②原告或者利害关系人申请停止执行，人民法院认为该行政行为的执行会造成难以弥补的损失，并且停止执行不损害国家利益、社会公共利益的；③人民法院认为该行政行为的执行会给国家利益、社会公共利益造成重大损害的；④法律、法规规定停止执行的。当事人对停止执行或者不停止执行的裁定不服的，可以申请复议一次。

（4）裁定先予执行

《行政诉讼法》第57条规定，人民法院对起诉行政机关没有依法支付抚恤金、最低生活保障金和工伤、医疗社会保险金的案件，权利义务关系明确、不先予执行将严重影响原告生活的，可以根据原告的申请，裁定先予执行。当事人对先予执行裁定不服的，可以申请复议一次。复议期间不停止裁定的执行。

（5）传唤当事人

人民法院适用普通程序审理案件，应当在开庭3日前用传票传唤当事人。对证人、鉴定人、勘验人、翻译人员，应当用通知书通知其到庭。当事人或者其他诉讼参与人在外地的，应当留有必要的在途时间。

对于当事人经传票传唤无正当理由拒不到庭，或者未经法庭许可中途退庭的情形，按照如下规定处理：①原告经传票传唤无正当理由拒不到庭，或者未经法庭许可中途退庭的，可以按照撤诉处理。②原告申请撤诉，人民法院裁定不予准许的，原告经传票传唤无正当理由拒不到庭，或者未经法庭许可中途退庭的，人民法院可以缺席判决。③被告经传票传唤无正当理由拒不到庭，或者未经法庭许可中途退庭的，人民法院可以按期开庭或者继续开庭审理，对到庭的当事人诉讼请求、双方的诉辩理由以及已经提交的证据及其他诉讼材料进行审理后，依法缺席判决。同时，人民法院可以将被告拒不到庭或者中途退庭的情况予以公告，并可以向监察机关或者被告的上一级行政机关提出依法给予其主要负责人或者直接责任人员处分的司法建议。④第三人经传票传唤无正当理由拒不到庭，或者未经法庭许可中途退庭的，不发生阻止案件审理的效果。

（6）行政机关负责人出庭应诉

依据《行政诉讼法》、《行政诉讼法解释》以及最高人民法院《关于行政机关负责人出庭应诉若干问题的规定》的规定，行政机关负责人出庭应诉的主要规则如下：

一是被诉行政机关负责人应当出庭应诉。不能出庭的，应当委托行政机关相应的工作人员出庭。其中，“行政机关负责人”，包括行政机关的正职、副职负责人、参与分管被诉行政行为实施工作的副职级别的负责人以及其他参与分管的负责人，但被诉行政机关委托的组织或者下级行政机关的负责人不能作为被诉行政机关负责人出庭；“行政机关相应的工作人员”，包括该行政机关具有国家行政编制身份的工作人员以及其他依法履行公职的人员，被诉行政行为是地方人民政府作出的，地方人民政府法制工作机构的工作人员，以及被诉行政行为具体承办机关工作人员，可以视为被诉人民政府相应的工作人员。

二是行政机关负责人出庭应诉的，应当向人民法院提交能够证明该行政机关负责人职务的材料。行政机关委托相应的工作人员出庭应诉的，应当向人民法院提交加盖行政机关印章的授权委托书，并载明工作人员的姓名、职务和代理权限。

三是行政机关负责人出庭应诉的，可以另行委托1～2名诉讼代理人。行政机关负责人不能出庭的，应当委托行政机关相应的工作人员出庭，不得仅委托律师出庭。

四是涉及重大公共利益、社会高度关注或者可能引发群体性事件等案件以及人民法院书面建议行政机关负责人出庭的案件，被诉行政机关负责人应当出庭。

五是行政机关负责人有正当理由不能出庭应诉的，应当向人民法院提交情况说明，并加盖行政机关印章或者由该机关主要负责人签字认可。行政机关拒绝说明理由的，不发生阻止案件审理的效果，人民法院可以向监察机关、上一级行政机关提出司法建议。通常来说，有下列情形之一的，属于行政机关负责人不能出庭的情形：①不可抗力；②意外事件；③需要履行他人不能代替的公务；④无法出庭的其他正当事由。

六是行政机关负责人和行政机关相应的工作人员均不出庭，仅委托律师出庭的或者人民法院书面建议行政机关负责人出庭应诉，行政机关负责人不出庭应诉的，人民法院应当记录在案和在裁判文书中载明，并可以建议有关机关依法作出处理。

（7）延期开庭审理

《行政诉讼法解释》第72条规定，有下列情形之一的，可以延期开庭审理：①应当到庭的当事人和其他诉讼参与人有正当理由没有到庭的；②当事人临时提出回避申请且无法及时作出决定的；③需要通知新的证人到庭，调取新的证据，重新鉴定、勘验，或者需要补充调查的；④其他应当延期的情形。

（8）不适用调解原则及其例外

《行政诉讼法》第60条规定，人民法院审理行政案件，不适用调解。但是，行政赔偿、补偿以及行政机关行使法律、法规规定的自由裁量权的案件可以调解。调解应当遵循自愿、合法原则，不得损害国家利益、社会公共利益和他人合法权益。

依据《行政诉讼法解释》第84～86条的规定，人民法院在适用调解时应当遵守如下规则：

第一，人民法院审理行政赔偿、补偿以及行政机关行使法律、法规规定的自由裁量权的案件，认为法律关系明确、事实清楚，在征得当事人双方同意后，可以径行调解。

第二，调解达成协议，人民法院应当制作调解书。调解书应当写明诉讼请求、案件的事实和调解结果，由审判人员、书记员署名，加盖人民法院印章，送达双方当事人。调解书经双方当事人签收后，即具有法律效力，调解书生效日期根据最后收到调解书的当事人签收的日期确定。

第三，人民法院审理行政案件，调解过程不公开，但当事人同意公开的除外。调解协议内容不公开，但为保护国家利益、社会公共利益、他人合法权益，人民法院认为确有必要公开的除外。

第四，经人民法院准许，第三人可以参加调解。人民法院认为有必要的，可以通知第三人参加调解。

第五，当事人一方或者双方不愿调解、调解未达成协议的，人民法院应当及时判决。

第六，当事人自行和解或者调解达成协议后，请求人民法院按照和解协议或者调解协议的内容制作判决书的，人民法院不予准许。

（9）撤诉

依据《行政诉讼法》第62条、《行政诉讼法解释》第79～80条的规定，行政诉讼撤诉的规则如下：

一是人民法院对行政案件宣告判决或者裁定前，原告申请撤诉的，或者被告改变其所作的行政行为，原告同意并申请撤诉的，是否准许，由人民法院裁定。

二是原告或者上诉人申请撤诉，人民法院裁定不予准许的，原告或者上诉人经传票传唤无正当理由拒不到庭，或者未经法庭许可中途退庭的，人民法院可以缺席判决。

三是当事人申请撤诉或者依法可以按撤诉处理的案件，当事人有违反法律的行为需要依法处理的，人民法院可以不准许撤诉或者不按撤诉处理。

四是法庭辩论终结后原告申请撤诉，人民法院可以准许，但涉及国家利益和社会公共利益的除外。

（10）按撤诉处理的情形

《行政诉讼法》第 58 条规定，经人民法院传票传唤，原告无正当理由拒不到庭，或者未经法庭许可中途退庭的，可以按照撤诉处理。此外，依据《行政诉讼法解释》第 61 条的规定，原告未按规定的期限预交案件受理费，又不提出缓交、减交、免交申请，或者提出申请未获批准的，按自动撤诉处理。

（11）财产保全

依据《行政诉讼法解释》第 76 ~ 78 条的规定，行政诉讼财产保全的规则如下：

一是人民法院对于因一方当事人的行为或者其他原因，可能使行政行为或者人民法院生效裁判不能或者难以执行的案件，根据对方当事人的申请，可以裁定对其财产进行保全、责令其作出一定行为或者禁止其作出一定行为；当事人没有提出申请的，人民法院在必要时也可以裁定采取上述保全措施。

二是人民法院采取保全措施，可以责令申请人提供担保；申请人不提供担保的，裁定驳回申请。

三是人民法院接受申请后，对情况紧急的，必须在 48 小时内作出裁定；裁定采取保全措施的，应当立即开始执行。

四是当事人对保全的裁定不服的，可以申请复议，但复议期间不停止裁定的执行。

五是利害关系人因情况紧急，不立即申请保全将会使其合法权益受到难以弥补的损害的，可以在提起诉讼前向被保全财产所在地、被申请人住所地或者对案件有管辖权的人民法院申请采取保全措施。申请人应当提供担保，不提供担保的，裁定驳回申请。人民法院接受申请后，必须在 48 小时内作出裁定；裁定采取保全措施的，应当立即开始执行。申请人在人民法院采取保全措施后 30 日内不依法提起诉讼的，人民法院应当解除保全。当事人对保全的裁定不服的，可以申请复议，但复议期间不停止裁定的执行。此即所谓诉前财产保全。

六是保全限于请求的范围，或者与本案有关的财物；财产保全采取查封、扣押、冻结或者法律规定的其他方法；人民法院保全财产后，应当立即通知被保全人；财产已被查封、冻结的，不得重复查封、冻结；涉及财产的案件，被申请人提供担保的，人民法院应当裁定解除保全；申请有错误的，申请人应当赔偿被申请人因保全所遭受的损失。

（12）被告改变行政行为的处理

《行政诉讼法解释》第81条规定，被告在一审期间改变被诉行政行为的，应当书面告知人民法院。原告或者第三人对改变后的行政行为不服提起诉讼的，人民法院应当就改变后的行政行为进行审理。被告改变原违法行政行为，原告仍要求确认原行政行为违法的，人民法院应当依法作出确认判决。原告起诉被告不作为，在诉讼中被告作出行政行为，原告不撤诉的，人民法院应当就不作为依法作出确认判决。

（13）对违法违纪、犯罪行为的处理

《行政诉讼法》第66条第1款规定，人民法院在审理行政案件中，认为行政机关的主管人员、直接责任人员违法违纪的，应当将有关材料移送监察机关、该行政机关或者其上一级行政机关；认为有犯罪行为的，应当将有关材料移送公安、检察机关。

（14）审理依据

《行政诉讼法》第63条规定："人民法院审理行政案件，以法律和行政法规、地方性法规为依据。地方性法规适用于本行政区域内发生的行政案件。人民法院审理民族自治地方的行政案件，并以该民族自治地方的自治条例和单行条例为依据。人民法院审理行政案件，参照规章。"据此，依据法律、行政法规、地方性法规、自治条例和单行条例，参照规章，这是人民法院审理行政案件适用法律的基本原则。

对于"参照规章"，我们应当如何理解？最高人民法院《关于审理行政案件适用法律规范问题的座谈会纪要》（法〔2004〕96号）规定："在参照规章时，应当对规章的规定是否合法有效进行判断，对于合法有效的规章应当适用。根据立法法、行政法规制定程序条例和规章制定程序条例关于法律、行政法规和规章的解释的规定，全国人大常委会的法律解释，国务院或者国务院授权的部门公布的行政法规解释，人民法院作为审理行政案件的法律依据；规章制定机关作出的与规章具有同等效力的规章解释，人民法院审理行政案件时参照适用。"这就在一定程度上扩展了"参照规章"的含义范围。在**白三家子村委会诉灯塔市政府不履行安置法定职责案**中，最高人民法院甚至认为，根据上述座谈会纪要的规定，行政机关制定的规章以下的其他规范性文件合法、有效并合理、适当的，在认定被诉具体行政行为合法性时，应承认其效力。为失地农民办理社会保险，目前没有法律、行政法规的统一规定，地方政府制定的有效规范性文件可以作为判断政府相关行政行为合法性的根据。辽阳市政府制定的42号通知、辽阳市人力资源和社会保障局制定的122号《操作程序》以及灯塔市政府制定的35号《补贴办法》，均属于规章以下的规范性文件，文件内容合法、合理，不存在与上位法相冲突的情形，可以作为判断灯塔市政府落实失地农民社会保险待遇相关行政行为是否合法的根据。[①] 但是，这是否意味着"参照规章"也可以扩张解释为"参照规范性文件"呢？如果允许这样的扩张解释，势必导致一些行政机关动辄拿规范性文件当"法"，依法行政的门槛被无限度地降低了。这是一个值得深思的问题。

---

① 最高人民法院行政裁定书，（2016）最高法行申1525号。

此外，上述座谈会纪要还明确规定了法律规范冲突的适用规则。例如，关于新旧法律规范的适用，上述座谈会纪要提出："根据行政审判中的普遍认识和做法，行政相对人的行为发生在新法施行以前，具体行政行为作出在新法施行以后，人民法院审查具体行政行为的合法性时，实体问题适用旧法规定，程序问题适用新法规定，但下列情形除外：（一）法律、法规或规章另有规定的；（二）适用新法对保护行政相对人的合法权益更为有利的；（三）按照具体行政行为的性质应当适用新法的实体规定的。"这里，确立了"实体从旧，程序从新"原则。

总结·提示　"实体从旧，程序从新"原则，是行政诉讼中适用法律规范的一项基本原则。

需要说明的是，上述审理依据主要是判断行政行为合法性的依据，没有包含诉讼程序的依据。就诉讼程序而言，自然要以《行政诉讼法》为依据。但是，关于期间、送达、财产保全、开庭审理、调解、中止诉讼、终结诉讼、简易程序、执行等，以及人民检察院对行政案件受理、审理、裁判、执行的监督，《行政诉讼法》没有规定的，应当适用《民事诉讼法》的相关规定。

4. 中止、终结诉讼

（1）中止诉讼

《行政诉讼法解释》第 87 条规定，在诉讼过程中，有下列情形之一的，中止诉讼：①原告死亡，须等待其近亲属表明是否参加诉讼的；②原告丧失诉讼行为能力，尚未确定法定代理人的；③作为一方当事人的行政机关、法人或者其他组织终止，尚未确定权利义务承受人的；④一方当事人因不可抗力的事由不能参加诉讼的；⑤案件涉及法律适用问题，需要送请有权机关作出解释或者确认的；⑥案件的审判须以相关民事、刑事或者其他行政案件的审理结果为依据，而相关案件尚未审结的；⑦其他应当中止诉讼的情形。中止诉讼的原因消除后，恢复诉讼。

（2）终结诉讼

《行政诉讼法解释》第 88 条规定，在诉讼过程中，有下列情形之一的，终结诉讼：①原告死亡，没有近亲属或者近亲属放弃诉讼权利的；②作为原告的法人或者其他组织终止后，其权利义务的承受人放弃诉讼权利的。因《行政诉讼法解释》第 87 条第 1 ~ 3 项原因中止诉讼满 90 日仍无人继续诉讼的，裁定终结诉讼，但有特殊情况的除外。

5. 裁判

（1）行政裁定

《行政诉讼法解释》第 101 条第 1 款规定："裁定适用于下列范围：（一）不予立案；（二）驳回起诉；（三）管辖异议；（四）终结诉讼；（五）中止诉讼；（六）移送或者指定管辖；（七）诉讼期间停止行政行为的执行或者驳回停止执行的申请；（八）财产保全；

（九）先予执行；（十）准许或者不准许撤诉；（十一）补正裁判文书中的笔误；（十二）中止或者终结执行；（十三）提审、指令再审或者发回重审；（十四）准许或者不准许执行行政机关的行政行为；（十五）其他需要裁定的事项。”其中，对不予立案、驳回起诉和管辖异议裁定，当事人可以上诉，其他裁定则不适用上诉。

裁定原则上要制作裁定书，口头裁定的，须记入笔录。

（2）行政判决的宣告方式

《行政诉讼法》第80条规定，人民法院对公开审理和不公开审理的案件，一律公开宣告判决。当庭宣判的，应当在10日内发送判决书；定期宣判的，宣判后立即发给判决书。宣告判决时，必须告知当事人上诉权利、上诉期限和上诉的人民法院。

（3）驳回诉讼请求判决

依据《行政诉讼法》第69条、《行政诉讼法解释》第94条第2款的规定，行政行为证据确凿，适用法律、法规正确，符合法定程序的，或者原告申请被告履行法定职责或者给付义务理由不成立的，人民法院判决驳回原告的诉讼请求。公民、法人或者其他组织起诉请求确认行政行为无效，人民法院审查认为行政行为不属于无效情形，经释明，原告请求撤销行政行为的，应当继续审理并依法作出相应判决；原告拒绝变更诉讼请求的，判决驳回其诉讼请求。

（4）撤销判决

撤销判决有三种形式：①判决全部撤销；②判决部分撤销；③判决撤销并同时判决被告重新作出行政行为。《行政诉讼法》第70条规定，行政行为有下列情形之一的，人民法院判决撤销或者部分撤销，并可以判决被告重新作出行政行为：①主要证据不足的；②适用法律、法规错误的；③违反法定程序的；④超越职权的；⑤滥用职权的；⑥明显不当的。

《行政诉讼法》第71条规定，人民法院判决被告重新作出行政行为的，被告不得以同一的事实和理由作出与原行政行为基本相同的行政行为。不过，依据《行政诉讼法解释》第90条的规定，人民法院判决被告重新作出行政行为，被告重新作出的行政行为与原行政行为的结果相同，但主要事实或者主要理由有改变的，不属于《行政诉讼法》第71条规定的情形；人民法院以违反法定程序为由，判决撤销被诉行政行为的，行政机关重新作出行政行为不受《行政诉讼法》第71条规定的限制；行政机关以同一事实和理由重新作出与原行政行为基本相同的行政行为，人民法院应当根据《行政诉讼法》第70～71条的规定判决撤销或者部分撤销，并根据《行政诉讼法》第96条（对行政机关拒绝履行判决、裁定、调解书的执行措施）的规定处理。

此外，《行政诉讼法解释》第89条规定，复议决定改变原行政行为错误，人民法院判决撤销复议决定时，可以一并责令复议机关重新作出复议决定或者判决恢复原行政行为的法律效力。在**禾塘冲村民小组诉钦州市政府林地确权行政复议决定案**中，最高人民法院提出，在满足撤销复议决定法定条件的情形下，如果原行政行为认定事实清楚，主要证据充分，适用法律法规正确，程序合法的，应当在判决撤销复议决定的同时，一并判决恢复原行政行为的法律效力，不应再判决责令复议机关重新作出复议决定。[①] 可见，在这种情形下关键要看原行政行为是否合法：如果原行政行为是合法的，只需要判决恢复原行政行为的法律效力即可；如果原行政行为是违法的，可以一并责令复议机关重新作出复议决定。

（5）履行判决

《行政诉讼法》第72条规定，人民法院经过审理，查明被告不履行法定职责的，判决被告在一定期限内履行。《行政诉讼法解释》第91条规定，原告请求被告履行法定职责的理由成立，被告违法拒绝履行或者无正当理由逾期不予答复的，人民法院可以判决被告在一定期限内依法履行原告请求的法定职责；尚需被告调查或者裁量的，应当判决被告针对原告的请求重新作出处理。

（6）给付判决

《行政诉讼法》第73条规定，人民法院经过审理，查明被告依法负有给付义务的，判决被告履行给付义务。《行政诉讼法解释》第92条规定，原告申请被告依法履行支付抚恤金、最低生活保障待遇或者社会保险待遇等给付义务的理由成立，被告依法负有给付义务而拒绝或者拖延履行义务的，人民法院可以判决被告在一定期限内履行相应的给付义务。

此外，依据《行政诉讼法解释》第93条的规定，原告请求被告履行法定职责或者依法履行支付抚恤金、最低生活保障待遇或者社会保险待遇等给付义务，原告未先向行政机关提出申请的，人民法院裁定驳回起诉。人民法院经审理认为原告所请求履行的法定职责或者给付义务明显不属于行政机关权限范围的，可以裁定驳回起诉。据此，适用给付判决的条件是被告依法负有给付义务，且原告先向被告提出了申请。

（7）确认违法判决

《行政诉讼法》第74条规定，行政行为有下列情形之一的，人民法院判决确认违法，但不撤销行政行为：①行政行为依法应当撤销，但撤销会给国家利益、社会公共利益造成重大损害的；②行政行为程序轻微违法[②]，但对原告权利不产生实际影响的。行政行为有下列情形之一，不需要撤销或者判决履行的，人民法院判决确认违法：①行政行为违法，但不具有可撤销内容的；②被告改变原违法行政行为，原告仍要求确认原行政行为违法的；③被告不履行或者拖延履行法定职责，判决履行没有意义的。其中，因“撤销会给国家利益、社会公共利益造成重大损害”而作出的确认违法判决，也被称为“情况判决”或“情势判决”。在**周某贵诉荆州区政府行政侵权案**中，最高人民法院认为，所谓“情势判决”，虽然也确认行政行为违法，但严格讲并不属于确认之诉的判决方式，而是撤销之诉的一种例外情形。[③]

---

① 最高人民法院行政裁定书，（2020）最高法行再108号。

② 对于何为“程序轻微违法”，《行政诉讼法解释》第96条规定：“有下列情形之一，且对原告依法享有的听证、陈述、申辩等重要程序性权利不产生实质损害的，属于行政诉讼法第七十四条第一款第二项规定的‘程序轻微违法’：（一）处理期限轻微违法；（二）通知、送达等程序轻微违法；（三）其他程序轻微违法的情形。”

③ 最高人民法院行政裁定书，（2018）最高法行申7470号。

（8）确认无效判决

《行政诉讼法》第75～76条规定，行政行为有实施主体不具有行政主体资格或者没有依据等重大且明显违法情形，原告申请确认行政行为无效的，人民法院判决确认无效。人民法院判决确认违法或者无效的，可以同时判决责令被告采取补救措施；给原告造成损失的，依法判决被告承担赔偿责任。《行政诉讼法解释》第94条第1款规定，公民、法人或者其他组织起诉请求撤销行政行为，人民法院经审查认为行政行为无效的，应当作出确认无效的判决。

依据上述规定，《行政诉讼法》对无效行政行为适用“重大且明显违法”的认定标准。对于“重大且明显违法”的含义，《行政诉讼法解释》第99条规定，有下列情形之一的，属于《行政诉讼法》第75条规定的“重大且明显违法”：①行政行为实施主体不具有行政主体资格；②减损权利或者增加义务的行政行为没有法律规范依据；③行政行为的内容客观上不可能实施；④其他重大且明显违法的情形。

（9）变更判决

《行政诉讼法》第77条规定，行政处罚明显不当，或者其他行政行为涉及对款额的确定、认定确有错误的，人民法院可以判决变更。人民法院判决变更，不得加重原告的义务或者减损原告的权益。但利害关系人同为原告，且诉讼请求相反的除外。其中，“人民法院判决变更，不得加重原告的义务或者减损原告的权益”是对禁止不利变更原则的直观表述。确立禁止不利变更原则，是为了消除原告提起变更之诉时的顾虑，保护公民、法人和其他组织的合法权益。

（10）其他判决

除了上述判决方式，《行政诉讼法》和《行政诉讼法解释》规定的判决方式还包括重新作出行政行为判决（《行政诉讼法》第70条），责令被告采取补救措施判决（《行政诉讼法》第76条），恢复原行政行为法律效力判决（《行政诉讼法解释》第89条），行政赔偿判决，行政补偿判决，行政协议判决（参见本书第四讲），行政复议判决，以及一并解决相关民事争议的判决等。下面，重点介绍行政赔偿判决和行政复议判决。

一是行政赔偿判决。依据《行政诉讼法》第76条、第78条和《行政诉讼法解释》第95条、第97条、第98条、第136条的规定，行政赔偿判决的要点有：①人民法院判决确认违法或者无效的，可以同时判决责令被告采取补救措施；给原告造成损失的，依法判决被告承担赔偿责任。②人民法院经审理认为被诉行政行为违法或者无效，可能给原告造成损失，经释明，原告请求一并解决行政赔偿争议的，人民法院可以就赔偿事项进行调解；调解不成的，应当一并判决。人民法院也可以告知其就赔偿事项另行提起诉讼。③被告不依法履行、未按照约定履行或者违法变更、解除行政协议的，人民法院判决被告承担继续履行、采取补救措施或者赔偿损失等责任。④原告或者第三人的损失系由其自身过错和行政机关的违法行政行为共同造成的，人民法院应当依据各方行为与损害结果之间有无因果关系以及在损害发生和结果中作用力的大小，确定行政机关相应的赔偿责任。⑤因行政机关不履行、拖延履行法定职责，致使公民、法人或者其他组织的合法权益遭受损害的，人民法院应当判决行政机关承担行政赔偿责任。在确定赔偿数额时，应当考虑该不履行、拖延履行法定职责的行为在损害发生过程和结果中所起的作用等因素。⑥复议机关与作出原行政行为的行政机关为共同被告的案件，原行政行为被撤销、确认违法或者无效，给原告造成损失的，应当由作出原行政行为的行政机关承担赔偿责任；因复议决定加重损害的，由复议机关对加重部分承担赔偿责任。

二是行政复议判决，即经复议案件的判决。依据《行政诉讼法》第79条，《行政诉讼法解释》第89条、第135条、第136条的规定，经复议案件判决的要点有：①复议机关与作出原行政行为的行政机关为共同被告的案件，人民法院应当在审查原行政行为合法性的同时，一并审查复议决定的合法性，并对复议决定和原行政行为一并作出相应判决。②人民法院依职权追加作出原行政行为的行政机关或者复议机关为共同被告的，对原行政行为或者复议决定可以作出相应判决。③人民法院判决撤销原行政行为和复议决定的，可以判决作出原行政行为的行政机关重新作出行政行为。④人民法院判决作出原行政行为的行政机关履行法定职责或者给付义务的，应当同时判决撤销复议决定。⑤原行政行为合法、复议决定违法的，人民法院可以判决撤销复议决定或者确认复议决定违法，同时判决驳回原告针对原行政行为的诉讼请求。⑥原行政行为不符合复议或者诉讼受案范围等受理条件，复议机关作出维持决定的，人民法院应当裁定一并驳回对原行政行为和复议决定的起诉。⑦复议决定改变原行政行为错误，人民法院判决撤销复议决定时，可以一并责令复议机关重新作出复议决定或者判决恢复原行政行为的法律效力。

（11）裁判文书公开

《行政诉讼法》第65条规定："人民法院应当公开发生法律效力的判决书、裁定书，供公众查阅，但涉及国家秘密、商业秘密和个人隐私的内容除外。"实践中，大多是通过中国裁判文书网（https：//wenshu. court. gov. cn/）公开发生法律效力的裁判文书。最高人民法院《关于人民法院在互联网公布裁判文书的规定》（法释〔2016〕19号）第7条规定："发生法律效力的裁判文书，应当在裁判文书生效之日起七个工作日内在互联网公布。依法提起抗诉或者上诉的一审判决书、裁定书，应当在二审裁判生效后七个工作日内在互联网公布。"

6. 简易程序

（1）适用范围

《行政诉讼法》第82条规定，人民法院审理下列第一审行政案件，认为事实清楚、权利义务关系明确、争议不大的，可以适用简易程序：①被诉行政行为是依法当场作出的；②案件涉及款额2000元以下的；③属于政府信息公开案件的。上述规定以外的第一审行政案件，当事人各方同意适用简易程序的，也可以适用简易程序。但是，发回重审、按照审判监督程序再审的案件不适用简易程序。

依据《行政诉讼法解释》第102条的规定，"事实清楚"是指当事人对争议的事实陈述基本一致，并能提供相应的证据，无须人民法院调查收集证据即可查明事实；"权利义务关系明确”是指行政法律关系中权利和义务能够明确区分；“争议不大”是指当事人对行政行为的合法性、责任承担等没有实质分歧。

（2）简化的内容

依据《行政诉讼法》第 83 条、《行政诉讼法解释》第 103 ~ 104 条的规定，简易程序的简化主要体现在以下几个方面：①由审判员一人独任审理。②审限缩短，应当在立案之日起 45 日内审结。③简化通知和送达，人民法院可以用口头通知、电话、短信、传真、电子邮件等简便方式传唤当事人、通知证人、送达裁判文书以外的诉讼文书。但以简便方式送达的开庭通知，未经当事人确认或者没有其他证据证明当事人已经收到的，人民法院不得缺席判决。④举证期限、答辩期限可协商。举证期限可以由人民法院确定，也可以由当事人协商一致并经人民法院准许，但不得超过 15 日；被告要求书面答辩的，人民法院可以确定合理的答辩期间。人民法院应当将举证期限和开庭日期告知双方当事人，并向当事人说明逾期举证以及拒不到庭的法律后果，由双方当事人在笔录和开庭传票的送达回证上签名或者捺印；当事人双方均表示同意立即开庭或者缩短举证期限、答辩期间的，人民法院可以立即开庭审理或者确定近期开庭。

（3）简易程序的转换

依据《行政诉讼法》第 84 条、《行政诉讼法解释》第 105 条的规定，人民法院在审理过程中，发现案情复杂，需要转为普通程序审理的，应当在审理期限届满前作出裁定并将合议庭组成人员及相关事项书面通知双方当事人。案件转为普通程序审理的，审理期限自人民法院立案之日起计算。

7. 一审审限

（1）审限的时间

《行政诉讼法》第 81 条规定：“人民法院应当在立案之日起六个月内作出第一审判决。有特殊情况需要延长的，由高级人民法院批准，高级人民法院审理第一审案件需要延长的，由最高人民法院批准。”据此，行政诉讼一审的审限一般为 6 个月。

上述审限的起点是立案之日，从立案次日起计算，审限的终点则为结案时间。依据《行政诉讼法解释》第 50 条的规定，《行政诉讼法》第 81 条、第 83 条、第 88 条规定的审理期限，是指从立案之日起至裁判宣告、调解书送达之日止的期间，但公告期间、鉴定期间、调解期间、中止诉讼期间、审理当事人提出的管辖异议以及处理人民法院之间的管辖争议期间不应计算在内。立案时间和结案时间，可以依据最高人民法院《关于严格执行案件审理期限制度的若干规定》（2008 年修改）第 6 ~ 10 条的规定来确定。

（2）审限的延长

依据《行政诉讼法》、《行政诉讼法解释》和最高人民法院《关于严格执行案件审理期限制度的若干规定》的规定，一审审限有特殊情况需要延长的，由高级人民法院批准，高级人民法院审理第一审案件需要延长的，由最高人民法院批准。基层人民法院申请延长审理期限，应当直接报请高级人民法院批准，同时报中级人民法院备案。经过批准，一审审限可以延长3个月。

(二) 行政诉讼二审程序

1. 上诉和上诉人

《行政诉讼法》第85条规定，当事人不服人民法院第一审判决的，有权在判决书送达之日起15日内向上一级人民法院提起上诉；当事人不服人民法院第一审裁定的，有权在裁定书送达之日起10日内向上一级人民法院提起上诉。逾期不提起上诉的，人民法院的第一审判决或者裁定发生法律效力。这里的“当事人”，包括了原告、被告和第三人。

行政诉讼原告和被告具有上诉权，对此并无争议。此前有一定争议的是，行政诉讼第三人是否具有上诉权?《行政诉讼法》第29条第2款规定：“人民法院判决第三人承担义务或者减损第三人权益的，第三人有权依法提起上诉。”胡建森教授认为，这其实是说，第三人对一审裁判不服的，也有权上诉。因为一审裁判是否减损其权利，作为上诉理由，乃是第三人的主观标准。① 依据《行政诉讼法解释》第107条的规定，第一审人民法院作出判决和裁定后，当事人均提起上诉的，上诉各方均为上诉人。诉讼当事人中的一部分人提出上诉，没有提出上诉的对方当事人为被上诉人，其他当事人依原审诉讼地位列明。

当事人对第一审裁判不服，通常是指对裁判主文不服。实践中争议较大的问题是，如果当事人对裁判主文认可但对裁判理由有异议，是否可以提起上诉？在**国通信托公司与武昌城环公司等申请执行人执行异议之诉案**中，最高人民法院提出，裁判主文是人民法院就当事人的诉讼请求作出的结论，裁判理由是人民法院在认定案件事实的基础上就裁判主文如何作出进行的阐述，本身不构成判项内容，故原则上，如果当事人对裁判主文认可，不会因为裁判理由遭受不利益，但当事人若对于裁判理由的相关认定具有法律上的利害关系，具有上诉利益时可以提起上诉。② 本案虽为执行异议案件，但与行政案件在道理上是相通的，也就是不排除当事人因对裁判理由有异议而提起上诉的可行性。

总结·提示 当事人对第一审裁判不服，通常是指对裁判主文不服，但也不排除当事人因对裁判理由有异议而提起上诉的可行性。

---

2. 受理

《行政诉讼法解释》第108条规定，当事人提出上诉，应当按照其他当事人或者诉讼代表人的人数提出上诉状副本。原审人民法院收到上诉状，应当在5日内将上诉状副本发送其他当事人，对方当事人应当在收到上诉状副本之日起15日内提出答辩状。原审人民法院应当在收到答辩状之日起5日内将副本发送上诉人。对方当事人不提出答辩状的，不影响人民法院审理。原审人民法院收到上诉状、答辩状，应当在5日内连同全部案卷和证据，报送第

① 参见胡建森:《行政诉讼法学》，法律出版社2019年版，第498页。

② 最高人民法院民事判决书，(2020) 最高法民终934号。

二审人民法院；已经预收的诉讼费用，一并报送。

依据最高人民法院《关于严格执行案件审理期限制度的若干规定》第6条第3款的规定，第二审人民法院应当在收到第一审人民法院移送的上诉材料及案卷材料后的5日内立案。

3. 审理

（1）审理方式

《行政诉讼法》第86条规定："人民法院对上诉案件，应当组成合议庭，开庭审理。经过阅卷、调查和询问当事人，对没有提出新的事实、证据或者理由，合议庭认为不需要开庭审理的，也可以不开庭审理。"据此，二审以开庭审理为原则，以不开庭审理为例外。不开庭审理须同时满足以下三个条件：①经过阅卷、调查和询问当事人；②当事人没有提出新的事实、证据或者理由；③合议庭认为不需要开庭审理。

（2）审查范围

《行政诉讼法》第87条规定："人民法院审理上诉案件，应当对原审人民法院的判决、裁定和被诉行政行为进行全面审查。"据此，二审法院必须坚持对上诉案件进行全面审查的原则，即审查范围不以上诉人的上诉请求为限，这与《民事诉讼法》（2023年修改）第175条"第二审人民法院应当对上诉请求的有关事实和适用法律进行审查"的规定形成了鲜明的对比。

4. 裁判

依据《行政诉讼法》第89条、《行政诉讼法解释》第109条的规定，二审人民法院对上诉案件的裁判方式如下：

第一，驳回上诉，维持原裁判。原判决、裁定认定事实清楚，适用法律、法规正确的，判决或者裁定驳回上诉，维持原判决、裁定。

第二，裁定撤销一审不予立案、驳回起诉的裁定，指令立案、审理。第二审人民法院经审理认为原审人民法院不予立案或者驳回起诉的裁定确有错误且当事人的起诉符合起诉条件的，应当裁定撤销原审人民法院的裁定，指令原审人民法院依法立案或者继续审理。

第三，依法改判、撤销或者变更。原判决、裁定认定事实错误或者适用法律、法规错误的，依法改判、撤销或者变更。人民法院审理上诉案件，需要改变原审判决的，应当同时对被诉行政行为作出判决。

第四，发回重审或者改判。原判决认定基本事实不清、证据不足的，发回原审人民法院重审，或者查清事实后改判。

第五，裁定撤销原判决并发回重审。原判决遗漏必须参加诉讼的当事人、诉讼请求或者违法缺席判决等严重违反法定程序的，第二审人民法院应当裁定撤销原审判决，发回重审。

第六，对遗漏或二审提出行政赔偿请求的裁判。原审判决遗漏行政赔偿请求，第二审人民法院经审查认为依法不应当予以赔偿的，应当判决驳回行政赔偿请求；原审判决遗漏行政赔偿请求，第二审人民法院经审理认为依法应当予以赔偿的，在确认被诉行政行为违法的同时，可以就行政赔偿问题进行调解，调解不成的，应当就行政赔偿部分发回重审；当事人在第二审期间提出行政赔偿请求的，第二审人民法院可以进行调解，调解不成的，应当告知当事人另行起诉。

第二审人民法院裁定发回原审人民法院重新审理的行政案件，原审人民法院应当另行组成合议庭进行审理。原审人民法院对发回重审的案件作出判决后，当事人提起上诉的，第二审人民法院不得再次发回重审。

总结·提示 第二审人民法院裁定发回原审人民法院重新审理，应当以一次为限。

---

5. 二审审限

《行政诉讼法》第 88 条规定，人民法院审理上诉案件，应当在收到上诉状之日起 3 个月内作出终审判决。有特殊情况需要延长的，由高级人民法院批准，高级人民法院审理上诉案件需要延长的，由最高人民法院批准。

（三）行政诉讼再审程序

1. 再审范围

《行政诉讼法》第 90 条规定：“当事人对已经发生法律效力的判决、裁定，认为确有错误的，可以向上一级人民法院申请再审，但判决、裁定不停止执行。”据此，再审的范围是已经发生法律效力的判决、裁定。

此外，依据《行政诉讼法解释》第 110 条、第 118 条的规定，发生法律效力的调解书亦属于再审的范围。

2. 当事人申请再审

（1）申请条件

最高人民法院《关于行政申请再审案件立案程序的规定》（法释〔2017〕18 号）第 1 条规定，再审申请应当符合以下条件：①再审申请人是生效裁判文书列明的当事人，或者其他因不能归责于本人的事由未被裁判文书列为当事人，但与行政行为有利害关系的公民、法人或者其他组织；②受理再审申请的法院是作出生效裁判的上一级人民法院；③申请再审的裁判属于《行政诉讼法》第 90 条规定的生效裁判；④申请再审的事由属于《行政诉讼法》第 91 条规定的情形。

最高人民法院《关于行政申请再审案件立案程序的规定》第 2 条规定，申请再审，有下列情形之一的，人民法院不予立案：①再审申请被驳回后再次提出申请的；②对再审判决、裁定提出申请的；③在人民检察院对当事人的申请作出不予提出检察建议或者抗诉决定后又提出申请的。对于上述第①～②项情形，人民法院应当告知当事人可以向人民检察院申请检察建议或者抗诉。

（2）提交材料

《行政诉讼法解释》第 111 条规定，当事人申请再审的，应当提交再审申请书等材料。人民法院认为有必要的，可以自收到再审申请书之日起 5 日内将再审申请书副本发送对方当事人。对方当事人应当自收到再审申请书副本之日起15日内提交书面意见。人民法院可以要求申请人和对方当事人补充有关材料，询问有关事项。

（3）受理法院

依据《行政诉讼法》第90条的规定，受理再审申请的法院，应当是作出已经发生法律效力的判决、裁定的上一级人民法院。需要注意的是，《关于完善四级法院审级职能定位改革试点的实施办法》第11条规定，当事人对高级人民法院作出的已经发生法律效力的行政判决、裁定，认为有错误的，应当向原审高级人民法院申请再审；符合下列情形之一的，可以向最高人民法院申请再审：①再审申请人对原判决、裁定认定的基本事实、主要证据和诉讼程序无异议，但认为适用法律有错误的；②原判决、裁定经高级人民法院审判委员会讨论决定的。当事人对高级人民法院作出的已经发生法律效力的行政调解书申请再审的，应当向相关高级人民法院提出。依据上述规定，除了少数特定情形，“向上一级人民法院申请再审”变成了“向原审高级人民法院申请再审”。虽然2022年12月30日公布的《行政诉讼法（修正草案）》（征求意见稿）采纳了上述改革成果，但如前所述，第十四届全国人大常委会第十次委员长会议已经审议通过了终止审议《行政诉讼法（修正草案）》的报告。而且，我们在前面也讲到，最高人民法院印发的《关于四级法院审级职能定位改革试点结束后相关工作要求的通知》（法〔2023〕154号）已经明确四级法院审级职能定位改革试点工作于2023年9月27日结束，自2023年9月28日起不再执行最高人民法院《关于完善四级法院审级职能定位改革试点的实施办法》。

客观地说，这样的改革固然有明确四级法院审级职能定位等考虑，但对当事人申请再审肯定是不利的。让原审高级人民法院再审自己作出裁判的案件，这本身就有不可调和的悖谬之处，再审程序形同虚设。最终受影响的绝不仅仅是再审程序，其影响力极有可能会传导至一审、二审程序，导致原告（相对人）在一审、二审程序中的胜诉率进一步降低。更为严重的是，地方保护主义、司法地方化等顽疾或有再次“发作”的可能。实践中，甚至大量出现了无论是再审申请人对事实有异议还是对法律适用有异议，最高人民法院一概交由原审高级人民法院再审的现象，即使再审申请人明确表态仅对法律适用有异议也无济于事。从现实来看，对级别管辖进行变通的时机尚不成熟，这或许是全国人大常委会终止审议《行政诉讼法（修正草案）》的主要原因。

（4）申请期限

《行政诉讼法解释》第110条规定：“当事人向上一级人民法院申请再审，应当在判决、裁定或者调解书发生法律效力后六个月内提出。有下列情形之一的，自知道或者应当知道之日起六个月内提出：（一）有新的证据，足以推翻原判决、裁定的；（二）原判决、裁定认定事实的主要证据是伪造的；（三）据以作出原判决、裁定的法律文书被撤销或者变更的；（四）审判人员审理该案件时有贪污受贿、徇私舞弊、枉法裁判行为的。”据此，当事人申请再审的期限是6个月。

另外，依据最高人民法院《关于行政申请再审案件立案程序的规定》第12条第2～3款的规定，申请再审期间为人民法院向当事人送达裁判文书之日起至再审申请人向上一级人民法院申请再审之日止，且申请再审期间为不变期间，不适用中止、中断、延长的规定。

总结·提示 申请再审期间是不变期间，即从人民法院向当事人送达裁判文书之日起至再审申请人向上一级人民法院申请再审之日止不得超过6个月。

---

3. 审查方式

再审审查通常采用书面审理方式，并可以询问当事人。《行政诉讼法解释》第113条规定："人民法院根据审查再审申请案件的需要决定是否询问当事人；新的证据可能推翻原判决、裁定的，人民法院应当询问当事人。"询问程序不等于听证程序，但二者具有相似性。

4. 对再审申请的处理

依据《行政诉讼法》第91条、《行政诉讼法解释》第116条的规定，当事人的申请符合下列情形之一的，人民法院应当裁定再审：(1) 不予立案或者驳回起诉确有错误的；(2) 有新的证据，足以推翻原判决、裁定的；(3) 原判决、裁定认定事实的主要证据不足、未经质证或者系伪造的；(4) 原判决、裁定适用法律、法规确有错误的；(5) 违反法律规定的诉讼程序，可能影响公正审判的；(6) 原判决、裁定遗漏诉讼请求的；(7) 据以作出原判决、裁定的法律文书被撤销或者变更的；(8) 审判人员在审理该案件时有贪污受贿、徇私舞弊、枉法裁判行为的。当事人主张的再审事由不成立，或者当事人申请再审超过法定申请再审期限、超出法定再审事由范围等不符合《行政诉讼法》和《行政诉讼法解释》规定的申请再审条件的，人民法院应当裁定驳回再审申请。

最高人民法院《关于办理行政申请再审案件若干问题的规定》(法释〔2021〕6号) 第2条规定，下列行政申请再审案件中，原判决、裁定适用法律、法规确有错误的，最高人民法院应当裁定再审：(1) 在全国具有普遍法律适用指导意义的案件；(2) 在全国范围内或者省、自治区、直辖市有重大影响的案件；(3) 跨省、自治区、直辖市的案件；(4) 重大涉外或者涉及我国香港特别行政区、澳门特别行政区、台湾地区的案件；(5) 涉及重大国家利益、社会公共利益的案件；(6) 经高级人民法院审判委员会讨论决定的案件；(7) 最高人民法院认为应当再审的其他案件。第3条规定，行政申请再审案件有下列情形之一的，最高人民法院可以决定由作出生效判决、裁定的高级人民法院审查：(1) 案件基本事实不清、诉讼程序违法、遗漏诉讼请求的；(2) 再审申请人或者第三人人数众多的；(3) 由高级人民法院审查更适宜实质性化解行政争议的；(4) 最高人民法院认为可以由高级人民法院审查的其他情形。

此外，依据《行政诉讼法解释》第118～123条的规定，对于再审案件的处理需遵守如下规则：

第一，按照审判监督程序决定再审的案件，裁定中止原判决、裁定、调解书的执行，但支付抚恤金、最低生活保障费或者社会保险待遇的案件，可以不中止执行。

第二，上级人民法院决定提审或者指令下级人民法院再审的，应当作出裁定，裁定应当写明中止原判决的执行；情况紧急的，可以将中止执行的裁定口头通知负责执行的人民法院或者作出生效判决、裁定的人民法院，但应当在口头通知后10日内发出裁定书。

第三，人民法院按照审判监督程序再审的案件，发生法律效力的判决、裁定是由第一审法院作出的，按照第一审程序审理，所作的判决、裁定，当事人可以上诉；发生法律效力的判决、裁定是由第二审法院作出的，按照第二审程序审理，所作的判决、裁定，是发生法律效力的判决、裁定；上级人民法院按照审判监督程序提审的，按照第二审程序审理，所作的判决、裁定是发生法律效力的判决、裁定。

第四，人民法院审理再审案件，应当另行组成合议庭。

第五，人民法院审理再审案件应当围绕再审请求和被诉行政行为合法性进行。当事人的再审请求超出原审诉讼请求，符合另案诉讼条件的，告知当事人可以另行起诉；被申请人及原审其他当事人在庭审辩论结束前提出的再审请求，符合《行政诉讼法解释》规定的申请期限的，人民法院应当一并审理；人民法院经再审，发现已经发生法律效力的判决、裁定损害国家利益、社会公共利益、他人合法权益的，应当一并审理。

第六，再审审理期间，有下列情形之一的，裁定终结再审程序：(1）再审申请人在再审期间撤回再审请求，人民法院准许的；（2）再审申请人经传票传唤，无正当理由拒不到庭的，或者未经法庭许可中途退庭，按撤回再审请求处理的；（3）人民检察院撤回抗诉的；(4）其他应当终结再审程序的情形。因人民检察院提出抗诉裁定再审的案件，申请抗诉的当事人有前款规定的情形，且不损害国家利益、社会公共利益或者他人合法权益的，人民法院裁定终结再审程序。再审程序终结后，人民法院裁定中止执行的原生效判决自动恢复执行。

第七，人民法院审理再审案件，认为原生效判决、裁定确有错误，在撤销原生效判决或者裁定的同时，可以对生效判决、裁定的内容作出相应裁判，也可以裁定撤销生效判决或者裁定，发回作出生效判决、裁定的人民法院重新审理。

第八，人民法院审理二审案件和再审案件，对原审法院立案、不予立案或者驳回起诉错误的，应当分别情况做如下处理：(1）第一审人民法院作出实体判决后，第二审人民法院认为不应当立案的，在撤销第一审人民法院判决的同时，可以径行驳回起诉；(2）第二审人民法院维持第一审人民法院不予立案裁定错误的，再审法院应当撤销第一审、第二审人民法院裁定，指令第一审人民法院受理；(3）第二审人民法院维持第一审人民法院驳回起诉裁定错误的，再审法院应当撤销第一审、第二审人民法院裁定，指令第一审人民法院审理。

5. 对特殊问题的处理

(1）再审期间其他当事人提出再审申请

《行政诉讼法解释》第114条规定，审查再审申请期间，被申请人及原审其他当事人依法提出再审申请的，人民法院应当将其列为再审申请人，对其再审事由一并审查，审查期限重新计算。经审查，其中一方再审申请人主张的再审事由成立的，应当裁定再审。各方再审申请人主张的再审事由均不成立的，一并裁定驳回再审申请。

(2）再审申请人申请人民法院委托鉴定、勘验

《行政诉讼法解释》第115条第1款规定，审查再审申请期间，再审申请人申请人民法

院委托鉴定、勘验的，人民法院不予准许。

（3）撤回再审申请

《行政诉讼法解释》第115条第2～4款规定，审查再审申请期间，再审申请人撤回再审申请的，是否准许，由人民法院裁定；再审申请人经传票传唤，无正当理由拒不接受询问的，按撤回再审申请处理；人民法院准许撤回再审申请或者按撤回再审申请处理后，再审申请人再次申请再审的，不予立案，但有《行政诉讼法》第91条第2项、第3项、第7项、第8项规定情形，自知道或者应当知道之日起6个月内提出的除外。

（4）当事人未上诉而申请再审

如果当事人对一审判决、裁定未在法定期限内提出上诉，事后可否申请再审？对此，在行政诉讼和民事诉讼中均缺乏明确的规定。从理论上讲，凡发生法律效力的判决、裁定皆属于再审范围，法律并未强制性要求发生法律效力的判决、裁定为二审法院作出的判决、裁定。换言之，上诉并不是申请再审的前提条件。

但在实践中，对于这种情形的控制还是比较严格的。在**东骏公司等与钟某案外人执行异议案**中，最高人民法院认为，《民事诉讼法》规定了两审终审制度，这是我国诉讼法的基本原则和基本制度，对于保障当事人诉讼权利的行使和人民法院诉讼活动的进行具有重要意义。如当事人对一审判决不服，应当在法定期限内提起上诉，通过二审程序寻求权利救济。由此，法律已对当事人的权利赋予充分的程序保障，二审程序亦应成为当事人寻求权利救济的常规途径。再审审查程序是在特定情形下赋予当事人的特殊救济措施，是当事人在穷尽常规救济途径后的特殊救济程序。鉴于该特殊性，对当事人通过申请再审启动再审程序的条件亦应严格把握，否则可能导致申请再审权利的滥用，有违两审终审制和诚实信用原则。具体到本案，东骏公司在一审、二审中经法院合法传唤拒不到庭，应视为放弃其诉讼权利。在一审判决作出后，东骏公司并未在法定期限内提起上诉，应视为其对一审判决结果认可，亦为其对自身诉讼权利的正常处分，理应得到尊重。本案二审判决结果为驳回上诉，维持原判，未改变一审判决对各方当事人权利义务的判定，故对东骏公司的再审申请及中止执行申请，本院依法可不予审查。[①] 按照上述判例，在一审判决、裁定作出后当事人未上诉事后又申请再审的，通常可视为当事人对一审判决、裁定予以认可，法院对再审申请可不予审查。否则，将变相鼓励或放纵当事人滥用审判监督程序，将特殊程序异化为普通程序。

然而，上述判例中的观点亦有可疑之处——当事人未在法定期限内提出上诉的原因千差万别，仅仅因此就妄下当事人已经认可一审判决、裁定的结论，岂非武断？从《诉讼费用交纳办法》第9条“……（二）当事人对人民法院第一审判决或者裁定未提出上诉，第一审判决、裁定或者调解书发生法律效力后又申请再审，人民法院经审查决定再审的案件”之规定即可得知，当事人对一审判决、裁定未提出上诉而直接申请再审具有可能性。上述判例强制性地将提出上诉作为申请再审的前置性条件而不考虑具体案情，实无法律依据。

① 最高人民法院民事裁定书，（2019）最高法民申1613号。

有一点需要指出，实践中有些当事人放弃上诉程序而事后申请再审，是因为申请再审不需要当事人交纳案件受理费。不得不说这种想法有些天真了，依据《诉讼费用交纳办法》第9条的规定，“当事人对人民法院第一审判决或者裁定未提出上诉，第一审判决、裁定或者调解书发生法律效力后又申请再审，人民法院经审查决定再审的案件”需要当事人交纳案件受理费。可见，因为受理费而放弃上诉程序转而寄希望于再审程序，是不切实际的。

6. 再审审限

依据《行政诉讼法解释》第50条、第112条的规定，人民法院应当自再审申请案件立案之日起6个月内审查，有特殊情况需要延长的，由本院院长批准。但对于可以延长的时间，这里并未进行限制。再审案件按照第一审程序或者第二审程序审理的，适用《行政诉讼法》第81条、第88条规定的审理期限（分别适用一审、二审的审理期限），审理期限自再审立案的次日起算。

7. 人民法院提起再审

《行政诉讼法》第92条规定：“各级人民法院院长对本院已经发生法律效力的判决、裁定，发现有本法第九十一条规定情形之一，或者发现调解违反自愿原则或者调解书内容违法，认为需要再审的，应当提交审判委员会讨论决定。最高人民法院对地方各级人民法院已经发生法律效力的判决、裁定，上级人民法院对下级人民法院已经发生法律效力的判决、裁定，发现有本法第九十一条规定情形之一，或者发现调解违反自愿原则或者调解书内容违法的，有权提审或者指令下级人民法院再审。”据此，人民法院提起再审分为基于自我监督的再审和基于层级监督的再审两种情形。

（四）行政诉讼抗诉程序

1. 人民检察院依职权抗诉

《行政诉讼法》第11条授予了人民检察院对行政诉讼实行法律监督的权力，并在第93条规定，最高人民检察院对各级人民法院已经发生法律效力的判决、裁定，上级人民检察院对下级人民法院已经发生法律效力的判决、裁定，发现有《行政诉讼法》第91条规定情形之一，或者发现调解书损害国家利益、社会公共利益的，应当提出抗诉。地方各级人民检察院对同级人民法院已经发生法律效力的判决、裁定，发现有《行政诉讼法》第91条规定情形之一，或者发现调解书损害国家利益、社会公共利益的，可以向同级人民法院提出检察建议，并报上级人民检察院备案；也可以提请上级人民检察院向同级人民法院提出抗诉。各级人民检察院对审判监督程序以外的其他审判程序中审判人员的违法行为，有权向同级人民法院提出检察建议。

2. 当事人申请抗诉或者检察建议

（1）申请条件

《行政诉讼法解释》第117条规定，有下列情形之一的，当事人可以向人民检察院申请抗诉或者检察建议：①人民法院驳回再审申请的；②人民法院逾期未对再审申请作出裁定的；③再审判决、裁定有明显错误的。人民法院基于抗诉或者检察建议作出再审判决、裁定后，当事人申请再审的，人民法院不予立案。《人民检察院行政诉讼监督规则》（高检发释字〔2021〕3号）在此基础上放宽了当事人的申请条件，在第19条规定："有下列情形之一的，当事人可以向人民检察院申请监督：（一）人民法院驳回再审申请或者逾期未对再审申请作出裁定，当事人对已经发生法律效力的行政判决、裁定、调解书，认为确有错误的；（二）认为再审行政判决、裁定确有错误的；（三）认为行政审判程序中审判人员存在违法行为的；（四）认为人民法院行政案件执行活动存在违法情形的。当事人死亡或者终止的，其权利义务承继者可以依照前款规定向人民检察院申请监督。"

（2）申请期限

《人民检察院行政诉讼监督规则》第20条规定："当事人依照本规则第十九条第一款第一项、第二项规定向人民检察院申请监督，应当在人民法院送达驳回再审申请裁定之日或者再审判决、裁定发生法律效力之日起六个月内提出；对人民法院逾期未对再审申请作出裁定的，应当在再审申请审查期限届满之日起六个月内提出。当事人依照本规则第十九条第一款第一项、第二项规定向人民检察院申请监督，具有下列情形之一的，应当在知道或者应当知道之日起六个月内提出：（一）有新的证据，足以推翻原生效判决、裁定的；（二）原生效判决、裁定认定事实的主要证据系伪造的；（三）据以作出原生效判决、裁定的法律文书被撤销或者变更的；（四）审判人员在审理该案件时有贪污受贿、徇私舞弊、枉法裁判行为的。当事人依照本规则第十九条第一款第三项、第四项向人民检察院申请监督，应当在知道或者应当知道审判人员违法行为或者执行活动违法情形发生之日起六个月内提出。本条规定的期间为不变期间，不适用中止、中断、延长的规定。"据此，当事人申请抗诉或者检察建议的期限是6个月。

总结·提示　当事人向人民检察院申请抗诉或者检察建议的期限为6个月。

---

3. 人民检察院对申请的处理

依据《人民检察院行政诉讼监督规则》第55～56条的规定，人民检察院受理当事人申请对人民法院已经发生法律效力的行政判决、裁定、调解书监督的案件，应当在3个月内审查终结并作出决定，但调卷、鉴定、评估、审计、专家咨询等期间不计入审查期限，有需要调查核实、实质性化解行政争议及其他特殊情况需要延长审查期限的，由本院检察长批准。人民检察院对审查终结的案件，应当区分情况依法作出下列决定：（1）提出再审检察建议；（2）提请抗诉或者提请其他监督；（3）提出抗诉；（4）提出检察建议；（5）不支持监督申请；（6）终结审查。

如果人民检察院决定不支持监督申请，当事人应当如何寻求救济？《人民检察院民事诉讼监督规则》（高检发释字〔2021〕1号）第126条规定，"当事人认为人民检察院对同级人民法院已经发生法律效力的民事判决、裁定、调解书作出的不支持监督申请决定存在明显错误的，可以在不支持监督申请决定作出之日起一年内向上一级人民检察院申请复查一次"。

在《人民检察院行政诉讼监督规则》中并无类似申请复查的内容，但在第135条规定：“人民检察院办理行政诉讼监督案件，本规则没有规定的，适用《人民检察院民事诉讼监督规则》的相关规定。”据此，在行政诉讼监督案件中，当事人对不支持监督申请决定不服的，也可以在不支持监督申请决定作出之日起1年内向上一级人民检察院申请复查一次。

4. 接受抗诉的人民法院的处理

依据《行政诉讼法解释》第124～127条的规定，接受抗诉的人民法院对抗诉案件和检察建议的处理需遵守如下规则：

第一，人民检察院提出抗诉的案件，接受抗诉的人民法院应当自收到抗诉书之日起30日内作出再审的裁定。有《行政诉讼法》第91条第2项、第3项规定情形之一的，可以指令下一级人民法院再审，但经该下一级人民法院再审过的除外。

第二，人民法院在审查抗诉材料期间，当事人之间已经达成和解协议的，人民法院可以建议人民检察院撤回抗诉。

第三，人民检察院提出抗诉的案件，人民法院再审开庭时，应当在开庭3日前通知人民检察院派员出庭。

第四，人民法院收到再审检察建议后，应当组成合议庭，在3个月内进行审查，发现原判决、裁定、调解书确有错误，需要再审的，依照《行政诉讼法》第92条规定裁定再审，并通知当事人；经审查，决定不予再审的，应当书面回复人民检察院。

第五，人民法院审理因人民检察院抗诉或者检察建议裁定再审的案件，不受此前已经作出的驳回当事人再审申请裁定的限制。

（五）行政诉讼执行程序

1. 判决、裁定、调解书的执行力

《行政诉讼法》第94条规定：“当事人必须履行人民法院发生法律效力的判决、裁定、调解书。”据此，人民法院发生法律效力的判决、裁定、调解书具有执行力。

此外，《行政诉讼法》和《行政诉讼法解释》还规定了非诉执行。对于非诉执行，我们已在第六讲介绍，这里不再赘述。

2. 执行主体和管辖

对于执行主体，《行政诉讼法》第95条规定：“公民、法人或者其他组织拒绝履行判决、裁定、调解书的，行政机关或者第三人可以向第一审人民法院申请强制执行，或者由行政机关依法强制执行。”据此，行政诉讼执行主体包括人民法院和行政机关。

对于管辖，《行政诉讼法解释》第154条规定：“发生法律效力的行政判决书、行政裁定书、行政赔偿判决书和行政调解书，由第一审人民法院执行。第一审人民法院认为情况特殊，需要由第二审人民法院执行的，可以报请第二审人民法院执行；第二审人民法院可以决定由其执行，也可以决定由第一审人民法院执行。”其中，报请第二审人民法院执行，属于提级管辖。

3. 执行申请

《行政诉讼法解释》第152条规定，对发生法律效力的行政判决书、行政裁定书、行政赔偿判决书和行政调解书，负有义务的一方当事人拒绝履行的，对方当事人可以依法申请人民法院强制执行。人民法院判决行政机关履行行政赔偿、行政补偿或者其他行政给付义务，行政机关拒不履行的，对方当事人可以依法向法院申请强制执行。

依据《行政诉讼法解释》第153条的规定，申请执行的期限为2年。申请执行时效的中止、中断，适用法律有关规定。申请执行的期限从法律文书规定的履行期间最后一日起计算；法律文书规定分期履行的，从规定的每次履行期间的最后一日起计算；法律文书中没有规定履行期限的，从该法律文书送达当事人之日起计算。逾期申请的，除有正当理由外，人民法院不予受理。

4. 执行措施

《行政诉讼法》第96条规定，行政机关拒绝履行判决、裁定、调解书的，第一审人民法院可以采取下列措施：（1）对应当归还的罚款或者应当给付的款额，通知银行从该行政机关的账户内划拨。（2）在规定期限内不履行的，从期满之日起，对该行政机关负责人按日处50元至100元的罚款。（3）将行政机关拒绝履行的情况予以公告。（4）向监察机关或者该行政机关的上一级行政机关提出司法建议。接受司法建议的机关，根据有关规定进行处理，并将处理情况告知人民法院。（5）拒不履行判决、裁定、调解书，社会影响恶劣的，可以对该行政机关直接负责的主管人员和其他直接责任人员予以拘留，情节严重，构成犯罪的，依法追究刑事责任。

第十九讲 征收拆迁中的行政赔偿

重点导读

行政赔偿是国家赔偿之一种，指行政机关及其工作人员在行使行政职权时侵犯公民、法人或者其他组织的合法权益造成损害，依法应当承担的赔偿责任。对于被征收人来说，行政补偿程序与行政赔偿程序是常用的两种救济途径，尤其是在行政机关实施的强制拆除行为被确认为违法之后，行政补偿程序通常要转化为行政赔偿程序。当然，被征收人一般具有救济途径的选择权。本讲以《国家赔偿法》（2012 年修改）、《行政赔偿案件规定》（法释〔2022〕10 号）、最高人民法院《关于审理国家赔偿案件确定精神损害赔偿责任适用法律若干问题的解释》（法释〔2021〕3 号，以下简称《精神损害赔偿解释》）等立法和司法解释的相关规定为重点，并关注了征收拆迁中常见的行政赔偿问题。本讲的内容包括国家赔偿与行政赔偿，行政赔偿责任和范围，行政赔偿当事人和程序，行政赔偿方式、计算标准和费用，征收拆迁中常见的行政赔偿问题五个方面。

一、国家赔偿与行政赔偿

（一）国家赔偿的概念

国家赔偿，是指国家机关和国家机关工作人员行使职权侵犯公民、法人或者其他组织合法权益造成损害的，由国家向受害人给予赔偿的法律制度。在中国，国家赔偿分为行政赔偿和司法赔偿。司法赔偿主要是刑事赔偿，但依据《国家赔偿法》（2012 年修改）第 38 条的规定，也包括民事司法赔偿和行政司法赔偿。

由于在征收拆迁的过程中很少会涉及刑事赔偿以及民事、行政司法赔偿，故本讲只介绍行政赔偿，对于司法赔偿部分予以省略。

（二）行政赔偿的概念和特征

行政赔偿，是指行政机关及其工作人员在行使行政职权时侵犯公民、法人或者其他组织的合法权益造成损害，依法应当承担的赔偿责任。行政赔偿作为国家赔偿的一种，是国家赔偿的重要组成部分。

行政赔偿不同于本书第三讲所介绍的行政补偿。通说认为，行政赔偿起因于违法行政行为所造成的损失，行政补偿起因于合法行政行为所造成的损失，但二者也并非泾渭分明的关系。除此之外，行政赔偿与行政补偿的区别还表现在：（1）承担行政赔偿责任通常是在损害发生之后，而行政补偿可以在损害发生之前或之后进行；（2）行政赔偿通常带有对责任主体非难和谴责的含义，而行政补偿不带有这一含义；（3）在国家承担行政赔偿责任之后，可能向相关工作人员追偿赔偿费用——《国家赔偿法》第16条第1款规定："赔偿义务机关赔偿损失后，应当责令有故意或者重大过失的工作人员或者受委托的组织或者个人承担部分或者全部赔偿费用。"与此不同，在行政补偿之后不存在追偿补偿费用的问题。

行政赔偿作为一种法律责任，具有如下几个特征：一是行政赔偿通常以行政机关和行政机关工作人员违法行使行政职权为前提；二是行政赔偿以侵犯公民、法人和其他组织合法权益造成损害为条件；三是行政赔偿以受害的公民、法人和其他组织为赔偿请求人；四是行政赔偿以违法行使职权的行政机关为赔偿义务机关；五是行政赔偿以依法赔偿为基本原则。

（三）行政赔偿的立法

中国行政赔偿的立法起步较早。1954年，新中国第一部《宪法》第97条规定，"由于国家机关工作人员侵犯公民权利而受到损失的人，有取得赔偿的权利"。1982年通过的现行《宪法》第41条第3款规定："由于国家机关和国家工作人员侵犯公民权利而受到损失的人，有依照法律规定取得赔偿的权利。"同时，1982年发布的《民事诉讼法（试行）》为公民行使行政赔偿请求权提供了司法程序上的保障。

1986年4月12日通过的《民法通则》（已失效）第121条规定："国家机关或者国家机关工作人员在执行职务，侵犯公民、法人的合法权益造成损害的，应当承担民事责任。"其中，将国家赔偿责任定位为民事责任，在当时引起了一番争议。随后，1986年发布的《治安管理处罚条例》（已失效）和1987年发布的《海关法》分别规定了治安、海关领域的行政赔偿制度。

1989年4月4日通过的《行政诉讼法》设专章（第9章）规定了"侵权赔偿责任"，其中第67条第1款规定："公民、法人或者其他组织的合法权益受到行政机关或者行政机关工作人员作出的具体行政行为侵犯造成损害的，有权请求赔偿。"此后，制定统一《国家赔偿法》的呼声渐起。1994年5月12日，第八届全国人大常委会第七次会议正式通过了《国家赔偿法》，自1995年1月1日起实施。2010年4月29日和2012年10月26日，全国人大常委会先后两次对《国家赔偿法》做了修改。

《国家赔偿法》通过之后，最高人民法院曾对行政赔偿发布了一些司法解释和答复等。其中，比较重要的有《行政赔偿案件规定》（法释〔2022〕10号）、《精神损害赔偿解释》、最高人民法院《关于人民法院赔偿委员会审理国家赔偿案件适用精神损害赔偿若干问题的意见》（法发〔2014〕14号）、最高人民法院办公厅《关于国家赔偿法实施中若干问题的座谈会纪要》（法办〔2012〕490号）、最高人民法院《关于公安机关不履行、拖延履行法定职责如何承担行政赔偿责任问题的答复》（〔2011〕行他字第24号）、最高人民法院《关于受理行政赔偿案件是否收取诉讼费用的答复》（法函〔1995〕121 号）等。

二、行政赔偿责任和范围

（一）行政赔偿的归责原则

归责，是指责任的归属和担负。在理论上，归责原则包括违法归责原则、过错归责原则和无过错归责原则等。1994 年发布的《国家赔偿法》确立了单一的违法归责原则，即国家机关和国家机关工作人员只有在违法行使职权时才可能承担赔偿责任，不违法则不需要承担赔偿责任。其中，第 2 条第 1 款规定：“国家机关和国家机关工作人员违法行使职权侵犯公民、法人和其他组织的合法权益造成损害的，受害人有依照本法取得国家赔偿的权利。”据此，“违法行使职权”是承担国家赔偿责任基本前提。

但在实践中，单一的违法归责原则逐渐暴露出弊端，受到了广泛的批评和质疑。2010 年全国人大常委会对《国家赔偿法》第 2 条的规定做了修改，删除了“违法”二字，在第 2 条第 1 款规定：“国家机关和国家机关工作人员行使职权，有本法规定的侵犯公民、法人和其他组织合法权益的情形，造成损害的，受害人有依照本法取得国家赔偿的权利。”这意味着单一的违法归责原则已经被摒弃，《国家赔偿法》选择了多元化的归责原则体系。现行的《国家赔偿法》以“有本法规定的（情形）”取代“违法”，更是意味着国家赔偿归责原则需视具体情形、具体法律规范而定，而现行法律规范反映的是违法原则为主、无过错原则为辅的归责原则体系。①

我们检索现行《国家赔偿法》的条文可以发现，第 3～4 条，第 17 条第 1 项、第 4 项、第 5 项以及第 18 条第 1 项规定的都是违法归责原则，而第 17 条第 2 项、第 3 项和第 18 条第 2 项未要求国家赔偿以违法为前提，从实践来看，适用的都是无过错原则。不过，这些未要求以违法为前提的都是刑事赔偿，也就是说行政赔偿的归责原则目前仍然是违法归责原则。

总结·提示 从现行法律的规定来看，国家赔偿的归责原则是以违法原则为主、无过错原则为辅。但对于行政赔偿来说，目前仍然适用违法归责原则。

（二）行政赔偿责任构成要件

在中国，对于行政赔偿的构成要件，向来有“三要件说”“四要件说”“五要件说”等不同的观点。“三要件说”认为，行政赔偿的构成要件包括损害事实、违法行使职权的行为和因果关系；“四要件说”认为，行政赔偿的构成要件包括主体、行为、损害和因果关系；“五要件说”则主张在“四要件说”的基础上，再增加一个“有法律规定”要件。其中，“四要件说”居于主流学说地位，且依据《国家赔偿法》第 2 条第 1 款的规定，就可以得出“四要件说”当为正统的结论。

① 参见沈岿：《国家赔偿法：原理与案例》（第 3 版），北京大学出版社 2022 年版，第 86 页。

第一，主体要件。侵权主体必须是行政机关及其工作人员，也包括法律、法规、规章授权的组织及其工作人员，以及受行政机关委托的组织和个人。

第二，行为要件。必须是行使行政职权的行为或者与行使行政职权相关的行为（排除行政机关工作人员的个人行为），如在行政拘留时殴打、虐待当事人的行为。而且，必须是行使行政职权或者与行使行政职权相关的具体行为违法。

第三，损害事实要件。必须是对公民、法人或者其他组织人身权、财产权的损害或者精神损害已经确定地发生。同时，依据《国家赔偿法》第2条第1款的规定，受侵犯的必须是公民、法人和其他组织的合法权益，由于非法利益不受法律保护，如果是行使行政职权造成非法利益损害的，国家不承担赔偿责任。

第四，因果关系要件。公民、法人或者其他组织的合法权益受损，与行政机关及其工作人员行使行政职权的行为或者与行使行政职权相关的行为之间，必须具有直接的、必然的因果联系。

总结·提示　对于行政赔偿的构成要件，"四要件说"是主流，即认为行政赔偿的构成要件包括主体要件、行为要件、损害事实要件和因果关系要件。

（三）行政赔偿范围

《国家赔偿法》第2章第1节（第3～5条）用列举的方式规定了行政赔偿的范围，包括应当赔偿的范围（肯定范围）和不予赔偿的范围（否定范围）。

1. 应当赔偿的范围

依据《国家赔偿法》的规定，国家只对行政机关及其工作人员在行使行政职权时侵犯人身权和财产权的情形负责赔偿，对诸如选举权、劳动权、受教育权、言论自由等其他权利所受的损失则不予赔偿。

第一，人身权损害的行政赔偿范围。《国家赔偿法》第3条规定，行政机关及其工作人员在行使行政职权时有下列侵犯人身权情形之一的，受害人有取得赔偿的权利：（1）违法拘留或者违法采取限制公民人身自由的行政强制措施的；（2）非法拘禁或者以其他方法非法剥夺公民人身自由的；（3）以殴打、虐待等行为或者唆使、放纵他人以殴打、虐待等行为造成公民身体伤害或者死亡的；（4）违法使用武器、警械造成公民身体伤害或者死亡的；（5）造成公民身体伤害或者死亡的其他违法行为。

第二，财产权损害的行政赔偿范围。《国家赔偿法》第4条规定，行政机关及其工作人员在行使行政职权时有下列侵犯财产权情形之一的，受害人有取得赔偿的权利：（1）违法实施罚款、吊销许可证和执照、责令停产停业、没收财物等行政处罚的；（2）违法对财产采取查封、扣押、冻结等行政强制措施的；（3）违法征收、征用财产的；（4）造成财产损害的其他违法行为。

在《国家赔偿法》第3条和第4条均有"其他违法行为"作为兜底规定。依据《行政赔偿案件规定》第1条的规定，这里的“其他违法行为”包括以下情形：(1) 不履行法定职责行为；(2) 行政机关及其工作人员在履行行政职责过程中作出的不产生法律效果，但事实上损害公民、法人或者其他组织人身权、财产权等合法权益的行为。其中，第 (1) 项为行政不作为，第 (2) 项为事实行为。对于行政不作为所致损害的赔偿，2018 年《行政诉讼法解释》第98条规定：“因行政机关不履行、拖延履行法定职责，致使公民、法人或者其他组织的合法权益遭受损害的，人民法院应当判决行政机关承担行政赔偿责任。在确定赔偿数额时，应当考虑该不履行、拖延履行法定职责的行为在损害发生过程和结果中所起的作用等因素。”

必须强调的是，行政赔偿的范围限于侵犯人身权和财产权的情形，对此不应做机械化的理解。《行政赔偿案件规定》第2条规定：“依据行政诉讼法第一条、第十二条第一款第十二项和国家赔偿法第二条规定，公民、法人或者其他组织认为行政机关及其工作人员违法行使行政职权对其劳动权、相邻权等合法权益造成人身、财产损害的，可以依法提起行政赔偿诉讼。”据此，如果行政机关及其工作人员违法行使行政职权侵犯其他权利，进而造成了人身或者财产损害，也属于行政赔偿的范围，虽然从表面上看并不是直接侵犯人身权或者财产权。

这里面还有一个问题：依据《行政诉讼法》(2017 年修改) 和《行政复议法》(2023 年修改) 的规定，相对人不得对法律规定由行政机关最终裁决的行政行为提起行政诉讼，这是否意味着此类行政行为被排除在行政赔偿的范围之外？对此，《行政赔偿案件规定》第4条明确规定：“法律规定由行政机关最终裁决的行政行为被确认违法后，赔偿请求人可以单独提起行政赔偿诉讼。”由此可见，不能提起行政诉讼，不等于不能提起行政赔偿诉讼。

2. 不予赔偿的范围

(1)《国家赔偿法》规定的情形

依据《国家赔偿法》第5条的规定，国家不承担赔偿责任的情形有以下三种：①行政机关工作人员与行使职权无关的个人行为；②因公民、法人和其他组织自己的行为致使损害发生的；③法律规定的其他情形。

(2)《行政赔偿案件规定》规定的情形

依据《行政赔偿案件规定》的规定，下列情形也属于（或者可能属于）不予赔偿的范围：

第一，国家行为。《行政赔偿案件规定》第5条规定，公民、法人或者其他组织认为国防、外交等国家行为侵犯其合法权益造成损害，向人民法院提起行政赔偿诉讼的，不属于人民法院行政赔偿诉讼的受案范围。

第二，抽象行政行为。《行政赔偿案件规定》第5条规定，公民、法人或者其他组织认为行政机关制定发布行政法规、规章或者具有普遍约束力的决定、命令侵犯其合法权益造成损害，向人民法院提起行政赔偿诉讼的，不属于人民法院行政赔偿诉讼的受案范围。

第三，第三人致害行为。《行政赔偿案件规定》第23条规定：“由于第三人提供虚假材料，导致行政机关作出的行政行为违法，造成公民、法人或者其他组织损害的，人民法院应当根据违法行政行为在损害发生和结果中的作用大小，确定行政机关承担相应的行政赔偿责任；行政机关已经尽到审慎审查义务的，不承担行政赔偿责任。”第 24 条规定：“由于第三人行为造成公民、法人或者其他组织损害的，应当由第三人依法承担侵权赔偿责任；第三人赔偿不足、无力承担赔偿责任或者下落不明，行政机关又未尽保护、监管、救助等法定义务的，人民法院应当根据行政机关未尽法定义务在损害发生和结果中的作用大小，确定其承担相应的行政赔偿责任。”依据上述规定，对于第三人所造成的损害，行政机关并非绝对不予赔偿，应视具体情形而定，主要是要看行政机关是否尽到了法定义务。

第四，不可抗力。《行政赔偿案件规定》第 25 条规定：“由于不可抗力等客观原因造成公民、法人或者其他组织损害，行政机关不依法履行、拖延履行法定义务导致未能及时止损或者损害扩大的，人民法院应当根据行政机关不依法履行、拖延履行法定义务行为在损害发生和结果中的作用大小，确定其承担相应的行政赔偿责任。”据此，对于不可抗力等客观原因造成的损害，同样需要根据具体的情形来确定行政赔偿责任，并非一概不予赔偿。

总结·提示　个人行为、自己致害行为、国家行为、抽象行政行为、第三人致害行为以及不可抗力等情形，被全部或者部分排除在行政赔偿范围之外。

---

3. 关于赔偿范围的其他规定

（1）精神损害赔偿

以损害是否能够以金钱衡量或者计算为标准，可区分为财产损害和非财产损害，非财产损害主要是指精神损害。1994 年《国家赔偿法》规定的赔偿范围不包括精神损害，2010 年修法之后将严重的精神损害纳入了赔偿范围。现行《国家赔偿法》第 35 条规定：“有本法第三条或者第十七条规定情形之一，致人精神损害的，应当在侵权行为影响的范围内，为受害人消除影响，恢复名誉，赔礼道歉；造成严重后果的，应当支付相应的精神损害抚慰金。”据此，精神损害赔偿的适用被严格限制于侵犯人身权的情形，在侵犯财产权的情形下不发生精神损害赔偿。而且，侵犯人身权和致人精神损害必须同时具备，此为精神损害赔偿的构成要件。

精神损害的受害人只能是自然人，不能是法人或者其他组织。依据《精神损害赔偿解释》第 1 条第 2 款的规定，法人或者非法人组织请求精神损害赔偿的，人民法院不予受理。

总结·提示　精神损害的受害人只能是自然人，不能是法人或者其他组织。而且，侵犯人身权和致人精神损害必须同时具备方为已足。

（2）间接损害赔偿

在侵权法上，财产损害可分为直接损害和间接损害。直接损害，是指现实的、已经确定发生的损失，而间接损害一般指可得利益的损失。《国家赔偿法》第36条第8项规定："对财产权造成其他损害的，按照直接损失给予赔偿。"据此，有观点认为公权力机关侵犯财产权造成损害的，国家仅赔偿直接损失，不赔偿间接损失。但因此就得出《国家赔偿法》规定对财产的间接损害不予赔偿的结论未免武断，在某些情形下对于间接损害也应当赔偿。依据《国家赔偿法》第34条、第36条的规定，对于间接损害是否应予赔偿分为两种情形：

一是应予赔偿的间接损害。依据《国家赔偿法》第34条第1款第1～3项和第36条第7项的规定，应予赔偿的间接损害包括：①因误工减少的收入；②残疾赔偿金；③受害人扶养的无劳动能力的人的生活费；④返还执行的罚款或者罚金、追缴或者没收的金钱以及解除冻结的存款或者汇款的银行同期存款利息。

二是不予赔偿的间接损害。《国家赔偿法》第36条第8项的规定，可以解释为，除了《国家赔偿法》明确规定的应予赔偿的间接损害外，在其他的财产权受害情形之中，仅赔偿直接损害，不赔偿间接损害。不过，从司法解释和司法实践来看，对此亦不时有所突破。例如，《行政赔偿案件规定》第29条规定："下列损失属于国家赔偿法第三十六条第八项规定的'直接损失'：（一）存款利息、贷款利息、现金利息；（二）机动车停运期间的营运损失；（三）通过行政补偿程序依法应当获得的奖励、补贴等；（四）对财产造成的其他实际损失。"其中，前两项均属于可得利益的损失，最后一项更是明确将"对财产造成的其他实际损失"纳入赔偿范围。这说明，《国家赔偿法》以及司法解释已经越来越趋向于——虽然还没有完全——建立"实际损失"标准，而不是拘泥于严格意义上的"直接损失"标准。①

三、行政赔偿当事人和程序

（一）行政赔偿当事人

1. 行政赔偿请求人

行政赔偿的一方当事人是行政赔偿请求人。行政赔偿请求人，是指认为其合法权益或者其继受的合法权益受到行政机关及其工作人员行为的侵害，依法以自己的名义提出行政赔偿请求的个人或者组织。依据《国家赔偿法》第6条的规定，行政赔偿请求人分为三种情形：（1）受害的公民、法人和其他组织有权要求赔偿；（2）受害的公民死亡，其继承人和其他有扶养关系的亲属有权要求赔偿；（3）受害的法人或者其他组织终止的，其权利承受人有权要求赔偿。

在上述行政赔偿请求人中，第（1）种情形可称为一般请求人，第（2）～（3）种情形可称为继受请求人。

2. 行政赔偿义务机关

行政赔偿的另一方当事人是行政赔偿义务机关。《国家赔偿法》第2条第2款规定："本

① 参见沈岿：《国家赔偿法：原理与案例》（第3版），北京大学出版社2022年版，第152页。

法规定的赔偿义务机关，应当依照本法及时履行赔偿义务。”沈岿教授认为，《国家赔偿法》在设定赔偿义务机关时主要遵循了三项原则：（1）谁侵权谁为赔偿义务机关原则，实质上即“谁侵权谁负责”；（2）独立行使行政权力的主体为赔偿义务机关原则，又称“职权主义原则”，即有权以自己名义独立行使职权并能承担相应后果的机关或组织，才能成为赔偿义务机关；（3）从办理赔偿请求的便利角度确定赔偿义务机关原则。[①] 依据《国家赔偿法》第 7 ~ 8 条的规定，行政赔偿义务机关具体包括以下几种情形。

（1）行政机关

行政机关及其工作人员行使行政职权侵犯公民、法人和其他组织的合法权益造成损害的，该行政机关为赔偿义务机关；两个以上行政机关共同行使行政职权时侵犯公民、法人和其他组织的合法权益造成损害的，共同行使行政职权的行政机关为共同赔偿义务机关。

对于共同赔偿义务机关，《国家赔偿法》第 10 条规定：“赔偿请求人可以向共同赔偿义务机关中的任何一个赔偿义务机关要求赔偿，该赔偿义务机关应当先予赔偿。”据此，共同赔偿义务机关之间承担的是连带责任。受害人可以向其中任何一个赔偿义务机关要求赔偿，该赔偿义务机关应当先予赔偿，然后要求其他义务机关负担部分赔偿费用；如果引起行政赔偿诉讼，共同赔偿义务机关为共同被告，各自按其在侵权行为中所起的作用承担责任。[②] 依据《行政赔偿案件规定》第 21 ~ 22 条的规定，两个以上行政机关共同实施违法行政行为，或者行政机关及其工作人员与第三人恶意串通作出的违法行政行为，造成公民、法人或者其他组织人身权、财产权等合法权益实际损害的，应当承担连带赔偿责任。一方承担连带赔偿责任后，对于超出其应当承担部分，可以向其他连带责任人追偿。两个以上行政机关分别实施违法行政行为造成同一损害，每个行政机关的违法行为都足以造成全部损害的，各个行政机关承担连带赔偿责任。两个以上行政机关分别实施违法行政行为造成同一损害的，人民法院应当根据其违法行政行为在损害发生和结果中的作用大小，确定各自承担相应的行政赔偿责任；难以确定责任大小的，平均承担责任。

总结·提示　共同赔偿义务机关之间承担的是连带责任，受害人可以向其中任何一个赔偿义务机关要求赔偿，该赔偿义务机关应当先予赔偿。

（2）法律、法规、规章授权的组织

法律、法规、规章授权的组织在行使授予的行政权力时侵犯公民、法人和其他组织的合法权益造成损害的，被授权的组织为赔偿义务机关。

（3）委托的行政机关

受行政机关委托的组织或者个人在行使受委托的行政权力时侵犯公民、法人和其他组织

① 参见沈岿：《国家赔偿法：原理与案例》（第 3 版），北京大学出版社 2022 年版，第 280 ~ 282 页。

② 参见姜明安主编：《行政法与行政诉讼法》（第 7 版），北京大学出版社、高等教育出版社 2019 年版，第 595 页。

的合法权益造成损害的，委托的行政机关为赔偿义务机关。实践中，还大量存在“推定委托”的情形，应当引起重视。

（4）原赔偿义务机关被撤销后的赔偿义务机关

赔偿义务机关被撤销的，继续行使其职权的行政机关为赔偿义务机关；没有继续行使其职权的行政机关的，撤销该赔偿义务机关的行政机关为赔偿义务机关。

（5）行政复议机关

经复议机关复议的，最初造成侵权行为的行政机关为赔偿义务机关，但复议机关的复议决定加重损害的，复议机关对加重的部分履行赔偿义务——这也体现了“谁致害，谁为赔偿义务机关”的原则。

有必要指出的是，由于复议机关与最初造成侵权行为的行政机关并非共同赔偿义务机关，相互之间不负连带责任，应该各自对自己的侵权行为所造成的损害承担赔偿责任。

（二）行政赔偿程序概述

行政赔偿程序，是指行政赔偿请求人提出行政赔偿请求，行政赔偿义务机关处理行政赔偿请求，以及法院、行政复议机关解决行政赔偿争议的方式、步骤和时限等。《国家赔偿法》第9条规定：“赔偿义务机关有本法第三条、第四条规定情形之一的，应当给予赔偿。赔偿请求人要求赔偿，应当先向赔偿义务机关提出，也可以在申请行政复议或者提起行政诉讼时一并提出。”据此，行政赔偿程序实行先行政、后诉讼的程序，以及行政复议或诉讼一并提起的程序并存的模式。

在行政赔偿程序中，先行政、后诉讼的程序可称为单独请求行政赔偿的程序或先行处理的程序，以下简称单独请求程序；行政复议或诉讼一并提起的程序，以下简称一并提起程序。

（三）单独请求程序

1. 单独请求程序的概念

单独请求程序，是指赔偿请求人先向赔偿义务机关提出单独的行政赔偿请求，对赔偿义务机关的处理不服的，再向法院提起行政赔偿诉讼的程序。通常认为，单独请求程序有以下几个特点：

一是需经行政机关先行处理。赔偿请求人单独就行政赔偿提出请求，应当先向赔偿义务机关提出，由赔偿义务机关先行处理，对处理不服的，可以提起行政赔偿诉讼。赔偿义务机关处理先于司法救济程序，提供主动纠错的机会，尊重赔偿义务机关的首次判断权，并有利于提高效率。①

二是诉讼中可以调解。与一般的行政案件不适用调解不同，《行政诉讼法》第60条明确规定，行政赔偿案件可以调解。调解应当遵循自愿、合法原则，且不得损害国家利益、社会公共利益和他人合法权益。

---

① 参见高家伟：《国家赔偿法》，商务印书馆2004年版，第212～213页。

三是行政复议的适用经历了由存疑到肯定的过程。依据2017年《行政复议法》和2012年《国家赔偿法》的规定，一并提起行政赔偿请求的，可适用行政复议。但对于单独的赔偿请求是否也适用行政复议，此前的法律规定十分模糊。那么，赔偿义务机关先行处理后，赔偿请求人是否可以申请行政复议？胡建淼教授认为，从《行政诉讼法》和《国家赔偿法》的规定来看，显然单独请求赔偿的案件不适用行政复议。[①] 但沈岿教授则认为，既然法律未明确禁止申请行政复议，赔偿请求人对赔偿义务机关不作为或者处理决定不服，就可以申请行政复议。[②] 可见，学术界对此一直没有定论。不过，在规章层面早就有了对单独请求适用行政复议的规定，如《海关行政赔偿办法》（2003年发布）第35条第2款规定："赔偿义务机关违反上述规定逾期不作出决定的，赔偿请求人可以自期间届满之日起六十日内向赔偿义务机关的上一级海关申请行政复议，赔偿请求人对不予赔偿的决定或对赔偿数额、赔偿方式等有异议的，可以自收到决定书之日起六十日内向赔偿义务机关的上一级海关申请行政复议；赔偿请求人也可以自期间届满之日或者收到决定书之日起三个月内向人民法院提起诉讼。"2023年修改的《行政复议法》第11条明确规定，公民、法人或者其他组织对行政机关作出的赔偿决定或者不予赔偿决定不服的，可以依法申请行政复议。这就直接肯定了行政复议对单独请求程序的适用，从而为上述争论画上了句号。

总结·提示 对于在单独请求程序中能否适用行政复议，此前一直有争议，在实践中也极少见到对此申请行政复议的案件，基本上都是提起行政赔偿诉讼。2023年修改的《行政复议法》第11条对此予以明确肯定，从而为公民、法人或者其他组织对行政机关作出的赔偿决定或者不予赔偿决定申请行政复议扫清了障碍。

具体地说，单独请求程序包括申请、受理、决定、送达以及提起行政赔偿诉讼或申请行政复议五个环节，下面分别述之。

2. 申请

（1）递交申请书

依据《国家赔偿法》第11～12条的规定，赔偿请求人根据受到的不同损害，可以同时提出数项赔偿要求。要求赔偿应当递交申请书，申请书应当载明下列事项：①受害人的姓名、性别、年龄、工作单位和住所，法人或者其他组织的名称、住所和法定代表人或者主要负责人的姓名、职务；②具体的要求、事实根据和理由；③申请的年、月、日。

赔偿请求人书写申请书确有困难的，可以委托他人代书。也可以口头申请，由赔偿义务机关记入笔录。

赔偿请求人不是受害人本人的，应当说明与受害人的关系，并提供相应证明。

---

① 参见胡建淼：《行政法学》（第4版），法律出版社2015年版，第697页。

② 参见沈岿：《国家赔偿法：原理与案例》（第3版），北京大学出版社2022年版，第302页。

（2）请求时效

《国家赔偿法》第39条规定，赔偿请求人请求国家赔偿的时效为2年，自其知道或者应当知道国家机关及其工作人员行使职权时的行为侵犯其人身权、财产权之日起计算，但被羁押等限制人身自由期间不计算在内。赔偿请求人在赔偿请求时效的最后6个月内，因不可抗力或者其他障碍不能行使请求权的，时效中止。从中止时效的原因消除之日起，赔偿请求时效期间继续计算。《行政赔偿案件规定》第15条规定，公民、法人或者其他组织应当自知道或者应当知道行政行为侵犯其合法权益之日起两年内，向赔偿义务机关申请行政赔偿。

在性质上，请求时效属于消灭时效。如果赔偿请求人未在上述期限内行使请求权，会产生以下法律后果：①在期限届满之后，赔偿请求人丧失请求赔偿的权利；②赔偿请求人丧失的是程序上的权利，而非实体上的权利；③赔偿义务机关可以放弃时效经过的抗辩权，主动履行赔偿义务。在此前提下，赔偿请求人所获得的赔偿不构成不当得利。

拓展·探索

行政赔偿请求时效的起算点

实践中，经常会遇到两年请求时效的起算点问题。例如，违法强拆房屋的，是从赔偿请求人知道或者应当知道房屋被强拆之日起计算，还是从强拆行为被确认为违法之日起计算？从现有的法律规定以及实践中的具体操作来看，并不十分明朗。

1994年《国家赔偿法》规定的起算点是“国家机关及其工作人员行使职权时的行为被依法确认为违法之日”，而现行《国家赔偿法》规定的起算点是“知道或者应当知道国家机关及其工作人员行使职权时的行为侵犯其人身权、财产权之日”。有观点认为，现行《国家赔偿法》的规定更加有利于对受害人的保护，因为受害人往往不容易知道国家机关工作人员的职权行为何时被确认为违法，而自身的人身权和财产权何时受到了侵害却是容易感知的。①但在实践中，受害人面对行政机关实施的强拆房屋等行为，通常的做法是先提起行政诉讼，请求法院确认强拆行为违法，然后再向赔偿义务机关提出行政赔偿申请。如果从受害人知道强拆发生之日起计算时效，由于在起诉强拆行为时经常要面临“找被告”等难题，外加“超审限”等现象大量存在，有可能在受害人收到确认强拆违法的生效判决时就已经超过了两年，这无异于剥夺了受害人请求行政赔偿的权利。

正是由于上述问题的存在，实践中通常仍然是以“国家机关及其工作人员行使职权时的行为被依法确认为违法之日”作为起算点。例如，在**新海洋公司等诉贵港市政府行政赔偿案**中，如果从颁发案涉2762号土地证的行政行为算起，当事人申请行政赔偿早已超过两年。但最高人民法院认为，贵港市中级人民法院于2015年6月30日作出案涉3号行政判决，确

① 参见姜明安主编：《行政法与行政诉讼法》（第7版），北京大学出版社、高等教育出版社2019年版，第609页。

认贵港市政府颁发 2762 号土地证的行为违法，并于 2015 年 7 月 3 日送达各方当事人。新海洋公司、石塘公司于 2015 年 7 月 3 日知晓案涉 3 号行政判决的内容，于 2016 年 12 月 7 日向贵港市政府申请行政赔偿，符合法律规定的申请期限。① 在**陈某诉织金县政府行政赔偿案**中，贵州省高级人民法院认为，依据《国家赔偿法》第 39 条第 1 款的规定，当事人在行政行为被人民法院判决确认违法后单独申请赔偿，应当在判决生效之日起两年内行使此项权利，逾期则超过国家赔偿时效。② 显而易见，上述两个判例均是从侵权行政行为被确认为违法之日（确认违法的判决生效之日）起计算行政赔偿的请求时效。这样固然有利于保护受害人的合法权益，却可能面临缺乏法律依据的批评。权威的解读认为，一般情况下，赔偿请求人知道行政行为的内容在先，收到确认违法的文书在后，虽然说赔偿请求人在知道行政行为的内容时往往即已可以对自身合法权益是否遭受该行政行为侵犯作出基本判断，但出于更好地保护赔偿请求人合法权益考虑，可以将收到确认违法文书的时间认定为赔偿请求人知道或者应当知道权益遭受侵犯的时间点。③ 这一解读将侵权行政行为被确认为违法之日与赔偿请求人知道或者应当知道权益受侵犯之日“合二为一”，从而避免了法律依据缺失的尴尬，可资赞同。

另外，行政赔偿请求时效的起算点还有一种情形：当事人先提起行政诉讼，而后又在未向行政机关提出赔偿请求的前提下直接提起行政赔偿诉讼，此时应当如何计算请求时效？对此，法律的规定更不明确。在实践中，通常仍然是依据《国家赔偿法》第 39 条的规定，将请求时效确定为两年。在**张某伟诉临颍县政府等行政赔偿案**中，最高人民法院认为，生效的（2015）漯行初字第 2 号行政判决确认了临颍县政府强制拆除张某伟涉案养鸡场的行政行为违法，该判决的作出时间是 2015 年 12 月 10 日，河南省漯河市中级人民法院于 2015 年 12 月 11 日向张某伟邮寄送达了该判决，张某伟收到该判决后未向赔偿义务机关临颍县政府申请行政赔偿。现张某伟于 2018 年 11 月 19 日提起行政赔偿诉讼，明显超过《国家赔偿法》第 39 条规定的请求国家赔偿的时效。④ 虽然最高人民法院最终认定张某伟提起行政赔偿诉讼超过了请求时效，但从其论理的过程来看，还是将侵权行政行为被确认为违法之日作为行政赔偿请求时效的起算点，并且时效也是两年。

3. 受理

赔偿请求人当面递交申请书的，赔偿义务机关应当当场出具加盖本行政机关专用印章并注明收讫日期的书面凭证。申请材料不齐全的，赔偿义务机关应当当场或者在 5 日内一次性告知赔偿请求人需要补正的全部内容。

需要注意的是，《国家赔偿法》并没有授权赔偿义务机关决定受理或不予受理。所以，

---

① 最高人民法院行政裁定书，（2020）最高法行赔再 8 号。

② 贵州省高级人民法院行政赔偿裁定书，（2020）黔行赔终 343 号。

③ 参见最高人民法院行政审判庭编著：《最高人民法院关于审理行政赔偿案件若干问题的规定理解与适用》，人民法院出版社 2022 年版，第 238～239 页。

④ 最高人民法院行政赔偿裁定书，（2019）最高法行赔申 344 号。

赔偿义务机关在受理阶段，仅仅审理材料是否齐全，尤其是申请书应当载明的事项是否完整，而不对请求人是否有赔偿请求权、请求事项是否在赔偿范围之内、请求赔偿的损害是否由本机关及其工作人员造成等事项进行审查。[①] 在受理之后，赔偿义务机关认为赔偿请求不能成立的，可以作出不予赔偿的决定，而不能在受理阶段直接作出不予受理的决定。

4. 决定

这里的决定，包括赔偿决定和不予赔偿决定两类，均应当在收到申请之日起 2 个月内作出。《国家赔偿法》第 13 条第 1 款规定："赔偿义务机关应当自收到申请之日起两个月内，作出是否赔偿的决定。赔偿义务机关作出赔偿决定，应当充分听取赔偿请求人的意见，并可以与赔偿请求人就赔偿方式、赔偿项目和赔偿数额依照本法第四章的规定进行协商。"《行政赔偿案件规定》第 15 条规定："赔偿义务机关在收到赔偿申请之日起两个月内未作出赔偿决定的，公民、法人或者其他组织可以依照行政诉讼法有关规定提起行政赔偿诉讼。"依据上述规定，在作出决定的过程中，听取意见为必经程序，但在现实中真正履行这一程序的赔偿义务机关可谓罕见；协商为选择程序，协商的结果应以赔偿决定的形式体现。《国家赔偿法》并未明确引入赔偿协议形式，虽然这一形式在现实中早就存在了。

拓展·探索

行政赔偿决定的诉讼地位

行政赔偿诉讼属于给付之诉，与传统的撤销之诉有本质的不同，诉讼标的不再是行政行为的合法性，而是赔偿请求人的赔偿请求能否成立，故行政赔偿决定并非行政赔偿案件的诉讼标的。最高人民法院行政审判庭发布的《行政诉讼文书样式（试行）》在对《行政诉讼文书样式 9：行政赔偿判决书》的说明中指出："行政赔偿案件中，人民法院仅就行政赔偿争议进行审理，行政行为的合法性则应当通过先行确认程序或者行政诉讼予以审查；经过先行确认程序，且行政赔偿义务机关已经作出行政赔偿处理决定的，行政赔偿处理决定并非行政赔偿案件的诉讼标的，人民法院仍然应当针对原告的赔偿请求能否成立进行审查。"在**郜某萍诉海勃湾区政府等行政赔偿案**中，最高人民法院认为，在行政赔偿案件中，人民法院仅就行政赔偿争议进行审理，行政赔偿处理决定并非行政赔偿案件的诉讼标的。当事人对行政机关作出的赔偿决定有异议提起行政诉讼，人民法院就当事人与行政机关之间的行政赔偿争议进行审理和裁判，符合法律规定。[②] 由此可见，实践中对于行政赔偿决定的诉讼地位已经梳理得十分清晰了。

行政赔偿决定不是行政赔偿案件的诉讼标的这一地位，也决定了行政赔偿决定不可能是独立的可诉行政行为。在**谢某诉瑞金市政府行政复议案**中，最高人民法院认为，因不予赔偿决定仅系赔偿义务机关对赔偿请求人的赔偿请求进行先行处理的程序性行为，故并非独立可

① 参见沈岿：《国家赔偿法：原理与案例》（第 3 版），北京大学出版社 2022 年版，第 295 页。
② 最高人民法院行政裁定书，（2017）最高法行申 3095 号。

复议和诉讼的行政行为。赔偿请求人即使在诉讼中提出撤销不予赔偿决定，其实质仍是申请行政赔偿。《国家赔偿法》第14条第2款对单独提起行政赔偿诉讼做了规定，赔偿请求人对赔偿义务机关作出的不予赔偿决定不服，应向人民法院提起行政赔偿诉讼。[①] 在**李某柱等诉刘集镇政府行政赔偿案**中，河南省郑州市中级人民法院认为，行政赔偿决定或不予赔偿决定仅是赔偿义务机关基于赔偿请求人的赔偿申请予以处理的前置程序性行为，并不妨碍赔偿请求人依法提起行政赔偿诉讼，其并非独立的可诉讼的行政行为。当事人提出的具体赔偿请求成立与否，无须以涉案行政赔偿决定撤销为前提。当事人请求撤销行政机关作出的《行政赔偿决定书》，不予支持。[②]

行政赔偿决定不是行政赔偿案件的诉讼标的这一地位，也导致了在行政赔偿诉讼中，法院可以直接就赔偿争议作出实体判决而不必判决撤销行政赔偿决定。在**吴某兵诉贺兰县政府等行政赔偿案**中，最高人民法院认为，行政赔偿诉讼应围绕赔偿争议进行，赔偿决定作为先行处理赔偿请求的程序性行为，并非给付之诉的诉讼标的，赔偿请求人对赔偿决定不服其实质仍是申请行政赔偿。原审法院历经多年、经多轮诉讼均未针对是否应予赔偿、赔偿方式、赔偿数额等实质问题及时审理，对诉讼标的判断错误，未能实质化解矛盾，有悖于解决实质争议的立法精神，依法应予纠正。行政赔偿诉讼应及时审理、解决实质争议、避免程序空转，以保护当事人合法权益。赔偿请求人合法权益所受损失，系因违法行政行为侵犯其权利造成，而非赔偿决定造成。赔偿决定并非传统意义上的行政行为，特殊性在于其系专门解决赔偿问题的先行处理行为。如果赔偿请求人对赔偿决定确定的方式、项目、数额的异议不成立，法院可判决驳回其诉讼请求；如果赔偿请求人的异议成立，法院应根据审理查明的事实对赔偿争议作出判决。尤其是在赔偿请求人坚持诉请确认赔偿决定违法，且经释明不变更为撤销赔偿决定的情况下，就目前法律规定而言亦可不撤销赔偿决定，而直接就赔偿争议作出实体判决。[③] 总而言之，行政赔偿之诉的目的是解决赔偿与否以及赔偿多少的问题，并不是为了撤销一个违法的赔偿决定。既然如此，赔偿请求人在提起行政赔偿诉讼时也就没有必要将“撤销赔偿决定”作为一项单独的诉讼请求了。

5. 送达

依据《国家赔偿法》第13条第2～3款的规定，赔偿义务机关决定赔偿的，应当制作赔偿决定书，并自作出决定之日起10日内送达赔偿请求人；赔偿义务机关决定不予赔偿的，应当自作出决定之日起10日内书面通知赔偿请求人，并说明不予赔偿的理由。

6. 提起行政赔偿诉讼或申请行政复议

（1）行政赔偿诉讼提起条件

行政赔偿诉讼是一种独立的特殊诉讼形式。《国家赔偿法》第14条规定，赔偿义务机关

① 最高人民法院行政裁定书，（2019）最高法行申2380号。

② 河南省郑州市中级人民法院行政赔偿判决书，（2020）豫01行赔终15号。

③ 最高人民法院行政赔偿裁定书，（2020）最高法行申6906号。

在规定期限内未作出是否赔偿的决定，赔偿请求人可以自期限届满之日起3个月内，向人民法院提起诉讼。赔偿请求人对赔偿的方式、项目、数额有异议的，或者赔偿义务机关作出不予赔偿决定的，赔偿请求人可以自赔偿义务机关作出赔偿或者不予赔偿决定之日起3个月内，向人民法院提起诉讼。《行政赔偿案件规定》第3条规定："赔偿请求人不服赔偿义务机关下列行为的，可以依法提起行政赔偿诉讼：（一）确定赔偿方式、项目、数额的行政赔偿决定；（二）不予赔偿决定；（三）逾期不作出赔偿决定；（四）其他有关行政赔偿的行为。"第13条第2款规定："行政行为已被确认为违法，并符合下列条件的，公民、法人或者其他组织可以单独提起行政赔偿诉讼：（一）原告具有行政赔偿请求资格；（二）有明确的被告；（三）有具体的赔偿请求和受损害的事实根据；（四）赔偿义务机关已先行处理或者超过法定期限不予处理；（五）属于人民法院行政赔偿诉讼的受案范围和受诉人民法院管辖；（六）在法律规定的起诉期限内提起诉讼。"依据上述规定，提起行政赔偿诉讼的条件包括：①行政行为已被确认为违法；②原告适格；③被告适格；④有具体的请求和根据；⑤赔偿义务机关先行处理或超期不处理；⑥属于行政赔偿诉讼受案范围；⑦属于受诉法院管辖；⑧在3个月内提起。

总结·提示　行政行为已被确认为违法、原告适格、被告适格、有具体的请求和根据、赔偿义务机关先行处理或超期不处理、属于行政赔偿诉讼受案范围、属于受诉法院管辖、在3个月内提起，是单独提起行政赔偿诉讼的条件。

需要注意的是，《国家赔偿法》第13条中的"两个月"、第14条中的"三个月"不适用时效的中断和中止规则，但仍应适用《行政诉讼法》第48条规定的起诉期限的扣除和延长规则。换言之，在实践中应当充分地考虑是否因赔偿请求人自身的原因耽误了起诉期限。在**钟某海等诉惠水县政府等行政赔偿案**中，最高人民法院提出，根据《国家赔偿法》第13条、第14条的规定，赔偿义务机关应当自收到申请之日起两个月内作出是否赔偿的决定；赔偿义务机关在规定期限内未作出是否赔偿的决定，赔偿请求人可以自期限届满之日起3个月内，向人民法院提起诉讼。但本案的特殊情况在于，当事人与行政机关共同委托鉴定机构对损失进行了鉴定评估，证实双方已就赔偿事宜进行了协商，当事人有理由相信行政机关将根据鉴定情况对其作出适当赔偿。此时如仍以《国家赔偿法》第13条、第14条的规定计算起诉期限，对当事人明显不公。由于鉴定结论迟迟不能作出，当事人单独提起行政赔偿诉讼并未超出合理期限，人民法院应予审理。[①]

当事人单独提起行政赔偿诉讼，并不需要预交受理费。依据《国家赔偿法》第41条的规定，赔偿请求人要求国家赔偿的，赔偿义务机关、复议机关和人民法院不得向赔偿请求人收取任何费用。而且，对赔偿请求人取得的赔偿金不予征税。

这里还有一个问题需要解决。我们在第十八讲中已经介绍过，依据2018年《行政诉讼

---

① 最高人民法院行政赔偿裁定书，(2019) 最高法行赔再8号。

法解释》第60条等规定，在行政诉讼中，对于撤回起诉后重新起诉，是以不允许为原则，以允许为例外。那么，行政赔偿诉讼撤诉后当事人是否可以再次提起同一行政赔偿诉讼？在**邦翼达公司等诉曲沃县政府行政赔偿案**中，最高人民法院提出，行政诉讼与行政赔偿诉讼在审查对象、案件处理方式等方面有所不同，行政诉讼审查的对象是被诉行政行为的合法性问题，而行政赔偿诉讼审查的对象是违法行政行为对当事人合法权益的损害赔偿问题。行政赔偿诉讼与民事赔偿诉讼都涉及赔偿问题，两者在审查内容、裁判方式等方面具有较高同质性。根据《行政诉讼法》第101条"人民法院审理行政案件，关于期间、送达、财产保全、开庭审理、调解、中止诉讼、终结诉讼、简易程序、执行等，以及人民检察院对行政案件受理、审理、裁判、执行的监督，本法没有规定的，适用《中华人民共和国民事诉讼法》的相关规定"的规定，在《行政诉讼法》及相关司法解释尚无明确规定的情况下，应参照适用《民事诉讼法》及其司法解释的相关规定，而不宜简单适用《行政诉讼法》司法解释的规定。参照最高人民法院《关于适用〈中华人民共和国民事诉讼法〉的解释》第214条第1款"原告撤诉或者人民法院按撤诉处理后，原告以同一诉讼请求再次起诉的，人民法院应予受理"的规定，行政赔偿诉讼案件的原告撤诉后，就同一事项再次提起行政赔偿诉讼，人民法院应予受理。[①] 这说明，最高人民法院是倾向于从行政赔偿诉讼与一般行政诉讼的差异之处着眼，不对当事人撤诉之后再次行使诉权进行过多的限制，通常只要是在法定期限内提起行政赔偿诉讼即可。

最高人民法院行政审判庭法官会议纪要提出："行政赔偿诉讼中，人民法院裁定准予当事人撤诉或者按撤诉处理后，当事人再次向赔偿义务机关提出赔偿申请，逾期赔偿义务机关决定不予赔偿的，属于基于新的赔偿请求产生的新的诉讼请求，不构成重复起诉。"[②] 按照这个意见，当事人撤诉或者按撤诉处理后，完全可以通过再次向赔偿义务机关提出赔偿申请的方式重新提起行政赔偿诉讼。由此引申出来的问题是，如果赔偿请求人提起行政赔偿诉讼超过了3个月的起诉期限，是否也可以通过再次申请的方式提起行政赔偿诉讼？从上述意见来看，答案应该是肯定的，只要赔偿请求人的再次申请不超过两年行政赔偿请求时效即可。

总结·提示　行政赔偿诉讼撤诉之后，当事人再次提起同一行政赔偿诉讼通常不受2018年《行政诉讼法解释》第60条第1款等规定的限制。参照最高人民法院《关于适用〈中华人民共和国民事诉讼法〉的解释》（2022年修改）第214条第1款的规定，对此应当是以允许为原则，以不允许为例外。此外，在不超过两年行政赔偿请求时效的前提下，赔偿请求人也可以通过再次向赔偿义务机关提出赔偿申请的方式重新提起行政赔偿诉讼。

（2）行政赔偿诉讼当事人

依据《国家赔偿法》和《行政诉讼法》的规定，行政赔偿诉讼当事人包括原告、被告和

① 最高人民法院行政裁定书，(2020) 最高法行赔再6号。

② 最高人民法院行政审判庭编著：《最高人民法院行政审判庭法官会议纪要》（第2辑），人民法院出版社2023年版，第41页。

第三人。《行政赔偿案件规定》第6~10条规定了行政赔偿诉讼当事人，确立了如下规则：

第一，公民、法人或者其他组织一并提起行政赔偿诉讼中的当事人地位，按照其在行政诉讼中的地位确定，行政诉讼与行政赔偿诉讼当事人不一致的除外。

第二，受害的公民死亡，其继承人和其他有扶养关系的人可以提起行政赔偿诉讼，并提供该公民死亡证明、赔偿请求人与死亡公民之间的关系证明；受害的公民死亡，支付受害公民医疗费、丧葬费等合理费用的人可以依法提起行政赔偿诉讼；有权提起行政赔偿诉讼的法人或者其他组织分立、合并、终止，承受其权利的法人或者其他组织可以依法提起行政赔偿诉讼。

第三，两个以上行政机关共同实施侵权行政行为造成损害的，共同侵权行政机关为共同被告。赔偿请求人坚持对其中一个或者几个侵权机关提起行政赔偿诉讼，以被起诉的机关为被告，未被起诉的机关追加为第三人。

第四，原行政行为造成赔偿请求人损害，复议决定加重损害的，复议机关与原行政行为机关为共同被告。赔偿请求人坚持对作出原行政行为机关或者复议机关提起行政赔偿诉讼，以被起诉的机关为被告，未被起诉的机关追加为第三人。

第五，行政机关依据《行政诉讼法》第97条的规定申请人民法院强制执行其行政行为，因据以强制执行的行政行为违法而发生行政赔偿诉讼的，申请强制执行的行政机关为被告。

（3）行政赔偿诉讼举证责任分配

在侵权法领域，对于损害事实和因果关系的举证责任分配通常遵循两个规则：一个是“谁主张，谁举证”，另一个是举证责任倒置。

第一，“谁主张，谁举证”的情形。“谁主张，谁举证”是一般原则，即原告主张被告的行为造成损害，就应当对损害事实以及被告行为与损害事实之间的因果关系承担举证责任。例如，《行政诉讼证据规定》（法释〔2002〕21号）第5条规定：“在行政赔偿诉讼中，原告应当对被诉具体行政行为造成损害的事实提供证据。”《行政诉讼法》第38条第2款规定，在行政赔偿、补偿的案件中，原告应当对行政行为造成的损害提供证据。《国家赔偿法》第15条第1款规定，人民法院审理行政赔偿案件，赔偿请求人和赔偿义务机关对自己提出的主张，应当提供证据。《行政赔偿案件规定》第11条规定，行政赔偿诉讼中，原告应当对行政行为造成的损害提供证据，人民法院对于原告主张的生产和生活所必需物品的合理损失，应当予以支持；对于原告提出的超出生产和生活所必需的其他贵重物品、现金损失，可以结合案件相关证据予以认定。

第二，举证责任倒置的情形。举证责任倒置是例外，即在特别情况下，将举证责任转移给被告，由被告就不存在损害事实或者其行为与损害事实之间不存在因果关系承担举证责任。在行政赔偿诉讼中，举证责任倒置主要适用于以下两种情形：①因被告原因导致原告无法举证的情形。《行政诉讼法》第38条第2款规定，因被告的原因导致原告无法举证的，由被告承担举证责任；《行政诉讼法解释》第47条第1款规定，在行政赔偿、补偿案件中，因被告的原因导致原告无法就损害情况举证的，应当由被告就该损害情况承担举证责任。②原告人身自由受到限制的情形。《国家赔偿法》第15条第2款规定，赔偿义务机关采取行政拘留或者限制人身自由的强制措施期间，被限制人身自由的人死亡或者丧失行为能力的，赔偿义务机关的行为与被限制人身自由的人的死亡或者丧失行为能力是否存在因果关系，赔偿义务机关应当提供证据。《行政赔偿案件规定》第12条规定，原告主张其被限制人身自由期间受到身体伤害，被告否认相关损害事实或者损害与违法行政行为存在因果关系的，被告应当提供相应的证据证明。

（4）行政赔偿案件审理和判决

行政赔偿诉讼实质上也是行政诉讼，所以对行政赔偿案件的审理和判决也需要依据《行政诉讼法》《行政诉讼法解释》的规定进行。当然，《国家赔偿法》《行政赔偿案件规定》等的规定也是十分重要的依据。

第一，对人身损害的判决。人民法院经过审理认为被告对公民造成人身损害的，应当依据《国家赔偿法》第33～34条的规定，判决被告限期支付赔偿金。

第二，对财产损害的判决。依据《行政赔偿案件规定》第31条的规定，人民法院经过审理认为被告对公民、法人或者其他组织造成财产损害的，判决被告限期返还财产、恢复原状；无法返还财产、恢复原状的，判决被告限期支付赔偿金和相应的利息损失。人民法院审理行政赔偿案件，可以对行政机关赔偿的方式、项目、标准等予以明确，赔偿内容确定的，应当作出具有赔偿金额等给付内容的判决；行政赔偿决定对赔偿数额的确定确有错误的，人民法院判决予以变更。

第三，对精神损害的判决。依据《行政赔偿案件规定》第30条的规定，被告有《国家赔偿法》第3条规定情形之一，致人精神损害的，人民法院应当判决其在违法行政行为影响的范围内，为受害人消除影响、恢复名誉、赔礼道歉；消除影响、恢复名誉和赔礼道歉的履行方式，可以双方协商，协商不成的，人民法院应当责令被告以适当的方式履行。造成严重后果的，应当判决支付相应的精神损害抚慰金。

第四，判决驳回行政赔偿请求。依据《行政赔偿案件规定》第32条的规定，有下列情形之一的，人民法院判决驳回原告的行政赔偿请求：①原告主张的损害没有事实根据的；②原告主张的损害与违法行政行为没有因果关系的；③原告的损失已经通过行政补偿等其他途径获得充分救济的；④原告请求行政赔偿的理由不能成立的其他情形。

实践中，法院有时会判决被告作出赔偿决定，而不是直接判决被告限期支付赔偿金。例如，在**赵某义等诉诸暨市政府等行政强制及行政赔偿案**中，最高人民法院认为，行政赔偿的方式、范围等如存在争议，基于首次行政判断权原则，对于行政机关职权范围内尚有优先判断或者裁量余地的事项，应待行政机关先行处理后，法院再对其是否合法以及适当进行审查。人民法院在案件审理中，如果现有证据情况下不具备直接作出确定赔偿判决的条件，可以判决责令行政机关限期作出行政赔偿决定。当事人对赔偿方式、项目、数额有异议，或者行政机关作出不予赔偿决定的，当事人可以依法另行提起行政赔偿诉讼。① 但是，这样的判

① 最高人民法院行政裁定书，（2020）最高法行申2450号。

决已经明显背离了《国家赔偿法》设置单独请求程序和一并提起程序的初衷：单独请求程序是以赔偿义务机关先行处理为前提，在提起行政赔偿诉讼时已经经过了先行处理程序，法院再判决被告作出赔偿决定会直接导致程序空转，既浪费司法资源，又为当事人增加诉累；一并提起程序本身就不需要赔偿义务机关先行处理，法院判决被告作出赔偿决定会导致一并提起程序名存实亡，变异为单独请求程序。如此一来，单独请求程序与一并提起程序并存的模式就在事实上被打破了。

总结·提示 实践中，一些法院判决被告作出赔偿决定，已经明显背离了《国家赔偿法》设置单独请求程序和一并提起程序的初衷。

所幸我们见到更多的还是坚守《国家赔偿法》初衷的判例，而不是以裁判时机不成熟为借口或者以实质性化解争议为旗号判决被告作出赔偿决定的判例。例如，在**袁某霞诉正阳县政府行政赔偿案**中，最高人民法院提出，行政行为被生效判决确认违法后，赔偿请求人对赔偿路径具有选择权，其既可以选择向行政机关申请赔偿，亦可直接向人民法院提起行政赔偿诉讼。赔偿请求人直接提起行政赔偿诉讼的，一般无须经过赔偿义务机关先行处理程序，这也符合司法最终原则。当事人提起行政赔偿之诉后，法院应当对其赔偿申请是否成立进行审理并作出裁判，不宜再交行政机关先行作出行政赔偿决定。① 对于这个问题，最高人民法院行政审判庭法官会议纪要亦毫不含糊地指出："人民法院审理行政赔偿案件，在能够查明损害事实，明确赔偿项目、数额的情况下，应当依法作出明确而具体的赔偿判决，切实保护赔偿请求人的合法权益，实质性解决行政争议，不应再判决由赔偿义务机关作出赔偿决定。"② 据此，那种以裁判时机不成熟、实质性化解争议等为理由拒不作出明确、具体赔偿判决的风气也该杀一杀了。

（5）申请行政复议

如前所述，依据2023年修改的《行政复议法》第11条的规定，如果赔偿请求人对行政机关作出的赔偿决定或者不予赔偿决定不服，也可以依法申请行政复议。具体是提起行政赔偿诉讼还是申请行政复议，赔偿请求人有选择权，如果选择了行政复议，事后又对行政复议决定不服的，仍然有权继续提起行政赔偿诉讼，对此想必不会有什么争议。

但是，赔偿请求人提起行政赔偿诉讼时应当以谁为被告？目前来看可能的选项有三个：赔偿义务机关，复议机关，赔偿义务机关和复议机关为共同被告。由于赔偿决定或者不予赔偿决定本身难以归入行政行为范畴，不太好判断行政复议决定究竟是维持了原行政行为还是改变了原行政行为；加之行政赔偿诉讼是典型的给付之诉，无论在何种情形下让作为给付主体的赔偿义务机关游离于行政赔偿诉讼程序之外似乎都不是明智的选择；而如果仅以赔偿义务机关为被告，又难免会引发对于行政复议程序空转的质疑。由此可见，此类行政赔偿诉讼

---

① 最高人民法院行政裁定书，（2020）最高法行赔申1595号。

② 最高人民法院行政审判庭编著：《最高人民法院行政审判庭法官会议纪要》（第2辑），人民法院出版社2023年版，第215~216页。

在确定被告时的确有其特殊性，有关部门必须尽快予以明确，或许还是以赔偿义务机关和复议机关为共同被告更为稳妥。当然，如果赔偿请求人只是起诉复议机关不作为，仅以复议机关为被告是没有问题的。

（四）一并提起程序

1. 一并提起的情形

公民、法人或者其他组织认为行政行为侵犯其合法权益而申请行政复议或者提起行政诉讼的，可以请求复议机关或者人民法院就其所受到的损害一并予以处理，这就是一并提起程序。《行政赔偿案件规定》第 13 条第 1 款规定了一并提起程序的特殊情形："行政行为未被确认为违法，公民、法人或者其他组织提起行政赔偿诉讼的，人民法院应当视为提起行政诉讼时一并提起行政赔偿诉讼。"据此，只要行政行为未被确认为违法，法院就应当将行政赔偿诉讼按照一并提起程序审理和判决。

如果行政行为已被确认为违法，赔偿请求人通常只能先向赔偿义务机关提起行政赔偿请求，由赔偿义务机关先行处理，赔偿请求人对处理结果不服的，可以提起行政赔偿诉讼。《行政赔偿案件规定》第 18 条规定："行政行为被有权机关依照法定程序撤销、变更、确认违法或无效，或者实施行政行为的行政机关工作人员因该行为被生效法律文书或监察机关政务处分确认为渎职、滥用职权的，属于本规定所称的行政行为被确认为违法的情形。"对于行政不作为，有权机关责令行政机关履行职责的，也应当视为行政不作为被确认为违法的情形。这里的"有权机关"主要包括：（1）法院；（2）行政复议机关；（3）行政行为作出机关；（4）作出机关的上级机关；（5）监察机关。

依据《行政赔偿案件规定》第 14 条的规定，原告提起行政诉讼时未一并提起行政赔偿诉讼，人民法院审查认为可能存在行政赔偿的，应当告知原告可以一并提起行政赔偿诉讼。对于原告在不同阶段提出的行政赔偿请求，按照下列规定处理：（1）原告在第一审庭审终结前提起行政赔偿诉讼，符合起诉条件的，人民法院应当依法受理；（2）原告在第一审庭审终结后、宣判前提起行政赔偿诉讼的，是否准许由人民法院决定；（3）原告在第二审程序或者再审程序中提出行政赔偿请求的，人民法院可以组织各方调解，调解不成的，告知其另行起诉。

值得探讨的问题是，在行政行为经法院生效裁判确认违法之后，当事人提起行政赔偿诉讼是否还要以赔偿义务机关先行处理为条件？对此，最高人民法院《行政法官专业会议纪要》明确提出："已通过行政诉讼程序确认行政行为违法的，当事人再行提起行政赔偿诉讼无需经过赔偿义务机关先行处理程序。"从最高人民法院的判例来看，基本上也遵循了上述原则。在**段某诉大东区政府行政赔偿案**中，最高人民法院认为，行政行为已经人民法院生效裁判确认违法，当事人再行提起行政赔偿诉讼无须经过赔偿义务机关先行处理程序。对于《国家赔偿法》规定的单独提起赔偿请求和提起行政诉讼时一并提出赔偿请求的两种途径，当事人可以自由选择，当事人先提起行政诉讼，之后又提起行政赔偿诉讼，表明其没有选择向行政机关直接提出赔偿请求的途径，而是选择由人民法院解决其行政赔偿问题。在这种情况下，如果要求当事人再向赔偿义务机关提出赔偿请求方可提起行政赔偿诉讼，实际上剥夺了当事人在赔偿程序上的选择权。[①] 由此可见，最高人民法院对于这个问题已经有了基本的结论。但在现实中，有的地方法院未将上述原则落实到位，因赔偿请求未经先行处理而不予立案的情形并不鲜见。为了稳妥起见，我们还是建议赔偿请求人先向赔偿义务机关提出赔偿请求，对赔偿义务机关处理不服的再提起行政赔偿诉讼。

2. 起诉期限

依据《行政赔偿案件规定》第16～17条的规定，公民、法人或者其他组织提起行政诉讼时一并请求行政赔偿的，适用《行政诉讼法》有关起诉期限的规定。公民、法人或者其他组织仅对行政复议决定中的行政赔偿部分有异议，自复议决定书送达之日起15日内提起行政赔偿诉讼的，人民法院应当依法受理。行政机关作出有赔偿内容的行政复议决定时，未告知公民、法人或者其他组织起诉期限的，起诉期限从公民、法人或者其他组织知道或者应当知道起诉期限之日起计算，但从知道或者应当知道行政复议决定内容之日起最长不得超过1年。

3. 行政诉讼不符合起诉条件时的处理

《行政赔偿案件规定》第19条规定，公民、法人或者其他组织一并提起行政赔偿诉讼，人民法院经审查认为行政诉讼不符合起诉条件的，对一并提起的行政赔偿诉讼，裁定不予立案；已经立案的，裁定驳回起诉。

4. 申请一并解决民事争议的处理

《行政赔偿案件规定》第20条规定，在涉及行政许可、登记、征收、征用和行政机关对民事争议所作的裁决的行政案件中，原告提起行政赔偿诉讼的同时，有关当事人申请一并解决相关民事争议的，人民法院可以一并审理。

5. 是否需要分写起诉状

1997年《行政赔偿案件规定》（已失效）第28条规定："当事人在提起行政诉讼的同时一并提出行政赔偿请求，或者因具体行政行为和与行使行政职权有关的其他行为侵权造成损害一并提出行政赔偿请求的，人民法院应当分别立案，根据具体情况可以合并审理，也可以单独审理。"实践中，由于对这一规定的理解不同，有的地方法院要求一并提起行政赔偿请求的当事人必须分写起诉状，即将《行政起诉状》与《行政赔偿起诉状》分开提交。对此，最高人民法院明确持反对的态度。在**张某诉路南区政府确认房屋拆除违法案**中，最高人民法院认为，上述条款是对人民法院如何审理一并提起行政赔偿案件的要求，而非对当事人应当分别提起确认行为违法和行政赔偿诉讼的强制性要求，故原审以张某在经法官释明后拒不分写诉状，属于诉讼请求不明确为由裁定驳回起诉显属不当。[②] 2022年修改的《行政赔偿案件规定》已经删除了类似的规定，法院对一并提出行政赔偿请求的当事人，强制其分写起诉状

① 最高人民法院行政裁定书，(2020) 最高法行赔申380号。

② 最高人民法院行政裁定书，(2017) 最高法行申625号。

更加于法无据了。

四、行政赔偿方式、计算标准和费用

（一）行政赔偿方式

在《国家赔偿法》上，行政赔偿的方式包括：（1）支付赔偿金；（2）返还财产；（3）恢复原状；（4）消除影响、恢复名誉、赔礼道歉。依据《国家赔偿法》第32条、第35条的规定，国家赔偿以支付赔偿金为主要方式；能够返还财产或者恢复原状的，予以返还财产或者恢复原状；致人精神损害的，应当在侵权行为影响的范围内，为受害人消除影响、恢复名誉、赔礼道歉。

上述行政赔偿方式中，前三种属于物质方式，最后一种属于精神方式。在物质方式中，支付赔偿金是主要方式，但它未必是优先方式。依据《国家赔偿法》第32条的规定，能够返还财产或者恢复原状的，应当优先适用返还财产、恢复原状方式。

（二）行政赔偿计算标准

1. 概述

在理论上，行政赔偿计算标准有三种类型：（1）惩罚性标准。即赔偿额大于实际损失，以示对加害行政机关的惩罚。（2）补偿性标准。即赔偿额等于实际损失，损失多少就赔偿多少，遵循的是损失填平原则。（3）抚慰性标准。即赔偿额小于实际损失，仅以适当金钱赔偿的方式对受害人表示抚慰。

1994年《国家赔偿法》采用的是抚慰性标准。例如，对于误工费，并不是以受害人自己的实际损失为赔偿依据，而是以固定的每日赔偿金为标准。《国家赔偿法草案说明》提出，确定国家赔偿标准的原则之一是“要使受害人所受到的损失能够得到适当弥补”，其中一句“适当弥补”，道出了抚慰性标准的真谛。随着《国家赔偿法》《行政赔偿案件规定》的修改，行政赔偿计算标准正在向补偿性标准“靠拢”，但目前仍未能做到与民事侵权法上的赔偿标准完全“接轨”。

总结·提示　1994年《国家赔偿法》采用的行政赔偿计算标准是抚慰性标准，此后已有向补偿性标准过渡的趋势。

---

2. 侵犯人身权的赔偿标准

（1）侵犯人身自由的赔偿标准

《国家赔偿法》第33条规定：“侵犯公民人身自由的，每日赔偿金按照国家上年度职工日平均工资计算。”依据最高人民法院《关于人民法院执行〈中华人民共和国国家赔偿法〉几个问题的解释》（法发〔1996〕15号）第6条的规定，这里的“上年度”，应为赔偿义务机关、行政复议机关或者人民法院赔偿委员会作出赔偿决定时的上年度；行政复议机关或者人民法院赔偿委员会决定维持原赔偿决定的，按作出原赔偿决定时的上年度执行；国家上年度职工日平均工资数额，应当以职工年平均工资除以全年法定工作日数的方法计算；年平均工资以国家统计局公布的数字为准。例如，依据2023年5月10日最高人民法院发布的《关于2023年作出的国家赔偿决定涉及侵犯公民人身自由赔偿金计算标准的通知》（法〔2023〕77号），2022年度职工日平均工资为436.89元，对侵犯公民人身自由的赔偿金，按照每日436.89元计算。

（2）侵犯生命健康权的赔偿标准

依据《国家赔偿法》第34条的规定，侵犯公民生命健康权的，赔偿金按照下列规定计算：

第一，造成身体伤害的，应当支付医疗费、护理费，以及赔偿因误工减少的收入。减少的收入每日的赔偿金按照国家上年度职工日平均工资计算，最高额为国家上年度职工年平均工资的5倍。

第二，造成部分或者全部丧失劳动能力的，应当支付医疗费、护理费、残疾生活辅助具费、康复费等因残疾而增加的必要支出和继续治疗所必需的费用，以及残疾赔偿金。残疾赔偿金根据丧失劳动能力的程度，按照国家规定的伤残等级确定，最高不超过国家上年度职工年平均工资的20倍。造成全部丧失劳动能力的，对其扶养的无劳动能力的人，还应当支付生活费。

第三，造成死亡的，应当支付死亡赔偿金、丧葬费，总额为国家上年度职工年平均工资的20倍。对死者生前扶养的无劳动能力的人，还应当支付生活费。

上述第二、三项的生活费的发放标准，参照当地最低生活保障标准执行。被扶养的人是未成年人的，生活费给付至18周岁止；其他无劳动能力的人，生活费给付至死亡时止。

3. 精神损害的赔偿标准

依据《国家赔偿法》第35条的规定，对于无严重后果的精神损害，不适用金钱赔偿，仅适用消除影响、恢复名誉、赔礼道歉；对于造成严重后果的精神损害，适用金钱赔偿。《精神损害赔偿解释》第4条第2款规定，消除影响、恢复名誉与赔礼道歉，可以单独适用，也可以合并适用，并应当与侵权行为的具体方式和造成的影响范围相当。

何为“造成严重后果”？依据《行政赔偿案件规定》第26的规定，有下列情形之一的，属于《国家赔偿法》第35条规定的“造成严重后果”：（1）受害人被非法限制人身自由超过6个月；（2）受害人经鉴定为轻伤以上或者残疾；（3）受害人经诊断、鉴定为精神障碍或者精神残疾，且与违法行政行为存在关联；（4）受害人名誉、荣誉、家庭、职业、教育等方面遭受严重损害，且与违法行政行为存在关联。有下列情形之一的，可以认定为后果特别严重：（1）受害人被限制人身自由10年以上；（2）受害人死亡；（3）受害人经鉴定为重伤或者残疾1至4级，且生活不能自理；（4）受害人经诊断、鉴定为严重精神障碍或者精神残疾1至2级，生活不能自理，且与违法行政行为存在关联。

《精神损害赔偿解释》第3条规定：“赔偿义务机关有国家赔偿法第三条、第十七条规定情形之一，依法应当承担国家赔偿责任的，可以同时认定该侵权行为致人精神损害。但是赔偿义务机关有证据证明该公民不存在精神损害，或者认定精神损害违背公序良俗的除外。”据此，对于是否存在精神损害，适用的是举证责任倒置原则。

对于精神损害抚慰金的计算标准，《精神损害赔偿解释》第 8 ~ 10 条规定，致人精神损害，造成严重后果的，精神损害抚慰金一般应当在《国家赔偿法》第 33 条、第 34 条规定的人身自由赔偿金、生命健康赔偿金总额的50%以下（包括本数）酌定；后果特别严重，或者确有证据证明前述标准不足以抚慰的，可以在 50% 以上酌定。精神损害抚慰金的具体数额，应当在兼顾社会发展整体水平的同时，参考下列因素合理确定：（1）精神受到损害以及造成严重后果的情况；（2）侵权行为的目的、手段、方式等具体情节；（3）侵权机关及其工作人员的违法、过错程度、原因力比例；（4）原错判罪名、刑罚轻重、羁押时间；（5）受害人的职业、影响范围；（6）纠错的事由以及过程；（7）其他应当考虑的因素。

精神损害抚慰金的数额一般不少于 1000 元；数额在 1000 元以上的，以千为计数单位。赔偿请求人请求的精神损害抚慰金少于 1000 元，且其请求事由符合造成严重后果情形，经释明不予变更的，按照其请求数额支付。

4. 侵犯财产权的赔偿标准

《国家赔偿法》第 36 条规定：“侵犯公民、法人和其他组织的财产权造成损害的，按照下列规定处理：（一）处罚款、罚金、追缴、没收财产或者违法征收、征用财产的，返还财产；（二）查封、扣押、冻结财产的，解除对财产的查封、扣押、冻结，造成财产损坏或者灭失的，依照本条第三项、第四项的规定赔偿；（三）应当返还的财产损坏的，能够恢复原状的恢复原状，不能恢复原状的，按照损害程度给付相应的赔偿金；（四）应当返还的财产灭失的，给付相应的赔偿金；（五）财产已经拍卖或者变卖的，给付拍卖或者变卖所得的价款；变卖的价款明显低于财产价值的，应当支付相应的赔偿金；（六）吊销许可证和执照、责令停产停业的，赔偿停产停业期间必要的经常性费用开支；（七）返还执行的罚款或者罚金、追缴或者没收的金钱，解除冻结的存款或者汇款的，应当支付银行同期存款利息；（八）对财产权造成其他损害的，按照直接损失给予赔偿。”其中，只有金钱赔偿方式才需要明确赔偿标准，返还财产、恢复原状的赔偿方式不存在赔偿标准的问题。

依据《行政赔偿案件规定》第 28 条的规定，下列损失属于《国家赔偿法》第 36 条第 6 项规定的“停产停业期间必要的经常性费用开支”：（1）必要留守职工的工资；（2）必须缴纳的税款、社会保险费；（3）应当缴纳的水电费、保管费、仓储费、承包费；（4）合理的房屋场地租金、设备租金、设备折旧费；（5）维系停产停业期间运营所需的其他基本开支。

此外，《行政赔偿案件规定》第 27 条规定，违法行政行为造成公民、法人或者其他组织财产损害，不能返还财产或者恢复原状的，按照损害发生时该财产的市场价格计算损失。市场价格无法确定，或者该价格不足以弥补公民、法人或者其他组织损失的，可以采用其他合理方式计算。违法征收征用土地、房屋，人民法院判决给予被征收人的行政赔偿，不得少于被征收人依法应当获得的安置补偿权益。

总结·提示 《行政赔偿案件规定》明确规定，违法征收征用土地、房屋，人民法院判决给予被征收人的行政赔偿，不得少于被征收人依法应当获得的安置补偿权益。

（三）行政赔偿费用

依据《国家赔偿法》第37条的规定，赔偿费用列入各级财政预算。赔偿请求人凭生效的判决书、行政复议决定书、赔偿决定书或者调解书，向赔偿义务机关申请支付赔偿金。赔偿义务机关应当自收到支付赔偿金申请之日起7日内，依照预算管理权限向有关的财政部门提出支付申请。财政部门应当自收到支付申请之日起15日内支付赔偿金。赔偿费用预算与支付管理的具体办法由国务院规定。

2011年1月17日，国务院发布了《国家赔偿费用管理条例》。其中规定，国家赔偿费用由各级人民政府按照财政管理体制分级负担。各级人民政府应当根据实际情况，安排一定数额的国家赔偿费用，列入本级年度财政预算。当年需要支付的国家赔偿费用超过本级年度财政预算安排的，应当按照规定及时安排资金。国家赔偿费用由各级人民政府财政部门统一管理。

五、征收拆迁中常见的行政赔偿问题

（一）行政赔偿与行政补偿的选择

征收拆迁中的行政赔偿，多由行政机关违法强制拆除房屋而引起。我们在第三讲已经介绍，如果在征收过程中补偿安置义务机关不依法履行补偿安置职责，被征收人就有权请求其履行职责，即请求补偿安置义务机关依法给予行政补偿。但是，如果在征收过程中房屋被行政机关违法实施强制拆除，被征收人作为受害人，当然也有权请求行政赔偿。这样一来，就产生了行政补偿与行政赔偿两种救济途径之间的竞合问题。从最高人民法院的判例来看，对于这个问题主要形成了以下两个处理原则：

一是被征收人具有救济手段的选择权。我们在第三讲提到，在房屋被违法拆除之后，被征收人仍然有救济手段的选择权。在**林某红诉惠济区政府行政补偿案**中，最高人民法院认为，在房屋征收过程中，被征收人有权先获得补偿，且对补偿方式依法具有选择权。房屋征收部门与被征收人在签约期限内达不成补偿协议的，房屋征收部门应及时报请作出房屋征收决定的市、县级人民政府作出补偿决定。被征收房屋被强拆，以及法院确认强拆行为违法后，征收人仍未主动履行补偿职责，被征收人依法有权选择通过行政补偿程序请求市、县级人民政府依照《征收条例》的相关规定和案涉征收补偿方案对其进行补偿，也可以选择通过行政赔偿程序请求市、县级人民政府给予行政赔偿。市、县级人民政府认为案涉房屋拆除行为被确认违法后，被征收人要求补偿安置的前提已不存在，其只能通过行政赔偿程序或行政赔偿诉讼要求赔偿，没有法律依据。[①] 这就意味着，选择行政补偿抑或行政赔偿的主动权在于被征收人一方，纵使强制拆除行为已经被确认为违法，也不影响被征收人的选择权。另一个有代表性的判例是**周某平诉湖州经开区管委会行政赔偿案**，在本案判决中，最高人民法院提出，人民法院在条件允许的情况下，通过行政赔偿程序一并解决相关拆迁补偿问题，符合诉讼经济原则，有利于行政争议的实质性化解，也有利于警示教育赔偿义务机关及其工作人员。无论此前的拆迁补偿还是实施强拆行为被法院确认违法之后的拆迁赔偿，相关责任主体都是湖州经开区管委会。湖州经开区管委会此前与此后都无法规避行政法上的补偿或赔偿义务。对于涉案房屋而言，两种程序解决的是同一损失的弥补问题，而从国家赔偿的实际功能看，不仅在于实现国家对行政侵权受害者的救济和体恤，也在一定程度上体现着对赔偿义务机关及其工作人员的警示与教育。在此情况下，如果依循原审判决的逻辑，要求再审申请人必须通过拆迁补偿程序另行寻求救济，不仅实无必要，且会给国家的司法和行政资源造成浪费，也会淡化对赔偿义务机关及其工作人员的惩戒意义。因此，出于实质解决争议，减少当事人讼累，节约国家司法和行政资源，以及警示赔偿义务机关及其工作人员及时纠错、严格公正文明执法之考量，本案宜通过行政赔偿程序一并解决纠纷为宜。[②] 按照这一判例，在被征收人已经明确选择行政赔偿程序且符合行政赔偿责任构成要件的前提下，法院不得再要求被征收人通过行政补偿程序另行寻求救济。

二是被征收人不得重复或者交叉运用两种救济手段。被征收人固然有救济手段的选择权，但在行政补偿与行政赔偿两种救济手段之间，被征收人也只能选择其中的一种，通常不能兼而用之。在**何某文诉南平市政府不履行行政复议法定职责案**中，最高人民法院认为，在一个行政行为被人民法院依法确认违法并已经启动行政赔偿程序后，当事人不能重复或者交叉运用救济手段，再行寻求行政补偿。本案所涉房屋拆迁事宜中原有的补偿问题应依法转化为赔偿程序解决。[③]

总结·提示 被征收人具有救济手段的选择权，但被征收人不能重复或者交叉运用两种救济手段，这是解决行政补偿与行政赔偿竞合问题的基本原则。实践中，被征收人选择行政补偿程序，多是由于超过了行政赔偿的请求时效。我们在第三讲已经介绍，提出履行补偿安置职责之诉一般不存在超过起诉期限的问题，故被征收人放弃行政赔偿程序，转向了行政补偿程序。

（二）违法征收征用土地、房屋的赔偿方式和重要原则

1. 赔偿方式的适用

如前所述，侵犯财产权行政赔偿的方式有支付赔偿金、返还财产和恢复原状三种。对于

---

① 最高人民法院行政判决书，（2020）最高法行再 269 号。

② 最高人民法院行政赔偿判决书，（2018）最高法行再 163 号。

③ 最高人民法院行政裁定书，（2018）最高法行申 2674 号。

因违法征收征用土地、房屋而引发的行政赔偿，能够恢复原状、返还财产的，法院判决恢复原状或返还财产即可。换言之，恢复原状、返还财产相较于支付赔偿金应当优先适用。就这一点来说，与一般的行政赔偿无异。

但是，更多的情形是，由于房屋所在土地已经被占用，恢复原状、返还财产已不可能，法院只能判决赔偿义务机关支付相应的赔偿金。赔偿金的计算，当然要依据《国家赔偿法》第36条的规定，适用直接损失的标准，损失多少就应当赔偿多少。对此，最高人民法院行政审判庭法官会议纪要提出："被拆房屋明显不具备恢复原状的可能时，人民法院就应及时依法释明，引导当事人将诉讼请求变更为判令行政机关支付特定数额的赔偿金或交付特定（包括特定面积、特定位置）的安置房，以便人民法院作出契合当事人诉讼请求的一般给付判决，高效、公平、公正地实质解决行政争议，而不宜作出判令行政机关限期作出赔偿决定的概括判决，以免行政机关作出不合法或不合理的赔偿决定后，当事人再行起诉，既增加当事人的诉累，又浪费司法资源。"① 其中提到的交付安置房（本质上属于实物赔偿），以及实践中出现的其他一些赔偿方式，已经超出了支付赔偿金的范畴，与征收中的补偿安置方式有趋同的迹象。

2. 重要原则——赔偿不低于补偿

《行政赔偿案件规定》第27条第2款规定："违法征收征用土地、房屋，人民法院判决给予被征收人的行政赔偿，不得少于被征收人依法应当获得的安置补偿权益。"这就确立了一个重要原则——赔偿不低于补偿原则。

事实上，这一原则并非《行政赔偿案件规定》首创，而是对实践中长期存在的裁判惯例的采纳。在此前的判例中，最高人民法院曾多次申明，为了防止行政机关恶意违法强拆并"以赔代补"的发生，因违法实施强制拆除而导致的赔偿金额原则上不能低于补偿的数额。例如，在**马某忠诉市中区政府行政赔偿案**中，最高人民法院提出，当事人系村集体经济组织成员，案涉房屋原系村集体土地上房屋。按照公平原则，当事人应得的赔偿，至少应不低于集体土地上房屋拆迁安置应得的补偿。当事人主张应对案涉房屋及附属物参照周边房地产市场价格赔偿，缺乏法律依据。② 实践中，被征收人在提起行政赔偿诉讼时也经常会有意或无意地参照补偿安置的标准，如被征收人请求法院判决"赔偿安置房屋"的情形并不少见。在**柴某霞诉管城区政府行政赔偿案**中，最高人民法院认为，根据《国家赔偿法》第32条以及第36条第4项、第8项的规定，国家赔偿以支付赔偿金为主要方式，侵犯公民、法人和其他组织的财产权造成损害，能够返还财产或者恢复原状的，予以返还财产或者恢复原状；应当返还的财产灭失的，给付相应的赔偿金；对财产权造成其他损害的，按照直接损失给予赔偿。本案中，涉案房屋已被拆除，在当事人与行政机关未能就置换房屋赔偿方式达成一致意见的情况下，原审法院未对当事人所提出的赔偿请求作出实体裁判，以当事人要求判决赔偿

① 最高人民法院行政审判庭编著：《最高人民法院行政审判庭法官会议纪要》（第1辑），人民法院出版社2022年版，第147～148页。

② 最高人民法院行政赔偿裁定书，(2020) 最高法行赔申1529号。

安置房屋，且对安置房屋的具体诉讼请求不明确不具体，不符合法定起诉条件为由裁定驳回起诉，属于适用法律错误，应予纠正。[①] 一些法院甚至直接判决行政机关向被征收人赔偿征收安置补偿损失，如在**赵某昌诉西岔镇政府行政赔偿案**中，兰州市城关区法院一审判决西岔镇政府赔偿赵某昌征收安置补偿损失310,000元，物品损失5000元，共计315,000元。赵某昌不服提起上诉，兰州市中级人民法院认为，一审法院参考征收安置补偿政策的规定，全面考量法律法规及拆迁政策的连续性、一致性、公平性，确定给予赵某昌315,000元的行政赔偿，不少于赵某昌依法应当获得的安置补偿权益，符合法律规定。[②]

确立赔偿不低于补偿原则，对于被征收人可以说是有利亦有弊："利"在于，它可以让被征收人无所顾忌地通过行政赔偿途径寻求救济，而不必担心选择行政赔偿途径之后，最后所获得的赔偿金还赶不上应得的安置补偿权益；"弊"在于，它使法院在计算赔偿金时往往倾向于以征收补偿安置方案为参照，行政赔偿与行政补偿的界线日渐模糊，这就容易造成"合法违法一个样"的荒唐局面——行政机关可以以"零成本"甚至"负成本"违法实施强制拆除，无异于变相鼓励行政机关违法行政。长此以往，赔偿不低于补偿原则甚至可能被曲解为：赔偿既不得低于补偿，又不得高于补偿，而只能等于补偿。事实上，赔偿不低于补偿原则只有在补偿数额大于或等于被征收人的实际财产损失的前提下才有意义。从理论上讲，损害赔偿的基本原则是填平损失，如果补偿数额不足以填平损失，就应当按照被征收人的实际财产损失来确定最终的赔偿数额。

实践中，不少法官和行政机关工作人员均是以确保公平为理由，直接将赔偿等同于补偿。在**高某臣诉梁山县政府行政赔偿案**中，最高人民法院认为，集体土地征收过程中违法强拆引发的行政赔偿案件，行政机关制定了征收补偿安置方案，其他被征收人绝大多数已按照补偿安置方案签订补偿协议，且该片区房屋已基本拆除完毕，审理法院可以参考补偿安置方案，从赔偿方式、房屋赔偿标准、房屋面积、空地院落、室内装修等方面，确定当事人依法可以获得的赔偿。[③] 这里面的问题是，"其他被征收人绝大多数已按照补偿安置方案签订补偿协议"并不代表其他被征收人已经得到了的公平、合理的补偿，如果其他被征收人所得到的补偿本来就低于法定标准，应当设法去提高其他被征收人的补偿标准，而不是强令行政赔偿请求人得到的赔偿完全等于其他被征收人已经得到的补偿，否则就是削足适履了。

总结·提示　对于赔偿不低于补偿原则，需要正确理解，不能理解为：赔偿既不得低于补偿，又不得高于补偿，而只能等于补偿；其基本含义应该是，赔偿既不应当低于法定补偿，也不应当低于被征收人的实际财产损失，在法定补偿和实际财产损失之间，应采就高不就低的原则。

---

① 最高人民法院行政裁定书，(2020) 最高法行赔再4号。

② 兰州市中级人民法院行政赔偿判决书，(2022) 甘01行赔终13号。

③ 最高人民法院行政赔偿裁定书，(2021) 最高法行赔申104号。

（三）强制拆除集体土地上房屋的赔偿

1. 被强拆房屋损失的赔偿

对于被强拆集体土地上房屋损失的赔偿，被征收人多主张参照周边房地产的市场价格来计算。但是，我们在第十二讲已经介绍，最高人民法院认为集体土地上房屋的征收补偿标准与商品房市场价格之间存在差异具有合理性，因而此类主张通常得不到法院的支持。具体来说，法院确定集体土地上被强拆房屋损失的赔偿标准主要有以下几种情形：

第一，将集体土地征收补偿的标准作为赔偿标准的参照物。这是最为常见的情形，在此情形下，赔偿不低于补偿原则得到了实际应用。在**周某平诉湖州经开区管委会行政赔偿案**中，最高人民法院认为，在确定集体土地上房屋被违法强制拆除的行政赔偿标准时，应当秉持以下原则：（1）对当事人的行政赔偿不应低于其原应得的相关拆迁安置补偿权益；（2）以补偿安置方案为基础，兼顾其他被拆迁人已获得的补偿安置利益，全面考虑法律、行政法规、当地政策规定及其他项目的类似补偿方式与标准，统筹考虑房地产价格变化因素，确保当地拆迁补偿安置工作的连续性、一致性和公平性，确保当事人的基本居住权益得到充分保障（居住条件不降低、有改善）；（3）在不违反法律、法规禁止性规定的情况下，尽可能给予当事人必要、合理的照顾和安排，以体现对违法行政行为的惩戒和对被侵权人的关爱与体恤。① 由此可见，虽然征收补偿程序转化成了行政赔偿程序，但补偿安置方案仍不失为法院确定赔偿标准的重要参考依据。

第二，按临近新建安置房评估的市场价格赔偿。在**部某连诉西平县政府行政赔偿案**中，最高人民法院认为，行政机关原则上应当按照补偿安置方案确定的标准进行赔偿，给予当事人货币赔偿或产权调换。因当事人不要房屋置换，只要货币赔偿，人民法院根据补偿方案确定可补偿的建筑面积，其中，对可调换的面积按照临近新建安置房评估的市场价格确定赔偿数额，对超出可调换的面积按补偿方案规定的房屋重置价进行赔偿，保障了被征收人的补偿安置利益。② 在这种情形下，由于确定可调换的面积以及房屋重置价等仍要参照补偿安置方案，可视作第一种情形的一个“变种”。

第三，在补偿安置方案的基础上，上浮一定的比例确定赔偿标准。在**王某伦诉龙里县政府等行政赔偿案**中，最高人民法院认为，涉案房屋系集体土地上房屋，在集体土地征收拆迁过程中被拆除，人民法院参照征收补偿安置方案确定的补偿标准，并结合涉案房屋被拆除后市场行情的变化，在货币补偿的基础上酌情上浮一定比例予以赔偿，保障了被征收人的合法权益。③ 上浮通常适用于行政赔偿时点与征收补偿时点相隔时间较长的情形，此时应当考虑房屋市场价格上涨等因素，直接适用原来的补偿安置标准已明显不合理，而且也无法弥补被征收人的实际损失。

---

① 最高人民法院行政赔偿判决书，（2018）最高法行再163号。

② 最高人民法院行政赔偿裁定书，（2020）最高法行赔申811号。

③ 最高人民法院行政裁定书，（2020）最高法行赔申371号。

第四，按照评估机构的评估价格赔偿。在**王某强诉经开区管委会等行政强制案**中，最高人民法院认为，根据询问中经开区管委会的陈述，菏泽市弘正房地产评估咨询事务所有限公司出具的评估补偿明细，系在前期征收评估过程中对案涉房屋作出的评估。一审、二审按照评估价格对案涉房屋及附属物予以赔偿，已经充分保障了王某强的权益。王某强主张该部分损失应赔偿200万元，但并未提交任何有效证据证明其主张，最高人民法院不予支持。[①] 在这种情形下，行政赔偿标准已经独立于补偿安置方案，更能体现出集体土地上房屋的财产属性，也更有利于贯彻损失多少赔偿多少的原则。不过，能否确保评估机构依法作出客观公正的评估结论，是现实中必须面对的一个问题。

第五，参照国有土地上房屋征收补偿标准赔偿。在**刘某良诉茌平区政府行政赔偿案**中，山东省高级人民法院认为，在集体土地征收过程中，如果未同时对被征收的集体土地上的房屋进行征收补偿，经过若干时间后，原坐落于集体土地上的房屋所在区域已经被纳入城市规划区，基本实现了城镇化，此时再对原集体土地上的房屋实施征收，可以参照国有土地上房屋征收补偿标准予以安置补偿。本案中，当事人虽然持有集体土地使用权证，但房屋强拆时，坐落在已被征收的国有土地上，应当依据国有土地上房屋征收补偿标准判决行政赔偿。[②] 在此情形下，适用的是最高人民法院《关于审理涉及农村集体土地行政案件若干问题的规定》（法释〔2011〕20号）第12条第2款的规定。不过，我们在第十二讲已经介绍，这一规定有近乎苛刻的适用条件。所以，真正参照国有土地上房屋征收补偿标准给予赔偿的案例寥寥无几。

2. 屋内物品损失的赔偿

被强拆房屋内的生产设备和生活用品等，通常为被征收人的合法财产。如果这些物品因违法强制拆除而损毁或者灭失，且无法返还或者恢复原状的，应当由赔偿义务机关按照直接损失给予赔偿。

实践中常见的问题是，由于强制拆除事发突然，赔偿请求人无法就屋内物品保存证据，导致举证困难，赔偿请求人和赔偿义务机关对屋内物品损失产生较大的争议。对此，最高人民法院指导案例91号**沙某保等诉马鞍山市花山区人民政府房屋强制拆除行政赔偿案**提出，在房屋强制拆除引发的行政赔偿案件中，原告提供了初步证据，但因行政机关的原因导致原告无法对房屋内物品损失举证，行政机关亦因未依法进行财产登记、公证等措施无法对房屋内物品损失举证的，人民法院对原告未超出市场价值的符合生活常理的房屋内物品的赔偿请求，应当予以支持。该指导案例还确认花山区政府组织拆除房屋时，未依法对屋内物品登记保全，未制作物品清单并交当事人签字确认，致使当事人无法对物品受损情况进行举证，故该损失是否存在、具体损失情况等，依法应由花山区政府承担举证责任。也就是说，这属于《行政诉讼法》第38条第2款和2018年《行政诉讼法解释》第47条第1款规定的适用举证责任倒置的情形。2019年9月25日，最高人民法院第一巡回法庭法官会议纪要提出，依据

① 最高人民法院行政裁定书，（2019）最高法行申9217号。

② 山东省高级人民法院行政赔偿判决书，（2020）鲁行赔终45号。

《行政诉讼法》第38条第2款的规定，在行政赔偿、补偿案件中，原则上原告应当对损害的大小、多少承担举证责任。若原告能够提供初步证据证明损害存在，如提交了受损物品清单、购物发票等，被告则应举证证明原告受损害的事实不存在，否则即应承担举证不能的不利后果。若原告不能够提供初步证据证明损害存在，则应视为举证不能，并应承担相应的败诉后果。但是，实践中往往会出现被告未经勘验即强制拆除原告的房屋或者未经清点、登记造册即强行将原告的物品予以清除，导致原告举证不能，在此种情况下，应当由被告承担举证责任。①

适用举证责任倒置，并不代表法院必然要对原告主张的物品损失“照单全收”，对其赔偿请求全部予以支持，而是要依据《行政诉讼证据规定》第54条、《行政诉讼法解释》第47条的规定，遵循法官职业道德，运用逻辑推理和生活经验酌情确定。在**兵航养殖合作社诉永川区政府行政赔偿案**中，最高人民法院认为，在行政赔偿、补偿的案件中，原告应当对行政行为造成的损害提供证据。因被告的原因导致原告无法举证的，由被告承担举证责任。但此处两种举证责任在证明目的、证明对象、不利后果等方面并非完全一致，具体而言，对于运用逻辑推理和生活经验无法认定的巨额损失是否存在，原告仍应承担初步证明责任，否则主张消极事实的被告将无从举证。而对于损失数额，被告穷尽举证手段仍无法确定的，人民法院应当综合案件实际情况，运用逻辑推理和生活经验，结合当事人诉求合理酌情确定，并判决行政机关承担相应赔偿责任，而非直接支持原告所有赔偿请求。② 这也提醒了被征收人，对于屋内物品提前保存好证据是至关重要的！尤其是其中价值巨大的物品，如果没有证据的支持，法院运用逻辑推理和生活经验酌情认可的可能性不大。

总结 · 提示　适用举证责任倒置，不代表法院必然要对原告主张的赔偿请求全部予以支持，而是要遵循法官职业道德，运用逻辑推理和生活经验酌情确定。

---

3. 利息损失的赔偿

通说认为，利息损失属于直接损失。2018年11月29日，最高人民法院第一巡回法庭法官会议纪要指出：“未及时支付行政赔偿金所产生的利息属于直接损失的范围，应予赔偿。违法征占土地不能返还，赔偿义务机关理应及时履行赔偿义务，尽快支付赔偿金。因未及时支付赔偿金造成当事人利息损失，依法应当予以行政赔偿。”③ 《行政赔偿案件规定》第29条明确规定，存款利息、贷款利息、现金利息属于“直接损失”。据此，在违法强拆引发的行政赔偿案件中，也需要计算利息损失。

① 参见最高人民法院第一巡回法庭编著：《最高人民法院第一巡回法庭行政主审法官会议纪要》（第1卷），中国法制出版社2020年版，第215~216页。

② 最高人民法院行政裁定书，(2020) 最高法行赔申187号。

③ 最高人民法院第一巡回法庭编著：《最高人民法院第一巡回法庭行政主审法官会议纪要》（第1卷），中国法制出版社2020年版，第240页。

但是，现有的法律对利息的计算标准缺乏明确的规定。最高人民法院《关于审理民事、行政诉讼中司法赔偿案件适用法律若干问题的解释》（法释〔2016〕20 号）第 15 条第 1 款规定："国家赔偿法第三十六条第七项规定的银行同期存款利息，以作出生效赔偿决定时中国人民银行公布的一年期人民币整存整取定期存款基准利率计算，不计算复利。"实践中，法院通常是参照上述规定，以中国人民银行公布的一年期人民币整存整取定期存款基准利率计算利息。例如，在**李某金诉兴城市政府等强制拆除行为违法并赔偿案**中，最高人民法院就是参照这一规定，认为违法损害赔偿金应当以作出生效赔偿决定时中国人民银行公布的一年期人民币整存整取定期存款基准利率作为计付利息的标准。① 此外，亦有按照其他标准计算利息的案例。例如，在**臧某芝诉青山区政府行政赔偿案**中，最高人民法院认为，考虑到涉案房屋被拆除时间与实际赔偿时间相隔较长，市场行情发生了很大变化，对于包括临时安置费在内的各项赔偿款，根据当事人诉讼主张，可按中国人民银行同期贷款基准利率自涉案房屋被拆除之日计算利息至实际赔付之日，以维护当事人的合法权益。② 在本案中，法院是按照贷款基准利率而不是存款基准利率计算利息。2022 年 10 月 8 日，最高人民法院答复称："人民法院应当综合考量案件具体情况，客观公正地评估当事人的实际损失，如存款利息不足以弥补其损失，可以按贷款利息计算。"这一答复对实践中业已存在的按照贷款基准利率计算利息的做法给予了明确肯定。

链接·积累

最高人民法院关于行政赔偿利息利率法律适用问题的答复

〔2022〕最高法行他 10 号

湖南省高级人民法院：

你院《关于行政赔偿利息利率及土地置换协议效力法律适用问题的请示》收悉，经研究，答复如下：

根据《最高人民法院关于审理行政赔偿案件若干问题的规定》第二十七条第一款规定，违法行政行为造成公民、法人或者其他组织财产损害，不能返还财产或者恢复原状的，按照损害发生时该财产的市场价格计算损失。市场价格无法确定，或者该价格不足以弥补公民、法人或者其他组织损失的，可以采用其他合理方式计算。所谓"其他合理方式"，包括确定合理的利息损失，以及按照决定赔偿时的市场价格计算损失等。人民法院应当综合考量案件具体情况，客观公正地评估当事人的实际损失，如存款利息不足以弥补其损失，可以按贷款利息计算。

此复。

2022 年 10 月 8 日

① 最高人民法院行政判决书，（2020）最高法行再 329 号。

② 最高人民法院行政裁定书，（2019）最高法行赔申 1214 号。

4. 其他损失的赔偿

(1) 停产停业损失

我们在第十二讲提到，在征收集体土地时对于土地上的商业用房等非住宅房屋，以及依法从事生产经营活动的住宅房屋（“住改商”房屋），也需要补偿停产停业损失。因此，停产停业损失属于直接损失范畴，如果因行政机关违法强拆房屋而导致了停产停业损失，行政机关理应赔偿这一损失。对于停产停业损失的计算标准，我们已在第十五讲和第十六讲介绍，这里不再赘述。

(2) 租金损失

租金损失，在这里有两种不同的含义：

一是被征收人将房屋出租给他人并收取租金，因房屋被违法强拆而导致了租金损失。这种意义上的租金通常属于直接损失，行政机关应予赔偿。在**王某利诉泾阳县政府行政赔偿案**中，最高人民法院认为，被征收房屋系门面房，被拆除时被征收人出租给他人作为经营房并收取租金，该项租金损失属直接损失范畴，法院应判令予以赔偿。[①]

二是因房屋被违法强拆，被征收人不得不租房居住或者经营，由此导致了租金损失。这种意义上的租金损失带有过渡费的性质，是否属于应当赔偿的直接损失有一定争议。我们在第十五讲提到，如果被征收人选择货币补偿，一般不产生临时安置补偿。同样道理，如果被征收人要求行政机关支付赔偿金，通常也不应当产生临时安置补偿。如此说来，这种意义上的租金损失似乎不属于直接损失。不过，在实践中需要根据案情具体分析，不能太过武断。在**李某芹等诉涧西区政府等行政赔偿案**中，河南省高级人民法院认为，由于李某芹等对涉案房屋用于出租、经营及居住使用，故房屋被拆除后其必然存在重新租赁房屋的租金损失及租赁、营业损失，该部分损失应予赔偿。由于该部分损失性质与政府所公布的过渡费损失较为接近，故参照过渡费标准从2012年8月计算至2018年5月共69个月，应赔偿151,054.8（273.65×69×8）元。[②] 在本案中，法院所认定的租金损失，实际上包含了以上两种意义上的租金损失。通过本案也可以看出，一概而论地说被征收人选择货币补偿时不产生临时安置补偿，至少是不全面的。

(3) 装饰装修损失

实践中，对于装饰装修损失的认定分为两种情形：一种情形是将装饰装修损失认定为被强拆房屋损失的一部分，在计算被强拆房屋损失时将装饰装修损失一并计算在内；另一种情形是将装饰装修损失单独予以认定，使其独立于被强拆房屋的损失。无论如何认定，只要最终的结果能够弥补被征收人的直接损失，我们也就不好对其说三道四了。

(4) 精神损害

如前所述，侵犯人身权和致人精神损害同时具备，是精神损害赔偿的构成要件。因此，

① 最高人民法院行政赔偿裁定书，(2020) 最高法行申6908号。

② 河南省高级人民法院行政判决书，(2018) 豫行再40号。

如果单纯是因行政机关违法强拆房屋导致财产损失，被征收人是无法请求精神损害赔偿的。实践中，被征收人针对违法强拆行为请求精神损害赔偿的，几乎均以失败告终，也诠释了这一点。

（5）律师费等损失

由于征收拆迁类的案件通常专业性较强，被征收人非委托专业的律师无法胜任。那么，律师费损失是否属于应当赔偿的直接损失？最高人民法院《关于进一步推进案件繁简分流优化司法资源配置的若干意见》（法发〔2016〕21 号）第 22 条规定，当事人存在滥用诉讼权利、拖延承担诉讼义务等明显不当行为，造成诉讼对方或第三人直接损失的，人民法院可以根据具体情况对无过错方依法提出的赔偿合理的律师费用等正当要求予以支持。但由于这一规定对自身的适用条件做了严格限制，因而被法院引用的概率极小。实践中，明确判决由败诉方承担律师费的案例少之又少。在**向某平诉普吉街道办房屋拆迁行政赔偿案**中，云南省昆明市中级人民法院认为，当事人因房屋被强制拆除，为维护自身合法权益提起诉讼，并依法委托律师代理案件，为此支付的合理律师代理费依法应当得到支持，该费用属于当事人的直接损失。[①] 但在更多的案例中，法院均明确否认律师费损失为当事人的直接损失。例如，在**杜某兴诉连江县政府行政赔偿案**中，最高人民法院提出，律师费、差旅费损失均不属于违法强拆行为造成的直接损失范围，原审法院依法不予支持，并无不当。[②] 在**薛某远诉四川省国土资源厅行政赔偿案**中，最高人民法院认为，所谓直接财产损失，是指因不法侵害而致财产遭受直接减少或灭失，主要指既得利益的损失或现有财产的减少。据此，当事人请求赔偿其提起行政诉讼所产生的误工费、车旅费、文件打印费、邮寄费、律师咨询费等费用，该费用系其在寻求救济过程中的支出，而不是行政机关及其工作人员在行使行政职权时所直接造成的财产损失，依法不属于行政赔偿的范围。[③] 按照上述判例，非但律师费损失，当事人因维权而支出的其他费用通常也不在行政赔偿范围之内。

总结・提示　实践中，被征收人针对违法强拆行为请求精神损害赔偿的，基本得不到法院的支持。此外，法院也很少对主张律师费、误工费、车旅费、文件打印费、邮寄费等损害赔偿的请求予以支持。

（6）其他损失

除了上述损失，被征收人还可能有各种奖励、补助、搬迁费等损失。2018 年 11 月 29 日，最高人民法院第一巡回法庭法官会议纪要指出："行政机关通过非法手段拆迁，所有通过行政补偿应当获得的项目以及数额，都应当属于行政赔偿的范畴，要确保对相对人的赔偿数额不低于相对人在合法强拆情况下获得的补偿数额。补偿协议中约定的按期搬迁奖励、搬

① 云南省昆明市中级人民法院行政赔偿判决书，(2020) 云 01 行赔终 9 号。

② 最高人民法院行政赔偿裁定书，(2020) 最高法行赔申 1288 号。

③ 最高人民法院行政裁定书，(2018) 最高法行申 689 号。

迁费和临时安置费在内均应纳入赔偿范围，计算为直接损失。未及时支付赔偿金所产生的利息亦属于直接损失的范围，应予赔偿。”① 换言之，按照赔偿不低于补偿原则，但凡被征收人在行政补偿程序中应当得到的补偿安置，在行政赔偿程序中均应当认定为直接损失，由行政机关予以赔偿。

由于这样的损失名目繁多，实难一一列举，故名曰“其他损失”。例如，在一些地方有对集体土地上房屋所占空地院落损失的赔偿。在**孟某君诉萧县政府行政赔偿案**中，最高人民法院认为，关于空地赔偿问题，原审法院根据调取的航拍图及专业人员测量结果，结合当事人提供的集体土地权利凭证，同时扣除房屋占地面积，认定其可获赔偿的空余土地面积，并无不当。关于空地赔偿标准问题，当事人主张应按“单门独院”的补偿标准进行赔偿，但其并未提供宅基地使用证，原审法院参照当地文件规定的有关标准进行赔偿，并无不当。②

（四）强制拆除国有土地上房屋的赔偿

《行政赔偿案件规定》第 27 条第 2 款所确立的赔偿不低于补偿原则，对于强拆国有土地上房屋的赔偿同样适用。其中，在被强制拆除房屋的损失方面，国有土地上房屋可以名正言顺地按照被征收房屋的市场价格计算损失，这一点与集体土地上房屋存在显著的区别。具体的计算方式和标准，参见本书第十五讲。

除了被强制拆除房屋的损失，在征收中行政机关强制拆除国有土地上房屋所导致的其他损失，基本上可以比照强制拆除集体土地上房屋的情形计算，这里不再重复。

（五）强制拆除违法建筑的赔偿

对于违法建筑及其认定，我们已在第七讲详细介绍。另外，前文讲到，依据《国家赔偿法》第 2 条第 1 款的规定，非法利益不受法律保护，行使行政职权造成非法利益损害的，国家不承担赔偿责任。所以，在房屋被依照法定的权限和程序认定为违法建筑之后，即使强制拆除行为被认定为违法，当事人也不能获得行政赔偿。依据《行政赔偿案件规定》第 32 条的规定，当事人就违法建筑请求行政赔偿，属于没有事实根据和理由不能成立的情形，法院应判决驳回行政赔偿请求。在**朱某江诉龙城区政府强制拆除并赔偿案**中，最高人民法院认为，朝阳市国土资源局朝国土资行处字〔2014〕第 345 号行政处罚决定（其中包含认定案涉畜禽舍为违法建筑的内容）生效后，龙城区政府拆除的朱某江家庭违建畜禽舍，属于经行政程序没收的违法建筑，该拆除行为虽被判决确认违法，但并不对朱某江家庭的合法权益造成损害，请求赔偿没有事实和法律依据。最终，赔偿请求被法院判决驳回。③

但是，在行政机关对违法建筑实施违法的强制拆除行为时，亦有可能同时对当事人的合法权益造成损失，对于这一部分损失行政机关理应赔偿。为此，最高人民法院行政审判庭法官会议纪要提出：“违法建筑拆除过程中，也存在合法利益保护问题。行政机关应当在调查、

---

① 最高人民法院第一巡回法庭编著：《最高人民法院第一巡回法庭行政主审法官会议纪要》（第 1 卷），中国法制出版社 2020 年版，第 221 页。

② 最高人民法院行政赔偿裁定书，（2019）最高法行赔申 357 号。

③ 最高人民法院行政裁定书，（2018）最高法行申 6111 号。

认定的基础上，依照法定的权限、方式、步骤实施行政强制拆除行为。因为违法实施行政强制拆除行为造成当事人合法权益损失的，行政机关应予依法行政赔偿。"[①]

违法建筑上的合法权益，首先是建筑材料的所有权。在**于某诉龙港区政府强制拆除并赔偿案**中，最高人民法院提出，行政机关对违法建筑物、构筑物实施强制拆除时，当事人只有合法权益受到损害才能够获得行政赔偿；没有合法权益可保护的，不能获得行政赔偿。因强制拆除手段、方式不当，造成当事人在正常强制拆除情形下可回收、利用的废旧建筑材料灭失的，属于当事人的合法财产权益，依法应当予以行政赔偿。最终，法院认定龙港区政府强拆行为违法，并判决龙港区政府赔偿于某被拆房屋建筑材料的成本价值。[②] 在**郭某军诉朝阳区政府行政复议案**中，最高人民法院认为，违法建设不属于合法的财产权益，行政机关对违法建设的拆除自然不会产生国家赔偿。但建设本身违法并不意味着建筑材料亦随之变成非法财物，建筑材料属于当事人的合法财产。行政机关在对违法建设实施强制拆除的过程中，若违反法定程序及采取的手段、方式不适中、不正当，导致建筑材料受到明显不合理、过度毁损的，应当根据建筑材料的合理价值、违法强制拆除行为造成的合理损失等因素承担相应的赔偿责任。[③] 不过，在**洪某生养殖合作社诉永川区政府行政赔偿案**中，最高人民法院认为，关于建筑材料，案涉房屋被认定为违法建筑，构成该违法建筑的材料虽属当事人的合法财产，但建筑材料在拆除过程中无可避免地会受到部分损毁；而对拆除后的残存建筑材料，行政机关并无职责进行清理、保管。故其要求对违法建筑的建筑材料予以赔偿的理由不成立。[④]通过这几个判例，我们可以大致梳理出最高人民法院的裁判思路：对于建筑材料损失是否给予赔偿的关键，是强制拆除的手段、方式是否适当，以及是否因此而导致可回收、利用的废旧建筑材料损失。对于与建筑物融为一体、可分性不强的建筑材料，无论由谁拆除，均会导致该部分建筑材料的毁损，此类建筑材料通常不在赔偿范围之内；对于虽依附于违法建筑但具有独立性、可分性的，且拆除后价值减损较小的建筑材料，如门窗，若未尽到合理注意义务造成建筑材料价值损失的，行政机关应当予以赔偿。[⑤]

除了建筑材料，违法建筑之内的生产设备、生活用品等也是当事人的合法财产，同样属于应当予以赔偿的部分。在**金某增诉高新区管委会行政赔偿案**中，最高人民法院提出，获得国家赔偿的前提是公民、法人和其他组织的合法权益受到侵害造成损失。本案涉案被拆除的厂房等建筑物，因没有办理规划许可证等相关批准手续已被确认为违法建筑物，不属于合法财产，不应予以赔偿，但可利用的建筑材料及厂房内的机器设备、原材料、生活物品等应属合法财产，依法应予赔偿。[⑥]

---

① 最高人民法院行政审判庭编著：《最高人民法院行政审判庭法官会议纪要》（第2辑），人民法院出版社2023年版，第166~167页。

② 最高人民法院行政裁定书，（2019）最高法行申4038号。

③ 最高人民法院行政裁定书，（2017）最高法行申3854号。

④ 最高人民法院行政裁定书，（2020）最高法行赔申188号。

⑤ 参见《人民法院报》2016年9月29日，第7版。

⑥ 最高人民法院行政赔偿裁定书，（2019）最高法行赔申873号。

总结·提示 在行政机关对违法建筑实施违法的强制拆除行为之后，可能需要赔偿建筑材料的损失以及违法建筑之内的生产设备、生活用品等合法财产的损失。

（六）强制断水、断电、断气、断热力等的赔偿

违反规定强制断水、断电、断气、断热力等，是常见的逼迁手段，属于典型的“野蛮拆迁”方式。如果断水、断电、断气、断热力等行为是由行政机关作出的，或者由行政机关指令相应企业作出的，应当认定为行政行为，被征收人有权对其提起行政诉讼。我们在第六讲已经介绍，《行政强制法》（2011 年发布）第 61 条明确规定行政机关实施行政强制时有“对居民生活采取停止供水、供电、供热、供燃气等方式迫使当事人履行相关行政决定的”情形的，属于违法实施行政强制的情形，须为此承担相应的法律责任。

以断电为例，由于供电属于公共商行为，所以法律常对供电人课予强制缔约的义务，供电人不得随意中断供电，以对“电老虎”的垄断地位进行规制。《民法典》（2020 年发布）第 652 ~ 654 条规定了断电三规则，其中第 652 条规定：“供电人因供电设施计划检修、临时检修、依法限电或者用电人违法用电等原因，需要中断供电时，应当按照国家有关规定事先通知用电人；未事先通知用电人中断供电，造成用电人损失的，应当承担赔偿责任。”《电力法》（2018 年修改）第 26 条第 1 款规定：“供电营业区内的供电营业机构，对本营业区内的用户有按照国家规定供电的义务；不得违反国家规定对其营业区内申请用电的单位和个人拒绝供电。”第 29 条规定：“供电企业在发电、供电系统正常的情况下，应当连续向用户供电，不得中断。因供电设施检修、依法限电或者用户违法用电等原因，需要中断供电时，供电企业应当按照国家有关规定事先通知用户。用户对供电企业中断供电有异议的，可以向电力管理部门投诉；受理投诉的电力管理部门应当依法处理。”《电力供应与使用条例》（2019 年修改）第 28 条规定：“除本条例另有规定外，在发电、供电系统正常运行的情况下，供电企业应当连续向用户供电；因故需要停止供电时，应当按照下列要求事先通知用户或者进行公告：（一）因供电设施计划检修需要停电时，供电企业应当提前 7 天通知用户或者进行公告；（二）因供电设施临时检修需要停止供电时，供电企业应当提前 24 小时通知重要用户；（三）因发电、供电系统发生故障需要停电、限电时，供电企业应当按照事先确定的限电序位进行停电或者限电。引起停电或者限电的原因消除后，供电企业应当尽快恢复供电。”依据上述规定，供电企业停止供电受到了相当严格的限制。在**恒升公司诉金水区政府确认行政行为违法案**中，最高人民法院提出，在城中村拆迁改造过程中，行政机关通知供电企业停电，是其涉案拆迁工作的一部分，具体运用了行政权，是一种行政事实行为。对涉案地块停止电力供应是政府拆迁工作的一部分，供电企业对停电原因、停电范围等事实不具有判断能力和义务，其停止电力供应仅是辅助行政机关的通知停电行为，故实质上是行政机关的通知停电行为给相对人带来了影响，相应后果由该行政机关承担。行政机关通知供电企业停电行

为的目的，是变相实现相关居民或商户搬迁，该行为没有法律依据，不具有合法性。[①] 在**何某香等诉国欢镇政府行政强制案**中，福建省高级人民法院认为，行政机关为加快拆迁进度，指令企业对当事人采取断电行为，该企业的行为是辅助行政机关行使国家行政职权的行为。辅助行为是行政职权运作的表现，而非企业意志的体现，实质上也区别了行政行为与企业的民事行为。因此，当事人认为行政机关的断电行为侵犯其合法权益，有权提起行政诉讼。原一审、二审法院将辅助行为认定为企业民事行为，属认定事实不清。[②] 在上述判例中，法院对于行政机关指令企业断电行为的性质、责任承担以及合法性的判断均是十分准确的。

既然此类强制断水、断电、断气、断热力等行为属于行政行为，就有可能产生行政赔偿的问题，赔偿的标准仍然是这一行政行为所造成的直接损失。在**柳某林诉凌源市政府行政强制违法及赔偿案**中，柳某林提出的诉讼请求为：确认凌源市政府在未合法征收房屋的情况下采取停水、停电、停暖、停气等行政强制行为违法；采取补救措施保证正常居住；赔偿损失195,931.40元，具体包括：（1）安置损失28,283.40元；（2）液化气补贴2520元；（3）管带煤气使用权赔偿3080元；（4）液化气与煤气差额赔偿1760元；（5）搬家费2000元；（6）搬家劳务费6000元；（7）逼迁物品损失20,000元；（8）看护费、交通费72,288元；（9）房租费30,000元；（10）身体和精神损害抚慰金30,000元。最高人民法院认为，《征收条例》第31条规定的"违反规定中断供水、供热、供气、供电和道路通行等非法方式迫使被征收人搬迁"的行为，其引发的行政赔偿责任不同于因违法强制拆除房屋所产生的赔偿责任，即两种行政强制行为所产生的直接损失范围不同。因凌源市政府采取的中断供热、供气行为所产生的直接损失就是柳某林提出的第2项赔偿请求事项，第3项、第4项、第10项赔偿请求不属于直接损失范围，无法律依据。柳某林提出的第1项、第5～9项赔偿请求，均属于对被征收房屋及地上物的法定补偿项目范围，在凌源市政府并未实施违法强制拆除行为时，仍属于补偿责任范畴，不能转化为赔偿责任范畴。[③] 在**黄某禄诉金华市政府行政赔偿案**中，最高人民法院提出，停水停电措施造成的后果和因吊销许可证和执照、责令停产停业的后果类似，该损失可参照此赔偿标准计算赔偿数额。[④] 在上述两个判例中，最高人民法院明确了行政机关违法实施强制断水、断电、断气、断热力等行为造成损害的，应当承担赔偿责任。

（七）征收决定作出后长时间不实施征收的赔偿

如果行政机关发布征收决定公告后长时间未进行征收，其后又决定不再征收，由此导致拟被征收的房屋长期不能使用，相对人是否可以要求行政机关赔偿相关的损失？对此，最高人民法院持肯定的态度。在**吴某平诉铁西区政府不履行拆迁职责行政赔偿案**中，最高人民法院认为，铁西区政府于2004年9月24日发布拆迁公告，于2015年10月在诉讼中才确定停

---

① 最高人民法院行政裁定书，(2017) 最高法行申8513号。
② 福建省高级人民法院行政裁定书，(2019) 闽行再16号。
③ 最高人民法院行政裁定书，(2020) 最高法行申5818。
④ 最高人民法院行政赔偿裁定书，(2019) 最高法行赔申101号。

止拆迁。在此11年期间，铁西区政府未履行拆迁职责，导致涉案房屋一直处于待拆除的状态，涉案房屋亦被断水、断电等，吴某平无法正常使用涉案商用房屋。原审人民法院按照租金损失赔偿吴某平的损失符合法律规定和本案的实际情况。一审判决按照拆迁公告发布前涉案房屋的租金收入（每年505,440元）计算租金损失，确认铁西区政府不履行职责违法并判令其赔偿吴某平人民币562.8万元，二审法院予以维持，并无不当。①

从上述判例，我们可以得出一个初步的结论：行政机关在征收拆迁中违法实施的行为抑或不作为，只要是对被征收人的财产权造成了直接损失，就应当给予赔偿。在这一点上，征收拆迁中的行政赔偿与其他领域的行政赔偿并无差别。

---

① 最高人民法院行政裁定书，（2019）最高法行申1304号。

第二十讲　征收拆迁维权的主要策略

重点导读

作为本书的"收官之作"，本讲的内容和体例设置是基于这样的考虑：一是被征收人要维权，就应该尽可能多地掌握相关的政府信息，故被征收人需要先涉猎政府信息公开制度；二是除了行政复议、行政诉讼和行政赔偿，信访也被认为是行政争议的解决途径之一，故被征收人有必要初步了解中国的信访制度；三是被征收人的诉求得到满足，有很大一部分是其与征收部门谈判的结果，故被征收人学会谈判属当务之急；四是鉴于征收拆迁中的法律问题相当复杂，被征收人很难独自胜任征收拆迁维权，往往需要委托专业的律师，故被征收人对于中国的律师制度有一个梗概性的认知也是不可或缺的。按照上面的思路，本讲的内容包括征收拆迁维权策略概述、政府信息的获取、信访与"信法"的关系理顺、征收拆迁谈判的要点、充分发挥律师的作用五个方面。

一、征收拆迁维权策略概述

现实中，但凡讲到某一策略，往往会越讲越虚，最后甚至变成了毫无意义的空洞口号。在市面上，讲授征收拆迁维权策略的各类作品已是铺天盖地，但不得不说其中很多所谓的"策略"有故弄玄虚之嫌，落下了"假、大、空"的毛病。更有一些"策略"哗众取宠，实际上肤浅得如同儿戏一般，焉能用以指导被征收人实施有效的维权？基于这样的现实，本讲尽力避虚就实，在策略的依据、可操作性和实效性等方面下功夫，以期摆脱"口号式"策略的刻板印象。换言之，本讲所要介绍的并不是玄虚的行动方针、斗争方式，而是实实在在的东西。

顺应这一思路，本讲的内容和体例设置是基于这样的考虑：首先，被征收人要维权，就应该尽可能多地掌握相关的政府信息，故被征收人需要先涉猎政府信息公开制度；其次，除了前面已经讲过的行政复议、行政诉讼和行政赔偿，信访也被认为是行政争议的解决途径之一，在现实中因征收拆迁所引发的信访俯拾即是，故被征收人也有必要初步了解中国的信访制度；再次，被征收人的诉求得到满足，有很大一部分是其与征收部门谈判的结果，故被征收人学会谈判属当务之急；最后，鉴于征收拆迁中的法律问题相当复杂，被征收人很难独自胜任征收拆迁维权，往往需要委托专业的律师，故被征收人对于中国的律师制度有一个梗概性的认知也是不可或缺的。

下面，我们用四个部分讲述以上内容，分别名之曰政府信息的获取、信访与“信法”的关系理顺、征收拆迁谈判的要点、充分发挥律师的作用。相对而言，前两部分的内容是比较“实”的，后两部分内容则容易自觉或不自觉地“虚”化，但本讲会尽可能地朝着“实”的方向努力。

二、政府信息的获取

（一）政府信息在征收拆迁维权中的意义

1. 政府信息及其公开制度

为了保障公民、法人和其他组织依法获取政府信息，提高政府工作的透明度，建设法治政府，充分发挥政府信息对人民群众生产、生活和经济社会活动的服务作用，国务院于2007年4月5日发布了《政府信息公开条例》，自2008年5月1日开始实施。2019年4月3日，国务院又发布了修改后的《政府信息公开条例》，自2019年5月15日开始实施。

依据《政府信息公开条例》（2019年修改）第2条的规定，政府信息是指行政机关在履行行政管理职能过程中制作或者获取的，以一定形式记录、保存的信息。行政机关公开政府信息，以公开为常态、不公开为例外，并遵循公正、公平、合法、便民的原则。行政机关在行使行政职权的过程中，通过法定的形式和程序，主动将政府信息向社会公众或依申请向特定的个人或组织公开的制度，就是政府信息公开制度。[①] 政府信息公开制度，主要是为了保障行政执法的公开透明而引入的一种制度设计。

需要指出的是，政府信息公开与近年来国人耳熟能详的政务公开有所不同。依据中共中央办公厅、国务院办公厅印发的《关于全面推进政务公开工作的意见》（中办发〔2016〕8号），政务公开的核心内容是推进决策、执行、管理、服务、结果公开（“五公开”）。国务院办公厅印发的《〈关于全面推进政务公开工作的意见〉实施细则》（国办发〔2016〕80号）首次对政务公开的内涵做了界定：“政务公开是行政机关全面推进决策、执行、管理、服务、结果全过程公开，加强政策解读、回应关切、平台建设、数据开放，保障公众知情权、参与权、表达权和监督权，增强政府公信力执行力，提升政府治理能力的制度安排。”从中可见，政务公开制度牵涉政务服务的整个过程，内容相对庞杂。相比之下，政府信息公开制度则更为简单直接，就是由行政机关及时、准确地公开政府信息。但无论如何，政府信息公开和政务公开不可避免地会有交叉重叠之处，二者之间的关系还有待于进一步理顺。

总结·提示 政府信息公开不同于政务公开，后者是以“五公开”为核心内容。

为正确审理政府信息公开行政案件，最高人民法院曾发布了一些司法解释和答复等。其

① 参见应松年主编：《当代中国行政法》（第6卷），人民出版社2018年版，第2505页。

中，比较重要的有最高人民法院《关于审理政府信息公开行政案件若干问题的规定》（法释〔2011〕17号，以下简称《政府信息公开案件规定》）、最高人民法院《关于政府办公厅（室）能否作为政府信息公开行政争议的行政复议被申请人和行政诉讼被告问题的请示的答复》（〔2015〕行他字第32号）、最高人民法院《关于行政机关不依法履行政府信息公开义务行为是否属于行政复议范围问题的答复》（〔2014〕行他字第5号）、最高人民法院《关于请求公开与本人生产生活科研等特殊需要无关政府信息请求人是否具有原告诉讼主体资格问题的批复》（〔2010〕行他字第193号）等。2014年9月13日，最高人民法院公布了“全国法院政府信息公开十大案例”。2022年1月5日，国务院办公厅转发了司法部《关于审理政府信息公开行政复议案件若干问题的指导意见》。此外，与征收拆迁直接相关的政府信息公开方面的规定还有2021年12月3日发布的《自然资源部政府信息公开工作规范》（自然资办发〔2021〕66号）。

2. 政府信息在维权中的意义

凡是参与过征收拆迁维权的被征收人或者律师，几乎都可以直接体会到政府信息的重要意义。由于被征收人和律师手头所掌握的征收拆迁资料十分有限，申请政府信息公开遂成为其收集资料和证据的一种法律手段。例如，集体土地征收中的征收土地预公告、补偿安置方案、土地征收报批材料、征地批复、征收土地公告，国有土地上房屋征收中的征收决定、征收补偿方案、评估报告、整体及分户补偿情况等，都属于政府信息公开的范围。为了对征收与补偿的情况进行准确“把脉”，征收拆迁维权几乎都是从申请政府信息公开入手的。甚至可以说，政府信息公开申请的运用是否恰当，直接攸关维权的成败。

不过，政府信息对于征收拆迁维权来说终究只是手段而非目的。实践中，一些律师和被征收人无节制地滥用政府信息公开申请和政府信息公开诉讼，既造成当事人无休止的讼累，又浪费了宝贵的司法资源，形成一种喧宾夺主的局面，反而不利于维权。总而言之，无论是申请政府信息公开还是提起政府信息公开诉讼，均应当以必要为限。

总结·提示　申请政府信息公开以及提起政府信息公开诉讼，应当以必要为限，切忌将手段当成目的。

（二）政府信息公开的主体和范围

1. 政府信息公开的主体

《政府信息公开条例》第10～11条规定了政府信息公开的主体，内容如下：

第一，行政机关制作的政府信息，由制作该政府信息的行政机关负责公开。

第二，行政机关从公民、法人和其他组织获取的政府信息，由保存该政府信息的行政机关负责公开；行政机关获取的其他行政机关的政府信息，由制作或者最初获取该政府信息的行政机关负责公开。法律、法规对政府信息公开的权限另有规定的，从其规定。

第三，行政机关设立的派出机构、内设机构依照法律、法规对外以自己名义履行行政管理职能的，可以由该派出机构、内设机构负责与所履行行政管理职能有关的政府信息公开工作。

第四，两个以上行政机关共同制作的政府信息，由牵头制作的行政机关负责公开。

第五，行政机关应当建立健全政府信息公开协调机制。行政机关公开政府信息涉及其他机关的，应当与有关机关协商、确认，保证行政机关公开的政府信息准确一致。

第六，行政机关公开政府信息依照法律、行政法规和国家有关规定需要批准的，经批准予以公开。

总结·提示 上述规定，在总体上确立了“谁制作谁公开、谁保存谁公开”的原则，即政府信息如果是行政机关制作的，由制作该政府信息的行政机关负责公开；如果是从公民、法人或者其他组织获取的，由保存该政府信息的行政机关负责公开；如果是从其他行政机关获取的，由制作或者最初获取该政府信息的行政机关负责公开。

---

2. 政府信息公开的范围

《政府信息公开条例》用“排除法”界定了政府信息公开的范围，在第14～16条规定，不得公开或可以不予公开的政府信息包括：(1) 依法确定为国家秘密的政府信息，法律、行政法规禁止公开的政府信息，以及公开后可能危及国家安全、公共安全、经济安全、社会稳定的政府信息，不予公开。(2) 涉及商业秘密、个人隐私等公开会对第三方合法权益造成损害的政府信息，行政机关不得公开。但是，第三方同意公开或者行政机关认为不公开会对公共利益造成重大影响的，予以公开。(3) 行政机关的内部事务信息，包括人事管理、后勤管理、内部工作流程等方面的信息，可以不予公开。(4) 行政机关在履行行政管理职能过程中形成的讨论记录、过程稿、磋商信函、请示报告等过程性信息以及行政执法案卷信息，可以不予公开。法律、法规、规章规定上述信息应当公开的，从其规定。依据《政府信息公开条例》第13条第1款的规定，除上述规定的政府信息外，政府信息应当公开。这一规定，体现了“以公开为常态、不公开为例外”的基本要求。

为了明确政府信息公开的范围，便于公民、法人和其他组织依法获取政府信息，《政府信息公开条例》要求行政机关编制、公布政府信息公开指南和政府信息公开目录，且应当及时更新。其中，政府信息公开指南包括政府信息的分类、编排体系、获取方式和政府信息公开工作机构的名称、办公地址、办公时间、联系电话、传真号码、互联网联系方式等内容；政府信息公开目录包括政府信息的索引、名称、内容概述、生成日期等内容。同时，行政机关应当建立健全政府信息管理动态调整机制，对本行政机关不予公开的政府信息进行定期评估审查，对因情势变化可以公开的政府信息应当公开。

（三）主动公开和依申请公开

1. 政府信息公开的方式

《政府信息公开条例》第13条第2款规定，行政机关公开政府信息，采取主动公开和依申请公开的方式。据此，政府信息公开的方式无非就是两种：一种是行政机关主动公开，另一种是行政机关依相对人的申请而公开。

总结·提示　政府信息公开的方式，包括行政机关主动公开和行政机关依相对人的申请而公开两种。

---

2. 主动公开

（1）主动公开的范围

依据《政府信息公开条例》第19～20条的规定，对涉及公众利益调整、需要公众广泛知晓或者需要公众参与决策的政府信息，行政机关应当主动公开，具体包括：

第一，行政法规、规章和规范性文件；

第二，机关职能、机构设置、办公地址、办公时间、联系方式、负责人姓名；

第三，国民经济和社会发展规划、专项规划、区域规划及相关政策；

第四，国民经济和社会发展统计信息；

第五，办理行政许可和其他对外管理服务事项的依据、条件、程序以及办理结果；

第六，实施行政处罚、行政强制的依据、条件、程序以及本行政机关认为具有一定社会影响的行政处罚决定；

第七，财政预算、决算信息；

第八，行政事业性收费项目及其依据、标准；

第九，政府集中采购项目的目录、标准及实施情况；

第十，重大建设项目的批准和实施情况；

第十一，扶贫、教育、医疗、社会保障、促进就业等方面的政策、措施及其实施情况；

第十二，突发公共事件的应急预案、预警信息及应对情况；

第十三，环境保护、公共卫生、安全生产、食品药品、产品质量的监督检查情况；

第十四，公务员招考的职位、名额、报考条件等事项以及录用结果；

第十五，法律、法规、规章和国家有关规定规定应当主动公开的其他政府信息。

除了上述政府信息，《政府信息公开条例》第21条要求设区的市级、县级人民政府及其部门还应当根据本地方的具体情况，主动公开涉及市政建设、公共服务、公益事业、土地征收、房屋征收、治安管理、社会救助等方面的政府信息；乡（镇）人民政府还应当根据本地方的具体情况，主动公开贯彻落实农业农村政策、农田水利工程建设运营、农村土地承包经营权流转、宅基地使用情况审核、土地征收、房屋征收、筹资筹劳、社会救助等方面的政府信息。

（2）主动公开实施中的问题

《政府信息公开条例》第22～26条规定了主动公开实施中的几个问题，内容包括：

第一，行政机关应当依照《政府信息公开条例》第20条、第21条的规定，确定主动公开政府信息的具体内容，并按照上级行政机关的部署，不断增加主动公开的内容。

第二，行政机关应当建立健全政府信息发布机制，将主动公开的政府信息通过政府公报、政府网站或者其他互联网政务媒体、新闻发布会以及报刊、广播、电视等途径予以公开。

第三，各级人民政府应当加强依托政府门户网站公开政府信息的工作，利用统一的政府信息公开平台集中发布主动公开的政府信息。政府信息公开平台应当具备信息检索、查阅、下载等功能。

第四，各级人民政府应当在国家档案馆、公共图书馆、政务服务场所设置政府信息查阅场所，并配备相应的设施、设备，为公民、法人和其他组织获取政府信息提供便利。行政机关可以根据需要设立公共查阅室、资料索取点、信息公告栏、电子信息屏等场所、设施，公开政府信息。行政机关应当及时向国家档案馆、公共图书馆提供主动公开的政府信息。

第五，属于主动公开范围的政府信息，应当自该政府信息形成或者变更之日起 20 个工作日内及时公开。法律、法规对政府信息公开的期限另有规定的，从其规定。

3. 依申请公开

（1）依申请公开的概念

依申请公开，是指在相对人提出获取政府信息的申请之后，由行政机关向申请人公开相关政府信息的行为。《政府信息公开条例》第 27 ~ 28 条规定，除行政机关主动公开的政府信息外，公民、法人或者其他组织可以向地方各级人民政府、对外以自己名义履行行政管理职能的县级以上人民政府部门（含行政机关设立的依照法律、法规对外以自己名义履行行政管理职能的派出机构、内设机构）申请获取相关政府信息。同时，行政机关应当建立完善政府信息公开申请渠道，为申请人依法申请获取政府信息提供便利。

值得注意的是，申请获取相关政府信息的对象是行政机关及其派出机构、内设机构等。在集体土地征收中，时常会出现被征收人向村委会申请获取政府信息，甚至行政机关明确告知被征收人向村委会查询政府信息的情形，但村委会并非政府信息公开的主体。在**李某珍等诉洛阳市政府等政府信息公开案**中，最高人民法院提出，岳村集体建设用地的征地拆迁工作系由老城区政府具体负责。李某珍等人作为被征收人向老城区政府申请公开岳村征地补偿、安置费用的支付清单，是为了了解征收补偿安置费用的发放是否公平、公正，于法有据，亦合乎情理。村委会不是《政府信息公开条例》规定的政府信息公开主体，老城区政府答复李某珍等人到岳村村委会查询，不符合《政府信息公开条例》的规定。[①]

总结·提示 申请获取政府信息的对象是行政机关及其派出机构、内设机构等，村委会等民事主体并非政府信息公开的主体。

---

① 最高人民法院行政判决书，(2019) 最高法行再 206 号。

（2）申请和受理

《政府信息公开条例》规定，公民、法人或者其他组织申请获取政府信息的，应当向行政机关的政府信息公开工作机构提出，并采用包括信件、数据电文在内的书面形式；采用书面形式确有困难的，申请人可以口头提出，由受理该申请的政府信息公开工作机构代为填写政府信息公开申请。政府信息公开申请应当包括下列内容：①申请人的姓名或者名称、身份证明、联系方式；②申请公开的政府信息的名称、文号或者便于行政机关查询的其他特征性描述；③申请公开的政府信息的形式要求，包括获取信息的方式、途径。

行政机关收到政府信息公开申请的时间，按照下列规定确定：①申请人当面提交政府信息公开申请的，以提交之日为收到申请之日；②申请人以邮寄方式提交政府信息公开申请的，以行政机关签收之日为收到申请之日，以平常信函等无须签收的邮寄方式提交政府信息公开申请的，政府信息公开工作机构应当于收到申请的当日与申请人确认，确认之日为收到申请之日；③申请人通过互联网渠道或者政府信息公开工作机构的传真提交政府信息公开申请的，以双方确认之日为收到申请之日。

拓展·探索

申请政府信息公开的“三项注意”

在公民、法人或者其他组织申请政府信息公开时，以下三个事项尤其值得注意，这里姑且称之为申请政府信息公开的“三项注意”。

1. 遵守“一事一申请”原则

国务院办公厅《关于做好政府信息依申请公开工作的意见》（国办发〔2010〕5号）第3条规定：“在实际工作中，有时会遇到一个申请要求公开分属多个行政机关制作或保存的政府信息，有的申请公开的信息类别和项目繁多，受理机关既不能如需提供，又难以一一指明哪条信息不存在，哪条信息属于哪个行政机关公开，影响了办理时效。为提高工作效率，方便申请人尽快获取所申请公开的信息，对一些要求公开项目较多的申请，受理机关可要求申请人按照‘一事一申请’原则对申请方式加以调整：即一个政府信息公开申请只对应一个政府信息项目。”据此，“一事一申请”是申请政府信息公开的基本原则。

不过，对于“一事一申请”原则不应僵化地理解。如果一个申请中对应的信息类别和项目太多，固然不符合“一事一申请”原则，但在实践中有些行政机关要求申请人将项目拆分得过细，就走向了另一个极端，同样不符合“一事一申请”原则。确立“一事一申请”原则的目的是提高工作效率，保障申请人尽快地获取信息，理解了这一点，才可能切中其肯綮。在**嘉城公司诉司法部政府信息公开案**中，北京市高级人民法院认为，“一事一申请”原则主要是针对申请要求公开分属多个行政机关制作或保存的政府信息或者申请公开的信息类别和项目繁多等情形，为了提高行政效率，同时又保障申请人的知情权而确立的。申请人同时向行政机关提出了多份政府信息公开申请表，但申请内容均是基于同一事件提出的多个不同信息，行政机关针对上述多份政府信息公开申请，在政府信息公开告知书中一并答复，在提高了行政效率同时，未对申请人获取政府信息的权利造成损害，该做法符合“一事一申请”原则的立法目的。①

2. 遵循政府信息公开指南

《政府信息公开条例》要求，行政机关应编制、公布政府信息公开指南并及时更新。在行政机关官网的“政府信息公开”或者“政务公开”专栏下，通常都会发布本行政机关的政府信息公开指南。在政府信息公开指南中，可以查询到申请政府信息公开的方式、对象、地址以及联系电话等关键内容，这对于准确地申请政府信息公开是至关重要的。因此，申请人应遵循政府信息公开指南，按照要求填写和提交《政府信息公开申请表》。例如，以信件形式申请的，应当在信封左下角注明“政府信息公开申请”字样。在**袁某州诉方城县政府政府信息公开案**中，最高人民法院提出，申请人向行政机关邮寄政府信息公开申请，但并未在信封上注明“政府信息公开申请”字样。在此情况下，无法仅从信件外观判断是私人信函、信访抑或政府信息公开申请，故不宜从行政机关签收该挂号信之日开始计算答复期限。② 由此可见，在信封上注明“政府信息公开申请”字样是必须引起重视的一个细节问题。

3. 内容描述具体详细

为了方便行政机关检索信息，提高行政效率，申请政府信息公开的内容描述应当具体详细。《政府信息公开条例》第30条规定：“政府信息公开申请内容不明确的，行政机关应当给予指导和释明，并自收到申请之日起7个工作日内一次性告知申请人作出补正，说明需要补正的事项和合理的补正期限。答复期限自行政机关收到补正的申请之日起计算。申请人无正当理由逾期不补正的，视为放弃申请，行政机关不再处理该政府信息公开申请。”不过，对于何为“具体详细”，在实践中必须把握好分寸。尤其是行政机关不应过于吹毛求疵，只要能够知道申请人想获取的是什么信息，就应判定为“具体详细”。在**胡某方诉二七区政府政府信息公开案**中，最高人民法院认为，如果申请人提供的描述过于笼统，必然会增加行政机关检索的难度，最终导致申请人难以及时、准确地获取政府信息。但是，行政机关也应合理把握内容描述的限度，所谓的具体详细，不是要求申请人必须说出政府信息的具体文号和标题，只要使行政机关足以知道申请人所要申请的信息是什么就可以。③

（3）答复

《政府信息公开条例》规定，行政机关收到政府信息公开申请，能够当场答复的，应当当场予以答复；不能当场答复的，应当自收到申请之日起20个工作日内予以答复；需要延长答复期限的，应当经政府信息公开工作机构负责人同意并告知申请人，延长的期限最长不得超过20个工作日。但是，行政机关征求第三方和其他机关意见所需时间不计算在上述期

① 北京市高级人民法院行政判决书，(2020) 京行终3425号。

② 最高人民法院行政裁定书，(2020) 最高法行申9565号。

③ 最高人民法院行政裁定书，(2018) 最高法行申1122号。

限内。①

行政机关应当根据申请人的要求及行政机关保存政府信息的实际情况，确定提供政府信息的具体形式；按照申请人要求的形式提供政府信息，可能危及政府信息载体安全或者公开成本过高的，可以通过电子数据以及其他适当形式提供，或者安排申请人查阅、抄录相关政府信息。具体来说，应根据下列情况分别作出答复：

第一，所申请公开信息已经主动公开的，告知申请人获取该政府信息的方式、途径。申请人提出的申请内容为要求行政机关提供政府公报、报刊、书籍等公开出版物的，行政机关可以告知获取的途径。

第二，所申请公开信息可以公开的，向申请人提供该政府信息，或者告知申请人获取该政府信息的方式、途径和时间。

第三，行政机关依据《政府信息公开条例》的规定决定不予公开的，告知申请人不予公开并说明理由。申请公开的信息中含有不应当公开或者不属于政府信息的内容，但是能够作区分处理的，行政机关应当向申请人提供可以公开的政府信息内容，并对不予公开的内容说明理由。行政机关向申请人提供的信息，应当是已制作或者获取的政府信息。除上述能够作区分处理的外，需要行政机关对现有政府信息进行加工、分析的，行政机关可以不予提供。申请人以政府信息公开申请的形式进行信访、投诉、举报等活动，行政机关应当告知申请人不作为政府信息公开申请处理并可以告知通过相应渠道提出。

第四，经检索没有所申请公开信息的，告知申请人该政府信息不存在。

第五，所申请公开信息不属于本行政机关负责公开的，告知申请人并说明理由；能够确定负责公开该政府信息的行政机关的，告知申请人该行政机关的名称、联系方式。

第六，行政机关已就申请人提出的政府信息公开申请作出答复、申请人重复申请公开相同政府信息的，告知申请人不予重复处理。

第七，所申请公开信息属于工商、不动产登记资料等信息，有关法律、行政法规对信息的获取有特别规定的，告知申请人依照有关法律、行政法规的规定办理。

实践中，无论是主动公开还是依申请公开，通常都要求行政机关的答复须以保证申请人能够获取政府信息为目的。在**张某平诉涧西区政府政府信息公开案**中，最高人民法院认为，对属于主动公开范围且已经主动公开的，行政机关没有向特定申请人提供该政府信息的义务，只需告知其获取信息的方式和途径。这是因为，一旦允许这种索取量很大的重复申请，不仅会造成不必要的重复劳动，破坏行政机关履行义务的能力，也会增加巨额公共支出，主动公开政府信息的制度价值会大打折扣。不向特定申请人提供行政机关已经主动公开的政府信息，仅限于政府信息“确实可见”的情形。是否认定为行政机关已经履行了法定职责，不

---

① 依据《政府信息公开条例》第32条、第34条的规定，征求第三方意见适用于政府信息公开会损害第三方合法权益的情形，第三方应当自收到征求意见书之日起15个工作日内提出意见；征求其他机关意见适用于政府信息由两个以上行政机关共同制作的情形，被征求意见机关应当自收到征求意见书之日起15个工作日内提出意见，逾期未提出意见的视为同意公开。

应仅以是否告知为标准，还应当看申请人通过行政机关告知的方式和途径是否确实能够获取信息。对于信息公告栏、电子信息屏等具有“转瞬即逝”特性的公开载体而言，简单的一个告知未必会满足申请人真正能够获取他所需要的信息的需求。如果申请人对于这类已经主动公开但事后无法查阅的政府信息确有需要，行政机关可以在收取必要的成本费用之后再行提供。最终，最高人民法院判决撤销涧西区人民政府于2015年11月8日对张某平作出的答复，并责令涧西区人民政府在本判决生效之日起15个工作日内向张某平提供其所申请公开的政府信息。① 在本案中，最高人民法院的态度清晰可见：申请人通过行政机关告知的方式和途径能否确实获取政府信息，是判断其答复合法性的一个硬性指标。

此外，需要强调的是，依据《政府信息公开条例》第36条的规定，即使所申请公开信息不属于本行政机关负责公开，行政机关也应当履行答复义务，告知申请人并说明理由，而不能不予答复。在**王某武诉礼泉县政府政府信息公开案**中，陕西省高级人民法院认为，公民、法人或者其他组织申请行政机关公开政府信息，属于履行职责之诉，人民法院主要审查行政机关是否应当以及是否已经履行政府信息公开职责。行政机关在履行政府信息公开职责过程中所作出的告知或者答复是其履行政府信息公开职责的形式之一，如果该信息不存在、不属于公开的范围，或者不属于本行政机关公开的范围等，行政机关也应当履行答复义务。否则，对应当公开的信息不予公开，或者未履行告知义务的，均构成未履行政府信息公开法定职责。②

（4）防止滥用的措施

申请公开政府信息，是法律、法规赋予公民、法人和其他组织的一项重要权利，但在实践中，这项权利亦有被滥用的可能性。为防止申请人滥用权利，《政府信息公开条例》着重引入了以下两个方面的制度设计：

一方面，对申请的数量和频次进行限制。申请人申请公开政府信息的数量、频次明显超过合理范围，行政机关可以要求申请人说明理由。行政机关认为申请理由不合理的，告知申请人不予处理；行政机关认为申请理由合理，但是无法在《政府信息公开条例》第33条规定的期限内答复申请人的，可以确定延迟答复的合理期限并告知申请人。

另一方面，通过信息处理费进行调节和引导。行政机关依申请提供政府信息，通常不收取费用。但是，申请人申请公开政府信息的数量、频次明显超过合理范围的，行政机关可以收取信息处理费。根据《政府信息公开条例》的授权，国务院办公厅于2020年11月17日印发了《政府信息公开信息处理费管理办法》（国办函〔2020〕109号）。其中规定，信息处理费是指为了有效调节政府信息公开申请行为、引导申请人合理行使权利，向申请公开政府信息超出一定数量或者频次范围的申请人收取的费用。信息处理费可以按件计收，也可以按量计收。按件计收的，执行下列收费标准：①同一申请人一个自然月内累计申请10件以下（含10件）的，不收费；②同一申请人一个自然月内累计申请11～30件（含30件）的部

① 最高人民法院行政判决书，(2017) 最高法行再93号。

② 陕西省高级人民法院行政判决书，(2021) 陕行终152号。

分：100元/件；③同一申请人一个自然月内累计申请31件以上的部分：以10件为一档，每增加一档，收费标准提高100元/件。按量计收的，执行下列收费标准：①30页以下（含30页）的，不收费；②31～100页（含100页）的部分：10元/页；③101～200页（含200页）的部分：20元/页；④201页以上的部分：40元/页。

总结·提示　行政机关依申请提供政府信息，以不收取费用为原则，以收取信息处理费为例外。

（5）政府信息的更正

《政府信息公开条例》第41条规定，公民、法人或者其他组织有证据证明行政机关提供的与其自身相关的政府信息记录不准确的，可以要求行政机关更正。有权更正的行政机关审核属实的，应当予以更正并告知申请人；不属于本行政机关职能范围的，行政机关可以转送有权更正的行政机关处理并告知申请人，或者告知申请人向有权更正的行政机关提出。

（6）依申请公开向主动公开的转化

《政府信息公开条例》第44条规定，多个申请人就相同政府信息向同一行政机关提出公开申请，且该政府信息属于可以公开的，行政机关可以纳入主动公开的范围。对行政机关依申请公开的政府信息，申请人认为涉及公众利益调整、需要公众广泛知晓或者需要公众参与决策的，可以建议行政机关将该信息纳入主动公开的范围。行政机关经审核认为属于主动公开范围的，应当及时主动公开。

（四）《政府信息公开案件规定》的主要内容

《政府信息公开案件规定》于2011年7月29日发布，自2011年8月13日起实施，全文共13条，主要内容包括以下几个方面。

1. 应当受理和不予受理的政府信息公开诉讼

公民、法人或者其他组织认为下列政府信息公开工作中的具体行政行为侵犯其合法权益，依法提起行政诉讼的，人民法院应当受理：（1）向行政机关申请获取政府信息，行政机关拒绝提供或者逾期不予答复的；（2）认为行政机关提供的政府信息不符合其在申请中要求的内容或者法律、法规规定的适当形式的；（3）认为行政机关主动公开或者依他人申请公开政府信息侵犯其商业秘密、个人隐私的；（4）认为行政机关提供的与其自身相关的政府信息记录不准确，要求该行政机关予以更正，该行政机关拒绝更正、逾期不予答复或者不予转送有权机关处理的；（5）认为行政机关在政府信息公开工作中的其他具体行政行为侵犯其合法权益的。此外，公民、法人或者其他组织认为政府信息公开行政行为侵犯其合法权益造成损害的，可以一并或单独提起行政赔偿诉讼（第1条）。

公民、法人或者其他组织对下列行为不服提起行政诉讼的，人民法院不予受理：（1）因申请内容不明确，行政机关要求申请人作出更改、补充且对申请人权利义务不产生实际影响的告知行为；（2）要求行政机关提供政府公报、报纸、杂志、书籍等公开出版物，行政机关予以拒绝的；(3) 要求行政机关为其制作、搜集政府信息，或者对若干政府信息进行汇总、分析、加工，行政机关予以拒绝的；(4) 行政程序中的当事人、利害关系人以政府信息公开名义申请查阅案卷材料，行政机关告知其应当按照相关法律、法规的规定办理的（第2条）。

2. 适格被告

公民、法人或者其他组织对国务院部门、地方各级人民政府及县级以上地方人民政府部门依申请公开政府信息行政行为不服提起诉讼的，以作出答复的机关为被告；逾期未作出答复的，以受理申请的机关为被告。公民、法人或者其他组织对主动公开政府信息行政行为不服提起诉讼的，以公开该政府信息的机关为被告。公民、法人或者其他组织对法律、法规授权的具有管理公共事务职能的组织公开政府信息的行为不服提起诉讼的，以该组织为被告。有下列情形之一的，应当以在对外发生法律效力的文书上署名的机关为被告：(1) 政府信息公开与否的答复依法报经有权机关批准的；(2) 政府信息是否可以公开系由国家保密行政管理部门或者省、自治区、直辖市保密行政管理部门确定的；(3) 行政机关在公开政府信息前与有关行政机关进行沟通、确认的（第4条）。

公民、法人或者其他组织认为行政机关不依法履行主动公开政府信息义务，直接向人民法院提起诉讼的，应当告知其先向行政机关申请获取相关政府信息。对行政机关的答复或者逾期不予答复不服的，可以向人民法院提起诉讼（第3条）。

3. 举证和说明义务

《政府信息公开案件规定》规定的举证和说明义务包括：(1) 被告拒绝向原告提供政府信息的，应当对拒绝的根据以及履行法定告知和说明理由义务的情况举证；(2) 因公共利益决定公开涉及商业秘密、个人隐私政府信息的，被告应当对认定公共利益以及不公开可能对公共利益造成重大影响的理由进行举证和说明；(3) 被告拒绝更正与原告相关的政府信息记录的，应当对拒绝的理由进行举证和说明；(4) 被告能够证明政府信息涉及国家秘密，请求在诉讼中不予提交的，人民法院应当准许；(5) 被告主张政府信息不存在，原告能够提供该政府信息系由被告制作或者保存的相关线索的，可以申请人民法院调取证据；(6) 被告以政府信息与申请人自身生产、生活、科研等特殊需要无关为由不予提供的，人民法院可以要求原告对特殊需要事由作出说明；(7) 原告起诉被告拒绝更正政府信息记录的，应当提供其向被告提出过更正申请以及政府信息与其自身相关且记录不准确的事实根据（第5条）。

4. 移交档案馆政府信息的处理

政府信息由被告的档案机构或者档案工作人员保管的，适用《政府信息公开条例》的规定；政府信息已经移交各级国家档案馆的，依照有关档案管理的法律、行政法规和国家有关规定执行（第7条）。《档案法》(2020年修改) 和《档案法实施办法》(2017年修改) 均设专章规定了档案的利用和公布，如《档案法实施办法》第21条第2款规定："中华人民共和国公民和组织，持有介绍信或者工作证、身份证等合法证明，可以利用已开放的档案。"第4款规定："机关、团体、企业事业单位和其他组织以及中国公民利用档案馆保存的未开放的档案，须经保存该档案的档案馆同意，必要时还须经有关的档案行政管理部门审查同意。"

依据上述规定，对于已经移交档案馆的政府信息，当事人应当依法联系档案馆查询。在**齐某玉诉西安市政府政府信息公开案**中，最高人民法院认为，依据《档案法实施办法》第21条第2、4款和《政府信息公开条例》第7条第2款（现行《政府信息公开条例》第11条第2款）的规定，当事人申请行政机关公开已经移交档案馆的政府信息，行政机关将该情况予以告知，并告知其向保存该档案的档案馆咨询及该馆的联系方式，已经尽到说明义务，符合法律规定。当事人坚持要求行政机关公开上述信息，无事实和法律依据。[①]

5. 裁判方式

被告对依法应当公开的政府信息拒绝或者部分拒绝公开的，人民法院应当撤销或者部分撤销被诉不予公开决定，并判决被告在一定期限内公开。尚需被告调查、裁量的，判决其在一定期限内重新答复；被告提供的政府信息不符合申请人要求的内容或者法律、法规规定的适当形式的，人民法院应当判决被告按照申请人要求的内容或者法律、法规规定的适当形式提供；人民法院经审理认为被告不予公开的政府信息内容可以作区分处理的，应当判决被告限期公开可以公开的内容；被告依法应当更正而不更正与原告相关的政府信息记录的，人民法院应当判决被告在一定期限内更正；尚需被告调查、裁量的，判决其在一定期限内重新答复；被告无权更正的，判决其转送有权更正的行政机关处理（第9条）。

被告对原告要求公开或者更正政府信息的申请无正当理由逾期不予答复的，人民法院应当判决被告在一定期限内答复。原告一并请求判决被告公开或者更正政府信息且理由成立的，参照上述第9条的规定处理（第10条）。

被告公开政府信息涉及原告商业秘密、个人隐私且不存在公共利益等法定事由的，人民法院应当判决确认公开政府信息的行为违法，并可以责令被告采取相应的补救措施；造成损害的，根据原告请求依法判决被告承担赔偿责任。政府信息尚未公开的，应当判决行政机关不得公开。诉讼期间，原告申请停止公开涉及其商业秘密、个人隐私的政府信息，人民法院经审查认为公开该政府信息会造成难以弥补的损失，并且停止公开不损害公共利益的，可以裁定暂时停止公开（第11条）。

有下列情形之一，被告已经履行法定告知或者说明理由义务的，人民法院应当判决驳回原告的诉讼请求：（1）不属于政府信息、政府信息不存在、依法属于不予公开范围或者依法不属于被告公开的；（2）申请公开的政府信息已经向公众公开，被告已经告知申请人获取该政府信息的方式和途径的；（3）起诉被告逾期不予答复，理由不成立的；（4）以政府信息侵犯其商业秘密、个人隐私为由反对公开，理由不成立的；（5）要求被告更正与其自身相关的政府信息记录，理由不成立的；（6）不能合理说明申请获取政府信息系根据自身生产、生活、科研等特殊需要，且被告据此不予提供的；（7）无法按照申请人要求的形式提供政府信息，且被告已通过安排申请人查阅相关资料、提供复制件或者其他适当形式提供的；（8）其他应当判决驳回诉讼请求的情形（第12条）。

---

① 最高人民法院行政裁定书，（2018）最高法行申8735号。

（五）政府信息公开诉讼的行政复议前置

2023年修改的《行政复议法》第23条明确规定，对于“申请政府信息公开，行政机关不予公开”的情形，申请人应当先向行政复议机关申请行政复议，对行政复议决定不服的，可以再依法向人民法院提起行政诉讼。换言之，在2024年1月1日新《行政复议法》正式实施之后，此类政府信息公开诉讼将要实行行政复议前置。对于行政复议前置的内涵，我们已经在第十七讲介绍，这里不再赘述。

总结·提示 自2024年1月1日起，在行政机关不作为情形下，提起政府信息公开诉讼需要以行政复议前置为条件。

三、信访与“信法”的关系理顺

（一）中国信访制度沿革

信访是一项具有中国特色的制度。在字面意义上，信访即“来信来访”的简称。依据《信访工作条例》（2022年发布）第17条第1款的规定，信访是指公民、法人或者其他组织（信访人）采用信息网络、书信、电话、传真、走访等形式，向各级机关、单位反映情况，提出建议、意见或者投诉请求，并由有关机关、单位依规依法处理的活动。

在中国，信访最初是中央领导的秘书将群众来信或来访向领导报告的信息沟通方式，这种“信访”成为领导与群众的纽带和桥梁。[①] 1951年6月7日，政务院《关于处理人民来信和接见人民工作的决定》正式将信访列为各级人民政府的工作。1963年9月20日，中共中央、国务院印发的《关于加强人民来信来访工作的通知》提出：“中央各部门和地方各级组织的接待人民来访的单位，应当加强工作。群众提出的各种要求，凡是合理的、现在可以解决的，都应当负责地、及时地给以解决；不合理的、现在还不能解决的，都应当向群众进行耐心的解释。各省、市、自治区的党委和人委，应当加强对这方面工作的领导，努力做到使群众的各种具体问题就地解决，以免他们因为解决这些问题四处奔跑。”1981年5月17日印发的中共中央办公厅《关于防止和纠正对待人民群众来信来访进行打击报复问题的通知》再次重申，人民群众通过来信来访揭发问题，提出批评和建议，是党和国家赋予的民主权利。

为了保持各级人民政府同人民的密切联系，保护信访人的合法权益，维护信访秩序，国务院于1995年10月28日发布了《信访条例》，自1996年1月1日起实施；2005年1月10日，国务院又发布了修改后的《信访条例》，自2005年5月1日起实施。《信访条例》的出台，标志着中国的信访工作正式步入法治化的轨道。

为了坚持和加强党对信访工作的全面领导，做好新时代信访工作，保持党和政府同人民

---

① 参见贺荣：《行政争议解决机制研究》，中国人民大学出版社2008年版，第206页。

群众的密切联系，中共中央、国务院于 2022 年 2 月 25 日发布了《信访工作条例》，自 2022 年 5 月 1 日起实施，《信访条例》同时废止。《信访工作条例》适用于各级党的机关、人大机关、行政机关、政协机关、监察机关、审判机关、检察机关以及群团组织、国有企事业单位等开展信访工作。

（二）新时代的信访工作

1. 信访工作的地位作用

《信访工作条例》第 3 条规定："信访工作是党的群众工作的重要组成部分，是党和政府了解民情、集中民智、维护民利、凝聚民心的一项重要工作，是各级机关、单位及其领导干部、工作人员接受群众监督、改进工作作风的重要途径。"这一规定明确了信访工作"三个重要"地位作用，深刻揭示了信访工作的政治性和人民性，阐明了信访工作所承载的政治参与、权利保障、民主监督的重要功能，体现了信访工作在党和国家工作大局中的重要地位，进一步明确了新时代信访工作的发展方向和着力点。① 因此，对于信访工作的地位作用，应当主要从"三个重要"来把握。

2. 组织开展信访工作的主要原则

依据《信访工作条例》第 5 条的规定，组织开展信访工作应当遵循下列原则：

第一，坚持党的全面领导。把党的领导贯彻到信访工作各方面和全过程，确保正确政治方向。

第二，坚持以人民为中心。践行党的群众路线，倾听群众呼声，关心群众疾苦，千方百计为群众排忧解难。

第三，坚持落实信访工作责任。党政同责、一岗双责，属地管理、分级负责，谁主管、谁负责。

第四，坚持依法按政策解决问题。将信访纳入法治化轨道，依法维护群众权益、规范信访秩序。

第五，坚持源头治理化解矛盾。多措并举、综合施策，着力点放在源头预防和前端化解，把可能引发信访问题的矛盾纠纷化解在基层、化解在萌芽状态。

3. 信访工作体制

信访工作体制，是关于信访工作组织领导、机构设置、权责划分等方面体系、制度、方法、形式的总称，主要是明确党委、政府、信访工作联席会议、信访部门以及各方力量在信访工作中的职责任务，为做好信访工作提供制度保障。《信访工作条例》第 7 条对新时代信访工作体制和格局作出了界定，即坚持和加强党对信访工作的全面领导，构建党委统一领导、政府组织落实、信访工作联席会议协调、信访部门推动、各方齐抓共管的信访工作格局。

---

① 参见中央信访工作联席会议办公室、国家信访局编：《信访工作条例辅导读本》，中国法制出版社 2022 年版，第 44 页。

总结·提示 新时代的信访工作体制可以概括为党委统一领导、政府组织落实、信访工作联席会议协调、信访部门推动、各方齐抓共管，形成五位一体的信访工作格局。

（1）党委统一领导

《信访工作条例》第8条规定："党中央加强对信访工作的统一领导：（一）强化政治引领，确立信访工作的政治方向和政治原则，严明政治纪律和政治规矩；（二）制定信访工作方针政策，研究部署信访工作中事关党和国家工作大局、社会和谐稳定、群众权益保障的重大改革措施；（三）领导建设一支对党忠诚可靠、恪守为民之责、善做群众工作的高素质专业化信访工作队伍，为信访工作提供组织保证。"其中，从政治引领、工作遵循和组织保证三个维度明确了加强党中央对信访工作的统一领导。

同时，《信访工作条例》第9条规定："地方党委领导本地区信访工作，贯彻落实党中央关于信访工作的方针政策和决策部署，执行上级党组织关于信访工作的部署要求，统筹信访工作责任体系构建，支持和督促下级党组织做好信访工作。地方党委常委会应当定期听取信访工作汇报，分析形势，部署任务，研究重大事项，解决突出问题。"这就明确了地方党委在领导本地区信访工作中的职责任务。

（2）政府组织落实

《信访工作条例》第10条规定："各级政府贯彻落实上级党委和政府以及本级党委关于信访工作的部署要求，科学民主决策、依法履行职责，组织各方力量加强矛盾纠纷排查化解，及时妥善处理信访事项，研究解决政策性、群体性信访突出问题和疑难复杂信访问题。"这就厘清了各级政府和党委之间、上下级政府之间的关系，明确了各级政府应当贯彻落实上级党委和政府以及本级党委关于信访工作的部署要求。

（3）信访工作联席会议协调

信访工作联席会议协调，是构建新时代信访工作体制和格局的重要抓手。2004年以来，中央和地方各级党委相继建立起信访工作联席会议制度，重点解决集体土地征收、国有土地上房屋征收、国有企业改制、涉法涉诉等方面的信访突出问题。2007年，中共中央、国务院《关于进一步加强新时期信访工作的意见》（中发〔2007〕5号）提出："要充分发挥联席会议和信访部门的综合协调指导作用，形成上下联动、左右协调、运转高效、综合施治的工作机制。"2013年，中共中央办公厅、国务院办公厅印发的《关于创新群众工作方法解决信访突出问题的意见》（中办发〔2013〕27号）要求："完善信访联席会议制度。强化各级信访联席会议综合协调、组织推动、督导落实等职能作用，形成整合资源、解决信访突出问题的工作合力。"党的十九大以后，中央又对信访工作联席会议机制进行了调整完善。

（4）信访部门推动

《信访工作条例》第14条明确了信访工作机构及其职责，规范了其他机关、单位信访工作力量配备，旨在确保“信访部门推动”的职能作用落地见效。① 其中规定，各级党委和政府信访部门是开展信访工作的专门机构，履行下列职责：①受理、转送、交办信访事项；②协调解决重要信访问题；③督促检查重要信访事项的处理和落实；④综合反映信访信息，分析研判信访形势，为党委和政府提供决策参考；⑤指导本级其他机关、单位和下级的信访工作；⑥提出改进工作、完善政策和追究责任的建议；⑦承担本级党委和政府交办的其他事项。

除了信访部门，各级党委和其他机关、单位也应当根据信访工作形势任务，明确相应的职责。实践中，一些行政机关将相对人请求其依法履行查处职责的行为也当作信访来对待，明显是混淆了信访职责和查处职责。如果相对人请求行政机关履行查处职责，而且这一请求具有实体法上的依据，则不应该将其定性为信访。在**李某良等诉自然资源部拒不履行法定职责案**中，最高人民法院认为，当事人向自然资源部邮寄《查处申请书》反映土地违法行为，请求自然资源部履行土地查处职责，自然资源部未处理，构成行政不作为。一审、二审法院认为当事人邮寄《查处申请书》的行为属于《信访条例》（已失效，现为《信访工作条例》）第 2 条规定的信访事项，不属于行政诉讼的受案范围，适用法律错误。当事人的起诉，属于行政诉讼的受案范围，人民法院应当立案受理。②

（5）各方齐抓共管

依据《信访工作条例》第 15 条的规定，要实现各方齐抓共管，关键在于以下三个方面：一是明确其他机关、单位的信访工作职责。各级党委和政府以外的其他机关、单位应当做好各自职责范围内的信访工作，按照规定及时受理办理信访事项，预防和化解政策性、群体性信访问题，加强对下级机关、单位信访工作的指导。二是拓宽社会力量参与信访工作的制度化渠道。各级机关、单位应当拓宽社会力量参与信访工作的制度化渠道，发挥群团组织、社会组织和“两代表一委员”、社会工作者等作用，反映群众意见和要求，引导群众依法理性反映诉求、维护权益，推动矛盾纠纷及时有效化解。三是发挥乡镇、街道和村（社区）职能作用。乡镇党委和政府、街道党工委和办事处以及村（社区）“两委”应当全面发挥职能作用，坚持和发展新时代“枫桥经验”，积极协调处理化解发生在当地的信访事项和矛盾纠纷，努力做到小事不出村、大事不出镇、矛盾不上交。

4. 信访事项的提出和受理

（1）提出的形式和渠道

《信访工作条例》规定，公民、法人或者其他组织可以采用信息网络、书信、电话、传真、走访等形式，向各级机关、单位反映情况，提出建议、意见或者投诉请求，有关机关、单位应当依规依法处理。采用上述形式，反映情况，提出建议、意见或者投诉请求的公民、法人或者其他组织，称信访人。信访人一般应当采用书面形式提出信访事项，并载明其姓名

① 参见中央信访工作联席会议办公室、国家信访局编：《信访工作条例辅导读本》，中国法制出版社 2022 年版，第 100 页。

② 最高人民法院行政裁定书，（2020）最高法行再 253 号。

（名称）、住址和请求、事实、理由。对采用口头形式提出的信访事项，有关机关、单位应当如实记录。

总结·提示 信访事项的提出，一般有信息网络、书信、电话、传真、走访等形式。

各级机关、单位应当向社会公布网络信访渠道、通信地址、咨询投诉电话、信访接待的时间和地点、查询信访事项处理进展以及结果的方式等相关事项，在其信访接待场所或者网站公布与信访工作有关的党内法规和法律、法规、规章，信访事项的处理程序，以及其他为信访人提供便利的相关事项。各级机关、单位领导干部应当阅办群众来信和网上信访、定期接待群众来访、定期下访，包案化解群众反映强烈的突出问题。市、县级党委和政府应当建立和完善联合接访工作机制，根据工作需要组织有关机关、单位联合接待，“一站式”解决信访问题。

（2）对信访人提出信访事项的要求和保护

《信访工作条例》对信访人提出信访事项提出了以下几个方面的要求：①客观真实。信访人提出信访事项，应当客观真实，对其所提供材料内容的真实性负责，不得捏造、歪曲事实，不得诬告、陷害他人。②不重复信访。信访事项已经受理或者正在办理的，信访人在规定期限内向受理、办理机关、单位的上级机关、单位又提出同一信访事项的，上级机关、单位不予受理。③遵守法律、法规。信访人在信访过程中不得有《信访工作条例》第 26 条规定的行为。④对走访的特殊要求。信访人采用走访形式提出信访事项的，应当到有权处理的本级或者上一级机关、单位设立或者指定的接待场所提出；信访人采用走访形式提出涉及诉讼权利救济的信访事项，应当按照法律法规规定的程序向有关政法部门提出；多人采用走访形式提出共同的信访事项的，应当推选代表，代表人数不得超过 5 人；各级机关、单位应当落实属地责任，认真接待处理群众来访，把问题解决在当地，引导信访人就地反映问题。此外，国家信访局《关于进一步规范信访事项受理办理程序引导来访人依法逐级走访的办法》（国信发〔2014〕4 号）第 4 条第 2 款规定：“对跨越本级和上一级机关提出的信访事项，上级机关不予受理，并引导来访人以书面或走访形式向依法有权处理的机关提出，同时将相关情况及时通报下级有关机关。”据此，越级走访行为被明令禁止。

总结·提示 越级走访行为被明令禁止，依据相关规定，信访人走访应当向有权处理的本级或者上一级机关、单位设立或者指定的接待场所提出。

为了保护信访人，《信访工作条例》第 18 条第 4 款规定：“任何组织和个人不得打击报复信访人。”据此，“不得打击报复信访人”是一个基本的要求。

（3）信访受理

信访受理，是指对收到的信访事项进行登记、甄别，判断是否属于职责范围并依法进行妥善处理。[①] 按照受理主体的不同，信访受理可分为信访部门的受理和信访部门以外的其他机关、单位的受理等情形。

第一，信访部门的受理。各级党委和政府信访部门收到信访事项，应当予以登记，并区分情况，在 15 日内分别按照下列方式处理：①对依照职责属于本级机关、单位或者其工作部门处理决定的，应当转送有权处理的机关、单位；情况重大、紧急的，应当及时提出建议，报请本级党委和政府决定。②涉及下级机关、单位或者其工作人员的，按照“属地管理、分级负责，谁主管、谁负责”的原则，转送有权处理的机关、单位。③对转送信访事项中的重要情况需要反馈办理结果的，可以交由有权处理的机关、单位办理，要求其在指定办理期限内反馈结果，提交办结报告。各级党委和政府信访部门对收到的涉法涉诉信件，应当转送同级政法部门依法处理；对走访反映涉诉问题的信访人，应当释法明理，引导其向有关政法部门反映问题。对属于纪检监察机关受理的检举控告类信访事项，应当按照管理权限转送有关纪检监察机关依规依纪依法处理。

第二，信访部门以外的其他机关、单位的受理。党委和政府信访部门以外的其他机关、单位收到信访人直接提出的信访事项，应当予以登记；对属于本机关、单位职权范围的，应当告知信访人接收情况以及处理途径和程序；对属于本系统下级机关、单位职权范围的，应当转送、交办有权处理的机关、单位，并告知信访人转送、交办去向；对不属于本机关、单位或者本系统职权范围的，应当告知信访人向有权处理的机关、单位提出。对信访人直接提出的信访事项，有关机关、单位能够当场告知的，应当当场书面告知；不能当场告知的，应当自收到信访事项之日起 15 日内书面告知信访人，但信访人的姓名（名称）、住址不清的除外。对党委和政府信访部门或者本系统上级机关、单位转送、交办的信访事项，属于本机关、单位职权范围的，有关机关、单位应当自收到之日起 15 日内书面告知信访人接收情况以及处理途径和程序；不属于本机关、单位或者本系统职权范围的，有关机关、单位应当自收到之日起 5 个工作日内提出异议，并详细说明理由，经转送、交办的信访部门或者上级机关、单位核实同意后，交还相关材料。政法部门处理涉及诉讼权利救济事项、纪检监察机关处理检举控告事项的告知按照有关规定执行。

第三，涉及多个机关、单位的信访事项的受理。涉及两个或者两个以上机关、单位的信访事项，由所涉及的机关、单位协商受理；受理有争议的，由其共同的上一级机关、单位决定受理机关；受理有争议且没有共同的上一级机关、单位的，由共同的信访工作联席会议协调处理。

第四，机关、单位分立、合并、撤销情形下的受理。应当对信访事项作出处理的机关、单位分立、合并、撤销的，由继续行使其职权的机关、单位受理；职责不清的，由本级党委和政府或者其指定的机关、单位受理。

---

① 参见中央信访工作联席会议办公室、国家信访局编：《信访工作条例辅导读本》，中国法制出版社 2022 年版，第 148 页。

5. 信访事项的办理

(1) 办理原则

依据《信访工作条例》第27～28条的规定，各级机关、单位及其工作人员在办理信访事项时需要遵守如下原则：

第一，“三到位一处理”原则。各级机关、单位及其工作人员应当根据各自职责和有关规定，按照诉求合理的解决问题到位、诉求无理的思想教育到位、生活困难的帮扶救助到位、行为违法的依法处理的要求，依法按政策及时就地解决群众合法合理诉求，维护正常信访秩序。这一规定，在实践中被称为“三到位一处理”，是办理信访事项的基本要求。

第二，恪尽职守原则。各级机关、单位及其工作人员办理信访事项，应当恪尽职守、秉公办事，查明事实、分清责任，加强教育疏导，及时妥善处理，不得推诿、敷衍、拖延。

第三，诉访分离原则。各级机关、单位应当按照诉讼与信访分离制度要求，将涉及民事、行政、刑事等诉讼权利救济的信访事项从普通信访体制中分离出来，由有关政法部门依法处理。《信访工作条例》吸收了诉访分离制度改革的成果，固化提升为信访事项办理的基本原则。

第四，回避原则。各级机关、单位工作人员与信访事项或者信访人有直接利害关系的，应当回避。

(2) 建议意见类事项办理

《信访工作条例》第29条规定，对信访人反映的情况、提出的建议意见类事项，有权处理的机关、单位应当认真研究论证。对科学合理、具有现实可行性的，应当采纳或者部分采纳，并予以回复。信访人反映的情况、提出的建议意见，对国民经济和社会发展或者对改进工作以及保护社会公共利益有贡献的，应当按照有关规定给予奖励。各级党委和政府应当健全人民建议征集制度，对涉及国计民生的重要工作，主动听取群众的建议意见。

(3) 检举控告类事项办理

《信访工作条例》第30条规定，对信访人提出的检举控告类事项，纪检监察机关或者有权处理的机关、单位应当依规依纪依法接收、受理、办理和反馈。党委和政府信访部门应当按照干部管理权限向组织（人事）部门通报反映干部问题的信访情况，重大情况向党委主要负责同志和分管组织（人事）工作的负责同志报送。组织（人事）部门应当按照干部选拔任用监督的有关规定进行办理。不得将信访人的检举、揭发材料以及有关情况透露或者转给被检举、揭发的人员或者单位。实践中，检举控告类事项从信访渠道接收登记后，主要是依照《纪检监察机关处理检举控告工作规则》（2020年发布）规定的程序办理。

(4) 申诉求决类事项办理

申诉求决类信访事项，是指人民群众通过信访渠道反映生产生活中遇到困难和问题、遭受不法侵害等，要求帮助解决困难和问题，以满足自身利益需求的情形。《信访工作条例》第31条规定，对信访人提出的申诉求决类事项，有权处理的机关、单位应当区分情况，分别按照下列方式办理：①应当通过审判机关诉讼程序或者复议程序、检察机关刑事立案程序或者法律监督程序、公安机关法律程序处理的，涉法涉诉信访事项未依法终结的，按照法律法规规定的程序处理。②应当通过仲裁解决的，导入相应程序处理。③可以通过党员申诉、申请复审等解决的，导入相应程序处理。④可以通过行政复议、行政裁决、行政确认、行政许可、行政处罚等行政程序解决的，导入相应程序处理。⑤属于申请查处违法行为、履行保护人身权或者财产权等合法权益职责的，依法履行或者答复。⑥不属于以上情形的，应当听取信访人陈述事实和理由，并调查核实，出具信访处理意见书。对重大、复杂、疑难的信访事项，可以举行听证。其中，第⑥项属于通过信访“兜底”处理的情形，依据《信访工作条例》第34条的规定，对于这种情形的信访事项应当自受理之日起60日内办结；情况复杂的，经本机关、单位负责人批准，可以适当延长办理期限，但延长期限不得超过30日，并告知信访人延期理由。

总结・提示　对于通过信访“兜底”处理的情形，需要出具信访处理意见书，并自受理之日起60日（经批准最多可延长30日）内办结。

信访处理意见书应当载明信访人投诉请求、事实和理由、处理意见及其法律法规依据：①请求事实清楚，符合法律、法规、规章或者其他有关规定的，予以支持；②请求事由合理但缺乏法律依据的，应当作出解释说明；③请求缺乏事实根据或者不符合法律、法规、规章或者其他有关规定的，不予支持。有权处理的机关、单位作出支持信访请求意见的，应当督促有关机关、单位执行；不予支持的，应当做好信访人的疏导教育工作。

各级机关、单位在处理申诉求决类事项过程中，可以在不违反政策法规强制性规定的情况下，在裁量权范围内，经争议双方当事人同意进行调解；可以引导争议双方当事人自愿和解。经调解、和解达成一致意见的，应当制作调解协议书或者和解协议书。

（5）请求复查及复核

信访人对信访处理意见不服的，可以自收到书面答复之日起30日内请求原办理机关、单位的上一级机关、单位复查。收到复查请求的机关、单位应当自收到复查请求之日起30日内提出复查意见，并予以书面答复。

信访人对复查意见不服的，可以自收到书面答复之日起30日内向复查机关、单位的上一级机关、单位请求复核。收到复核请求的机关、单位应当自收到复核请求之日起30日内提出复核意见。复核机关、单位可以按照《信访工作条例》第31条第6项的规定举行听证，经过听证的复核意见可以依法向社会公示。听证所需时间不计算在前款规定的期限内。

信访人对复核意见不服，仍然以同一事实和理由提出投诉请求的，各级党委和政府信访部门和其他机关、单位不再受理。

（三）信访与“信法”的选择

根据具体情形依法作出正确的选择，是理顺信访与“信法”关系的关键。如果被征收人认为行政机关的征收和补偿行为违法，侵犯了自己的合法权益，可能就要面临在信访与

"信法"两种救济途径之间进行选择的问题。在一些被征收人看来，信访程序比司法程序更快捷、更有效、更省钱且不受起诉期限等的限制，故信访当为首选，长此以往就形成了"信访不信法、信上不信下"的局面。不过，党的十八届四中全会已经明确提出把信访纳入法治化的轨道中，让信访群众的诉求依照法律规定的程序，得到合法合理的结果，这就意味着在信访与"信法"之间并不存在根本的矛盾。信访须先信"法"，关键在于合理地表达诉求。

同时，信访与"信法"之间的选择题通常也不是"单选题"，二者之间并非相互排斥的关系。在"信法"的基础上，被征收人既可以依法提出信访，也可以依法申请行政复议或者提起行政诉讼，在必要且有充分理由时甚至可以二者并用或者交叉使用。当然，按照诉访分离的原则，应当将涉及诉讼权利救济的信访事项从普通信访体制中分离出来，由有关政法部门依法处理。信访与"信法"都是行政争议的解决途径，被征收人应当根据争议的具体情形来选择最佳的解决途径。

实践中，被征收人和所有的老百姓一样，他们所理解的信访未必是《信访工作条例》意义上的信访，在他们眼里信访就是不停地投诉和举报。在一些被征收人看来，如果始终不渝地投诉、举报下去，政府所面临的压力将会越来越大，从而有助于提高征收补偿标准，征收补偿问题终有一朝能够通过信访得以解决。不得不说，这种想法是太过想当然了。这些被征收人显然是高估了信访的作用，陷入"信访万能论"的泥淖之中，同时也将政府一方所谓的"压力"想象得有些过头了。要知道，国家设立信访制度的目的是使信访人能够有渠道向各级机关、单位提出建议意见、检举控告或者申诉求决，而不是让信访人无厘头地去给各级机关、单位"施压"，单纯以"施压"为目的的信访显然不符合信访制度的初衷。因此，信访人提出建议意见、检举控告或者申诉求决，都应该有充分的理由和依据。否则，单纯的"施压"性信访或者说是"为了信访而信访"，有枣没枣先打一竿子，既浪费了信访资源，对于信访人来说也伴随不小的法律风险。

拓展·探索

信访人的风险防范

从现实中的情况来看，如果被征收人选择了通过信访的途径解决征收与补偿争议，满足自身的基本诉求，其作为信访人应当重点防范以下三个方面的风险。

1. 违法信访的风险

这里首先要给所有的信访人敲个警钟——作为信访人，应严格依据《信访工作条例》的规定信访，不去触碰法律的底线，坚决杜绝非正常信访！依据公安部印发的《关于公安机关处置信访活动中违法犯罪行为适用法律的指导意见》（公通字〔2013〕25号），信访人违法信访的，可能会受到治安管理处罚或者被追究刑事责任。其中，追究刑事责任的，涉及寻衅滋事罪，聚众冲击国家机关罪，聚众扰乱公共场所秩序罪，聚众扰乱社会秩序罪，聚众扰乱交通秩序罪，以及非法集会、游行、示威罪等多个罪名。在**唐某诉浏阳市公安局等治安行政**

处罚案中，湖南省高级人民法院认为，信访人在信访过程中应当遵守法律法规，自觉维护社会公共秩序和信访秩序。信访人不到指定的场所和按照规定的逐级信访程序到有权处理信访事项的机关或组织提出诉求，而是采取蓄意的、过激的、相关法律法规明确限制或禁止的方式，以集访、闹访、缠访、越级形态出现的影响党政机关办公秩序，扰乱社会公共秩序和信访秩序，恶化地区建设发展环境，妨害国家安全和公共安全等行为均属于非正常信访。[①] 被征收人如果进行非正常信访，非但自身诉求很难得到解决，还可能面临严厉的惩罚，结果自然是赔了夫人又折兵。上面我们所说的信访须先信“法”也是这个道理，即信访也要严格依法进行，违法信访的风险是巨大的。

2. 以信访为要挟索取高额补偿款的风险

被征收人以信访为要挟索取高额补偿款，是否构成敲诈勒索罪？这是一个存在争议的问题。张明楷教授认为，对于以信访相要挟的案件，首先要考虑行为人是否有合理诉求，或者说是否享有政府补偿、赔偿等民事权利，如果得出肯定结论，就不得认定为敲诈勒索罪；如果没有任何权利基础，以信访相要挟的，则可能构成敲诈勒索罪。[②] 依该思维进路，由于被征收人通常都享有补偿、赔偿等权利，故不应认定为敲诈勒索罪。换言之，被征收人以举报违法行为为手段索取高额补偿款通常不构成敲诈勒索罪，主要的理由还在于：（1）被征收人提出索赔的数额虽然巨大，但是是基于双方之间的争议而提出，因而不能认定其具有非法占有之目的；（2）被征收人的举报不属于敲诈勒索罪中“威胁、要挟”的手段，而是争取自身权利的一种方法。对于农村征地纠纷引发的“索财”行为如何定性，在《刑事审判参考》所公布的指导案例第1066号**廖某旺等敲诈勒索案**中，法院最终认定廖某旺等四被告人的行为不构成敲诈勒索罪，理由是：四被告人的行为系因农村征地中对土地补偿费不满而引发的纠纷，被告人系作为村民主张自己的民事权利，不具有非法占有的目的。[③]

上述理由，在理论上可以说是天衣无缝的。但在现实当中，被以敲诈勒索的罪名追究刑事责任的被征收人并不鲜见，这就不能不引起被征收人的高度重视。被征收人务必做好自我保护，最关键的是在信访时要合理地表达自身诉求，切忌以信访为要挟漫天要价。

3. 超过起诉期限的风险

有的被征收人在选择了信访途径之后，对于信访的作用过于迷信，在已明知信访无法解决其诉求，甚至信访部门已明确告知其通过司法途径解决争议的情况下仍坚持继续上访，历经多次碰壁之后才想起拿起诉讼的武器来维权。但为时已晚，因为被征收人的起诉早已超过了法定的起诉期限。实践中，通常认为信访并不是耽误起诉期限的正当理由，因信访而耽误的期间不属于应予扣除的期间。在**刘某兰诉高新区管委会给付征收补偿款案**中，最高人民法院提出，申诉信访不是法定的救济途径，而是一种诉求表达机制，通过信访反映诉求还是通

---

① 湖南省高级人民法院行政裁定书，（2019）湘行申1292号。

② 参见张明楷：《刑法学》（第6版），法律出版社2021年版，第1332页。

③ 参见最高人民法院刑事审判第一、二、三、四、五庭主办：《刑事审判参考》（总第102集），法律出版社2016年版，第73～76页。

过诉讼寻求救济，是民众对于维护自身合法权益渠道的选择。但是，通过信访反映诉求未果后提起行政诉讼，仍应受《行政诉讼法》及其司法解释关于起诉期限的限制，因信访耽误的时间也不是法定可以延长起诉期限的正当理由。[①] 但是，如果信访机关等主体承诺对当事人的诉求进行处理，当事人基于对国家机关的信赖，因等待处理而耽误的合理时间通常不应计算在起诉期限内。在**奇峰合作社诉西岔镇政府强制拆除案**中，兰州市城关区人民法院认为，因信访属于当事人自身放弃通过诉讼途径解决争议耽误起诉期限的情形，不属于法律规定应予扣除的期间，因此被告作出的《答复意见书》不能作为扣除原告起诉期限的证据。但原告基于对国家机关的信赖，等待其就相关争议事项进行处理期间，可以归入《行政诉讼法》第48条“其他不属于其自身的原因”之列。本案原告在强拆行为发生后，多次通过发短信、打电话、邮寄申请书、找镇政府领导等方式与被告沟通协商，被告亦承诺在政策允许的范围内给予赔偿，因此原告超过起诉期限提起诉讼的原因系基于对被告承诺妥善解决此事的信赖，不属于原告自身的原因耽误起诉期限。[②] 由此可见，“信访并不是耽误起诉期限的正当理由”这一论断亦非绝对，仍应具体问题具体分析。

四、征收拆迁谈判的要点

（一）谈判的重要性

作为被征收人，应当力争在短时间内掌握与征收部门进行有效谈判的技巧。所谓谈判，有广义和狭义之分。广义的谈判，既包括正式场合下的谈判，也包括其他形式的沟通、协商、交涉、磋商等；狭义的谈判，仅指正式场合下的谈判。这里所讲的谈判是广义的谈判，被征收人与征收部门进行的所有沟通、协商等活动均可视为这种意义上的谈判。

但凡真正了解征收拆迁维权精髓的人都会明白，与征收部门进行有效的谈判对于维权的成功何其重要。我们知道，无论是信访、诉讼抑或谈判，在征收拆迁维权中都不是万能的。但很多被征收人或出于气愤，或出于傲慢，或出于对征收部门的动机持怀疑的态度，干脆拒绝谈判，甚至在被征收人已经明确伸出“橄榄枝”的情况下仍不为所动，实非明智之举。事实上，每一次谈判都是解决争议的机会，有些机会往往是稍纵即逝的。另有一些被征收人理所当然地认为已经提起诉讼了，就没必要再和征收部门谈判了，这种看法也是相当片面的。在中国行政诉讼的实践中大量存在诉讼和解，行政诉讼和解制度的存在本身就说明提起诉讼和谈判之间不存在任何矛盾。如果起诉了就不能够再谈判，那么行政诉讼和解制度岂不成了一个伪命题？

实践中，一些被征收人秉持不敢谈、不想谈、不屑于谈的态度，是不利于维护其自身合法权益的。正是由于谈判如此重要，这里郑重地奉劝广大被征收人：征收拆迁谈判，时时可谈，事事可谈，有机会要谈，没有机会创造机会也要谈。

---

① 最高人民法院行政裁定书，（2017）最高法行申2608号。

② 兰州市城关区人民法院行政判决书，（2021）甘0102行初47号。

（二）谈判的注意事项

1. 掌握充分的信息

古人说："凡事预则立，不预则废。"毛泽东同志说："不打无准备之仗。"就谈判而言，要打有准备之仗，首先就要掌握充分的信息。这里的信息，并不仅仅指前面所讲的政府信息，而是囊括了与征收和补偿相关的各种音信、消息，如征收项目的基本情况、征收的依据、补偿的依据、左邻右舍获得补偿安置的具体情况，等等。谈判最大的忌讳就是信息不对称，在信息不对称的前提下，谈判的过程和结果往往是不利于信息弱势一方的。被征收人掌握充分的信息，就是为了避免信息不对称，做到知己知彼。如果被征收人在谈判中一问三不知，还能奢望什么有利的谈判结果呢？

2. 理清自身的诉求

有些被征收人维权的初衷，要么是想"再赌上一把""再争取一点儿"，要么是看到周围的人开始维权了，自己基于从众心理也来凑个热闹。总之，他们的人生信条或许是努力一下从而不留遗憾，这似乎也在情理之中。但是，最要命的是连他们自己都搞不清楚究竟想要什么样的结果。例如，想要货币补偿，还是想要产权调换？比较理想或者能够接受的补偿安置标准是什么？维权的原因是补偿安置标准过低，还是遗漏了补偿项目、少算了安置人口，抑或是其他原因？梳理清楚这些关键问题，才能在谈判中有的放矢，提高谈判的效率，甚至有可能直接左右谈判的结果。

被征收人在理清自身诉求的同时，也要注意这一诉求的合理性。在谈判中切忌表现得过于贪婪，否则征收部门可能会认为被征收人毫无诚意，进而直接阻断了谈判之路。而且，漫天要价如果运用失当，还可能给自己带来不小的麻烦，如前面讲到以信访等为要挟索要高额补偿款就有被认定为敲诈勒索罪的风险。如果被征收人在谈判中要价太离谱，并有一些威胁性的表达，同样存在这样的风险，在现实中不乏类似的案例。可见，在谈判中提出合理的诉求，这本身也是被征收人的一种自我保护措施。

3. 尽快固定谈判的共识

这里的谈判共识，就是谈判的结果。人们常说"空口无凭，立字为据"，一旦在谈判中达成了共识或者部分共识，被征收人应积极主动地要求征收部门将这一共识尽快固定到纸面上，使谈判共识能够具有法律效力。具体来说，这种固定到纸面上的谈判共识可以表现为双方之间签订的征收补偿协议等行政协议，也可以表现为征收部门以书面形式单方作出的行政允诺、行政决定等。如果仅有征收部门相关领导或者工作人员的口头承诺，纵使这张"饼"画得再大、再圆，被征收人也不要轻易地信以为真。

4. 做好谈判失败的准备

谈判有可能成功，也有可能失败，通常都不是一蹴而就的。有的谈判失败是暂时性的，比如谈判一时陷入了僵局，但此后仍然有机会继续谈判；也有的失败是永久性的，比如征收部门没有任何诚意，且坚决拒绝再谈。谈判失败之后，被征收人需要正确地面对，因为谈判和所有的维权途径一样，都不是万能的。谈判不成，该复议的尽快复议，该诉讼的尽快诉讼，如果因为失败的谈判而耽误了复议或者起诉的期限，那就更加得不偿失了。

总结·提示 谈判的注意事项，主要有掌握充分的信息、理清自身的诉求、尽快固定谈判的共识以及做好谈判失败的准备等。

五、充分发挥律师的作用

（一）被征收人如何"请"律师

1. 何为"请"律师

依据《律师法》（2017 年修改）第 2 条的规定，律师是指依法取得律师执业证书，接受委托或者指定，为当事人提供法律服务的执业人员。律师应当维护当事人合法权益，维护法律正确实施，维护社会公平和正义。在中国，律师也是法律职业共同体（以法官、检察官、律师、法学家为核心的法律职业人员所组成的特殊的社会群体）的一个重要组成部分。

《律师法》规定，律师可以从事下列业务：（1）接受自然人、法人或者其他组织的委托，担任法律顾问；（2）接受民事案件、行政案件当事人的委托，担任代理人，参加诉讼；（3）接受刑事案件犯罪嫌疑人、被告人的委托或者依法接受法律援助机构的指派，担任辩护人，接受自诉案件自诉人、公诉案件被害人或者其近亲属的委托，担任代理人，参加诉讼；（4）接受委托，代理各类诉讼案件的申诉；（5）接受委托，参加调解、仲裁活动；（6）接受委托，提供非诉讼法律服务；（7）解答有关法律的询问、代写诉讼文书和有关法律事务的其他文书（第 28 条）。律师担任诉讼法律事务代理人或者非诉讼法律事务代理人的，应当在受委托的权限内，维护委托人的合法权益（第 30 条）。

实践中，当事人委托律师从事相关法律业务以维护自身合法权益的过程，俗称"请"律师。由于征收拆迁业务的法律关系相当复杂，专业性极强，被征收人自身通常难以胜任，这也使"请"律师几乎成了征收拆迁维权时的"标配"。

2. 怎样"请"律师

被征收人肯定都希望自己能够"请"到满意的律师，但由于信息不对称等原因，要做到这一点并不容易。这并不是说被征收人在"请"律师时只能靠碰运气，如果做好下面的"五个统筹"，被征收人找到满意律师的可能性将大幅度提升。

（1）统筹律师和律所

在选择律师时，应当优先考虑律师本身，还是优先考虑其所执业的律师事务所？这是一个老大难的问题。律师固然是重要的，而作为律师执业平台的律师事务所也不可谓不重要，被征收人在选择时需要对二者做一个平衡。有的被征收人完全执迷于律师事务所的历史、规模和名气等，甚至将互联网上散布的五花八门的"律师事务所排名"作为选择律师的唯一根据，明显是把律师事务所的分量掂量得过重了。一些被征收人认为著名律师事务所有充分的资源去"搞定"征收拆迁官司，更是一厢情愿的主观臆断。律师事务所在维权中所起的作用其实是微乎其微的，只要是依法成立的律师事务所，能够签订正规的委托代理合同并提供正规的发票，通常即为已足。在律师事务所满足了上述条件之后，被征收人考察的重点应当是办理案件的律师。例如，这个律师是专门办理征收拆迁案件的律师，还是没有明确的执业方向、什么案子都接的律师？正常来说，前一类律师对于征收拆迁业务往往更为精通，后一类律师则容易落入“样样通，样样松”的窠臼。所以，“不找全科大夫”这一原则在选择律师时同样有重要的指导意义。

（2）统筹学历和能力

在考察律师时，学历是一个常见的指标，即律师毕业于哪个院校、什么专业以及学历的高低（本科、硕士抑或博士）。但是，学历并不能完全代表能力，学历较高而能力一般或者学历一般而能力较强的律师均不少见。这就意味着，学历与能力也是被征收人需要去平衡的一对关系。在考察学历时，首先要看这个律师的最高学历是什么，毕业于哪个院校；其次要看其专业，是法学抑或非法学，法学专业的是法学的哪个学科；最后要看其各个层次的学历性质什么，如全日制、在职、自考抑或成人教育。举个例子，有的律师口口声声称自己毕业于北京大学等名牌院校，但事实上仅仅是自考生或者成教生，其含金量与全日制毕业生不可同日而语。为避免出现误判，可以通过“中国高等教育学生信息网（学信网）”（https：//www. chsi. com. cn/）查询其学历学位证书，学历的性质一查便知。在考察能力时，可以重点从与律师沟通的情况、身边老客户的体验、旁听律师开庭的效果、律师的研究成果（如著作、论文、授课视频）等方面入手。

（3）统筹名气和水平

据统计，截至2022年年底，中国共有执业律师65. 16万多人，律师事务所3. 86万多家。在如此庞大的律师队伍中，名气较大、老百姓耳熟能详的所谓“著名律师”“知名律师”所占的比例是极小的。而且，即便是知名律师，也不排除存在名气大而水平低的可能性。这就要求被征收人在“请”律师时不要一味地迷信律师的名气，因为绝大多数律师都是你闻所未闻、见所未见的。况且，名气和水平之间并不一定成正比例关系，名气如果和水平脱了钩就变成了徒有虚名，这个“虚名”对于征收拆迁维权来说显然是毫无意义的。

（4）统筹经验和态度

被征收人往往热衷于选择办案经验丰富的律师，这是值得倡导的。律师服务作为一项技能，同样跳不出熟能生巧定律，办案经验丰富对于律师服务技能的提升意义重大。但是，绝不排除一些经验丰富的律师态度不端正，仅仅是把自身的经验当作揽下案源的噱头。甚至在正式委托之后，这位“经验丰富”的律师并不亲自参与办案，而是交给了助理或者其他同事全权处理。这样的律师纵使经验再丰富，其经验对于当事人来说也是无益的。所以，如果被征收人看中了某位经验丰富的律师，一定要仔细了解一下办案的过程，包括他是否亲自参与办理案件等。被征收人也可以查询“中国审判流程信息公开网”（https：//splcgk. court. gov. cn/gzfwww/）和“中国裁判文书网”（https：//wenshu. court. gov. cn/），如果经查询得知该律师已长期未作为委托代理人出庭，就应该慎重地考虑一番了。

（5）统筹收费和水准

国家对于律师收费并未设定统一的标准，不同地区、同一地区的不同律师事务所甚至同一律师事务所的不同律师之间在收费方面可能都会存在一定的差异。就一些地方而言，本地的律师收费相对要低一些，但其业务水平或许和发达地区相比存在一定的差距。而且，由于征收拆迁业务通常是以“民告官”为核心，被征收人“请”律师时，要适当考虑不同地域律师办案时的便利性和受到不正当干扰的可能性大小。换言之，被征收人在“请”律师时不单单要看律师收费的多与少，更要看律师服务水准的高与低。当然，收费和服务水准之间同样可能不成正比例关系，被征收人对于二者应该统筹考虑。

总结·提示　“请”律师的关键是做好“五个统筹”，即统筹律师和律所、统筹学历和能力、统筹名气和水平、统筹经验和态度、统筹收费和水准，由此可以显著提高找到满意律师的概率。

---

3. 律师收费

律师提供法律服务通常是收费的。国家发展和改革委员会、司法部于2006年4月13日印发的《律师服务收费管理办法》（发改价格〔2006〕611号）规定，律师服务收费实行政府指导价和市场调节价（第4条）。律师事务所依法提供下列法律服务实行政府指导价：（1）代理民事诉讼案件；（2）代理行政诉讼案件；（3）代理国家赔偿案件；（4）为刑事案件犯罪嫌疑人提供法律咨询、代理申诉和控告、申请取保候审，担任被告人的辩护人或自诉人、被害人的诉讼代理人；（5）代理各类诉讼案件的申诉。律师事务所提供其他法律服务的收费实行市场调节价（第5条）。同时，《律师服务收费管理办法》明确禁止刑事诉讼案件、行政诉讼案件、国家赔偿案件以及群体性诉讼案件实行风险代理收费（第12条）。

2021年12月28日，司法部、国家发展和改革委员会、国家市场监督管理总局印发的《关于进一步规范律师服务收费的意见》（司发通〔2021〕87号）要求，律师服务收费项目、收费方式、收费标准等原则上由律师事务所制定。在制定律师服务费标准时，律师事务所应当统筹考虑律师提供服务耗费的工作时间、法律事务的难易程度、委托人的承受能力、律师可能承担的风险和责任、律师的社会信誉和工作水平等因素。同时，《关于进一步规范律师服务收费的意见》提出严格限制风险代理适用范围，禁止刑事诉讼案件、行政诉讼案件、国家赔偿案件、群体性诉讼案件、婚姻继承案件，以及请求给予社会保险待遇、最低生活保障待遇、赡养费、抚养费、扶养费、抚恤金、救济金、工伤赔偿、劳动报酬的案件实行或者变相实行风险代理。而且，要严格限制风险代理收费金额。律师事务所与当事人约定风险代理收费的，可以按照固定的金额收费，也可以按照当事人最终实现的债权或者减免的债务金额（“标的额”）的一定比例收费。律师事务所在风险代理各个环节收取的律师服务费合计最高金额应当符合下列规定：标的额不足人民币100万元的部分，不得超过标的额的18%；标的额在人民币100万元以上不足500万元的部分，不得超过标的额的15%；标的额在人民币

500 万元以上不足 1000 万元的部分，不得超过标的额的 12%；标的额在人民币 1000 万元以上不足 5000 万元的部分，不得超过标的额的 9%；标的额在人民币 5000 万元以上的部分，不得超过标的额的 6%。

被征收人如果因经济困难无法委托律师，或者符合其他申请法律援助条件的，可以依据《法律援助法》（2021 年发布）的规定向法律援助机构申请法律援助。《法律援助法》第 2 条规定："本法所称法律援助，是国家建立的为经济困难公民和符合法定条件的其他当事人无偿提供法律咨询、代理、刑事辩护等法律服务的制度，是公共法律服务体系的组成部分。"据此，法律援助对当事人是不收费的，由法律援助机构向法律援助人员支付法律援助补贴。

（二）被征收人如何配合律师

被征收人维权需要律师的鼎力相助，律师在提供法律服务时也离不开被征收人的积极配合。被征收人与律师之间配合的默契程度，势必在一定程度上影响征收拆迁维权的进程乃至结果。被征收人配合律师，可以重点从以下几个方面来考虑。

1. 对律师充分信任

讲到配合，先要有信任。有的被征收人在"请"律师时就直言担心律师被当地政府"收买"，因而在具体案情等关键问题上对律师遮遮掩掩，对律师的态度可谓既依赖又提防。事实上，这种担心毫无道理，在现实中政府"收买"律师的情况几乎是不存在的，即使偶尔发生过也仅仅是个例而已，远远达不到能够让被征收人担心的地步。另有一些被征收人由于律师的办案思路与自己的预期不符，或是在维权的过程中偶遇挫折，就对律师的业务能力产生怀疑。例如，有的被征收人看到其他律师发布的短视频等材料，就很容易被带节奏，越看越觉得自己委托的律师与之相去甚远。殊不知，那些为了做营销而录制的短视频并不能代表律师的真实水平。更有为数不少的被征收人乐于听到律师对办理结果的明确表态，老是想从律师口中刨根问底"胜诉概率"的准确数字，如果律师不给出正面的回答就会在无形之中被嫌弃。结果是热衷于"画大饼"的律师在很大程度上受到了他们的追捧，但这些被征收人断然不会知道，《律师执业管理办法》（2016 年修改）第 33 条第 1 款早已明文规定："律师承办业务，应当告知委托人该委托事项办理可能出现的法律风险，不得用明示或者暗示方式对办理结果向委托人作出不当承诺。"更何况，律师所承诺的"胜诉概率"只要不是百分之百，就是毫无意义的话语泡沫罢了。不客气地讲，随随便便就敢对天盟誓、对办案结果"打包票"的律师，其职业操守和专业能力都是颇为值得怀疑的！总而言之，孩子总是自己生的好，律师总是别人"请"的好——这样的心理因素一直掺杂其间，信任又从何说起呢？对于被征收人来说，委托律师之后只有两条路可走，要么充分地信任律师，要么立马更换律师，舍此而别无他途。

2. 不当甩手掌柜

一些被征收人在委托律师之后，就以为可以将案子完全交给律师办理了，自己从此不闻不问，当起了甩手掌柜。但是，被征收人这种不负责任的做法，最终大抵还是坑害了自己。

律师的优势在于对法律知识的掌握，但对于案件基本事实的了解，可能远远比不上被征收人。如果被征收人热衷于当甩手掌柜，一旦律师对案件基本事实的认知出现了偏差，向法庭作出了错误的陈述而得不到及时纠正的话，就很可能导致最终的裁判结果不利于己方。如果事后再想去寻求补救，往往为时晚矣。发生这种情况，律师固然难辞其咎，但被征收人也应当深刻反思自身的过错。作为被征收人来说，与律师进行积极有效的沟通是“必修课”，绝不能委托律师之后自己却心安理得地“躺平”了。

3. 不擅自行动

被征收人在委托律师之后，应当积极主动地与律师保持沟通，接受律师的专业指导和建议，在需要明确诉求、提交证据、处分权利等关键环节更应该如此。但在现实中，有些被征收人由于对律师不信任或者对其中的利害关系不了解等原因擅自行动，导致维权的过程遭遇严重的挫折。例如，有的被征收人背着律师私下和征收部门签订了补偿安置协议，导致正在进行的诉讼变得毫无意义；还有的被征收人擅自对律师拟订的法律文书进行修改并直接提交给了法院，而修改之后的法律文书存在严重的瑕疵，伴随巨大的诉讼风险。面对一桩桩的教训，被征收人切忌背着律师擅自行动，防止因耍小聪明而吃大亏。

4. 与律师合理分工

被征收人在委托律师之后当甩手掌柜的做法不可取，意味着被征收人作为委托人需要与律师进行合理的分工。要合理分工，重点应当从以下两个方面入手：

一是发挥各自优势。前面我们讲到，律师的优势在于对法律知识的掌握，委托人的优势在于对基本事实的了解。为实现优势互补，通常由律师起草法律文书、参加庭审以及和法官进行必要的沟通等，委托人则应当尽可能全面地向律师提供案件事实方面的材料、信息。不过，这并不是说律师可以对事实问题不管不顾，因为律师如果不充分掌握案件的基本事实，可能会面临巨大的法律风险。在**北京分行等诉金吉公司金融借款合同纠纷案**中，对于北京分行等要求金吉公司承担本案律师费的主张，北京市第四中级人民法院认为，双方在合同中约定当金吉公司出现违约行为时北京分行等有权要求金吉公司承担为解决纠纷而发生的律师费用，相应约定不违背法律规定，合法有效。但是，上述约定存在一定道德风险，即因为权利人不是费用的终局承担者而可能导致其疏于认真筛选律师，放任出现不合理支出之情形，北京分行等在享有权利的同时也应当承担审慎选择律师使得相应费用支出物有所值的附随义务。本案中的实际情况是，北京分行等的代理人明显不熟悉案件基本事实，对于法院询问的大部分问题都回应“需向当事人核实”，且核实后也仅是简单将回复讯息转递法院，其间未进行任何梳理工作。律师的基本工作职责至少应当包括协助当事人梳理案件基本事实并提出法律解决方案，即便根据案件具体情形无法起到引导诉讼思路的效果，也起码应当做到拾遗补阙，避免出现重大偏差。律师的价值应当体现于专业性，如果仅仅满足“传声筒”“快递员”的工作角色，任何一名银行普通职员均可以胜任，当事人根本无须为此额外支出费用。结合本案具体情况，不能认定北京分行等履行了审慎选择律师的附随义务，故对其要求金吉公司承担律师费用的诉讼请求不予支持。[1] 这一判决的合法性乃至合理性姑且不论，但它的确给所有的律师都提了个醒——因为法律的专业性而对事实问题心不在焉是万分危险的！

二是降低成本并提高效率。征收拆迁维权的成本大多是由被征收人来承担的，降低维权成本并提高效率对于被征收人来说是一个重大利好。例如，在诉讼过程中，向法院提交立案材料、证据材料、上诉材料等专业性不强、技术含量相对较低的工作完全可以由委托人自己来完成，避免因律师往返奔波而产生的时间和金钱等方面的成本，等等。又如，委托人在律师的指导下准备好诉讼材料之后，完全可以按照律师的要求直接邮寄给管辖法院，但有个别委托人将材料邮寄给了律师，要求律师再将材料邮寄给管辖法院。如此一来，就浪费了宝贵的在途时间，导致办案周期变长，明显不符合提高效率的理念。

必须强调的是，这里所说的合理分工，并不是在帮助律师推卸责任。按照诚实守信、勤勉尽责的律师职业道德的要求，凡属律师职责范围内的工作，任何律师均不得无故拒绝。在现实中确有少数律师极度不负责任，比较典型者可称为“四拍”律师——接受委托时，拍胸脯保证；启动程序时，拍脑袋决定；当事人质疑时，拍桌子呵斥；遇到棘手问题时，拍屁股走人。最终，留下一个烂摊子，以及当事人的仰屋太息。“四拍”律师在一定程度上损害了律师队伍的形象，每一位有底线的律师当以之为戒。这也在进一步提醒被征收人，擦亮双眼去寻找靠谱的律师何其重要！如若不然，所谓的默契配合、合理分工就都成了空话。

---

① 北京市第四中级人民法院民事判决书，(2020) 京04民初579号。